SEITE 38

REISEZIELE AN DEN TÜRKISCHEN KÜSTEN

ALLE ZIELE AUF EINEN BLICK
Fundierte Einblicke, detaillierte Adressen, Insider-Tipps und mehr

W0469585

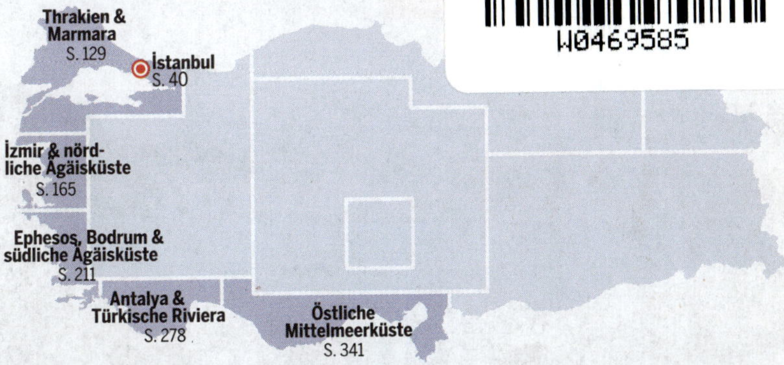

SEITE 421

PRAKTISCHE INFORMATIONEN

SCHNELL NACHGESCHLAGEN
Tipps für Unterkünfte, sicheres Reisen, Smalltalk und vieles mehr

James Bainbridge
Brett Atkinson, Chris Deliso, Steve Fallon,
Will Gourlay, Virginia Maxwell, Tom Spurling

Willkommen an den türkischen Küsten

Eine gewaltige Menge Geschichte

Wer die türkischen Küsten bereist, wandelt auf den Spuren bemerkenswerter historischer Persönlichkeiten. Osmanische Sultane genossen einst im Topkapı-Palast von İstanbul, umgeben von unterwürfigen Höflingen, Haremsdamen, Eunuchen und Reichtümern eines Imperiums, das sich von Budapest bis Bagdad erstreckte, überbordenden Luxus. Zu anderen Zeiten strömten die Römer über die Kuretenstraße in Ephesos (Efes), wirbelten tanzende Derwische durch die Gegend und ließen geheimnisvolle Lykier Ruinen an den Stränden des Mittelmeers zurück. An den Küsten der Türkei waren schon die ganz Berühmten, aus dem Geschichtsunterricht Bekannten zu Gast, darunter Alexander der Große sowie der Apostel Paulus, der kreuz und quer durchs Land reiste.

Kulturelle Tiefe

Natürlich sind die heutigen Einwohner nicht weniger unvergesslich. Unter all den Ländern der Region haben die extrovertierten Türken die meisten Gemeinsamkeiten mit den heißblütigen Südeuropäern. Sie sind stolz auf ihr Erbe und bestens darüber informiert (für die Richtigkeit wird allerdings keine Gewähr übernommen). Die lange Geschichte der Türkei und ihre tolle Lage an der Grenze zwischen Europa und Asien haben dem Land eine beacht-

Die Region ist reich an Geschichte und hat eine fantastische Küche, eine der weltgrößten Städte und eine Landschaft zu bieten, die mit traumhaften Stränden und faszinierenden Überresten antiker Kulturen aufwartet.

(links) Größte Prinzeninsel: Büyükada (S. 127)
(unten) Nargile-Café, İstanbul (S. 109)

liche kulturelle Tiefe verliehen. In diese Kultur einzutauchen, ist einfach, z.B. mit einem Bad in einem Hamam, beim Genuss eines Kebabs oder mit dem Besuch antiker Ruinen, die zwischen Feldern, Buchten und Hügeln verstreut liegen.

Landschaften & Aktivitäten

Wer die türkischen Küsten zum ersten Mal besucht, wird wahrscheinlich überrascht sein, dass die üblichen Klischees von Kebabs, Teppichen und schnauzbärtigen Gaunern auf den Basaren durch die überwältigende Vielfalt der Region, die es zu entdecken, gilt Lügen gestraft werden. İstanbul bietet die Gelegenheit, sich in einer verwestlichten Metropole, die zugleich Romantik und überschäumende Energie widerspiegelt, treiben zu lassen – sowohl auf dem Bosporus als auch auf den Märkten oder in den Nachtclubs. An den Küsten im Südwesten lockt eine Mischung aus Aktivurlaub (Wandern, Reiten, Wassersport…) und der vollkommenen Entspannung bei gemütlichem *meze*-Genuss auf einer herrlichen Panoramaterrasse. Sonnenanbeter genießen die wunderbaren Strände, und Geschichtsinteressierte machen sich zu antiken Stätten auf. Es ist eigentlich kein Wunder, dass die Türkei im Lauf der Jahrhunderte so viele unterschiedliche Völker angezogen hat. Doch es obliegt jedem selbst, deren kostbares Vermächtnis zu entdecken.

Türkische Küsten

0
200 km
36°E
38°E
40°E
44°N
42°N
RUSSLAND
Grosny
Sukhumi
GEORGIEN
Kutaisi
Tiflis
Batumi
Sarp
Hopa
Kaçkar
(Kaçkar Dağı)
(3937 m)
Artvin
Çıldır
Gölü
Göle
Gyumri
Vanadzor
ARMENIEN
Jerevan
Sewan-
see
Kars
Ani
Yusufeli
Bafra
Samsun
Ünye
Ordu
Giresun
Trabzon
Rize
Sumela
Monastery
Gümüşhane
Bayburt
Çoruh
Tortum
Aras
Sarıkamış
Kağızman
Iğdır
Tuzluca
Ararat
(Ağrı Dağı)
(5137 m)
Horasan
Pasinler
Erzurum
Ağrı
Doğubayazıt
Gürbulak/
Bazargan
Amasya
Turhal
Niksar
Tokat
Reşadiye
Koyulhisar
Kelkit
Suşehri
Refahiye
Karasu
Erzincan
Tercan
Sivas
Zara
Patnos
Muradiye
Kızılırmak
Şarkışla
Divriği
Tunceli
Keban-
Stausee
Bingöl
Nemrut
(Nemrut Dağı)
Muş (3050 m)
Van Gölü
Van
Özalp
IRAN
Tatvan
Gürpınar
Kayseri
Gürün
Karakaya-
Stausee
Elazığ
Murat
Bitlis
Geveş
Başkale
Göksun
Elbistan
Malatya
Nemrut
(Nemrut Dağı)
(2150 m)
Batman
Kurtalan
Baykan
Siirt
Çatak
Sero
Esendere
Yüksekova
Hakkari
Doğanşehir
Gölbaşı
Kahta
Atatürk-
Stausee
Siverek
Diyarbakır
Tigris
Şirnak
Cilo
(Cilo Dağı)
(4168 m)
Kahramanmaraş
Adıyaman
Hilvan
Kozan
Gaziantep
(Antep)
Araban
Viranşehir
Mardin
Karatepe
Şanlıurfa
(Urfa)
Qamishle
Nussaybin
Osmaniye
Birecik
Harran
Ceylanpınar
Ceyhan
Barak
Akçakale
Mosul
Kilis
Arbil
İskenderun
Elbeyli
Antakya
(Hatay)
Aleppo
(Halab)
Assadsee
Reyhanlı
Bab al-
Hawa
Kirkük
Yayladağı
Lattakia
Deir ez-Zur
Euphrat
HÖHENSTUFEN
3000 m
2500 m
2000 m
1500 m
1000 m
700 m
500 m
200 m
100 m
0
IRAK
SYRIEN
Palmyra
Tripoli
LIBANON
Beirut

15 TOP ERLEBNISSE

Von Kontinent zu Kontinent

1 Mit einer Pendlerfähre kommt man in İstanbul in weniger als einer Stunde von Europa nach Asien und zurück. Jeden Tag bringt eine Flottille aus Fähren mit dröhnenden Schiffshörnern die Einheimischen den Bosporus hinauf und über das Marmarameer. Vormittags teilen sich die Fähren den Wasserweg mit Fischerbooten und Containerschiffen; über ihnen kreischen die Möwen. Abends zeichnen sich die Minarette und byzantinischen Kuppeln der Altstadt vor dem dunkelrosa Himmel ab – dann wirkt der Anblick der Stadt wirklich magisch. Fähre vor der Anlegestelle Eminönü

Ein Hauch Antike

2 Geschichte pur erwartet Türkei-Besucher beispielsweise zwischen den Überresten der antiken Stadt Kaunos (S. 280) in der Nähe von Dalyan. Neben den Ruinen von Mauern, einem Tempel, Bädern und einer Akropolis findet sich hier ein gut erhaltenes römisches Theater. Dieses ist viel besucht, doch wem es gelingt, den Touristenmassen auszuweichen, der sieht – auf den einstigen Rängen sitzend – fast vor sich, wie das begeisterte Publikum den Sprechenden zugejubelt haben muss.

RAWDON WYATT / ALAMY ©

1

2

ERNST WRBA / DUMONT BILDARCHIV ©

3

Ephesos

3 Ephesos (S. 214) ist zweifellos die berühmteste antike Stätte der Türkei und verfügt über die am besten erhaltenen Ruinen im Mittelmeerraum. Die Ruinenstadt zeugt von der künstlerischen Meisterschaft der Griechen und dem architektonischen Können der Römer. Wenn man auf der marmorgepflasterten Kuretenstraße (S. 222) wandelt, bieten sich unzählige Fotomotive, das Highlight ist aber der Komplex der Hanghäuser (S. 223), die mit vor Leben nur so sprühenden Fresken und eleganten Mosaiken einen unglaublichen Einblick in den Alltag der einstigen Eilte von Ephesos ermöglichen. Große Teile der Stadt sind noch nicht ausgegraben. Hadrianstempel (S. 223)

Aya Sofya

4 Selbst im mächtigen İstanbul übertrifft nichts die „Kirche der Heiligen Weisheit" (S. 46), die bis zur osmanischen Eroberung Konstantinopels die größte Kirche der Christenheit war. Kaiser Justinian I. ließ sie im 6. Jh. im Rahmen seines ehrgeizigen Vorhabens errichten, das Römische Reich wiederherzustellen. Beim Blick auf die Kuppel könnte man glauben, das innen mit Fresken geschmückte Wunderwerk hätte allein schon ausreichen müssen, um dieses Ziel zu verwirklichen. Der Eindruck des Innenraums, der mit Mosaiken und Zeugnissen versehen ist, die Generationen von Herrschern hinterlassen haben, gehört zu den größten architektonischen Erlebnissen vor Ort.

Hamams

5 Die meisten traditionellen Hamams in der Türkei bieten viele Extras wie verschiedene Anwendungen, Gesichtskosmetik oder Pediküre. Wir empfehlen aber, sich an das eigentliche Hamam-Erlebnis zu halten: ein Bad mit Abschrubben, (optional) gefolgt von der Bearbeitung mit der *kese*. Danach fühlt man sich wie im siebten Himmel! Am besten versucht man es mit einem jahrhundertealten Hamam in der malerischen Altstadt von Antalya oder im historischen Viertel Sultanahmet in İstanbul. Männerbad im Cağaloğlu Hamamı (S. 84)

4

DAVID PEARSON / ALAMY ©

5

TIM BARKER / GETTY IMAGES ©

MICHAEL NICHOLSON / CORBIS ©

Priene

6 Priene (S. 241), zur Zeit der alten Griechen eine Hafenstadt, war eine der ersten durchgeplanten Städte der Welt. Noch heute lassen sich die Überreste der regelmäßig angelegten Straßen erkennen. Ebenfalls erhalten ist das Theater (S. 242), das eine hervorragende Akustik aufweist. Es fasste einst 6500 Zuschauer – Würdenträger konnten das Geschehen sogar von eigens für sie geschaffenen Steinstühlen aus verfolgen.

Meyhanes

7 Zu den Efes trinkenden Türken in einer *meyhane* (Taverne) kann man eigentlich nur *şerefe* (Prost!) sagen! Ein Abend mit *meze*, *rakı* (Anisschnaps) und Livemusik ist eine altehrwürdige Tradition. Melone, Käse und Fisch passen besonders gut zu *aslan sütü* („Löwenmilch"; der klare *rakı* wird bei Zugabe von Wasser milchig-weiß). Gespielt wird alles Mögliche von Balladen bis *fasıl*, die Musik der türkischen Roma. Ein tolles Fleckchen, um das Nachtleben zu genießen, ist Beyoğlu (S. 110) in İstanbul. Hier strömen freitag- und samstagabends Scharen in die *meyhanes* rund um die İstiklal Caddesi. Nachtleben in Beyoğlu

Strände

8 Die Strände der Türkei sind weltberühmt. Ganz oben auf der Liste stehen so wundervolle Mittelmeer- und Ägäisstrände wie Kaputaş bei Kalkan mit den betörenden Untiefen oder Patara, der längste Strand der Türkei. Viele der schönsten Mittelmeerstrände finden sich auf der mit Ruinen übersäten Halbinsel Teke und sind durch den Lykischen Weg verbunden, andere aber sind angenehm abgeschieden. An den ruhigen Stränden auf den Inseln Gökçeada und Bozcaada kann man allerlei unternehmen, z. B. windsurfen oder ein klebriges *dondurma* (Eis) probieren. Bucht und Strand von Kaputaş (S. 307)

8
IZZET KERIBAR / GETTY IMAGES ©

Lykischer Weg

9 Der Lykische Weg (S. 29) gilt als einer der zehn schönsten Langstreckenwanderwege der Welt. Der markierte Pfad erstreckt sich über 500 km auf der Halbinsel Teke, der Geburtsstätte der rätselhaften lykischen Kullur, von Fethiye bis Antalya. Die Strecke führt durch Pinien- und Zedernwälder an Bergen entlang, die fast bis 3000 m hoch aufragen, und vorbei an Dörfern, wundervollen Aussichtspunkten und vielen Ruinen, z. B. denen der antiken Städte Pınara, Xanthos, Letoon und Olympos. Wer nicht viel Ausdauer und Zeit hat, sollte sich mit einem Abschnitt des Weges begnügen. Wanderer auf dem Lykischen Weg

9
JANE FOWNES / ALAMY ©

Halbinsel Gallipoli (Gelibolu)

10 Die schmale Landzunge am Eingang der im Lauf der Geschichte häufig umkämpften Dardanellen ist eine wunderschöne Gegend mit von Pinienwäldern bedeckten Hügeln oberhalb der Backpacker-Herbergen von Eceabat und der Festung Kilitbahir. Eine Tour über das heute friedliche Gelände ist für viele ein ergreifendes Erlebnis: Denkmäler und Soldatenfriedhöfe markieren die Orte, an denen junge Männer aus der Türkei, aus Großbritannien, Frankreich, Australien und Neuseeland unter grässlichen Bedingungen kämpften und starben. Die engagierten Führer verstehen es, einem die Schrecken des Gallipoli-Feldzugs, einer der schlimmsten Episoden des Ersten Weltkriegs, vor Augen zu führen. Lone Pine Cemetery (S. 147)

Gület-Kreuzfahrten

11 Die vor Ort als „blaue Reisen" *(mavi yolculuk)* bezeichneten, vier Tage und drei Nächte dauernden Bootsfahrten entlang der türkischen Riviera mit einem *gület* (traditionellem Holzsegelboot) gehören für viele zu den Highlights eines Türkei-Urlaubs. Während der Fahrt kann man abgelegene Strände erkunden, in den Sonnenuntergang schauen und mal abschalten. Man ist auf See und damit (meist) auch nicht per Internet erreichbar – heutzutage eine (willkommene) Seltenheit. Die übliche Route führt von Fethiye nach Olympos, aber echte Fans halten die Strecke von Fethiye nach Marmaris sogar für noch schöner.

JEFFREY L. ROTMAN / CORBIS ©

NIGEL HICKS / GETTY IMAGES ©

Ölringen

12 Ende Juni oder Anfang Juli treffen in der thrakischen Stadt Edirne *pehlivan* (Ringer) aus der ganzen Türkei zusammen. Wahre Massen strömen herbei, um sich die Wettkämpfe anzusehen. Vor dem Stadion herrscht festliche Atmosphäre, Stände werden aufgebaut, und Familien picknicken. Drinnen versuchen die ölglänzenden Kämpfer, Meister *(baş)* wie Knirpse, ihre glitschigen Gegner zu fassen und zu Fall zu bringen – z. B. indem sie diese an der Hose packen. Ringer beim Tarihi Kırkpınar Yağlı Güreş Festivali (S. 134), Edirne

Shoppen im Basar

13 In der Türkei gibt es einen *çarşı* (Basar) für jede Stimmung – und der legendäre Große Basar in İstanbul ist natürlich ein besonders schönes Beispiel. Um all die tollen türkischen Teppiche mit nach Hause zu nehmen, bräuchte man das Vermögen eines Sultans – aber das sollte einen nicht entmutigen: Irgendetwas Nettes findet man sicher. Außerdem kann man die eigenen Fähigkeiten beim Feilschen erproben und gemütlich einen Tee mit einem Ladenbesitzer trinken.

IZZET KERIBAR / GETTY IMAGES ©

IMAGES & STORIES /ALAMY ©

Süße Sünden

14 Die Baklava-Liebhaber sind sich uneins, in welchem Land des Nahen Ostens die zuckersüße Leckerei einst erfunden wurde, und auch die Zutaten können leicht variieren – mal ist Baklava mit Pistazien zubereitet, mal mit Walnüssen, mal wird Blätter-, dann wieder Filoteig verwendet. Fakt ist aber: Sie ist eine Sünde wert! Für europäische Gaumen mag das sirupgetränkte Gebäck ungewohnt zuckrig sein, deshalb macht man es am besten wie die Einheimischen und trinkt einen starken Mokka dazu.

Kekova – die versunkene Stadt

15 Aktive Traveller, die sich aufs Wasser wagen, werden bei Kekova (S. 319) für die Muskelanstrengung belohnt, denn hier paddeln sie über einer versunkenen Stadt! Die Überreste der antiken Ortschaft Simena liegen in bis zu 6 m Tiefe unter der Wasseroberfläche. Es ist ein fast magisch anmutendes Erlebnis, über Gebäudefundamente, Treppenreste und ehemalige Anlegestellen dahinzugleiten. Und ganz nebenbei wird die eine oder andere Portion Kebab abtrainiert …

Gut zu wissen

Währung

» Türk Lirası (Türkische Lira; ₺)

Sprachen

» Türkisch & Kurdisch

Reisezeit

Hauptsaison
(Juni–Aug.)

» Preise und Temperaturen sind hoch.

» Menschenmassen! Im Voraus buchen!

» Die türkischen Schulferien gehen von Mitte Juni bis Mitte September.

» Hauptsaison in İstanbul: April, Mai, September, Oktober.

Zwischensaison
(Mai & Sept.)

» Weniger Menschen.

» Die meisten Läden sind geöffnet; die Preise sind niedriger.

» Es ist warm.

» In İstanbul ist Zwischensaison von Juni bis August.

Nebensaison
(Okt.–April)

» Im Oktober ist es herbstlich, im April beginnt der Frühling.

» Einige Unterkünfte sind geschlossen, andere günstig.

» Die Kurbam-Bayrami-Ferien liegen um den Oktober.

» In İstanbul: November bis März.

Tagesbudget

Günstig – unter
135 ₺

» Bett im Schlafsaal: 20–45 ₺

» Zimmer/Schlafsäle oft inkl. Frühstück

» Mit Nachtbussen und -zügen spart man Übernachtungskosten

» İstanbul ist teuer, nur kurze Trips planen

Mittleres Budget
135–350 ₺

» DZ in einem mittelteuren Hotel

» Lokale, die Alkohol ausschenken, sind teurer

» Bus- und Zugfahren ist oft billiger als ein Mietauto

» Flüge sind manchmal billiger als Busfahrten

Teuer – mehr als
350 ₺

» DZ in einem Luxushotel: ab 170 ₺ (ab 410 ₺ in İstanbul)

» Hauptgericht in einem Spitzenrestaurant: ab 17,50 ₺

Geld

» Geldautomaten sind weit verbreitet. Die meisten Geschäfte in Städten und Touristenregionen nehmen Kreditkarten.

Visa

» Deutsche und Schweizer dürfen bis zu 90 Tage mit gültigem Reisepass oder Personalausweis ohne Visum einreisen, Österreicher brauchen ein Visum (15 €, bei der Einreise; S. 435).

Handys

» SIM-Karten sind billig und überall zu bekommen. Das Handy muss entsperrt sein. Nach etwa einer Woche sperrt der Anbieter das Handy, wenn es nicht registriert ist.

Verkehr

» Busse sind schnell, und das Netz ist umfassend; mit dem Zug kommt man eher langsam voran.

Infos im Internet

» **Lonely Planet** (www.lonelyplanet.com) Infos, Buchung und Forum.

» **Turkey Travel Planner** (www.turkeytravelplanner.com)

» **Reiseland Türkei** (www.reiseland-tuerkei-info.de/) Infos, Hotel, Flüge, Reiseziele

» **Türkei Tourismus** (tuerkei.tourismus.de) Allgemeine Infos, Reisewörterbuch

» **Hürriyet Daily News** (www.hurriyetdailynews.com) Englischsprachige Website der Tageszeitung

Wechselkurse

Eurozone	1 €	2,35 ₺
	1 ₺	0,43 €
Schweiz	1 SFr	1,90 ₺
	1 ₺	0,53 SFr

Aktuelle Wechselkurse gibt's unter www.oanda.com.

Wichtige Telefonnummern

Landesvorwahl	☎90
Vorwahl für internationale Gespräche aus der Türkei	☎00
Krankenwagen	☎112
Feuerwehr	☎110
Polizei	☎155

Ankunft am ...

» **Flughafen İstanbul-Atatürk & Sabiha Gökçen**
Havataş- (Havaş-) Flughafenbus – zum Taksim Meydanı alle 30 Minuten (10–12 ₺). Metro – Von Atatürk nach Zeytinburnu, dann die Tram ins Zentrum (4 ₺). Taxi – nach Sultanahmet 40/120 ₺

» **Flughafen Antalya**
Öffentliche Busse alle 30 Minuten (6–22 Uhr) vom Flughafen zum Busbahnhof in der Stadt. Taxi in die Stadt ca. 7,50 €. S. auch Kapitel „Verkehrsmittel- und Wege" (S. 437).

Islam und Ramazan

Insgesamt ist der Islam in der Türkei nur sehr moderat präsent. In İstanbul und im westlichen Teil des Landes gibt es so viele Bars wie Moscheen; man vergisst leicht, dass man in einem islamischen Land ist. Doch einmal im Jahr müssen sich Türken zurückhalten: während des Ramazans (türk. für „Ramadan"). In dem heiligen Monat fasten die Muslime zwischen Sonnenauf- und Sonnenuntergang. Momentan liegt der Ramazan im Sommer.

» Wer kein fastender Muslim ist, sollte nicht bei einem *iftar* (abendliches Mahl; Fastenbrechen) nach einer günstigen Mahlzeit schielen.

» In der Öffentlichkeit tagsüber nicht essen, trinken oder rauchen!

» Nachsichtig sein: Aufseher und andere Servicekräfte sind vielleicht etwas schlecht gelaunt, wenn sie in der Hitze fasten müssen!

» Keine provozierende Kleidung; Muslime müssen einen Monat lang auf Sex verzichten!

Das erste Mal

Jeder braucht eine helfende Hand, wenn er ein Land zum ersten Mal besucht. Es gilt, ein paar wichtige Floskeln zu lernen, sich mit den Sitten und Bräuchen vertraut zu machen und zu wissen, wie man sich zu verhalten hat.

Sprache

In İstanbul und den touristischen Teilen der Westtürkei sprechen viele Türken Englisch und/oder Deutsch. Reist man weiter ins Inland, lohnt es sich, ein paar Brocken Türkisch zu können. Türkisch zu lernen, ist nicht zu schwer – und nützlicher als Kurdisch, denn die meisten Kurden sprechen Türkisch (nicht aber umgekehrt).

Im Voraus buchen

In der Hauptsaison (s. S. 14) empfiehlt es sich, für İstanbul, die Türkische Riviera und die Südägäis eine Unterkunft zu reservieren. Außerhalb der Touristenzentren kann man auch spontan sein. Auch im Winter sollte man im Voraus buchen, weil viele Unterkünfte dann geschlossen sind. In Restaurants kann man einfach so aufkreuzen – außer man will in beliebte Lokale oder ein spezielles Gericht. Wer an islamischen Feiertagen mit öffentlichen Verkehrsmitteln fahren will, sollte sich früh ein Ticket besorgen.

Hallo.	Merhaba.
Ich möchte ein Zimmer reservieren.	Biroda ayırtmak is tiyorum lütfen.
Einzel-/Doppelzimmer	tek/iki kişilikoda
Mein Name ist ...	Benimadım ...
Datum	tarih
Was kostet es pro ...?	... ne kadar?
Nacht	Geceliği
Person	Kişibaşına
(Vielen) Dank.	(Çok) Teşekkür ederim.

Kleidung

In İstanbul und in den Urlaubsorten an der Ägäis und am Mittelmeer ist man westliche Kleidung gewohnt. Ein Bikini am Strand und kurze Röcke in Nachtclubs verwundern niemanden. Anderswo sind die Leute jedoch häufig konservativ. Selbst Männer sollten nur lange Hosen tragen. In streng islamischen Städten sind T-Shirts und Sandalen nicht angesagt. Frauen müssen nur ein Kopftuch tragen, wenn sie eine Moschee betreten. Viele türkische Männer halten Frauen aus dem westlichen Ausland für „verfügbar". Um nicht ungewollt die Aufmerksamkeit auf sich zu ziehen, sollten sich Frauen angemessen dezent kleiden.

Einpacken

- » Reisepass oder Personalausweis
- » Führerschein (und eine Kopie davon)
- » Kreditkarte und Bankkarte
- » Reservekarten
- » Bankverbindungsnachweis
- » Bargeld
- » Wörterbuch
- » Sonnenschutzmittel
- » Insektenschutzmittel
- » Rehydrationslösung
- » Sonnenbrille
- » Fotoapparat
- » Badezeug
- » T-Shirts & langärmlige Oberteile
- » Shorts
- » Hosen/Röcke
- » Sandalen
- » Geschlossenes Schuhwerk
- » Sonnenhut
- » Kopftuch (Frauen)
- » Medikamente
- » Toilettenpapier
- » Seife/Flüssigseife
- » Ladegeräte und Adapter
- » Handy ohne SIM-Lock

An alles gedacht?

» Überprüfen, ob der Pass noch mindestens sechs Monate gilt!

» Wird ein Visum benötigt? Kosten?

» Das eigene Kreditinstitut über die Reisepläne informieren!

» Reiseversicherung abschließen!

» Impfschutz checken!

» Transfer vom Flughafen oder Weiterfahrt organisieren!

» Flüge und Mietwagen online buchen!

» In beliebten Touristengegenden Unterkunft buchen!

» Gepäckbeförderungsbestimmungen der Fluglinie überprüfen!

Etikette

» **Religion** Sich unauffällig kleiden und rund um Moscheen respektvoll benehmen!

» **Gastfreundschaft** Türken sind äußerst gastfreundlich. Nicht wundern, wenn man auch ein paar Geschenke erhält!

» **Höflichkeit** Türken legen viel Wert auf Respekt. Man sollte die Leute grüßen bzw. zurück grüßen.

» **Alkohol** Alkoholkonsum herunterschrauben! Restaurants mit Schanklizenz sind teuer, und in den Bars treiben sich oft zwielichtige Typen rum.

» **Sprache** Ein paar Brocken Türkisch lernen! Das hilft nicht nur weiter, sondern kommt auch gut an.

» **Streitigkeiten** Türken sind normalerweise ehrlich; wer meint, zu viel bezahlt zu haben, sollte trotzdem ruhig bleiben.

» **Partnerschaften** In der Öffentlichkeit mit dem Partner keine Zärtlichkeiten austauschen – keinen Anlass zu Missverständnissen geben!

» **Politik** Immer taktvoll bleiben! Wer den türkischen Nationalismus kritisiert, könnte im Gefängnis landen.

» **Ramazan** (türk. für „Ramadan") In der Öffentlichkeit nicht essen, trinken oder rauchen; fastende Muslime respektieren!

Trinkgeld

» **Wann & Wo** Trinkgeld wird üblicherweise in Restaurants, Hotels und Taxis gegeben, sonst nach Gusto.

» **Restaurants** In Billiglokalen reichen ein paar Münzen; in Mittel- und Spitzenklasserestaurants 10 bis 15 % des Rechnungsbetrags.

» **Hotelportier** Nur in Mittel- und Spitzenklassehotels 3 % des Zimmerpreises.

» **Taxis** Den Fahrpreis auf die nächsten 50 Kuruş aufrunden.

» **Hamam** Masseure rechnen manchmal mit 10 bis 20 % Trinkgeld.

» **Dolmuş** Nicht nötig.

» **Sonderführungen** Ein paar Lira für den Aufseher.

Geld

Die meisten Unternehmen akzeptieren Bankkarten, aber um ein Auto zu mieten, braucht man meist eine Kreditkarte. Geldautomaten gibt es überall, ebenso Wechselstuben in den Städten und Touristengegenden. Mit der Kreditkarte kann man auch Bargeld abheben. Viele Hotels und Restaurants in İstanbul und touristischen Gegenden nehmen auch Euro und Dollar. Visa und MasterCard werden in den meisten Hotels, Geschäften und Restaurants der Touristenzentren akzeptiert. Amex funktioniert nur in Spitzenklasseeinrichtungen. Bei Reiseschecks werden meist beim Einlösen hohe Gebühren fällig. Wegen der hohen Inflation wurden die Nullen in der Währung weggestrichen, aber viele Türken rechnen noch in Tausendern und Millionen. Also keinen Schreck kriegen, wenn man ein Stück im Wert von z. B. 6 ₺ kaufen will und der Ladenbesitzer 6 Mio. ₺ verlangt!

Was gibt's Neues?

Für die Erstausgabe des Führers über die türkischen Küsten haben unsere Autoren alles Neue, Umgestaltete und Angesagte aufgespürt. Hier folgen ein paar unserer Favoriten. Aktuelle Bewertungen und Tipps gibt's unter www.lonelyplanet.com/turkey bzw. www.lonelyplanet.de.

Historische Entwicklungen

1 Neu in Sachen historische Stätten ist z. B. die Seilbahn zur Akropolis von Pergamon oberhalb der heutigen Stadt Bergama im Westen der Türkei (S. 185). Die renovierte İstanbuler Derwisch-Herberge (Galata) aus dem 15. Jh. beherbergt nun ein Derwisch-Museum (S. 71). Nach 20 Ausgrabungsjahren kann jetzt die byzantinisch-osmanische Zitadelle von Ayasoluk (Selçuk; S. 227) besichtigt werden.

Aya Sofya (Hagia Sophia)

2 Die Restaurierung des weltgrößten byzantinischen Baus – der Aya Sofya (İstanbul; S. 46) – endete nach 17 Jahren unter großem Applaus. Auch die Ayasofya Hürrem Sultan Hamamı (S. 84) nebenan ist nach einer Restaurierung für fast 10 Mio. € wieder geöffnet.

Kulinarisches İstanbul

3 İstanbuls Gastrowelt bereichern nun kulinarische Spaziergänge unter der Leitung von Gourmet-Bloggern, Kaffee-Workshops im Museum für Türkische & Islamische Kunst (S. 53) und das neue osmanische Restaurant Matbah (S. 101).

İstanbul

4 Tolle Neueröffnungen sind z. B. die SALT-Kulturzentren (S. 71 & S. 75), das schräge Museum der Unschuld von Schriftsteller Orhan Pamuk (S. 76) und das Pera Palace Hotel (S. 100), dessen spätosmanische Prunkeinrichtung für etwa 17 Mio. € renoviert wurde.

Troja-Museum

5 Bei Troja soll 2015 ein nationales Archäologie- und Geschichtsmuseum (S. 164) eröffnen – noch ein Grund, um vom nahen Çanakkale oder von der Halbinsel Gallipoli aus auf einen Abstecher hierher zu kommen.

Wie wär's mit …

Basare

Schon vor Jahrhunderten betrieben seldschukische und osmanische Händler in den Karawansereien entlang der Seidenstraße ihre Geschäfte. Fahrende Händler gibt es heute noch – und das traditionelle Handeln und Feilschen gehört einfach zum Treiben auf den Märkten. In den verwinkelten türkischen Basaren finden Einheimische und Traveller alles – Mode, Schmuck, Keramik, Lederwaren, Teppiche, Stoffe –, sogar einen Wecker in Moscheeform.

Großer Basar in İstanbul In dem mit 64 gewundenen Gassen größten und besten Einkaufsviertel der Stadt lernt man das Feilschen. (S. 62)

Gewürzbasar (Ägyptischer Basar), İstanbul Hier findet man neben der türkischen Süßigkeit *lokum* ein überreiches Angebot von Gewürzen, deren Duft auch in den Textilwaren- und Elektronikgeschäften hängt. (S. 66)

Hamams

In Europa sind diese Dampfbäder auch unter der Bezeichnung „Türkisches Bad" bekannt. Die Bäder mit Kuppeldächern erinnern an römische und byzantinische Badehäuser. Man kann sich dort massieren lassen oder einfach nur die beruhigende Atmosphäre genießen.

Sefa Hamam, Antalya Diese restaurierte Perle aus dem 13. Jh. wartet immer noch mit vielen seldschukischen Elementen auf. Man findet den Hamam im Altstadtviertel Kaleiçi inmitten osmanischer Gebäude nahe dem römischen Hafen. (S. 330)

Ayasofya Hürrem Sultan Hamam, Istanbul Der im Jahr 1556 erbaute Hamam nahe der Aya Sofya besticht durch seine Architektur und die luxuriöse Ausstattung. (S. 84)

Traditionelle Türkische Massage Nach dem Dampfbad wird gerubbelt und geknetet. Einheimische werden ordentlich bearbeitet, Ausländer oft etwas geschont.

Sokollu Mehmet Paşa Hamam, Edirne Mimar Sinan entwarf dieses Prunkstück gegenüber der berühmten Selimye-Moschee. (S. 133)

Strände

Sonnenanbeter haben die Qual der Wahl entlang Homers „weindunklem" Meer. Die Türkei hat Strände am Mittelmeer, an der Ägäis, am Schwarzen Meer und am Marmarameer. Das Land hat eine lange Geschichte, und an den Küsten spielen auch Episoden aus der griechischen Mythologie.

Kaputaş Der Bilderbuchstrand mit honiggelbem Sand an azurblauem Wasser liegt zwischen Kas und Kalkan. (S. 307)

Kabak Sandstrand unterhalb des Ortes; beliebtes Ziel für Naturfreunde. (S. 299)

Patara Einst wollten Besucher hier den Tempel und das Orakel des Apollon besichtigen, inzwischen ist der 18 km lange weiße Sandstrand die Hauptattraktion für Sonnenanbeter und Schildkröten. (S. 305)

Ägäische Inseln Ein griechisches Kloster wacht über den Ayazma-Strand auf der Insel Bozcaada (S. 167). Wer Glück hat, hat die Strände auf der Insel Gökçeada (S. 159) für sich.

Lykischer Weg Der 509 km lange Wanderweg führt entlang der Mittelmeerküste, vorbei an Ruinen und dem sich erhebenden Hinterland der Halbinsel Teke. (S. 29)

» Hafen, Altstadt und römische Mauern, Antalya

Museen

In einem Land, in dem große Dynastien von den Hethitern bis zu den Osmanen ihre Spuren hinterlassen haben, ist ein Museum keine ungewöhnliche Sache. Jede Stadt, die was auf sich hält, hat ein Museum für die Schätze der regionalen Geschichte – von verstaubten Sammlungen prähistorischer Stücke bis hin zu innovativen, interaktiven Kulturzentren.

İstanbul Hier ist alles vertreten, vom klassischen Museum für Türkische & Islamische Kunst (S. 53) mit einer der wichtigsten Teppichsammlungen bis zum Museum der Unschuld des Literaturnobelpreisträgers Orhan Pamuk (S. 76).

Gesundheitsmuseum, Edirne In der psychiatrischen Abteilung des Krankenhauskomplexes wurde bereits im 17. Jh. die Musiktherapie angewendet. (S. 133)

Städte

Natürlich hält jeder Einheimische seine Stadt für *en çok güzel,* die schönste Stadt – der Ehrlichkeit halber aber muss man sagen: Abgesehen von einer Ausnahme beeindrucken die türkischen Berge und Strände mehr als die Städte. Doch gibt es durchaus sehenswerte Orte.

İstanbul Diese Mega-City war einst die Hauptstadt eines Weltreichs. So muss man es den İstanbulern nachsehen, wenn sie ihre Stadt auch heute noch für das Zentrum der Welt halten. (S. 40)

Antalya Das Tor zur türkischen Riviera: klassisch schön und stylish-modern zugleich. (S. 327)

İzmir Das ehemalige Smyrna an der Ägäis besticht durch seine Urlaubsatmosphäre und den Anblick der vorbeifahrenden Fähren. (S. 190)

Antakya (Hatay) Hier lag einst das antike Antiochia. Es herrscht ein fast schon arabisches Flair. (S. 366)

Boutiquehotels

Von osmanischen Fachwerkhäuserm bis hin zu griechischen Steinhäusern – immer mehr architektonische Schmuckstücke der Türkei werden zu kleinen, einmaligen Hotels umgebaut. Diese besonderen Anwesen bieten Lokalkolorit mit Stil.

Alaçatı Mehr als 100 griechische Steinhäuser dienen als schmucke Unterkünfte, darunter ein ehemaliges Olivenlager und Windmühlen. (S. 206)

Kaleiçi Einige Boutiquehotels verleihen dem alten romanisch-osmanischen Viertel Antalyas zusätzlichen Charme. (S. 327)

Alanya Unterhalb der seldschukischen Burg haben gerade wieder zwei umgebaute osmanische Häuser eröffnet. (S. 346)

Wie wär's mit ... James Bond? *Skyfall,* der neueste Film um den britischen Agenten mit der Lizenz zum Töten, wurde u.a. in der Türkei gedreht: Auf dem Großen Basar in İstanbul, in Fethiye und in Ölüdeniz am Fuß des 1960 m hohen Berges Baba Dağ.

Geschichte

Die Türkei hat eine lange, wechselvolle Geschichte hinter sich und rühmt sich dieser Tatsache gern. Der Funken der Begeisterung springt angesichts der zahllosen Moscheen, Paläste, antiken Stätten und Museen schnell auf den Besucher über. Schon ein Spaziergang über einen Basar und der Genuss eines Kebab lassen das bunte Treiben erahnen, das zu den Blütezeiten der Seidenstraße unter den Händlern herrschte.

İstanbul Jeder Quadratmeter der ehemaligen Hauptstadt diverser Weltreiche strahlt geschichtliche Bedeutsamkeit aus, besonders in Sultanahmet am Topkapı Sarayı. (S. 40)

Dardanellen Auf der einen Seite liegt Troja, wo man den Nachbau des Hölzernen Pferdes besichtigen kann. Auf der Halbinsel Gallipoli wurde im ersten Weltkrieg eine blutige Schlacht geschlagen. (S. 142)

Nördliche Ägäis Hier lebt die Geschichte der Kulturen: Die Bevölkerung setzt sich aus den Nachkommen von Griechen und von Nomaden zusammen. (S. 165)

Archäologische Stätten

Ruinen und Kebab – diese beiden teilen sich Platz 1 auf der Liste derjenigen Dinge, die die Türkei zu einem der schönsten Reiseziele der Welt machen. Ob im Stadtzentrum oder an zerklüfteten Küsten – die Relikte aus alten Zeiten wecken in jedem Besucher den Romantiker.

Ephesos Die am besten erhaltene antike Stadt im Mittelmeerraum. (S. 214)

Pergamon Das Asklepieion von Pergamon gilt als herausragend unter den Heilstätten römischer Zeit. Ein wahres Wunderwerk ist das griechische Theater. (S. 182)

Aktivitäten

Dank den wunderschönen und abwechslungsreichen Landschaften bietet die Türkei mit ihren Bergen und Stränden eine Menge Möglichkeiten für Outdoor-Aktivitäten. Ob man sich als Extremsportler versuchen will oder einfach nur ein wenig bummeln möchte – kulinarisch sollte man sich hinterher auf jeden Fall mit *çay,* Kebap, Baklava, Efes-Bier und *meze* verwöhnen.

Wandern Es gibt unendlich viele Routen – von diversen Halbtagestouren bis hin zum 500-km-Marsch entlang der Mittelmeerküste. (S. 28)

Tauchen Wer Glück hat, entdeckt antike Amphoren am Meeresgrund. An der Küste vor Gallipoli liegt ein Schiffswrack aus dem Ersten Weltkrieg. (S. 29)

Wassersport Sowohl an den Stränden der Ägäis als auch am türkischen Mittelmeer kann man windsurfen, kitesurfen, Kanu oder Wasserski fahren. (S. 30)

Canyoning Die 18 km lange Schlucht von Saklıkent bei Fethiye ist diesbezüglich der Top-Spot der Türkei. (S. 302)

Landschaft

Zwar streckt die Türkei ihre Fühler nach Europa aus, doch eigentlich gehört sie zu Asien. Kein Wunder, dass die Landschaft sehr abwechslungsreich ist! In den ländlichen Gebieten verzaubern Ruinen aus der Antike und idyllische Ortschaften die Besucher.

Behramkale Von den Hügeln hat man einen traumhaften Blick auf die Ägäis. (S. 170)

Halbinseln Datça & Bozburun Raue Mittelmeerküsten mit Höhlen und Pinienwäldern. (S. 271)

Essen & Trinken

Es scheint, als sei die Genusssucht hier entstanden. Ganz gleich, ob an einem Straßenstand oder in einem Sterne-Restaurant: Jeder Landstrich wartet mit eigenen Spezialitäten auf, die man in jeweils ganz individuellen Lokalen auch probieren kann – hier gibt's die passende Kost zum Boutiquehotel.

Dachlokale in Beyoğlu Beim Anstoßen auf İstanbul genießt man von dort aus den atemberaubenden Ausblick auf den Bosporus und das Goldene Horn. (S. 110)

Doyuranlar Gözleme Familiengeführtes Restaurant auf der Halbinsel Gallipoli. Die Speisen werden in ländlich-idyllischer Atmosphäre stets frisch zubereitet. (S. 150)

Antakya Evi In den *mezes* und Salaten erkennt man syrische und arabische kulinarische Einflüsse, dazu gibt's türkische Volksmusik. (S. 370)

Architektur

Das Erbe mächtiger Reiche offenbart sich in der großen Zahl imposanter Bauten. Paläste, Moscheen, Kirchen, Klöster und Karawansereien sind nur einige der alten Bauten, die längst vergangene Zeiten lebendig werden lassen. Wer die historischen Sehenswürdigkeiten besucht, wird neben diesen auch byzanthinische, seldschukische und osmanische Bauten sehen.

İstanbul Zu den Prachtbauten der Stadt zählen der osmanische Topkapi Sarayı und der Dolmabahçe-Palast, die zeitgenössische Şakirin-Moschee und die überwältigende Kuppelbasilika der Aya Sofya (Hagia Sofia), das weltweit größte erhaltene byzanthinische Bauwerk. (S. 40)

Boutiquehotels Ob die alten griechischen Dörfer an der Ägäis, die Fachwerkhäuser in Safranbolu oder die osmanischen Herrenhäuser in Amasya – die historischen Bauten wurden von den Hoteliers liebevoll restauriert. (S. 434)

Monat für Monat

Top-Events

1 **Bergwandern,** Juli

2 **Skisaison,** Dezember

3 **Internationales Filmfestival İstanbul,** April

4 **Newroz,** März

5 **Historisches Ölringen in Kırkpınar,** Juni

Januar

Tiefster Winter: Sogar in İstanbul sind die Straßen frei von Einheimischen und Besuchern. Schneebedingt werden eventuell Straßen gesperrt, Busse fahren meist mit Verspätungen.

Neujahr

In islamischen Ländern gibt es eine Art Ersatzweihnachten mit Dekorationen, Geschenken und Kartengrüßen. Weihnachten und Neujahr am 1. Januar bilden Ausnahmen in der sonst günstigen Nebensaison – die Preise steigen, die Buchungen werden zahlreicher.

März

Wie auch in den Folgemonaten hat man um diese Jahreszeit die Top-Sehenswürdigkeiten des Landes teilweise noch ganz für sich. Einige Unterkünfte bieten größere Rabatte an.

Newroz

Kurden und Aleviten begehen am 21. März das einst im Nahen Osten entstandene Frühlingsfest recht ausgelassen. Weit verbreitet ist das Springen durchs Freudenfeuer. Jahrzehntelang waren diese Feiern verboten, seit 1995 wird offiziell landesweit wieder gefeiert – mit Partys bis zum Morgen.

Çanakkale Deniz Zaferi

Am 18. März pilgern die Türken auf die Halbinsel Gallipoli (Gelibolu) und in die Städte rund um die Dardanellen. Sie feiern den Sieg der Flotte bei Çanakkale und gedenken der 130 000 Türken, die in der Schlacht im Ersten Weltkrieg gefallen sind. Besonders die türkischen Gedenkstätten im Süden der Halbinsel werden von ganzen Busladungen von Besuchern aufgesucht.

April

Frühling – İstanbul hat in den Monaten April und Mai Hauptsaison, andernorts ist Zwischensaison. Im Norden des Landes wird man zwar noch nicht braun, im Südwesten jedoch kann man milde Temperaturen und eine laue Brise genießen.

Anzac-Gedenktag, Halbinsel Gallipoli

Auch der ANZAC-Gedenktag (ANZAC steht für Australian and New Zealand Army Corps) am 25. April erinnert an die Dardanellenschlacht – dieses Mal aus Sicht der Alliierten. Die Besucher nächtigen vor der Morgenandacht in der Landebucht der Alliierten. Die Halbinsel ist zu dieser Zeit gut besucht.

Internationales Filmfestival İstanbul

Zwei Wochen lang dreht sich in den wunderschönen alten Kinos in und um den Einkaufsboulevard İstiklal Caddesi in Beyoğlu alles um das Thema Türkischer und Internationaler Film – umfangreiches Programm zu günstigen Preisen! Ein großartiger Crash-Kurs in Sachen türkischer Film; unbedingt im Voraus buchen unter http://film.iksv.org/en!

Internationales Tulpenfest in İstanbul

Um diese Jahreszeit prangen in den Parkanlagen und Gärten in İstanbul die Tulpen, die ursprünglich aus der Türkei nach Europa gebracht wurden. Mehrfarbige Tulpen verbinden die Türken mit dem „bösen Blick“. Die Tulpenblüte setzt Ende März/Anfang April ein.

Mai

Ein guter Reisemonat: Außerhalb İstanbuls ist jetzt noch Zwischensaison, noch kann man hier sparen. Allmählich aber nimmt der Frühling Fahrt auf, es wird wärmer, die Strände an Ägäis und Mittelmeer werden voller.

Windsurfen

Das türkische Windsurferparadies heißt Alaçatı. Hier beginnt die Saison Mitte Mai. Die geschützte Ägäisküste ist Schauplatz des Windsurf-Weltcups im August. Anfang November lässt der Wind nach; etliche der acht örtlichen Surfschulen schließen dann. Mehr unter www.alacati.de.

Ruinen, Moscheen, Paläste & Museen

Vor September ist jetzt die letzte Gelegenheit, die wichtigsten Sehenswürdigkeiten der Ägäis und der Mittelmeerküste ohne Touristenhorden zu bestaunen (z. B. das antike Ephesos). Im Hochsommer kann es dort außerdem fast unerträglich heiß werden.

Juni

Im Sommer ist in İstanbul Zwischensaison, während überall sonst bis Ende August Hauptsaison herrscht. Es wird brütend heiß, die Hotelpreise sind nicht verhandelbar, außerdem sind die Sehenswürdigkeiten überlaufen. Den Menschenmassen entkommt man nur früh am Morgen, in der Mittagszeit oder spät am Nachmittag.

Kirschsaison

Wer sich den Bauch mit schmackhaften türkischen Kirschen vollschlagen will, hat im Juni die volle Auswahl. Giresun versorgt die ganze Welt mit den leckeren Früchten. Am Marmarameer richtet die Stadt Tekirdağ alljährlich Anfang Juni das mehrtägige Kirschfest aus.

Historisches Ölringen in Kırkpınar bei Edirne

Seit bereits 650 Jahren messen sich die sogenannten *pehlivan* (Ringer) Ende Juni, Anfang Juli bei dieser dreitägigen Meisterschaft. Die stämmigen Kontrahenten kommen aus allen Landesteilen hierher. Vor dem Kampf reiben sich die Ringer von Kopf bis Fuß mit Olivenöl ein.

Juli

In diesem Monat und im nachfolgenden August dreht sich in den beliebten Touristenhochburgen an der Ägäis und am Mittelmeer alles nur um Sonne und Spaß. Der blaue Himmel strahlt mit den Menschen um die Wette.

Musikfestivals

Ihre europäische Seite zeigt die Türkei in etlichen Musik- und Tanzveranstaltungen im Sommer: Im Juni und Juli finden in İstanbul und İzmir anspruchsvolle Festivals statt. Opern- und Balletfreunde dürfte es ins antike Theater von Aspendos ziehen. Zudem gibt es zahlreiche Pop-, Rock- und Dance-Musik-Events in İstanbul und anderen Städten. Mehr unter http://muzik.iksv.org/en.

August

Sogar nachts ist es heiß und schwül. Sonnenschutz- und Insektenschutzmittel nicht vergessen! Wer gern wandern geht, sollte seine Ausflüge für den frühen Morgen oder für kurz vor Sonnenuntergang planen.

Internationales Ballettfestival Bodrum

Im Kastell St. Peter aus dem 15. Jh. befindet sich nicht nur ein bemerkenswertes Museum für Unterwasserarchäologie. Auf dem Gelände der malerischen Festung findet auch das 14-tägige Ballettfestival mit türkischen und internationalen Ensembles sowie Operndarbietungen statt. Mehr unter www.bodrumballetfestival.gov.tr.

September

Nun beginnt in İstanbul die zweite Hauptsaison. Andernorts ist bereits wieder Zwischensaison – mit niedrigeren Temperaturen und Preisen sowie weniger Touristen. Unterkunft und Ausflüge – z. B. mit dem Boot – werden zum Winter hin immer günstiger.

Tauchen Das Meer ist zwischen Mai und Oktober am wärmsten. Im September liegt die Wassertemperatur bei rund 25 °C. Die Tauchzentren der türkischen Ägäis befinden sich in Kuşadası, Marmaris und Ayvalık, das größte türkische Mittelmeer-Tauchzentrum ist Kaş.

Internationale Biennale İstanbul

Die größte Veranstaltung zur bildenden Kunst in der Stadt gilt als eine der renommiertesten Biennalen weltweit. Alle zwei Jahre – in den ungeraden Jahren – werden von Anfang September bis Anfang November gewöhnlich mehr als 100 Projekte ausgestellt – von beinahe ebenso vielen Künstlern aus Dutzenden Ländern. Mehr unter http://bienal.iksv.org /en.

Oktober

Jetzt hat der Herbst wirklich Einzug gehalten. Außerhalb İstanbuls schließen viele Unterkünfte für die Wintermonate. Im Norden gibt es keinerlei Gutwettergarantie, an der Ägäis und am Mittelmeer jedoch sind die Tage zwar frisch, aber sonnig.

Im Südwesten der Türkei gelten das Frühjahr und der Herbst als die besten Jahreszeiten, um sich die Schönheit der Natur aktiv zu Gemüte zu führen, z. B. im Rahmen von Outdoor-Aktivitäten. Mehr unter www.trekkinginturkey.com.

Akbank Jazz Festival

Von Mitte September bis Anfang Oktober zelebriert İstanbul seine Liebe zum Jazz mit einer ganzen Reihe Veranstaltungen einheimischer und internationaler Künstler. Das Akbank Jazz Festival wird bereits seit 1990 ausgerichtet – und ist damit älter als das İstanbul Jazz Festival im Juli. Mehr unter www.akbanksanat.com.

Efes Pilsen Blues Festival

Im Herbst geben amerikanische Blues-Größen Konzerte in İstanbul und in einer ganzen Reihe weiterer Städte. Das Festival blickt auf eine mehr als 20-jährige Geschichte zurück und wartete bereits mit Künstlern wie dem Gitarristen John Mooney auf. Veranstaltungsdaten und weitere Informationen unter www.pozitif-ist.com.

November

Selbst an den Küsten ist die Erinnerung an den Sommer inzwischen verblasst. In İstanbul regnet es um diese Zeit recht viel.

Dezember

Nur am westlichen Mittelmeer ist es jetzt noch einigermaßen mild, und man kann noch bei angenehmeren Temperaturen durch die hügelige Landschaft wandern.

Reise-routen

Ob man nun sechs oder 60 Tage Zeit hat – diese Routen bieten eine Orientierungshilfe für eine fantastische Reise. Lust auf weitere Anregungen? Im Forum von www.lonelyplanet.de kann man sich mit anderen Travellern austauschen.

10 Tage–2 Wochen

Türkei ganz klassisch

Die meisten Türkei-Neulinge kommen mit den Namen zweier Orte im Kopf: İstanbul und Ephesos. In **İstanbul** braucht man mindestens drei Tage, um auch nur an der Oberfläche dieser geschichtsträchtigen Stadt zu kratzen. Highlights sind die Aya Sofya, der Topkapı-Palast und die Blaue Moschee, aber es gibt noch unglaublich viele weitere Sehenswürdigkeiten und Aktivitäten, z. B. eine Bootsfahrt auf dem Bosporus, das Nachtleben und den Großen Basar. Von İstanbul kann man direkt nach **İzmir** weiterreisen; die entspannte Küstenstadt bei Ephesos punktet mit Ägäisblick und levantinischer Architektur. Wer unterwegs mehr sehen will, nimmt den Bus von Bandırma nach **Çanakkale**, das eine muntere Kleinstadt voller Studenten ist. Hier bietet sich ein Blick über die Dardanellen und Gelegenheit zum Besuch der **Halbinsel Gallipoli**. Eine Tour über die Schlachtfelder des Ersten Weltkriegs ist ergreifend. Von Çanakkale kommt man per Bus ins verfallene **Ayvalık** und mit dem *dolmuş* weiter nach **Behramkale (Assos)**, wo man zum Athenatempel hinaufsteigt. Schließlich geht's mit dem Bus von Ayvalık nach İzmir und weiter nach Selçuk, wo man die Ruinen von **Ephesos**, der am besten erhaltenen antiken Stadt im östlichen Mittelmeerraum, besichtigt.

Etwa 3 Wochen

Palmen und mehr

Los geht's mit der Reiseroute „Klassische Türkei“ (S. 26), nur dass auf dem Weg von Ayvalık nach İzmir ein zusätzlicher Stopp in **Pergamon** eingelegt wird. Hier kann man einige der wundervollsten Ruinen aus römischer Zeit bewundern und den Hügel hinauf zur Akropolis erklimmen.

Nach dem Besuch von **Ephesos** geht's entweder zur schicken **Bodrum-Halbinsel** oder zu den **Halbinseln Datça** und **Bozburun**, deren Berg- und Fischerdörfer man am besten mit einem Motorroller erkundet. Weiter im Südosten kann man im schönen **Ölüdeniz** mit dem Gleitschirm über das Mittelmeer fliegen oder es sich auf seinem Badetuch am Strand gemütlich machen. Nun befindet man sich ganz in der Nähe des 509 km langen Lykischen Weges. Man wandert einen Tag durch die prachtvolle Landschaft und übernachtet im hinreißenden **Faralya** mit Blick aufs Schmetterlingstal. Die Idee, auf diesem Weg weiter ins Binnenland vorzudringen, dürfte wohl bald ganz oben auf der Wunschliste für den nächsten Türkeibesuch stehen …

Weiter die Küste entlang folgt ein Boxenstopp im entspannten **Kaş**, dessen hübscher Hafenplatz abends voller freundlicher Leute ist, welche die angenehme Brise, den Ausblick, die mediterrane Küche und ein, zwei Bier genießen. Hier beginnt außerdem ein betörender Bootsausflug, nämlich die Fahrt zu einer versunkenen byzantinischen Stadt bei der Insel **Kekova**. Von Kaş aus sind es nur ein paar Stunden nach **Olympos**, wo man sich ein paar Tage in den Baumhäusern am Strand entspannen kann.

Von Olympos geht's dann weiter nach **Antalya**. Die römisch-osmanische Altstadt (Kaleiçi) lohnt einen Bummel, und sie liegt vor einer atemberaubenden Bergkulisse.

Outdoor-Aktivitäten

Antalya & Türkische Riviera

Das westliche Mittelmeer hat eine riesige Auswahl von Aktivitäten zu bieten, darunter Seekajaktrips, Bootstouren, Tauchausflüge, zwei ausgeschilderte Fernwanderwege (Lykischer Weg & Paulusweg), Canyonsport sowie Rafting und Paragliding.

Südliche Ägäis

Wer die beliebtesten Gegenden der Ägäis besucht, sollte unbedingt Schwimmsachen mitbringen. In Orten wie Bodrum werden verschiedene Bootstrips und Wassersportaktivitäten wie Tauchen und Wasserskifahren angeboten.

Wer mal eine Pause von Denkmälern und historischen Stätten braucht, der ist in der Türkei ebenfalls richtig. Das Land bietet von haarsträubenden Abenteuern bis hin zu gemächlicheren Unternehmungen eine breite Aktivitätenauswahl. Einen Fluss auf einem Floß hinunterschießen? In der Nähe archäologisch wertvoller Ruinen baden? Gipfel erklimmen? Die Landschaft auf dem Pferderücken erkunden? Kein Problem – in der Türkei ist alles möglich!

Und das sind noch längst nicht alle Outdoor-Aktivitäten, die das Land bietet. Für aktive Reisende gibt's hier tolle Tummelplätze. Die Sicherheitsstandards sind immer gut, vorausgesetzt, man hält sich an seriöse Anbieter, die außerdem qualifizierte, Englisch sprechende Angestellte haben.

Das Schöne an der Türkei ist, dass überall Vielfalt lockt. Und nach all der Anstrengung gibt es doch kaum etwas Besseres als ein Stück Baklava oder einen Besuch im Hamam. Outdoor-Abenteuer, gutes Essen und Entspannung: eine unschlagbare Kombination!

Wandern

Wandern in der Türkei wird unter Einheimischen und ausländischen Travellern immer beliebter, und eine wachsende Zahl lokaler und internationaler Unternehmen bietet Wanderferien in der Türkei an. Das Land ist mit zahlreichen Bergen gesegnet, z. B mit dem Taurusgebirge im Südwesten – viele Regionen bieten fabelhafte Wandermöglichkeiten. Zu Fuß kann man auch jene Dörfer und Attraktionen am besten erkunden, die sonst kaum von Touristen besucht werden. Außerdem erhält man einen guten Einblick in das türkische Landleben.

Weitere Infos zum Wandern in der Türkei gibt's unter www.trekkinginturkey.com und cultureroutesinturkey.com.

Sicherheitshinweise

Abgesehen von einigen bekannten, instand gehaltenen Wanderrouten sind die meisten Wege nicht beschildert und sollten nur mit einem Führer erkundet werden; zumindest jedoch sollte man sich vor dem Start Tipps von den Einheimischen holen.

Das Wetter ist oft wechselhaft und kann schnell vom einen ins andere Extrem umschlagen, also auf alles vorbereitet sein und sich vorher über das Wetter informieren!

Fernwanderwege

Die Türkei hat zwei bekannte, gut ausgeschilderte Fernwanderwege, nämlich den Lykischen Weg und den Paulusweg. Daneben gibt's noch mehrere neue Fernstreckenrouten, die sich allerdings in unterschiedlichen Entwicklungsstadien befinden. Die Wege eignen sich besonders für Touren im Frühjahr oder Sommer, und man muss sie auch nicht komplett, sondern kann sie problemlos in Teilstücken zurücklegen. Für weitere Infos zu den Wanderwegen empfiehlt sich ein Besuch der oben genannten Websites.

Der Lykische Weg

Der Lykische Weg wurde von der *Sunday Times* zu einem der zehn besten Wanderwege der Welt gewählt. Er ist etwa 500 km lang und erstreckt sich zwischen Fethiye und Antalya, teilweise im Inland, teilweise entlang der Küste des alten Lykiens via Patara, Kalkan, Kaş, Finike, Olympos und Tekirova. Seine Highlights sind die herrlichen Küstenblicke, Pinien- und Zedernwälder, die friedlichen Dörfer und Ruinen antiker Städte sowie die Berggipfel des Olympos und Baba Dağ. Kate Clow, die Gründerin des Lykischen Weges, beschreibt die Strecke in ihrem Wanderführer *Der Lykische Pfad.*

Der Paulusweg

Der Paulusweg ist ebenfalls rund 500 km lang und verläuft von Perge (10 km östlich von Antalya) nach Yalvaç, das nördöstlich des Eğirdir Gölü (Eğirdirsee) liegt. Der Pfad folgt teilweise der Route, die der Heilige Paulus auf seiner ersten Missionsreise nach Kleinasien nahm. Der Paulusweg ist anspruchsvoller als der Lykische Weg, da er weitaus mehr Anstiege hat. Unterwegs passiert man Schluchten, Wasserfälle, Wälder, eine mittelalterliche befestigte Straße, römische Bäder und ein Aquädukt sowie zahlreiche idyllische Dörfer.

Wassersport

An einem weißen Sandstrand abzuhängen, ist zwar sehr verlockend, aber es gibt natürlich noch mehr Möglichkeiten, sich nass zu machen.

Tauchen

O.k., das Rote Meer ist es nicht, aber wo sonst auf der Welt kann man über Amphoren und Tonscherben aus antiken Schiffswracks hinweg schwimmen? Die Türkei bietet eine breite Auswahl von Riffen, Abhängen und Höhlen. Das Wasser ist in der Regel ruhig, ohne Tiden oder Strömungen, und die durchschnittliche Sichtweite beträgt 20 m (gar nicht mal schlecht für Mittelmeerstandards). Es gibt kaum Tiefseebereiche, aber die kleinen Riffe sind sehr fruchtbar. Hier sieht man Zackenbarsche, Zahnbrassen, Muränen, Doraden, Tintenfische und Papageienfische. Gelegentlich

GÜLET GEFÄLLIG?

Wer eine Bootstour entlang der Ägäis oder der Mittelmeerküste machen will, dem bieten sich endlose Möglichkeiten. Tagestrips beginnen praktisch an allen Orten, die einen Hafen haben – von Ayvalık in der nördlichen Ägäis den ganzen Weg rund um die Küste bis nach Alanya im östlichen Mittelmeer. Man kann aber auch eine elegante *gület* (traditionelle Holzjacht) mieten und vier Tage lang an Stränden und Buchten entlangfahren. Die beliebteste *gület*-Route verläuft zwischen Demre (Kale; bei Olympos) und Fethiye, obwohl nicht wenige eingefleischte Fans sagen, die Strecke zwischen Marmaris und Fethiye sei schöner.

PARAGLIDING

Man stelle sich vor, man gleitet in gemütlicher Sitzposition anmutig über das indigoblaue Meer hinweg und spürt, wie der Wind einem sanft um die Nase weht… Die Gleitschirmflüge von den Hängen des Baba Dağ (1960 m) in Ölüdeniz, der von Ende April bis Anfang November hervorragende thermische Auftriebe hat, sind ein echtes Highlight. Für Anfänger bieten die lokalen Unternehmen Tandemflüge an, für die weder Ausbildung noch Erfahrung nötig sind. Man muss nur ein paar Schritte laufen, und der Rest wird komplett vom Piloten geregelt, an dem man mit einem Gurt befestigt ist. Parasailing ist auch in Ölüdeniz und Kaş möglich.

lassen sich auch Gelbschwanzmakrelen, Barrakudas und Rochen blicken. Man muss kein Profitaucher sein – es gibt Bereiche für alle Schwierigkeitsgrade. Erfahrene Taucher können wundervolle rote Korallen entdecken (die normalerweis 30 m unter der Wasseroberfläche leben).

Die Standards der Tauchanbieter sind hoch, und es gibt professionelle Tauchzentren mit qualifizierten englischsprachigen Lehrern. Die meisten Zentren gehören international anerkannten Tauchorganisationen an. Im Vergleich zu anderen Ländern ist das Tauchen in der Türkei sehr billig und wunderbar für Anfänger geeignet. Die meisten Unternehmen bieten Einführungskurse und günstige Open-Water-Zertifizierungskurse an.

Man kann zwar das ganze Jahr über tauchen, aber die beste Zeit ist von Mai bis Oktober, wenn das Wasser am wärmsten ist (im September bis zu 25 °C).

Die besten Tauchspots

Die folgenden Orte stehen nicht zu Unrecht in dem Ruf, tolle Tauchspots zu sein:

» Kuşadası, Bodrum und Marmaris (südliche Ägäis)

» Kaş (westliches Mittelmeer)

» Ayvalık (nördliche Ägäis)

Seekajak- & Kanusport

Wer sich eine Landkarte der Türkei anschaut, wird sehen, wie gewunden die Küstenlinie des westlichen Mittelmeers ist. Hier gibt's einsame Höhlen, mit Pinienwäldern überzogene Berge, Inseln, die in der Entfernung schimmern, verwunschene Dörfer… Paddeln ist angesichts dessen die beste Möglichkeit, diese atemberaubende Landschaft mit dem stimmigen Namen „Türkisküste“ (Türkische Riviera) zu erleben und unberührtes Terrain auf bequeme Weise zu erkunden.

Ein weiterer Vorteil: Mit dem Boot kann man an Stellen anlegen, die über Straßen unerreichbar sind – ideal, um sein eigenes kleines Stück vom Paradies zu finden. Um die Reise noch aufregender zu machen, gibt es unterwegs fliegende Fische und Schildkröten zu sehen, und wer echtes Glück hat, der wird sogar einige fröhliche Delfine beobachten können.

Tagesausflüge sind die Norm, aber es können auch längere Touren mit Übernachtung im Zelt organisiert werden – dann schläft man z.B. an abgelegenen Stränden direkt unterm Sternenhimmel. Bei solchen Trips sollten Transfers, Führer, Ausrüstungen und Mahlzeiten inklusive sein.

Die besten Paddelspots

Die versunkene Stadt Kekova Dieser magische Ort mit lykischen Ruinen, die teilweise 6 m unter dem Meeresspiegel liegen, ist perfekt für eine Tour mit dem Seekajak von Kaş aus. Der exzellente Tagesausflug eignet sich für alle, unabhängig von der Kondition. Unterwegs fährt man über versunkene Mauern, Fundamente und Treppen hinweg, die bei Erdbeben im 2. Jh. überschwemmt wurden und im kristallklaren Wasser deutlich zu erkennen sind.

Patara Kanutrips auf dem Fluss Xanthos bieten eine tolle Möglichkeit, die dschungelartigen Flussufer zu sehen und das reiche Ökosystem voller Vögel, Krabben und Schildkröten zu erkunden. Dass die Fahrt am fantastischen Patara-Strand endet, ist ein weiteres Highlight.

Canyoning

Canyoning ist eine Mischung aus Klettern, Wandern, Abseilen, Schwimmen und anspruchsvollem Springen oder tiefem Fallen – es geht Wasserfälle und Flussschluchten hinab sowie über glatte Rutschbahnen in natürliche Wasserbecken. Man muss nicht unbedingt erfahren sein, aber Sicherheit im Umgang mit Wasser und eine gute Kondition sind von Vorteil. Die Erlebniszentren, die Canyoning-Touren anbieten, stellen normalerweise Neoprenanzüge, Helme und Gurte zur Verfügung, und die Trips werden von qualifizierten Lehrern durchgeführt. Bei der Tour durch die 18 km lange Saklıkent-Schlucht (S. 302) südöstlich von Fethiye springt man in Naturbecken, schwimmt schmale Passagen, klettert über Felsen und seilt sich über Wasserfällen ab.

Rafting

Es ist wichtig, einen Anbieter zu wählen, der über genug Erfahrung, Fähigkeiten und Ausrüstung verfügt, um eine aufregende, aber sichere Expedition durchzuführen. Man sollte sich an angesehene Unternehmen halten. Der Führer muss vorher über Sicherheitsfragen aufklären und den Teilnehmern Paddeltraining geben, bevor es stromabwärts geht. Die besten Rafting-Spots:

Köprülü Kanyon In der westlichen Mittelmeerregion, unweit von Antalya (S. 339)
Schlucht von Saklıkent Eine 18 km lange Schlucht bei Fethiye (S. 302)

Wind- & Kitesurfen

Die Weltmeisterschaften der Professional Windsurfers Association finden in Alaçatı auf der Halbinsel Çeşme statt. Alaçatı ist mit seiner konstanten und starken Brise (etwa 16–17 Knoten), seinem 2 km langen Strand mit Untiefen und den von Mitte Mai bis Anfang November sehr ruhigen Wasserkonditionen eine international anerkannte Windsurf-Destination. Es ist auch ein idealer Ort, um Surfen zu lernen – hier werden Kurse aller Schwierigkeitsgrade angeboten. Die Region ist auch ein bekanntes Ziel für Kitesurfer. Weitere Infos gibt's unter www.alacati.de.

Mit Kindern reisen

Die besten Regionen für Kinder

Antalya & die Türkische Riviera

Hier locken Wassersport sowie Aktivitäten von Tandem-Gleitschirmfliegen bis hin zu Kajakfahrten im Meer über versunkenen Ruinen. Wer mit kleineren Kindern unterwegs ist, kann in Ferienorten wie Kaş malerische Gassen durchstreifen und die Sandstrände nutzen.

Ephesos, Bodrum & die südliche Ägäisküste

Die Strände eignen sich für Kinder jedes Alters, größere Kinder werden sich auch für Ruinenstätten wie in Ephesos begeistern. Ferienorte wie Kuşadası, die Halbinsel Bodrum und Pamucak haben viele Sehenswürdigkeiten, Service-Einrichtungen und Wassersportmöglichkeiten zu bieten, in der Nähe liegen aber auch weniger touristisch erschlossene Küsten.

İzmir & die nördliche Ägäisküste

Noch mehr Strände an der Ägäis: Der *kordon* von İzmir hat eine weitläufige, ebene, schöne und kinderfreundliche Uferpromenade mit vielen gastronomischen Angeboten. Auf der netten Insel Bozcaada kann man sich leicht orientieren; sie bietet sichere Badestrände und gute Radwege.

Die Türkei mit Kindern

Çocuklar (Kinder) bilden den Mittelpunkt des türkischen Familienlebens, und auch die Kinder von Travellern sind gern gesehen. Überall schlägt einem ein bewunderndes *maşallah* (Gott sei gepriesen) entgegen, und Fremde nehmen die Kleinen begeistert in die Arme. In der familienfreundlichen Türkei ist das Reisen mit Kindern, ob groß oder klein, ein Vergnügen: Kellner spielen mit Kleinkindern, Fremde machen Späße mit ihnen, und bei vielen Sehenswürdigkeiten gibt es freien oder ermäßigten Eintritt. Andererseits fehlen häufig Einrichtungen für Kinder, und der Sicherheitsstandard erreicht selten westliches Niveau.

Es kann nicht schaden, auf Türkisch Auskunft über Alter und Geschlecht der Kinder geben zu können: *ay* (Monat), *yil* (Jahr), *erkek* (Junge) und *kız* (Mädchen). Auch die Frage nach den Kindern des Gesprächspartners ist höflich: *Kaç tane çocuklariniz varmı?* (Wie viele Kinder haben Sie?).

Ratschläge zu İstanbul stehen auf S. 84.

Highlights für Kinder

Aktivitäten

» An der westlichen Mittelmeerküste werden neben Strandspaß und Wassersport auch Aktivitäten wie Tandem-Gleitschirmfliegen angeboten.

» Mit Stränden, Wassersportmöglichkeiten und zwei größeren, bewohnten Inseln ist die Ägäis ideal für einen entspannten Urlaub am Meer.

» In Städten wie İstanbul werden auch Kochkurse angeboten.

Historische Stätten

» Für ältere Kinder und Teenager hat die türkische Küste zahlreiche Sehenswürdigkeiten zu bieten, von Ephesos bis Pergamon.

» Zwischen Ruinen wie denen des Hippodroms in İstanbul finden Kleinkinder viel Platz, um ihre Energie rauszulassen.

» Kinder lieben die gruselige Atmosphäre in İstanbuls unterirdischer Cisterna Basilica (Yerebatan Sarnıçı), einer spätantiken Zisterne mit Wegen über dem Wasser.

» In Mittelmeerorten wie Patara oder Kekova lässt sich die Besichtigung von Ruinen mit Baden am Strand, Bootsausflügen und Kajakfahrten im Meer kombinieren.

Leckereien

» Süße Leckereien stehen in der Türkei genauso hoch im Kurs wie Kebab. Beliebt sind z. B. *baklava*, *dondurma* (Eiscreme) und *lokum*.

Museen

» Im interaktiv gestalteten Rahmi M. Koç Museum in İstanbul sind Züge, Flugzeuge, Boote und Automobile ausgestellt.

» In der Galerie İstanbul Modern werden spannende Multimedia-Ausstellungen und im Sommer Kunstworkshops für Kinder zwischen sieben und zwölf Jahren abgehalten.

» Bei vielen Museen und Denkmälern haben Kinder unter zwölf Jahren freien Eintritt oder erhalten Ermäßigungen.

Unterkunft

» Neuartige Wohnerfahrungen versprechen beispielsweise Übernachtungen in den Baumhäusern in Olympos oder in den Strandrefugien von Kabak.

Verkehrsmittel & -wege

» Beliebt sind die Fahrten mit den Fähren in İstanbul und İzmir.

» Ein ganz neues, spannendes Erlebnis für den Nachwuchs versprechen die Fahrten mit der alten Straßenbahn sowie mit der Standseilbahn in İstanbul.

Reiseplanung

Einrichtungen

» Öffentliche Wickelräume sind selten vorhanden, aber beispielsweise in den Filialen der *kebapçılar* (Kebab-Restaurants) der Kette Kırçiçeği zu finden.

» Viele Türkinnen stillen ihre Babys in der Öffentlichkeit. Auch bei Ausländerinnen nimmt man daran keinen Anstoß, solange frau sich dabei diskret verhält (d. h. die Brust abdeckt).

» In Urlaubsorten und Städten am Meer gibt es oft Spielplätze, man sollte die Einrichtungen aber auf Sicherheitsmängel inspizieren.

Essen

» Gesonderte Kinderspeisekarten sind nicht üblich, doch Hotels und Restaurants bereiten häufig Gerichte speziell für Kinder zu.

» Hochstühle sind nicht die Regel, aber in touristischen Gebieten (außerhalb von İstanbul) immer häufiger zu bekommen.

Gesundheit

» Es ist zu erwägen, Kindern die von der WHO bzw. dem RKI empfohlenen Schutzimpfungen verabreichen zu lassen, falls noch nicht geschehen.

» In schwülem, heißem Klima können sich Wunden oder Hautläsionen schnell entzünden. Die Wundstelle sollte gesäubert und anschließend trocken und sauber gehalten werden.

» Wegen der Gefahr einer Infektion mit Tollwut oder anderen Krankheiten sollten Kinder Hunden und anderen Säugetieren aus dem Weg gehen.

» Die Medikamente und Dosierungen, die Ärzte oder Apotheker für Kinder und schwangere oder stillende Frauen verschreiben, sollte man unbedingt auf ihre Eignung überprüfen. Dasselbe gilt für die Ärzte in der Türkei.

» Einige Hinweise zur Eignung von Medikamenten und zu deren Dosierung findet man auf Websites zu Gesundheitsfragen auf Reisen.

» Weitere Infos stehen auf S. 449.

Infos im Internet

» Wer in der Türkei eine Kinderbetreuung sucht, findet auf der Website der australischen Organisation **Child Wise** (www.childwise.net) allgemeine Hinweise.

» In *Travel with Children* von Lonely Planet finden sich praktische Anregungen und Tipps, wie sich das Reisen mit Kindern möglichst stressfrei gestalten lässt.

Produkte

» Die Eignung von Medikamenten, die Kindern in der Türkei verschrieben werden, genau prüfen!

» H-Milch ist überall in Kartons erhältlich, Frischmilch ist schwieriger aufzutreiben.

» Am besten einen Vorrat an Babynahrung mitbringen: Das wenige, was es gibt, werden viele Kleinkinder nicht mögen, wenn es sich nicht bloß um reinen Bananenbrei handelt.

» Die größte Auswahl von Babynahrung findet man in den Migros-Supermärkten.

» Muttermilchersatz (der allerdings sehr teuer ist) und mit Vitaminen angereicherte Reiszerealien bekommt man in den meisten Supermärkten.

» Einweg-*bebek bezi* (Windeln) sind leicht zu bekommen.

» Die besten Windeln sind die der Marken Prima und Huggies, die in Drogerien und Supermärkten verkauft werden; von billigeren einheimischen Marken lässt man besser die Finger.

Sicherheit

» In Hotels und anderen Gebäuden auf ungesicherte Steckdosen achten!

» An vielen Wasserhähnen ist Kalt- und Warmwasser nicht gekennzeichnet. Das kalte Wasser kommt von links, das warme von rechts.

Auf der Straße sind folgende Gefahren besonders zu beachten:

» Die berühmt-berüchtigten Kraftfahrer der Türkei und besonders auf dem Bürgersteig fahrende Mopeds

» Schlecht gesicherte Starkstromleitungen

» Offene Treppenschächte

» Größere Schlaglöcher

» Offene Abflussrinnen

» Schlecht abgesicherte Baustellen

Unterkunft

» Viele Hotels in allen Preisklassen vermieten Familiensuiten, in denen in der Regel bis zu fünf Personen Platz finden.

» Kinderbetten werden immer häufiger; die meisten Hotels werden in der Lage sein, eines zu beschaffen, wenn man dem Management rechtzeitig vorab Bescheid sagt.

» Viele Hotels in touristischen Gebieten können einen Babysitter-Service besorgen, aber Betreuungsstätten und -agenturen sind eine Seltenheit.

Unterwegs vor Ort

» In Bussen gibt es oft keine funktionierenden Toiletten – und das, obwohl sie normalerweise nur alle paar Stunden halten.

» In vielen Städten können Kinder öffentliche Verkehrsmittel kostenlos nutzen; für längere Fahrten gibt es oft eine Ermäßigung.

» Die meisten Autovermietungen können gegen einen kleinen Aufpreis geeignete Kindersitze bereitstellen.

» Die Benutzung von Kinderwagen ist wegen rücksichtsloser Autofahrer und unebener Bürgersteige nur etwas für Extremsportler.

» Bei Besichtigungstouren mit Kleinkind empfiehlt sich ein Tragetuch fürs Kind.

Die türkischen Küsten im Überblick

Istanbul

Geschichte ✓✓✓
Nachtleben ✓✓✓
Shoppen ✓✓✓

Geschichte

Die Megacity – einst als Konstantinopel und Byzanz bekannt – war Hauptstadt mehrerer Reiche, die alle ihre Spuren hinterlassen haben. Die Aya Sofya, eine zur Kirche umgewandelte Moschee, die heute ein Museum ist, ist das berühmteste Überbleibsel des Byzantinischen Reiches. Osmanische Wahrzeichen sind die Blaue Moschee und der Topkapı-Palast. Wohin man auf den hügeligen Straßen auch schaut, die Geschichte springt einem förmlich ins Gesicht.

Nachtleben

Beyoğlu ist ein aufregender Schmelztiegel, in dem nachts jede Menge los ist. Zwischen den Rufen zum Nacht- und Morgengebet schwirren hippe Menschenmassen durch die Dachbars, Fußgängerzonen und Clubs am Bosporus. Von Sultanahmet läuft man über die Galata-Brücke – die hoch genug ist, um darunter einen Cocktail bei Sonnenuntergang zu trinken –, schnappt sich eine *nargileh* (traditionelle Wasserpfeife) oder ein Efes-Bier, und ab geht die Party!

Shoppen

Die Basare der Stadt sind zu Recht berühmt: Der Große Basar hat über 2000 Geschäfte; auf dem künstlerischen Arasta-Basar gibt's Teppich- und Keramikläden, und der Gewürzbasar präsentiert bunte Gewürze, türkische Köstlichkeiten und Trockenfrüchte. Märkte und Einkaufszentren gibt's zuhauf – dazu gehören auch der Kadıköy-Lebensmittelmarkt auf der asiatischen Seite sowie der Mittwochsmarkt in den Straßen rund um die Fatıh-Moschee. Shoppingparadiese im Zentrum sind u.a. das unkonventionelle Çukurcuma, das sich auf Antiquitäten und Sammlerstücke spezialisiert hat, oder Tünel/Galata, wo es Avantgarde-Mode gibt.

S. 40

Thrakien & Marmara

Geschichte ✓✓✓
Schlachtfelder ✓✓✓
Architektur ✓

Geschichte

Der Nordwesten der Türkei ist berühmt für die Halbinsel Gallipoli (Gelibolu), auf der im Zweiten Weltkrieg mehrere Schlachten stattfanden, aber auch für die Stadt Troja. Weiter nördlich liegen Edirne und die Insel Gökçeada mit ihrem griechischen Erbe.

Schlachtfelder

Über 100 000 Soldaten starben auf der heute friedlichen Halbinsel Gallipoli, einer Pilgerstätte für Australier, Neuseeländer und Türken. Eine Tour zu den Denkmälern, Schlachtfeldern und Schützengräben ist einfach herzzerreißend.

Architektur

Zu Edirnes osmanischen Juwelen gehört auch die Selimiye Camii, eines der beeindruckendsten Werke des Architekten Mimar Sinan. In Gökçeadas Bergdörfern mit ihren baufälligen griechischen Häusern scheint die Zeit stillzustehen, und die Altstadt von Çanakkale ist durch Moscheen, Hammams und einen Uhrenturm aus dem 19. Jh. geprägt.

S. 129

İzmir & nördliche Ägäisküste

Geschichte ✓✓
Dorfleben ✓✓
Essen ✓✓

Geschichte

Die Ruinen von Pergamon sind als die schönsten der Türkei bekannt. Auf der Halbinsel Biga gibt es auch weniger besuchte Sehenswürdigkeiten. In Ayvalık und den alten griechischen Vierteln von Bozcaada kann man dem Bevölkerungsaustausch mit Griechenland nachspüren, und um Ayvacık ist das Erbe der türkischen Vorfahren, der turkmenischen Nomaden, noch stark spürbar.

Dorfleben

In entspannten Gegenden wie der Insel Bozcaada, der Halbinsel Biga, Behramkale, Ayvalık und Bergama, hat das Leben einen verlockend langsamen Rhythmus. Die Haupt-Events sind immer noch der Wechsel der Jahreszeiten und die Wochenmärkte.

Essen

Hier ist der richtige Ort, um auf einer Terrasse am Meer Ägäis-*balık* (Fisch) und *rakı* (Anisschnaps) zu probieren. Es gibt sogar ein geflügeltes Wort über die Köstlichkeiten der Stadt: „*rakı, balık,* Ayvalık“.

S. 165

Ephesos, Bodrum & südliche Ägäisküste

Geschichte ✓✓✓
Nachtleben ✓✓✓
Sonne & Surfen ✓✓✓

Geschichte

Auf der Kuretenstraße in Ephesos waren einst zahllose Römer unterwegs. Weniger bekannte Attraktionen sind z. B. Didyma – der Apollontempel hier war früher der größte Tempel der Welt, gleich nach dem Artemistempel in Selçuk – und das gespenstische Priene, eine ionische Stadt in den Bergen.

Nachtleben

Die Touristenmaschinerie, die unter Bodrums Palmen brummt, hat ein quirliges Nachtleben hervorgebracht, mit Bar-Clubs direkt am Meer, die die zwei Buchten perfekt ausnutzen. Ein weiterer toller Ort zum Feiern ist Türkbükü, der sommerliche Tummelplatz des Jet-Sets von İstanbul.

Sonne & Surfen

An der Côte d'Azur der Türkei sind zahlreiche Jachten unterwegs. Die Strände in und um Bodrum eignen sich super zum Sonnenbaden, Schwimmen und für Wassersport; auf den Halbinseln Datça und Bozburun gibt's geschützte Buchten und azurblaues Wasser.

S. 211

Antalya & Türkische Riviera

Geschichte ✓✓✓
Strände ✓✓✓
Ruinen ✓✓✓

Geschichte

Die Buchten und Täler an der Türkischen Riviera atmen Geschichte. Schon die zwei Wanderwege, der Lykische Weg und der Paulusweg, sind nach historischen Personen benannt. Ersterer schlängelt sich über die Halbinsel Teke und ist mit Gräbern und Sarkophagen übersät, die die Lykier vor Jahrtausenden hinterlassen haben.

Strände

Patara, der längste Strand der Türkei, und der İztuzu-Strand bei Dalyan bergen beide lykische Ruinen und nistende Meeresschildkröten. Olympos ist berühmt für seine „Baumhaus“-Unterkünfte und die Flammen der Chimaira.

Ruinen

Die charakteristischen Grabmonumente der lykischen Zivilisation sind noch an spektakulären Orten wie Xanthos und Pınara zu finden. Sehenswert sind auch das römisch-osmanische Viertel von Antalya und die zwei römischen Brücken über die Köprülü-Schlucht.

S. 278

Östliche Mittelmeerküste

Geschichte ✓✓
Essen ✓✓
Christliche Stätten ✓✓✓

Geschichte

Freiluftmuseen sind eine türkische Spezialität; das Museum im Karatepe-Nationalpark zeigt die Ruinen eines Sommersitzes hethitischer Könige. Die Region hat einen märchenhaften Charakter: Die Mädchenburg scheint vor der Küste zu schweben, und Zeus soll hier vom Ungeheuer Typhon in der Höllengrotte versteckt worden sein.

Essen

An diesem Streifen der Küste, der nach Osten zum türkisch-arabischen Schmelztiegel Antakya führt, gibt's unzählige Fischrestaurants. Einflüsse aus Syrien sind z. B. Zitronenspalten und Minze, die zu Kebabs und lokalen Spezialitäten serviert werden.

Christliche Stätten

Zu den frühchristlichen und alttestamentarischen Stätten in Tarsus zählt z. B. die Ruine des Hauses von Paulus. Paulus und Petrus predigten beide in Antakya, und die hl. Thekla, die Schutzheilige der Lehrer, fastete in einer Grotte bei Silifke.

S. 341

❯ **Sämtliche Empfehlungen wurden von unseren Autoren getroffen, ihre Favoriten werden jeweils als erstes aufgeführt.**

❯ **Empfehlungen von Lonely Planet:**

LP TIPP Das empfiehlt unser Autor

Nachhaltig und umweltverträglich

GRATIS Hier bezahlt man nichts

Alle in diesem Reiseführer vorgestellten Reiseziele listet das Register auf.

Reiseziele

İstanbul

14 MIO. EW.

Inhalt »

Gut essen

» Asmalı Cavit (S. 104)
» Lokanta Maya (S. 104)
» Zübeyir Ocakbaşı (S. 105)
» Meze by Lemon Tree (S. 105)
» Fatih Damak Pide (S. 102)

Schön übernachten

» Hotel Ibrahim Pasha (S. 95)
» Sirkeci Konak (S. 95)
» Beş Oda (S. 99)
» Witt İstanbul Hotel (S. 99)
» Marmara Guesthouse (S. 95)

Auf nach İstanbul!

Manche alten Städte sind einfach die Summe ihrer Monumente. Andere, wie İstanbul, haben viel mehr zu bieten: Hier kann man morgens byzantinische Kirchen und osmanische Moscheen besichtigen, nachmittags in schicken Boutiquen shoppen und die ganze Nacht in glamourösen Clubs durchfeiern. Innerhalb von wenigen Minuten hört man die verschiedensten Klänge: aufrührende Gebetsrufe, die von den hohen Minaretten der Altstadt herüberwehen, das tiefe Horn der Fähre, die zwischen Europa und Asien hin und her pendelt, und die schrillen Rufe von Straßenhändlern, die frische, saisonale Produkte feilbieten. Kurz: Die sagenhafte Metropole ist wie keine andere Stadt der Welt die personifizierte Verführung für alle Sinne.

Fragt man die İstanbuler, was sie an ihrer Stadt lieben, zucken sie nur mit den Achseln, lächeln und sagen, dass es einfach keine andere Stadt wie diese gäbe. Nach einigen Tagen hier versteht man in etwa, was sie damit meinen.

Reisezeit

Istanbul

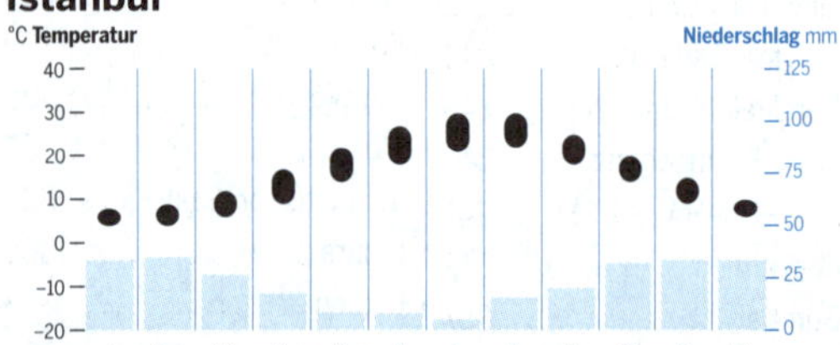

April Sonnenschein und eine sanfte Brise läuten das farbenfrohe İstanbuler Tulpenfest ein.

Juni & Juli An tollen Spielstätten überall in der Stadt finden große Musik- und Jazzfestivals statt.

Sept. Die Hitze weicht; die Einheimischen genießen die *levrek-* (Barsch-) Saison.

Geschichte

BYZANTION

Der Legende zufolge wurde die erste historisch bedeutende Siedlung hier von Byzas gegründet, einem Kolonisten aus der attischen Hafenstadt Megara. Bevor er Griechenland verließ, befragte er das Orakel von Delphi, wo er seine neue Kolonie gründen sollte, und bekam eine rätselhafte Antwort: „Gegenüber dem Land der Blinden." Als Byzas und seine Leute 657 v. Chr. den Bosporus hinaufsegelten, entdeckten sie am asiatischen Ufer die kleine Kolonie Chalcedon (das heutige Kadıköy). Ihr gegenüber befand sich am europäischen Ufer das Goldene Horn (Haliç), das sich einfach perfekt als natürlicher Hafen eignete. Für die Neuankömmlinge stand damit fest: Die Chalcedonier mussten blind sein! Byzas und seine Leute ließen sich am Goldenen Horn nieder und nannten ihre neue Stadt Byzantion (Byzanz).

Später unterstellte sich Byzanz dem Schutz Roms und blieb jahrhundertelang ein loyaler Verbündeter, bis sich die Stadt schließlich in einem Bürgerkrieg auf die falsche Seite stellte. Der Sieger, der römische Kaiser Septimius Severus, ließ 196 n. Chr. die Stadtmauern schleifen und erkannte Byzanz das Stadtrecht ab. Der anschließend neu erbauten Stadt gab er den Namen Augusta Antonina.

KONSTANTINOPEL

Ein weiterer Machtkampf innerhalb des Römischen Reiches entschied über das Schicksal der Stadt für die nächsten 1000 Jahre. Kaiser Konstantin verfolgte seinen Rivalen Licinius bis nach Augusta Antonina und über den Bosporus nach Chrysopolis (Üsküdar), wo er ihn 324 besiegte. Nachdem Konstantin seine Macht als Alleinherrscher gefestigt hatte, benannte er Augusta Antonina in „Nova Roma" (Neues Rom) um, baute die Stadt erheblich aus und machte sie zur Hauptstadt seines Reiches. 330 fand die Einweihung mit großem Pomp statt.

Nur sieben Jahre später starb Konstantin im Jahr 337, aber die Stadt wuchs auch unter den nachfolgenden Kaisern weiter. Theodosius I. („der Große", reg. 379–395) ließ am heutigen Beyazıt Meydanı (Beyazıt-Platz) ein Forum errichten. Sein Sohn Theodosius II. zog 413 zum Schutz gegen Attilas marodierende Hunnentruppen die nach ihm benannten Stadtmauern hoch. Die Theodosianische Mauer, 447 durch ein Erdbeben zerstört und danach in Windeseile in nur zwei Monaten wiederaufgebaut, umgibt bis heute die Altstadt.

Theodosius II. starb 450. Eine Reihe bedeutsamer Herrscher folgte ihm auf dem Thron, darunter der ehrgeizige Justinian (reg. 527–565). Drei Jahre vor seiner Thronbesteigung hatte er Theodora zur Frau

İSTANBUL IN …

… zwei Tagen

Wer nur zwei Tage zur Verfügung hat, muss sich sputen! Am ersten Tag stehen die **Blaue Moschee**, die **Aya Sofya** (Hagia Sophia) und die **Cisterna Basilica** und am Nachmittag ein Bummel durch den **Großen Basar** auf dem Programm. Zum Abendessen geht's nach Beyoğlu.

Tag zwei ist ganz dem **Topkapı-Palast** und dem Bosporus gewidmet. Den Vormittag verbringt man im Palast; danach steigt man in Eminönü in eines der privaten Ausflugsboote und macht eine Fahrt über den **Bosporus**. Zurück auf dem Festland geht es zu Fuß durch Galata bis zur **İstiklal Caddesi**, wo man sich in einer **Dachbar** einen Drink oder in einer **Meyhane** (Taverne) ein Abendessen gönnt.

… vier Tagen

Die ersten beiden Tage verlaufen wie oben beschrieben. Am dritten Tag besucht man am Vormittag das **Archäologische Museum İstanbul** oder das **Museum für Türkische & Islamische Kunst** und am Nachmittag die **Süleymaniye-Moschee**. Abends genießt man ein köstliches Kebab im **Hamdi** oder im **Zübeyir Ocakbaşı**. An Tag vier steht eine Fahrt durch das Goldene Horn an; auf dem Rückweg von Eyüp steigt man in Ayvansaray aus und läuft bergauf zum **Kariye-Museum (Chora-Kirche)**, wo man die byzantinischen Mosaiken und Fresken bestaunen kann. Wieder zurück in Sultanahmet kann man auf dem **Arasta-Basar** nach Souvenirs stöbern und sich dann auf der anderen Seite der Galata-Brücke ins Bar-, Restaurant- und Club-Getümmel stürzen.

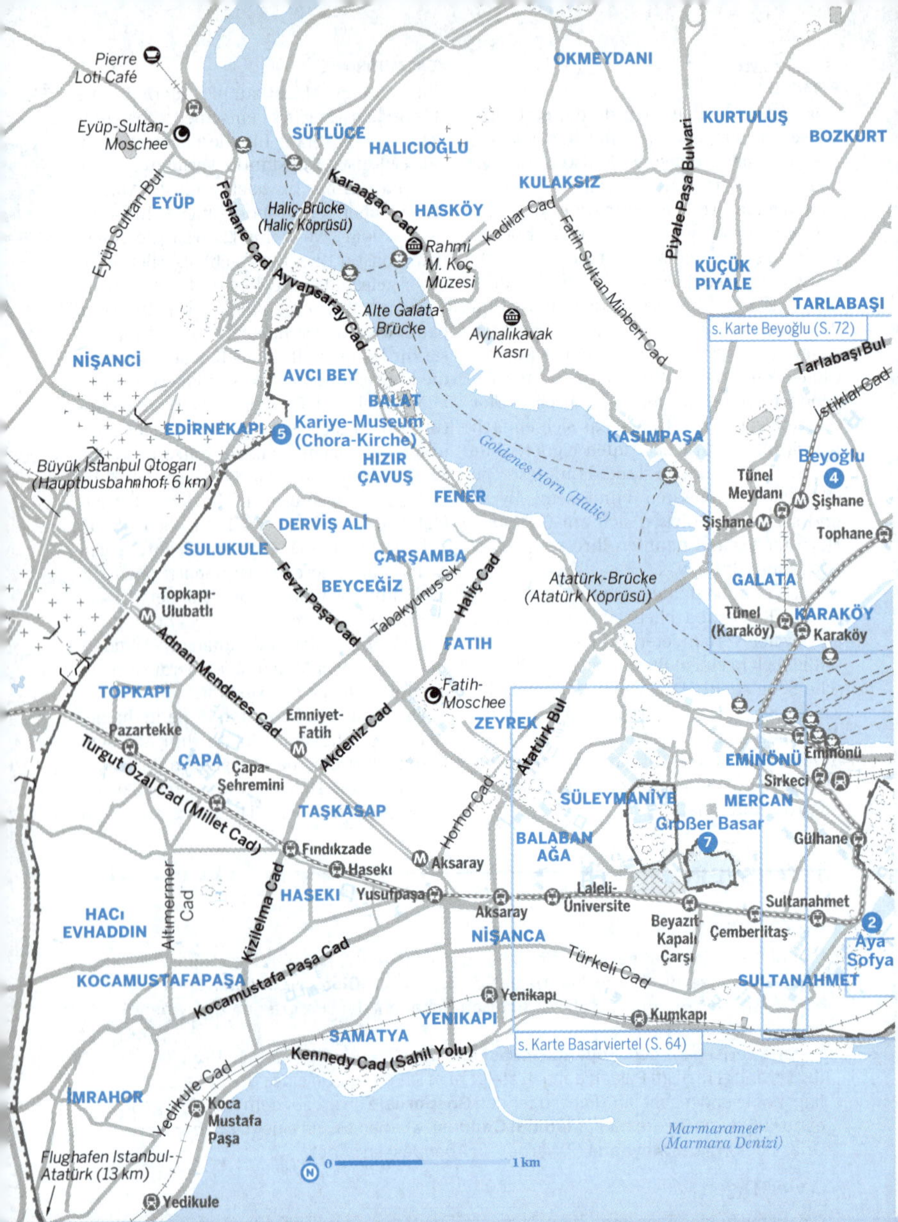

Highlights

1 Die Serail-Geheimnisse des opulenten **Topkapı-Palasts** (S. 54) lüften

2 In der **Aya Sofya** (Hagia Sophia; S. 46), einem der großartigsten Bauwerke der Welt, in atemloses Staunen geraten

3 Sich in einem der **Hamams** (S. 84) dem Dampf hingeben

4 Sich in **Beyoğlu** (S. 70) ein paar Drinks in einer Dachbar oder ein Abendessen in einer traditionellen *meyhane* (Taverne) gönnen

5 Die wirklich außergewöhnlichen byzantinischen Mosaiken im **Kariye-Museum**

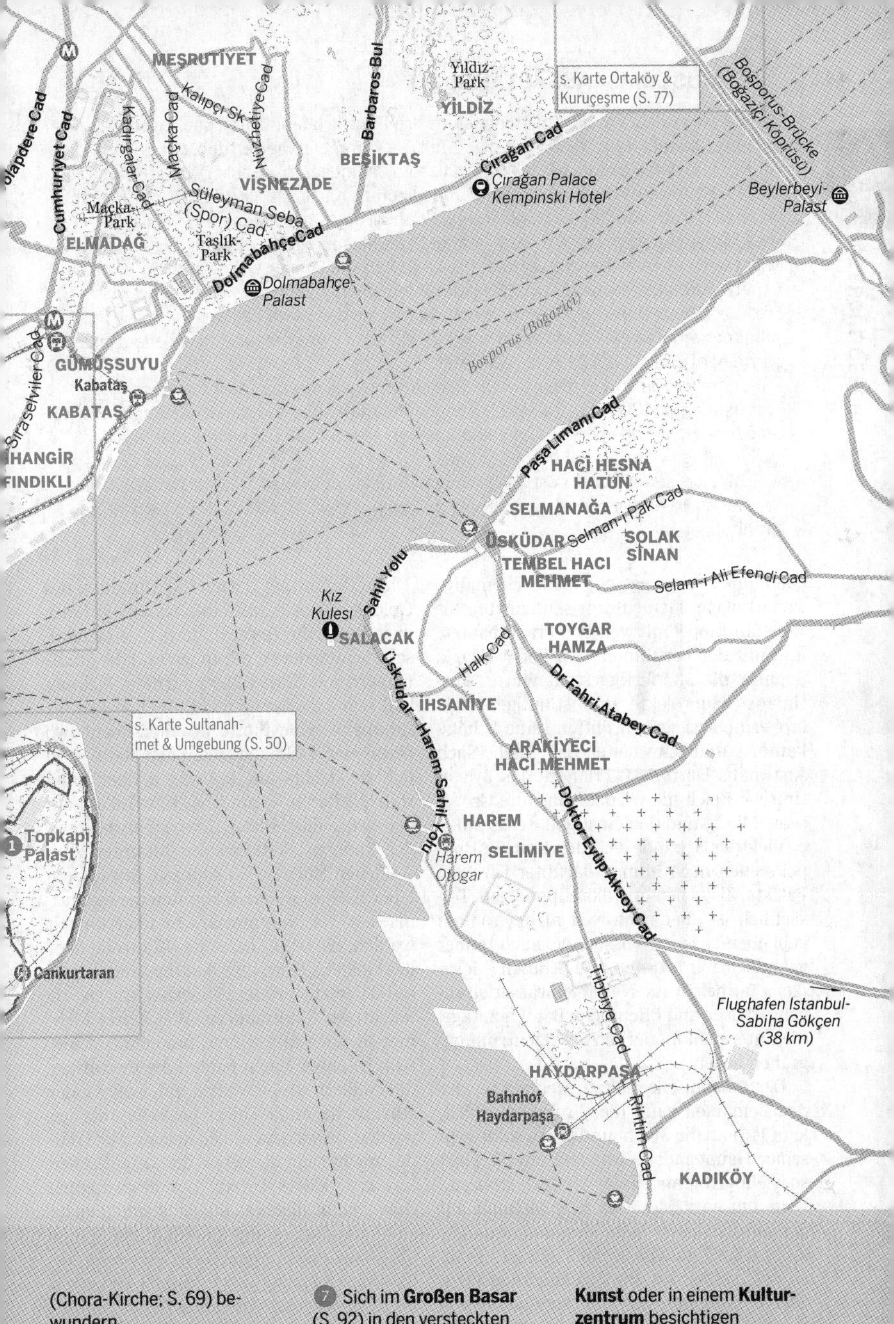

(Chora-Kirche; S. 69) bewundern

6 Mit der **Fähre** (S. 79) den gewaltigen Bosporus entlang-, das Goldene Horn hinauf- oder zu den Prinzeninseln fahren

7 Sich im **Großen Basar** (S. 92) in den versteckten Karawansereien und labyrinthischen Gängen verirren

8 Topaktuelle Kunst in einer der **Galerien für moderne Kunst** oder in einem **Kulturzentrum** besichtigen

9 Sich in einem traditionellen **Çay Bahçesi** (Teegarten) unter die Einheimischen mischen

MUSEUMSPASS İSTANBUL

Die meisten Besucher bleiben mindestens drei Tage in İstanbul und packen so viele Museumsbesuche wie möglich in diese Zeit. Da kommt es wie gerufen, dass die Stadt vor Kurzem den Museumspass (www.muze.gov.tr/museum_pass) eingeführt hat. Die ab dem ersten Museumsbesuch 72 Stunden gültige Karte gilt für den Topkapı-Palast und den Harem, für die Aya Sofya (Hagia Sophia), das Kariye-Museum (Chora-Kirche), das Archäologische Museum İstanbul, das Museum für Türkische & Islamische Kunst und das Mosaikenmuseum des Großen Palasts. Einzeln würde man für all diese Sehenswürdigkeiten insgesamt 108 ₺ bezahlen; mit dem Museumspass spart man 36 ₺. Das Beste daran ist aber, dass man einfach an den Warteschlangen am Ticketschalter vorbei direkt ins Museum hineingehen kann – das macht sich vor allem in der permanent überfüllten Aya Sofya bezahlt.

Neben dem Eintritt in diese staatlichen Museen gewährt der Museumspass eine Ermäßigung von 20 % im privat betriebenen Rahmi-M.-Koç-Industriemuseum am Goldenen Horn und von 30 % im Sakıp-Sabancı-Museum am Bosporus, das von der gleichnamigen Universität betrieben wird.

Erhältlich ist der Museumspass in einigen Hotels und an den Ticketschaltern in der Aya Sofya, im Kariye-Museum, im Topkapı-Palast und im Archäologischen Museum İstanbul.

genommen, eine entschlossene ehemalige Prostituierte. Gemeinsam schmückten sie Konstantinopel mit weiteren Prachtbauten, u. a. mit der berühmten Aya Sofya (Hagia Sophia), die 537 fertiggestellt wurde. Justinians Bauprojekte und ständige Rückeroberungskriege schröpften seine Schatzkammer und schwächten das Reich. Nach Justinians Herrschaft erlangte das Byzantinische Reich nie wieder seine alte Größe, seine Macht und den einstigen Reichtum.

Viele der Gebäude des alten Konstantinopel stehen noch immer, darunter Kirchen, Paläste, Zisternen und das Hippodrom. Tatsächlich ist aber noch weit mehr erhalten geblieben, als viele wissen. Wo auch immer gebuddelt wird, treten alte Straßen, Mosaiken, Tunnel, Wasser- und Abwasserleitungen, Häuser und öffentliche Bauten zutage, die unter dem modernen Stadtzentrum begraben liegen.

Der osmanische Sultan Mehmet II., der den Beinamen Fatih (der Eroberer) erhielt, kam 1451 an die Macht und brach sofort von seiner Hauptstadt Edirne auf, um die einst so wichtige byzantinische Stadt zu erobern.

In nur vier Monaten ließ Mehmet auf der europäischen Seite des Bosporus die großartige Zitadelle Rumeli Hisarı erbauen und setzte die am gegenüberliegenden Ufer befindliche Zitadelle Anadolu Hisarı instand, die ein halbes Jahrhundert zuvor sein Urgroßvater Beyazıt I. erbaut hatte. Diese beiden Festungen am schmalsten Punkt der Meerenge dienten der Kontrolle des Seewegs.

Die Byzantiner hatten die Mündung des Goldenen Horns mit einer schweren Kette abgesperrt, um zu verhindern, dass osmanische Schiffe dort eindrangen und die Stadtmauern von Norden her angriffen. Mehmet ließ sich davon aber nicht abschrecken: Er sammelte seine Flotte in einer Bucht (wo heute der Dolmabahçe-Palast steht) und ließ sie nachts auf Rollwagen über Land transportieren – zunächst das Tal hinauf (wo heute das Hilton Hotel steht) und auf der anderen Seite wieder hinunter zum Goldenen Horn bei Kasımpaşa. Mit diesem Überraschungsangriff konnten die byzantinischen Verteidigungskräfte überrumpelt werden, die bald darauf die Kontrolle über das Goldene Horn abgeben mussten.

Das letzte große Hindernis waren die mächtigen Stadtmauern. Wie heftig Mehmet sie auch mit seinen Kanonen beschießen ließ, über Nacht bauten die Byzantiner die Mauern stets wieder auf, sodass der stürmische, junge Sultan bei Tagesanbruch wieder von vorn anfangen musste. Die Wende brachte ein Angebot des ungarischen Kanonengießers Urban, der ursprünglich dem byzantinischen Kaiser seine Dienste zur Verteidigung des Christentums gegen die Ungläubigen angeboten, aber seine religiösen Überzeugungen schnell vergessen hatte, als er feststellte, dass der byzantinische Kaiser kein Geld hatte. Um nicht leer auszugehen, bot Urban dem Sultan an, ihm die größte Kanone zu fertigen, die er je gesehen habe. Mehmet nahm bereitwillig an. Die mächtige Kanone schlug eine tiefe

Bresche in die Stadtmauer, durch welche die Osmanen schließlich in die Stadt vorrückten. Am 28. Mai 1453 fiel der Startschuss zur Entscheidungsschlacht – bereits am Abend des Folgetags hatten die Türken die Stadt vollständig unter ihre Kontrolle gebracht. Der letzte byzantinische Kaiser, Konstantin XI. Palaiologos, fiel im Kampf.

İSTANBUL

Mehmet sah sich als Nachfolger großer Kaiser wie Konstantin und Justinian an. Gleich nach der Einnahme der Stadt begann er damit, sie wiederaufzubauen und neu zu bevölkern. Die Landspitze Sarayburnu bestimmte er zum Standort für seinen prächtigen Palast Topkapı. Ferner ließ er die Theodosianischen Stadtmauern instandsetzen und verstärken. Schon bald wurde İstanbul zum Verwaltungs-, Handels-, und Kulturzentrum seines wachsenden Reiches.

Mehmets Nachfolger setzten das Bauen fleißig fort. Süleyman der Prächtige schuf mit seinem Architekten Mimar Sinan mehr Bauwerke als jeder andere Sultan. In der ganzen Stadt schossen im Auftrag des Sultans und seiner Familie, des Hofes und der Großwesire Bauten aus dem Boden. Aus dieser Zeit stammt auch die größte und prächtigste Moschee der Stadt, die Süleymaniye (1550). Spätere Sultane ließen weitere Moscheen erbauen, und im 19. Jh. entstanden zahlreiche Paläste am Bosporus, darunter der Dolmabahçe.

Während sich das Osmanische Reich über den Nahen Osten, Nordafrika und halb Osteuropa ausbreitete, entwickelte sich İstanbul zu einem sagenhaften Schmelztiegel unterschiedlichster Völker. Auf den Straßen waren Türkisch, Griechisch, Armenisch, Ladino, Russisch, Arabisch, Bulgarisch, Rumänisch, Albanisch, Italienisch, Französisch, Deutsch, Englisch und Maltesisch zu hören.

Mit dem Niedergang des Osmanischen Reiches ging es aber auch mit dieser Weltstadt bergab, die ihre Blütezeit unter Süleyman erlebt haben sollte. Im 19. Jh. hatte İstanbul zwar bereits viel von seinem früheren Glanz verloren, galt aber weiterhin als das „Paris des Ostens". Dies bekräftigte nicht zuletzt die erste internationale Luxusbahn, der berühmte *Orient Express*, der 1883 İstanbul und die französische Hauptstadt verband.

Nach der Gründung der Türkischen Republik beschloss Mustafa Kemal Atatürk, das imperiale Erbe İstanbuls hinter sich zu lassen und verlegte den Sitz seiner neuen Regierung nach Ankara, das durch seine Lage im Binnenland nicht von Kriegsschif-

DER GROSSE PALAST VON BYZANZ

Konstantin der Große ließ den Großen Palast bald nach der Gründung Konstantinopels im Jahr 324 errichten. Spätere byzantinische Herrscher hinterließen ihre Spuren in Form von Anbauten: Am Ende bestand der Komplex aus Hunderten von Mauern und terrassierten Parkanlagen umgebenen Gebäuden und umfasste das Gebiet vom Hippodrom über die Aya Sofya (Hagia Sophia) und den Hügel hinab bis zum Bukoleon-Palast und den Seemauern. Der Palast wurde schließlich nach den Plünderungen während des Vierten Kreuzzuges (1204) aufgegeben und seine Ruine nach der Eroberung der Stadt durch die Osmanen ausgeschlachtet und aufgefüllt. Über dem Schutt entstand das Viertel Sultanahmet.

Verschiedene Teile des Großen Palasts wurden inzwischen freigelegt – viele während des Baus von Hotels. Ein Spaziergang, bei dem man nach den byzantinischen Fundamenten Ausschau hält, kann einen ganzen Nachmittag ausfüllen. Die Mosaiken im Mosaikenmuseum des Großen Palasts (S. 49) schmückten einst Fußböden in dem Komplex. Auch die Reste des **Bukoleon-Palasts** und des **Magnaura-Palasts** kann man besichtigen.

Die seit 1998 andauernden Ausgrabungen des Großen Palasts im **Archäologischen Park Sultanahmet** (Karte S. 50; Kabasakal Caddesi) südöstlich der Aya Sofya sind ins Stocken geraten: Es gibt Kontroversen, weil einige der freigelegten Teile in den neuen Anbau des benachbarten Luxushotels Four Seasons integriert werden sollen.

Weitere Infos gibt es unter www.byzantium1200.com, wo das alte Byzanz in 3D-Animationen veranschaulicht wird. Oder man schmökert in dem reich illustrierten Führer *Walking Through Byzantium: Great Palace Region*, der ebenfalls im Rahmen des Projekts Byzanz 1200 entstand.

fen bedroht werden konnte. İstanbul, endgültig seines Status als Hauptstadt eines riesigen Reiches beraubt, büßte viel von seinem Reichtum und Glanz ein. Die Straßen und Viertel verfielen, die Infrastruktur wurde nicht mehr instand gehalten, geschweige denn modernisiert. Die wirtschaftliche Entwicklung kam fast gänzlich zum Erliegen.

So siechte die Stadt vor sich hin, bis sie in den 1990er-Jahren eine Renaissance erlebte. Seither wird der öffentliche Nahverkehr ausgebaut, die Viertel sind wieder zum Leben erwacht, und die Ufer säumen inzwischen Parkanlagen. Als İstanbul dann auch noch zur europäischen Kulturhauptstadt 2010 erklärt wurde, setzte man noch weitere ambitionierte Projekte auf die Tagesordnung. Viele große Bauwerke profitieren von den umfangreichen Sanierungen.

Genauso rasant verläuft der kulturelle Wandel İstanbuls. Statt schäbiger Kneipen schmücken Beyoğlu heute schicke Cafés, Bars und Boutiquen und machen das Viertel zum Boheme-Zentrum. Neu entstandene Galerien wie das İstanbul Modern, das ARTER, das SALT oder das Sakıp-Sabancı-Museum präsentieren der Welt die zeitgenössische Kunst der Türkei. Die förmlich explodierende Livemusikszene İstanbuls wurde zum Synonym für kreative, energiegeladene Musik mit einzigartigem Mix aus Orient- und Okzidentelementen. Und eine neue Generation geschickter Künstler hat dem traditionellen Kunsthandwerk der Stadt zu neuer Blüte verholfen – was für unvergleichliche Shoppingerlebnisse sorgt.

Kurz: İstanbul ist eine kosmopolitische, mondäne Megametropole, die sich ihren Status als eine der – im wahrsten Sinne des Wortes – größten Städte der Welt zurückerobert hat.

Sehenswertes

Der Bosporus, die Meerenge zwischen dem Schwarzen und dem Marmarameer, trennt Europa von Asien und Anatolien. An seiner Westküste erstreckt sich das europäische İstanbul, das seinerseits durch das Goldene Horn in die Altstadt (die historische Halbinsel) im Süden und die Neustadt im Norden unterteilt ist.

An der Spitze der historischen Halbinsel liegt Sultanahmet, das Zentrum der İstanbuler Altstadt, die zum Unesco-Weltkulturerbe gehört. Hier sind die meisten berühmten Sehenswürdigkeiten der Stadt zu finden, etwa die Blaue Moschee (Sultan Ahmet Camii), die Aya Sofya (Hagia Sophia) und der Topkapı-Palast (Topkapı Sarayı). Das angrenzende Viertel mit Hotels aller Preisklassen heißt eigentlich Cankurtaran (*dschan*-kur-ta-ran); die meisten Leute wissen aber auch, was man meint, wenn man nach Sultanahmet fragt.

Von Sultanahmet führt der berühmte Boulevard Divan Yolu hinauf zum Großen Basar (Kapalı Çarşı). Nördlich davon erhebt sich auf einem der sieben Hügel der Altstadt die Süleymaniye-Moschee, und etwas weiter liegen die westlichen Viertel. Vom Basar bergab verläuft das Goldene Horn mit dem turbulenten Verkehrsknotenpunkt Eminönü.

Von Eminönü führt die Galata-Brücke (Galata Köprüsü) hinüber nach Beyoğlu auf der nördlichen Seite des Goldenen Horns. Hier findet man einige der besten Restaurants, Shops, Bars und Nachtclubs der Stadt. Das Zentrum des Viertels ist der Taksim Meydanı, das Herz des „modernen" İstanbul.

Nobelviertel der Stadt sind Nişantaşı und Teşvikiye, nördlich vom Taksim Meydanı, und die Viertel am Bosporus, vor allem auf der europäischen Seite. Viele Einheimische wohnen allerdings lieber auf der asiatischen Seite. Üsküdar und Kadıköy, die beiden quirligsten Viertel auf der asiatischen Seite, sind mit der Fähre von Eminönü oder über die Bosporus-Brücke zu erreichen.

SULTANAHMET & UMGEBUNG

Es gibt nur wenige Städte mit einer solch dichten Konzentration von Sehenswürdigkeiten, Läden, Hotels und Lokalen in unmittelbarer Nähe zueinander. Kein Wunder also, dass viele İstanbul-Besucher es nicht über Sultanahmet hinaus schaffen.

LP TIPP **Aya Sofya** MUSEUM

(Hagia Sophia; Karte S. 50; www.ayasofyamuzesi.gov.tr; Aya Sofya Meydanı 1; Erw./Kind unter 12 Jahren 25 ₺/frei; ⌚Mitte April–Sept. Di–So 9–18 Uhr, Okt.–Mitte April bis 16 Uhr; 🚊Sultanahmet) Es gibt viele bedeutende Monumente in İstanbul, aber dieses altehrwürdige Bauwerk – vom großen byzantinischen Kaiser Justinian in Auftrag gegeben, 537 als Kirche geweiht, 1453 von Mehmet dem Eroberer in eine Moschee umgewandelt und 1935 von Atatürk zum Museum erklärt – übertrifft sie alle mit seiner innovativen Architektur, seiner Geschichtsträchtigkeit, seiner religiösen Bedeutung und seiner außergewöhnlichen Schönheit.

NICHT VERSÄUMEN

AYA-SOFYA-TÜRBEN

In den **Türben** (Aya Sofya Müzesi Padişah Türbeleri; Karte S. 50; Kabasakal Caddesi; ⌚9–17 Uhr; 🚊Sultanahmet) liegen die fünf Sultane Mehmed III., Selim II., Murad III., İbrahim I. und Mustafa I. begraben, die meisten mit ihren Familienangehörigen. Die Grabmäler gehören zum Aya-Sofya-Komplex, werden aber von Touristen oft übersehen, weil der Zugang an der Kabasakal Caddesi liegt. Innen sind die Türben aufwändig mit feinsten osmanischen Fliesen, Kalligrafien und dekorativen Malereien verziert.

Mehmeds Türbe von 1608 und Murads Türbe von 1599 sind mit besonders schönen İznik-Fliesen verkleidet. Neben Murads Türbe steht das Grabmal seiner fünf Kinder, das von Mimar Sinan entworfen und mit schlichten, schönen Bemalungen verziert wurde.

Von Sinan stammt auch Selims Türbe von 1577. Der Anblick ist besonders bewegend, weil sich hier auch die Gräber von fünf seiner Söhne befinden. Diese wurden in derselben Nacht wie ihr Vater im Dezember 1574 ermordet, um die Thronnachfolge des ältesten Sohnes Murad III. zu sichern. Darüber hinaus liegen hier auch die Gräber von 19 Söhnen Murads, die im Januar 1595 ermordet wurden, damit Mehmet III. den Thron besteigen konnte. Dies waren die letzten Prinzen, die von ihren Geschwistern ermordet wurden. Danach ging man dazu über, die jüngeren Brüder der Thronfolger im *kafes* (Käfig) im Topkapı-Palast gefangen zu halten.

Die fünfte Türbe ist die ursprüngliche Taufkapelle der Aya Sofya, die im 17. Jh. in ein Mausoleum für die Sultane İbrahim I. und Mustafa I. umgewandelt wurde.

Erdgeschoss

Schaut man beim Betreten des inneren Narthex (Vorhalle) nach oben, sieht man über dem dritten und größten Tor (Kaisertor) ein prächtiges Mosaik, das Christus als Weltenherrscher zeigt. Durchquert man dieses Tor, gelangt man in den Hauptraum des Bauwerks, das für seine Kuppel, das große Mittelschiff und die goldenen Mosaiken berühmt ist.

Das Highlight in dieser Etage ist die Apsis mit dem wundervollen Mosaik aus dem 9. Jh., das die Jungfrau mit dem Jesuskind zeigt. Die Mosaiken über der Apsis stellten einst die Erzengel Gabriel und Michael dar; heute sind nur noch Fragmente erhalten.

Der Thron der byzantinischen Kaiser stand bei ihrer Krönung auf dem rechteckigen Omphalion (griech. für „Nabel der Erde") aus Marmorintarsien im Fußboden.

Die Osmanen fügten dem Bauwerk auch Einiges hinzu, darunter *mimber* (islamische Kanzel) und *mihrab* (eine auf Mekka ausgerichtete Gebetsnische), große Rundschilde aus dem 19. Jh. mit Inschriften in vergoldeten arabischen Buchstaben, die sonderbar erhöhte Sultansloge *(hünkar mahfili)* und eine prachtvolle Bibliothek hinter dem Omphalion.

Blickt man nach oben in nordöstliche Richtung (nach links, wenn man vor der Apsis steht), sieht man unterhalb der Kuppel in den Nischen des nördlichen Tympanons (Bogenfelds) drei Mosaiken. Die Bilder aus dem 9. Jh. zeigen Ignatius den Jüngeren, Johannes Chrysostomos und Ignatius „Theophoros" von Antiochien. Rechts von ihnen sieht man auf einem der Pendentifs ein Mosaik aus dem 14. Jh. mit dem Antlitz eines Seraphs (die sechsflügeligen Engel kümmern sich um den Gottesthron).

Im Seitenschiff nordöstlich des Kaisertors steht die **Schwitzende Säule**. In der abgenutzten Kupferblende befindet sich ein Loch. Der Legende nach wurde die Säule von Gregor dem Wundertäter gesegnet und lässt Kranke genesen, wenn sie den Daumen in das Loch stecken und dieser beim Herausziehen feucht ist.

Galerie

Der schwindelerregende Aufgang zu den Galerien liegt am Nordende des inneren Narthex. Oben findet sich ein großer Kreis aus grünem Marmor, der die Stelle markiert, an der der Kaiserinnenthron stand.

Auf der Südempore (geradeaus und dann links) befinden sich die Reste einer prachtvollen *Deesis*, einer Darstellung des Jüngsten Gerichts. Das Mosaik aus dem 13. Jh. zeigt Christus mit der Jungfrau Maria zu seiner Linken und Johannes dem Täufer zu seiner Rechten.

Ein Stück weiter befindet sich am Ostende der Galerie, gleich neben der Apsis, ein Mosaik aus dem 11. Jh., das den thronenden Christus mit der Kaiserin Zoe und Konstantin IX. Monomachos zeigt.

Aya Sofya (Hagia Sophia)

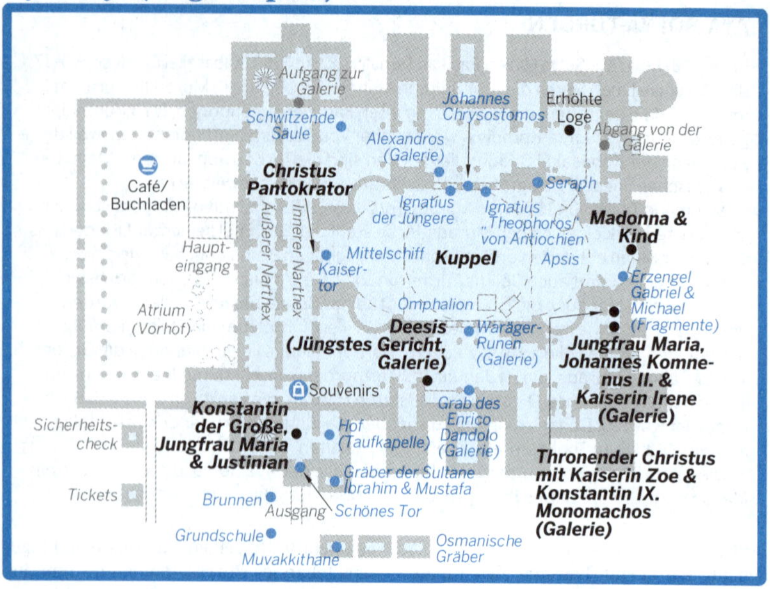

Rechts von Zoe und Konstantin bildet das Mosaik aus dem 12. Jh. die Jungfrau Maria mit Kaiser Johannes II. Komnenos (dem Guten) zu ihrer Linken und der für ihre Barmherzigkeit berühmten Kaiserin Irene zu ihrer Rechten ab. Neben Irene ist ihr Sohn Alexios zu sehen, der kurz nach Entstehung des Mosaiks starb.

Auf der Nordempore sollte man sich das Mosaik aus dem 10. Jh. mit dem Bild von Kaiser Alexander nicht entgehen lassen.

Außerhalb des Gebäudes

Man verlässt das Gebäude durch das Schöne Tor, ein wundervolles Bronzetor aus dem 2. Jh. v. Chr. Dabei sollte man sich noch einmal umdrehen und auf dem Bogenfeld des inneren Flurs das Mosaik aus dem 10. Jh. bewundern: Es zeigt die Jungfrau Maria mit dem Christuskind auf dem Schoß; Konstantin der Große zu ihrer Rechten präsentiert ihr İstanbul, Kaiser Justinian zu ihrer Linken die Aya Sofya.

Unmittelbar vor dem Ausgang befindet sich links ein Gang, der in einen kleinen Hof führt. Einst gehörte er zu einer Taufkapelle aus dem 6. Jh., die im 17. Jh. in eine Türbe für die Sultane Mustafa I. und İbrahim I. umgewandelt wurde. Das große Steinbecken im Hof ist das originale Taufbecken.

Gegenüber vom Aya Sofya Meydanı liegt das **Hürrem-Sultan-Bad** (Ayasofya Hürrem Sultan Hamamı), das 1556/57 erbaut wurde. Süleyman der Prächtige beauftragte Sinan im Namen seiner Frau Hürrem Sultan, die in die westliche Geschichte als Roxelane einging, mit dem Bau dieses Hamams.

Blaue Moschee MOSCHEE

(Sultan Ahmet Camii; Karte S. 50; Hippodrom; ⌚Sa–Do 9–12.15, 14–16.30 & 17.30–18.30, Fr 9–11.15, 14.30–16.30 & 17.30–18.30 Uhr; 🚊Sultanahmet) Das am häufigsten fotografierte Bauwerk İstanbuls war ein ehrgeiziges Projekt von Sultan Ahmet I. (reg. 1603–1617), dessen **Türbe** (Karte S. 50; Kabasakal Caddesi; ⌚9.30–16.30 Uhr) an der Nordseite liegt, dem Sultanahmet-Park zugewandt. Von außen beeindruckt die wundervolle Moschee mit einer geschwungenen Fassade, vielen stufig angeordneten Kuppeln und sechs schlanken Minaretten. Den blauen İznik-Fliesen im Innenraum verdankt die Moschee ihren inoffiziellen, aber allgemein üblichen Namen.

Dem Architekten Sedefhar Mehmet Ağa ist es gelungen, der Moschee von außen einen genauso überwältigenden Effekt zu verschaffen, wie ihn das Innere der Aya Sofya erzielt: Sanft geschwungene Rundungen, sechs Minarette und der größte Vorhof aller osmanischen Moscheen sind ihre Markenzeichen. Doch auch der grandiose Innenraum muss sich nicht verstecken: Der riesige zentrale Gebetssaal hat 260 Fenster und ist mit Zehntausenden blauer İznik-Fliesen verkleidet.

Die Moschee in ihrer Gesamtheit ist am besten zu erkennen, wenn man sich dem Komplex vom Hippodrom aus und nicht vom Sultanahmet-Park aus nähert. Die perfekten Proportionen zeigen sich schon am Hof, der genauso groß ist wie der Innenraum der Moschee.

Die Blaue Moschee gehört zweifelsohne zu den Highlights der Stadt. Um dennoch die andächtige Atmosphäre des Gebetshauses zu bewahren, werden die Besucherströme gelenkt: Der Zutritt durch den Haupteingang ist Gläubigen vorbehalten, Traveller müssen den Nordeingang nehmen (der Beschilderung folgen!).

Mosaikenmuseum des Großen Palasts MUSEUM

(Karte S. 61; Torun Sokak; Eintritt 8 ₺; ⏲April–Okt. Di–So 9–18.30 Uhr, Nov.–März bis 16.30 Uhr; 🚋Sultanahmet) Als Archäologen der Universität Ankara und der schottischen St. Andrews University Mitte der 1950er-Jahre Grabungen in der Gegend um den Arasta-Basar hinter der Blauen Moschee durchführten, stießen sie auf eine herrliche Mosaikpflasterung aus frühbyzantinischer Zeit mit Jagdszenen und mythologischen Motiven. Das Mosaik wurde von 1983 bis 1997 restauriert und kann heute in diesem Museum bestaunt werden.

Es wird angenommen, dass der Mosaikboden von Justinian für den Großen Palast von Byzanz in Auftrag gegeben wurde und ursprünglich Ausmaße von 3500 bis 4000 m² hatte. Der 250 m² große Ausschnitt im Museum ist der größte gefundene Teil des Mosaiks – der Rest wurde zerstört oder liegt unter der Blauen Moschee und den umliegenden Läden und Hotels.

Das Mosaik zeigt verschiedene ländliche Szenen und hat eine prächtige Bordüre aus herzförmigen Blättern. Das bunteste und dramatischste Bild ist in dem Raum ganz im Westen zu sehen: Es zeigt zwei Jäger, die mit Speeren einen Tiger im Zaum halten.

Infotafeln dokumentieren die Bergung und Restaurierung des Mosaikbodens.

Hippodrom PARK

(Atmeydanı; Karte S. 50; 🚋Sultanahmet) Nichts liebten die byzantinischen Kaiser mehr als einen Nachmittag beim Wagenrennen. Bevorzugter Schauplatz war diese rechteckige Arena, die in ihrer Glanzzeit mit Obelisken und Statuen geschmückt war, von denen heute noch einige erhalten sind. Der Platz wurde kürzlich neu gestaltet und gehört zu den beliebtesten Treffpunkten und Promenaden.

Die Arena umfasste ursprünglich zweistöckige Tribünen, eine zentrale Achse, Startboxen und den halbkreisförmigen, als **Sphendone** bezeichneten Abschluss, von dem noch einige Teile stehen. In diesem einzig noch erhaltenen Abschnitt des Hippodroms zeigt sich, wie gewaltig die Arena einst gewesen ist. Die Tribünen, die über diesem Abschnitt thronten, wurden während des Vierten Kreuzzugs zerstört und später von den Osmanen gänzlich abgetragen. Viele der Originalsäulen wurden beim Bau der Süleymaniye-Moschee wiederverwendet.

Das Hippodrom, Schauplatz vieler Aufstände, stand 1000 Jahre lang im Zentrum des byzantinischen Lebens und weitere 400 Jahre im Zentrum des osmanischen. Darüber hinaus übertrafen byzantinische Kaiser und osmanische Sultane sich gegenseitig bei der Verschönerung der Rennbahn und schmückten sie mit Statuen aus entlegensten Gebieten ihres Reiches. Übrig geblieben sind von den alten Meisterwerken allerdings nur wenige. Vor allem die Kreuzritter des Vierten Kreuzzugs ließen 1204 Vieles mitgehen, obwohl das christliche Konstantinopel ein Verbündeter war. Nach der Plünderung der Aya Sofya entfernten sie alle Goldplatten vom **Gemauerten Obelisken** am Südende des Hippodroms, weil sie fälschlicherweise dachten, es handele sich um Massivgold (dabei waren es vergoldete Bronzeplatten).

Am Nordende des Hippodroms steht ein kleiner Pavillon mit herrlichen Steinmetzarbeiten: der **Kaiser-Wilhelm-Brunnen**. Der deutsche Kaiser schenkte ihn dem Sultan und seinem Volk als Freundschaftsbeweis, als er Abdülhamid II. 1901 einen Staatsbesuch abstattete.

Der wunderbar erhaltene **Theodosius-Obelisk** aus rotem Granit steht im Zentrum des Hippodroms. Er entstand in Ägypten in der Zeit von Pharao Thutmosis III. (reg. 1549–1503 v. Chr.) und stammt aus dem Amun-Re-Tempel in Karnak. Theodosius der Große (reg. 379–395) ließ ihn 390 aus Ägypten nach Konstantinopel verfrachten. Die se-

Sultanahmet & Umgebung

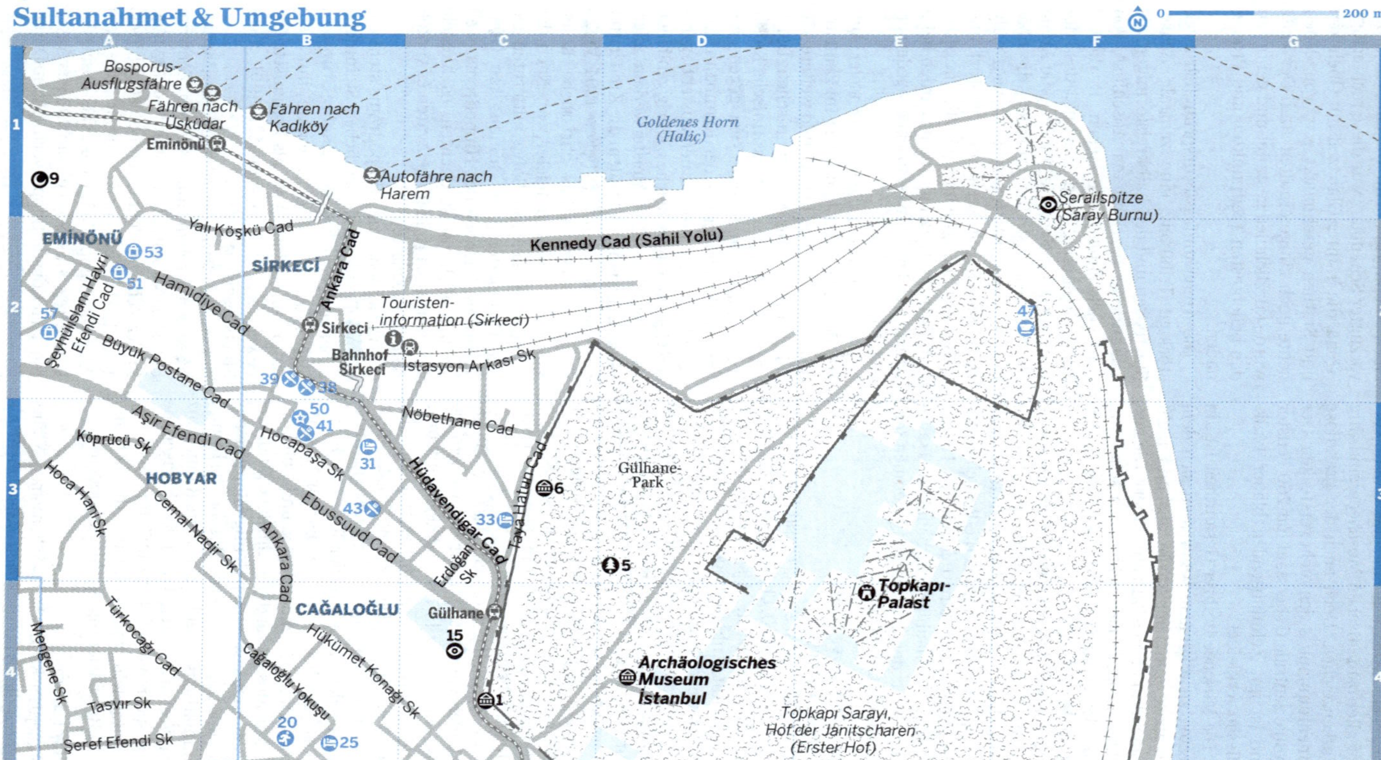

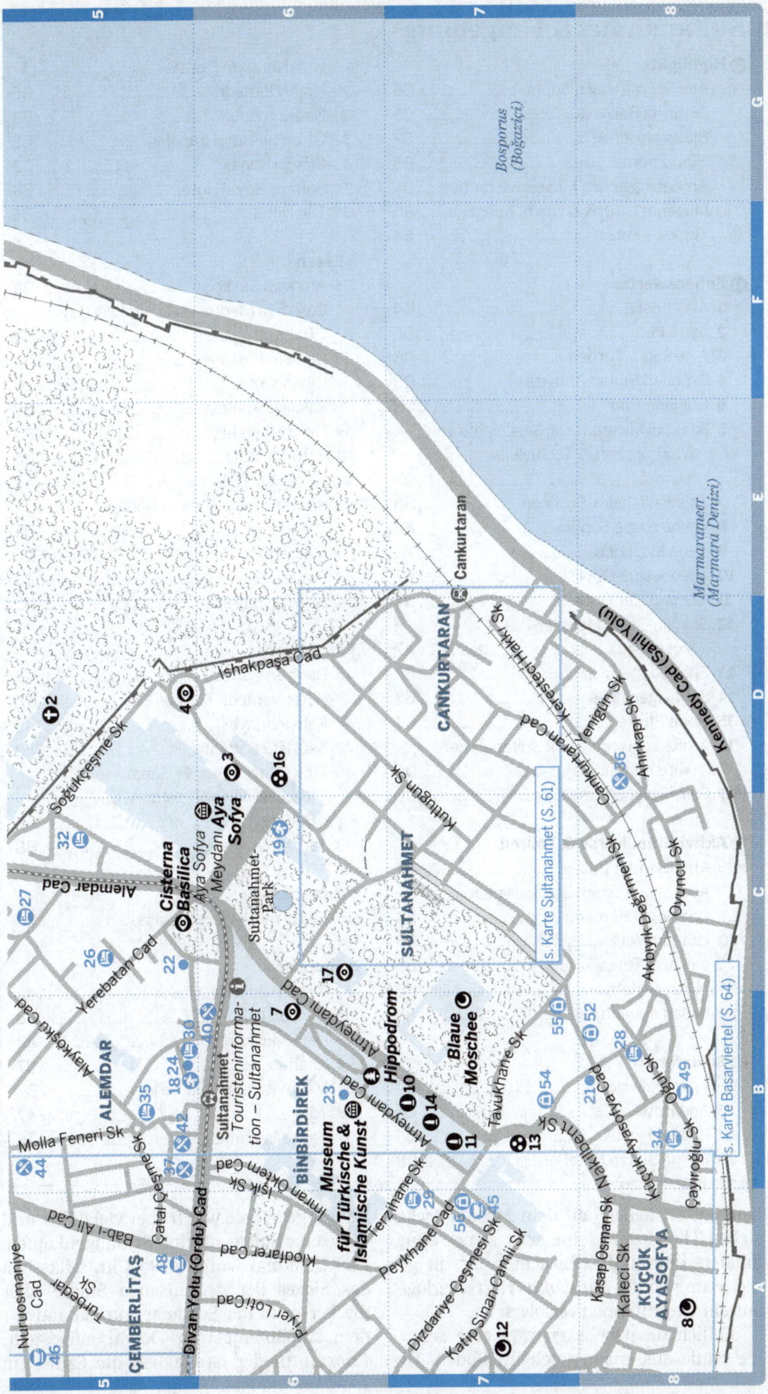
Bosporus (Boğaziçi)
Marmarameer (Marmara Denizi)
Kennedy Cad (Sahil Yolu)
Cankurtaran
CANKURTARAN
SULTANAHMET
BİNBİRDİREK
ALEMDAR
ÇEMBERLİTAŞ
KÜÇÜK AYASOFYA
Ishakpaşa Cad
Soğukçeşme Sk
Alemdar Cad
Yerebatan Cad
Alaykoşku Cad
Molla Feneri Sk
Nuruosmaniye Cad
Türbedar Sk
Çatal Çeşme Sk
Bab-ı Ali Cad
Divan Yolu (Ordu) Cad
Işık Sk
Klodfarer Cad
Piyer Loti Cad
İmran Öktem Cad
Atmeydanı Cad
Terzihane Sk
Peykhane Cad
Dizdariye Çeşmesi Sk
Katip Sinan Camii Sk
Tavukhane Sk
Kutlugün Sk
Cankurtaran Cad
Kerestecі Hakkı Sk
Yenigün Sk
Ahırkapı Sk
Oyuncu Sk
Akbıyık Değirmeni Sk
Nakilbent Sk
Küçük Ayasofya Cad
Kasap Osman Sk
Kaleci Sk
Aksakal Sk
Çayıroğlu Sk
Sultanahmet
Touristeninformation – Sultanahmet
Cisterna Basilica
Aya Sofya Meydanı
Aya Sofya
Sultanahmet Park
Hippodrom
Blaue Moschee
Museum für Türkische & Islamische Kunst
s. Karte Sultanahmet (S. 61)
s. Karte Basarviertel (S. 64)

Sultanahmet & Umgebung

Highlights
- Aya Sofya (Hagia Sophia) ... C6
- Cisterna Basilica ... C5
- Blaue Moschee ... B7
- Hippodrom ... B6
- Archäologisches Museum İstanbul ... D4
- Museum f. Türk. & Islam. Kunst ... B6
- Topkapı-Palast ... E4

Sehenswertes
- 1 Alay Köşkü ... C4
- 2 Aya İrini ... D5
- 3 Aya-Sofya-Türben ... D6
- 4 Brunnen Sultan Ahmets III. ... D5
- 5 Gülhane-Park ... D3
- 6 İstanbul Museum zur Geschichte von Wissenschaft & Technik im Islam ... C3
- 7 Kaiser-Wilhelm-Brunnen ... B6
- 8 Kleine Hagia Sophia ... A8
- 9 Neue Moschee ... A1
- 10 Theodosius-Obelisk ... B7
- 11 Gemauerter Obelisk ... B7
- 12 Sokollu-Şehit-Mehmet-Paşa-Moschee ... A7
- 13 Sphendone ... B7
- 14 Schlangensäule ... B7
- 15 Hohe Pforte ... C4
- 16 Archäologischer Park Sultanahmet (wird restauriert) ... D6
- 17 Grab Sultan Ahmets I. ... C6

Aktivitäten, Kurse & Touren
- 18 Ambassador Spa ... B5
- 19 Ayasofya Hürrem Sultan Hamamı ... C6
- 20 Cağaloğlu Hamamı ... B4
- 21 İstanbul Walks ... B8
- 22 Les Arts Turcs ... C5
- 23 Müzenin Kahvesi ... B6
- 24 Urban Adventures ... B5

Schlafen
- 25 Agora Life Hotel ... B4
- 26 And Hotel ... C5
- 27 Cheers Hostel ... C5
- 28 Emine Sultan Hotel ... B8
- 29 Hotel Ibrahim Pasha ... A7
- 30 Hotel Nomade ... B5
- 31 Neorion Hotel ... B3
- 32 Ottoman Hotel Imperial ... C5
- 33 Sirkeci Konak ... C3
- 34 Sultans Royal Hotel ... B8
- 35 Tan Hotel ... B5

Essen
- 36 Ahırkapı Balıkçısı ... D8
- Caferağa Medresesi Lokanta & Çay Bahçesi ... (siehe 32)
- 37 Çiğdem Pastanesi ... B5
- Cihannüma ... (siehe 26)
- 38 Fasuli Lokantaları ... B2
- 39 Hafız Mustafa ... B2
- 40 Hafız Mustafa ... B6
- 41 Hocapaşa Pidecisi ... B3
- 42 Karadeniz Aile Pide ve Kebap Salonu ... B5
- Matbah ... (siehe 32)
- 43 Paşazade ... B3
- 44 Sefa Restaurant ... B5

Ausgehen
- 45 Denizen Coffee ... A7
- Hotel Nomade Terrace Bar ... (siehe 30)
- 46 Kahve Dünyası ... A5
- 47 Set Üstü Çay Bahçesi ... F2
- 48 Türk Ocaği Kültür ve Sanat Merkezi İktisadi İşletmesi Çay Bahçesi ... A5
- 49 Yeni Marmara ... B8

Unterhaltung
- 50 Kulturzentrum Hocapaşa ... B3

Shoppen
- 51 Ali Muhıddin Hacı Bekir ... A2
- 52 Cocoon ... B8
- 53 Hafız Mustafa ... A2
- 54 Khaftan ... B7
- 55 Mehmet Çetinkaya Gallery ... B7
- 56 Tulu ... A7
- 57 Vakko İndirim ... A2

henswerten Reliefs auf dem Marmorsockel stellen Theodosius, seine Frau, seine Söhne, Staatsbeamte und Leibwächter dar, die gemeinsam von der *kathisma* (Herrscherloge) aus ein Wagenrennen verfolgen.

Südlich des Obelisken ragt eine seltsame Säule aus einem Loch im Boden. Die **Schlangensäule** war früher viel höher und hatte eine Spitze aus drei Schlangenköpfen. Das Denkmal wurde 478 v. Chr. anlässlich des Sieges der griechischen Städte über die Perser in der Schlacht von Plataiai vor dem Apollotempel in Delphi aufgestellt. Konstantin der Große ließ die Säule um

330 n. Chr. in seine neue Hauptstadt bringen. Auch wenn die Säule in byzantinischen Zeiten schwer in Mitleidenschaft gezogen wurde, überdauerten die Schlangenköpfe bis ins frühe 18. Jh. Heute ist alles, was von ihnen übrig ist, ein Oberkiefer, der im Archäologischen Museum İstanbul (S.59) verwahrt wird.

LP TIPP Museum für Türkische & Islamische Kunst MUSEUM

(Türk ve İslam Eserleri Müzesi; Karte S. 50; www.tiem.gov.tr; Atmeydanı Caddesi 46; Eintritt 10 ₺; ⏲April–Okt. Di–So 9–18.30 Uhr, Nov.–März bis 16.30 Uhr; 🚊Sultanahmet) Der osmanische Palast am Westende des Hippodroms wurde 1524 für İbrahim Paşa, Jugendfreund, Schwager und Großwesir von Süleyman dem Prächtigen, erbaut. Heute fungiert der Palast als Museum und beherbergt eine wunderbare Sammlung von Artefakten, ausgezeichnete Beispiele von Kalligrafie und eine Sammlung antiker Teppiche, die allgemein als weltweit beste gilt.

Der in Griechenland gebürtige İbrahim Paşa wurde als Kind aus seinem Land verschleppt und als Sklave an den Sultanshof in İstanbul verkauft. Er arbeitete als Page im Topkapı-Palast und schloss dort Freundschaft mit dem gleichaltrigen Süleyman. Als dieser Sultan wurde, stieg İbrahim zum obersten Falkner, Kammerdiener und Großwesir auf. Den Palast schenkte ihm Süleyman ein Jahr, bevor er ihm seine Schwester Hadice zur Frau gab. Leider nahm das Märchen für İbrahim kein gutes Ende. Er wurde so reich, mächtig und einflussreich, dass er die Missgunst anderer auf sich zog, die ebenfalls Einfluss auf den Herrscher ausüben wollten. Seine mächtigste Feindin war Haseki Hürrem Sultan (Roxelane), die Frau Süleymans. Als ein anderer Rivale İbrahim der Illoyalität bezichtigte, überzeugte Roxelane ihren Gemahl davon, dass ihm von İbrahim Gefahr drohte, sodass Süleyman ihn 1536 erdrosseln ließ.

Das Museum zeigt Exponate vom 8. und 9. Jh. bis zum 19. Jh. Zu den Highlights gehören herrliche Kalligrafien und Sultansdekrete *(mükname)* mit dem Sultansmonogramm *(tuğra)*. Sehenswert sind auch die schönen iranischen Bucheinbände aus der Safawiden-Ära (1501–1786). Und auf jeden Fall sollte man die außergewöhnliche Sammlung mit Teppichen (darunter Holbein- und Lotto-Teppiche sowie Teppiche aus Konya, Uşak, Iran und Kaukasien) in der *dîvânhane* (Zeremonienhalle) anschauen. In der unteren Etage gibt es eine ethnographische Ausstellung. Die Exponate sind türkisch und englisch beschriftet.

Im Hof sollte man sich im Müzenin Kahvesi (S. 85) unbedingt noch einen fachmännisch zubereiteten türkischen Kaffee gönnen.

Cisterna Basilica ZISTERNE

(Yerebatan Sarnıçı; Karte S. 50; www.yerebatan.com; Yerebatan Caddesi 13; Eintritt 10 ₺; ⏲9–18.30 Uhr; 🚊Sultanahmet) Das unterirdische Bauwerk wurde auf Geheiß Justinians 532 erbaut und ist die größte noch bestehende byzantinische Zisterne in İstanbul. Für den Bau verwendete man 336 Säulen, die von verschiedenen Tempelruinen stammen und fein gemeißelte Kapitelle aufweisen. Die Symmetrie und die großartige Konzeption sind atemberaubend und machen das tiefe Kellergewölbe zum perfekten Refugium für heiße Sommertage.

Wie die meisten historischen Stätten İstanbuls hat auch die Zisterne eine ungewöhnliche Geschichte: In byzantinischer Zeit trug sie den Namen Cisterna Basilica, benannt nach der Stoa Basilica, einem großen Bauwerk auf dem ersten Stadthügel, unter dem sie lag. Sie diente als Wasserspeicher für den Großen Palast und die umliegenden Gebäude, hatte ein Fassungsvermögen von bis zu 80 000 m³ Wasser und wurde über Aquädukte von einem 20 km entfernten Stausee in der Nähe des Schwarzen Meeres gespeist. Als die byzantinischen Kaiser den Großen Palast aufgaben, wurde die Zisterne geschlossen und geriet in Vergessenheit. Erst kurz vor der Eroberung der Stadt durch die Osmanen wurde sie wiederentdeckt: Als der Gelehrte Petrus Gyllius 1545 byzantinische Altertümer in der Stadt erforschte, erfuhr er von Einheimischen, dass sie auf wundersame Weise unter ihren Kellern mit Eimern Wasser aus einem dunklen Raum schöpfen konnten. Manche fingen dort sogar Fische. Fasziniert erkundete Gyllius die Umgebung und entdeckte im Keller eines Hauses den Zugang zu der Zisterne. Doch selbst nach dieser Entdeckung zollten die Osmanen dem sogenannten Versunkenen Palast *(Yerebatan Sarayı)* nicht den gebührenden Respekt. So wurde er zu einer Art Müllhalde für alle Arten von Abfällen und sogar Leichen.

Die Zisterne wurde 1985 von der İstanbuler Stadtverwaltung gereinigt und renoviert und ist seit 1987 für die Öffentlichkeit zugänglich. Heute ist sie eine der berühmtesten Touristenattraktionen der Stadt und hat jede Menge Atmosphäre zu bieten: Man läuft über erhöhte Holzplanken, spürt die Wassertropfen, die vom Deckengewölbe rieseln, und sieht geisterhaft Karpfen durch das Wasser gleiten.

LP TIPP **Topkapı-Palast** PALAST

(Topkapı Sarayı; Karte S. 50; www.topkapisarayi.gov.tr; Babıhümayun Caddesi; Palast 25 ₺, Harem 15 ₺; ⏲Mitte April–Sept. Mi–Mo 9–18 Uhr, Okt.–Mitte April bis 16 Uhr, Harem April–Okt. bis 16.30 Uhr, Nov.–März bis 15.30 Uhr; 🚊Sultanahmet) Der Topkapı-Palast war Schauplatz so vieler spannender Geschichten wie kaum ein anderer Herrscherpalast. Lüsterne Sultane, ehrgeizige Höflinge, schöne Konkubinen und intrigante Eunuchen lebten und arbeiteten zwischen dem 15. und 19. Jh. am Hof des Osmanischen Reiches. Die opulenten Pavillons, die gefüllte Schatzkammer und der weitläufige Harem sind für die Besucher wie ein Fenster in die Vergangenheit.

Mehmet der Eroberer begann kurz nach der Eroberung der Stadt 1453 mit dem Bau des Palasts, in dem er bis zu seinem Tod 1481 lebte. Auch seine Nachfolger ließen es sich in dem exklusiven Bau gut gehen. Erst im 19. Jh. verließ der Hof den Topkapı-Palast, weil sich die Sultane prunkvolle Paläste europäischen Stils am Bosporusufer bauen ließen.

Eintrittskarten für den Palast kauft man am Hauptschalter vor dem Tor zum Zweiten Hof. Hier versammeln sich Palastführer. Weil die Touren aber ziemlich teuer sind (1 Std. 100 €/Kleingruppe), holen sich die meisten Besucher an einem Schalter gleich hinter dem Eingang zum Zweiten Hof den günstigeren Audioguide (10 ₺).

Auf dem gepflasterten Hof vor dem Sultanstor *(Bab-ı Hümayun)*, das in den Palast führt, steht der verzierte **Brunnen Sultan Ahmets III.**, der 1728 im Rokokostil vom namensgebenden Sultan, der zugleich ein Tulpenliebhaber war, erbaut wurde.

Erster Hof

Passiert man das Sultanstor, gelangt man zum Ersten Hof, dem Hof der Janitscharen, auf dem auch Paraden abgehalten wurden. Links befindet sich die byzantinische Hagia Eirene, auf Türkisch **Aya İrini** (Kirche des Göttlichen Friedens).

Zweiter Hof

Das Mittlere Tor (*Ortakapı* oder *Bab-üs Selâm*) führte in den Zweiten Palasthof, in dem man sich um die Staatsgeschäfte kümmerte. Nur der Sultan und die *valide sultan* (Sultansmutter) durften dieses Tor hoch zu Ross passieren. Alle anderen – selbst der Großwesir – mussten absteigen.

Der wunderschöne Zweite Hof ist wie ein Park angelegt. Anders als typisch europäische Palastanlagen, die aus einem großen Gebäude mit umliegenden Gärten bestehen, setzt sich der Topkapı-Palast aus diversen Pavillons, Küchentrakten, Kasernen, Audienzsälen, Kiosken und Schlafquartieren rund um den zentralen Innenhof zusammen.

In den großartigen **Palastküchen** auf der rechten Seite des Hofes ist derzeit eine kleine Auswahl der riesigen palasteigenen Sammlung chinesischen Seladon-Porzellans ausgestellt. Die Sultane schätzten es sehr – nicht nur weil es sehr schön war, sondern auch weil es angeblich seine Farbe änderte, wenn es mit vergiftetem Essen in Kontakt kam.

Auf der linken, westlichen Seite des Zweiten Hofes befindet sich der prunkvolle **Ratssaal** *(Divan Salonu)*. Hier trat der Staatsrat *(dîvân)* zusammen, um über Angelegenheiten des Reichs zu beraten. Der Sultan lauschte den Diskussionen durch das vergitterte Fenster, das man hoch oben in der Wand erkennt.

Nördlich des Diwan befindet sich die **Äußere Schatzkammer**. Heute ist hier eine beeindruckende Sammlung von osmanischen und europäischen Waffen und Rüstungen ausgestellt.

Der Harem

Der Zugang zum Harem liegt unter dem Turm der Gerechtigkeit (Adalet Kulesi) an der westlichen Seite des Zweiten Hofes. Ein Besuch im Harem lohnt sich wirklich – auch wenn man dafür am Ticketschalter eine separate Eintrittskarte kaufen muss.

Hartnäckig hält sich das Gerücht, der Harem sei ein Ort gewesen, an dem sich der Sultan ungezügelt Ausschweifungen hingeben konnte (tatsächlich hatte Murat III. 112 Kinder). In Wahrheit aber waren dies einfach nur die Privatgemächer der Sultansfamilie – wörtlich übersetzt bedeutet *harem* „privat“. Das Leben dort war bis ins kleinste Detail durch Traditionen, Pflichten und Zeremonien geregelt.

Die Sultane unterhielten bis zu 300 Konkubinen, doch meistens waren es weniger. Kaum im Harem angekommen, wurden die Mädchen in islamischer Religion, türki-

Topkapı-Palast (Topkapı Sarayı)

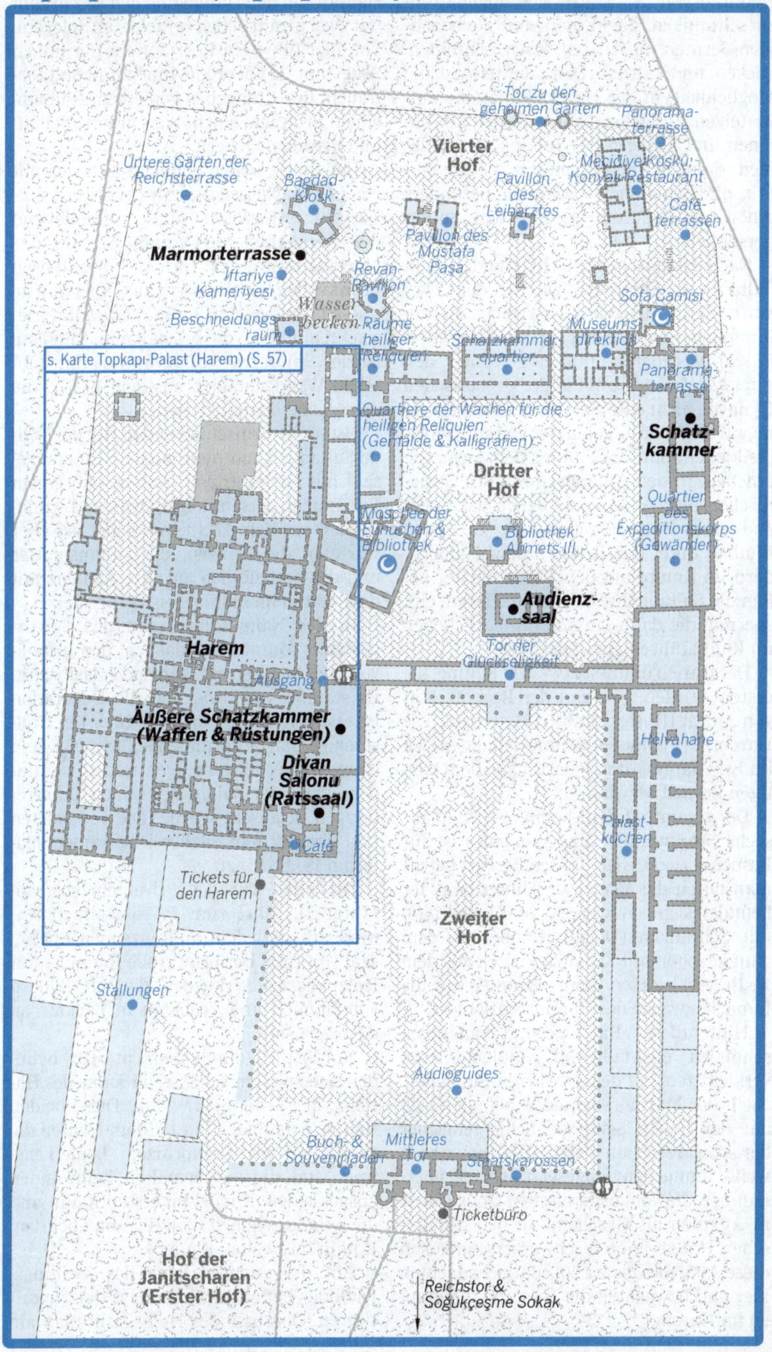

scher Kultur und Sprache unterrichtet; sie erfuhren von der Kunst, sich angemessen zu schminken, zu kleiden und zu benehmen, lernten musizieren, lesen, schreiben, sticken und tanzen. Dann hatten sie die Möglichkeit, in der Haremshierarchie aufzusteigen. Zunächst dienten sie den Konkubinen und Kindern des Sultans als Hofdamen, dann der Sultansmutter *(valide sultan)* und schließlich - wenn sie besonders schön und talentiert waren - dem Sultan persönlich.

Nach islamischem Recht standen dem Sultan vier Ehefrauen zu, die den Titel *kadın* (Frau) trugen. Gebar eine Ehefrau ihm einen Sohn, erhielt sie den Titel *haseki sultan*, gebar sie ihm eine Tochter, den Titel *haseki kadın*. Da in der osmanischen Dynastie nicht automatisch der Erstgeborene auf den Thron gelangte, konnte prinzipiell jeder Sohn des Sultans den Anspruch erheben. In den Anfangsjahren des Osmanischen Reiches kam es folglich nach dem Tod eines Sultans regelmäßig zu einem Blutbad unter den Brüdern bzw. Halbbrüdern im Kampf um den Thron. Später ließen die Sultane ihre Brüder im Harem einsperren, die dann ein *kafes hayatı* (Leben im Käfig) führen mussten.

Der Harem umfasst etwa 300 Räume; die ersten wurden während der Regentschaft von Murat III. (reg. 1574–1595) erbaut. Die Harems der früheren Sultane befanden sich im Eski Saray (Alten Palast) nahe dem heutigen Beyazıt Meydanı.

Der gesamte Haremskomplex besteht aus sechs Stockwerken, aber nur eines ist für Besucher zugänglich. Diesen Bereich betritt man durch das Wagentor. Hinter dem Tor befindet sich ein viereckiger Kuppelraum mit Schränken (Dolaplı Kubbe). In dem wunderschön mit Kütahya-Fliesen aus dem 17. Jh. verkleideten Raum dahinter war die Eunuchenwache des Harems stationiert.

Hinter diesem Raum gelangt man in den schmalen, ebenfalls mit Kütahya-Fliesen verkleideten Hof der schwarzen Eunuchen. Nach der Marmorkolonnade befinden sich auf der linken Seite die Schlafgemächer der schwarzen Eunuchen. Anfangs wurden weiße Eunuchen eingesetzt, später übernahmen die vom osmanischen Gouverneur in Ägypten als Geschenk an den osmanischen Hof gesandten schwarzen Eunuchen diese Aufgabe. Bis zu 200 Eunuchen lebten hier und bewachten die Tore und die Frauen im Harem.

Am Ende des Hofes findet man das Haupttor in den Harem und den Wachraum mit zwei gigantischen vergoldeten Spiegeln. Von hier führt ein Korridor auf der linken Seite zum Hof der Sklavinnen und Sultansfrauen. Er ist umgeben von einem Hamam, einem Brunnen, einem Waschraum, Schlaf- und Privatgemächern.

Ein Stück weiter befinden sich der mit einem gekachelten Kamin dekorierte **Sultan-Ahmet-Pavillon** und anschließend die **Gemächer der Valide Sultan**, das Machtzentrum des Harems. Von diesen prunkvollen Gemächern aus überwachte und kontrollierte die *valide sultan* ihre riesige „Familie". Von besonderem Interesse ist der **Salon der Valide Sultan** mit hübschen Wandgemälden aus dem 19. Jh., die das schöne İstanbul zeigen.

Hinter dem anschließenden Hof der Valide Sultan gelangt man in einen Empfangssaal mit einem großen Kamin und einem Vorzimmer, das mit Kütahya- und İznik-Fliesen aus dem 17. Jh. verkleidet ist. Hier warteten die Prinzen, die Sultansmutter und die Konkubinen auf ihre Audienz mit dem Sultan im schmucken **Thronsaal**.

In der Nähe findet man das **Privatgemach Murats III.**, das zu den prunkvollsten Räumen im ganzen Palast zählt. Es stammt von 1578, und die Dekoration ist fast vollständig noch original. Der dreistöckige Marmorbrunnen sollte den Klang eines Wasserfalls erzeugen und so verhindern, dass der Sultan bei seinen Unterredungen belauscht wurde. Die vergoldeten und überdachten Sitzbereiche kamen später im 18. Jh. hinzu.

Die linke Tür des Privatgemachs von Murat III. führt zum **Privatgemach Ahmeds III.** und dem angrenzenden Speisesaal von 1705. Der prunkvolle Raum ist mit Holzpaneelen verkleidet, die mit Bildern von Blumen und Früchten in Lackfarben dekoriert sind.

Nordöstlich (durch die rechte Tür) befinden sich zwei der schönsten Räume des Harems: der **Zwillingspavillon**. Diese beiden Räume entstanden um 1600 und waren die Gemächer des Kronprinzen. Bemerkenswert sind die mit bemalten Leinwänden ausgekleidete Kuppel im ersten Raum und die wunderschönen İznik-Fliesen über dem Kamin im zweiten Raum.

Auf der anderen Seite des Zwillings-Pavillons befindet sich der **Hof der Favoritinnen**. Oberhalb des Hofes sieht man am

Topkapı-Palast (Harem)

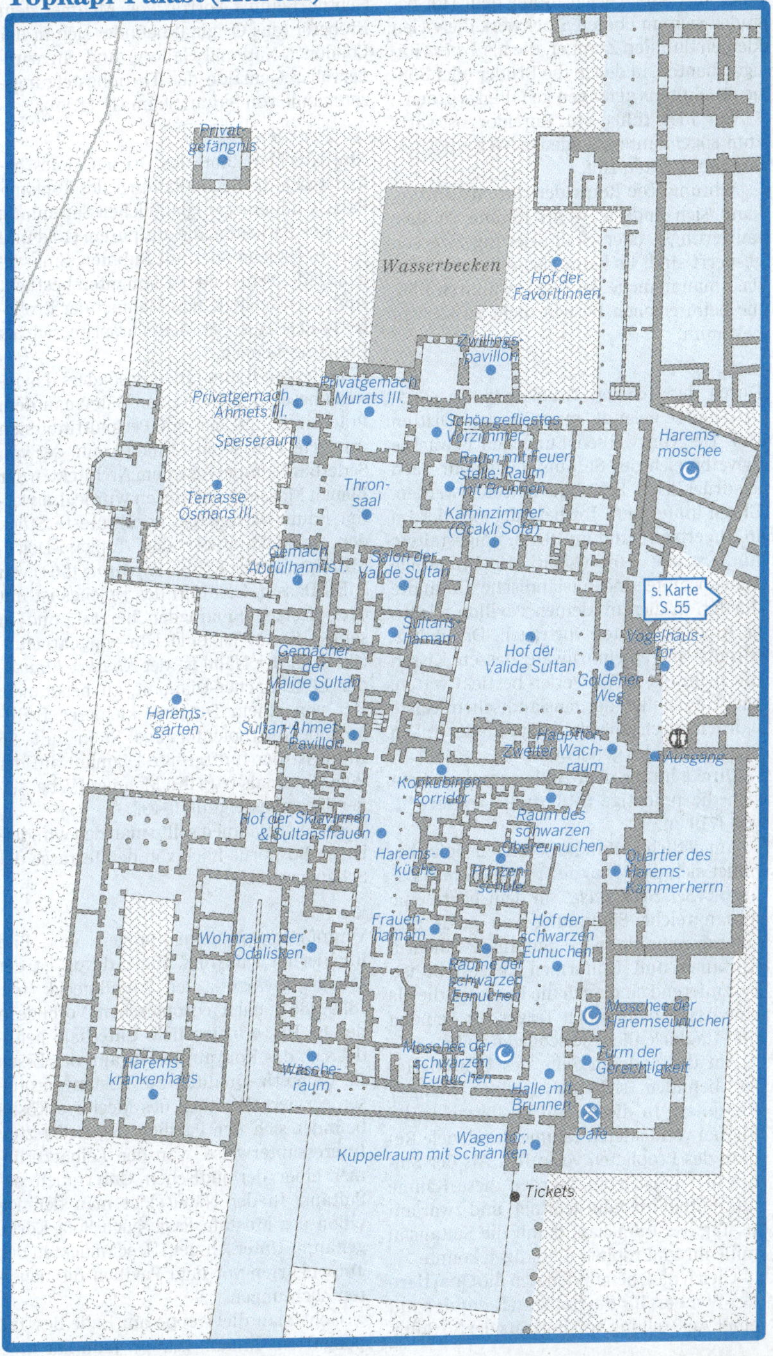

Rand ein großes Becken (eigentlich auf einer Terrasse). Gleich hinter dem Hof befinden sich im oberen Stockwerk die vielen kleinen dunklen Zimmer, die als *kafes* (Käfige) dienten, in denen die Brüder oder Söhne des Sultans gefangen gehalten wurden.

Von hier führt ein Korridor ostwärts zum sogenannten Goldenen Weg und hinaus zum Dritten Hof.

Achtung: Die Route der Haremsführung kann sich ändern, wenn Räume zu Restaurierungs- oder Stabilisierungszwecken gesperrt sind! Es kann also durchaus sein, dass man manche der hier erwähnten Räume beim eigenen Besuch nicht zu Gesicht bekommt.

Dritter Hof

Durch das **Tor der Glückseligkeit** *(Bâbüs Saade)* gelangt man in den Dritten Hof. Der von weißen Eunuchen bewachte Privatbereich des Sultans durfte nur nach ausdrücklicher Erlaubnis betreten werden. Gleich hinter dem Tor befindet sich der im 16. Jh. erbaute und im 18. Jh. umgestaltete **Audienzsaal** *(Arz Odası)*. Hochranginge Staatsbeamte und ausländische Gesandte durften in diesem kleinen Pavillon wichtige Angelegenheiten vortragen. Der Sultan thronte auf einem Diwan, dessen Kissen mit mehr als 15000 Perlen bestickt waren. Die Geschenke der ausländischen Gäste wurden durch eine kleine Tür an der linken Seite des Saales gereicht.

Direkt hinter dem Audienzsaal schließt sich die prächtige **Bibliothek Ahmets III.** von 1719 an.

Am östlichen Rand des dritten Hofes befindet sich das **Quartier des Expeditionskorps** *(Seferli Koğuşu)*, in dem heute eine umfangreiche Sammlung von gold- und silberdurchwirkten Sultansgewändern, Kaftanen und Uniformen ausgestellt ist. Faszinierend sind auch die Hemden, die als eine Art Talisman den Träger vor Feinden und Unglück aller Art schützen sollten.

Auf der anderen Seite des Dritten Hofes befinden sich die **Räume heiliger Reliquien**. In diesen mit kostbaren İznik-Fliesen verkleideten Räumen sind viele Relikte des Propheten verwahrt. Als der Sultan hier noch lebte, wurden diese Räume nur einmal im Jahr geöffnet, und zwar am 15. Tag des Ramazan, damit die Sultansfamilie ihrem Propheten huldigen konnte.

Gleich daneben finden sich die **Quartiere der Wachen für die heiligen Reliquien** mit einer Ausstellung von Porträts der 36 Sultane. Hier hängen u.a. eine Reproduktion von Gentile Bellinis Porträt von Mehmet dem Eroberer (das Original befindet sich in der Londoner National Gallery) und ein wundervolles Gemälde der Thronbesteigungszeremonie von Sultan Selim III. (1789).

Die Schatzkammer

Am östlichen Rand des Dritten Hofes befindet sich die Schatzkammer des Topkapı-Palasts mit einer unglaublichen Sammlung von Kostbarkeiten, die aus purem Gold und Silber bestehen oder mit Rubinen, Smaragden, Jade, Perlen oder Diamanten bestückt sind. Das Gebäude ließ Mehmet der Eroberer 1460 erbauen; es diente ursprünglich als Empfangsbereich.

Im ersten Raum fallen besonders das juwelenbesetzte Schwert von Süleyman dem Prächtigen und der mit Perlmuttintarsien verzierte Thron von Ahmed I. auf, der von Sedefhar Mehmet Ağa, dem Architekten der Blauen Moschee, entworfen wurde. Im vierten Raum wartet das berühmteste Stück der Schatzkammer: der Topkapı-Dolch, Mittelpunkt des Krimis *Topkapi* (1964) von Jules Dassin. Das Heft des Dolches ist mit drei riesigen Smaragden besetzt, und in seinen Knauf ist eine Uhr eingearbeitet. Gleich in der Nähe ist der *Kasıkçı Elması*, der Löffelmacher-Diamant, zu bestaunen. Der von einem Dutzend kleinerer Brillis umgebene tropfenförmige Stein mit 86 Karat ist der fünftgrößte Diamant auf der Welt. Erstmals trug ihn Mehmet IV. bei seiner Thronbesteigung 1648.

Nicht versäumen sollte man den wunderbaren Bosporus-Blick von der Terrasse der Schatzkammer.

Vierter Hof

Vergnügungspavillons prägen das Bild im Vierten Palasthof. Einer davon ist der **Mecidiye Köşkü**, den Abdülmecid (reg. 1839–1861) nach europäischen Vorbildern des 19. Jhs. erbauen ließ. Unterhalb befindet sich das Konyalı Restaurant, das Essen in Cafeteria-Qualität zu Restaurantpreisen serviert. Westlich des Mecidiye Köşkü befindet sich der Pavillon des Leibarztes. Interessanterweise war der Leibarzt immer einer der jüdischen Untertanen des Sultans. In der Nähe sieht man den Pavillon des Mustafa Paşa, auch Sofa Köşkü genannt. Unter Ahmet III. schmückten den Tulpengarten vor dem Pavillon die neuesten Züchtungen.

Geht man die Treppe am Ende des Tulpengartens hinauf, gelangt man zur **Mar-**

morterrasse mit einem dekorativen Wasserbassin, drei Pavillons und der İftariye Kameriyesi, einem kleinen, seltsamen Gebäude, das İbrahim der Verrückte 1640 erbauen ließ, um im Ramadan an einem pittoresken Plätzchen das Fasten zu brechen.

Murat IV. erbaute 1636 den **Revan-Pavillon**, nachdem er den Persern Jerewan (heute in Armenien) abgenommen hatte. Den **Bagdad-Pavillon**, eines der letzten Beispiele klassischer Palastarchitektur, ließ er 1639 anlässlich seines Sieges über Bagdad errichten. Bemerkenswert sind die wunderschönen İznik-Fliesen, die Deckenbemalung und die Perlmutt- und Schildplattintarsien. In dem kleinen **Beschneidungsraum** *(Sünnet Odası)* wurde an muslimischen Jungen das Beschneidungsritual vollzogen. Die Außenwände, die İbrahim I. 1640 hinzufügen ließ, zieren besonders prunkvolle Fliesen.

LP TIPP Archäologisches Museum İstanbul

MUSEUM

(Karte S. 50; www.istanbularkeoloji.gov.tr; Osman Hamdi Bey Yokuşu, Gülhane; Eintritt 10 ₺; ⌚Mitte April–Sept. Di–So 9–18 Uhr, Okt.–Mitte April bis 16 Uhr; 🚊Gülhane) Das hervorragende Museum beherbergt archäologische und künstlerische Schätze aus den Sammlungen im Topkapı-Palast – antike Artefakte, klassische Statuen und Objekte zur anatolischen Geschichte. Highlights gibt es hier zweifellos viele, aber für Geschichtsfans ist die Ausstellung „İstanbul im Laufe der Zeiten", die sich auf die byzantinische Vergangenheit der Stadt konzentriert, besonders interessant.

Der Museumskomplex gliedert sich in drei Teile: das Archäologische Museum *(Arkeoloji Müzesi)*, das Museum für altorientalische Kunst *(Eski Şark Eserler Müzesi)* und den Fayencen-Pavillon *(Çinili Köşk)*. Diese Museen beherbergen die Palastsammlung, die der Archäologe, Künstler und Museumsdirektor Osman Hamdi Bey Ende des 19. Jhs. zusammentrug. Der Weg hierher führt entweder vom Ersten Hof des Topkapı-Palasts bergab oder vom Haupteingang des Gülhane-Parks bergauf.

Museum für altorientalische Kunst

Gleich links hinter dem Eingang zum Museumskomplex beherbergt dieses Gebäude von 1883 eine Sammlung vorislamischer Stücke aus dem gesamten Gebiet des Osmanischen Reiches. Highlights sind u.a. die großen, blau-gelb glasierten Ziegelplatten, die einst die Prozessionsstraße und das Ishtar-Tor des antiken Babylon schmückten. Auf ihnen abgebildet sind echte und mythische Tiere wie Löwen, Drachen und Stiere.

Archäologisches Museum

Auf der gegenüber liegenden Seite des Hofes befindet sich das Herz des Komplexes. Das imposante neoklassizistische Gebäude zeigt eine umfangreiche Sammlung klassischer Statuen und Sarkophage sowie eine umfangreiche Ausstellung zur Geschichte İstanbuls.

Eine römische Statue von Bes, dem launenhaften Halbgott der unerschöpflichen Macht und Kraft zum Schutz gegen das Böse, bewacht den Haupteingang des Museums. Geht man nach links am Museumsshop, den Toiletten und dem kleinen Café vorbei, gelangt man zu zwei gedämpft beleuchteten Räumen, in denen die Prunkstücke des Museums zu sehen sind: Sarkophage aus der Königsnekropole von Sidon und aus dessen Umgebung. Osman Hamdi Bey grub sie 1887 in Sidon (Side im heutigen Libanon) aus.

Im zweiten Raum befindet sich eines der vollkommensten Kunstwerke der klassischen Antike: der berühmte marmorne **Alexander-Sarkophag**. Er heißt nicht etwa so, weil er dem makedonischen General gehörte, sondern weil die Reliefs auf dem Sarkophag ihn und seine Armee im Kampf gegen die Perser unter König Abdalonymos (für den der Sarkophag geschaffen wurde) zeigen. Das edle Stück wurde im letzten Viertel des 4. Jhs. v.Chr. aus pentelischem Marmor gefertigt. Ein Relief zeigt Alexander zu Pferde mit einem Löwenkopf als Kopfschmuck. Bemerkenswert ist auch, dass die Reliefs noch Spuren ihrer originalen rot-gelben Bemalung aufweisen. In diesem Raum steht auch der nüchterne und sehr bewegende **Sarkophag der Klagefrauen**.

Im nächsten Raum befindet sich eine eindrucksvolle Sammlung antiker Sarkophage aus Syrien, dem Libanon, Thessaloniki und Ephesos. Im Raum dahinter sieht man auf den sogenannten **Säulensarkophagen aus Anatolien** aus der Zeit zwischen 140 und 270 n.Chr. unglaublich detaillierte Reliefs. Viele sehen aus wie winzige Tempel oder Wohnhütten. Besondere Beachtung verdient der **Sidamara-Sarkophag** aus Konya.

Die weiteren Räume beinhalten lykische Monumente und Beispiele anatolischer Architektur der Antike.

Geht man zurück in Richtung Bes-Statue, führt eine Treppe hinauf zu den Ausstellungen „Anatolien und Troja im Laufe der Zeiten" und „Benachbarte Kulturen in Anatolien, Zypern, Syrien und Palästina", die allerdings enttäuschen.

Auf der anderen Seite der Bes-Statue befinden sich die berühmten Statuensäle des Museums. Diese Räume waren aber während unserer Recherchen wegen Renovierungsarbeiten gesperrt.

In der Etage über den Statuensälen (der Zugang ist hinter den Toiletten) beginnt die faszinierende Ausstellung **İstanbul im Laufe der Zeiten**, die in den verschiedenen Vierteln der Stadt ihre Vergangenheit während der verschiedenen Perioden – prähistorisch, hellenistisch, römisch, byzantinisch und osmanisch – beleuchtet. Die Ausstellung geht im unteren Stockwerk weiter, wo in einem eindrucksvollen Saal byzantinische Artefakte zu sehen sind.

Fayencen-Pavillon

Das letzte Gebäude in dem Museumskomplex ist der Fayencen-Pavillon, der 1472 als ein Außenpavillon des Topkapı-Palasts von Mehmet dem Eroberer erbaut wurde. Ursprünglich schaute man sich von hier aus Wettkämpfe an. Den mit 14 Marmorsäulen bestückten Portikus ließ Abdülhamid I. (1774–1789) erbauen, nachdem der originale 1737 abgebrannt war.

Heute beheimatet der Pavillon die landesweit beste Sammlung seldschukischer, anatolischer und osmanischer Fliesen und Keramiken aus der Zeit vom Ende des 12. Jhs. bis Anfang des 20. Jhs. Darunter sind İznik-Fliesen aus der Zeit von der Mitte des 14. Jhs. bis zum 17. Jh., als diese Stadt die schönsten bemalten Fliesen der Welt herstellte. Beim Betreten des Mittelraums fällt einem sofort der beeindruckende *mihrab* von İbrahim Bey İmâret in Karaman auf, der 1432 erbaut wurde. Bemerkenswert ist auch der hübsche, mit Pfauen verzierte Springbrunnen von 1590, der links auf der Rückseite des Pavillons in die Wand eingebaut ist.

Gülhane-Park — PARK

(Gülhane Parkı; Karte S. 50; Gülhane) Der Gülhane-Park war einst der äußere Garten des Topkapı-Palasts und nur vom Sultanshof aus zugänglich. Heute strömen die İstanbuler hierher, um unter den vielen Bäumen zu picknicken, an den Blumenrabatten entlangzuschlendern und vom Set Üstü Çay Bahçesi am nordöstlichen Parkrand den wundervollen Blick aufs Goldene Horn und das Marmarameer zu genießen.

Bei den Verschönerungsmaßnahmen vor Kurzem wurden die Wege und Einrichtungen im Park verbessert und ein neues Museum eröffnet, das **İstanbul Museum zur Geschichte von Wissenschaft & Technik im Islam** (Eintritt 5 ₺; Mi–Mo 9–17 Uhr). Wissenschaftsfreunde dürfte die didaktische Ausstellung interessieren, die zeigen will, wie die islamischen Fortschritte in Wissenschaft und Technik den Fortschritt in Europa wesentlich beeinflusst und vorbereitet haben. Die meisten Exponate sind Nachbildungen historischer Instrumente und Werkzeuge.

Neben dem Südeingang ist ein kleiner Rundpavillon mit Zwiebeldach in die Parkmauer eingebaut, der **Alay Köşkü** (Parade-Pavillon). Von hier aus beobachtete der Sultan die regelmäßigen Paraden der Truppen und Umzüge der Gilden an hohen Feiertagen sowie Gedenktagen für militärische Siege. Heute ist hier der İstanbuler Sitz des Ministeriums für Kultur und Tourismus.

Auf der anderen Straßenseite befindet sich 100 m nordwestlich vom Haupteingang des Parks ein außerordentlich verschnörkeltes Rokoko-Tor, die sogenannte **Hohe Pforte**. In den Gebäuden hinter dem Tor hatte einst der Großwesir seinen Sitz; heute sind hier diverse Büros der İstanbuler Provinzverwaltung (Vilayet) untergebracht.

GRATIS Kleine Hagia Sophia — MOSCHEE

(Küçük Aya Sofya Camii, Sergios- und Bakchos-Kirche; Karte S. 50; Küçük Ayasofya Caddesi; Sultanahmet od. Çemberlitaş) Justinian und seine Frau Theodora ließen diese kleine Kirche irgendwann zwischen 527 und 536 erbauen, unmittelbar bevor Justinian die Aya Sofya in Auftrag gab. Man kann noch die Monogramme der beiden erkennen, die in einige der verzierten weißen Kapitelle eingearbeitet wurden. Die Kirche wurde kürzlich restauriert und ist eines der schönsten byzantinischen Bauwerke in der Stadt.

Benannt ist die Kirche nach Sergios und Bakchos, den zwei Schutzheiligen von Christen in der römischen Armee. Man kennt sie aber schon seit Langem als Küçük (Türkisch für klein) Aya Sofya. Die Kuppel ist architektonisch bemerkenswert, und der Grundriss – ein unregelmäßiges Oktogon – ist höchst ungewöhnlich. Wie die Aya Sofya schmückten die Kirche ursprünglich

Sultanahmet

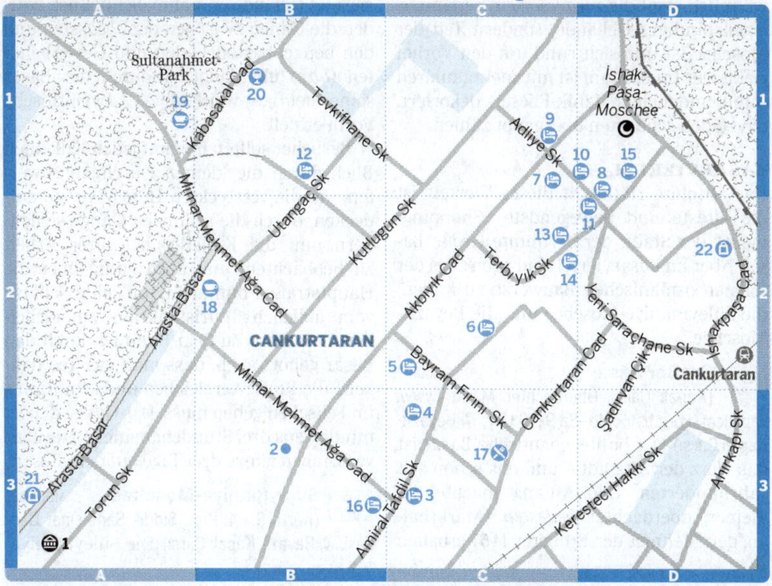

Sultanahmet

Sehenswertes
- 1 Mosaikenmuseum des Großen Palasts A3

Aktivitäten, Kurse & Touren
- 2 Cooking Alaturka B3

Schlafen
- 3 Acra Hotel C3
- 4 Agora Guesthouse & Hostel C3
- 5 Bahaus Hostel C2
- 6 Grand Peninsula C2
- 7 Hanedan Hotel C1
- 8 Hotel Alp D1
- 9 Hotel Empress Zoe C1
- 10 Hotel Peninsula D1
- 11 Hotel Şebnem D2
- 12 Hotel Uyan İstanbul B1
- 13 Marmara Guesthouse C2
- 14 Metropolis Hostel C2
- 15 Motif Apartments D1
- 16 Sarı Konak Hotel B3

Essen
- 17 Balıkçı Sabahattin C3
- Cooking Alaturka (siehe 2)

Ausgehen
- 18 Café Meşale B2
- 19 Derviş Aile Çay Bahçesi A1
- 20 Yeşil Ev B1

Shoppen
- 21 Jennifer's Hamam A3
- 22 Yilmaz Ipekçilik D2

Goldmosaiken und Säulen aus feinem grünen und roten Marmor. Die Mosaiken sind längst verschwunden, aber die eindrucksvollen Säulen gibt es noch. Um 1500 wurde die Kirche vom obersten weißen Eunuchen Hüseyin Ağa in eine Moschee umgewandelt. Seine Grabstätte befindet sich nördlich vom Gebäude. Aus dieser Zeit stammen das Minarett und die *medrese* (Schule). Im Vorhof ist ein ruhiger Teegarten *(çay bahçesi)* untergebracht, in dem man bei einem Glas Tee prima entspannen kann.

Sokollu-Şehit-Mehmet-Paşa-Moschee

MOSCHEE

(Sokollu Mehmet Paşa Camii; Karte S. 50; Ecke Şehit Çeşmesi Sokak & Katip Sinan Camii Sokak, Kadırga; Sultanahmet od. Çemberlitaş) Auf der Höhe seines architektonischen Schaffens gestaltete Sinan 1571 diese Moschee. Außer wegen ihrer architektonischen Ausgewogenheit ist sie auch deshalb ungewöhnlich, weil die *medrese* kein separates, eigenständiges Gebäude, sondern Teil der Moschee ist und sich rund um den Vorhof zieht. Der Innenraum ist mit spektakulären roten und blauen İznik-Fliesen dekoriert, die zu den schönsten überhaupt zählen.

BASARVIERTEL

Das absolute Highlight dieses Viertels ist die älteste und bewegendste „Shoppingmeile" der Stadt: der berühmte Große Basar. Aber im Basarviertel sind auch zwei der tollsten osmanischen Bauwerke zu finden: die Süleymaniye-Moschee und die Beyazıt-Moschee.

LP TIPP **Großer Basar** MARKT

(Kapalı Çarşı, Überdachter Markt; www.kapalicarsi.org.tr; ⌚Mo–Sa 9–19 Uhr; 🚊Beyazıt-Kapalı Çarşı) Der bunte, chaotische Basar ist das Herz der Altstadt – und das schon seit Jahrhunderten. Den Anfang machte ein kleiner, überdachter *bedesten* (Markthalle), den Mehmet der Eroberer 1461 erbauen ließ. Der Markt wuchs und wuchs, bis er ein riesiges Gelände einnahm. Schließlich wurden die Gänge zwischen dem *bedesten* und den benachbarten Läden und Gewerbehöfen (*han*) überdacht, wodurch der Basar seine heutige weitläufige, labyrinthische Form erhielt.

Besucher sollten hier auf jeden Fall einen Blick durch die kleinen Durchgänge werfen, um die versteckten Höfe *(han)* zu entdecken, durch die schmalen Gänge schlendern, um die Künstler bei ihrer Arbeit zu beobachten, und auch ruhig über die Hauptstraßen bummeln, um echte Schätze vom üblichen Touristenkram unterscheiden zu lernen. Zu dem Bummel durch den Basar gehört auch, dass man viel Tee trinken, alle Preise vergleichen und sein Bestes im Feilschen geben muss. Das Ganze dauert mindestens drei Stunden; manche Traveller verbringen ganze drei Tage auf dem Basar!

LP TIPP **Süleymaniye-Moschee** MOSCHEE

(Karte S. 64; Prof. Sıddık Sami Onar Caddesi; 🚊Beyazıt-Kapalı Çarşı) Die Süleymaniye-

DER GROSSE SİNAN

Die Herrschaftszeit von Sultan Süleyman dem Prächtigen gilt als das Goldene Zeitalter des Osmanischen Reiches. Sein Ansehen verdankte er teilweise auch der Tatsache, dass er in İstanbul viele architektonische Wunderwerke errichten ließ. Die meisten dieser Monumente wurden von dem Architekten Mimar Sinan entworfen, der die klassische osmanische Moschee perfektionierte.

Sinan wurde 1497 geboren. Im Rahmen der *devşirme* (Knabenlese) gelangte er zu den Janitscharen: Jedes Jahr ließ diese Elitetruppe der osmanischen Armee christliche Knaben entführen und als Muslime erziehen, um sie in ihre Reihen einzugliedern. Der junge Sinan wurde also Muslim und schließlich Festungsbaumeister der Armee. 1538 ernannte ihn Süleyman zum obersten Hofarchitekten. Im Laufe seines Lebens entwarf Sinan 321 Gebäude, von denen heute noch allein in İstanbul 85 stehen.

Die meisten Moscheen Sinans haben einen großen Vorhof, in dessen Mitte ein *şadırvan* (Brunnen) für rituelle Waschungen steht. An drei Seiten ist der Hof von gewölbten Arkaden umgeben. An der vierten erhebt sich die Moschee mit einem zweistöckigen Portal. Die Hauptgebetshalle wird von einer Zentralkuppel überspannt, die deutlich über die zweistöckige Fassade herausragt und von kleineren Kuppeln und Halbkuppeln umgeben ist.

Die prächtige Süleymaniye-Moschee in İstanbul ist die grandioseste und am meisten besuchte Arbeit Sinans. Auch wer nur wenig Zeit hat, sollte sich dieses Meisterwerk ansehen. Die Atik-Valide-Moschee (S. 78) in Üsküdar ist der Süleymaniye in vielerlei Hinsicht ähnlich, vor allem im Umfang ihrer *külliye*, der Nebengebäude der Moschee, zu denen häufig Hamam, *medrese*, Spital, Friedhof und Suppenküche gehören. Die viel kleinere, mit Fliesen verkleidete Rüstem-Paşa-Moschee (S. 63) ist ebenfalls zauberhaft und lohnt einen Besuch.

Sinan schuf nicht nur Moscheen. Von ihm stammen auch das Çemberlitaş Hamamı (S. 84) und das Ayasofya Hürrem Sultan Hamamı (S. 84) – die perfekte Ausrede, um sich zu verwöhnen, während man die prachtvolle Architektur bewundert.

Werke von Sinan stehen auch noch in anderen Städten, besonders viele in Edirne, der früheren Hauptstadt des Osmanischen Reiches.

Moschee thront auf einem der sieben Hügel İstanbuls über dem Goldenen Horn und ist ein Wahrzeichen der Stadt. Sie ist zwar nicht die größte der osmanischen Moscheen, aber zweifellos die großartigste und auch deshalb ungewöhnlich, weil viele Gebäude der originalen *külliye* (Moscheenkomplex) erhalten geblieben sind und nur behutsam für die neue Nutzung umgebaut wurden.

Süleyman I., auch „der Prächtige" genannt, ließ die Süleymaniye als vierte Sultansmoschee in İstanbul erbauen. Und sie macht dem Beinamen ihres Namensgebers wahrlich alle Ehre. Architekt der Moschee und der Gebäude um sie herum war Mimar Sinan, der berühmteste und talentierteste aller Baumeister am osmanischen Hof. Sinans Türbe (Grabstätte) befindet sich gleich außerhalb der Mauer zum Moscheengarten neben einer nicht mehr genutzten *medrese*.

Moschee

Die Moschee entstand zwischen 1550 und 1557. Ihre Lage ist einfach toll, ebenso ihr Grundriss mit den Gartenanlagen und dem dreiseitigen Vorhof, in dessen Mitte ein überkuppelter Brunnen für rituelle Waschungen steht. Die vier Minarette mit ihren zehn wunderschönen Balkonen *(şerefe)* symbolisieren angeblich die Tatsache, dass Süleyman der vierte osmanische Sultan in İstanbul und der zehnte nach Gründung des Osmanischen Reiches war.

Im Garten hinter der Moschee gibt es eine Terrasse mit atemberaubendem Blick aufs Goldene Horn. An der Straße darunter befand sich ursprünglich eingebaut in die Stützmauer der Terrasse eine zum Moscheenkomplex *(külliye)* gehörende Ladenzeile *(arasta)*. Ganz in der Nähe war die fünfstöckige *mülazim* (Vorschule).

Im einfach atemberaubenden Innenraum der Moschee verblüffen die schiere Größe und die Schlichtheit. Sinan integrierte die vier Stützpfeiler in die Gebäudewände, wodurch der Raum wundervoll „transparent" (soll heißen offen und luftig) wirkt und stark an die Aya Sofya erinnert, vor allem weil die Kuppel fast so groß ist wie die der byzantinischen Basilika.

Külliye

Süleyman wollte alle öffentlichen Einrichtungen in seine Moschee integrieren: *imaret* (Suppenküche), *medrese*, Hamam, Karawanserei, *darüşşifa* (Spital) usw. Heute ist im *imaret* und dem hübschen Gartenhof das Dârüzziyafe Restaurant untergebracht – die perfekte Adresse für einen entspannten *çay* (Tee). Auf der rechten Seite (nördlich) befindet sich die Karawanserei, die während unserer Recherchen gerade restauriert wurde. Auf der linken (südlichen) Seite ist in dem ehemaligen Spital das Lale Bahçesi (S. 110) untergebracht, ein Teegarten in einem tiefer gelegenen Hof, ein sehr stimmungsvoller Ort für *çay* und eine *nargile* (Wasserpfeife).

Der Haupteingang zur Moschee liegt an der Prof. Sıddık Sami Onar Caddesi, ehemals die Tiryaki Çarşışı (Markt der Süchtigen). In den Gebäuden hier waren einst drei *medrese* und eine Grundschule untergebracht; heute findet man hier die Süleymaniye-Bibliothek und eine Filiale des beliebten Straßenlokals Fasulye (Bohne), das früher ein Teehaus war und Opium anbot (daher auch der frühere Name der Straße).

Das **Süleymaniye Hamamı** an der Ostseite der Moschee ist noch in Betrieb.

Grabstätten

Rechts (südöstlich) vom Haupteingang liegt der Friedhof mit den **Grabstätten** von Süleyman und seiner Frau Haseki Hürrem Sultan (Roxelane). Beide Pavillons sind mit Fliesen verkleidet. In Süleymans Türbe simulieren kleine, juwelenartige Lichter in der Kuppel die Sterne. Roxelanes Türbe ist mit vielen Fliesentafeln mit Blumenmustern und Buntglasfenstern ausgeschmückt, die eine sehr beruhigende Wirkung haben.

Umgebung

In den Straßen rund um die Moschee findet man die wohl höchste Konzentration osmanischer Holzhäuser auf der historischen Halbinsel. Viele dieser Häuser werden derzeit im Rahmen des städtischen Sanierungsprojekts restauriert. Um sich einige anzuschauen, geht man einfach den Felva Yokuşu (zwischen der Karawanserei und Sinans Türbe) hinunter und biegt dann rechts in die Namahrem Sokak und in die Ayrancı Sokak ab. In einem der vielen hiesigen Häuser aus osmanischer Zeit lebte Mimar Sinan; heute ist hier ein Café.

Rüstem-Paşa-Moschee MOSCHEE

(Rüstem Paşa Camii; Karte S. 64; Hasırcılar Caddesi, Rüstem Paşa; 🚊Eminönü) Mitten im quirligen Einkaufsviertel Tahtakale versteckt sich ein wahres Kleinod. Die winzige Moschee von 1560 entwarf Sinan für Rüstem Paşa, Schwiegersohn und Großwesir von Süleyman dem Prächtigen. Sie ist ein Meisterwerk, was die osmanische Architektur und die Fliesenverkleidung betrifft, und

Basarviertel

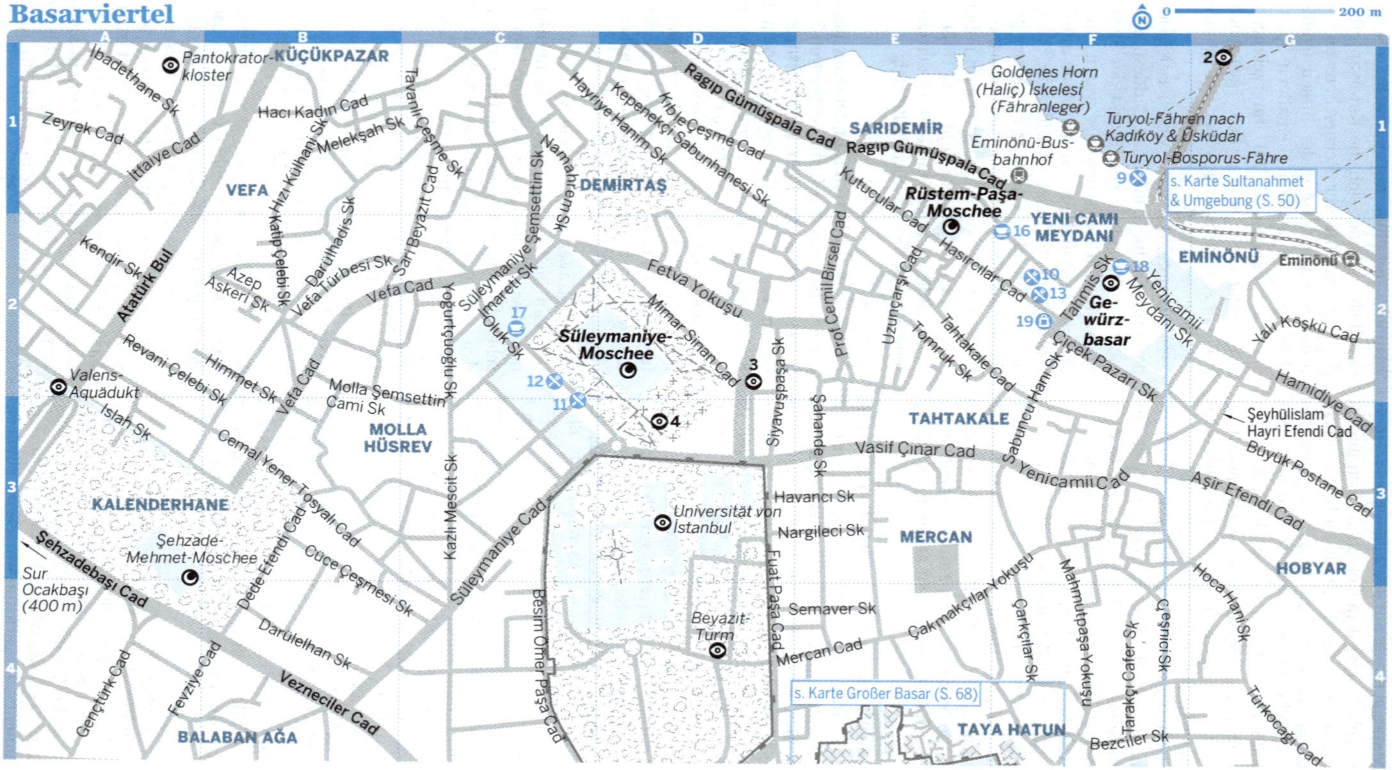

ÇEMBERLİTAŞ
BEYAZIT
LALELİ
NİŞANCA
EMİN SİNAN
GEDİK PAŞA
KADIRGA
KUMKAPI
YENİKAPI
ŞEHSUVARBEY
Nuruosmaniye-Moschee
Laleli-Moschee
Hatay Has Kral Sofrası (1 km)
Beyazıt Meydanı
Çemberlitaş
Beyazıt-Kapalı Çarşı
Laleli-Üniversite
Kumkapı
Kennedy Cad (Sahil Yolu)
Divan Yolu (Ordu) Cad
Bab-ı Ali Cad
Nuruosmaniye Cad
Taşvır Sk
Şeref Efendi Sk
Türbedar Sk
Tavuk Pazarı Sk
Bileyciler Sk
Çadırcılar Cad
Büyük Reşit Paşa Cad
Zeynep Kamil Sk
Kurultay Sk
Fethibey Cad
Çukur Çeşme Sk
Mahfil Sk
Şair Fitnat Sk
Şair Haşmet Sk
Laleli Cad
Mesih Paşa Cad
Koska Cad
Azimkar Sk
Hayriye Tüccarı Cad
Nişanca Bostan Sk
Şehnameci Sk
İkbal Sk
Ağa Çeşmesi Sk
Daltaban Yokuşu Sk
Nişanca Yokuşu
Mabeyinci Yokuşu
Uysal Sk
Abunayat Sk
Tatlı Kuyu Hamamı Sk
Molla Bey Sk
Saraçıshak Sk
Mithatpaşa Cad
Aşma Kandil Sk
YahyaPaşa Sk
Tatlı Kuyu Sk
Tiyatro Cad
Balı Paşa Yokuşu
Asmalı Han Sk
Kurban Sk
Arayıcı Sk
Çilavcı Sk
Divan-ı Ali Sk
Dönem Sk
Gedikpaşa Cad
Tüğcü Sk
Saraçlıcı Sk
Neviye Sk
Emin Sinan Hamamı Sk
Gedikpaşa Camii Sk
Evkaf Sk
Peykhane Cad
Boyacı Ahmet Sk
Piyer Loti Cad
Klodfarer Cad
İmran Öktem Cad
Terzihane Sk
Peykhane Cad
Göktaş Sk
Dizdariye Çeşmesi Sk
Dağhan Sk
Su Terazisi Sk
Katip Sinan Cami Sk
Özbekler Sk
Kadırga Limanı Cad
Kaleci Sk
Küçük Ayasofya Cad
Yusuf Aşkın Sk
Cinci Meydanı Sk
Dönüş Sk
Cömertler Sk
Kumruluk Sk
Arapzade A. Sk
Çapariz Sk
Çifte Gelinler Cad
Samsa Sk
Kalsit Sk
Telli Odalar Sk
Tavaşi Çeşme Sk
Babayiğit Sk
Ördekli Bakkal Sk
Şarapnel Sk
Kenanbey Sk
Latif Sk
Türkeli Cad
Asker Sk
Molla Taşı
Hemşehri Sk
Alişan Sk
İsmail Sefa Sk
Kızıltaş Sk
Katip Kasım Camii Sk
Hadım Odaları Sk
Laleli Cad
Langa Hisar Sk
5
6
7
8
A
B
C
D
E
F
G

Basarviertel

soll der Prototyp für Sinans großartigstes Werk, die Selimiye in Edirne, sein.

Zwei Treppen führen hinauf zur Terrasse und Säulenhalle der Moschee. Schon an der Fassade fallen Tafeln mit İznik-Fliesen auf. Auch der Innenraum ist mit Fliesen verkleidet und hat eine wunderschöne Kuppel, die auf vier gefliesten Pfeilern ruht.

Mit den vielen Fliesen wollte Rüstem Paşa Reichtum und Macht demonstrieren, denn İznik-Fliesen waren teuer und begehrt. Ob es ihm im Jenseits geholfen hat, sei dahingestellt – auf Erden galt er jedenfalls als unangenehmer Mensch. Seine Zeitgenossen verpassten ihm den Beinamen *Kehle-i-İkbal* (Glückslaus), weil man am Abend seiner Vermählung mit Mihrimah, der Lieblingstochter Süleymans, bei ihm Läuse fand. Der Nachwelt ist er in Erinnerung geblieben, weil er gemeinsam mit Roxelane den Sultan Süleyman gegen seinen Lieblingssohn Mustafa aufgestachelt hat. Die Intrige hatte Erfolg, und Mustafa wurde 1553 auf Befehl seines Vaters erdrosselt.

Die Moschee ist leicht zu verfehlen, weil sie nicht auf Straßenhöhe steht. Es gibt einen Treppenzugang von der Hasırcılar Caddesi und einen weiteren an einer kleinen Straße, die rechts (nördlich) von der Hasırcılar Caddesi abzweigt und Richtung Goldenes Horn verläuft.

Gewürzbasar MARKT
(Mısır Çarşısı, Ägyptischer Basar; Karte S. 64; Mo–Sa 8–18, So 9–18 Uhr; Eminönü) Kunterbunte Gewürze und kostbarstes *lokum* locken Tag für Tag Tausende Touristen und Einheimische auf diesen Basar aus osmanischer Zeit. Außerdem werden an den Buden auch getrocknete Kräuter, Kaviar, Nüsse, Wabenhonig, getrocknete Früchte und *pestil* (platt gedrücktes, getrocknetes Obst) feilgeboten. Die Souvenirläden werden von Jahr zu Jahr mehr. Trotzdem ist der großartige Basar noch immer ideal, um sich mit essbaren Andenken einzudecken, mit den Verkäufern zu plauschen und das gut erhaltene Gebäude zu bewundern. Hier ist auch eines der ältesten Restaurants der Stadt zu finden, das Pandeli (S. 110).

Der Basar entstand in den 1660er-Jahren als Teil der Neuen Moschee. Die Ladenmieten trugen zum Unterhalt der Moschee und ihrer wohltätigen Einrichtungen (Schule, Hamam, Spital) bei. Der türkische Name Mısır Çarşısı (Ägyptischer Basar) verweist darauf, dass der Markt anfangs aus Steuern auf ägyptische Importwaren finanziert wurde. In seinen besten Tagen war der Basar die letzte Station der Kamelkarawanen auf der Seidenstraße.

Auf der Westseite des Marktes verkaufen Stände im Freien frische Lebensmittel aus ganz Anatolien, u. a. viele Käsesorten. An der Ecke zur Hasırcılar Caddesi findet man neben einer Reihe von Läden für Lebensmittel und Küchenartikel auch den berühmtesten Kaffeehändler İstanbuls: **Kurukahveci Mehmet Efendi** (Karte S. 64;

www.mehmetefendi.com/eng; Ecke Tahmis Sokak & Hasırcılar Caddesi; ⏲Mo–Sa 9–18 Uhr; 🚋Eminönü), der sein Geschäft vor mehr als 100 Jahren gründete.

Neue Moschee MOSCHEE

(Yeni Camii; Karte S. 50; Yenicamii Meydanı Sokak, Eminönü; 🚋Eminönü) Nur in İstanbul kann eine 400 Jahre alte Moschee „Neue Moschee" heißen. Die beliebte Moschee stammt von 1597 und ist ein echtes Schmuckstück in der Skyline İstanbuls. Im Grundriss ist sie der Blauen Moschee und der Süleymaniye-Moschee ähnlich. Sie hat einen großen Vorhof, einen quadratischen Gebetssaal und eine große Kuppel, umgeben von mehreren Halbkuppeln. Der Innenraum ist reich mit Blattgold, bemalten İznik-Fliesen und Marmorreliefs dekoriert.

Galata-Brücke BRÜCKE

(Galata Köprüsü; Karte S. 64; 🚋Eminönü od. Karaköy) Wer İstanbul von seiner magischsten Seite erleben will, sollte bei Sonnenuntergang über die Galata-Brücke spazieren. Dann kreisen die Möwen kreischend um den historischen Galata-Turm, die Moscheen auf den sieben Hügeln der Stadt ragen in den rosaroten Himmel, und der Duft von Apfeltabak weht aus den Nargile-Cafés unter der Brücke.

Tagsüber fließt auf der Brücke der Verkehr zwischen Beyoğlu und Eminönü. Eine Handvoll Angler halten voller Hoffnung ihre Angelruten ins Wasser, und es gibt einen ständig wechselnden Aufmarsch von Straßenhändlern, die alles Erdenkliche von frischen Sesamkringeln *(simit)* bis zu Rolex-Fälschungen feilbieten. Im Unterbau der Brücke werden in Restaurants und Cafés Tag und Nacht Getränke und Essen serviert. Hier kann man gut ein Bier und eine *nargile* genießen, während man die Fähren in Eminönü und Karaköy beobachtet.

Beyazıt-Moschee MOSCHEE

(Beyazıt Camii, Moschee von Sultan Beyazıt II.; Karte S. 64; Beyazıt Meydanı, Beyazıt; 🚋Beyazıt-Kapalı Çarşı) Die Beyazıt Camii entstand zwischen 1501 und 1506 im Auftrag von Beyazıt II., dem Sohn Mehmets des Eroberers. Sie war nach der Fatih Camii die zweite Sultansmoschee in İstanbul. Architektonisch ist sie das Verbindungsglied zwischen der Aya Sofya, die ihren Entwurf unverkennbar beeinflusste, und den späteren großen Moscheen wie der Süleymaniye, die die Gestalt der Aya Sofya perfekt an die Bedürfnisse eines islamischen Gebetssaals anpassen.

Bemerkenswert ist die Moschee auch wegen des ungewöhnlichen Einsatzes edler Steine wie Marmor, Porphyr, Grünstein und seltenen Graniten. Der schlichte *mihrab* wird von vielen Steinsäulen gesäumt. Der Hof ist mit 24 kleinen Kuppeln und einem Brunnen in der Mitte ausgestattet.

Von den Originalgebäuden der *külliye* wurde das *imaret* in eine Bibliothek umgewandelt. Leider ist der einst prunkvolle Hamam seit Jahren geschlossen. Beyazıts Türbe befindet sich hinter der Moschee.

WESTLICHE VIERTEL

Der westliche Teil der Altstadt zwischen dem Basarviertel und den Stadtmauern war einst mit byzantinischen Kirchen und Zisternen überzogen. Zwar wurden die meisten Kirchen in Moscheen umgewandelt und viele der Zisternen zerstört, trotzdem bekommt man nach ein paar Stunden einen Eindruck von der alten Stadt.

Fatih-Moschee MOSCHEE

(Fatih Camii, Moschee des Eroberers; Fevzi Paşa Caddesi, Fatih; 🚌31E, 32, 336E, 36KE & 38E ab Eminönü, 87 ab Taksim) Diese Moschee war die erste große Sultansmoschee, die nach der Eroberung in İstanbul erbaut wurde. Als Standort wählte Fatih Mehmet (der Eroberer) den Hügel mit den Ruinen der Apostelkirche, wo Konstantin und andere byzantinische Kaiser begraben lagen. Mehmet entschied, ebenfalls hier begraben zu werden – seine Türbe befindet sich hinter der Moschee und ist immer mit Gläubigen gefüllt.

Die 1470 fertiggestellte *külliye* war ursprünglich riesig. Auf dem weitläufigen Gelände gab es 15 wohltätige Einrichtungen, u. a. *medresen*, ein Hospiz für Reisende und eine Karawanserei. Viele der Bauten stehen noch immer. Am interessantesten ist die mit vielen Kuppeln ausgestattete *tabhane* (Derwisch-Gästehaus) im Südosten der Moschee. Die Säulen sollen ursprünglich von der Apostelkirche stammen.

Die heutige Moschee ist allerdings nicht die, die Fatih Mehmet einst erbaute. Diese wurde nach fast 300 Jahren bei einem Erdbeben im Jahr 1766 zerstört. Die heutige Moschee entstand zwischen 1767 und 1771.

Auf dem Hof vor der Moschee versammeln sich die Einheimischen gern. Mittwochs wird auf den Straßen hinter und nördlich der Moschee der quirlige **Çarşamba Pazarı** (Mittwochsmarkt) abgehalten, bei dem Lebensmittel, Bekleidung und Haushaltswaren verkauft werden.

Großer Basar

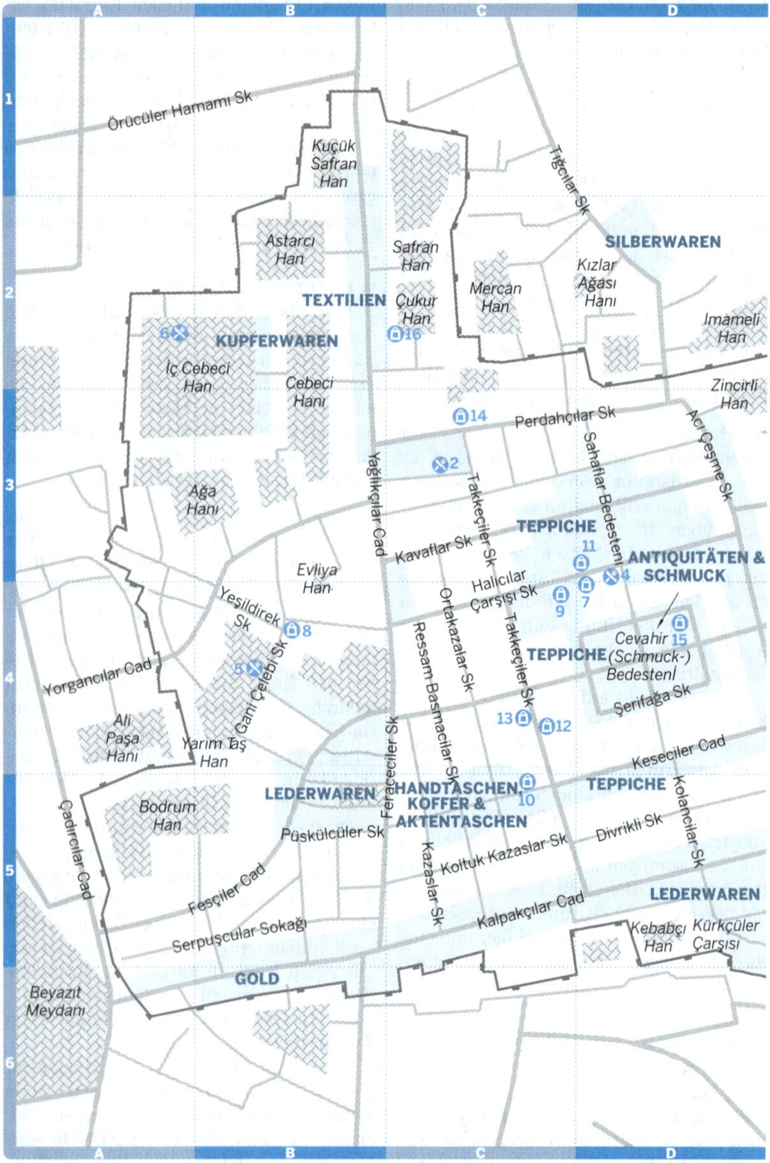

Fethiye-Museum MUSEUM

(Fethiye Müzesi, Pammakaristos-Kirche; Fethiye Caddesi, Çarşamba; Eintritt 5 ₺; ⌚Do–Di 9–16.30 Uhr; 🚌33ES, 90, 44B, 36C, 399B&C ab Eminönü, 55T ab Taksim) Bald nach der Eroberung besuchte Mehmet der Eroberer diese Kirche aus dem 13. Jh., um mit dem Patriarchen der Orthodoxen Kirche theologische Fragen zu besprechen. Die Zusammenkunft fand in der südlichen Seitenkapelle statt, dem Parekklesion, das heute als kleines Museum fungiert. Die Kapelle wurde im 14. Jh. an die Kirche angebaut und ist mit goldenen Mosaiken dekoriert.

Großer Basar

Essen

1 Bahar Restaurant F5
2 Burç Ocakbaşı C3
3 Dönerci Şahin Usta F4
4 Fes Cafe - Grand Bazaar Branch D3
5 Havuzlu Restaurant B4
6 Kara Mehmet A2

Shoppen

7 Abdulla Natural Products D4
8 Ak Gümüş B4
9 Cocoon C4
10 Derviş C5
11 Derviş 2 .... D3
12 Dhoku C4
13 EthniCon C4
14 Muhlis Günbattı C3
15 Serhat Geridönmez D4
16 Yazmacı Necdet Danış C2

Die eindrucksvollsten Mosaiken sind *Pantokrator im Kreise der zwölf Propheten* in der Kuppel und *Deesis (Christus mit Maria und Johannes dem Täufer)* in der Apsis.

Das Gebäude selbst wurde im Lauf der Jahrhunderte mehrere Male erweitert, bevor es 1573 in eine Moschee umgewandelt wurde und zum Gedenken an die Siege Sultan Murats III. in Georgien und Aserbaidschan den Namen Fethiye (Eroberung) erhielt.

Mihrimah-Sultan-Moschee MOSCHEE

(Mihrimah Sultan Camii; Ali Kuşçu Sokak, Edirnekapı; 🚌31E, 32, 36K & 38E ab Eminönü, 87 ab Taksim) Der große Sinan hat der ganzen Stadt seinen Stempel aufgedrückt, und diese Moschee, die in den 1560er-Jahren in Edirnekapı an der historischen Landmauer entstand, ist eines seiner besten Werke. Mihrimah, die Lieblingstochter Süleymans des Prächtigen, stiftete die Moschee, die einen wunderbar hellen, luftigen Innenraum mit kunstvollen Buntglasfenstern und einem „Vogelkäfig"-Kronleuchter hat.

Die Moschee steht auf dem höchsten Punkt der Stadt. Mit ihrer Kuppel und dem schmalen Minarett ist sie ein wahres Schmuckstück in der Skyline İstanbuls und vor allem von der aus Edirne kommenden Straße ein Blickfang. Zur *külliye* gehörte auch der noch heute bestehende **Hamam** an der Ecke Ali Kuşçu Sokak und Eroğlu Sokak.

LP TIPP **Kariye-Museum (Chora-Kirche)** MUSEUM

(Kariye Müzesi; kariye.muze.gov.tr; Kariye Camii Sokak, Edirnekapı; Eintritt 15 ₺; ⌚April–Okt. Do–Di 9–19 Uhr, Nov.–März bis 16.30 Uhr; 🚌31E, 32, 36K & 38E ab Eminönü, 87 ab Taksim) İstanbul hat wahrlich viele Bauwerke aus byzantinischer Zeit zu bieten, doch wenige sind so hinreißend wie diese mit Mosaiken überladene Kirche. Sie versteckt sich im Schatten der monumentalen Theodosianischen Landmauer und ist heute ein Museum, das von den Kuratoren der Aya Sofya verwaltet wird. Leider erhält sie im Vergleich zu ihrer großen Schwester nur ein Bruchteil der touristischen Aufmerksamkeit, obwohl sie einen ebenso faszinierenden Einblick in die byzantinische Kunst gewährt.

Die Kirche hieß einst „Erlöserkirche vor den Mauern" (Chora bedeutet wörtlich „freies Land"), weil sie außerhalb der von Konstantin dem Großen erbauten Stadtmauern stand. Ein Jahrhundert später war die Stadt über die Mauern hinausgewachsen und umgab die Kirche und den Klosterkomplex. Um die neuen Viertel zu schützen, ließ Kaiser Theodosius II. eine neue Verteidigungsmauer, die Theodosianische Landmauer, weiter im Westen errichten.

Etwa um 500 zog Kaiser Anastasios mit seinem Hof vom Großen Palast von Byzantion in Sultanahmet in den Blachernen-Palast. Diese neue Palastanlage befand sich in etwa dort, wo die Theodosianische Landmauer auf die alte Seemauer am Goldenen Horn traf. Aufgrund seiner Nähe wurde der Chora-Klosterkomplex erweitert und im Jahr 536 auf Befehl Justinians ausgebaut.

Das heutige Gebäude ist allerdings nicht die Kirche Justinians. Diese wurde während des Byzantinischen Bilderstreits (711–843) zerstört und im Laufe des 11., 12. und 14. Jhs. mindestens fünfmal wiederaufgebaut. Die heutige Chora-Klosterkirche hat fünf Hauptbestandteile: das Schiff, den zweistöckigen Anbau im Norden, den inneren und den äußeren Narthex und die Kapelle für Gräber (Parekklesion) im Süden.

Fast alle Verzierungen im Innenraum – die berühmten Mosaiken und die weniger bekannten, aber ebenso umwerfenden Fresken – stammen von 1312 und wurden von Theodoros Metochites gestiftet, einem Dichter und Gelehrten, den Kaiser Andronikos II. (reg. 1282–1328) zu seinem *logotheten* (Verantwortlichen für den Staatsschatz) ernannte. Eines der schönsten Mosaiken des Museums findet sich über der Tür zum Kirchenschiff im inneren Narthex: Es zeigt Theodoros, der Christus die Kirche übergibt.

Im Kloster ließ Theodoros eine große Bibliothek einrichten. Leider ist von ihr und den anderen Klostergebäuden nichts erhalten.

Aber nicht nur das Bauwerk und die Umgebung änderten sich im Lauf der Jahre. Nachdem die Chora jahrhundertelang als Kirche gedient hatte, wurde sie unter Beyazıt II. (1481–1512) in eine Moschee und 1945 in ein Museum umgewandelt.

Mosaiken

Der Innenraum ist voller Mosaiken mit Szenen aus dem Leben Christi und der Jungfrau Maria. Unterhalb der rechten Kuppel im inneren Narthex zeigt das Mosaik *Chalke Jesus* Christus und Maria mit zwei Stiftern – Prinz Isaak Komnenos und Melane, der Tochter von Michael VIII. Palaiologos. In der Kuppel selbst befindet sich eine wunderbare Darstellung von Jesus mit seinen Vorfahren. Die linke Narthexkuppel schmückt ein Mosaik von heiterer Schönheit: *Maria und das Jesuskind im Kreise ihrer Vorfahren.*

Im Kirchenschiff sind drei Mosaiken zu sehen: *Christus, Maria und das Jesuskind* und über der Eingangstür *Mariä Entschlafung.* Das „Kind", das Jesus im Arm hält, versinnbildlicht Marias Seele.

Fresken

Rechts des Kirchenschiffs befindet sich eine Seitenkapelle, das Parekklesion mit Gräbern des Kirchenstifters, seiner Verwandten, enger Freunde und Gefährten. Sie ist mit Fresken alttestamentarischer Szenen von Tod und Wiederauferstehung ausgeschmückt. Das umwerfende Gemälde in der Apsis heißt *Anastasis* und zeigt Christus, der im Beisein von Heiligen und Königen Adam und Eva aus ihren Gräbern befreit. Unter seinen Füßen liegen die Höllentore. Weniger majestätisch, aber nicht minder schön sind die Fresken in der Kuppel, die Maria im Kreis von zwölf Engeln zeigen.

Angeblich sollen dieselben Meister, die die Mosaiken schufen, auch die Fresken gemalt haben. Genau weiß das aber niemand. Die Fresken sind von außergewöhnlicher Güte und erinnern mit dem raffinierten Einsatz von Perspektive und den fein gezeichneten Gesichtsausdrücken an die Bilder des italienischen Meisters Giotto, der wie kein anderer die Italienische Renaissance vorbereitete.

Viele Besucher missachten die Hinweisschilder, die das Fotografieren mit Blitzlicht verbieten, und gefährden damit die Mosaiken und Fresken. Wir bitten ausdrücklich darum, es ihnen nicht gleichzutun!

BEYOĞLU & UMGEBUNG

Das Viertel Beyoğlu (*bey*-oh-lu) mit seinem Taksim Meydanı und der großartigen

Flaniermeile İstiklal Caddesi erhebt sich nördlich der Galata-Brücke. In der Mitte des 19. Jhs. hieß der Stadtteil noch Pera und galt als „Europäerviertel". Hier lebten und arbeiteten Diplomaten und internationale Händler, und die Straßen waren ein einziges Schaufenster der neuesten europäischen Moden und Launen.

All das änderte sich in den Jahrzehnten nach der Gründung der Türkischen Republik: Die Botschaften zogen nach Ankara, die glanzvollen Läden und Restaurants schlossen, die großartigen Gebäude verfielen, und Beyoğlu wurde zusehends zwielichtig. Zum Glück erlebte Beyoğlu in den 1990er-Jahren eine Renaissance und ist heute das Herz des modernen İstanbuls voller Galerien, Cafés und Boutiquen. Hier eröffnen praktisch fast jeden Tag neue, hippe Restaurants und Bars, und in den Straßen zeigt sich die Türkei von ihrer kosmopolitischsten Seite. Kurz gesagt: Wer Beyoğlu nicht gesehen hat, hat İstanbul nicht gesehen.

Am besten erkundet man Beyoğlu einen Nachmittag oder gleich einen ganzen Tag lang zu Fuß, um ein Gefühl für diese Seite der Stadt zu bekommen. Wer sein Quartier in Sultanahmet hat, fährt einfach mit der Straßenbahn nach Kabataş und von dort mit der Standseilbahn zum Taksim Meydanı hinauf. Beim Bummel die İstiklal Caddesi hinunter sollte man auch mal in die vielen Seitenstraßen hineinschauen. Am Ende der Straße trifft man auf den Tünel Meydanı. Folgt man der Galipdede Caddesi bergab, kann man noch das historische Viertel Galata erkunden, bevor man über die Galata-Brücke nach Eminönü rüber läuft und von dort mit der Straßenbahn oder zu Fuß nach Sultanahmet zurückkehrt. Insgesamt dauert der Fußmarsch vom Taksim Meydanı mindestens zwei Stunden. Mehr davon hat man aber, wenn man sich einen ganzen Tag Zeit nimmt!

İstanbul Modern — MUSEUM

(İstanbul Modern Sanat Müzesi; Karte S. 72; www.istanbulmodern.org; Meclis-i Mebusan Caddesi, Tophane; Erw./Student/Kind unter 12 Jahren 15/8 ₺/frei; ⌚Di, Mi & Fr–So 10–18, Do bis 20 Uhr; 🚋Tophane) Das İstanbul Modern ist das Flaggschiff der vielen neuen, privat betriebenen Kunstgalerien der Stadt. Dank der tollen Lage direkt am Bosporus und der großen Sammlung türkischer Kunst des 20. Jhs. ist es absolut sehenswert. Das Sahnehäubchen sind die ständig wechselnden, aber immer ausgezeichneten Ausstellungen in- und ausländischer Künstler, die in den Sonderausstellungssälen im Untergeschoss zu sehen sind.

Darüber hinaus gibt es einen gut ausgestatteten Souvenirladen, ein Programmkino und ein schickes Café-Restaurant mit atemberaubendem Blick auf den Bosporus.

SALT Galata — KULTURZENTRUM

(Karte S. 72; www.saltonline.org/en; Bankalar Caddesi 11, Karaköy; ⌚Di–Sa 12–20, So 10.30–18 Uhr; 🚋Karaköy) Die Bezeichnung „Kulturzentrum" wird in İstanbul viel verwendet, ist oft aber unpassend. Das gilt aber nicht für das SALT Galata in einem prachtvollen Bankgebäude von 1892, das von dem türkischen Architekturbüro Mimarlar Tasarım schick umgebaut wurde. Die topmoderne Institution verfügt über einen Ausstellungsraum, ein Auditorium, eine Forschungsbibliothek zur Kunst, ein Café und ein herrliches Restaurant auf dem Dach.

Galata-Turm — WAHRZEICHEN

(Galata Kulesi; Karte S. 72; www.galatatower.net; Galata Meydanı, Galata; Eintritt 12 ₺; ⌚9–20 Uhr; 🚋Karaköy) Der zylindrische Galata-Turm steht Wache am Weg zum „neuen" İstanbul. Nach seiner Errichtung im Jahr 1348 war der Turm jahrhundertelang das höchste Gebäude der Stadt. Auch heute noch dominiert er die Skyline nördlich vom Goldenen Horn. Der Panoramablick auf die Stadt von der schwindelerregenden Aussichtsplattform ist zwar spektakulär, lohnt den horrend hohen Eintritt aber nicht wirklich.

Galata-Mevlevi-Museum — MUSEUM

(Galata Mevlevihanesi Müzesi; Karte S. 72; www.mekder.org; Galipdede Caddesi 15, Tünel; Eintritt 5 ₺; ⌚Di–So 9–16.30 Uhr; 🚋Karaköy, dann mit der Standseilbahn zum Tünel) Die *semahane* (Zeremonienraum der Derwische) befindet sich im Zentrum dieses Derwischklosters *(tekke)*, das 1491 erbaut und 1608 sowie erneut 2009 renoviert wurde. Der Komplex umfasst einen *meydan-ı şerif* (Hof), eine *çeşme* (Trinkbrunnen), eine Türbe (Grabstätte) und einen *hamuşan* (Friedhof). Er ist das älteste historische *mevlevihane (mevlevi tekke)* von den sechs in İstanbul noch erhaltenen und wurde 1946 in ein Museum umgewandelt.

Aufgrund ihrer ultrakonservativen Religionsanschauung wurden Derwischorden nach Gründung der Türkischen Republik verboten. Das Verbot ist inzwischen zwar wieder aufgehoben, aber es gibt nur noch wenige in İstanbul; dieser ist einer davon.

Beyoğlu

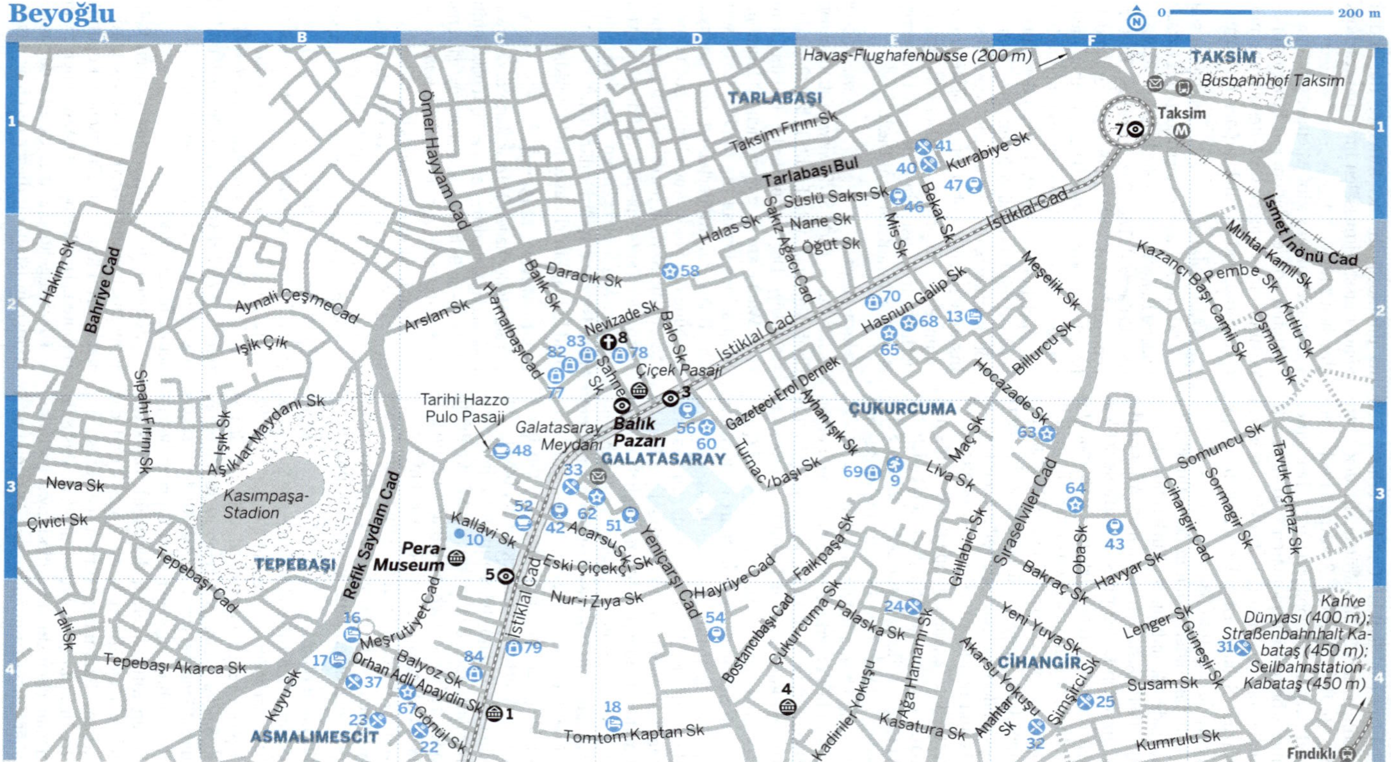
0 200 m
TAKSIM
Busbahnhof Taksim
Taksim
TARLABAŞI
ÇUKURCUMA
GALATASARAY
TEPEBAŞI
ASMALIMESCIT
CIHANGIR
Havaş-Flughafenbusse (200 m)
Taksim Fırını Sk
Tarlabaşı Bul
Kurabiye Sk
Süslü Saksı Sk
Bekar Sk
Mis Sk
Nane Sk
Öğüt Sk
Halas Sk
Sakız Ağacı Cad
İstiklal Cad
İsmet İnönü Cad
Muhtar Kamil Sk
Kazancı Başı Camii Sk
Pembe Sk
Osmanlı Sk
Kutlu Sk
Meşelik Sk
Hasnun Galip Sk
Billurcu Sk
Hocazade Sk
Ömer Hayyam Cad
Bahriye Cad
Hakim Sk
Aynali Çeşme Cad
Arslan Sk
Işik Çik
Daracık Sk
Balık Sk
Hamalbaşı Cad
Nevizade Sk
Balo Sk
Sahne Sk
Çiçek Pasajı
Balık Pazarı
Gazeteci Erol Dernek
Ayhan Işık Sk
Turnacıbaşı Sk
Tarihi Hazzo Pulo Pasaji
Galatasaray Meydanı
Sipahi Fırını Sk
Işık Sk
Aşıklar Meydanı Sk
Neva Sk
Çivici Sk
Kasımpaşa-Stadion
Refik Saydam Cad
Tepebaşı Cad
Tali Sk
Tepebaşı Akarca Sk
Kuyu Sk
Meşrutiyet Cad
Orhan Adli Apaydin Sk
Balyoz Sk
Gönül Sk
Pera-Museum
Kallavi Sk
Acarsu Sk
Eski Çiçekçi Sk
Nur-i Ziya Sk
Yeniçarşı Cad
Hayriye Cad
Faikpaşa Sk
Bostancıbaşı Cad
Çukurcuma Sk
Palaska Sk
Kadirler Yokuşu
Ağa Hamamı Sk
Kasatura Sk
Tomtom Kaptan Sk
Liva Sk
Maç Sk
Güllabici Sk
Sıraselviler Cad
Oba Sk
Bakraç Sk
Havyar Sk
Yeni Yuva Sk
Akarsu Yokuşu
Anahtar Sk
Şimşirci Sk
Susam Sk
Kumrulu Sk
Lenger Sk
Güneşli Sk
Cihangir Cad
Somuncu Sk
Sormagir Sk
Tavuk Uçmaz Sk
Kahve Dünyası (400 m); Straßenbahnhalt Kabataş (450 m); Seilbahnstation Kabataş (450 m)
Fındıklı

FINDIKLI
TOPHANE
İstanbul Modern
Tophane
Bosporus (Boğaziçi)
Karaköy International Maritime Passenger Terminal
Touristen-information Karaköy
KARAKÖY
Fähren nach Kadıköy
Karaköy Meydanı
Fischmarkt
Turyol-Fähren nach Karaköy & Üsküdar
Tünel (Karaköy)
GALATA
Galata-Turm
TÜNEL
Tünel Meydanı
Şişhane
ŞIŞHANE
Goldenes Horn (Haliç)
Meclis-i Mebusan Cad
Necatibey Cad
Kemeraltı Cad
Karaköy Cad
Rıhtım Cad
Mumhane Cad
Kemankeş Cad
Boğazkesen Cad
Karabaş Deresi Sk
Kumbaracı Yokuşu
Hacı Mimi Külhanı Sk
Galipdede Cad
Yüksek Kaldırım Cad
Okçu Musa Cad
Bankalar Cad
Tersane Cad
Refik Saydam Cad
Evliya Çelebi Cad
Yolcuzade İskender Cad
Enli Yokuşu
Sanatkarlar Cad
Batarya Sk
Altın Bilezik Sk
Tütüncü Cad
Camcı Örmealtı Sk
Fevzi Sk
Serdar-ı Ekrem Cad
Şahkulu Bostan Sk
Ali Hoca Sk
Tatar Bey Sk
Lüleci Hendek Sk
Büyük Hendek Sk
İlk Belediye Cad
Laleli Çeşme Sk
Alageyik Sk
Arapoğlan Sk
Maliye Cad
Gümrük Sk
Hacı Ali Sk
Billur Sk
Kürekçiler Cad
Fermeneciler Sk
Bereketzade Medresesi Sk
Kuledibi (Galata Kulesi) Sk
Ali Paşa Medresesi Sk
Murakıp Sk
Denizciler
Bakır Sk
Yanıkkapı Sk
Fütuhat Sk
Yelkenciler Sk
Tahtan Sk
Şişhane Sk
Ali Baba Sk
Ayni Ali Baba Sk
Lobut Sk
Şimal Sk
Jurnal Sk

Beyoğlu

Highlights
- Balık Pazarı ... D3
- Galata-Turm ... B6
- İstanbul Modern ... F6
- Pera-Museum ... C3

Sehenswertes
1 ARTER ... C4
2 Galata-Mevlevi-Museum ... C5
3 İstiklal Caddesi ... D2
4 Museum der Unschuld ... D4
5 SALT Beyoğlu ... C3
6 SALT Galata ... B7
7 Taksim Meydanı ... F1
8 Üç Horan Ermeni Kilisesi ... D2

Aktivitäten, Kurse & Touren
9 Ağa Hamamı ... E3
10 Istanbul Culinary Institute ... C3

Schlafen
11 Anemon Galata ... B6
12 Beş Oda ... C5
13 Chambers of the Boheme ... E2
14 Galateia Residence ... C5
15 Manzara Istanbul ... C6
16 Marmara Pera ... B4
17 Pera Palace Hotel ... B4
18 TomTom Suites ... D4
19 Witt İstanbul Hotel ... E5
20 World House Hostel ... C6

Essen
21 Antiochia ... B5
22 Asmalı Cavit ... C4
Ca' d'Oro ... (siehe 6)
23 Asmalı Canım Ciğerim ... B4
24 Datlı Maya ... E4
25 Demeti ... F4
26 Fasuli Lokantaları ... E6
27 Fürreyya Galata Balıkçısı ... C6
28 Galata Konak Patisserie Café ... C7
29 Helvetia Lokanta ... B5
30 İstanbul Modern Café/Restaurant ... F6
31 Jash ... G4
32 Journey ... F4
33 Kafe Ara ... C3
34 Karaköy Güllüoğlu ... D8
35 Karaköy Lokantası ... D7
36 Lokanta Maya ... D7
37 Meze by Lemon Tree ... B4
Mikla ... (siehe 16)
38 Namlı ... D8
39 Sofyalı 9 ... B5
40 Zencefil ... E1
41 Zübeyir Ocakbaşı ... E1

Das Zentrum des Mevlana-Ordens ist nach wie vor Konya.

Die faszinierende Ausstellung unterhalb der *semahane* zeigt u.a. Bekleidung, Turbane und Accessoires des Ordens. In den *mahfiller* (oberen Bereichen) kann man eine Sammlung der *tekke* mit traditionellen Musikinstrumenten, Kalligrafien und *ebru* (Marmorierung) bewundern.

Der *hamuşan* ist voller Grabsteine mit kunstvollen osmanischen Inschriften. Hier befindet sich auch das Grabmal von Galip Dede, einem Sufi-Poeten aus dem 17. Jh., nach dem die Straße benannt ist. Die Formen auf den Grabsteinen stellen den Kopfschmuck der Verstorbenen dar und zeigen deren verschiedene religiöse Ränge.

Infos zur wöchentlich stattfindenden *sema* (rituellen Tanzvorführung) gibt's im Kasten auf S. 76.

İstiklal Caddesi STRASSE

(Straße der Unabhängigkeit; Karte S. 72) Die ehemalige Grand Rue de Pera wurde nach der Gründung der Republik in İstiklal Caddesi (Straße der Unabhängigkeit) umbenannt. Sie ist die wichtigste Promenade Beyoğlus und ein perfektes Symbol für die Türkei des 21. Jhs. Die lange Flaniermeile voller Läden, Cafés, Kinos und Kulturzentren versinnbildlicht İstanbuls zwiegespaltenen Charakter: In der einen Minute gibt sich die Stadt völlig modern und in der nächsten ganz traditionell.

Am Nordende der İstiklal befindet sich der quirlige Taksim Meydanı, das symbolische Zentrum der modernen Stadt. Die İstanbuler strömen in Scharen mit dem Auto, dem Bus, der Standseilbahn oder der Metro hierher, um zu shoppen, zu essen oder sich unterhalten zu lassen. Am Südende der Straße liegt das relativ ruhige Viertel Galata mit krummen, kopfsteingepflasterten Gassen und Spuren der einstigen befestigten Siedlung, die genuesische Händler im 13. Jh. hier aufgebaut hatten.

Der Bummel über die ganze İstiklal ist ein beliebter Zeitvertreib: Ganze Heerscharen von İstanbulern strömen am frühen Abend und an den Wochenenden hierher,

Ausgehen

42 360 C3
43 5 Kat F3
44 Atölye Kuledibı B7
45 Baylo B5
46 Bigudi Café E1
Café Susam (siehe 25)
47 Club 17 E1
48 Hazzo Pulo Çay Bahçesi C3
49 Le Fumoir C6
50 Leb-i Derya C5
51 Litera D3
52 Manda Batmaz C3
53 Mavra C6
Mikla (siehe 16)
54 Münferit D4
Sensus Wine Bar (siehe 11)
55 Nargile-Cafés Tophane E6
56 Urban D3
57 X Bar B5

Unterhaltung

58 Araf D2
59 Babylon B5
60 Dogzstar D3
61 Galata-Mevlevi-Museum C5
62 Indigo C3
63 Kiki F3
64 MiniMüzikHol F3
65 Munzur Café & Bar E2
66 Nardis Jazz Club B7
67 Off Pera C4
Salon (siehe 57)
68 Toprak E2

Shoppen

69 A La Turca E3
70 Ali Muhıddin Hacı Bekir E2
71 Arzu Kaprol C6
72 Bahar Korçan C6
73 Dear East C6
74 Hammam B6
75 İroni C7
Lâl (siehe 75)
76 Lale Plak C5
77 Petek Turşuları C2
78 Reşat-Balık-Markt D2
79 Robinson Crusoe C4
80 Selda Okutan D7
81 SIR C5
82 Sütte Şarküteri C2
83 Tarihi Beyoğlu Ekmek Fırını C2
84 Tezgah Alley C4
Üç Yıldız Şekerleme (siehe 82)

um in Boutiquen und Buchläden zu stöbern, sich Ausstellungen in Galerien anzusehen, den Straßenkünstlern zuzuschauen, in den Caféketten einen Kaffee zu trinken oder sich in einer *meyhane* (Taverne) zu vergnügen. Am besten mischt man sich einfach unter sie.

ARTER GALERIE

(Karte S.72; www.arter.org.tr; İstiklal Caddesi 211; ⌚Di–Do 11–19, Fr–So 12–20 Uhr; 🚇Karaköy, dann mit der Standseilbahn zum Tünel) Die vierstöckige Galerie der Vehbi-Koç-Stiftung widmet sich der zeitgenössischen Kunst und wetteifert mit den SALT-Kulturzentren der Garanti Bankası um den Rang des aufregendsten neuen Kunstforums in der Stadt. Unsere Meinung: Es steht unentschieden.

SALT Beyoğlu KULTURZENTRUM

(Karte S. 72; www.saltonline.org/en; İstiklal Caddesi 136; ⌚Di–Sa 12–20, So 10.30–18 Uhr; 🚇Karaköy, dann mit der Standseilbahn zum Tünel) Die drei Etagen mit Ausstellungsflächen, einem Buchladen, einem Kino und einem Café machen das SALT Beyoğlu fast genauso interessant wie die Filiale in Galata. Es befindet sich in einem ehemaligen Wohnhaus aus den 1850er-Jahren und zeigt Werke angesehener und aufstrebender lokaler und internationaler Künstler.

Pera-Museum MUSEUM

(Pera Müzesi; Karte S. 72; www.peramuzesi.org.tr; Meşrutiyet Caddesi 65, Tepebaşı; Erw./Student/Kind unter 12 Jahren 10/7 ₺/frei; ⌚Di–Sa 10–19, So 12–18 Uhr; 🚇Karaköy, dann mit der Standseilbahn zum Tünel) In dem tollen Museum kann man die umwerfende Sammlung von Suna und İnan Kıraç mit Gemälden zu türkisch-orientalischen Themen bewundern. Die wechselnden Themenausstellungen geben einen faszinierenden Einblick in das Leben im Osmanischen Reich vom 17. bis ins frühe 20. Jh. Manche Werke sind realistisch, andere sehr romantisiert – aber alle sind historisch faszinierend.

Das beliebteste Gemälde im türkischen Kanon – Osman Hamdi Beys *Der Schildkrötenerzieher* (1906) – ist das Highlight der Sammlung. Aber es gibt noch viel mehr zu sehen, z.B. die Dauerausstellung mit Fliesen und Keramik aus Kütahya und die leicht esoterische Sammlung anatolischer Gewichte und Maße.

DER TANZ DER DERWISCHE

Wer glaubt, die Hare Krishnas und die Harlem Congregations wären die einzigen religiösen Orden, die ihren Glauben durch Musik und Bewegung ausdrücken, liegt falsch. Die Könige des spirituellen Wirbeltanzes sind die Derwische, die sich schon seit dem 13. Jh. auf der Suche nach Erleuchtung diesem Tanz hingeben.

In İstanbul gibt es einige Orte, an denen man die Derwische bei ihrem Kreiseltanz erleben kann. Die wohl beste Vorführung ist die wöchentliche Zeremonie in der *semahane* (Zeremonienraum) im Galata-Mevlevi-Museum (S. 71) am Tünel.

Gute Alternativen für eine *sema* gibt es an den meisten Montagabenden in einer *tekke* in Karagümrük im Viertel Fatih und donnerstagabends in einer *tekke* in Silivrikapı, ebenfalls in Fatih. Achtung: Dies sind echte Zeremonien, keine Vorführungen für Touristen! Dabei steht der Gesang mehr noch als der Kreiseltanz im Mittelpunkt. Am einfachsten ist es, wenn man sich an Les Arts Turcs (S. 94) wendet, um einer solchen Zeremonie beizuwohnen. Die auf Touristen ausgerichtete Organisation kassiert 60 ₺ pro Nase, gibt eine Einführung zur Bedeutung der Zeremonie, bringt Teilnehmer vom Büro nahe der Aya Sofya zur jeweiligen *tekke* und wieder zurück.

Ein touristischeres Erlebnis präsentiert das **Kulturzentrum Hocapaşa** (Hocapaşa Hamamı Sokak) in einem wunderschön umgebauten Hamam aus dem 15. Jh. in der Nähe von Eminönü. Hier finden das ganze Jahr über an mehreren Abenden in der Woche Derwisch-Kreiseltanzvorführungen statt.

Nicht vergessen: Eine *sema* ist eine religiöse Zeremonie! Durch die Ekstase beim Wirbeltanz glauben die Derwische, Gott näher zu kommen. Besucher sollten daher das Gesangs- und Tanzritual schweigend verfolgen, nicht herumlaufen oder mit Blitzlicht fotografieren.

Museum der Unschuld MUSEUM
(Masumiyet Müzesi; Karte S. 72; www.masumiyetmuzesi.org; Dalgıç Çıkmazı 2, abseits der Çukurcuma Caddesi, Çukurcuma; Eintritt 25 ₺; ⌚Di–So 10–18, Fr bis 21 Uhr; 🚊Tophane) Sein Status als Nobelpreisträger verdient Respekt, aber es ist doch ziemlich dreist von Orhan Pamuk, in seinem neuen Museum einen saftigen Eintritt von 25 ₺ zu verlangen. Das soll aber nicht heißen, dass sein lange ersehntes Museum, ein Stück konzeptioneller Kunst, nicht sehenswert wäre, besonders wenn man den Roman gelesen hat.

Das Museum ist in einem Haus aus dem 19. Jh. untergebracht. Es versucht, mit Fundstücken, die wie in einem klassischen Museum hinter Glas ausgestellt sind, Szenen und Aspekte aus Pamuks Roman *Museum der Unschuld* von 1988 nachzustellen. Dazu gehören auch merkwürdig schöne Arrangements wie die 4213 Zigarettenstummel, die vermeintlich von der Romanheldin Füsun stammen. Im Großen und Ganzen gelingt es der Ausstellung, die von Pamuk beschriebene „Melancholie jener Zeit" heraufzubeschwören, in der Pamuk aufwuchs und in der der Roman verankert ist.

Taksim Meydanı PLATZ
(Karte S. 72; 🚊Kabataş, dann mit der Standseilbahn nach Taksim) Dieser quirlige Platz ist das symbolische Herz des modernen İstanbul. Benannt wurde er nach dem an seiner Westseite gelegenen steinernen *taksim* (Wasserreservoir) aus dem 18. Jh. Der Platz ist keineswegs ein städtebauliches Musterbeispiel – genau genommen herrscht hier das reinste Chaos! Viele Busse haben hier ihre Endhaltestellen; Eckpfeiler des Platzes sind das Atatürk Kültür Merkezi (Kulturzentrum), das luxuriöse Marmara Hotel und das oft übersehene Denkmal zur Gründung der Republik.

Zum Zeitpunkt unserer Recherchen entbrannte in den İstanbuler Zeitungen eine hitzige Debatte über die Zukunft des Platzes, nachdem der Bürgermeister von Beyoğlu, Ahmet Misbah Demircan, verkündet hatte, aus dem öffentlichen Park hinter der Bushaltestelle im Nordosten des Platzes ein Einkaufszentrum machen zu wollen. Lokale Aktivisten sahen darin eines der vielen Beispiele, bei denen öffentliche Plätze ohne Zustimmung der Bevölkerung an Privatinvestoren verkauft werden sollen. Den Park gibt es seit Anfang der 1940er-Jahre; davor stand hier eine osmanische Kaserne.

Üç Horan Ermeni Kilisesi KIRCHE
(Armenische Kirche der drei Altäre; Karte S. 72; Balık Pazarı, Sahne Sokak 24a, Galatasaray; 🚊Kabataş, dann mit der Standseilbahn nach Tak-

sim) Ein großes, schwarzes Tor führt von der Straße in den Hof dieser Kirche von 1838. Sie ist auch für Besucher zugänglich.

BEŞİKTAŞ, ORTAKÖY & KURUÇEŞME

Dolmabahçe-Palast PALAST
(Dolmabahçe Sarayı; www.millisaraylar.gov.tr; Dolmabahçe Caddesi, Beşiktaş; Selâmlık 30 ₺, Harem 20 ₺, Kombi-Ticket 40 ₺; ⏲März–Sept. Di, Mi & Fr–So 9–18 Uhr, Okt.–Feb. bis 16 Uhr; Kabataş)
Heutzutage haben vom Weniger-ist-mehr-Stil der Bauhaus-Meister angetane Architekten und Kritiker für Gebäude wie den Dolmabahçe nur ein spöttisches Lächeln übrig. Aber auch Liebhaber der osmanischen Architektur rümpfen angesichts dieser Laune der Herrscherdynastie die Nase und vertreten die Ansicht, die Anlage hätte mehr mit der Pariser Oper als mit traditionellen, sich aus Pavillons zusammensetzenden Bauwerken wie dem Topkapı-Palast gemein. Doch was Kritiker auch sagen mögen, der Sultanspalast aus dem 19. Jh. ist mit seinem opulenten Selamlık (offiziellen Bereich) und dem etwas maßvolleren Harem bei den Touristen ungeheuer angesagt.

Den Selamlık und den Harem kann man nur im Rahmen separater Führungen besichtigen, bei denen man leider sehr schnell durch die Räumlichkeiten gescheucht wird. Mit seinen riesigen Kronleuchtern und der Treppe aus Baccarat-Kristall ist der protzige **Selamlık** beeindruckender als der Harem.

Der Touristeneingang zum Palast befindet sich an dem verzierten Uhrenturm, der zwischen 1890 und 1894 entstand. Hier gibt es auch ein **Freiluftcafé** mit tollem Blick auf den Bosporus und echt kleinen Preisen.

Am Ende der Führung sollte man sich auch den **Kristallpavillon** gleich neben der Voliere auf der der Straße zugewandten Seite des Palasts ansehen. Wie aus einem Märchen wirkt das Gewächshaus mit sei-

Ortaköy & Kuruçeşme

Sehenswertes
1 Ortaköy-Moschee B3

Schlafen
2 The House Hotel B3

Essen
House Café .... (siehe 2)
3 Mado B3
4 Zuma B3

Unterhaltung
5 İstanbul Jazz Center B3
6 Reina C2
7 Sortie D1
8 Supperclub C2

Ortaköy & Kuruçeşme

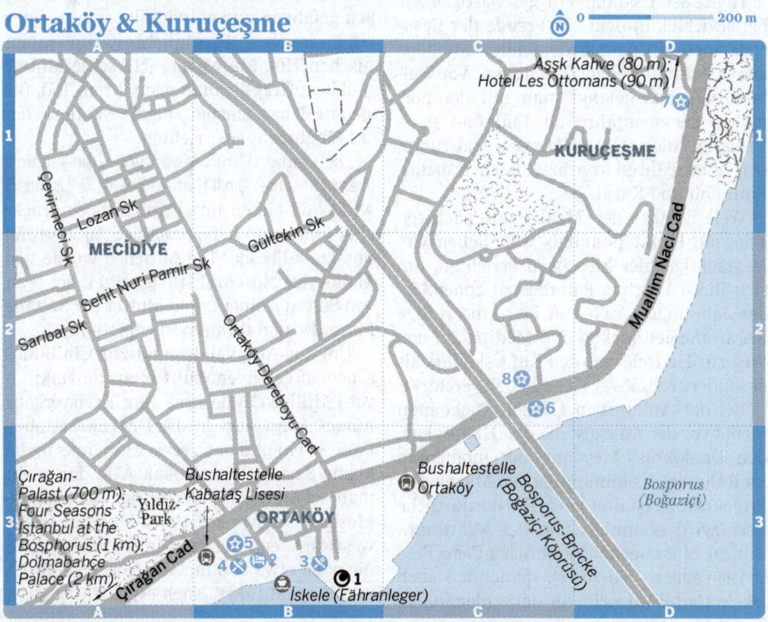

nen unzähligen Fenstern aus ornamental eingeritztem Kristallglas und einem Kristallbrunnen. Hier gibt es sogar ein Klavier und einen Stuhl aus Kristall!

Achtung: Pro Tag werden nur 3000 Besucher in den Palast eingelassen, und diese Zahl ist an den Wochenenden und Feiertagen schnell erreicht! Daher kommt man möglichst werktags, und selbst dann muss man sich auf lange Warteschlangen einstellen (oft in praller Sonne).

DIE ASIATISCHE SEITE

Die meisten bedeutenden Sehenswürdigkeiten, Läden, Bars und Restaurants liegen zwar auf der europäischen Seite İstanbuls, aber viele Einheimische wohnen lieber auf der asiatischen (anatolischen) Seite der Stadt. Hier sind die Mieten etwas günstiger, und der Lebensstandard ist besser. Für andere ist das Beste die malerische Überfahrt mit der Fähre, die zugleich eine Reise zwischen den Kontinenten ist.

ÜSKÜDAR

Üsküdar wurde etwa zwei Jahrzehnte vor Byzantion gegründet und hieß ursprünglich Chrysopolis. Die Osmanen nannten die Stadt Scutari. Weil sie nicht durch Mauern geschützt und somit verwundbar war, nahmen die Osmanen die Stadt schon 100 Jahre vor der Eroberung Konstantinopels ein.

Heute ist Üsküdar ein geschäftiges Arbeiterviertel, in dem zur Freude der Besucher auch ein paar bedeutende Moscheen aus der osmanischen Zeit stehen. Von Sultanahmet aus gelangt man mit der normalen Personenfähre ab Eminönü nach Üsküdar. Auch Dentur-Avrasya und Turyol betreiben Fähren von bzw. nach Kabataş, Eminönü und Karaköy.

Weil Scutari der Mekka am nächsten gelegene Punkt İstanbuls war, ließen viele Mächtige hier Moscheen errichten, um sich ihren Weg ins Paradies zu ebnen. Jedes Jahr macht sich von hier eine riesige Karawane gen Mekka und Medina auf den Weg zur Hadsch, was den Ruf Üsküdars als besonders religiöses Viertel noch verstärkt.

Bei der Ankunft in Üsküdar sieht man rechts vor der Anlegestelle den Hauptplatz, den Demokrasi Meydanı, der momentan im Rahmen des umfangreichen Marmaray-Projekts umgestaltet wird. Die nordöstliche Ecke wird dominiert von der **Mihrimah-Sultan-Moschee** (Mihrimah Sultan Camii; Paşa Limanı Caddesi; Üsküdar), manchmal auch İskele Camii (Mosche an der Anlegestelle) genannt. Sinan erbaute sie 1547/48 für die Tochter von Süleyman dem Prächtigen.

Südlich des Platzes steht die **Yeni-Valide-Moschee** (Yeni Valide Camii, Neue Sultansmutter-Moschee; Demokrasi Meydanı; Üsküdar). Sultan Ahmet III. ließ sie 1708 bis 1710 für seine Mutter Gülnuş Emetullah erbauen. In dem verwilderten Garten befindet sich die Türbe der Sultansmutter, die mit ihren schmiedeeisernen Gittern wie ein Vogelkäfig anmutet.

Westlich des Platzes steht die charmante **Şemsi-Ahmed-Paşa-Moschee** (Şemsi Paşa Camii, Kuşkonmaz Camii; Paşa Limanı Caddesi; Üsküdar) mit Blick auf den Hafen, die 1580 von Sinan für den Großwesir Şemsi Paşa erbaut wurde. Ihre bescheidene Größe und Dekoration spiegeln die Tatsache wider, dass ihr Stifter nur einige Monate den Rang des Großwesirs unter Süleyman dem Prächtigen innehatte. Die *medrese* wurde in eine Bibliothek verwandelt. Auf der Südseite liegt ein beliebter Teegarten *(çay bahçesi)*.

Die **Atik-Valide-Moschee** (Atik Valide Camii; Valide İmaret Sokak; Üsküdar) stammt ebenfalls von Sinan und gilt bei vielen Fachleuten als eine seiner besten Arbeiten. Sie wurde 1583 für die *valide sultan* Nurbanu erbaut, die Ehefrau von Selim II. (dem Säufer) und Mutter von Murat III. Nurbanu wurde im Alter von zwölf Jahren auf der ägäischen Insel Paros von den Türken gefangen und entwickelte sich zu einer einflussreichen Persönlichkeit am osmanischen Hof. Murat verehrte seine Mutter und beauftragte Sinan nach ihrem Tod, für sie auf dem höchsten Hügel Üsküdars dieses Monument zu errichten.

Die nahe **Çinili-Moschee** (Çinili Camii, Fliesenmoschee; Çinili Hamam Sokak; Üsküdar) wirkt von außen unscheinbar, beeindruckt aber innen durch die prächtige Ausstattung mit İznik-Fliesen. Die Moschee wurde von Mahpeyker Kösem (1640) gestiftet, der Frau von Sultan Ahmet I. und Mutter der Sultane Murat IV. und İbrahim (reg. 1640–1648).

Um zur Atik-Valide- und zur Çinili-Moschee zu gelangen, läuft man die Hakimiyet-i Milliye Caddesi bis zum Kreisverkehr hinauf, biegt dort in die Dr. Fahri Atabey Caddesi ein und nach etwa 1 km links in die kleine Sarı Mehmet Sokak. Von dort sieht man schon die Minarette der Atik-Valide-Moschee. Weiter zur Çinili-Moschee geht's westwärts entlang der Çinili Camii Sokak, die nach etwa 300 m nach Norden abdreht und bergauf führt. Nach etwa 200 m steht man vor der Çinili-Moschee. Insgesamt läuft man vom Hauptplatz rund 25 Minuten bis zur Çinili-Moschee.

Hinter dem Hügel befindet sich gegenüber vom Krankenhaus Zeynep Kamil die kürzlich erbaute **Şakirin-Moschee** (Ecke Huhkuyusu Caddesi & Dr. Burhanettin Üstünel Sokak; 🚌6, 9A, 11P, 11V, 12A, 12C), eines der eindrucksvollsten Beispiele moderner Architektur in der Stadt. Einfach an der *iskele* in den Bus steigen und an der Haltestelle Zeynep Kamil aussteigen oder von der Atik-Valide-Moschee die Dr. Fahri Atabey Caddesi weiter hinaufgehen und rechts in die Nuhkuyusu Caddesi einbiegen!

KADIKÖY

Wer Zeit übrig hat, kann sich auch in Kadıköy umschauen. Das ursprüngliche Chalcedon war die erste Kolonie der Stadt. Es weist zwar nichts mehr auf die historischen Anfänge des Stadtteils hin, und nennenswerte Sehenswürdigkeiten gibt es auch nicht, trotzdem lohnt sich ein Besuch schon wegen des tollen Frischmarkts gleich südlich vom (also vor dem) Fährhafen. Hierher gelangt man mit einer normalen Personenfähre ab Eminönü, Karaköy oder Beşiktaş.

Kadıköy und die wohlhabenden Vororte, die sich im Südosten bis nach Bostancı erstrecken, sind die Unterhaltungsviertel auf der asiatischen Seite. Alternativkultur gibt's in der **Kadife Sokak** mit einem Programmkino, verschrobenen Boutiquen, Tattoo-Studios und weithin populären Bars. Und wer die Reichen und Schönen in Aktion erleben will, fährt hinunter zur **Bağdat Caddesi** im benachbarten Moda, das voller Läden, Restaurants und Cafés ist.

Nördlich von Kadıköy erhebt sich der neoklassizistische **Bahnhof Haydarpaşa**, der Ähnlichkeit mit einer Burg hat. Als im frühen 20. Jh. Kaiser Wilhelm II. den Sultan zu einer wirtschaftlichen und militärischen Zusammenarbeit bewegen wollte, schenkte ihm der Hohenzoller den Bahnhof als Zeichen seiner Hochachtung. Der inzwischen stillgelegte Bahnhof nahm kürzlich Schaden bei einem Brand und steht auf der Liste des World Monument Fund der am stärksten gefährdeten Gebäude der Welt.

Die Busse 12 und 12A verkehren zwischen Kadıköy und Üsküdar.

Aktivitäten

Fähren

Im 18. und 19. Jh. wimmelte es auf dem Bosporus und dem Goldenen Horn nur so von Kaiks (*kayık*; lange, schmale Ruderboote). Ihre Ruder bohrten sich rhythmisch in die Strömung, wenn sie den Sultan mit seinem Gefolge von Palast zu Palast oder von Europa nach Asien transportierten. Die Kaiks sind längst verschwunden, an ihrer Stelle brausen heute geschmeidige Schnellboote der gut betuchten Elite und für den Rest der Bevölkerung die beliebten öffentlichen Fähren durchs Wasser. Die Fahrt auf einer Fähre gehört zum Besuch von İstanbul unbedingt dazu – ganz gleich, ob man nur den kurzen Hopser von Europa nach Kadıköy oder Üsküdar in Asien macht oder eine längere Rundfahrt zu den unten genannten Ausflugszielen unternimmt!

Fahrt auf dem Bosporus FÄHRE

Der Divan Yolu und die İstiklal Caddesi sind immer voll; sie sind aber nicht die wichtigsten Verkehrsverbindungen İstanbuls. Diese Ehre gebührt dem 32 km nördlich vom Stadtzentrum gelegenen mächtigen Bosporus, der das Marmarameer (Marmara Denizi) mit dem Schwarzen Meer (Karadeniz) verbindet. Diese Meerenge zwischen Europa und Asien heißt auf Türkisch Boğaziçi bzw. İstanbul Boğazı (von *boğaz* für Hals oder Meerenge).

Abfahrt in Eminönü

Am Kai von Eminönü geht's auf die Fähre. Man hat die Wahl zwischen der *Uzun Boğaz Turu* (langen Bosporus-Tour) von İstanbul Şehir Hatları (S. 122; İstanbuler Verkehrsbetriebe) oder einer kürzeren Fahrt zur Rumeli Hisarı und zurück auf einem privat betriebenen Ausflugsboot.

Am besten ist man immer etwa eine halbe Stunde vor planmäßiger Abfahrt da und bahnt sich seinen Weg bis zu den Schlangen vor den Türen der Anlegestelle. Sobald die Türen geöffnet werden und die Fähre bestiegen werden darf, muss man sich sputen, um sich einen guten Sitzplatz zu sichern. Die besten Plätze sind an den Seiten des Oberdecks in der Nähe des Bugs. Während der Fahrt den Bosporus hinauf liegt Asien auf der rechten Seite, Europa auf der linken.

Zu Beginn der Fahrt sieht man auf der asiatischen Seite vor Üsküdar die kleine Insel mit der **Kız Kulesi**. Der gedrungene Turm aus dem 18. Jh. ist eines der charakteristischsten Wahrzeichen der Stadt. Sein Vorläufer diente als Zollstation und Verteidigungsanlage: Von hier konnte eine Kette bis nach Sarayburnu gespannt und damit der Bosporus abgesperrt werden. In neuerer Zeit trat der Turm in dem Bond-Film

Die Welt ist nicht genug von 1999 in Erscheinung.

Auf der europäischen Seite sieht man den Dolmabahçe-Palast (S. 77) in voller Pracht. In seinem Reisebericht *Constantinople in 1890* beschrieb der französische Autor Pierre Loti ihn und den benachbarten Çırağan-Palast als „eine Kette von Palästen, die so weiß wie Schnee direkt am Wasser auf marmornen Sockeln stehen" – eine Beschreibung, die so zutreffend wie poetisch ist.

Von Beşiktaş nach Kanlıca

Nach einem kurzen Halt in Beşiktaş geht die Fahrt weiter. Links erhebt sich der **Çırağan-Palast** (www.ciragan-palace.com; Çırağan Caddesi 32, Ortaköy; Çırağan). Das lange, gelbe Gebäude daneben ist die prestigeträchtige Galatasaray Üniversitesi. Auf der asiatischen Seite sieht man die **Fethi Ahmed Paşa Yalı**, ein breites, weißes Gebäude mit rotem Ziegeldach. Es wurde Ende des 18. Jhs. in dem hübschen Viertel Kuzguncuk erbaut. Das Wort *yalı* stammt vom griechischen Wort für „Küste" und beschreibt die am Wasser gelegenen Sommervillen aus Holz, die sich die osmanischen Aristokraten und ausländischen Botschafter im 17., 18. und 19. Jh. am Bosporus errichteten. Heute sind sie alle denkmalgeschützt. Ein Stück weiter sieht man links die hübsche **Ortaköy-Moschee** (Ortaköy Camii, Büyük Mecidiye Camii; Karte S. 77; Ortaköy Meydanı, Ortaköy; Ortaköy) mit einer Kuppel und zwei Minaretten. Sie steht im Schatten der Bosporus-Brücke daneben, die 1973 zum 50. Jahrestag der Türkischen Republik eröffnet wurde.

Unter der Brücke auf der europäischen Seite sieht man die grün-beige **Hatice Sultan Yalı**, die einst der Tochter von Sultan Murad V., Hatice, gehörte. Auf der asiatischen Seite steht der **Beylerbeyi-Palast** (Beylerbeyi Sarayı; www.millisaraylar.gov.tr; Abdullah Ağa Caddesi, Beylerbeyi; Eintritt 20 ₺; Di, Mi & Fr–So 8.30–16.30 Uhr; Beylerbeyi Sarayı), der im Barockstil für Sultan Abdülaziz I. (reg. 1861–1876) erbaut wurde. Auffällig sind die beiden extravaganten Badepavillons aus Marmor am Ufer – einer für Männer, der andere für die Haremsdamen.

Auf der asiatischen Seite folgen das Viertel Çengelköy und die 1860 erbaute imposante **Kuleli Askeri Lisesi** (Çengelköy; Touristenfähre Eminönü–Kavaklar). Die Militärschule mit ihren zwei Türmen, die wie Hexenhüte aussehen, hat Irfan Orga in seinen wundervollen Memoiren *Das Haus am Bosporus. Die Geschichte meiner Familie* verewigt.

Fast gegenüber der Militärschule liegt auf der europäischen Seite das Viertel **Arnavutköy** („Albanisches Dorf"). Hier sind viele der osmanischen Giebelhäuser aus Holz noch gut erhalten. In den Gebäuden auf dem Hügel darüber war früher das amerikanische Mädchencollege untergebracht. Dessen berühmteste Absolventin war Halide Edip Adıvar, die in ihrer auf Englisch verfassten Autobiographie *Memoirs of Halide Edib* (1926) auch über die Schule schrieb.

Arnavutköy geht über in das Nobelviertel Bebek, das berühmt ist für seine teuren Läden und schicken Cafés. Beim Vorbeifahren auch auf das Mansardendach des **Ägyptischen Konsulats** achten: Der kleine Palast im Jugendstil, den Abbas Hilmi II., der letzte Khedive von Ägypten, für seine Mutter Emine Hanım erbauen ließ, befindet sich gleich südlich des Parks am Wasser! Im Park selbst steht die **Bebek-Moschee** im neo-osmanischen Stil.

Gegenüber von Bebek liegt **Kandilli** („Ort der Laternen"). Der Name stammt von den Laternen, die hier angezündet wurden, um die Schiffe vor den besonders tückischen Strömungen vor der Landspitze zu warnen. Eine der vielen Sommerresidenzen hier ist die riesige rote **Kont Ostrorog Yalısı** aus dem 19. Jh. Graf Leon Ostrorog war ein polnischer Berater am osmanischen Hof und empfing hier u.a. Pierre Loti, als dieser in den 1890er-Jahren İstanbul besuchte. Ein Stück weiter hinter Kandilli sieht man die langgestreckte, weiße **Kıbrıslı Mehmet Emin Paşa Yalısı** von 1760.

Neben der *yalı* des Zyprers (Kıbrıslı) münden die zwei Flüsse Büyük Göksu Deresi (großer Regenbach) und Küçük Göksu Deresi (kleiner Regenbach) aus den Hügeln Asiens kommend in den Bosporus. Dazwischen liegt ein grünes, schattiges Delta, in dem die osmanischen Eliten gern gepicknickt haben – oft in Begleitung ausländischer Residenten, die den Ort „die süßen Wasser Asiens" nannten. Bei gutem Wetter war auch der Sultan mit von der Partie, und das mit großem Brimborium. Sultan Abdülmecid baute sich hier gar 1856/57 das verspielte **Küçüksu Kasrı** (216-332 3303; Küçüksu Caddesi, Beykoz; Eintritt 5 ₺; Di, Mi & Fr–So 9.30–16 Uhr; Küçüksu) im Rokokostil. Von der Fähre aus sieht man dessen verzierte Gitter aus Schmiedeeisen, die Bootsanlegestelle und die Fassade im Zuckerbäckerstil.

Unmittelbar vor der Fatih-Brücke thront auf der europäischen Seite die majestätische **Rumeli Hisarı** (Rumelische Zitadelle; ☎212-263 5305; Yahya Kemal Caddesi 42; Eintritt 3 ₺; ⊙Do–Di 9–12 & 12.30–16.30 Uhr; 🚌Rumeli Hisarı) über einem hübschen Viertel desselben Namens. Mehmet der Eroberer ließ die Festung 1452 im Vorfeld seiner geplanten Belagerung von Konstantinopel in nur vier Monaten erbauen. Als Standort wählte er die schmalste Stelle des Bosporus, gleich gegenüber der Anadolu Hisarı (Anatolischen Zitadelle), die 1391 von Sultan Beyazıt I. erbaut worden war. Auf diese Weise konnte Mehmet den Verkehr auf der Meerenge kontrollieren und die Versorgung Konstantinopels über das Meer unterbinden. Gleich neben der Festung gibt es ein paar beliebte Cafés und Restaurants.

In der Gegend rund um die Anadolu Hisarı gibt es viele architektonisch und historisch bedeutende Villen. Die **Köprülü Amcazade Hüseyin Paşa Yalısı** (Rumeli Hisarı; ⛴Touristenfähre Eminönü–Kavaklar), 1698 für einen der Großwesire Mustafas II. erbaut, ist die älteste *yalı* am Bosporus. Die **Zarif Mustafa Paşa Yalısı** direkt daneben wurde im frühen 19. Jh. für den offiziellen Kaffeelieferanten Sultan Mahmuds II. errichtet. Man erkennt, wie der obere Salon, von ungewöhnlich geschnitzten Holzpfählen gestützt, über das Meer hinausragt.

Fast direkt unter der Fatih-Brücke steht am europäischen Ufer die große, steinerne **Tophane Müşiri Zeki Paşa Yalısı**. Anfang des 20. Jhs. für einen Feldmarschall der osmanischen Armee erbaut, ging sie später an Sabiha Sultan, die Tochter Mehmets VI., des letzten osmanischen Sultans, und an ihren Mann İmer Faruk Efendi, einen Enkel von Sultan Abdülaziz, über. Als das Sultanat 1922 abgeschafft wurde, ging Mehmet VI. hier an Bord eines britischen Kriegsschiffs und kehrte nie wieder in die Türkei zurück.

Hinter der Brücke liegt auf der asiatischen Seite das charmante Viertel **Kanlıca**, berühmt für seinen reichhaltigen, köstlichen Joghurt. Eine Kostprobe bekommt man gleich bei den zwei Cafés vor der Fähranlegestelle oder direkt an Bord der Fähre. Diese hält hier zum zweiten Mal, und wer will, kann hier aussteigen, die Gegend erkunden und bei der Rückfahrt der Fähre wieder an Bord kommen oder per Bus nach Üsküdar zurückfahren. Von hier aus kann man auch eine Fähre über den Bosporus nach Emirgan oder Bebek auf der europäischen Seite nehmen und von dort per Bus ins Zentrum zurückfahren.

Auf einem Felsvorsprung oberhalb von Kanlıca thront das **Hıdiv Kasrı**, die im Jugendstil erbaute Sommervilla des letzten Khediven von Ägypten. Nach Jahrzehnten der Vernachlässigung wurde das Gebäude restauriert und fungiert heute als **Restaurant** (Hauptgerichte 10–20,50 ₺) und **Gartencafé** (Toast 4–4,50 ₺, Kuchen 6 ₺). Die Villa ist ein architektonisches Schmuckstück mit einem weitläufigen Garten, der während des İstanbuler Tulpenfests im April besonders hübsch ist. Von der Fähranlegestelle geht's links in die Halide Edip Adıvar Caddesi, dann rechts in die zweite Straße (Kafadar Sokak) und schließlich links die steile Hacı Muhittin Sokak bis zur Weggabelung hinauf. Dort geht's nach links, immer der Ausschilderung „Hadiv Kasrí" nach bis zum Parkplatz und dem Garten der Villa.

Von Kanlıca nach Sarıyer

Gegenüber von Kanlıca liegt auf der europäischen Seite das Reichenviertel Emirgan. Eine Fahrt hierher lohnt sich schon wegen des eindrucksvollen **Sakıp Sabancı Müzesi** (☎212-277 2200; http://muze.sabanciuniv.edu; Sakıp Sabancı Caddesi 42; wechselnder Eintrittspreis; ⊙Di, Do, Fr & So 10–18, Mi & Sa bis 22 Uhr; 🚌Emirgan) mit seinen Wechselausstellungen von Weltklasse. Außerdem ist in dem Museum auch eines der glamourösesten Restaurants der Stadt untergebracht: das MüzedeChanga (S. 108) mit einer Terrasse und herrlichem Blick auf den Bosporus. Wer nur einen schlichten Snack haben will, findet gegenüber der Fähranlegestelle eine Filiale des beliebten Lokals Sütiş (S. 109) mit Sitzbereich im Freien und köstlichen Frühstücksspeisen, die den ganzen Tag über zu haben sind.

Auf dem Hügel oberhalb des Museums sieht man einen großen öffentlichen Park, den **Emirgan Korusu**. Im April ist es hier besonders schön, wenn sich ein Teppich von Tausenden Tulpen ausbreitet.

Nördlich von Emirgan gibt es eine Fähranlegestelle nahe der mit Jachten übersäten, kleinen Bucht İstinye. Gleich dahinter ragt eine Landzunge auf der europäischen Seite heraus: Yeniköy, einst ein beliebtes Sommerrefugium der Osmanen, wie die hübschen *yalı* aus dem 18. und 19. Jh. rund um die Anlegestelle zeigen. Am auffälligsten ist die blendend weiße **Ahmet Afif Paşa Yalısı** aus dem späten 19. Jh. Sie stammt von Alexandre Vallaury, der auch das Pera Palas Hotel in Beyoğlu entwarf. Am Ufer gegenüber liegt das für seine Glas- und Kristallfabrik berühmte Viertel Paşabahçe.

Tarabya, nördlich von Yeniköy an der europäischen Küste, hieß früher wegen seines der Gesundheit förderlichen Klimas Therapeia. Jahrhundertelang war die kleine Bucht ein beliebtes Seebad der İstanbuler Reichen, hat aber durch die moderne Stadtentwicklung seinen Charme etwas eingebüßt. Einen Eindruck von Therapeia zu seinen besten Zeiten erhält man in Harold Nicolsons Roman *Sweet Waters* von 1921.

Nördlich von Tarabya gibt es einige alte Sommerresidenzen ausländischer Botschaften. Wenn im Sommer die Hitze unerträglich war und die Angst vor Seuchen wuchs, zogen sich die ausländischen Botschafter und ihr Personal in diese herrschaftlichen Residenzen mit üppigen Gärten zurück. Die Anwesen erstrecken sich bis zum nördlich gelegenen Büyükdere. Das Viertel ist auch wegen seiner Kirchen und des **Sadberk Hanım Müzesi** (☎212-242 3813; www.sadberkhanimmuzesi.org.tr; Piyasa Caddesi 27–29; Erw. 7 ₺, Student 2 ₺; ⊙Do–Di 10–17 Uhr) sehenswert. Das Museum trägt den Namen der Frau des verstorbenen Vehbi Koç, der das größte türkische Firmenimperium gründete, und zeigt eine bunte Sammlung, u.a. wunderschöne Fliesen und Keramiken aus İznik und Kütahya, osmanische Seidenstoffe, römische Münzen und Schmuck. Das Museum ist zu Fuß in zehn Minuten von der Fähranlegestelle in Sarıyer zu erreichen.

Von Sarıyer nach Anadolu Kavağı

Nach dem Zwischenstopp in Sarıyer nimmt die Fähre Kurs auf Rumeli Kavağı, das für seine guten Fischrestaurants bekannt ist. Ein kurzer Stopp, dann geht's weiter auf die asiatische Seite nach Anadolu Kavağı, wo die Fahrt endet. Das einstige Fischerdorf hat heute nur den Tourismus als Einnahmequelle. Der Hauptplatz ist voller mittelmäßiger Restaurants und Schlepper.

Oberhalb der Ortschaft liegen die Ruinen der Anadolu Kavağı Kalesi (Yoros Kalesi), einer mittelalterlichen Burg mit ursprünglich acht mächtigen Wehrtürmen. In byzantinischer Zeit errichtet, wurde sie 1350 von den Genuesen und später von den Osmanen instand gesetzt und verstärkt. Leider ist die Burg inzwischen derart baufällig, dass sie eingezäunt wurde und niemand mehr das Gelände betreten und den spektakulären Blick aufs Schwarze Meer genießen kann. Insofern kann man sich den 25-minütigen steilen Aufstieg schenken.

ℹ Anreise & Unterwegs vor Ort

Die meisten Ausflügler entscheiden sich für die *Uzun Boğaz Turu* (lange Bosporus-Tour). Die Fähre legt täglich um 10.35 Uhr an der Boğaz İskelesi in Eminönü ab und fährt in 90 Minuten (einfache Strecke) den gesamten Bosporus der Länge nach ab; das kostet für die einfache Strecke *(tek yön)* 15 ₺, für Hin- und Rückfahrt *(çift)* 25 ₺. Zwischen April und Oktober gibt es in der Regel noch eine zusätzliche Fähre um 13.35 Uhr und im Sommer noch eine dritte um 12 Uhr. Die Fähre hält in Beşiktaş, Kanlıca, Sarıyer, Rumeli Kavağı und Anadolu Kavağı und fährt von dort wieder zurück. Man kann unterwegs aussteigen, aber leider nicht mit demselben Ticket wieder zusteigen.

Ab Anadolu Kavağı geht's um 15 Uhr (April–Okt. zusätzl. 16.15 Uhr) zurück.

Von April bis Oktober bietet İstanbul Şehir Hatları auch eine zweistündige *Kısa Boğaz Turu* (kurze Bosporus-Tour) an (10 ₺). Die Fähre legt täglich um 14.30 Uhr von Eminönü ab und fährt bis zur Fatih-Brücke und von dort zurück nach Eminönü.

Es gibt auch Pendlerfähren über den Bosporus, z.B. von Kanlıca nach Emirgan (13.05, 16.05, 17.20 Uhr), von Emirgan nach Kanlıca und Bebek (16.15 Uhr) und von Anadolu Kavağı nach Sarıyer (7.15–23 Uhr, 12-mal tgl.). Einige dieser Fähren verkehren sonntags häufiger.

Aktuelle Infos zu den häufig wechselnden Fahrplänen und Fahrpreisen findet man unter www.sehirhatlari.com.tr.

Eine Alternative sind private Ausflugsboote. Diese fahren zwar nur bis Anadolu Hisarı und zurück (ohne Zwischenstopp), aber weil die Boote kleiner sind, fahren sie näher an der Küste entlang, sodass man viel mehr sieht. Die ganze Rundfahrt dauert insgesamt etwa 90 Minuten und kostet 10 ₺. Die Boote von Turyol legen vom Kai an der Westseite der Galata-Brücke ab (werktags 11–18 Uhr stündl., Sa & So 11–19.15 Uhr etwa alle 45 Min.). Die Boote anderer Betreiber legen in der Nähe der Boğaz İskelesi ab.

Ab Sarıyer fahren die Busse 25E und 40 südwärts nach Emirgan. Ab Emirgan verkehren die Busse 22, 22RE und 25E nach Kabataş und die Busse 40, 40T und 42T nach Taksim. Alle fahren über Rumeli Hisarı, Bebek, Ortaköy, Yıldız und Beşiktaş.

Wer mit der Fähre nach Anadolu Kavağı tuckert und von dort per Bus an der asiatischen Küste entlang zur Stadt zurückfahren will, um sich alles anzuschauen, nimmt den Bus 15A vom Platz vor der Fähranlegestelle mit der Aufschrift „Kavacık Aktarma". In Kanlıca aussteigen, um das Hıdiv Kasrı zu besuchen, oder in den Bus 15, 15F oder 15P umsteigen, der einen südwärts nach Üsküdar bringt und unterwegs Haltestellen in Küçüksu (zur Küçüksu Kasrı) und Beylerbeyi (zum Beylerbeyi-Palast) hat!

Ein Ticket für eine Fahrt mit Bus oder Fähre kostet 2 ₺ (mit İstanbulkart 1,75 ₺).

Fahrt auf dem Goldenen Horn — FÄHRE

So ziemlich jeder İstanbul-Besucher weiß, dass man eine Fahrt auf dem Bosporus unternehmen kann. Dass dies auch auf dem *Haliç* (Goldenen Horn) möglich ist, wissen aber nur die wenigsten. Bis vor Kurzem war dieser Wasserlauf nördlich der Galata-Brücke ziemlich verschmutzt, und die hiesigen Viertel boten für Reisende nichts Verlockendes. Doch das ist nun anders. Das Wasser wurde gesäubert, die Verschönerung der Uferstreifen ist in vollem Gange, und die Viertel am Haliç werden luxussaniert. Wer einen Tag lang mit der Fähre dem Lauf des Goldenen Horns folgt und immer wieder aussteigt, um die Umgebung zu erkunden, bekommt einen Einblick in einen ganz anderen – und weitaus weniger touristischen – Teil İstanbuls.

Abfahrt in Eminönü

Diese Fähren starten in Üsküdar auf der asiatischen Seite. Die meisten Fahrgäste steigen aber an der Haliç İskelesi (Fähranlegestelle Goldenes Horn) auf der westlichen Seite der Galata-Brücke in Eminönü zu. Die *iskele* befindet sich hinter dem Parkplatz neben dem Storks-Gebäude. Von hier schippert die Fähre unter der Atatürk-Brücke hindurch und hält auf der anderen Seite des Goldenen Horns in Kasımpaşa. Hier befanden sich die osmanischen Werften; einige der Originalgebäude sind noch erhalten.

Von Kasımpaşa nach Hasköy

Auf dem Weg zum nächsten Halt in Hasköy sieht man am westlichen (linken) Ufer die faszinierenden westlichen Viertel Fener und Balat.

Fener ist ein traditionell griechisch geprägtes Viertel, aber heute leben nur noch wenige Griechen hier. Allerdings zeugen einige wichtige griechisch-orthodoxe Stätten von deren Erbe. Das markante rote Backsteingebäude auf dem Hügel ist das Fener Rum Lisesi (Griechisches Gymnasium Fener), die älteste Bildungseinrichtung in İstanbul. Die Schule gab es schon vor der Eroberung; das heutige Gebäude stammt von 1881. Leider hat sie nur 50 Schüler.

Mitten im Uferpark steht die im neugotischen Stil erbaute bulgarisch-orthodoxe Kirche St. Stefan.

Das nächste Viertel ist Balat, in dem früher ein großer Teil der jüdischen Bevölkerung İstanbuls lebte. Heute bilden hier Migranten aus Ostanatolien die Bevölkerungsmehrheit.

Vorbei an den Überresten der alten Galata-Brücke geht's mit der Fähre nach Hasköy. In osmanischer Zeit lagen hier eine Schiffswerft und das Jagdrevier des Sultans. Heute locken zwei Sehenswürdigkeiten Besucher an: das großartige **Rahmi M. Koç Müzesi** (www.rmk-museum.org.tr; Hasköy Caddesi 5, Hasköy; Erw./Kind 6/3 ₺; ⏲Mo–Fr 10–17 Uhr, Sa & So Winter/Sommer bis 18/20 Uhr; 🚌47 ab Eminönü, 54HT ab Taksim, ⛴Hasköy) zur Geschichte von Transport, Industrie und Kommunikation in der Türkei und das **Aynalıkavak Kasrı**, ein schmucker, herrschaftlicher Jagdpavillon aus dem 18. Jh. auf einem weitläufigen Anwesen. Das Museum befindet sich links der Fähranlegestelle. Zum Aynalıkavak Kasrı läuft man südostwärts (nach rechts) die Hasköy Caddesi entlang, biegt links in die Aynalıkavak Caddesi und dann rechts in die Kasımpaşa-Hasköy Caddesi ein.

Von Hasköy nach Sütlüce

Nächster Halt der Fähre ist Ayvansaray am gegenüberliegenden Ufer. Von hier aus kann man an der monumentalen Theodosianischen Landmauer entlang bergauf bis zur Chora-Kirche laufen.

Von Ayvansaray setzt die Fähre über nach Sütlüce und kehrt dann wieder ans Westufer zurück, wo sie schließlich in Eyüp ihr Ziel erreicht. Das konservative Viertel erstreckt sich rund um die **Eyüp-Sultan-Moschee** (Eyüp Sultan Camii; Camii Kebir Sokak, Eyüp; ⏲Türbe 9.30–16.30 Uhr; 🚌36CE, 44B od. 99 ab Eminönü, ⛴Eyüp), eine der wichtigsten religiösen Stätten der Türkei. Viele Besucher lassen es sich nicht nehmen, nach der Besichtigung der Moscheeanlage im Café Pierre Loti (S. 112) auf dem nördlich gelegenen Hügel noch ein Glas Tee und die wundervolle Aussicht zu genießen.

Anreise & Unterwegs vor Ort

Die Haliç-Fähren starten in Eminönü stündlich zwischen 10.45 und 19.45 Uhr; die letzte Fähre zurück nach Eminönü legt in Eyüp um 19.45 Uhr ab. Die Fahrt dauert 35 Minuten und kostet 2 ₺ pro Abschnitt (mit İstanbulkart 1,75 ₺). Aktuelle Infos zu Fahrplan und Preisen gibt's unter www.sehirhatlari.com.tr.

Wer lieber mit dem Bus zurückfahren will, nimmt vor der Fähranlegestelle in Eyüp den Bus 36CE, 44B oder 99 über Balat und Fener nach Eminönü. Der Bus 39 fährt nach Beyazıt; unterwegs kann man in Edirnekapı aussteigen und das Kariye-Museum (Chora-Kirche) besichtigen.

Wer von Hasköy oder Sütlüce mit dem Bus nach Taksim zurückfahren will, nimmt den Bus 54HT. Der Bus 47 fährt nach Eminönü.

Eine Busfahrkarte kostet 2 ₺ (mit İstanbulkart 1,75 ₺).

Hamams

Zu einer Türkei-Reise gehört unbedingt ein Besuch in einem Hamam. Im Folgenden sind sechs Hamams in İstanbul aufgelistet: vier touristische Hamams in historischen Gebäuden in der Altstadt, ein historischer Hamam in Beyoğlu und ein moderner Hamam, der für seine fantastischen Massagen bekannt ist. Die touristischen Hamams sind teurer und die Massagen meistens kurz und nicht sonderlich gut, aber das prächtige historische Ambiente macht einiges wett. Insofern muss jeder selbst entscheiden … Wer sich rundum verwöhnen lassen will, sollte sich für eines der luxuriösen Spas in den Fünf-Sterne-Hotels entscheiden – das Ritz Carlton, das Hotel Les Ottomans und das Four Seasons İstanbul at the Bosphorus bieten alle ausgezeichnete Spas mit herrlichen Hamam-Anwendungen.

Ayasofya Hürrem Sultan Hamamı HAMAM
(Karte S. 50; ☎212-517 3535; www.ayasofyahamami.com; Aya Sofya Meydanı; Anwendungen 70–165 €, Massage 40–75 €; ⏱8–23 Uhr; 🚋Sultanahmet) Das 2011 nach umfassender Restaurierung wiedereröffnete Doppelbad in der Altstadt bietet das luxuriöseste traditionell-türkische Badeerlebnis. Der von Sinan entworfene Hamam entstand 1556/57 gegenüber der Aya Sofya im Auftrag von Süleyman dem Prächtigen zu Ehren seiner Frau Hürrem Sultan (Roxelane).

Cağaloğlu Hamamı HAMAM
(Karte S. 50; ☎212-522 2424; www.cagalogluhamami.com.tr; Yerebatan Caddesi 34; Bad, Peeling & Massage 50–110 €; ⏱8–22 Uhr; 🚋Sultanahmet) Dies ist zweifellos der stimmungsvollste Hamam in İstanbul. Er wurde 1741 im Auftrag von Sultan Mahmut I. erbaut und bietet separate Baderäume für Männer und Frauen. Im Angebot stehen diverse Anwendungen, die allerdings ziemlich überteuert sind, wenn man bedenkt, wie schnell und oberflächlich das Waschen, Schrubben und Massieren vonstatten gehen. Besser setzt man auf das Do-it-yourself-Angebot (30 €).

Çemberlitaş Hamamı HAMAM
(Karte S. 64; ☎212-522 7974; Vezir Han Caddesi 8; Bad, Peeling & Seifenmassage 29 €; ⏱6–24 Uhr; 🚋Çemberlitaş) Man hat nicht oft die Möglichkeit, in einem Gebäude von 1584 ein

İSTANBUL MIT KINDERN

Kinder aller Altersgruppen lieben das Rahmi M. Koç Müzesi (S. 83) in Hasköy, das haufenweise Aktivitäten und Gadgets für Kids zu bieten hat. Auch die gespenstische Cisterna Basilica (S. 53) ist mit ihren auf dem Kopf stehenden Säulen immer ein Hit. Ältere Kinder mögen auch die Fahrt mit der Fähre den Bosporus hinab, vor allem wenn sie mit einem Besuch der Rumeli Hisarı (S. 81) verbunden wird. Aber Vorsicht: Hier gibt's steile Treppen ohne Geländer! Auf zweien der Prinzeninseln, Büyükada (S. 127) und Heybeliada (S. 125), kann man Fahrräder mieten oder mit einem *fayton* (Pferdekutsche) eine lustige Rundfahrt über die Insel unternehmen.

In Sultanahmet gibt es Spielplätze im Kadırga-Park, in der Nähe der Kleinen Aya Sofya (S. 46), und im Gülhane-Park (S. 60). In Beyoğlu befindet sich ein Spielplatz direkt am Ufer neben der Straßenbahnhaltestelle Fındıklı und einer *çay bahcesi* – sehr malerisch! Achtung: Die Kinder immer im Blick behalten!

Wer braves Benehmen mit etwas Bestechung fördern will, sollte sich nach **Mado** (Karte S. 77; ☎227 3876; İskele Meydanı; ⏱7–2 Uhr; 🚌Ortaköy) umschauen. Die Eisdiele hat mehrere Filialen in İstanbul, z. B. auf dem Divan Yolu in Sultanahmet, an der İstiklal Caddesi in Beyoğlu und am Ortaköy Meydanı.

türkisches Bad zu nehmen. Die Chance sollte man also nutzen, zumal dieses Doppelbad des großen Architekten Sinan zu den schönsten der ganzen Stadt zählt.

Eine Ölmassage kostet zusätzlich 20 € zur normalen Badpauschale. Aber weil alle Massagen und Behandlungen hier relativ oberflächlich sind, kann man auch darauf verzichten. Trinkgelder sind im Preis inbegriffen; Inhaber eines internationalen Studentenausweises erhalten 20 % Rabatt.

Ağa Hamamı HAMAM

(Karte S. 72; ☎212-249 5027; www.agahamami.com; Turnacıbaşı Sokak 48b, Çukurcuma; Bad 30 ₺, Seifen-/Ölmassage 5/30 ₺, Peeling 5 ₺; ⏲10–22 Uhr; 🚊Kabataş, dann mit der Standseilbahn nach Taksim) Der Hamam von 1562 hat eine entspannte Atmosphäre. Hier wird nicht nach Geschlechtern getrennt gebadet, aber fürs Einseifen und Massieren durch Personal gleichen Geschlechts gibt es getrennte Bereiche. Die Preise sind überraschend niedrig, vor allem verglichen mit den historischen Hamams in der Altstadt, aber die Sauberkeit lässt zu wünschen übrig.

Gedikpaşa Hamamı HAMAM

(Karte S. 64; ☎212-517 8956; www.gedikpasahamami.com; Emin Sinan Hamamı Sokak 61, Gedikpaşa; Bad, Peeling & Seifenmassage 55₺; ⏲Männer 6–24 Uhr, Frauen 9–23 Uhr; 🚊Çemberlitaş) Dieser Hamam aus der osmanischen Zeit ist schon seit 1475 in Betrieb. Der Innenbereich ist nicht so schön wie in Cağaloğlu und Çemberlitaş, aber die Dienstleistungen sind etwas preiswerter, und es gibt separate Badebereiche, kleine Tauchbecken und Saunen für beide Geschlechter. Der Betreiber fährt Gäste manchmal kostenlos von und nach Sultanahmet – einfach im Hotel nachfragen!

Ambassador Spa HAMAM

(Karte S. 50; ☎212-512 0002; www.istanbulambassadorhotel.com; Ticarethane Sokak 19; Hamam-Anwendungen 40–60 €, Heil- & Aromatherapiemassage 25–90 €; ⏲9–22 Uhr; 🚊Sultanahmet) Das etwas schäbige Spa in diesem Hotel gleich abseits des Divan Yolu hat zwar kein osmanisches Ambiente zu bieten, aber alle Anwendungen sind privat, d. h. man hat den kleinen Hamam ganz für sich allein. Und das Beste daran ist, dass die 60- oder 75-minütige „Orientalische Massage" sowohl eine Hamam-Anwendung als auch eine 30-minütige fachmännische Ölmassage beinhaltet.

Kurse

Die Preise für die Kurse sind überwiegend in Euro oder US-Dollar und nicht in Türkischer Lira angegeben.

LP TIPP **Cooking Alaturka** KOCHEN

(Karte S. 61; ☎0536 338 0896; www.cookingalaturka.com; Akbıyık Caddesi 72a, Cankurtaran; Kochkurs 60 €/Pers.; 🚊Sultanahmet) Die Holländerin Eveline Zoutendijk eröffnete 2003 ihre erste englischsprachige Schule für türkisches Kochen in İstanbul und hat sich seitdem einen ausgezeichneten Ruf erarbeitet. Ihre Kurse, bei denen Teilnehmer auch selbst mit Hand anlegen können, bestehen aus einer Einführung in die türkische Küche und eignen sich für Anfänger und erfahrene Köche. Die Ergebnisse werden im Rahmen eines Fünf-Gänge-Menüs im Restaurant (S. 101) der Kochschule serviert.

Müzenin Kahvesi KAFFEE

(Karte S. 50; ☎212 517 4580; Museum für Türkische & Islamische Kunst, Atmeydanı Caddesi 46; ⏲April–Okt. Di–So 9–18.30 Uhr, Nov.–März bis 16.30 Uhr; 🚊Sultanahmet) In dem schicken Café-Labor im Hof des Museums für Türkische & Islamische Kunst bekommt man den besten türkischen Kaffee der Altstadt. Genießer können hier beim 30-minütigen Kurs „Treasures of Turkey" (20 ₺) lernen, wie türkischer Kaffee geröstet, gemahlen, gebraut und serviert wird. Natürlich gibt's auch eine Kostprobe. Buchung erforderlich.

Turkish Flavours KOCHEN

(☎0532 218 0653; www.turkishflavours.com; Apartment 3, Vali Konağı Caddesi 14; Führung 100–145 US$/Pers., Kochkurs 100 US$) Selin Rozanes bietet nicht nur eine super Feinschmeckerführung über den Gewürzbasar und den Kadıköy-Markt inklusive Mittagessen im preisgekrönten Çiya Sofrası (S. 108), sondern auch Kochkurse für Kleingruppen in dem eleganten Haus in Nişantaşı. Die Ergebnisse genießt man bei einem Vier-Gänge-Mittagsmenü (inkl. Getränke). Auf Wunsch ist auch die sephardische Küche Thema.

Geführte Touren

Die meisten Veranstalter setzen ihre Preise in Euro oder US$ fest.

LP TIPP **İstanbul Walks** STADTSPAZIERGANG & KULTUR

(Karte S. 50; ☎212-516 6300; www.istanbulwalks.net; 2. Stock, Şifa Hamamı Sokak 1; Stadt-

Fortsetzung auf S. 94

Aya Sofya

ZEITLEISTE

537 Kaiser Justinian, der auf einem der berühmtesten Mosaiken **1** der Kirche dargestellt ist, weiht eine neue byzantinische Basilika ein: die Hagia Sophia (Kirche der Heiligen Weisheit; S. 46).

557 Die bei einem Erdbeben beschädigte riesige Kuppel **2** stürzt ein und wird wiederaufgebaut.

843 Der zweite byzantinische Bilderstreit endet; man beginnt, den Innenraum mit figurativen Mosaiken zu schmücken. Eines zeigt Kaiserin Zoe mit ihrem dritten Mann, Kaiser Konstantin IX. Monomachos **3**.

1204 Geführt von Enrico Dandolo, dem Dogen Venedigs, erobern und plündern die Soldaten des vierten Kreuzzugs Konstantinopel. Dandolo wird in der Kirche begraben **4**, deren Entweihung er veranlasst hat.

1453 Die Stadt wird von den Osmanen erobert. Mehmet II. ordnet an, die Hagia Sophia in eine Moschee umzuwandeln und in Aya Sofya umzubenennen.

1577 Sultan Selim II. wird in einer eigens entworfenen Türbe neben den Türben von vier anderen osmanischen Sultanen **5** auf dem Gelände der Aya Sofya begraben.

1847–1849 Sultan Abdülmecit I. lässt das Gebäude restaurieren und neu schmücken. Die riesigen osmanischen Rundschilde **6** im Kirchenschiff werden angebracht.

1935 Auf Anordnung Mustafa Kemal Atatürks, des Präsidenten der neuen Türkischen Republik, wird die Moschee in ein Museum umgewandelt.

2009 Bei Restaurierungen im Kirchenschiff wird das Antlitz eines der vier Seraphim **7** unterhalb der Kuppel freigelegt.

2012 Die Restaurierung der Außenmauern und der westlichen Emporen beginnt.

TOP-TIPP

» Wer die Mosaiken in der Apsis und in der Kuppel in allen Einzelheiten sehen will, sollte ein Fernglas mitbringen.

KIMBERLEY COOLE/GETTY IMAGES©

Osmanische Rundschilde
Die riesigen Rundschilde tragen Inschriften in vergoldeter arabischer Schrift und preisen Allah, seinen Propheten Mohammed und die frühen Kalifen Ali und Abu Bakr.

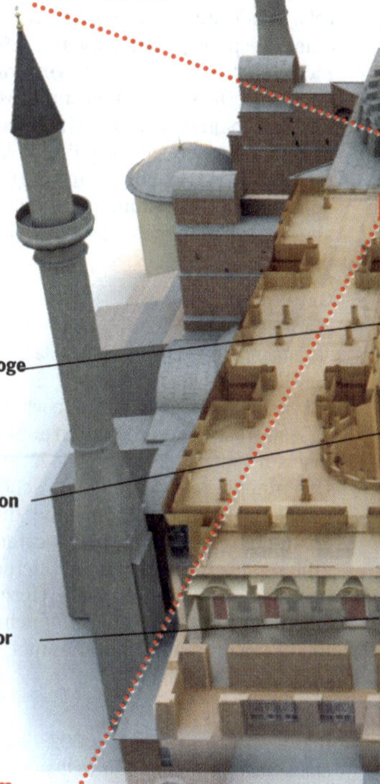

Seraphim
Die vier riesigen Seraphim an den Gewölbezwickeln waren ursprünglich Mosaiken, aber die beiden auf der westlichen Seite wurden in der Zeit des Lateinischen Kaiserreichs (1204–1261) beschädigt und später durch Fresken ersetzt.

EYE UBIQUITOUS/ALAMY ©

Kuppel

ie Kuppel erhebt sich 56 m über dem
oden. Einst war sie mit goldenen Mosaiken
edeckt, wurde aber 1847/48 mit Kalligra-
en verziert, als die Architekten Gaspare
nd Giuseppe Fossati mit einer gründlichen
estaurierung beauftragt wurden.

N. REED OF QEDIMAGES/ALAMY ©

Osmanische Türben

Die Grabstätten von fünf osmanischen Sultanen und ihren Familien befinden sich in der südlichen Ecke der Aya Sofya. Der Zugang liegt an der Kabasakal Caddesi. Eine Türbe ist in der ursprünglichen Taufkapelle der Kirche untergebracht.

Der thronende Christus mit Kaiserin Zoe und Konstantin IX. Monomachos

Dieses Mosaik auf der Empore stellt Zoe dar. Sie war eine von nur drei Byzantinerinnen, die allein als Kaiserinnen regierten.

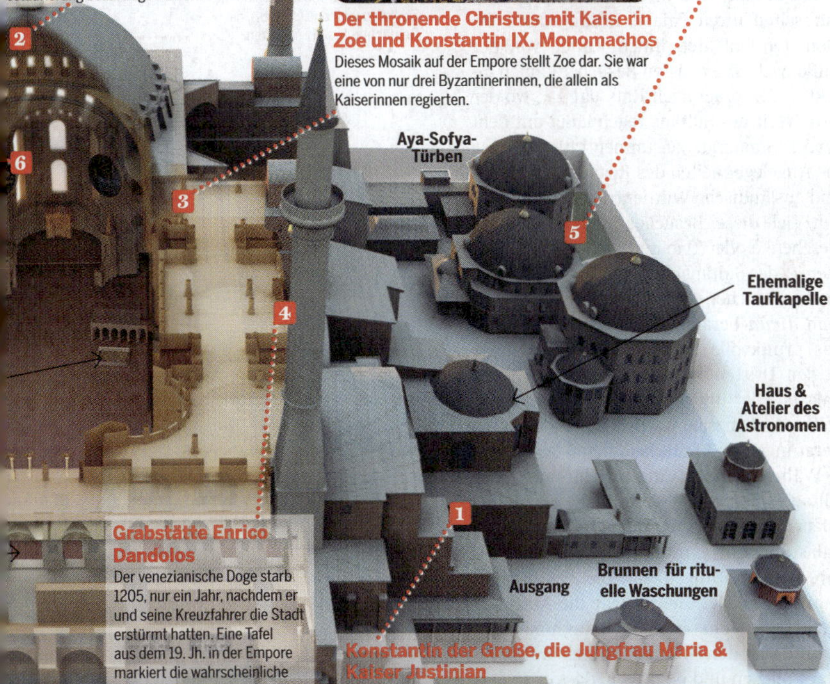

Grabstätte Enrico Dandolos

Der venezianische Doge starb 1205, nur ein Jahr, nachdem er und seine Kreuzfahrer die Stadt erstürmt hatten. Eine Tafel aus dem 19. Jh. in der Empore markiert die wahrscheinliche Stelle seines Grabes.

Konstantin der Große, die Jungfrau Maria & Kaiser Justinian

Das Mosaik aus dem 11. Jh. zeigt, wie Konstantin (rechts) der Jungfrau Maria die Stadt Konstantinopel und Justinian (links) ihr die Hagia Sophia überreichen.

FUNKYFOOD LONDON - PAUL WILLIAMS/ALAMY ©

MELVYN LONGHURST/ALAMY ©

Topkapı-Palast

DER ALLTAG AM OSMANISCHEN HOF

Ein Besuch in der opulenten Palastanlage (S. 54) mit ihren Höfen, dem Harem und den vielen Pavillons bietet einen faszinierenden Einblick in das Leben der osmanischen Sultane. Hinter den Mauern des Topkapı lebten zu seinen Glanzzeiten um die 4000 Menschen, darunter die Sultansfrauen mit ihren Kindern, die Konkubinen, Eunuchen und Bedienstete.

Die Sultane und ihre Familien verließen nur selten ihren Palast; Höflinge und Diplomaten brachten ihnen Kunde von der Außenwelt. Die meisten Besucher kamen direkt in den prächtigen Ratssaal **1**, wo der Großwesir des Sultans regelmäßig mit dem *dîvân* (Staatsrat) zusammentrat, um über die Angelegenheiten des Reiches zu beraten und ausländische Würdenträger zu empfangen. Viele dieser Besucher brachten kostbare Geschenke oder Tribute für die Schatzkammer **2** des Sultans mit. Nachdem der Großwesir Besucher empfangen und sich mit dem *dîvân* beraten hatte, schritt er durch das prunkvolle Tor der Glückseligkeit **3** in den Dritten Hof, den Wohnbereich des Palasts. Hier informierte er in dem prunkvollen Audienzsaal **4** den Sultan über die Beratungen und Entscheidungen des *dîvân*.

Währenddessen ging im Harem **5** der Alltag seinen Gang, wenn nicht gerade Intrigen gesponnen wurden. In der riesigen Palastküche **6** trafen die Bediensteten ihre Vorbereitungen für die Festmähler. Inmitten all der Hektik war die Marmorterrasse **7** ein ruhiges Refugium. Hier konnte sich der Sultan ausruhen, auf seine Stadt blicken und bedauern, dass er so eingeschlossen lebte.

NICHT VERSÄUMEN!

» Von der Terrasse hinter der Schatzkammer und von der Marmorterrasse im Vierten Hof bietet sich ein wahrlich spektakulärer Ausblick.

KEVIN LANG/ALAMY ©

Harem
Der Sultan, seine Mutter und die Kronprinzen bewohnten prunkvoll verzierte Privatgemächer im Harem. Die schönsten von ihnen sind die Zwillingspavillons (s. Abb.), die Gemächer des Kronprinzen.

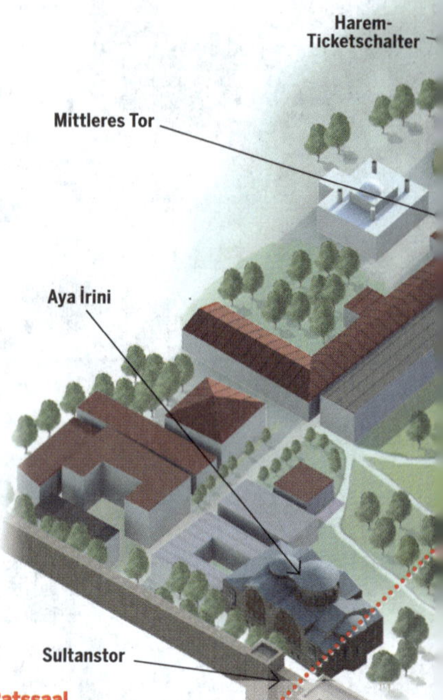

Ratssaal
Hier trat der *dîvân* (Staatsrat) zusammen und erließ Gesetze, empfing Bittschriften von Untertanen und ausländische Würdenträger. Zuweilen lauschte der Sultan den Verhandlungen durch das vergitterte goldene Fenster.

DAVID COLEMAN/ALAMY ©

Marmorterrasse

Auf der prachtvollen Terrasse finden sich das Bağdat Köşkü, das Revan Köşkü, der mit Fliesen verzierte Beschneidungsraum und die İftariye Kameriyesi, eine Aussichtsplattform mit einem vergoldeten Baldachin. Während des Ramazan feierte der Sultan hier das *iftar* (Fastenbrechen).

udienzsaal

ı dem kürzlich restaurierten Pavillon, der von iner Kolonnade aus 22 Säulen umgeben ist, aß der Sultan unter dem Thronbaldachin und mpfing seinen Großwesir und ausländische Vürdenträger.

Tor der Glückseligkeit

Das im Rokoko-Stil erbaute Tor war Schauplatz von staatlichen Zeremonien, z. B. bei der Thronbesteigung oder dem Begräbnis von Sultanen. Das Gemälde des Hofmalers Konstantin Kapıdağlı zeigt die Inthronisation von Sultan Selim III. (1789).

REINHARD DIRSCHERL/ALAMY ©

Schatzkammer

Zu den Highlights der Schatzkammer zählt der berühmte Topkapı-Dolch, den Sultan Mahmud I. 1747 als Geschenk für Schah Nadir von Persien anfertigen ließ. Bevor das kostbare Geschenk übersandt werden konnte, war der Schah allerdings ermordet worden.

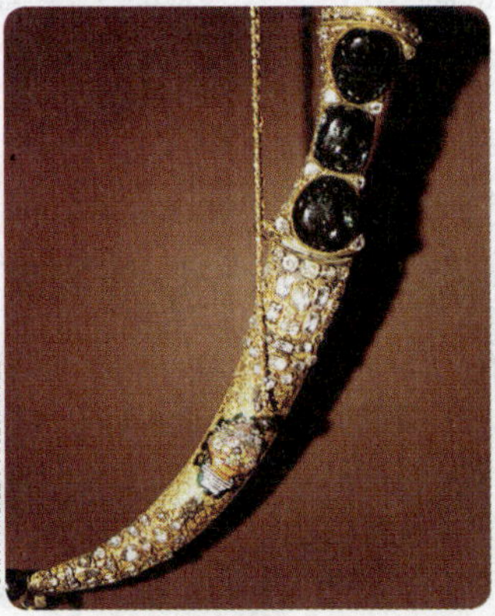

ART DIRECTORS & TRIP/ALAMY ©

Palastküchen

Die 4000 Bewohner des Palasts zu ernähren, war eine gewaltige Aufgabe. Die Palastküche des Topkapı umfasste zehn überkuppelte Gebäude mit 20 riesigen Kaminen. 800 Bedienstete lebten und arbeiteten hier.

1

4

OLIVIER CIRENDINI / GETTY IMAGES ©

3

REINHARD DIRSCHERL / GETTY IMAGES ©

1. Thronsaal, Topkapı-Palast (S. 54)
In dem großen Kuppelsaal im Harem empfing der Sultan seine Gäste.

2. Kariye-Museum (Chora-Kirche; S. 69)
Die Innenräume des Kariye-Museums sind mit wunderschönen byzantinischen Mosaiken und Fresken geschmückt.

3. Blaue Moschee (S. 48)
Diese Moschee ist für die blauen Fliesen bekannt, die ihre Wände zieren.

4. İstiklal Caddesi (S. 74)
İstanbuls „Straße der Unabhängigkeit" in Beyoğlu ist ein lebendiges, beliebtes Fleckchen, um zu bummeln und einzukaufen.

IZZET KERIBAR / GETTY IMAGES ©

START STRASSENBAHNHALTESTELLE ÇEMBERLITAŞ
ZIEL SAHAFLAR ÇARŞISI
STRECKE 1 KM
DAUER 3 STD.

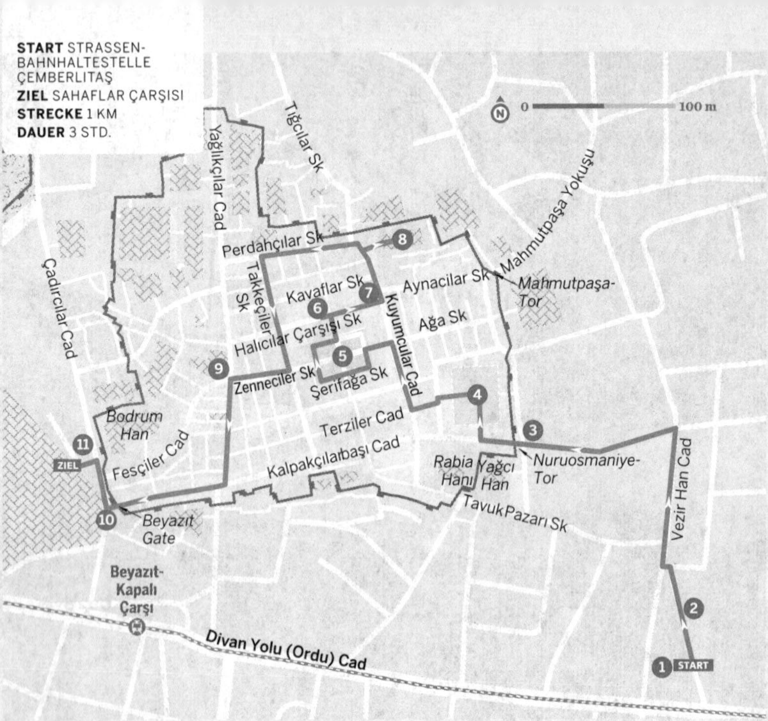

Stadtspaziergang
Großer Basar

Viele Besucher fühlen sich von dem labyrinthartigen Basar und den sprachgewaltigen Schleppern fast erschlagen. Aber wer sich an die hier beschriebene Tour hält, kann den Besuch des Basars genießen.

Los geht es an der Straßenbahnhaltestelle neben der Säule ❶ **Çemberlitaş**, die Kaiser Konstantin anlässlich der Ernennung Konstantinopels zur Hauptstadt des Römischen Reiches im Jahr 330 aufstellen ließ. Über die Vezir Han Caddesi gelangt man zum Eingang des ❷ **Vezir Han**. Die Karawanserei *(han)* wurde zwischen 1659 und 1660 von der im Osmanischen Reich einflussreichen Köprülü-Familie erbaut. Fünf der Familienmitglieder dienten dem Sultan als Großwesire *(vezir)* – daher der Name. In osmanischer Zeit war dieser *han* die Unterkunft und der Geschäftsraum für reisende Händler. Zwar arbeiten hier immer noch Goldschmiede, aber der *han* ist in einem furchtbaren Zustand – wie viele andere Gebäude überall in dem Viertel (Experten zufolge sind es Hunderte). Wer genau hinschaut, erkennt über dem Haupttor die *tuğra* (Namenszug) des Sultans.

Weiter geht's die Vezir Han Caddesi hinunter bis zur kopfsteingepflasterten Fußgängerzone auf der linken Seite. Diese führt zur ❸ **Nuruosmaniye-Moschee**, die Mahmut I. 1748 erbauen ließ. Direkt vor einem befinden sich das Haupttor zum Großen Basar und die mit einem Sultans-Namenszug verzierte Nuruosmaniye Kapısı (Nuruosmaniye-Tor, Tor 1).

Die schummrig beleuchtete Straße direkt vor einem ist die Kalpakçılarbaşı Caddesi, die geschäftigste Straße des ganzen Basars. Sie ist benannt nach den Pelzhutmachern *(kalpakçılar)*, die früher hier ihre Läden hatten. Heute ist sie die Straße der Juweliere; für die erstklassige Lage zahlen diese bis zu 80 000 US$ pro Jahr Miete. Geht man die Straße geradeaus und dann rechts die Marmorstufen hinab, gelangt man zum ❹ **Sandal Bedesteni**, einem Lagerhaus aus dem 17. Jh. mit 20 kleinen Kuppeln. Hier wurden schon immer Stoffe gelagert und verkauft; allerdings können sich die Billigstoffe, die es heute gibt, nicht mit dem feinen *sandal* (Seidenstoff) von früher messen.

Man verlässt den Sandal Bedesteni auf der westlichen Seite, biegt rechts in die Sandal Bedesteni Sokağı und dann links in die Ağa Sokak ein. Diese führt zum ältesten Teil des Basars, zum 5 **Cevahir (Schmuck-)Bedesteni**, auch Eski Bedesten (alter Markt) oder İç Bedesten (innerer Markt) genannt. In diesem Bereich wurden wertvolle Dinge gelagert und verkauft, und heute befinden sich hier die meisten Antiquitätenhändler des Basars. Bis Mitte des 19. Jhs. wurden hier auch Sklaven versteigert.

Verlässt man den *bedesten* durch die südliche Tür und läuft bis zur ersten Kreuzung hinunter, gelangt man zur Halıcılar Çarşısı Sokağı mit beliebten Läden wie Abdulla Natural Products, Cocoon und Derviş. Gut für eine Pause bei Tee oder Kaffee ist 6 **Ethem Tezçakar Kahveci**.

Läuft man weiter gen Osten (rechts), gelangt man zu einer Kreuzung mit der großen Kuyumcular Caddesi (Straße der Juweliere). In der Vergangenheit waren die meisten Silberschmiede im Basar Armenier und der Großteil der Goldschmiede arabischer oder aramäischer Abstammung – und das ist bis zum heutigen Tage so. Links einbiegen und bis zu dem kleinen Pavillon in der Mitte der Straße laufen! Der 7 **Orientalische Pavillon** wurde im 17. Jh. erbaut und beherbergt heute ein Schmuckgeschäft; früher hatte hier aber der berühmteste *muhallebici* (Milchpudding-Laden) des Viertels seinen Sitz. Ein Stück weiter unten liegt rechterhand der Eingang zum hübschen 8 **Zincirli (Ketten-)Han**, wo die bekanntesten Teppichhändler des Basars ihre Geschäfte haben. Es geht zurück zur Kuyumcular Caddesi und scharf links in die Perdahçılar Sokağı (Gasse der Polierer). Man läuft weiter bis zur Takkeçiler Sokağı und dort nach links. Die hübsche Straße ist für ihre marmornen Trinkbrunnen *(sebil)* und ihre Kilim-Läden bekannt. Geht man rechts in die Zenneçiler Sokağı (Gasse der Bekleidungshändler), gelangt man bald zur Kreuzung mit einer weiteren großen Durchgangsstraße des Basars, der Sipahi Caddesi (Straße der berittenen Soldaten). Das 9 **Şark Kahvesi**, ein traditionelles Kaffeehaus, befindet sich gleich an der Ecke. Die Sipahi Caddesi wird im Norden (nach rechts) zur Yağlıkçılar Caddesi und im Süden (nach links) zur Feraceçiler Sokağı.

Man biegt links in die Sipahi Caddesi ein und läuft diese und die Feraceçiler Sokağı weiter bis zur Kalpakçılarbaşı Caddesi, der Straße mit den vielen Goldschmuckgeschäften. Rechts einbiegen und durch die 10 **Beyazıt Kapısı** (Beyazıt-Tor, Tor 7) den Basar verlassen! Geht man jetzt wieder nach rechts und an den Marktbuden vorbei zur ersten Passage auf der linken Seite, findet man sich in der 11 **Sahaflar Çarşısı** (Alter Bücherbasar) wieder, der seit byzantinischer Zeit als Markt für Bücher und Papier fungiert. In der Mitte des schattigen Hofes steht eine Büste von İbrahim Müteferrika (1674–1745), der 1732 das erste Buch in türkischer Sprache druckte. Hier kann man den Basar Richtung Beyazıt Meydanı verlassen und die Divan Yolu Caddesi hinunter bis nach Sultanahmet oder weiter Richtung Norden an den Mauern der İstanbul Üniversitesi entlang zur Süleymaniye-Moschee laufen.

Viele Besucher verbinden den Besuch des Großen Basars mit dem Gewürzbasar in Eminönü. Dazu geht man durch den Basar zurück zur Mahmutpaşa Kapısı (Mahmutpaşa-Tor, Tor 18) und folgt dem quirligen Mahmutpaşa Yokuşu den ganzen Weg hinunter bis zum Gewürzbasar. Unterwegs kommt man an einem der ältesten Hamams der Stadt vorbei, dem Mahmutpaşa Hamamı (heute ein Einkaufszentrum). Biegt man vor dem Hamam links in die Tarakçılar Caddesi ein und folgt ihr bis zum Çakmakçılar Yokuşu, sieht man den historischen Büyük Valide Han, eine große, verwahrloste Karawanserei, die die Mutter Murads IV. 1651 erbauen ließ. Einst fanden hier Nacht für Nacht bis zu 3000 reisende Händler mit ihren Lasttieren Unterkunft.

Diese Straße und die Straßen westlich des Gewürzbasars bilden das Viertel Tahtakale, eines der geschäftigsten Marktviertel in der Altstadt. Noch heute kommen die Leute hierher, um alles Mögliche von Hochzeitskleidern bis hin zu Wollsocken, Kaffeetassen und Beschneidungs-Outfits zu kaufen. Ein Bummel durch die Gegend offenbart – anders als ein Spaziergang in den touristischen Straßen rund um Sultanahmet – das echte Leben in İstanbul.

Fortsetzung von S. 85

spaziergang 25–75 €, Kind unter 6 Jahren frei; Sultanahmet) Das kleine, von einer Gruppe Geschichtsfans geführte Unternehmen hat sich auf Kulturtourismus spezialisiert und veranstaltet diverse Stadtführungen mit guten, englischsprachigen Führern. Die Touren konzentrieren sich auf die verschiedenen Viertel İstanbuls; es gibt aber auch Führungen zu bedeutenden Monumenten wie Topkapı-Palast, Archäologisches Museum İstanbul und Dolmabahçe-Palast. Studentenermäßigung möglich.

LP TIPP **Culinary Backstreets** STADTSPAZIERGANG

(www.culinarybackstreets.com) Im Angebot sind ganztägige Stadtspaziergänge durch die Altstadt und Beyoğlu (mit Mittagessen) sowie ein Abend bei regionalen Spezialitäten der südostanatolischen Küche in verschiedenen Lokalitäten in Aksarays „Klein-Urfa". Alle Touren finden in Begleitung der passionierten Feinschmecker statt, die auch den gleichnamigen Blog veröffentlichen.

Urban Adventures STADTSPAZIERGANG & KULTUR

(Karte S. 50; 212-512 7144; www.urbanadventures.com; 1. Stock, Ticarethane Sokak 11; alle Touren 50 ₺; 8.30–17.30 Uhr; Sultanahmet) Der internationale Tourveranstalter Intrepid bietet diverse Stadtführungen an, darunter den beliebten vierstündigen Rundgang durch Sultanahmet und das Basarviertel. Im Angebot ist auch die Tour „Home Cooked İstanbul", das ein einfaches Abendessen bei einer türkischen Familie und einen Besuch in einem ortstypischen Teehaus bei Tee, Nargile und einer Partie Backgammon *(tavla)* beinhaltet.

Les Arts Turcs KULTUR

(Karte S. 50; 212-527 6859; www.lesartsturcs.com; 3. Stock, İncili Çavuş Sokak 19; Workshop 100–150 ₺, Tour ab 150 ₺, Derwisch-Zeremonie 60 ₺; Sultanahmet) Das kleine Kulturtourismusunternehmen veranstaltet Touren und Workshops, u. a. den Besuch einer Wirbeltanz-Zeremonie der Derwische in einer Sufi-*tekke*, Workshops zur Kunst des *ebru* (Marmorierens) und der Kalligrafie, Bauchtanzkurse, Führungen zu Synagogen in den westlichen Vierteln und Fototouren.

Feste & Events

In den wärmeren Monaten ist İstanbul ein brodelnder Kessel voller Kunst- und Musikevents. Als Besucher hat man dann die Qual der Wahl. Die meisten großen Kunstfeste organisiert die **İstanbul Kültür Sanat Vakfı** (İKSV, Stiftung für Kultur & Kunst İstanbul; 0212-334 0700; www.iksv.org/english; Sadi Konuralp Caddesi 5). Für fast alle Events gibt's Karten über **Biletix** (www.biletix.com).

April

İstanbul Film Festivali FILM

(http://film.iksv.org/en) Das populäre Filmfestival findet Anfang des Monats in Kinos überall in der Stadt statt. Auf dem Programm stehen Retrospektiven und aktuelle Filme aus der Türkei und dem Ausland.

İstanbul Lale Festivali BLUMEN

Mehr als 11 Mio. Tulpen werden Jahr für Jahr in den Parks der Stadt gepflanzt und stehen rechtzeitig zum Tulpenfestival Ende März oder Anfang April in voller Blüte.

Juni

Efes Pilsen One Love MUSIK

(www.pozitif-ist.com) Bei diesem zweitägigen Musikfest an einem der hippsten Veranstaltungsorte, dem **Santralistanbul** (0212-311 7809; www.santralistanbul.org; Kazım Karabekir Caddesi 2/6; Erw./Senior ab 65 Jahren & Kind bis 13 Jahren/Student 7/5/3 ₺; Di–So 10–20 Uhr), stehen internationale Punk-, Pop-, Electronica- und Disco-Größen auf der Bühne.

LP TIPP **İstanbul Müzik Festivali** MUSIK

(http://muzik.iksv.org/en) Das bedeutendste Musikfestival der Stadt präsentiert Opern-, Tanz-, Orchester- und Kammermusikaufführungen, oft von international angesehenen Größen. Zu den sehr atmosphärischen Spielstätten zählt u. a. die Aya İrini in Sultanahmet.

Juli

İstanbul Caz Festivali MUSIK

(http://caz.iksv.org/en) Das Jazzfestival bietet ein lebendiges Programm aus konventionellem Jazz, Electronica, Drum'n'Bass, Weltmusik und Rock. Das **Tünel Şenliği** ist ein eintägiges „Festival im Festival" mit kostenlosen Events rund um den Tünel Meydanı.

September

LP TIPP **İstanbul Bienali** KUNST

(http://bienal.iksv.org/en) Die Biennale ist das bedeutendste Festival für visuelle Kunst und findet alle zwei Jahre (immer in Jahren mit ungerader Jahreszahl) Anfang September bis Anfang November statt. Ein internationales Kuratorium erstellt ein Programm mit Ausstellungen überall in der Stadt zu einem bestimmten Thema.

Oktober

İstanbul Tasarım Bienali DESIGN
(http://istanbuldesignbiennial.iksv.org/) Ein Neuzugang im hervorragenden Veranstaltungskalender des İKSV ist die Design-Biennale, die in allen Jahren mit gerader Jahreszahl der Community ein Forum bietet, ihre Profession zu zelebrieren und die Zukunft des Designs zu diskutieren.

Akbank Caz Festivali MUSIK
(www.akbanksanat.com) Die ältere Schwester des Internationalen İstanbuler Jazzfestivals ist ein erlesenes Event mit Jazz der unterschiedlichsten Richtungen: traditionell, Avantgarde, Fusion-Jazz aus dem Nahen Osten und ein Sonderprogramm zu jungem Jazz. Die Veranstaltungsorte verteilen sich in der ganzen Stadt.

November

Efes Pilsen Blues Festival MUSIK
(www.pozitif-ist.com) Das seit Langem etablierte Event tourt landesweit und gastiert zwei Tage in İstanbul, wo die Konzerte meistens in der Konzerthalle Lütfi Kırdar stattfinden. Von Adana bis Trabzon kommen Blues-Fans bei Boogie-Woogie, Zydeco und Zwölf-Takt-Blues voll auf ihre Kosten.

Schlafen

In İstanbul gibt's Unterkünfte aller Art. Man kann wie ein Sultan in einem Luxushotel residieren, im Schlafsaal einer netten Jugendherberge übernachten oder in einem preiswerten Boutiquehotel relaxen.

Wenn nicht anders angegeben, verfügen die Zimmer der folgenden Hotels über ein Bad; im Zimmerpreis ist das Frühstück enthalten. Die Preise verstehen sich für die Hauptsaison inklusive KDV (*katma değer vergisi*, Mehrwertsteuer). In der Nebensaison (Okt.–April, außer Weihnachten & Ostern) lässt sich oft ein Rabatt von etwa 20% aushandeln. Vor Buchungsbestätigung nachfragen, ob es bei Barzahlung Rabatt (meist 5–10%) gibt, der Transfer vom Flughafen inklusive ist (bei mehr als drei Übernachtungen oft üblich) und ob bei längeren Aufenthalten Nachlässe möglich sind! Für die Zeit zwischen Mai und September sowie Weihnachten und Neujahr reservieren!

Fast alle Hotels in İstanbul setzen ihre Preise in Euro fest; so sind sie angegeben.

SULTANAHMET & UMGEBUNG

Das nach der Blauen Moschee (Sultan Ahmet Camii) benannte Stadtviertel ist das Herz der Altstadt und hat zugleich die berühmtesten Sehenswürdigkeiten zu bieten. Die Hotels hier und in den benachbarten Vierteln im Osten (Cankurtaran), Süden (Küçük Aya Sofya) und Nordwesten (Binbirdirek, Çemberlitaş, Alemdar und Cağaloğlu) liegen also super. Es gibt aber auch Nachteile: Es gibt jede Menge Schlepper von Teppichhändlern und wenig anständige Bars und Restaurants. Außerdem kann es in manchen Hotels in Cankurtaran recht laut werden, wenn die Hostels und Bars an der Akbıyık Caddesi nachts ihre Musikanlagen aufdrehen oder man am frühen Morgen vom Gebetsruf aus der İshak-Paşa-Moschee hinter der Adliye Sokak aus dem Schlaf gerissen wird.

LP TIPP **Hotel Ibrahim Pasha** BOUTIQUEHOTEL €€
(Karte S. 50; ☎212-518 0394; www.ibrahimpasha.com; Terzihane Sokak 7; Zi. Standard 99–195 €, Deluxe 139–265 €; ❄@📶; 🚊Sultanahmet) Das beispielhafte Designerhotel gleich neben dem Hippodrom verbindet gekonnt osmanischen Stil mit modernem Dekor und bietet einen guten Service. Alle Zimmer sind toll, manche aber klein – am besten entscheidet man sich für die Deluxe-Option. Ein Plus sind die komfortable Lounge und die Bar auf der Terrasse mit überwältigendem Blick auf die Blaue Moschee.

LP TIPP **Sirkeci Konak** HOTEL €€
(Karte S. 50; ☎212-528 4344; www.sirkecikonak.com; Taya Hatun Caddesi 5, Sirkeci; DZ Standard 155–185 €, Superior & Deluxe 170–270 €; ❄@📶🏊; 🚊Gülhane) Die Inhaber des umwerfenden Hotels mit Blick auf den Gülhane-Park wissen, wie sie ihre Gäste bei Laune halten: Die Zimmer sind makellos sauber, von guter Größe und mit netten Annehmlichkeiten bestückt. Es gibt ein Restaurant, eine Dachterrasse, einen überdachten Pool und einen Hamam. Großes Lob ernten die unglaublich hilfsbereiten Angestellten und das Unterhaltungsprogramm für Gäste mit Kochkursen, Stadtspaziergängen und Nachmittagstee.

LP TIPP **Marmara Guesthouse** PENSION €
(Karte S. 61; ☎212-638 3638; www.marmaraguesthouse.com; Terbıyık Sokak 15, Cankurtaran; EZ 30–65 €, DZ 40–70 €, FZ 60–100 €; ❄@; 🚊Sultanahmet) In Sultanahmet gibt's haufenweise familienbetriebene Pensionen, aber kaum eine kann sich in Sauberkeit und Komfort mit dem Marmara messen. Die Managerin Elif Aytekin und ihre Fami-

lie scheuen für ihre Gäste keine Mühen: Sie versorgen sie mit vielen Tipps und einem köstlichen Frühstück auf der von Wein überrankten Dachterrasse mit Blick aufs Meer. Die Zimmer sind mit bequemen Betten und Doppelglasfenstern ausgestattet.

Hotel Empress Zoe BOUTIQUEHOTEL €€
(Karte S. 61; ☎212-518 2504; www.emzoe.com; Akbıyık Caddesi 4, Cankurtaran; EZ 70–90 €, DZ 105–160 €, Suite 135–300 €; ❄📶; 🚋Sultanahmet) Das fantastische Hotel mit dem Namen der temperamentvollen byzantinischen Kaiserin, deren Porträt in der Aya Sofya zu sehen ist, ist das Vorbild der meisten Boutiquehotels in Sultanahmet und wird ständig weiter verbessert. Besonders hübsch sind die Gartensuiten. Sie haben Fenster zum schönen Hof voller Blumen, wo bei gutem Wetter das Frühstück serviert wird. Die Terrassenbar bietet einen tollen Ausblick.

Sarı Konak Hotel BOUTIQUEHOTEL €€
(Karte S. 61; ☎212-638 6258; www.istanbulhotelsarikonak.com; Mimar Mehmet Ağa Caddesi 42–46, Cankurtaran; Zi. 69–179 €, Suite 129–279 €; ❄@📶; 🚋Sultanahmet) Das richtig schicke Haus bietet geräumige, hübsch eingerichtete Deluxe-Zimmer, fast ebenso schöne Superior-Zimmer und attraktive, wenn auch kleine Standard-Zimmer. Die Gäste (überwiegend Amerikaner) mögen die Dachterrasse mit Blick aufs Marmarameer und die Blaue Moschee sowie die nette Lounge und den Hof im Erdgeschoss.

Saruhan Hotel HOTEL €
(Karte S. 64; ☎212-458 7608; www.saruhanhotel.com; Cinci Meydanı Sokak 34, Kadırga; EZ 25–65 €, DZ 35–70 €, FZ 60–100 €; ❄@📶; 🚋Çemberlitaş) Das ruhige, bislang hotellose Wohnviertel Kadırga rückt mit eindrucksvollen, familienbetriebenen Unterkünften wie dieser ins Blickfeld der Traveller. Das Saruhan hat 17 komfortable, gut ausgestattete Zimmer und eine hübsche Terrasse mit Meerblick. Zu Fuß sind es 20 Minuten zu den Attraktionen in Sultanahmet; zum Großen Basar ist der Weg kürzer, aber steiler.

Hanedan Hotel HOTEL €
(Karte S. 61; ☎212-516 4869; www.hanedanhotel.com; Adliye Sokak 3, Cankurtaran; EZ 30–50 €, DZ 45–65 €, FZ 75–100 €; ❄@📶; 🚋Sultanahmet) Die elf Zimmer in diesem günstigen, sauberen und komfortablen Hotel sind mit Linoleum-Böden, Spitzengardinen und kleinen, weißen Marmorbadezimmern ausgestattet. Für Familien gibt es ein großes und zwei miteinander verbundene Zimmer, und von der hübschen Dachterrasse blickt man aufs Meer und die Aya Sofya.

FERIENWOHNUNGEN

Jeder träumt irgendwann davon, einfach seine Sachen zusammenzupacken und für einige Zeit in einem anderen Land zu leben. In İstanbul ist es einfach, eine Wohnung zu mieten – und sei es auch nur für eine Woche oder für zwei.

Es gibt immer mehr Mietwohnungen für kürzere Zeiträume. Alle sind möbliert, und die meisten bieten auch Annehmlichkeiten wie WLAN, Waschmaschine und wöchentliche Reinigung. Viele befinden sich in historischen Apartmenthäusern und bieten einen super Blick – allerdings muss man oft viele Treppen in Kauf nehmen.

Ein näherer Blick auf folgende Unternehmen lohnt sich. Die meisten bieten Wohnungen mit einem Mindestaufenthalt von drei oder vier Nächten:

1001 Nites (www.1001nites.com; Apt. in Sultanahmet f. 2 Pers. 100 €/Nacht, Apt. in Çukurcuma f. 4 Pers. 120 €, bei Wochenaufenthalt 10 % Ermäßigung) Das relativ neue Unternehmen einer charmanten Amerikanerin und ihres türkischen Geschäftspartners vermietet Wohnungen in Sultanahmet, Gümüşsuyu, Çukurcuma und Cihangir.

İstanbul Apartments (☎0212-249 5065; www.istanbulapt.com; DZ 70–80 €, 3BZ 85–95 €, 4BZ 110–120 €; ❄@) Das kultivierte türkische Pärchen bietet Wohnungen in Cihangir, Tarlabaşı und in den Nebenstraßen der İstiklal Caddesi an.

İstanbul Holiday Apartments (☎212-251 8530; www.istanbulholidayapartments.com; Apt. 115–260 €/Nacht, min. 3 od. 7 Nächte; ❄) Das von einem Amerikaner geführte Unternehmen hat Apartments in Sultanahmet, Galata und Gümüşsuyu im Angebot.

Manzara İstanbul (Karte S. 72; ☎212-252 4660; www.manzara-istanbul.com/en; Serdar-ı Ekrem Caddesi 14, Galata; 55–190 €/Nacht; ❄📶) Die große Firma eines türkisch-deutschen Architekten hat Wohnungen überwiegend in Galata, Cihangir und Kabataş.

Hotel Alp HOTEL €€
(Karte S. 61; ☎212-517 7067; www.alpguesthouse.com; Adliye Sokak 4, Cankurtaran; EZ 35–60 €, DZ 55–80 €, FZ 80–110 €; Sultanahmet) Das Alp profitiert von seiner Lage mitten unter den vielen kleinen Hotels in Sultanahmet. Die netten, erstaunlich preiswerten Zimmer verfügen über kleine, aber sehr saubere Bäder und jede Menge Extras. Die Dachterrasse mit tollem Meerblick und gemütlichen Sitzbereichen drinnen und draußen ist eine der besten in der Gegend.

Hotel Peninsula HOTEL €
(Karte S. 61; ☎212-458 6850; www.hotelpeninsula.com; Adliye Sokak 6, Cankurtaran; EZ 30–50 €, DZ 40–65 €, FZ 90–120 €; Sultanahmet) Freundliche Angestellte und komfortable Zimmer zu Schnäppchenpreisen kennzeichnen dieses Hotel. Es gibt eine Terrasse mit Meerblick und Hängematten sowie einen Frühstücksraum mit Tischen im Freien. Die Zimmer im Untergeschoss sind dunkel, dafür aber preisgünstiger. Die Inhaber betreiben auch das etwas teurere, komfortable **Grand Peninsula** (Karte S. 61; ☎212-458 7710; www.grandpeninsulahotel.com; Cetinkaya Sokak 3, Cankurtaran; EZ 35–60 €, DZ 45–80 €) ein paar Straßen weiter.

Hotel Şebnem HOTEL €€
(Karte S. 61; ☎212-517 6623; www.sebnemhotel.net; Adliye Sokak 1, Cankurtaran; EZ 40–70 €, DZ 50–100 €, FZ 70–120 €; Sultanahmet) Schlichtheit bestimmt das Şebnem, und es funktioniert prima. Die Zimmer sind mit Holzböden, guten Bädern und bequemen Betten mit blendend weißem Bettzeug ausgestattet. Die große Terrasse oben liegt Richtung Marmarameer (wie die teureren Doppelzimmer), und zwei Zimmer im Erdgeschoss haben einen eigenen Hofgarten.

Acra Hotel HOTEL €€
(Karte S. 61; ☎212-458 9410; www.acrahotel.com; Amiral Tafdil Sokak 15, Cankurtaran; EZ 60–145 €, DZ 70–160 €, FZ 115–250 €; Sultanahmet) Die meisten kleinen Hotels in Sultanahmet haben die gleiche hübsche, aber nicht gerade aufregende Aufmachung, doch das Acra ist anders: Es bietet große, tolle Zimmer mit elegantem, osmanisch anmutendem Dekor, schönen Marmorbädern, geräumigen Schränken und bequemen Betten. Es gibt zwar keine Dachterrasse, aber der ungewöhnliche Frühstücksraum mit Ausgrabungsstätte aus byzantinischer Zeit macht das wieder wett – genauso wie der kostenlose Nachmittagstee im Foyer.

Neorion Hotel HOTEL €€
(Karte S. 50; ☎212-527 9090; www.neorionhotel.com; Orhaniye Caddesi 14, Sirkeci; DZ Standard 155–185 €, Superior & Deluxe 170–270 €; Sirkeci) Das neueste Hotel der Sirkeci Group bietet komfortable, gut ausgestattete Zimmer und jene gute Kundenbetreuung, für die die Anwesen der Gruppe bekannt sind. Das „modern-osmanische" Dekor hier ist reizvoll, die Dachterrasse sorgt für spektakulären Blick, und es gibt einen Wellnessbereich mit kleinem Pool, Whirlpool, Sauna und zwei Hamams. Für Begeisterung sorgt auch das kostenlose *meze*-Büfett am frühen Abend.

And Hotel HOTEL €€
(Karte S. 50; ☎212-512 0207; www.andhotel.com; Yerebatan Caddesi 36; EZ 79–99 €, DZ 99–109 €; Sultanahmet) Drei Gründe sprechen für das betont altmodische Hotel (mit elfenbeinfarbenen Tapeten, Blumenteppichen etc.): Es hat eine wundervolle Lage gegenüber der Aya Sofya, das Restaurant Cihannüma (S. 101) im obersten Stock ist eines der besten in Sultanahmet, und die Zimmer sind erstaunlich preiswert. Man könnte es viel schlechter treffen.

Cheers Hostel HOSTEL €
(Karte S. 50; ☎212-526 0200; www.cheershostel.com; Zeynep Sultan Camii Sokak 21; B 15–20 €, DZ 60–75 €, 3BZ 90–105 €; Gülhane) Das freundliche Hostel hat hübsche Schlafsäle, die nichts gemein haben mit den unpersönlichen Schlafbaracken, die man in Herbergen so oft vorfindet. Sie sind hell und luftig und mit Holzdielen, Teppichen, Schließfächern, bequemen Betten und überwiegend sogar mit Klimaanlage ausgestattet. Die Badezimmer sind sauber und reichlich vorhanden. Die gemütliche Dachbar mit offenem Kamin macht das Hostel zu einer tollen Option für den Winter.

Metropolis Hostel HOSTEL €
(Karte S. 61; ☎212-518 1822; www.metropolishostel.com; Terbıyık Sokak 24, Cankurtaran; B 13–18 €, EZ ohne Bad 30–44 €, DZ 45–75 €, ohne Bad 30–48 €; Sultanahmet) In einer ruhigen Straße, weit genug von der lauten Akbıyık Caddesi entfernt gelegen, ist Gästen guter Schlaf garantiert. Zur Auswahl stehen verschiedene Schlafsäle und Zimmer – alle mit bequemen Betten und Schließfächern. Die Duschen und Toiletten sind sauber, aber knapp bemessen. Die Gäste lieben die Dachterrasse mit Blick aufs Meer sowie das Unterhaltungsangebot.

Sultans Royal Hotel HOTEL €€
(Karte S. 50; ☎212-517 1307; www.sultansroyalhotel.com; Mustafa Paşa Sokak 29, Küçük Ayasofya; EZ 40–90 €, DZ 45–95 €, Suite 65–140 €; ❄@📶; 🚊Sultanahmet) Zurückhaltendes, aber elegantes Dekor und ein lautloser, schneller Service kennzeichnen das kürzlich eröffnete Hotel in dem friedlichen Viertel Küçük Ayasofya. Die 16 Zimmer sind mit Holzdielen unter Teppichen, handbemalten Decken, komfortablen Betten und vielen Extras ausgestattet. Leider gibt's keine Dachterrasse.

Hotel Uyan İstanbul HOTEL €€
(Karte S. 61; ☎212-518 9255; www.uyanhotel.com; Utangaç Sokak 25, Cankurtaran; EZ 50–60 €, DZ Standard 79–99 €, Deluxe 95–150 €; ❄@📶) Die elegante Einrichtung im Uyan geht in Richtung osmanischer Stil, aber immer in Maßen, sodass sich hier alle wohlfühlen können. Die Aussicht von der großen Dachterrasse ist eine der besten in der Gegend, und das Frühstück ist üppig. Die Zimmer wirken komfortabel und attraktiv und bieten viele Annehmlichkeiten.

Tan Hotel HOTEL €€
(Karte S. 50; ☎212-520 9130; www.tanhotel.com; Dr. Emin Paşa Sokak 20; EZ 65–115 €, DZ 70–125 €, Suite 90–159 €; ❄@📶; 🚊Sultanahmet) Das gut geführte Hotel abseits des Divan Yolu ist für seine günstige Lage und seinen ausgezeichneten Service bekannt. Die großen Zimmer sind mit geräumigen Bädern (alle mit Badewanne) versehen, und beim üppigen Frühstück gibt's frisch gepressten Orangensaft sowie auf Wunsch gekochte Eier. Von der Dachterrasse blickt man auf die Blaue Moschee und das Marmarameer.

Agora Life Hotel HOTEL €€€
(Karte S. 50; ☎212-526 1181; www.agoralifehotel.com; Cağaloğlu Hamamı Sokak 6, Cağaloğlu; EZ 69–129 €, DZ 79–209 €, Suite 199–259 €; ❄@📶) Das 2010 eröffnete Hotel befindet sich in einer ruhigen Sackgasse beim Cağaloğlu Hamamı um die Ecke. Es will nicht hipp sein, sondern konzentriert sich auf Service und stille Eleganz. Die Zimmer verfügen über viele Extras, und von der Dachterrasse hat man einen hinreißenden Ausblick. Wenn möglich ein Deluxe-Zimmer oder eine Suite buchen!

Emine Sultan Hotel HOTEL €€
(Karte S. 50; ☎212-458 4666; www.eminesultanhotel.com; Kapıağası Sokak 6, Cankurtaran; EZ 75–85 €, DZ 105–120 €; ❄@📶; 🚊Sultanahmet) Vor allem alleinreisende Frauen und Familien fühlen sich hier wie zu Hause, denn die Managerin Özen Dalgın ist nicht nur freundlich, sondern arbeitet auch effizient – und die Angestellten folgen ihrem Beispiel. Die Zimmer sind hübsch in Beige und Rosa gehalten, manche haben sogar Meerblick. Das köstliche Frühstück wird oben mit Blick aufs Marmarameer serviert.

Hotel Nomade BOUTIQUEHOTEL €€
(Karte S. 50; ☎212-513 8172; www.hotelnomade.com; Ticarethane Sokak 15; EZ 85 €, DZ 100–120 €; ❄) Nicht oft kommen Designer-Stil und Budgetpreise zusammen, aber das Nomade bricht die Regel. Nur einige Schritte vom quirligen Divan Yolu entfernt, bietet es einfache Zimmer, die manche Gäste als zu klein empfinden. Am besten ein Superior-Zimmer buchen! Die Dachterrassenbar (direkt vor der Aya Sofya) und das hippe Foyer sind toll.

Ottoman Hotel Imperial HOTEL €€
(Karte S. 50; ☎212-513 6150; www.ottomanhotelimperial.com; Caferiye Sokak 6; EZ 99–159 €, DZ Standard 109–179 €, Superior 139–259 €; ❄@📶; 🚊Sultanahmet) Das Vier-Sterne-Hotel ist wundervoll ruhig gleich vor den Mauern des Topkapı-Palasts gelegen. Die großen, komfortablen Zimmer bieten jede Menge Extras und sind mit Kunstobjekten im osmanischen Stil dekoriert. Am besten ein Zimmer mit Blick auf die Aya Sofya oder im hinteren Anbau buchen! Es gibt hier zwar keine Dachterrasse, dafür aber das beliebte Restaurant Matbah (S. 101).

Bahaus Hostel HOSTEL €
(Karte S. 61; ☎212-638 6534; www38.bahaushostelistanbul.com; Bayram Fırını Sokak 11, Cankurtaran; B 11–19 €, DZ 25–30 €, ohne Bad 20–25 €; @📶; 🚊Sultanahmet) Das kleine, etwas chaotische Hostel ohne Design-Ambitionen steht erfreulicherweise in starkem Kontrast zu den großen, unpersönlichen Hostels an der nahen Akbıyık Caddesi. Die Schlafsäle (einige sind Frauen vorbehalten und haben ein eigenes Bad) verfügen über Etagenbetten mit Vorhängen und guten Matratzen; die im Obergeschoss sind die schönsten. Ein Plus sind die vielen Badezimmer, das Unterhaltungsprogramm und die Dachbar.

Motif Apartments APARTMENT €€
(Karte S. 61; ☎212-458 7702; www.motifapart.com; Yeni Saraçhane Sokak 10, Cankurtaran; Apt. 60–150 €; ❄📶; 🚊Sultanahmet) Ferienwohnungen findet man in Sultanahmet nur wenige; insofern ist diese kürzlich eröffnete Anlage äußerst willkommen. Es gibt drei

geräumige Zimmer (eines auf jedem Stock) mit Bett, Sofa-Bett und Kochnische, sodass hier gut eine dreiköpfige (zur Not auch vierköpfige) Familie unterkommen kann. Das Apartment im obersten Stock hat zudem Meerblick. Außerdem gibt's noch eine kleine Dachterrasse zur Nutzung für alle.

Agora Guesthouse & Hostel HOSTEL €€
(Karte S. 61; ☎212-458 5547; www.agoraguesthouse.com; Amiral Tafdil Sokak 6, Cankurtaran; B 12–20 €, EZ 45–65 €, DZ 55–90 €; ❄@📶) Pluspunkte sind die komfortablen Etagenbetten (mit großen Schließfächern darunter), die gute Dachterrasse und die sauberen, modernen Badezimmer, Minuspunkte die unzureichende Zahl von Duschen und Toiletten und das fehlende Sonnenlicht in den Schlafsälen im Souterrain.

BEYOĞLU & UMGEBUNG

Viele İstanbul-Besucher steigen in Sultanahmet ab, doch Beyoğlu wird als Alternative immer beliebter. Hier gibt es keine Schlepper wie in der Altstadt, und das quirlige, lebenslustige Beyoğlu hat zudem die besten Adressen zum Ausgehen, Essen und Shoppen. Außerdem befinden sich hier die meisten Suite-Hotels und Ferienwohnungen.

Der Weg von den historischen Sehenswürdigkeiten in der Altstadt nach Beyoğlu ist kein Problem: Man läuft über die Galata-Brücke (ca. 45 Min.) oder fährt mit der Straßenbahn nach Kabataş und von dort mit der Standseilbahn zum Taksim Meydanı.

LP TIPP **Beş Oda** BOUTIQUEHOTEL €€
(Karte S. 72; ☎212-252 7501; www.5oda.com; Şahkulu Bostan Sokak 16, Galata; Suite 85–150 €; ❄@📶; 🚊Karaköy, dann mit der Standseilbahn zum Tünel) Der Name bedeutet „Fünf Zimmer", und genau das bietet das stilvolle, freundliche Suite-Hotel im lebenslustigen Galata. Über die Einrichtung hier hat man sich viel Gedanken gemacht: Jede Suite verfügt über eine voll ausgestattete Kochnische, einen Wohnbereich, maßgefertigte Möbel, ein großes Bett mit guten Leselampen, dicke Vorhänge und Fenster, die man öffnen kann, um frische Luft reinzulassen.

LP TIPP **Witt İstanbul Hotel** BOUTIQUEHOTEL €€€
(Karte S. 72; ☎212-293 1500; www.wittistanbul.com; Defterdar Yokuşu 26; Suite 160–390 €; ❄@📶; 🚊Tophane) Das schicke Apartmenthotel mit fast so vielen Designer-Details wie in einer Ausgabe der Zeitschrift *Monacle* liegt im trendigen Viertel Cihangir und hat 18 Suiten mit voll ausgestatteten Kochnischen, Sitzbereichen, CD- bzw. DVD-Playern, iPod-Docks, Nespresso-Maschinen, riesigen Betten und großen Badezimmern. Darüber hinaus bieten die Suiten Penthouse und Sea View einen fabelhaften Ausblick. Das Hotel befindet sich in praktischer Nähe der Straßenbahnhaltestelle Tophane.

TomTom Suites BOUTIQUEHOTEL €€€
(Karte S. 72; ☎212-292 4949; www.tomtomsuites.com; Tomtom Kaptan Sokak 18; Suite 185–720 €; 🚊Karaköy, dann mit der Standseilbahn zum Tünel) Das Suite-Hotel in einem ehemaligen Franziskanerkloster in einer Seitenstraße der İstiklal Caddesi ist sehr empfehlenswert. Das moderne Dekor ist schlicht, aber elegant. Alle Suiten sind schön eingerichtet und haben besonders eindrucksvolle Badezimmer. Auf dem Dach gibt's eine Restaurantbar mit fantastischem Ausblick.

Anemon Galata HOTEL €€
(Karte S. 72; ☎212-293 2343; www.anemonhotels.com; Ecke Galata Kulesi Sokak & Büyük Hendek Sokak, Galata; EZ 140–210 US$, DZ 160–230 US$, Suite 225–270 US$; ❄@; 🚊Karaköy) An dem hübschen Platz am Galata-Turm steht dieses innen komplett umgebaute Holzhaus von 1842. Die Zimmer sind elegant dekoriert und ausgestattet; einige haben Fenster zum Wasser (Nr. 405!). Es gibt auch eine Dachterrasse mit Bar und Restaurant und himmlischem Ausblick sowie im Untergeschoss die stimmungsvolle Weinbar Sensus Galata (S. 112).

Marmara Pera HOTEL €€€
(Karte S. 72; ☎212-251 4646; www.themarmarahotels.com; Meşrutiyet Caddesi 1, Tepebaşı; Zi. 107–269 €, Suite 238–458 €; ❄@📶🏊; 🚊Karaköy, dann mit der Standseilbahn zum Tünel) Die tolle Lage mitten im Unterhaltungsviertel von Beyoğlu macht dieses moderne Hochhaushotel zu einer Spitzenwahl. Zu den Extras zählen ein Wellnesscenter, ein kleiner Pool im Freien und auf der Dachterrasse die Restaurantbar Mikla (S. 106). Der Aufpreis für ein Zimmer mit Meerblick lohnt sich.

World House Hostel HOSTEL €
(Karte S. 72; ☎212-293 5520; www.worldhouseistanbul.com; Galipdede Caddesi 85, Galata; B 10–18 €, DZ 45–55 €; @📶; 🚊Karaköy, dann mit der Standseilbahn zum Tünel) Einige Hostels in İstanbul sind unpersönliche Klötze mit dschungelartiger Atmosphäre, aber das World House ist angemessen klein und sehr charmant. Das Beste ist die Lage in der Nähe der Unterhaltungsszene von Beyoğlu

und nicht zu weit entfernt von den Sehenswürdigkeiten in Sultanahmet. Hier gibt's große und kleine Schlafsäle (mit je einer Dusche pro sechs Betten), aber keinen nur für Frauen. Internet kostet 3 ₺ pro Stunde.

Chambers of the Boheme HOSTEL €
(Karte S. 72; ☎212-251 0931; www.hostelsistanbul.net; Küçük Parmak Kapı Sokak 13, Taksim; B 14–20 €, FZ 100 €; ❄@📶; 🚇Kabataş, dann mit der Standseilbahn nach Taksim) Trotz seines Namens ist das beliebte Hostel kein bisschen prätentiös. Es herrscht eine freundliche Stimmung, wegen der Lage ist es aber ziemlich laut – am besten Ohrstöpsel mitbringen oder beim Durchfeiern der Nächte mitmachen!

Galateia Residence APARTMENT €€€
(Karte S. 72; ☎212-245 3032; www.galateiaresidence.com; Şahkulu Bostan Sokak 9, Galata; Apt. f. 2/3 Pers. 140–270 €, Apt. f. 4/5 Pers. 170–360 €; ❄📶; 🚇Karaköy, dann mit der Standseilbahn zum Tünel) Im 2009 eröffneten Galateia stehen Gästen 13 attraktive, extrem komfortable und gut ausgestattete Apartments in zwei Häusern aus dem 19. Jh. zur Verfügung – perfekt für Familien und Geschäftsleute! Schreibtische, große Betten, gut ausgestattete Küchen, Home-Entertainment-Geräte und viel Stauraum sorgen für Komfort, teilweise gibt's sogar herrlichen Ausblick. Mindestaufenthalt vier Nächte.

Pera Palace Hotel HISTORISCHES HOTEL €€€
(Karte S. 72; ☎212-377 4000; www.perapalace.com; Meşrutiyet Caddesi 52, Tepebaşı; Zi. 205–325 €, Suite 350–2600 €; ❄@📶; 🚇Karaköy, dann mit der Standseilbahn zum Tünel) Selten hat die Wiedereröffnung eines Hotels für so viel Aufmerksamkeit gesorgt. Als die 23 Mio. € teure Restaurierung des Hauses 2010 abgeschlossen war, strömten die İstanbuler herbei, um sich das Resultat anzusehen. Die sanierten Zimmer sind zwar überwiegend recht klein, aber das machen das üppige Frühstücksbüfett und die vielen Einrichtungen (Restaurants, Wellness- und Fitnesscenter) wieder wett. Nicht darüber nachdenken, ob der Aufpreis für ein Zimmer mit Blick aufs Goldene Horn nottut!

BEŞİKTAŞ, ORTAKÖY & KURUÇEŞME

Four Seasons Istanbul at the Bosphorus LUXUSHOTEL €€€
(☎212-381 4000; www.fourseasons.com/bosphorus; Çırağan Caddesi 28; EZ 370–540 €, DZ 400–570 €, Suite 600–18 000 €; ❄@📶🏊; 🚇Bahçeşehir Üniversitesi od. Çırağan) Es gibt zwei Four Seasons in İstanbul. Dieses befindet sich in dem osmanischen Atik Paşa Konağı. Die Zimmer sind luxuriös, der Service ist mustergültig und die Lage am Bosporus traumhaft. Außerdem gibt's ein exzellentes Spa, ein Restaurant, eine Terrasse mit einer Cafébar und einen riesigen Freiluftpool mit Blick auf den Bosporus. Insgesamt gesehen ein unschlagbares Angebot!

The House Hotel BOUTIQUEHOTEL €€€
(Karte S. 77; ☎212-244 3400; www.thehousehotel.com; Salhane Sokak 1, Ortaköy; Zi. 200–250 €, Suite 260–820 €; ❄📶; 🚇Kabataş Lisesi) Das hübsche Gebäude aus dem 19. Jh. thront über dem Hauptplatz von Ortaköy und hat Balkone mit Blick auf den Bosporus. Die Betreiber der unglaublich erfolgreichen Kaffeehauskette The House Café (eine Filiale liegt im Erdgeschoss) haben das Gebäude kürzlich in ein Hotel mit 26 Zimmern umgewandelt. Es bietet tolle Suiten und etwas weniger beeindruckende (weil kleinere) „Superior"-Zimmer. Am Wochenende ist es hier lagebedingt sehr laut. Weitere Ableger hat die Hotelkette in Nişantaşı (großartig) und Galatasaray (so lala).

Essen

İstanbul ist ein Feinschmeckerparadies. An fast jeder Ecke warten günstige Schnellimbisse, Cafés und Restaurants auf Kundschaft, die dann die Qual der Wahl hat. Leider gibt es in Sultanahmet die wenigsten überzeugenden Restaurants. Daher empfiehlt es sich, zum Abendessen die Galata-Brücke zu überqueren und sich in Beyoğlu oder in den Bosporus-Vierteln unter die Einheimischen zu mischen.

Achtung: Ist in der Übersicht eine Telefonnummer aufgeführt, sollte man telefonisch reservieren!

Eine gute Website ist Culinary Backstreets (www.culinarybackstreets.com).

SULTANAHMET & UMGEBUNG

LP TIPP **Ahırkapı Balıkçısı** SEAFOOD €€
(Karte S. 50; ☎212-518 4988; Keresteci Hakkı Sokak 46, Cankurtaran; *meze* 5–25 ₺, Fisch 15–70 ₺; ⏱16–23 Uhr; 🚇Sultanahmet) Seit Jahren versprechen wir den Einheimischen, dieses Fischlokal nicht zu nennen, weil sie wollen, dass es ein Geheimtipp bleibt, zumal es sehr klein und relativ preiswert ist. Aber das Essen hier ist so gut, und die Alternativen in der Gegend sind dagegen so schlecht, dass wir schließlich doch das Geheimnis lüften. Im Voraus reservieren!

LP TIPP **Hafız Mustafa** SÜSSIGKEITEN €
(Karte S. 50; www.hafizmustafa.com; Muradiye Caddesi 51, Sirkeci; Börek 5 ₺, Baklava 6–7,50 ₺, Pudding 6 ₺; ⌚7–2 Uhr; 🚊Sirkeci) Seit 1864 beglückt das Hafız Mustafa Einheimische mit Süßwaren. Es gibt Köstlichkeiten wie *lokum*, Baklava, Milchpudding, Gebäck und *börek*, die man in dem Café im Obergeschoss genießen oder sich zusammenstellen und mit nach Hause nehmen kann. Eine zweite Filiale gibt es in der Edebiyat Kıraathanesi (Literarisches Café) der Stiftung für Türkische Literatur (Türk Edebiyat Vakfı) auf dem **Divan Yolu** (Karte S. 50; Divan Yolu Caddesi 14, Sultanahmet; 🚊Sultanahmet) und eine dritte in der **Hamidiye Caddesi** (Karte S. 50; ☎212-526 5627; Hamidiye Caddesi 84–86; ⌚Mo–Sa 8–20, So 9–20 Uhr; 🚊Eminönü) in der Nähe des Gewürzbasars.

LP TIPP **Cihannüma** TÜRKISCH €€€
(Karte S. 50; ☎212-520 7676; www.cihannumaistanbul.com; And Hotel, Yerebatan Caddesi 18; *meze* 5–19 ₺, Hauptgerichte 27–47 ₺; 🚊Sultanahmet) Der Blick vom Restaurant im obersten Stock des bescheidenen Hotels ist der wohl beste in der Altstadt. Blaue Moschee, Aya Sofya, Topkapı-Palast, Galata-Turm, Dolmabahçe-Palast und Bosporus-Brücke bilden die atemberaubende Kulisse für die guten Kebabs (sehr zu empfehlen: *kuzu şiş*), interessanten, osmanisch inspirierten Schmortöpfe und einige vegetarische Gerichte.

Cooking Alaturka TÜRKISCH €€
(Karte S. 61; ☎212-458 5919; www.cookingalaturka.com; Akbıyık Caddesi 72a, Cankurtaran; Mittags- oder Abendmenü 50 ₺; ⌚Mo–Sa mittags & Mo–Sa abends nach Reservierung; 🚊Sultanahmet) Die Holländerin Eveline Zoutendijk und ihr türkischer Kollege Fehzi Yıldırım servieren in ihrem ruhigen Restaurant nahe der Blauen Moschee ein Vier-Gänge-Menü aus einfachen anatolischen Speisen. Die Gerichte bestehen überwiegend aus frischen, saisonalen Zutaten und können speziell auf Vegetarier oder Leute mit Lebensmittelallergien abgestimmt werden (vorher anrufen!). Abends sind Kinder unter sechs Jahren unerwünscht. Kreditkarten werden nicht akzeptiert.

Paşazade TÜRKISCH €€
(Karte S. 50; ☎212-513 3750; www.pasazade.com; İbn-i Kemal Caddesi 5a, Sirkeci; *meze* 7–18 ₺, Hauptgerichte 18–28 ₺; ⌚mittags & abends; 🚊Gülhane) Das Paşazade begeistert mit seiner *osmanlı mutfağı* (osmanischen Küche) schon seit Langem Traveller, die in den Hotels rund um Sirkeci absteigen. Die relativ preiswerten Gerichte werden in dem Restaurant an der Straße oder auf der Dachterrasse (nur im Sommer) serviert. Die Portionen sind groß, das Essen ist lecker und der Service aufmerksam. Besonders die traditionelle *meze*-Platte (17 ₺) verdient Lob.

Matbah OSMANISCH €€€
(Karte S. 50; ☎212-514 6151; www.matbahrestaurant.com; Ottoman Hotel Imperial, Caferiye Sokak 6/1; *meze* 10–22 ₺, Hauptgerichte 28–48 ₺; ⌚mittags & abends; 🚊Sultanahmet) Dieser Neuzugang unter den immer zahlreicher werdenden Restaurants, die sich auf die sogenannte „osmanische Palastküche" spezialisiert haben, lohnt einen Besuch. Der Koch hat 375 Rezepte aus den Palastarchiven herausgesucht und bietet den Gästen eine große Auswahl – einige Gerichte munden besser als andere. Das Ambiente ist sehr stimmungsvoll, und freitag- und samstagabends gibt's osmanische Musik.

Balıkçı Sabahattin SEAFOOD €€€
(Karte S. 61; ☎212-458 1824; www.balikcisabahattin.com; Seyit Hasan Koyu Sokak 1, Cankurtaran; *meze* 10–30 ₺, Fisch 30–60 ₺; ⌚12–24 Uhr; 🚊Sultanahmet) Die Limousinen vor dem Balıkçı Sabahattin sind ein Hinweis auf die anhaltende Popularität dieser Institution bei seiner gut situierten Klientel, unter die sich betuchte Traveller mischen. Es gibt eine begrenzte Auswahl von *meze* und Fisch. Das Essen hier ist exzellent, aber der Service lässt oft zu wünschen übrig. Man speist in einer osmanischen Holzvilla oder unter dem grünen Blätterdach im Garten.

Çiğdem Pastanesi CAFÉ €
(Karte S. 50; Divan Yolu Caddesi 62a; Cappuccino 5 ₺, Tee 2 ₺, Gebäck 1–4 ₺; ⌚8–23 Uhr; 🚊Sultanahmet) Strategisch günstig zwischen dem Aya Sofya Meydanı und dem Großen Basar gelegen, bewirtet das Çiğdem schon seit 1961 die Einheimischen und läuft noch immer gut. Einfach auf einen Tee oder Kaffee mit Gebäck, *börek* oder *açma* (Butterkringel) reinschauen!

Sefa Restaurant TÜRKISCH €
(Karte S. 50; Nuruosmaniye Caddesi 17; Portion 7–12 ₺, Kebap 12–18 ₺; ⌚7–17 Uhr; 🖉; 🚊Sultanahmet) Die İstanbuler schätzen diese *lokanta* (Lokal) in der Nähe des Großen Basars sehr. Sie hat sich der osmanischen Küche verschrieben und bietet vorbereitete Gerichte und Kebabs zu extrem günstigen Preisen. Man kann von der englischspra-

chigen Karte bestellen oder wählt an der heißen Theke das gewünschte Tagesgericht aus. Mittags rechtzeitig herkommen, weil die Speisen bis 13.30 Uhr meist schon ausverkauft sind! Kein Alkoholausschank.

Hocapaşa Pidecisi PIDE €
(Karte S. 50; www.hocapasa.com.tr; Hocapaşa Sokak 19, Sirkeci; Pide 8–14 ₺; ⌚Mo–Sa 10–22 Uhr; 🚊Sirkeci) Wer um die Mittagszeit in Sirkeci ist, kann sich in der Hocapaşa Sokak, einer Fußgängerzone mit günstigen Lokalen, unter die Einheimischen mischen. Hier hat man die Qual der Wahl: *hazır yemek* (vorbereitete Gerichte) in einer *lokanta*, Fleischbällchen vom *köfteci*, Grillfleisch vom *kebapçı* oder knusprig-heiße Pide mit eingelegtem Gemüse als Beilage von diesem beliebten *pideci* (der seit 1964 besteht). Infos zu Lokalen rund um Sirkeci gibt's auch unter http://sirkecirestaurants.com.

Caferağa Medresesi Lokanta & Çay Bahçesi TÜRKISCH €
(Karte S. 50; Soğukkuyu Çıkmazı 5, abseits der Caferiye Sokak; Suppe 4 ₺, Portion 10 ₺; ⌚8.30–16 Uhr; 🚊Sultanahmet) In Sultanahmet bekommt man selten stilvolles Ambiente, ohne dafür zu zahlen. In dieser Beziehung ist die kleine *lokanta* in dem prächtigen Innenhof der von Sinan gebauten *medrese* nahe dem Topkapı-Palast eine echte Entdeckung. Das Essen ist nicht spektakulär, aber frisch und günstig. Man kann hier auch eine Teepause einlegen. Alkohol gibt's nicht.

Karadeniz Aile Pide ve Kebap Salonu PIDE, KEBAB €
(Karte S. 50; Biçki Yurdu Sokak, abseits der Divan Yolu Caddesi; Pide 8–12 ₺; ⌚11–23 Uhr; 🚊Sultanahmet) Das alteingesessene Lokal abseits des Divan Yolu serviert köstliche *mercimek çorbası* (Linsensuppe) und ordentliche Pide. Man kann sich in dem zweckmäßig eingerichteten Salon einen Tisch suchen, die meisten Gäste sitzen bei gutem Wetter aber lieber draußen. Kein Alkohol.

BASARVIERTEL

LP TIPP **Fatih Damak Pide** PIDE €
(Büyük Karaman Caddesi 48, Zeyrek; Pide 8–12 ₺; ⌚11–23 Uhr; 🚊Aksaray) Der Weg zu diesem *pideci* mit Blick auf den Feuerwehrpark in der Nähe vom Valens-Aquädukt lohnt sich, denn es hat zu Recht den Ruf, die beste *Karadeniz pidesi* (Pide nach Schwarzmeer-Art) in der ganzen Altstadt zuzubereiten. Hinzu kommt der kostenlose Tee, der mit dem Essen serviert wird. Tolle Pide, tolles Personal, tolles Lokal!

Die Auswahl der Füllungen ist zwar nicht ungewöhnlich (lecker ist die *sucuklu-peynirli pide*), aber hier bekommt man auch die seltene *bafra pidesi* (zusammengerollte Pide). Am Wochenende gibt's zudem noch einen Bio-Brunch vom Büfett für nur 12,50 ₺ pro Person. Kein Alkohol.

LP TIPP **Hamdi Restaurant** KEBAB €€
(Karte S. 64; ☎212-528 8011; www.hamdirestorant.com.tr; Kalçın Sokak 17, Eminönü; *meze* 7–15 ₺, Kebab 20–28 ₺, Dessert 7–15 ₺; 🚊Eminönü) Hamdi Arpacı kam in den 1960er-Jahren nach İstanbul, und schon bald darauf etablierte er in der Nähe des Gewürzbasars einen Straßenstand, wo er nach Rezepten aus seiner Heimatstadt Urfa (im Südosten der Türkei) leckere Kebabs grillte und verkaufte. Die kamen bei den İstanbulern so gut an, dass er bald dieses Restaurant in einem nahe gelegenen Gebäude eröffnete, das zudem von der Terrasse im obersten Stock einen fantastischen Ausblick bietet.

FISCH-SANDWICHES

Das zweifellos beste Fast Food in İstanbul ist *balık ekmek* (Fisch-Sandwich). Die stimmungsvollste Umgebung, um so ein Fisch-Sandwich mal zu probieren, ist an der Galata-Brücke in Eminönü. Hier liegen Fischerboote am Kai, und an den **Ständen** (Karte S. 64) davor werden Makrelenfilets direkt vor den Augen der Hungrigen gegrillt, mit etwas Salat in ein großes Stück frisches Brot gepackt und auf Wunsch mit einem ordentlichen Spritzer Zitrone versehen (sehr zu empfehlen!). Das Ganze kostet gerade mal um die 5 ₺ und ist absolut lecker. Dazu passt prima ein Glas *şalgam suyu* (säuerlicher Steckrübensaft), den die Straßenhändler gleich in der Nähe verkaufen.

Es gibt noch viele andere Stellen überall in der Stadt, an denen man *balık ekmek* bekommt – einfach zu irgendeiner *iskele* (Fähranlegestelle) gehen und dort nach einem Fischstand Ausschau halten! Eine Alternative ist das **Fürreyya Galata Balıkçısı** (Karte S. 72), ein winziges Lokal gegenüber vom Galata-Turm, das exzellente Fisch-Sandwiches für 7 ₺ serviert.

Wer zum Essen herkommt, wird mit einem tollen Blick auf die Altstadt, das Goldene Horn und auf Galata, köstlichem Essen und einer quirligen Atmosphäre belohnt. Hier ist immer viel los, sodass man unbedingt reservieren und einen Tisch auf der Dachterrasse mit Aussicht (bei schönem Wetter draußen) verlangen sollte. Aber auch ohne Reservierung kann man Glück haben, wenn man frühzeitig ankommt.

LP TIPP **Siirt Fatih Büryan** TÜRKISCH €
(İtfaiye Caddesi 20a, Zeyrek; Büryan 11 ₺, Perde Pilavı 10 ₺; Aksaray) Wer sich für regionale Küchen interessiert, ist in diesem Lokal auf dem Kadın Pazarı (Frauenmarkt) in der Nähe des Valens-Aquädukts richtig. Die Markenzeichen sind zwei Spezialitäten aus der südostanatolischen Stadt Siirt: *büryan* (langsam in einer Grube gegartes Lammfleisch) und *perde pilavı* (Hähnchen-Reis-Auflauf im Teigmantel). Beides ist deliziös!

Das auf der Zunge zergehende *büryan* wird mit knuspriger Kruste und mit Salz bestreut auf einem Fladenbrot serviert. *Perde pilavı* besteht aus Reis, Hühnchen, Mandeln und Korinthen in einem dünnen Teigmantel und wird so lange gebacken, bis der Mantel außen goldbraun und blättrig wird. Bestellt man dazu noch ein Glas schaumigen *ayran* (salziges Joghurt-Getränk), fehlt einem nichts mehr zum Glück. Kein Alkohol.

Sur Ocakbaşı KEBAB €€
(212-533 8088; www.surocakbasi.com; İtfaiye Caddesi 27; Kebab 11–20 ₺; Aksaray) In dem beliebten Lokal kann man prima Leute beobachten, während man sein Grillfleisch genießt. Der Platz ist immer voller Einheimischer, die einkaufen oder schwatzen. Touristen verirrten sich kaum hierher, bis Anthony Bourdain eine Folge seiner Reise- und Kochsendung *Eine Frage des guten Geschmacks* hier drehte und es so bekannt machte. Alkohol gibt's nicht, aber hausgemachten *ayran*.

Dönerci Şahin Usta KEBAB €
(Karte S. 68; Kılıççılar Sokak 7, Nuruosmaniye; Döner 10 ₺; Mo–Sa 10–15 Uhr; Çemberlitaş) Für Türken gibt's nichts Wichtigeres als Familie, Fußball und Futter. Und was Letzteres angeht, gibt es nur wenige Gerichte, die so oft und so gern gegessen werden wie der einfache Döner Kebab. Fragt man die Ladenbesitzer im Großen Basar nach dem besten Döner in der Gegend, so lautet die einheitliche Antwort: „Natürlich bei Şahin Usta!" Und den gibt's nur zum Mitnehmen.

Bahar Restaurant TÜRKISCH €
(Karte S. 68; Yağcı Han 13, abseits der Nuruosmaniye Sokak, Nuruosmaniye; Suppe 4 ₺, Gerichte 9–15 ₺; Mo–Sa 11–16 Uhr; Çemberlitaş) Unser Lieblingslokal in der Gegend um den Großen Basar ist das winzige Bahar (bedeutet „Frühling"), das bei den hiesigen Ladenbetreibern sehr beliebt ist. Es ist immer voll, also frühzeitig kommen, um einen Tisch zu ergattern! Die Gerichte wechseln täglich und je nach Saison. Zu empfehlen sind die köstliche Linsensuppe, das leckere *hünkar beğendi* und die cremigen Nudeln, die aber nur einmal pro Woche auf den Tisch kommen. Kein Alkohol.

Onur Et Lokantası TÜRKISCH, KEBAB €
(Karte S. 64; Shop 7, Ali Baba Türbe Sokak 21, Nuruosmaniye; Gerichte 9–16 ₺; Mo–Sa 8–16 Uhr; Çemberlitaş) Das Onur ist ein weiteres tolles Nachbarschaftslokal, das saftigen Kebab grillt und eine Auswahl von Gerichten an der Theke bereithält. Besonders lecker sind die Auberginengerichte. Kein Alkohol.

Fes Café CAFÉ €€
(Karte S. 64; www.fescafe.com; Ali Baba Türbe Sokak 25, Nuruosmaniye; Sandwich 12–19 ₺, Salat 16–18 ₺, Nudeln 17–19 ₺; So geschl.; Çemberlitaş) Nach dem vormittäglichen Schlagabtausch mit den Schleppern im Großen Basar braucht man eine Pause. Zum Glück befindet sich gleich vor dem Nuruosmaniye-Tor des Basars dieses stilvolle Café, wo man prima beim Mittagessen oder Kaffee relaxen kann. Beliebt sind der türkische Kaffee (der mit einem Stück *lokum* serviert wird), die hausgemachte Limonade und die großen Portionen Nudeln.

Eine weitere **Filiale** (Karte S. 68; 212-527 3684; Halıcılar Çarşışı Sokak 62, Großer Basar; Mo–Sa 9.30–18.30 Uhr; Beyazıt-Kapalı Çarşı) befindet sich im Großen Basar.

Burç Ocakbaşı KEBAB €
(Karte S. 68; abseits der Yağlıkçılar Caddesi, Großer Basar; Kebap 7–25 ₺; Mo–Sa 9–18 Uhr; Beyazıt-Kapalı Çarşı) Der *usta* (Meister) des schlichten Lokals kümmert sich um den Holzkohlegrill, auf dem die gewünschten Fleischstücke auf südostanatolische Art zubereitet werden. Man kann sich hier auf einen Hocker fläzen oder einen *dürüm kebap* (in einen Teigfladen gewickeltes Fleisch) zum Mitnehmen bestellen.

Im Großen Basar bekommt man auch bei **Kara Mehmet** (Karte S. 68; İç Cebeci Han 92, Großer Basar) im İç Cebeci Han gute, ebenfalls preisgünstige Kebabs.

Kuru Fasülyeci Erzincanlı Ali Baba TÜRKISCH €

(Karte S. 64; www.kurufasulyeci.com; Prof. Sıddık Sami Onar Caddesi 11, Süleymaniye; Bohnen mit Pilaw & Turşu 10 ₺; ⌚7–19 Uhr; ✎; 🚋Laleli-Üniversite) In der alteingesessenen Institution gegenüber der Süleymaniye-Moschee sollte man sich einfach unter die hungrigen İstanbuler mischen. Schon seit 1924 wird hier die Spezialität des Hauses aufgetischt: *kuru fasulye* (weiße Bohnen auf anatolische Art in würziger Tomatensauce). Besonders lecker sind die Bohnen mit Pilaw (Reis) und *turşu* (sauer eingelegtem Gemüse). Das **Kanaat Fasülyeci** nebenan ist fast genauso alt und serviert mehr oder weniger das Gleiche. Kein Alkohol.

Havuzlu Restaurant TÜRKISCH €€

(Karte S. 68; Gani Çelebi Sokak 3, Großer Basar; Gerichte 8–18 ₺, Kebap 17–20 ₺; ⌚Mo–Sa 11.30–17 Uhr; ✎; 🚋Beyazıt-Kapalı Çarşı) Nach einem Vormittag im Großen Basar kehren viele Besucher gern in diese bekannte *lokanta* ein. Das nach dem kleinen Springbrunnen am Eingang benannte Havuzlu ist ein hübsches Restaurant mit einer Gewölbedecke und serviert den hungrigen Travellern und Ladenbesitzeren schlichtes, aber leckeres Essen. Frühzeitig kommen, dann ist das Essen am frischsten!

Das Restaurant hat auch eine saubere Toilette – das ist im Basar eher eine Seltenheit. Kein Alkohol.

Namlı DELIKATESSEN €

(Karte S. 64; www.namlipastirma.com.tr; Hasırcılar Caddesi 14–16; ⌚Mo–Sa 6.30–19 Uhr; ✎; 🚋Eminönü) Das Namlı ist mit seiner guten Auswahl von Käse, *pastırma* (luftgetrocknetem Rindfleisch) und *meze* in der ganzen Stadt bekannt. Einfach zur Theke gehen und eine leckere frittierte *pastırma*-Rolle bestellen oder einige *meze* aussuchen! In der Cafeteria im Obergeschoss bekommt man auch ein einfaches Mittagessen. Eine weitere **Filiale** (Karte S. 72; www.namligida.com.tr; Rıhtım Caddesi 1, Karaköy; ⌚7–22 Uhr; ✎; 🚋Karaköy) gibt es in **Karaköy**.

WESTLICHE VIERTEL

LP TIPP **Asitane** OSMANISCH €€€

(☎212-635 7997; www.asitanerestaurant.com; Kariye Oteli, Kariye Camii Sokak 6, Edirnekapı; Vorspeisen 12–18 ₺, Hauptgerichte 26–42 ₺; ⌚11–24 Uhr; ✎; 🚌31E, 32, 36K & 38E ab Eminönü, 87 ab Taksim) Das elegante Restaurant neben der Chora-Kirche serviert osmanische Gerichte nach Rezepten aus den Sultanspalästen Topkapı, Edirne und Dolmabahçe. Schon seit Jahren stöbern die Köche historische Rezepte auf, und die Karte ist voller Variationen, die es mit der modernsten Küche aufnehmen können. Es gibt einen gemütlichen Innenbereich, und im Sommer kann man auf dem Hof im Freien speisen.

LP TIPP **Kömür Turk Mutfağı** TÜRKISCH €

(www.komurturkmutfagi.com; Fevzi Paşa Caddesi 18, Fatih; vegetarische Gerichte 6–7 ₺, Fleischgerichte 9–13 ₺, Grillgerichte 10–18 ₺; ⌚mittags; ✎; 🚌31E, 32, 336E, 36KE & 38E ab Eminönü, 87 ab Taksim) Das fünfstöckige Türk Mutfağı (Türkische Küche) befindet sich zwischen all den Hochzeitskleiderläden an der Hauptstraße in Fatih und bewirtet angehende Bräute, Geschäftsleute und Gläubige aus der nahen Fatih-Moschee. Im Erdgeschoss gibt es eine riesige Theke mit vorbereiteten Gerichten, und auf Wunsch werden Fleisch und Fisch frisch zubereitet.

BEYOĞLU & UMGEBUNG

Das von der Lokalverwaltung vor Kurzem verhängte Verbot des Alkoholausschanks im Freien hat in Beyoğlu verheerende Auswirkungen auf die Restaurants und Bars. Einige Freiluftlokale gingen bankrott und mussten schließen, andere Lokale mit Sitzbereichen drinnen sind so überlaufen, dass ein Besuch hier unangenehm ist. Man kann nur hoffen – und viele Einheimische tun das –, dass die Vernunft obsiegen und das Verbot wieder aufgehoben wird.

Die einzige Enklave, die dem Verbot entgehen konnte, ist die Nevizade Sokak hinter dem Balık Pazarı, die am Wochenende ein ausgelassenes Publikum anlockt.

LP TIPP **Asmalı Cavit** TÜRKISCH €€

(Asmalı Meyhane; Karte S. 72; ☎212-292 4950; Asmalımescit Sokak 16, Asmalımescit; *meze* 6–20 ₺, Hauptgerichte 18–24 ₺; 🚋Karaköy, dann mit der Standseilbahn zum Tünel) Das Lokal von Cavit Saatçı ist die wohl beste *meyhane* der Stadt. Der altmodische Innenraum hat nichts gemein mit dem exzellenten Essen hier. Hervorragend sind z. B. *yaprak ciğer* (gebratene Leber mit Zwiebeln), *patlıcan salatası* (Auberginensalat), *muska böreği* (mit Rindfleisch und Zwiebeln gefüllte Blätterteigtaschen) und *kalamar tava* (frittierter Tintenfisch). Reservierung erforderlich!

LP TIPP **Lokanta Maya** MODERN-TÜRKISCH €€

(Karte S. 72; ☎212-252 6884; www.lokantamaya.com; Kemankeş Caddesi 35a, Karaköy;

meze 11–28 ₺, Hauptgerichte 26–35 ₺; ⌚Mo–Sa mittags, Di–Sa abends, So Brunch; 🖉; 🚊Karaköy) Sowohl Mäkelfritzen als auch Vielfraße sind von den Gerichten der Köchin Didem Şenol in ihrem stilvollen Restaurant nahe den Anlegestellen in Karaköy begeistert. Die Autorin eines erfolgreichen Kochbuchs zur ägäischen Küche kreiert Gerichte, die leicht, wohlschmeckend, manchmal eigenartig, aber immer gut sind, sodass hier jeder etwas findet. Abends reservieren! Das Mittagessen ist billiger und entspannter.

LP TIPP **Zübeyir Ocakbaşı** KEBAB €€
(Karte S. 72; ☎212-293 3951; www.zubeyirocakbasi.com; Bekar Sokak 28; *meze* 4–6 ₺, Kebap 10–20 ₺; ⌚12–1 Uhr; 🚊Kabataş, dann mit der Standseilbahn nach Taksim) In dem beliebten *ocakbaşı* (Grillhaus) bereiten die Köche jeden Morgen das frische, qualitativ hervorragende Fleisch vor, das abends dann auf dem schönen kupferbeschichteten Grill landet: würzige Hähnchenflügel, Adana-Kebab, köstliche Rippchen, kräftige Leberstückchen und gut marinierte Lammspieße. Das Restaurant ist stadtbekannt; also unbedingt einen Tisch reservieren!

LP TIPP **Meze by Lemon Tree** MODERN-TÜRKISCH €€€
(Karte S. 72; ☎212-252 8302; www.mezze.com.tr; Meşrutiyet Caddesi 83b, Tepebaşı; *meze* 8–25 ₺, Hauptgerichte 26–36 ₺; 🚊Karaköy, dann mit der Standseilbahn zum Tünel) Der Koch Gençay Üçok kreiert ein paar der interessantesten (und köstlichen) Gerichte der modernen türkischen Küche. Davon kann man sich in seinem kleinen Restaurant gegenüber dem Pera Palace Hotel selbst überzeugen, während man Erfolgskreationen wie Seeteufel-Auflauf oder gegrillte Lammkeule mit Backkartoffeln und Rote Bete probiert – beides könnte ein Highlight des ganzen İstanbul-Besuchs werden. Unbedingt reservieren!

Karaköy Güllüoğlu SÜSSIGKEITEN, BÖREK €
(Karte S. 72; www.karakoygulluoglu.com; Kemankeş Caddesi, Karaköy; Baklava 4–7 ₺, Börek 6 ₺; ⌚8–23 Uhr; 🚊Karaköy) Diese Institution in Karaköy macht seit 1947 Kunden glücklich und Zahnärzte reich. Man geht direkt an die Kasse und bezahlt seine Bestellung – eine *porsiyon* (Portion) Baklava mit Pistazien *(fıstıklı)*, mit Walnüssen *(cevizli)* oder ohne Füllung *(sade)*, vorzugsweise mit einem Glas Tee. Den Kassenbon übergibt man dann dem Kellner. Das *börek* ist hier auch gut.

Karaköy Lokantası TÜRKISCH €€
(Karte S. 72; ☎212-292 4455; Kemankeş Caddesi 37a, Karaköy; *meze* 6–10 ₺, Portion 7–12 ₺, Grillgerichte 11–16 ₺; ⌚tgl. abends, Mo–Sa mittags; 🖉; 🚊Karaköy) Das für seinen prächtigen gefliesten Innenraum, den jovialen Inhaber und seine quirlige Atmosphäre bekannte

NICHT VERSÄUMEN

BALIK PAZARI

Von der İstiklal Caddesi gelangt man zum **Fischmarkt** (Karte S. 72; Sahne Sokak abseits der İstiklal Caddesi, Galatasaray; 🚊) in Galatasaray. Hier gibt es unzählige kleine Stände, die *midye tava* (frittierte Muscheln am Spieß), *kokoreç* (mit Paprika, Tomaten, Kräutern und Gewürzen gefüllte Lammdärme) und andere Snacks verkaufen. Man findet auch Läden mit Fisch, Kaviar, Obst, Gemüse und anderen Produkten; sie liegen überwiegend in der Duduodaları Sokak auf der linken (südlichen) Seite des Marktes.

Viele der Läden hier gibt es schon seit 100 Jahren – auch dank der extrem treuen Kundschaft. Einfach mal umschauen: Im **Sütte Şarküteri** (Karte S. 72; ☎212-293 9292; Duduodaları Sokak 13, Balık Pazarı, Galatasaray; ⌚8–22 Uhr; 🚊Kabataş, dann mit der Standseilbahn nach Taksim) gibt's leckeren Aufschnitt, *kaymak* (Streichrahm) und Sandwiches zum Mitnehmen, in der **Tarihi Beyoğlu Ekmek Fırını** (Karte S. 72; Duduodaları Sokak 5, Balık Pazarı, Galatasaray; 🚊Kabataş, dann mit der Standseilbahn nach Taksim) frisches Brot, in der **Üç Yıldız Şekerleme** (Karte S. 72; ☎212-293 8170; www.ucyildizsekerleme.com; Duduodaları Sokak 7, Balık Pazarı, Galatasaray; ⌚Mo–Sa 7–20.30, So 9–18 Uhr; 🚊Kabataş, dann mit der Standseilbahn nach Taksim) Marmelade, *lokum* und Süßwaren, bei **Petek Turşuları** (Karte S. 72; Duduodaları Sokak 6, Balık Pazarı, Galatasaray; 🚊Kabataş, dann mit der Standseilbahn nach Taksim) sauer eingelegtes Gemüse und im **Reşat-Balık-Markt** (Karte S. 72; ☎212-293 6091; Sahne Sokak 30, Balık Pazarı, Galatasaray; 🚊Kabataş, dann mit der Standseilbahn nach Taksim) Kaviar und die beste *lakerda* (stark gewürzte, in Salz eingelegte Makrele) der Stadt.

Lokal mit treuer Kundschaft serviert leckeres, preiswertes Essen und ist tagsüber *lokanta* und abends *meyhane* mit etwas höheren Preisen. Fürs Abendessen unbedingt einen Tisch reservieren!

Antiochia ANATOLISCH €€

(Karte S. 72; ☎212-292 1100; www.antiochiaconcept.com; Minare Sokak 21a, Asmalımescit; *meze* 8–10 ₺, Hauptgerichte 13–27 ₺; ⏰Mo–Fr mittags, Mo–Sa abends; 🚋Karaköy, dann mit der Standseilbahn zum Tünel) Das winzige Restaurant (es ist sehr eng) hat sich auf Gerichte aus der südostanatolischen Stadt Antakya (Hatay) spezialisiert. Die *meze*-Gerichte werden dominiert von Gebirgsthymian, Granatapfelsirup, Oliven, Walnüssen und herbem, hausgemachtem Joghurt. Ebenso köstlich sind die Kebab-Gerichte – einfach das saftige *şiş et* (Fleisch am Spieß) oder *dürüm* (in Teigfladen gewickeltes Hackfleisch mit Zwiebeln und Tomaten) probieren! Mittags gibt's 20 % Ermäßigung.

Ca' d'Oro ITALIENISCH €€

(Karte S. 72; ☎212-243 8292; www.istanbuldoors.com; Bankalar Caddesi 11, Galata; Vorspeise 10–29 ₺, Pizza 15–21 ₺, Hauptgerichte 18–55 ₺; ⏰Di–So mittags & abends; 🍷; 🚋Karaköy) Das glamouröse Restaurant auf dem Dach des Kulturzentrums SALT Galata serviert sehr gute italienische Gerichte wie Pasta, Pizza und Risotto. Der absolute Hammer ist aber der außerordentlich schöne Blick über das Goldene Horn bis zur Altstadt. Vegetarier werden sich über die große Auswahl auf der Speisekarte freuen.

Journey INTERNATIONAL, CAFÉ €€

(Karte S. 72; www.journeycihangir.com; Akarsu Yokuşu 21a, Cihangir; Sandwich 14–19 ₺, Suppe 7–9 ₺, Hauptgerichte 15–39 ₺; ⏰9–2 Uhr; 🍷; 🚋Kabataş, dann mit der Standseilbahn nach Taksim) Das unkonventionelle Lounge-Café in dem von vielen Ausländern bewohnten Viertel Cihangir hat eine tolle Auswahl leichter, mediterraner Gerichte wie Sandwiches, Suppen, Pizza und Pasta. Es kommen überwiegend Biozutaten zum Einsatz, und es gibt auch eine ordentliche Auswahl vegetarischer Gerichte. Das Publikum besteht überwiegend aus Mittdreißigern, die Musik ist alternativ und die Stimmung entspannt. Ein toller Laden!

Mikla MODERN-TÜRKISCH €€€

(Karte S. 72; ☎212-293 5656; www.miklarestaurant.com; Marmara Pera Hotel, Meşrutiyet Caddesi 15, Tepebaşı; Vorspeisen 25–38 ₺, Hauptgerichte 51–79 ₺; ⏰abends; 🚋Karaköy, dann mit der Standseilbahn zum Tünel) Der gefeierte Chefkoch Mehmet Gürs ist ein Meister der modernen mediterranen Küche, und die türkischen Akzente, die er setzt, machen sein Essen zu einem denkwürdigen Erlebnis. Hinzu kommen eine außergewöhnliche Aussicht, das luxuriöse Ambiente und der Top-Service. Am besten probiert man die köstlichen Gerichte vom thrakischen Lamm, gönnt sich zum Abschluss noch ein Eis mit Pistazien und *helva* und genehmigt sich vorab einen Drink an der Bar.

İstanbul Modern Café/ Restaurant INTERNATIONAL €€€

(Karte S. 72; ☎212-292 2612; Meclis-i Mebusan Caddesi, Tophane; Pizza 19–28 ₺, Pasta 19–33 ₺, Hauptgerichte 28–55 ₺; ⏰10–24 Uhr; 🍷; 🚋Tophane) Das Café-Restaurant im hervorragenden İstanbuler Museum für zeitgenössische Kunst bietet ein „industriell-künstlerisches" Ambiente und einen tollen Blick auf den Bosporus, wenn nicht gerade Schiffe im Hafen vor Anker liegen. Die Pasta ist hausgemacht, die Pizza auf italienische Art zubereitet und der Service routiniert – all das Voraussetzungen für ein tolles Erlebnis. Wer einen Tisch auf der Terrasse haben will, muss vorab reservieren.

Sofyalı 9 TÜRKISCH €€

(Karte S. 72; ☎212-245 0362; Sofyalı Sokak 9, Asmalımescit; *meze* 2,50–10 ₺, Hauptgerichte 13–25 ₺; ⏰So geschl.; 🚋Karaköy, dann mit der Standseilbahn zum Tünel) Die Tische dieser *meyhane* sind freitag- und samstagabends heiß begehrt. Kein Wunder, denn das Essen ist frisch und köstlich und die Atmosphäre fröhlich. Am besten hält man sich an die *meze*, statt ein Hauptgericht zu bestellen: Kalte *meze* wählt man am Tisch beim Kellner aus, die warmen von der Karte – super sind *kalamar* (Tintenfisch) und *arnavut ciğeri* (gebratene Leber auf albanische Art).

Kafe Ara CAFÉ €€

(Karte S. 72; Tosbağ Sokak 8a, Galatasaray; Sandwich 15–20 ₺, Salat 15–23 ₺, Grillgericht 19–24 ₺; ⏰Mo–Do 7.30–24, Fr & Sa bis 1, So bis 22 Uhr; 🚋Kabataş, dann mit der Standseilbahn nach Taksim) Das gemütliche Café trägt den Namen seines Inhabers, des legendären İstanbuler Fotografen Ara Güler. Es befindet sich in einer umgebauten Garage; die Tische und Stühle breiten sich bis in eine breite Gasse gegenüber vom Galatasaray-Gymnasium aus. Die Auswahl umfasst preiswerte Salate, Sandwiches und türkische Gerichte wie *köfte* (Fleischbällchen) und *sigara böreği* (frittierte, gefüllte Teigröllchen). Kein Alkohol.

Fasuli Lokantaları ANATOLISCH €

(Karte S. 72; www.fasuli.com.tr; Tophane İskele Caddesi 10–12, Tophane; Bohnen & Reis 13 ₺; Tophane) Es gibt zwei Arten von *fasulye*-Gerichten (Bohnen) in der Türkei: nach Erzincan-Art in würziger Tomatensauce und nach Schwarzmeer-Art in roter Sauce mit viel Butter und Fleisch. Diese *lokanta* neben einem Nargile-Café in Tophane serviert *fasulye* nach Schwarzmeer-Art – und das ist wirklich lecker. Eine weitere **Filiale** (Karte S. 50; www.fasuli.com.tr; Muradiye Caddesi 35–37, Sirkeci; Bohnen & Reis 13 ₺; Sirkeci) befindet sich in Sirkeci.

Asmalı Canım Ciğerim ANATOLISCH €

(Karte S. 72; Minare Sokak 1, Asmalımescit; 5 Spieße 12 ₺; Karaköy, dann mit der Standseilbahn zum Tünel) Der Name bedeutet „meine Seele, meine Leber", und das ist schon ein Hinweis darauf, dass sich das kleine Lokal hinter der Ali Hoca Türbesi auf gegrillte Leber mit Kräutern, *ezme* (pikanter Tomatensauce) und gegrilltem Gemüse spezialisiert hat. Wer keine Lust auf Innereien hat, kann auch auf Lammfleisch ausweichen. Kein Alkohol, aber *ayran* passt perfekt.

Zencefil VEGETARISCH €

(Karte S. 72; Kurabiye Sokak 8; Suppe 7–9 ₺, Hauptgerichte 9–17 ₺; Mo–Sa 10–23, So 12–22 Uhr; ; Kabataş, dann mit der Standseilbahn nach Taksim) Es überrascht nicht, dass dieses vegetarische Café treue Kunden hat. Es besitzt einen komfortablen, stilvollen Innenbereich, einen verglasten Hof und ist farblich bunt gehalten. Das frische Essen ist zu 100 % hausgemacht, und das Angebot wechselt regelmäßig. Die Gerichte kann man in kleinen oder großen Portionen bestellen. Auf der ansonsten vegetarischen Karte steht ein Hühnchengericht.

Zencefil ist das türkische Wort für Ingwer – hier wird eigenes Ingwer-Bier und Ginger Ale hergestellt. Man kann auch offenen Wein im Glas oder frische *limonata* mit Wodka Absolut bestellen.

Galata Konak Patisserie Café CAFÉ €€

(Karte S. 72; www.galatakonakcafe.com; Hacı Ali Sokak 2, Galata; 10–22 Uhr; Karaköy) Zuerst schaut man sich die Gebäck- und Kuchenauswahl in der Patisserie im Erdgeschoss an und geht dann die Treppe hinauf zu dem Café auf der Dachterrasse, wo man das bestellt, was man unten ausgesucht hat. Man kann sich auch mit einem Tee oder Kaffee begnügen. Von der Terrasse aus hat man einen tollen Blick auf die Skyline von Sultanahmet mit dem Bosporus und dem Goldenen Horn.

Datlı Maya BÄCKEREI €

(Karte S. 72; www.datlimaya.com; Türkgücü Caddesi 59, Cihangir; Kuchen & Gebäck 2–5 ₺; 8–22 Uhr; Kabataş, dann mit der Standseilbahn nach Taksim) Dilara Erbay ist eine aufregende, unberechenbare Größe in der kulinarischen Szene der Stadt. Ihre neueste Errungenschaft ist diese winzige Café-Bäckerei hinter der Firuz-Ağa-Moschee in Cihangir, die so beliebt wie schick ist. Aus dem Holzofen kommen Köstlichkeiten wie Kuchen, *lahmacun* (arabische Pizza), Pide, *börek* und Brote. Dazu passt ein Glas Tee aus dem ramponierten, alten Samowar.

Demeti TÜRKISCH €€

(Karte S. 72; 212-244 0628; www.demeti.com.tr; Şimşirci Sokak 6, Cihangir; *meze* 5–20 ₺, Hauptgerichte 16–25 ₺; Mo–Sa 16–2 Uhr; Kabataş, dann mit der Standseilbahn nach Taksim) Die moderne *meyhane* hat eine nette Atmosphäre und ein schlichtes, aber schickes Dekor. Wer einen der vier Tische auf der Terrasse mit freiem Blick auf den Bosporus ergattern will, muss unbedingt vorab reservieren. Manchmal wird auch live Musik gespielt.

Jash ANATOLISCH €€

(Karte S. 72; 212-244 3042; www.jashistanbul.com; Cihangir Caddesi 9, Cihangir; *meze* 8–20 ₺, Hauptgerichte 20–42 ₺; mittags & abends; Kabataş, dann mit der Standseilbahn nach Taksim) Armenische Spezialitäten wie *topik* (kalte Vorspeise aus Kichererbsen, Pistazien, Zwiebeln, Mehl, Korinthen, Kreuzkümmel und Salz) stehen auf der Karte dieser kleinen, eleganten *meyhane* im trendigen Cihangir. Am Wochenende unterhalten Akkordeonspieler die Gäste, die ungewöhnliche Gerichte wie *harisa* (Hühnchen mit Weizen und Buttersauce) genießen.

Helvetia Lokanta TÜRKISCH €

(Karte S. 72; General Yazgan Sokak 8–12, Asmalımescit; Suppe 5 ₺, Portion 5–12 ₺; Mo–Sa 8–22 Uhr; ; Kabataş, dann mit der Standseilbahn zum Tünel) Die *lokanta* ist beliebt bei Einheimischen (vor allem bei Vegetariern und Veganern). Die preiswerten Suppen, Salate und Eintöpfe werden täglich frisch zubereitet. Kein Alkohol, nur Barzahlung.

ORTAKÖY & KURUÇEŞME

Die Lokale rund um die Goldene Meile (die Muallim Naci und die Kuruçeşme Caddesi in Ortaköy und in Kuruçeşme) können ziemlich teuer sein. Wer knapp bei Kasse ist, sollte sich mit einem Brunch begnügen – wie die meisten jungen İstanbuler.

Am Wochenende machen die Stände hinter der Ortaköy-Moschee gute Geschäfte mit dem Verkauf von *gözleme* (herzhaften Eierkuchen) und *kumpir* (Backkartoffeln, je nach Wunsch mit Sauerrahm, Olivenpaste, Käse, Chili oder Bulgur gefüllt).

Sıdıka TÜRKISCH €€
(☎212-259 7232; www.sidika.com.tr; Şair Nedim Caddesi 38, Beşiktaş; kalte *meze* 3–14 ₺, warme *meze* 15–20 ₺, Fisch 16–18 ₺; ⏲Mo–Sa 17–24 Uhr; Akaretler) In der abgelegenen *meyhane* werden einfache, aber absolut sensationelle Fisch- und Gemüse-*meze* serviert – am besten probiert man von allem ein bisschen mit einer gemischten kalten Platte (30 ₺). Danach gibt's gebratenen Fisch, Pasta oder freitags Fischsuppe.

Zuma JAPANISCH €€€
(Karte S. 77; ☎212-236 2296; www.zumarestaurant.com; Salhane Sokak 7, Ortaköy; vegetarische Hauptgerichte 11–26 ₺, Fischgerichte 28–65 ₺, Sushi & Sashimi 39–89 ₺; ⏲mittags & abends; ; Kabataş Lisesi) Gutes Essen nach Izakaya-Art und eine tolle Lage am Wasser prägen die İstanbuler Filiale der beliebten Londoner Restaurantkette. Im obersten Stock gibt's eine Bar und Lounge und unten eine Sushi-Bar und einen *robata*-Grill.

House Café INTERNATIONAL €€€
(Karte S. 77; İskele Meydanı 42; Frühstücksplatte 24 ₺, Sandwich 15–26 ₺, Pizza 17,50–27,50 ₺, Hauptgerichte 16,50–29,50 ₺; ⏲Mo–Do 9–1, Fr & Sa bis 2, So bis 22.30 Uhr; Kabataş Lisesi) Das lässig-schicke Café ist einer der besten Orte in der Stadt für einen Sonntags-Brunch. Das riesige Café direkt am Wasser bietet für 45 ₺ zwischen 10 und 14 Uhr ein gutes Büfett. Zu anderen Zeiten kann das Essen enttäuschen; das hält die Leute aber nicht davon ab, am Wochenende herzukommen.

ÜSKÜDAR

Kanaat Lokantası TÜRKISCH €
(Selman-i Pak Caddesi 25; Portion 7–17 ₺, Kebab 10–15 ₺; ⏲6.30–23 Uhr; Üsküdar) Das wie ein Schuppen wirkende Lokal nahe der *iskele* serviert schon seit 1933 fachmännisch *hazır yemek* (vorbereitete Gerichte) und ist vor allem wegen der Desserts wie hausgemachtes Eis aus Schafsmilch und Salep (Erdorchideenwurzel) beliebt. Das dezente Dekor umfasst auch Fotos alter Straßenszenen.

KADIKÖY

Kadı Nimet Balıkçılık FISCH €€
(☎216-348 7389; Serasker Caddesi 10a, Kadıköy; *meze* 6–15 ₺, Fisch 10–30 ₺; ⏲12–24 Uhr; Kadıköy) Die Einheimischen lieben das gemütliche Lokal mitten unter den Fischständen im Lebensmittelmarkt. Es serviert einige der frischesten Meeresfrüchte der Stadt und ist immer voll – abends deshalb reservieren! Zu empfehlen ist *levrek dolma* (*meze* aus gefülltem Barsch).

Çiya Sofrası ANATOLISCH €€
(www.ciya.com.tr; Güneşlibahçe Sokak 43; Portion 10–15 ₺; ⏲11–23 Uhr; Kadıköy) Musa Dağdeviren präsentiert in seinem im gesamten kulinarischen Universum wohlbekannten Lokal Gerichte aus seiner Heimatstadt Gaziantep. Das Niveau der Küche hat zwar in letzter Zeit etwas nachgelassen, aber man kann hier gut regionale türkische Spezialitäten kennenlernen. Der *kebapçı* (Kebab 15–35 ₺) nebenan verkauft eine große Auswahl leckerer Fleischgerichte. In beiden Lokalen gibt's keinen Alkohol.

Baylan Pastanesi SÜSSIGKEITEN €
(☎216-336 2881; www.baylanpastanesi.com.tr; Muvakkithane Caddesi 9; ⏲7–22 Uhr; Kadıköy) Die Baylan Pastanesi verwöhnt die dankbaren İstanbuler seit 1923 mit exzellentem Espresso, dekadenten Eisbechern und köstlichem Kuchen und Gebäck. Diese Filiale stammt von 1925 und wurde das letzte Mal 1961 witzig renoviert, sodass sie eine Art Zeitkapsel ist.

VIERTEL AM BOSPORUS

LP TIPP **MüzedeChanga** MODERN-TÜRKISCH €€€
(☎212-323 0901; www.changa-istanbul.com; Sakıp Sabancı Müzesi, Sakıp Sabancı Caddesi 42, Emirgan; Vorspeisen 18–29 ₺, Hauptgerichte 37–49 ₺; ⏲Di–So 10.30–1 Uhr) Das Restaurant im Sakıp-Sabancı-Museum ist ein Ableger des Changa, eines der Top-Restaurants der Stadt. Es hat eine Terrasse mit Blick auf den Bosporus, eine ultra-schicke Einrichtung und köstliches Essen. Besonders beliebt ist es am Wochenende zum Mittagessen oder Brunch. Wer keine Lust auf einen Museumsbesuch hat, sagt den Leuten am Einlass Bescheid und wird ohne Museumseintritt ins Restaurant durchgelassen.

Mama ITALIENISCH €€
(www.mamapizzeria.com; Baltalimanı Caddesi 4, Rumeli Hisarı; Pizza 16–33 ₺, Pasta 18–29 ₺; ⏲Mo–Sa 10–23.30, So ab 9 Uhr; 22, 22RE & 25E ab Kabataş, 40, 40T & 42T ab Taksim) Die

Resort-Einrichtung und die große Auswahl italienischer Gerichte vermitteln einem das Gefühl, nicht in İstanbul, sondern in einer entspannten Trattoria an der Amalfiküste zu sein. Großartige Pizza und Pasta, eine gute Getränkeauswahl (u.a. ausgezeichnete frische *limonata*), ein großzügiger Sonntagsbrunch und eine Kinderkarte machen das Mama so beliebt.

Sütiş CAFÉ €
(Sakıp Sabancı Caddesi 1, Emirgan; 6–1 Uhr; 22, 22RE & 25E ab Kabataş, 40, 40T & 42T ab Taksim) Die Bosporus-Filiale der beliebten Cafékette hat eine große, extrem gemütliche Terrasse mit Blick aufs Wasser. *Sütiş* (bedeutet Milchwaren) ist für seine Milchpuddings bekannt, und man bekommt den ganzen Tag über Frühstück. Wir empfehlen *simit* mit Honig und *kaymak* (Streichrahm). Saukomisch ist das Gehabe der Parkplatzwächter am Wochenende.

Ausgehen

İstanbul mag die größte Stadt in einem überwiegend islamischen Land sein, aber seine Bewohner lieben kaum etwas so sehr wie einen gepflegten Drink – oder auch mal drei. Wem die von *rakı* (Anisschnaps) erfüllte *meyhane*-Atmosphäre nicht als Beweis ausreicht, der kann sich in den quirligen Bars selbst davon überzeugen.

Bohemiens und Studenten treiben sich in den Bars rund um Beyoğlu in Cihangir, Asmalımescit oder Nevizade oder auf der asiatischen Seite in der abgedrehten Kadife Sokak (allgemein auch nur Barlar Sokak – Straße der Bars – genannt) in Kadıköy herum.

Wer auf Alkohol verzichten will, findet überall in der Altstadt eine stimmungsvolle *çay bahçesi* oder *kahvehane* (Kaffeehaus). Hier kann man wunderbar relaxen und bei einem *türk kahvesi* (türkischen Kaffee) oder *çay* (Tee) verschiedene Tabaksorten in einer *nargile* (Wasserpfeife) ausprobieren. In den folgenden Lokalen kostet ein Tee etwa 2 ₺, ein türkischer Kaffee 6 ₺ und eine Wasserpfeife 15 bis 25 ₺.

SULTANAHMET & UMGEBUNG

Set Üstü Çay Bahçesi TEEGARTEN
(Karte S. 50; Gülhane-Park, Sultanahmet; 9–22.30 Uhr; Gülhane) Der mit einer Terrasse versehene Teegarten ist ideal, um die Fähren zwischen Europa und Asien zu beobachten, während man exzellenten Tee genießt, den man sich selbst mit heißem Wasser verdünnen kann (eine echte Wohltat nach dem furchtbar starken Gebräu, das man sonst gereicht bekommt). Und wer sich dazu einen *tost* (Toast mit Käse und/oder Knoblauchwurst) bestellt, hat gleich noch ein billiges Mittagessen.

Yeni Marmara NARGILE-CAFÉ
(Karte S. 50; Çayıroğlu Sokak, Küçük Ayasofya; 10–1 Uhr; Sultanahmet) Dies ist eine authentische Lokalität: In dem Nachbarschaftsteehaus spielen die Stammgäste Backgammon, während sie Tee schlürfen und an der *nargile* ziehen. Es hat jede Menge Charakter mit all seinen Teppichen, Wandbehängen und der aus dem CD-Player dudelnden *fasıl*-Musik. Im Winter hält ein Holzofen den Raum gemütlich warm; im Sommer sitzen die Leute auf der Terrasse hinten mit Blick aufs Marmarameer.

Derviş Aile Çay Bahçesi TEEGARTEN
(Karte S. 61; Mimar Mehmet Ağa Caddesi; April–Okt. 9–23 Uhr; Sultanahmet) Das Derviş in bester Lage direkt gegenüber der Blauen Moschee lockt Gäste mit Rohrstühlen und Schatten spendenden Bäumen an. Der effiziente Service, die vernünftigen Preise und die einzigartige Möglichkeit zum Leuteegucken machen den Teegarten zu einer prima Adresse für einen entspannten Tee bei *nargile* und einer Partie Backgammon.

Café Meşale NARGILE-CAFÉ
(Karte S. 61; Arasta-Basar, Utangaç Sokak, Cankurtaran; 24 Std.; Sultanahmet) Das in einem tiefer liegenden Innenhof hinter der Blauen Moschee gelegene Meşale ist eine

NICHT VERSÄUMEN

GANZ WILD AUF KEYİF

Tee und *nargile* gehören zusammen wie Kaffee und Kuchen. Das beste Ambiente, um selbst den Zauber dieser Kombination auszuprobieren, bietet eine traditionelle *çay bahçesi* (Teegarten). Und davon gibt es in İstanbul viele. Hier geben sich die Einheimischen genussvoll dem *keyif* hin, der türkischen Art der Entspannung. Wer ihnen nacheifern will, folge dem Duft von Apfeltabak zu diesen beliebten Teegärten:

» Tophane Nargile (S. 110)

» Erenler Çay Bahçesi (S. 110)

» Lale Bahçesi (S. 110)

» Derviş Aile Çay Bahçesi (S. 109)

Touristenfalle *par excellence*, hat aber viel Charme. Generationen von Backpackern haben hier schon auf den mit Kissen bestückten Bänken neben den Einheimischen gesessen und Tee und *nargile* genossen. Abends wird manchmal live türkische Musik gespielt. Es herrscht eine quirlige Atmosphäre.

Türk Ocaği Kültür ve Sanat Merkezi İktisadi İşletmesi Çay Bahçesi TEEGARTEN
(Karte S. 50; Ecke Divan Yolu & Bab-ı Ali Caddesi; ⌚8–24 Uhr; Çemberlitaş) Der extrem beliebte Teegarten liegt versteckt in der hinteren rechten Ecke eines schattigen osmanischen Friedhofs. Hier kann man den Menschenmassen wunderbar entkommen und bei Tee und *nargile* relaxen. Für den kleinen Hunger gibt's auch preisgünstig leckere *gözleme* (mit Käse-, Spinat- oder Kartoffelfüllung).

Hotel Nomade Terrace Bar BAR
(Karte S. 50; www.hotelnomade.com; Ticarethane Sokak 15, Alemdar; ⌚12–23 Uhr; Sultanahmet) Von der traulichen Terrasse des Boutiquehotels blickt man auf die Aya Sofya und die Blaue Moschee. Man sitzt gemütlich in einem Sessel und genießt ein Glas Wein, ein Bier oder einen frisch gepressten Saft. Die einzigen Klänge, die einen aus den Tagträumereien reißen könnten, sind die für die Altstadt typischen Gebetsrufe der Muezzins.

Denizen Coffee CAFÉ
(Karte S. 50; Şehit Mehmet Paşa Yokuşu 8; ⌚Mo–Sa 8.30–22 Uhr; Sultanahmet) Ken Weimar und Earl Everett eröffneten 2011 dieses ihrer Meinung nach „schlichte" („für uns dreht sich alles um Kaffee") Kaffeehaus amerikanischen Stils. Der einladende Raum ist mit Kens Fotos von Sultanahmet und Beyoğlu verziert. Zur Wahl stehen Espresso, entkoffeinierter Kaffee, heiße Schokolade und heiße weiße Schokolade sowie Gebäck, Panini, Salate und *meze*.

Yeşil Ev BAR, CAFÉ
(Karte S. 61; Kabasakal Caddesi 5; ⌚12–22.30 Uhr; Sultanahmet) Der elegante Hinterhof des osmanischen Hotels ist eine echte Oase für alle, die in Ruhe einen Drink genießen wollen. Im Frühjahr blühen in jeder Ecke Blumen, und im Sommer sorgen der Springbrunnen und die Bäume für Abkühlung. Wer Hunger hat, kann sich auch ein Sandwich, einen Salat oder eine Käseplatte bestellen.

BASARVIERTEL

Lale Bahçesi TEEGARTEN
(Karte S. 64; Şifahane Caddesi, Süleymaniye; ⌚9–23 Uhr; Laleli-Üniversite) Der charmante Teegarten in einem tiefer gelegenen Hof, der einst zur *külliye* der Süleymaniye gehörte, ist immer voller Studenten der nahe gelegenen Theologie-Fakultät und der İstanbul Üniversitesi. Man sitzt auf mit Kissen bestückten Sitzen unter Bäumen und kann beim Anblick des hübschen Springbrunnens prima entspannen. In dieser Gegend bekommt man nirgendwo billiger einen *çay* und eine *nargile*.

Erenler Çay Bahçesi TEEGARTEN
(Karte S. 64; Yeniçeriler Caddesi 35, Beyazıt; ⌚7–24 Uhr; Beyazıt-Kapalı Çarşı) Das *nargile*-Café in der Nähe des Großen Basars befindet sich in dem von Wein bedeckten Hof der Çorlulu Ali Paşa Medresesi und wird vor allem von Studenten der nahe gelegenen İstanbul Üniversitesi frequentiert.

Kahve Dünyası CAFÉ
(Karte S. 50; Nuruosmaniye Caddesi 79; ⌚7.30–21.30 Uhr) Der Name bedeutet „Kaffeewelt" – und dieser Cafékette liegt die Stadt zu Füßen. Das Geheimnis des Erfolgs liegt in der riesigen Auswahl von Kaffees zu vernünftigen Preisen, in den Löffeln aus Schokolade (ja, richtig gelesen), den bequemen Sesseln und dem kostenlosen WLAN. Der Filterkaffee schmeckt besser als die Espresso-Alternativen.

Eine weitere **Filiale** (Karte S. 64; Kızıhan Sokak 18, Eminönü; Eminönü) gibt's am Gewürzbasar.

Pandeli CAFÉ
(Karte S. 64; www.pandeli.com.tr; Gewürzbasar, Eminönü; ⌚Mo–Sa 12–16 Uhr; Eminönü) Die drei Salons des Pandeli sind mit wunderschönen türkisfarbenen İznik-Fliesen, mit Kronleuchtern und gut gepolsterten Bänken ausgestattet. Weil das Lokal oberhalb des Eingangs zum Gewürzbasar liegt, essen hier viele Touristen zu Mittag (die Einheimischen können nur davon träumen), aber es lohnt sich eher, sich mit einem Tee oder Kaffee nach dem Mittagessen zu begnügen.

BEYOĞLU & UMGEBUNG

LP TIPP **Nargile-Cafés Tophane** NARGILE-CAFÉ
(Karte S. 72; abseits der Necatibey Caddesi, Tophane; ⌚24 Std.; Tophane) Hinter der Nusretiye-Moschee verstecken sich einige stimmungsvolle *nargile*-Cafés, die immer voller Einheimischer sind, die Tee, *nargile*

und Snacks genießen. Einfach dem Duft des unglaublich verführerischen Apfeltabaks folgen! Auf den Fernsehern laufen live die Fußballspiele der *Süper Lig*, und sowohl die Kunden als auch die Kellner feuern lautstark ihre Mannschaft an – ein großer Spaß!

LP TIPP **Mikla** BAR
(Karte S. 72; www.miklarestaurant.com; Marmara Pera Hotel, Meşrutiyet Caddesi 15, Tepebaşı; ⌚nur im Sommer Mo–Sa ab 18 Uhr; 🚇Karaköy, dann mit der Standseilbahn zum Tünel) Die teilweise dreiste Bedienung übersieht man besser und genießt in der schicken Bar auf dem Dach die wohl beste Aussicht İstanbuls. Nach einigen Drinks kann man runter ins erstklassige Restaurant gehen.

Manda Batmaz KAFFEEHAUS
(Karte S. 72; Olivia Geçidi 1a, abseits der İstiklal Caddesi; ⌚9.30–24 Uhr; 🚇Karaköy, dann mit der Standseilbahn zum Tünel) Seit nunmehr 20 Jahren arbeitet Cemil Pilik in dem winzigen Kaffeehaus hinter dem Barcelona Café & Patisserie und weiß ganz genau, wie türkischer Kaffee zubereitet werden muss. Und passend zum Café-Namen Manda Batmaz (bedeutet „so dick, dass selbst ein Wasserbüffel nicht versinken würde") ist Cemils Gebräu so dickflüssig wie sämig.

Mavra CAFÉ
(Karte S. 72; Serdar-ı Ekrem Caddesi 31a, Galata; ⌚8–24 Uhr; 🚇Karaköy, dann mit der Standseilbahn zum Tünel) Die Serdar-ı Ekrem Caddesi ist eine der interessantesten Straßen in Galata, denn sie ist voller schmucker Wohnhäuser aus dem 19. Jh., Avantgarde-Boutiquen sowie entspannter Cafés und Bars. Eines der besten Cafés hier ist das Mavra. Es bietet leckeres, billiges Essen und guten Tee und Kaffee inmitten von Secondhandladen-Dekor. Hier wird auch gute Musik aufgelegt.

Leb-i Derya BAR
(Karte S. 72; www.lebiderya.com; 6. OG, Kumbaracı Yokuşu 57, Galata; ⌚Mo–Do 16–2, Fr bis 3, Sa 10–3, So bis 2 Uhr; 🚇Karaköy, dann mit der Standseilbahn zum Tünel) Vom Leb-i Derya im obersten Stock eines heruntergekommenen Gebäudes in einer Seitenstraße der İstiklal hat man einen tollen Blick auf die Altstadt bis runter zum Bosporus. Kein Wunder, dass die Sitze auf der kleinen Terrasse und an der Bar heiß begehrt sind! Wer Hunger hat, kriegt hier auch was zu essen.

Litera BAR
(Karte S. 72; www.literarestaurant.com; 5. Stock, Yeniçarşı Caddesi 32, Galatasaray; ⌚11–4 Uhr; 🚇Karaköy, dann mit der Standseilbahn zum Tünel) Das Litera im 5. Stock eines schönen Gebäudes bergab vom Galatasaray Meydanı besticht mit tollem Blick auf die Altstadt, die asiatische Seite und den Bosporus. Weil im selben Gebäude auch das Goethe-Institut untergebracht ist, gibt es hier viele Kulturveranstaltungen.

360 BAR
(Karte S. 72; www.360istanbul.com; 8. Stock, İstiklal Caddesi 163; ⌚Mo–Do & So 12–2, Fr & Sa 15–4 Uhr; 🚇Karaköy, dann mit der Standseilbahn zum Tünel) Das 360 ist zu Recht die berühmteste Bar İstanbuls. Wer einen der Barhocker auf der Terrasse ergattert, kann sich glücklich schätzen, denn die Aussicht ist einfach magisch. Freitags und samstags wird es nach Mitternacht zum Club (Grundpreis ca. 40 ₺).

Baylo BAR, RESTAURANT
(Karte S. 72; www.baylo.com.tr; Meşrutiyet Caddesi 107a, Tepebaşı; ⌚Mo–Do 18.30–1, Fr & Sa bis 2.30 Uhr; 🚇Karaköy, dann mit der Standseilbahn zum Tünel) Mit der viel beachteten Wiedereröffnung des Pera Palace Hotel im unteren Abschnitt von Asmalımescit ging ein Boom der glamourösen Bistro-Bars in unmittelbarer Umgebung einher. Das Baylo ist zweifellos die beste unter ihnen. Die elegante Innenausstattung ist die perfekte Kulisse für die Banker, Architekten und anderen Mittdreißiger, die ihren turbulenten Bürotag hier ausklingen lassen.

5 Kat BAR, RESTAURANT
(Karte S. 72; www.5kat.com; 5. Stock, Soğancı Sokak 7, Cihangir; ⌚10–1 Uhr; 🚇Kabataş) Diese İstanbuler Institution ist eine tolle Alternative für diejenigen, die den überladenen Stil von Bars wie dem Mikla, dem 360 u. ä. nicht ertragen. Im Winter gibt's die Drinks drinnen in der wie ein Boudoir gestalteten Bar, im Sommer auf der Dachterrasse. Aber in jedem Fall ist der Blick auf den Bosporus fantastisch.

Hazzo Pulo Çay Bahçesi TEEGARTEN
(Karte S. 72; Tarihi Hazzo Pulo Pasaji, abseits der İstiklal Caddesi; ⌚9–24 Uhr; 🚇Karaköy, dann mit der Standseilbahn zum Tünel) In Beyoğlu gibt es nicht so viele traditionelle Teegärten wie in der Altstadt. Dieser hier befindet sich in einem malerischen, kopfsteingepflasterten Hof und ist mit provisorisch wirkenden Hockern und Tischen ausgestattet. Die Klientel besteht vor allem aus Mittzwanzigern. Man bestellt beim Kellner und bezahlt dann in dem kleinen Café am Eingang der

schmalen Arkade. Das Café Grand Boulevard nebenan bietet ungefähr das Gleiche.

Café Susam CAFÉ, BAR

(Karte S. 72; Susam Sokak 11, Cihangir; ⌚9–2 Uhr; Kabataş, dann mit der Standseilbahn nach Kabataş) Das Susam ist der Inbegriff eines großartigen Nachbarschaftscafés. Die in Cihangir lebenden Ausländer und künstlerisch interessierten İstanbuler kommen gerne auf einen guten Kaffee her und nutzen gleich die Möglichkeit, kostenlos über WLAN im Internet zu surfen. Außerdem gibt's Sandwiches und am Wochenende Mojitos.

Münferit BAR

(Karte S. 72; Yeniçarşı Caddesi 19, Galatasaray; Kabataş, dann mit der Standseilbahn nach Taksim) Während unserer Recherchen war diese exklusive Bar mit Restaurant des Designerduos Autoban die glamouröseste Ausgehadresse der Stadt. Während das *nouvelle-meyhane*-Essen des Restaurants nicht überzeugt, ist die Bar fabelhaft und serviert dem furchtbar modischen Publikum fachmännisch gemixte Cocktails und guten Wein im Glas.

Le Fumoir BAR

(Karte S. 72; www.georges.com; Georges Hotel, Serdar-ı Ekrem Caddesi 24, Galata; ⌚8–1 Uhr; Karaköy) *O là là!* Die stimmungsvolle Bar im gleichnamigen französischen Restaurant ist eine elegante Wahl für einen Aperitif oder einen Schlummertrunk. Hier kann man dank des exzellenten französischen Gebäcks und Kaffees auch gut frühstücken.

Urban BAR, CAFÉ

(Karte S. 72; www.urbanbeyoglu.com; Kartal Sokak 6a, Galatasaray; ⌚11–1 Uhr; Kabataş, dann mit der Standseilbahn nach Taksim) Das Urban ist ein ruhiger Schuppen mitten im Chaos der İstiklal. Hier treffen sich die jungen Leute abends, bevor sie weiter in die Clubs ziehen, und manchmal auch tagsüber zum Kaffee. Die an Paris erinnernde Inneneinrichtung hält geschickt die Balance zwischen Schmuddeligkeit und Glamour.

X Bar BAR

(Karte S. 72; www.xrestaurantbar.com; 7. Stock, Sadi Konuralp Caddesi 5, Şişhane; ⌚So–Mi 9–24, Do–Sa bis 4 Uhr) Im obersten Stock der İstanbuler Stiftung für Kultur und Kunst (İKSV) trifft Hochkultur auf Glamour. Die Speisen sind ihren Preis nicht wert, aber man kann auch bei einem Aperitif bei Sonnenuntergang den einfach wundervollen Blick aufs Goldene Horn genießen.

Sensus Wine Bar WEINBAR

(Karte S. 72; www.sensuswine.com; Büyük Hendek Sokak 5, Galata; ⌚10–22 Uhr; Karaköy, dann mit der Standseilbahn zum Tünel) Diese neue Weinbar in einem Steinkeller unterhalb des Anemon Galata Hotel hat ein großartiges Konzept, muss aber noch an seinem Kundenservice feilen. Es stehen hier fast 300 türkische Flaschenweine zur Wahl. Bei unserem Besuch konnten (oder wollten) die Angestellten jedoch keine Informationen oder Empfehlungen zu den Weinen geben.

Atölye Kuledibi BAR, CAFÉ

(Karte S. 72; Galata Kulesi Sokak 4, Galata; ⌚Mo–Fr 10–24, Fr & Sa bis 2 Uhr; Karaköy, dann mit der Standseilbahn zum Tünel) Tolle Musik (manchmal Livejazz) und eine freundliche Atmosphäre charakterisieren den Boheme-Schuppen in der Nähe des Galata-Turms.

Club 17 SCHWULE & LESBEN

(Karte S. 72; Zambak Sokak 17; ⌚23–5 Uhr; Kabataş, dann mit der Standseilbahn nach Taksim) In dieser kleinen Bar gibt es mehr Stricher als Gäste. Nach dem Zapfenstreich ergießen sich die Massen auf die Straße, um einen letzten Versuch zu machen, jemanden abzuschleppen. Werktags geht's hier recht ruhig zu, aber am Freitag und Samstag ist die Hölle los.

Bigudi Café SCHWULE & LESBEN

(Karte S. 72; www.bigudiproject.net; Terrasse, Mis Sokak 5; ⌚Fr & Sa 23–4 Uhr; Kabataş, dann mit der Standseilbahn nach Taksim) Das Bigudi ist der erste exklusive Lesbenclub der Türkei – d.h. für heterosexuelle Männer absolut tabu. Samstagabends tummeln sich hier überwiegend Lippenstift-Lesben. Freitags haben auch Schwule und Transen Zutritt. Einfach nach dem Altın Plak Café im Erdgeschoss Ausschau halten!

KADIKÖY

LP TIPP **Fazıl Bey** KAFFEEHAUS

(www.fazilbey.com; Serasker Caddesi 3, Kadıköy; ⌚tgl.; Kadıköy) Dieses winzige Café mit Kaffeerösterei mitten auf dem Lebensmittelmarkt Kadıköys serviert schon seit 1923 den besten türkischen Kaffee İstanbuls.

VIERTEL AM BOSPORUS

LP TIPP **Pierre Loti Café** CAFÉ

(Gümüşsuyu Balmumcu Sokak 1, Eyüp; ⌚8–24 Uhr; Eyüp) Viele Traveller erklimmen nach dem Besuch der Eyüp-Sultan-Moschee (S. 83) den Hügel zu diesem

Café. Es trägt den Namen des berühmten französischen Romanciers, der sich hier – angesichts des wunderschönen Blicks aufs Goldene Horn – Inspiration geholt haben soll. Am Wochenende kommen die İstanbuler gern hierher, um bei Tee, Kaffee, Eis oder *nargile* zu relaxen.

Der Weg zum Café: Durchs Haupttor die Moschee verlassen, rechts einbiegen, den Komplex (der liegt rechts) umrunden, bis man die Stufen und den kopfsteingepflasterten Weg sieht, der durch den **Eyüp Sultan Mezarlığı** (Friedhof), auf dem viele bedeutende Osmanen begraben liegen, den Hügel hinaufführt. Der steile Aufstieg dauert etwa 15 Minuten. Alternativ kann man die Seilbahn (S. 123) vom Ufer bis zur Spitze des Hügels nehmen.

Sade Kahve CAFÉ
(www.sadekahve.com; Yahya Kemal Caddesi 36; ⌚8–22 Uhr) Das zwanglose Terrassencafé mit günstigen Preisen nahe der Zitadelle auf der europäischen Seite ist nicht nur heiter, sondern auch ein beliebtes Wochenend-Brunchlokal für einflussreiche Leute, Promis und ihre Gefolgschaft. Mittags werden Suppen und diverse Sandwiches serviert.

☆ Unterhaltung

Es vergeht kaum eine Woche, ohne dass irgendwo in der Stadt ein spezielles Event, ein Fest oder eine Performance stattfindet.

Einen ersten Überblick kann man sich in der Zeitschrift *Time Out İstanbul* und im Blog *Istanbul Beat* (www.istanbulbeatblog.com) verschaffen. Tickets für Großveranstaltungen erhält man über die Website von **Biletix** (☎216-556 9800; www.biletix.com).

Nachtclubs

Die besten Nachtclubs befinden sich in Beyoğlu und auf der „Goldenen Meile" zwischen Ortaköy und Kuruçeşme am Bosporus. Wer auf diesem Luxusstreifen irgendwo Einlass finden will, muss sich mächtig in Schale werfen und das nötige Kleingeld dabeihaben – die Preise für Getränke beginnen bei 25 ₺ für ein Bier und steigen bis ins Unermessliche für Wein, importierte Spirituosen oder Cocktails. Eine Reservierung ist ratsam – sie ist oft auch der einzige Weg, um an den Türstehern vorbeizukommen. Ansonsten braucht man eine große Portion Glück oder muss ihnen ein „Trinkgeld" von mindestens 100 ₺ zustecken.

Die Clubs in Beyoğlu sind preiswerter, avantgardistischer und relativ ungezwungen. Alle Clubs sind freitags und vor allem samstags brechend voll, aber vor 1 oder 2 Uhr geht die Party nicht richtig los.

BEYOĞLU & UMGEBUNG

LP TIPP **MiniMüzikHol** CLUB, LIVEMUSIK
(MMH; Karte S. 72; www.minimuzikhol.com; Soğancı Sokak 7, Cihangir; ⌚Mi–Sa 22 Uhr–open end; 🚊Kabataş, dann mit der Standseilbahn nach Taksim) Das Flaggschiff aller innerstädtischen Locations ist das MMH, ein kleiner, etwas schmuddeliger Club in der Nähe von Taksim. Werktags treten in- und ausländische Musiker auf, und am Wochenende steigt hier die beste Tanzparty der Stadt. Am besten wird's erst nach 1 Uhr.

Kiki CLUB, CAFÉ
(Karte S. 72; www.kiki.com.tr; Sıraselviler Caddesi 42, Cihangir; ⌚So geschl.; 🚊Kabataş, dann mit der Standseilbahn nach Taksim) Tagsüber cooles Café, abends hipper Club mit Bar: Das Kiki bietet seiner treuen Klientel Pizza, Burger, Drinks und Musik (DJs und Liveauftritte). Stammgäste zieht es nach hinten in den Hof, und wer knapp bei Kasse ist, freut sich über die Happy Hour von Montag bis Donnerstag zwischen 19 und 21 Uhr (Mo & Mi gibt's die Drinks zum halben Preis, Di & Do kostenlose Tapas).

Dogzstar CLUB
(Karte S. 72; www.dogzstar.com; Kartal Sokak 3, Galatasaray; ⌚So geschl.; 🚊Kabataş, dann mit der Standseilbahn nach Taksim) Der Club ist zwar dreistöckig, aber seine kompakte Größe (max. 300 Pers.) macht ihn zum akustischen Highlight. Unter dem Publikum sind werdende Fans oder Hardcore-Anhänger der aufstrebenden Bands oder DJs auf der Bühne. Die Einnahmen aus den (bescheidenen) Eintrittspreisen gehen an die Musiker, und auch die Getränke gibt es zu vernünftigen Preisen. Bravo! Auf der Terrasse kühlen sich die Clubgänger im Sommer ab.

Love Dance Point SCHWULE & LESBEN
(www.lovedp.net; Cumhuriyet Caddesi 349, Harbiye; ⌚Fr & Sa 23.30–5 Uhr; 🚊Kabataş, dann mit der Standseilbahn nach Taksim) Zu Beginn des zweiten Jahrzehnts seiner Existenz hat sich das Love DP mit Musikikonen aus der Schwulenszene und internationalen Circuit-Partys zum europäischsten Schwulentreff İstanbuls gemausert. Harte Technoklänge vermischen sich mit Schwulenhymnen und Pop. Hier treffen sich Globetrotter und Alleskenner sowie ein paar Hetero-Hipster aus dem nahe gelegenen Nişantaşı.

Indigo CLUB
(Karte S. 72; www.livingindigo.com; 1.–5. Stock, Mısır Apt., 309 Akarsu Sokak, Galatasaray; ⌚Fr & Sa 22–5 Uhr, Sommer geschl.; 🚊Kabataş, dann mit der Standseilbahn nach Taksim) Das ist Beyoğlus Tempel der Elektromusik, in dem sich am Wochenende Tanzmusikfans ihren schwungvollen Kick holen. Hier stehen erstklassige lokale und tourende DJs oder Livebands auf der Bühne. Infos zu Veranstaltungsprogramm und Eintrittspreisen gibt's auf der Website.

Off Pera CLUB
(Karte S. 72; Gönül Sokak 14a, Asmalımescit; 🚊Karaköy, dann mit der Standseilbahn zum Tünel) Man muss sich seinen Weg in den winzigen Club bahnen, aber ist man erst mal drin, zahlt sich die Ausdauer aus. Die DJs hocken auf einem Balkon über der Bar, und das Publikum aus allen Altersgruppen strömt ab und an nach draußen auf die Straße, um zu rauchen und Luft zu schnappen. Dienstags dröhnt nach Mitternacht türkischer Pop aus der Musikanlage.

Araf CLUB
(Karte S. 72; www.araf.com.tr; 5. Stock, Balo Sokak 32; ⌚Di–So 17–4 Uhr; 🚊Kabataş, dann mit der Standseilbahn nach Taksim) Englischlehrer, Erasmus-Austauschstudenten und Türkischschüler haben diesen Club schon längst zu ihrem Lieblingstreff erklärt. Hier lauschen sie der Weltmusik (und der hauseigenen Gypsy-Band) und genießen das preiswerteste Club-Bier der Stadt.

ORTAKÖY & KURUÇEŞME

Reina CLUB
(Karte S. 77; ☎212-259 5919; www.reina.com.tr; Muallim Naci Caddesi 44, Ortaköy; Grundpreis Sa & So 50 ₺, Mo–Fr frei; ⌚Sommer tgl., Winter Sa & So; 🚌Ortaköy) Laut eigener Website ist das Reina ein Ort, an dem „ausländische Staatsoberhäupter über Weltpolitik diskutieren, Geschäftsleute Verträge über Hunderte Milliarden Dollar abschließen und Weltstars sich treffen". In Wirklichkeit tummeln sich hier türkische C-Promis, Neureiche und der eine oder andere Tourist, der es an den Türstehern vorbei schafft, um sich das Spektakel anzusehen. Die Lage am Bosporus ist aber echt außergewöhnlich.

Sortie CLUB
(Karte S. 77; ☎212-327 8585; www.eksenistanbul.com; Muallim Naci Caddesi 141, Kuruçeşme; Grundpreis Fr & Sa 50 ₺, Mo–Do & So frei; ⌚nur Sommer; 🚌Şifa Yurdu) Das Sortie wetteifert seit Langem mit dem Reina um die Krone der Queen der Goldenen Meile. Wer sich in der Stadt für glamourös hält, strömt hierher und schaut, ob es nicht doch mal einen echten Promi zu sehen gibt.

Supperclub CLUB
(Karte S. 77; ☎212-261 1988; www.supperclub.com; Muallim Naci Caddesi 65; Eintritt frei; ⌚nur Sommer; 🚌Ortaköy) Mit seiner Einrichtung ganz in Weiß und der Lage in der Nähe des Bosporus hat der Supperclub eine unverkennbare Resort-Atmosphäre. Statt Tischen und Stühlen gibt's hier übergroße Strandkörbe, in die die Gäste sich fläzen und in denen sie auch essen sowie die stimmungsvolle Beleuchtung, die Liveshows, die importierten DJ-Talente und die hochkreative Küche genießen.

Livemusik & Tanz

SULTANAHMET

Kulturzentrum Hocapaşa THEATER
(Hocapaşa Kültür Merkezi; Karte S. 50; ☎212-511 4626; www.hodjapasha.com; Hocapaşa Hamamı Sokak 3b, Sirkeci; Erw./Kind bis 12 Jahre Show der tanzenden Derwische 50/30 ₺, Türkische Tanzshow 60/40 ₺; 🚊Sirkeci) In einem von einem schönen, 550 Jahre alten Hamam nahe Eminönü zum Kulturzentrum für Touristen umgebauten Bau werden eine einstündige Aufführung von tanzenden Derwischen (Fr, Sa, So, Mo & Mi 19.30 Uhr) und eine eineinhalbstündige türkische Tanzshow (Di & Do 20 Uhr, Sa & So 21 Uhr) gezeigt. Achtung: Beim Derwisch-Kreiseltanz sind Kinder unter sieben Jahren nicht zugelassen!

BEYOĞLU & UMGEBUNG

LP TIPP **Babylon** LIVEMUSIK, CLUB
(Karte S. 72; www.babylon.com.tr; Şehbender Sokak 3, Asmalımescit; ⌚Di–Do 21.30–2, Fr & Sa 22–3 Uhr, Sommer geschl.; 🚊Karaköy, dann mit der Standseilbahn zum Tünel) Schon seit 1999 lockt der İstanbuler Club mit hervorragender Livemusik die Massen an und hat immer noch nichts von seinem Reiz verloren. In dem gemischten Programm sind oft auch international bekannte Größen vertreten, vor allem während der Festivalsaison. Die meiste Action findet im Konzertsaal statt, aber es gibt auch eine Lounge, in der DJs auflegen. Der Grundpreis ist immer unterschiedlich. Tickets gibt's über Biletix oder direkt am Kartenschalter des Babylon.

Munzur Café & Bar LIVEMUSIK
(Karte S. 72; www.munzurcafebar.com; Hasnun Galip Sokak, Galatasaray; ⌚Di–So 13–4 Uhr,

Musik ab 21 Uhr; Kabataş, dann mit der Standseilbahn nach Taksim) In der Hasnun Galip Sokak in Galatasaray gibt es eine Reihe von *türkü evleri* (Liederhäusern). Das sind von Kurden betriebene Bars, in denen die Musiker live emotionsgeladene *halk müziği* (Volksmusik) zum Besten geben. Die wohl beste Bar unter ihnen ist das Munzur, das seit fast 20 Jahren erstklassige Sänger und Virtuosen auf der *bağlama* (Laute) auf die Bühne bringt. Das **Toprak** (Karte S. 72; 212-293 4037; www.toprakturkubar.tr.gg/ana-sayfa.htm; Hasnun Galip Sokak, Galatasaray; 16–4 Uhr, Show ab 22 Uhr) in der Nähe bietet in etwa das Gleiche.

Galata-Mevlevi-Museum THEATER
(Galata Mevlevihanesi Müzesi; Karte S. 72; Galipdede Caddesi 15, Tünel; 40 ₺; Vorstellung So 16 Uhr; Karaköy, dann mit der Standseilbahn zum Tünel) In der *semahane* dieser *tekke* aus dem 15. Jh. finden an den meisten Sonntagen im Jahr *sema*-Vorführungen statt. Tickets für die Kreiseltanz-Zeremonie sind nur am Tag der Vorstellung selbst erhältlich und schnell ausverkauft. Am besten geht man vorher ins Museum und kauft die Eintrittskarten rechtzeitig vor der Vorstellung (der Kartenschalter öffnet morgens um 9 Uhr).

Nardis Jazz Club JAZZ
(Karte S. 72; 212-244 6327; www.nardisjazz.com; Kuledibi Sokak 14, Galata; Mo–Do 21.30–0.30, Fr & Sa 21.30–1.30 Uhr, Aug. geschl.; Karaköy) Der nach einem Miles-Davis-Stück benannte trauliche Jazzclub in der Nähe vom Galata-Turm wird von dem Jazzgitarristen Önder Focan und seiner Frau Zuhal betrieben. Auf der Bühne stehen talentierte Amateure, lokale Jazz-Größen und internationale Künstler. Der Club ist klein; wer also einen guten Tisch haben will, muss vorab reservieren. Der Eintrittspreis variiert.

Salon LIVEMUSIK
(Karte S. 72; 212-334 0700; www.saloniksv.com; Stiftung für Kultur & Kunst İstanbul, Nejat-Eczacıbaşı-Gebäude, Sadi Konuralp Caddesi 5, Şişhane; Karaköy, dann mit der Standseilbahn zum Tünel) Im kleinen Veranstaltungsraum im Gebäude der Stiftung für Kultur & Kunst (İKSV) finden Konzerte mit moderner Musik (vor allem Jazz), Lesungen und Theateraufführungen statt. Infos zu Veranstaltungen und dem Kartenverkauf gibt's auf der Website. Vor oder nach der Show kann man noch einen Drink in der X Bar (S. 112) im selben Gebäude nehmen.

ORTAKÖY & KURUÇEŞME

İstanbul Jazz Center JAZZ
(Karte S. 77; 212-327 5050; www.istanbuljazz.com; Salhane Sokak 10, Ortaköy; ab 19 Uhr, Liveauftritte Mo–Sa 21.30 & 0.30 Uhr, Sommer geschl.; Kabataş Lisesi) Das JC beherbergt regelmäßig internationale Größen der Jazzszene. Der Eintrittspreis variiert. Die Lage an der Goldenen Meile treibt die Preise für das Abendessen mit Musik und Getränken in die Höhe.

Sport

Es gibt nur einen Zuschauersport, der bei den Türken wirklich zählt: Fußball. Von August bis Mai treten 18 Mannschaften aus der ganzen Türkei gegeneinander an. Drei Spitzenteams kommen aus İstanbul: Fenerbahçe, Galatasaray und Beşiktaş. Die beste Mannschaft aus der ersten Liga spielt dann um den Europapokal.

Die Spiele finden gewöhnlich am Wochenende statt, normalerweise am Samstag. Fast jeder Türke kann einem sagen, bei welchem Spiel sich das Zuschauen lohnt. Karten für ein Wochenendspiel erhält man in der Regel zwischen Dienstag und Donnerstag in den Vereinshäusern am *stadyum* (Stadion) oder über Biletix. Ein Sitzplatz in den nicht überdachten Rängen ist erschwinglich, einer auf den überdachten Tribünen mit dem besten Blick mitunter recht teuer. Zur Not bekommt man auch noch am Spieltag vor dem Stadion Tickets, meistens aber zu horrenden Preisen.

Alternativ kann man in einem der *nargile*-Cafés in Tophane (S. 110) mit den Fans zusammen die Spiele auf dem Bildschirm verfolgen.

Shoppen

Power-Shopper sind in İstanbul genau richtig. Trotz der unzähligen historischen Sehenswürdigkeiten ist überraschenderweise das Shoppen für viele Traveller das Highlight ihres İstanbul-Besuchs, vor allem das Stöbern und Feilschen auf den stimmungsvollen Basaren. Die besten sind der Große Basar und der Arasta-Basar, in denen vor allem Teppiche, Schmuck, Textilien und Töpferwaren feilgeboten werden.

Türkische Musikinstrumente findet man in den Läden in der Galipdede Caddesi zwischen dem Tünel Meydanı und dem Galata-Turm in Beyoğlu. Designermode gibt's im Nobel-Einkaufsgebiet Nişantaşı und avantgardistische Mode in der Serdar-ı Ekrem Caddesi in Galata. Antiquitätenjäger sollten durch die Straßen von Çukurcuma in Beyoğlu bummeln.

Ein Tipp an alle İstanbul-Besucher: Viel Energie, eine volle Brieftasche und leere Koffer mitbringen!

SULTANAHMET

LP TIPP Cocoon TEPPICHE, TEXTILIEN
(Karte S. 50; www.cocoontr.com; Küçük Ayasofya Caddesi 13; ⌚8.30–19.30 Uhr; 🚊Sultanahmet) Es gibt so viele Teppich- und Textilläden in İstanbul, dass es schwierig ist, einen bestimmten zu empfehlen. Bei diesem hier war das allerdings kein Problem. Filzhüte, alte Kostüme und Textilien aus Zentralasien werden kunstvoll auf einer Etage angepriesen, auf der anderen gibt's Teppiche aus Persien, Zentralasien, dem Kaukasus und Anatolien. Ein dritter Laden befindet sich im Arasta-Basar und ein weiterer im **Großen Basar** (Karte S. 68; Halıcılar Çarşışı Sokak 38; ⌚Mo–Sa 9–19 Uhr; 🚊Beyazıt-Kapalı Çarşı).

Jennifer's Hamam BADZUBEHÖR
(Karte S. 61; www.jennifershamam.com; 43 & 135 Arasta-Basar; ⌚April–Sept. 9–22.30 Uhr, Okt.–März 9–19.30 Uhr; 🚊Sultanahmet) Die Kanadierin Jennifer Gaudet betreibt diese beiden Filialen im Arasta-Basar. Es gibt hier hochwertige Hamam-Artikel, darunter Handtücher, Bademäntel und Hamam-Tücher *(peştemal)*, die auf traditionelle Weise gewebt werden, sowie natürliche Seifen und *kese* (raue Peeling-Handschuhe).

Mehmet Çetinkaya Gallery TEPPICHE, TEXTILIEN
(Karte S. 50; www.cetinkayagallery.com; Tavukhane Sokak 7; ⌚9.30–19.30 Uhr; 🚊Sultanahmet) Mehmet Çetinkaya gilt als einer der landesweit führenden Experten für alte Orientteppiche und Kilims. Sein Flaggschiff ist diese Galerie voller Schätze, die auch Stücke von künstlerischem und ethnografischem Wert beinhalten. Eine zweite Filiale für Teppiche, Textilien und andere Objekte gibt's im Arasta-Basar.

Yılmaz İpekçilik TEXTILIEN
(Karte S. 61; www.yilmazipekcilik.com/en; İshakpaşa Caddesi 36; ⌚Mo–Sa 9–21 Uhr, Winter bis 19 Uhr; 🚊Sultanahmet) Preisgünstige handgewebte Seidentextilien aus Antakya findet man in diesem etwas abgelegenen Laden. Das familiengeführte Geschäft gibt es seit 1950. Es hat sich auf hochwertige Tücher, Schals und Hamam-Tücher *(peştemal)* spezialisiert.

Khaftan KUNST, ANTIQUITÄTEN
(Karte S. 50; www.khaftan.com; Nakilbent Sokak 33; ⌚9–20 Uhr; 🚊Sultanahmet) Der Inhaber Adnan Cakariz verkauft alte Kütahya- und İznik-Keramik an Sammler und Museen im In- und Ausland. Man kann also sicher sein, dass alle Stücke von bester Qualität sind. In dem prächtigen Laden gibt's glänzende russische Ikonen, kunstvolle (alte und neue) Kalligrafien, Keramik, Karagöz-Puppen und moderne Gemälde.

Tulu HAUSHALTWAREN
(Karte S. 50; www.tulutextiles.com; Üçler Sokak 7; 🚊Sultanahmet) Das Tulu ist ein neues Geschäft für moderne Haushaltwaren und erobert İstanbul im Sturm. Betrieben wird es von der Amerikanerin Elizabeth Hewitt; die Textilsammlerin und Designerin fertigt schicke Kissen, Bettwäsche und Accessoires nach dem Vorbild zentralasiatischer Textilien an. Daneben gibt es auch Möbel, Textilien und Objekte aus Ländern wie Usbekistan, Indien, Japan und Indonesien.

BASARVIERTEL

Yazmacı Necdet Danış TEXTILIEN
(Karte S. 68; Yağlıkçılar Caddesi 57, Großer Basar; ⌚Mo–Sa 9–19 Uhr; 🚊Beyazıt-Kapalı Çarşı) Modedesigner und Händler aus aller Welt wissen, dass sie in İstanbul hierher kommen müssen, um sich mit hochwertigen Textilien einzudecken. Der Laden ist voller Rollen mit Stoffen aller Art – glänzende, einfache, dünne und exklusive. Wer auf der Suche nach einem *peştemal,* Schal oder Kleidungsstück ist, wird hier ebenfalls fündig. Zum Unternehmen gehört auch das Murat Danış nebenan.

Derviş TEXTILIEN, BADZUBEHÖR
(Karte S. 68; www.dervis.com; Keseciler Caddesi 33–35, Großer Basar; ⌚Mo–Sa 9–19 Uhr; 🚊Beyazıt-Kapalı Çarşı) Hier gibt es neben prachtvollen *peştemal* aus unbehandelter Baumwolle und Seide auch traditionelle türkische Verlobungskleider und alles für die Aussteuer. Wer damit nichts anfangen kann, hält sich an die Seifen aus reinem Olivenöl und die alten Hamam-Schalen. Einen weiteren **Laden** (Karte S. 68; Halıcılar Çarşışı Sokak 51) gibt's weiter nördlich im Basar.

Abdulla Natural Products TEXTILIEN, BADZUBEHÖR
(Karte S. 68; Halıcılar Çarşısı Sokak 62, Großer Basar; ⌚Mo–Sa 9–19 Uhr; 🚊Beyazıt-Kapalı Çarşı) Das Abdulla ist der erste Designerladen westlichen Stils in diesem alten Markt

und verkauft erstklassige Bettwäsche und Handtücher aus Baumwolle, ostanatolische Plaids aus handgesponnener Wolle, Baumwoll-*peştemal* und Seifen aus reinem Olivenöl. Eine weitere Filiale befindet sich im Fes Café (S. 103) in Nuruosmaniye.

Ak Gümüş KUNSTHANDWERK
(Karte S. 68; Gani Çelebi Sokak 8, Großer Basar; Mo–Sa 9–19 Uhr; Beyazıt-Kapalı Çarşı) Der herrliche Laden hat sich auf zentralasiatische Stammeskunst spezialisiert und verkauft Spielzeug und Hüte aus Filz sowie Schmuck und andere Objekte aus Münzen und Perlen.

Sevan Bıçakçı SCHMUCK
(Karte S. 64; www.sevanbicakci.com; Gazi Sinan Paşa Sokak 16, Nuruosmaniye; Mo–Sa 10–18 Uhr; Çemberlitaş) Der extravagante Juwelier Sevan Bıçakçı kreiert Kunstwerke zum Tragen und Beeindrucken und lässt sich dabei von den Monumenten und der Geschichte seines heiß geliebten İstanbuls inspirieren. Sein Flaggschiff befindet sich im Kutlu Han in der Nähe vom Nuruosmaniye-Tor des Großen Basars.

Dhoku TEPPICHE
(Karte S. 68; www.dhoku.com; Takkeçiler Sokak 58–60, Großer Basar; Mo–Sa 9–19 Uhr; Beyazıt-Kapalı Çarşı) Das Dhoku (der Name bedeutet „Gewebe") ist einer der Teppichläden der neuen Generation im Großen Basar und verkauft kunstvoll designte Woll-Kilims mit strikt modernistischen Mustern. Direkt gegenüber liegt das **EthniCon** (Karte S. 68; www.ethnicon.com; Takkeçiler Sokak, Großer Basar) mit ähnlich schicken Teppichen in lebhaften Farben, das den derzeitigen Run auf die modernen Kilims ausgelöst haben soll.

Muhlis Günbattı TEXTILIEN
(Karte S. 68; www.muhlisgunbatti.net; Perdahçılar Sokak 48, Großer Basar; Mo–Sa 9–19 Uhr; Beyazıt-Kapalı Çarşı) Dies ist eines der berühmtesten Geschäfte im Basar. Muhlis Günbattı hat sich auf *suzani*-Stoffe aus Usbekistan spezialisiert. Die wunderschönen Tagesdecken, Tischdecken und Wandbehänge sind aus feinster Baumwolle mit aufgestickter Seide gefertigt. Neben Textilien gibt es hier auch hochwertige Teppiche, bunte Kilims und alte osmanische Stoffe, die reich mit Gold bestickt sind. Die zweite Filiale in der **Tevkifhane Sokak** (Tevkifhane Sokak 12; Sultanahmet) in Sultanahmet hat eine größere Auswahl von Kostümen zu astronomischen Preisen.

Serhat Geridönmez SCHMUCK
(Karte S. 68; Şerifağa Sokak 69, Old Bazaar, Großer Basar; Mo–Sa 9–19 Uhr; Beyazıt-Kapalı Çarşı) Es gibt viele Juweliere im Großen Basar, aber nur wenige verkaufen solch großartige und fachmännisch gefertigte Nachbildungen von hellenistischen, römischen und byzantinischen Stücken wie dieser kleine Laden.

Sofa KUNST, SCHMUCK
(Karte S. 64; www.kashifsofa.com; Nuruosmaniye Caddesi 53, Nuruosmaniye; Mo–Sa 9.30–19 Uhr; Çemberlitaş) Im Sofa bekommt man eine kunstvoll arrangierte, bunte Auswahl von kostspieligen Schmuckstücken, Drucken, Textilien, Kalligrafien, osmanischen Miniaturen und moderner türkischer Kunst zu sehen.

Vakko İndirim BEKLEIDUNG, ACCESSOIRES
(Vakko Outlet; Karte S. 50; Yeni Camii Caddesi 13; Mo–Sa 9.30–18 Uhr; Eminönü) Dieses Outlet für Restbestände des berühmten İstanbuler Modelabels sollte auf der Liste aller Schnäppchenjäger stehen. Erstklassige Damen- und Herrenbekleidung – oft in Italien entworfen und hergestellt – wird hier zu einem Bruchteil des Originalpreises verkauft.

Ali Muhiddin Hacı Bekir LEBENSMITTEL
(Karte S. 50; www.hacibekir.com.tr/eng; Hamidiye Caddesi 83, Eminönü; Mo–Sa 8–20 Uhr; Eminönü) Zu jedem İstanbul-Besuch gehört, dass man *lokum* probiert, und am besten tut man das in diesem historischen Laden, der schon seit mehr als 200 Jahren von derselben Familie betrieben wird. *Lokum* gibt es *sade* (einfach), *cevizli* (mit Walnüssen), *fıstıklı* (mit Pistazien), *bademli* (mit Mandeln) oder *güllü* (mit Rosenwasser). Eine weitere Filiale befindet sich in **Beyoğlu** (Karte S. 72; İstiklal Caddesi 83; Kabataş, dann mit der Standseilbahn zum Taksim Meydanı).

BEYOĞLU & UMGEBUNG

LP TIPP **Dear East** KUNST & KUNSTHANDWERK
(Karte S. 72; www.deareast.com; Lüleci Hendek Sokak 35, Tophane; Mo–Sa 10.30–19 Uhr; Tophane) Die Innenarchitektin Emel Güntaş ist eine der İstanbuler Stilikonen. Ihr kürzlich eröffnetes Geschäft in Tophane ist ein beliebtes Ziel für die Designkenner der Stadt. Hier gibt es Kissen (u.a. vom Designer Rıfat Özbek), Teppiche, Kilims, Seidentücher, Wollschals, Porzellan, Filz-Artikel, Gemälde und Fotos. Alles hier ist echtes Kunsthandwerk und absolut großartig.

A La Turca TEPPICHE, ANTIQUITÄTEN
(Karte S. 72; www.alaturcahouse.com; Faikpaşa Sokak 4, Çukurcuma; ⌚Mo–Sa 10.30–19.30 Uhr; 🚊Kabataş, dann mit der Standseilbahn nach Taksim) In dem fabelhaften Laden in Çukurcuma gibt es neben alten anatolischen Kilims und Textilien erstklassige osmanische Antiquitäten. In dieser Gegend kann man am besten nach Antiquitäten und Kuriositäten stöbern, und das A La Turca ist das wohl interessanteste Geschäft hier. An der Tür klingeln, um eingelassen zu werden!

Tezgah Alley BEKLEIDUNG
(Karte S. 72; Terkoz Cıkmazı, abseits der İstiklal Caddesi; ⌚So geschl.; 🚊Karaköy, dann mit der Standseilbahn zum Tünel) Mit den Ellenbogen muss man sich den Weg zu den Ständen *(tezgah)* in dieser Gasse an der İstiklal Caddesi bahnen. Hier gibt's haufenweise T-Shirts, Pullover, Hosen und Shirts für weniger als 10 ₺ pro Stück. Die Türkei ist ein bedeutendes Zentrum der europäischen Bekleidungsindustrie. Die Stücke hier sind oft Exportüberschüsse aus Fabriken, die für Designer oder große Modelabels arbeiten.

SIR KERAMIK
(Karte S. 72; www.sircini.com; Serdar-i Ekrem Caddesi 66, Galata; ⌚So geschl.; 🚊Karaköy, dann mit der Standseilbahn zum Tünel) In İstanbul hergestellte Keramik kann ziemlich teuer sein, aber die schönen handbemalten Teller, Servierteller, Schüsseln und Fliesen in diesem kleinen Atelier sind die Ausnahme.

Lâl KUNSTHANDWERK
(Karte S. 72; www.lalistanbul.com; Camekan Sokak 4c, Galata; ⌚10.30–20 Uhr; 🚊Karaköy) Das Lâl ist eines der neuen Geschäfte für Kunsthandwerk in der Türkei. Es verkauft Artikel wie Beutel, Schals, Bekleidung, Spitze und Flechtschmuck, die Künstler in modernem Design fertigen. Sehr interessant sind die preisgünstigen T-Shirts mit Applikationen.

Hammam BADZUBEHÖR
(Karte S. 72; www.hammam.com.tr; Kule Çıkmazı, Galata; ⌚11–20 Uhr; 🚊Karaköy) Der wundervolle Duft von Seifen mit natürlichen Duftölen umweht Kunden beim Betreten des kleinen Ladens, der versteckt in einer Straße unter dem Galata-Turm liegt. Die traditionellen Lorbeer- und Olivenölseifen sind günstig, ebenso die schönen Baumwoll- und Seiden-*peştemals* und Bademäntel.

Bahar Korçan BEKLEIDUNG
(Karte S. 72; www.baharkorcan.org; Serdar-ı Ekrem Caddesi 9, Galata; ⌚So geschl.; 🚊Karaköy) Bahar Korçan war eine Pionierin der Designer-Community in Galata. Ihr Laden hat hohe Decken, Kronleuchter und stets fesselnde Schaufensterauslagen und ist einer der schönsten in der Serdar-ı Ekrem Caddesi. Ihre Kollektionen zeichnen sich durch ultrafeminine Entwürfe, eigenwillige Details und erlesene Stoffe aus.

Arzu Kaprol BEKLEIDUNG
(Karte S. 72; www.arzukaprol.net; Serdar-ı Ekrem Caddesi 22, Galata; 🚊Karaköy) Arzu Kaprol, die in Paris gelernt hat, wird im ganzen Land für ihre aufregenden Kreationen gepriesen. Ihre Damenmode- und Accessoires-Kollektionen sind auf der Pariser Fashion Week zu sehen und werden auch in internationalen Warenhäusern wie dem Londoner Harrods verkauft. In diesem Laden präsentiert sie ihre schicke Prêt-à-porter-Mode.

İroni HAUSHALTWAREN
(Karte S. 72; www.ironi.com.tr; Camekan Sokak 4e, Galata; ⌚10.30–20 Uhr; 🚊Karaköy) Güney İnan verkauft versilberte Haushaltswaren im türkischen Stil. Auf der Suche nach einem schönen Andenken an die Reise wird man hier garantiert fündig. Besonders schön sind die Teeservices (Tablett, Gläser mit Henkel, Zuckerdosen) und die Leuchten.

Robinson Crusoe BÜCHER
(Karte S. 72; www.rob389.com; İstiklal Caddesi 389; ⌚Mo–Sa 9–21.30, So 10–21.30 Uhr; 🚊Karaköy, dann mit der Standseilbahn zum Tünel) Es gibt kaum etwas Angenehmeres, als für eine Weile hier abzutauchen. Mit seinem tollen Dekor und der guten Auswahl von Zeitschriften, englischsprachigen Romanen und Büchern über İstanbul ist das Robinson Crusoe einer der besten Buchläden in der Stadt. Es gibt noch eine andere Filiale im Erdgeschoss des SALT Beyoğlu (S. 75), die sich auf Kunstbücher spezialisiert hat.

Lale Plak MUSIK
(Karte S. 72; Galipdede Caddesi 1, Tünel; ⌚Mo–Sa 9.30–19.30, So 10.30–19 Uhr; 🚊Karaköy, dann mit der Standseilbahn zum Tünel) Der kleine Laden ist vollgestopft mit CDs, darunter eine gute Auswahl türkischer klassischer Musik, Jazz und Volksmusik. Hier hängen auch gern lokale Musiker rum.

Selda Okutan SCHMUCK
(Karte S. 72; www.seldaokutan.com; Ali Paşa Değirmeni Sokak 10a, Tophane; ⌚So geschl.; 🚊Tophane) Die gesamte lokale Modeszene ist begeistert von Selda Okutans faszi-

nierenden, wie Skulpturen wirkenden Schmuckstücken, die u.a. mit winzigen nackten Figürchen bestückt sind. In ihrem Atelier in Tophane kann man die Stücke selbst in Augenschein nehmen.

BEŞİKTAŞ, ORTAKÖY & KURUÇEŞME

Die Geschäfte rund um das schicke „W Hotel" in der Nähe des Dolmabahçe-Palasts zählen zu den schillerndsten in der ganzen Stadt. Marni, Chloé, Marc Jacobs und Jimmy Choo sind nur einige der Labels, welche die gut betuchte Elite zum Shoppen hierherlocken.

LP TIPP **Lokum** LEBENSMITTEL (www.lokumistanbul.com; Kuruçeşme Caddesi 19, Kuruçeşme; ⌚Mo–Sa 9–19 Uhr; Kuruçeşme) In dieser Boutique in Kuruçeşme wird *lokum* zur Kunst erhoben. Die Inhaberin Zeynep Keyman will damit die Wonnen, den Geschmack, das Wissen und die Schönheit osmanisch-türkischer Produkte wie *lokum, akide şekeri* (Kandiszucker, manchmal mit Nüssen und Trockenfrüchten), Eau de Cologne und Duftkerzen wiederbeleben. Dank der prachtvollen Verpackung eignen sich die Artikel prima als Mitbringsel.

Haremlique HAUSHALTWAREN (www.haremlique.com; Şair Nedim Bey Caddesi 11, Beşiktaş; ⌚Mo–Sa; Akaretler) Die Geschäfte rund um das edle „W Hotel" zählen zu den schillerndsten in der Stadt. Zu den hiesigen internationalen Labels gehört auch das Haremlique, das erstklassige Bettwäsche und Badzubehör verkauft. Man bekommt hier auch andere Artikel wie Zierkissenbezüge mit osmanischen Schnörkelmustern, mit denen man zu Hause sicher alle Gäste beeindrucken wird.

Praktische Informationen

Gefahren & Ärgernisse

İstanbul ist nicht gefährlicher oder sicherer als jede andere Großstadt. Es gibt allerdings einige Gefahrenpunkte, die Aufmerksamkeit verdienen:

» Einige İstanbuler benehmen sich im Straßenverkehr wie Rallyefahrer, und Fußgänger brauchen auf Rücksicht gar nicht erst hoffen.

» In den Seitenstraßen von Beyoğlu kommt es gelegentlich zu Taschendiebstählen und Überfällen.

» Neuerdings gibt es Polizeirazzien in Schwulen-Locations der Stadt, vor allem in Hamams und Saunen. Viele wurden geschlossen, und diejenigen, die noch in Betrieb sind, können jederzeit aus vermeintlich moralischen Gründen von der Polizei durchsucht werden.

» Männer, die allein oder zu zweit unterwegs sind, sollten darauf achten, dass sie nicht von einem netten Einheimischen auf ein paar Drinks in einen Club gelotst werden. Viele dieser Begegnungen enden in einem *pavyon*, einem anrüchigen Nachtclub der Mafia, wo ein oder zwei Drinks mit einer Begleitdame schnell Hunderte, manchmal auch Tausende Euro kostet. Und wer nicht bezahlt, bekommt die brutalen Konsequenzen zu spüren.

Geld

Geldautomaten gibt es überall in İstanbul. Besonders günstig liegen die in der Nähe des Aya Sofya Meydanı in Sultanahmet, im Großen Basar und an der İstiklal Caddesi in Beyoğlu.

Die Wechselstube *(döviz bürosu)* in der Ankunftshalle des Internationalen Flughafens Atatürk hat rund um die Uhr geöffnet und bietet ähnliche Kurse wie die Wechselstuben in der Stadt. Wechselstuben findet man auch am Divan Yolu in Sultanahmet, in der Nähe vom Großen Basar und rund um den Bahnhof Sirkeci in Eminönü.

Medien

Time Out İstanbul Die monatlich erscheinende englischsprachige Ausgabe (6 ₺) hat einen umfangreichen Veranstaltungskalender und ist die beste Infoquelle für anstehende Events. Man bekommt sie am Flughafen, an den Zeitungsständen in Sultanahmet und in einigen Buchläden.

The Guide İstanbul Die Online-Ausgabe des Reklameblatts mit Veranstaltungstipps ist nützlicher als die Druckausgabe.

Medizinische Versorgung

Auch wenn's teuer ist – man sollte eine der folgenden Privatkliniken aufsuchen, wenn man in İstanbul medizinische Hilfe benötigt. In beiden Kliniken kann man mit Kreditkarte zahlen; eine normale Untersuchung kostet ungefähr 200 ₺.

Universal Taksim Alman Hastanesi (Deutsches Krankenhaus; ☎212-293 2150; www.uhg.com.tr; Sıraselviler Caddesi 119; ⌚Mo–Fr 8.30–18, Sa 8.30–17 Uhr) Das Krankenhaus mit Augen-, Zahn- und Kinderklinik liegt einige Hundert Meter südlich vom Taksim Meydanı an der linken Straßenseite. Das Personal spricht auch Englisch.

Vehbi Koç Amerikan Hastanesi (Amerikanisches Krankenhaus; ☎212-444 3777 Anschluss 9, 212-311 2000; www.americanhospitalistanbul.org/ENG; Güzelbahçe Sokak 20, Nişantaşı; ⌚24 Std. Notfallaufnahme) Rund 2 km nordöstlich vom Taksim Meydanı liegt dieses Krankenhaus mit englischsprachigem Personal und einer Zahnklinik.

Notfall

Ambulanz (☎112)

Feuerwehr (☎110)

Polizei (☎155)

Touristenpolizei (☎212-527 4503; Yerebatan Caddesi 6) Gegenüber der Cisterna Basilica.

Post

İstanbuls Hauptpost (PTT) hat eine günstige Lage zwischen dem Bahnhof Sirkeci und dem Gewürzbasar.

Telefon

Wer vom europäischen Teil İstanbuls einen Anschluss im asiatischen Teil erreichen will, muss die Vorwahl ☎216 wählen, umgekehrt die Vorwahl ☎212. Bei Ortsgesprächen innerhalb des europäischen bzw. asiatischen Teils der Stadt entfällt die Vorwahl.

Touristeninformation

Das Ministerium für Kultur & Tourismus betreibt derzeit vier Touristeninformationen in der Stadt. Eine fünfte soll nach Abschluss der Renovierungen im Kulturzentrum Atatürk am Taksim Meydanı eröffnet werden. Um ehrlich zu sein, ist keines dieser Büros wirklich hilfreich.

Touristeninformationsbüro – Karaköy (Internationaler Terminal Karaköy, Kemankeş Caddesi, Karaköy; ⏲Mo–Sa 9.30–17 Uhr)

Touristeninformationsbüro – Sirkeci (☎212-511 5888; Bahnhof Sirkeci, Ankara Caddesi, Sirkeci; ⏲Sommer 9.30–18 Uhr, ansonsten 9–17.30 Uhr; 🚋Sirkeci)

Touristeninformationsbüro– Sultanahmet (☎212-518 8754; Hippodrom, Sultanahmet; ⏲Mitte April–Sept. 9.30–18 Uhr, Okt.–Mitte April 9–17.30 Uhr; 🚋Sultanahmet)

Touristeninformationsschalter – Flughafen Atatürk (☎212-465 3451; Internationale Ankunftshalle, Internationaler Flughafen Atatürk; ⏲9–22 Uhr)

ℹ An- & Weiterreise

İstanbul ist der wichtigste Verkehrsknotenpunkt des Landes.

Auto & Motorrad

Die Europastraße 80 (E80; auch Trans-European Motorway; TEM) verläuft 10 km nördlich des Flughafens İstanbul-Atatürk, führt dann als 02 über die Fatih-Brücke über den Bosporus nach Asien und rund 1,5 km nördlich am Flughafen İstanbul-Sabiha Gökçen vorbei. Sie bildet die Hauptzufahrtsstraße von und nach İstanbul, ist aber zur Hauptverkehrszeit (Mo–Sa 7–10 & 15–19 Uhr) zu meiden. Dann ist der Verkehr der reinste Horror und kommt an den Brücken über den Bosporus komplett zum Erliegen.

Wer ein Auto mieten will, sollte dies entweder an einem der Flughäfen oder auf dem Weg aus İstanbul hinaus tun, um den Zeitaufwand zu minimieren und nicht in einem fremden Wagen durch den hektischen Stadtverkehr kurven zu müssen.

Bus

Der Büyük İstanbul Otogarı, schlicht *otogar* (Busbahnhof) genannt, ist der wichtigste Busbahnhof für Fern- und Auslandsbusse. Er liegt im westlichen Viertel Bayrampaşa, gleich südlich der Autobahn, und rund 10 km westlich von Sultanahmet. Hier gibt es einen Geldautomaten und ein paar Cafés.

Die aus Aksaray kommende Metro hält auf ihrem Weg zum Flughafen İstanbul-Atatürk auch am Busbahnhof (Haltestelle *otogar*). Hier hat man Anschluss an die Straßenbahn nach Sultanahmet. Wer nach Beyoğlu fahren will, nimmt vom Zentrum des *otogar* den Bus 830 (5.50–20.45 Uhr, alle 15 Min.) und erreicht nach etwa einer Stunde den Taksim Meydanı. Bus 910 nach Eminönü (6–20.45 Uhr, alle 15–25 Min.) benötigt etwa 50 Minuten. Eine Busfahrt kostet 2 ₺. Ein Taxi nach Sultanahmet kostet rund 30 ₺, nach Taksim 35 ₺.

Es gibt einen kleineren Busbahnhof auf der asiatischen Seite in Harem am Bosporus. Er befindet sich südlich von Üsküdar und nördlich vom Bahnhof Haydarpaşa. Sofern häufig Busse zum gewünschten Zielort (z. B. Antalya) fahren, wird man problemlos am Harem Otogar kurzfristig eine Busfahrkarte bekommen. Bei weniger häufig angesteuerten Zielen sollte man ein Ticket reservieren und der Busgesellschaft telefonisch mitteilen, dass man nicht am Büyük Otogarı, sondern erst in Harem zusteigt.

Flugzeug

Flughafen İstanbul-Atatürk (IST, Atatürk Havalimanı; ☎212-463 3000; www.ataturkairport.com) Der Flughafen befindet sich 23 km westlich von Sultanahmet. Die Terminals für Auslands- *(dış hatlar)* und Inlandsflüge *(iç hatlar)* liegen nebeneinander. In der Ankunftshalle der Auslandsflüge gibt es Autovermietungen, Wechselstuben, einen Schalter der Touristeninformation, eine Apotheke, Geldautomaten und eine Post. Im Durchgang zur Metro ist ein Supermarkt rund um die Uhr geöffnet. Die Gepäckaufbewahrung (18–25 ₺ pro Gepäckstück & 24 Std.) ist gleich rechts, wenn man den Zoll passiert hat.

Flughafen İstanbul-Sabiha Gökçen (SAW, Sabiha Gökçen Havalimanı; ☎216-588 8888; www.sgairport.com) Dieser Flughafen liegt 50 km östlich von Sultanahmet auf der asiatischen Seite İstanbuls und wird besonders gern von europäischen Billigfluglinien genutzt. Es gibt hier Autovermietungen, Wechselstuben, eine Apotheke, einen Minimarkt und eine Post.

FERNBUSSE AB DEM BÜYÜK İSTANBUL OTOGARI

ZIEL	PREIS (₺)	DAUER (STD.)	ENTFERNUNG (KM)
Alanya	60	12	860
Ankara	38–43	6	450
Antakya	70	2	1107
Antalya	60	12½	740
Bodrum	70	12½	860
Bursa	25–30	4	230
Çanakkale	45	6	340
Denizli (nach Pamukkale)	40–50	10	665
Edirne	25	2½	235
Fethiye	70	12	820
Göreme	65	11	725
İzmir	50	9	575
Kaş	75	13	1090
Konya	50	11	660
Kuşadası	60	12	555
Marmaris	70	12½	805
Selçuk	60	11	181
Trabzon	70–80	17	1110

Schiff/Fähre

Karaköy Der **Terminal des Internationalen Schiffsverkehrs in Karaköy** (☎212-249 5776) befindet sich nicht weit von der Galata-Brücke.

Yenikapı Hier legen die von İstanbul Deniz Otobüsleri (S. 125) betriebenen Schnellfähren für Passagiere und Autos über das Marmarameer nach Bursa, Yalova und Bandırma ab, von wo man den Zug weiter nach İzmir nehmen kann.

Zug

Zum Zeitpunkt unserer Recherchen gab es nur eine internationale Zugverbindung von und nach İstanbul: den täglich verkehrenden Bosfor/Balkan Ekspresi zwischen İstanbul, Bukarest, Sofia und Belgrad. Genaue Infos erhält man bei der **staatlichen türkischen Eisenbahngesellschaft** (TCDD; ☎444 8233; www.tcdd.gov.tr).

Auch die Zugverbindungen von İstanbul zu Städten innerhalb der Türkei wurden massiv eingeschränkt. Ein Grund ist der umfangreiche Ausbau der Strecke nach Ankara. Bei ihrer Wiedereröffnung im Jahr 2014 werden Hochgeschwindigkeitszüge von einem neuen Bahnhof in Üsküdar auf der asiatischen Seite starten.

Unterwegs vor Ort

Bus

İstanbuls Busnetz ist extrem effizient. Die wichtigsten Bushaltestellen mit Umsteigemöglichkeit sind Taksim Meydanı, Beşiktaş, Eminönü, Kadıköy und Üsküdar. Die meisten Linien verkehren zwischen 6.30 und 23.30 Uhr. Das Ziel und die wichtigsten Haltestellen stehen auf dem Schild an der Seite des Busses *(otobüs)* und/oder auf der elektronischen Anzeigetafel vorne.

Die **İETT** (İstanbul Elektrik Tramvay ve Tünel, www.iett.gov.tr) betreibt Busse in der ganzen Stadt. Fahrkarten (2 ₺) kauft man vor dem Einsteigen an den weißen Buden in der Nähe von größeren Haltestellen oder gegen einen kleinen Aufpreis in Läden mit der Aufschrift *İETT otobüs bileti satılır.* Am besten kauft man sich gleich einen Vorrat für die Zeit des Aufenthalts hier oder besorgt sich eine İstanbulkart. Die Stadt setzt auf denselben Strecken auch private Busse ein; sie nennen sich Özel Halk Otobüsü und sind an ihrer blauen Farbe zu erkennen. Hier bezahlt man an Bord beim Schaffner bar oder mit der İstanbulkart.

Dolmuş

Ein Dolmuş ist ein privat betriebener Minibus, der auf festgelegten Strecken unterwegs ist. Als Kurzzeitbesucher wird man so einen Minibus eher nicht brauchen.

Fähre

Am schnellsten und schönsten ist die Fahrt mit der Fähre. Ein *jeton* kostet meistens 2 ₺; auf allen Strecken kann man auch mit der İstanbulkart

Öffentlicher Nahverkehr in İstanbul

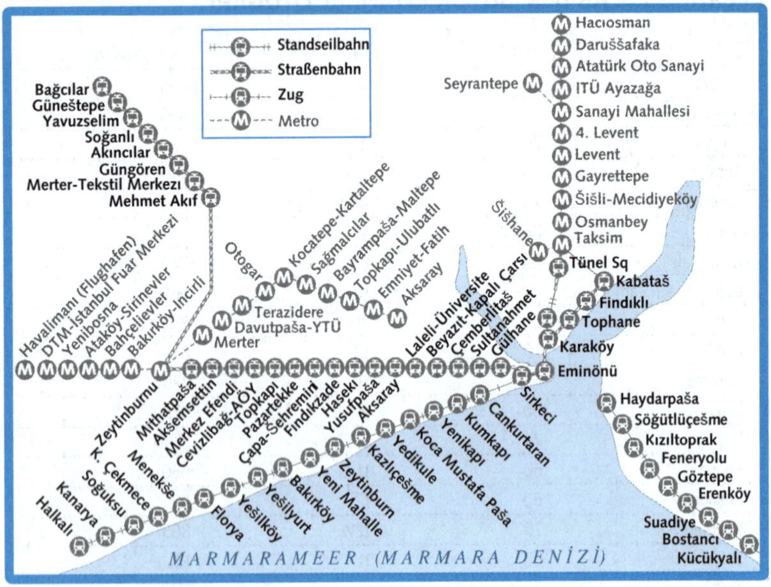

zahlen. Infos zu Preisen und Abfahrtszeiten erhält man bei **İstanbul Şehir Hatları** (İstanbuler Verkehrsbetriebe; www.sehirhatlari.com.tr).

Die wichtigsten Terminals befinden sich an der Mündung des Goldenen Horns (Eminönü & Karaköy) und in Beşiktaş, ein paar Kilometer nordöstlich der Galata-Brücke beim Dolmabahçe-Palast. Betriebsame Anlegestellen gibt es auch in Kadıköy und Üsküdar auf der asiatischen Seite. Fähren fahren kreuz und quer über die Wasserstraßen İstanbuls. Für Traveller interessant:

Beşiktaş–Kadıköy 7.45–21.15 Uhr, alle 30 Min.

Eminönü–Anadolu Kavağı *Uzun Boğaz Turu* (lange Bosporus-Tour); 1–3 Fähren tgl.

Eminönü–Kadıköy 7.30–21.10 Uhr, etwa alle 15–20 Min.

Eminönü–Üsküdar 6.35–23 Uhr, alle 20 Min.

Kabataş–Kadıköy–Kınalıada–Burgazada–Heybeliada–Büyükada *Adalar Vapuru* (Fähre zu den Prinzeninseln); 6.50–19.40 Uhr, etwa 1 Fähre/Std.

Karaköy–Kadıköy 6.10–23 Uhr, etwa alle 20 Min.

Üsküdar–Eminönü–Kasımpaşa–Hasköy–Ayvansaray–Sütlüce–Eyüp *Haliç Vapuru* (Fähre am Goldenen Horn); 10.45–20 Uhr, etwa 1 Fähre/Std., Mo–Fr früher

Vom/Zum Flughafen

FLUGHAFEN İSTANBUL-ATATÜRK

Bus Wer in der Nähe des Taksim Meydanı untergebracht ist, kann bequem vom Flughafen İstanbul-Atatürk mit dem Flughafenbus Havataş (Havaş) fahren. Er startet vor der Ankunftshalle (4–1 Uhr, alle 30 Min., 10 ₺) und benötigt je nach Verkehrsaufkommen 40 Minuten bis eine Stunde bis zum Havaş-Büro an der Cumhuriyet Caddesi, gleich abseits des Taksim Meydanı. Es gibt auch einen öffentlichen Bus (96T) von einer Haltestelle neben den Havataş-Bussen zum Taksim Meydanı, aber um mit ihm fahren zu können, braucht man eine İstanbulkart, und die ist am Flughafen nicht erhältlich.

Metro Praktisch ist die Metroverbindung (5.40–1.40 Uhr, ca. alle 10 Min.) vom Flughafen nach Zeytinburnu, wo man Anschluss an die Straßenbahn nach Sultanahmet, Eminönü und Kabataş hat. Von Kabataş gibt es eine Standseilbahn zum Taksim Meydanı. Die Metro-Station am Flughafen befindet sich im Untergeschoss unterhalb der internationalen Ankunftshalle – der Ausschilderung „Metro/Subway" die Rolltreppe hinunter und durch den Tunnel folgen! Ein *jeton* kostet gerade mal 2 ₺. Beim Ausstieg aus der Metro in Zeytinburnu liegt die Plattform der Straßenbahn direkt vor einem. Hier muss man einen weiteren *jeton* (2 ₺) kaufen, um das Drehkreuz zu passieren. Insgesamt dauert die Fahrt vom Flughafen bis nach Sultanahmet rund 50 bis 60 Minuten, nach Eminönü 60 bis 70 Minuten und nach Taksim 85 bis 95 Minuten.

Shuttles Viele Hotels bieten einen kostenlosen Abholservice vom Flughafen Atatürk an, wenn man mindestens drei Übernachtungen gebucht hat. Für die Rückfahrt gibt es einige preisgünstige (aber sehr langsame) Shuttle-Busse von den Hotels zum Flughafen. Infos beim Hotel einholen!

Taxi Die Fahrt nach Sultanahmet kostet rund 40 ₺, zum Taksim Meydanı 50 ₺ und nach Kadıköy 70 ₺.

FLUGHAFEN İSTANBUL-SABIHA GÖKÇEN

Bus Der Flughafenbus Havataş (Havaş) fährt vom Flughafen zum Taksim Meydanı (5–24 Uhr, nach 24 Uhr gibt es 30 Min. nach Ankunft eines Fluges einen Shuttle-Bus). Die Fahrt kostet 12 ₺ und dauert etwa 90 Minuten. Wer weiter bis in die Altstadt fahren will, muss die Standseilbahn nach Kabataş nehmen und von dort die Straßenbahn nach Sultanahmet. Ein öffentlicher Bus (E10) fährt vom Flughafen nach Kadıköy, wo man mit der Fähre nach Eminönü übersetzen kann. Ein anderer Bus (E3) fährt nach Levent, wo man Anschluss an die Metro zum Taksim Meydanı hat. Allerdings braucht man für die Fahrt eine İstanbulkart, und die ist am Flughafen nicht erhältlich.

Taxi Die Fahrt nach Taksim kostet rund 90 ₺ und die nach Sultanahmet 120 ₺.

Metro

Eine Metro-Linie verbindet Aksaray über 15 Haltestellen, u. a. den *otogar*, mit dem Flughafen Atatürk (2 ₺; 5.40–1.40 Uhr, etwa alle 10 Min.). Es gibt Pläne, die Linie von Aksaray bis nach Yenikapı zu verlängern.

Eine weitere Linie verbindet Şişhane in der Nähe vom Tünel Meydanı in Beyoğlu mit Hacıosman nordöstlich von Taksim (2 ₺; 6.15–24 Uhr, etwa alle 5 Min.). Leider kann man nicht die gesamte Strecke durchfahren, sondern muss unterwegs umsteigen: Eine Metro fährt zwischen Şişhane und Taksim Meydanı, die andere zwischen Taksim und Hacıosman mit neun Haltestellen. Insgesamt dauert die Fahrt eine Stunde.

Bei beiden Metro-Linien kann man auch die İstanbulkart nutzen.

Derzeit laufen Arbeiten zur Verlängerung der Linie Taksim–Şişhane über eine neue Metrobrücke über das Goldene Horn und unter der Altstadt hindurch über Unkapanı und Şehzadebaşı nach Yenikapı. Von dort soll sie Anschluss an die Metro nach Aksaray und zu dem im Rahmen des Marmaray-Projekts unter dem Bosporus entstehenden Verkehrstunnel haben. Durch diesen Tunnel wird eine Metroverbindung zwischen Yenikapı, Sirkeci, Üsküdar und Söğütlüçeşme führen. Außerdem soll noch eine Metro-Linie auf der asiatischen Seite zwischen Kadıköy und Kartal mit 16 Haltestellen entstehen.

Standseilbahn

Die erste Standseilbahn, der Tünel, wurde im späten 19. Jh. gebaut. Seitdem muss man den steilen Hügel von Karaköy bis zur İstiklal Caddesi in Beyoğlu nicht mehr zu Fuß erklimmen. Die Fahrt dauert gerade mal drei Minuten (Mo–Fr 7–21 Uhr, Sa & So ab 7.30 Uhr, alle 5 od. 10 Min.) und kostet 1,40 ₺.

İSTANBULKART

Das öffentliche Verkehrssystem İstanbuls ist exzellent. Eine der seit Jahren am besten funktionierenden Errungenschaften ist das Akbil (*akıllı bilet*, „schlaues Ticket“). Die kleinen, aufladbaren elektronischen Chips erhält man gegen eine Kaution; mit ihnen kann man innerhalb des Systems zum ermäßigten Fahrpreis die öffentlichen Verkehrsmittel nutzen. Aber die Ära des Akbil geht langsam zu Ende; an dessen Stelle tritt die İstanbulkart, eine aufladbare elektronische Abbuchungskarte – ähnlich wie die Pariser Navigo.

Die İstanbulkart ist einfach zu handhaben: Beim Einsteigen in den Bus oder beim Passieren des Drehkreuzes am Fährhafen oder an der Metro-Station einfach die Karte ans Lesegerät halten, und der Fahrpreis wird automatisch vom Guthaben abgebucht. Die Karte gewährt eine beachtliche Fahrpreisermäßigung (1,75 ₺ statt der üblichen 2 ₺, beim Umsteigen innerhalb von 2 Stunden dann nur noch 1 ₺) und kann auch für mehrere Personen nacheinander verwendet werden.

Die İstanbulkart erhält man gegen eine Kaution von 10 ₺; sie kann mit Beträgen zwischen 5 und 150 ₺ aufgeladen werden. Verkaufsstellen gibt es leider aber nicht viele – Ausschau halten nach einer Verkaufsbude mit der Aufschrift „Akbil“ oder „İstanbulkart“! Die für Traveller am günstigsten gelegene Bude befindet sich an der Bushaltestelle Eminönü.

Zum Aufladen der Karte gibt es Automaten an den Fährhäfen, Metro-Stationen und Bushaltestellen. Achtung: Unserer Erfahrung nach akzeptieren die Automaten nur 10- und 20-₺-Scheine – nicht aber 50 ₺!

DAS MARMARAY-PROJEKT

Das Marmaray (www.marmaray.com) ist ein ehrgeiziges Verkehrsvorhaben, das die heillos verstopften Straßen İstanbuls entlasten soll. Der Name setzt sich zusammen aus Marmara (das Marmarameer liegt gleich südlich der Baustelle) und *ray* (türkisch für Schiene).

Die Pläne sehen vor, dass die Bahnlinie Halkalı–Sirkeci, die bisher am Ufer der historischen Halbinsel entlang verläuft, zukünftig bei Yedikule in einem Tunnel verschwindet und zu einem unterirdischen Bahnhof bei Yenikapı führt, bevor sie weiter nach Sirkeci und dann durch den derzeit im Bau befindlichen, 5 km langen Tunnel den Bosporus unterquert. Dieser Tunnel wird die historische Halbinsel mit dem ebenfalls neu entstehenden unterirdischen Bahnhof in Üsküdar auf der asiatischen Seite verbinden. Hier wird die Bahnlinie bei Söğütlüçeşme, 2 km östlich von Kadıköy, wieder an die Oberfläche kommen und auf die Bahnlinie Gebze-Anatolien treffen.

Die ursprünglich für 2010 geplante Fertigstellung verzögerte sich aufgrund von bedeutenden archäologischen Funden, die bei den Ausschachtungsarbeiten zutage traten. So wurden u. a. bei Yenikapı ein byzantinischer Hafen mit Holzbooten und bei Üsküdar ein antiker Hafen mit Basar entdeckt. Nun hofft man, die neue Bahnlinie im Juni 2015 eröffnen zu können.

Eine moderne Standseilbahn (etwa alle 3 Min.) fährt vom Bosporusufer bei Kabataş, wo die Straßenbahn endet, durch einen Tunnel bergauf zur Metro-Station am Taksim Meydanı. Die Fahrt dauert ebenfalls drei Minuten und kostet 2 ₺.

Eine **Seilbahn** (einfache Strecke 1,50 ₺, Akbil wird akzeptiert) geht vom Ufer in Eyüp hinauf zum Pierre Loti Café (S. 112).

Bei allen drei Seilbahnen kann man auch die İstanbulkart nutzen.

Straßenbahn

Eine exzellente Straßenbahn *(tramvay)* fährt (2 ₺; 6–24 Uhr, alle 5 Min.) von Bağcılar im Westen der Stadt nach Zeytinburnu (wo man in die Metro zum Flughafen İstanbul-Atatürk umsteigen kann), Sultanahmet und Eminönü. Dort überquert sie die Galata-Brücke nach Karaköy (wo man Anschluss an die Standseilbahn Tünel hat) und Kabataş (wo die Standseilbahn zum Taksim Meydanı abfährt). In Zukunft soll sie von Kabataş weiter bis zum Fähranleger in Beşiktaş fahren. Für die Fahrt kauft man einen *jeton* an den Automaten, die an allen Straßenbahnhaltestellen stehen, oder nutzt die İstanbulkart.

Taxi

» Eine Taxifahrt ist vergleichsweise günstig – von Sultanahmet zum Taksim Meydanı zahlt man etwa 15 ₺; einen Aufschlag für Nachtfahrten gibt es nicht. Angebote, vorher einen Fixpreis auszumachen, sollte man unmissverständlich ablehnen – das wird garantiert teurer als mit dem Taxameter.

» Die meisten Taxis haben keine Sicherheitsgurte.

» Wer mit dem Taxi den Bosporus überquert, muss für die Maut auf der Brücke aufkommen. Diese wird auf den Fahrpreis aufgeschlagen.

» Einheimische runden den Betrag in der Regel auf die nächsten 0,5 ₺ auf.

Zug

In İstanbul gibt es zwei *banliyö treni* (Vorortzüge). Für Traveller sind diese allerdings kaum von Interesse.

RUND UM İSTANBUL

Prinzeninseln

Die meisten İstanbuler bezeichnen die Prinzeninseln schlichtweg als „Inseln" *(Adalar)*. Sie liegen ungefähr 20 km südöstlich der Stadt im Marmarameer und sind ein großartiges Ziel für einen Tagesausflug – zumal schon die Fahrt mit der Fähre dorthin äußerst amüsant ist.

In byzantinischer Zeit wurden aufsässige Prinzen, abgesetzte Kaiser und andere Leute, die ausgespielt hatten, auf den Inseln interniert (ähnlich wie der ehemalige PKK-Führer Abdullah Öcalan, der heute auf der Insel İmralı im Marmarameer seine Gefängnisstrafe absitzt). Mitte des 19. Jhs. wurden Fährverbindungen von İstanbul zu den Inseln aufgenommen. So wurden sie zu beliebten Sommerrefugien für griechische, jüdische und armenische Kaufleute aus Pera. Viele der schönen viktorianischen Villen, die diese reichen Kaufleute erbauten, stehen heute noch.

Gleich nach der Ankunft bemerkt man, dass es auf den Inseln keine Autos gibt. Das ist nach dem Verkehrschaos in der Stadt eine wahre Erholung. Abgesehen von Polizei, Feuerwehr und Rettungsdienst fährt man hier nur mit dem Fahrrad, der Pferdekutsche *(fayton)* oder geht zu Fuß – ganz wie früher.

Im Sommer herrscht auf allen Inseln extremer Hochbetrieb, vor allem am Wochenende. Sonntags sollte man sich also besser ein anderes Programm überlegen.

Sehenswertes & Aktivitäten

Zur Inselgruppe gehören neun Inseln; die Fähre hält an vieren von ihnen. Sechs der Inseln sind besiedelt und haben insgesamt 15000 ständige Bewohner; im Sommer wächst die Zahl jedoch auf 100000 an, wenn die İstanbuler – viele von ihnen haben hier Sommerhäuser – vor der Hitze der Stadt fliehen.

Nachdem man in Kabataş an Bord der Fähre gegangen ist, sollte man sich auf der rechten Seite einen Platz suchen, damit man die verschiedenen Inseln sieht, während die Fähre sich ihnen nähert.

Auf dem Weg zum Marmarameer bietet sich ein herrlicher Blick auf den Topkapı-Palast, die Aya Sofya und die Blaue Moschee auf der rechten Seite und auf die Kız Kulesi, den Bahnhof Haydarpaşa und die charakteristischen, wie Minarette aussehenden Uhrentürme der Marmara Üniversitesi auf der linken Seite.

Nach einem kurzen Halt in Kadıköy macht sich die Fähre auf den Weg zur ersten Insel der Inselgruppe: Kınalıada. Bis hierher dauert die Fahrt 30 Minuten. Danach sind es noch 15 Minuten bis Burgazada und weitere 15 Minuten bis Heybeliada, der zweitgrößten dieser Inseln. Bis Büyükada sind es erneut noch 15 Minuten.

HEYBELİADA

Die Insel Heybeliada (kurz Heybeli; griech. Halki) ist bei Tagesausflüglern sehr beliebt: Diese schlendern am Wochenende durch die Pinienhaine und gehen zum Baden an die kleinen (leider überfüllten) Strände. Das größte Wahrzeichen der Insel ist das oben auf dem Hügel gelegene Kloster Hagia Triada. Das Gebäude thront über einem pittoresken Pappelwäldchen an einer Stelle, an der schon in byzantinischer Zeit ein griechisches Kloster stand. Der heutige Klosterkomplex stammt von 1844 und beherbergte ein griechisch-orthodoxes Priesterseminar, das 1971 per Regierungserlass geschlossen wurde. Das Ökumenische Patriarchat von Konstantinopel hat die Wiedereröffnung des Seminars beantragt. In dem Komplex gibt es eine kleine **Kirche** mit kunstvollem Altar sowie eine international bekannte **Bibliothek** mit vielen alten und seltenen Manuskripten. Für die Besichtigung der Bibliothek braucht man eine Sondergenehmigung des Abts Metropolitan Elpidophoros. Die Fahrt mit dem *fayton* vom Zentrum bis hierher kostet 25 ₺.

Ein hübscher Spaziergang führt von der *iskele* hinauf zum Hotel **Merit Halki Palace** (☎351 0025; www.halkipalacehotel.com; Refah Şehitleri Caddesi 94; EZ 80–180 €, DZ 125–320 €; @⌔⌘) am oberen Ende der Refah Şehitleri Caddesi. Dabei kommt man an großen Holzvillen mit gepflegten Gärten vorbei. Weiter oben zweigen von der Straße viele Gassen und Seitenstraßen ab, die zu Picknickstellen und Aussichtspunkten führen. Um das Hotel zu finden, geht man nach Verlassen der Fähre nach rechts, vorbei an den Uferrestaurants und Cafés bis zu dem Platz mit der Atatürk-Statue. Von hier läuft man die İşgüzar Sokak hinauf und biegt an der Refah Şehitleri Caddesi rechts ein. Wer nicht zu Fuß bis zum Hotel laufen will (es geht bergauf, aber nicht zu steil), kann sich an einem der Läden an der Hauptstraße ein Fahrrad (5 ₺/Std., 15 ₺/Tag) mieten. Alternativ macht man mit einer Pferdekutsche *(fayton)* eine Rundfahrt über die Insel (25 Min. *(küçük tur)*/1 Std. *(büyük tur)* 40/50 ₺). Der *fayton*-Stand ist hinter der Atatürk-Statue. Manche Besucher verbringen den Tag am Pool im Merit Halki Palace. Das ist eine gute Idee, zumal das Wasser rund um die Insel nicht besonders sauber

BETREIBER DES NAHVERKEHRS

İstanbul Elektrik Tramvay ve Tünel (İETT; www.iett.gov.tr) ist verantwortlich für die öffentlichen Busse, Standseilbahnen und die Nostalgie-Straßenbahn in der Stadt. Auf der Website findet man Fahr- und Streckenpläne auf Türkisch und Englisch. Die Metro und die Straßenbahn werden von **İstanbul Ulaşım** (www.istanbul-ulasim.com.tr), die Fähren von İstanbul Şehir Hatları (S. 122) und die Katamarane und Schnellfähren von **İstanbul Deniz Otobüsleri** (İDO; ☎212-444 4436; www.ido.com.tr) betrieben.

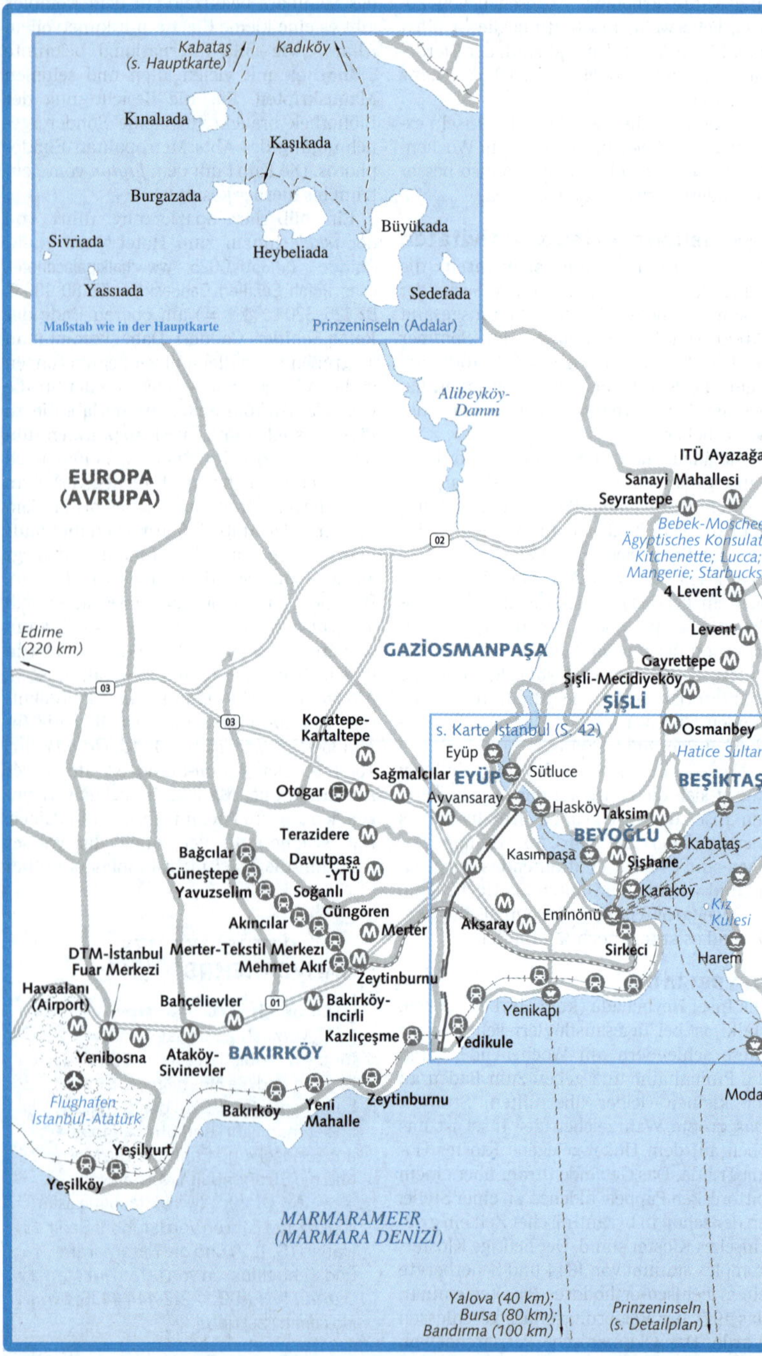
Kabataş (s. Hauptkarte)
Kadıköy
Kınalıada
Kaşıkada
Burgazada
Büyükada
Sivriada
Heybeliada
Yassıada
Sedefada
Maßstab wie in der Hauptkarte
Prinzeninseln (Adalar)
Alibeyköy-Damm
EUROPA (AVRUPA)
ITÜ Ayazağa
Sanayi Mahallesi
Seyrantepe
02
Bebek-Moschee; Ägyptisches Konsulat; Kitchenette; Lucca; Mangerie; Starbucks
4 Levent
Levent
Edirne (220 km)
GAZİOSMANPAŞA
Gayrettepe
Şişli-Mecidiyeköy
ŞİŞLİ
03
03
Kocatepe-Kartaltepe
s. Karte İstanbul (S. 42)
Osmanbey
Hatice Sultan
Eyüp
Sütluce
Sağmalcılar
EYÜP
BEŞİKTAŞ
Otogar
Ayvansaray
Hasköy
Taksim
Terazidere
BEYOĞLU
Kabataş
Bağcılar
Davutpaşa-YTÜ
Kasımpaşa
Şişhane
Güneştepe
Yavuzselim
Soğanlı
Karaköy
Güngören
Kız Kulesi
Akıncılar
Merter
Aksaray
Eminönü
DTM-İstanbul Fuar Merkezi
Merter-Tekstil Merkezi
Sirkeci
Mehmet Akıf
Harem
Zeytinburnu
Havaalanı (Airport)
Bahçelievler
01
Bakırköy-Incirli
Yenikapı
Kazlıçeşme
Yedikule
Yenibosna
Ataköy-Sivinevler
BAKIRKÖY
Moda
Flughafen İstanbul-Atatürk
Zeytinburnu
Bakırköy
Yeni Mahalle
Yeşilyurt
Yeşilköy
MARMARAMEER (MARMARA DENİZİ)
Yalova (40 km); Bursa (80 km); Bandırma (100 km)
Prinzeninseln (s. Detailplan)

ist. Handtücher und Liegestühle werden gestellt, und es gibt ein hübsches Restaurant mit Terrasse, wenn Hunger oder Durst sich melden. Für Nichthotelgäste wird eine Gebühr für die Nutzung des **Pools** (werktags/Wochenende 40/60 ₺) fällig.

BÜYÜKADA

Die größte Prinzeninsel heißt passenderweise Büyükada (Große Insel). Schon von der Fähre aus zeigt sie sich von ihrer schönsten Seite: Villen im Pfefferkuchenstil bedecken die Hänge des Hügels. Und die beiden Zwiebelkuppeln des Splendid Otel bilden ein auffälliges Wahrzeichen.

Den Fährhafen ziert ein hübscher Pavillon im neo-osmanischen Stil von 1899, zu dem ein nettes, mit Fliesen verkleidetes Café mit Außenterrasse gehört.

Die Hauptattraktion der Insel ist das griechisch-orthodoxe **Georgios-Kloster** in der Senke zwischen den beiden höchsten Hügeln der Büyükada. Man erreicht das Kloster, indem man vom Fährhafen zum Uhrenturm am İskele Meydanı läuft. Das Einkaufsviertel (mit billigen Lokalen) befindet sich links in der Recep Koç Sokak. Rechts in die 23 Nisan Caddesi einbiegen und dann die Çankaya Caddesi den Hügel hinauf zum Kloster marschieren; an der Straßengabelung rechts halten! Der schöne Spaziergang dauert mindestens eine Stunde. Unterwegs sieht man etliche eindrucksvolle Holzvillen mit reizenden Gärten. Nach etwa einem Viertel des Aufstiegs sieht man zur Linken das Büyükada Kültür Evi, ein nettes Fleckchen, wo man im Garten einen Tee oder Kaffee trinken kann. Nach ungefähr 40 Minuten erreicht man ein Naturschutzgebiet, von den Einheimischen „Luna Park" genannt. Von hier aus sind es zum Kloster noch 25 sehr steile Minuten den Hügel hinauf. Beim Aufstieg sieht man an den Baumzweigen angeknotete Stofffetzen – jeder steht für einen Wunsch, meistens von Frauen mit Kinderwunsch.

Beim Kloster selbst gibt's nicht viel zu sehen. Das einzig bemerkenswerte Gebäude ist eine kleine, aber kitschige Kirche. Von der Terrasse hat man jedoch einen sagenhaften Panoramablick. Es gibt auch ein hübsches Restaurant, das Yücetepe Kır Gazinosu (S. 128). Von den Tischen aus bietet sich ein herrlicher Blick über die nahe gelegenen Inseln Yassıada und Sivriada bis hinüber nach İstanbul.

Einen Besuch wert ist das neue **Museum der Prinzeninseln** (Adalar Müzesi Hangar Müze

Alanı; www.adalarmuzesi.org; Aya Nikola Mevkii; Eintritt 5 ₺, Mi frei; ⌚Di–So 9–18 Uhr, Winter bis 16 Uhr) mit Ausstellungen zur lokalen Lebensart, zu berühmten Einwohnern und zur Lokalküche. Das Museum ist schwer zu finden; man fährt besser mit einem *fayton* (20 ₺).

Unten im Ort kann man Fahrräder mieten (5 ₺/Std., 15 ₺/Tag). In den Läden an der Marktstraße bekommt man Picknickproviant. Der *fayton*-Stand befindet sich links vom Uhrenturm. Wer will, kann eine größere Rundfahrt durch den Ort, über die Hügel und zum Strand (50 ₺, 1 Std.) oder eine kürzere Fahrt nur durch den Ort (40 ₺) machen. Die Fahrt zum Luna Park kostet 20 ₺.

Essen

Leider sind die meisten Restaurants auf den Inseln nicht besonders gut, dafür aber umso teurer.

HEYBELİADA

LP TIPP Heyamola Ada Lokantası TÜRKISCH €€

(Mavi Marmara Yalı Caddesi 30b, Heybeliada; kalte *meze* 5–8 ₺, warme *meze* 17–21 ₺, Hauptgerichte 15–30 ₺, Brunch 25 ₺; ⌚Mo–Fr mittags & abends, Sa & So Brunch & abends, Nov.–April Mo geschl.; ⛴Heybeliada) Bis vor Kurzem gab es kaum ordentliche Lokale auf den Inseln. Glücklicherweise hat sich das durch das neue Restaurant gegenüber der İDO-Anlegestelle geändert. Das Heyamola begeistert seine Gäste mit einer riesigen Auswahl von *meze* (das gebackene Saganaki probieren!), köstlichen Fischgerichten (wenn möglich *mezgit* bestellen!) und einer interessanten Weinkarte mit vielen erlesenen, aber günstigen Tropfen.

BÜYÜKADA

Yücetepe Kır Gazinosu Restaurant TÜRKISCH €

(www.yucetepe.com; Georgios-Kloster, Büyükada; *meze* 5–8 ₺, Hauptgerichte 12–15 ₺; ⌚April–Okt. tgl., Nov.–März nur Sa & So) Von den Bänken und Stühlen auf der Terrasse dieses schlichten Lokals auf dem Hügel mit dem Georgios-Kloster hat man Ausblick übers Meer bis nach İstanbul. Es gibt schlichte, köstliche Gerichte – die *köfte* sind besonders lecker. Man bekommt hier auch Bier oder Tee.

Büyükada Kültür Evi CAFÉ €

(Çankaya Caddesi 21, Büyükada; Sandwich 8–14 ₺, Grillgericht 16 ₺; ⌚April–Okt. tgl., Nov.–März nur Sa & So) Dieses Gartencafé in einer Villa von 1878 bewirtet auf seiner Terrasse morgens, mittags und abends Gäste. Die Bedienung kann auf sich warten lassen, und auch das Essen ist nicht toll, aber die Lage ist schön, sodass man hier gut einen Morgentee oder ein Nachmittagsbier genießen kann.

An- & Weiterreise

Von der Adalar İskelesi in Kabataş fahren zwischen 6.50 und 19.40 Uhr (Mitte Juni–Mitte Sept. bis 24 Uhr) mindestens acht Fähren pro Tag zu den Inseln. Tagesausflügler nutzen meist die Fähre um 10.40 oder 12 Uhr (Mitte Juni–Mitte Sept. 8.30, 9.30, 10.30 & 11.30 Uhr). An Sommerwochenenden sollte man mindestens eine halbe Stunde vor Abfahrt kommen und sich einen Platz sichern – sonst steht man. Die Fahrt zu den Inseln kostet 4 ₺ (mit İstanbulkart 3 ₺); der gleiche Preis gilt für die Fahrt zwischen den Inseln und für die Rückfahrt. Die Abfahrtszeiten unter www.sehirhatlari.com.tr checken, denn der Fahrplan ändert sich häufig!

Die Fähren zurück nach İstanbul fahren etwa alle zwei Stunden; die letzte legt um 20 Uhr von Büyükada und um 20.15 Uhr von Heybeliada (Mitte Juni–Mitte Sept. 22.40 bzw. 22.55 Uhr) ab.

Thrakien & Marmara

Inhalt »

Gut essen

» Melek Anne (S. 136)
» Yalova (S. 157)
» Doyuranlar Gözleme (S. 150)
» Tavern (S. 161)
» Zindanaltı Meyhanesi (S. 136)

Schön übernachten

» Gallipoli Houses (S. 150)
» Zeytindali Hotel (S. 161)
» Anemos Otel (S. 160)
» Hotel Crowded House (S. 151)
» Hotel Edirne Palace (S. 135)

Auf nach Thrakien & Marmara!

Der thrakische Isthmus war eine Balkanfestung, die in der türkischen Geschichte ein wichtiges Kapitel darstellt. Auf der von Kiefern bewachsenen Halbinsel Gallipoli (Gelibolu) feierte der Nationalismus im Ersten Weltkrieg Triumphe, und Atatürk wurde hier zur lebenden Legende. Heute wirken die Dardanellen weniger eindrucksvoll; aber in Çanakkale, auf der anatolischen Seite der Meerenge, sorgen australische Touristen für ein kosmopolitisches Nachtleben.

Einst war die Großstadt Edirne die Basis, von der aus Fatih Sultan Mehmed (Mehmed II. der Eroberer) die Eroberung Konstantinopels (İstanbuls) plante; heute fließt die Tundscha (Tunca) friedlich vorbei an prächtigen Moschee- und Palastkomplexen. Das 650 Jahre alte Tarihi Kırkpınar Yağlı Güreş Festivali (Historisches Kırkpınar-Ölringerfest) erinnert an die osmanisch-byzantinischen Kämpfe.

24 km westlich vom Festland liegt Gökçeada (Imbros), eine Insel, auf der sich uralte griechische Siedlungen in ein Tal schmiegen, das sich langsam der Außenwelt öffnet.

Reisezeit

Edirne

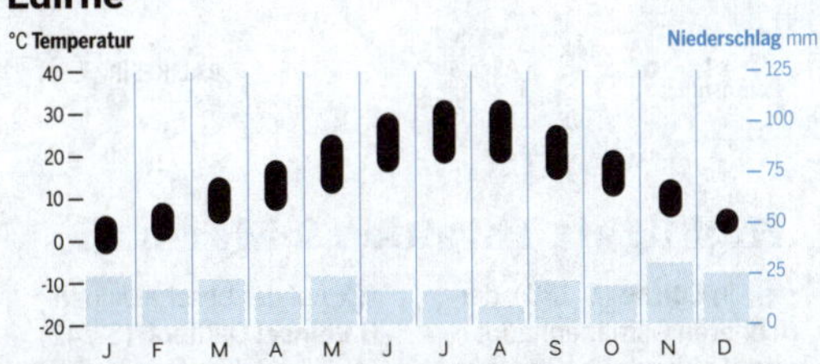

Mai Rote Mohnblumen blühen auf Gökçeada.

Juni & Juli Ölige Goliaths messen sich beim Historischen Kırkpınar-Ölringerfest in Edirne.

Sept. Herbst auf der Halbinsel Gallipoli.

Edirne

☎0284 / 144 531 EW.

Ganz versteckt im Nordwesten des Landes liegt die von den meisten Travellern links liegengelassene Kleinstadt Edirne, ein traumhaft schöner Ort mit prächtigen Bauwerken aus osmanischer Zeit und einem römischen Viertel, in dem sich im Lauf der Jahrhunderte lediglich die Bezeichnungen und die Kleidung der Einwohner geändert haben.

Edirne liegt in der Nähe der griechischen und der bulgarischen Grenze, was der früheren Osmanenhauptstadt die Atmosphäre einer Grenzstadt verleiht. Daher ist das Straßenleben hier munterer als in den meisten türkischen Städten von vergleichbarer Größe. Im Sommer strömen viele Besucher zu dem berühmten Ölringerfest herbei.

Highlights Thrakien & Marmara

1. In **Edirne** (S. 130), der früheren Osmanenhauptstadt nahe der bulgarischen Grenze, das architektonische Erbe Sinans bewundern.
2. Sich in den Weiten von **Gökçeada** (S. 159), der größ-ten türkischen Insel, verlieren.
3. Auf der beschaulichen **Halbinsel Gallipoli** (S. 142) über die Schrecken des Krieges nachsinnen.
4. Feiern an der Meerenge in **Çanakkale** (S. 153), einem beliebten Ausgangspunkt zur Erkundung der Region.
5. Glitschiger Spaß: Zuschauen beim **Historischen Kırkpınar-Ölringerfest** (S. 134), das alljährlich in Edirne ausgetragen wird.
6. In den Ruinen von **Troja** (S. 162) literarischen Legenden nachspüren.

Geschichte

Kaiser Hadrian machte Hadrianopolis (das spätere Adrianopel) in der ersten Hälfte des 2. Jhs. zum Zentrum der römischen Provinz Thrakien. In der Mitte des 14. Jhs. wuchs der junge osmanische Beylik an Größe und Macht. 1363 setzten die osmanischen Armeen über die Dardanellen, schlossen Konstantinopel ein und eroberten Adrianopel, das die Osmanen zu ihrer Hauptstadt machten.

Ein Jahrhundert lang war Edirne die Stadt, von der aus die osmanischen Sultane ihre Feldzüge in Europa und Asien planten. Von hier aus startete Fatih Sultan Mehmed die Eroberung Konstantinopels.

Als das Osmanische Reich nach dem Ersten Weltkrieg zusammenbrach, übertrugen die Siegermächte Thrakien an die Griechen und erklärten Konstantinopel (das heutige İstanbul) zu einer internationalen Stadt. Im Sommer 1920 besetzten griechische Truppen Edirne, wurden aber von türkischen Streitkräften unter dem Kommando Mustafa Kemals (Atatürk) zurückgeschlagen. Im Vertrag von Lausanne (1923) wurden Edirne und das östliche Thrakien endgültig der Türkei zugesprochen.

Sehenswertes & Aktivitäten

Selimiye Camii MOSCHEE

(Selimiye-Moschee; Mimar Sinan Caddesi) Der bedeutende osmanische Architekt Mimar Sinan entwarf Edirnes prachtvollste Moschee (erbaut 1569–1575) für Sultan Selim II. (reg. 1566–1574). Sinan soll diese Moschee, die kleiner, aber eleganter als seine Süleymaniye Camii in İstanbul ist, als sein Meisterwerk angesehen haben. Nachts wird der Komplex angestrahlt und bietet einen spektakulären Anblick.

Man sollte die Moschee betreten, wie der Architekt es vorsah: über den Hof im Westen. Es ist nicht nötig, Plastiküberzüge für die Schuhe zu kaufen, die von den Händlerinnen auf dem Hof angeboten werden.

Die weite und hohe Zentralkuppel – mit 31,3 m hat sie einen geringfügig größeren Durchmesser als die der Hagia Sophia in İstanbul – wird von acht unauffälligen Pfeilern, Bögen und außen von Stützpfeilern getragen, sodass der Innenraum erstaunlich weit wirkt. Da die Wände nur einen Teil der Kuppellast aufnehmen, konnte man sie mit Dutzenden Fenstern durchbrechen. So erstrahlen die farbenprächtigen, dekorativen Schriftbänder in hellem Licht.

Besonders sehenswert sind der fein gearbeitete *minber* (Minbar, Kanzel) aus Marmor mit seinem konischen, mit İznik-Fliesen verkleideten Dach und der *şadırvan* (Brunnen für rituelle Waschungen) unter der zentralen Tribüne des Vorbeters.

Die überwältigende Wirkung der Selimiye Camii ist auch auf die vier 71 m hohen Minarette zurückzuführen, die Sinan außen mit Kannelüren versah, um ihre Höhe zu betonen. Jeder der Türme besitzt drei *şerefeler* (Umgänge), mit denen Sinan vielleicht seinem Vorgänger, dem Architekten der Üç Şerefeli Cami, seinen Respekt erweisen wollte.

Medresen MUSEEN

(Selimiye Camii) In der *medrese* (islamische Gelehrtenschule) in der Südecke des Selimiye-Komplexes ist das **Museum der Selimiye-Stiftung** (Selimiye Vakıf Müzesi; ☎212 1133; Eintritt frei; ⏲Di–So 9–17 Uhr) untergebracht, das Metallarbeiten, İznik-Fliesen und Dokumente zur Restaurierung der Moschee und zum Unterricht in den Medresen zeigt. Die *medrese* in der östlichen Ecke beherbergt das **Museum für türkische & islamische Kunst** (Türk-İslam Eserleri Müzesi; Dilaver Bey Park; Eintritt 1,10 €; ⏲Di–So 8–12 & 13–17.30 Uhr), das 2012 eröffnet wurde und nach osmanischen Maßstäben eher schlicht gehalten ist.

Museum für Archäologie & Ethnografie MUSEUM

(Edirne Arkeoloji ve Etnografya Müzesi; ☎225 1120; Mimar Sinan Caddesi; Eintritt 3 ₺; ⏲Di–So 9–17 Uhr) Das Museum liegt hinter der Selimiye Camii gegenüber einem Garten mit **Grabsteinen von Janitscharen.** Es zeigt u. a. Stickereien, Textilien, Kalligrafien und Schmuck. Die osmanische Kunst des Lackierens von Holz, Karton und Leder entwickelte sich in Edirne. Im Museum finden sich mehrere Rekonstruktionen osmanischer Zimmer, darunter Brautgemächer und Beschneidungszimmer.

Die archäologische Abteilung zeigt vorgeschichtliche Funde aus Grabungen am Mazedonischen Turm sowie aus dem östlich bei Kırklareli gelegenen Taşlıcabayır-Tumulus. Sehenswert sind außerdem die Terrakottasärge des 6. Jh. v. Chr., die aus Enez (Aenus) im Südwesten Thrakiens stammen, die Terrakottafiguren aus dem 1. und 2. Jh. sowie die tausend Jahre älteren Bronzeskulpturen. Draußen auf dem Museumsgelände können Besucher allerlei Krü-

Edirne

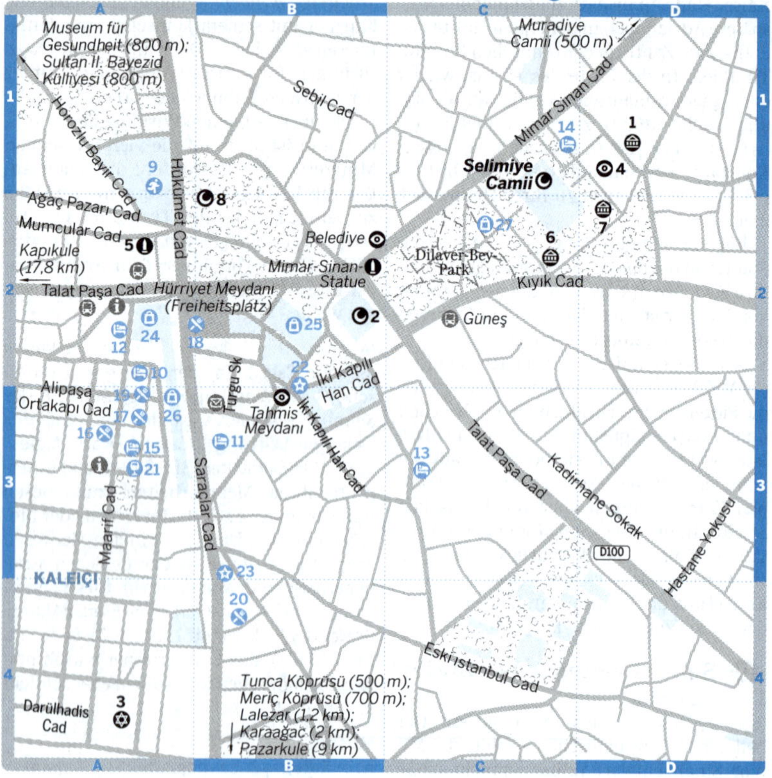

ge, Skulpturen, Menhire, ein Dolmen sowie ein römisches Grabmal bewundern.

Üç Şerefeli Cami MOSCHEE

Mit ihren vier auffällig unterschiedlich gestalteten Minaretten dominiert die Üç Şerefeli Cami den Hürriyet Meydanı (Freiheitsplatz). Der Name bezieht sich auf die drei Umgänge des höchsten Minaretts, das nächsthöchste hat nur zwei.

Die Moschee wurde von 1437 bis 1447 in einem Stil errichtet, der zwischen dem türkisch-seldschukischen der Moscheen von Konya und Bursa und dem eigentlich osmanischen liegt, der später in İstanbul seine Blüte erreichte. Beim seldschukischen Stil wurden kleinere Kuppeln auf quadratische Räume aufgesetzt, hier aber liegt die 24 m breite Kuppel über einer hexagonalen Trommel und wird von zwei Mauern sowie zwei schweren sechseckigen Pfeilern getragen. Der teilweise eingefasste Innenhof mit dem *şadırvan* in der Mitte ist eine weitere Innovation, die sich später als Norm durchsetzen sollte. Die Innenseite der Kuppel und der Hof sind wundervoll verziert.

Makedonya Kulesi TURM

Südwestlich des Hamam steht der restaurierte Mazedonische Turm, ein Teil der Befestigungsanlagen der Stadt aus römischer Zeit. Bei Ausgrabungen rund um den Sockel wurden Teile der alten Stadtmauer, eine Nekropole und die Fundamente einer byzantinischen Kirche freigelegt.

Eski Cami MOSCHEE

Die Alte Moschee (1403–1414) ist ein Beispiel für einen der beiden klassischen Stile, den die Osmanen in ihrer früheren Hauptstadt Bursa beim Moscheebau anwendeten. Wie bei der Ulu Cami in Bursa tragen auch in der Eski Cami die Bögen und Pfeiler eine Reihe kleiner Kuppeln. Drinnen gibt es einen wunderschönen *minber,* die Kuppeln sind mit auffälligen geometrischen Mustern in Rot, Weiß und Schwarz geschmückt

Edirne

Highlights

Selimiye Camii ... C1

Sehenswertes

1 Museum für Archäologie & Ethnografie ... D1
2 Eski Cami ... B2
3 Große Synagoge ... A4
4 Grabsteine von Janitscharen ... D1
5 Makedonya Kulesi ... A2
6 Museum der Selimiye-Stiftung ... C2
7 Museum für türk. & islam. Kunst ... D2
8 Üç Şerefeli Cami ... B2

Aktivitäten, Kurse & Touren

9 Sokollu Mehmet Paşa Hamam ... A1

Schlafen

10 Efe Hotel ... A2
11 Grand Altunhan Hotel ... B3
12 Hotel Antik ... A2
13 Hotel Edirne Palace ... C3
14 Selimiye Taşodalar ... C1
15 Tuna Hotel ... A3

Essen

16 Melek Anne ... A3
17 Niyazi Usta ... A3
18 Osman Köfteci ... B2
19 Penaltı ... A3
20 Zindanaltı Meyhanesi ... B4

Ausgehen

Café Pena ... (siehe 19)
21 Kahve Rengi Bistro ... A3
London Café ... (siehe 26)

Unterhaltung

22 Barfly ... B2
23 Deep Club ... B3

Shoppen

24 Ali-Paşa-Basar ... A2
25 Bedesten ... B2
26 Keçecizade ... A3
27 Selimiye Arastası ... C2

und die Wände mit riesigen kalligrafischen Inschriften bedeckt.

Kaleiçi HISTORISCHES VIERTEL

Das Viertel Kaleiçi, das von der Saraçlar Caddesi, der Talat Paşa Caddesi, der Bahntrasse und der Tunca umgrenzt wird, ist die mittelalterliche Altstadt. Zur Erkundung kann man von der Touristeninformation aus die Maarif Caddesi Richtung Süden nehmen. Unterwegs kommt man an einigen schönen, prächtig mit attraktiven Edirnekari-Schnitzereien verzierten Holzhäusern vorbei und landet schließlich an der verlassenen, 1906 erbauten **Großen Synagoge** (Büyük Sinagog; Maarif Caddesi 10). Auch an der parallel zur Maarif Caddesi verlaufenden Cumhuriyet Caddesi stehen interessante Holzhäuser.

Sokollu Mehmet Paşa Hamam HAMAM

(Waschen & Massage 30 ₺; Männer 7–22 Uhr, Frauen 10–18 Uhr) Mimar Sinan entwarf diesen stimmungsvollen Hamam im 16. Jh. für den Großwesir Sokollu Mehmet Paşa. Er ist einer der besten in der ganzen Türkei.

NÖRDLICH VOM ZENTRUM

LP TIPP **Museum für Gesundheit** MUSEUM

(Sağlık Müzesi; 224 0922; Eintritt 5 ₺; 9–17.30 Uhr) Das zum Komplex der Sultan II. Bayezid Külliyesi gehörende Museum hat einige europäische Tourismuspreise abgeräumt für die gute Darstellung der Therapien und Lehrmethoden, die hier einst praktiziert wurden. Das Haus war von 1488 bis 1909 eines der bedeutendsten osmanischen Hospitäler. Schon seit 1652 wurden Menschen, die unter mentalen Störungen litten, hier mit Musiktherapie behandelt – in Europa wanderten Patienten mit solchen Leiden zu jener Zeit noch auf den Scheiterhaufen. Ein zehnköpfiges Orchester spielte in verschiedenen Tonarten, um diverse Beschwerden, von Paralyse bis Herzklopfen, zu lindern. Da alle Heilbehandlungen in einem Raum (dem *şifahane* – „Heilraum") durchgeführt wurden, benötigte das Hospital weniger Personal; es war das erste zentral organisierte Krankenhaus. Auch das Geräusch plätschernden Wassers wurde eingesetzt – und der Springbrunnen in dem hohen Saal wirkt wahrlich erquickend nach dem langen Anmarsch aus der Stadt.

Das Museum setzt sich bis in die *medrese* fort, wo Dioramen diverse Aspekte der osmanischen Medizin illustrieren, z. B. die Kauterisation – das Ausbrennen, ein seinerzeit gern angewandtes Verfahren – und die Entwicklung von Gegengiften (indem man Vipern veranlasste, Hühner zu beißen).

Man erreicht den Komplex über die osmanische, 1570 erbaute Yalnızgöz Köprüsü

SCHUBSEN & GLITSCHEN IN EDİRNE

Eines der ältesten und bizarrsten Sportereignisse der Welt, bei der sich muskulöse Männer bis auf eine derbe Lederunterhose ausziehen, mit Öl einreiben und gegeneinander im Ringkampf antreten, findet jedes Jahr Ende Juni/Anfang Juli im Norden Edirnes statt: das **Tarihi Kırkpınar Yağlı Güreş Festivali** (Historisches Kırkpınar-Ölringerfest; www.kirkpinar.com).

Der glitschige Wettkampf reicht 650 Jahre zurück in frühosmanische Zeit. Kurz vor der Eroberung Edirnes im Jahr 1363 schickte Sultan Orhan Gazi seinen Bruder Süleyman Paşa mit 40 Mann aus, um die byzantinische Festung Domuz in Rumelien, dem europäischen Teil des Osmanischen Reiches, zu erobern. Die vierzig Soldaten waren alle begeisterte Ringer, und so forderten sie sich nach ihrem Sieg gegenseitig zum Wettkampf heraus. Zwei waren von so gleicher Kampfkraft, dass sie tagelang ohne klares Ergebnis miteinander rangen, bis sie schließlich tot umfielen. Als ihre Körper in der Nähe unter einem Feigenbaum begraben wurden, trat wie durch ein Wunder eine Quelle zu Tage. Die Stätte erhielt deshalb den Namen Kırkpınar („40 Quellen") zu Ehren der Ringer.

Das ursprüngliche Dorf Kırkpınar heißt heute Samona und liegt gleich hinter der Grenze in Griechenland; der alljährliche dreitägige Wettkampf findet seit der Gründung der Republik vor den Toren Edirnes statt. Die Ringer werden nicht nach Gewicht, sondern nach Größe, Alter und Erfahrung eingeteilt. Es gibt 13 Kampfklassen vom *minik* (Anfänger) bis zum *baş* (Meister). In dem Sarayiçi-Stadion finden während des Fests Dutzende von Kämpfen gleichzeitig statt. Die Kämpfe sind heute auf 30 oder 40 Minuten beschränkt, anschließend hat nach dem K.o.-Prinzip derjenige gewonnen, der seinen Gegner niederwirft. Wenn alle Kämpfe entschieden sind, werden Preise für Fairness und beste Technik verliehen und natürlich auch der heiß begehrte Meistertitel des *başpehlivan* (Erster Ringer).

Tickets für die Ringkämpfe gibt's bei **Biletix** (www.biletix.com) für ca. 60 ₺. Rund um das Fest sind Transportmittel und Unterkünfte brechend voll.

Weitere Infos findet man im **Kırkpınar Evi** (Kırkpınar-Haus; ☎212 8622; www.kirkpinar.com; ⊙10–12 & 14–18 Uhr) mit Ausstellungen zum Ölringen, auf dessen Website sowie unter www.turkishwrestling.com.

(Brücke des einsamen Auges), die über die Tunca führt. Die Busse nach Yenimaret („Y. Maret"), die gegenüber der Touristeninformation halten, kommen am Museums-Komplex vorbei (1 ₺, 10 Min.); ein Taxi kostet rund 7 ₺.

Sultan II. Bayezid Külliyesi MOSCHEE
(Beyazit Mahallesi) In erhabener Einsamkeit präsentiert sich dieser Moscheekomplex nördlich vom Zentrum, den der osmanische Architekt Hayreddin zwischen 1484 und 1488 für Sultan Bayezid II. (reg. 1481–1512) erbaute. Architektonisch steht das Gebäude zwischen der Üç Şerefeli und der Selimiye Camii: Über der großen Gebetshalle erhebt sich eine große Kuppel wie bei der Selimiye, aber es gibt auch einen Hof mit einem Brunnen, der in seiner Art der älteren Üç Şerefeli Cami ähnelt. Das Innere der Moschee wirkt rau, fast unfertig.

Der ausgedehnte Komplex umfasst u.a. eine *tabhane* (Hospiz), eine Bäckerei, eine *imaret* (Suppenküche), ein *tımarhane* (Asyl für Geisteskranke), eine *medrese* und ein *darüşşifa* (Krankenhaus).

Sarayiçi HISTORISCHES VIERTEL
Der Innere Palast ist nichts weiter als eine Insel, die einst ein privates Jagdrevier der osmanischen Sultane war. Heute wird hier das berühmte Kırkpınar-Ölringerfest veranstaltet.

In der Nähe des modernen Stadions, das von Bronzefiguren der muskelbepackten *başpehlivanlar* (Champions) flankiert wird, erhebt sich der Adalet Kasrı (Turm der Gerechtigkeit; 1561), ein Steinturm mit einem konischen Dach aus der Zeit von Kanuni Sultan Süleyman. Vor dem Turm befinden sich zwei Steinpfeiler: Auf dem rechten, dem Seng-i Hürmet (Stein der Ehrerbietung) legten die Menschen Bittschriften an den Sultan ab, auf dem linken, dem Seng-i İbret (Stein der Warnung) wurden die Köpfe von hohen Beamten zur Schau gestellt, die sich den Zorn des Herrschers zugezogen hatten.

Hinter dem Turm der Gerechtigkeit befindet sich die kleine **Fatih Köprüsü** (Brücke des Eroberers; 1452). Auf der anderen Seite rechts stößt man auf ein düsteres **Mahnmal der Balkankriege;** hält man sich geradeaus und dann links, erreicht man die zerfallenen Ruinen des **Edirne Sarayı** (Edirne-Palasts). Sultan Murat II. begann 1450 mit der Errichtung des Palasts, der einst an Größe und Pracht mit İstanbuls Topkapı-Palast wetteiferte. Heute kann man sich davon aber kaum noch ein Bild machen.

Hierher gelangt man, wenn man auf der Hükümet Caddesi nach Norden geht und die Tunca auf der Saraçhane Köprüsü (Sattlerbrücke) überquert. Man kann auch die Mimar Sinan Caddesi und die Saray Yolu nach Norden nehmen und den Fluss dann auf der Saray Köprüsü (Palastbrücke; 1560) überqueren. Von der Sultan II. Beyazid Külliyesi nimmt man am besten den malerischen, 1 km langen Weg am nördlichen Flussufer.

Muradiye Camii MOSCHEE

Nimmt man die Mimar Sinan Caddesi nach Nordosten, gelangt man von der Selimiye Camii in 15 Min. zur Muradiye-Moschee, die zwischen 1426 und 1436 für Sultan Murat II. errichtet wurde. Das Gebäude mit der ungewöhnlichen Kuppel und der riesigen Inschrift an der Fassade war einst Sitz einer Mevlevi-Derwisch-Bruderschaft. Der T-förmige Grundriss der Moschee mit den zwei Iwanen (offenen Hallen) und feinen İznik-Fliesen erinnert an die osmanischen Bauten in Bursa.

Auf dem kleinen **Friedhof** an der Ostseite befindet sich das Grab von Musa Kâzım Efendi, einem der letzten Şeyh ül-islâm (Leiter des Amts für religiös-islamische Angelegenheiten und des Justizwesens) des Osmanischen Reiches. Nach dem Zusammenbruch des Osmanischen Reichs im Ersten Weltkrieg floh er vor den britischen Besatzern aus İstanbul und starb 1920 in Edirne.

SÜDLICH VOM ZENTRUM

Um vom Stadtzentrum aus den ruhigen Süden zu erreichen, einfach der Saraçlar Caddesi folgen, die Bahntrasse überqueren und dann über die **Tunca Köprüsü,** eine osmanische Bogenbrücke von 1615, und die ebenso schöne, aber viel neuere (1847) **Meriç Köprüsü** gehen. In der Umgebung rund um die Brücken gibt es viele Restaurants, Teegärten und Bars, wo man bei warmem Wetter prima zum Essen oder Trinken einkehren kann. Am besten sind die Lokale am Südufer der Mariza (Meriç), denn hier kann man den Sonnenuntergang über dem Fluss genießen.

Eine Taxifahrt wieder zurück ins Zentrum kostet 8 ₺, mit Pferd und Wagen kostet es 10 ₺.

Schlafen

Die meisten Budgetunterkünfte und Mittelklassehotels von Edirne liegen an der Maarif Caddesi, wo die Suche nach einem Parkplatz eine Qual ist.

LP TIPP **Hotel Edirne Palace** HOTEL €€€

(☎214 7474; www.hoteledirnepalace.com; Vavlı Cami Sokak 4; EZ/DZ 120/200 ₺) Das eindrucksvolle neue Businesshotel ist regelmäßig von Geschäftsleuten und gut betuchten Reisegruppen ausgebucht. Von den engen Gassen, die zum Hotel führen, sollte man sich nicht entmutigen lassen: Der Empfang ist absolut professionell, und die großen, stilvollen Zimmer sind die bei weitem besten in Edirne.

Efe Hotel BOUTIQUEHOTEL €€

(☎213 6166; www.efehotel.com; Maarif Caddesi 13; EZ/DZ 100/150 ₺; ❄@) Das tiefrot getünchte Efe zeichnet sich durch seine stimmungsvolle, mit Schottenmusterbelag und poliertem Holz an ein Archiv erinnernde Lobby aus. Schwere Möbel und gedämpfte Beleuchtung geben den kleinen Zimmern den passenden Retro-Touch. In den Sommermonaten hat draußen ein englischer Pub geöffnet, und es gibt ein ordentliches Barrestaurant namens Patio.

Selimiye Taşodalar BOUTIQUEHOTEL €€€

(☎212 3529; www.tasodalar.com.tr; Selimiye Arkası Hamam Sokak 3; EZ/DZ ab 160/210 ₺; ❄@) Die Lage neben der Selimiye Camii und dem aus dem 14. Jh. stammenden Sultan Selim Saray Hamam ist der Hauptgrund, um in diesem osmanischen Haus aus dem 15. Jh. abzusteigen. Leider entspricht die Inneneinrichtung nicht wirklich diesem altmodischen Charme. Die Gemeinschaftsbereiche wirken zwar recht elegant, aber der angestaubte Kitsch in den Zimmern ist ziemlich ernüchternd. Dafür ist der Teegarten angenehm und schattig.

Grand Altunhan Hotel HOTEL €€

(☎213 2200; www.altunhanhotel.com; Saraçalar Caddesi; EZ/DZ 80/130 ₺) Das 2007 eröffnete Grand Altunhan liegt an einer beliebten Einkaufsstraße und präsentiert sich als freundliches Mittelklassehotel. Die modernen Zimmer bieten Flachbildfernseher, farbenfrohe Möbel und bunt geflieste Bäder.

Tuna Hotel HOTEL €€

(☎214 3340; Fax 214 3323; Maarif Caddesi 17; EZ/DZ 70/110 ₺; ❄) Dank einem neuen Anstrich und einem engagierten jungen Manager setzt sich das Hotel „Donau" von ähnlichen Häusern in der Gegend deutlich ab. Die kleinen burgunderroten Zimmer sind gemütlich, verfügen über Fernseher und saubere Badezimmer. Das Frühstück wird in einem kleinen Hof am hinteren Anbau serviert. Der Straßenlärm kann sich störend bemerkbar machen.

Hotel Antik HOTEL €€

(☎255 1555; www.edirnehotelantik.com; Maarif Caddesi 6; EZ/DZ 60/100 ₺) Das zweigeschossige Stadthaus hat freundliches Personal und im Obergeschoss einen riesigen Sitzbereich, der allerdings mal renoviert werden sollte. Die Zimmer sind mit ihren großmütterlichen Möbeln aber durchaus gemütlich, und die Duschen sind geräumig und haben heißes Wasser. Das Frühstück ist nicht der Rede wert.

Essen

An der Saraçlar Caddesi gibt es eine große Auswahl an Lokalen. Die meisten der Restaurants am Fluss südlich vom Zentrum sind nur im Sommer geöffnet und an Wochenenden oft stark gebucht.

Das typische Gericht der Stadt heißt *Edirne ciğeri:* dünn geschnittene, frittierte Kalbsleber mit gebratener roter Peperoni und Joghurt.

LP TIPP **Melek Anne** CAFÉ €

(☎213 3263; Maarif Caddesi 18; Hauptgerichte 7 ₺) Das bei Studenten und Gourmets beliebte „Mutter Engel" ist immer noch das interessanteste Esslokal in Edirne. In dem 120 Jahre alten Haus kommt ein wechselndes Angebot hausgemachter Gerichte auf den Tisch, darunter ungewöhnliche Salate und herzhafte vegetarische Speisen. In dem großen Hof kann man sich gut von dem Straßenlärm erholen.

Lalezar MODERN-TÜRKISCH €€

(☎223 0600; Karaağaç Yolu; Hauptgerichte 9–20 ₺) Das nette Familienrestaurant auf einem hübschen Gelände an der Tunca hat eine ausführliche zweisprachige Speisekarte, auf der *lahmaçun* (türkische Pizza), Salate, gebratener Fisch und herzhafte *içli köfte* (Kibbeh; Klöße aus Hackfleisch und Bulgur) stehen. Nach einem Tisch unter Bäumen auf der erhöhten Plattform fragen.

Osman Köfteci TÜRKISCH €€

(☎212 7725; Saraçlar Caddesi 3; Hauptgerichte 8–15 ₺; ⌚11–22 Uhr) Das von Einheimischen wegen seiner schmackhaften Fleischgerichte, dem aufmerksamen Service und der erstklassigen Lage am Beginn der Hauptstraße sehr empfohlene Restaurant ist eine feste Institution in Edirnes kulinarischer Szene – einfach an die freundlichen alten Werber wenden, die den Passanten zurufen, was es hier gibt.

Zindanaltı Meyhanesi TÜRKISCH €€

(☎212 2149; Saraçlar Caddesi 127; *meze* 6 ₺, Hauptgerichte 10 ₺) In der dreigeschossigen türkischen Kneipe an der verkehrsberuhigten Saraçlar Caddesi geht es lustig zu. Das Essen ist ziemlich türkischer Durchschnitt, aber das Bier ist eiskalt, und der türkische Pop dröhnt so laut, dass das Besteck auf dem Tisch klappert.

Niyazi Usta KEBAP €€

(☎213 3372; Alipaşa Ortakapı Caddesi; Ciğeri 9 ₺) Das helle moderne Schnelllokal ist vielleicht die sicherste Adresse, um einmal Kalbsleber à la Edirne zu probieren. Eine kleinere Filiale befindet sich hinter dem Blumenladen.

Penaltı CAFÉ €

(Alipaşa Ortakapı Caddesi; Hauptgerichte 7 ₺) Die Snackbar, an deren Wänden die Fotos von Fußballstars hängen, wird von Einheimischen für ein türkisches *kahvaltı* (Frühstück) empfohlen.

Ausgehen & Unterhaltung

Teegärten sammeln sich rund um die Mimar-Sinan-Statue im Stadtzentrum. Zwischen den beiden Brücken südlich vom Zentrum findet man eine Reihe von Bars.

LP TIPP **Café Pena** BAR

(Alipaşa Ortakapı Caddesi 6) Edirnes Lebensgefühl pulsiert an den langen Gemeinschaftstischen und in den zusammengewürfelten Räumen im Obergeschoss dieses munteren Barcafés. Es gibt guten Kaffee, Tuborg vom Fass und starke Cocktails unter dem Blick amerikanischer Filmstars.

London Café BAR, CAFÉ

(Saraçlar Caddesi; Hauptgerichte 5 ₺) Ein unerwartetes Vergnügen: Hier gibt's internationale Gerichte wie Pasta und Sandwichs, aber vor allem wird hier auch Alkohol ausgeschenkt.

ABSTECHER

KIYIKÖY

Kıyıköy (das frühere Salmydessus) ist eine der wenigen Siedlungen der europäischen Türkei, die direkt am Schwarzen Meer liegen. Der Ort ist ein beliebtes Ausflugsziel der Einwohner İstanbuls, aber genauso leicht auch von Thrakien aus zu erreichen. Hier gibt's nördlich vom Dorf einen **Sandstrand**, wo Tretboote vermietet werden, mit denen man um die Flussmündung fahren kann, außerdem die Überreste des **Kıyıköy Kalesı** (Burg von Kıyıköy) aus dem 6. Jh. und dienstags einen **Markt**.

Das **Hotel Endorfina** (☎388 6364; www.hotelendorfina.com; Manastır Üstü; HP 160 ₺/Pers.; @) auf einer Klippe über dem Hauptstrand und dem Fluss besitzt eine fantastische Terrasse und weiße, kubistisch anmutende Zimmer, alle mit eigenem Balkon. Die Manager verstehen sich darauf, anspruchsvolle Gäste zufriedenzustellen. Die Lage ist erstklassig, auch wenn das Hotel selbst keinen eigenen Beitrag dazu leistet. Willkommene Extras sind die Abholung aus Saray, das Fischrestaurant und die angebotenen Aktivitäten. Eine weitere ausgezeichnete Unterkunft ist das **Kıyıköy Marina** (☎365 6400; www.kiyikoymarina.com; Sümbül Sokak 3; 50 ₺/Pers.) mit seinen guten kleinen Apartmentzimmern, das allerdings nicht so nahe beim Strand liegt, wie der Name vermuten lässt. Das Bio-Frühstück ist ein Highlight.

Die besten einfachen Pensionen sind die **Midye Pansiyon** (☎388 6472; EZ/DZ ohne Frühstück 40/80 ₺) gleich östlich vom Hauptplatz und das **Deniz Feneri** (☎388 6073; DZ 100 ₺) auf der Klippe am östlichen Ende des Dorfs. An beiden Stränden kann man auch zelten.

Ein gutes Lokal zum Frühstücken ist das **Son Tango** (☎388 6283; Hauptgerichte 10 ₺); im **Marina** (☎388 6058; Hauptgerichte 10 ₺) stehen u. a. *mantı* (türkische Ravioli), *köfte* und Frühstücksgerichte auf der Karte. Das **Kösk** (☎0536 475 8169; Hauptgerichte 15 ₺) hat eine gute Auswahl an *meze* und Fischgerichten. All diese Lokale haben schöne Terrassen, auf denen man bei einem Drink den Sonnenuntergang bewundern kann.

Ganzjährig fährt täglich um 16 Uhr ein Bus direkt von İstanbul (17 ₺, 3 Std.) nach Kıyıköy, und von Kıyıköy fahren Busse um 8 und 12.15 Uhr nach İstanbul. Alternativ fahren alle zwei bis drei Stunden Busse vom/zum 30 km südwestlich gelegenen Saray (5 ₺, 30 Min.), wo Anschluss nach İstanbul (14 ₺, 2½ Std., stündl.), Tekirdağ (9 ₺, 1½ Std., regelmäßig) und nach Edirne (13 ₺, 2 Std., 2-mal tägl.) besteht.

Kahve Rengi Bistro BAR, CAFÉ
(☎214 4210; Orhaniye Caddesi 14) Das lustige kleine Café hat einen Hof und verwandelt sich abends in eine Bar. Guter Service und interessantes Publikum.

Barfly LIVEMUSIK
(☎212 1881; Tahmhis Meydanı 13) In dem ausgezeichneten Kellertreff gibt's lokalen und internationalen Rock, Pop, Folk sowie aufgedonnerte Diven und tätowierte Lover.

Deep Club NACHTCLUB
(☎214 7918; Saraçlar Caddesi 91) In dem heißesten Club von Edirne tanzen die Laser. Freitags und samstags legen gute örtliche und ausländische DJs auf.

Shoppen

Zu den traditionellen Mitbringseln aus Edirne zählen *meyve sabunu* (Seifen in Früchteform) mit Rosenöl sowie *badem ezmesi* (Marzipan).

Ali-Paşa-Basar BASAR
(⏰7 Uhr–Sonnenuntergang) Mimar Sinan entwarf diese stimmungsvolle Markthalle im Jahr 1569. Sie liegt abseits der Saraçlar Caddesi.

Bedesten MARKT
(⏰Sonnenaufgang–Sonnenuntergang) Dieser seit 1418 bestehende Markt ist von der Eski Cami über eine kleine Holzbrücke zu erreichen. Er ist abseits der Talat Paşa Caddesi zu finden.

Selimiye Arastası MARKT
(Selimiye-Passage; ⏰Sonnenaufgang–Sonnenuntergang) Der auch als Kavaflar Arastası (Schusterpassage) bekannte Markt befindet sich unter der Selimiye Camii.

Keçecizade ESSEN & TRINKEN
(Saraçlar Caddesi 50) Dieser Laden verkauft *lokum* und *badem ezmesi*. Es gibt weitere Filialen überall im Zentrum, darunter eine gegenüber der Post.

Praktische Informationen

Bankfilialen finden sich im Gebiet rund um die Touristeninformation.

Araz Döviz (Talat Paşa Caddesi, Ali-Paşa-Basar; ⌚Mo–Sa 9–19 Uhr) Eine der wenigen Stellen vor Ort, wo man samstags Bargeld wechseln und Reiseschecks einlösen kann.

Post (PTT; Saraçlar Caddesi) Die einzige Stelle, wo man sonntags Geld wechseln kann.

Touristeninformation (☎213 9208; Talat Paşa Caddesi; ⌚9–18 Uhr) Sehr hilfreich. Bietet englischsprachige Broschüren und einen Stadtplan.

Anreise & Unterwegs vor Ort

Auto

Die Maut auf der E80 von Edirne nach İstanbul kostet weniger als 10 ₺. Autos vermietet **Turizm Rent A Car** (☎214 8478; Talat Paşa Caddesi); der Preis für einen Kleinwagen beträgt rund 120 ₺ pro Tag.

Bus & Dolmuş

Edirnes *otogar* (Busbahnhof) liegt 9 km südöstlich vom Zentrum an der Zufahrtsstraße zur E80. Verbindungen gibt es zu folgenden Zielen:

ÇANAKKALE (30 ₺, 4 Std.) Regelmäßige Busse.

İSTANBUL (12 ₺, 2½ Std.) Die Busse fahren häufig, aber wegen der starken Nachfrage am besten vorab reservieren.

KAPIKULE (5 ₺, 25 Min.) Die Dolmuşlar zu diesem 18 km nordwestlich gelegenen Grenzübergang nach Bulgarien fahren vor der Şekerbank gegenüber der Touristeninformation an der Talat Paşa Caddesi ab.

KEŞAN Stündlich fahren Minibusse (10 ₺, 1½ Std.) von **Güneş** (☎213 2105; Kadirhane Sokak); Abfahrt ist am Büro des Unternehmens nordwestlich vom Krankenhaus. Ein etwas günstigerer Konkurrent fährt vom Busbahnhof ab (7 ₺, 2½ Std.).

PAZARKULE Der nächstgelegene Grenzübergang nach Griechenland befindet sich 9 km südwestlich von Edirne. Man kann in der Nähe der Touristeninformation einen Dolmuş (1 ₺, 20 Min.) direkt dorthin nehmen oder in Karaağac umsteigen.

UZUNKÖPRÜ Die Minibusse von Güneş (7 ₺, 1 Std.) halten hier auf dem Weg nach Keşan genauso wie die günstigeren der Konkurrenz (4 ₺, 1¾ Std.), die am Busbahnhof abfahren.

Zug

Edirnes Bahnhof befindet sich 4 km südöstlich der Eski Cami. Vom Zentrum aus kommt man mit den Dolmuşlar und den städtischen Bussen (darunter der Bus 3), die auf der Talat Paşa Caddesi in Richtung Südosten fahren, zum Bahnhof. Man sollte am Migros-Supermarkt aussteigen und von dort über die İstasyon Caddesi laufen. Ein Taxi zum Bahnhof kostet rund 10 ₺. Zugverbindungen nach:

İSTANBUL (13 ₺, 4–6½ Std.) Der *Edirne Ekspresi* fährt in Edirne um 7.30 und 16 Uhr ab, der *Bosfor Ekspresi* um 3.50 Uhr. In umgekehrter Richtung startet Ersterer um 8.30 Uhr und 15.15 Uhr in İstanbul und Letzterer um 22 Uhr.

EUROPA Der *Bosfor Ekspresi* fährt in Edirne um 2.32 Uhr ab und fährt weiter nach Bukarest (Rumänien).

Uzunköprü

☎0284 / 40 620 EW.

Ungefähr 63 km südöstlich von Edirne liegt an der E87/D550 das ländliche Städtchen Uzunköprü (Lange Brücke) zu beiden Seiten des Flusses Ergene. Erstaunlicherweise sind alle 174 Bögen der 1392 m langen osmanischen Brücke (1426–1443), nach der die Stadt benannt ist, noch tadellos erhalten. Sie bildet nach wie vor vom Norden her den Hauptzugang zur Stadt, was nach fast 600 Jahren ununterbrochener Nutzung schon eindrucksvoll ist.

An- & Weiterreise

Uzunköprü ist die Grenzstation auf der Bahnstrecke, die İstanbul mit Griechenland verbindet; der *Dostluk-Filia Ekspresi* hält hier um 1.20 Uhr auf dem Weg nach Thessaloniki und um 4 Uhr auf dem Weg nach İstanbul. Der Bahnhof liegt 4 km nördlich der Stadt – man steigt an der Haltestelle an der Brücke in einen Bus nach Edirne und bittet den Fahrer, kurz am Bahnhof zu halten, oder man nimmt ein Taxi (8 ₺).

Tekirdağ

☎0282 / 147 490 EW.

Das für seine Kirschen und seine Trauben – aus denen Wein und Rakı hergestellt werden – bekannte Tekirdağ thront über einer schönen Bucht am Nordufer des Marmarameers. Die Stadt ist kein wirkliches Reiseziel, aber durchaus ein lohnender Zwischenstopp auf dem Weg von/nach Griechenland oder zur Halbinsel Gallipoli. In dem früheren Rodosto finden sich interessante Bauten, darunter einige hübsche Strandhäuser aus Holz (*yalı*), und drei abwechslungsreiche Museen. Tekirdağ ist außerdem bekannt für seine Roma-Musiker, welche die Gäste in den Restaurants rund um die Uferpromenade unterhalten.

Die kleine aber feine **Touristeninformation** (☎261 1698; ⌚ganzjährig Mo–Fr 9–18 Uhr, Juni–Sept. Sa & So 10–19 Uhr) befindet sich in unmittelbarer Nähe zur *iskele* (Landungsbrücke).

Sehenswertes

Uferpromenade UFERPROMENADE

Dies ist der schönste Teil der Stadt mit einer langen Promenade rund um die Bucht. Den Mittelpunkt bildet die *iskele*, in deren Nähe sich ein Spielplatz, Teegärten, Bars und Restaurants befinden.

LP TIPP **Rákóczi-Museum** MUSEUM

(Rakoczi Müzesi; ☎263 8577; Hikmet Çevik Sokak 21; Eintritt 3 ₺; ⌚Di–So 9–12 & 13–17 Uhr) Das ungewöhnliche Museum ist dem siebenbürgischen Fürsten Ferenc (Franz II. Rákóczi (1676–1735) gewidmet, der zwischen 1703 und 1711 den ersten ungarischen Aufstand gegen die Herrschaft der Habsburger anführte. Nach seiner Niederlage musste er ins Ausland fliehen und gelangte schließlich in die Türkei, wo ihm Sultan Ahmet III. Asyl gewährte. Der Fürst siedelte sich 1720 in Tekirdağ an und lebte hier bis zu seinem Tod. 1906 wurden Rákóczis sterbliche Überreste sowie die Innenausstattung seines Hauses in das damals ungarische Kassa (Kaschau; heute Košice in der Slowakei) überführt. Fast 80 Jahre später wurde die Einrichtung sorgsam reproduziert und in diesem überraschend informativen Museum, das zu einer Pilgerstätte für viele durchreisende Ungarn geworden ist, der Öffentlichkeit präsentiert.

Auf drei Etagen sind Porträts, Waffen, Küchengeräte, Keramiken und sogar eine Wasserpumpe ausgestellt. Der schönste Raum ist der Empfangssaal im 2. Stock mit Buntglasfenstern, Wandmalereien mit volkstümlichen ungarischen Motiven und einem Stuhl, den der Fürst höchstpersönlich gezimmert hat. Ebenfalls sehenswert ist das Schreibzimmer von Kelemen Mikes, einem siebenbürgischen Essayisten, der in Briefen an eine fiktive Tante in Konstantinopel das Leben des Fürsten und seiner Gefolgschaft im Exil beschrieb. Um von der *iskele* hierher zu gelangen, kann man entweder einen Dolmuş (1 ₺) nehmen oder ungefähr 1 km auf der Uferpromenade nach Westen spazieren, bis man in der Höhe das große Holzgebäude des Namık Kemal Evi erblickt. Das Museum liegt noch weiter oben am Hang zur Linken.

GRATIS **Tekirdağ-Museum** MUSEUM

(Tekirdağ Müzesi; ☎261 2082; Barbaros Caddesi; ⌚Di–So 9–17 Uhr) Das in einem schönen spätosmanischen Gebäude untergebrachte Stadtmuseum zeigt Funde aus mehreren Tumuli (Begräbnishügeln) in der Gegend sowie aus einer Fundstätte bei Perinthos (Marmara Ereğlisi). Zu den interessantesten Stücken zählen die Marmorstühle und der mit Bronzeschalen besetzte Tisch aus dem Naip-Tumulus (frühes 5. Jh. v. Chr.) sowie ein wundervolles tönernes Kohlenbecken in Gestalt einer Muttergottheit aus dem Taptepe-Tumulus (4300 v. Chr.). Faszinierend sind auch die ergreifenden Inschriften auf einer Reihe

RAKI

Das inoffizielle Nationalgetränk der Türkei ist der Rakı (sprich „rake"), ein Anisschnaps, der im Geschmack dem französischen Pastis ähnelt; beide Getränke mischt man mit mit Wasser und Eis. Während der französische Schnaps als Aperitif getrunken wird, kommt der Rakı oft während des Essens zum Einsatz.

Die Türkei ist weltweit das drittgrößte Anbauland von Weintrauben, und ein großer Teil davon wächst in der Gegend um Tekirdağ. Ungefähr ein Drittel der Ernte wird als Tafeltrauben verzehrt, aber vom Rest wandert viel in die Herstellung von Rakı.

Das ist ein langer, komplizierter Vorgang. Zunächst werden die frischen Trauben oder gut gelagerten Rosinen zerquetscht und zerstampft, mit Wasser versetzt und gedämpft. Dann wird Anis hinzugegeben und die Masse zweimal destilliert. Anschließend wird das Wasser bis zu einem Alkoholgehalt von rund 45 % reduziert, worauf der Schnaps 60 bis 75 Tage reift. Die bekannteste Marke ist der Yeni Rakı (Neuer Rakı), aber der wohl beste ist der Tekirdağ Rakısı, der wegen des aus Çorlu, einer Ortschaft nordöstlich von Tekirdağ stammenden artesischen Wassers ein besonderes Aroma hat. Türken trinken die *aslan sütü* („Löwenmilch" – wohl wegen der milchig-weißen Farbe, die der Schnaps bei Zugabe von Wasser annimmt) zu allem, aber am häufigsten zu kalten *meze*, weißem Käse und Melonen sowie zum Fisch.

römischer Grabsteine, denen eine englische Übersetzung beigegeben ist – sie sind zeitlos und z. T. sehr traurig geschrieben.

GRATIS **Namık-Kemal-Haus** MUSEUM
(Namık Kemal Evi; Namık Kemal Caddesi 9; Mo–Fr 8.30–12 & 13–17, Sa 9.30–15.30 Uhr) In einem reich verzierten Fachwerkhaus befindet sich das kleine ethnografische Museum, das dem ganz in der Nähe geborenen berühmtesten Sohn der Stadt gewidmet ist. Der nationalistische Dichter, Journalist und Sozialreformer Namık Kemal (1840–1888) übte einen starken Einfluss auf Atatürk aus, der ihn den „Vater meiner Ideen" nannte. Das zweigeschossige Haus ist wundervoll restauriert. Besonders sehenswert sind das Musikzimmer, die Küche mit den türkischen Küchenutensilien und die wunderschönen Kassettendecken. Einfach die Stufen am östlichen Ende der *köfte*-Restaurants hinaufgehen; das Haus steht am Platz ganz rechts.

Rüstem Paşa Külliyesi MOSCHEE
(Mimar Sinan Caddesi 19) Gleich vor dem Ufer steht rechts dieser kleine, quadratische Moscheekomplex, den der große Mimar Sinan 1546 entwarf.

Orta Camii MOSCHEE
Wendet man sich an der Treppe am östlichen Ende der *Köfte*-Restaurants oben nach links und geht weiter den Hügel hinauf, erreicht man diese 1855 aus braunem Sandstein errichtete Moschee, die nur ein Minarett hat.

Hüseyin Pehlivan DENMKMAL
Die muskulöse Statue ehrt einen weiteren berühmten Sohn der Stadt, einen Meister im Ölringen (1908–1982).

Feste & Events

Kiraz Festivali KULTURFEST
Das Hauptereignis des Jahres in Tekirdağ ist das Kiraz Festivali (Kirschenfest) Anfang Juni, eine einwöchige Orgie, bei der Kirschen gefuttert und prämiert werden, untermalt von Konzerten und gekrönt von den Ölringkämpfen.

Schlafen

Golden Yat Hotel HOTEL €€
(261 1054; www.goldenyat.com; Yalı Caddesi 42; EZ/DZ/3BZ/Suite ab 90/130/160/210 ₺;) Das Yat hat 54 recht schicke Zimmer am Hafen, die alle mit Teppichen mit Sternenmuster ausgelegt sind. Das Haus ist zwar etwas überteuert, aber bei Geschäftsreisenden sehr beliebt und zweifellos das beste der wenigen Hotels vor Ort.

Rodosto Hotel HOTEL €€
(263 3701; info@rodostohotel.com.tr; İskele Caddesi 34; EZ/DZ 70/130 ₺;) Das umgebaute Haus am Ufer wirkt verwohnt, und die Stilmöbel sind verschlissen. Das Hotel ist aber etwas freundlicher als das Yat, und wer solo unterwegs ist, kann mit den Einzimmerkojen der „Economy"-Klasse (50 ₺) einige Lira sparen.

Essen

Busse legen in Tekirdağ häufig gegenüber der Promenade eine Mittagspause bei den Restaurants ein, die *Tekirdağ köftesi* anbieten, eine besonders gewürzte Variante der türkischen Frikadellen, die mit Reis und Paprika serviert werden. Alternativ holt man sich ein *balık ekmek* (Fischkebab, 4 ₺) am Ufer auf der anderen Straßenseite.

Meşhur Köfteci Ali Usta KÖFTE €
(261 1621; Atatürk Bulvarı 24; Hauptgerichte 10 ₺) Das „*Köfte*-Restaurant des berühmten Meisters Ali" hat vier Filialen in der Gegend. Es gibt eine gute Auswahl an Gerichten, darunter vier Arten *köfte*.

An- & Weiterreise

Busse nach İstanbul (18 ₺, 2½ Std.), Edirne (14 ₺, 2 Std.), Eceabat (27 ₺, 3 Std.) und Çanakkale (30 ₺, 3½ Std.) halten am *otogar* (Busbahnhof) und an der Uferstraße.

Gelibolu

0286 / 30 273 EW.

Die größte Ortschaft auf der Halbinsel Gallipoli liegt fast 50 km von den wichtigsten Schlachtfeldern des Ersten Weltkriegs entfernt und ist als Ausgangspunkt zur Erkundung der Region weniger ansprechend als Çanakkale. Doch auch hier gibt es einige Punkte von historischem Interesse. Fast alles, was Traveller brauchen – Hotels, Restaurants, Banken, Teestuben –, liegt dicht gedrängt rund um den Hafen.

Sehenswertes

Kriegsmuseum Gelibolu MUSEUM
(Gelibolu Savaş Müzesi; 566 1272; Sahil Yolu; Eintritt 3 ₺; Di–So 9–12 & 13–18 Uhr) An der Hauptzufahrtsstraße in die Stadt erinnert dieses Museum mit Sandsäcken und Stacheldraht vor dem Haus und mit vielen Exponaten drinnen – von einem Brief nach

Hause (auf rosa Papier) bis hin zu Fotos von heutigen Ausgrabungen und diversen Gedenkveranstaltungen – an das blutige Kriegsgeschehen auf den Schlachtfeldern und in den Schützengräben.

GRATIS **Piri-Reis-Museum** MUSEUM
(Piri Reis Müzesi; ⌚Fr–Mi 8.30–12 & 13–17 Uhr) Der Steinturm über den Hafenmauern ist alles, was von der griechischen Siedlung Kallipolis übrig geblieben ist, die der Stadt und der Halbinsel den Namen gab. Das kleine Museum im Turm ehrt den verwegenen Admiral und Kartografen Piri Reis (1470–1554), dessen Statue im Hafen auf dem Weg zur Anlegestelle zu sehen ist. Im Turm befindet sich ein großer, flacher Brunnen und oben eine Kammer, in der Kopien der berühmten Landkarten des Admirals ausgestellt sind.

Schrein des Ahmed Bican Efendi DENKMAL
In einem kleinen Park, 800 m von den Hafenmauern den Hügel hinauf, steht dieser hübsche Schrein.

GRATIS **Mehmed-i Bican Efendi Türbesi** GRABMAL
(Mausoleum des Mehmed Bican; ⌚24 Std.) Die *türbe* von Mehmed Bican, dem Autor des *Muhammadiye* genannten Korankommentars, befindet sich gegenüber dem Schrein für seinen Bruder Ahmed Bican.

GRATIS **Hallac-i Mansur Türbesi** GRABMAL
(Mausoleum des Hallac Mansur; ⌚24 Std.) Das Bauwerk ist leicht mit einer Moschee zu verwechseln.

GRATIS **Bayraklı Baba Türbesi** GRABMAL
(Mausoleum des Flaggenvaters; ⌚24 Std.) Diese *türbe* birgt die sterblichen Überreste des Karaca Bey, eines osmanischen Bannerträgers, der 1410 die ihm anvertraute Fahne Stück für Stück aufaß, um sie nicht in die Hände des Feindes geraten zu lassen. Der Eingangsbereich und das Grabmal sind mit Hunderten von türkischen Fahnen eingedeckt; der Wächter verkauft Fahnen an Touristen, die sie dann zu den Übrigen legen können.

GRATIS **Azebler Namazgah** MOSCHEE
(Offener Gebetsraum der Soldaten; ⌚24 Std.) Diese ungewöhnliche, vage an Mogularchitektur erinnernde Moschee wurde 1407 errichtet. Sie besitzt einen *mihrab* (Gebetsnische, die anzeigt, in welcher Richtung Mekka liegt) aus weißem Marmor und einen *minber*.

GRATIS **Französischer Soldatenfriedhof** FRIEDHOF
(⌚24 Std.) Ein hoher, moderner Glockenturm markiert diesen Friedhof aus der Zeit des Krimkriegs (1854–1856), den die Franzosen als Guerre d'Orient bezeichnen. Hier liegen auch die Gebeine von elf französischen Soldaten aus dem Senegal, die während des Gallipoli-Feldzugs ums Leben kamen und hier zwischen 1919 und 1923 bestattet wurden.

GRATIS **Saruca Paşa Türbesi** GRABMAL
(Mausoleum des Saruca Paşa; ⌚24 Std.) Nahe bei dem Französischen Friedhof befindet sich die *türbe* für einen osmanischen Kriegshelden des späten 14. Jhs.

Hamzakoy STRAND
In dem Erholungsgebiet der Stadt gibt es einen schmalen Strand mit grobem Sand und ein kleines Café.

GRATIS **Deniz Kuvvetleri Kültür Park** PARK
(Kulturpark der Marine) Der kleine Park gleich östlich vom Zentrum ist voller verschossener Torpedos und Minen. Sogar ein winziges U-Boot ist hier zu sehen.

Schlafen & Essen

Oya Hotel HOTEL €
(☎566 0392; Miralay Şefik Aker Caddesi 7; Zi. 70–80 ₺, Suite 100 ₺) Das verwohnte, grüne Hotel hat in der Lobby eine kleine Sammlung von nautischen Erinnerungsstücken. Das Haus ist die beste unter den Unterkünften im Zentrum von Gelibolu, die sich hauptsächlich in der Nähe des Piri-Reis-Museums befinden.

Düş Evi CAFÉ €
(☎566 2628; Aker Caddesi; Sandwichs 5 ₺) Das freigeistige, kultivierte Café an der Durchgangsstraße durch den Ort serviert ausgezeichneten Kaffee und kleine Mittagsgerichte.

İlhan Restaurant RESTAURANT €€
(☎566 1124; Hauptgerichte 15 ₺) Im besten der Restaurants am Hafen von Gelibolu bekommt man regionale *sardalyalar* (Sardinen) aus dem Tontopf. Das freundliche İlhan liegt direkt am *iskele* und bietet schöne Ausblicke auf das Meer und den Hafen.

An- & Weiterreise

Der *otogar* befindet sich 500 m südwestlich vom Hafen hinter dem Kriegsmuseum an der Hauptstraße nach Eceabat. Verbindungen gibt es u. a. nach:

ECEABAT (5 ₺, 50 Min.) Stündlich fahren Minibusse von der Anlegestelle nach Eceabat und weiter nach Kilitbahir (5 ₺, 1 Std.).

EDIRNE (25 ₺, 3 Std., stündl.)

İSTANBUL (35 ₺, 4½ Std.)

LAPSEKİ Die Fähre (2 ₺/Pers., Motorrad 8 ₺, Auto 20 ₺, 30 Min.) legt in beide Richtungen jeweils stündlich zur vollen Stunde ab.

Halbinsel Gallipoli (Gelibolu)

☎0286

Seit einem Jahrtausend ist die schmale Halbinsel, die das Nordwestufer der Dardanellen bildet, der Schlüssel nach İstanbul: Jede Flotte, die hier durchbrach, hatte gute Aussichten, die Hauptstadt der südosteuropäischen Welt zu erobern. Viele Flotten haben versucht, sich die Durchfahrt zu erzwingen, aber die meisten Versuche, auch die der Briten und ihrer Verbündeten im Ersten Weltkrieg, schlugen fehl.

Heute sind die Schlachtfelder von Gallipoli friedlich und von Gestrüpp und Pinien bewachsen. Aber die Schlachten, die hier vor fast 100 Jahren ausgetragen wurden, sind bis heute im Gedächtnis vieler Menschen lebendig geblieben, neben Türken vor allem bei Australiern und Neuseeländern, für die die Halbinsel eine Pilgerstätte geworden ist. Der türkische Offizier, der die Verteidigung Gallipolis leitete, war kein geringerer als Mustafa Kemal – der künftige Atatürk. Jedes Jahr am 18. März gedenkt die Türkei hier seines Sieges.

Eine morgendliche Andacht am Anzac Day (25. April), dem Jahrestag der Landung der Entente-Truppen, zieht Tausende von Travellern hauptsächlich aus Down Under an. In den letzten Jahren bringen von türkischen Stadtverwaltungen organisierte Reisebusse aber auch viele Einheimische hierher, damit sie die türkische Sicht auf die Geschehnisse besser verstehen.

Der beste und bequemste Ausgangspunkt zum Besuch der Schlachtfelder von Gallipoli ist Eceabat am Westufer der Dardanellen; in Çanakkale am Ostufer gibt es allerdings eine größere Auswahl an Unterkünften und Restaurants sowie ein muntereres Nachtleben.

Das südliche Drittel der Halbinsel ist ein Nationalpark. Wegen der rauen Naturschönheiten der Gegend lohnt sich ein Besuch deshalb auch für all jene, die sich nicht so sehr für Geschichte interessieren.

Geschichte

Da die Çanakkale Boğazı – die Straße von Çanakkale, die man auf Deutsch eher unter dem Namen Dardanellen oder als Hellespont kennt – an ihrer schmalsten Stelle nur 1500 m breit ist, war sie für Reisende (und Armeen) stets die günstigste Stelle, um von Europa nach Kleinasien oder umgekehrt überzusetzen.

Der persische Großkönig Xerxes I. überquerte die Straße 481 v. Chr. auf einer aus Booten gebildeten Brücke, so wie das 150 Jahre später auch Alexander der Große tat. In byzantinischer Zeit bildeten die Dardanellen die erste Verteidigungslinie Konstantinopels, doch 1402 gerieten sie unter die Kontrolle des osmanischen Sultans Bayezids I. (reg. 1390–1402), dessen Armeen anschließend mit der Eroberung des Balkans beginnen konnten. Fatih Sultan Mehmed festigte seine Machtstellung an der Meeresstraße in Vorbereitung der Eroberung Konstantinopels (1453), indem er dort acht Festungen errichten ließ. Als das Osmanische Reich im 19. Jh. seinen Niedergang erlebte, konkurrierten Großbritannien und Frankreich mit Russland um die Vorherrschaft über diese strategisch wichtige Meerenge.

In der Absicht, die osmanische Hauptstadt unter Kontrolle zu bringen, organisierte Winston Churchill als britischer Marineminister im Frühjahr 1915 einen Angriff auf die Dardanellen. Im März versuchte eine starke britische und französische Flotte erfolglos, die Durchfahrt zu erzwingen. Am 25. April landeten britische, australische, neuseeländische und indische Verbände auf Gallipoli und französische Truppen in der Nähe von Çanakkale. Die Türken und die Entente-Truppen kämpften verzweifelt und mussten schwerste Verluste hinnehmen. Nach neun Monaten verbissener Stellungskämpfe, in denen es kaum Geländegewinne gab, mussten sich die Invasoren zurückziehen.

Die Niederlage der Entente-Mächte beruhte zum einen auf Pech und schlechter Führung, zum anderen aber auch auf den Verstärkungstruppen, die den osmanischen Streitkräften von ihrem deutschen Oberbefehlshaber General Liman von Sanders zugeführt wurden. Ein weiteres wichtiges Element war, dass die Entente-Truppen ausgerechnet in einem Abschnitt landeten, wo ihnen der damalige Oberst Mustafa Kemal gegenüberstand.

Als Offizier von vergleichsweise niederem Rang hatte Kemal den Schlachtplan der Entente anders als seine Vorgesetzten richtig analysiert und brachte die Invasion zum Halt, obschon sein eigenes Regiment in den schweren Kämpfen ausgelöscht wurde (s. Chunuk Bair, S. 148). Während er an Malaria litt, stand Kemal die ganze Zeit über persönlich an der Spitze seiner Truppen und entging mehrmals nur wie durch ein Wunder dem Tod. Einmal traf ihn ein Schrappnellsplitter an der Brust, der aber durch seine Taschenuhr abgewehrt wurde. Seine brillanten Leistungen machten ihn zu einem Volkshelden und ebneten den Weg zu seiner Beförderung zum *paşa* (General).

Der Gallipoli-Feldzug dauerte bis Januar 1916. Insgesamt gab es mehr als eine halbe Million Opfer der Kampfhandlungen, darunter 130 000 Tote. Auf der Seite des britischen Empire waren 36 000 Tote zu beklagen, darunter 8700 Australier und 2700 Neuseeländer. Auf französischer Seite gab es 47 000 Verletzte (das war mehr als die Hälfte des gesamten französischen Kontingents) und 8800 Tote. Auf osmanischer Seite fielen fast 86 700 Mann, und fast die Hälfte der Männer des eine halbe Million zählenden Heeres wurde verletzt. Trotz dieses Blutbads gelten diese Schlachten vielfach als ein „Gentlemankrieg", in dem beide Seiten dem Feind Respekt entgegenbrachten.

Geführte Touren

Wenn man sich gar nicht oder nur wenig mit der Geschichte der Halbinsel auskennt, ist eine geführte Tour der weitaus beste Weg, um die Halbinsel kennenzulernen. Die empfohlenen Tourveranstalter bieten meist fünf- oder sechsstündige Touren am Nachmittag an, bei denen der Transport per Auto oder Kleinbus, ein Guide und ein Mittagspicknick inbegriffen sind. Touren ab Eceabat kosten in der Regel 60 ₺, ab Çanakkale 90 ₺. Die Touren führen nicht zu den weniger besuchten Stätten am Kap Helles (Seddülbahir) und an der weiter nördlich gelegenen Bucht von Suvla: Um dorthin zu kommen, muss man einen Führer für eine private Tour engagieren, die mehr als 120 ₺ kostet, selbst wenn man über ein eigenes Auto verfügt. Es gibt auch auf kürzere Zeit zusammengefasste Touren ab İstanbul, die aber sehr anstrengend sein können, da man dabei die Schlachtfelder direkt im Anschluss an eine fünfstündige Busfahrt besucht. Die besten Tourveranstalter in Eceabat und Çanakkale sind:

Crowded House Tours GEFÜHRTE TOUR
(☎814 1565; www.crowdedhousegallipoli.com; Eceabat) Das von dem unermüdlichen Bülent „Bill" Yılmaz Korkmaz geführte Hotel Crowded House ist die beste Adresse für informative, interessante Touren. Ebenfalls im Angebot sind eine morgendliche Schnorcheltour (35 ₺ inkl. Transport und Ausrüstung) zu einem Schiffswrack aus dem Ersten Weltkrieg am North Beach sowie private Touren. Die ein- und zweitägigen Pauschalangebote umfassen den Transport von der Unterkunft in İstanbul zum Busbahnhof, dann eine Übernachtung in Eceabat und anschließend die Tour.

Hassle Free Travel Agency GEFÜHRTE TOUR
(☎213 5969; www.anzachouse.com; Çanakkale) Die vom Anzac House in Çanakkale unter der Leitung australischer und türkischer Guides veranstalteten Touren sind klar strukturiert und finden häufig statt. Leser rühmen den Informationsgehalt und die Professionalität dieses seit langem bestehenden Veranstalters. Auch Bootstouren werden angeboten.

Kenan Celik PRIVATE TOUREN
(☎217 7468; www.kcelik.com) Ausgezeichnete private Touren unter Leitung eines der führenden türkischen Experten zu Gallipoli und den Schlachtfeldern.

Sehenswertes

Der **Historische Nationalpark Gallipoli** (Gelibolu Yarımadası Tarihi Milli Parkı; Karte S. 144) umfasst 335 km² der Halbinsel und darin alle wichtigen Schlachtfelder. Es gibt mehrere unterschiedliche Beschilderungen: die normale türkische Straßenausschilderung; die Schilder der Nationalparkverwaltung und schließlich noch Holzschilder, die von der Commonwealth War Graves Commission aufgestellt wurden. Das kann zur Verwirrung führen, da die türkischen Truppen und die der Entente unterschiedliche Namen für die Schlachtfelder verwendeten und weil die Schilder der Parkverwaltung nicht unbedingt mit den Namen übereinstimmen, die von der Autobahnmeisterei eingeführt wurden. Wir verwenden sowohl die türkischen als auch die englischen Bezeichnungen.

Im Nationalpark gibt es gegenwärtig drei Dutzend Soldatenfriedhöfe der Entente-Mächte sowie zwanzig türkische. Die be-

Halbinsel Gallipoli

deutendsten Schlachten ereigneten sich am westlichen Ufer rund um die Anzac-Bucht (Anzac Koyu), 12 km nordwestlich von Eceabat, sowie in den Hügeln östlich der Bucht.

Die Halbinsel ist ein ziemlich großes Gebiet und ohne eigenes Auto nur schwer zu erkunden. Vom am weitesten nördlich gelegenen Schlachtfeld bis zur Südspitze der Halbinsel sind es in Luftlinie über 35 km. Wenn man wenig Zeit hat oder mit öffentlichen Verkehrsmitteln unterwegs ist, sollte man zuerst die Anzac-Bucht oder Lone Pine und Chunuk Bair aufsuchen.

Zusätzliche Infos bekommt man im **Informationszentrum Kilye Bay** (Kilye Koyu Ana Tanıtım Merkezi; Eintritt frei; ⌚9–12 & 13–17Uhr). Der bei türkischen Besuchern beliebte, moderne Komplex umfasst das interaktive Informationszentrum, Ausstellungsflächen, eine Gedenkstätte, ein Kino, eine Bibliothek und eine Cafeteria. Das Zentrum liegt rund 3 km nördlich von Eceabat etwa 200 m abseits der Autobahn nach İstanbul.

Das **Informationszentrum & Museum Kabatepe** (Kabatepe Müzesi ve Tanıtma Merkezi; Karte S. 144; Eintritt 3 ₺; ⌚9–13 & 14–18 Uhr) rund 1 km östlich des Dorfs Kabatepe wurde komplett umgebaut und sollte 2012 mit mehr interaktiven Exponaten wiedereröffnet werden.

NÖRDLICHE HALBINSEL

Rund 3 km nördlich von Eceabat führt die Straße nach Kabatepe westwärts in den Park, vorbei am Informationszentrum Kilye Bay. Im Folgenden werden die Stätten in der Reihenfolge beschrieben, in der sie die meisten Fußgänger und Radfahrer besuchen.

KABATEPE (KABATEPE KÖYÜ)

Wahrscheinlich war der kleine Hafen des Dorfs die von den Entente-Truppen für den 25. April 1915 vorgesehene Landungsstelle. Möglicherweise trugen nicht kartierte Strömungen die Landungsboote in der frühen

Halbinsel Gallipoli

Sehenswertes

1 Cape Helles British Memorial ... A4
2 Französisches Kriegsdenkmal & Soldatenfriedhof ... B4
Galerie des Gallipoli-Feldzugs ... (siehe 10)
3 Historischer Nationalpark Gallipoli ... C2
4 Informationszentrum & Museum Kabatepe ... B1
5 Lancashire Landing Cemetery ... A4
6 Mehmetçiğe Derin Saygı Anıtı ... B1
7 Nuri-Yamut-Denkmal ... B3
8 Pink Farm Cemetery ... A3
9 Redoubt Cemetery ... B3
10 Salim-Mutlu-Kriegsmuseum ... B3
11 Sargı-Yeri-Soldatenfriedhof ... B3
12 Skew Bridge Cemetery ... A3
13 Twelve Tree Copse Cemetery ... B3
14 „V" Beach Cemetery ... A4
15 Yahya Çavuş Şehitliği ... A4

Schlafen

16 Abide Motel ... A4
17 Gallipoli Houses ... C1
18 Hotel Kum ... B2
Mocamp ... (siehe 14)
19 Pansiyon Helles Panorama ... A4

Essen

20 Doyuranlar Gözleme ... C1

Dämmerung nordwärts an die steilen Klippen von Arıburnu – ein Missgeschick, das den Feldzug gleich unter einem schlechten Stern stehen ließ. Heute gibt es in Kabatepe wenig, abgesehen von einem Campingplatz, einem Café und der Anlegestelle für die Fähren zur Insel Gökçeada.

Die Straße, die den Hügel hinauf nach Lone Pine (Kanlısırt) und Chunuk Bair führt, beginnt 750 m nordwestlich vom Informationszentrum & Museum Kabatepe. Die Anzac-Bucht liegt ungefähr 3 km weiter im Norden.

ANZAC-BUCHT (ANZAC KOYU)

Vom Informationszentrum aus sind es 3 km zum **Strandfriedhof (Hell Spit)** (Karte S. 146). Vor diesem führt ein unbefestigter Weg ins Binnenland nach Lone Pine (1,5 km). Jenseits der Straße am Parkplatz des Friedhofs führt ein weiterer Weg ins Binnenland zum **Friedhof im Shrapnel Valley** (Karte S. 146) sowie zum **Friedhof auf Plugge's Plateau** (Karte S. 146).

Folgt man der Küstenstraße ab dem Abzweig weitere 400 m oder nimmt den Fußweg vom Strandfriedhof vorbei an dem Bunker aus dem Zweiten Weltkrieg, gelangt man zur Anzac-Bucht, die sich unterhalb und gleich südlich der Klippen von Arıburnu befindet, wo am 25. April 1915 die verhängnisvolle Landung der Briten und ihrer Verbündeten begann. Die Truppen hatten den Befehl erhalten, ins Binnenland vorzustoßen, und machten zunächst einige Geländegewinne, trafen aber im Verlauf des Tages auf erbitterten Widerstand osmanischer Streitkräfte unter der Führung von Mustafa Kemal, der die Landungsstelle vorausgesehen und deshalb den Befehl missachtet hatte, seine Truppen weiter südlich bei Kap Helles aufzustellen.

Im August desselben Jahres wurde bei einer größeren Offensive der Versuch unternommen, vom Strand aus auf die Hänge von Chunuk Bair und Sarı Bair vorzudringen. Hierbei kam es zu den Schlachten von Lone Pine und The Nek, den blutigsten des gesamten Feldzugs, die aber keine größeren Fortschritte brachten.

In 300 m Entfernung steht das bewegende **Arıburnu Sahil Anıtı** (Arıburnu-Küstendenkmal; Karte S. 146), ein Denkmal mit Atatürks berühmtem Aufruf zu Frieden und Versöhnung, den er 1934 ausgesprochen hat:

> Wir machen keinen Unterschied zwischen den Johnnys und den Mehmets … Ihr Mütter, die ihr eure Söhne aus fernen Ländern geschickt habt, trocknet eure Tränen: eure Söhne ruhen nun in unserer Brust … Nachdem sie ihr Leben in diesem Land verloren haben, sind sie auch zu unseren Söhnen geworden.

Gleich hinter dem Denkmal befinden sich der **Arıburnu-Friedhof** (Karte S. 146) und 750 m weiter nördlich der **Canterbury-Friedhof** (Karte S. 146). Dazwischen liegt die **Anzac-Gedenkstätte** (Anzac Tören Alanı; Karte S. 146), wo am Anzac Day alljährlich morgens ein Gottesdienst stattfindet. Blickt man nach oben, kann man an der Sandsteinklippe unschwer den Vorsprung erkennen, den junge „Digger" (australische Infanteristen), die aus Australien über Ägypten hierher gekommen waren, die Sphinx nannten.

Schlachtfelder von Gallipoli

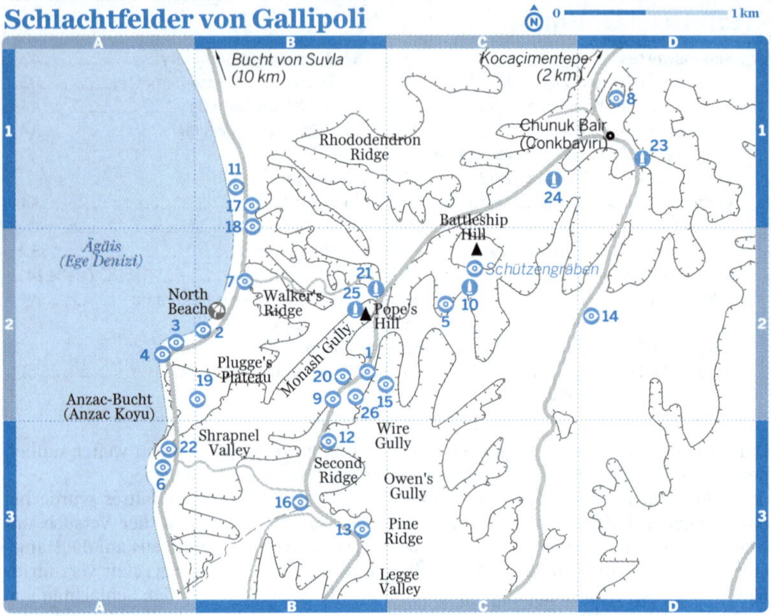

Schlachtfelder von Gallipoli

Sehenswertes

1 Friedhof des 57. Alay B2
2 Anzac-Gedenkstätte B2
3 Arıburnu-Friedhof A2
4 Arıburnu Sahil Anıtı A2
5 Baby 700 Cemetery C2
6 Strandfriedhof (Hell Spit) A3
7 Canterbury-Friedhof B2
8 Chunuk Bair New Zealand Cemetery & Memorial D1
9 Courtney's & Steele's Post Cemetery B2
10 Düztepe-Denkmal C2
11 Friedhof am Embarkation Pier B1
12 Johnston's Jolly B3
13 Kanlısırt Kitabesi B3
14 Kemalyeri, türkische Kommandostelle D2
15 Kesikdere-Friedhof B2
16 Lone Pine Cemetery B3
Mesudiye Topu ..... (siehe 5)
17 New Zealand No 2 Outpost Cemetery B1
18 No 2 Outpost Cemetery B1
19 Friedhof auf Plugge's Plateau B2
20 Quinn's Post Cemetery B2
21 Denkmal des Sergeanten Mehmet B2
22 Friedhof im Shrapnel Valley A3
23 Suyatağı Anıtı D1
24 Talat-Göktepe-Denkmal C1
25 The Nek B2
26 Yüzbaşı Mehmet Şehitliği B2

Weniger als 1 km weiter liegen an der Uferstraße rechter Hand der Friedhof beim **Vorposten Nr. 2** (No 2 Outpost Cemetery, Karte S. 146), der von der Straße in Richtung Landesinneres zurückgesetzt ist, und der Friedhof des **neuseeländischen Vorpostens Nr. 2** (New Zealand No 2 Outpost Cemetery, Karte S. 146). Der **Friedhof am Embarkation Pier** (Karte S. 146) folgt etwa 200 m hinter dem New Zealand No 2 Outpost Cemetery linker Hand.

AUF DEM WEG NACH LONE PINE (KANLISIRT)

Nach der Rückkehr zum Informationszentrum & Museum Kabatepe folgt man der Ausschilderung den Hügel hinauf zum weniger als 3 km entfernten Lone Pine.

Das erste Denkmal, welches einem auf dem Weg begegnet, ist das **Mehmetçiğe Derin Saygı Anıtı** (Karte S. 144) zur rechten Seite der Straße, rund 1 km hinter der Kreuzung. Es ist dem ‚Mehmetçik' („kleiner Mehmet", die türkische Entsprechung des

„Tommys“ oder „Diggers“) gewidmet, der einen verwundeten neuseeländischen Soldaten aus der Schusslinie rettete.

Nach weiteren 1200 m erreicht man schließlich die **Kanlısırt Kitabesi** (Inschrift des blutigen Hügelkamms; Karte S. 146), welche die Schlacht von Lone Pine aus türkischer Sicht beschreibt.

LONE PINE (KANLISIRT)

Der **Lone Pine Cemetery** (Kanlısırt; Karte S. 146), von der Kanlısırt Kitabesi 400 m den Hügel hinauf, ist der vielleicht bewegendste aller Anzac-Soldatenfriedhöfe. Hier eroberten australische Soldaten am Nachmittag des 6. August 1915 die türkischen Stellungen, und innerhalb von vier Tagen wurden 7000 Mann auf einem Gelände von der Größe eines Fußballfelds getötet. Die Bäume, die den Soldatenfriedhof einst beschatteten, fielen 1994 einem Brand zum Opfer. Nur eine einzige Kiefer blieb übrig, gezogen aus einem Samen des einsamen Baums, der zu Beginn der Schlacht auf dem Gelände stand, und nach dem diese Kampfstätte auch benannt wurde. Die Wiederaufforstung des Parks schreitet erfolgreich voran.

Die Grabsteine tragen bewegende Inschriften. Auf dem Friedhof liegt auch das Grab des jüngsten Soldaten, der hier fiel, eines gerade einmal 14 Jahre alten Jungen. Gleich hinter dem Parkplatz erblickt man die Reste der Schützengräben.

Von hier führt eine 3 km lange Einbahnstraße hinauf zum New Zealand Memorial bei Chunuk Bair.

VON JOHNSTON'S JOLLY ZU QUINN'S POST

Dringt man von Lone Pine den Hügel hinauf vor, wird die Grausamkeit des Krieges überdeutlich: An einigen Punkten liegen die Schützengräben nur wenige Meter auseinander. Der Befehl zum Angriff bedeutete den sicheren Tod für jene, die dem Befehl folgten, aber auf beiden Seiten taten praktisch alle, was ihnen befohlen wurde.

Die Straße markiert den schmalen Streifen Niemandsland zwischen den Schützengräben beider Seiten und führt weiter zu den Friedhöfen **Johnston's Jolly** (Kırmızı Sırt; Karte S. 146), 200 m rechts hinter Lone Pine, **Courtney's & Steele's Post** (Karte S. 146), noch einmal 200 m weiter, und **Quinn's Post** (Karte S. 146), weitere 100 m den Hügel hinauf. Fast gegenüber von Quinn's Post liegt der **Yüzbaşı Mehmet Şehitliği** (Hauptmann-Mehmet-Friedhof; Karte S. 146).

FRIEDHOF DES 57. ALAY & KESİKDERE-FRIEDHOF

Rund 1 km von Lone Pine den Hügel hinauf finden sich – vom Denkmal des Kleinen Mehmet aus jenseits der Straße – der **Friedhof** (Karte S. 146) und das Denkmal für das 57. osmanische Regiment, das von Mustafa Kemal geführt und von ihm geopfert wurde, um den ersten Angriff der Anzac abzuwehren. Für eine Stätte der türkischen Armee – die historisch immer ein Garant des Säkularismus war – zeigt dieser Soldatenfriedhof erstaunlich viel religiöse Symbolik. Die Statue des alten Mannes, der seiner Enkelin die Schlachtfelder zeigt, stellt Hüseyin Kaçmaz dar, der in den Balkankriegen, beim Gallipoli-Feldzug und auch noch bei der schicksalhaften Schlacht von Dumlupınar während des Unabhängigkeitskrieges mitkämpfte. Als letzter türkischer Gallipoli-Veteran starb er 1994 im Alter von 111 Jahren.

Einige Stufen tiefer liegen auf dem **Kesikdere-Friedhof** (Karte S. 146) die sterblichen Überreste von weiteren 1115 türkischen Soldaten aus dem 57. und anderen Regimentern.

DENKMAL DES SERGEANTEN MEHMET (MEHMET ÇAVUŞ ANITI) & THE NEK

Ungefähr 100 m hinter dem Friedhof des 57. Regiments den Hügel hinauf führt eine Straße nach Westen zum **Denkmal des Sergeanten Mehmet** (Karte S. 146), das einem türkischen Sergeanten gewidmet ist, der mit Steinen und seinen Fäusten weiterkämpfte, als ihm die Munition ausgegangen war, und weiter nach **The Nek** (Karte S. 146). Hier stürmten am Morgen des 7. August 1915 das 8. (aus Victoria) und das 10. (Westaustralische) Regiment der 3. Leichten Kavalleriebrigade in das feindliche Feuer hinaus und wurden niedergeschossen, noch bevor sie die feindlichen Linien erreichten; diese tragische Episode wurde in Peter Weirs Film *Gallipoli* unsterblich gemacht.

BABY 700 CEMETERY & MESUDIYE TOPU

Ungefähr 200 m den Hügel hinauf befinden sich rechts von der Zufahrtsstraße nach The Nek der **Baby 700 Cemetery** (Karte S. 146) sowie die osmanische Kanone **Mesudiye Topu** (Karte S. 146). Baby 700 (die Zahl bezieht sich auf die Höhe über dem Meeresspiegel in Fuß) war der Punkt, bis zu dem die erste Angriffswelle vordrang; die meisten Soldaten, die hier begraben liegen, starben bei den blutigen Kämpfen am 25. April 1915.

DÜZTEPE-DENKMAL & TALAT-GÖKTEPE-DENKMAL

Das **Düztepe-Denkmal** (Karte S. 146), oberhalb vom Baby 700 Cemetery, bezeichnet den Punkt, an dem das osmanische 10. Regiment seine Stellung behauptete. Der Ausblick auf die Dardanellen und in das umliegende Land sind atemberaubend. Das rund 1 km weiter stehende **Denkmal** (Karte S. 146) erinnert an einen jüngeren Todesfall auf Gallipoli: Es ist Talat Göktepe, dem Direktor der Forstverwaltung von Çanakkale gewidmet, der 1994 bei der Bekämpfung des verheerenden Waldbrands umkam.

CHUNUK BAIR & UMGEBUNG

Wendet man sich auf der Spitze des Hügels, rund 500 m hinter dem Talat-Göktepe-Denkmal, an der T-Kreuzung nach Osten (rechts), gelangt man zum **Suyatağı Anıtı** (Wasserlauf-Denkmal). Mustafa Kemal, der vier Tage und Nächte nicht geschlafen hatte, verbrachte hier die Nacht des 9. auf den 10. August 1915 und leitete einen Teil des Gegenangriffs auf die Offensive der Entente-Mächte. Weiter südlich stößt man auf **Kemalyeri** (Kemals Ort; Karte S. 146) am Scrubby Knoll, seinen Kommandoposten, sowie auf die Straße, die wieder zurück zum Informationszentrum & Museum Kabatepe führt.

Wendet man sich an der T-Kreuzung nach links, kommt man nach Chunuk Bair, zum ersten Ziel der alliierten Landung im April 1915, wo sich heute der **Chunuk Bair New Zealand Cemetery and Memorial** (Conkbayırı Yeni Zelanda Mezarlığı ve Anıtı; Karte S. 146) befindet.

BEDROHTES GALLIPOLI

Die Zeiten, als der australische Filmemacher in den frühen 1980er Jahren zwei Tage lang über die Hügel der Halbinsel Gallipoli streifen konnte, ohne einer Menschenseele zu begegnen, sind lange vorbei. Die Besucherzahlen sind seither sprunghaft angestiegen, und es kommen nicht nur Ausländer. Seit 2004, als 81 Studenten aus den 81 Provinzen der Türkei die patriotische Pilgerfahrt zu der Stätte antraten, wo der Nationalheld Mustafa Kemal die Nation zum Sieg führte, schicken die *belediyeler* (Gemeinde- und Stadtverwaltungen) von Edirne bis Van busladungsweise ihre Bürger hierher. Nach offiziellen türkischen Angaben belief sich die Zahl der türkischen Besucher im Jahr 2007 auf 2 Mio., noch fünf Jahre zuvor waren es lediglich zwischen 400 000 und 500 000. Und die Zahl der Reisebusse nimmt weiter zu.

Das gesteigerte Interesse macht die Erhaltung des Nationalparks zu einer schwierigen Aufgabe, der sich die örtlichen Behörden und die Parkverwaltung nach Ansicht vieler nicht immer voll gewachsen zeigen. In den letzten Jahren ist der Strom der Busse und Autos sehr dicht geworden, insbesondere im Umkreis der meistbesuchten türkischen Soldatenfriedhöfe und Denkmäler. Angebliche „Verbesserungen" wie das Anlegen von Parkplätzen und das Verbreitern von Straßen haben in einigen Gegenden beträchtliche Schäden angerichtet, am schlimmsten in der Anzac-Bucht. Der Strand ist dort mittlerweile nicht viel mehr als ein schmaler Sandstreifen.

Ausländische Besucher strömen in Massen zum Morgengottesdienst am Anzac Day herbei – vor allem für junge Australier ist der Besuch zu einer Art Initiationsritus geworden. Zum 90. Jahrestag der Landung auf Gallipoli kamen 2005 mehr als 20 000 Menschen, was die bescheidene Infrastruktur der Halbinsel deutlich überforderte. Zum 100. Jahrestag im Jahr 2015 werden mindestens genauso viele Besucher erwartet – Touren und Kreuzfahrten zu diesem Jubiläum werden schon heute angeboten. Nach Schätzungen der örtlichen Veranstalter kommen sonst jedes Jahr rund 5000 Besucher zum Anzac Day. Der Verkehr bricht schon einen Tag vor dem Ereignis zusammen, und selbst Leute, die nur aus dem nahen Çanakkale anreisen, schaffen es nicht immer pünktlich zum Gottesdienst. Deswegen übernachten viele einfach am Vortag auf dem Gelände der Anzac-Gedenkstätte.

Rund 50 000 Türken feiern am 18. März den Tag des Seesiegs bei Çanakkale (Çanakkale Deniz Zaferi), als es den osmanischen Kanonen und Minen 1915 gelang, die Entente-Flotte an der Durchfahrt durch die Dardanellen zu hindern. Die Geschichte und die Schönheit von Gallipoli kann man jedoch an jedem anderen Tag besser erleben, als rund um den 18. März und den 25. April. Viele Besucher stellen fest, dass sie Gallipoli fern der Massen viel intensiver genießen und erkunden können.

Als sich die Anzac-Truppen am 25. April die von Gestrüpp bedeckten Hänge heraufarbeiteten, positionierte der Divisionskommandeur Mustafa Kemal das 57. Infanterieregiment und gab seinen berühmten Befehl: „Ich befehle euch nicht den Angriff, sondern zu sterben. In der Zeit, bis wir gefallen sind, werden andere Truppenteile und Kommandeure gekommen sein, um unseren Platz einzunehmen." Das 57. Regiment wurde aufgerieben, hielt aber die Stellung und fügte den von unten angreifenden Anzac-Truppen ebenfalls schwere Verluste zu.

Chunuk Bair bildete auch das Zentrum der Kämpfe um die Halbinsel vom 6. bis zum 10. August 1915, als rund 30 000 Mann auf dieser Anhöhe starben. Heute befindet sich hier ein friedlicher Pinienhain und man kann sich kaum vorstellen, dass hier einmal ein wüstes Niemandsland war, wo Kugeln, Bomben und Schrappnelle die Soldaten niedermähten, die hier Tag und Nacht kämpften. Der Anzac-Angriff vom 6. auf den 7. August, an dem sich die New Zealand Mounted Rifle Brigade und ein Maori-Kontingent beteiligten, war furchtbar, wurde aber noch von dem Angriff am Folgetag übertroffen. Laut Mustafa Kemal war er von einer Brutalität, „die sich kaum beschreiben lässt".

Nach Osten führt eine Seitenstraße zu den türkischen **Gedenksteinen für Mehmet** (Conkbayırı Mehmetçik Anitları), fünf riesige Tafeln mit Inschriften, die die Schlacht beschreiben, aufgestellt wie die Finger einer betenden Hand.

SÜDLICHE HALBINSEL

Die südliche Halbinsel wird von weniger Travellern besucht; hier gibt es mehr britische, französische und türkische als australische und neuseeländische Gedenkstätten. In der Nebensaison kann man hier gut dem Andrang und den Reisegruppen entgehen, auch wenn das Çanakkale Şehitleri Anıtı insbesondere bei türkischen Reisegruppen zu einem immer beliebteren Ziel wird.

Von Kabatepe sind es ungefähr 12 km bis zum Dorf **Alçıtepe**, dem früheren Krithia. Ein paar Meter nördlich der wichtigsten Kreuzung im Dorf befindet sich das **Salim-Mutlu-Kriegsmuseum** (Karte S. 144; Eintritt 1 ₺; ⏲8–20 Uhr) mit einer Menge verrosteter Fundstücke von den Schlachtfeldern, die einen Eindruck davon vermitteln, wie viel Munition hier verschossen wurde. Hinter den Souvenirständen geht die **Galerie des Gallipoli-Feldzugs** (Karte S. 144; Eintritt 3 ₺; ⏲8–20 Uhr) ambitionierter und illustrativer an die Sache heran: Neben Fotos und Artefakten gibt es hier Modelle in Originalgröße und Dioramen mit Soundeffekten. An der Hauptkreuzung weist ein Schild den Weg nach rechts zu dem rund 1,5 km entfernten türkischen **Sargı-Yeri-Soldatenfriedhof** (Karte S. 144) mit seiner riesigen Mehmet-Statue und zum monumentalen **Nuri-Yamut-Denkmal** (Karte S. 144). Die erste Ausfahrt links führt zum 2 km entfernten **Twelve Tree Copse Cemetery** (Karte S. 144) und zum 3 km entfernten **Pink Farm Cemetery** (Karte S. 144).

Hinter dem Pink Farm Cemetery führt die Straße vorbei am **Lancashire Landing Cemetery** (Karte S. 144). Biegt man 1 km vor dem Dorf Seddülbahir nach rechts ab, gelangt man zum **Cape Helles British Memorial** (Karte S. 144), einer hohen Steinnadel, die die mehr als 20 000 Briten und Australier ehrt, die in diesem Gebiet umkamen, ohne eine Grabstelle zu erhalten. Der erste Angriff der Entente-Truppen hatte zwei Spitzen, die Landung erfolgte außer an der Anzac-Bucht auch am „V"-Beach an der Spitze der Halbinsel. Der **Yahya Çavuş Şehitliği** (Friedhof des Sergeanten Yahya; Karte S. 144) erinnert an den türkischen Offizier, der hier den Alliierten den ersten Widerstand entgegensetzte und ihnen schwere Verluste zufügte. 500 m den Hügel hinunter erblickt man den **„V" Beach Cemetery** (Karte S. 144).

Seddülbahir ist ein verschlafenes Bauerndorf mit ein paar Pensionen und Restaurants, einem Kriegsmuseum und der Ruine einer byzantinisch-osmanischen Festung über einem kleinen Hafen.

Nördlich vom Dorf verzweigt sich die Straße. Der linke Abzweig führt zum **Skew Bridge Cemetery** (Karte S. 144) und dann zum **Redoubt Cemetery** (Karte S. 144). Wendet man sich nach rechts (Osten) und folgt der Ausschilderung zum Abide oder Çanakkale Şehitleri Anıtı an der Morto-Bucht, kommt man am **Französischen Kriegsdenkmal & Soldatenfriedhof** (Karte S. 144) vorbei. Französische Truppen, darunter ein afrikanisches Regiment, griffen im März 1915 Kumkale auf der asiatischen Seite an und errangen einen vollständigen Sieg. Dann schifften sie sich wieder ein und landeten bei Kap Helles, um ihren britischen Waffenbrüdern zu Hilfe zu kommen. Dort wurden sie dann nahezu ausgelöscht.

Der Friedhof der Franzosen wird wenig besucht, ist aber sehr anrührend mit seinen Reihen von Metallkreuzen und den fünf weißen Beinhäusern aus Beton, in denen jeweils die Gebeine von 3000 Soldaten ruhen.

Beim Çanakkale Şehitleri Anıtı, auch als Abide-Denkmal bekannt, handelt es sich um eine riesige, von vier Stützen gehaltene, fast 42 m hohe Steintafel, die an die vielen türkischen Soldaten erinnert, die in Gallipoli kämpften und starben. Sie ist von Parkanlagen umgeben, zu denen auch ein Rosengarten gehört, der 1995 zum 80. Jahrestag der Kämpfe angelegt wurde.

Schlafen & Essen

Es gibt ein paar gute Unterkünfte im Park, aber die meisten liegen rund um Seddülbahir und sind ohne eigenes Transportmittel meist nicht gerade leicht zu erreichen.

LP TIPP **Gallipoli Houses** BOUTIQUEHOTEL €€€
(Karte S. 144; ☎814 2650; www.thegallipolihouses.com; DZ mit HP ab 240 ₺; ❄) Die Anlage fügt sich nahtlos in ein kleines türkisches Dorf ein und ist eine gute Option auf der Halbinsel. Eric, der belgische Miteigentümer, und seine türkische Frau Özlem bieten türkische Hausmannskost und verstehen sich darauf, maßgeschneiderte Trips zu organisieren oder auch wenig bekannte Scharmützel anhand der Karte zu erläutern. Die 10 Zimmer verteilen sich auf das Haupthaus aus Stein und ein eigens errichtetes Nebengebäude mit tollem Ausblick in die Umgebung. Das größte Zimmer ist das Kocatepe-Zimmer im ersten Stock.

Mocamp PENSION €€
(Karte S. 144; ☎862 0056; www.seddulbahirmocamp.com; EZ/DZ/3BZ 75/100/130 ₺) Neben dem „V" Beach Cemetery nahe beim Dorf Seddülbahir findet sich dieser Ableger des beliebten Campingplatzes. Die hübschen blauen Zimmer sind eine gute Wahl, wenn man einmal etwas bequemer übernachten möchte.

Pansiyon Helles Panorama PENSION €
(Karte S. 144; ☎862 0035; hellespanorama@hotmail.com; EZ/DZ ohne Bad 35/70 ₺) Das ist die beste Unterkunft in der Nähe der Schlachtfelder am Kap Helles. Das von einem ehemaligen Parkaufseher mit einem reichen Wissen über die Kriegsgeschichte geführte Haus verfügt über sieben ordentliche Pensionszimmer und einen großen Garten. Aus der erhöhten Lage gleich westlich vom Dorf Seddülbahir sieht man sowohl das Çanakkale Şehitleri Anıtı als auch das Cape Helles British Memorial.

Hotel Kum HOTEL €€€
(Karte S. 144; ☎814 1455; www.hotelkum.com; EZ/DZ/3BZ/Suite mit HP 110/180/225/275 ₺, Wohnmobil 30 ₺/4 Pers.; ⏲April–Okt.; ❄ 🏊) Das Kum ist ein großes, zusammengewürfeltes zweistöckiges Hotel auf einer netten, mit Bäumen bestandenen Rasenfläche nur 50 m vom Strand entfernt. Die Campingeinrichtungen (und die Zimmer) sind allerdings ziemlich verbraucht, und die Wohnwagen würden sich gut als Requisiten für einen Horrorfilm eignen.

Abide Motel PENSION €€
(Karte S. 144; ☎862 0010; motelabide@hotmail.com; EZ/DZ 45/90 ₺) Das Abide wurde bei unserem Besuch gerade renoviert. Es verfügt über einfache Zimmer und eine große Restaurantterrasse auf einem ziemlich ungepflegten Gelände nahe dem Französischen Friedhof.

LP TIPP **Doyuranlar Gözleme** TÜRKISCH €
(Karte S. 144; ☎814 1652; Hauptgerichte 6 ₺) Die Frauen aus dem Dorf, die diese Raststätte betreiben, haben ein überlegtes Geschäftsmodell. Es gibt *Köfte*, *Menemen* (eine Art Rührei) und Frühstück, am besten aber bestellt man einen heißen, knusprigen *Gözleme* (herzhaft gefülltes Fladenbrot aus Yufka-Teig) und dazu scharfe Paprika und einen Becher *Ayran*.

Praktische Informationen

Gute allgemeine Informationen findet man im Informationszentrum Kilye Bay sowie im Informationszentrum & Museum Kabatepe.

Weitere Infos

Defeat at Gallipoli Anhand von Briefen und Tagebüchern erzählen Peter Hart und Nigel Steel die Geschichten der Soldaten.

Gallipoli Das preisgekrönte Buch des australischen Historikers und Journalisten Les Carlyon (2001) gilt als ein moderner Klassiker.

Gallipoli: A Battlefield Guide verfasst von den australischen Autoren Pam Cupper und Phil Taylor.

Gallipoli Association
(www.gallipoli-association.org)

Gallipoli Battlefield Guide (Çanakkale Muharebe Alanları Gezi Rehberi) Der zweisprachige, historisch überaus korrekte Führer von Gürsel Göncü und Şahin Doğan ist in einigen Buchläden in Çanakkale und Eceabat erhältlich.

Gallipoli Peninsula National Historic Park

Guide Map (Gelibolu Yarımadası Tarihi Milli Parkı Kılavuz Harita) Die sehr detailreiche Karte wird in den Informationszentren des Parks verkauft.

Visit Gallipoli (www.anzacsite.gov.au)

Viele Unterkünfte in Eceabat und Çanakkale zeigen jeden Abend mindestens einen der folgenden Filme:

Gallipoli Peter Weirs Film von 1981 vermittelt auf unterhaltsame Weise einen Überblick über den Feldzug.

Gallipoli (Gelibolu) Ein Dokumentarfilm von Tolga Örnek (2005).

Gallipoli: The Fatal Shore Harvey Broadbents Dokumentarfilm ist zwar veraltet (1987), enthält aber Interviews mit Veteranen des Feldzugs.

Anreise & Unterwegs vor Ort

Mit einem eigenen Verkehrsmittel kann man die Schlachtfelder im Norden problemlos an einem Tag besuchen. Wer früh aufbricht, kann auch die südlich gelegenen noch am selben Tag schaffen. Die Fahrt mit öffentlichen Verkehrsmitteln gestaltet sich schwierig, denn per Dolmuş lassen sich nur einige Stätten und Dörfer erreichen. Die wichtigsten Denkmäler und Soldatenfriedhöfe von Lone Pine den Hügel hinauf bis nach Chunuk Bair im Norden der Halbinsel lassen sich aber auch zu Fuß erreichen.

Schiff/Fähre

Fähren überqueren die Dardanellen zwischen Çanakkale und Eceabat bzw. Kilitbahir.

Taxi

Die Taxifahrer in Eceabat fahren einen für rund 120 ₺ zu den wichtigsten Stätten, aber das Ganze dauert nur zwei bis 2½ Stunden, und nur wenige sprechen ausreichend Englisch, um etwas zu den Stätten erzählen zu können. Daher ist es sinnvoller, sich einer organisierten Tour anzuschließen.

Eceabat

☎0286 / 5293 EW.

Eceabat (Maydos) ist eine nicht weiter bemerkenswerte Ortschaft am europäischen Ufer der Dardanellen gegenüber von Çanakkale. Der einzige Grund, hier abzusteigen, ist die bequeme Nähe zu den wichtigsten Schlachtfeldern von Gallipoli. Die Fähren legen am Hauptplatz (Cumhuriyet Meydanı) an, um den herum Hotels, Restaurants, Geldautomaten, ein Postamt, die Büros der Busunternehmen und Taxi- sowie Dolmuş-Stände zu finden sind.

Wie die meisten anderen Orte auf der Halbinsel wird Eceabat jedes Jahr vom 18. März bis Mitte Juni und dann wieder Ende September vor allem an den Wochenenden von Schülern und Reisegruppen in Beschlag genommen.

Schlafen

LP TIPP **Hotel Crowded House** HOSTEL €

(☎814 1565; www.crowdedhousegallipoli.com; Hüseyin Avni Sokak 4; B/EZ/DZ 20/50/65 ₺; ❄@) Eceabats sympathischste Unterkunft ist das viergeschossige Gebäude gleich neben dem Hauptplatz. Hierbei handelt es sich nicht um eine gewöhnliche Backpacker-Absteige: Gäste aller Budgets und Einstellung finden hier echten Komfort, Professionalität und sehr freundliches Personal, angefangen beim Manager Ringo. Die drei Schlafsäle sind makellos, und die kleinen Doppelzimmer, die kürzlich neu mit Drucken und Flachbildfernsehern ausgestattet wurden, haben ein ausgezeichnetes Preis-Leistungs-Verhältnis. Ein willkommenes Extra ist der Biergarten, der im Sommer zum Grillen einlädt.

Hotel Ejder HOTEL €€

(☎8023 8757; Atatürk Caddesi 5; EZ/DZ 60/120 ₺; P📶) Der Bürgermeister ist stiller Teilhaber an diesem neuen, gelben Hotel an einer Hauptverkehrsstraße ganz in der Nähe der Bucht. Die Zimmer haben Dielen und geflieste Bäder, sind aber recht klein und haben abgesehen von den stabilen Betten kaum Einrichtung. Pluspunkte sind der Ausblick von der Terrasse, das großzügige Frühstück, der Innenbalkon und das freundliche Personal.

Hotel Boss Business HOTEL €

(☎814 1464; www.heyboss.com; Cumhuriyet Meydanı 14; EZ/DZ 40/70 ₺; ❄@) Hinter der blassgelben Fassade des schmalen Gebäudes verbirgt sich ein cooles, kompaktes Hotel mit einer schwarz-weiß dekorierten Rezeption und Zimmern, die zu den besten in Eceabat zählen. Das hilfsbereite Personal spricht etwas Englisch. Traveller, die nicht in einem Hostel wohnen wollen, könnten sich hier wohlfühlen.

Grand Eceabat Hotel HOTEL €€

(☎814 2458; www.rsltour.com; Cumhuriyet Meydanı 2; EZ/DZ 80/160 ₺; P❄📶) Das große Hotel in der Nähe der Fähranlegestelle ist funktional und bei Reisegruppen und Familien beliebt. Im Vergleich zu anderen Unterkünften in Eceabat wirkt es etwas

INSIDERWISSEN

TOUR-TIPP VON FREMDENFÜHRER BRIAN HUMPHRIES

Nördlich vom Salzsee (Tuz Gölü) bei Sulva Point beginnt eine schöne Küstenwanderung. Von Sulva Point aus kann man jeden der Wege, die links der Straße zum Rand der Klippe führen, einschlagen. Vom Rand der Klippe verlaufen deutlich sichtbare Wege zurück. Nach kurzer Weile fallen sie nach rechts unter den Hügelkamm ab, sodass man einen Ausblick hinüber zum Salzsee hat. Nach etwas mehr als 1 km nach dem Start – und nach einem langsamen Anstieg – führt der Weg zu einer Rinne, die vom Rand der Klippe ausgeht. Noch vor dem Erreichen dieser Rinne erkennt man einen deutlichen Weg, der parallel zu ihr verläuft, hinauf zum jetzigen Hügelkamm. Man folgt diesem breiteren Weg nach links, um den Hügelkamm zu überqueren und wendet sich dann nach rechts. Nun folgt man auf 5 km einem breiten Weg gleich unterhalb des Kammgrats (der Weg entfernt sich teilweise etwas, aber der Grat bleibt immer sichtbar) auf der dem Meer zugewandten Seite. Kurz bevor dieser Weg zu einem Sattel hin abfällt, führt er bei einem großen, runden Steinhaufen wieder über den Hügelkamm und weiter talwärts, wo er in einen breiteren Weg mündet. Wer rechts auf diesen breiteren Weg einschwenkt, kann gut unterhalb des Kammgrats wieder zurück bis zum Ausgangspunkt der Wanderung laufen.

Wendet man sich an dem breiteren Weg nach links und geht weiter talwärts, gelangt man zu einer großen Quelle, von wo man nach einer kurzen Wanderung über Felder die Autostraße erreicht, die von der Kreuzung vor Sulva Point ausgeht. Ein Stück weiter liegt an der Straße ein türkischer Soldatenfriedhof (auf der Karte bei Ta35). Von dem Steinhaufen aus kann man aber auch zu einem ähnlich großen Steinhaufen weitergehen, der etwas weiter unten zu sehen ist, und von dort bis hinunter zur Küste, wo es Zugang zu Buchten gibt, die man sehen, aber nicht erkunden kann.

Weitere Infos finden sich unter www.cultureroutesinturkey.com.

bieder, aber der Service ist aufmerksam und zuvorkommend. Die Lobby kann die 1980er-Jahre nicht verleugnen. Zum Speisen gibt es eine schöne Dachterrasse.

Essen

Liman Restaurant (LP TIPP) — SEAFOOD €€
(☎814 2755; İstiklal Caddesi 67; Hauptgerichte 12 ₺) Das bescheidene, überaus beliebte Fischrestaurant „Hafen" hat eine hübsche überdachte Terrasse und lohnt selbst die Anfahrt mit der Fähre aus Çanakkale. Der Service ist aufmerksam, aber nicht aufdringlich.

Maydos Restaurant — INTERNATIONAL €€
(☎814 1454; İstiklal Caddesi; Hauptgerichte 8–15 ₺) Das Maydos, das sich 500 m südlich vom Zentrum befindet, ist eine beliebte Anlaufstelle im Reiseplan der Hassle Free Tour. Das Restaurant bietet einen schönen Ausblick über die Dardanellen und eine sehr umfangreiche, aber fleischlastige Speisekarte. Die *meze* (3,50–12 ₺) sind frisch, und es gibt eine gute Auswahl an Weinen und Rakı.

Meydan Lokantası — TÜRKISCH €
(☎814 1357; Hauptgerichte 7 ₺) Das Lokal bietet einen ziemlich guten Service. Von den Gerichten auf der Karte ist vor allem *tavuk şiş* (Hühnchenkebap) zu empfehlen.

Ausgehen

Boomerang Bar — BAR
(Cumhuriyet Caddesi 102) Das Lokal wird von einem exzentrischen Türken geführt, der sich meisterhaft darauf versteht, jeder möglichen Kundschaft gerecht zu werden. Dieser etwas kitschige Strandschuppen, der hinter der Touristeninformation am nördlichen Ortseingang zu finden ist, ist der ideale Ort für ein Bier nach einer Tour über die Schlachtfelder. Inoffiziell kann man hier auch kostenlos zelten.

Kafe'e' — CAFÉ
(Cumhuriyet Caddesi 72; ⌚9–22 Uhr) Man betritt das Café durch das Kulturzentrum Eceabat oder durch das angrenzende Internetcafé und genießt den weiten Blick über die Dardanellen. Zu trinken gibt's u.a. Bier und Çay.

Praktische Informationen

Touristeninformation (Cumhuriyet Caddesi 72; ⌚8–17 Uhr) Die Verständigung ist hier etwas schwierig, denn das Personal spricht fast gar kein Englisch.

An- & Weiterreise

ÇANAKKALE Fähren von **Gestaş** (☎444 0752; www.gestasdenizulasim.com.tr) setzen in beiden Richtungen über die Dardanellen über (2 ₺, Auto 23 ₺, 25 Min., 7–24 Uhr stündl. zur vollen Stunde, ab 24 Uhr ca. alle 2 Std.).

GELİBOLU Stündlich fahren Busse oder Minibusse (5 ₺, 50 Min.).

İSTANBUL Die Busse nach İstanbul fahren stündlich (40 ₺, 5 Std.).

KABATEPE Im Sommer fahren täglich mehrere Dolmuşlar zur Fähranlegestelle Kabatepe (2,50 ₺, 15 Min.) am Westufer der Halbinsel; im Winter bieten sie direkten Anschluss zu den Fähren. Der Dolmuş setzt Fahrgäste am Informationszentrum & Museum Kabatepe, 750 m südöstlich vom unteren Ende der Straße nach Lone Pine und Chunuk Bair, ab.

KİLİTBAHİR Dolmuşlar fahren häufig die Küste entlang (1,50 ₺, 10 Min.).

Kilitbahir

Çanakkale gegenüber, auf der anderen Seite der Meerenge, liegt der mit der Fähre erreichbare, winzige Fischerhafen Kilitbahir („Riegel des Meers") unter einer gewaltigen **Festung** (Eintritt 3 ₺; ⌚Winter Di–So 8–17 Uhr, Sommer bis 19.30 Uhr). Sie wurde 1452 von Fatih Sultan Mehmed erbaut und 100 Jahre später von Kanunî Sultan Süleyman mit dem mächtigen, siebengeschossigen Innenturm versehen. Eine kurze Besichtigung lohnt sich durchaus. Man kann über eine geländerlose Treppe auf die Festungsmauern hinaufsteigen, doch Menschen, die unter Herzkrankheiten, Panikattacken oder Schwindel leiden, ist von diesem Abenteuer entschieden abzuraten.

Am Ende einer der Festungsmauern ist im **Sarı Kule** (Eintritt 1 ₺) ein kleines Kriegsmuseum untergebracht, von dem aus man einen grandiosen Blick auf die **Namazgah Tabyası** (Namazgah-Kasematten) hat, eine labyrinthartige Reihe von Verteidigungsbunkern aus dem 19. Jh.

Die kleine, privat betriebene Fähre von/nach Çanakkale (2 ₺, Auto 18 ₺, 20 Min.) bietet nur Platz für ein paar Autos und legt erst ab, wenn sie voll besetzt ist. Von der Fährstelle fahren Dolmuşlar und Taxis nach Eceabat und Gelibolu sowie zum türkischen Soldatendenkmal bei Abide. Man muss aber vielleicht warten, bis das Sammelgefährt voll besetzt ist.

Çanakkale

☎0286 / 104 321 EW.

Wegen der vielen Studenten, der großen Uferpromenade und der Nähe zu Gallipoli und Troja ist Çanakkale ganz zu Recht zu einem beliebten Reiseziel geworden. Das Nachtleben hier ist ziemlich turbulent, und viele Besucher aus dem Ausland finden es hier gemütlicher und freundlicher als in so mancher berühmteren türkischen Partystadt.

Kulturbegeisterte finden hier gute Museen, ein berühmtes Holzpferd und eine in-

WEINE AUS THRAKIEN & MARMARA

Das sonnige und windreiche Klima im Nordwesten der Türkei bietet ideale Bedingungen für den Weinbau. Obwohl Wein hier schon seit Jahrhunderten angebaut wird, haben die hiesigen Sorten erst in den letzten Jahren auch unter Ausländern Interesse geweckt. Bozcaada ist bekannt für seine Weine, es gibt aber auch weniger bekannte Weinbaugebiete, die einen Besuch lohnen:

Suvla, Eceabat Das Highlight der Region ist der Verkostungsraum im Ort. Um den *bağevi* (Weinhaus) zu erreichen, der Straße nach Gokçeada folgen, dann weiter in Richtung Alçıtepe fahren und nach 2 km der Ausschilderung nach Bozokbağ folgen.

Arcadia, Luüleburgaz Produziert feine Rosé- und Weißweine und liegt in einer kleinen Ortschaft mit einer von Sinan entworfenen Moschee.

Sevelin, Mürefte Das berühmteste Weingut dieser Gegend liegt nahe dem Flughafen İzmir bei Menderes, doch dieses kleinere Gut am Strand nahe bei Mürefte in der Provinz Tekirdağ lohnt einen Besuch wegen dem Ambiente und der Lage am Ufer.

Melen, Hösköy Ein Boutique-Weingut ein Stück weiter am Marmarameer.

Büyülübag, Avşa Adası Das Weingut auf einer Insel im Marmarameer ist vom winzigen Ermek aus mit der Fähre zu erreichen. Mitten in der Pauschaltouristenhölle wird man hier schon einen Drink brauchen.

Çanakkale

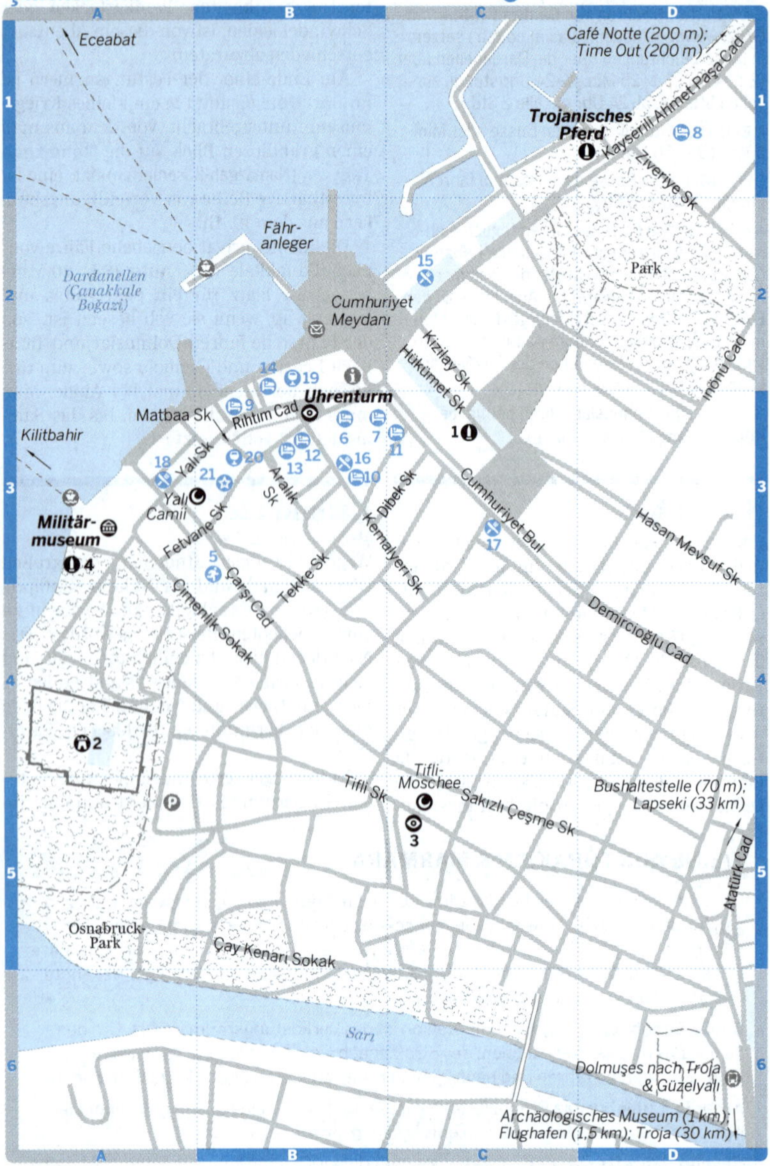

teressante Altstadt mit originalen Hamams und Moscheen.

Wenn man allzu viel Trubel meiden möchte, sollte man im Sommer seinen Besuch lieber in die Wochenmitte legen, um den Heerscharen türkischer Wochenendbesucher zu entgehen.

Sehenswertes & Aktivitäten

Militärmuseum MUSEUM

(☎213 1730; Çimenlik Sokak; Eintritt 4 ₺; ⏰Di, Mi & Fr–So 9–17 Uhr; P) Ein Park in der militärischen Zone am südlichen Ende des Kais beherbergt das Militärmuseum, das auch als Museum der Marinekomman-

Çanakkale

Highlights	
Uhrenturm	B3
Militärmuseum	A3
Trojanisches Pferd	D1
Sehenswertes	
1 Çanakkale-Topf	C3
2 Çimenlik Kalesi	A4
3 Bibliothek Korfmann	C5
4 Nusrat Minenverlegeboot	A3
Aktivitäten, Kurse & Touren	
Hassle Free Tours	(siehe 7)
5 Yalı Hamam	B3
Schlafen	
6 Anzac Hotel	B3
7 Anzac House Hostel	B3
8 Hotel Akol	D1
9 Hotel Des Etrangers	B3
10 Hotel Grand Anzac	B3
11 Hotel Helen Park	C3
12 Hotel Kervansaray	B3
13 Hotel Kervansaray	B3
14 Hotel Limani	B2
Essen	
15 Anafartalar Kebap	C2
16 Çonk Coffee	B3
17 Gülen Pide	C3
Gülen Pizza	(siehe 1)
18 Yalova	A3
Ausgehen	
19 Benzin	B2
20 Makkarna Bistro	B3
Unterhaltung	
21 Yalı Hanı Bar	B3

dantur der Dardanellen (Çanakkale Boğaz Komutanliği Deniz Müzesi) bekannt ist. Den Park kann man kostenlos besuchen. Er ist ganztägig geöffnet und steht voller Geschütze, Kanonen und anderer militärischer Gerätschaften.

In einem zum Meer hin ausgerichteten Gebäude aus spätosmanischer Zeit findet man informative Exponate zur Schlacht um Gallipoli sowie einige interessante Kriegsreliquien, darunter zusammengeschmolzene Kugeln, die in der Luft mit feindlicher Munition zusammengeprallt sind. Angeblich liegt die Wahrscheinlichkeit, dass so etwas passiert, irgendwo bei 160 Mio. zu eins. Man kann sich also vorstellen, wie viel Munition hier verschossen wurde.

Ganz in der Nähe befindet sich auch eine Nachbildung des Minenverlegeboots **Nusrat** (Nusrat Mayın Gemisi), das eine heroische Rolle in der Seeschlacht spielte. Am Tag bevor sich die Entente-Flotte die Durchfahrt durch die Dardanellen erzwingen wollte, erklärten alliierte Minensuchboote die Gewässer für gesäubert. Nachts fuhr die *Nusrat* aus, sammelte losgemachte Minen auf und verlegte sie neu. Drei alliierte Schiffe fuhren auf die Minen der *Nusrat* auf und sanken oder wurden stark beschädigt.

Fatih Sultan Mehmed ließ 1452 das eindrucksvolle **Çimenlik Kalesi** (Wiesenkastell) erbauen, das 1551 von Kanunî Sultan Süleyman renoviert wurde. Die Kanonen, die auf den Steinwällen stehen, stammen aus französischen, englischen und deutschen Gießereien. In der Festung befinden sich einige schöne Gemälde, welche die Schlachten von Gallipoli darstellen.

Trojanisches Pferd — DENKMAL

An der Uferpromenade nördlich von der Hauptfähranlegestelle steht dieses überlebensgroße Modell des Trojanischen Pferdes aus dem Film *Troja* (2004). Das Modell der antiken Stadt und die informative Ausstellung darunter sind interessanter als alles, was man heute vor Ort in Troja zu sehen bekommt.

Archäologisches Museum — MUSEUM

(Arkeoloji Müzesi; ☎217 6565; 100-Yil Caddesi; Eintritt 5 ₺; ⏲8–17 Uhr; Ⓟ) Etwas mehr als 1,5 km südlich des *otogar* ist gleich an der Straße nach Troja das Archäologische Museum zu finden, das häufig auch einfach nur Çanakkale-Museum (Çanakkale Müzesi) genannt wird.

Die interessantesten Exponate stammen aus Troja und Assos, aber auch die Funde aus dem Tumulus bei Dardanos, einer antiken Stadt ungefähr 10 km südwestlich von Çanakkale, sind sehenswert. In dem kleinen Garten gibt es eine ganze Menge zu entdecken.

Dolmuşlar, die auf der Atatürk Caddesi in Richtung Güzelyalı oder Troja fahren, setzen ihre Fahrgäste in der Nähe des Museums ab (1 ₺).

Uhrenturm WAHRZEICHEN

Der fünfgeschossige osmanische *saat kulesi* (Uhrenturm) nahe dem Hafen wurde 1897 erbaut. Bezahlt wurde der Bau von einem italienischen Konsul und Kaufmann aus Çanakkale, der der Stadt für diesen Zweck in seinem Testament 100 000 Goldfranken hinterließ.

GRATIS **Bibliothek Korfmann** BIBLIOTHEK

(Korfmann Kütüphanesi; ☎213 7212; Tifli Sokak 12; ⏲Di–Sa 10–18 Uhr) Die Bibliothek befindet sich in der Altstadt gegenüber der Tifli-Moschee in einer früheren Schule aus dem 19. Jh. Sie ist das Vermächtnis von Manfred Osman Korfmann (1945–2005), der von 1988 bis 2003 Direktor der archäologischen Stätten von Troja war. Die beachtliche Sammlung umfasst insgesamt 6000 Bände zu Geschichte, Kultur, Kunst und Archäologie.

Çanakkale-Topf DENKMAL

Hinter den Kanonen aus dem Ersten Weltkrieg steht die übergroße Nachbildung eines Topfs im Stil des 19. Jhs., der langsam wieder beliebter wird.

Yalı Hamam HAMAM

(Çarşı Caddesi 5; ⏲Männer 6–23 Uhr, Frauen 8–18 Uhr) In diesem Hamam aus dem 17. Jh. kostet das volle Programm 30 ₺. Der Eingang für Frauen befindet sich um die Ecke in der Hapishane Sokak.

Feste & Events

Während der folgenden Events ist Çanakkale absolut überfüllt:

Sieg der Flotte bei Çanakkale GEDENKTAG

(Çanakkale Deniz Zaferi) Die Türkei feiert diesen Gedenktag am 18. März.

Anzac Day GEDENKTAG

Traveller aus Australien und Neuseeland strömen zu diesem Gedenktag am 25. April auf die Halbinsel Gallipoli.

Schlafen

Wer unbedingt rund um den 25. April (Anzac Day) vor Ort sein will, sollte weit im Voraus buchen und die Preise sorgfältig vergleichen.

LP TIPP **Hotel Limani** HOTEL €€

(☎217 4090; www.hotellimani.com; Yalı Caddesi 12; 130–180 ₺; ❄@) Seit der Renovierung und dem Namenwechsel ist das „Hafenhotel" zur beliebtesten Unterkunft in Çannakale geworden. Die Zimmer sind recht klein, aber mit hochwertiger Bettwäsche, Kissen, Wandbehängen und Parkettböden gut ausgestattet. Der Aufpreis für ein Zimmer mit Meerblick lohnt sich. Das Personal ist wirklich hilfsbereit, was besonders auch für den kundigen Besitzer gilt. Einen Cocktail in dem schicken Restaurant in der Lobby sollte man sich nicht entgehen lassen.

Hotel Des Etrangers BOUTIQUEHOTEL €€€

(☎214 2424; www.yabancilaroteli.com; Yali Caddesi 25-27; EZ/DZ 180/240 ₺; ❄🛜) Das alte französische Hotel, in dem einst schon Schliemann übernachtete, hat dank eines engagierten einheimischen Paares seine vergoldeten Türen seit 2010 wieder geöffnet. Die Lobby ist prachtvoll, und die Zimmer wirken wie die einer osmanischen Villa am Meer. Die Wände und Decken sind ganz nach seldschukischer Tradition weiß getüncht. Die Yali Caddesi ist so belebt, dass die Balance zwischen bequemer Erreichbarkeit und dem Bedürfnis nach Ruhe genau hinhaut.

Hotel Kervansaray BOUTIQUEHOTEL €€

(☎217 8192; www.otelkervansaray.com; Fetvane Sokak 13; EZ/DZ/3BZ 100/170/200 ₺; ❄@) Das osmanische Haus, das im frühen 20. Jh. einem Richter gehörte, ist das einzige halbwegs historische Hotel vor Ort. In den älteren Zimmern ist der Muff der Vergangenheit wohl spürbar, aber der etwas verblasste Zustand trägt zum netten Wohnerlebnis bei. Die Zimmer in dem neueren Anbau haben Badewannen statt Duschen. Der Garten zwischen den Gebäuden ist eine kleine Oase.

Hotel Grand Anzac HOTEL €€

(☎216 0016; www.grandanzachotel.com; Kemalyeri Sokak 11; EZ/DZ ab 80/100 ₺) Das von Lesern wärmstens empfohlene Grand Anzac bietet ein tolles Preis-Leistungs-Verhältnis. Die Zimmer wirken ein bisschen wie in Fertigbauweise erstellt (und sind entsprechend laut). Sie sind aber hell und geräumig und mit kleinen Schreibtischen und Fernsehern ausgestattet. Der Service und die Lage sind ausgezeichnet.

Anzac Hotel HOTEL €€

(☎217 7777; www.anzachotel.com; Saat Kulesi Meydanı 8; EZ/DZ/3BZ 75/90/120 ₺; ❄@) Das Anzac ist ein sehr verlässliches Hotel, das von denselben Betreibern geführt wird wie das Kervansaray. Dank der Lage am Uhrenturm versteht es sich darauf, Traveller anzulocken, und das Personal ist darauf trainiert, die Wünsche der Gäste zu befriedigen. Es gibt einen gemütlichen Mezzaninbereich zum Abhängen. Die Zimmer haben recht große Bäder.

Hotel Helen Park HOTEL €€
(☎212 1818; www.helenhotel.com; Tekke Sokak 10; EZ/DZ 90/120 ₺; ❄) Das Helen Park und sein Schwesterhotel, das schlichte, alte Helen, haben recht große Zimmer in Erdfarben mit modernen Einrichtungen. Das Haus mit Blick in eine ruhige Straße ist so gastfreundlich und heimelig wie ein guter Film am Nachmittag, wenn man krank zu Hause herumliegt. Das Frühstücksbüffet ist reichhaltig.

Hotel Akol HOTEL €€€
(☎217 9456; www.hotelakol.com.tr; Kayserili Ahmet Paşa Caddesi; EZ/DZ/Suite 150/200/370 ₺; ❄) Der alte, orangefarbene Kasten in der Nähe des Holzpferds ist riesig und antiquiert. Das bei Reisegruppen beliebte Haus bietet aber einen guten Service und ist ideal, wenn man anonym bleiben will. In der Bar auf dem Dach geht es am Wochenende munter zu.

Anzac House Hostel HOSTEL €
(☎213 5969; www.anzachouse.com; Cumhuriyet Meydanı 59; B/EZ/DZ ohne Bad & ohne Frühstück 20/30/45 ₺; @) Die Zentrale der **Hassle Free Travel Agency** (☎213 5969; Cumhuriyet Meydanı 61) ist die einzige wirkliche Backpackerunterkunft in Çanakkale. Oben und rund um die Schlafsäle wirkt das Haus etwas trist und spartanisch, aber dank bunter Farben und freundlichem Personal fühlt man sich in der engen Unterkunft doch einigermaßen wohl.

Essen

Am Ufer stehen viele Restaurants mit Alkoholausschank. Wer auf die Schnelle einen Happen essen will, kann sich billiger an den Imbissständen am *kordon* (der Uferpromenade) verköstigen, wo man Maiskolben, Muscheln und andere einfache Speisen bekommt. Eine örtliche Spezialität ist *peynir helvası*, eine Nachspeise aus Weißkäse, Mehl, Butter und Zucker, die man kalt oder gebacken isst.

LP TIPP **Yalova** SEAFOOD €€
(☎217 1045; www.yalovarestaurant.com; Gümrük Sokak 7; Hauptgerichte 15–20 ₺) Das Yalova ist unvergleichlich viel besser als sein Namensvetter am Marmarameer. Es ist ein reines Meeresfrüchterestaurant mit tadellosem Service und den leckersten und am besten zubereiteten Produkten in Çanakkale. Man sollte sich den 2. Stock zeigen lassen, wo man sich selber seinen Fisch aussuchen kann. Als Vorspeisen gibt's Krustentiere und Kopffüßer aller Art mit Kräutern und Öl. Zum Essen bekommt man passende Weine.

Café du Port RESTAURANT €€
(☎217 2908; Yalı Caddesi 12; ⏲8–23 Uhr) Das Restaurant im Hotel Limani ist aus gutem Grund beliebt. Die Glasfassade am *kordon* wirkt stilvoll und einladend, die Köche sind die vielseitigsten in Çanakkale, und der Service ist für eine Provinzstadt erstaunlich gut. Zu den Spezialitäten zählen Steaks, Salate, Pastagerichte und all das, was der Manager bei seinen regelmäßigen Ausflügen nach İstanbul gerade aufgeschnappt hat. Zumindest einen Cocktail sollte man sich hier schon genehmigen.

Anafartalar Kebap KEBAP €€
(☎214 9112; İskele Meydanı; Hauptgerichte 10 ₺; ⏲8–23.30 Uhr) Das Restaurant in der verglasten Lobby eines großen, lange bestehenden Hotels ist das beste, um İskender-Kebap (Döner auf frischem Pide mit Tomatensauce, brauner Butter und Joghurt) oder andere einfache Fleischgerichte zu probieren.

Gülen Pide KEBAP, PIDE €€
(☎212 8800; Cumhuriyet Bulvarı 27; Kebap 9–19 ₺; ⏲11–22.30 Uhr) Die Einheimischen empfehlen diese Meile mit *kebapçılar* (Kebap-Restaurants), unter denen das Gülen mit einem sauberen, weißen Fliesenboden und offener Küche eine gute Wahl ist. Hier bekommt man Pide und *lahmacun* (türkische Pizza; 3–9 ₺).

Gülen Pizza ITALIENISCH €
(Hükümet Sokak; Pizza ab 6 ₺) Vom Gülen Pide aus gesehen auf der anderen Seite des Parks serviert dieses Restaurant alle bekannten Pizza-Klassiker.

Edem Dondurma CAFÉ €
(☎213 1620; 1225 Sokak 4; Milchshakes 7 ₺) Eisdielen sind in der Türkei mächtig en vogue. Da kann man sich nur den jungen Leuten anschließen, die hier tonnenweise Pfannkuchen, Speiseeis und Milchshakes verputzen.

Çonk Coffee CAFÉ €
(Kemalyeri Sokak; Snacks 2,50 ₺) Alte Münzen und Fotoapparate dienen als Deko in diesem freundlichen Café, wo man türkischen Kaffee, Sandwiches und *tost* (getoastete Sandwiches) bekommt.

Ausgehen & Unterhaltung

Çanakkale hat eine lebhafte Bar- und Clubszene. Viele der muntersten Bars und Clubs ballen sich um die Matbaa Sokak und die Fetvane Sokak.

Benzin BAR, CAFÉ
(Eski Balıkhane Sokak 11; 📶) Mit seinem freundlichen Personal ist dieses etwas heruntergekommene Barcafé am Ufer mit Dekor der 1960er-Jahre ein entspannter Ort für einen Drink und kleine Snacks (Pizza 8–12,50 ₺). An den Wochenenden ist es hier aber rappelvoll.

Makkarna Bistro BAR
(Matbaa Sokak 8; Bier 6 ₺) Diese Bar ist eine von vielen in dieser lebhaften Fußgängergasse. Bekannt ist sie vor allem für Cocktails und den traditionellen türkischen „Bierstürzer" (15 ₺).

Time Out LIVEMUSIK
(Kayserili Ahmet Paşa Caddesi; Bier 6 ₺) Ein Rock-Club der stilvollen (nicht der schmuddeligen) Sorte mit Bildern von Elvis und Konsorten an den Wänden und netten Tischen im Freien.

Yalı Hanı Bar VERANSTALTUNGSFLÄCHE, BAR
(Fetvane Sokak 26) Im Obergeschoss des aus dem 19. Jh. stammenden Yalı Han findet sich dieser beliebte Veranstaltungsort, der nach Lust und Laune öffnet und schließt. Von der äußeren Galerie hat man einen Blick auf den ebenfalls beliebten Teegarten im Hof.

Lodos NACHTCLUB
Der laute, gut besuchte und beliebte Club am nördlichen Ende der Uferpromenade ist eine tragende Säule der wechselhaften Electronic-Szene.

Praktische Informationen

Çanakkales Zentrum ist der Hafen. Hier findet man einen PTT-Kiosk (Post, Telegraf, Telefon), Geldautomaten und öffentliche Fernsprecher direkt an den Docks sowie Hotels, Restaurants, Banken und Büros von Busunternehmen in einem Umkreis von ein paar hundert Metern.

Araz Internet (Fetvane Sokak 21; 1,50 ₺/Std.; ⏲9–24 Uhr) Internetzugang im Stadtzentrum.

Çanakkale.com.tr (www.canakkale.com.tr) Eine gute Anlaufstelle für Informationen.

Touristeninformation (☎217 1187; Cumhuriyet Meydanı; ⏲Juli–Sept. 8–19 Uhr, Okt.–Mai 8.30–17.30 Uhr) In dem Büro rund 150 m abseits der Fähranlegestelle erhält man Broschüren und Busfahrpläne.

An- & Weiterreise

Auto

Der Preis für Parkplätze im Zentrum beträgt überall 3 ₺ pro Stunde.

Bus

Çanakkales *otogar* liegt 1 km abseits des Fährhafens im Binneland neben einem großen Carrefour-Supermarkt, aber die meisten Busse laden ihre Passagiere bei den Büros der Busunternehmen in der Nähe des Hafens aus und ein. Von İstanbul kommend, nimmt man die Fähre von Yenikapı nach Bandırma und von dort einen Bus nach Çanakkale. Das ist bequemer als der Weg hinaus zum İstanbuler Busbahnhof, von dem direkte Busse nach Çanakkale fahren. Busse fahren nach:

ANKARA (45 ₺, 10 Std., mehrmals tgl.)

AYVALIK (25 ₺, 3½ Std., stündl.)

BANDIRMA (20 ₺, 2½ Std., stündl.)

BURSA (30 ₺, 4½ Std., stündl.)

EDİRNE (30 ₺, 4½ Std., mehrmals tgl.)

İSTANBUL (35 ₺, 6 Std., mehrmals tgl.)

İZMİR (35 ₺, 5½ Std., stündl.)

Dolmuş

TROJA Dolmuşlar nach Troja (Troja 4 ₺, 35 Min., stündl.) fahren zur halben Stunde zwischen 9.30 und 16.30 Uhr (19 Uhr im Sommer, an Wochenenden seltener) von einer Haltestelle am nördlichen Ende der Brücke über den Fluss Sarı und setzen einen vor dem Ticketkiosk ab. Zurück fahren die Dolmuşlar zwischen 7 und 15 Uhr (im Sommer 17 Uhr) zur vollen Stunde.

GELİBOLU Nach Gelibolu nimmt man die Fähre nach Eceabat (oder Kilitbahir) und dort einen Minibus; alternativ kann man mit einem Bus oder Minibus vom *otogar* in Çanakkale nach Lapseki (5 ₺, 45 Min.) fahren und dort mit der Fähre über die Dardanellen übersetzen.

Flugzeug

Turkish Airlines (www.thy.com) fliegt dreimal pro Woche von/nach İstanbul (55 Min.). Ein Shuttlebus von Turkish Airlines (7 ₺) verbindet das Zentrum von Çanakkale mit dem 2 km südöstlich gelegenen Flughafen, eine Taxifahrt dorthin kostet rund 10 ₺.

Schiff/Fähre

BOZCAADA (20 ₺/Pers., 35 Min., mehrmals tgl.)

ECEABAT (3/25 ₺ pro Pers./Auto, 15 Min., mehrmals tgl.)

GÖKÇEADA (3/25 ₺ pro Pers./Auto, 2½ Std., tgl. 17 Uhr)

KİLİTBAHİR (2/20 ₺ pro Pers./Auto, 10 Min., mehrmals tgl.)

Gökçeada

☎0286 / 5937 EW.

Eine beträchtliche Zahl von Travellern unternimmt die Reise zur „Himmlischen Insel“, einem spektakulären Vorposten gleich nördlich des Eingangs zu den Dardanellen, und nur wenige ziehen enttäuscht wieder ab. Das sich von Ost nach West über 30 km erstreckende Gökçeada ist ein steiniges, windumtostes Paradies mit einem steilen Tal in der Mitte und einer Küste, die es an Abgeschiedenheit und dramatischer Schönheit mit jeder anderen aufnehmen kann. Dank des Militärstützpunkts dürfte die Insel wohl nie dem Massentourismus zum Opfer fallen, aber einen Besuch sollte man sich nicht entgehen lassen.

Gökçeada war einst vorwiegend von Griechen bewohnt und unter dem Namen Imbros bekannt. Im Ersten Weltkrieg war die Insel eine wichtige Basis für den Dardanellenfeldzug; der alliierte Oberbefehlshaber General Ian Hamilton hatte seinen Sitz im Dorf Aydıncık (damals Kefalos) an der Südostküste der Insel. Zusammen mit Bozcaada (Tenedos), der kleineren Nachbarinsel im Süden, kam Gökçeada 1923 in den Besitz der neu gegründeten Republik Türkei, blieb aber vom Bevölkerungsaustausch ausgenommen. Als aber in den 1960er-Jahren der Zypernkonflikt aufflammte, drängte die türkische Regierung die Griechen der Insel, damals rund 7000 Menschen, mit Repressalien ins Exil; heute sind nur noch ein paar hundert Rentner zurückgeblieben.

Die Bewohner Gökçeadas leben überwiegend von Fischfang, der Schaf- und Rinderzucht, von der Bewirtschaftung des schmalen fruchtbaren Streifens um die Ortschaft Gökçeada sowie vom Tourismus. Abgesehen von halb verlassenen griechischen Dörfern, Olivenhainen und Pinienwäldern hat die Insel schöne Strände und zerklüftete Hügel zu bieten.

Sehenswertes & Aktivitäten

LP TIPP Griechische Dörfer HISTORISCHES AREAL

Auf dem Weg von der Ortschaft Gökçeada nach Westen kommt man nach 3 km nach **Zeytinliköy** (Aghii Theodori), nach weiteren 7 km nach **Tepeköy** (Agridia) und nach weiteren 5 km schließlich nach **Dereköy** (Shinudy). All diese Dörfer wurden zum Schutz gegen Piratenüberfälle auf Anhöhen über der zentralen Tiefebene der Insel errichtet. Heute sind viele der Häuser verlassen und verfallen, vor allem in Dereköy, das an die am Mittelmeer liegende Geisterstadt Levissi (Kayaköy) erinnert. Dank ein paar einfallsreichen Unterkunftsoptionen entdecken Zeytinliköy und Tepeköy heute die Vorteile des sanften Tourismus, und beide Dörfer lohnen einen Besuch. Tepeköy ist absolut prachtvoll. Es liegt umgeben von grüngrauen, mit Geröll bedeckten Hügeln und bietet einen Ausblick über die Täler und auf einen großen Stausee. Der Hauptplatz und die Taverne erinnern an das griechische Erbe.

Kaleköy UFER, RUINEN

Obwohl militärische Anlagen, das Gökçeada Resort Hotel und ein großer Jachthafen den Anblick verschandeln, strahlt Kaleköy (das frühere Kastro) das ansteckende Flair eines Urlaubsorts am Meer aus. Über dem kleinen öffentlichen Strand und den Felsen

Gökçeada

liegen am Hang ein altes Viertel, eine hübsche, weißgetünchte ehemalige griechische Kirche und die Überreste einer Festung aus osmanischer Zeit. Der Küstenstreifen zwischen Kaleköy und Kuzulimanı bildet einen **sualtı milli parkı** (nationalen Meerespark).

Strände STRÄNDE
Der Sandstrand bei **Aydıncık** ist der beste der Insel; er liegt neben dem **Tuz Gölü** (Salzsee). Weiter westlich finden sich an der unglaublich malerischen Südostküste kleinere Strände bei **Kapıkaya** und **Uğurlu**.

Windsurfen WINDSURFEN
(20/50 ₺ pro Std./Tag) Am Strand von Aydıncık sowie auf dem Tuz Gölü, wo man auf Wellen bzw. glattes Wasser trifft, sind Windsurfen und Kitesurfen beliebt. Das Otel Gökçeada Surf (S. 161) vermietet Ausrüstung und bietet Surfunterricht an (ab 50 ₺/Std.).

Feste & Events

Yumurta Panayırı ESSEN
Während des Yumurta Panayırı (Eierfests) in der ersten Juliwoche besuchen viele frühere griechische Einwohner die Insel, darunter auch der gegenwärtige Ökumenische Patriarch von Konstantinopel.

Schlafen & Essen

Es ist nicht ungewöhnlich, dass Einheimische an Touristen herantreten und ihnen ein freies Zimmer in ihrem Haus (*ev pansiyonu*) für einen geringeren Preis anbieten, als ihn Pensionen und Hotels fordern.

ORTSCHAFT GÖKÇEADA

Restaurants aller Art befinden sich rund um den Hauptplatz.

Hotel Kale Palace HOTEL €€€
(☎888 0021; www.hotelkalepalace.com; Atatürk Caddesi 54; EZ/DZ 120/200 ₺; P ❄ 📶) Das Palace ist ein überteuertes, aber gleichwohl eindrucksvolles, neues Luxushotel, das ein kurzes Stück vom Hauptplatz in Richtung Fährstelle liegt. Bei den überdurchschnittlichen Drei-Sterne-Zimmern hat man die Wahl zwischen dem Blick auf die Straße oder auf die Hügel.

Otel Taşkın HOTEL €
(☎887 3266; www.taskinotel.com; Zeytinli Caddesi 3; EZ/DZ 40/80 ₺) Das schlichte, kleine Hotel bietet immer noch ein ausgezeichnetes Preis-Leistungs-Verhältnis, auch wenn die Zimmer nicht mehr ganz frisch wirken. Aber durch die privaten Balkone, den Hof und die lichtdurchfluteten Gemeinschaftsflächen überragt es die tristen Pensionen am Platz. Das Haus ist an dem braunen Fliesenmosaik zu erkennen.

Gül Hanım Mantı Evi TÜRKISCH €
(☎887 3773; Atatürk Caddesi 23; Hauptgerichte 6 ₺) *Mantı* ist hier die Spezialität, aber auch das Moussaka und das Hähnchen mit Spinat sind in diesem schlichten Lokal mit Hausmannskost zu empfehlen.

Asmalı Konak Birhanesi CAFÉ, BAR €
(☎887 2469; Çarşı Sokak 5; Hauptgerichte 7 ₺) In dieser auch für Frauen geeigneten Bar in einer Seitenstraße gibt's u. a. Calamari, *Köfte*, *meze* und Fisch, den der Betreiber selbst frisch gefangen hat.

Meydanı Café PATISSERIE €
(☎887 4420; Atatürk Caddesi 35) Mit seinen ausgezeichneten Snacks und hausgemachten Desserts lockt das große, luftige Café ein junges Publikum an.

KALEKÖY

LP TIPP **Anemos Otel** BOUTIQUEHOTEL €€€
(☎887 3729; www.anemos.com.tr; Yukarı Kaleköy Önü; EZ/DZ ab 180/280 ₺; P ❄ 📶 🏊) Die beste unter den hiesigen Spitzenklasseunterkünften ist das stilvolle Hotel aus Stein, das ein griechischer Reisefotograf mit einem Faible für die Landschaft Gökçeadas konzipiert hat. Die Zimmer sind sehr komfortabel, wenn auch angesichts des Preises etwas schlicht, aber eigentlich denkwürdig wird der Aufenthalt durch die Aussicht, den Service, das Essen und den Swimmingpool. Der weite, lichtdurchflutete Loungebereich scheint direkt aus einem Hochglanzmagazin zu stammen.

Club Masi Hotel BOUTIQUEHOTEL €€
(☎887 4619; www.hotelmasi.com; Eski Bademli; Zi. 150–200 ₺; ❄ @ 🏊) Das solide Luxushotel oberhalb der Straße von Gökçeada nach Kaleköy hat auch eine Filiale in İstanbul. Von der Terrasse hat man einen wunderbaren Blick auf das Kastell von Kaleköy und auf die Ägäis. Die Zimmer sind modern, aber leicht verblasst.

Kalimerhaba Motel PENSION €
(☎887 3648; erayda@msn.com; Barbaros Caddesi 28; EZ/DZ 50/70 ₺; ❄) Aus der Reihe der Hotels und Restaurants am Ufer ragt das Kalimerhaba durch seine große, helle Rezeption und die von Wein umrankte Terrasse heraus, nicht aber wegen seiner sterilen Zimmer.

Kale Otel PENSION €
(☎887 4404; www.kalemotel.com; Barbaros Caddesi 34; EZ/DZ ohne Frühstück 50/80 ₺; ❄) Die Filiale des Kale Otel in Kaleköy ist zwar weniger ansprechend als die neuere Version in der Stadt, aber die Familie Dağınık holt immer noch den letzten Tropfen Strandcharme aus ihrem etwas veralteten Hotel heraus.

Yakamoz RESTAURANT €
(☎887 2057; www.gokceadayakamoz.com; Yukarı Kaleköy; ⏲mittags & abends) Für einen Feierabenddrink mit einer wundervollen Aussicht über die Bucht und die sanften Hügel steigt man am besten nach Yukarı Kaleköy (Ober-Kaleköy) hinauf und genießt die Ruhe auf der Restauranterrasse des Yakamoz Motel.

AYDİNCİK

Şen Camping CAMPINGPLATZ €
(☎898 1020; EZ/DZ 35/70 ₺, Stellplatz ohne Frühstück 9 ₺/Pers.; P) Der abgelegenste unter den bekannten Campingplätzen der Türkei ist ein ordentlicher, geräumiger Sandplatz. In dem Restaurant mit Strohdach herrscht in der Hauptsaison eine entspannte Partystimmung. Wessen Zelt undicht ist, der kann auch in einfachen Zimmern übernachten. Das Frühstück kostet 5 ₺ extra.

Otel Gökçeada Surf RESORT €€
(☎898 1022; www.surfgokceada.com; Çınarlı Mah; EZ/DZ 80/150 ₺) Neben dem Şen Camping befindet sich dieses wunderbare neue Windsurfer-Resort mit freundlicher Stimmung und netten Zimmern mit Steinwänden. Ganz fertig war die Anlage bei unserem Besuch noch nicht, doch die geräumigen Unterhaltungsflächen, das kundige Personal und die tolle Lage am „Ende der Welt" versprechen, ein voller Erfolg zu werden.

ZEYTİNLİKÖY

LP TIPP **Zeytindali Hotel** BOUTIQUEHOTEL €€€
(☎887 3707; www.zeytindalihotel.com; EZ/DZ 180/220 ₺; ⏲Mai–Okt.; ❄) Zwei renovierte griechische Steinhäuser oberhalb des alten Dorfs mit erstklassiger Einrichtung und viel Komfort: Die 16 Zimmer sind jeweils nach einer griechischen Gottheit benannt und bieten französische Betten, Holzböden, ein modernes Farbschema und einen winzigen Vorplatz. Das Meeresfrüchterestaurant lohnt auch für Nichtgäste einen Abstecher.

TEPEKÖY

Barba Yorgo PENSION €€
(☎887 3592; www.barbayorgo.com; Zi. 45 ₺/Pers.; ⏲Mai–Sept.) „Papa Georg" heißt der joviale Besitzer dieser bescheidenen Pension und Taverne, die ein paar Gebäude im Dorf umfasst. Die netten Zimmer mit Steinwänden, blauer Bettwäsche und Holzdielen bieten einen schönen Ausblick über die Hügel und haben einen erstaunlich günstigen Preis.

LP TIPP **Taverne** GRIECHISCH €€
(Hauptgerichte 10–20 ₺; ⏲Mai–Sept.) In der von der Familie von Barba Yorgo geführten stimmungsvollen Dorfschenke bekommt man geschmortes Ziegenfleisch, das sonst in der Türkei verbotene Wildschwein, jede Menge *meze* und einen wunderbaren Retsina aus der Gegend. Ein seltenes kulinarisches Erlebnis.

UĞURLU

Gül Pansiyon PENSION €
(☎897 6144; EZ/DZ 40/70 ₺) Die freundliche „Pension Rose" liegt am grasbewachsenen Platz im Zentrum. Sie bietet helle Zimmer mit kleinen, sauberen Bädern und auf der überdachten Veranda ein Restaurant (*köfte* 7 ₺).

Shoppen

Gökçeada hat sich das Ziel gesetzt, als erste türkische Gemeinde ausschließlich biologischen Anbau zu betreiben; gegenwärtig produzieren die 120 000 Olivenbäume jährlich 2000 t Öl, und das meiste davon stammt aus dem Bio-Anbau. Vorreiter dieser Bestrebungen ist **Elta-Ada** (☎887 3287; www.elta-ada.com.tr), eine Farm, die biologisch Olivenöl, Milchprodukte (Weißkäse, Joghurt und Butter) sowie Obst und Gemüse erzeugt. Zu den Läden, die rund um den Hauptplatz in der Ortschaft Gökçeada Obst, Gemüse und andere Bio-Produkte verkaufen, zählen Elta-Adas **Kiosk** (Cumhuriyet Meydanı; ⏲So 8–21 Uhr) gegenüber dem Pegasus Otel und **Ekozey** (Atatürk Caddesi) nahe dem Gül Hanım Mantı Evi. Wer im Mai/Juni Gökçeada besucht, sollte sich die biologisch angebauten Traubenkirschen nicht entgehen lassen!

Praktische Informationen

Die Fähranlegestelle befindet sich in Kuzulimanı, aber Einrichtungen wie ein Internetcafé, Taxis, eine Bank, Geldautomaten und ein Postamt gibt es nur im Binnenland in der Ortschaft Gökçeada, wo der größte Teil der Inselbevölkerung lebt.

Touristeninformation (☎887 2800; Cumhuriyet Meydanı; ⏰Juni–Sept. 10–20 Uhr) In einem Kiosk am Hauptplatz der Ortschaft Gökçeada.

An- & Weiterreise

Die Abfahrtszeiten unbedingt prüfen, da sie sich gerne einmal ändern. Fähren fahren nach:

ÇANAKKALE Die Fähre (2 ₺/Pers, 23 ₺/Auto, 2 Std.) fährt nur am Wochenende. Sie legt in Çanakkale freitags um 9 und sonntags um 17 Uhr ab, in Gökçeada freitags um 18 und sonntags um 19 Uhr.

HALBINSEL GALLIPOLI Fähren von **Gestaş** (☎444 0752; www.gestasdenizulasim.com.tr) fahren täglich von/nach Kabatepe (2 ₺/Pers., 20 ₺/Auto, 1½ Std.) an der Westküste der Halbinsel. Vom Festland legen sie um 10, 15 und 19 Uhr, von der Insel um 7.15, 12 und 17 Uhr ab. Die Tickets gelten auch für die Fähre von Eceabat nach Çanakkale, man braucht also für das Überqueren der Dardanellen nicht noch einmal extra zu bezahlen.

Unterwegs vor Ort

AUTO **Gökçeada Rent-A-Car** (☎218 2869; Atatürk Caddesi; 80 ₺/Auto) ist eine feine Sache, aber die einzige Tankstelle auf der Insel befindet sich 2 km außerhalb des Ortszentrums von Gökçeada an der Straße nach Kuzulimanı.

BUS & DOLMUŞ Die Fähren legen in Kuzulimanı an, wo in der Regel Busse und Dolmuşlar zur Weiterfahrt in die 6 km entfernte Ortschaft Gökçeada (1,50 ₺, 15 Min.) oder auch direkt zum 5 km weiter nördlich gelegenen Kaleköy (2,50 ₺, 25 Min.) bereitstehen. Ein Bus pendelt ungefähr stündlich zwischen Kaleköy, Gökçeada und Kuzulimanı. Er hält sich nicht immer an den Fahrplan, ist aber recht verlässlich, wenn man die Fähre erreichen will.

TAXI Von der Ortschaft Gökçeada kann man ein Taxis nach Kaleköy (7 ₺, 5 Min.), Kuzulimanı (14 ₺, 10 Min.), Zeytinlıköy (10 ₺, 10 Min.), Tepeköy (13 ₺, 20 Min.) oder Uğurlu (25 ₺, 30 Min.) nehmen.

Troja (Truva) & Tevfikiye

☎0286

Geschichte

Der Ort war seit der frühen Bronzezeit besiedelt. Die als Troja I bis Troja V (3000–1700 v. Chr.) bezeichneten Städte hatten ein ähnliches kulturelles Gepräge, doch Troja VI (1700–1250 v. Chr.) nahm einen anderen, mykenisch beeinflussten Charakter an. Die Stadt wuchs auf doppelte Größe an und stand in regem Handelsaustausch mit den griechischen Kolonien in der Region. Die Archäologen sind sich uneinig, ob Troja VI oder Troja VII die Stadt des Königs Priamos war, die im Trojanischen Krieg zerstört wurde. Die meisten glauben, dass Troja VI diese Stadt gewesen sei, denn deren Mauern wurden gegen 1250 v. Chr. durch ein Erdbeben zerstört, was den Sieg der Achäer begünstigt haben könnte.

Troja VII bestand von 1250 bis 1000 v. Chr. Ab ca. 1190 v. Chr. wurde die Stadt von aus dem Balkan stammenden Eindringlingen besiedelt, danach lag sie dann vier Jahrhunderte lang verlassen da. Als griechische (Troja VIII, 700–85 v. Chr.), später als römische Siedlung (Novum Ilium; Troja IX, 85 v. Chr.–500 n. Chr.) lebte sie wieder auf. Bevor sich Konstantin der Große für Byzanz entschied, spielte er mit dem Gedanken, die neue Hauptstadt des östlichen Imperiums hier zu errichten. In byzantinischer Zeit verlor der Ort mehr und mehr an Bedeutung.

Die Teilnehmer des Vierten Kreuzzugs rechtfertigten ihr brutales Verhalten im Byzantinischen Reich teils mit der Behauptung, sie nähmen Rache für den Trojanischen Krieg; noch Fatih Sultan Mehmed erklärte bei seinem Besuch der Stätte, durch seinen Sieg hätten die Geister der Erschlagenen nun Ruhe gefunden. Danach verschwand die Stätte aus den Geschichtsbüchern.

Die Entdeckung Trojas

Bis ins 19. Jh. bezweifelten viele Historiker, dass es eine Stadt Troja je gegeben habe. Doch ein Mann war von ihrer Existenz so fest überzeugt, dass man fast schon von einer fixen Idee sprechen konnte: der deutsche Geschäftsmann Heinrich Schliemann (1822–1890), der 1871 von der osmanischen Regierung die Erlaubnis erwirkte, auf einem Hügel nahe dem Dorf Hisarlık, den Archäologen schon zuvor als mögliche Stätte Trojas bezeichnet hatten, Ausgrabungen vorzunehmen. Diese Ausgrabung war kein langsames, methodisches Unternehmen, denn Archäologie im heutigen Sinne gab es noch nicht, sondern hatte etwas von einer Schatzjagd. Schnell wurde der Hügel aufgerissen, und dabei traten die Überreste einer antiken Stadt zu Tage, die Schliemann zuversichtlich als das homerische Troja identifizierte. Dabei wurde auch ein großer Goldschatz gefunden, den Schliemann mit der ihm eigenen Bescheidenheit sofort zum „Schatz des Priamos" proklamierte. Die Entdeckungen machten Schliemann weltberühmt, auch wenn seine voreilige

Troja (Truva)

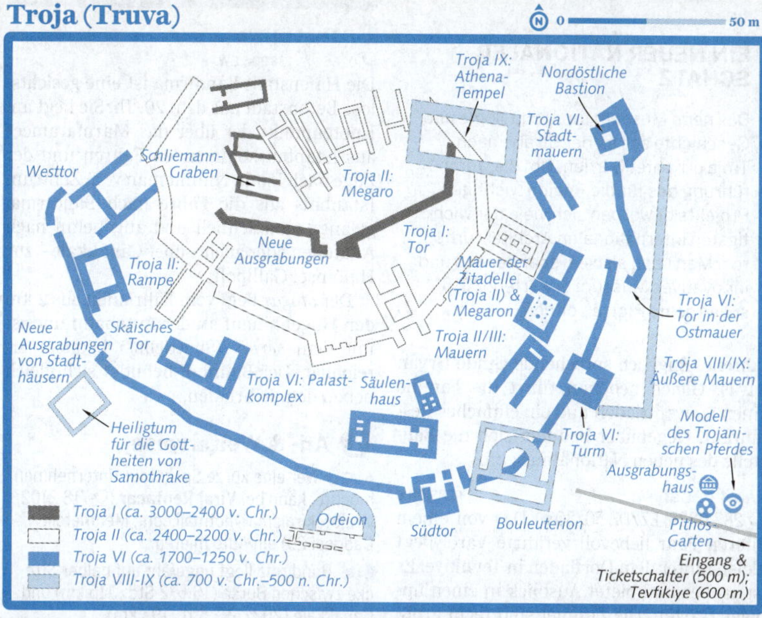

Arbeitsweise bald kritisiert wurde und sich herausstellte, dass seine Deutung der Funde häufig nicht zutraf.

In seiner Eile hatte Schliemann zunächst nicht erkannt, dass Troja nicht nur eine Stadt war, sondern dass hier im Verlauf von rund 2500 Jahren eine Reihe von Siedlungsschichten aufeinanderfolgten. Spätere Archäologen konnten die Überreste von neun separaten Trojas identifizieren, von denen Schliemann bei seinem heißblütigen Vorstoß zum Entdeckerruhm vieles zerstört hatte. Auch der kostbare Schatz stammte nicht, wie von ihm behauptet, aus dem homerischen Troja (Troja VI), sondern aus dem viel früheren Troja II.

Schliemanns Geisteshaltung, die er mit den Entdeckern seiner Zeit teilte, zeigte sich auch darin, dass er Teile vom „Schatz des Priamos" aus dem Osmanischen Reich hinausschmuggelte. Viele dieser Fundstücke waren in Berlin ausgestellt, wo sie dann am Ende des Zweiten Weltkriegs der Roten Armee in die Hände fielen und in die Sowjetunion gebracht wurden. Nach jahrzehntelanger Geheimniskrämerei wurden die Schätze dann in einem Depot des Moskauer Puschkin-Museums aufgefunden und warten dort, während das internationale Tauziehen um die Eigentümerfrage weitergeht.

Geführte Touren

Die oben aufgeführten Veranstalter in Çanakkale und Eceabat, die nachmittägliche Touren zu den Schlachtfeldern von Gallipoli unternehmen, bieten auch Vormittagstouren nach Troja (rund 60 ₺/Pers.) an, die durchaus erwägenswert sind, wenn man beide Stätten im Rahmen einer Führung zu einem erschwinglichen Preis besuchen möchte.

Schlafen & Essen

Die meisten Traveller besuchen Troja im Rahmen eines Tagesausflugs aus Çanakkale. Ein Aufenthalt im 1 km von den Ruinen entfernten Dorf Tevfikiye ist jedoch eine nette Abwechslung zu dem Trubel in Çanakkale.

Troia Pension PENSION €

(☎283 0571; www.troiapension.com; Truva Mola Noktası Tevfikiye; EZ/DZ 30/60 ₺, Stellplatz 15 ₺; P ❄ 📶) Die recht neue Pension liegt in kurzer Fußentfernung vom Eingang zu den Ruinen und bietet vier Zimmer mit Blick auf einen hübschen Garten. In allen Zimmern stehen zwei Betten (die zusammengeschoben werden können), und die Duschen garantieren eine verlässliche Versorgung mit wirklich warmem Wasser. Im Sommer kommen viele Zelter. Betreiber ist der er-

NICHT VERSÄUMEN

EIN NEUER NATIONALER SCHATZ

Das neue Museum für Archäologie und Geschichte soll an der Straße nach Troja errichtet werden. Um die Durchführung des für die Region wichtigen Projekts bewarben sich viele der wichtigsten internationalen Architekturbüros. Man kann also ein spannendes und innovatives Museum erwarten. 2015 sollen seine Pforten öffnen.

fahrene, Englisch sprechende Guide Urvan Savas. Gleich nebenan führt die Familie einen Souvenirladen und ein einfaches Restaurant. Gegenüber befindet sich die Baustelle des neuen Nationalmuseums.

Varol Pansiyon PENSION €
(☎283 0828; EZ/DZ 50/80 ₺) Das von einem älteren Paar liebevoll geführte Varol liegt gleich hinter dem Dorfladen in Tevfikiye. Es ist sauber und bietet Ausblick in einen üppigen Garten. Die Zimmer sind recht groß; die Gäste können die Küche benutzen.

Hotel Hisarlık HOTEL €
(☎283 0026; www.thetroyguide.com; EZ/DZ/3BZ 25/35/50 ₺) Das schlichte, aber komfortable Hotel wird von der Familie des örtlichen Guides Mustafa Askin geführt. Es ist rund 500 m von den Ruinen entfernt und ein guter Ort, um das Landleben zu beobachten, wenn die Reisebusse abgefahren sind. Im Restaurant, das türkische Hausmannskost serviert, kann man vor oder nach der Besichtigung der Ruinen prima auftanken.

Bandırma

☎0266 / 138 206 EW.

Die Hafenstadt Bandırma ist eine gesichtslose Betonstadt aus dem 20. Jh. Sie liegt am Knotenpunkt der über das Marmarameer aus İstanbul kommenden Fähren und der Züge nach İzmir. Nimmt man vom Zentrum İstanbuls aus die Fähre nach Bandırma, gelangt man schnell und angenehm nach Anatolien oder auch – über Çanakkale – zur Halbinsel Gallipoli.

Der *otogar* liegt vom Fährhafen aus 2 km den Hügel hinauf an der Autobahn und ist mit dem *servis* (Shuttlebus) bequem erreichbar. Der Bahnhof befindet sich gleich neben dem Fährhafen.

An- & Weiterreise

AUTO Wer eine kurze Spritztour unternehmen möchte, kann bei **Viraj Rentacar** (☎718 2102; virajotokiralama@hotmail.com; Mehmetçik Caddesi 29) ein Auto mieten.

BUS Bandırma liegt ungefähr auf halber Strecke zwischen Bursa (15 ₺, 2 Std., 115 km) und Çanakkale (20 ₺, 2¾ Std., 195 km).

SCHIFF/FÄHRE Mindestens zwei Schnellfähren von **İstanbul Deniz Otobüsleri** (İDO; ☎455 6900; www.ido.com.tr; 32/125/27 ₺ pro Fußgänger/Auto/Autoinsasse) verbinden Bandırma mit dem Hafen von Yenikapı in İstanbul (2 Std.). Die Fahrt ist bequem. Es gibt zugewiesene Sitzplätze, Erfrischungen, eine Business-Class-Lounge und einen Aufzug für Rollstuhlfahrer.

ZUG Täglich fahren Expresszüge von/nach İzmir (17 ₺, 6 Std., 14.20 & 16 Uhr). Außer dienstags fahren auch Züge um 9.50/9.25 Uhr, abgestimmt auf den Fahrplan der Fähre von/nach İstanbul.

İzmir & nördliche Ägäisküste

Inhalt »

Gut essen

» Asma Yaprağı (S. 207)

» Sakız (S. 197)

» Sandal Restaurant (S. 168)

Schön übernachten

» Vintage Boutique Hotel (S. 206)

» Key Hotel (S. 196)

» Lola 38 (S. 189)

» Assos Alarga (S. 172)

Auf nach İzmir & zur nördlichen Ägäisküste!

İzmir ist die drittgrößteStadt der Türkei – eine geschäftige, eurozentrische Metropole mit einem schönen Basar und einem *kordon* (Uferpromenade). Der schmale Küstenstrich im Norden ist ein kolossales Erlebnis für Geschichtsfans. Die Ruinen auf den Hügeln von Pergamon (Bergama) und Assos (Behramkale) sind hinreißende Zeugnisse des Altertums, und weitere verstecken sich in den Halbinseln, die von den Nachfahren turkmenischer Nomaden bewohnt werden.

Der griechische Einfluss ist hier unübersehbar. Viele Städte waren nach dem Ersten Weltkrieg von dem großen Bevölkerungsaustausch betroffen, und heute wirken die Architektur, die Musik und das Essen in Orten wie Ayvalık oder auf der Insel Bozcaada wie Echos vom anderen Ufer.

Die Strände am Ege Deniz (der Ägäis) und auf der Halbinsel Biga sind wunderbar, während es bei Alaçatı auf der Halbinsel Çeşme erstklassige Surf-Spots gibt.

Reisezeit

İzmir

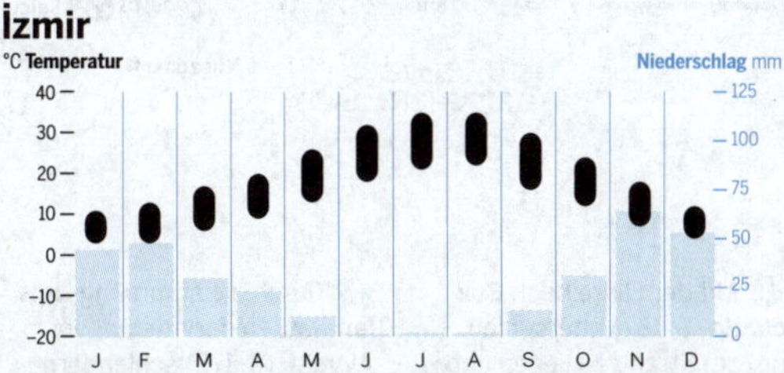

Mai Unbehelligt von Menschenmassen in einem traditionellen Boot um die Halbinsel Çeşme schippern.

Juli Beim Internationalen İzmir-Festival stehen Musik und Tanz auf dem Programm.

Sept. Auf der Ägäisinsel Bozcaada steigt das Weinfest.

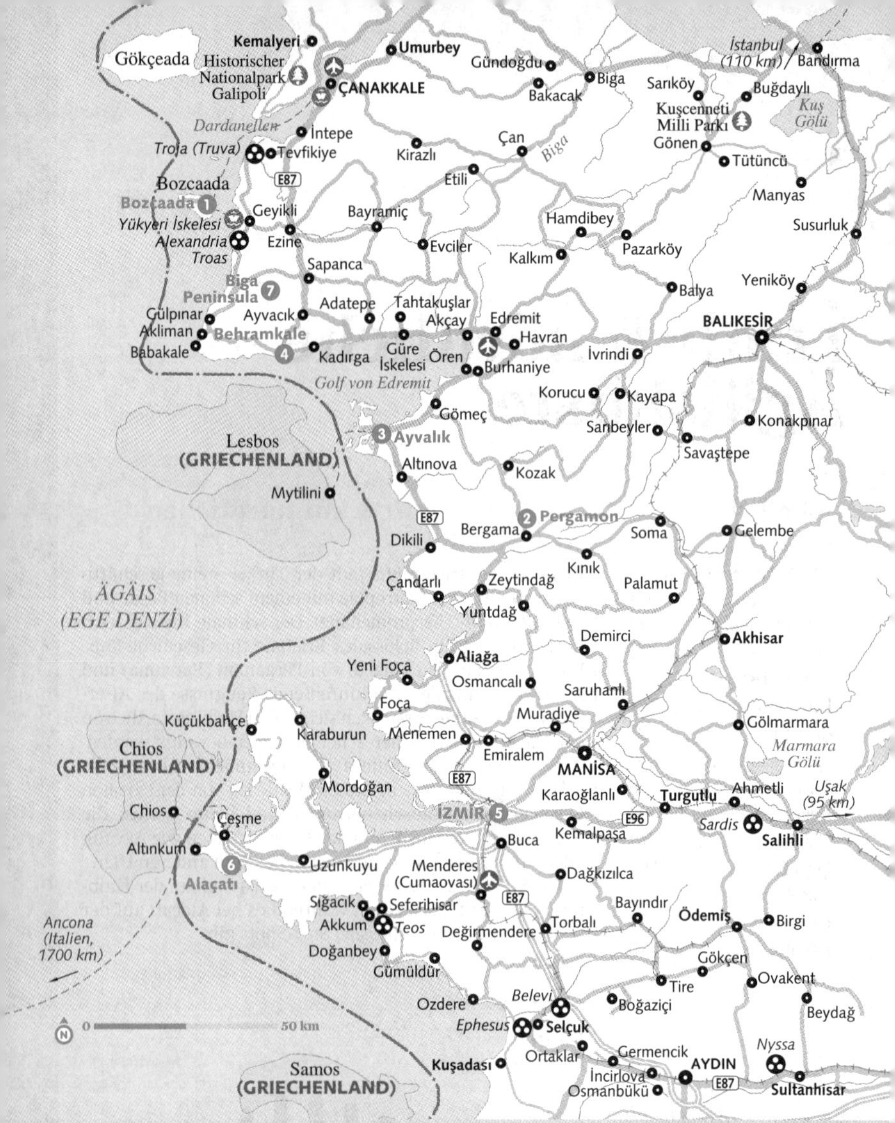

Highlights

❶ Mit der Fähre nach **Bozcaada** (S. 167) übersetzen, um am Strand zu liegen und sich mit dem guten Wein und Essen der Insel zu verwöhnen

❷ Mit der Seilbahn nach **Pergamon** (Bergama; S. 181) fahren, um eine der bedeutendsten antiken Stätten des Landes zu entdecken

❸ Durch die stimmungsvollen Gassen der Altstadt von **Ayvalık** (S. 175) schlendern

❹ Auf den kopfsteingepflasterten Straßen von Behramkale zum **Athena-Tempel** (S. 171) hinaufsteigen und den Blick aufs Meer genießen

❺ Die freigeistige Atmosphäre von **Alsancak** (S. 191) in İzmir, der drittgrößten Stadt der Türkei, schnuppern

❻ In **Alaçatı** (S. 206), dem glamourösen Zentrum der Halbinsel Çeşme, tagsüber windsurfen und abends feiern

❼ Mit dem Auto die **Halbinsel Biga** (S. 171) mit ihren Ruinen, Dörfern und verschlafenen Stränden umrunden

Bozcaada

☎0286 / 2472 EW.

Außer bei trendigen türkischen Travellern ist die stilvolle Ägäisinsel noch relativ unbekannt. Praktisch jeden Sommer eröffnen Neuzuzügler aus İstanbul hier weitere Weinbars und Pensionen, aber selbst bei guter Auslastung hat die Insel mit ihren malerischen, von Weinranken bedeckten alten Häusern und ihren Kopfsteingassen, die sich unter der riesigen mittelalterlichen Festung ducken, jede Menge Charme.

Bei Freunden anatolischer Weine stand das windumtoste Bozcaada (Tenedos) seit jeher hoch im Kurs, und noch immer bedecken Weinberge die sonnigen Hänge. Die Insel ist klein (ca. 5 auf 6 km) und leicht zu erkunden. Im Süden reihen sich schöne, unberührte Sandstrände längs der Küstenstraße.

Achtung: Außerhalb der Schulferien (Mitte Juni–Mitte Sept.) sind viele Geschäfte geschlossen. Viele Restaurants und Bars öffnen allerdings an den Wochenenden sowie mittwochs, wenn auf dem Hauptplatz ein Markt stattfindet.

Sehenswertes

Festung FESTUNG

(Eintritt 2 ₺; ⏱10–13 & 14–18 Uhr) Auf Bozcaada wird man zwar eher abhängen als etwas unternehmen, aber eine offizielle Sehenswürdigkeit gibt es doch: die eindrucksvolle Festung im Ort Bozcaada. Sie reicht bis in die byzantinische Zeit zurück, aber das meiste, was heute zu sehen ist, entstand erst unter der Herrschaft der Venezianer, der Genuesen und der Osmanen. Innerhalb der Doppelmauern finden sich Spuren einer Moschee, Munitionslager, eine Kaserne, ein Spital und römische Säulen. Die Anlage erhebt sich gleich neben dem Fährhafen.

Strände STRAND

Die besten Strände (Ayana, Ayazma, Sulubahçe und Habbele) liegen an der Südwestküste, aber Tuzburnu im Osten ist auch annehmbar. Ayazma ist der beliebteste und am besten ausgestattete Strand. Hier findet man mehrere Cafés (mit der üblichen türkischen Kost) sowie hügelauf ein kleines, verlassenes **griechisches Kloster**. Im Sommer gibt's an diesem Strand gute Partys, und man kann Sonnenschirme und Liegestühle mieten.

Heimatmuseum Bozcaada MUSEUM

(Bozcaada Yerel Tarih Müzesi; ☎0532 215 6033; Lale Sokak 7; Erw./Kind 5/3 ₺; ⏱Ende Mai–Sept. 10–20 Uhr) Das Museum ist eine Fundgrube von Sammelstücken – Karten, Drucken, Fotos, Muscheln und Alltagsgegenständen – von der Insel. Nebenan verkauft eine kleine private Galerie Landschaftsbilder der Insel. Das Museum liegt 100 m westlich vom Fährhafen; der Weg ist gut ausgeschildert.

Kirche KIRCHE

(20 Eylül Caddesi) Die Kirche im alten griechischen Viertel westlich der Festung ist leider nur selten geöffnet.

Schlafen

ORTSCHAFT BOZCAADA

Möglicherweise begrüßen einen Frauen mit Kopftüchern am *iskele* (Pier) und bieten ein freies Zimmer an; falls nicht, läuft man einfach durch das alte griechische Viertel westlich der Festung, wo ein solches Angebot nicht lange auf sich warten lässt. Die folgenden Unterkünfte liegen im alten griechischen Viertel.

LP TIPP **Dokuz Oda** BOUTIQUEHOTEL €€€

(☎0532 427 0648; www.dokuzoda.com; Eylül Caddesi 43; EZ/DZ 130/190 ₺) Das „Neun Zimmer" hat griechische Besitzer und besteht im wesentlichen aus zwei renovierten Gebäuden zu beiden Seiten einer hübschen Kopfsteingasse im alten Viertel. Das Hotel liegt nur ein kurzes Stück westlich vom Fährhafen. Kosta, der von der Insel stammt, hat hier ein schönes Inselrefugium geschaffen. Parkettböden, Erdfarben und Kunstobjekte sorgen für ein ruhiges Ambiente.

DAS BÖSE, ALLSEHENDE AUGE

Wie kurz man sich auch in der Türkei aufhält, den berühmten „blauen Augen" wird man nicht entgehen. Der Glaube an den bösen Blick ist immer noch weit verbreitet; die Ketten, Anhänger und sonstigen Gegenstände mit dem blauen Auge werden nicht nur für Besucher, sondern auch für den heimischen Markt hergestellt. Nach dem Volksglauben haben manche Menschen die Kraft, andere durch ihren Blick zu schädigen. Das mit dem blauen Auge versehene Nazar-Amulett (*nazar boncuğu)* soll den bösen Blick auf seinen Urheber zurückwerfen. Die meisten Nazar-Amulette werden in der Ägäis-Region produziert.

Bozcaada

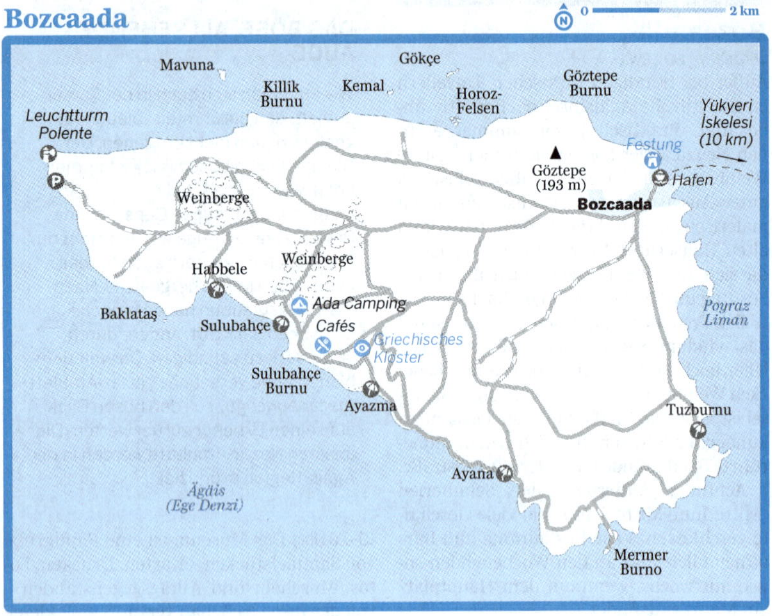

Kale Pansiyon PENSION €€
(☎697 8617; www.kalepansiyon.net; EZ/DZ 60/120 ₺) Eine steile Treppe bringt einen aus dem alten Viertel hinauf zu dieser von einer Familie geführten Pension, von der aus man über den Dächern einen eindrucksvoll weiten Ausblick genießt. Die Kale Pansiyon hat 14 einfache, aber pieksaubere Zimmer und eine Frühstücksterrasse an der Gasse. Sie umfasst zwei Häuser: Beide haben helle Holzböden und Kelims, aber die Badezimmer im rechten Gebäude sind besser.

Otel Kaikias BOUTIQUEHOTEL €€€
(☎697 0250; www.kaikias.com; EZ/DZ 175/230 ₺; ❄) Das Boutiquehotel an einem kleinen Platz am Meer neben der Festung ist selber schon eine Attraktion – von der bepflanzten Decke in der Rezeption bis hin zu den vielen alte Möbeln und Gegenständen, zu denen beispielsweise ein Bücherschrank mit abgewetzten alten Bänden hinter Glas gehört.

Adahan Otel PENSION €€
(☎697 0004; www.adahanpansiyon.com; Eylül Caddesi 20; Zi. 150 ₺) Das Adahan besteht aus zwei Grundstücken nahe der alten Grundschule von Bozcaada. Hinsichtlich Komfort und Preis-Leistungs-Verhältnis übertrifft das dezente Hotel die Pension bei weitem. Es bietet drei Einzel- und sechs Doppelzimmer auf drei Stockwerken mit ursprünglichem Gemäuer und modernen Einrichtungen. Eine gute Wahl.

Ergin Pansiyon PENSION €€
(☎697 0038; www.erginpansiyon.com; EZ/DZ 40/80 ₺; ❄) Das köstliche türkische Frühstück, das im Hof serviert wird, und die Dachterrasse mit Blick auf die Festung machen die gewöhnungsbedürftige Gestaltung der Zimmer – z.B. grüne Wände und Decken in Orange – fast wieder wett. Und außerdem ist das Ergin eine der günstigeren Unterkünfte im Ort Bozcaada.

SÜDWEST- & OSTKÜSTE

Ada Camping CAMPING €
(☎697 0442; senayalir@mynet.com; Eski Kule Mevkii; Stellplatz 15 ₺/Pers.) Auf dem zusammengewürfelten Campingplatz 200 m hinter dem Strand von Sulubahçe gibt's eine Küche, einen Grillplatz und Zelte, die man mieten kann (20 ₺/Pers.).

Essen

Bevor man seinen Fisch bestellt, nach dem Preis fragen. Einige Traveller haben sich über maßlos überzogene Preise in einigen Restaurants beklagt.

LP TIPP **Sandal Restaurant** SEAFOOD €€€
(☎697 0278; Alsancak Sokak; Hauptgerichte 20–25 ₺; ⏲mittags & abends; 📶) Der

Diener des früheren türkischen Staatspräsidenten Turgut Özal freut sich über Gäste, die von weither anreisen, um die *meze* und Fischgerichte zu genießen. Das Sandal ist das Restaurant mit dem Boot an der Wand und den vielen Menschen draußen an den Tischen auf dem Bürgersteig.

Ada Café CAFÉ €€
(☎697 8795; Çınar Çeşme Sokak 4; Hauptgerichte 8–17,50 ₺, Wein ab 14 ₺; ⏲Mai–Sept. 8.30–24 Uhr) Melih und Semra führen dieses beliebte Café mit Feinkostladen schon seit der Zeit, als İstanbul noch eine schlecht zu erreichende Stadt war. Das Ada serviert sättigendes, einfaches Essen wie frischen Thymiansalat oder knusprige *börek* nach Art des Hauses. Im Sommer sollte man ein kühles Sorbet bestellen.

Koreli SEAFOOD €€
(☎697 8098; Yali Caddesi 12; Hauptgerichte 15 ₺) Schon seit fast 50 Jahren serviert das Restaurant am Hafen frische Meeresfrüchte und gilt immer noch als das beste Restaurant seiner Art auf der Insel.

Café at Lisa's CAFÉ €€
(☎697 0182; Kurtulus Caddesi; Hauptgerichte 15 ₺; 📶) Lisa ist eine ortsansässige Australierin und Info-Anlaufstelle, die das netteste Café auf der Insel führt. Hier gibt's immer guten Kaffee, Kuchen und Pasta. Am besten setzt man sich draußen an einen Tisch unter dem großen Baum. Gleich nebenan ist ein toller türkischer Buchladen.

Gülüm Ocakbaşı TÜRKISCH €€
(☎697 8567; Sakarya Sokak 5; Hauptgerichte 12 ₺; ⏲mittags & abends) Gleich neben dem Tüketim-Markt serviert dieser *ocakbaşı* (Grill) eine große Palette köstlicher türkischer Speisen, darunter Kebab, *köfte* und Pide.

Tüketim-Markt MARKT €€
(Alsancak Sokak 20; ⏲Hauptsaison 8–1 Uhr, Nebensaison 9–21 Uhr) Der beliebte Laden am Hauptplatz bietet frisches Brot, Obst, Käse und Fleisch – ideal, wenn man sich für ein Picknick eindecken will.

Ali Baba CAFÉ €
(☎697 0207; Hauptgerichte 5 ₺; 👪) Eines der besseren Lokale am Strand von Ayazma.

Ausgehen

Bakkal BAR, CAFÉ
(Lale Sokak) Das von einem Restaurateur aus İstanbul eröffnete supercoole Café serviert Weine von Corvus (Glas 8 ₺), Smoothies, Espresso und leckere Sandwiches (18–25 ₺). Man sitzt an kleinen Tischen draußen in der Gasse oder drinnen inmitten von Produkten wie De-Cecco-Pasta oder Bio-Bräunungsmitteln.

Bar Ali BAR, RESTAURANT
(Çınar Çarşı Caddesi; ⏲Hauptsaison 8–4 Uhr) Der Sitzbereich bietet einen Blick auf die Festung und ist mit Kissen, Sitzsäcken und Liegestühlen ausgestattet, sodass man hier am Ende des Tages prima abhängen kann. Drinnen geht es förmlicher zu. Dort kann

GUTER WEIN

Bozcaada ist schon seit der Antike eine der bedeutenden Weinbauregionen auf dem Boden der heutigen Türkei. Seinerzeit wurden riesige Mengen für die Schwelgereien während der Dionysien produziert. Niemand weiß genau, woran es liegt, aber das Klima, die Topografie und die Erde der Insel wirken wie durch Magie zusammen, um ideale Bedingungen für den Weinbau zu schaffen. Die vier wichtigsten Weinproduzenten der Insel sind Corvus, Talay, Ataol und Yunatçılar.

Corvus (www.corvus.com.tr; Çinar Çarşi Caddesi) ist das Werk des berühmten türkischen Architekten Reşit Soley und hat einen Laden neben dem Restaurant Lodos. Die Weine des Guts, darunter der (nach den vielen Krähen auf der Insel benannte) Karga oder der Zeleia Vasilaki werden von Weinkennern aus aller Welt geschätzt.

Im Laden von **Talay** (www.talay.com.tr), hinter den Geldautomaten auf dem Hauptplatz in der Ortschaft Bozcaada, kann man die Rot-, Weiß- und Roséweine dieses Guts verkosten (9–25 ₺). Man kann auch die Tanks hinter der Ziraat Bankası besichtigen, in denen der Wein reift.

Çamlıbağ (www.camlibag.com.tr) ist ein ausgezeichnetes kleineres Weingut, das einen köstlichen Merlot-Kuntra-Verschnitt und einen ordentlichen Rosé herstellt.

Wer im September vor Ort ist, kommt am besten zum jährlichen **Weinfest**, bei dem es kostenlose Weinproben, Besichtigungstouren zu den Weinproduzenten und Vorträge über Weinbau gibt.

man sich an Wein und Käse laben oder sich auf den bequemen Ledersesseln auf dem Balkon niederlassen.

Polente BAR

(Yali Sokak 41; ⌚20–2 Uhr; 📶) Im Polente am Hauptplatz wird ein vielseitiger Musikmix gespielt, etwa Latin und Jazz. Das Publikum ist ebenfalls bunt gemischt und setzt sich aus Einheimischen und Besuchern zusammen (die meisten sind Twens oder in ihren Dreißigern).

ℹ Praktische Informationen

Captain Internet Kafe (Çinar Çarşi Caddesi; 2 ₺/Std.; ⌚9.30–23 Uhr)

Informationskiosk (İskele Caddesi) In dieser Holzhütte nahe dem *iskele* bekommt man eine Karte der Insel, die man aber auch in einigen Unterkünften und Cafés erhält (u. a. im Ada Café und im Cafe at Lisa's).

Ziraat Bankası Nahe der PTT auf dem Hauptplatz der Ortschaft Bozcaada gibt es diese Bankfiliale und weitere Geldautomaten.

ℹ An- & Weiterreise

BUS Stündlich fahren Dolmuşlar vom *otogar* in Çanakkale über Ezine nach Geyikli (8 ₺) mit Anschluss zum Yükyeri İskelesi (2 ₺). Die Dolmuşlar treffen dort die Fähre aus Bozcaada und fahren dann nach Geyikli und Ezine (4 ₺), wo es Verbindungen nach Çanakkale und zu Zielen im Süden wie Behramkale/Assos und Gülpınar gibt.

SCHIFF/FÄHRE Fähren von **Gestaş** (☎444 0752; www.gdu.com.tr) fahren täglich zwischen Bozcaada und dem Yükyeri İskelesi (Yükyeri-Hafen; hin & zurück 5/45 ₺ pro Pers./Auto, 30 Min.), der 4 km westlich von Geyikli und südlich von Troja liegt. Die Fähre legt vom Festland um 10, 14 und 19 und von der Insel um 7.30, 12 und 18 Uhr ab. Von Çanakkale legen auch Tragflügelfähren (10 ₺/Pers., 1 Std., Abfahrt Mi 9, Sa 8 & 20, So 9 Uhr, Rückfahrt Mi 20, Sa 9.30 & 21.30, So 21.30 Uhr) ab. Die Abfahrtszeiten nachprüfen, da sie sich ändern können.

ℹ Unterwegs vor Ort

DOLMUŞ Stündlich fahren Dolmuşlar von der Ortschaft Bozcaada zum Strand Ayazma (4 ₺); Abfahrt ist in der Nähe des *iskele*. Im Sommer fahren häufigere Dolmuşlar diesen Strand auch über Ada Camping und Sulubahçe an, außerdem gibt es dann auch eine Verbindung zum **Polente feneri** (Leuchtturm) an der Westküste der Insel, wo man den Sonnenuntergang genießen kann.

FAHRRAD Mountainbikes vermietet (10/25 ₺ für 1 Std./Tag) das **İskele Sancak Café** (☎0532 443 8999) beim Verlassen der Fähre gleich rechts.

TAXI Ein Taxi von der Ortschaft Bozcaada nach Ayazma kostet 25 bis 30 ₺.

Behramkale & Assos

☎0286

Die beiden Zwillingsdörfer Behramkale und Assos sind ein atemberaubendes Doppel. Die ehemalige griechische Siedlung erstreckt sich um die Ruinen des antiken Athena-Tempels (Behramkale). Am Fuß des steilen Hügels liegt ein kleiner Sandstrand mit einem alten Industriehafen, dessen Steingebäude und Lagerhäuser zu Hotels und Fischrestaurants umgebaut wurden (Assos).

Für einen Besuch sollte man zwischen Anfang April und Ende August möglichst die Wochenenden und Feiertage meiden, weil dann Touristenbusse den Ort überrollen. Die Einheimischen bezeichnen die beiden Teile von Assos oft als *liman* (Hafen) und *köy* (Dorf). In Behramkale gibt es kaum Einrichtungen, gerade einmal einen Geldautomaten und eine Apotheke.

Geschichte

Die mysische Stadt Assos wurde im 8. Jh. v. Chr. von Kolonisten aus Lesbos gegründet, die dann 530 v. Chr. den großen Athena-Tempel errichteten. Die Stadt erfreute sich eines beträchtlichen Wohlstands unter der Herrschaft des Hermeias, eines Schülers von Platon, der neben Assos auch die Troas und Lesbos beherrschte. Hermeias zog Philosophen an seinen Hof; auch Aristoteles lebte dort zwischen 348 und 345 v. Chr. und heiratete schließlich Pythia, die Nichte des Herrschers. Die glanzvollen Tage von Assos endeten abrupt, als die Perser einmarschierten, Hermeias kreuzigten und Aristoteles zur Flucht zwangen.

Alexander der Große vertrieb die Perser, aber Assos verlor an Bedeutung gegenüber der weiter nördlich aufblühenden Stadt Alexandria Troas. Von 241 bis 133 v. Chr. gehörte Assos zum Reich der Könige von Pergamon.

Während seiner dritten Missionsreise machte der Apostel Paulus kurz Halt in Assos. Er kam zu Fuß aus Alexandria Troas, um hier den Apostel Lukas zu treffen, bevor er mit einem Schiff nach Lesbos übersetzte.

In spätbyzantinischer Zeit schrumpfte die Stadt zu einem Dorf. Türkische Siedler kamen und nannten den Ort Behramkale, der erst durch den Tourismus wieder einen Aufschwung erlebt.

ABSTECHER

HALBINSEL BİGA

Wenn man ein eigenes Transportmittel hat, bietet sich die abgelegene Halbinsel Biga mit ihren diversen, nahezu vergessenen Ruinen zu einem schönen Tagesausflug an.

10 km südlich von Geyikli liegen rund um das Dorf Dalyan die Ruinen von **Alexandria Troas** (☎0532 691 3754). Beim Auseinanderbrechen des Reichs Alexanders des Großen erlangte Antigonos (einer seiner Generäle) die Herrschaft über das Gebiet und gründete 310 v. Chr. die Stadt Antigoneia. Die Stätte mit ihren großen, von Gras überwucherten Ruinen wirkt erfreulich lauschig, weil sich kaum Traveller hierher verirren. Große Teile der Stadt ruhen noch unter der Erde, aber ein paar wunderbare Relikte gibt es dennoch zu sehen, darunter Steinbögen und deutlich lesbare Inschriften.

Ein Stück weiter südlich folgt Gülpınar, ein kleines Bauerndorf mit nur einer Straße. Hier befand sich die antike Stadt **Chryse**, die für ihren aus dem 2. Jh. v. Chr. stammenden ionischen Apollon-Tempel berühmt war – und für dessen Mäuse. Ein Orakel hatte Kolonisten aus Kreta geraten, sich dort anzusiedeln, wo „die Söhne der Erde" sie angreifen würden. Als sie beim Aufwachen feststellten, dass Mäuse ihre Sachen benagten, beschlossen sie, sich hier niederzulassen, und Apollon als Smintheus („Mäuseverschlinger") einen Tempel zu errichten. Das 5 m hohe Kultbild des Gottes, von dem nur ein Fragment erhalten ist, zeigte aus Marmor gehauene Mäuse zu seinen Füßen.

Die Ruinen des **Tempels des Apollon Smintheus** (Eintritt inkl. Museum 5 ₺; ⌚8–17 Uhr) liegen 300 m vom Dorf unten an einer Seitenstraße (von Norden kommend nach dem nach rechts weisenden braunen Schild Ausschau halten). In den Ruinen wurden wunderbare Reliefs und Säulentrommeln entdeckt, die mit Szenen aus der *Ilias* geschmückt sind, die die Auseinandersetzung zwischen Agamemnon und Chryses, dem Priester des Apollon Smintheus, darstellen.

Von Gülpınar führt eine Straße durch ein paar Küstensiedlungen nach Westen zum 9 km entfernten Babakale am Kap Baba (Kap Lekton), dem westlichsten Punkt des asiatischen Festlands. Der verschlafene Ort wird fast von der **Festung** erdrückt. Sie stammt aus dem 18. Jh. und ist damit die letzte Festung, die die Osmanen auf dem Gebiet der heutigen Türkei errichteten.

Über dem Hafen bietet das **Uran Hotel** (☎747 0218; EZ/DZ 50/100 ₺; ❄) schlichte, aber von der Meeresbrise gut durchlüftete Zimmer mit winzigen Bädern und kleinen Balkonen, von denen aus man die Festung und das Meer sieht. Es gibt auch eine nette Terrasse und ein gutes **Fischrestaurant** (Hauptgerichte 15 ₺) mit vernünftigen Preisen.

Nach Babakale fahren Busse aus Gülpınar (2 ₺, 15 Min.), und es gibt täglich auch Verbindungen nach Ezine (7 ₺, 2 Std.).

Sehenswertes & Aktivitäten

Athena-Tempel RUINE

(☎217 6740; Eintritt 8 ₺; ⌚8–19.30 Uhr) Direkt auf dem Hügel im Dorf Behramkale steht dieser dorische Tempel aus dem 6. Jh. v. Chr. Die kurzen, sich verjüngenden Säulen mit den schmucklosen Kapitellen sind nicht gerade elegant, und die Beton-Rekonstruktionen sind hässlich, doch die Stätte und der Blick nach Lesbos sind so schön, dass sich der Eintrittspreis allemal lohnt.

Am Weg den Hügel hinauf bieten die Dorfbewohner an Ständen örtliche Produkte feil, darunter getrocknete Kräuter und Pilze, Textilien und Silberwaren.

Hüdavendigar Camii MOSCHEE

Neben dem Eingang zum Athena-Tempel steht die einfach gebaute osmanische Moschee aus dem 14. Jh., mit einer Kuppel auf Stützbögen über einem quadratischen Raum. Die Moschee stammt noch aus der Zeit, bevor die Türken Konstantinopel eroberten und die Bauweise der Hagia Sophia übernahmen. Sie ist eine von nur zwei erhaltenen osmanischen Moscheen dieser Art in der Türkei (die andere steht in Bursa).

Weitere Ruinen RUINEN

Wenn man vom Athena-Tempel den Hügel hinunterklettert oder die Straße gen Assos nimmt, kommt man zur **Nekropole**. Die Sarkophage (griechische Grundbedeutung „Fleischverzehrer") von Assos waren berühmt. Nach Plinius d.Ä. war der verwendete Stein ätzend und „verzehrte" das Fleisch der Verstorbenen innerhalb von 40 Tagen. Zu sehen sind außerdem die

Überreste eines **Theaters** aus dem späten 2. Jh. v. Chr. und einer **Basilika**.

Rund um den Hügel finden sich Abschnitte der **Stadtmauern** des mittelalterlichen Assos, die zu den beeindruckendsten Befestigungsanlagen jener Zeit in der Türkei gehören.

Schlafen

Die stimmungsvolleren Unterkünfte befinden sich oben im Dorf Behramkale, unten im Hafengebiet von Assos geht's etwas munterer zu. In der Hauptsaison kommt man in praktisch allen Hotels am Hafen nicht um *yarım pansiyon* (Halbpension) herum. Wer das nicht wünscht, kann sich aufs Feilschen verlegen.

BEHRAMKALE

LP TIPP **Assos Alarga** BOUTIQUEHOTEL €€€
(☎721 7260; www.assosalarga.com; Berhamkale 88; Zi. ab 200 ₺; P ❄ 📶 ≋) Diese fantastische Unterkunft liegt am ruhigen Ende des Dorfes gleich hinter den Tempelruinen. Das Alarga hat nur drei Zimmer, und damit ist der erstklassige Service durch die Eigentümerin Ece garantiert. Das „Orsa" hat Dielen, schöne Bücherborde und einen Schreibtisch. Alle Zimmer bieten einen tollen Blick auf die Berge und sehr kühle Badezimmer. Außerdem gibt's einen Luxus-Pool im Freien, einen Garten, eine Sauna und einen Billardtisch.

Assosyal Otel BOUTIQUEHOTEL €€€
(☎721 7046; www.assosyalbutikotel.com; Alan Meydanı 8; EZ/DZ 160/260 ₺) Gegenüber dem Alarga findet sich dieser Neuzugang zu Behramkales Hotellerieszene. Zeitgenössische Elemente verbinden die alten, mit Weinranken bedeckten Steinmauern. Wenn man im Hof Tee trinkt, scheint die Zeit stehen zu bleiben. Die Zimmer sind minimalistisch eingerichtet und haben luxuriöse, erhöhte Betten und Terrassen mit eindrucksvollem Bergblick. Die Zinnskulptur am Eingang schlägt eine spielerische Note an.

Biber Evi BOUTIQUEHOTEL €€€
(☎721 7410; www.biberevi.com; DZ 300–340 ₺; ❄) Das „Pfefferhaus" ist der ganze Stolz von Lütfi, einem früheren Theaterregisseur, der schon lang ein Auge auf Assos geworfen hatte. Der Eingang zu dem Steinhaus in der Mitte des Dorfs ist charmant, und der Wohnbereich zeigt mit seinen Artefakten eine unaufdringliche Romantik. Die Badezimmer der sechs Gästezimmer – moderne Versionen des osmanischen *gusülhane* (Schrankbads) – sind mit Fußbodenheizung ausgestattet. Beim Frühstück auf der Terrasse genießt man den Blick auf den Tempel und die Küste.

Eris Pansiyon PENSION €€
(☎721 7080; www.erispansiyon.com; EZ/DZ mit Nachmittagstee 70/120 ₺) Die Pension hat drei nette Zimmer; die mit Blick aufs Meer sind innen weniger eindrucksvoll. Der liebevoll zubereitete Nachmittagstee wird auf einer Terrasse mit spektakulärem Blick in die Hügel serviert. Außerdem gibt's eine umfangreiche Bibliothek und einen Büchertausch. Die Pension liegt am östlichen Ende des Dorfes. Außerhalb der Saison vorher anrufen.

Dolunay Pansiyon PENSION €€
(☎721 7172; EZ/DZ 50/100 ₺; ❄) Die schlichte, von einer Familie geführte Pension liegt in der Dorfmitte am Hauptplatz und bietet sechs makellose Zimmer. Es gibt auch eine hübsche Terrasse mit Meerblick, auf der man malerisch frühstücken kann.

Tekin Pansiyon PENSION €€
(☎721 7099; assostekinpansiyon@hotmail.com; EZ/DZ 50/100 ₺; ❄) Die Pension hat alles, was man in einer einfachen Herberge erwartet. Die Zimmer bieten zwar keinen Panoramablick, aber von dem Balkon mit kleinen Tischen blickt man auf das Dorfleben in Behramkale.

ASSOS

Das Çakır Restaurant und das Yelken Camp bieten Unterkunft in Holzhütten (EZ/DZ mit HP ab 60/100 ₺).

Hotel Kervansaray HOTEL €€€
(☎721 7093; www.assoskervansaray.com; EZ/DZ mit Meerblick 140/180 ₺; ❄ ≋) Die wohl verlässlichste Unterkunft unten am alten Hafen ist zugleich eine Kuriosität. Sie war im 19. Jh. ein Lagerhaus für Eicheln. Die neuere, „Butik"-Abteilung hat ein sehr gutes Preis-Leistungs-Verhältnis, doch kann das sehr beliebte Restaurant den Gästen die Aufmerksamkeit entziehen. Die smarten Zimmer des Hotels haben kleine Bäder und in Holzschränken versteckte Plasma-TVs; einige haben auch einen Balkon. Der Freiluftpool schwappt fast ins Meer.

Yıldız Saray Hotel PENSION €€
(☎721 7025; www.yildizsaray-hotels.com; EZ/DZ/FZ 100/140/220 ₺; ❄) Der „Starpalast" driftet mit seinem abgelebten Dekor langsam aus dem Bereich, den man als Retro

bezeichnen kann, aber das Haus ist freundlich, die Terrasse oben toll, und die Familienwohnung mit zwei Doppelzimmern und einem Whirlpool bietet ein gutes Preis-Leistungs-Verhältnis. Das Frühstück wird auf einer schwimmenden Plattform serviert. Die Besitzer betreiben weiter östlich an der Küste bei Kadırga noch ein Hotel.

Dr. No Antik Pansiyon PENSION €
(☎721 7397; www.assosdrnoantikpansiyon.com; EZ/DZ 40/80 ₺; ❄) In der schlichten, freundlichen Pension mit engen Zimmern und einem netten Außenbereich ist von hinterhältigen Verschwörungen nichts zu spüren. Das Haus ist die beste Budgetoption in der Nähe des Meeres.

Hotel Nazlıhan HOTEL €€€
(☎721 7385; www.assosnazlihanspahotel.com; DZ ab 180 ₺) Das zu einem Spa-Resort (in dem es ordentliche Anwendungen gibt) umgemodelte Nazlıhan hat einen älteren Teil mit muffigen Zimmern auf zwei Stockwerken rund um einen Innenhof und einen neueren, der ziemlich schick ist und zwar etwas geschmacklos aufgemachte, aber sehr komfortable Vier-Sterne-Zimmer bietet. Dort findet man in Holz eingefasste Badewannen zu Füßen protziger Betten und sehr kleine, geflieste Bäder. Das Hotel wird vor allem von Reisegruppen gebucht, so dass der Service für unabhängige Traveller etwas pauschal ausfallen kann.

Essen & Ausgehen

Wegen der Nähe zum Meer sind die Preise im Hafengebiet höher. Vor dem Bestellen unbedingt die Preise für Fisch und Wein genau prüfen!

BEHRAMKALE

LP TIPP **Ehl-i Keyf** TÜRKISCH €
(☎721 7106; www.assosehlikeyf.com.tr; Gözleme 5 ₺; 📶) Das mehrstöckige Restaurant vereint tolle frische Speisen mit aufmerksamer Bedienung und einem netten Erscheinungsbild. Man sitzt inmitten blühender Pflanzen und kleiner Zierpavillons auf Rädern und wählt aus der umfangreichen Speisekarte Gerichte vom *ızgara* (Grill) oder *gözleme* (herzhafte, gefüllte Fladen). In dem Lokal kann man auch prima einen Cocktail oder Kaffee trinken oder ein Eis essen. Seit kurzem gibt's auch eine Pension im Haus.

Panorama Restaurant RESTAURANT €€
(☎721 7037; Hauptgerichte 10 ₺) Das freundliche Familienrestaurant am Weg zu den Ruinen serviert ausgezeichnete *meze* wie *börülce* (Schwarzaugenbohnen), gefüllte Kürbisblüten oder *avcı böreği* (Jäger-*börek*; mit Fleisch oder Käse gefüllte Teigtaschen).

Mantı & Börek Evi TÜRKISCH €
(☎721 7050; Hauptgerichte 7 ₺; ⏲8–19 Uhr) Diese *lokanta* (Schnellrestaurant) serviert *mantı* (türkische Ravioli), *avcı boreğı* und eine gute Auswahl an *meze* auf ihrer kleinen Terrasse am Hauptplatz. Sie ist eine der wenigen Lokale auf dem Hügel, die Bier ausschenken.

Aile Çay Bahçesi TEEGARTEN
(Tee 1 ₺, Erfrischungsgetränke 3 ₺; 📶) Das Lokal am Hauptplatz hat eine schattige Terrasse mit hübschem Ausblick. Hier kann man gut einen Kaffee oder eine Cola trinken.

ASSOS

LP TIPP **Uzunev** SEAFOOD €€
(☎721 7007; Hauptgerichte 15–20 ₺; ⏲mittags & abends) Das Uzunev ist das beste unter den Restaurants, die nicht zu einem Hotel gehören, und lockt – vor allem an den Wochenenden in der Hauptsaison – auch das munterste Publikum an. Auf der Terrasse stehen blaue Holzstühle, und drinnen fühlt man sich wie in einer gemütlichen türkischen Kneipe. Man sollte die Spezialität probieren, Seebarsch à l'Aristotle (im Sud gedämpft), oder auch die köstlichen Meeresfrüchte-*meze* (10 ₺).

Çakır Restaurant SEAFOOD €€
(☎721 7048; Hauptgerichte 12–15 ₺) Das Restaurant der Brüder Çakır ist so cool wie nur denkbar: Es liegt an einem Kieselstrand auf roh gezimmerten Holzplattformen auf dem Wasser. Man wählt die *meze* und Hauptgerichte wie *kalamar* (Tintenfisch) oder *köfte* einfach aus dem Kühlschrank.

Yelken Camp BAR
(☎721 7433; 📶) Das Yelken lockt jene an, die Sinn fürs Wesentliche haben, will sagen coole Musik, kaltes Bier und ein Sofa am Meer.

An- & Weiterreise

BUCHT VON EDREMIT Im Sommer verbinden Dolmuşlar Behramkale mit Küçükkuyu (4 ₺, 1 Std.); sonst kostet die Taxifahrt 40 bis 45 ₺.

HALBINSEL BIGA Dolmuşlar verbinden Behramkale mit Gülpınar (3 ₺, 1 Std.).

ÇANAKKALE Von Çanakkale (12 ₺, 1½ Std.) fahren regelmäßig Busse nach Ayvacık, von wo man einen Dolmuş nach Behramkale (4 ₺, 20 Min.) nehmen kann. Manche Dolmuşlar halten im Sommer auch unten in Assos (4 ₺), andere aber nicht, dann muss man in den Shuttlebus umsteigen. In der Nebensaison fahren die Dolmuşlar seltener. Man sollte so früh wie möglich nach Ayvacık kommen, um einen Dolmuş nach Behramkale zu erwischen. Hat man den letzten verpasst, stehen in Ayvacık ein paar Hotels zur Auswahl oder man nimmt ein Taxi nach Behramkale (rund 30 ₺).

Unterwegs vor Ort

Im Sommer gibt's ganztägig einen Shuttledienst zwischen Behramkale und Assos (1 ₺, alle 30 Min.). Im Winter fahren gelegentlich Dolmuşlar zwischen Assos und Behramkale (8 ₺).

Ayvacık

0286 / 7600 EW.

Auf dem Weg von oder nach Behramkale kommt man möglicherweise durch Ayvacık. Hier gibt's einen **Freitagsmarkt,** auf dem Frauen aus den umliegenden Dörfern Obst, Gemüse und Körbe verkaufen. Sind sie in lange Seidenmäntel gehüllt oder tragen auffällig bunte Kopftücher, handelt es sich um Nachfahren turkmenischer Nomaden, die sich einst in dieser Region ansiedelten.

Ayvacık ist bekannt für seine kleinen Teppiche, und in rund 20 Dörfern und Turkmenen-Siedlungen werden sie immer noch hergestellt. 2 km außerhalb von Ayvacık liegt gegenüber der Total-Tankstelle an der Hauptstraße nach Çanakkale das **Doğal Boya Arıştırma ve Geliştirme Projesi** (Forschungs- und Entwicklungsprojekt für Naturfarben; 712 1274; 9–18 Uhr), das 1982 eingerichtet wurde, um die Dorfbewohner zu ermutigen, Teppiche wieder aus natürlich gefärbter Wolle zu weben. Die Preise, die die Frauen aus dem Dorf fordern, sind niedriger als in großstädtischen Basars. Die meisten Teppiche werden exportiert. Die Preise sind nicht überzogen, wenn man bedenkt, dass alle Arbeitsschritte – das Scheren, Kämmen, Spinnen, Weben, Knüpfen und Färben – in Handarbeit erledigt werden. Außerhalb der Saison ist in der Ausstellungshalle im Obergeschoss vielleicht wenig zu sehen, aber ein paar Ausstellungsstücke und einige Bildbände werden immer angeboten. Wer eine Führung durch das Dorf mitmachen will, ruft vorher an.

Golf von Edremit

Rund 25 km außerhalb von Behramkale trifft die Straße auf die Autobahn, die an der Nordküste der Bucht von Edremit nach Osten führt.

Wenn man links, d.h. nach Ayvacık, abbiegt, erreicht man Richtung Nordwesten nach 4 km durch die Hügel das in Pinienwäldern und Olivenhainen gelegene Dorf **Yeşilyurt.** Die gelben Steinmauern der vielen restaurierten Häuser wurden mit roten Ziegeln und Holz verschönt; das Dorf bietet viele Boutiquehotels und Restaurants.

Wieder zurück auf der Küstenautobahn eignet sich Küçükkuyu wegen des **Adatepe-Zeytinyağı-Museums** (0286-752 1303; 9–19 Uhr), das in einer alten Olivenölfabrik die Herstellung des Öls erläutert, zu einem Zwischenstopp.

Von Küçükkuyu gelangt man nach 4 km Fahrt durch bewaldete Hügel Richtung Nordosten in das hübsche Dorf **Adatepe,** eine Ansammlung restaurierter Steinhäuser unterhalb einer an eine Eidechse erinnernden Felsformation. Das Gebiet ist ideal zum Wandern. Es gibt hier Wasserfälle, Wasserbecken zum Schwimmen und nahe dem Wasserfall bei Başdeğirmen eine römische Brücke. Ganz oben in Adatepe findet sich das wunderbar beschauliche **Hünnap Han** (0286-752 6581; www.hunnaphan.com; EZ/DZ mit HP 190/250 ₺), ein restauriertes Landgasthaus mit traditionell eingerichteten Zimmern, einem hübschen Garten und einem mit Steinen gepflasterten Hof.

In Küçükkuyu, wo es Büros von Metro und Truva gibt, halten stündlich Busse auf dem Weg nach Çanakkale (18 ₺) und İzmir (28 ₺). Die Taxifahrt von Küçükkuyu nach Adatepe oder Yeşilyurt kostet 10 ₺. Im Sommer fahren Dolmuşlar nach Behramkale (4 ₺, 1 Std.), sonst bleibt nur die Fahrt mit dem Taxi (40–45 ₺).

Die Straße setzt sich weiter nach Osten fort, vorbei an ein paar Feriensiedlungen, Hotels und Blocks mit Ferienwohnungen, in denen einheimische Touristen Urlaub machen. Unmittelbar vor dem Güre İskelesi dem braunen Schild 2,5 km nach Norden in die Hügel zur **Etnografya Galerisi** (Ethnografischen Galerie; 0266 387 3340; Eintritt 2 ₺; 8–20 Uhr) im Dorf Tahtakuşlar folgen. Exponate wie ein Kuppelzelt vermitteln einen Einblick in das Leben der hiesigen Dörfer, in denen die Nachfahren von Turkmenen leben, die sich im 15. Jh. hier ansiedelten.

Demre Tour, eine Reiseagentur mit Sitz in Akçay, 10 km westlich von Edremit, veranstaltet **Jeepsafaris** (0266-384 8586; mit Mittagessen 50 ₺, mit 3 Mahlzeiten & Übernachtung in einem Turkmenenzelt 125 ₺; ⌚Juni–Sept.) im Kazdağı Milli Parkı (Nationalpark Ida-Gebirge).

Nahe dem Meeresufer in Akçay gibt's einen guten Stopp zum Mittagessen. Biegt man gleich hinter der Ömür Lokanta rechts von der Hauptstraße ab, stößt man auf die farbenfrohe **Zeyyat Lokanta** (Hauptgerichte 10 ₺; ⌚8–22 Uhr) mit Tischen im Freien und typischen Gerichten wie *balık* (Fisch) mit Paprika.

In Edremit wurde ein neuer Flughafen eröffnet. Bora Jet und Anadolu Jet fliegen täglich nach İstanbul und Ankara.

An- & Weiterreise

Regelmäßig fahren Busse von/nach Çanakkale (10 ₺, 1½ Std.). Regelmäßige Verbindungen mit Bus oder Dolmuş nach Ayvacık gibt's auch aus Ezine, Behramkale und Küçükkuyu.

Ayvalık

☎0266 / 37 182 EW.

Ayvalık ist eine hübsche normale Fischereistadt ohne Touristenrummel, aber mit einem Geheimnis. An der palmengesäumten Uferpromenade gibt es viele Fischrestaurants wie überall sonst an der Ägäis. Aber schon ein paar Gassen weiter entdeckt man ein altes griechisches Dorf in seliger Selbstvergessenheit. Pferde, Wagen und Markthändler verdrängen die Autos aus den engen, kopfsteingepflasterten Gassen, und hinter bunten, mit Sichtblenden versehenen Türen verbergen sich den ganzen Tag geöffnete Cafés und Kunstgewerbeläden – die Zeit schleicht in der Nachmittagssonne dahin, und auch die Besucher schalten einen Gang hinunter und lassen sich von der beschaulichen Atmosphäre gefangen nehmen.

Das traditionelle Gewerbe der Gegend ist der Olivenanbau; viele Läden verkaufen das fertige Endprodukt. Der zerstörte Schornstein neben dem **Tansaş-Supermarkt** im Zentrum gehört zu einer heute stillgelegten Olivenölfabrik. Ayvalık ist außerdem ein Sprungbrett zu den Inseln der Gegend, darunter Alibey, gleich vor der Küste, und das zu Griechenland gehörende Lesbos.

Sehenswertes & Aktivitäten

Altstadt HISTORISCHES VIERTEL

Echte Sehenswürdigkeiten sind rar, aber es macht Spaß, durch die Altstadt von Ayvalık mit ihrem Labyrinth von Kopfsteinstraßen zu schlendern, die von herrlich verfallenen griechischen Häusern gesäumt sind. Einen Stadtplan mit Infos zu den Sehenswürdigkeiten, darunter den früheren griechisch-orthodoxen Kirchen, kann man im Café Tarlakusu Gurmeko oder im Kunsthandwerksladen Çöp Madam bekommen. Es gibt Pläne, die ehemalige Olivenölfabrik mit dem zerstörten Schornstein, gleich nordwestlich vom Tarlakusu Gurmeko, in ein Stadtmuseum umzuwandeln.

Märkte MARKT

Donnerstags findet einer der größten und muntersten Märkte in der Region statt, dann füllen die Stände praktisch den ganzen Ort. Lohnend ist vor allem der **Köy Pazarı** (Dorfmarkt) gleich neben dem **Pazar yeri** (Basar). Am Ufer neben der Anlegestelle der Fähre nach Alibey gibt es täglich einen **Balık Pazarı** (Fischmarkt).

Strände STRAND

Ein paar Kilometer südlich liegen einige gute Sandstrände. Am bekanntesten, aber auch überlaufensten ist der **Sarımsaklı Plaj** (Knoblauchstrand), denn dieser ist das Territorium der Pauschaltouristen. Wenn man mit dem Bus noch ein Stück weiter nach Westen bis Badavut fährt, erreicht man einige ruhigere Strandabschnitte.

Schlafen

LP TIPP **Istanbul Pansiyon** PENSION €

(☎312 4001; www.istanbulpansiyonayvalik.com; Neşe Sokak Aralığı 4; EZ/DZ 35/70 ₺; P ❄ 📶) Die schöne Pension am Rand des Basars öffnet sich zu einem ruhigen öffentlichen Platz. Hinter der hübschen Fassade in Blau und Rosa liegen sechs geräumige Zimmer, vier mit Blick auf den Hof. Beim Frühstück sitzt man sehr angenehm im üppigen Garten inmitten von Blumen und Keramiktöpfen oder unter dem grünen Blätterdach.

Kelebek Pension PENSION €€

(☎312 3908; www.kelebek-pension.com; Mareşal Çakmak Caddesi 108; EZ/DZ/3BZ 60/100/135 ₺; ❄) Der Betreiberwechsel hat der farbenfrohen Pension mit sieben Zimmern nicht geschadet. Von den Schlafzimmern aus blickt man aufs Meer. Das weißblaue Gebäude hat eine Terrasse, auf der man im Freien frühstücken kann. Die Pension verleiht auch Fahrräder.

Taksiyarhis Pension PENSION €€

(☎312 1494; www.taksiyarhispension.com; Mareşal Çakmak Caddesi 71; Zi. ohne Bad 45 ₺/Pers.; ❄) Das 120 Jahre alte griechische Haus hinter der Kirche, der es den Namen

Ayvalık

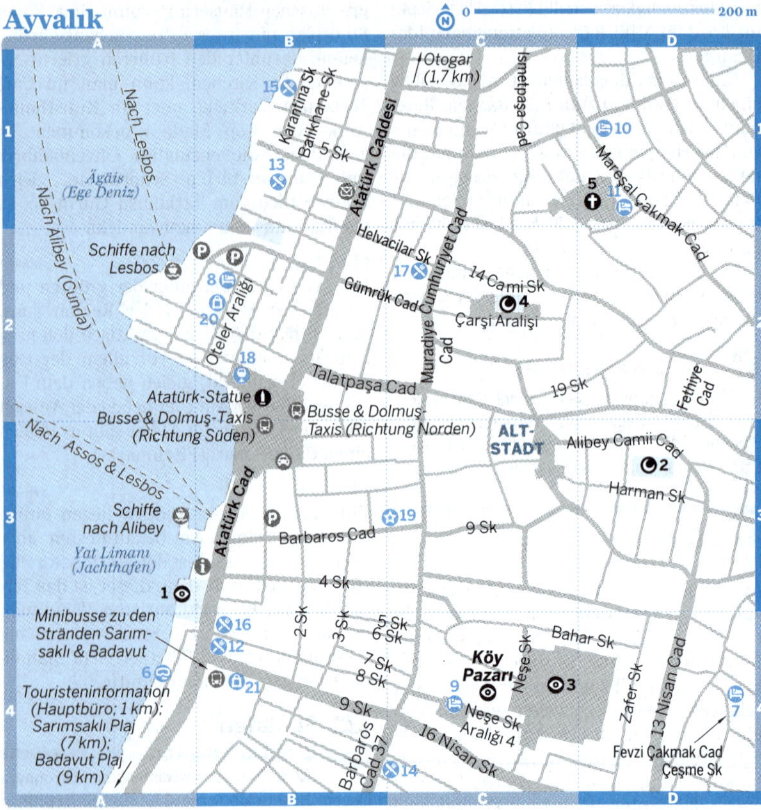

Ayvalık

Highlights
- Köy Pazarı C4

Sehenswertes
- 1 Balık Pazarı A3
- 2 Çınarlı Camii D3
- 3 Pazar Yeri C4
- 4 Saatlı Camii C2
- 5 Taksiyarhis-Kirche D1

Aktivitäten, Kurse & Touren
- 6 Korfez Diving Center A4

Schlafen
- 7 Bonjour Pansiyon D4
- 8 Hotel Ayvalık Palas B2
- 9 Istanbul Pansiyon C4
- 10 Kelebek Pension D1
- 11 Taksiyarhis Pension D1

Essen
- 12 Avşar Büfe B4
- 13 Balıkçı B1
- 14 Cafe Caramel C4
- 15 Deniz Kestanesi B1
- 16 Hatipoğlu Pastaneleri B4
- 17 Tarlakusu Gurmeko C2

Ausgehen
- 18 White Knight Café B2

Unterhaltung
- 19 Sanat Fabrikası C3
- Studio Organic .... (siehe 17)

Shoppen
- 20 Antikacılar Çarşısı B2
- 21 Tansaş-Supermarkt B4

TAUCHEN & BOOT FAHREN RUND UM AYVALIK

Die Gewässer um Ayvalık sind bei Tauchern für ihre roten Meereskorallen an Stellen wie Deli Mehmet und Kerbela berühmt. Ein weiterer Segen für die Anbieter war die Entdeckung eines abgestürzten Düsenjets im Jahr 2009. Die Tauchveranstalter in Ayvalık organisieren Trips zu diesen Orten, bei denen man die Meeresfauna, z. B. Muränen, Zackenbarsche, Kraken und Seepferdchen aus der Nähe sehen kann. Eine der besseren Adressen ist das **Korfez Diving Center** (☎312 4996, 0532 266 3589; www.korfezdiving.com; Atatürk Bulvari Özaral Pasaji 61; ⏲März–Nov.), dessen Boot am Fischmarkt vor Anker liegt. Ein eintägiger Tauchausflug kostet 90 ₺, Kurse gibt's für 500 ₺.

Neben den Trips zu den Tauchstellen und (im Sommer) den Fähren nach Lesbos finden auch Bootstouren rund um die Inseln in der Bucht, darunter Alibey, statt, bei denen hie und da zum Baden, Sonnenbaden und Spazierengehen angelegt wird. Die Boote legen in der Regel um 11 Uhr ab und kehren gegen 18.30 Uhr zurück; der Spaß kostet rund 50 ₺ pro Person (inkl. Mittagessen). **Jale Tour** (☎331 3170; www.jaletour.com; Yeni Liman Karsisi) fährt auch nach Assos (60 ₺; Abfahrt 10.30 Uhr, Rückkehr 19.30 Uhr).

verdankt, gehört zu den stilvolleren Unterkünften in Ayvalık. Es gibt eine von Weinranken beschattete Terrasse mit einem weiten Blick über die Stadt, eine Gemeinschaftsküche und einen ordentlichen Büchertausch. Die Zimmer sind schick-antik mit offenen Balkendecken und Ecken, die zu einem Nachmittagsnickerchen einladen. Das Frühstück kostet 10 ₺ extra.

Ayazma Butik Otel HOTEL €€
(www.ayzamaotel.com; Atatürk Bulvarı 69; EZ/DZ 60/100 ₺; ❄📶) Das steinerne ehemalige Wohnhaus aus dem 19. Jh. ist das beste unter den allesamt nicht berauschenden Hotels am Ufer. Die sechs Zimmer im Obergeschoss sind komfortabel; die besten teilen sich einen Balkon. Alle bieten gute Bäder und große Betten. Der Hof am Atatürk Bulvarı ist ein netter Ort, um zu frühstücken oder ein Bier zu trinken. Oft kommen Oberschüler, um ein preiswertes Mittagessen zu genießen. Das Restaurant im Keller serviert lokale Spezialitäten.

Bonjour Pansiyon PENSION €€
(☎312 8085; www.bonjourpansiyon.com; Fevzi Çakmak Caddesi, Çeşme Sokak 5; EZ/DZ ohne Bad 60/100 ₺; ❄) Das 300 Jahre alte Haus ist gut geführt, aber die ältlichen Möbel und die Zimmer ohne Bad im ersten Stock sorgen für einen melancholischen Eindruck. Das ausgezeichnete Frühstücksbüffet wird im Hof serviert.

Hotel Ayvalık Palas HOTEL €€€
(☎312 1064; www.ayvalikpalashotel.com; Gümrük Meydanı Oteller Aralığı; EZ/DZ 100/180 ₺; P❄📶) Das Hotel am Ufer sieht zwar nicht gerade schön aus, aber die Lage ist toll und das Haus anonym und brauchbar. Außerdem verfügt es über einen riesigen Parkplatz – ein Luxus in Ayvalık.

Essen

Balıkçı SEAFOOD €€
(☎312 9099; Balıkhane Sokak 7; Hauptgerichte 17 ₺; ⏲abends) Das von einer örtlichen Vereinigung von Fischern und Meeresschützern geführte Lokal ist ein netter Ort, um Meeresfrüchte zu verspeisen. Man sitzt auf der gefliesten Terrasse oder drinnen, wenn man einen besseren Blick auf die türkischen Sänger werfen will, die sich hier ab 20.30 Uhr hören lassen.

Tarlakusu Gurmeko CAFÉ €€
(☎312 3312; Cumhuriyet Caddesi 53; ⏲8.30–20.30 Uhr; 📶) Das künstlerisch aufgemachte Café ist für die Verhältnisse von Ayvalık sehr urban – die Betreiber stammen aus İzmir – und der Kaffee ist erstklassig. Man sitzt auf weichen Sesseln, schaut sich die ausgestellten Gemälde an oder kauft sich etwas zu essen. Angeboten werden u.a. Kekse, Brownies, Suppen, Salate, Käseplatten und *börek* (4,50 ₺).

Cafe Caramel CAFÉ
(Barbaros Caddesi 37) Schöner Jasmin steht vor diesem nostalgischen Café in der Altstadt, in dem Jazz gespielt wird und das mit einer großen Auswahl an Kuchen und Desserts, hausgemachter Limo und guten einfachen Gerichten voll überzeugt.

Deniz Kestanesi SEAFOOD €€
(☎312 3262; Karantina Sokak 9; Hauptgerichte 15 ₺; ⏲10–24 Uhr) Das „Seeigel" ist ein schickes Café direkt am Ufer mit Plätzen drinnen und draußen, Holzböden, hohen Decken, Ledersesseln und einem wundervollen

Blick auf die funkelnden Lichter von Alibey. Neben *meze* (8–16 ₺) gibt es Fleischgerichte; an *balık* kommen u. a. Barsche, Brassen, Hai und Meeräschen auf den Teller.

Hatipoğlu Pastaneleri PATISSERIE €
(Atatürk Caddesi 12; Tee/türkischer Mokka 1/2 ₺; ⏲7–1 Uhr; ❄) Mit einer großen Auswahl an traditionellen türkischen Puddings, Gebäck und Kuchen ist diese freundliche Patisserie prima für ein Frühstück oder eine Kaffee- oder Teepause. Man sollte die Spezialität von Ayvalık, *lok* (in Honig getauchter Biskuit; 3 ₺), probieren und sich dann noch ein *dondurma* (Eis) gönnen.

Palmiye Cafe CAFÉ €
(☎312 1188; Atatürk Caddesi 78; Börek 4 ₺; ⏲9–21 Uhr) Das sehr freundliche neue Café serviert köstliche süße und herzhafte Teigtaschen. Das Hinterzimmer ist bei jungen Liebespaaren beliebt. Die Betreiberin spricht gut Englisch, und ihre Töchter üben das gern.

Ausgehen & Unterhaltung

White Knight Café BAR
(☎312 3682; Cumhuriyet Meydanı 13; Bier 4 ₺; ⏲9–2 Uhr; 📶) In dem beliebten Café bei der Atatürk-Statue führen Ahmet und seine britische Frau Anthea das Zepter. Es herrscht eine entspannte Atmosphäre, außer bei der Übertragung wichtiger Fußballspiele. Hier werden auch englischsprachige Zeitschriften und Zeitungen vom Vortag verkauft.

Sanat Fabrikası THEATER
(☎312 3045; www.sanatfabrikasi.com.tr; Barbaros Caddesi 4, Sokak 1-3) Die „Kunstfabrik" ist eine neu eröffnete Veranstaltungsstätte, die ein aufgeschlossenes, junges Publikum in den gemütlichen Theatersaal lockt. Die angeschlossene Bar ist ideal, um vor, während oder nach der Veranstaltung einen Drink zu nehmen. Am Wochenende kann es ganz schön ausgelassen werden.

Studio Organic KINO, KURSE
(☎312 3312; Cumhuriyet Caddesi 53) Im Studio über dem Café Tarlakusu Gurmeko gibt's am Mittwochabend einen Kino-Club (2 ₺) und an anderen Abenden diverse Kurse: Yoga (Mo), Zeichnen (Di), Fotografie (Di & Do) und Tango und Salsa (Fr).

Shoppen

Çöp Madam KUNSTHANDWERK
(☎312 6095; Alibey Cami Caddesi 2; ⏲9–17 Uhr) Der Laden einer Kooperative für arbeitslose Frauen, die aus wiederverwendetem Material farbenfrohe Taschen und Schmuck herstellen, befindet sich neben einem beliebten Teehaus 250 m östlich vom Fährhafen.

Antikacılar Çarşısı ANTIQUITÄTEN
(Otelier Araliği; ⏲9–18 Uhr) In der urigen Markthalle findet man alte Münzen, Schmuck und Schnickschnack, außerdem auch alte Zeitschriften und Plakate.

Praktische Informationen

Post (Atatürk Caddesi) Am nördlichen Ende der Stadt an der Hauptstraße.

Touristeninformation (☎312 2122; Yat Limanı Karşısı; ⏲Mo–Fr 8–12 & 13–17 Uhr) Das Hauptbüro liegt hinter dem Jachthafen. Im Sommer ist auch ein **Kiosk** (Yat Limanı; ⏲Juni–Sept.) am Ufer südlich des Hauptplatzes geöffnet.

An- & Weiterreise

Auto

BERGAMA Die Straße, die im Binnenland vorbei an mit Pinien bewachsenen Hügeln über Kozak nach Bergama führt, ist schöner als die Küstenstraße, und die Fahrt dauert kaum länger. Man fährt zurück nach Norden in Richtung Gömeç und biegt dann rechts ab.

Bus

BERGAMA Tagesausflüge nach Bergama (7 ₺, 1¾ Std., 45 km) sind möglich. Stündlich fahren

FAST FOOD IN AYVALIK

Ayvalık hat sich durch den Anbau von Oliven einen Namen gemacht, aber dieser Tage ist die Stadt in der ganzen Türkei eher für eine andere, weniger raffinierte Speise bekannt: den *Ayvalık tost* (Ayvalık-Toast). Ayvalıks Version von Fast Food besteht im Wesentlichen aus einem getoasteten Sandwich, das mit allen möglichen Zutaten vollgestopft wird, u. a. mit Käse, *sucuk* (scharfer Kalbswurst), Salami, Pickles und Tomaten. Das Ganze wird noch dick mit Ketchup und Mayo bedeckt (außer man bestellt es ohne). Den Toast gibt's in Cafés und an Ständen überall im Ort, am besten stellt man sich dieser Herausforderung aber im **Avşar Büfe** (Atatürk Caddesi; ⏲Hauptsaison 24 Std., Nebensaison 7–3 Uhr) oder einem der umliegenden Lokale. *Tost* kostet typischerweise gerade einmal 4 ₺ (nur mit Käse nur 3 ₺), aber die Portionen sind gewaltig.

DIE GEISTER DER VERGANGENHEIT

Die frühen 1920er-Jahre sind für Ayvalık mit zwiespältigen Erinnerungen verbunden. Der Stolz über die Rolle der Stadt im griechischen Unabhängigkeitskrieg – hier wurden die ersten Schüsse gegen die Besatzer abgefeuert – wird von den nachfolgenden Ereignissen getrübt. Griechen bildeten in der Stadt die Bevölkerungsmehrheit; wie fast alle Griechen im Gebiet des ehemaligen Osmanischen Reiches wurden sie im Rahmen des „Bevölkerungsaustauschs" gezwungen, ihren Geburtsort zu verlassen und sich auf der griechischen Insel Lesbos niederzulassen, während die dort lebenden Türken ihrerseits ein neues Leben in Ayvalık beginnen mussten. Doch trotz aller Härten, die die Menschen hierdurch erlitten, verlief die Bevölkerungstrennung hier wohl weniger traumatisch als anderswo. Immerhin lagen die alte und die neue Heimat für beide Seiten ziemlich nahe, sodass die Menschen die Orte ihrer Herkunft besuchen konnten – wenn solche Besuche auch sicher mit gemischten Gefühlen verbunden waren. Zudem lebten sowohl Lesbos als auch Ayvalık vorwiegend vom Olivenanbau, so dass sich die Lebensweise in beiden Gebieten nicht sonderlich voneinander unterschied.

Aber auch heute noch ist die Vergangenheit überall spürbar. Manche ältere Einwohner sprechen noch Griechisch, und viele der alten griechisch-orthodoxen Kirchen stehen noch, wenn auch zu Moscheen umgewandelt. Die Kirche Ayios Ioannis, aus der 1923 die **Saatlı Camii** („Uhrenmoschee", so benannt nach dem Uhrenturm) wurde, dient heute den in Ayvalık ansässigen Ausländern als sonntägliche Gottesdienststätte. Die frühere Ayios Yioryios ist heute die **Çınarlı Camii**, benannt nach den *çınarlar* (Platanen), die einst auf dem Gelände standen und von denen heute noch eine übrig ist. Eine der prächtigsten alten griechischen Kirchen, die **Taksiyarhis Kilisesi**, wurde nicht zur Moschee umgewandelt, dient aber auch nicht mehr als Kirche. Sie steht leer und verlassen und wartet darauf, irgendwann einmal renoviert zu werden.

zwischen 8 und 19 Uhr vom *otogar* Busse nach Bergama. Sie fahren von dort langsam Richtung Süden durch die Stadt, sodass man auch am Hauptplatz zusteigen kann.

ÇANAKKALE Kleinere Unternehmen, die von Çanakkale (15 ₺, 3¼ Std., 200 km, tgl. 5-mal) nach Ayvalık fahren, setzen ihre Passagiere vielleicht draußen an der Autobahn ab, von wo aus man sich ins Zentrum durchschlagen muss. Größere Unternehmen wie Ulusoy betreiben einen *servis* (Shuttlebus) zu ihren Büros im Zentrum.

EDREMIT Vom *otogar* in Ayvalık fahren regelmäßig Dolmuşlar nach Edremit (7 ₺, 1 Std.).

İZMIR Stündlich fahren Busse von/nach İzmir (16 ₺, 3 Std., 150 km).

Schiff/Fähre

LESBOS Von Mai bis September fährt täglich außer sonntags um 17 Uhr eine Fähre zur griechischen Insel Lesbos (Fußgänger einfache Strecke/hin & zurück 60/70 ₺, Auto 120/130 ₺, 1½ Std.) und in umgekehrter Richtung an den gleichen Tagen um 8.30 Uhr. Zwischen Oktober und Mai verkehrt die Fähre nur dienstags, donnerstags und samstags (gleiche Abfahrtzeiten).

Achtung: Die Abfahrtzeiten können sich ändern. Außerdem muss man (persönlich oder telefonisch) seinen Platz 24 Stunden im Voraus reservieren. Bei der Abholung des Tickets den Pass mitbringen. Wegen Infos und Tickets wendet man sich an Jale Tour (S. 177).

ℹ Unterwegs vor Ort

Auto

Die Fahrt durch die furchtbar schmalen Gassen der Altstadt von Ayvalık kann zur Tortur werden. Man stellt sein Auto besser auf einem der Parkplätze am Ufer ab. Das Parken kostet dort generell 8/12 ₺ pro Tag/Nacht.

Bus & Dolmuş

ZENTRUM Sammeltaxis (weiß mit roten umlaufenden Streifen) fahren durchs Zentrum und nehmen auf ihren verschiedenen kurzen Strecken Fahrgäste auf und setzen sie ab. Man kann diese Dolmuş-Taxis am Hauptplatz nehmen. Von dort fahren sie u. a. nach Armutçuk, 1 km nördlich der Stadt. Der Fahrpreis beträgt in der Regel 2 ₺.

OTOGAR Städtische Busse (2–3 ₺) fahren zwischen dem *otogar* und dem Hauptplatz durch Ayvalık.

RICHTUNG SÜDEN Städtische Busse fahren vom Hauptplatz aus weiter zur Touristeninformation und zu den Stränden um Sarımsaklı. Auch Kleinbusse (1,50–2 ₺) fahren zu den Stränden; Abfahrt ist südlich vom Hauptplatz neben dem Schild des Tansaş-Supermarkts.

Taxi

Die Taxifahrt vom *otogar* zum Stadtzentrum kostet 7 ₺.

Alibey Adası

Die nach einem Helden des türkischen Unabhängigkeitskriegs benannte Insel Alibey, die die Einheimischen auch Cunda nennen, liegt Ayvalık gegenüber gleich vor der Küste. Sie ist mit der Insel durch einen Damm verbunden und gilt allgemein als die ruhigere Verlängerung Ayvalıks. Die Einwohner pendeln regelmäßig zwischen beiden Orten hin und her. Die Insel bietet sich daher zu einem netten Tagesausflug von Ayvalık aus an, und ist sowohl mit dem Dolmuş wie auch – wesentlich netter – mit der Fähre erreichbar.

Die Fähre legt an einem kleinen Kai mit einer langen Reihe von Fischrestaurants an. Dahinter befindet sich eine kleine, nobel wirkende Stadt aus alten, teilweise ziemlich verfallenen griechischen Steinhäusern. Wie in Ayvalık musste auch hier die griechische Bevölkerung in den frühen 1920er-Jahren ihre Heimat verlassen und wurde durch aus Kreta vertriebene Türken ersetzt.

Gleich rechts von der Fähranlegestelle befindet sich der Hauptplatz des Ortes. An der Uferpromenade gibt's Geldautomaten und eine Infotafel mit Lageplänen auf dem Parkplatz am östlichen Ende der Esplanade. Hinter dem Platz werden auf einem kleinen Touristenmarkt Schmuck und anderer Krimskrams verkauft.

Eines der berühmtesten Überbleibsel der griechischen Vergangenheit des Ortes ist die **Taksiyarhis Kilisesi** (nicht zu verwechseln mit der gleichnamigen Kirche in Ayvalık). Sie thront auf einem kleinen Hügel, gleich landeinwärts hinter dem Touristenmarkt. Sie wurde zwar nicht in eine Moschee umgewandelt, ein Erdbeben im Jahr 1944 beschädigte sie jedoch schwer, weshalb sie heute malerisch verfallen ist. Im Innern sind einige verblasste, trist wirkende Fresken zu sehen.

Die hübschesten Ecken der Insel befinden sich im Westen, wo es gute Strände zum Baden und Sonnenbaden gibt, sowie im Norden, der zu großen Teilen vom **Naturschutzgebiet Pateriça** mit seinen schönen Wanderwegen eingenommen wird. Am Nordufer sieht man die Ruinen des griechischen **Ay Işığı Manastırı** (Mondschein-Klosters).

Schlafen

Tutku Pansiyon PENSION €€
(☎327 1965; www.tutkupansiyon.com; Sahil Restorantları ve Taşkahve Arkası; EZ/DZ 40/80 ₺; ❄📶) Alibeys beste Pension namens „Leidenschaft" liegt im Herzen von Cunda neben einem coolen Weinhaus und nur ein paar Straßen vom Ufer entfernt. Sie bietet fünf kleine, schlichte, aber angenehme Zimmer mit rot gefliesten Böden, kleinen TVs und Kühlschränken. Der Betreiber ist entspannt und gastfreundlich.

Ada Kamping CAMPINGPLATZ €
(☎327 1211; www.adacamping.com; Stellplatz 15 ₺/Pers., Zi. im Karavan/Bungalow 50/70 ₺/Pers.; ⊙April–Nov.) Der große, gut ausgestattete Campingplatz liegt 3 km westlich des Ortes. Die klimatisierten Bungalows sind einfach, aber makellos, die Karavans und das Gelände wirken hingegen etwas schäbig. Der Platz hat eine Gästeküche, einen eigenen Strand und ein Restaurant am Ufer (Hauptgerichte 15 ₺).

Essen & Ausgehen

Lal Girit Mutfağı KRETISCH €
(☎327 2834; Altay Pansiyon Yanı 20; *meze* 6 ₺, Bier 6 ₺; ⊙abends) In diesem *mutfak* (Garküche) und Treffpunkt der Einheimischen serviert Emine köstliche Gerichte aus *Girit* (Kreta), die sie ihrer Großmutter abgeschaut hat, z. B. *peynirli kabak* (Kürbis mit Feta) oder *briam* (Gemüseauflauf). Man kann auch einen eigenen Fisch mitbringen und ihn sich zubereiten lassen (10 ₺).

Lezzet Diyarı SEAFOOD €€
(☎327 1016; Çarşı Caddesi 17; *meze* 6–12 ₺; ⊙13–23 Uhr) Selbst nach türkischen Maßstäben birst die Kühltruhe dieses kleinen blau-weißen Restaurants geradezu vor *meze*. An warmen Speisen gibt's typische Gerichte der Ägäis (z. B.Tintenfisch-Auflauf).

LP TIPP **Taş Kahve** BAR, CAFÉ
(Sahil Boyu 20; Tee 0,75 ₺, Bier 6 ₺; ⊙7–24 Uhr) Der höhlenartige Treff, dessen rissige Betonwände mit alten Fotos und Kunstwerken geschmückt sind, lohnt einen Besuch, um Tee zu trinken und über das Angeln zu reden. Drinnen wird *tavla* (Backgammon) gespielt, draußen spielen Kinder, und alle haben ihren Spaß.

An- & Weiterreise

AUTO & DOLMUŞ Gegenüber vom Kai in Ayvalık kann man auf der anderen Straßenseite ein Dolmuş-Taxi zur Fahrt über den Damm zur

Insel nehmen (2 ₺, 20 Min.). Die Sammeltaxis fahren zwischen 6 und 24 Uhr und setzen einen am Ostende der Esplanade von Alibey ab, wo sich auch ein Parkplatz (4 ₺) befindet.

SCHIFF/FÄHRE Die Fähren zur Alibey Adası (4 ₺, 15 Min., alle 15 Min., Juni–Anfang September) legen an einem Kai hinter dem Touristenkiosk unweit vom Hauptplatz in Ayvalık ab.

TAXI Taxifahrten zwischen dem Zentrum von Ayvalık und Alibey Adası kosten rund 25 ₺.

Bergama (Pergamon)

☎0232 / 60 559 EW.

Das kleine, entspannte Marktstädtchen Bergama ist der moderne Nachfolger der einst mächtigen antiken Stadt Pergamon. Anders als Ephesos, das ganzjährig von Touristen überlaufen ist, präsentiert sich Pergamon als Stätte von ruhigem, klassischen Glanz. Wer hierher kommt, wird begeistert sein über den von Besuchermassen unbehelligten Zugang zum Asklepion, dem wichtigsten Heilzentrum des Römischen Reichs, und über die auf einem steilen Hügel thronende Akropolis.

Eine Siedlung gab es hier schon seit der Zeit des Trojanischen Krieges, aber seine Blüte erlebte Pergamon in der Zeit des Hellenismus zwischen Alexander dem Großen und dem Beginn der römischen Herrschaft über Kleinasien, als die Stadt Sitz eines der reichsten und mächtigsten Kleinkönigreiche im Nahen Osten war.

Geschichte

Pergamon verdankte seinen Reichtum Lysimachos, einem der Generäle Alexanders des Großen. Als dessen weit ausgedehntes Reich nach seinem Tod im Jahr 323 v. Chr. zerfiel, bemächtigte sich Lysimachos der Herrschaft über einen großen Teil der Ägäis. In den Schlachten um die Kriegsbeute eroberte er einen großen Schatz von wohl mehr als 9000 Goldtalenten, den er in der Obhut seines Statthalters Philetairos in Pergamon zurückließ, als er gegen Seleukos in die Entscheidungsschlacht über die Herrschaft in Kleinasien zog. Aber Lysimachos verlor die Schlacht und wurde 281 v. Chr. getötet, und Philetairos wurde zum Herrscher über Pergamon.

Auf den Eunuchen Philetairos folgte sein Neffe Eumenes I. (reg. 263–241 v. Chr.) und auf diesen dessen Adoptivsohn Attalos I. (reg. 241–197 v. Chr.). Letzterer erklärte sich zum König, vergrößerte sein Reich und schmiedete eine Allianz mit den Römern.

Unter der Herrschaft von Attalos' Sohn, Eumenes II. (reg. 197–159 v. Chr.), erreichte Pergamon seine höchste Blüte. Der reiche und mächtige König gründete eine Bibliothek, die es mit jener im ägyptischen Alexandria, dem größten Schatzhaus des Wissens in der Antike, aufnehmen konnte. Zu den Gebäuden, die bereits die Akropolis krönten, fügte er den Zeusaltar hinzu, baute die „mittlere Stadt" auf Terrassen in halber Höhe des Hügels und vergrößerte und verschönte das Asklepion. Natürlich hat vieles von dem, was die Könige Pergamons errichten ließen, dem Zahn der Zeit (und dem gierig-begeisterten Zugriff europäischer Museen) nicht standgehalten, doch die vorhandenen Ruinen sind allemal sehenswert, eindrucksvoll und spektakulär gelegen.

Eumenes' Bruder Attalos II. setzte die Herrschertradition würdig fort, aber unter seinem Sohn Attalos III., zeigten sich Auflösungstendenzen. Als Attalos III. 133 v. Chr. kinderlos starb, vermachte er sein Reich den Römern, und 129 v. Chr. wurde aus dem Königreich Pergamon die römische Provinz Asia.

Sehenswertes & Aktivitäten

Bergamas Sehenswürdigkeiten sind von Juni bis September täglich von 8.30 bis 18.30 Uhr und in der Nebensaison (mit

Akropolis

0 — 500 m

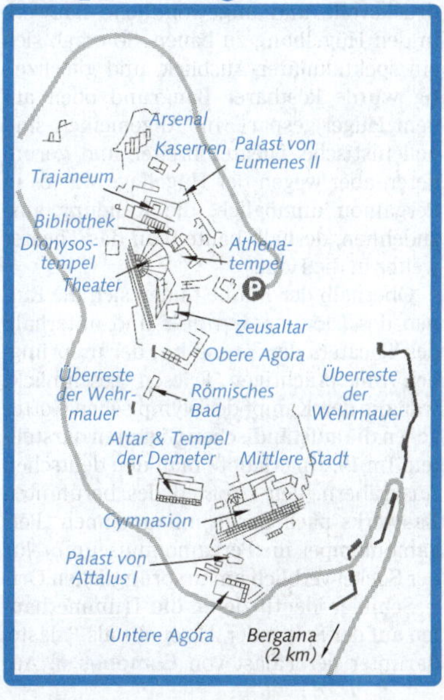

Ausnahme des montags geschlossenen Museums) von 8.30 bis 17.30 Uhr geöffnet. Von den vier Hauptsehenswürdigkeiten liegt nur das Museum im Zentrum. Die beiden wichtigsten archäologischen Stätten befinden sich auf steilen Hügeln mehrere Kilometer außerhalb der Stadt.

Akropolis RUINEN

(Akropol; Eintritt 20 ₺) Die Straße zur Akropolis windet sich 5 km von der Roten Halle hinauf bis zu einem Parkplatz (3 ₺) auf dem Hügel. In der Nähe gibt es einige Souvenir- und Erfrischungsstände. Eine Abkürzung verkürzt den Weg um einige Kilometer: Gegenüber der Roten Halle die Mahmut Şevket Paşa Sokak nehmen – die schmale Gasse zwischen dem Lebensmittelgeschäft Aklar Gıda und einem Teppichladen. Diese Straße führt hinauf zur Unteren Agora.

Recht verblasste und an manchen Stellen fast verschwundene blaue Punkte markieren eine Rundtour um die wichtigsten Gebäude. Dazu gehören die **Bibliothek** und die Marmorsäulen des **Trajaneums**, das in der Regierungszeit der Kaiser Trajan und Hadrian als Stätte des Kaiser- und des Zeuskults erbaut wurde. Es ist die einzige Ruine aus römischer Zeit auf der Akropolis; seine Fundamente dienten im Mittelalter als Zisternen.

Von dem Tempel gelangt man durch einen Tunnel hinab zum schwindelerregenden, 10 000 Plätze fassenden **Theater**. Seine Erbauer entschieden sich, das eindrucksvolle und ungewöhnliche Bauwerk in den Hügelhang zu bauen. So ergab sich ein spektakulärer Ausblick, und gleichzeitig wurde kostbarer Baugrund oben auf dem Hügel gespart. Im Allgemeinen sind hellenistische Theater breiter und gerundeter, aber wegen der Hügellage war es in Pergamon unmöglich, die Rundung auszudehnen, deshalb baute man das Theater weiter in die Höhe.

Oberhalb der Bühne finden sich die Ruinen des **Dionysostempels** und unterhalb des Theaters der **Zeusaltar**, der ursprünglich mit prächtigen Friesen geschmückt war, die den Kampf der olympischen Götter gegen die aufständischen Giganten darstellten. Im 19. Jh. erlaubte man den deutschen Ausgräbern, den Großteil des berühmten Bauwerks nach Berlin mitzunehmen (Pergamontempel im Pergamonmuseum). Nur der Sockel verblieb am ursprünglichen Ort.

Schilder identifizieren die Trümmerhaufen auf der Spitze der Akropolis als Paläste, darunter der Palast von **Eumenes II.** Außerdem sind auch Überreste der einst imposanten **Wehrmauern** zu sehen.

Um den Massen zu entkommen und einen guten Blick auf das Theater und das Trajaneum zu haben, kann man hinter dem Zeusaltar den Hügel hinuntergehen oder sich am Fuß der Stufen des Theaters nach links wenden und dem Schild zur *antik yol* (antiken Straße) folgen. Ruinen, darunter ein Gymnasion, breiten sich den Hügel hinunter bis zu einem Gebäude auf dem Gelände der **Mittleren Stadt** aus, das Teile eines Peristyls (Säulenhofs) und einige fantastische **Bodenmosaiken** schützt; sehenswert sind z. B. die grotesken Gesichter am hinteren Ende. Zu den Sehenswürdigkeiten hinter dem Gebäude gehört auch die **Untere Agora**, von der aus man von Ruine zu Ruine über die oben geschilderte Abkürzung in umgekehrter Richtung wieder zum Fuß des Hügels kommt.

Asklepieion RUINEN

(Asklepiostempel; Eintritt/Parkplatz 15/3 ₺) Das antike Kult- und Heilzentrum wurde von Archias begründet, einem Einwohner der Stadt, der zuvor im Asklepieion in Epidauros (Griechenland) Heilung erfahren hatte. Zu den Heilbehandlungen gehörten Schlammbäder, die Verabreichung von Kräutern und Salben, Sonnenbäder und Einläufe. Die Diagnose wurde oft aufgrund von Traumdeutungen vorgenommen.

Seine Blüte erlebte das Zentrum unter Galen (131–210 n. Chr.). Der vielleicht bedeutendste Arzt der Antike wurde in Pergamon geboren und hatte in Alexandria, Griechenland und Kleinasien studiert, ehe er sich in seiner Heimatstadt als Gladiatorenarzt niederließ. Mit seinen Forschungen erweiterte er die Kenntnisse über das Kreislauf- und Nervensystem und systematisierte in seinen Schriften das medizinische Wissen seiner Zeit. Unter seinem Einfluss wurde die medizinische Schule von Pergamon berühmt. Galens Werk bildete bis ins 16. Jh. die Grundlage der abendländischen Medizin.

Das Asklepieion liegt vom Zentrum 2 km den Hügel hinauf, zumindest in der Luftlinie, aber die Straße dorthin ist kurvenreich. Sie ist von der Cumhuriyet Caddesi gleich nördlich von der Touristeninformation und dem PTT-Büro ausgeschildert. Eine zweite Straße zum Asklepieion zweigt im Südwesten der Stadt bei der Böblingen Pension ab. Sie ist für Autofahrer gesperrt und für Fußgänger ist sie auch nicht zu empfehlen, weil sie durch einen großen Militärstützpunkt

Asklepieion

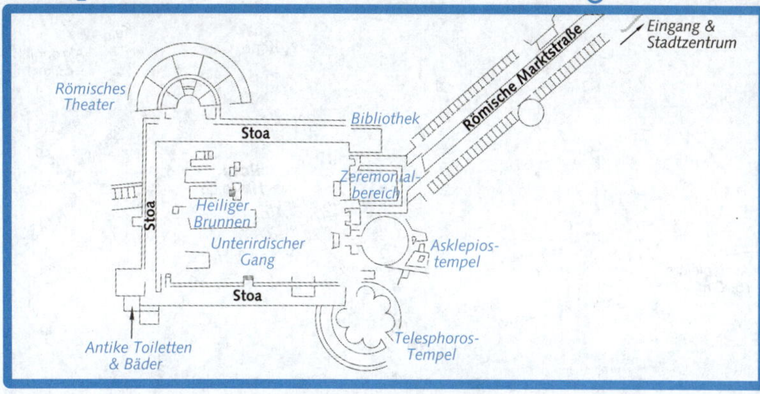

führt. Auf alle Fälle sollte man sie bei Einbruch der Dunkelheit verlassen haben und unterwegs auf ihr nicht fotografieren.

Eine römische, einst von Läden gesäumte **Marktstraße** führt vom Eingang hinein in das Heilzentrum. Dort erblickt man den Sockel einer Säule, deren Reliefs Schlangen zieren, das Symbol des Heilgottes Asklepios (Äskulap). So wie die Schlange ihre Haut abwirft und „neues Leben" gewinnt, genauso sollten die Kranken im Asklepieion ihre Krankheit „abwerfen". Schilder weisen auf den runden **Asklepios-Tempel**, auf die **Bibliothek** und, dahinter, auf das **römische Theater** hin.

Man kann einen Schluck aus dem **heiligen Brunnen** nehmen, auch wenn das Plastikrohr, aus dem das Wasser fließt, nicht gerade verlockend ist. Durch einen gewölbten unterirdischen Gang gelangt man von hier zum **Tempel des Telesphoros**, einem weiteren Gott der Heilkunst. In dem Tempel schliefen Patienten, die hofften, der Gott werde ihnen Heilung oder einen für die Diagnose wertvollen Traum schicken. Die Namen der beiden Töchter des Telesphoros, Hygeia and Panakeia, sind in die medizinische Terminologie eingegangen.

Beim Parkplatz des Asklepieions sind an Ständen Erfrischungsgetränke erhältlich, allerdings zu stolzen Preisen.

Rote Halle RUINEN

(Kızıl Avlu; Kınık Caddesi; Eintritt 5 ₺) Die basilikale Rote Halle war ursprünglich ein gigantischer, den ägyptischen Gottheiten Serapis, Isis und Harpokrates geweihter Tempel. Das im 2. Jh. n. Chr. errichtete Bauwerk wirkt immer noch imposant, wenn auch ziemlich mitgenommen. Beim Herumschlendern ist Vorsicht geboten, da mehrere Abschnitte der hohen Außenmauern der Basilika herabzustürzen drohen.

In seiner heidnischen Pracht muss der Ort ehrfurchtgebietend gewirkt haben; in der Offenbarung des Johannes ist Pergamon nicht nur eine der sieben Gemeinden in Asien, sondern wird ausdrücklich als Sitz Satans bezeichnet. In dem Podium in der Mitte erkennt man ein Loch: Hier konnte sich ein Priester verstecken und dann scheinbar durch den Mund der 10 m hohen Kultstatue sprechen. Das Gebäude war so groß, dass die Christen es nicht in seiner Gänze zu einer Kirche umgestalteten, sondern eine Basilika in es hineinbauten. Die am besten erhaltene südliche Rotunde wurde wahrscheinlich für religiöse und Kultrituale genutzt. Sie war früher mit Marmorplatten verkleidet, erhalten sind nur die roten Ziegelmauern.

Neben der nördliche Rotunde mit dem Glasdach sind auch die seltsamen roten, flachen Backsteinwände dieses großen, dachlosen Gebildes auf halber Strecke von der Straße zur Akropolis und zum Zentrum aus zu sehen. Man erreicht die Rote Halle bequem zu Fuß oder kann sein Taxi auf dem Weg von der/zur Akropolis hier kurz halten lassen.

Archäologisches Museum MUSEUM

(Arkeoloji Müzesi; ☎631 2884; Cumhuriyet Caddesi; Eintritt 5 ₺) Direkt im Zentrum prunkt das Archäologische Museum mit einer kleinen, aber bedeutenden Sammlung von Fundstücken, zu denen u. a. griechische, römische und byzantinische Grabsteine, Büsten und Pfeiler gehören. Am interessantesten ist die Sammlung von Statuen aus dem

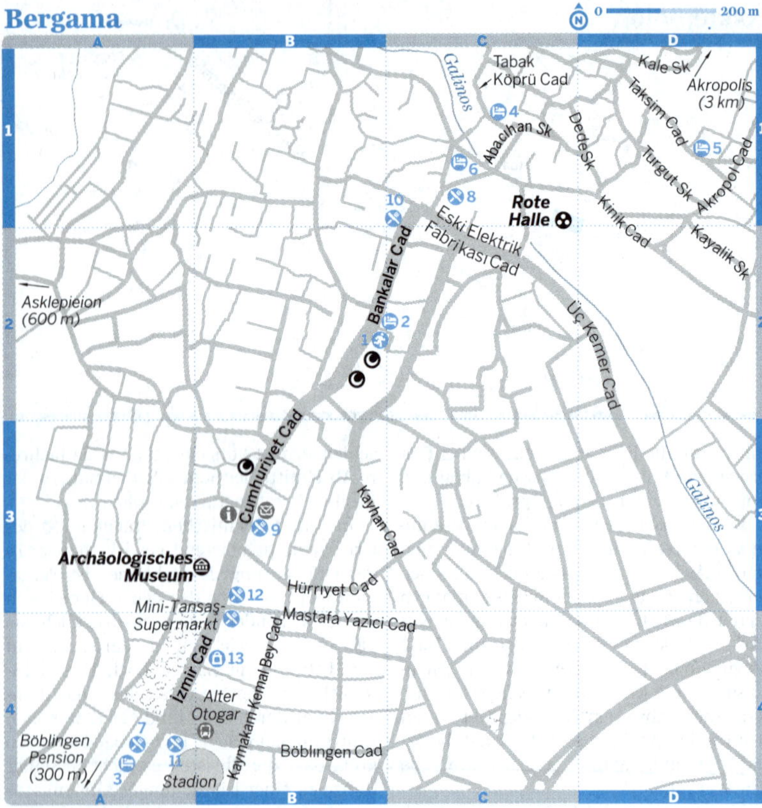

Bergama

Highlights

Archäologisches Museum ... B3
Rote Halle ... C1

Aktivitäten, Kurse & Touren

1 Hacı Hekim Hamamı ... B2

Schlafen

2 Citi Hostel ... C2
3 Gobi Pension ... A4
4 Hera Boutique Hotel ... C1
5 Les Pergamon ... D1
6 Odyssey Guesthouse ... C1

Essen

Bergama Sofrası ... (siehe 2)
7 Kervan ... A4
8 Paksoy Pide ... C1
9 Sağlam Restaurant ... B3
10 Sarmaşik Lokantası ... C1
11 Simge Pastanesi ve Simit Dünyasi ... A4
12 Zıkkım ... B3

Shoppen

13 Yanikoğlu-Supermarkt ... B4

3. Jh. v. Chr., die von Bildhauern geschaffen wurden, die dem sogenannten „Pergamenischen Barock" angehörten. Sie brachen mit der klassisch-stilisierten Darstellungsweise früherer Generationen und stellten die Götter erstmals als empfindende Menschen dar.

Zu den weiteren Fundstücken aus der Gegend gehört auch eine zerborstene römische Tafel mit den Gesetzen der Stadt, die man auf der Unteren Agora der Akropolis fand.

Anschauen sollte man sich auch die maßstabsgetreue Replik des Zeusaltars (das

Original befindet sich im Berliner Pergamonmuseum) sowie in der Haupthalle die Funde aus dem nahen, kürzlich durch ein Staudammprojekt überfluteten Allianoi. Die volkskundliche Ausstellung konzentriert sich mit Dioramen, die Volkstänze und Teppichweber zeigen, auf das Kunsthandwerk und die Gebräuche der osmanischen Zeit.

Hacı Hekim Hamamı HAMAM
(Cumhuriyet Caddesi; ⌚6–23 Uhr) Das komplette Programm in dem aus dem 16. Jh. stammenden Hamam kostet 40 ₺.

Schlafen

Die besten Unterkünfte befinden sich in der Altstadt am nördlichen Ende der Cumhuriyet Caddesi.

LP TIPP **Hera Boutique Hotel** BOUTIQUEHOTEL €€€
(☎631 0634; www.hotelhera.com; Tabrak Körpü Caddesi 21; DZ ab 200 ₺; P❄📶) Zwei 200 Jahre alte griechische Häuser wurden zu Bergamas neuester und elegantester Unterkunft umgebaut. Die zehn, nach Gottheiten aus der griechischen Mythologie benannten Zimmer zieren Holzdecken, Parkettböden und Sammlerstücke, die das gebildete Eigentümerpaar selber ausgesucht hat. Das „Zeus" ist mit seinen zwei Balkonen richtig schön, das „Nike", im zweiten Gebäude, kommt gerade mal so hin. Die Frühstückstafel ist sehr zu empfehlen.

Odyssey Guesthouse PENSION €
(☎631 3501; www.odysseyguesthouse.com; Abacıhan Sokak 13; B 20 ₺, EZ/DZ ab 45/50 ₺, EZ/DZ ohne Bad ab 35/45TL) Das großzügige alte Haus ist immer noch eine gute Wahl, zumal man von der Terrasse oben einen tollen Blick auf die Rote Halle hat. Im Hauptgebäude gibt's ein paar einfache Doppelzimmer mit ausgezeichneten Duschen. Selbstversorger freuen sich über die kleine Einbauküche und den separaten Schlafbereich. Es gibt einen Büchertausch und in jedem Zimmer ein Exemplar von Homers *Odyssee*.

Citi Hostel HOSTEL €
(☎830 0668; Bankalar Caddesi 10; B/EZ/DZ 30/35/60 ₺; ❄📶) Neben dem Hamam betreibt der freundliche und unverwüstliche İmdat (was „Hilfe" bedeutet), ein türkischer Australier mit Jahrzehnten Erfahrung als Traveller, dieses tolle neue Hostel alter Schule. Die einfachen, makellosen Zimmer verteilen sich auf zwei Etagen um einen großen Hof mit Kunstrasen, orangefarbenen Möbeln und zwei großen Bäumen.

> **PERGAMON-SEILBAHN**
>
> Um mehr Zeit zum Erkunden der Ruinen zu haben und den steilen Anstieg nicht zu Fuß bewältigen zu müssen, empfiehlt es sich, die **Seilbahn** (einfache Strecke 4 ₺) hinauf zur Akropolis zu nehmen. Auf dem Rückmarsch zu Fuß sollte man den Weg über das oft übersehene **Gymnasion** nehmen.

Les Pergamon BOUTIQUEHOTEL €€€
(☎632 3935; www.lespergamon.com; Taksim Caddesi 35; DZ ab 200 ₺; P❄📶) Das Steingebäude war früher eine griechische Schule und beherbergt jetzt ein vor kurzem eröffnetes Boutiquehotel. Die Zimmer haben hohe Decken, Holzböden und schwarzweiß gemusterte Teppiche und Bettdecken. Einige Badezimmer sind aus Naturstein. Das „King Zeus" ist etwas prächtiger. Auch wer hier nicht wohnt, sollte sich ein Essen im Gartenrestaurant gönnen.

Gobi Pension PENSION €
(☎633 2518; www.gobipension.com; İzmir Caddesi 18; EZ/DZ 40/65 ₺, EZ/DZ ohne Bad 25/45 ₺; ❄@) Das sehr beliebte, familiengeführte Haus hat 12 helle Zimmer von unterschiedlicher Qualität. Die nach vorn gelegenen Zimmer haben Doppelverglasung gegen den Verkehrslärm, die nach hinten hinaus blicken auf einen Garten; einige haben Balkone. Mit einer Küche, einem Wäschedienst und Hilfe durch den englisch sprechenden Mustafa ist die Pension gut auf Traveller eingestellt.

Essen

LP TIPP **Kervan** TÜRKISCH €€
(☎633 2632; İzmir Caddesi; Hauptgerichte 12 ₺; ❄) Das Kervan ist bei Einheimischen wegen seiner Außenterrasse und des sehr guten Essens beliebt. Auf der Karte steht eine reiche Auswahl an Kebab, Pide und *çorba* (Suppe). Zum Nachtisch gibt's *künefe* (in Sirup getränkter Teig, gefüllt mit Käse und Pistazien). Das Restaurant ist preiswert, aber die Preise sind nicht angegeben.

Bergama Ticaret Odası Sosyal Tesisleri RESTAURANT €€
(☎632 9641; Ulucamii Mahallesi; Hauptgerichte 15 ₺; ⌚9–24 Uhr) Das von der Stadtverwaltung geführte Lokal ist das beste Restaurant, das auch Alkohol serviert. Auf der Außenterrasse und in dem an eine Schulcafeteria erinnernden Innenraum gibt es or-

dentliches Essen und einen Panoramablick. Das Lokal liegt in einem Park 300 m den Hügel hinauf hinter der Hauptstraße. In dem Gebiet sollte man nachts nicht zu Fuß unterwegs sein.

Sağlam Restaurant RESTAURANT €€
(☎667 2003; Yeni Otogat Yanı; Hauptgerichte 12 ₺; ⌚11.30–15 & 18–24 Uhr) Das beliebte Restaurant ist aus dem Zentrum zur Opet-Tankstelle am *otogar* umgezogen. Aber trotz der Nähe zu den Zapfsäulen bietet es ein nettes Ambiente und ein schier unbegrenztes Büffet. Auch Bier, *meze*, Pide und Kebab sind hier zu haben.

Simge Pastanesi ve Simit Dünyasi BÄCKEREI €
(İzmir Caddesi; Baklava & Eiscreme 4 ₺; ⌚24 Std.) Zusammen mit dem benachbarten und von derselben Familie geführten Simgecan Pastanesi gilt dieser Laden als die beste Patisserie der Stadt.

Paksoy Pide PIDE €
(İslamsaray Mahallesi; Pide 3,50–5,50 ₺) Das winzige Paksoy ist sauber und hat einheimische Stammgäste. Man kann zuschauen, wie der Koch die typischen Pide-Varianten vor dem Ofen rollt und wendet.

Sarmaşik Lokantası TÜRKISCH €
(☎632 2741; Istiklal Meydani 6; Hauptgerichte 8 ₺) Eines der verlässlicheren Restaurants an der Hauptstraße mit einem großen Umsatz an Aufläufen, Suppen und Reisgerichten.

Zıkkım CAFÉ €
(Cumhuriyet Caddesi; Hauptgerichte 5–9 ₺; ⌚10.30–1 Uhr) Mit seinem schattigen Garten gleich abseits der Hauptstraße ist das Zıkkım ein willkommener Zwischenstopp im Zentrum, wo man preiswerte *köfte* und Salate (Salat mit weißen Bohnen 4 ₺) bekommt.

Bergama Sofrası TÜRKISCH €
(☎631 5131; Bankalar Caddesi 44) Man sitzt draußen neben dem Hamam oder drinnen im hell erleuchteten Imbiss-Ambiente mit klaren Flächen und offener Küche. Die würzigen *köfte* (8 ₺) sind die Spezialität des Hauses. Am besten kommt man mittags, wenn die Speisen noch frisch sind.

Markt MARKT
(⌚8–18 Uhr) In Bergama gibt es montags einen munteren Markt, der sich vom alten *otogar* bis hinter die Rote Halle erstreckt. Hier bekommt man wunderbar frisches Obst und Gemüse. Imbissproviant kauft man am besten in der Böblingen Caddesi und im Gebiet um den alten Busbahnhof. Auch Käse, Oliven, frisches Brot und Trockenfrüchte sind erhältlich.

Yanikoğlu SUPERMARKT
(İzmir Caddesi; ⌚8–24 Uhr) In dem Supermarkt bekommt man alles Wesentliche.

Praktische Informationen

Das moderne Bergama erstreckt sich beiderseits einer langen Hauptstraße, an der man fast alles findet, was man braucht, darunter Hotels, Restaurants, Banken, die PTT-Filiale und das Museum.

Touristeninformation (☎631 2851; İzmir Caddesi 54; ⌚8.30–12 & 13–17.30 Uhr) Das Büro nördlich vom Museum bietet nützliche Infos, zum Beispiel die Fahrpläne von Bussen und Kleinbussen.

An- & Weiterreise

Bus

Bergamas *yeni* (neuer) *otogar* liegt 7 km außerhalb des Zentrums an der Kreuzung der Autobahn İzmir–Çanakkale mit der in die Stadt führenden Hauptstraße. Zwischen 6 und 19 Uhr pendelt ein kostenloser *servis* zwischen ihm und dem *eski* (alten) *otogar* im Stadtzentrum. Wer zu anderen Zeiten ankommt, wird ins Zentrum ein Taxi (rund 25 ₺) nehmen müssen. Einige Busse aus Çanakkale setzen ihre Fahrgäste an der Kreuzung in der Nähe des *otogar* ab, sodass man bis zu diesem laufen muss, um den *servis* zu nehmen. Busse fahren u. a. nach:

AYVALIK 8 ₺, 1¼ Std., 60 km, stündl.

İSTANBUL (über Bursa) 50 ₺, 11 Std., 250 km, jede Nacht, in der Hauptsaison zusätzlich morgens

İZMIR 10 ₺, 2 Std., 110 km, alle 45 Min.

Dolmuş

Am frühen Morgen und am Abend fahren vom alten *otogar* halbstündlich Dolmuşlar nach Ayvalık und Çandarlı; in den Stunden dazwischen fahren sie vom neuen *otogar*.

Unterwegs vor Ort

Bergamas Sehenswürdigkeiten sind so weit verstreut, dass es schwierig ist, sie alle an nur einem Tag zu Fuß abzuklappern. Die Rote Halle ist mehr als 1 km von der Touristeninformation entfernt, das Asklepieion 2 km und die Akropolis mehr als 5 km.

BUS Zwischen 6 und 19 Uhr fahren halbstündlich Busse vom alten *otogar* durch die Stadt zum Marktgebiet (2 ₺), wo sie 200 m hinter der Roten Halle am Fuß der Straße hinauf zur Akropolis halten.

TAXI Eine bequeme Möglichkeit ist das Buchen einer „Stadtrundfahrt". Eine solche Fahrt vom Zentrum zum Asklepion, zur Roten Halle und zur Akropolis mit 30 Minuten Aufenthalt an den beiden ersten und einer Stunde Aufenthalt an der letzten Sehenswürdigkeit sollte rund 50 ₺ kosten. Taxis warten rund um einige Moscheen und an beiden *otogarlar* auf Fahrgäste. Einfache Fahrten vom Taxistand nahe dem Köy Evi kosten zum Asklepion rund 8 ₺ und zur Akropolis 15 ₺.

Çandarlı

☎0232

Der kleine und ruhige Ferienort Çandarlı (das antike Pitane) liegt auf einer in das Ägäische Meer vorspringenden Halbinsel 33 km südwestlich von Bergama. Das bestimmende Gebäude ist eine kleine, aber stattliche restaurierte **genuesische Festung** (Eintritt frei; ⌚Juli & Aug. 24 Std.) aus dem 14. Jh. Außerdem gibt es hier auch noch einen schöneren Sandstrand als in manchen Nachbarorten.

Im Hochsommer sind die meisten Pensionen von türkischen Urlaubern belegt. Von Ende Oktober bis April/Mai ist der Ort nahezu ausgestorben.

Läden, Internetcafés und eine PTT-Filiale finden sich im Zentrum, 200 m hinter der Uferpromenade. Die Festung, die Pensionen und Restaurants stehen am Ufer. Freitags gibt es einen Markt.

Schlafen

Die meisten Hotels und Pensionen liegen westlich der Festung vor einem schmalen Streifen grobkörnigen Sands.

Otel Samyeli HOTEL €€
(☎673 3428; www.otelsamyeli.com; EZ/DZ/3BZ 45/90/130 ₺; ❄) Direkt am Ufer bietet das Hotel schlichte, makellose und angenehme Zimmer (Nummer 11, ein Dreibettzimmer, hat ein Sofa und Meerblick) sowie ein Fischrestaurant am Meer (Hauptgerichte 15 ₺). Im Voraus reservieren (im Sommer mindestens eine Woche).

Emirgan Beach Hotel HOTEL €
(☎673 2500; www.otelsamyeli.com; Sahil Plaj Caddesi; EZ/DZ 50/80 ₺; ❄) Das von den gleichen Eigentümern wie das Otel Samyeli betriebene Emirgan liegt 150 m weiter westlich direkt am Strand. Es ist älter als das Samyeli, bietet dafür aber mit seinen langen weißen Balkonen, die zu den ruhigen Zimmern führen, das schönere Ambiente.

KALEM ADASI

Nur 450 m vom Ufer entfernt liegt nahe dem Dorf Bademli 18 km nordwestlich von Çandarlı Kalem Adası, eine kleine, aber wunderschöne Insel. Man kann zu ihr schwimmen, ansonsten bleibt die Möglichkeit, sich von örtlichen Fischern übersetzen zu lassen.

Es gibt ein überteuertes **Resort** (www.olivieraresort.com), das **Bootsausflüge** veranstaltet, aber wir empfehlen, lieber einen Tagesausflug zu machen. Einige Traveller behaupten, man könne auf der dem Meer zugewandten Seite wild zelten, aber man sollte sich vorsichtig verhalten, denn große Teile der Insel sind Privatbesitz.

Essen & Ausgehen

Mit frischem Obst kann man sich gut auf dem täglichen *çarşı* (Markt) im Schatten der Stadtmoschee eindecken. Außerdem gibt's einen Tanşas-Supermarkt und Eisstände am Ufer östlich der Festung.

Köşem Lokantası TÜRKISCH €
(☎673 2132; PTT Sokak 3; Hauptgerichte 4–9 ₺; ⌚10–22 Uhr) Das beliebte Mittagslokal serviert viele Gerichte, darunter Pide, *köfte*, İskender Kebab und Tagesgerichte. Es liegt 200 m hinter dem Otel Samyeli auf der linken Seite, vom Park aus über der Hauptstraße.

Deniz Restaurant SEAFOOD €€
(☎673 3124; Sahil Plaj Caddesi; Hauptgerichte 12 ₺; ⌚11–23 Uhr) Das freundliche Restaurant „Meer" bietet ein gutes Preis-Leistungs-Verhältnis und Tische direkt am Ufer. Zu essen gibt's die üblichen *meze* sowie Fisch-. und Fleischgerichte.

An- & Weiterreise

Zahlreiche Busse verkehren zwischen Çandarlı und İzmir (12 ₺, 1½ Std.) über Dikili (3 ₺, 15 Min.). Mindestens sechs Dolmuşlar fahren täglich von/nach Bergama (4 ₺, 30 Min.).

Yenifoça

☎0232 / 3470 EW.

Der kleine Ferienort liegt rund um einen Hafen. Er bietet einen grobkörnigen Sandstrand und viele verfallene osmanische Villen und alte griechische Steinhäuser. Neben den alten Schmuckstücken besitzt Yenifoça, das schon längst von Menschen auf der Jagd nach Ferienwohnungen entdeckt wurde, aber auch eine ganze Menge moderner Monstrositäten. Abgeschiedenere Strände liegen im Süden Richtung Foça (Eski Foça).

Das beste Hotel vor Ort ist das **Griffon Boutique Hotel** (☎814 77 77; www.griffonbutikotel.com; Fabrika Sokak 2; EZ/DZ 120/200 ₺), das in einer ehemaligen Olivenmühle residiert und von klugen Frauen geführt wird. Eine Kopfsteingasse liegt zwischen den zwei Flügeln, in denen sich in den Sommermonaten die Gäste drängen. Die Zimmer sind mit Möbeln aus den 1930er-Jahren ausstaffiert; das hiesige Restaurant ist ausgezeichnet.

In einem schönen, einstöckigen Steingebäude serviert das **Kıvanç Café & Restaurant** (☎814 7857; Sahil Caddesi 67; Hauptgerichte 10 ₺) eine gute Auswahl an Fisch- und Fleischgerichten, darunter (empfehlenswertes) *şiş kebabı* mit Hähnchenfleisch, Pizzen und Pide. Man sitzt auf einer überdachten Terrasse oder unter einem breiten Palmbaum am Strand.

Im Ort gibt es eine PTT-Filiale, ein Internetcafé und Geldautomaten. Halbstündlich fahren Busse nach İzmir (10 ₺, 1¾ Std.) und alle drei Stunden nach Foça (4 ₺). Ein Taxi nach Foça kostet rund 40 ₺.

Foça

☎0232 / 28 629 EW.

Der manchmal zur Unterscheidung von Yenifoça, dem jüngeren Nachbarn auf der anderen Seite des Hügels, Eski Foça (Alt-Foça) genannte glückliche Ferienort liegt an zwei Buchten, dem Büyük Deniz („Großes Meer") und dem malerischen Küçük Deniz („Kleines Meer"). Seine griechischen Häuser aus osmanischer Zeit gehören zu den schönsten an der Ägäisküste; sie blicken auf eine Bilderbuch-Esplanade, wo Kinder angeln und Paare im Schatten der Festung Beskipılar von ihren Unterkünften aus in die Restaurants schlendern.

Foça steht auf der Stätte des antiken Phokaia, das seinen Namen den Mönchsrobben verdankte, die sich an den Sirenenfelsen vor der Küste sonnten. Gegründet wurde die Stadt vor 600 v. Chr. Ihr goldenes Zeitalter erlebte sie im 5. Jh. v. Chr., als ihre Seeleute mit schnellen, von 50 Ruderern angetriebenen Schiffen die Ägäis, das Mittelmeer und das Schwarze Meer befuhren. Die Einwohner Phokaias waren auch eifrige Kolonisten, die Samsun am Schwarzen Meer und weitere Städte in Italien, auf Korsika, in Frankreich und Spanien gründeten.

In osmanischer Zeit war Foça eine griechische Fischer- und Handelsstadt. Heute ist es ein florierender Urlaubsort für die Mittelklasse mit Ferienhäusern am Stadtrand und einem schmalen, staubigen Strand mit ein paar Badestegen. Abgeschiedenere Strände liegen nördlich des Ortes in Richtung Yenifoça.

Der *otogar* befindet sich fast am Rand des Büyük Deniz. Wendet man sich von hier nach Norden, das Büyük Deniz mit seinen Ausflugsbooten zur Linken, gelangt man durch das Zentrum zum Küçük Deniz. Man passiert die Touristeninformation, die PTT-Filiale und diverse Banken, ehe man nach rund 350 m den Hafen erreicht. Die Pensionen liegen weiter nördlich an der Ostseite (rechts) des Küçük Deniz.

Sehenswertes & Aktivitäten

Ruinen des antiken Phokaia RUINEN

GRATIS Wenig ist von der antiken ionischen Stadt erhalten: die Fundamente eines Theaters, die Überreste eines Aquädukts in der Nähe des *otogar*, ein *anıt mezarı* (Monumentalgrab), 7 km östlich der Stadt links an der Straße zur Autobahn nach İzmir gelegen, und Spuren zweier Schreine für die Göttin Kybele.

Athena-Tempel RUINEN

In den letzten Jahren haben die Bewohner der Stadt oberhalb des unter freiem Himmel gelegenen Kybele-Heiligtums eine spannende Entdeckung gemacht: den Athena-Tempel. Gefunden wurden u. a. ein schöner Greif und ein Pferdekopf, die aus dem 5. Jh. v. Chr. stammen sollen. In jedem Sommer finden hier weitere Ausgrabungen statt. Inzwischen sollte die Grabungsstätte auch Besuchern zugänglich sein.

Beşkapılar FESTUNG

(„Fünf Tore") Geht man vom Freiluft-Heiligtum der Kybele weiter, erreicht man die Stadtmauern und die teilweise wieder aufgebaute Festung Beşkapılar. Der Wehrbau wurde von den Byzantinern errichtet, von den Genuesern und 1538/1539 von den Osmanen instandgesetzt und seither vielfach restauriert.

Dışkale FESTUNG

(Äußere Festung) Das aus dem 17. Jh. stammende Bauwerk schützte die Ausläufer der Stadt im Südwesten. Am besten sieht man die Festung, die sich in einem militärischen

Sperrgebiet befindet, (bei einer Bootstour) vom Wasser aus.

Bootstouren BOOTSTOUR

Zwischen Ende April und Anfang Oktober legen täglich um 11 Uhr Boote vom Ufer des Küçük Deniz und des Büyük Deniz zu Tagesausflügen zu den vorgelagerten Inseln ab, bei denen diversen Badepausen eingelegt werden. Die Boote kehren gegen 18.30 Uhr zurück. Die meisten dieser Touren führen zu den Sirenenfelsen und kosten in der Regel 30 ₺ einschließlich Mittagessen und Teepause. Einer der besseren Anbieter ist **Valinor: Lord of the Boats** (☎798 6317; info@valinortour.com; Büyük Deniz).

Belediye Hamamı HAMAM

(☎812 1959; 115 Sokak 22; ⏰8–24 Uhr) Die Anwendungen in diesem touristenfreundlichen Hamam kosten 15 bis 30 ₺.

Schlafen

Viele der Unterkünfte, vor allem die, die nur im Sommer Gäste aufnehmen, sind recht schäbig. In letzter Zeit sind aber auch ein paar nettere Alternativen hinzugekommen.

Campingplätze gibt's an der Küste nördlich von Foça.

LP TIPP **Lola 38 Hotel** HOTEL €€€

(☎812 3809; www.lola38hotel.com; Reha Midilli 140; DZ 180–350 ₺) Wer auf Puppen steht, eine Neigung für Marie Antoinette hat oder schon immer mal in einer Hochzeitstorte wohnen wollte, ist in diesem neuen Hotel richtig. Das nette, umgebaute griechische Steinhaus am ruhigen Ende einer kleineren Bucht setzt ganz auf Übertreibung und Feenschimmer als Gestaltungsprinzipien. Das ist lustig, sehr schick und höchst komfortabel – eine Alternative für Hardcore-Flitterwöchner und alle, die eintönige Hotelzimmer scheußlich finden.

Bülbül Yuvası Hotel BOUTIQUEHOTEL €€€

(☎812 5152; www.bulbulyuvasi.com.tr; 121 Sokak 20; Zi. 250–400 ₺; P ❄ 📶) Im verschlafenen, kleinen Foça ist das „Nachtigallennest" ein Designertraum. Die sieben Zimmer sind schön eingerichtet und haben schwere Vorhänge und Holzböden. Die Zimmer Caria und Veria sind für den Preis etwas klein, durch den Ausblick aufs Meer sind die zwei Alalia-Zimmer um eine Kategorie besser. Das Hotel liegt in einer Sackgasse, daher ist es schön ruhig.

Siren Pansiyon PENSION €

(☎812 2660; www.sirenpansiyon.com; 161 Sokak 13; EZ/DZ 40/80 ₺) Die bei deutschen und britischen Travellern beliebte Pension erhielt zum Zeitpunkt der Recherche gerade eine fällige Renovierung. Die Lage abseits der Promenade ist toll, und Stammgäste rühmen Remzis Gastfreundschaft und das Frühstück auf der Dachterrasse.

İyon Pansiyon PENSION €€

(☎812 1415; www.iyonpansion.com; 198 Sokak 8; EZ/DZ 60/100 ₺) Das İyon ist eine großartige Option für unabhängige Traveller. Die

FOÇAS MÖNCHSROBBEN

Die Inseln vor der Küste Foças gehören zu den letzten Lebensräumen der gefährdeten Mittelmeer-Mönchsrobbe, die früher in der ganzen Region verbreitet war. Da es weltweit nur noch weniger als 400 Tiere gibt, sollte man nicht erwarten, eine zu Gesicht zu bekommen. Glücklicherweise bilden große Teile der Gebiete vor Foça heute eine Schutzzone, die 2007 noch erweitert wurde. Wer weitere Infos zur Mittelmeer-Mönchsrobbe bekommen möchte, kann sich an **SAD-AFAG** (Unterwasserforschungsgesellschaft – Forschungsgruppe Mittelmeer-Mönchsrobben; ☎0312 443 0581; www.sadafag.org) wenden. Die NGO mit Hauptsitz in Ankara leitet Schutzprojekte an der Küste.

Die Angewohnheit der Robben, sich auf Felsen zu sonnen und dabei klagende Schreie auszustoßen, soll die Anregung für die Legende von den Sirenen geliefert haben, von denen Homers *Odyssee* erzählt.

Laut der Legende waren die Sirenen Mischwesen, halb Vogel, halb Frau, die auf Felsklippen lebten. Mit ihrem wundervollen, unwiderstehlichen Gesang lockten sie Seefahrer an ihre Klippen, wo die Schiffe zerschellten und die Seeleute umkamen. Odysseus entkam ihren Verlockungen nur, weil er seinen Gefährten die Ohren verstopfte und sich an den Mast binden ließ.

Passenderweise ist einer der Orte, an dem die Robben sich gern sonnen, der Siren Kayalıkları (Sirenenfelsen) auf der Insel Orak gleich vor der Küste von Foça. Die Mönchsrobben sind aber keine Bedrohung, sondern selber vom Aussterben bedroht.

Stimmung auf den beiden Terrassen ist zurückhaltend, aber freundlich. Die Zimmer sind einfach, wurden aber kürzlich renoviert; die unten öffnen sich zu einem gemeinschaftlich genutzten Hof. Ein Zimmer im Obergeschoss sowie der Rezeptions-/Frühstücksbereich bieten Meerblick.

Essen

Foças Gastronomie legt das Schwergewicht auf türkische Fischgerichte. Alles für ein Picknick bekommt man dienstags auf dem netten Markt, zudem gibt's diverse Lebensmittelläden.

LP TIPP **Fokai Restaurant** RESTAURANT €€
(☎812 2186; 121 Sokak 8; Hauptgerichte 8–20 ₺; ⏲10–24 Uhr) Das Restaurant mit Blick auf das Büyük Deniz ist das verlässlichste in der Stadt. Die Atmosphäre ist unaufdringlich, und der Service freundlich. Im Sommer füllen Türken und ausländische Gäste die Terrasse und laben sich an leckerer, frischer *meze*, z. B. *pancar* (Rote Beete) und Brokkoli, erstklassigem gegrilltem Fisch, Aufläufen und recht guter Pizza.

Çarşı Lokantası TÜRKISCH €€
(☎812 2377; Küçük Deniz Caddesi 18; Hauptgerichte 8–18 ₺) Diese *lokanta* ist vor Ort die beste Option für ein Mittagessen. Ein gemischter Teller (mit Fleisch) enthält in der Regel *köfte*, Geschmortes, *kalamar* und ein halbes Dutzend Gemüse und Sättigungsbeilagen, die der freundliche Mesut mit Kräutern und Gewürzen bestreut. Man wird es nicht bereuen, sich zum Nachtisch einen Pudding mit Eiscreme zu gönnen.

Letafet TÜRKISCH €€
(☎812 1191; 197 Sokak 3; Hauptgerichte 15–30 ₺) Das neue Restaurant versteckt sich hinter einer weißen Wand in der Altstadt, ist aber anhand der lauten Musik und dem Gewirr der Stimmen und klappernden Bestecke leicht auszumachen. Geboten wird klassische türkische Küche zu vernünftigen Preisen.

Harika Köfte Evi KÖFTE €
(☎812 5409; Belediye Karşısı; Hauptgerichte 8 ₺) Das „Haus der wunderbaren Köfte" bietet außer vier *köfte*-Arten – angeblich die besten in der Stadt – auch *corba* und *tavuk şiş kebabı* (Hähnchen-Grillspieße).

Ülker Pastanesi BÄCKEREI €
(☎814 7119; Nayap Dinçer Caddesi 25; Gebäck ab 2 ₺) Die schicke Patisserie an einer charmanten Ecke ist ideal, um sich vor dem Aufbruch zu einer Fahrt oder an den Strand mit Kuchen und Keksen einzudecken.

Ausgehen

Keyif BAR, CAFÉ
(Sahil Caddesi 42a; Bier 7 ₺) Für Foça ist das Keyif geradezu flippig: Es hat eine Discokugel. Drinnen gibt's westliche Musik und türkische Livemusik; gelegentlich wird sogar getanzt.

Praktische Informationen

Fokai 2 Internet Café (194 Sokak; 1,50 ₺/Std.; ⏲8.30–24 Uhr) Gleich neben dem Hauptplatz.

Touristeninformation (☎812 1222; Fax 812 1222; Cumhuriyet Meydanı; ⏲Juni–Sept. Mo–Fr 8.30–12 & 13–17.30, Sa 10–19 Uhr) Sehr hilfreich, hat viele Broschüren.

Anreise & Unterwegs vor Ort

Auto

Wer ein paar Tage in der Gegend bleibt, kann bei **MNB Oto Kiralama** (☎812 1987; www.mnbrentacar.com; 123 Sokak 6; 85 ₺/Tag) hinter der Polizeiwache am Büyük Deniz ein Auto mieten.

Bus

BERGAMA Nach Bergama einen Bus Richtung Menemen/İzmir nehmen, an der Autobahn aussteigen und jeden beliebigen Bus Richtung Norden heranwinken.

İZMİR & MENEMEN Von 6.30 bis 21.15 Uhr (im Sommer bis 23 Uhr) fahren halbstündlich Busse nach İzmir (8 ₺, 1½ Std., 86 km) über Menemen (Anschluss nach Manisa).

YENİ FOÇA Täglich fahren drei bis fünf städtische Busse von/nach Yenifoça (4 ₺, 30 Min., 22 km); der Fahrplan hängt im *otogar* aus. Diese Busse kommen an den hübschen kleinen Buchten, Stränden und Campingplätzen nördlich von Foça vorbei.

İzmir

☎0232 / 2,8 MIO. EW.

Die Hafenstadt İzmir ist die drittgrößte Stadt der Türkei, seit langem ein selbstbewusst liberales Zentrum des Handels und ein schlaues Standquartier, wenn man den Westen des Landes kennenlernen will. İzmir, das früher die berühmte griechische Stadt Smyrna war, ist so fesselnd und lebendig wie jede große Hafenstadt. Den Mittelpunkt des Treibens bildet der *kordon* (Uferpromenade), vor allem rund um das grüne Alsancak.

Durch sein levantinisches und jüdisches Erbe unterscheidet sich İzmir stolz vom

Rest des Landes, weshalb manche Türken die Stadt immer noch mit Misstrauen betrachten. Natürlich flattern auch hier jede Menge türkischer Fahnen zwischen den Palmen, aber İzmir hat ein liberales, entspanntes Flair. Wenn während des Ramazan (Ramadan) in İstanbul und anderswo manche Bars geschlossen bleiben, herrscht in den vielen Kneipen am milden *kordon* der übliche Geschäftsbetrieb.

İzmir entwickelt zudem einen Ruf für progressive Kultur- und Gemeindeprojekte. Das avantgardistische Internationale Kunstfestival im Juni ist ein Großereignis, und eine Reihe verfallener Industriebauten sind zu kreativen Gemeindezentren geworden.

Geschichte

İzmir hieß früher Smyrna; die Stadt wurde von griechischen Kolonisten irgendwann zu Beginn des 1. Jahrtausends v. Chr. gegründet. In den nächsten tausend Jahren verlief die Geschichte wechselhaft: Die Stadt wurde von den Lydern zerstört, von den Diadochen neu gegründet, dann Mitglied des Ionischen Bundes und schließlich Teil des Römischen Reiches. Im 2. Jh. n. Chr. war sie, neben Ephesos und Pergamon, zu einer der drei wichtigsten Städte in der Provinz Asia geworden. In der byzantinischen Zeit verlor Smyrna an Bedeutung, weil sich der Schwerpunkt nach Norden, in die neue Hauptstadt Konstantinopel verlagerte. Nachdem die Osmanen die Stadt 1415 unter ihre Herrschaft gebracht hatten, wurde sie schnell zu dem aufstrebendsten Handelszentrum der Türkei.

Nach dem Zusammenbruch des Osmanischen Reichs am Ende des Ersten Weltkriegs wurde die Stadt von griechischen Truppen besetzt. Bei den erbitterten Kämpfen und gegenseitigen Massakern kam es auch zu einem großen Brand, bei dem ein Großteil der Altstadt zerstört wurde. Der Tag, an dem Atatürk Smyrna zurückeroberte (9. Sept. 1922), markierte den Sieg im Türkischen Befreiungskrieg; er ist heute der höchste örtliche Feiertag. Ein ziemlich kopflastiges Denkmal am Ufer erinnert an die Ereignisse von 1922.

Sehenswertes

Kordon & Alsancak — UFERPROMENADE, STADTVIERTEL

Ohne sein Wahrzeichen, den Boulevard, kann man sich das Leben in İzmir kaum vorstellen. Die neu geschaffene Fußgängerzone des *kordon* ist ein städtebaulicher Triumph. Die vielen Bars und Restaurants locken abends scharenweise Besucher an, die hier den bilderbuchschönen Sonnenuntergang genießen. Das dahinter gelegene Viertel Alsancak bildet heute das Zentrum des Nachtlebens und der Mode in der Stadt.

Konak Meydanı — PLATZ

Der große Platz an einem verkehrsberuhigten Abschnitt des Cumhuriyet Bulvarı ist nach dem **osmanischen Regierungsgebäude** (*hükümet konağı*) benannt und markiert gewissermaßen das Stadtzentrum: Auf den Schildern, die den Weg ins Zentrum weisen, steht einfach nur „Konak". Hier befindet sich auch der spätosmanische Uhrenturm (*saat kulesi*), der 1901 anlässlich des 25. Jahrestags der Thronbesteigung Sultan Abdülhamids II. errichtet wurde. Der prunkvolle maurische Stil wollte vielleicht im europäisch geprägten Smyrna ein Zeichen setzen. Daneben steht die hübsche, mit Kütahya-Fliesen verkleidete **Konak Camii**, die 1755 erbaut wurde.

Agora — RUINEN

(Agora Caddesi; Eintritt 8 ₺; ⏲8.30–19, Sa bis 17.30 Uhr; P) Die antike Agora, die bis auf Alexander den Großen zurückgeht, fiel 178 n. Chr. einem Erdbeben zum Opfer, wurde aber umgehend vom römischen Kaiser Mark Aurel wieder aufgebaut. Die rekonstruierten korinthischen Säulenkolonnaden, Gewölbe und Bögen vermitteln einen guten Eindruck vom Aussehen eines römischen Markts. Später wurde auf dem Gelände ein muslimischer Friedhof angelegt. Viele der alten Grabsteine sind noch am Rand der Agora zu sehen. Der Eingang zu den Ruinen befindet sich im Süden gleich am Gazi Osman Paşa Bulvarı.

GRATIS Altes Gaswerk — KULTURZENTRUM

Auf dem Gelände der Osmanischen Gasgesellschaft ist Izmirs jüngstes Kulturviertel entstanden. In zwei schönen Backstein-Lagerhäusern aus der Mitte des 19. Jhs. finden heute Kunstausstellungen und Workshops statt. Im Sommer gibt's ein Freiluftkino im Hof; in der Gießerei befindet sich ein angesagtes Café. Das Kulturzentrum liegt gegenüber dem Fußballstadion von Alsancak, rund 1 km nordöstlich vom Bahnhof Alsancak.

Archäologisches Museum — MUSEUM

(Arkeoloji Müzesi; ☎489 0796; Bahri Baba Parkı; Eintritt 8 ₺; ⏲Di–So 9–17 Uhrn) İzmirs Archäologisches Museum präsentiert sich ziemlich trocken. In der Sammlung finden sich aber

İzmir

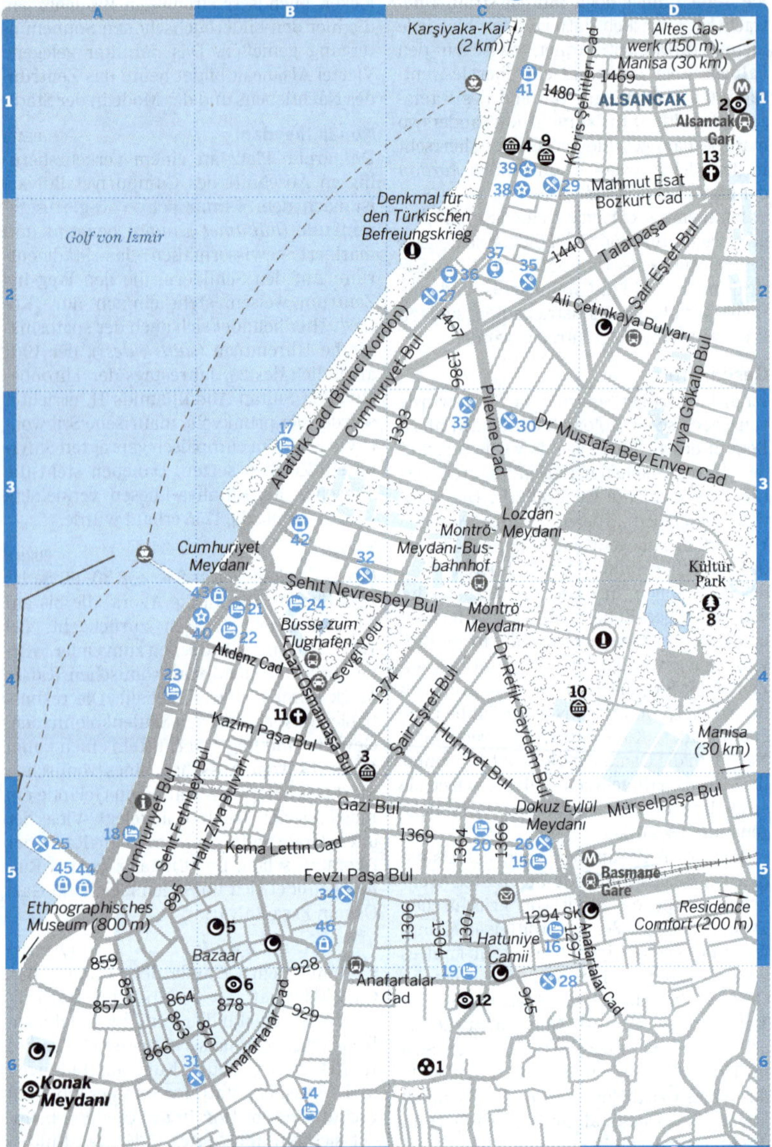

u.a. wunderschön verzierte Sarkophage, der Kopf einer Kolossalstatue des Kaisers Domitian, die einst in Ephesos stand, und ein eindrucksvoller Fries vom Mausoleum in Belevi (250 v. Chr.). Vom Konak aus marschiert man zum Museum ein kurzes Stück den Hügel hinauf.

GRATIS **Ethnografisches Museum** MUSEUM (Etnografya Müzesi; ☎489 0796; ⏲Di–So 8.30–18.30 Uhr) Das Volkskundliche Museum befindet sich im ehemaligen St.-Rochus-Hospital neben dem Archäologischen Museum. Bunt gemischte Ausstellungsstücke (darunter Dioramen, Fotos und Infotafeln)

İzmir

Highlights

Konak Meydanı ... A6

Sehenswertes

1 Agora ... C6
2 Bahnhof Alsancak ... D1
3 Apikam ... B4
4 Atatürk Evi ... C1
Regierungsgebäude ... (siehe 7)
5 Hisar Camii ... B5
Jackson's ... (siehe 29)
6 Kızlarağası Han ... B6
7 Konak Camii ... A6
Uhrenturm ... (siehe 7)
Konak Pier ... (siehe 25)
8 Kültür Park ... D4
9 Maskenmuseum ... C1
10 Museum für Geschichte & Kunst ... C4
11 St.-Polykarp-Kirche ... B4
12 Şifalı Lux Hamam ... C6
13 St. John's Church ... D1

Schlafen

14 Agora Konak Saray Hotel ... B6
15 Güzel İzmir Oteli ... C5
16 Hotel Baylan Basmane ... C5
17 İzmir Palas Oteli ... B3
18 Key Hotel ... A5
19 Konak Saray Hotel ... C6
20 Met Boutique Hotel ... C5
21 Mövenpick Hotel ... B4
22 MyHotel ... B4
23 Otel Kilim ... A4
24 Swissôtel Grand Efes ... B4

Essen

25 %100 ... A5
26 Ankara Lokantası ... C5
27 Veli Usta Balık Pişiricisi ... C2
28 Überdachter Markt ... C6
Deniz Restaurant ... (siehe 17)
29 Kırçiçeği ... C1
Mennan ... (siehe 5)
30 Reyhan ... C3
31 Rıza Aksüt ... A6
32 Sakız ... B3
33 Sir Winston Tea House ... C3
34 Tuğba ... B5
35 Tuğba – Filiale Alsancak ... C2

Ausgehen

36 Sunset Cafe ... C2
37 Tyna ... C2

Unterhaltung

38 1888 ... C1
Aksak Lounge ... (siehe 29)
39 Beyaz Cafe ... C1
Cine Bonus ... (siehe 44)
Kybele ... (siehe 29)
40 Passport Cafe & Bar ... B4

Shoppen

41 Arma Kitap & Cafe ... C1
42 Artı Kitabevi ... B3
43 Dösim ... B4
44 Konak Pier Einkaufszentrum ... A5
45 Remzi Kitabevi ... A5
46 Sipahi Okey ... B5

geben Einblick in die örtliche Kunst, das Kunsthandwerk und die Gebräuche. Man erfährt alles Wissenswerte über Kamelringen, Töpferei, Zinnschmiedekunst, Filzherstellung, Stickereien und das Schmieden von Waffen.

Fatih Camii MOSCHEE

(Birleşmis Milletler Caddesi) Oberhalb der Museen steht diese rekonstruierte, blau geflieste Moschee mit einem schönen Innenraum und einem kleinen Teegarten, von dem aus man einen Blick den Hügel hinunter genießen kann. Bei den Fliesen ist deutlich der Unterschied zwischen jenen im Stil von İznik und den bunteren, lebendiger wirkenden im Stil von İzmir mit ihren großen, fließenden Motiven erkennbar; letztere befinden sich über den Fenstern und auf der Kuppeldecke.

Kemeraltı-Basar BASAR

(⏲8–17 Uhr) Der Kemeraltı-Basar ist das Herz und die Seele İzmirs; hier kann man sich prima ein paar Stunden treiben lassen. Es gibt jede Menge Schnäppchen, insbesondere Lederwaren, Kleidung und Schmuck. Man schlendert über den Blumen- und den Perlenmarkt und kehrt dann auf einen türkischen Mokka in einem der netten Cafés im Zentrum ein.

Die Anafartalar Caddesi umschließt den Hauptteil des Basars und ist die wichtigste Durchgangsstraße des Viertels.

Innerhalb des Hauptbasars steht der prächtige **Kızlarağası Han** (⏲8–17 Uhr), eine kleinere und ruhigere Variante des berühmten Großen Basars von İstanbul. Diese Halle mit ihren vielen Waren vom Ende der Seidenstraße (d. h.: aus China) ist sicher touristisch, lädt aber doch zu einem Bummel ein. Im Hof, wo die Händler früher ihre Kamele anbanden, gibt's ein Café.

Im Basar befindet sich auch die größte Moschee der Stadt: die **Hisar Camii**. Ihr Inneres ist typisch für İzmir: Die blau-goldenen Motive in der Kuppel wirken schlichter und weniger orientalisch, als es für den klassisch osmanischen Stil üblich ist. Sehenswert sind auch die Rosen und Weintrauben am Fuß des Frauenbalkons und die Verzierungen der Steintreppe.

Kültür Park PARK

Ein großer Teil der Innenstadt abseits des Ufers zwischen Alsancak und Basmane wurde 1922 durch ein Feuer zerstört. Hier befindet sich heute der Kültür Park, eine grüne Lunge, die Paare und Jogger anzieht – letztere haben hier eine gekennzeichnete Strecke. Zu den besonderen Attraktionen zählen ein 50 m hoher Fallschirm-Sprungturm, ein wundervolles Riesenrad, einige zeitgenössische Skulpturen westlich des Teichs sowie Ausstellungshallen für Events wie das Internationale İzmir-Festival.

Museum für Geschichte & Kunst MUSEUM

(Tarih ve Sanat Müzesi; ☎445 6818; Kültür Park; Eintritt 3 ₺; ⌚Di–So 8.30–17.30 Uhr) In seinen drei Abteilungen (Skulptur, Keramik & Kostbarkeiten) gibt dieses Museum einen guten Überblick über das künstlerische Erbe der Region. Sehenswert sind das aus dem 2. Jh. n. Chr. stammende Poseidon-Demeter-Hochrelief von der Agora, das anthropomorphe Gefäß aus dem späten Neolithikum und die niedlichen sitzenden Aphroditen aus römischer Zeit.

Atatürk Evi HISTORISCHES GEBÄUDE

(Atatürk Caddesi; ⌚Di–So 9–12 & 13–17.15 Uhr) In İzmirs Glanzzeit, dem 19. Jh., säumten stattliche Verwaltungsgebäude und schöne Häuser den *kordon*. Die von einem Teppichhändler errichtete Villa ist das vielleicht am besten erhaltene Wohngebäude aus jener Zeit. Atatürk wohnte in den Jahren von 1930 bis 1934 hier, wenn er sich in İzmir aufhielt.

Kadifekale FESTUNG

(Rakım Elkutlu Caddesi) Im 4. Jh. v. Chr. wählte Alexander der Große für die Anlage der Stadt Smyrna eine sichere Stelle: den Kadifekale (Pagos) südöstlich vom modernen Zentrum, wo Befestigungen errichtet wurden, wie sie noch heute den Hügel bekrönen. Der Blick von der „Samtfestung" aus ist wundervoll, vor allem ganz kurz vor Sonnenuntergang. Tagsüber kann man kurdischen Frauen, Arbeitsmigrantinnen aus Südostanatolien, an ihren horizontalen Teppich-Webstühlen bei ihrer harten Arbeit über die Schulter schauen.

Bus 33 fährt von Konak den Hügel hinauf. Ab Einbruch der Dämmerung sollte man hier nicht allein zu Fuß unterwegs sein, da das umliegende Viertel recht verrufen und es schon zu Angriffen auf Touristen gekommen ist. Zum Zeitpunkt unserer Recherchen wurde gerade Platz für einen Aussichtspark geschaffen.

Şıfalı Lux Hamam HAMAM

(☎445 2209; Anafartalar Caddesi 660; Bad & Massage ab 30 ₺; ⌚Männer 8–22 Uhr, Frauen 7–18 Uhr) Dieser saubere Hamam hat ein schönes Interieur mit Kuppel und Marmorverkleidung.

Maskenmuseum MUSEUM

(☎465 3107; www.izmirmaskmuzesi.com; Cumbalı Sokak 22; 5 ₺; ⌚10.30–19 Uhr) In einem alten Haus an einer Straße voller Bars versteckt sich dieses neue Museum, das eine interessante Sammlung zeremonieller und dekorativer Masken aus aller Welt zeigt.

Festivals & Events

Von Mitte Juni bis Mitte Juli finden beim jährlichen **Internationalen İzmir-Festival** Musik- und Tanzdarbietungen in Çeşme und Ephesos sowie im Kültür Park von İzmir statt. Infos zum Programm und zu den Tickets gibt's unter www.iksev.org.

Schlafen

Große Businesshotels der Spitzenklasse dominieren im Uferbereich der Stadt. Mehr Budget- und Mittelklassealternativen finden sich im Hinterland, vor allem rund um den Kemeraltı-Basar und den Bahnhof Basmane.

BASAR & BASMANE

Gleich südwestlich vom Bahnhof Basmane gibt's an der 1294 Sokak und der 1296 Sokak viele Unterkünfte in restaurierten osmanischen Häusern. Allerdings ist dieses Viertel nachts ziemlich ungemütlich. Wer eine Budgetunterkunft sucht, sollte sich lieber in der 1368 Sokak westlich des Bahnhofs umschauen.

Met Boutique Hotel BOUTIQUEHOTEL €€€

(☎483 0111; www.metotel.com; Gazi Bulvari 124; DZ ab 180 ₺; P ❄ 📶) Das Hotel ist ein Zeichen für die zunehmende Beliebtheit İzmirs bei Geschäftsreisenden und Urlau-

KOSMOPOLITISCHES İZMİR

Vom frühen 17. bis ins frühe 20. Jh. hatte İzmir einen der größten levantinischen Bevölkerungsanteile im Osmanischen Reich. Die international zusammengesetzte Ausländergemeinde hatte sich eingefunden, als İzmir eines der wichtigsten Handelszentren des Reiches war. Ihr Einfluss ist in Gebieten wie Bornova – nordöstlich vom Zentrum – immer noch sichtbar. Ganze Straßenzüge sind hier von Häusern der Levantiner gesäumt, die auch etwas über die ursprüngliche Herkunft ihrer Bauherrn verraten. Die Häuser der Franzosen und Briten haben offene Balkone, da sich die Bewohner nicht darum scherten, ob sie von der Straße aus beobachtet werden konnten. Die konservativeren Italiener bevorzugten geschlossene Balkone, während die Griechen ganz auf Balkone verzichteten. Weitere Infos findet man auf der Website www.levantineheritage.com. Zu den baulichen Hinterlassenschaften der Levantiner im Zentrum zählen:

Bahnhof Alsancak (Ziya Gökalp Bulvarı) Der Bahnhof aus dem 19. Jh. ist mit seinen Buntglasfenstern ein schönes Beispiel des Kolonialstils. Draußen steht eine Dampflok.

St. John's Church (Ziya Gökalp Bulvarı) Die anglikanische Kirche wurde 1902 geweiht.

Jackson's (☎422 6045; Gazi Kadınlar Sokak 17; Hauptgerichte 12 ₺; ⊙mittags & abends) Das Restaurant war früher ein britisches Konsulat. Auf dem Gestell hinter der Bar war damals Porzellan aufgestellt.

Apikam (Stadtmuseum & Archiv; ☎293 3900; Şair Esref Bulvarı 1; ⊙Mo–Sa 8.30–17.30 Uhr) In der 1923 von den Briten errichteten ehemaligen Feuerwache gibt's Ausstellungen zur Stadtgeschichte. Im Hof befindet sich ein Café.

Konak Pier (Atatürk Caddesi) Gustave Eiffel, der Schöpfer des berühmten Pariser Eiffelturms, entwarf 1890 diese Hafenanlage, in der sich heute ein Einkaufszentrum befindet.

Uhrenturm (İzmir Saat Kulesi; Konak Meydanı) Der Turm ist ein Werk des französisch-levantinischen Architekten Raymond Charles Père.

St.-Polykarp-Kirche (Saint Polycarpe; Vali Kazım Dirik Caddesi) Hübsche Wandmalereien sind das Highlight dieser katholischen Kirche aus dem späten 17. Jh.

Die levantinische Gemeinde İzmirs ist nahezu verschwunden, aber es gibt immer noch eine recht große jüdische Einwohnerschaft, vor allem in Alsancak. Einige der schönen alten **Synagogen** (Führung 35 €) der Stadt kann man auch besichtigen. Zur Runde gehören in der Regel einige der restaurierten Synagogen in Karataş und im Alten Jüdischen Viertel (3 km südlich vom Zentrum), z. B. **Bet Israel.** Diese Synagoge beherbergt im Obergeschoss ein Museum. Sie liegt nahe dem Asansör (S. 198), einem 1907 gebauten Aufzug, der Karataş mit dem türkischen Stadtteil Halil Rifat Paşa verbindet – die Alternative sind 155 Stufen. Am Fuß des Aufzugs bezeichnet eine Gedenktafel das für İzmir typische alte Haus, in dem Darío Moreno, der verstorbene jüdische Sänger von *Canım İzmir* („Mein liebes İzmir“) geboren wurde. Zu weiteren Highlights gehören drei (von einst neun) Synagogen osmanischen Stils an der Havra Sokak im Basar. Führungen kann man über die Touristeninformation buchen (S. 199).

bern. Das neue Boutiquehotel im zentralen Geschäftsviertel hat schicke Zimmer in ruhigen Farben mit schnittigen Möbeln – allerdings fehlen freistehende Schreibtische, und die Zimmer könnten etwas geräumiger sein. Der Lobby-/Cafébereich ist aber wirklich todschick und der Service einer Stadt von Weltrang absolut angemessen.

Hotel Baylan Basmane HOTEL €€
(☎483 1426; www.hotelbaylan.com; 1299 Sokak 8; EZ/DZ 80/140 ₺) Das recht neue Baylan ist die beste Option in Basmane. Der Zugang über den riesigen Parkplatz ist zwar nicht gerade ansprechend, aber dahinter entdeckt man ein geräumiges, hübsches Hotel mit einer einladenden Terrasse an der Rückseite. Alle Zimmer haben Parkettböden und große Bäder. Das Personal versteht nur wenig Englisch.

Konak Saray Hotel BOUTIQUEHOTEL €€
(☎483 7755; www.konaksarayhotel.com; Anafartalar Caddesi 635; EZ/DZ 70/120 ₺; ❄@) Besu-

cher sollten dem Konak Saray Hotel als der besten Möglichkeit, in İzmir in einem schön restaurierten, alten osmanischen Haus zu wohnen, Beachtung schenken. Das Hotel liegt in einem weniger touristischen Teil des Basars; die nach innen gerichteten kleinen Zimmer sind preisgünstig und mit Minibars und Plasma-TVs modern eingerichtet. Im obersten Stock gibt's ein tolles Restaurant.

Residence Comfort APARTMENT €€
(☎425 9503; www.comfortresidence.com; Gaziler Caddesi 206; EZ/DZ ab 55/70 €; P ❄) Das beliebte Geschäftshotel mit gutem Preis-Leistungs-Verhältnis liegt nur eine kurze Fahrt östlich des Zentrums. Die 25 großen Suiten sind ideal für längere Aufenthalte und für Familien mit kleinen Kindern. Die Badezimmer sind sehr großzügig und die Möbel passend für einen netten Abend zu Hause. Die Lage – mit Blick auf die laute Gaziler Caddesi – ist ein Nachteil, aber alle Busse Richtung Westen fahren zum Konak Pier.

Güzel İzmir Oteli HOTEL €
(☎483 5069; www.guzelizmirhotel.com; 1368 Sokak 8; EZ/DZ 40/70 ₺) Das „Schöne İzmir" ist eine der besseren Alternativen in Basmane, ein freundliches, sicheres Haus mit ausgezeichneter Anbindung an den Bus- und Bahnverkehr. Die Zimmer sind nichts Besonderes, aber abgesehen von ein paar kleinen und muffigen sind sie für ein Haus der Budgetkategorie wirklich gut.

Agora Konak Saray Hotel HOTEL €€€
(☎484 1424; www.konaksarayhotel.com/agora konaksarayhotel; Kestelli Caddesi 113; EZ/DZ 150/250 ₺; P ❄ 📶) Der bei Reisegruppen beliebte Ableger des Konak Saray ist ein kürzlich renoviertes osmanisches Wohnhaus hoch über der Agora. Die kleinen Zimmer sind modern, lassen aber mit ihrem langweiligen Farbschema in Braun und Weiß jede Gestaltungsabsicht vermissen. In der Lobby gibt's ein Restaurant mit (bei unserem Besuch) oberflächlichem Service.

ALSANCAK & UFER

Die Gegend nördlich des Gazi Bulvarı ist sicherer und schöner, an Unterkünften gibt's hier nur Mittelklasse- und Spitzenklassehotels.

LP TIPP **Key Hotel** BOUTIQUEHOTEL €€€
(☎482 1111; www.keyhotel.com; Mimar Kemalettin Caddesi 1; DZ 270 ₺; P ❄ 📶) Das Key Hotel ist ein Schmuckstück in Schwarz, Gold und Braun unten am Konak Pier. Der Tresorraum des ehemaligen Bankgebäudes ist heute ein Atrium mit Glasdach. Gläserne Aufzüge, ein erstklassiges Restaurant im Erdgeschoss und ein Conciergeservice sind Markenzeichen des Hauses. Die Zimmer haben Hightech-Einrichtung, Regenduschen und große Betten. Betreiber ist ein örtlicher Limonadeproduzent, der anderswo in der Türkei Nachbildungen dieses Hotels aufmachen will.

MyHotel BOUTIQUEHOTEL €€€
(☎445 5241; www.myhotel.com.tr; Cumhuriyet Bulvarı 132; EZ/DZ 160/220 ₺; ❄ 📶) Das Hotel liegt ideal nur eine Straße vom Ufer entfernt und ist eine entspannte Alternative zu den modischeren Kettenhotels in der Nähe. Die Bar und das Restaurant in der Lobby sind echt cool, und die geräumigen Zimmer sind immer noch in ordentlichem Zustand, obwohl sie schon einige Jahre auf dem Buckel haben.

Swissôtel Grand Efes HOTEL €€€
(☎414 0000; www.swissotel.com.tr; Gazi Osman Paşa Bulvarı 1; EZ/DZ 140/160 €; P ❄ @ 🏊) Swissôtel hat sich gut auf den türkischen Markt eingestellt, und diese Filiale in Izmir macht da keine Ausnahme. In erstklassiger Lage mit Blick auf den Cumhuriyet Meydanı und die Bucht ist das Grand Efes das Hotel der Wahl für Geschäftsreisende und Luxustouristen. Das Unterwasser-Restaurant ist ausgezeichnet, das (auch Nicht-Hotelgästen offenstehende) Spa wurde kürzlich zum weltweit besten gekürt.

Mövenpick Hotel LUXUSHOTEL €€€
(☎488 1414; Cumhuriyet Bulvari 138; EZ/DZ 180/290 ₺; P ❄ 📶) Das zurückhaltend schicke Schweizer Luxushotel ist mitten in Konak gelandet, um seine Gäste mit dem zu erwartenden 4½-Sterne-Luxus zu verwöhnen. Den Aufpreis für ein Zimmer mit Meerblick sollte man nicht scheuen – man weiß nicht, was einem sonst entgeht. Das Restaurant Margeaux hat eine eindrucksvolle Auswahl europäischer Gericht und ist bei durchreisenden Gourmets sehr beliebt.

Otel Kilim HOTEL €€€
(☎484 5340; www.kilimotel.com.tr; Atatürk Caddesi; EZ/DZ 125/165 ₺; ❄ @) Das vertrauenswürdige Hotel der gehobenen Kategorie am Pasaport-Abschnitt des *kordon* ist eine gute Wahl, in das Besucher gern immer wieder einkehren. Die Zimmer sind großzügig dimensioniert, mit alten Fotos von İzmir dekoriert und haben schöne Duschen und eine gut bestückte Minibar. Ein halbes Dutzend der Zimmer blicken aufs Meer,

die übrigen an der Seite bieten ebenfalls eine nette Aussicht.

İzmir Palas Oteli HOTEL €€
(☎465 0030; www.izmirpalas.com.tr; Atatürk Caddesi; EZ/DZ ab 120/165 ₺; P❄) Das 1927 gegründete und 1972 umgebaute Palas ist ein Riesenkasten mit 138 Zimmern. Das Hotel ist aber sehr beliebt und recht komfortabel. Der Pluspunkt ist die tolle Lage mit Blick auf die Bucht und den guten Fischrestaurants direkt vor der Haustür.

Essen

Die Restaurants am *kordon* bieten Tische im Freien mit Blick auf die Bucht – und manche haben auch ausgezeichnetes Essen. An der sowie rund um die Kıbrıs Şehitleri Caddesi in Alsancak hat man zwar keinen Blick in den Sonnenuntergang, dafür bieten die Restaurants aber mehr Flair, vor allem die in der 1453 Sokak.

Frisches Obst, Gemüse sowie frisch gebackenes Brot und köstliches pikantes Gebäck bekommt man in dem **überdachten Markt** gleich an der Anafartalar Caddesi.

LP TIPP **Sakız** MODERN-TÜRKISCH €€
(☎484 1103; Şehıt Nevresbey Bulvarı 9a; Hauptgerichte 12–25 ₺; ⏲Mo–Sa 12–14 & 19.30–22 Uhr) Mit seiner Holzterrasse und den rotweiß gemusterten Tischdecken ist das Sakız nett und zwanglos. Empfehlenswerte *meze* sind Sardinen, Tintenfisch und *köz patlıcan* (geräucherte Aubergine mit Tomaten und Paprika); an Hauptgerichten stehen so ungewöhnliche Gerichte wie Seebarsch mit Spargel oder in der Pfanne gebratener Fisch mit Artischocken auf der Karte. An den Wochenenden wird traditionelle Gitarrenmusik gespielt.

Reyhan PATISSERIE €
(☎444 7946; Dr Mustafa Bey Enver Caddesi 24; Käsekuchen 6,75 ₺) Süße Sachen werden in dieser Institution mit professionellem Vorkoster und Kellnern mit Headsets sehr ernst genommen. Neben dekadenten Genüssen wie Erdbeer-Käsekuchen und Mandelcremekuchen mit Ananas gibt's aber auch herzhaftere Sachen wie Karottenkuchen und ein leckeres türkisches Frühstück.

Veli Usta Balık Pişiricisi SEAFOOD €€€
(☎464 2705; Atatürk Caddesi 212; Hauptgerichte 20 ₺; ⏲12–22.30 Uhr) Das entspannte Meeresfrüchterestaurant übertrifft mit seinen Kellnern in weinroten Uniformen und seinen guten Gerichten wie frischer *dil şiş* (gegrillter Seezunge) die anderen Restaurants am Ufer. Die Gäste kommen zahlreich, die Atmosphäre ist freundlich.

Deniz Restaurant SEAFOOD €€€
(☎464 4499; Atatürk Caddesi 188; Hauptgerichte ab 17 ₺; ⏲11–23 Uhr) Das altbeliebte Restaurant am *kordon* lebt ein wenig von seinem Ruf und ist nicht gerade preisgünstig, aber die Vorspeisen wie Tintenfisch mit Oregano oder gebackene Sardinen lassen einen den hochnäsigen Service vergessen. Die Spezialität des Hauses ist *tuzda balık* (Fisch, gebacken in einem Salzblock, der am Tisch der Gäste aufgebrochen wird) – das Gericht macht drei bis vier Personen satt.

Ankara Lokantası TÜRKISCH €
(☎445 3607; Anafartalar Caddesi 779; Gerichte 6–12 ₺) Unter der Woche essen Arbeiter und Angestellte in dem bescheidenen Lokal nahe dem Bahnhof Basmane, am Wochenende kommt ein entspanntes Publikum. Man zeigt ganz traditionell auf das, was man von den vielen Fleisch-, Reis- und Gemüsegerichten haben möchte.

Kırçiçeği KEBAB €€
(☎464 3090; Cumhuriyet Bulvarı; Kebab 11–18 ₺; ⏲24 Std.) İzmirs schickste Suppenküche serviert auch großartiges Pide (8 ₺) – darunter *ıspanaklı peynirli* (mit Spinat und Schafskäse) sowie *kuşbaşılı kaşarlı* (mit „Vogelköpfen" – das sind Fleischstücke – und Käse). Außerdem gibt's auch Kebab. Der Ayran der aus Bursa stammenden Firma Eker ist außer hier nur selten zu bekommen.

Apropo GRILL €€€
(☎259 7070; www.leventmarina.com.tr; Haydar Aliyev Bulvarı 4; Hauptgerichte 15–30 ₺; P❄📶) Das Apropo ist eines der interessanteren und günstigeren Restaurants im schicken, etwas sterilen neuen Levant-Marina-Komplex südlich vom Zentrum. Die Speisekarte bietet hauptsächlich Fleisch, das auf heißen Platten mit Gemüse und Fritten nach Gästewunsch gebraten wird. Mit seinen gemütlichen Holz- oder Kacheltischen mit Blick aufs Wasser ist das Lokal trendy und doch familienfreundlich.

Sir Winston Tea House CAFÉ €
(☎421 8861; Dr. Mustafa Bey Enver Caddesi 20; Sandwichs 13 ₺, Tee 4–8 ₺) In dieser für ihre Cafés berühmten Straße ist das Sir Winston Tea House eines der besten: Hier bekommt man Dutzende von Tees sowie heiße und kalte Kaffeespezialitäten. Hinzu kommen außerdem noch gute Salate und Pastagerichte. Draußen gibt es einen schattigen

Sitzbereich. Eine zweite Filiale befindet sich hinter dem Swissôtel.

Asansör RESTAURANT €€€
(☎261 2626; Darío Moreno Sokağı; Hauptgerichte 15–30 ₺; ⏲9–24 Uhr; P) Das Asansör ist ein Ausflugslokal hoch über dem Alten Jüdischen Viertel, zu erreichen mit dem charmanten historischen Aufzug. Drinnen präsentiert sich das Lokal elegant mit weißen Tischtüchern und erstklassigen Menüs (60 ₺/Pers.) am Wochenende. Eine vielleicht noch charmantere Alternative sind ein kleines Gericht und ein Bier auf der Terrasse – besonders im Sommer, wenn die Leute hierher strömen, um dem Trubel in Alsancak zu entkommen. Das Lokal ist rund 2 km vom Zentrum entfernt.

Tuğba SÜSSWAREN €
(Gazi Osman Paşa Bulvarı 56; ⏲8.30–23 Uhr) Für einen Basarbesuch kann man hier mit Trockenfrüchten, Nüssen, Baklava und Lokum Energie tanken. Es gibt auch eine **Filiale** (Kıbrıs Şehitleri Caddesi) im Alsancak am südlichen Ende der Kıbrıs Şehitleri Caddesi.

%100 RESTAURANT, CAFÉ €€€
(☎441 5593; Konak Pier, Atatürk Caddesi; Hauptgerichte 22 ₺) Am Ende des Konak Pier bietet dieses sehr empfehlenswerte Restaurant gute Steaks, Sushi und Pizza. Man kann hier auch wunderbar einen entspannten Cocktail (20 ₺) genießen oder sich während des Shoppings am Wasser mit einem Kaffee erfrischen. Der Service ist ausgezeichnet.

Mennan BÄCKEREI €
(899 Sokak 30; Eiswaffel 3,50 ₺) Das Café im Basar ist für seine ausgezeichnete hausgemachte Eiscreme bekannt.

Rıza Aksüt PATISSERIE €
(863 Sokak 66; Kuchen 3 ₺; ❄) In dieser Patisserie im Baş-Durak-Bereich des Basars sollte man die *peynir tatlısı* (süße Käsebiskuits) probieren, vorzugweise die mit Schlagsahne (*kaymaklı*).

Ausgehen & Unterhaltung

Die Bars rund um das Restaurant Balık Pişiricisi sind besonders beliebt. Das heißeste Nachtleben ist in Alsancak zu finden, besonders in den Clubs und Bars in Seitenstraßen wie der Sokak 1482.

Sunset Cafe BAR
(☎463 6549; Ali Çetinkaya Bulvari 2A) Das Sunset Cafe am Rand des Boulevards ist mit seinen farbenfrohen Ständen an der Straße und dem entspannten, jugendlichen Publikum ein toller Ort für ein billiges Bier beim Genießen des Sonnenuntergangs. Unpraktisch ist aber, dass es nur eine Toilette gibt.

Tyna BAR
(Ali Çetinkaya Bulvarı 5; Bier 4 ₺) Die Tische, die auf einem kleinen Platz vor dieser Pizzeria stehen, sind heiß begehrt. Die meisten Gäste kommen nur auf ein Bier; Pizzas kosten 6 ₺.

Aksak Lounge BAR
(1452 Sokak 10) Die Jazzabende (Di & So) locken ein kulturell interessiertes Publikum in dieses für İzmir typische Stadthaus mit hohen Decken, Balkonen und einem Garten im Hof.

Beyaz Cafe LIVEMUSIK
(Weißes Café; ☎422 6645; www.beyazcbr.com; 1452 Sokak 4) Nahe der Gedenktafel für den Dichter Can Yücel liegt dieser Folk-Treff mit ausgezeichneter türkischer Küche. Perfekt für einen guten, ehrlichen Ausgehabend.

Passport Cafe & Bar CAFÉ
(☎489 9299; Atatürk Caddesi 140; ⏲8–14 Uhr) Eines der moderneren unter den vielen Cafés an der Uferpromenade südlich der Polizeiwache.

1888 NACHTCLUB
(☎421 6690; www.1888.com.tr; Cumhuriyet Bulvarı 248) In diesem ziemlich neuen Club rund um einen alten osmanischen Hof gibt's alles Mögliche von Film- und Kulturfestivals bis hin zu wilden Discopartys.

Kybele CLUB
(Sokak 1453; Eintritt 20 ₺; ⏲Fr & Sa) Rockbands sorgen für Stimmung auf dem Tanzboden in diesem kleinen Club, der sich in einem alten Haus mit Steinwänden und prunkvollem Dekor eingenistet hat. An Wochenenden kommt man kaum mehr raus.

Cine Bonus KINO
(www.cinebonus.com.tr; Konak Pier, Atatürk Caddesi; Erw. 12,50 ₺) Fünf Kinosäle. Die Filme, die hier laufen, werden in Englisch mit türkischen Untertiteln gezeigt.

Shoppen

İzmirs Einkaufsmöglichkeiten umfassen die gesamte Bandbreite vom Basar (S. 193) mit seinem Gedränge, Gefeilsche und seinem altmodischen Überschwang bis hin zum Konak Pier, einer glitzernden modernen Shoppingmall, die ins Wasser ragt und in der sich Läden klangvoller Labels drängen.

Dösim (Cumhuriyet Bulvarı 115) ist auf Touristen ausgerichtet und etwas teurer, aber die Qualität ist verlässlich und das Angebot recht groß – von Schuhen bis zu Halsketten (ab 50 ₺).

Die Filiale von **Remzi Kitabevi** (Konak Pier, Atatürk Caddesi) bietet eine große Auswahl an Büchern in englischer Sprache für Erwachsene und Kinder.

Konak Pier EINKAUFSZENTRUM
Das Einkaufszentrum in der von Gustav Eiffel entworfenen Kaianlage ist geräumig und stylish. Es gibt hier ein Kino, gute türkische Modeläden und zwei smarte Cafés am Wasser.

Sipahi Okey SOUVENIRS
(☎446 0830; Anafartalar Caddesi 447) Hier kann man sich nach traditionellen türkischen Souvenirs wie hübschen *tavla*- (Backgammon-) Brettern, Gebinden mit türkischen Paprikaschoten als Küchenschmuck oder schönem Perlenschmuck umschauen.

Arma Kitap & Cafe BUCHLADEN
(☎465 0771; Atatürk Caddesi No 312) Dieser sehr beliebte Buchladen mit angeschlossenem Café hat zwar nicht die größte Auswahl an englischsprachigen Büchern, führt aber viele gute internationale Zeitschriften, sodass man hier bei sanfter Musik nett einen lässigen Nachmittag in der Nähe des Wassers vertrödeln kann.

Artı Kitabevi BÜCHER
(☎421 2632; Cumhuriyet Bulvarı 142B) In dem freundlichen Buchladen mit englisch sprechendem Personal findet man eine gute Auswahl englischsprachiger Bücher sowie Kunstbände.

Praktische Informationen

Überall im Zentrum gibt's Banken, Geldautomaten, Internetcafés und WLAN-Hotspots.

İzmir Döviz (☎441 8882; Fevzi Paşa Bulvarı 75; ⊙Mo–Sa 8–19 Uhr) Die Wechselstube nimmt keine Gebühren.

Post (☎522 8181; Fevsi Pasa Bulvari 170) Die Hauptpost befindet sich in kurzer Gehentfernung östlich des Bahnhofs Cankaya.

Touristeninformation (☎483 5117; 1344 Sokak 2) In der Touristeninformation im aufwändig mit Stuck verzierten Gebäude des İl Kültür ve Turizm Müdürlüğü (regionales Amt für Kultur und Tourismus), gleich neben der Atatürk Caddesi, spricht das Personal auch Englisch, Deutsch und Französisch.

Gefahren & Ärgernisse

Wie in jeder Großstadt gibt es auch in İzmir eine recht hohe Kriminalitätsrate. Die wichtigsten Tourismusgebiete sind jedoch verhältnismäßig sicher mit Ausnahme des Viertels Kadifekale und des Gebiets rund um den Bahnhof Basmane, das eine Art Rotlichtviertel ist, wo für Frauen, die alleine unterwegs sind, besondere Vorsicht geboten ist. Den Kemeraltı-Basar sollte man ab Einbruch der Dunkelheit meiden und tagsüber dort auf der Hut vor Dieben und Langfingern sein.

NETZKARTEN

In İzmir gibt's zwei Netzkarten für Bus, Metro und Fähre; sie sind an Halte- und Anlegestellen sowie in Läden mit dem Kent-Kart-Logo erhältlich:

Kent Kart (Stadtkarte) Man zahlt beim Kauf eine Kaution von 5 ₺ und lädt die Karte auf. Beim Einsatz der Karte werden 1,55 ₺ abgezogen, danach kann man 90 Min. mit allen beteiligten Verkehrsmitteln fahren.

Üç-beş (3-5) Die Sammelkarte für drei Einzelfahrten kostet 5,75 ₺.

An- & Weiterreise

Bus

İzmirs riesiger *otogar* liegt 6,5 km nordöstlich vom Zentrum. Für Fahrten am Freitag oder Samstag in die Küstenorte nördlich von İzmir sollte man sein Ticket einen Tag, in der Hauptsaison besser zwei Tage im Voraus kaufen. Die Tickets bekommt man auch in den Büros der Busunternehmen im Zentrum; diese liegen überwiegend am Dokuz Eylül Meydanı in Basmane.

Die Fernbusse und die zugehörigen Verkaufsschalter befinden sich in der unteren Ebene, die Regionalbusse (z. B. nach Selçuk, Bergama, Manisa und Sardis) und deren Fahrkartenschalter auf der oberen. Die städtischen Busse und Dolmuşlar fahren in einem Hof vor der unteren Ebene des Busbahnhofs ab.

Busse in die nähere Umgebung (z. B. zur Halbinsel Çeşme) starten von einem kleineren Busbahnhof in Üçkuyular, 6,5 km südwestlich von Konak, halten seit kurzem aber auch am *otogar*.

Einzelheiten über Busverbindungen zu wichtigen Zielen stehen in der Tabelle (S. 200).

Flugzeug

İzmirs **Adnan Menderes Airport** (☎455 0000; www.adnanmenderesairport.com) wird von vielen Zielen in Europa aus angeflogen.

Turkish Airlines (☎484 1220; www.thy.com; Halit Ziya Bulvarı 65) Bietet Direktflüge aus İstanbul (von beiden Flughäfen), aus Adana, Ankara, Antalya, Diyarbakır, Erzurum, Gaziantep, Kayseri Kars, Malatya, Samsun, Sivas, Trabzon und von Flughäfen überall in Europa.

Weitere Fluggesellschaften, die İzmir anfliegen:

Atlasjet (www.atlastjet.com)

Izair (www.izair.com.tr)

Onur Air (www.onurair.com.tr)

Pegasus Airlines (www.flypgs.com)

Sun Express (www.sunexpress.com.tr)

Zug

Die meisten Intercity-Züge kommen im **Basmane Garı** an. Der **Alsancak Garı** wird ausgebaut und soll in Zukunft stärker genutzt werden. Wer Ziele im Norden und Osten der Türkei erreichen will, steigt in Ankara um.

BANDIRMA Täglich fahren Züge von/nach Bandırma (18 ₺, 6 Std.) um 14.20/16 Uhr. Außer am Dienstag fahren auch Züge um 9.25/9.50 Uhr, die Anschluss an die Fähre von/nach İstanbul haben.

MANISA Täglich außer dienstags fahren sechs Züge von/nach Manisa (3–8 ₺, 1¾ Std.).

SELCUK Täglich fahren zwischen 8 und 19 Uhr sechs Züge nach Selcuk (4,75 ₺, 1½ Std.).

Unterwegs vor Ort

Auto

Große internationale Autovermieter wie Budget, Europcar, Hertz, National Alamo und Avis sowie kleinere Anbieter haben rund um die Uhr geöffnete Schalter am Flughafen, einige bieten auch Büros in der Stadt. Green Car (S. 441) ist einer der größten Autovermieter in der Ägäisregion.

Bus

Städtische Busse fahren auf den großen Durchgangsstraßen, sie haben aber nicht allzu viele Haltestellen. Ein wichtiger Ziel- und Umsteigepunkt ist der Montrö Meydanı am Kültür Park. Die Linien 86 und 169 fahren den Şair Eşref Bulvarı hinunter und dann vorbei am Montrö Meydanı, dem Basar und der Agora und schließlich über Üçkuyular im Südwesten İzmirs bis nach Balçova (und von dort auf der gleichen Strecke zurück); die Linie 269 fährt über den Talatpaşa Bulvarı und die Cumhuriyet Caddesi zum Konak Meydanı.

Von/zu den Busbahnhöfen

Wer mit einem Überlandbus eines der größeren Busunternehmen am Hauptbusbahnhof ankommt, kann kostenlos einen *servis* ins Zentrum nehmen; die meisten dieser Shuttles fahren zum Dokuz Eylül Meydanı. Wer mit einem Regionalbus kommt, kann in einen Dolmuş (2 ₺, 25 Min.) umsteigen. Die Dolmuşlar fahren alle 15 Minuten vom *otogar* zum *konak* und zum Basmane Garı. Alternativ nimmt man den Bus 54 oder 64 (alle 20 Min.) zum *konak* oder den Bus 505 zur Metrostation Bornova (alle 30 Min.). Fahrkarten gibt's an der Bushaltestelle.

Um zum *otogar* zu kommen, kauft man am besten sein Fernbusticket am Dokuz Eylül Meydanı und nimmt von dort den *servis* des entsprechenden Unternehmens. Wer vom *otogar* einen Regionalbus (z. B. nach Salihli) nehmen will, fährt mit der Metro bis Bornova und steigt dort in den Bus 505 um.

FERNBUSSE AB İZMİR (OTOGAR)

ZIEL	PREIS (₺)	DAUER (STD.)	STRECKE (KM)	HÄUFIGKEIT (PRO TAG)	ÜBER
Ankara	40	8	550	stündl.	Afyon
Antalya	45	7	450	stündl.	Aydın
Bergama	10	2	110	regelm.	Menemen
Bodrum	25	3¼	286	Hauptsaison alle 30 Min.	Milas
Bursa	25	5	300	stündl.	Balıkesir
Çanakkale	35	6	340	stündl.	Ayvalık
Çeşme	15	1¾	116	regelm.	Alaçatı
Denizli	25	3¼	250	stündl.	Aydın
Foça	8	1½	86	regelm.	Menemen
İstanbul	45	9	575	stündl.	Bursa
Konya	35	8	575	alle 2 Std.	Afyon
Kuşadası	15	1¼	95	regelm.	Selçuk
Manisa	8	1	45	regelm.	Sarnıc
Marmaris	38	4	320	stündl.	Aydın
Salihli	10	1½	90	regelm.	Sardis
Selçuk	9	1	80	regelm.	Belevi

Zum Busbahnhof Üçkuyular fahren die Busse 554 und 169 vom Busbahnhof am *konak*.

Vom/zum Flughafen

Der Flughafen liegt 18 km südlich der Stadt auf dem Weg Richtung Ephesos und Kuşadası.

BUS Stündlich zur vollen Stunde fahren die Busse 200 und 202 von beiden Ankunftsterminals über Üçkuyular zum Swissôtel (dem früheren Efes Otel); der Bus 204 fährt von beiden Ankunftsterminals über die Metrostation Bornova zum *otogar*. Für beide Strecken sind zwei Abschnitte der Sammelkarte zu entwerten.

SHUTTLE Stündlich fahren zwischen 3.30 und 23.30 Uhr Havaş-Busse (10 ₺, 30 Min.) vom Gazi Osman Paşa Bulvarı nahe dem Swissôtel zum Flughafen; in umgekehrter Richtung fahren die Busse vom Ankunftsterminal für Inlandsflüge zum Swissôtel, jeweils 25 Minuten nach Landung eines Flugzeugs.

Metro

İzmirs **Metro** (Jeton 1,80 ₺; ⏲6.30–23.30 Uhr) ist sauber und schnell. Sie hält derzeit auf dem Weg von Üçyöl nach Bornova über *konak*, Çankaya und Basmane an zehn Stationen. Es gibt Pläne, das Netz zu erweitern.

Schiff/Fähre

Am Angenehmsten kommt man in İzmir per **Fähre** (⏲6.40–23.40 Uhr) herum. Ungefähr halbstündlich (im Berufsverkehr öfter) verbinden fahrplanmäßige Fahrten die Anlegestellen in Karşiyaka, Bayraklı, Alsancak, Pasaport, Konak und Göztepe. Die *jetons* (Transportchips) kosten 3 ₺.

Taxi

Man kann Taxis heranwinken oder an einem Taxistand bzw. vor den großen Hotels in eines einsteigen. Der Grundpreis beträgt 3,75 ₺, danach werden 0,30 ₺ pro 100 m fällig. Unbedingt darauf achten, dass der Taxameter angestellt ist.

Manisa

☎0236 / 301 218 EW.

Vor dem Hintergrund der Berge erhebt sich die moderne Stadt Manisa, das antike Magnesia am Sipylos. Die Saruchaniden und die frühen osmanischen Sultane hinterließen viele schöne Moscheen, doch die griechischen Soldaten richteten im Türkischen Befreiungskrieg schwere Verwüstungen an. Hauptgründe für einen Besuch sind die Besichtigung der Moscheen und der im Museum ausgestellten Funde aus Sardes. Ein Highlight ist außerdem das Mesir Şenlikleri.

Sehenswertes & Aktivitäten

Unter Manisas vielen alten Moscheen zeichnet sich die **Muradiye Camii** (1585), das letzte Werk des berühmten Architekten Mimar Sinan, durch die eindrucksvollste Fliesenverkleidung aus. Das angrenzende Gebäude, ursprünglich eine Suppenküche, beherbergt heute das **Museum von Manisa** (☎231 3685; Eintritt 3 ₺; ⏲Di–So 9–12 & 13–17 Uhr), in dem einige schöne Mosaiken aus Sardes zu sehen sind.

Fast direkt gegenüber der Muradiye steht die **Sultan Camii** (1522) mit einigen auffällig bunten Malereien. Der **Hamam** (☎232 3347; Eintritt 15 ₺; ⏲10–21 Uhr) nebenan hat separate Eingänge für Männer und Frauen. Am Hang oberhalb des Zentrums thront die **Ulu Cami** (1366) – der Blick von dort oben ist eindrucksvoller als das vom Alter mitgenommene Gebäude an sich.

Feste & Events

Mesir Şenlikleri KULTUR

Wer im Frühjahr in den vier Tagen um die Tagundnachtgleiche vor Ort ist, kann sich das Mesir Şenlikleri anschauen, ein Fest, das der Zauberpaste *mesir macunu* gewidmet ist.

Nach einer Legende braute vor über 450 Jahren der ortsansässige Pharmazeut Müslihiddin Celebi Merkez Efendi einen Trank, um Ayşe Hafsa Sultan, die Mutter von Kanuni Sultan Süleyman, von einer mysteriösen Krankheit zu heilen. Die Valide Sultan war von ihrer schnellen Heilung derart angetan, dass sie eine Stiftung gründete, um mit ihrer Hilfe alle Einwohner in den Genuss des erstaunlichen Elixiers kommen zu lassen.

Heute spielen Leute aus dem Ort in Kostümen der damaligen Zeit nach, wie das Zaubermittel aus Zucker, 40 Kräutern und anderen Zutaten gemixt wurde. Danach wird das süße Zeug von der Kuppel der Sultan Camii heruntergeworfen. Glaubt man den Einheimischen, dann beruhigt *mesir* die Nerven, stimuliert die Hormone und macht gegen giftige Insektenstiche immun.

Anreise & Unterwegs vor Ort

Aus İzmir kommt man am einfachsten mit den halbstündlich fahrenden Bussen nach Manisa (8 ₺, 50 Min., 30 km), man kann aber auch den Zug nehmen. Von Manisa aus fahren Busse nach Salihli über Sardes (5 ₺, 1 Std.). Um zu Manisas historischen Moscheen zu gelangen, vor dem *otogar* den Dolmuş bis zum Ulu Parkı (1 ₺) nehmen.

Çeşme

☎0232 / 21394 EW.

Mit seiner langen Uferpromenade, der Festung auf dem Hügel und den krummen, geschäftigen Marktstraßen ist Çeşme ein angenehmer Ausgangspunkt zur Erkundung der umliegenden Halbinsel. Als Anlaufstelle zur griechischen Insel Chios, die nur 8 km vor der Küste liegt, ist der Ort ideal für den Sommerausklang, zumal er wesentlich unprätentiöser als Alaçatı ist. Logischerweise ist Çeşme ein beliebtes Wochenend-Ausflugsziel der Einwohner İzmirs. Während der Schulferien herrscht ordentlich Betrieb, und die Preise ziehen entsprechend an.

Sehenswertes & Aktivitäten

GRATIS **Festung von Çeşme** FESTUNG

Die genuesische Festung aus dem 14. Jh., die mit ihren imposanten Mauern das Stadtzentrum beherrscht, wurde 1508 von Sultan Bayezid II., dem Sohn von Fatih Sultan Mehmed, instandgesetzt, um die Küste gegen Piratenangriffe u.a. durch die in Rhodos sitzenden Johanniter zu sichern. Von den Festungsmauern hat man einen fantastischen Blick auf Çeşme. Man kann auch gut in der Anlage herumlaufen – durch Bögen, über Treppen und durch die Türme, wo Ausstellungsstücke beispielsweise zur Seefahrtsgeschichte der Region zu sehen sind.

ABSTECHER

SARDES (SART)

Sardes war einst die Hauptstadt des wohlhabenden Lydischen Reiches, das weite Teile der Ägäisregion beherrschte, ehe es von den Persern überrannt wurde. Die Ruinen der Stadt rund um das Dorf Sartmustafa, 90 km östlich von İzmir, sind ein wirklich lohnendes Ausflugsziel.

Die **Ruinen von Sardes** (Eintritt 3 ₺; ⌚8–17 Uhr, Hauptsaison bis 19 Uhr) liegen am östlichen Rand des Dorfs, gleich nördlich der Straße, und sind mit Informationstafeln ausgeschildert.

Man betritt das Gelände über eine römische Straße und passiert eine gut erhaltene byzantinische Latrine und eine Reihe byzantinischer Läden, die – wie die angrenzende Synagoge beweist – jüdischen Kaufleuten und Handwerkern gehörten.

Wenn man von der römischen Straße nach links geht, betritt man die eindrucksvolle *havra* (Synagoge) mit schöner Dekoration, herrlichen geometrischen Mosaikböden und farbigen Steinintarsien an den Wänden.

Auf dem grasbewachsenen Ruinenfeld neben der Synagoge standen einst Thermen und ein Gymnasion. Dieser Komplex wurde wahrscheinlich im 2. Jh. n. Chr. errichtet und nach der Zerstörung während der Invasion der Sassaniden (616) nicht wieder aufgebaut.

Direkt am Ende erhebt sich ein auffälliges, zweistöckiges Gebäude, der sogenannte Marmorhof der Halle des Kaiserkults. Dieser Prunkbau ist zwar stark (und hässlich) restauriert, vermittelt aber doch einen Eindruck von der früheren Pracht der Anlage.

Gegenüber der abgezäunten Stätte sind jenseits der Straße bei fortgesetzten Grabungen ein Abschnitt der lydischen Stadtmauer und ein römisches Haus mit bemalten Wänden direkt über einem älteren lydischen Wohnhaus zum Vorschein gekommen.

Neben den Teehäusern weist ein Schild nach Süden die Straße hinunter zum etwas mehr als 1 km entfernten **Tempel der Artemis** (Eintritt 3 ₺; ⌚8–17 Uhr). Nur ein paar Säulen des einst prächtigen, aber niemals fertiggestellten Gebäudes stehen heute noch. Der Grundriss ist jedoch klar zu erkennen und für sich allein schon sehr eindrucksvoll.

Bei der Rückfahrt nach İzmir erblickt man nördlich der Autobahn eine Reihe sanft gerundeter Tumuli, die Grabhügel der lydischen Könige.

Vom *otogar* in İzmir fahren halbstündlich Busse nach Salihli (10 ₺, 1½ Std., 90 km), die in Sartmustafa vorbeikommen. Hinter der Rückfront des *otogar* von Salihli fahren Dolmuşlar nach Sartmustafa (1 ₺, 15 Min., 9 km).

Auf der Autobahn von Salihli nach Manisa kann man Busse heranwinken (5 ₺, 1 Std.),sodass es möglich ist, Manisa und Sardes am selben Tag zu besuchen.

Museum von Çeşme MUSEUM
(Çeşme Müzesi; Eintritt 3 ₺; ⏲Di–So 9–19 Uhr) Das im Umur-Bey-Turm der Festung untergebrachte Museum zeigt archäologische Funde aus dem nahegelegenen Erythrae.

Statue des Cezayirli Gazi Hasan Paşa DENKMAL
Mit dem Rücken zur Festung und auf den İskele Meydanı blickend, so zeigt sich die Statue des bedeutenden osmanischen Admirals (1714–1790), der es als ehemaliger Sklave bis zum Großwesir brachte. Er ist in Begleitung eines Löwen dargestellt, den er aus Afrika in die Türkei gebracht hatte.

Ayios Haralambos KIRCHE
(İnkılap Caddesi) Die imposante, aber leerstehende griechisch-orthodoxe Kirche aus dem 19. Jh. wird in den Sommermonaten für Wechselausstellungen von Kunst und Kunsthandwerk genutzt.

Strand STRAND
Am nördlichen Ende der Uferpromenade lädt ein kleiner Sandstrand zu einem schnellen Sprung ins kühle Nass ein.

Bootsausflüge BOOTSTOUR
Von Ende Mai bis September werden Tagesausflüge mit *guletler* (traditionellen türkischen Segelbooten) zur nahegelegenen Schwarzen Insel, der Eselsinsel und zur Windbucht angeboten, wo man baden und schnorcheln kann. Man sollte sich am Ufer umschauen, die Preise vergleichen und verhandeln – die Trips sollten inklusive Mittagessen zwischen 35 und 45 ₺ kosten. In der Regel legen die Boote gegen 10 Uhr ab und kehren gegen 17 Uhr in den Hafen zurück.

Schlafen

LP TIPP **Levant Apart Otel** APARTMENTS €€
(☎712 6553; www.cesmelevantaparts.com; 105 Sokak 23; Apt. mit 1/2 Schlafzimmern 135/250 ₺; P ❄ 📶) Mit seinen schicken, von Designern gestalteten Apartments, die nur eine Straße vom Meer entfernt sind, sticht das Levant aus den sonst eher bescheidenen Unterkünften in Çeşme heraus. Die 35 m² großen Einraumwohnungen sind hell und cool. Sie bieten Plasma-TVs, WLAN, einen Föhn, nette Badezimmer und Einrichtungen für Selbstversorger. Die Rezeption ist rund um die Uhr geöffnet, und die grüne Terrasse kommt im Sommer richtig gut. Insgesamt also ein tolles Angebot. Die gut ausgeschilderte Anlage befindet sich 100 m südlich die Baglar Carsi Caddesi hinunter, hinter den Ruinen eines Hamam.

Nese Hotel HOTEL €
(☎712 6543; www.neseotel.net; Inkılap Caddesi, 3025 Sokak; EZ/DZ 40/80 ₺; P ❄ 📶) Das von Lesern hoch gelobte, charmante blauweiße Hotel liegt ein paar Straßen abseits des Ufers. Die in Pastelltönen gestrichenen Zimmer sind gefliest, kühl und sauber. Das überdachte Restaurant ist im Sommer ein angenehmer Ort. Das Haus hat ein ausgezeichnetes Preis-Leistungs-Verhältnis und ist bei den Einwohnern İzmirs beliebt.

Işik Pansiyon PENSION €
(☎712 6305; 1021 Sokak 8; EZ/DZ 30/60 ₺; ❄) Dank dem sonnigen Hof und der gastfreundlichen älteren Besitzer ist diese schlichte kleine Pension netter als andere in dieser Preiskategorie. Die Zimmer sind dunkel, haben aber kleine TVs und große Kühlschränke. Die Pension liegt abseits der Baglar Caddesi, 150 m südlich vom Jachthafen.

Kanuni Kervansaray Hotel HISTORISCHES HOTEL €€€
(☎712 0630; www.cesmekervansaray.com.tr; Çarşı Mevki 5; Zi. 200 ₺) Das in Präsentation und Preisgestaltung etwas übertreibende „historische" Hotel ist absolut neu und ideal gelegen. Die Fassade aus dem 16. Jh. wirkt von fern sehr eindrucksvoll. Die Zimmer sind groß und kahl, was man vielleicht auf Kinderkrankheiten des Unternehmens zurückführen kann. Auf jeden Fall kann man sich an das Restaurant halten: Das ist gut, nur der Service ist etwas saumselig.

Yalçın Otel HOTEL €
(☎712 6981; www.yalcinotel.com; 1002 Sokak 10; EZ/DZ 60/80 ₺; ⏲Mai–Okt.) Das Hotel am Hang mit Blick auf den Hafen hat 18 makellose, gepflegte Zimmer. Die größten Pluspunkte sind die zwei großen Terrassen mit Sonnenliegen und fabelhafter Aussicht. Man bekommt hier Mittelklassequalität zum Budgetpreis. In der Nebensaison vorher anrufen.

Antik Ridvan Otel HOTEL €€
(☎712 9772; www.antikridvanotel.com; 1015 Sokak 10; DZ 70 ₺) Das merkwürdige, braunorange getünchte Haus neben dem alten Hamam wirkt irgendwie halbfertig, aber der offene Hof ist im Sommer angenehm, und die Zimmer sind sauber und recht komfortabel. Einige haben auch einen Blick aufs Meer. Der Besitzer ist sehr freundlich.

Uz Pansiyon PENSION €
(☎712 6579; Sokak 3010 11; EZ/DZ 30/60 ₺; ❄) Die Pension liegt in der Nähe des Busbahn-

Çeşme

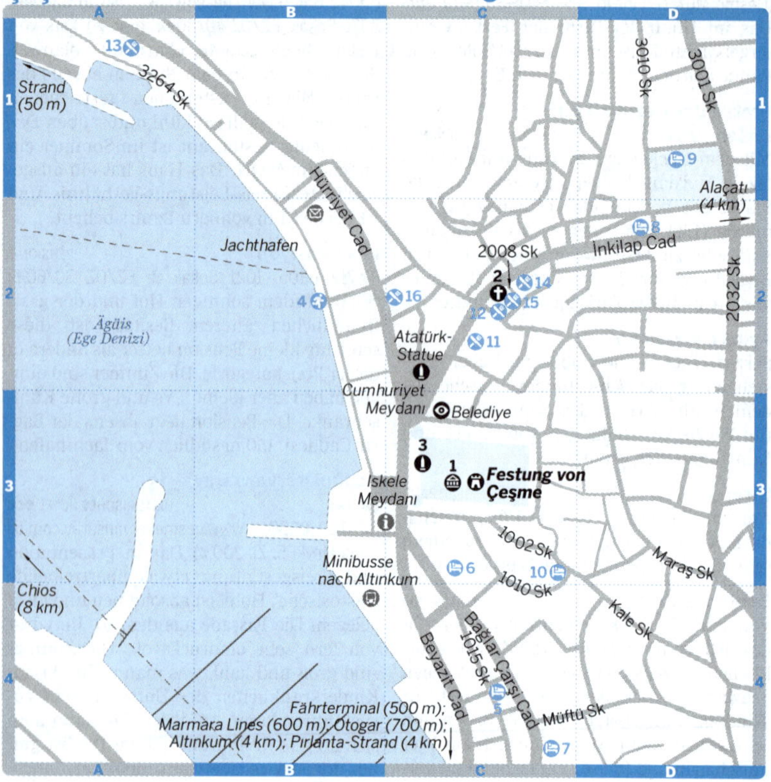

hofs und 450 m vom Zentrum entfernt. Sie ist eine der preiswertesten in Çeşme, aber pieksauber und bietet ein tolles Preis-Leistungs-Verhältnis.

Essen

Die touristischsten Restaurants liegen alle im Hafengebiet. Preiswertere Lokale, die mehr auf einheimische Gäste ausgerichtet sind, findet man dagegen in der İnkılap Caddesi.

Rumeli BÄCKEREI €
(İnkilap Caddesi; ⌚8–20 Uhr) Das 65 Jahre alte *pastane* (Konditorei) in einem osmanischen Steinhaus verkauft tolles Eis (Kugel 1,50 ₺) im Straßenverkauf. Außerdem gibt's Marmeladen, eingelegtes Gemüse und Konserven aller Art.

Tiko's Cafe TÜRKISCH €
(2008 Sokak 8A; Hauptgerichte 8–12 ₺; ⌚Winter 6–3 Uhr, Sommer 24 Std.) In dem neuen, osmanisch wirkenden Lokal drängen sich mittags die Einheimischen und im Sommer, wenn rund um die Uhr Suppe serviert wird, die Segler und Partygänger. Auf der Speisekarte stehen regelmäßig Meeresfrüchte und Fleisch und ein wechselndes Angebot an frischen *meze*.

Pasifik Otel Restaurant SEAFOOD €€
(☎712 1767; Tekke Plajı Mevkii 16; Hauptgerichte 10–20 ₺; ⌚12–24 Uhr) Wer einen kleinen Spaziergang machen und Fisch essen will, kann das Hotelrestaurant am nördlichen Ende der Uferpromenade aufsuchen. Dort genießt man eine tolle Fisch-Kasserole in einem Raum mit verglaster Front und Blick auf einen kleinen Strand.

Kumrucu Tani FAST FOOD €
(☎712 1149; 2008 Sokak No 4; Kebab 5–10 ₺; ⌚11–23 Uhr) Der Laden gehört einer örtlichen Sportgröße, die gern mit B-Promis aus İzmir abhängt. Das freundliche Lokal serviert Kebab ohne Schnickschnack, aber mit leckeren, gesunden Beilagen.

Çeşme

İmren Lokantası Restaurant TÜRKISCH €€
(☎712 7620; İnkılap Caddesi 6; Hauptgerichte 15 ₺; ⏲12–21 Uhr) Çeşmes ältestes, schon 1960 eröffnetes Restaurant residiert in einem Atrium mit Bambusdach, Springbrunnen und Pflanzen. Es ist vor Ort für sein erstklassiges, traditionell-türkisches Essen bekannt, z. B. die Aufläufe.

Yelken Restaurant TÜRKISCH €€
(☎712 9077; Kutludağ Sokak 16; Hauptgerichte 12–25 ₺) Unter neuer Leitung ist das Yelken zu traditionellen türkischen Grillspeisen und *meze* wie *patlıcan* (Aubergine) mit Tomaten zurückgekehrt. Die Spezialität des Hauses ist *kabak çiçeği dolması* (gefüllte Zucchiniblüten).

Ausgehen & Unterhaltung

Einige der Restaurants am Jachthafen werden im Sommer zu Livemusiktreffs.

Praktische Informationen

Die **Touristeninformation** (☎712 6653; Fax 712 6653; İskele Meydanı 4; ⏲Mo–Fr 8.30–12 & 13–17.30 Uhr), die Ticketbüros für Fähren und Busse, Banken mit Geldautomaten sowie Restaurants und Hotels liegen alle im Umkreis von zwei Blocks um den Cumhuriyet Meydanı, den Hauptplatz in Ufernähe mit der unvermeidlichen Atatürk-Statue. Internetzugang gibt's bei **Sahil Net** (Hürriyet Caddesi; 2 ₺/Std.; ⏲9–1 Uhr).

An- & Weiterreise

Bus

Um nach Çeşme zu gelangen, muss man von den meisten Orten aus über İzmir fahren; die anderen Teile der Halbinsel erreicht man über Çeşme.

Çeşmes *otogar* liegt fast 1 km südlich des Cumhuriyet Meydanı, doch Dolmuşlar kann man auch im Zentrum nehmen. Busse fahren u. a. nach:

İSTANBUL 50 ₺, 11 Std.; Metro fährt morgens und abends nach İstanbul, im Sommer bieten andere Unternehmen zusätzliche Fahrten an.

İZMİR Busse fahren alle 15 Minuten zu İzmirs Hauptbusbahnhof (12 ₺, 1¾ Std.) sowie zum kleineren Busbahnhof Üçkuyular (10 ₺, 1½ Std., 85 km) im Westen der Stadt.

Dolmuş

ALAÇATI & ILICA Dolmuşlar (3,50 ₺) fahren von der Kreuzung der İnkılap Caddesi und der 2052 Sokak (Sommer alle 5 Min., Winter halbstündl.).

ALTINKUM Die Dolmuşlar (3,50 ₺) starten halbstündlich am *otogar* von Çeşme und nehmen an der Hauptstraße, 20 m südlich der Touristeninformation, Passagiere auf.

Schiff/Fähre

Da sich Abfahrtzeiten (und Ziele) jedes Jahr ändern, sollte man einen Blick auf die unten genannte Website werfen.

CHIOS Von Mitte Mai bis Mitte September fahren ein- oder zweimal täglich Fähren von/zu der nahegelegenen griechischen Insel (einfache Strecke/hin & zurück 65/100 ₺, Auto 150/260 ₺, 1½ Std.). Außerhalb dieses Zeitraums fahren nur freitags und samstags Fähren nach Chios, die samstags bzw. sonntags zurückkehren. Fahrkarten kann man direkt bei **Ertürk** (☎712 6768; www.erturk.com.tr; Beyazıt Caddesi 6; ⏲9–19.30 Uhr) kaufen. Sie vorab zu besorgen, ist nicht nötig, außer wenn man ein Auto mitnehmen will.

Taxi

ALAÇATI Eine Taxifahrt ins Zentrum von Alaçatı kostet rund 35 ₺.

Pırlanta-Strand & Altınkum

Südwestlich von Çeşme gibt's am passend benannten **Pırlanta-Strand (Diamantenstrand)** gute Bedingungen fürs Kite- und Windsurfen. Zwei Unternehmen vermieten Ausrüstung; **Adrenaline Sports** (☎0541 803 9733; www.adrenalinesports.com.tr; ⊙Mai–Sept.) gibt auch Unterricht.

Wieder auf der von Çesme kommenden Hauptstraße führt eine Abzweigung nach rechts zum zunehmend dichter bebauten Ferienort **Altınkum**, der eine Reihe herrlicher, sandiger Buchten zu bieten hat. Dort, wo die Dolmuşlar halten, findet man ein Café mit Sonnenliegen an einem sauberen Strand mit türkisblauem Wasser.

Halbstündlich fahren Dolmuşlar von Çesme über den Pırlanta-Strand (2,50 ₺) nach Altınkum (3,50 ₺).

Alaçatı

☎0232

Alaçatı ist das angesagte Ziel trendbewusster Türken der Mittelschicht. Noch vor zwei Jahrzehnten war das unscheinbare alte griechische Dorf, das ein paar Kilometer südöstlich von Çeşme und vom Meer liegt, nur für ordentliches Olivenöl, Tabakläden und Weltklasse-Möglichkeiten für Windsurfer bekannt. Doch dank einiger vorausschauender Hoteliers, die die verfallenen Gebäude aus *taş* (Stein) in Boutique-Unterkünfte der Spitzenklasse verwandelten, hat sich in Alaçatı eine eindrucksvolle kulinarische und gesellschaftliche Szene entwickelt.

Abgesehen von einem Bummel auf der Kemalpaşa Caddesi, wo während der Hauptsaison großes Getümmel herrscht, gibt es hier nicht gerade viele Sehenswürdigkeiten oder Aktivitäten. So setzt man am besten seine Designer-Sonnenbrille auf und schließt sich den schicken Leuten aus İstanbul auf ein Glas Wein und chillende Electronica an und bewundert den türkischen Schick.

Schlafen

In der Nebensaison fallen die Preise dramatisch, allerdings sind die meisten Hotels (und Restaurants) nur von Mitte Mai bis Mitte Oktober sowie an Weihnachten und Neujahr geöffnet. In der Hauptsaison muss man unbedingt reservieren. Weitere Boutiquehotels findet man unter www.charmingalacati.com.

LP TIPP Vintage Boutique Hotel BOUTIQUEHOTEL €€€
(☎716 0716; www.vintagealacati.com; 3046 Sokak 2; 250–400 ₺; P❄📶) Das Innere dieses schicken Hotels ist ästhetisch moderner, als es manchem in diesem historischen Viertel gefallen mag, aber sein Selbstvertrauen und seine Beliebtheit sind ein klares Zeichen für die edler werdende Hotellandschaft Alaçatıs. Die Zimmer sind ganz in Weiß gehalten und mit hochwertiger Bettwäsche und Kosmetikprodukten versehen. Im Restaurant gibt's ein großzügiges Frühstück. Die Betreiber Akin und Yeliz haben schnell einen Ruf für erstklassigen Service (und tolle Cocktails) erworben.

Alaçatı Taş Otel BOUTIQUEHOTEL €€€
(Stone Hotel; ☎716 7772; www.tasotel.com; EZ/DZ mit Nachmittagstee ab 150/200 ₺; ❄🏊) Das „Steinhotel" ist das älteste in Alaçatı und im Bereich der Boutiquehotels immer noch ganz vorn mit dabei. Der Inhaber Zeynep, der immer herausfinden will, was seine Gäste wünschen, hat die sieben zurückhaltend eleganten Zimmer mit Blick auf einen ummauerten Garten alle selbst gestaltet. Der Nachmittagstee am Pool mit frisch gebackenem Kuchen ist eine üppige Angelegenheit. Das Hotel ist ganzjährig geöffnet.

Tash Mahal Otel BOUTIQUEHOTEL €€€
(☎716 0122; www.tashmahalotel.com; 1005 Sokak 68; Zi. 300–400 ₺) Das 150 Jahre alte frühere Weinhaus ist eines der bezauberndsten kleinen Hotels in Alaçatı. Da sich das Tash in einer Nebenstraße versteckt, kommt hier nicht so viel Laufkundschaft wie bei einigen Konkurrenten. Es fällt schwer, eine Auswahl unter den acht Zimmern zu treffen: Das „Romance" hat Marmorwände und Hexenhausfenster; das „Provence", ein umgebautes Lagerhaus mit einem Zwischengeschoss, öffnet sich zu dem Hotelgarten und dem Adlerkopfmosaik, das als Logo des Hauses dient.

Çiprika Pansiyon PENSION €
(☎716 7303; 3046 Sokak 4; 📶) Eine alte Familie aus Alaçatı betreibt diese bescheidene Pension, die sich bemerkenswert gut gegen die glamourösere Konkurrenz behauptet. Das Çiprika ist eine der wenigen wirklichen Pensionen im Ort und bietet ordentliche, wenn auch nicht modische Zimmer mit Steinwänden, WLAN, TVs und kleinen Schreibtischen. Das Highlight ist der große

Eckgarten, von dem aus man die Passanten beobachten kann.

İncirliev BOUTIQUEHOTEL €€€
(☎716 0353; www.incirliev.com; Mahmut Hoca Sokak 3; Zi. inkl. Nachmittagstee ab 260 ₺; ❄) Die acht Zimmer im hundert Jahre alten „Feigenbaum" zeigen eine für die Ägäisregion typische Gestaltung. Uns gefielen besonders das Blaue Zimmer in einer umgebauten Stallung und das aus Stein gebaute Terrassenzimmer mit seinen wandhohen Fenstern. Der Nachmittagstee mit den netten Inhabern Sabahat und Osman unter dem grünen Feigenbaum, nach dem das Haus benannt ist, bleibt unvergessen.

Sailors Hotel Meydan BOUTIQUEHOTEL €€€
(☎716 8765; www.sailorsotel.com; Kemalpaşa Caddesi 66; Zi. 200 ₺; ❄) Das Haus, eines von vier Sailors-Hotels in Alaçatı, residiert in einem alten griechischen Haus am Hauptplatz über einem munteren Straßencafé. Die blauweiß gestrichenen Zimmer sind rustikal, aber schick und haben geschlossene Balkone. Das Café/Restaurant im Erdgeschoss ist ein Treffpunkt der Nachbarschaft.

Essen

Es gibt kaum einen Ort in der Ägäisregion, wo man besser essen kann als in Alaçatı. Die meisten Restaurants setzen auf die Schickeria; Hauptgerichte gibt's in der Regel ab ca. 20 ₺. Viele Restaurants machen mittags, wenn alles an den Strand eilt, zu und öffnen in der Nebensaison, wenn überhaupt, dann nur am Wochenende.

Im teuren, aber gesichtslosen Jachthafen von Alaçatı gibt es ein paar neue Restaurants, darunter das ausgezeichnete Fischlokal **Ferdi Baba** (☎568 6034; Hauptgerichte 20–35 ₺).

LP TIPP **Asma Yaprağı** ÄGÄISCH €€
(☎716 0178; 1005 Sokak Nr. 50; *meze* 10–15 ₺) Ein gemeinschaftliches Mahl in diesem Einraum-Restaurant ist ein Erlebnis für Feinschmecker und glückliche Zufallsgäste. Das Angebot der *meze* auf den Zinnplatten wechselt jede Woche, aber viele frische Kräuter, Olivenöl, Gemüse aus der Ägäisregion und Weinblätter sind immer dabei. Beim Dessert kommt das Produkt des Mastixbaums voll zur Geltung. Das Lokal liegt an dem Ende des alten Viertels, an dem die Moschee steht.

Cafe Agrilia FEINSCHMECKERRESTAURANT €€€
(☎716 8594; Kemalpaşa Caddesi 75; Hauptgerichte 25–70 ₺; ⊙morgens & abends) Das schon lange bestehende Restaurant bietet mit kreativen Pastagerichten und argentinischen Grillsteaks eine Alternative zur traditionellen türkischen Küche. Es residiert in einer alten Olivenölfabrik am unteren Ende der Kemalpaşa Caddesi und hat hohe Decken und einen Hof. Die Bedienungen können etwas distanziert wirken.

Su'dan Restaurant RESTAURANT, BAR €€€
(☎716 7797; Mithat Paşa Caddesi 22; Hauptgerichte 28–42 ₺; ⊙9–13 & 19–23 Uhr) Aus der ehemaligen Spielhölle im Viertel Hicimesiş ist ein Ziel für Feinschmecker geworden. Probieren sollte man Vorspeisen wie Hum-

INSIDERWISSEN

MELEK TORAMAN: PROFI-WINDSURFERIN

Wie lange sind Sie schon beim Windsurfen dabei? Seit neun Jahren; seit sechs Jahren lebe ich in Alacatı.

Karriere-Höhepunkte? Bei den Weltmeisterschaften von 2012 wurde ich neunte. Ich wollte unter den Top-Ten landen, und da freue ich mich natürlich über dieses Ergebnis. In der Türkei wurde ich zweite bei den Frauen.

Was ist Ihr nächstes Ziel? Ich möchte bei den Weltmeisterschaften Ende August in Alacatı-Çeşme gut abschneiden.

Wie sieht es hier mit dem Windsurfen aus? In der Türkei ist Windsurfen sehr populär, und wir haben auch wirklich gute Stellen für den Sport. Alaçatı ist besonders gut für Anfänger geeignet, weil man hier sehr leicht das Windsurfen lernen kann. Das Wasser ist nicht so tief, man kann stehen.

Was ist für Sie ein perfektes Wochenende auf der Halbinsel Çeşme? Den ganzen Tag windsurfen, dabei vielleicht fliegende Fische sehen, dann abends am Strand mit coolen DJs wie Bob Sinclair und Sängerinnen wie Buika und Zaz Party machen.

WINDSURFEN IN ALAÇATI

Alaçatı wurde in den 1970er-Jahren von einer Gruppe hartgesottener deutscher Camper entdeckt. Die beständig wehenden starken Nordwinde – mit Geschwindigkeiten von konstanten 16 bis 17 Knoten – machen die Gegend zu einem Top-Ziel für Surfer. Das Alaçatı Surf Paradise (der Hauptstrand zum Windsurfen) gilt nun allgemein als eine der Top-Stellen zum Windsurfen außerhalb Europas, vergleichbar mit Orten wie Dahap in Ägypten.

„Der Wind weht vom Land zum Meer, sodass es wenig Wellen und flaches Wasser gibt, also ideale Bedingungen für Anfänger gibt. Und da der Wind parallel zum Ufer weht, macht das auch Profis Spaß“, erklärt Ali Palamutcu von Myga Surf City, einer der Surfschulen im Alaçatı Surf Paradise. „Man kann den Meeresboden berühren und auf ihm gehen, sodass Anfänger sich beim Lernen sicher fühlen.“

Zwar wäre Alaçatı, hätten es die Windsurfer nicht entdeckt, vielleicht immer noch ein Provinznest in der Ägäis, aber der Ruhm hat seinen Preis: Der Windsurfing-Strand hat in den letzten Jahren gelitten. Die Errichtung eines Jachthafens raubte 1 km des Strands, sodass nur noch 2 km übrig sind, und wegen der Motorboote gibt es Bedenken hinsichtlich der Sicherheit der Surfer. Die Straße zum Strand wird von großen neuen Häusern gesäumt, die zur im Ausbau befindlichen Wohnanlage Port Alaçatı gehören.

Der Ort wird aber nicht zum nächsten Bodrum oder Fethiye werden. Das Tourismusministerium hat die ganze Halbinsel zu einem Gebiet des gehobenen Tourismus erklärt, und Gebäude von mehr als zwei Stockwerken dürfen in Alaçatı nicht gebaut werden. Da die Alaçatı Preservation Society und die Alaçatı Tourism Society beide eingegangen sind, regen sich Sorgen, dass die Qualität des Angebots für Besucher sinken könnte, wenn die Erschließung ungehindert weitergeht. „Der Geist ist aus der Flasche, wir versuchen, ihn wieder hineinzuquetschen“, erklärt ein Hotelier.

Zur Zeit verläuft der Windsurf-Betrieb weitgehend ungehindert. Die Hauptsaison dauert von Mitte Mai bis Anfang November (viele Anbieter schließen in den anderen Monaten). Der Windsurf World Cup findet hier im August statt. Es gibt sieben Surfschulen im Alaçatı Surf Paradise (und eine gegenüber der Bucht); mehr als 5000 Menschen pro Jahr fangen hier mit dem Windsurfen an.

ASPC und Myga sind die größten Anbieter. In den im Folgenden genannten Zentren gibt es normalerweise englischsprachige Lehrer und auch Kitesurf-Bretter. Wer das Brett länger ausleiht, erhält einen Rabatt auf die Ausleihgebühr.

ASPC (Alaçatı Surf Paradise Club; ☎716 6611; www.alacati.info) Dieser türkisch-deutsche Veranstalter bietet gute Kurse und hochwertiges Material; für die Komplettgarnitur (Brett, Neoprenanzug, Trapez und Schuhe) zahlt man 80 bis 140 ₺ pro Tag. Erhältlich sind Bretter von JP/Neil Pryde, Tabou/Gaastra und für Anfänger sowie Bretter von Tabou Coolrider/Gaastra Freetime. Für einen Anfängerkurs mit fünf Stunden (10 Std. ab 3 Teilnehmern), verteilt über drei Tage, bezahlt man 400 ₺.

Myga Surf Company (☎716 6468; www.myga.com.tr) Myga hat eine große Palette an Ausrüstung; Komplettgarnituren kosten hier 90 bis 160 ₺ pro Tag. Das Unternehmen vermietet auch Paddleboards. Ein fünfstündiger Anfängerkurs (7½ Std. bei 2 bzw. 10 Std. ab 3 Teilnehmern), der sich über mehrere Tage verteilen kann, kostet 400 ₺.

Active Alaçatı Windsurf Centre (☎716 6383; www.active-surf.com) Bei diesem von Lesern empfohlenen Anbietern kostet die Komplettgarnitur 80 bis 120 ₺ pro Tag. Der Anfängerkurs im ähnlichen Umfang wie bei den anderen Unternehmen kostet 420 ₺.

mus und Tintenfisch oder den leckeren Pfirsichsalat. Zu den empfehlenswerten Hauptgerichten gehören Muscheln in Weißwein. Auf jeden Fall aber sollte man sich einen der mit Früchten und Kräutern reich beladenen Cocktails in dem lauschigen Garten genehmigen.

Kaptan'nın Yeri SEAFOOD €€
(☎716 8030; Garaj İçi; Fisch 15 ₺; ⏲9–24 Uhr) Die kulinarische Szene in Alaçatı kann ziemlich affektiert daherkommen, aber der „Platz des Kapitäns“ ist eine der günstigsten Stellen, um in Alacatı günstig guten Fisch zu essen. Der Tintenfisch und die

Muscheln sind mustergültig und die Bedienung freundlich und nett. Das Lokal befindet sich gleich unterhalb des Parkplatzes.

Yusuf Usta Ev Yemekleri TÜRKISCH €
(☎716 8823; Zeytinci İş Merkezi 1; Hauptgerichte 9 ₺) Die Salatbar (4 ₺) und die Warmhaltetheke mit Gemüse und Fleischgerichten sind mittags eine beliebte Anlaufstelle an der Ringstraße nahe der Hauptzufahrt zum Ort. Hier gibt's wirklich preisgünstiges und gutes traditionelles Essen.

Rasim Usta'nin Yeri MODERN-TÜRKISCH €€€
(☎716 8420; Kemalpaşa Caddesi 54; Hauptgerichte 15–30 ₺; ⏲11–23 Uhr) Das Rasim ist eines der ältesten und verlässlichsten Restaurants vor Ort. Man wählt aus köstlichen Suppen und Salaten, und es gibt auch ein paar Fleisch- und Nudelgerichte, die täglich wechseln. Der Koch am Grill bereitet Fisch und Hähnchen nach Wunsch zu. Das Lokal ist gleich oberhalb vom Hauptplatz.

Café Eftalya CAFÉ €
(Cami Arkası Sakarya 3; Gözleme 6 ₺) Das Gözleme mit Käse und Salat im Eftalya, einem von vielen Cafés in der Nähe der Moschee, ist eine herzhafte Alternative zum Frühstück. Man bekommt auch mit Fleisch gefülltes *börek*, *mantı* und hausgemachte Limonade.

Ciğerci Hasan IMBISS €
(Mektep Caddesi; Köfte 6–8 ₺) An der Durchfahrtsstraße von der Kemalpaşa Caddesi zur Moschee verkauft dieser *ciğerci* (*köfte*-Händler) Leber-*köfte*, gewürzt mit frischem Thymian, Kreuzkümmel, Zwiebeln und Tomaten.

Ausgehen & Unterhaltung

In vielen Bars gibt es kein Efes, stattdessen importiertes Bier für mehr als 10 ₺ die Flasche. Ein paar Bars ausprobieren, um die Stimmung zu testen. Im Sommer veranstaltet der İstanbuler Megaclub **Babylon** (www.babylon.com.tr) regelmäßig Strandpartys.

Gizem Café BAR, CAFÉ
(Cumhuriyet Meydanı; Bier 7 ₺) Obwohl die Preise hier im Sommer wie überall in Alaçatı in die Höhe schnellen, ist das „Café Geheimnis" immer noch einer der günstigsten Läden für einen Drink.

Âlâ BAR, RESTAURANT
(Mektep Caddesi; Bier 8 ₺) Das Barrestaurant in einer ehemaligen Bäckerei hat Tische an der Durchfahrtsstraße von der Kemalpaşa Caddesi zur Moschee.

Makah STRANDBAR
(☎716 6611; Cark Mevkii 1; ⏲10 Uhr–open end) İstanbuls berühmter 11:11 Club hat sich an den Makah-Strand mitten unter die Windsurfer gesetzt. In der Nebensaison kann man hier prima ein Bier trinken und einen Burger verdrücken; in der Hauptsaison ist Party angesagt.

Anreise & Unterwegs vor Ort

AUTO Autos mieten kann man bei **Işıltı** (☎716 8514; Uğur Mumcu Caddesi 16; 70 ₺/Tag).

BUS Metro unterhält ein Büro am Parkplatz, in dem Tickets zu Zielen im ganzen Land verkauft werden. Die Busse fahren normalerweise über İzmir.

DOLMUŞ Häufig fahren Dolmuşlar von/nach Çeşme (3,50 ₺, 10 Min., 9 km) und İzmir (12 ₺, 1 Std., 75 km). Zwischen Mitte Mai und November fahren Dolmuşlar vom/zum Alaçatı Surf Paradise (2 ₺), das sich 4 km südlich vom Ort an der Westseite des *liman* (Hafen) befindet.

FAHRRAD ASPC vermietet Mountainbikes (ab 10/60 € pro Tag/Woche).

Sığacık

☎0232

Sığacık ist ein abgelegenes Hafenstädtchen rund um eine verfallene Festung aus dem 16. Jh. Weil es hier keinen Strand gibt, kann man nur an dem malerischen Ufer herumschlendern, Bootsausflüge machen und zusehen, wie die Fischer, beladen mit *kalamarlar* und *barbunlar* (Rotbarben), in den Hafen einfahren.

Schlafen & Essen

Sığacıks Pensionen liegen am Meer: zum Hafen gehen und rechts hinter den Stadtmauern die Uferpromenade hinunter.

Beyaz Ev PENSION €€
(☎598 1760; www.sigacikpansiyon.net; EZ/DZ 40/80 ₺; ❄) Das Haus mit vier Zimmern wurde kürzlich zu einer feinen Pension mit einer großen Terrasse über dem Strand von Sığacık umgebaut. Die Zimmer sind geräumig und hell, sie haben leichte Holzdielen und seltsames Mobiliar.

Teos Pansiyon PENSION €€
(☎745 7463; www.teospension.com; 126 Sokak 14; DZ 100 ₺; ❄) Mit ihrer netten, familiären Atmosphäre und geräumigen, hübschen Zimmern bietet diese Pension ein gutes Preis-Leistungs-Verhältnis. Sofas, große weiße Betten und der Ausblick aufs Meer

sorgen für Behaglichkeit. Man kann sich auf dem Markt frischen Fisch holen und ihn sich von der zuvorkommenden Familie zubereiten lassen.

Dağ Motel MOTEL €
(☎761 9549; www.dagmotel.net; Zi. 60 ₺) Das Motel „Berg" hat renovierte Zimmer und die beste Lage an der Nordseite der Bucht. Das zugehörige Restaurant (Hauptgerichte 20 ₺) beteiligt sich an der regionalen Slow-Food-Bewegung – aber der Service ist flink.

Liman SEAFOOD
(☎745 7011; Liman Meydanı 19; Hauptgerichte 15 ₺) Mit frischem Fisch und Meerblick hält das Liman, was der Name verspricht.

An- & Weiterreise

ÇEŞME Von/nach Çeşme muss man über İzmir fahren.

İZMİR Von İzmirs Busbahnhof Üçkuyular nimmt man einen Bus oder Dolmuş nach Seferihisar (4,50 ₺, 50 Min., alle 30 Min.). Von Seferihisar aus fahren halbstündlich Dolmuşlar nach Sığacık (1,50 ₺, 10 Min., 5 km).

Akkum & Teos

☎0232

Von Sığacık sind es 2 km über den Hügel nach **Akkum**. Die geschützte Bucht lockte früher im Sommer Windsurfer zu Tausenden an, wird aber inzwischen von Alaçatı in den Schatten gestellt. Dafür ist es hier heute ruhiger und preiswerter als in Alaçatı, und größere Wellen gibt's zudem auch noch.

Von den beiden Sandstränden hat Büyük Akkum die besseren Einrichtungen – man kann Ausrüstung fürs Windsurfen, Kajakfahren und Tauchen ausleihen und Surfunterricht nehmen –, aber dafür ist Küçük Akkum meistens ruhiger.

Bevor man nach Akkum fährt, kann man links abbiegen, um sich die verstreuten Ruinen von **Teos**, 5 km von Sığacık entfernt, anzuschauen. Hauptsächlich ins Auge fallen ein paar malerische kannelierte Säulen von einem Dionysos-Tempel, die zwischen Gras und Olivenhainen wieder aufgerichtet wurden. Teos war einst eine große ionische Stadt. Beim Schlendern durch die Felder lassen sich noch weitere Entdeckungen machen, darunter die Reste eines Theaters für die Dionysien. Die Gegend ist auch perfekt für ein Picknick.

Schlafen & Essen

Es gibt Pensionen gleich hinter der Abzweigung nach Teos und Campingplätze ein Stück weiter. Wir empfehlen aber, lieber eine Unterkunft in Sığacık zu wählen.

1 km hinter der Abzweigung von der Hauptstraße liegt an der Straße zu den Ruinen der **Teos-Park**, ein Picknickgelände der Forstverwaltung. Man kann Snacks und Erfrischungsgetränke kaufen und unter schattenspendenden Pinien aufs Meer blicken.

Über dem Küçük Akkum hat das **Yakamoz** (☎745 7599; 3216 Sokak 8; Hauptgerichte 18 ₺) eine wundervolle Terrasse. Zu essen gibt's Meeresfrüchte, typisch türkische Gerichte, aber auch internationale Speisen wie englisches Frühstück oder Fajitas.

An- & Weiterreise

DOLMUŞ Im Sommer fahren von Seferihisar (2 ₺, 20 Min.) oft Dolmuşlar über Sığacık und Akkum nach Teos.

FAHRRAD Fahrräder kann man in der Regel in Sığacıks Pensionen ausleihen.

TAXI Eine Taxifahrt von Sığacık nach Akkum kostet um die 6 ₺; eine Fahrt nach Teos (hin & zurück inkl. Wartezeit) ungefähr 20 ₺.

Ephesos, Bodrum & südliche Ägäisküste

Inhalt »

Gut essen

» La Pasión (S. 255)
» Lemon Tree (S. 258)
» Terzi Mustafa (S. 262)
» Ship Ahoy (S. 264)
» Zekeriya Sofrası (S. 274)

Schön übernachten

» Attila's Getaway (S. 229)
» Su Otel (S. 254)
» Maçakızı (S. 263)
» Mavi Konak (S. 270)
» Villa Aşina (S. 272)

Auf nach Ephesos, Bodrum & an die südliche Ägäisküste!

Entlang der blau glitzernden Ägäis, im Gebiet der heutigen Türkei, bestanden schon vor 4000 Jahren hochentwickelte Kulturen, wie zahlreiche Stätten beweisen, darunter Ephesos, Priene, Milet und Didyma. Ausgrabungen bringen Jahr um Jahr neue erstaunliche Schätze ans Tageslicht.

Im Sommer strömen Millionen Touristen in die Küstenorte Marmaris, Kuşadası und natürlich Bodrum, den glanzvollsten Badeort Anatoliens. Obwohl es dort die heißesten Partys gibt, hat sich die weiße Stadt im Schatten einer trutzigen Burg ihr kultiviertes Flair bewahrt. Doch die Zahl der Boutiquehotels und noblen Restaurants wächst – wie in den exklusiven Küstenorten der Bodrum-Halbinsel – stetig.

Auf den ruhigeren Halbinseln Bozburun und Datça kann man die wilde Schönheit der zerklüfteten Landschaft, das Landleben und den Blick auf die Ägäis genießen. Im Frühjahr und Herbst ist am wenigsten los und die Preise fallen.

Reisezeit

Selçuk

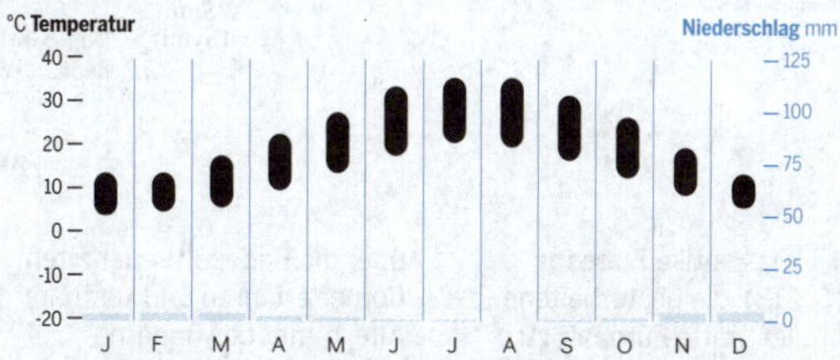

Mai & Juni Bestens, um die antiken Stätten zu besichtigen: Es ist warm und sonnig, aber nicht zu heiß.

Juli & Aug. Mit dem türkischen Jetset und Touristenmassen in Bodrum und Marmaris abfeiern.

Sept. & Okt. In der aufgeheizten Ägäis baden sowie Strände und Fischrestaurants genießen.

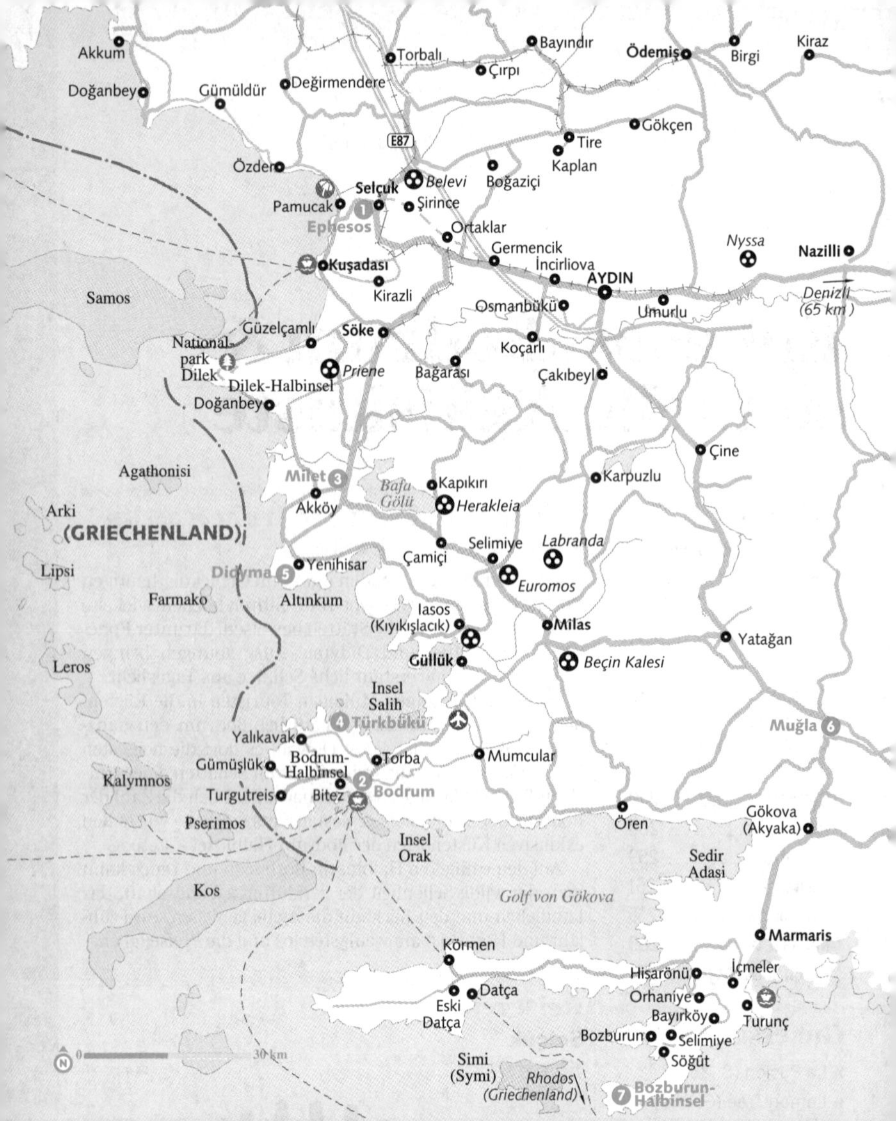

Highlights

1 Das antike **Ephesos** (S. 218), die besterhaltene antike Stätte Europas, zu neuem Leben erwecken

2 In das kultivierte Restaurant- und Nachtleben der Burg- und Hafenstadt **Bodrum** (S. 249) eintauchen

3 In den Ruinen und Museen von **Milet** (S. 243) alles über die Badekultur der alten Römer erfahren und kostbare Altertümer bewundern

4 In den Strandbars von **Türkbükü** (S. 262) auf der Bodrum-Halbinsel mit Stars und Sternchen feiern

5 Über die riesigen Säulen des **Apollon-Tempels** (S. 244) in Didyma staunen

6 Durch die strahlend weiße Altstadt des freundlichen **Muğla** (S. 269) schlendern und die alteingesessenen Cafés und Geschäfte entdecken

7 Mit dem Motorroller die atemberaubende Küste der **Halbinsel Bozburun** (S. 273) bei Marmaris entlangfahren

Geschichte

Um die lange Geschichte der südlichen Ägäisküste verstehen zu können, muss man sich Küstenlinien, Buchten und Halbinseln vorstellen, die es heute nicht mehr gibt. Sonst ist die Lage und Bedeutung der antiken Städte wie Ephesos, Priene und Milet nicht nachvollziehbar. Alle drei waren einst – als das Mittelmeer noch als „Römische See" bezeichnet wurde – strategisch und wirtschaftlich bedeutsame Hafenstädte und Schlüsselzentren der großen griechisch-römischen Kultur. Das war allerdings, bevor die Küste durch die Ablagerungen des trägen Flusses Mäander allmählich versandete und Meer zu Land wurde. Aufgrund dieser geografischen Veränderungen mussten die Macht- und Handelszentren der Ägäisküste verlagert und den neuen Gegebenheiten des Subkontinents angepasst werden.

Die erste nachgewiesene Besiedelung der Gegend erfolgte um 1200 v.Chr. durch die Mykener und die Hethiter. Wesentlich bedeutsamer waren jedoch die Ionier, die nach ihrer Flucht aus Griechenland die Städte Ephesos, Priene und Milet gründeten. Südlich des Ionischen Reiches befand sich das gebirgige Karien mit dem berühmten Grabmal des großen Königs Mausolos. Dieses „Mausoleum von Halikarnassos" (dem heutigen Bodrum) wurde zu den Sieben Weltwundern der Antike gezählt.

Unter den Römern erlebte Ephesos einen neuen Aufschwung und wurde Hauptstadt der Provinz Asia Minor (Kleinasien). Der hiesige Tempel der Artemis und der Apollon-Tempel in Didyma waren berühmte Pilgerstätten der damaligen Zeit. Mit zunehmender Verbreitung des Christentums lebte in den großen Städten eine verblüffende Mischung aus Heiden, Juden und Christen friedlich nebeneinander. Angeblich soll außerdem der Apostel Johannes die Jungfrau Maria nach Ephesos gebracht haben, wo der Überlieferung zufolge schließlich sein Evangelium niedergeschrieben wurde.

Später, in der Zeit des Byzantinischen Reiches, setzten die Küstenstädte ihre traditionell engen sozialen, kulturellen und wirtschaftlichen Beziehungen zu den griechischen Inseln der Ägäis fort. Während sich die territoriale Aufteilung häufig änderte, war die verwaltungstechnische Aufteilung in sogenannte „Themen" (Militärbezirke im Byzantinischen Reich) klar festgelegt, nämlich in Thrakesion (nördliche und mittlere Küstenregionen) und Kibyrrhaiotai (Südküste). Zu letzterem Thema gehörten auch einige Inseln der Ägäis, sodass die Region eine wichtige Basis der byzantinischen Seemacht darstellte, insbesondere als das Reich von den Arabern bedroht wurde.

Ende des 11. und 12. Jhs. trafen die von Osten einfallenden Seldschuken auf Kreuzfahrer, die auf dem Weg ins Heilige Land waren. In die gleiche Zeit fiel der katastrophale Niedergang der byzantinischen Kriegsflotte, was letztendlich zur italienischen Vorherrschaft im Mittelmeer führte. Als die Ritter des Johanniterordens, denen die meisten Inseln der griechischen Dodekanes gehörten, 1402 eine große Burg in Halikarnassos errichteten, verwendeten sie dafür ausgerechnet Steine des antiken Mausoleums. Außerdem benannten sie den Ort in Petronium um. Nachdem Süleiman der Prächtige 1522 Rhodos erobert hatte, fiel das Petronium der Johanniter an das Osmanische Reich – und wurde zum türkischen „Bodrum". Auch wenn die Ägäisküste seitdem unter türkischer Herrschaft stand, war sie größtenteils von Griechen bewohnt, deren überliefertes Wissen vom Segeln, der Schifffahrt allgemein und dem Schiffsbau sich als ausschlaggebend für den Erfolg der Osmanen im Seehandel und Seekrieg erweisen sollte.

Nach dem Türkischen Befreiungskrieg wurde im Vertrag von Lausanne 1923 ein gigantischer Bevölkerungsaustausch zwischen Griechenland und der Türkei vereinbart. Damit endete von einem Tag auf den anderen die 3000-jährige griechische Besiedelung der Ägäisküste. Obwohl die Türkei im Zweiten Weltkrieg offiziell neutral blieb, versteckten sich in den kleinen Buchten der Ägäisküste die Schiffe des griechischen Widerstands, der gegen die Deutschen kämpfte.

Trotz der vielgerühmten friedlichen Ferienstimmung heutzutage ist die strategische Bedeutung dieser Landesgrenze so groß wie eh und je. Fast täglich liefern sich griechische und türkische Kampfflieger Scheingefechte über der Küste, bei denen zum Glück nur selten Opfer zu beklagen sind. Der jahrelange Streit der beiden Länder über die territoriale Souveränität zu Land und zu Wasser wäre jedoch im Januar 1996 um ein Haar eskaliert. Damals stürmten türkische Soldaten kurzfristig das unbewohnte griechische Inselchen Imia (türkisch: Kardak) und lösten hektische diplomatische

Aktivitäten in westlichen Hauptstädten aus. Wenn man heute den kahlen, kaum zu erkennenden Felsen mitten im Meer von einem Café an der Strandpromenade des entspannten Gümüşlük auf der Bodrum-Halbinsel betrachtet, fragt man sich allerdings zu Recht, was das Ganze eigentlich sollte.

EPHESOS & UMGEBUNG

Ephesos (Efes)

Nirgendwo sonst wird die griechisch-römische Kultur so lebendig wie in **Ephesos** (☎892 6010; Eintritt/Parken 25/7,50 ₺; ⌚Mai–Okt. 8–18.30 Uhr, Nov.–April 8–16.30 Uhr). Seit 150 Jahren sind Archäologen hier am Werk und haben Ephesos mit seinen freigelegten und wiederhergestellten Gebäuden zur vollständigsten antiken Fundstätte Europas gemacht. Und dabei sind erst 18% der einstigen Großstadt ausgegraben!

Als Hauptstadt der römischen Provinz Asia Minor war Ephesos eine lebendige Metropole mit mehr als 250000 Einwohnern. Dazu kamen noch Händler, Seeleute und die Pilger, die den Artemis-Tempel besuchten, sodass in Ephesos Menschen aus dem gesamten Mittelmeerraum zusammenkamen. Ephesos war damals so wohlhabend und bedeutend, dass der Tempel der Artemis der größte weltweit war und als eines der Sieben Weltwunder der Antike galt.

Als die Fundstätte 2011 privatisiert wurde, schnellten die Eintrittspreise in die Höhe. Auch eine türkische Firma konnte sich einen kleinen Anteil sichern und profitiert nun mit vom Gewinn. Bleibt zu hoffen, dass dies künftig auch einen besseren Service bedeutet. Die Ausgrabungen im Sommer werden nach wie vor von deutschen und österreichischen Archäologen geleitet.

Geschichte

ERSTE ÜBERLIEFERUNGEN

Der Überlieferung zufolge zwangen die wiederholten Überfälle der Dorier im 10. Jh v. Chr. den ionischen Prinzen Androklos von Athen, eine neue Stadt in sicherer Umgebung zu gründen. Zuvor befragte er allerdings das berühmte Orakel von Delphi, wo er sich denn niederlassen solle, und er erhielt zur Antwort: „Ein Fisch, Feuer und ein Keiler werden dir den Ort anzeigen."

Nach Überquerung der Ägäis legten Androklos und seine Männer an der anatolischen Küste eine Rast ein und wollten frisch gefangenen Fisch über dem Feuer grillen. Ein noch zappelnder Fisch sprang jedoch vom Rost und setzte durch die umherfliegenden, glühenden Kohlen den nahegelegenen Wald in Brand, aus dem ein wilder Eber flüchtete. Androklos setzte ihm nach und erlegte ihn schließlich. An jener Stelle (in der Nähe der jetzigen Ruinen des Artemis-Tempels) errichteten die Ionier die Stadt Ephesos. Androklos soll später bei der Verteidigung der ebenfalls ionischen Stadt Priene gegen die Karer gefallen sein.

DER ARTEMISKULT

Vor Androklos und seinen Ioniern hatten sich in Anatolien bereits die Leleger niedergelassen, die die Große Göttermutter Kybele als Fruchtbarkeitsgöttin verehrten. Die Ionier integrierten den Kult der Leleger in ihre eigene Religion und erklärten Artemis von Ephesos zur Fruchtbarkeitsgöttin (statt zur Göttin der Jagd). Im 7. Jh v. Chr. wurde der Artemistempel überflutet und um 650 v. Chr. zusammen mit der Stadt von den Kimmerern komplett zerstört. Der Artemiskult lebte jedoch weiter und die treu an ihm festhaltende Bevölkerung baute den Tempel nach jedem Rückschlag wieder auf.

KRÖSUS & DIE PERSER

Der ungeheure Wohlstand, den Ephesos durch den Seehandel und die Anziehungskraft des Artemis-Tempels erlangt hatte, zog den Neid des lydischen Königs Krösus auf sich, der die Stadt um 560 v. Chr. angriff. Der despotische Krösus vertrieb die Bevölkerung ins Landesinnere, wo sie ein neues Ephesos in der Nähe der Südseite des Tempels errichteten. Da der lydische König die Göttin Artemis ebenfalls verehrte, finanzierte er den Wiederaufbau ihres Tempels. Die zehn Jahre dauernden Bauarbeiten wurden von dem berühmten kretischen Architekten Chersiphron und seinem Sohn Metagenes geleitet.

So mussten die Epheser zwar den Lydern und später den Persern Tribut zollen, doch ansonsten lebten sie weiter wie gewohnt.

Doch 498 v. Chr. erhoben sie sich gegen die Perser und trugen so ihren Teil zu den Perserkriegen bei, in deren Verlauf die Eindringlinge aus dem Osten kurzzeitig vertrieben wurden und Ephesos dem Attischen Seebund unter Führung von Athen beitrat. Im Ionischen Krieg stand Ephesos jedoch auf der Verliererseite und kam wieder unter persische Herrschaft.

DAS BESTE AUS DEM BESUCH IN EPHESOS MACHEN

Aus der ganzen Türkei und auf dem Seeweg strömen die Touristen nach Ephesos. Bei Tagesausflügen aus anderen türkischen Orten oder von einem Kreuzfahrtschiff aus handelt es sich immer um geführte Touren. In diesem Fall sollte man sich vor dem Aufbruch vergewissern, dass der jeweilige Führer eine Lizenz hat und sich gut auskennt. Außerdem sollte man klären, wie viel Zeit genau für die Besichtigung zur Verfügung steht und wie viel für recht zeitraubende „Abstecher" zu den Geschäften vor Ort veranschlagt ist, in denen die Touristen dann möglichst viel kaufen sollen.

Weil er genau wusste, wie nervig solche Praktiken für zeitbewusste Individualreisende sind, gründete der geschäftstüchtige Mehmet Esenkaya mit seiner australischen Ehefrau Christine das Unternehmen **No-Frills Ephesus Tours** (892 8838; www.nofrillsephesustours.com; Sen Jean Caddesi 3A ; Sommer 8–20 Uhr , Winter 9–17 Uhr). Es gibt sicherlich günstigere Veranstalter, doch diese kalkulieren häufig mit den erhofften zusätzlichen Provisionen für den Teppichkauf nach der Tour. Das führt nicht nur dazu, dass die Touristen massiv unter Druck gesetzt werden, etwas zu kaufen, sondern eben auch zu enormer Zeitverschwendung.

Die No-Frills-Veranstalter bieten Halbtages- (79 ₺) und Tagestouren (99 ₺) nach Ephesos an, bei denen die Fahrt enthalten ist und die von unterhaltsamen, gut informierten Leuten geführt werden – und garantiert nicht in irgendwelchen geschmacklosen und überteuerten Souvenirläden enden. Das Büro auf der linken Seite in der Mitte der Sen Jean Caddesi in Selçuk ist bestens ausgeschildert („Sea Spirit Travel"). Vom 1. April bis 31. Oktober werden die Touren täglich angeboten.

Einen völlig anderen Blick auf Ephesos bietet **Selcuk Ephesus SkyDiving** (892 2262; www.selcukephesus.com/skydiving; Flug mit Fallschirmsprung 120–400 ₺). Die zweisitzigen Ultraleichtflugzeuge starten am Flughafen von Selçuk, östlich von Ephesos, und fliegen über die Hauptsehenswürdigkeiten von Selçuk und Ephesos, bevor sie nach Kuşadası abdrehen und dort über die Küste fliegen.

Am 21. Juli 356 v. Chr. fackelte ein gewisser Herostratos den Tempel der Artemis ab – er wollte sich damit offenbar seinen Eintrag in die Geschichtsbücher sichern. Der entsetzte Ältestenrat von Ephesos ließ Herostratos hinrichten und verkündete, dass jeder, der diesen Namen noch einmal erwähne, ebenfalls getötet werde. Gleichzeitig wurde ein neuer Tempel geplant, der noch größer und schöner sein sollte als alle vorherigen. Voller Bewunderung für das Projekt bot Alexander der Große 334 v. Chr. an, die Kosten für den Wiederaufbau zu übernehmen – vorausgesetzt, der Tempel würde ihm gewidmet. Doch die Epheser, die wild entschlossen waren, „ihre" Göttin zu behalten, lehnten dankend ab, mit dem cleveren Hinweis, dass es doch eigentlich eher unpassend sei, einen Gott gegen einen anderen „Gott" einzutauschen. Als der Tempel schließlich fertig war, galt er als einer der Sieben Weltwunder der Antike.

VON LYSIMACHOS ZU DEN RÖMERN

Nach dem Tod Alexanders des Großen übernahm einer seiner Feldherren, Lysimachos, die Herrschaft über Ionien. Da zu dieser Zeit der Hafen von Ephesos durch die Ablagerungen des Flusses Kaystros (türkisch *Küçük Menderes* oder „Kleiner Mäander") bereits versandet war, verlegte die Bevölkerung die Stadt an die jetzige Stelle, strategisch günstig zwischen zwei Hügeln. Lysimachos ließ eine 10 km lange Verteidigungsmauer, von der heute kaum noch etwas übrig ist, und einen Leuchtturm errichten. Doch die Stadt erhob sich erneut gegen ihren Herrscher, woraufhin Lysimachos' seleukidische Feinde einfielen. Es folgte eine chaotische Zeit wechselnden Kriegsglücks, bis Ephesos 133 v. Chr. schließlich von den Römern erobert wurde.

Obwohl Rom kräftig an der Steuerschraube drehte, wurde 27 v. Chr. die Entscheidung von Kaiser Augustus, Ephesos zur Hauptstadt der Provinz Asia Minor zu machen, zum Glücksfall für die Stadt: Die Bevölkerung wuchs auf annähernd 250 000 Einwohner und lockte immer mehr Einwanderer, Händler und kaiserliche Beamte an. Zum alljährlichen Fest der Artemis (oder der Diana, wie sie bei den Römern hieß) im Frühjahr, das einen ganzen Monat lang dauerte, reisten Tausende von Besuchern aus dem ganzen Römischen

Ephesos (Efes)

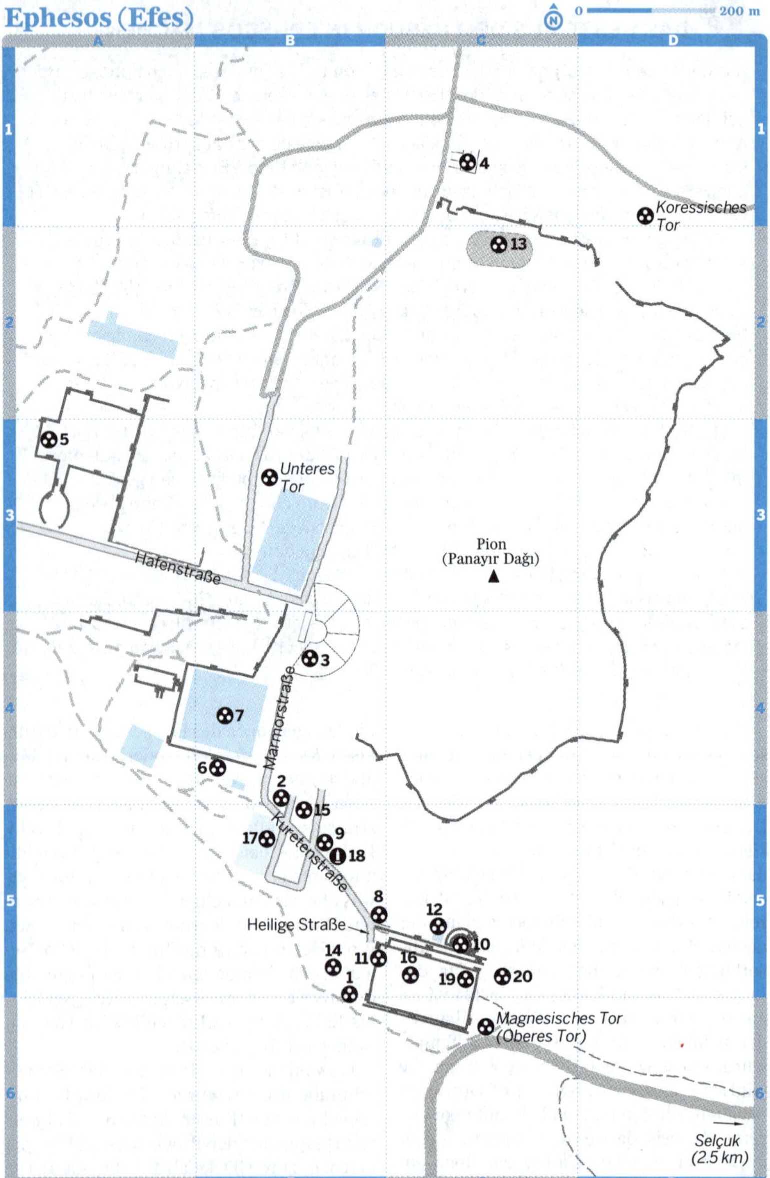

Reich an. Doch Ephesos wurde auch zum Anziehungspunkt für die ersten Christen, z. B. für den Apostel Johannes, der sich hier mit der Jungfrau Maria niedergelassen haben soll, um sein Evangelium zu verfassen. Auch der Apostel Paulus lebte drei Jahre lang in Ephesos, vermutlich um 60 n. Chr.

DAS ENDE DES ANTIKEN EPHESOS & DAS BYZANTINISCHE NACHSPIEL

Trotz aller Bemühungen von König Attalos II. von Pergamon, der den Hafen neu anlegte, sowie von Neros Statthalter, der ihn 54 n. Chr. wieder ausheben ließ, versandete der Hafen immer weiter. Ein Jahrhundert

Ephesos (Efes)

Sehenswertes

1	Asklepieion	B5
2	Bordell	B4
3	Großes Theater	B4
4	Vediusgymnasion	C1
5	Hafenthermen	A3
	Hafenstraße	(siehe 5)
6	Celsus-Bibliothek	B4
7	Untere Agora	B4
8	Grab des Memmius	B5
9	Romische Latrinen	B5
10	Odeion	C5
11	Polliobrunnen	B5
12	Prytaneum	C5
13	Stadion	C2
14	Domitiantempel	B5
15	Hadriantempel	B5
	Tempel der Hestia Boulaea	(siehe 12)
16	Isis-Tempel	C5
17	Hanghäuser	B5
18	Trajanbrunnen	B5
19	Obere Agora	C5
20	Variusthermen	C5

später versuchte es Kaiser Hadrian mit der Umleitung des Kaystros, aber das Meer zog sich dennoch bis zum heutigen Pamucak zurück. Im sumpfigen Küstenland herrschte Malaria, der Hafen existierte nicht mehr und durch die zunehmend christliche Bevölkerung der Stadt fehlten die Einnahmen aus dem Artemis- bzw. Dianakult. So war es für die Goten ein Leichtes, Ephesos 263 n. Chr. zu erobern und den Tempel wieder einmal niederzubrennen.

Doch die enge Verbindung der Stadt mit zwei Jüngern Christi und nicht zuletzt der Mutter Jesu sowie ihre Rolle als Empfänger eines der Sieben Sendschreiben der Offenbarung des Johannes sorgten dafür, dass die christlich orientierten Kaiser des Römischen Reiches alles taten, um zu retten, was noch zu retten war. So ließ Kaiser Konstantin der Große im 4. Jh. viele öffentliche Gebäude wieder aufbauen, was von Kaiser Arcadius (395–408) fortgesetzt wurde. Im 6. Jh. ließ Kaiser Justinian I. auf dem Berg Ayasoluk (im heutigen Selçuk) eine Basilika errichten, die er dem hl. Johannes widmete.

Die befestigte Siedlung, die rund um die Basilika entstand, wurde Agios Theologos (griechisch für „der heilige Theologe“) genannt und erhielt später den türkischen Namen Ayasoluk. Die Kreuzfahrer wunderten sich allerdings sehr, anstelle der viel gerühmten antiken Metropole nur noch ein trostloses Dorf vorzufinden.

Sehenswertes

Für den Besuch der Ruinen sind anderthalb bis zwei Stunden zu veranschlagen – plus eine halbe Stunde für die Besichtigung der Hanghäuser, die zusätzlich 15 ₺ pro Person kostet. Um den Massen und der schlimmsten Mittagshitze zu entgehen, sollte man den Besuch in die frühen Morgen- oder die späten Nachmittagsstunden legen. Unbedingt eine Kopfbedeckung, Sonnenbrille, Sonnenschutzmittel und Wasser mitbringen, denn die Läden am oberen Eingang der Ruinenstätte sind völlig überteuert. Und auf dem ganzen Gelände gibt's keine Toiletten.

Vom Magnesischen (Oberen) Tor führt die Kuretenstraße direkt in den unteren Teil der ehemaligen Stadt. Die Sehenswürdigkeiten liegen dicht beieinander und sind gut zugänglich. Zum Fotografieren ist das Licht am Morgen bestens geeignet. Die selbsternannten Fremdenführer, die an den Eingängen warten, sind nicht zu empfehlen – im Kasten auf S. 215 gibt's Hinweise zu guten Führungen. Wer das Gelände alleine erkunden möchte, kann sich für 10 ₺ einen Audioguide besorgen, der zwar in vielen Sprachen erhältlich, aber nicht sehr aufschlussreich ist. Ansonsten sind an den meisten Gebäuden und Ruinen englischsprachige Hinweistafeln angebracht, wobei die Schilder der Hanghäuser am ausführlichsten sind.

Oberes Ephesos — RUINEN

Die **Variusthermen** befanden sich, wie die Bäder in anderen antiken Städten, direkt am Haupttor, sodass sich Reisende und Besucher reinigen konnten, bevor sie die Stadt betraten. Daneben hatten Bäder in griechisch-römischer Zeit auch eine soziale Funktion als Treffpunkt und Massagesalon.

Neben dem Bad befindet sich die **Obere Agora**, ein großer, rechteckiger Platz, auf dem politische Versammlungen stattfanden und Gesetze verkündet wurden. Der Platz war ursprünglich von hohen Säulen umgeben und mit poliertem Marmor gepflastert. In der Mitte stand ein kleiner **Isis-Tempel**, der ein Beweis für die engen

Fortsetzung auf S. 222

Ephesos (Efes)

EIN GANZ NORMALER TAG IN EINER STADT DER ANTIKE

Auf den ersten Blick scheint Ephesos nur ein verwirrender Haufen Steine und Trümmer zu sein, aber ein Bummel durch die Überreste jener Stadt, die einmal die zweitgrößte des Römischen Reiches war, ist ein Höhepunkt jeder Türkeireise. Die Illustration zeigt, wie Ephesos zu seiner Blütezeit wohl aussah. Da jedoch erst knapp 18 % der antiken Metropole ausgegraben sind, schlummert noch wesentlich mehr im Boden, als hier dargestellt werden kann. Die Ausgrabungen sind noch längst nicht abgeschlossen und fördern Jahr für Jahr Erstaunliches zutage.

Ein ganz normaler Tag im antiken Ephesos könnte z. B. so ablaufen:

Der Morgen beginnt mit einer Ratsversammlung im Odeion **1**. Anschließend werden die Debatten beim Schlendern über die Kuretenstraße **2** Richtung Latrinen **3** fortgesetzt, während man unterwegs die imperiale Größe der Statue von Kaiser Trajan auf einer „Erdkugel" vor dem Trajanbrunnen bewundert. Danach wirft man einen Blick auf das Warenangebot der Unteren Agora, noch vor dem Mittagessen in einem Haus am Hang **4**. Anschließend studiert man vielleicht die Klassiker in der Celsus-Bibliothek **5** oder aber man stattet dem Bordell **6** einen Besuch ab. Als rechtschaffener Bürger würde man danach wohl im Hadrianstempel **7** die Götter um Verzeihung bitten. Allerdings nicht zu lange, denn schon lockt die Aufführung im wunderbaren Großen Theater **8**.

DATEN & FAKTEN

» Ephesos war bekannt für seine zahlreichen Künstlerinnen – wie Timarata, die Bilder von Artemis malte.

» Im Großen Theater fanden 25 000 Zuschauer Platz.

» Nach der griechischen Mythologie wurde Ephesos von den Amazonen, sagenhaften Kriegerinnen, gegründet.

» Zu den berühmten „Söhnen" von Ephesos gehört der Philosoph Heraklit, ein Vorgänger von Sokrates.

CHRIS DELISO

Bordell

Wie im gesamten Mittelmeerraum der Antike galt der Besuch des Bordells in Ephesos als ganz normale Männerbeschäftigung. Die Kunden mussten sich zunächst verschiedenen Stufen eines Reinigungsprozesses unterziehen, bevor sie schließlich ins Innere eingelassen wurden. Dieser Innenraum war mit Marmor ausgekleidet und mit Statuen der Liebesgöttin Venus geschmückt. Ein steinerner Fußabdruck im Straßenbelag vor dem Gebäude wies den Weg.

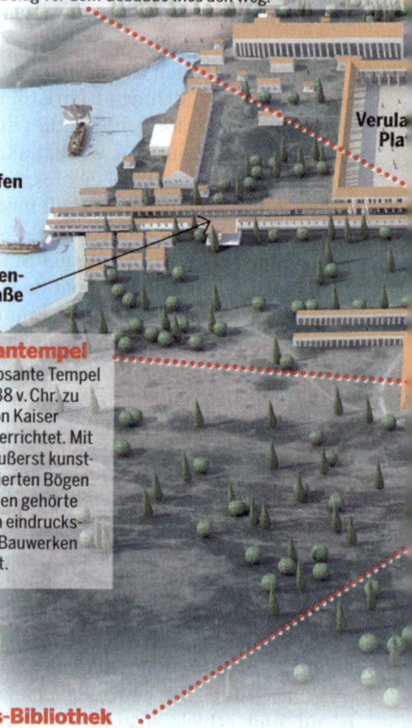

Hadriantempel

Der imposante Tempel wurde 138 v. Chr. zu Ehren von Kaiser Hadrian errichtet. Mit seinen äußerst kunstvoll verzierten Bögen und Säulen gehörte er zu den eindrucksvollsten Bauwerken der Stadt.

Celsus-Bibliothek

Generationen großer Denker studierten die Schriften in diesem Wunderwerk der Architektur aus dem 2. Jh. n. Chr. In der drittgrößten Bibliothek der Antike (nach Alexandria und Pergamon) wurden 12 000 Schriftrollen aufbewahrt, die geschickt vor Temperaturschwankungen und Feuchtigkeit geschützt waren.

CHRIS DELISO

CHRIS DELISO

Großes Theater

Im Großen Theater, das in den Berg Payanir gebaut wurde, fanden Aufführungen klassischer Dramen und Komödien statt. Die drei Ränge der kunstvoll verzierten Sitzreihen waren meistens voll belegt.

CHRIS DELISO

Latrinen

Als fester Bestandteil jeder griechisch-römischen Stadt der Antike verfügten die Latrinen über ein ausgeklügeltes Abwassersystem. Die wohlhabenderen Bürger von Ephesos besaßen eine Art „Latrinen-Mitgliedschaft", die ihnen ihren eigenen Sitz sicherte.

Odeion

In diesem Theater mit 5000 Plätzen fanden die Ratsversammlungen statt. Die Debatten und Diskussionen wurden von wahren Meistern der Rhetorik geführt. Diese Kunst hatte in der Antike sowohl bei den Griechen als auch bei den Römern einen hohen Stellenwert.

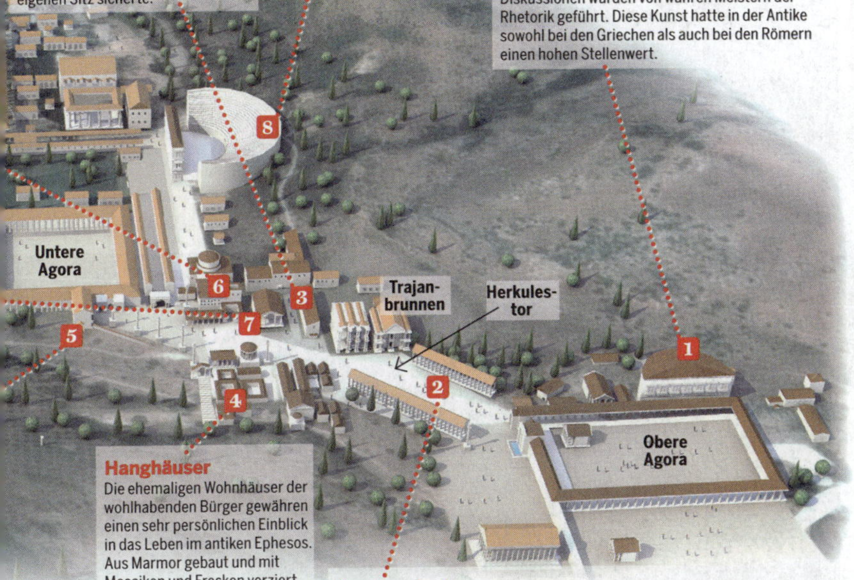

Hanghäuser

Die ehemaligen Wohnhäuser der wohlhabenden Bürger gewähren einen sehr persönlichen Einblick in das Leben im antiken Ephesos. Aus Marmor gebaut und mit Mosaiken und Fresken verziert boten sie beeindruckenden Luxus und Komfort.

Kuretenstraße

Die lange, mit Marmor gepflasterte Prachtstraße war von florierenden Geschäften und imposanten Statuen von Kaisern, Göttern und lokal bekannten Persönlichkeiten gesäumt.

CHRIS DELISO

CHRIS DELISO

1

3

ROBERT HARDING PRODUCTIONS / GETTY IMAGES ©

LOOK DIE BILDAGENTUR DER FOTOGRAFEN GMBH / ALAMY ©

Traumstrände

Die Türkei hat Strände ohne Ende: Ob ausgedehnte Sandstrände mit Hotels im Hintergrund oder winzige, tiefblaue Buchten, die nur per Boot erreichbar sind – bei gleich vier Meeren (Mittelmeer, Ägäis, Marmarameer und Schwarzes Meer) hat man die Qual der Wahl.

Patara

1 Flankiert von riesigen Dünen und mit 18 km der längste Strand der Türkei ist Patara (S. 305) nicht nur eine ausgesprochene Schönheit, sondern auch Nistplatz für Meeresschildkröten. Patara ist perfekt für eine Wanderung auf dem Lykischen Weg und eine der ergiebigsten archäologischen Stätten am Mittelmeer.

Kabak

2 Dieser wundervolle Kiesstrand (S. 329), überragt von zwei hohen Klippen, ist gesäumt von einem abgelegenen und völlig entspannten Ensemble von Zeltplätzen und Bungalows.

Ölüdeniz

3 Eine Landzunge (S. 296), die sich in eine blaue Lagune erstreckt – Ölüdeniz ist einer der meistfotografierten Orte der türkischen Küsten, und das zu Recht. Atemberaubend schön!

Pamucak

4 Die nächste Möglichkeit, sich nach dem Besuch von Ephesos im Meer abzukühlen, ist Pamucak (S. 234) – ein Sandstrand, der die Ägäis auf 7 km Länge säumt. Ein Paradies zum Wellenreiten!

Ayazma

5 Der berühmte Strand (S. 167) ist im Sommer voller Leute – alle wollen die tolle Aussicht gen Süden, das kristallklare Wasser, Melone, fangfrischen Fisch und *şarap* (Wein) genießen.

Von links oben im Uhrzeigersinn:
1 Der schier endlose Patara-Strand 2 Mit dem Mountainbike an den Strand von Kabak 3 Die Lagune von Ölüdeniz

Fortsetzung von S. 217

kulturellen und wirtschaftlichen Beziehungen zwischen Ephesos und Alexandria ist. Die Säulen der Agora wurden später für den Bau einer christlichen Basilika verwendet, die in typisch byzantinischem Stil mit drei Schiffen und einem Holzdach errichtet wurde. Die in der Ferne zu erkennenden Bogengänge sind Überreste von Lagerhäusern für Getreide und andere Nahrungsmittel.

Ephesos verfügte über eines der fortschrittlichsten Aquädukte der Antike. Reste der Wasserleitungen aus Terrakotta sind noch entlang der Straße zum **Odeion**, einem Theater mit 5000 Sitzplätzen, zu sehen. Das in erster Linie für Ratsversammlungen genutzte, prachtvolle Halbrund hatte einst Sitzbänke aus Marmor und war mit schönen Steinreliefs verziert.

Nicht weit entfernt markieren zwei von ehemals sechs dorischen Säulen den Eingang zum völlig zerstörten **Prytaneum**, dem ehemaligen Rathaus, und zum Schatzamt. An dieser Stelle ist der Unterschied zwischen den schlanken, reich verzierten ionisch-griechischen Säulen mit Längsrillen und den glatten, schlichten römischen Säulen besonders augenfällig: Beide Säulentypen sind in Ephesos vertreten, da antike Gebäude oft umgebaut oder sogar versetzt wurden. Unterschiedlich ist auch die Konstruktion der Bögen: Zum einen die genialen, aus einem Guss bestehenden, harmonisch ausbalancierten ionisch-griechischen Bogengänge, zum anderen die pragmatischen, mit Mörtel zusammengehaltenen der Römer.

Im Prytaneum befand sich auch der **Tempel der Hestia Boulaea**, in dem das ewige Feuer der Stadt brannte und von priesterlichen Jungfrauen (Vestalinen) bewacht wurde. Vor dem Tempel stand eine riesige Statue der Artemis. Die Fruchtbarkeitsgöttin mit den großen Brüsten streckte ihre weit geöffneten Arme den Besuchern entgegen. Von den Händen, die wahrscheinlich aus Gold gearbeitet waren, fehlt schon lange jede Spur. Die Augen vieler Statuen von Göttern, Kaisern oder bedeutenden Personen bestanden ursprünglich aus wertvollen Edelsteinen – ein weiterer Beleg für den Reichtum des antiken Ephesos.

Eine als „Heilige Straße" bezeichnete Seitenstraße führte zum **Asklepieion** (Krankenhaus) der Stadt. Die unter dem Schutz des Gottes Asklepios und seiner Tochter Hygieia arbeitenden Ärzte verwandten bereits das Symbol des von einer Schlange umwundenen Äskulapstabs, das oft in Stein gemeißelt wurde. Die Schlange symbolisiert die Fähigkeit, sich zu häuten und selbst zu erneuern. Doch die Mediziner der Antike kannten auch die heilenden Kräfte des Schlangengifts, und Ephesos verfügte über eine berühmte medizinische Schule.

Ganz in der Nähe befinden sich die spärlichen Überreste des **Domitiantempels**. Kaiser Domitian (81–96 n. Chr.) war ein Tyrann, der nicht nur den Apostel Johannes nach Patmos verbannte, wo dieser das Buch der Offenbarung niederschrieb, sondern auch den eigenen Neffen für dessen Interesse am Christentum hinrichten ließ. Dem ungeliebten Herrscher gelang es zwar, dass ein Tempel zu seinen Ehren errichtet wurde, jedoch wurde dieser sofort nach seinem Tod wieder zerstört.

Direkt neben dem Tempel zeugen schließlich der **Polliobrunnen** und das **Memmiusgrab** von der üppigen Ausstattung des antiken Ephesos mit Brunnen, die die Stadt mit ihrem entspannenden Plätschern erfüllten und einen weiteren Beleg für ihren Reichtum und Wohlstand darstellten.

Kuretenstraße RUINE

Die Straße ist nach den Halbgöttern benannt, die Lena bei der Geburt von Artemis und Apollon beistanden. Als Hauptverkehrsstraße von Ephesos war sie gesäumt von unzähligen Statuen, prachtvollen Gebäuden und Unmengen von Geschäften, die Weihrauch, Seide und andere Kostbarkeiten verkauften.

Ein Spaziergang auf dieser Straße vermittelt den besten Eindruck vom täglichen Leben im antiken Ephesos, denn es gibt viele interessante Details zu entdecken. So sollten die runden Vertiefungen und geraden Rillen, die in regelmäßigen Abständen in den Marmor gemeißelt wurden, verhindern, dass die Fußgänger auf der glatten Oberfläche ausrutschten. Diese Vorkehrung war nicht nur im regnerischen Winter wichtig, sondern auch in der brütenden Hitze des Sommers, wenn die Ladenbesitzer den glatten Marmorbelag regelmäßig mit Brunnenwasser übergossen, um die Luft etwas abzukühlen.

Für angenehme Kühle und Schatten sorgten auch die Bäume, die einst die Straße säumten. Unter manchen Bäumen waren kleine, steinerne Stützpfeiler mit zwölf runden Löchern angebracht. Diese dienten zu einem Glücksspiel, das die damaligen Bewohner gerne spielten und dabei auch

Wetten abschlossen. Der lateinische Name des Spiels lautete *ludus duodecim scriptorum*, also das „Spiel der zwölf Linien" – die Urform von Backgammon.

Das Marmorpflaster der Straße erinnert heute ziemlich stark an einen Flickenteppich. Das liegt daran, dass sich viele Steine wegen Umgestaltungen sowohl in der Antike als auch in der Neuzeit nicht mehr an ihrem ursprünglichen Platz befinden. Interessant sind auch die winzigen griechischen Buchstaben, die in einige Platten graviert sind: Es sind immer die Initialen des Baumeisters, der für den jeweiligen Abschnitt verantwortlich war. Sie dienten auch als Nachweis für die Bauarbeiter, die damit ihren Lohn einfordern konnten.

In den Mauern vieler Gebäude entlang der Straße finden sich ovale Vertiefungen: In diesen standen Öllampen, die die Straße nachts in ein zauberhaftes Licht tauchten.

Auf halber Strecke zwischen Oberer und Unterer Agora steht der zu Ehren des Kaisers errichtete **Trajanbrunnen**. Er war einst mit einer riesigen Statue des großen Kaisers geschmückt. Diese hielt eine Standarte in der Hand und stand auf einer Kugel. Die Inschrift am Brunnen besagt: „Ich habe die ganze Welt erobert und nun liegt sie mir zu Füßen." Unterhalb der Statue floss das Wasser des Brunnens auf die Kuretenstraße und reinigte sie.

Direkt daneben befanden sich die **Männerlatrinen**, ein rechteckiges Gebäude mit „Toilettensitzen" an den Rückwänden. Auch wenn die wohlhabenden Männer mit Sicherheit in ihren Häusern über eine eigene Toilette verfügten, benutzten sie doch regelmäßig die öffentlichen Toiletten, in denen sie für „ihren" persönlichen Sitz eine Gebühr bezahlten. Am Eingang zu dem Gebäude ist eine kleine Öffnung zu erkennen: Hier stand der Angestellte, der die Gebühren von den Kunden kassierte. Die ganze Angelegenheit war zwar absolut öffentlich, aber die wallenden Togen gewährten zumindest ein Minimum an Privatsphäre.

Ein Stück weiter die Kuretenstraße entlang liegen die Überreste des sogenannten städtischen **Bordells**. Wie nicht anders zu erwarten, strömen die Touristen besonders zahlreich zu diesem Ort. Dabei fällt es angesichts der dürftigen und ungeordneten Trümmer sehr schwer, sich ein entsprechend ausgestattetes „Freudenhaus" vorzustellen. Tatsächlich gehen einige Fachleute davon aus, dass es den Seeleuten und Händlern, die hierher kamen, eher als Gäste- und Badehaus diente. Das schließt natürlich nicht aus, dass dort auch die Dienste von Prostituierten in Anspruch genommen wurden.

Was auch immer der eigentliche Zweck des „Bordells" war, alle Besucher des fensterlosen Gebäudes mussten sich angeblich verschiedenen Arten der Reinigung unterziehen, bevor sie den Innenraum betreten durften, der mit kleinen Aphrodite-Statuen geschmückt war. Und obwohl die derzeitige Verwaltung von Ephesos die mögliche Existenz eines unterirdischen Geheimgangs vom Bordell zur Celsus-Bibliothek nach Kräften herunterspielt, schwören nicht wenige Einheimische, dass sie noch vor 15 oder 20 Jahren durch diesen Gang gelaufen sind.

Bei dem Gebäude neben dem Bordell handelt es sich um den **Hadrianstempel**. Der zu Ehren des Nachfolgers von Kaiser Trajan und im korinthischen Stil errichtete Tempel ist nach der Celsus-Bibliothek die zweitwichtigste Sehenswürdigkeit von Ephesos. Ursprünglich hatte er ein Holzdach und sogar Türen. Der Hauptbogen wird von einem zentralen Schlussstein gehalten, sodass kein Zement oder Mörtel verwendet werden musste. Der Tempel ist extrem reich und kunstvoll verziert. So schmückt die Darstellung von Tyche, der Göttin des Glücks, den ersten Bogen, während auf dem zweiten Bogen Medusa die bösen Geister abwehrt. Vor allem Seeleute und Händler baten Tyche um Schutz auf ihren langen Reisen. Hinter dem ersten Bogen zeigt ein Relief oben links einen Reiter, der, wie in der Gründungslegende von Ephesos überliefert, einen wilden Eber jagt. In Schulterhöhe sind Sonnenrad-Symbole (Swastika) zu sehen, die den in der Nähe fließenden Mäander symbolisieren.

Hanghäuser RUINEN

(Yamaç Evleri; Eintritt 15 ₺) Gegenüber dem Hadrianstempel befinden sich die Hanghäuser, die zusätzlich 15 ₺ Eintritt kosten, was sich aber lohnt. Das gesamte Wohngebiet war ursprünglich ein Friedhof, bis die Römer die heutigen Terrassen anlegten und ihre Häuser über dem Friedhof und anderen Anlagen der Griechen errichteten. Die überdachte Grabungsstätte besteht (zurzeit) aus sieben gut erhaltenen römischen Wohnhäusern. An den Treppen, die sich durch die gesamte Anlage schlängeln, sind Hinweistafeln angebracht, die ausführlich die wahrscheinliche Nutzung des jeweiligen

Gebäudes in den verschiedenen Epochen erklären. Die Wände im Wohnhaus 2 sind mit graffitiähnlichen Kritzeleien bedeckt, die von Gladiator- und Tierzeichnungen bis hin zu Namen und Liebesgedichten alles Mögliche darstellen. Wohnhaus 6 verfügte einst über eine riesige Eingangshalle aus Marmor, die teilweise restauriert ist, sowie bemerkenswerte warme und kalte Bäder (Caldarium bzw. Frigidarium), die aus dem 3. Jh. n. Chr. stammen. Auch wer sich nicht sonderlich für Geschichte interessiert, wird von den farbenprächtigen Mosaiken, Wandmalereien und Marmorböden dieser prunkvollen Häuser der einstigen Oberschicht von Ephesos begeistert sein.

Celsus-Bibliothek RUINE

Die herrliche Bibliothek wurde Anfang des 2. Jhs. n. Chr. zur Erinnerung an Celsus Polemaeanus, den einstigen Gouverneur der Provinz Asia Minor, errichtet. Wie aus der in Griechisch und Latein abgefassten Inschrift an der Eingangstreppe hervorgeht, ließ Konsul Tiberius Iulius Aquila die Bibliothek 114 n. Chr. zu Ehren seines verstorbenen Vaters errichten, der unter ihrem Westflügel begraben wurde.

Mit 12 000 Schriftrollen, die in ihren Wandnischen untergebracht werden konnten, verfügte Ephesos nach Alexandria und Pergamon über die drittgrößte Bibliothek der Antike. Die wertvollen Schriften waren durch einen 1 m breiten Abstand zwischen den Innen- und Außenmauern vor Temperaturschwankungen und Feuchtigkeit geschützt. Die ursprünglich als Teil eines Gebäudekomplexes errichtete Bibliothek wirkt allerdings größer als sie wirklich ist: Durch die leicht nach außen gewölbte Fassade des Erdgeschosses wirken die Elemente in der Mitte höher. Außerdem sind die mittleren Säulen und Kapitelle dicker als die an den Seiten.

Die (nachgebildeten) weiblichen Statuen in den Nischen der Fassade verkörpern die altgriechischen Tugenden Arete (Güte), Ennoia (Denken), Episteme (Wissen) und Sophia (Weisheit). Die Originalstatuen sind im Wiener Ephesos-Museum zu sehen, denn die Bibliothek wurde unter Leitung des Österreichischen Archäologischen Instituts ausgegraben und wieder aufgebaut.

Marmorstraße RUINE

Die drittgrößte Straße in Ephesos verband die Celsus-Bibliothek mit dem Großen Theater (das für die Zeit der Ausgrabungen geschlossen bleibt). Gegenüber dem Theater befindet sich die **Untere Agora**, ein 110 m^2 großer Platz, auf dem der Textil- und Lebensmittelmarkt abgehalten wurde und der einst von einem hohen Säulengang umgeben war.

Von der Agora blickt man direkt auf das **Große Theater**. Das unter dem hellenistischen König Lysimachos errichtete Theater wurde von den Römern 41–117 n. Chr. umgebaut, wobei sie Elemente der Originalanlage übernahmen, z. B. die geniale Form der *cavea* (halbrunder Zuschauerraum). Die Sitzreihen sind steiler angeordnet als sie ansteigen, sodass die Zuschauer bis in die oberste Reihe gut sehen und hören konnten. Eine wahre Meisterleistung, wenn man bedenkt, dass das Theater 25 000 Plätze bot. Diese Zahl bildete auch die Grundlage für die Schätzung der maximalen Einwohnerzahl von Ephesos durch die Archäologen, indem sie sie einfach mit zehn multiplizierten.

Hafenstraße RUINE

In einem letzten Versuch, die untergehende Stadt noch zu retten, ließ der oströmische Kaiser Arkadios (395–408 n. Chr.) die offiziell nach ihm benannte „Arkadiane" bauen. Immerhin war sie damals Ephesos' prächtigste Durchgangsstraße, die nachts von 50 Laternen an den Säulengängen beleuchtet wurde. Unter ihrem feinen Marmorbelag verliefen Wasser- und Abwasserkanäle. An ihrem Ende lagen die **Hafenthermen**. Eine hohe Säule markiert das Ende der Straße und den Beginn des antiken Hafens – heute unvorstellbar, dass das Meer einmal bis hierher reichte!

Außerhalb des unteren Eingangs befinden sich die Überreste des **Vediusgymnasion**. Die Anlage aus dem 2. Jh. n. Chr. hatte mehrere Sportplätze und -hallen, Bäder, Toiletten, ein Schwimmbad und eine Festhalle. Etwas näher an der Stadt befindet sich das **Stadion** aus der gleichen Zeit, dessen Mauern später für den Bau der byzantinischen Burg auf dem Ayasoluk abgetragen wurden.

Auch hier dauern die Ausgrabungen noch an und fördern immer wieder Erstaunliches zutage. So wurde 2007 in der Nähe des Stadions ein Gladiatorenfriedhof entdeckt, und hinter der Bibliothek sollen sich Überreste einer römischen Synagoge befinden. Es gibt noch viel zu entdecken!

In Zukunft wollen die türkischen Behörden auch gegen die zunehmenden Ablagerungen des Flusses vorgehen, die bis dato immer wieder das Ende aller Ansiedlungen in Ephesos bedeutet hatten. Geplant ist das

Ausbaggern eines Kanals bis zur Küste, auf dem dann auch die Besucher nach Ephesos reisen könnten – und die Stadt wäre wie früher eine stolze Hafenstadt.

An- & Weiterreise

Die meisten Besucher von Ephesos übernachten im nur 3 km entfernten Selçuk, im Küstenort Kuşadası (19 km entfernt) oder in einem der touristisch geprägten Bergdörfer wie Şirince. Da keiner der Hotelbesitzer seine Gäste nach Ephesos bringen kann, muss man mit dem Taxi, Auto oder einer geführten Tour anreisen.

Die beiden Eingänge zur Ruinenstätte sind 3 km voneinander entfernt. Am Vernünftigsten ist es, den oberen Eingang beim Magnesischen Tor zu benutzen, weil man dann immer bergab bis zum unteren Eingang gehen kann.

Eine andere Möglichkeit sind die Minibusse aus Pamucak und Kuşadası, die bei Bedarf an der Abzweigung nach Ephesos anhalten (4 ₺, 5 Min., 3 km). Von dort sind es noch 20 Gehminuten zum Kassenhäuschen am unteren Eingang. Ein Taxi von Selçuk kostet 20 ₺.

Rund um Ephesos

Bei den meisten geführten Touren nach Ephesos werden auch Meryemana (Das Haus der Maria) und die Höhle der Sieben Schläfer besichtigt. Vorher nachfragen!

Sehenswertes

Meryemana (Das Haus der Maria) HISTORISCHES GEBÄUDE

(☎894 1012; 12,50/5 ₺ pro Pers./Auto, türk. Staatsbürger 3 ₺; ⊙Mai–Okt. 8–19 Uhr, Nov.–April 8–16.30 Uhr) Obwohl es aufgrund der Überlieferung lange schon bekannt war, dass der Apostel Johannes die Jungfrau Maria gegen Ende ihres Lebens (37–45 n. Chr.) nach Ephesos gebracht haben soll, dauerte es doch bis weit ins 19. Jh. hinein, bis diese Tatsache vermarktet wurde. 1881 behauptete der französische Priester Julien Gouyet, das Haus der Maria gefunden zu haben. Grundlage dieser Behauptung waren die Visionen der deutschen Mystikerin und Nonne Anna Katharina Emmerich, die jahrelang schwerkrank ans Bett gefesselt war. Seit dieser Zeit haben vier Päpste das Haus besucht, zuletzt Papst Benedikt XVI. im Jahr 2006. Auch wenn der Vatikan noch immer keine offizielle Stellungnahme in dieser Sache abgegeben hat, sprach Papst Johannes Paul II. im Jahr 2004 bei den letzten Heiligsprechungen vor seinem Tod Anna Katharina heilig.

Die Fundamente des zerstörten Hauses, die von dem französischen Priester entdeckt wurden, stammen allerdings aus dem 6. Jh. n. Chr. (wobei einige Teile tatsächlich älter sind). Sie befinden sich an dem bewaldeten Berghang des Bülbül Dağı (Berg Pion) in der Nähe von Ephesos. Auf diesen Fundamenten ließen geschäftstüchtige Türken eine Kapelle errichten. Seitdem reißt der Strom der eifrig in Bussen angekarrten Pilger und Touristen nicht ab.

Vom Inneren der winzigen Kapelle ist bei all den Menschenmassen nicht viel zu erkennen. So kann man sich in aller Ruhe die verblasste rote Linie an der Außenmauer ansehen, unterhalb derer sich noch die ursprünglichen Fundamente befinden. Es gibt mehrsprachige Informationstafeln. Sehr aufschlussreich ist auch das Buch *Mary's House* von Donald Carroll. Bei der Kapelle sind außerdem diverse Broschüren und Prospekte (3 €) erhältlich.

Eine Wand unterhalb der Kapelle ist über und über mit Lumpen und Stofffetzen bedeckt. Einem türkischen Brauch nach schreiben Besucher der Kapelle ihre Wünsche auf ein Stück Stoff, Papier, Plastik (was gerade zur Hand ist) und befestigen es an einem Rahmen der „Wunschwand".

Katholische Messen werden montags bis samstags jeweils um 7.15 und 18.30 Uhr gehalten, sonntags um 10.30 Uhr. Außerdem findet jedes Jahr am 15. August ein spezieller Gottesdienst zu Mariä Himmelfahrt statt. Unbedingt angemessene Kleidung tragen!

Im **Café Turca** (Meryemana Evi; Hauptgerichte 4-10 ₺; ⊙morgens, mittags & abends) am Eingang zum Haus der Maria kann man sich kühle Getränke für ein Picknick im Schatten der Bäume besorgen.

Die Kapelle ist 8,5 km vom unteren (nördlichen) Eingang und 7 km vom oberen (südlichen) Eingang entfernt. Dolmuşe fahren nicht bis hierher, ein Taxi von und nach Selçuk (Busbahnhof) kostet 50 ₺. Am besten kommt man mit dem Auto oder einer geführten Tour.

GRATIS **Höhle der Sieben Schläfer** RUINE

Die Straße vom Haus der Maria nach Ephesos führt an der Abzweigung zur Höhle der Sieben Schläfer vorbei. Nach der Legende flüchteten sieben Christen, die 250 n. Chr. unter Kaiser Decius verfolgt wurden, an ihrem Glauben festhielten und all ihren Besitz an die Armen verteilten, in eine Höhle des Bergs Pion. Dort schliefen sie ein und Decius ließ die Höhle zumauern.

Jahrhunderte später wurden die Männer von einem Bauern geweckt, der die Höhle nutzen wollte. Der Überlieferung nach meinten sie, nur einen einzigen Tag geschlafen zu haben, und sandten einen Boten in das heidnische Ephesos. Der verblüffte Emissär war mindestens so überrascht, dort christliche Kirchen vorzufinden, wie die Epheser über seine 200 Jahre alten Münzen staunten. Der Bischof der Stadt ließ sich zu den Sieben Schläfern führen, um mit ihnen zu sprechen. Als sie starben, wurden sie in dieser Höhle bestattet. Dies war um das Jahr 450 n.Chr. Der Bischof verkündete umgehend jenes Wunder und löste damit in der oströmischen Kirche einen Wallfahrtskult aus, der bis ins 16. Jh. andauern sollte. Die Legende verbreitete sich bis nach Frankreich und England und ist sogar im islamischen Koran zu finden.

Als die Ausgrabungen in der Höhle 1927 begannen, fand man tatsächlich Hunderte von Terrakotta-Öllampen aus dem 4. und 5. Jh., die mit christlichen, aber auch heidnischen Symbolen verziert waren. Unabhängig vom Wahrheitsgehalt der Legende beweisen diese Funde und die große Anzahl von Felsengräbern in der Nekropole, dass dieses Gebiet lange Zeit von großer Bedeutung für viele Menschen war.

Wer die **Gräber** sehen will, folgt dem 200 m langen Fußweg, der vom Parkplatz (1,5 km von Ephesos entfernt) den Hügel hinauf führt. Die Höhle ist zwar eingezäunt, aber man kann durch ein großes Loch im Zaun schlüpfen. Einige Imbissbuden in der Nähe verkaufen Getränke und Snacks wie *gözleme* (pikant gefüllte Pfannkuchen).

Selçuk

☎0232 / 28158 EW.

Ohne Ephesos als Nachbar wäre Selçuk wohl eine Stadt wie jede andere in der türkischen Provinz. Allerdings gibt's hier doch mehr Sehenswürdigkeiten als man erwartet – vom eleganten byzantinischen Aquädukt bis hin zu den Fundamenten der uralten Johannesbasilika und der Zitadelle auf dem Ayasoluk-Hügel, die jahrhundertelang über die Stadt wachte und nun endlich wieder für Besucher geöffnet ist.

Wie in anderen kleinen Orten, die eigentlich nur einen kurzen Besuch lohnen, ist der Wettbewerb im örtlichen Tourismusgewerbe gnadenlos (und grenzt schon an offene Feindschaft), was sich zum einen in günstigen Angeboten für die Touristen, zum anderen in aufdringlichen Drückermethoden äußern kann. Alles in allem ist Selçuk aber immer noch eine liebenswerte, bodenständige Stadt mit einer anständigen Auswahl an Restaurants, Bars und Unterkünften sowie allen erforderlichen Einrichtungen, z.B. einem Postamt (um die obligatorischen Postkarten aus Ephesos zu verschicken). Selçuk verfügt auch über gute Bus- und Bahnverbindungen zu allen wichtigen Reisezielen, was es zu einem angenehmen und günstigen Basislager für die Erkundung der Gegend macht.

Sehenswertes

Artemis-Tempel RUINE

(Artemis Tapınağı; ⌚8.30–17.30 Uhr) Westlich von Selçuk steht eine einzelne Säule mitten in der kargen Landschaft. Sie ist alles, was vom großartigen Tempel der Artemis, einem der Sieben Weltwunder der Antike, übrig geblieben ist.

Zu seinen besten Zeiten bestand der Tempel aus 127 solcher Säulen. Um sich diese gewaltige Größe zumindest annähernd vorstellen zu können, sollte man den recht gut erhaltenen Apollontempel in Didyma besichtigen, der ursprünglich immerhin 122 Säulen hatte.

In seiner mehr als 1000-jährigen Geschichte wurde der Artemis-Tempel mehrmals umgebaut, durch Hochwasser zerstört und von diversen Eroberern beschädigt. Aber er wurde immer wieder aufgebaut – ein Zeichen der großen Zuneigung und Verehrung, die die Epheser ihrer Fruchtbarkeitsgöttin entgegenbrachten. Nicht zuletzt sorgte der Artemiskult für reichlich Pilger und Wohltäter, darunter die größten Könige und Kaiser ihrer Zeit, die der Stadt zu immensem Wohlstand verhalfen.

Ephesos-Museum MUSEUM

(☎892 6010; Uğur Mumcu Sevgi Yolu Caddesi; Eintritt 5 ₺; ⌚Sommer 8.30–18.30 Uhr, Winter 8.30–16.30 Uhr) Das archäologische Museum enthält u.a. Fundstücke aus den Hanghäusern von Ephesos, z.B. Waagschalen, Schmuck und Kästchen für Kosmetika sowie Münzen, Grabbeigaben und Statuen. Die berühmte Skulptur des Gottes Priapos mit dem gewaltigen Phallus, der erst auf Knopfdruck sichtbar wird, befindet sich in einem Raum, der ausschließlich der bildhaften Darstellung des Eros, dem griechischen Gott der Liebe, gewidmet ist. Das weibliche Pendant zu Priapos ist die vielbrüstige Göttin Artemis, die als meisterhaft gearbeitete Marmorstatue zu sehen ist.

Die Fundstücke von einem Gladiatorenfriedhof sind mit Erläuterungen zu Bewaffnung, Ausbildung und dem Berufsrisiko des Gladiators versehen. Ebenfalls sehr sehenswert ist ein Fries aus dem Hadriantempel, auf dem vier tapfere Amazonen mit amputierten Brüsten dargestellt sind. In frühen Schriften der Griechen werden sie als Begründerinnen von Ephesos genannt.

Das Museum sollte man direkt im Anschluss an die Besichtigung des antiken Ephesos besuchen, denn nachmittags werden die Reisegruppen der Kreuzfahrtschiffe durchgeschleust.

Johannesbasilika RUINE

(St. Jean Caddesi; Eintritt 5 ₺; ⏲Sommer 8.30–18.30 Uhr, Winter 8.30–16.30 Uhr) Obwohl sie seit gut hundert Jahren restauriert wird, ist die ehemals so prachtvolle Basilika des byzantinischen Kaisers Iustinian (527–65) immer noch ein Schatten ihrer selbst. Dennoch lohnt es sich, auf dem Weg zur Zitadelle auf dem Ayasoluk-Hügel kurz bei ihr vorbeizuschauen, zumal der Ausblick von hier aus fantastisch ist.

Der Grundriss und eine Zeichnung auf der Informationstafel lassen wie die Marmorstufen und das riesige Portal die frühere Größe und Pracht der Kirche erahnen. Schuld an dem Zerfall waren Erdbeben und Übergriffe feindlicher Mächte. Benannt wurde sie nach dem Apostel Johannes, der angeblich zweimal in Ephesos weilte. Beim ersten Mal (zwischen 37 und 48 n. Chr.) brachte er die Jungfrau Maria mit, beim zweiten Mal im Jahre 95 schrieb er auf dem Ayasoluk-Hügel sein Evangelium nieder. Diese Legenden und die Existenz eines Grabes aus dem 4. Jh., in dem die sterblichen Überreste von Johannes vermutet wurden, hatten Kaiser Iustinian bewogen, an dieser Stelle eine Kirche zu errichten. Schon in byzantinischer Zeit zog sie Tausende von Pilgern an und noch heute strömen die Touristen in Massen zu ihr.

Zitadelle auf dem Ayasoluk-Hügel BURG

(St. Jean Caddesi; Eintritt 8 €; ⏲Sommer 8.30–18.30 Uhr, Winter 8.30–16.30 Uhr) Nach jahrelangen (und noch immer nicht abgeschlossenen) Ausgrabungsarbeiten wurde die Festung hoch über der Stadt im September 2012 endlich wieder für Besucher geöffnet. Der Zugang erfolgt über die Johannesbasilika, und zwar mit derselben Eintrittskarte. Die 1990 begonnenen Ausgrabungen ergaben, dass die Zitadelle nicht nur über die antike Stadt Ephesos wachte, sondern auch schon über die Siedlungen in der Jungsteinzeit. Die nun teilweise restaurierten Überreste der Zitadelle stammen allerdings aus byzantinischer und osmanischer Zeit.

Ein Teil der Burg, das weitgehend zerstörte **Wohnhaus der Zitadelle**, sorgte bei seiner Ausgrabung 2009 für Schlagzeilen, denn es war zuletzt 1670 von dem britischen Reisenden John Covell erwähnt worden. Das für die Familie eines osmanischen Herrschers errichtete Gebäude wurde wahrscheinlich von den gleichen Architekten entworfen, die auch für die İsa-Bey-Moschee in der Stadt verantwortlich waren.

Bei den jüngsten Ausgrabungen im Inneren der Zitadelle wurden Überreste von drei Häusern der Kale-Moschee entdeckt. Es handelt sich um eine Anlage mit 15 Schlafzimmern, die heute als **Südliche Terrasse** bezeichnet wird. Unter Verwendung des ursprünglichen Baumaterials wird seit 2010 die mehr als 100 m lange Westmauer mit Wehrtürmen restauriert. In den kommenden Jahren wollen die Archäologen die Zitadelle wieder in früherer Größe aufbauen.

İsa-Bey-Moschee MOSCHEE

(St. Jean Caddesi) Am Fuß des Ayasoluk-Hügels und beinahe mitten in der Stadt erhebt sich dieser imposante Kuppelbau, den der Emir von Aydın 1375 im Stil der Übergangszeit der seldschukischen zur osmanischen Herrschaft errichten ließ. Im Inneren ist eine Büste des Sultans Isa Bey zu sehen. Die Moschee kann besichtigt werden, allerdings nicht während des Gebets.

Römisches Aquädukt RUINE

Die (mit Unterbrechungen) entlang der Namık Kemal Caddesi und Inönü Caddesi von Ost nach West verlaufenden, hohen Wasserleitungen aus römisch/byzantinischer Zeit sind mit großen Storchennestern geschmückt. Von März bis September ist dies die Heimat jener großer Zugvögel. Die Straßencafés und Restaurants neben den schön beleuchteten mittleren Bögen sind an lauen Sommerabenden besonders romantisch.

Çetin-Museum MUSEUM

(☎894 8116; Eintritt 3 ₺; ⏲9–17 Uhr) Das kleine Museum, das 300 m hinter dem Kreisverkehr in Richtung Pamucak und Kuşadası liegt, zeigt das Leben in Anatolien in den 1950er-Jahren anhand von Puppen in Trachten und Ausstellungsstücken zu Volkstänzen.

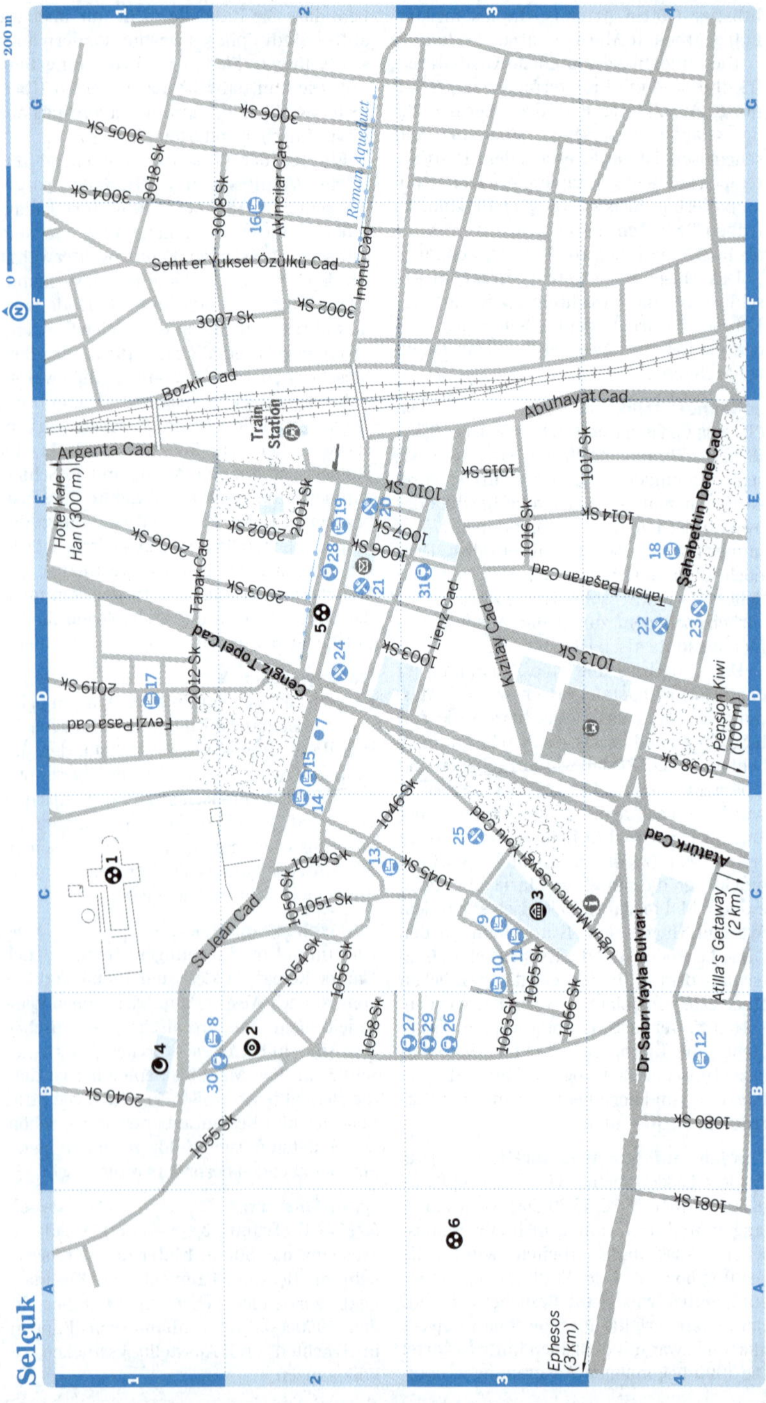
Selçuk
0
200 m
Roman Aqueduct
3006 Sk
3005 Sk
3018 Sk
3004 Sk
3008 Sk
Akincilar Cad
Sehit er Yuksel Özülkü Cad
İnönü Cad
3002 Sk
3007 Sk
Bozkir Cad
Train Station
Abuhayat Cad
Argenta Cad
Hotel Kale Han (300 m)
1015 Sk
1017 Sk
1010 Sk
2001 Sk
2002 Sk
2006 Sk
1007 Sk
1006 Sk
1016 Sk
1014 Sk
Şahabettin Dede Cad
Tahsin Başaran Cad
Tabak Cad
2003 Sk
Lienz Cad
Kizilay Cad
Cengiz Topel Cad
1003 Sk
1013 Sk
2012 Sk
2019 Sk
Fevzi Pasa Cad
Pension Kiwi (100 m)
1038 Sk
1046 Sk
Uğur Mumcu Sevgi Yolu Cad
Atatürk Cad
1049 Sk
1045 Sk
1050 Sk
1051 Sk
St Jean Cad
1054 Sk
1056 Sk
1065 Sk
1066 Sk
1063 Sk
1058 Sk
Dr Sabri Yayla Bulvari
Atilla's Getaway (2 km)
2040 Sk
1055 Sk
1080 Sk
1081 Sk
Ephesos (3 km)

Selçuk

Sehenswertes

1	Johannesbasilika	C1
2	Crisler-Bibliothek	B2
3	Ephesos-Museum	C3
4	İsa-Bey-Moschee	B1
5	Römisches Aquädukt	D2
6	Artemis-Tempel	A3

Aktivitäten, Kurse & Touren

7	No-Frills Ephesus Tours	D2

Schlafen

8	Hotel Akay	B1
9	Alihan Guesthouse	C3
10	Australia & New Zealand Guesthouse	C3
11	Pension Barım	C3
12	Hotel Canberra	B4
13	Pension Homeros	C2
14	Hotel Bella	C2
15	Naz Han	D2
16	Pension Nur	F2
17	Pension Tuncay	D1
18	Vardar	E4
19	Wallabies Aquaduct Hotel	E2

Essen

20	Ejder Restaurant	E2
21	Eski Ev	E2
22	Market	D4
23	Selçuk Köftecisi	D4
24	Şişçi Yaşarın Yeri	D2
25	St. John's Café	C3
	Wallabies Aquaduct Restaurant	(siehe 19)

Ausgehen

26	Amazon	B3
27	Anton	B3
28	Denis Café	E2
29	Destina Cafe & Bar	B3
30	Odeon Beer Garden	B1
31	Pink	E3

Crisler-Bibliothek GEBÄUDE

(☎892 8317; www.crislerlibraryephesos.com; Prof. Anton Kallinger Caddesi 40; Eintritt 5 ₺; ⏲Mo–Fr 9–17 Uhr) Wer sich für die Geschichte des antiken Ephesos interessiert, kann in dieser entspannten Bibliothek stöbern. Darüber hinaus bietet sie umfangreiche Informationen zur gesamten antiken, biblischen und islamischen Geschichte der Gegend sowie Vorträge für Studenten der Archäologie in entsprechenden Seminarräumen. Außerdem gibt's einen Buchladen und ein Café. Die Bibliothek entstand aus dem Vermächtnis des berühmten amerikanischen Bibelexperten, Archäologen und Harvard-Absolventen B. Cobbey Crisler.

Dampflokomotiven-museum Çamlık MUSEUM

(☎894 8116; Eintritt 5 ₺; ⏲Sommer 8–19 Uhr, Winter 8–17 Uhr) In diesem Freiluftmuseum, das sich einige Kilometer außerhalb von Selçuk an der Straße nach Aydın befindet, sind mehr als 30 Dampflokomotiven aus aller Welt zu bestaunen, darunter auch eine britische C-N2 von 1887. Als Atatürk während des türkischen Befreiungskrieges sein Hauptquartier nach Selçuk verlegte, stand auch dessen weißer Sonderzug hier. Zahlreiche Fotos, Porträts, Zeitungsartikel und ein alter Schreibtisch erinnern an den „Vater der Türken".

Schlafen

In Selçuk gibt's vor allem kleine, von Familien geführte Pensionen mit gutem Preis-Leistungs-Verhältnis, aber auch einige wenige teurere Hotels – die Stadt ist nicht nur etwas für Budgetreisende. Der überaus aufmerksame Service in Verbindung mit kostenlosen Extras, Abholung vom Busbahnhof und beflissener Hilfsbereitschaft kann auch mit ziemlichem Druck, einen Teppich zu kaufen oder eine Tour zu buchen, verbunden sein, was viele Reisende sehr nervig finden. Die im Folgenden aufgeführten Unterkünfte sind aber in Ordnung.

LP TIPP **Atilla's Getaway** HOSTEL €

(☎892 3847; www.atillasgetaway.com; Acarlar Köyü; Stellplatz pro Person/B/EZ/DZ inkl. Frühstück & Abendessen 13/17/24/40 €; ❄📶🏊) In dem freundlichen „Backpacker-Resort" kann man sich nach anstrengenden Besichtigungstouren herrlich entspannen. Es liegt zwar 2,5 km südlich der Stadt, ist aber durch regelmäßig verkehrende, kostenlose Shuttle-Busse mit dem Busbahnhof verbunden. Die einfachen Zimmer und geräumigen Schlafsäle (sie kommen ohne Stockbetten aus) verteilen sich rund um einen Swimmingpool, an dem es auch einen Billardtisch, eine gemütliche Sitzecke mit traditionellen Sitzkissen und niedrigen Holztischchen sowie eine Bar und ein Restaurant unter freiem Himmel gibt.

Campern steht ein Rasen unterhalb der Anlage, direkt neben dem Volleyball-Sandplatz zur Verfügung. Bei der von Inhaber Atilla geplanten Renovierung sollen separate Waschräume für die Camper gebaut und Heizmöglichkeiten für die Nebensaison installiert werden. Klimaanlage in den Hotelzimmern kostet 7 ₺ extra. Im Preis inbegriffen ist ein köstliches, traditionell türkisches Abendessen, das mit Erzeugnissen des hauseigenen Gemüsegartens zubereitet wird. Wer lieber außerhalb isst, kann jeweils 5 ₺ von den genannten Preisen abziehen.

Hotel Akay HOTEL €€
(☎892 3172; www.hotelakay.com; 1054 Sokak 7; EZ/DZ/3BZ ab 30/50/80 €; ❄@📶🏊) Die Schweizer Leitung des schicken Hotels in der Nähe der İsa-Bey-Moschee ist am einwandfreien Service und der Liebe zum Detail zu erkennen. Das von der Straße abgeschottete, ruhige und elegante Hotel besteht aus hübschen Steinhäusern mit weißgetünchten Wänden und grünen Türen. Die gut ausgestatteten Zimmer bieten alle Blick auf den einladenden Innenhof mit Swimmingpool. Abendessen (Hauptgerichte 12–15 ₺) wird auf der schönen Dachterrasse serviert.

Pension Homeros PENSION €€
(☎892 3995; www.homerospension.com; 1048 Sokak 3; EZ/DZ/3BZ 50/80/110 ₺; ❄📶) Die freundliche Pension ist ein Dauerbrenner im Selçuker Gastgewerbe. Die zwölf einzigartigen Zimmer sind mit farbenfrohen Wandbehängen und vom Inhaber eigenhändig geschreinerten Möbeln ausgestattet. (Das ist sein Beruf und das Sammeln von Antiquitäten seine Berufung.) Das Haus bietet eine schöne Aussicht, guten Kaffee und leckeres Abendessen (15 ₺) auf den beiden Dachterrassen. Die Zimmer mit Gemeinschaftsbad kosten 5 ₺ weniger.

Wallabies Aquaduct Hotel HOTEL €
(☎892 3204; www.wallabiesaquaducthotel.com; Cengiz Topel Caddesi 2; EZ/DZ/3BZ ab 50/70/105 ₺; ❄📶) Die sauberen, sehr modernen Zimmer des Hotels direkt neben dem Aquädukt im Zentrum von Selçuk wurden erst kürzlich renoviert. Von einigen blickt man direkt auf die Storchennester auf den obersten Bögen der alten Wasserleitung. Das Hotel liegt zwar in einer lebhaften Gegend, doch doppelt verglaste Fenster halten den Lärm ab. Zum Frühstück wird ein tolles Büfett aufgebaut, das Restaurant im Erdgeschoss gehört zu den besten der Stadt. Die Preise für die besseren, renovierten Zimmer sind etwas höher als angegeben, die Renovierung aller Zimmer soll bald abgeschlossen sein. Am besten erkundigt man sich vorher beim Besitzer Mehmet (alias „Jeff“), der wie seine Frau Filiz und die fleißigen Eltern äußerst freundlich und hilfsbereit ist.

Pension Barım PENSION €€
(☎892 6923; barim_pansiyon@hotmail.com; 1045 Sokak 34; EZ/DZ 40/80 ₺; ❄📶) Auffällig an der Pension mit zwölf Zimmern sind die ungewöhnlichen, krumm und schief gewickelten Drahtkunstwerke, die von den Besitzern, zwei freundlichen Brüdern, selbst hergestellt wurden. Zu dem 140 Jahre alten Steinhaus gehört ein schattiger Garten, in dem das Frühstück und den ganzen Tag über Kaffee serviert wird.

Villa Dreams PENSION €€
(☎892 3514; ephesusvilladreams@gmail.com; Zafer Mah; 3046 Sokak 15; Zi. 35–50 €; 📶🏊) Die brandneue Pension liegt 1 km oberhalb der Stadt und bietet eine tolle Aussicht, einen Swimmingpool und eine Gemeinschaftsküche. Die modernen Standardzimmer und die zwei großen Familienzimmer haben polierte Holzfußböden und Balkon. Die Dachterrasse eröffnet einen fantastischen Blick auf die Zitadelle. Ein Parkplatz ist vorhanden, aber die Gäste werden auch mit dem kostenlosen Shuttle-Bus im Stadtzentrum abgeholt (vorher anrufen).

Australia & New Zealand Guesthouse HOSTEL €
(☎892 6050; www.anzguesthouse.com; 1064 Sokak 12; B/EZ/DZ/4BZ ab 9/20/25/38 €; ❄@📶) Das alteingesessene „ANZ“ in einer Seitenstraße ist und bleibt eine zuverlässige und sehr internationale Backpacker-Unterkunft, die mit sauberen, aber kleinen Zimmern und den üblichen Schlafsälen aufwartet, wobei man zum Gemeinschaftsbad zwei Treppen steigen muss. Es gibt einen Innenhof voller Blumen, ruhige Ecken zum Entspannen und ein anständiges Frühstück. Beim abendlichen Grillen auf der Dachterrasse kann man die schöne Aussicht genießen.

Hotel Bella HOTEL €€€
(☎892 3944; www.hotelbella.com; St. Jean Caddesi 7; EZ/DZ ab 80/120 €; ❄@📶) Zu dem schicken kleinen Hotel, das günstig in der Nähe der Johannesbasilika liegt, gehört auch ein teurer Teppich- und Schmuckladen. So besteht die Klientel eher aus älteren Briten und Amerikanern. Die gut geschnittenen Zimmer sind im osmanischen Stil ge-

halten. Auf der schönen Dachterrasse wird ein feines Abendessen serviert (25 ₺).

Naz Han PENSION €€

(☎892 8731; www.nazhan.net; 1044 Sokak 2; Zi. 60–80 €; ❄@) Das Hotel mit Boutique-Ambitionen befindet sich ebenfalls in der Nähe der Johannesbasilika. Die Zimmer und der erholsame Innenhof des jahrhundertealten griechischen Hauses sind mit Kunstgegenständen und Antiquitäten vollgestopft. Von der kleinen Dachterrasse hat man eine schöne Aussicht.

Pension Kiwi PENSION €

(auch: Alison's Place; ☎892 4892; www.kiwipension.com; 1038 Sokak 26; EZ/DZ/3BZ/4BZ 25/34/42/48 €; ❄📶🏊) Die freundliche Pension in Zentrumsnähe hat helle, moderne Zimmer und einen kleinen Swimmingpool hinter dem Haus. Die Zimmer mit Gemeinschaftsbad sind 10 bis 15 ₺ günstiger als oben angegeben.

Alihan Guesthouse PENSION €

(☎892 9496; www.alihanguesthouse.com; 1045 Sokak 34; EZ/DZ 40/65 ₺; ❄📶) Die Pension mit freundlichen Besitzern befindet sich hinter dem Museum, nur zwei Gehminuten vom Busbahnhof entfernt. Neben den sauberen, frisch renovierten Zimmern gibt's auch eine Küche für Selbstversorger.

Hotel Kale Han HOTEL €€

(☎892 6154; www.kalehan.com; Atatürk Caddesi; EZ/DZ ab 100/140 ₺; ❄📶🏊) Das Hotel am Ortseingang von Selçuk ist zwar etwas überteuert, hat aber einen von prächtigen Bäumen umgebenen Swimmingpool und sehr gepflegte Zimmer, in denen Schwarz-Weiß-Fotos und wild verstreute Antiquitäten für rustikalen Charme sorgen. Das Restaurant ist empfehlenswert.

Vardar PENSION €

(☎892 4967; www.vardar-pension.com; Şahabettin Dede Caddesi 9; EZ/DZ ab 35/50 ₺; ❄@📶) Die einfache, aber sehr gepflegte Pension hat saubere Zimmer und eine hübsche Dachterrasse mit schöner Aussicht. Swimmingpool gibt's keinen, aber das öffentliche Schwimmbad ist nur zwei Gehminuten entfernt. Außerdem sind sowohl der Bahnhof als auch der Busbahnhof ganz in der Nähe.

Pension Nur PENSION €

(☎892 6595; www.nur-pension.com; 3004 Sokak 20; B/EZ/DZ 10/20/39 €; ❄📶) Die Zimmer der Pension hinter dem Bahnhof sind zwar sehr klein, aber in Ordnung.

Pension Tuncay PENSION €

(☎892 6260; www.tuncaypension.com.tr; 2015 Sokak 1; EZ/DZ/3BZ 25/50/60 €; ❄📶) Die mit Teppichen reich ausgestattete Pension ist recht teuer für das, was sie bietet. Allerdings sind die Zimmer mit Ventilator etwas günstiger als die mit Klimaanlage, deren Preise oben aufgeführt sind. Immer im Preis inbegriffen ist ein türkisches Frühstück, wobei auf verschiedene Nahrungsmittelunverträglichkeiten Rücksicht genommen wird.

Hotel Canberra HOTEL €

(☎892 7688; www.hotelcanberra.net; Atatürk Bulvari 15; SZ/DZ/3BZ 25/35/45 €; ❄@📶) Eine gute Alternative, wenn alles andere belegt ist. Das mittelgroße Hotel hat saubere, aber enge Zimmer und eine Dachterrasse mit schöner Aussicht.

Essen

Die Restaurants von Selçuk bieten ordentliche türkische Küche zu vernünftigen Preisen. In den Pensionen und Hotels kann man auch gut essen, wobei die Preiskategorien meist denen der Zimmer entsprechen.

Ejder Restaurant TÜRKISCH €€

(Cengiz Topel Caddesi 9e; Hauptgerichte 7–17 ₺) Fast unterhalb des byzantinischen Aquädukts serviert das winzige, aber altbewährte Lieblingsrestaurant der Einheimischen köstliche türkische Gerichte. Wer sich nicht entscheiden kann, nimmt einfach die gemischte Fleischplatte voller türkischer Spezialitäten. Das freundliche Besitzerehepaar Mehmet und Rahime verweisen stolz auf die Einträge in ihren Gästebüchern und die vielen Erinnerungsstücke, darunter auch Fotos vom Besuch der Clintons und ein berührender Eintrag des legendären Krokodilfängers Steve Irwin.

Wallabies Aquaduct Restaurant TÜRKISCH €€

(☎892 3204; Cengiz Topel Caddesi 2; Hauptgerichte 10–16 ₺) Die Tische des erst kürzlich renovierten Restaurants, das zum gleichnamigen Hotel beim byzantinischen Aquädukt gehört, verteilen sich auf dem Platz unterhalb des Bauwerks – perfekt für ein romantisches Abendessen in einer lauen Sommernacht! Neben traditioneller türkischer Küche gibt's hier auch internationale, vegetarische und Fischgerichte. Spezialität des Hauses ist *krep tavuk sarması*: einzigartig gewürztes Hähnchen unter einer dicken Schicht Kartoffelbrei und mit Béchamelsauce überbacken. Superlecker!

Selçuk Köftecisi KÖFTE €
(Şahabettin Dede Caddesi; Hauptgerichte 6–9 ₺) Das traditionelle *köfte*-Lokal, das schon seit 1959 von einer Familie geführt wird, serviert fantastische Hackfleischbällchen mit Salat, allerdings in recht kleinen Portionen.

Sişçı Yaşarın Yeri KÖFTE €
(Atatürk Caddesi; Hauptgerichte ab 6 ₺) Die beliebte Imbissbude serviert ihre *köfte* und anderen Fleischgerichte auch an Tischen.

St. John's Café MEDITERRAN €
(www.stjohn-cafe-ephesus.com; Uğur Mumcu Sevgi Yolu Caddesi 4c; Hauptgerichte 8–13 ₺; WLAN) Trotz oder weil es das touristischste Café der Stadt ist, gibt's hier die größte Auswahl an Kaffee, Toast und internationalen Snacks – und eine Spielecke für ungeduldige Kids.

Eski Ev TÜRKISCH €
(1005 Sokak 1a; Hauptgerichte 6–11 ₺; morgens, mittags & abends) Das ziemlich touristisch geprägte „Alte Haus" hat einen unbestreitbar schönen Innenhof voller Obstbäume. Auf der Speisekarte stehen interessant variierte türkische Gerichte.

Markt MARKT €
(Şahabettin Dede Caddesi; Winter Sa 9–17 Uhr, Sommer Sa 8–19 Uhr) Der Wochenmarkt hinter dem Busbahnhof ist nicht nur für Selbstversorger interessant, denn die hier (und mittwochs hinter dem Bahnhof) von Bauern aus der Umgebung angebotene Vielfalt an Obst, Gemüse und Käse ist eine echte Augenweide.

Ausgehen

Während der Badeort Kuşadası über ein aufregendes Nachtleben verfügt, beschränkt sich dieses in Selçuk auf ein paar Bars und Cafés, in die einheimische Männer zum Fußballschauen flüchten. Da lohnt es sich eher, mit anderen Reisenden oder den Wirten in der Pension zusammenzusitzen.

Wer dennoch ausgehen will, wird am ehesten in der Prof. Anton Kallinger Caddesi und der Siegburg Caddesi sowie in den vereinzelten Cafés rund um die İsa-Bey-Moschee fündig. Die Cafés **Destina** (Prof Anton Kallinger Caddesi 24; 10–3 Uhr) und **Amazon** (Prof Anton Kallinger Caddesi 22; WLAN) sind beide sehr ansprechend gestaltet und zudem zentral gelegen. Ganz in der Nähe befinden sich das **Anton** (Prof. Anton Kallinger Caddesi) und das **Denis** (Cengiz Topel Caddesi 20; 10–2 Uhr), die aber wesentlich schlichter sind. Ebenfalls in der Innenstadt ist noch das **Pink** (Siegburg Caddesi 24; So–Do 10–2, Fr & Sa 10–3 Uhr), die älteste Bar Selçuks, die noch am ehesten einem Nachtclub gleicht.

Gegenüber der İsa-Bey-Moschee befindet sich mit dem neuen **Odeon Beer Garden** (1054 Sokak 1; 6–24 Uhr) eine der wenigen lässigen Kneipen im Norden von Selçuk.

Praktische Informationen

Jede Menge Banken mit Geldautomaten und Wechselstuben gibt's in der Cengiz Topel Caddesi und der Namık Kemal Caddesi.

Krankenhaus von Selçuk (892 7036; Dr Sabri Yayla Bulvarı)

Touristeninformation (www.selcuk.gov.tr; Agora Caddesi 35; Sommer tgl.8–12 & 13–17 Uhr, im Winter Mo–Fr)

Gefahren & Ärgernisse

Vorsicht vor betrügerischen „Münzmännern": Wer schlau ist, fällt nicht mehr auf sie herein, aber es gibt offenbar immer noch genügend naive Touristen, die sich bereitwillig ein paar Hundert Euro oder Dollar aus der Tasche ziehen lassen. Anders würde es sich für Einheimische schließlich schon lange nicht mehr lohnen, mit Prägestempeln, Blech und Haushaltschemikalien angeblich uralte, wertvolle Münzen zu produzieren. Abgesehen davon, dass es eindeutig illegal ist, antike Fundstücke auf der Straße zu kaufen, ist es auch die pure Geldverschwendung. Die Betrüger warten zumeist rund um die Johannesbasilika und an den Eingängen zur Ruinenstätte von Ephesos auf ihre Opfer.

Anreise & Unterwegs vor Ort

Bus & Dolmuş

Von 6.30 Uhr bis 21 Uhr fährt alle 40 Minuten ein Bus nach İzmir (9 ₺, 1 Std.), im Winter seltener. Wer mit dem Bus zum Flughafen von İzmir fahren will, muss 2 km vorher an der Abzweigung der Schnellstraße aussteigen. Danach geht es zu Fuß oder mit dem Taxi (10 ₺) weiter. Wesentlich einfacher und preiswerter ist es, mit dem Zug direkt von Selçuk zum Flughafen zu fahren.

Im Sommer fährt dreimal täglich ein Bus nach Bodrum (25 ₺, 3¼ Std.). Zweimal täglich fährt ein Bus direkt nach Denizli (25 ₺, 4½ Std.). Von dort verkehren Busse in Küstenorte wie Fethiye und Antalya. Direktbusse nach İstanbul (45–50 ₺, 10 Std., 3-mal nachts, 1-mal tagsüber) fahren über Bursa.

Im Sommer startet von 6.55 bis 22 Uhr alle 20 bis 30 Minuten ein Dolmuş in die Badeorte Kuşadası (5 ₺, 30 Min.) und Pamucak (2,50 ₺, 10 Min.). Im Winter fahren sie seltener. Im Sommer kehrt das letzte Dolmuş aus Kuşadası um Mitternacht zurück, in der Nebensaison um 20 Uhr.

Zu den Ruinenstätten von Priene, Milet und Didyma gelangt man am besten mit einem

Mietwagen (80–100 ₺/Tag plus Benzin) oder mit einer geführten Tour, die sogar preiswerter sein kann, auf jeden Fall aber aufschlussreicher ist.

Taxi

Innerhalb der Stadt braucht man eigentlich kein Taxi. Wenn doch, kostet eine Fahrt zwischen 5 und 8 ₺. Für die Hin- und Rückfahrt nach Ephesos sind 20 ₺, zum Haus der Maria 50 ₺ zu veranschlagen. Eine Taxifahrt zum Flughafen von İzmir kostet 130 ₺, aber auch hier gibt's eine günstigere Direktverbindung mit dem Zug.

Zug

Zum Adnan Menderes Airport von İzmir fährt man am besten mit dem Zug (4,50 ₺, 55 Min.). Die Züge fahren täglich von 6.25 bis 19.30 Uhr. Vom Flughafenbahnhof sind es 15 bis 20 Gehminuten zur Abflughalle.

Dreimal täglich fährt ein Zug nach Denizli (14,70 ₺, 4½ Std.). Eine beliebte Verbindung nach İstanbul besteht aus einer Kombination von Zug und Schiff, die viel interessanter als die ewig lange Busfahrt ist. Mit dem Zug geht es von Selçuk nach Bandarma und von dort mit der Fähre weiter nach İstanbul. Zu beachten ist dabei, dass mit der im Vorverkauf erworbenen Fahrkarte keine Platzreservierung verbunden ist.

Şirince

☎0232 / 960 EW.

Das einst ausschließlich von Griechen bewohnte, idyllische Bergdorf mit seinen am bewaldeten Hang klebenden, weiß verputzten Steinhäusern und der langen Weinbautradition ist bei türkischen und ausländischen Touristen beliebt. Auch wenn es bei Massenansturm viel von seinem ursprünglichen Charme verliert, ist es immer noch ein wunderschöner Ort und einen Tagesausflug allemal wert. Wer die abendliche Ruhe genießen will, kann sich in einer der wenigen, ziemlich noblen (und überteuerten) Boutiquepensionen einmieten, die in den letzten Jahren für die Zielgruppe der gut betuchten Touristen eröffnet wurden.

Die ersten Siedler ließen sich in Şirince erst nieder, als Ephesos schon aufgegeben worden war, und die heute zu sehenden Ruinen stammen alle aus dem 19. Jh. Nach der Überlieferung sollen sich im 15. Jh. freigelassene griechische Sklaven hier niedergelassen und das Dorf „Çirkince" (hässlich) genannt haben, um andere Siedler fernzuhalten. Spätestens im 19. Jh. wurde daraus dann „Kirkinje". Nach Gründung der türkischen Republik in den 1920er-Jahren wurde der Name in „Şirince" (hübsch) geändert – nachdem die Griechen in das Dorf Nea Ephesos (Neues Ephesos) im Norden Griechenlands umgesiedelt worden waren.

In Şirince wiederum wurden Türken aus Nordgriechenland ansässig. Sie bauten eine Moschee, führten aber auch das Weingeschäft der Griechen weiter. Bis heute werden die einzigartigen Weine (aus Himbeeren, schwarzen Maulbeeren, Pfirsichen und Granatäpfeln) in den Restaurants und Cafés des Ortes angepriesen. Vor diesem Hintergrund sollte man bei der Bestellung von teurem Wein verlangen, dass er am Tisch eingeschenkt wird. Mancher unlautere Wirt ist dafür bekannt, anstelle des teuren Weins den billigen Hauswein auszuschenken, weil er (nicht ganz unbegründet) davon ausgeht, dass die Touristen den Unterschied sowieso nicht schmecken.

Sehenswertes

Zwischen 13 und 15 Uhr ist im Ort am meisten los, aber bis zum Abend sind die Massen wieder verschwunden. Hat man sich durch die mit Souvenirständen vollgestopfte Hauptstraße gequält, kann man auf dem Hügel die frische, kühle Luft schnuppern und die hübschen alten Häuser in den kopfsteingepflasterten Gassen bewundern.

In der Nähe der Hauptsehenswürdigkeiten gibt's Toiletten (1 ₺), die im Allgemeinen recht sauber sind.

Kirche des hl. Johannes des Täufers KIRCHE

(Sommer 8–20 Uhr, Winter 8.30–18.30 Uhr) Nachdem die 1805 erbaute Kirche Johannes des Täufers in der modernen Türkei stark vernachlässigt worden war, hat inzwischen ein amerikanischer Wohltätigkeitsverein die Instandhaltung weitgehend übernommen. Doch abgesehen von einigen verblassten, byzantinischen Wandmalereien ist so gut wie nichts erhalten: Durch die leeren Fensterhöhlen fliegen Vögel ein und aus; wo einst der Altar stand, zieren Schmierereien in türkischer Sprache den Boden.

Wer ein paar Münzen übrig hat, kann sie in den flachen Brunnen vor dem Eingang zur Kirche werfen.

Schlafen

In den rustikalen Hotels von Şirince sind die Zimmer oft nach Farben oder Pflanzen benannt. Das ist hier eben einfach so.

Terrace Houses BOUTIQUEHOTEL €€€

(☎0532 263 7942; www.ephesushousessirince.com; Zi. ab 215 ₺, Hütte 275 ₺;) Die drei liebevoll ausgestatteten traditionellen Häuser stehen in einer ruhigen Straße oberhalb der Moschee, weit weg vom Touristenrummel. Trauben-, Oliven- und Feigenhaus sind unterschiedlich groß, manche mit Himmelbett und Badewanne, aber alle mit schönem Blick auf das Dorf. Das Frühstück wird auf den uneinsehbaren Terrassen serviert.

Güllü Konak BOUTIQUEHOTEL €€€
(☎898 3131; www.gullukonak.com; Şirince Köyü 44; Zi. 340-420 ₺; ❄@) Die zwölf geräumigen, individuell eingerichteten Zimmer befinden sich in zwei soliden Steinhäusern mit weißem Obergeschoss, die durch einen ruhigen Garten miteinander verbunden sind.

Kırkınca Pansiyon BOUTIQUEHOTEL €€€
(☎898 3133; www.kirkinca.com; EZ/DZ 130/250 ₺; ❄) Das Hotel am Berg, direkt gegenüber dem Basar, besteht aus mehreren 250 Jahre alten, wunderbar restaurierten Häusern. Einige der durchweg elegant ausgestatteten Zimmer beglücken Besucher mit einem Himmelbett, und in einem Haus gibt's sogar ein winziges Hamam als Zugabe. Die überdachte Dachterrasse des Hauptgebäudes eröffnet eine sagenhafte Aussicht.

İstanbul Pansiyon PENSION €€
(☎898 3189; www.istanbulpension.com; İstiklal Mah 13; DZ 150 ₺; ❄) Das alte, aufwendig restaurierte Haus bietet fünf luxuriös ausgestattete Zimmer im traditionellen Stil.

Essen

Artemis Şirince Şarap Evi Restaurant TÜRKISCH €€
(☎898 3240; www.artemisrestaurant.com; Hauptgerichte 9,50–28 ₺) Das Restaurant am Ortseingang befindet sich in einem ehemaligen griechischen Schulhaus. Von der Terrasse im Garten aus hat man einen sensationellen Blick.

Şirincem Restaurant & Café TÜRKISCH €€
(☎898 3180; Hauptgerichte 7–14 ₺) Auf der Speisekarte dieses rustikalen Restaurants unter Schatten spendenden Bäumen spielen Fleischgerichte die Hauptrolle. Der Besitzer ist gleichzeitig Obstbauer und produziert seinen eigenen Wein – bietet aber auch „normalen" Rot- und Weißwein an.

An- & Weiterreise

Im Sommer fährt alle 30 Minuten ein Minibus (3 ₺) von Selçuk nach Şirince, im Winter allerdings nur jede Stunde.

Tire & Kaplan

☎0232

Bei Tagesausflügen ins Landesinnere (am besten mit dem Auto) kann man auch weniger touristische Orte kennenlernen. Ein solcher Ort ist Tire, der, umgeben von Ackerland, am Fuße der Bozdağler-Berge vor sich hin schlummert. Das ändert sich jedoch schlagartig, wenn zu dem weithin beliebten **Wochenmarkt am Dienstag** ab 8.30 Uhr die Touristenbusse anrollen und vom lautstarken Gebet zum Marktbeginn empfangen werden. Keine Frage: Die den ganzen Tag über feilgebotenen Lebensmittel sind wirklich köstlich und der Markt gewährt einen guten Einblick in das Leben der Türken auf dem Land.

Tire hat eine lange Tradition der Filzherstellung und noch heute sind drei Filzfabriken im Ort in Betrieb. Eine davon ist **Keçeci** (☎512 2391; www.tireconkece.com; ⏲Mo–Sa 8.30–19.30 Uhr), wo Mischungen aus gezupfter Baumwolle und Wolle gefilzt werden. Besucher können zuschauen, wie Muster entworfen werden, die Wolle in Wasser eingeweicht und dann Baumwolle hinzugefügt wird, bevor das Material schließlich eine Stunde lang zusammengepresst wird.

In Tires Nachbardorf Kaplan serviert das ausgezeichnete **Kaplan Dağ Restorant** (☎512 6652; www.kaplandag.com; Hauptgerichte 10–12 ₺; ⏲Di–So 13–21.30 Uhr) traditionell zubereitete *köfte*, verschiedene Vorspeisen und türkische Hauptgerichte. Dazu gibt's lokal erzeugten Maulbeersaft. Dienstags und am Wochenende unbedingt reservieren!

Von Selçuk fährt jede Stunde ein Minibus nach Tire (6 ₺). Eine Taxifahrt von Tire nach Kaplan kostet 20 ₺.

Pamucak

☎0232

Der Strand des 7 km westlich von Selçuk gelegenen Küstenortes bietet die nächste Badegelegenheit, doch die Strände weiter südlich sind schöner. Am besten vor Ort nachfragen! Der Strand von Pamucak ist an den Wochenenden zudem von eine Menge türkischer Familien belagert, die sehr viel Müll hinterlassen. Deshalb ist er zwar nicht besonders sauber, aber trotzdem ganz angenehm zum Baden. Von Februar bis März halten sich viele Flamingos im Feuchtgebiet der Flussmündung auf, das 15 Gehminuten vom Strand entfernt ist.

Unterkünfte sind nur wenige vorhanden. Eine davon ist das Hotel **Dereli** (☎893 1205; www.dereli-ephesus.com; DZ 70–100 ₺), das Bungalows direkt am Strand und inmitten von Palmen anbietet. Zum Hotel gehört auch ein Campingplatz (15 ₺/Pers.).

Im Sommer fährt alle 30 Minuten ein Minibus (2,50 ₺, 10 Min.) von Selçuk nach Pamucak, im Winter nur jede Stunde. Von und nach Kuşadası muss man über Selçuk fahren. Die Dolmuşe fahren am Hotel Dereli (und in Ephesos) vorbei.

Kuşadası

☎0256 / 68 225 EW.

Der Küstenort südlich von Pamucak ist ein beliebtes Ferienziel für nordeuropäische Pauschaltouristen. Als Einfallstor nach Ephesos ist es zudem die viertgrößte Anlaufstation für Mittelmeer-Kreuzfahrtschiffe. Der Ort ist nicht so schön wie er sein sollte, und es mangelt an Sehenswürdigkeiten und Atmosphäre wie es sie in Bodrum gibt und an schierer Größe wie sie Marmaris bietet. So bleibt Kuşadaı der ewige Zweite der Partyszene an der Ägäis, auch wenn es mittlerweile Discos und irische Pubs in rauen Mengen gibt.

Wer nachts abfeiern oder einfach nur am Meer sein will, ist hier richtig. Das bessere Preis-Leistungs-Verhältnis bietet allerdings Selçuk.

Sehenswertes & Aktivitäten

Der kleine, künstlich aufgeschüttete Stadtstrand kann auf keinen Fall mit dem 2,5 km weiter südlich gelegenen **Kadınlar Denizi** (Ladies Beach) mithalten, zu dem regelmäßig Dolmuşe verkehren. Dieser Strand ist zwar wirklich schön, aber auch hoffnungslos überfüllt mit Pauschaltouristen aus den großen Hotels in der Nähe. Weiter südlich befinden sich noch mehrere kleine Strände, an denen aber auch überall große Hotels das Bild prägen.

Kuşadasıs Hauptsehenswürdigkeit ist eine kleine **Festung** auf der „Taubeninsel" **Güvercin Ada**, die über einen Damm mit dem Festland verbunden ist. In der Festung wird Kunsthandwerk angeboten und es sind ein paar Taubenhäuser auf Pfählen zu sehen, aber wirklich lohnend ist vielmehr der Spaziergang entlang der Küste.

Östlich der Insel sind die Anlegestellen der Kreuzfahrtschiffe zu erkennen. Direkt in Blickrichtung der ankommenden Passagiere beginnt der Hauptteil des **Basars**, wo „echte Imitate von Luxusuhren", Lederklamotten, billiger Goldschmuck und ähnliches verhökert werden.

Da Kuşadası oft als Ausgangspunkt für die Erkundung der Ägäisküste dient, bieten die örtlichen Reisebüros entsprechende Touren nach Ephesos (Ganztagestour inkl. Mittagessen für 45 €), Priene, Milet und Didyma (Didim, 50 €) und weiter entfernte Orte wie Pamukkalc (45 €) an.

Belediye Hamamı HAMAM
(☎614 1219; Yildirim Caddesi 2; Eintritt 14 ₺; ⏲April–Okt. 9–19 Uhr) In Kuşadası hat die Emanzipation inzwischen Einzug gehalten, denn in den Hamams dürfen nun Männlein und Weiblein (mit Handtuch) gemeinsam schwitzen. Das 600 Jahre alte, restaurierte Belediye-Hamam nördlich der Kneipenmeile Barlar Sokak ist sauber und sehr angenehm.

NASSER SPASS IN KUŞADASI

Adaland (☎618 1252; www.adaland.com; Çamlimanı Mevkii; Erw./Kind 50/40 ₺; ⏲Mai–Okt. 10–18 Uhr) nördlich von Kuşadası in Richtung Pamucak zählt sich selbst zu den zehn besten Spaßbädern der Welt, während sich das am Strand von Kuşadası liegende **Aqua Fantasy** (☎893 1111; www.aquafantasy.com; Strand von Kuşadası; Erw./Kind 22/13 €; ⏲10–18 Uhr) als das größte in Europa bezeichnet. In beiden Bädern gibt es jede Menge Becken, Rutschen, Fahrgeschäfte und vieles mehr. Kinder unter drei Jahren haben freien Eintritt. Beim Kauf der Eintrittskarten im Internet gibt's bei Aqua Fantasy einen Preisnachlass von 10 %. Auf dem 18 ha großen, weitläufigen Gelände des Wasserparks findet man auch ein Hotel und einen Wellnessbereich.

Tauchkurse und Ausflüge zum Tauchen mit Geräten bietet das**Aquaventure Diving Center** (☎612 7845; www.aquaventure.com.tr; Miracle Beach Club; ⏲8–18 Uhr) am Ladies Beach. Ebenfalls im Angebot sind PADI-Tauchkurse im offenen Meer (250 €) und Tauchgänge im Riff (ab 30 €). Wenn man vorher anruft, holen die Veranstalter ihre Kunden von den meisten Hotels im Ort kostenlos ab.

Kuşadası

0 – 200 m

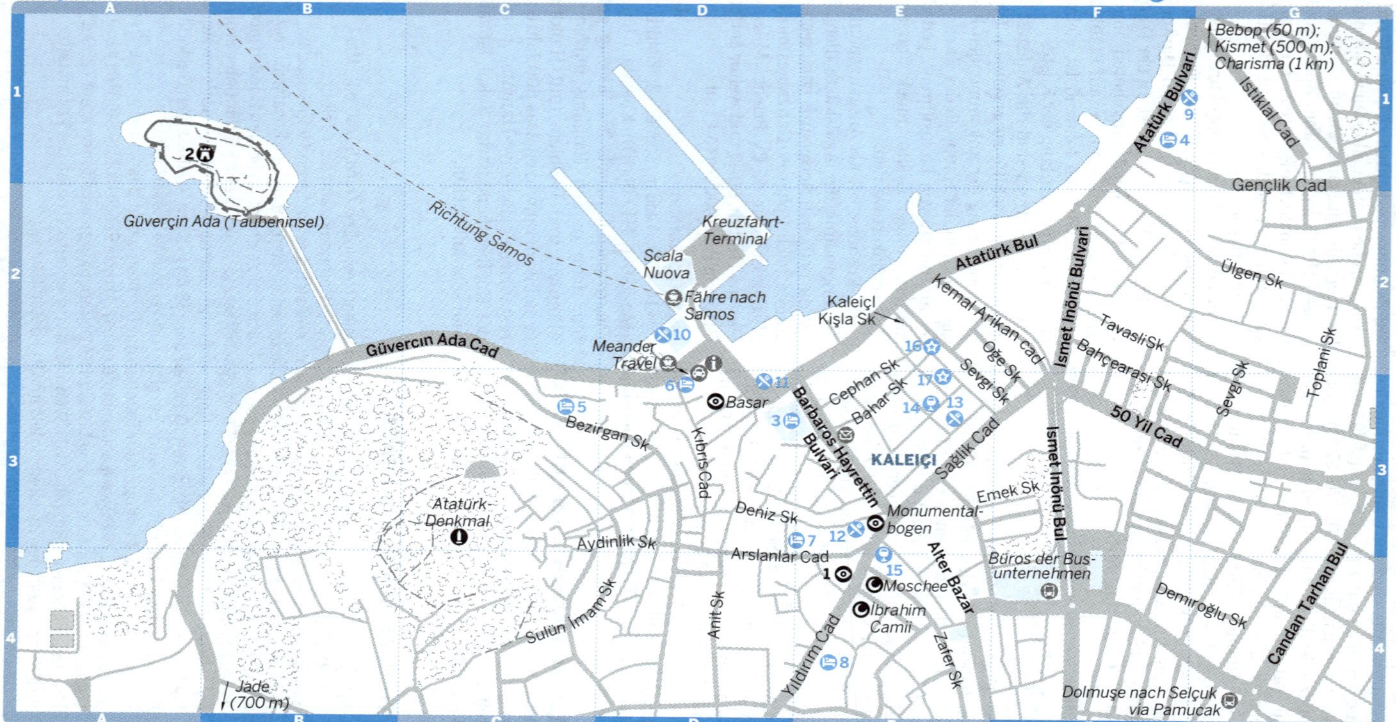

Kuşadası

Sehenswertes
1 Belediye Hamamı ... E4
2 Festung ... A1

Schlafen
3 Club Caravanserail ... D3
4 Hotel Ilayda ... F1
5 Hotel Stella ... C3
6 Liman Hotel ... D3
7 Sezgin Hotel & Guest House ... E3
8 Villa Konak ... E4

Essen
9 Cimino ... F1
10 Ferah ... D2
11 Kazim Usta Restaurant ... D3
12 Köfteci Ali ... E3
13 Saray ... E3

Ausgehen
14 Another Bar ... E3
15 Jimmy's Irish Bar ... E4

Unterhaltung
16 Bizim Meyhane ... E2
17 Orient Bar ... E3

Schlafen

Pensionen und Businesshotels, die meisten ohne jede Atmosphäre, befinden sich im Zentrum von Kuşadası, während sich die Hotelanlagen für Pauschalreisende an der Küste außerhalb der Stadt entlangziehen.

Liman Hotel PENSION €€
(auch: Mr Happy's; ☎614 7770; www.limanhotel.com; Kıbrıs Caddesi, Buyral Sokak 4; EZ/DZ 25/38 €;) Hier fühlen sich Individualreisende so richtig wohl, denn angefangen von Besitzer Hasan (alias „Mr. Happy") bis zu den Köchen und Putzfrauen sind alle superfreundlich und hilfsbereit. Das Budgethotel ist zwar nichts Besonderes, aber die Zimmer sind sauber und groß. Auf der Dachterrasse, von der man einen tollen Blick hat, wird das Frühstücksbüfett aufgebaut und abends die Bar geöffnet. Das große, alte Gebäude steht gegenüber dem Kreuzfahrthafen. Hasan und seine Mitarbeiter sind eine unerschöpfliche Quelle an Informationen und helfen gerne bei der Organisation von Ausflügen zu den Sehenswürdigkeiten in der Gegend und nach Samos.

Hotel Ilayda BUSINESSHOTEL €€
(☎614 3807; www.hotelilayda.com; Atatürk Bulvarı 46; EZ/DZ 80/140 ₺;) Das glänzende, umfassend renovierte Hotel direkt am Meer bietet nette Designer-Akzente und ein gutes Restaurant. Die Zimmer sind mit allen modernen Annehmlichkeiten ausgestattet. Von der Dachterrasse und einigen Zimmern hat man einen tollen Ausblick.

Sezgin Hotel & Guesthouse HOSTEL €
(☎614 4225; www.sezginhotel.com; Arslanlar Caddesi 68; EZ/DZ/3BZ/FZ 25/35/50/60 €;) Das solide Budgethotel bietet saubere Zimmer mit großen, bequemen Betten und einem kleinem Balkon, der auf den Garten mit Swimmingpool hinausgeht. Das Familienzimmer ist mit einer kleinen Küche für Selbstversorger ausgestattet. Allerdings befindet sich das Hotel inmitten lauter Bars und Kneipen. Die Gäste werden auf Wunsch kostenlos am Hafen oder am Busbahnhof abgeholt. Vorher anrufen!

Club Caravanserail HISTORISCHES HOTEL €€
(☎614 4115; www.kusadasihotelcaravanserail.com; Atatürk Bulvarı 2; EZ/DZ/Suite 80/100/150 €;) Die prachtvolle, gemauerte Karawanserei aus dem 17. Jh. wird nachts von außen beleuchtet. Die riesige Eingangstreppe führt direkt in den herrlichen Innenhof. Die osmanische Ausstattung der Zimmer ist authentisch, die kitschigen „Türkischen Nächte" sind es weniger.

Villa Konak BOUTIQUEHOTEL €€
(☎612 6318; www.villakonakhotel.com; Yıldırım Caddesi 55; EZ/DZ ab 40/60 €;) Das 140 Jahre alte, restaurierte Steinhaus steht in der ruhigeren Altstadt. Die Zimmer sind im Stil jener Zeit eingerichtet, im üppig grünen Garten gibt's einen Swimmingpool, einen Brunnen, römische Ruinen und Magnolienbäume. Kinder unter sechs Jahren haben keinen Zutritt.

Charisma LUXUSHOTEL €€€
(☎618 3266; www.charismahotel.com; Akyar Mevkii 5; EZ/DZ/Suite 165/220/850 €;) Das Hotel mit eigenem Strand nördlich des Stadtzentrums ist so nobel, wie es in Kuşadası eben geht, und scheint vor allem bei älteren Amerikanern beliebt zu sein. Von der stimmungsvollen Holzveranda blickt man direkt aufs Meer und auch die Zimmer, die mit allen erdenklichen Annehmlichkeiten ausgestattet sind, haben Meerblick. Ein Zimmer wurde speziell für Reisende mit Behinderung eingerichtet.

Kısmet LUXUSHOTEL €€€
(☎618 1290; www.kismet.com.tr; Gazibeğendi Bulvarı 3; EZ/DZ/Suite 99/129/339 €; ⏲April–

Mitte Nov.; ❄@📶🏊) Das Hotel auf einer bewaldeten Landzunge im Norden der Stadt gehört einem Nachkommen des letzten osmanischen Sultans. Dementsprechend majestätisch sind die gepflegten Parkanlagen, der eigene Strand und die romantischen Abendessen bei Kerzenlicht auf der Terrasse direkt am Meer. Auch wenn die Zimmer nicht ganz so luxuriös sind, sie haben alle einen Balkon, teilweise mit Meerblick.

Hotel Stella PENSION €
(☎614 1632; www.hotelstellakusadasi.com; Bezirgan Sokak 44; EZ/DZ 40/70 ₺; ❄@🏊) Das zentral gelegene Hotel am Hügel ist eine preiswerte Alternative, wenn alles andere ausgebucht ist. Von den hübschen Zimmern blickt man entweder aufs Meer oder auf die Stadt. Bei längerem Aufenthalt wird's günstiger.

Essen

Die Restaurants direkt am Meer sind zwar stimmungsvoll, können aber auch teuer sein. Vor allem bei Meeresfrüchten sollte man vor der Bestellung nach dem Preis fragen. Wem das Ambiente nicht so wichtig ist, findet abseits der Küste günstigere Lokale, wo das Essen oft besser ist. Vor allem im Altstadtviertel Kaleiçi finden sich charakteristische türkische Lokale und Cafés.

Ferah SEAFOOD €€€
(☎614 1281; İskele Yanı Güvercin Parkı İçi; Hauptgerichte 15–25 ₺; ⏱mittags & abends) Das Restaurant direkt am Meer ist ziemlich feudal. Zum atemberaubenden Sonnenuntergang gibt's gute Vorspeisen und Meeresfrüchte.

Bebop INTERNATIONAL €€
(☎618 0727; www.bebopjazzclub.com; Hauptgerichte ab 9 ₺; ⏱mittags & abends) Das außergewöhnliche Lokal befindet sich direkt im Jachthafen. Es gibt Frühstück, einen Swimmingpool mit Bar, türkische und internationale Gerichte in riesigen Portionen – und abends häufig Live-Jazz.

Saray INTERNATIONAL €€€
(☎0544 921 6224; Bozkurt Sokak 25; Hauptgerichte 15–35 ₺; 🍷) Internationale Küche, einige ordentliche türkische sowie gute vegetarische Gerichte. Kitschig wird's allerdings beim abendlichen Singsang und der „Türkischen Nacht" am Mittwoch.

Köfteci Ali KÖFTE €
(Arslanlar Caddesi 14; Hauptgerichte 5 ₺; ⏱Sommer 24 Std., Winter 9–24 Uhr) Die Imbissbude in der Kneipenmeile wird sowohl von gesitteten Türken als auch von betrunkenen Ausländern angesteuert, wenn die Clubs schließen. Das gut gewürzte Fleisch im Fladenbrot ist äußerst nahrhaft.

Cimino ITALIENISCH €€
(Atatürk Bulvarı 56b; Hauptgerichte 5–19 ₺; ⏱mittags & abends) Das Restaurant mit Blick auf den Strand bietet das beste italienische Essen und den besten Kaffee der Stadt. Dazu gibt's Jazz auf die Ohren.

Kazim Usta Restaurant SEAFOOD €€€
(☎614 1226; Liman Caddesi 4; Vorspeisen 5–12 ₺, Hauptgerichte 15–30 ₺) Das 1950 eröffnete Restaurant gegenüber der Touristeninformation am Meer gilt als bestes Fischlokal der Stadt. Ein Menü mit Salat, Fischsuppe oder Calamares als Vorspeise, Seebrasse als Hauptgericht und einem Getränk kostet etwa 55 ₺ pro Person. Wer im Sommer einen Tisch direkt am Wasser möchte, muss vorher reservieren.

Ausgehen & Unterhaltung

Das Nachtleben verteilt sich auf drei Bereiche: In der zentralen Barlar Sokak (auch „Bar Street" genannt) tummeln sich grölende Touristen und aufdringliche Schlepper. Die ruhigeren traditionellen Cafés im Altstadtviertel Kaleiçi haben hauptsächlich türkische Gäste, und weiter südlich, in Cape Yılancı, steppt der Bär in riesigen Unterhaltungstempeln mit Bars, Clubs und Konzerthallen. Besteht dieser Küstenabschnitt tagsüber aus hoteleigenen Privatstränden, so wird er bei Nacht zur Location für schicke Bars, Clubs und schwimmende Bühnen.

Jimmy's Irish Bar KNEIPE
(Barlar Sokak 8; ⏱April–Nov.) Der älteste und berühmteste der vielen Pubs, die an die Grüne Insel erinnern, liegt praktischerweise gleich am Beginn der Kneipenmeile. Wie in allen Lokalitäten dieser Art ist es hier vor allem laut: Es gibt Musik, Karaoke und den Fernseher, in dem Fußballspiele aus ganz Europa zu sehen sind.

Another Bar BAR
(Tuna Sokak 10) Hier war einmal ein Obstgarten mit Zitronenbäumen. Unter den noch verbliebenen Bäumen stehen Tische und Barhocker und, auch wenn es nicht so recht ins Bild passt, eine riesige Leinwand und eine Tanzbühne.

Jade CLUB
(www.jadebeachclub.com; werktags/Wochenende 25/30 ₺) Der Unterhaltungstempel westlich des Jachthafens bietet alles, was

ABSTECHER

KİRAZLİ

Etwa 10 km östlich von Kuşadası tauchen an einer Nebenstraße plötzlich traditionelle weiße Häuser mit roten Terrakotta-Dächern auf. Sie gehörten zum „Kirschendorf" Kirazli, das, eingebettet in eine Mulde, mitten in den Hügeln liegt. Hier kann man im alten Obstgarten des **Köy Sofrası** (☎667 1003; www.koysofrasi.com; Hauptgerichte 5–15 ₺) lecker frühstücken. Aber das ungezwungene Restaurant mit rustikalem Charme serviert auch gute Vorspeisen aus regionalen Produkten.

Mit seinen 600 Einwohnern ist das Dorf noch weitgehend von der Landwirtschaft geprägt, doch seit kurzem kommen immer häufiger Touristen und auch einige Ausländer, die ein Haus hier kaufen. Dies hat dazu geführt, dass Kirazli nun auf Bioprodukte setzt, die beim **Bauernmarkt** am Sonntag verkauft werden. Außerdem vermieten (und verkaufen) die geschäftstüchtigen Einwohner mittlerweile auch die traditionellen Häuser, was vor allem Künstler, Schriftsteller und ähnliches Publikum anlockt. Ein Ferienhaus für Selbstversorger ist ab 90 ₺ pro Nacht zu haben. Weitere Infos gibt's unter www.kirazlivillage.com.

das Urlauberherz begehrt: tagsüber den Swimmingpool, Beachvolleyball, bequeme Liegestühle und kühle Getränke, abends Tanzflächen, Bars und Livemusik. Auf den schicken, geschwungenen Sofas, die unter Palmen stehen und in sanftes Licht getaucht sind, lassen sich herrlich Mojitos und andere Cocktails schlürfen.

Orient Bar LIVEMUSIK
(www.orientbar.com; Kaleiçl Kişla Sokak 14 & 17) Dieser Dauerbrenner befindet sich in einer Nebenstraße in einem alten Steinhaus. Die Gitterträger des Dachs sind über und über mit Weinreben bewachsen. Im Gegensatz zu den Kneipen in der Bar Street werden die Gäste hier nicht lautstark zugedröhnt, sondern mit angenehmeren Klängen wie Live-Gitarrenmusik unterhalten.

Bizim Meyhane MEYHANE
(Kişla Sokak) Das individuelle und leicht exzentrische Lokal ist bei Türken und Touristen gleichermaßen beliebt. Steinmauern tragen eine niedere Balkendecke, von der Instrumente aller Art baumeln. Tatsächlich gibt's hier auch gute türkische Livemusik.

ℹ Praktische Informationen

Banken mit Geldautomaten gibt's auf dem Barbaros Hayrettin Bulvarı.

Özel Kuşadası Hastanesi (☎613 1616; Anıt Sokak) Diese sehr gute Privatklinik mit englisch sprechendem Personal befindet sich 3 km nördlich des Zentrums an der Straße nach Selçuk.

Post (Barbaros Hayrettin Bulvarı 23-25; ⌚Winter Mo–Sa 8.30–12.30 & 13.30–17.30 Uhr, Sommer tgl. 8–24 Uhr)

Touristeninformation (Liman Caddesi, İskele Meydanı; ⌚Mo–Fr 8–12 & 13–17 Uhr) Bei der Anlegestelle der Kreuzfahrtschiffe, unterhalb der Stadtmauer. Das Personal ist freundlich, verteilt aber nur Stadtpläne.

ℹ An- & Weiterreise

Bus

Der Busbahnhof befindet sich am südlichen Ende der Kahramanlar Caddesi, direkt an der Umgehungsstraße. Fahrscheine bekommt man in den Büros der Busgesellschaften auf dem İsmet İnönü Bulvarı, die auch einen kostenlosen Shuttle-*servis* mit Minibussen zum Busbahnhof anbieten. Dolmuşe starten auf dem Adnan Menderes Bulvarı in der Stadtmitte und am Busbahnhof.

Im Sommer fährt dreimal täglich ein Bus nach Bodrum (25 ₺, 2½ Std., 151 km), im Winter nimmt man ein Dolmuş nach Söke (5 ₺, ganzjährig mind. alle 30 Min.).

Nach Selçuk fährt alle 20 bis 30 Minuten ein Dolmuş (5 ₺, 30 Min.), das auch am Strand von Pamucak und am Eingang zur Ruinenstätte von Ephesos halten kann.

Schiff/Fähre

Meander Travel (www.meandertravel.com; Kıbrıs Caddesi 1; ⌚9–21 Uhr). Das Unternehmen mit Sitz im Kreuzfahrthafen betreibt die Fähre nach Samos und verkauft alle Arten von Fahrscheinen (wie all die anderen Reisebüros der Stadt auch). Vom 1. April bis 31. Oktober legt die Fähre täglich um 8.30 Uhr in Kuşadası ab. Die einfache Fahrt kostet 35 €, die Rückfahrt am gleichen Tag 40 € und die Rückfahrt an einem anderen Tag 55 €. Alle Preise inklusive Hafensteuer.

Bei einer Übernachtung auf Samos werden 10 € für die Ausreise aus Griechenland und weitere 10 € für die Wiedereinreise in die Türkei fällig. Auf Anfrage sind auch Tickets erhältlich, die diese Gebühren bereits beinhalten. Manch-

PMD-TOUREN – AUF ZU DEN „GROSSEN DREI“!

Die antiken Siedlungen Priene, Milet und Didyma („PMD“) liegen praktisch auf einer Linie südlich von Kuşadası. Mit einem Mietwagen (80–100 ₺/Tag plus Benzin) schafft man alle drei locker an einem Tag. Wer allerdings mehr über diese antiken Stätten erfahren möchte, sollte eine sogenannte „PMD“-Tour bei einem Reisebüro in Selçuk oder Kuşadası buchen. Diese werden zumeist mit mindestens vier Teilnehmern durchgeführt und kosten etwa 35 € inkl. Anfahrt, Mittagessen und einer Stunde Besichtigung pro Stätte. Allerdings sollte man abklären, was genau wie lange besichtigt wird, und ob auch der Besuch des neu eröffneten Museums in Milet vorgesehen ist, der manchmal einfach „vergessen“ wird, aber unbedingt zu empfehlen ist.

Eine Besichtigung mit öffentlichen Verkehrsmitteln ist extrem schwierig, denn nach Milet fahren überhaupt keine Dolmuşe. Nach Priene und Didyma fahren zwar Dolmuşe von Söke aus, aber um von der einen zur anderen Ruinenstätte zu kommen, muss man erst wieder nach Söke zurück und in einen anderen Minibus umsteigen. Zumindest die Abzweigungen von der Schnellstraße sind mit braunen Schildern gut markiert.

mal bekommt man so einen Rabatt oder es wird ganz darauf verzichtet. Zur Erledigung der Einreiseformalitäten sollte man 45 Minuten vor dem Ablegen der Fähre am Hafen sein. Wenn das Visum für die Türkei nur für die einmalige Einreise ausgestellt ist, kann es bei der Rückkehr nach Kuşadası Schwierigkeiten geben. Also vorher einen Blick in den Pass werfen, um sich selbst und den anderen nicht den Urlaub zu verderben.

Unterwegs vor Ort

Von Kuşadası gibt's keine Direktverbindung zum Flughafen von İzmir. Entweder fährt man mit dem Bus bis zum Busbahnhof in İzmir und steigt dort in einen Shuttle-Bus um oder man fährt das kurze Stück nach Selçuk und nimmt dort den Direktzug zum Flughafen. Die Fahrt mit dem Taxi kostet etwa 160 ₺.

Im Sommer fahren die Minibusse von Şehiriçi (1,50 ₺) alle paar Minuten, im Winter alle 15 bis 20 Minuten vom Busbahnhof zum Zentrum von Kuşadası und weiter die Küste entlang. Zum Ladies Beach fahren Minibusse von Kadınlar Denizi.

Dilek-Halbinsel

26 km südlich von Kuşadası ragt die Dilek-Halbinsel westwärts in die Ägäis hinein und reicht bis fast nach Samos. Westlich von Güzelçamlı erstreckt sich der **Dilek-Nationalpark** (Dilek Milli Parkı; www.dilekyarimadasi.com; 4/10 ₺ pro Pers./Auto; ⌚Juni–Sept. 7–19.30 Uhr, Okt.–Mai 8–17 Uhr). Das gebirgige Naturschutzgebiet ist von Wanderwegen durchzogen und bietet spektakuläre Ausblicke, türkisblaue Badebuchten und geheime Militäranlagen, die kein Besucher je zu Gesicht bekommt.

Eine braune Tafel am Eingang verweist auf **Zeus Mağarası**, die „Höhle des Zeus“, in der man im Sommer in erfrischend kühlem und im Winter in angenehm warmem Wasser planschen kann.

Unterhalb des Eingangs zum Nationalpark liegen vier schön geschwungene Buchten mit Kiesstrand. Die Straße führt direkt zu dem militärischen Sperrgebiet, das die gesamte Westspitze der Halbinsel einnimmt. Die Soldaten können mit ihren Ferngläsern von hier aus problemlos die Touristen an den Stränden der gegenüberliegenden Insel Samos beobachten.

In die erste Bucht, **İçmeler Köyü**, die 1 km vom Eingang des Parks entfernt liegt, führt ein steiler Fußweg hinunter, der sich allerdings nicht wirklich lohnt, denn der Strand ist ziemlich schmutzig. Besser ist es, auf der Straße zu bleiben und von den Haltebuchten aus die fantastische Aussicht zu genießen.

Etwa 3 km weiter zweigt ein unbefestigter Weg ab, der zum 1 km entfernten **Aydınlık Beach** hinunterführt. Der 800 m lange, mit Pinien gesäumte Sand- und Kiesstrand ist zwar deutlich ruhiger, aber immer noch belebt genug, um von Rettungsschwimmern bewacht zu werden.

Weniger als 1 km hinter dem *jandarma*-Posten (der Regionalpolizei) erscheint an der linken Straßenseite ein Schild mit der Aufschrift **Kanyon**. Damit ist ein 15 km langer Wanderweg durch einen Wald gemeint, der in dem Dorf **Doğanbey** endet. Dort gibt's ein Plüschtier-Museum. Die ersten 6 km des Weges sind frei zugänglich, für den Rest benötigt man eine Genehmigung oder muss von einem Führer begleitet werden.

In der dritten Bucht des Nationalparks befindet sich der Sand- und Kiesstrand **Kavaklı Burun**, der besonders bei Surfern beliebt ist. Genau wie am Strand von Aydınlık gibt's auch hier einen zweiten Zugang, etwa 1 km weiter die Küste entlang. Der letzte öffentlich zugängliche Strand der Halbinsel ist zugleich der ruhigste: Vom **Karasu Köyü** blickt man direkt auf die bergige Insel Samos, die unmittelbar davor aus dem Meer ragt. Mit etwas Glück bekommt man auch Delfine zu sehen.

Campen ist verboten, die Party ist also vorbei, wenn der Park schließt. An allen vier Stränden stehen kostenlose Gartenstühle aus Holz zur Verfügung, die aber immer schnell belegt sind. Ein Sonnenschirm mit zwei Liegestühlen kostet 20 ₺. In jeder Bucht gibt's zudem eine Imbissbude, die von Steaks bis Seebarsch allerhand anbieten (Hauptgerichte 8–25 ₺).

An- & Weiterreise

Während der Saison fährt alle 15 Minuten ein Dolmuş von Kuşadası nach Dilek (5 ₺, 40 Min.), aber dort nur bis zur dritten Bucht (Kavaklı Burun). Wer in die vierte Bucht möchte, muss dem Fahrer zusätzlich 2 ₺ in die Hand drücken. Im Sommer fahren Busse von Güzelçamlı bis Mitternacht zurück nach Kuşadası. Der Eintrittspreis für den Dilek-Nationalpark wird im Bus bezahlt.

PRİENE, MİLET, DİDYMA & UMGEBUNG

Priene

☎0256

Wie Ephesos war auch Priene einst eine hochentwickelte Hafenstadt. Auch wenn die Ruinenstätte längst nicht so spektakulär ist und es mehr Fantasie braucht, sich die einstige Pracht vorzustellen, wirkt Priene allein durch seine Lage hoch oben auf dem Berg Mykale (in der Nähe von Güllübahçe) imposanter als das berühmtere Ephesos. Zudem gibt's in Priene jede Menge Schatten spendende Bäume und kaum Touristen, was die Besichtigung angenehmer und entspannter macht.

Anstelle der heutigen Ackerflächen lag in antiker Zeit das glitzernde Meer unterhalb der schroffen Felsen. Und bevor die Stadt durch die Ablagerungen des Mäander verlandete, verfügte sie sogar über zwei Häfen und war weithin bekannt für ihre Schiffsbauindustrie und Segeltradition. Die von britischen und deutschen Archäologen geleiteten Ausgrabungen begannen hier erst Ende des 19. Jhs. Unzählige Marmorstatuen und andere Fundstücke wurden denn in britische und deutsche Museen verfrachtet, manche wurden von kurzsichtigen Sultanen gegen „nützlichere" Dinge wie Eisenbahnen und technisches Knowhow eingetauscht.

Um 300 v. Chr. war Priene eine bedeutende Stadt, in der der Ionische Bund seine Versammlungen und Feste abhielt. Da die Stadt selbst in ihrer Glanzzeit zwischen 300 und 45 v. Chr. immer noch deutlich kleiner als das benachbarte Milet war, wurde der hellenistische Gebäudebestand von den Römern kaum verändert, sodass Priene eine rein griechische Stadt blieb. Als im 2. Jh. n. Chr. die Häfen endgültig versandet waren, zog der Großteil der Einwohner nach Milet um. Zurück blieb das winzige griechische Dorf Samson, in dem sich später auch Türken niederließen. Es bestand bis 1923, als die Griechen vertrieben wurden und die Türken in die fruchtbarere Ebene von Güllübahçe abwanderten.

Hinter dem Kassenhäuschen führt ein steiler Fußweg zu den Ruinen hinauf. Die Straßen waren im Schachbrettmuster angelegt – ein System, das der Architekt Hippodamos (498–408 v. Chr.) aus dem benachbarten Milet erfunden hatte. Als Schöpfer des „Schachbrettmusters" gewann Hippodamos großen Einfluss auf die damalige Städteplanung, und sein System wurde nicht nur in Milet und Priene, sondern auch in Rhodos, Piräus (dem Hafen von Athen) und selbst im antiken Thurioi im westgriechischen Süditalien angewandt. Wie in Ephesos wurden hier in den Marmorbelag der Straßen Linien und Kerben gemeißelt, um ein Ausrutschen zu verhindern.

Auf einer steilen Klippe vor dem Hintergrund hoch aufragender Berge und mit Blick auf das (damals noch vorhandene) Meer stand einst der **Tempel der Athene**. Das ehemals größte und bedeutendste Bauwerk der Stadt wurde von Pytheos von Priene errichtet, der auch das Mausoleum von Halikarnassos (im heutigen Bodrum) schuf. Eine Originalinschrift, die sich heute im Britischen Museum befindet, besagt, dass Alexander der Große den Tempel stiftete.

Im Gegensatz zu Städteplaner Hippodamos, den Aristoteles als Freigeist bezeichnete, weil er seine Haare niemals schneiden ließ und das ganze Jahr über die gleiche Kleidung trug, war Pytheos ein detailbesessener Pedant, der in seinem klassisch ionischen Tempelentwurf die Überwindung

Priene

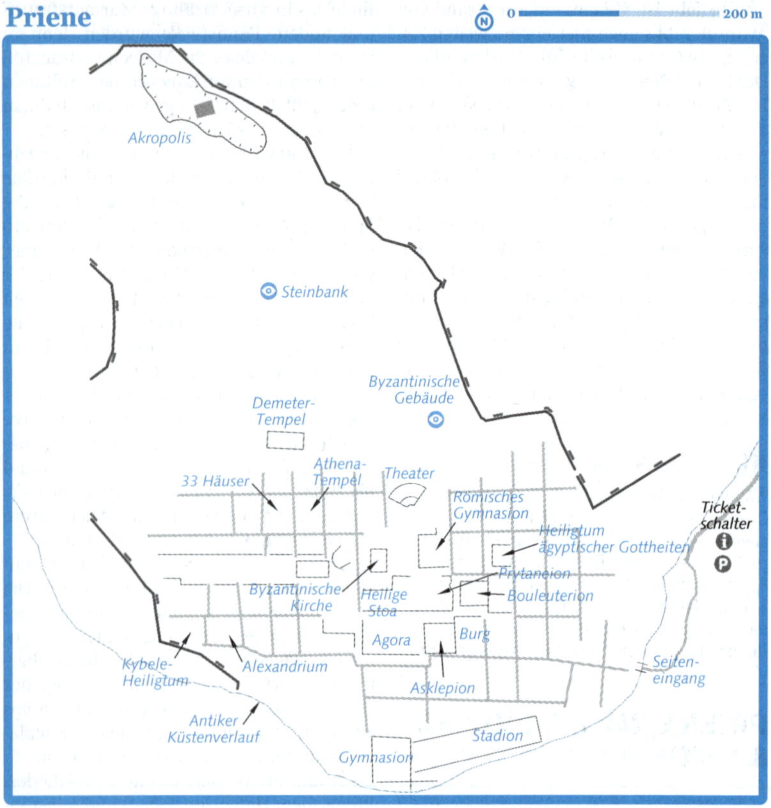

der „Unzulänglichkeiten" des früheren dorischen Baustils sah. Die fünf wiederhergestellten Säulen inmitten der Trümmer vermitteln einen ganz guten Eindruck vom ursprünglichen Aussehen des Tempels, der übrigens nicht von Menschenhand, sondern durch ein Erdbeben zerstört wurde.

Zum Zeitpunkt der Recherche waren die Archäologen gerade dabei, eine **Hellenistische Synagoge** in der Nähe des Tempels auszugraben, vor Ort kann man also nachsehen, wie weit die Grabung gediehen ist.

Das recht kleine **Theater** von Priene fasste 6500 Zuschauer und gehört zu den am besten erhaltenen hellenistischen Theatern der Welt. Die hervorragende Akustik von einst ist noch immer vorhanden. Die kunstvoll gearbeiteten Steinsitze für die Würdenträger in der ersten Reihe sind mit löwenfußähnlichen Verzierungen geschmückt.

Im **Buleuterion**, dem Sitzungssaal für die Ratsversammlungen, fanden 250 Menschen Platz. Von hier führt ein schmaler Weg hinunter zum medizinischen Zentrum des **Asklepios-Heiligtums**, das früher für einen Zeustempel gehalten wurde. Außerdem sind noch die Überreste eines **Gymnasions** und **Stadions** zu sehen. Auf ihre Ausgrabung warten noch die Reste einer **byzantinischen Kirche**.

Direkt neben dem Parkplatz befindet sich unter den Überresten eines byzantinischen Aquädukts, in dem noch immer herrlich erfrischendes Wasser fließt, das **Selale Restaurant** (Hauptgerichte 10 ₺) mit einem großen Becken voller Forellen. Im schattigen Hof daneben kann man sich bei einem Kaffee oder Saft von der Besichtigung erholen.

An- & Weiterreise

Nach Priene kommt man am besten mit dem Auto oder einer geführten Tour. Da die Informationstafeln leider nicht so häufig und ausführlich sind wie in Ephesos, ist die Besichtigung mit einem professionellen Führer wesentlich aufschlussreicher.

Ansonsten verkehrt ein Dolmuş alle 15 Minuten zwischen Priene (Güllübahçe; 4 ₺, 17 km) und Söke; das letzte nach Söke zurück startet um 19 Uhr in Priene. In Priene hält das Dolmuş bei dem Restaurant am Aquädukt, 250 m vom Eingang zur Ruinenstätte entfernt.

Milet (Miletus)

☎0256

Das 22 km südlich von Priene gelegene, von endlosen Baumwollfeldern umgebene Milet war in der Antike eine bedeutende Hafenstadt. Obwohl sie im Vergleich zu Priene und Didyma oft (zu Unrecht) als langweilig abgetan wird, ist sie absolut sehenswert. Die Mischung von hellenistischer und römischer Architektur ist äußerst beeindruckend und das kleine, aber faszinierende neue Museum erläutert gut die damaligen Beziehungen zwischen den drei Städten.

Die genaue Entstehungsgeschichte Milets ist unklar, aber wahrscheinlich wurde die Stadt in der Bronzezeit von Minoern aus Kreta gegründet. Das Wort „Milet" ist jedenfalls kretischen Ursprungs. Von 1000 v.Chr. an ließen sich immer mehr Ionier hier nieder und in den folgenden Jahrhunderten wurde Milet zum einflussreichen Zentrum der griechischen Philosophie und Kultur. Von besonderer Bedeutung in der Philosophie war die Schule von Milet (seit dem 6. Jh. v.Chr.), die so große Denker wie Thales, Anaximander und Anaximenes hervorbrachte. Da sie die Natur durch Beobachtung und mit rationalen Antworten anstelle mythischer Sagen und Legenden erklärten, waren die Philosophen von Milet zugleich die ersten Wissenschaftler der Welt.

Wie andere Küstenstädte wurde Milet von Athenern und Persern erobert, bevor es schließlich 334 v.Chr. von Alexander dem Großen befreit wurde. Später geriet die Stadt unter römische Herrschaft. Um 57 n.Chr. entwickelte sich nach verschiedenen Aufenthalten des Apostels Paulus eine

Milet (Miletus)

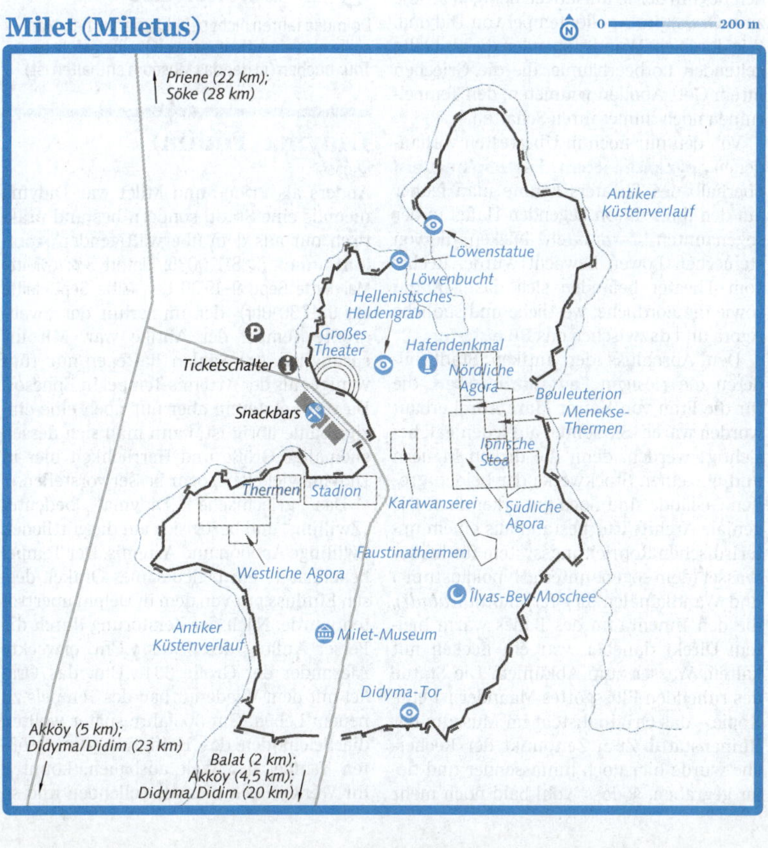

kleine christliche Gemeinde in der Stadt. In byzantinischer Zeit wurde Milet zum Erzbistum. Da – im Gegensatz zu den anderen Städten an der Küste Kleinasiens – der Hafen noch nicht völlig versandet war, nutzten die Seldschuken ihn bis Ende des 14. Jhs. für den Seehandel. Seitdem hat der Mäander die einstige Hafenstadt 10 km weit ins Landesinnere versetzt.

Wie in Priene wurden auch hier die Straßen im Schachbrettmuster des großen Sohnes der Stadt, Hippodamos, angelegt. Ganz im Süden der Stadt befindet sich das **Große Theater** mit 15 000 Sitzplätzen, das von 700 v. Chr. bis 700 n. Chr. das politische und wirtschaftliche Zentrum der Stadt war. Von hier aus hatte man einen spektakulären Meerblick. Im 1. Jh. n. Chr. wurde das Große Theater von den Römern wieder aufgebaut.

Östlich des Theaters stand hinter einer (inzwischen verschwundenen) antiken Handelshalle ein **Apollontempel**, der von besonderer Bedeutung war, markierte er doch den Beginn der 15 km langen heiligen Straße zum Orakel im Apollontempel von Didyma. Wie durch ein Wunder spenden die als heilig geltenden Lorbeerbäume, die die Griechen ihrem Gott Apollon widmeten, den Tempelruinen noch immer ihren Schatten.

Von den nur noch in Überresten vorhandenen **byzantinischen Festungsmauern** oberhalb des Theaters konnte man früher auf den links davon liegenden Hafen in der sogenannten **Löwenbucht** blicken, die von steinernen Löwen bewacht wurde. Rechts vom Theater befanden sich das **Stadion** sowie die nördliche, westliche und südliche Agora und dazwischen das **Buleuterion**.

Den Abschluss der antiken Stadt bildeten die riesigen **Faustinathermen**, die für die Frau von Kaiser Marc Aurel erbaut worden waren. Sie sollten auf jeden Fall besichtigt werden, denn die dicken Mauern und einzelnen Stockwerke der beiden großen Gebäude sind noch gut erkennbar. Die geniale Architektur bestand aus einem unterirdischen Rohrleitungssystem für heißes Wasser (dem sogenannten „Hypokaustum") und Wandkanälen aus Terrakotta (*tubuli*), die den Innenraum des Bades warm hielten. Direkt daneben war ein Becken mit kaltem Wasser zum Abkühlen. Die Statue des ruhenden Flussgottes Mäander ist eine Kopie – das Original steht im Museum der Ruinenstätte. Zum Zeitpunkt der Recherche wurde hier noch umfassender und tiefer gegraben, sodass wohl bald noch mehr von diesem bemerkenswerten Gebäude zu sehen sein wird.

Südlich des antiken Ruinenfeldes findet man die Reste der osmanischen **İlyas-Bey-Moschee** von 1404, deren Eingangsbereich kunstvoll verziert ist.

Auf der anderen Seite der Straße nach Didyma befindet sich das **Milet-Museum** (Eintritt 3 ₺; ⏲8.30–16.30 Uhr), das erst vor kurzem wiedereröffnet wurde. Zu sehen sind Glaswaren, Keramik, Votivstelen und Statuen aus der Antike, griechische, römische und byzantinische Münzen sowie herrlicher Goldschmuck aus antiken Gräbern.

Vor allem aber zeigt das Museum sehr aufschlussreiche Wandtafeln, Landkarten und Stadtpläne der ursprünglichen Siedlungen in Milet und Priene, mit deren Hilfe man die Bedeutung dieser Städte erst richtig versteht und sich vorstellen kann, wie diese Küste aussah, bevor der Fluss sie mit seinen Ablagerungen so einschneidend veränderte.

An- & Weiterreise

Dolmuşe fahren nicht sehr häufig hierher. Man sollte also ein Auto mieten oder eine geführte Tour buchen (in der das Museum enthalten ist).

Didyma (Didim)

☎0256

Anders als Priene und Milet war Didyma niemals eine Stadt, sondern bestand praktisch nur aus dem überwältigenden **Apollontempel** (☎811 0035; Eintritt 3 ₺; ⏲Mitte Mai–Mitte Sept. 9–19.30 Uhr, Mitte Sept.–Mitte Mai 9–17.30 Uhr), der immerhin der zweitgrößte Tempel der Antike war. Mit ursprünglich 122 Säulen hatte er nur fünf weniger als der Artemis-Tempel in Ephesos. Da von Letzterem aber nur noch eine einzige Säule übrig ist, kann man sich dessen ehemalige Größe und Herrlichkeit hier in Didyma vielleicht sogar besser vorstellen.

Das griechische „Didyma" bedeutet „Zwilling" und bezog sich auf die göttlichen Zwillinge Apollon und Artemis. Der Tempel beheimatete ein bedeutsames Orakel, dessen Einfluss nur von dem in Delphi übertroffen wurde. Nach der Zerstörung durch die Perser Anfang des 5. Jhs. v. Chr. erweckte Alexander der Große 334 v. Chr. das Orakel mit dem Wiederaufbau des Tempels zu neuem Leben. Gut 30 Jahre später wollten die Seleukiden das Heiligtum zum größten Tempel der Welt ausbauen, konnten ihr Werk jedoch niemals vollenden und so nahm der Artemis-Tempel in Ephesos diese Rolle ein.

303 n. Chr. soll das Orakel die letzte Christenverfolgung durch Kaiser Diocletian unterstützt haben, bevor Konstantin der Große kurz darauf das Christentum legalisierte. Kaiser Theodosius I. (379–395) erhob es zur Staatsreligion des Römischen Reiches. Das unpopulär gewordene Orakel wurde von ihm, der neben weiteren heidnischen Tempeln auch die Kultstätte des Orakels von Delphi schließen ließ, nun endgültig zum Schweigen gebracht.

Die imposante Tempelanlage ist umgeben von Souvenirläden und ein paar kleinen Pensionen. Da es sich um eine archäologische Stätte handelt, sind keine Neubauten erlaubt. Hinter dem Kassenhäuschen führt eine breite Treppe zu den massiven meterhohen Säulen der einstigen Vorhalle.

Am Ende der Tempelvorhalle befand sich einst ein großes Portal, auf das die Sprüche des Orakels geschrieben und den Ratsuchenden mitgeteilt wurden. Überdachte Gänge neben der Vorhalle führten in die *cella*, das Tempelinnere, wo das Orakel seine Prophezeiungen verkündete, nachdem es aus der heiligen Quelle getrunken hatte. Ein heiliger Pfad, der von kunstvoll verzierten Statuen gesäumt war (die 1858 ins Britische Museum verfrachtet wurden), führte zu einem inzwischen längst verschwundenen Hafen.

Am Sandstrand von **Altınkum**, südöstlich von Didyma, der ein beliebtes Urlaubsziel für Pauschaltouristen ist, bekommt man etwas gegen den kleinen Hunger.

Schlafen & Essen

In Didyma gibt's einige einfache Restaurants, aber es lohnt sich eigentlich nicht wirklich, hier zu bleiben. Ab und zu kommen Neuheiden aus Griechenland, um eine Nacht in dem vom Mond beschienenen Tempel zu verbringen. Sprüche zur Beschwörung der „griechisch-türkischen Freundschaft" sind überall zu finden. Wirklich „antike" Stimmung verbreiten aber eher die billigen (und äußerst baufälligen) Pensionen direkt an der Tempelanlage.

Medusa House PENSION €€
(811 0063; www.medusahouse.com; DZ 60 €) Das 150 Jahre alte, schön restaurierte Steinhaus mit fünf hübschen Zimmern steht inmitten eines reizvollen Gartens. Vom Haupteingang des Tempels geht man nach links und folgt nach etwa 50 m einer leichten Kurve nach rechts.

Olio INTERNATIONAL €€
(auch: Apollon Temple Restaurant & Bar; Hauptgerichte 12–36 ₺; mittags & abends) Das Restaurant in einem bezaubernden kleinen Steinhäuschen bietet eine große Auswahl an internationalen Gerichten. Von der gemütlichen Dachterrasse aus hat man einen tollen Ausblick.

Kamacı BÜFETT €€
(811 0028; Büfett 10–15 ₺; mittags) Im großen Speisesaal des Restaurants hinter dem Tempel wird jeden Mittag ein Büfett für Reisegruppen aufgebaut. Das Essen ist sättigend und preiswert, die Vorspeisen sind sogar richtig lecker.

An- & Weiterreise

Mehrmals täglich fährt ein Dolmuş von Söke nach Didyma (8 ₺, 1 Std.) und Altınkum (8 ₺, 1½ Std.) sowie von Didyma nach Akköy (3,50 ₺; 30 Min.).

Herakleia & Bafa Gölü

0252

Der zur Hälfte aus Salzwasser bestehende Binnensee **Bafa Gölü** (Bafa-See) ist der letzte Hinweis auf den früheren Verlauf der Ägäisküste. Der stille See ist nur von einigen alten Dörfern umgeben. Eines davon ist **Kapıkırı** am Ostufer, das 10 km abseits der Schnellstraße in der Nähe der Ruinen von **Herakleia** liegt. Während sich in den Hügeln rund um den See zahlreiche Überbleibsel byzantinischer Kirchen und Einsiedeleien verstecken, ist der See selbst ein Paradies für Vogelbeobachter: Mehr als 220 Arten sind hier vertreten, von Adlern über Flamingos und Pelikanen bis hin zu Kormoranen. Hoch über Kapıkırı erhebt sich das 1500 m hohe **Beşparmak Dağı** (Fünf-Finger-Gebirge), das in der griechischen Mythologie als „Latmos-Gebirge" bezeichnet wird. Es gibt verschiedene Versionen der damit verbundenen Endymion-Sage. Die erotischste von ihnen erzählt, wie die hoffnungslos verliebte Mondgöttin Selene den Göttervater Zeus bittet, den hübschen, jungen Schafhirten Endymion in einen ewigen Schlaf zu versenken, damit sie Nacht für Nacht den vollkommenen Körper des Jünglings lieben könne. In diesen Nächten wurden dann immerhin 50 Töchter gezeugt. Die Ruinen des antiken Herakleia sind über das ganze Dorf verteilt und stehen inmitten von freilaufenden Hühnern, sturen Eseln und alten Frauen, die auf der Straße sitzen und selbstgemachten Schmuck und Kunsthandwerk eindringlich anpreisen. Die Ruinen sind nicht besonders interessant, doch die ländliche Szenerie und die traumhafte Lage des Sees machen das mehr als wett. Falls der Aufseher gerade da ist, kassiert er 8 ₺ für den Parkplatz.

Sehenswertes & Aktivitäten

Den schönsten Blick auf den See hat man, wenn man auf dem Weg vorbei an den Trümmern des **Endymion-Tempels** zur **byzantinischen Festung** hinaufgeht und von dort auf die Felsengräber der **Nekropole** schaut.

Am Seeufer sind die Überreste einer **byzantinischen Kirche** zu sehen und unter der Insel gegenüber verbergen sich Fundamente antiker Gebäude. Bei Ebbe kann man zu Fuß zu der Insel gehen.

Hinter dem Parkplatz an der Agora führt ein Weg westwärts zum großen und beeindruckenden **Athena-Tempel**, der sich auf einem Felsvorsprung hoch über dem See erhebt. Es sind zwar nur drei Mauern erhalten, aber diese bestehen aus perfekt behauenen und ohne Mörtel zusammengefügten Steinblöcken. In Richtung Osten führen ausgeschilderte Wege zur **Agora**, zum **Buleuterion** und zu dem (einige Hundert Meter jenseits der Viehweiden gelegenen), leider nicht restaurierten **Theater**, von dem nur ein paar wenige Sitzreihen übrig sind. In der Nähe befinden sich auch noch Reste der **Stadtmauer** (ca. 300 v. Chr.).

Schlafen & Essen

Die Pensionsbesitzer sprechen zumeist Deutsch und organisieren zweistündige Bootsfahrten auf dem See (50 ₺/Boot) oder nachmittägliche Wanderungen zu Höhlen und Ruinen aus der Jungsteinzeit (90 ₺ für 2 Pers.). Die Miete für ein ganzes Haus beträgt zwischen 210 und 250 ₺ pro Nacht.

Aufgrund der ungewöhnlichen Mischung aus Süß- und Salzwasser im Bafa-See kommen in den Restaurants Meeres- und auch Flussfische fangfrisch auf den Tisch.

Karia Pansiyon & Restaurant PENSION €€
(☎543 5490; www.kariapension.com; EZ/DZ inkl HP 90/140 ₺; ❄) Die sauberen Zimmer der ruhigen Pension sind mit handgewebten Teppichen ausgestattet. Dazu gibt's eine Dachterrasse mit Blick auf den See und ein gutes Restaurant.

Agora Pansiyon PENSION €€
(☎543 5445; www.agora.pansiyon.de; EZ/DZ inkl. HP ab 110/150 ₺; ❄@) Die lässige Pension inmitten eines Gartens bietet anständige Zimmer und Holzhäuschen sowie eine schattige Terrasse mit Hängematten. Außerdem werden Touren zum Felsenklettern oder Vögelbeobachten organisiert.

Selene's Pension PENSION €€
(☎543 5221; www.bafalake.com; DZ inkl. HP 130–180 ₺; ❄@≋) Die älteste Pension am See verfügt über elf gepflegte Zimmer und ein nettes Restaurant, in dem es Fisch aus dem See und andere Spezialitäten gibt. Die „Pension der Mondgöttin" liegt am äußeren Ende des Dorfes, 50 m vom Strand entfernt.

Club Natura Oliv HOTEL €€
(☎519 1072; www.clubnatura.com; EZ/DZ inkl. HP 35/53 €; ❄@) Das ziemlich feudale Hotel befindet sich etwa 10 km nördlich der Abzweigung nach Herakleia. Es steht inmitten einer uralten Olivenplantage und produziert auch sein eigenes Öl. Der Blick auf den See ist fantastisch und es werden geführte Wanderungen in die Natur angeboten.

An- & Weiterreise

Busse halten zwar an der Abzweigung nach Herakleia, aber von dort sind es noch 10 km bis nach Kapıkırı. Dolmuşe (5 ₺) fahren nur selten. Eine Taxifahrt kostet 20 ₺. Um 8 Uhr morgens fährt ein Dolmuş von Kapıkırı zur Abzweigung von der Schnellstraße und kehrt gegen 12 Uhr wieder zurück. Wenn man vorher anruft, holen viele Pensionsbesitzer ihre Gäste aber auch ab.

Milas & Umgebung

☎0252 / 54 068 EW

Milas hieß früher Mylasa und war die meiste Zeit die Hauptstadt des Königreichs Karien – nur während der Herrschaft des berühmten Maussolos ging dieser Titel an Halikarnassos (das heutige Bodrum). Während die landwirtschaftlich geprägte Stadt selbst vor allem für ihren **Bauernmarkt** am Dienstag bekannt ist, befinden sich in ihrer Umgebung einzigartige historische Stätten.

Sehenswertes

Die interessantesten Sehenswürdigkeiten von Milas sind in einem Radius von 20 km rund um die Stadt zu finden. Innerhalb der Stadt steht z. B. das sehr gut erhaltene römische Stadttor **Baltalı Kapı** („Tor mit Axt"). Ein steiler Weg führt von der Gümüşkesen Caddesi zum **Gümüşkesen** (wörtlich „Der das Silber schneidet" oder „Geldbörse aus Silber"). Der römische Grabbau aus dem

2. Jh. n. Chr. wurde vermutlich nach dem Vorbild des Mausoleums von Halikarnassos gefertigt.

Euromos RUINE

(Eintritt 8 ₺; ⌚Mai–Sept. 8.30–19 Uhr, Okt.–April 8.30–17 Uhr) Das antike Euromos befand sich 12 km nordwestlich von Milas und 1 km vom heutigen Dorf Selimiye entfernt. Seine Glanzzeit erlebte das im 6. Jh. v. Chr. gegründete Euromos unter hellenistischer und römischer Herrschaft von 200 v. Chr. bis 200 n. Chr. Die ursprünglichen Naturgottheiten wurden schon früh durch die griechischen Götter ersetzt. Tatsächlich ist der teilweise restaurierte **Zeus-Tempel** alles, was von der Siedlung übriggeblieben ist.

Busse auf dem Weg von Milas nach Söke und Dolmuşe halten bei Bedarf an der Ruinenstätte, die nur 200 m von der Schnellstraße entfernt ist.

Iasos (Kıyıkışlacık) RUINE

(Eintritt 2 ₺; ⌚8.30–17.30 Uhr) Der Küstenort liegt praktisch inmitten der Reste des antiken Iasos, einer wohlhabenden karischen Stadt, die einst auf einer Insel lag und vom Fischfang sowie dem Abbau des einzigartigen rotweißen Marmors in den Hügeln der Umgebung lebte. Als Mitglied des Attischen Seebundes nahm Iasos am Peloponnesischen Krieg teil, verlor danach aber an Bedeutung. Vom 5. bis 9. Jh. war es noch Sitz eines byzantinischen Bischofs, bevor es dann im 15. Jh. endgültig aufgegeben wurde.

Übriggeblieben ist die von hohen Mauern umgebene **Akropolis** auf dem Hügel gegenüber dem Fischereihafen. Bei Ausgrabungen wurden auch Überreste eines **Buleuterions**, einer **Agora**, eines **römischen Tempels der Artemis Astias** (190 n. Chr.) und weiterer Gebäude gefunden. Im **Iasos Deniz Restaurant** (Fisch ab 10 ₺; ⌚10–24 Uhr) kann man fangfrischen Fisch mit Blick auf die vom Wasser umspülten Ruinen genießen.

Im Sommer fährt jede Stunde ein Dolmuş von Iasos nach Milas (4,75 ₺), im Winter seltener. Die Abzweigung ins Dorf, 10 km nordwestlich von Milas, ist an der Schnellstraße ausgeschildert. Von dort sind es noch 20 km bis nach Iasos.

Labranda RUINE

(Eintritt 8 ₺; ⌚8–17 Uhr) Das von Pinien umgebene antike Labranda lag an einem Hügel, der die Stadt Mylasa einst mit Trinkwasser versorgte. Spätestens seit dem 6. Jh. v. Chr. wurde hier eine lokale Gottheit verehrt. Unter der Herrschaft von Milas wurde die Kultstätte zum Zeustempel umfunktioniert. Der großartige **Zeus-Tempel** betonte hauptsächlich die kriegerischen Seiten des Gottes (Stratios bzw. Labryandos bedeutet „Axt-Träger“). In Labranda fanden Feste und Olympische Spiele statt, möglicherweise gab es auch ein Orakel.

Die Abzweigung nach Labranda befindet sich nordwestlich von Milas in Richtung Söke. Von dort sind es 14 km bis zum Tempel. Wer kein Auto hat, sollte in Milas ein Taxi nehmen (40 ₺, inkl. 1 Std. Wartezeit).

Beçin Kalesi RUINE

(Beçin-Burg; Eintritt 3 ₺; ⌚8 Uhr–Sonnenuntergang) An der Straße von Milas nach Ören zweigt nach 1 km rechts ein ausgeschilderter Weg zur Burg Beçin Kalesi ab. Die Burg auf dem weithin sichtbaren Felsen war ursprünglich eine byzantinische Festung, bevor sie im 14. Jh. von den nur kurz regierenden Mentesche-Fürsten umgestaltet wurde.

Von den hohen Festungsmauern, auf denen heute eine riesige türkische Flagge weht, hat man einen tollen Blick auf das darunter liegende Milas. Auf einem Hügel 500 m weiter sind noch mehr Bauten aus der Zeit der Mentesche zu finden, darunter die **Kızılhan** (Rote Karawanserei), das **Ahmet-Gazi-Grabmal** und eine restaurierte **Medrese**.

ℹ An- & Weiterreise

Der Busbahnhof von Milas ist 1 km außerhalb des Zentrums, an der Straße von Bodrum nach Söke. Dolmuşe aus Bodrum (15 ₺, 1 Std.) fahren bis ins Stadtzentrum, wo es eine kleine **Dolmuş-Station** (Köy Tabakhane Garaji) gibt. Hier starten zu festgelegten Zeiten auch Minibusse nach Iasos (4,75 ₺).

BODRUM-HALBINSEL

Auf der Bodrum-Halbinsel, dem Sommerdomizil der Einwohner von Bodrum, findet sich eine bunte Mischung aus noblen Ferienresorts und ruhigen Küstenorten, in denen man herrlich baden und stilvoll essen kann. Obwohl der moderne Tourismus längst überall und unübersehbar Einzug gehalten hat, wurden doch kleine Reste von Tradition und Ruhe, z. B. in Form der örtlichen Lebensmittelmärkte unter freiem Himmel, bewahrt. Und das hügelige Landesinnere weitab der zerklüfteten Küste ist immer noch nahezu unbewohnt. Die Halbinsel verfügt über ein bemerkenswert gut ausgebautes und preisgünstiges Nahverkehrssystem. Wer länger als nur ein paar Tage bleiben will, kann mit ein bisschen Planung ausgezeichnete Unterkünfte zu vernünftigen Preisen finden.

An- & Weiterreise

Auto & Motorrad

Büros von Autovermietungen befinden sich in der Neyzen Tevfik Caddesi in Bodrum. **Avis** (☎316 2333; www.avis.com; Neyzen Tevfik Caddesi 92a) und **Neyzen Travel & Yachting** (☎316 7204; www.neyzen.com.tr; Kibris Sehitleri Caddesi 34) vermieten Autos mit Schalt- und Automatikgetriebe (45–65 €/Tag). Ein Motorrad oder Roller kostet 15 bis 30 € pro Tag.

Flugzeug

Der internationale Flughafen von Bodrum (BJV) ist 36 km von der Stadt entfernt. 2012 wurde er großzügig erweitert und verfügt nun über die doppelte Kapazität für Starts und Landungen. Von den knapp 50 Fluggesellschaften, die ihn anfliegen, sind die meisten Charter- und Billigflieger. Neben Büros in Bodrum selbst sowie in Turgutreis und Yalıkavak ist **Turkish Airlines** (THY; www.thy.com; Kıbrıs Şehitler Caddesi) auch im Einkaufszentrum Oasis in Bodrum an der Straße nach Gümbet 2 km außerhalb der Stadt zu finden. Dolmuşe (1,75 ₺) fahren vom Busbahnhof hierher – als Fahrtziel einfach „Oasis" angeben. **AtlasJet** (www.atlasjet.com) fliegt direkt von İstanbul nach Bodrum. Der türkische Billigflieger **Pegasus Airlines** (www.flypgs.com) hat oft sehr günstige Angebote.

Wer mit Turkish Airlines fliegt, kann zwei Stunden vor dem Abflug mit dem Havaş-Bus (19 ₺) vom Busbahnhof in Bodrum direkt zum Flughafen fahren. Der Bus holt auch ankommende Fluggäste ab und bringt sie in die Innenstadt von Bodrum. Wer nicht mit Turkish Airlines fliegt, muss ein teures Taxi nehmen (90 ₺ von der Stadt zum Flughafen, 100 ₺ vom Flughafen in die Stadt). Vielleicht haben andere Fluggesellschaften aber mittlerweile ebenfalls einen Shuttle-Dienst eingerichtet.

Schiff/Fähre

Der Kreuzfahrthafen von Bodrum wird nicht nur von großen Linienschiffen angelaufen, sondern auch von kleineren Fähren, die nach Datça und zu den griechischen Inseln Kos und Rhodos übersetzen. Auskünfte erteilt die **Bodrum Ferryboat Association** (☎316 0882; www.bodrumferryboat.com; Kale Caddesi Cümrük Alanı 22; ⏲8–20 Uhr), die sich im Hafen beim westlichen Eingang des Kastells St. Peter befindet. Da die auf der Homepage genannten Abfahrtszeiten nicht immer korrekt sind, sollte man persönlich oder telefonisch nachfragen.

Die Fähre nach Kos (einfache Fahrt oder Rückfahrt am gleichen Tag 32 €, Rückfahrt an einem anderen Tag 60 €, 1 Std.) legt, sofern es das Wetter erlaubt, das ganze Jahr über täglich um 9.30 Uhr ab und kommt um 16.30 Uhr wieder von Kos zurück. Wesentlich preiswerter ist die Fährverbindung (einfache Fahrt 12 €, hin & zurück 20 €) von **Bodrum Express Lines** (☎316 1087; www.bodrumexpresslines.com; Kale Caddesi 18; ⏲8–18 Uhr), deren Büro sich ganz in der Nähe befindet. In der Regel startet von Montag bis Samstag ein Tragflächenboot jeweils um 9.30 Uhr und kehrt um 17 Uhr zurück.

Von Juni bis September verkehrt ein solches Tragflächenboot auch zwischen Bodrum und Rhodos (einfache Fahrt/Rückfahrt am gleichen Tag 60 €, Rückfahrt an einem anderen Tag 120 €, 2¼ Std.). Abfahrt in Bodrum ist montags bis samstags um 8.30 Uhr, die Rückfahrt um 17 Uhr.

Die Fähren nach Datça (einfach/hin & zurück/Auto 25/40/70 ₺, 2 Std.) legen von Juni bis September täglich um 9 Uhr in Bodrum ab. Von April bis Anfang Juni und im Oktober verkehrt die Fähre nur dienstags, donnerstags, samstags und sonntags, jeweils ab 9.30 Uhr. Eine Rückfahrt am gleichen Tag ist nicht möglich. Die Fähren nach Datça legen in Körmen im Norden der Halbinsel an. Die 15-minütige Busfahrt zum Hauptort im Süden ist im Preis enthalten.

Die Fähren von Turgutreis nach Kalymnos (20 €, 45 Min.) verkehren normalerweise von Mai bis Oktober. Zum Zeitpunkt der Recherche waren sie nicht in Betrieb, deshalb vorher nachfragen.

Unterwegs vor Ort

Die Dolmuşe in Bodrum sind je nach Fahrtstrecke farblich gekennzeichnet: Orangefarbene Busse verkehren in der Innenstadt (2–3 ₺), türkisfarbene fahren zu den Küstenorten der Halbinsel (4–9 ₺), hellgrüne nach Gümbet (3,50 ₺). Der Name des Endpunkts ist immer auf das Fahrzeug gemalt oder aufgeklebt. Vom Busbahnhof in Bodrum fahren zwei Hauptlinien auf und über die Halbinsel. Die erste (westliche) führt über Gümbet, Bitez, Ortakent, Turgutreis, Gümüşlük und Yalıkavak. Die zweite (nördliche) führt über Torba und Türkbükü nach Yalıkavak.

Turgutreis, Gümüşlük und Yalıkavak werden auch einzeln angefahren. Die Fahrt von Yalıkavak nach Bodrum dauert gut eine Stunde. Die Fahrtzeit von Bucht zu Bucht beträgt jeweils etwa 15 Minuten.

Im Sommer sind die Dolmuşe rund um die Uhr unterwegs, in der Nebensaison nur zwischen 7 und 23 Uhr. Wer etwa von Bitez nach Ortakent möchte, hält ein vorbeikommendes Dolmuş an und lässt sich damit *indi bindi* (2,50 ₺), in die nächste Bucht, bringen. Zwischen einzelnen Buchten wie Yalıkavak und Türkbükü gibt es seltsamerweise aber keine direkte Minibusverbindung, sodass man immer erst nach Bodrum zurückkehren muss. Aber vielleicht hat sich das ja mittlerweile auch geändert.

Bodrum-Halbinsel

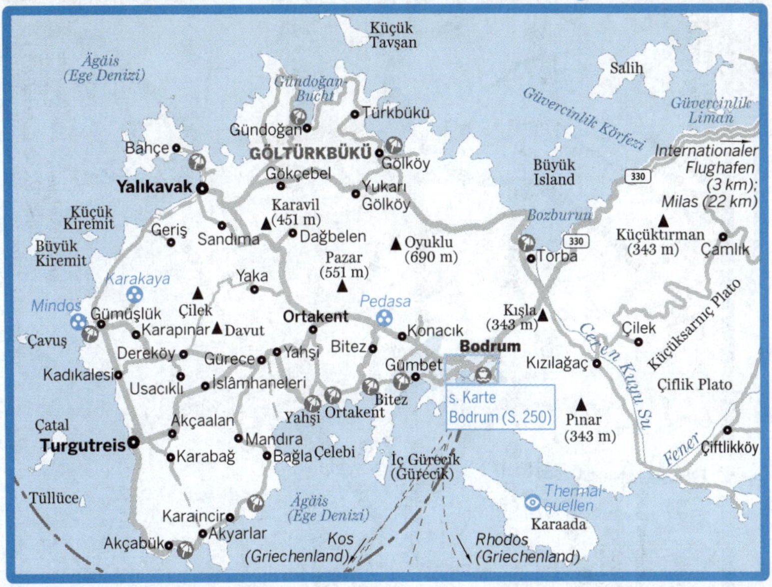

Bodrum

☎0252 / 34 866 EW.

Obwohl jedes Jahr allein im Sommer mehr als 1 Mio. Touristen die Strände, Boutiquehotels und Clubs stürmen, schafft es Bodrum (das frühere Halikarnassos), nicht zur billigen Touri-Hochburg zu verkommen. Mehr als jeder andere Ferienort an der türkischen Küste strahlt die Stadt einen zauberhaften Charme aus, der von der imposanten Festung auf dem Hügel bis zum glitzernden Jachthafen am Meer, von den blumengeschmückten Cafés bis hin zu den kleinen Gassen mit weißgetünchten Häusern alles durchdringt. Selbst in der absoluten Hochsaison findet man noch kleine Oasen der Ruhe in der Stadt selbst und vor allem in den Küstenorten der Umgebung.

Erst seit gut 30 Jahren steht Bodrum für grenzenloses Vergnügen, paradiesische Strände und luxuriösen Sommerurlaub. Davor war es ein einfaches Fischerdorf, und die älteren Einwohner können sich noch gut daran erinnern, dass einst alles anders war und es vieles gar nicht gab. Bevor die palmengesäumten Uferpromenaden angelegt und die feinen Restaurants eröffnet wurden, war Bodrum alles andere als ein Traum: Hierher wurden die Gegner und Kritiker der neuen türkischen Republik ins Exil verbannt.

Das änderte sich, als ausgerechnet einer dieser Häftlinge das Gefängnis für sich eroberte. Der Schriftsteller Cevat Şakir Kabaağaçlı (alias „Der Fischer von Halikarnassos") wurde 1925 in das verschlafene Bodrum verbannt – und verliebte sich in die Stadt. Nachdem er seine Strafe abgesessen hatte, schickte er sich Mitte der 1940er-Jahre an, eine ganze Generation türkischer Intellektueller, Schriftsteller und Künstler vom Zauber Bodrums zu überzeugen.

Von nun an gab es kein Halten mehr. In den 1980er-Jahren kamen die ersten wohlhabenden Ausländer und Bodrum entwickelte sich zum beliebten Ferienort für Pauschaltouristen aus ganz Europa, aber auch für die oberen Zehntausend der Türkei. Dabei bewahrte der frühe künstlerische Einfluss von Kabaağaçlı die Stadt davor, ein übler Billigurlaubsort wie so viele andere ehemalige Fischerdörfer der türkischen Küste zu werden.

Aber auch die Städteplaner sind darauf bedacht, den ursprünglichen Charakter der Stadt zu bewahren. Die Höhe der Gebäude ist limitiert und die weiß getünchten Häusern mit hellblauen Verzierungen erinnern an längst vergessene Zeiten. Die beeindruckende Burg, zahlreiche Museen und osmanische Moscheen tragen ebenfalls zum außerordentlichen Reiz der Stadt bei.

Bodrum

0
400 m
Neyzon Travel & Yachting (300 m)
Cevat Şakir Cad
Pamili Sk
Derviş Görgün Cad
Yaka Sk
Yıllıkçı Sk
Uslu Sk
Artemis Cad
Sevenceler Sk
Mandalin Sk
Kule Sk
Fabrika Sk
Helvacılar Sk
Bahçe Sk
Fruit & Vegetable Market
Atatürk Cad
2430 Sk
Omurça Dere Sk
Adliye Sk
Uslu Sk
Cumhuriyet Cad
Ilgın Sk
Çilek Sk
Tarla Sk
Zeki Müren Cad
Aegean Gate (50 m)
Kreuzfahrthafen (1.5km)
Kumbahçe-Bucht
Hüseyin Nafiz Özsoy Cad
Cemil Uyar Cad
Marsmabedi Cad
Türkkuyusu-Moschee
Külcü Sk
Türkkuyusu Cad
Göktepe Sk
Gerence Sk
Davut Sk
1201 Sk
Turgutreis Cad
İmbat Çık
TEPECİK
Marsmabedi Cad
Araplar Sk
Kıbrıs Şehitler Cad
Saray Sk
Hamam Sk
1205 Sk
Adnan Toker Sk
Fırkateyn Sk
Neyzen Tevfik Cad
Tepecik-Moschee
ESKİÇEŞME
Şafak Sk
Marina
Salmakis-Bucht
Antiker Hafen
Bazaar
Adliye-Moschee
Kale Cad
Dr Alim Bey Cad
Bodrum Express Lines
Fähre
Bodrum Ferryboat Association
Limoon Café & Restaurant (1 km); Butterfly (1 km)

Bodrum

Sehenswertes

1	Antikes Theater	B1
2	Kastell St. Peter	D4
3	Mausoleum	C2
4	Schiffswerft	A3

Schlafen

5	Albatros Otel	C2
6	Anfora	F3
7	Antik Tiyatro Hotel	B1
8	Bahçeli Ağar Aile Pansiyonu	B2
9	El Vino Hotel	F1
10	Hotel Güleç	F3
11	Kaya Pension	D2
12	Marina Vista	B3
13	Otel Atrium	F2
14	Su Otel	D2
15	Turunç Pansiyon	E2

Essen

16	Berk Balık Restaurant	G4
17	Döner Tepecik	C2
18	Fischmarkt	E2
19	Gemibaşi	B2
20	La Pasión	E3
	Marina Köftecisi	(siehe 8)
21	Meyhane Deniz Feneri	E2
22	Nazik Ana	D3
23	Orfoz	F4
24	Sünger	B3

Ausgehen

25	Hadigari	D4
26	Körfez	E3
27	Marina Yacht Club	B3
28	Moonlight	E3

Unterhaltung

29	Helva	D2
30	Küba Bar	D2
31	Marine Club Catamaran	D3
32	Mavi Bar	F4

Sehenswertes

Kastell St. Peter MUSEUM

(☎316 2516; www.bodrum-museum.com; Eintritt 10 ₺, Glass Shipwreck Hall 5 ₺, Carian Princess Hall 5 ₺; ⏲Sommer Di–So 9–12 & 13–19 Uhr, Winter 8–12 & 13–17 Uhr, Glass Shipwreck Hall Di–Fr 10–12 & 14–16 Uhr, Carian Princess Hall Di–So 10–12 & 14–16 Uhr) Der Einfall der Mongolen unter Tamerlan 1402 verschaffte nicht nur Konstantinopel eine Verschnaufpause in der Belagerung durch die Türken, sondern erlaubte auch dem damals in Rhodos ansässigen Johanniterorden den Bau einer Burg im antiken Halikarnassos, wobei sie Steinquader und Marmorplatten des weltberühmten Mausoleums verwendeten. Die Stadt benannten sie in „Petronium" um, das unter den Türken dann zu „Bodrum" wurde.

Das Kastell St. Peter war 1437 fertiggestellt, doch wurden ständig Verteidigungsanlagen wie Gräben, Mauern und Zisternen hinzugefügt. Nach der Eroberung von Rhodos durch Süleiman den Prächtigen 1522 musste der Orden das Kastell verlassen, und die siegreichen Osmanen errichteten sofort eine Moschee innerhalb der Festungsmauern. Jahrhundertelang fiel in der Festung kein Schuss mehr. Erst durch französisches Artilleriefeuer im Ersten Weltkrieg stürzte das Minarett der Moschee ein – und sollte erst im Jahr 1997 von der türkischen Regierung wieder aufgebaut werden.

Die Restaurierung des Kastells begann in den 1960er-Jahren. Seit 1986 beherbergt die ehemalige Festung das **Museum für Unterwasserarchäologie**. In dem ansprechend gestalteten und sehr aufschlussreichen Museum sind die in Schiffswracks aufgefundenen Schätze zu bewundern, die durch Rekonstruktionen der Wracks und Multimedia-Schauen ergänzt werden. Der komplette Rundgang dauert etwa zwei Stunden.

Von den Festungsmauern aus hat man einen tollen Blick auf die Stadt und das Meer. Am Eingang kommt man an einem **Kreuzritterwappen** aus Marmor vorbei. Danach gelangt man in den Haupthof der Burg, in dessen Mitte ein uralter Maulbeerbaum steht. Auf der linken Seite des Hofs steht eine lange Reihe von **Amphoren**, die vom 14. Jh. v. Chr. bis in die Neuzeit datieren und alle aus Wracks in der südlichen Ägäis geborgen wurden. Das Café im Hof nebenan ist mit antiken Statuen geschmückt und befindet sich direkt neben einer kleinen **Glasbläserei**, in der man bei der Herstellung von Glasflaschen und Schmuckstücken zusehen kann, die nach dem Vorbild von Funden in antiken und mittelalterlichen Schiffswracks geblasen werden.

In der Kapelle sind ein winziges Schiffsmodell und die originalgetreue Nachbildung des Hecks eines vor Yassıada gesunkenen spätrömischen Schiffes zu sehen. Auf dem Schiffsteil in Originalgröße kann man an Deck herumspazieren, das Steuer in die Hand nehmen oder die Kombüse und die Weinvorräte inspizieren.

Links von hier, in Richtung der Türme, befindet sich die **Glas-Wrack-Halle**. Das darin ausgestellte, 16 m lange und 5 m breite Schiff sank 1025. Seine Ladung bestand aus 3 t Glas, das aus dem von den Fatimiden beherrschten Syrien zu einer byzantinischen Glasmanufaktur am Schwarzen Meer unterwegs war. Die Entdeckung des Wracks begeisterte Archäologen und Historiker gleichermaßen, denn es lieferte nicht nur aufschlussreiche Hinweise auf den Schiffsbau der damaligen Zeit, sondern auch auf die Glasproduktion und Formenwelt der Fatimiden.

In der kleinen **Glashalle** direkt daneben sind Fundstücke aus dem 15. Jh. v. Chr. bis zum 14. Jh. n. Chr. ausgestellt, darunter mykenische Glasperlen, römische Flaschen und islamische Gewichte. Antike Münzen, wie die des Lyderkönigs Krösus, sind im Gebäude nebenan zu bewundern.

Im **Französischen Turm** befindet sich eine Ausstellung zum *Tektaş Burnu,* dem weltweit einzigen, vollständig ausgegrabenen Schiffswrack des antiken Griechenland, das wohl zwischen 480 und 400 v. Chr. gesunken ist. Neben unzähligen Amphoren, runden Glücksbringern aus Marmor und verschiedenen Küchenutensilien sind auch Fotos von den Ausgrabungen im Jahr 2001 auf der Çesme-Halbinsel zu sehen.

In der **Halle der karischen Prinzessin** nebenan werden eine Krone, eine Halskette, Armbänder, Ringe und ein herrlicher Myrtenkranz, alles aus feinstem Gold, gezeigt. Die wertvollen Grabbeigaben werden gemeinhin der letzten Karerkönigin Ada zugeordnet, die 334 v. Chr. dank Alexander dem Großen nach der Eroberung von Halikarnassos wieder auf den Thron kam. Ganz sicher weiß man aber nur, dass sie einer Frau von hohem Rang gehörten.

Der **Englische Turm** in der südöstlichen Ecke des Kastells wurde unter König Heinrich IV. von England (1399–1413) errichtet. Im Jahre 1401 hatte Heinrich als erster (und einziger) englischer König einen byzantinischen Kaiser zu Gast. Er nahm die Warnung von Manuel II. Palaiologos vor der islamischen Bedrohung des christlichen Europa durch die Osmanen sehr ernst. Der Englische Turm wurde zum Symbol ihres Zusammenhalts für die gemeinsame Sache.

Diese Bedeutung wird von den heutigen Museumsverwaltern allerdings geleugnet, denn der Turm wird lediglich als mittelalterlicher Speisesaal mit einem langen Tisch ausgewiesen, der mit Ritterrüstungen, Hirschgeweihen und Standarten des Johanniterordens und seiner osmanischen Gegner geschmückt ist. Mittelalterliche Flötenmusik macht die Farce eines Rittermahls komplett.

Im Norden des Burghofs sind in der **Halle des Schiffswracks von Uluburun** neben dem ältesten ausgegrabenen Schiffswrack der Welt (aus dem 14. Jh. v. Chr.) noch weitere **Wracks aus der Bronzezeit** ausgestellt. Das Innere der Schiffe und die Fundstellen auf dem Meeresgrund sind in Originalgröße nachgebildet. In der **Schatzkammer** nebenan sind Goldschmuck aus dem Land Kanaan, Dolche aus Bronze, Kosmetikdosen aus Elfenbein, Schreibtafeln aus Holz und ein goldener Skarabäus der ägyptischen Königin Nofretete zu bewundern.

Noch weiter nördlich befindet sich der Eingang zum Verlies des **Gatineau-Turms**, in dem die Johanniter von 1513 bis 1523 ihre Feinde einkerkerten und auch folterten. Die gruselige Inschrift des inneren Tores bezeichnet das Verlies denn auch als Ort, *inde deus abest* („wo Gott nicht existiert"). Eine Tafel weist darauf hin, dass die ausgestellten Folterinstrumente eventuell nicht für Kinderaugen geeignet sind.

Mausoleum RUINE

(Turgutreis Caddesi; Eintritt 8 ₺; ⌚Di–So 8.30–17.30 Uhr) Das Grabmal galt als eines der Sieben Weltwunder der Antike und war die größte Errungen- und Hinterlassenschaft des Karerkönigs Mausolos (376–353 v. Chr.). Nachdem Mylasa (Milas) mehr als 700 Jahre lang die Hauptstadt des Karer-Reiches war, verlegte Maussolos seine Residenz nach Halikarnassos. Noch zu Lebzeiten plante der König sein Grabmal und bestimmte Pytheos, den Architekten des Athena-Tempels in Priene, zu seinem Baumeister. Nach Maussolos' Tod überwachte seine Frau (und Schwester) Artemisia die Vollendung des riesigen Grabmals aus weißem Marmor, dessen Dach als mehrstufige Pyramide gestaltet war.

Erstaunlicherweise blieb das prachtvolle Mausoleum viele Jahrhunderte lang weitgehend unversehrt. Doch als der Johanniterorden Baumaterial für sein Kastell St. Peter benötigte, wurde es zwischen 1406 und 1522 praktisch vollständig abgetragen und der Marmor teilweise zu Steinpuder verrieben. Glücklicherweise ließen die Ritter die schönsten antiken Friese unversehrt und bauten sie in ihre Burgmauern ein, während die Statuen von Maussolos und Artemisia später ins Britische Museum gebracht wurden.

Abgesehen davon blieb vom Mausoleum nichts übrig. Heute befindet sich an seinem ehemaligen Standort ein erholsamer Park, der am rechten Rand von einem Ausgrabungsgelände, am linken Rand von einem überdachten Säulengang begrenzt wird, in dem zumindest eine Kopie des berühmten Frieses im Britischen Museum angebracht ist. Kürzlich wurden weitere vier Originalfragmente entdeckt, die ebenfalls zu sehen sind. Das Mausoleum in seinen einst riesigen Ausmaßen ist anhand von Modellen, Zeichnungen und Dokumenten dargestellt. Außerdem zeigt ein maßstabsgetreues Modell das Mausoleum im Verhältnis zur Stadt Halikarnassos.

Von den antiken Bauten selbst überdauerten nur Treppen aus der Zeit vor Maussolos, das von ihm angelegte Entwässerungssystem, der Eingang zur Grabkammer, ein paar Stücke der Umfriedungsmauer und einige geriffelte Säulentrommeln aus Marmor.

Myndos Kapısı RUINE

(Turgutreis Caddesi) Die restaurierten Überreste des Myndos-Tors stehen im Westen Bodrums. Es ist das einzige erhaltene Tor der einst 7 km langen Stadtmauer, die König Maussolos im 4. Jh. v. Chr. errichten ließ. In dem Graben davor fanden im Jahr 334 v. Chr. unzählige Soldaten von Alexander dem Großen den Tod.

Antikes Theater RUINE

(Kıbrıs Şehitler Caddesi) Das restaurierte Theater von Halikarnassos mit 13 000 Sitzplätzen liegt in den Hügeln an der Straße nach Gümbet. Hier finden im Sommer regelmäßig Konzerte statt.

Schiffswerft RUINE

(Şafak Sokak; ⌚9–18 Uhr) Die erst kürzlich restaurierte Schiffswerft der Osmanen befindet sich direkt hinter dem Jachthafen. Nachdem Russland 1770 bei Çeşme die gesamte osmanische Flotte zerstört hatte, wurde sie in kleinen Bootswerften wie dieser wieder aufgebaut. Zur Verteidigung gegen Überfälle von Piraten wurde die Werft im 19. Jh. befestigt. Obwohl im Turm der Schiffswerft heute gelegentlich Kunstausstellungen stattfinden, dient er in erster Linie als Kinderspielplatz. Im Turm werden auch alte Grabsteine gelagert, die aus jener Zeit stammen, als in der Türkei die arabische durch die lateinische Schrift ersetzt wurde. Und natürlich hat man vom Turm einen tollen Ausblick.

Aktivitäten

Blue Cruises BOOTSFAHRT

Entlang der Neyzen Tevfik Caddesi schaukeln unzählige Ausflugsboote im Wasser. Eine solche „blaue Kreuzfahrt" macht wirklich Spaß. Genau wie die regelmäßig verkehrenden Fähren schippern einige der Boote auch zu den Buchten der Halbinsel – eine gute Alternative zur Fahrt in einem heißen, überfüllten Minibus. Genaue Infos gibt's vor Ort. Die „schwarze Insel" **Karaada** mit ihren heißen Quellen, die aus einer Höhle sprudeln, ist ein beliebtes Ausflugsziel, denn hier kann man herrlich baden und sich im angeblich gesunden, orangefarbenen Schlamm wälzen.

Die Bootsfahrt kann man im Hotel oder bei einem der Ausflugsboote direkt buchen, am besten einen Tag vorher. Eine Gruppentour kostet ab 12 € aufwärts.

Neyzen Travel & Yachting BOOTSFAHRT

(☎316 7204; www.neyzen.com.tr; Kibris Sehitleri Caddesi 34) Die Fahrten mit den traditionellen *gület*-Jachten aus Holz führen z. B. rund um den Golf von Gökova bis nach Knidos und an der Küste entlang zurück nach Bodrum.

Schlafen

Bodrum ist teurer als andere Ferienorte an der Küste. Wer aber unbedingt ein Basislager in der Umgebung der Stadt sucht, sollte möglichst lange im Voraus buchen, denn viele Hotels gewähren dann einen Preisnachlass.

Immer beliebter werden auch Apartments und Ferienhäuser in der Nähe schöner Strände. Sie bieten den Vorteil, dass man sich auf den täglich stattfindenden Bauernmärkten selbst versorgen kann.

Im Hochsommer sind die Unterkünfte schnell belegt, sodass man sich auf eine langwierige Suche einstellen muss, wenn man nichts gebucht hat. Wegen der Clubs und Bars sind die Hotels rund um den Jachthafen am lautesten. Mit dem Bus ankommende Touristen werden oft von aufdringlichen Schleppern angesprochen, die eine „günstige Unterkunft" anbieten. Am besten einfach ignorieren.

LP TIPP **Su Otel** BOUTIQUEHOTEL €€€
(☎316 6906; www.bodrumsuhotel.com; Turgutreis Caddesi, 1201 Sokak; EZ/DZ/Suite ab 70/95/115 €; ❄📶🏊) Das blau-weiße Haus im traditionellen Bodrum-Stil hat sonnendurchflutete Zimmer, einige davon mit Balkon samt Blick zum terrassenförmig anlegten Garten und dem einladenden Swimmingpool. Die freundliche Hotelverwaltung hilft bei der Organisation aller Aktivitäten vor Ort. Außerhalb der Saison werden sogar Kochkurse angeboten.

Pension Kaya PENSION €€
(☎316 5745; www.kayapansiyon.com.tr; Eski Hükümet Sokak 14; EZ/DZ/3BZ 100/120/140 ₺; ❄📶) Diese Pension mit ihren sauberen, einfachen Zimmern im Zentrum gehört zu den besseren der Stadt. Im blumengeschmückten Innenhof gibt's Frühstück und kühle Getränke. Wertsachen können im Safe an der Rezeption deponiert werden, und das freundliche Personal hilft bei der Organisation von Aktivitäten.

Otel Atrium HOTEL €€
(☎316 2181; www.atriumbodrum.com; Fabrika Sokak 21; EZ/DZ inkl. HP ab 100/120 ₺; ❄📶🏊) Das mittelgroße Hotel inmitten von Mandarinenbäumen hat helle und ausreichend große Zimmer. Es ist besonders geeignet für Familien und Individualreisende. Der Swimmingpool hat ein separates Kinderbecken und eine Poolbar. Außerdem stehen zwei Restaurants und kostenlose Parkplätze zur Verfügung. Zum Stadtzentrum und zum Strand sind es je nur fünf bis zehn Minuten zu Fuß.

Marmara Bodrum LUXUSHOTEL €€€
(☎999 1010; www.themarmarahotels.com; Suluhasan Caddesi 18; Zi./Suite ab 180/600 €; ❄@🏊) Das noble Hotel hoch auf einer Klippe bietet einen spektakulären Ausblick und elegante Zimmer, einige davon mit Meerblick. Es gehört zu einer Fünf-Sterne-Hotelkette und verfügt über Tennisplatz, Wellnessbereich, Fitnessraum und zwei Swimmingpools. Ein kostenloser Shuttle-Service bringt die Gäste zum hoteleigenen Strand in Torba. Die „Partylöwen-Suite" auf dem Dach hat einen großen Whirlpool, zwei Balkone und eine eigene Dachterrasse, um nächtelang abzufeiern.

Bahçeli Ağar Aile Pansiyonu PENSION €€
(☎316 1648; 1402 Sokak 4; EZ/DZ 50/65 €) Diese nette kleine Pension hat winzige, aber blitzsaubere Zimmer mit Balkon, die teilweise auf den mit Weinreben zugewachsenen Innenhof hinausgehen. Die Gäste dürfen auch die Küche benutzen.

Anfora PENSION €
(☎316 5530; www.anforapansiyon.com; Omurça Dere Sokak 23; EZ/DZ ab 45/70 ₺; ❄📶) Die Zimmer sind sauber und gepflegt, wenn auch teilweise ziemlich eng. Damit ist die freundliche Pension eine ordentliche Budgetunterkunft, die nur einen Katzensprung von Bodrums Kneipenmeile entfernt, aber nachts trotzdem nicht zu laut ist.

Butterfly B&B €€€
(☎313 8358; Ünlü Caddesi, 1512 Sokak 24; DZ 165–275 €; ❄📶🏊) Das blitzblanke B&B in erstklassiger Lage auf der Landzunge zwischen Bodrum and Gümbet hat sechs Zimmer und wird von einem freundlichen Amerikaner geleitet. Das Wasser des ruhigen Infinitypools scheint direkt in die Bucht hinunterzufließen.

Antik Tiyatro Hotel BOUTIQUEHOTEL €€€
(☎316 6053; www.antiquetheatrehotel.com; Kıbrıs Şehitler Caddesi 169; Zi. 120–375 €; ❄🏊) Diese luxuriöse Unterkunft beim antiken Theater punktet mit einem tollen Blick auf Kastell und Meer, einem großen Swimmingpool und einem der besten Hotelrestaurants in ganz Bodrum. Die individuell gestalteten Zimmer sind mit echten Kunstwerken und Antiquitäten ausgestattet, wobei die Suiten etwas überteuert sind.

Marina Vista RESORT €€€
(☎313 0356; www.majesty.com.tr; Neyzen Tevfik Caddesi 226; Zi. ab 180 €; ❄@🏊) Trotz ihrer Größe (fast 200 Betten) ist diese in sich abgeschlossene Ferienanlage direkt am Jachthafen noch recht individuell. Frische, moderne Kunst und lebhafte Farben machen sich einfach gut vor dem typisch blauweißen Hintergrund der Ägäis. Das argentinische Restaurant Tango ist eine feine, ausländische Alternative zur heimischen Küche.

El Vino Hotel BOUTIQUEHOTEL €€€
(☎313 8770; www.elvinobodrum.com; Omurça Mahallesi Pamili Sokak; Zi. ab 140 €; ❄📶🏊) Das von einer Mauer umgebene, rustikale Hotel in einer Seitenstraße hat große, gut ausgestattete Zimmer mit Holzfußboden. Einige haben Blick auf den Swimmingpool und den schönen Garten, in dem das Frühstück serviert wird. Das Restaurant auf dem Dach bietet ebenfalls einen schönen Ausblick.

Albatros Otel PENSION €€
(☎316 7117; www.albatrosotel.net; Neyzen Tevfik Caddesi, Menekşe Sokak 6; EZ/DZ 90/130 ₺;

) Die Pension liegt sehr günstig am Jachthafen und hat freundliches Personal. Sie ist ideal für Individualreisende und kleine Familien, denn ein Kind unter sieben Jahren übernachtet kostenlos. Zusätzliche Kinderbetten gibt es allerdings nicht.

Aegean Gate BOUTIQUEHOTEL €€€
(316 7853; www.aegeangatehotel.com; Guvercin Sokak 2; EZ/DZ/3BZ 70/110/140 €;) Das „Tor zur Ägäis" liegt 1 km östlich von Bodrum an einem ruhigen Hügel. Die Zimmer sind strahlend frisch, am entspannenden Swimmingpool gibt's eine Bar. Der Haken? Man muss mindestens zwei Nächte bleiben und Kreditkarten werden nicht akzeptiert. Das Hotel ist 50 m von einem rund um die Uhr besetzten Taxistand entfernt und ganz in der Nähe fahren Dolmuşe ins Stadtzentrum ab. Zur Hauptamüsiermeile in Bodrum sind es nur 15 Minuten zu Fuß.

Hotel Güleç PENSION €
(316 5222; www.hotelgulec.com; Üçkuyular Caddesi 22; EZ/DZ ab 30/50 €;) Die preiswerte kleine Pension in zentraler Lage hat einfache, aber freundliche und saubere Zimmer sowie einen ruhigen Garten.

Turunç Pansiyon PENSION €
(316 5333; www.turuncpansiyon.com; Atatürk Caddesi, 1023 Sokak 4a; EZ/DZ ab 50/70 ₺;) Diese Pension mitten in der Stadt bietet eher einfache Zimmer und das Personal spricht kaum Englisch, ist aber sehr hilfsbereit und gut informiert.

Essen

Wie in allen Ferienorten direkt am Wasser ist auch der Hafen in Bodrum von teuren Nobelrestaurants gesäumt, die nicht unbedingt schlecht sind. Günstiger ist es aber im ruhigeren „Hinterland", wo es kleine türkische Restaurants und Imbissbuden sowie einen bekannten Fischmarkt und einige Meeresfrüchte-Restaurants in der Cevat Şakir Caddesi gibt. Dort findet auch der Obst- und Gemüsemarkt statt.

In der Regel sind die Restaurants am Westufer der Bucht am schicksten und teuersten, während es am Ostufer lässiger zugeht und das Angebot eher auf die nicht immer ganz nüchterne Kundschaft der benachbarten Bars und Nachtclubs zugeschnitten ist.

LP TIPP **La Pasión** SPANISCH €€
(Restaurante Español; www.lapasion-bodrum.com; Ecke Atatürk Caddesi & Uslu Sokak; Menü 18–35 ₺; mittags & abends) Wer wissen will, wie weit die Entwicklung Bodrums zum internationalen Ferienort gediehen ist, muss in dieses feine spanische Restaurant in einer Nebenstraße der Cumhuriyet Caddesi gehen. Das Mittagsmenü ändert sich nur einmal in der Woche, ist aber angesichts der Vielseitigkeit der Vor- und Nachspeisen gut und preiswert (Vorspeise, Hauptgericht, Nachtisch und das erste Getränk kosten gerade einmal 18 ₺ pro Person). Das Restaurant befindet sich in einem alten Steinhaus mit einem blumengeschmückten Hof. Zum spanischen Flair trägt auch die Musik im Hintergrund bei.

Fischmarkt SEAFOOD €€
(Cevat Şakir Caddesi; Vorspeisen ab 4 ₺, Fisch 20 ₺; Mo–Sa abends) Auf dem Fischmarkt, der wegen der Obststände am Eingang zu dem Gewirr kleiner Gässchen manchmal auch *manavlar* genannt wird, bietet sich ein Esserlebnis der besonderen Art: An den Ständen der Fischhändler trifft man zwischen Unmengen von fangfrischem Fisch und Meeresfrüchten auf Eis seine Wahl, bezahlt und geht damit in eines der benachbarten Restaurants, um es zubereiten zu lassen (etwa 6 ₺). Wer sich nicht entscheiden kann, lässt sich vom Personal beraten: Vom superteuren Delikatessenfisch bis zu günstigeren Fischen aus Zuchtanlagen ist alles zu haben.

Abgesehen von der bemerkenswert großen Auswahl bietet der Direktverkauf auch den Vorteil, dass sich die Gäste über Betrügereien mit Billigware nicht beklagen können (was Meeresfrüchte-Restaurants in aller Welt ja immer wieder vorgeworfen wird).

Die Tische dieser einfachen Restaurants stehen überall in den kleinen Gassen des Marktes herum. Sie sind ständig voll belegt und haben null Atmosphäre, sind aber zum Leute beobachten gut. Am besten sucht man sich das Restaurant aus, wo am meisten los ist, denn die Einheimischen stehen unbeirrbar treu zu ihrem Lieblingslokal. **Meyhane Deniz Feneri** (316 3534; Belediye Gıda Çarşısı 12; Fisch 18–35 ₺), das älteste Restaurant der Gegend, ist für viele langjährige Besucher auch das beste. Ein Abendessen für zwei mit ein paar Vorspeisen, Getränken und Fisch kostet aber mindestens 100 ₺. Wer abends in einem der Restaurants auf dem Fischmarkt essen will, muss unbedingt einen Tisch reservieren.

Marina Köftecisi KÖFTE €€
(313 5593; Neyzen Tevfik Caddesi 158; Hauptgerichte 10–17 ₺) Mit Blick aufs Wasser genießt man hier ausgezeichnete traditionelle *köf-*

te-Gerichte wie *kaşarlı köfte* (mit Schafskäse gefüllte Hackfleischbällchen), die mit Tomatensauce und Joghurt auf Fladenbrot serviert werden.

Urfa Diyarı KEBAB €€

(☎317 0031; Einkaufszentrum Oasis; Kebab 12–17 ₺; ⌚9–23 Uhr) Das gemütliche Lokal unter freiem Himmel liegt versteckt hinter zwei Palmen auf der unteren Ebene des Einkaufszentrums. Egal, ob scharf oder nicht, nach Adana-, Urfa- oder sonstiger Art zubereitet – die saftigen Fleischgerichte sind durchweg lecker und sättigend.

Döner Tepecik KEBAB €€

(Neyzen Tevfik Caddesi; Kebab ab 6 ₺) Das Lieblingslokal der Einheimischen gegenüber der namensgebenden Moschee macht die leckeren Kebabs mit selbst gebackenem Brot.

Orfoz SEAFOOD €€€

(☎316 4285; Cumhuriyet Caddesi 177B; Hauptgerichte ab 26 ₺; ⌚abends) Das Orfoz wird oft als eins der besten Meeresfrüchte-Restaurants der gesamten Türkei bezeichnet. Die Vorspeisenportionen sind sehr klein, dafür sind die Fischgerichte wirklich ausgezeichnet.

Gemibaşi SEAFOOD €€€

(Neyzen Tevfik Caddesi; Vorspeisen ab 5 ₺, Hauptgerichte 20–30 ₺; ⌚mittags & abends) Beliebtes Fischlokal samt blau-weißer Einrichtung im Stil einer griechischen Taverne und mit schattiger Terrasse und Meerblick. Es gibt frische Vorspeisen und leckeren Fisch.

Sünger PIZZERIA €

(Neyzen Tevfik Caddesi 218; Hauptgerichte 8–30 ₺) In dem beliebten Lokal gibt's ausgezeichnete Pizza und gutes Fast Food.

Berk Balık Restaurant SEAFOOD €€

(☎313 6878; Cumhuriyet Caddesi 167; Vorspeisen 6–12 ₺, Fisch ab 12 ₺; ⌚mittags & abends) Das lebhafte Meeresfrüchte-Restaurant ist erfrischend untouristisch und deshalb auch preiswert. Auf der freundlichen Terrasse tummeln sich junge Einheimische. Ganz in der Nähe hat ein Nachahmer einen Laden mit dem gleichen Namen eröffnet, aber nur das Original ist wirklich gut.

Nazik Ana TÜRKISCH €

(Eski Hukumet Sokak 7; Hauptgerichte 5–9 ₺; ⌚Winter So geschl.) In dem einfachen Restaurant in einer Seitengasse kann man verschiedenste typisch türkische Gerichte zu supergünstigen Preisen probieren. Die in der Theke am Eingang präsentierten Gerichte kann man warm oder kalt essen.

Limoon Café & Restaurant TÜRKISCH €

(www.limooncaferestaurant.com; Cafer Paşa Caddesi 10; Hauptgerichte 8–12 ₺) Im Westen Bodrums, im Schatten großer Bäume, werden günstige Vorspeisen, Suppen (4–5 ₺) und Hauptgerichte – wie das ausgezeichnete Hühnchen mit Pilzen – serviert.

Ausgehen & Unterhaltung

Bodrums Nachtleben ist so vielseitig wie seine Kundschaft. Während sich der türkische Jetset in den Nachtclubs am Westufer der Bucht amüsiert, feiern die Touristenmassen in den lauten Bars und Clubs am Ostufer (Dr Alim Bey Caddesi und Cumhuriyet Caddesi). Dazu kommen noch die Bars und Clubs in den Küstenorten der Umgebung.

Im Kastell und im antiken Theater finden Opern- und Ballettaufführungen sowie Rockkonzerte statt. Den aktuellen Veranstaltungskalender gibt's jeweils unter www.biletix.com.

Marina Yacht Club BAR

(☎316 1228; Neyzen Tevfik Caddesi 5; ⌚8 Uhr–open end) Zwar kann man hier auch essen (italienisch und türkisch für durchschnittlich 22 ₺/Pers.), aber in erster Linie ist es ein riesiger Freiluft-Nachtclub direkt am Wasser. Das Publikum drängt sich an der Bar rund um das Lokal oder an den winzigen Tischchen vor der Bühne über dem Wasser, wo im Sommer jeden Abend Cover-Bands für Stimmung sorgen. Regionales Bier ist überraschend günstig (4–5 ₺), aber es gibt auch eine große Auswahl an Cocktails.

Hadigari BAR

(www.hadigari.com.tr; 1025 Sokak 2; ⌚19–5 Uhr) Bodrums älteste Bar liegt unüberhörbar gleich unterhalb des Kastells St. Peter.

Körfez BAR

(www.korfezbar.com; Uslu Sokak 2; ⌚Sommer 21–5 Uhr) In der nicht mit dem vornehmen Restaurant gleichen Namens am Westufer der Bucht zu verwechselnden, alteingesessenen und unprätentiösen Bar wird Rockmusik gespielt, die mindestens so alt ist wie die dunkle Holzeinrichtung. Sonntags ist immer '80er-Nacht.

Moonlight BAR

(www.moonlightbodrum.com; Cumhuriyet Caddesi 60b) In der tiefenentspannten Bar in einer Seitenstraße der Cumhuriyet Caddesi herrscht eine fast schon beschauliche Stimmung – genau das Richtige für einen kühlen Drink mit Blick aufs Meer.

BUSSE AB BODRUM (OTOGAR)

ZIEL	PREIS (TL)	DAUER (STD.)	STRECKE (KM)	HÄUFIGKEIT (PRO TAG)
Ankara	55	11	689	1-mal (nachts)
Antalya	42	7½	496	2-mal (9.30 & 22.30 Uhr)
Denizli (nach Pamukkale)	25	4½	250	1-mal
Fethiye	30	5	265	3-mal (9.30, 12.30 & 17.15 Uhr)
İstanbul	68	12	851	10-mal (nachts)
İzmir	25	3½	286	stündlich
Konya	45	12	626	6-mal
Kuşadası	20	2½	151	4-mal (nachmittags)
Marmaris	15	3	165	stündlich
Milas	15	1	45	alle 15 Minuten
Muğla	13	2	149	stündlich

Küba Bar CLUB
(Neyzen Tevfik Caddesi 62; ⌚19–4 Uhr) Der schickste Club der Stadt ist vor allem bei türkischen Nachtschwärmern beliebt, denn er hat Plasmabildschirme, missmutige DJs, glänzende Chromstangen und Laserstrahler, die dafür wohl obligatorisch sind. Abends gibt's gutes internationales Essen.

Helva CLUB
(www.helvabodrum.com; Neyzen Tevfik Caddesi 54; ⌚14–3 Uhr) Nicht ganz so versnobt wie die Küba Bar ein paar Häuser weiter und nicht ganz so wild, zieht dieser Club dennoch den türkischen Jetset an. Allerdings wird hier weniger getanzt, sondern mehr ganz gediegen in den bequemen Sesseln entspannt.

Mavi Bar LIVEMUSIK
(Cumhuriyet Caddesi 175; ⌚18–6 Uhr) Die einladende Bar hat sich auf tolle Livemusik spezialisiert, die es an fünf Abenden pro Woche gibt. Ab 1 Uhr morgens geht die Post ab.

Marine Club Catamaran NACHTCLUB
(www.clubcatamaran.com; Dr Alim Bey Caddesi; So–Do/Fr–Sa 35/40 ₺; ⌚Mitte Mai–Sept. 22–4 Uhr) Das Partyschiff mit Nachtclub an Bord legt um 1.30 Uhr ab und schaukelt drei Stunden lang vor der Küste. Auf der transparenten Tanzfläche haben 1500 Gäste plus DJs Platz. Ein kostenloses Shuttle verkehrt alle 15 Minuten zum Ostufer der Bucht.

ℹ Praktische Informationen

Jede Menge Geldautomaten gibt's in der Cevat Şakir Caddesi und in den Straßen am Hafen.

Post (Cevat Şakir Caddesi; ⌚8.30–17 Uhr, Telefonzentrale 8–24 Uhr)

Touristeninformation (Kale Meydanı; ⌚Mo–Fr 8–18 Uhr, im Sommer tgl.)

ℹ Unterwegs vor Ort

Alle wichtigen Einrichtungen liegen in der Innenstadt und sind gut zu Fuß zu erreichen. Die innerstädtisch verkehrenden Dolmuşe (1,75 ₺) stehen meistens im Stau. Wer mit dem Auto unterwegs ist, sollte wissen, dass die meisten Straßen als Einbahnstraßen im Uhrzeigersinn angelegt sind. Und das bedeutet, dass man beim Verpassen der richtigen Abfahrt noch einmal ganz von vorne anfangen muss ...

Gümbet

☎0252

Da der Ort nur 5 km von Bodrum entfernt ist, verkam er wesentlich schneller zur Partyhochburg als jedes andere Dorf auf der Halbinsel. Mittlerweile ist Gümbet mehr oder weniger eine britische Kolonie mit greller Leuchtreklame, billigen Cocktails, Energydrinks und Tabledance. Im Winter gleicht der Ort einer Geisterstadt.

Gümbet ist fest in der Hand von Pauschalreisenden und die Unterkünfte sind nahezu identisch. Nur ganz wenige Hotels – wie das **Fuga** (☎319 6500; www.fuga.com.tr; Adnan Menderes Cad; DZ inkl. VP 350 ₺; ⌚Mai–Okt.; ❄@≋) – kommen zumindest beinahe an ein Boutiquehotel heran. Obwohl (oder gerade weil) Gümbet nicht gerade ein Reiseziel für Familien ist, übernachten im

Fuga Kinder bis zu sechs Jahren kostenlos, und für Kinder von sieben bis zwölf wird nur der halbe Preis berechnet.

Bitez

☎0252

Wenn auch nicht ganz so laut und hektisch wie der östlich gelegene Nachbar Gümbet, ist Bitez im Sommer doch ebenfalls ein Dreh- und Angelpunkt des Nachtlebens. Der Ort zieht wesentlich mehr Ausländer als Türken an. Trotz der Touristen ist Bitez, umgeben von schönen Obstplantagen, ein richtiges Dorf geblieben, das auch nicht komplett in den Winterschlaf fällt. Die feinen Sandstrände sind ideal zum Baden und dementsprechend voller Liegen und Sonnenschirme, Buden und Tische der Restaurants und Cafés auf der anderen Seite der engen Küstenstraße.

Für etwas Kultur sorgen die Ruinen von **Pedasa**, die sich an der Hauptstraße der Halbinsel, auf Höhe der Abzweigung nach Bitez, befinden. Die Überreste einer kleinen Siedlung der untergegangenen Leleger (Vorgänger der Karer) bestehen aus Fundamenten von Verteidigungsmauern und Teilen eines Gebäudes, vermutlich eines Tempels.

Schlafen

Okaliptüs Otel PENSION €€€

(☎363 7957; www.okaliptus.com.tr; Bitez Yalısı; EZ/DZ inkl. HP 200/260 ₺; ❄📶🏊) Die Pension mit hübschen Gartenlauben und blumenumrankten Pergolen versteckt sich hinter dem gleichnamigen Restaurant und einem riesigen Banyanbaum. Die Zimmer sind zwar einfach ausgestattet, aber blitzsauber und jeweils mit glänzendem Marmorbad. Außerdem gibt's einen Swimmingpool und einen eigenen Kiessandstrand, wo man sich auf viele Arten auf dem Wasser austoben kann. Auf der großen hoteleigenen Jacht werden Tagesausflüge angeboten.

Şah Hotel BOUTIQUEHOTEL €€€

(☎363 7721; www.sahhotel.com; Şah Caddesi; EZ/DZ 230/300 ₺; ❄📶🏊) Auch wenn die Preise ganz schön angezogen haben, bleibt das Hotel direkt an der Strandpromenade eine gute Wahl. Die luftigen, gut ausgestatteten Zimmer befinden sich rund um einen gepflegten Innenhof mit Swimmingpool.

Essen

In Bitez gibt es einige gute Restaurants, die das ganze Jahr über geöffnet sind. In den letzten Jahren locken die Restaurants am Wasser vor allem mit Brunchbüfetts an den Wochenenden.

LP TIPP **Lemon Tree** INTERNATIONAL €€€

(☎363 9543; Sahil Yolu 28; Hauptgerichte 18–30 ₺; ⊙8 Uhr–open end) Das riesige, sehr beliebte Restaurant mit der auffälligen grün-weißen Ausstattung befindet sich direkt am Strand neben der kleinen Yalı-Moschee. Essen, trinken und es sich gut gehen lassen kann man entweder an einem der Tische im Schatten oder auf den Sesseln im Sand. Die Gerichte sind eine leckere Mischung aus türkischer und internationaler Küche. Spezialität des Hauses ist „Lemon Tree chicken", das an Hühnchen-süßsauer beim Chinesen erinnert. Zu dem unglaublich umfangreichen und vielfältigen Brunchbüfett (17,50 ₺, Wochenende von 10–14 Uhr), das mit jedem Luxushotel in Bodrum mithalten kann, kommen auch die Einheimischen gerne. Abends wird das Restaurant zur feuchtfröhlichen Kneipe.

Bağarası SEAFOOD €€€

(☎358 7693; Pınarlı Caddesi 59; Vorspeisen ab 6 ₺, Fisch ab 20 ₺; ⊙mittags & abends, Nov.–April Mo geschl.) Das auch bei Einheimischen beliebte Restaurant liegt im Garten eines Wohnhauses. Auf der Karte stehen türkische Spezialitäten wie *kıtır mantı* (knusprige türkische Nudeln mit cremiger Fleischsauce) sowie Vorspeisen und frischer Fisch.

Bitez Mantıcı TÜRKISCH €

(Atatürk Bulvarı 40; Hauptgerichte 4–13 ₺; ⊙mittags & abends) Das bescheidene Lokal verarbeitet vielerlei Arten türkischer Teigwaren wie *mantı* (türkische Nudeln) und buttrigblättrige *börek* und *gözleme* (pikante Pfannkuchen) zu ausgezeichneten Gerichten.

Black Cat TÜRKISCH €€

(Mart Kedileri; www.martkedileri.com; Hauptgerichte 7–15 ₺) Die „Schwarze Katze" befindet sich in zweiter Reihe hinter dem Strand, in der Nähe des Şah Hotels. In dem skurrilen Lokal gibt's keine Speisekarte, aber die türkischen Tagesgerichte sind immer frisch zubereitet und sehr lecker.

Ortakent

☎0252

Nach Bitez wird auch Ortakent immer beliebter, wie auch die ständig wachsende Zahl absolut identischer weißer Sommerhäuser zeigt, mit denen die Hügel der

Halbinsel zugepflastert werden. Schon jetzt stehen im Sommer die Liegestühle an dem 3 km langen Sandstrand von Ortakent dicht an dicht. Dennoch ist das Wasser hier noch sehr sauber (und kalt) – den starken Wellen sei Dank! Am östlich davon gelegenen **Scala Beach** (www.scalabeach.net) ist es wesentlich ruhiger.

Schlafen

Satsuma Suites APARTMENTS €€€

(☎348 4249; www.satsumasuites.com; Eren Sokak 17; Zi. 105–125 €; ❄≋) Da im Hotel nur erwachsene Gäste erwünscht sind, ist es absolut nicht für Familien geeignet, wohl aber für Pärchen, die dem Trubel in Bodrum entfliehen wollen. Die luxuriösen Suiten, die alle ein elegant ausgestattetes Bad haben, sind umgeben von einem Garten mit blühenden Bäumen und einladendem Swimmingpool. Das Frühstück ist ebenfalls sehr gut.

Essen

Adasofra MEDITERRAN €€€

(☎358 7414; www.adasofra.com; Kule Sokak 29, Mustafa Paşa Kulesi; Hauptgerichte 16–35 ₺; ⊙abends) Das in einem ehemaligen, wunderbar restaurierten Wachturm untergebrachte Nobelrestaurant serviert eine bunte Vielfalt an auserlesenen Spezialitäten der Mittelmeerküche.

Palavra SEAFOOD €€€

(☎358 6290; www.palavrabalik.com; Yahşi Beldesi; Vorspeisen 5–15 ₺, Fisch 20 ₺; ⊙8–24 Uhr) Das beliebte Fischrestaurant folgt dem Trend der Halbinsel, die Tische direkt auf den Sandstrand zu stellen. Dort werden dann zum Wein aus der Region traditionelle türkische Vorspeisen und Fischgerichte serviert.

Gebora SEAFOOD €€

(☎348 3340; Yahşi Beldesi; Vorspeisen 5–15 ₺, Fisch 20 ₺; ⊙9–24 Uhr) Das einfache, alteingesessene und allseits beliebte Lokal an der großen Strandpromenade in der Nähe der Yalı-Moschee bringt frischen Fisch sowie Vorspeisen und Salate aus selbst angebauten Zutaten auf den Tisch.

Turgutreis

☎0252

Die ehemalige Hochburg der Schwammtaucher hat sich ebenfalls dem Tourismus verschrieben, insbesondere in Form von längerfristiger Vermietung von Ferienhäusern und -wohnungen, was für die Besucher durchaus von logistischem Vorteil ist, denn im zweitgrößten Ort der Halbinsel gibt es mehr Geschäfte, Dienstleistungsbetriebe und Betonklötze als sonstwo. Und beim großen Markt am Samstag glaubt man eher, im staubigen Ostanatolien zu sein als in einem Ferienort an der Ägäis. Und tatsächlich soll die Statue einer schwangeren Frau, die einen Olivenzweig übers Meer hält, das gesunde, friedliche und vielfältige Anatolien symbolisieren.

1972 erhielt das Städtchen Karatoprak zu Ehren des osmanischen Admirals Turgut Reis seinen neuen Namen. Der Admiral wurde 1485 hier geboren und schlug viele Seeschlachten, bevor er 1565 bei der Belagerung von Malta ums Leben kam.

Turgutreis hat einen 5 km langen Sandstrand und mehr als ein Dutzend kleiner Inselchen vor der Küste. Im nagelneuen Jachthafen legen auch Fähren nach Bodrum und auf die griechische Insel Kos ab, sodass man hier weitgehend auf Auto oder Dolmuş verzichten kann.

Gümüşlük

☎0252

Im Gegensatz zu anderen Fischerdörfern, die dem modernen Tourismus vollständig erlegen sind, blieb Gümüşlük von den schlimmsten Auswüchsen verschont, da es rund um die Ruinen der antiken Karer-Stadt Myndos liegt und daher als archäologische Ausgrabungsstätte ausgewiesen ist. Damit ist eine unkontrollierte Bebauung per Gesetz unmöglich, insbesondere direkt an der Küste, wo die Ruinen bis ins Wasser hinein und zu einer vorgelagerten Insel reichen. Bei Ebbe kann man zu Fuß zur **Haseninsel (Tavşan Adası)** hinübergehen.

Eine Schotterpiste, die von der Küstenstraße abzweigt, führt in den etwas unwirklich erscheinenden Ort. Er ist prima zum Baden und um mit einem Drink in der Hand den Sonnenuntergang zu genießen oder frischen Fisch in einem der einfachen, aber stilvollen Restaurants am Strand zu essen. All diese Ursprünglichkeit hat natürlich ihren Preis und den lassen sich die Einwohner von den meist wohlhabenden Besuchern teuer bezahlen.

Angeblich soll der berühmte Karer-König Maussolos die (bisher kaum ausgegrabene) Siedlung Myndos aufgrund der günstigen strategischen Lage und wegen des Naturhafens begründet haben. Tatsächlich ist das Meer nördlich der Haseninsel außerordentlich tief. Unweit davon ist bei guter Sicht eine winzige Felseninsel zu erkennen – die Frage nach deren Eigentümer hätte im Januar 1996 fast zum Krieg zwischen Griechenland und der Türkei geführt: Nachdem auf dem Felsen zunächst die Griechen (sie nannten ihn „Imia") und danach die Türken (von ihnen als „Kardak" bezeichnet) die jeweilige Staatsflagge gehisst hatten, folgte eine kurze, aber wirkungsvolle Besetzung durch ein türkisches Flottenkommando. Heute ist das felsige Eiland allerdings tabu für alle.

In Gümüşlük gibt es 300 m vom Strand entfernt einen städtischen Parkplatz (3 ₺/Tag). Wer ein Stück weiter in der kleinen Straße hinter dem Strand parkt, bezahlt nichts und ist näher am Strand.

Schlafen

Gümüşlük wird zwar immer teurer, doch es gibt auch noch die günstigeren Pensionen einheimischer Familien, die man aber im Voraus buchen muss.

Noch günstiger kann es sein, ein Ferienhaus zu mieten. Ein Maßstab für die aktuellen Preise ist das Restaurant Teldolap, das komplett ausgestattete Ferienwohnungen tageweise (150–300 ₺ inkl. Frühstück) oder für einen ganzen Monat (1500–3000 ₺ inkl. Haushälterin) vermietet. Wer längere Zeit an der abgeschiedenen Küste von Bodrum bleiben will und sich zumindest teilweise selbst versorgt, wird dieses kostensparende Angebot zu schätzen wissen.

Otel Gümüşlük — RESORT €€

(☎394 4828; www.otelgumusluk.com; Yalı Mevkii 28; DZ 130–220 ₺; ❄@≋) Das zweistöckige Hotel im Stil einer Ranch steht nicht direkt am Strand, hat aber einen Swimmingpool, um den die luftigen, minimalistisch eingerichteten Zimmer angeordnet sind. Zur nächsten Dolmuş-Haltestelle sind es nur drei Gehminuten. Das Hotel vermietet auch ein komplett ausgestattetes Ferienhaus und ein Apartment, die vor allem für kleine Reisegruppen und Selbstversorger interessant sind, denn diese dürfen alle Einrichtungen des Hotels benutzen.

Club Hotel Zemda — RESORT €€€

(☎394 3151; www.clubhotelzemda.com; EZ/DZ/Suite inkl. HP 88/120/140 €; ❄@≋) Die Ferienanlage am südlichen Ende der Bucht punktet mit seinem Angebot von Aktivitäten aller Art. Was dem Hotel an ansprechender Ausstattung fehlt, das macht es mit Tennisunterricht, Surf- und Paddelkursen sowie anderen Wassersportarten wett. Außerdem gibt's einen Swimmingpool und eine Bar.

Liman Motel — PENSION €€

(☎394 3302; www.limanmotelrestaurant.com; Zi. 100–160 ₺; ❄) In diesem Motel mitten im Ort hat man nicht nur einen Blick aufs Geschehen, sondern auch auf die tollen Sonnenuntergänge. Die einfachen, strahlend weißen Zimmer sind im ägäischen Stil gehalten.

Essen & Ausgehen

Die stimmungsvollen, kleinen Restaurants und Cafés am Strand sind ideal, um etwas zu essen, zu trinken oder einfach nur die Zeit zu vertrödeln.

Selbstversorger können (zwischen 8 und 10 Uhr) die einlaufenden Fischerboote im Hafen abpassen und ihnen einen Teil des Fangs abkaufen, der ansonsten in den Restaurants des Ortes landet.

Mimoza — SEAFOOD €€€

(☎394 3139; www.mimoza-bodrum.com; Vorspeisen ab 20 ₺, Hauptgerichte ab 40 ₺; ⏲Mitte Juni–Aug. mittags & abends) Die weißen Tische dieses beliebten, freundlichen Restaurants am nördlichen Ende des Strands scheinen beinahe im Wasser zu stehen. Beim Essen kann man die in der Bucht gegenüber schaukelnden Boote beobachten. Kein Wunder, dass es mittlerweile zum Liebling reicher Türken geworden ist und die Preise kaum noch zu rechtfertigen sind, auch wenn das Angebot an Vorspeisen und Meeresfrüchtegerichten wirklich vielseitig ist. Abends unbedingt reservieren.

Limon — SEAFOOD €€

(☎394 4044; www.limongumusluk.com; Vorspeisen 14–28 ₺; ⏲Mitte Juni–Mitte Sept. mittags & abends; 🖉) An der alten Straße von Myndos nach Yalıkavak oberhalb des Ortes speist man zwischen den Ruinen eines römischen Bades und einer byzantinischen Kapelle. Für Vegetarier gibt es tolle Vorspeisen wie Algen in Olivenöl und Knoblauch, gefüllte Zucchiniblüten und eine hauseigene Variante des berühmten *sigara böreği* (mit Kartoffeln und Ei sowie dem üblichen Käse). Ebenfalls berühmt sind die einzigartigen Cocktails – man trinkt sie am besten zum langsamen Versinken der Sonne in der Ägäis.

Teldolap — TÜRKISCH €€

(☎394 3729; www.teldolaprestaurant.com; Sarıcayer Mevkii 2, Küme Evleri 85/2; Hauptgerichte 15–28 ₺) Das Restaurant liegt in den Hügeln im Hinterland von Gümüşlük und ist nur mit dem Auto erreichbar. Zum sagenhaften Ausblick gibt's gute türkische Gerichte und ein üppiges frisches Frühstück.

Ali Ruza'nin Yeri SEAFOOD €€€
(☎394 3097; www.balikcialirizaninyeri.com; Vorspeisen 8–20 ₺, Hauptgerichte ab 20 ₺; ⊙mittags & abends) Der von einer Fischerfamilie geführte Klassiker bringt hervorragend zubereiteten fangfrischen Fisch auf die Tische direkt am Wasser.

Soğan~Sarmısak TÜRKISCH €€€
(☎394 3087; Hauptgerichte ab 22 ₺; ⊙Mitte Juni–Aug. mittags & abends) Das Restaurant am Strand ist gerade sehr angesagt (und dementsprechend teuer geworden), aber die Stimmung und die außergewöhnliche Einrichtung machen es immer noch zu einer guten Wahl. Für den Brunch am Sonntag (11–14 Uhr) muss man reservieren.

Gözleme Shack GÖZLEME €
(Gözleme 4 ₺) Die einfache Bude bei der Abzweigung der Straße vom Strand zum Parkplatz ist ideal für einen preiswerten Imbiss. Neben den *gözleme* (pikanten Pfannkuchen) mit Spinat, Käse, Minzblättern und Kartoffeln werden auch Getränke verkauft.

Mandarina BÄCKEREI €
(Poğaça 1 ₺; ⊙6.30–18.30 Uhr) In der Bäckerei südlich der Straße zum Parkplatz kann man sich zum Frühstück mit Leckereien wie dem Blätterteiggebäck *poğaça* eindecken.

Yalıkavak

☎0252

Das ehemalige Fischer- und Schwammtaucherdorf hat die Entfernung von Bodrum genutzt, um ein exklusiveres, überwiegend türkisches Publikum anzuziehen, konnte den ausufernden Bau von Touristenunterkünften aber nicht ganz verhindern. Bekannt ist der Ort für luxuriöse Ferienanlagen mit Privatstrand. Am beliebtesten sind der **Xuma Beach Club** und der **Dodo Beach Club**.

Im aufgegebenen Yakaköy (außerhalb von Yalıkavak) befindet sich in dem alten Gebäudekomplex des **Dibek Sofrası** (www.dibeklihan.com; Yakaköy Çilek Caddesi; ⊙Mai–Okt.) ein Restaurant und Boutiquehotel, eine Kunstgalerie, ein Museum und eine Weinkellerei. Die Ausstellungen zeigen Schätze aus osmanischer Zeit – z. B. edelsteinbesetzte Dolche, alte Füllfederhalter und reich verzierte Kaffeetassen, die von den Besitzern fleißig gesammelt werden.

Schlafen

4 Reasons Hotel BOUTIQUEHOTEL €€€
(☎385 3212; www.4reasonshotel.com; Bakan Caddesi 2; Zi. ab 158–290 €; ❄📶≋) Das idyllische, abgeschieden in den Hügeln liegende Hotel hat elegante und saubere Zimmer, die mit netten Designerstücken und edlem Marmor aus der Gegend eingerichtet sind. Die freundlichen Besitzer animieren die Gäste zum Boccia-Spiel im Garten (kostenlos) und organisieren Yoga-Kurse (30 ₺). Danach kann man sich im Swimmingpool erfrischen. Das hoteleigene Restaurant serviert ausgezeichnete Mittelmeerküche.

Pink Life APARTMENTS €€€
(☎385 5838; www.pinklifehotel.com; Aratepe Mevkii; Apt. 320 ₺; ⊙Mai–Okt.; ❄≋) Die Apartments für Selbstversorger sind wirklich ihr Geld wert. Den Gästen steht auch ein Swimmingpool zur Verfügung. Die großzügigen Apartments haben zwei Zimmer, eine voll ausgestattete Küche und einfaches Mobiliar im tropischen Stil. Die Klimaanlage funktioniert allerdings nur in den Wohnzimmern.

Sandima 37 Suites BOUTIQUEHOTEL €€€
(☎385 5337; www.sandima37suites.com; Atatürk Caddesi 37; Suite 240–400 ₺; ❄@≋) Die sieben stilvollen Suiten, die von einem üppigen Garten umgeben sind, charakterisieren das Hotel. Den größten Charme hat allerdings das restaurierte Steinhäuschen hinter dem Swimmingpool.

Lavanta Hotel HOTEL €€€
(☎385 2167; www.lavanta.com; Begonvil Sokak 17; EZ/DZ ab 105/130 €; ❄≋) Das ländliche Refugium mit Swimmingpool hat individuell gestaltete Zimmer, die mit Antiquitäten möbliert und über Steinwege miteinander verbunden sind, die sich kreuz und quer durch den Garten voller Weinreben schlängeln. Da es sich in den Hügeln oberhalb der Stadt befindet, ist die Aussicht auf die wie Pilze aus dem Boden schießenden weißen Ferienhäuser nicht ganz so toll.

Essen

In Geriş Altı im Westen der Stadt (Richtung Gümüşlük) gibt's die besten Fischrestaurants. Donnerstags ist Markt in Çinaraltı.

Kavaklı Köfteci KÖFTE €
(Merkez Çarşı İçı; Köfte 6–8 ₺) In diesem Lokal, 50 m von der Küste entfernt, werden Hackfleischbällchen nach Yalıkavak-Art serviert: gut gewürzt, mit Rauchgeschmack und Knoblauchbrot.

Deniz Kızı SEAFOOD €€€
(„Die Meerjungfrau"; ☎385 2600; Gerişaltı; Hauptgerichte 16–24 ₺; ⊙mittags & abends) Tische des klassischen Fischrestaurants am Hafen stehen sowohl am Wasser als auch im gemütlichen Innenraum. Neben Fisch gibt's auch gute Vorspeisen aus Meeresfrüchten.

Ali Baba SEAFOOD €€€
(İskele Meydanı 166; Fisch 20 ₺; ⊙mittags & abends) Auf der Karte des Restaurants, das sich ebenfalls im Hafen befindet, steht eine große Auswahl an recht teuren Meeresfrüchten, aber auch an sättigenden Grillgerichten.

Gündoğan

☎0252

Die ruhige Gündoğan-Bucht wird rundum von Hügeln eingerahmt, aus denen die Villen der Wohlhabenden hervorblitzen. In der Mitte der Bucht kann man gut baden, und es bleibt hier auch nachts relativ ruhig. Die meisten Villen sind Haupt- oder Zweitwohnsitze gut betuchter Ruheständler aus İstanbul oder Ankara, die es trotz ihrer säkularen Lebensweise noch immer nicht geschafft haben, die Lautstärke des Gebetsrufs von der Moschee zu beschränken. Das ist aber auch der einzige Lärm, der einen morgens aus dem Schlaf reißen könnte. Die Ferienwohnungen und -häuser in Gündoğan werden nur längerfristig vermietet, aber es werden gerade weitere Hotels eröffnet.

Erst 1961 wurde der ursprünglich griechische Name des Ortes (Farilya) in Gündoğan geändert. Die erste Siedlung entstand hier vermutlich um 1100 n. Chr. Allerdings bestand davor ganz in der Nähe die römische Stadt Vara. Im Programm historischer Führungen ist Gündoğan kaum enthalten, obwohl sich in den Hügeln oberhalb der Stadt einige **Felsengräber der Leleger** befinden und in der recht gut erhaltenen byzantinischen Kirche auf der nur 15 Bootsminuten von der Stadt entfernten **Apostel-Insel** schöne Fresken zu sehen sind. Ausflüge dorthin muss man vor Ort organisieren.

Schlafen

Villa Joya APARTMENTS €
(☎387 8841; www.villajoyabodrum.com; Hausteil für 4 Pers. 75 €; ❄📶) Dies ist einer der vielen Familienbetriebe, die an Selbstversorger vermieten. Er bietet drei Ferienwohnungen mit Küche und hübschem Garten. Die Wohnungen sind zwar für vier Personen geeignet, es gibt aber nur ein Schlafzimmer mit zwei Betten. Zwei Personen müssen also auf der Schlafcouch im Wohnzimmer übernachten. Trotzdem ist der Preis unschlagbar.

Hamak BOUTIQUEHOTEL €€€
(☎387 9840; Kızılburun Mevkii, Casa Costa Sitesi; DZ 160–290 €; ❄@) Das Hotel direkt am Wasser hat freundliche, farbenfrohe Zimmer – zumeist mit Blick aufs Meer oder die Hügel. Auf dem langen Holzsteg, der bis zum Meer führt, laden weiße Liegen zum Sonnenbaden ein.

Essen

LP TIPP **Terzi Mustafa** SEAFOOD €€
(☎387 7089; www.terzimustafaninyeri.com; Atatürk Caddesi 10; Fisch 16–24 ₺) Die Tische des bei Einheimischen sehr beliebten Lokals stehen im feinen Strandsand in der Mitte der Bucht. Ob Garnelen, Brassen, Barsch oder andere Köstlichkeiten des Meeres – alles ist mit feinen Kräutern und Olivenöl perfekt zubereitet. Zu hören sind nur Wind und Wellen, zu sehen nur Mond und Sterne. Gibt es einen besseren Ort für tolles Essen und gepflegte Unterhaltung?

Reana SEAFOOD €€€
(☎387 7117; Yalı Mevkii, Limaniçi; Fisch 20 ₺; ⊙abends) Das bemerkenswerte, weiß getünchte Restaurant serviert ausgezeichnete Vorspeisen mit Meeresfrüchten und fangfrischem Fisch.

Türkbükü

☎0252

Türkische Promis, Politiker und Wirtschaftsbosse sorgen jeden Sommer dafür, dass Türbüküs Ruf als schickster Ferienort der Türkei gewahrt bleibt. Angesichts der Tatsache, dass alle anderen Strände der Halbinsel wesentlich schöner sind, muss der Aufenthalt in dieser Bucht wohl als soziokulturelles Erlebnis betrachtet werden.

Doch selbst an einem Ort, wo Frauen auf hochhackigen Schuhen an den Strand stöckeln und ihre diamantbesetzten Sonnenbrillen zur Schau stellen, findet man immer noch merkwürdige Hinweise auf eine Zwei-Klassen-Gesellschaft. Die winzige Holzbrücke, die die Bucht von Türkbükü in zwei Hälften teilt, wird von den Türken scherzhaft als die Trennung der „europäischen" Seite im Westen von der „asiatischen" im Osten bezeichnet – eine Anspielung auf die zwei Seiten İstanbuls, aber auch auf die Kluft zwischen den superschicken Villen und Hotels im Westen der Bucht und den nicht ganz so noblen Häusern im Osten.

Zur Zeit der Recherche wurde die von Bodrum quer über die Halbinsel führende Straße gerade verbreitert, sodass die Fahrt nach Türkbükü nur noch 15 Minuten dauert.

Schlafen

Unterkünfte sind hier erwartungsgemäß sehr teuer, dafür bekommt man interessante Leute zu Gesicht. Nicht zu überhören ist, dass im Sommer in den Clubs und Discos bis in die frühen Morgenstunden lautstark gefeiert wird.

LP TIPP **Maçakızı** BOUTIQUEHOTEL €€€
(☎377 6272; www.macakizi.com; Kesire Buğlu Mevkii; Zi. ab 400 ₺; ❄@≋) Das Epizentrum der sommerlichen Schickimicki-Szene ist eine luxuriöse Ferienanlage im Stil eines Boutiquehotels mit minimalistischer Einrichtung. Es gibt ein gemütliches Restaurant und eine lebhafte Bar. Richtig toll ist der lange Holzsteg, der bis ins seichte Wasser hineinführt und auf dem weich gepolsterte Liegen die Sonnenhungrigen erwarten.

Kaktüs Çiçeği PENSION €€€
(☎377 5254; www.kaktuscicegi.com.tr; Atatürk Caddesi 119; DZ 120 €; ❄📶≋) Wem die Resorts zu hektisch (oder zu teuer) sind, kann es in dieser kleinen Pension versuchen. Mit ihren 18 künstlerisch gestalteten Zimmern ist sie gemütlich und überschaubar. Ein eigener Strand fehlt ebenso wenig wie ein Restaurant direkt am Wasser. Die Pension befindet sich auf der „anderen" (östlichen) Seite der kleinen Holzbrücke, in der Nähe des Hotels Divan. Außerhalb der Hauptsaison sind die Preise deutlich günstiger.

YU BOUTIQUEHOTEL €€€
(☎377 5275; www.yu-otel.com; Bağarası Caddesi 26; Zi. 150–180 €; ❄📶≋) Dieses Möchtegern-Boutiquehotel ist so überheblich wie die Stammgäste des Ortes und bietet dabei nur eine kleine, kubische, klinisch sterile Unterkunft. Immerhin gibt's einen Swimmingpool und in einigen Zimmern ist der Whirlpool direkt ans Bett angebaut.

Maki Hotel HOTEL €€€
(☎377 6105; www.makihotel.com.tr; Keleşharımı Mevkii; DZ/Suite ab 170/280 €; ❄@≋) Das etwas lässigere Hotel neben dem Maçakızı hat gleich zwei Swimmingpools, eine große Holzterrasse mit Liegekissen und eine lebhafte Bar zu bieten. Und wirklich: Hier ist der ganze Sommer einfach eine lange, ununterbrochene Party.

Life Co RESORT €€€
(☎377 6310; www.thelifeco.com; 136 Sokak 2, Bağ Arası Mahallesi; EZ/DZ 180/360 €; ❄@≋) Das Hotel bezeichnet sich selbst als „Entgiftungsanlage am Meer". In dem eintägigen Entgiftungsprogramm, das inklusive Übernachtung 180 € kostet (und auch für vier, sieben oder zehn Tage gebucht werden kann) sind Yoga-Übungen, Diätseminare, Massagen und Fruchtshakes enthalten – eben alles, was den Alterungsprozess verlangsamen und die Spuren durchgemachter Nächte in den örtlichen Bars beseitigen soll. Ob's nun hilft oder nicht – die Meinungsbildung dazu ist jedem selbst überlassen.

5 Oda BOUTIQUEHOTEL €€€
(Beş Oda; ☎377 6219; www.otel5oda.com; İnönü Caddesi 161; Zi. 450 €; ⊙Mai–Okt.; ❄📶) Das Gesetz von Angebot und Nachfrage hat sich für dieses merkwürdige Boutiquehotel offenbar ausgezahlt: Die Preise für die fünf kühlen Zimmer zum Meer hinaus haben sich in den letzten beiden Jahren nahezu verdoppelt. Das Haus mit viel Naturstein und Echtholz ist aber durchaus beeindruckend und der Service flink und professionell.

Divan Hotel HOTEL €€€
(☎377 5601; Keleşharım Caddesi 6; DZ 125–260 €; ❄@≋) Das schon etwas ältere und nicht mehr ganz so schicke Hotel mit Swimmingpool ist besonders bei türkischen Urlaubern beliebt. Die Zimmer sind ganz ordentlich, aber nichts Besonderes – aber was erwartet man für diesen Preis!?

Essen & Trinken

Die Restaurants der Luxushotels sind alle ausgezeichnet (und wahnsinnig teuer). Die übrigen Restaurants der Stadt drängen sich in der Bucht zusammen und werden abends teilweise zu Freiluftbars, in denen zwischen all den Reichen und Berühmten kein Durchkommen mehr ist. Unbedingt vorher reservieren.

Fidèle RESTAURANT & BAR €€€
(☎377 5081; www.fidelehotel.net; Hauptgerichte ab 20 ₺) Das schicke Lokal ist Restaurant und Bar gleichermaßen. Zu Essenszeiten werden Köstlichkeiten wie Meeresfrüchte-Risotto und Tintenfisch-Carpaccio serviert, spätabends verwandelt es sich in einen pulsierenden Nachtclub.

Casita TÜRKISCH €€
(www.casita.com.tr; Hauptgerichte ab 15 ₺; ⊙mittags & abends) Der Ableger des für seine *mantı* berühmten İstanbuler Restaurants

bietet seinen Gästen ein Stück Heimat. Tagsüber stehen bequeme Liegen bereit.

LP TIPP **Ship Ahoy** BAR & RESTAURANT
(☎377 5070; Yalı Mevkii; Hauptgerichte 16–17 ₺; ⌚Mai–Aug.) Dieses zurückhaltende Restaurant wirkt sehr mächtig: Mit der breiten, weit über das Wasser hinausragenden Plattform entspricht es eigentlich überhaupt nicht der Vorstellung eines edlen Nachtclubs, in dem sich die reichsten und berühmtesten Sommergäste des Ortes so gerne aufhalten. Während normale Touristen sonst nirgends auch nur in die Nähe einer Strandbar mit Hollywood-Stars oder westlichen Spitzenpolitikern kommen dürfen, können sie in der Türkei dort sogar einen Tisch bestellen. Es ist ein Erlebnis!

Gölköy

☎0252

Die Bucht von Gölköy liegt im Schatten der Bucht von Türkbükü und wird deshalb oft übersehen. Dabei gibt es hier ein tolles Nachtleben, schöne Strände und (etwas) günstigere Unterkünfte. Gelegentlich treten in der Türkei sehr bekannte Bands im **Bianca Beach** (www.biancabeach.com; Akdeniz Caddesi 35; ⌚Mai-Okt. 10–5 Uhr) auf, dem Freiluft-Club der Hotelanlage direkt am Strand.

Nur 50 m vom Ortszentrum und 1 km von Türkbükü entfernt befindet sich das **Hotel Villa Kılıc** (☎357 8118; www.villakilic.com; Sahil Sokak 22;Zi./Suite ab 350/550 ₺; ❄@≋). Die 33 luxuriös ausgestatteten Zimmer haben Holzfußboden und Marmorbäder, die Suiten auch einen Whirlpool. Dazu gibt's ein gutes Restaurant und einen großen Swimmingpool. Man kann sich aber auch auf der größten Badeplattform von Gölköy (300 m²) entspannen und der Musik der DJs zuhören, die hier im Sommer auflegen.

Torba

☎0252

Das nur ein paar Autominuten von Bodrum entfernte Torba ist wesentlich ruhiger und familienfreundlicher. Es hat einen schönen Strand und ist etwas abgelegen, wenn auch nicht ganz so abgeschieden wie manche Orte in den äußersten Ecken der Halbinsel.

Schlafen

Casa Dell'Arte LUXUSHOTEL €€€
(☎367 1848; www.casadellartebodrum; Kilise Mevkii Mutlu Sokak; Suite 460–980 €; ❄≋) Getreu seinem Namen ist das Hotel eine einzige Ansammlung wertvoller Gemälde und Kunstgegenstände. Die zwölf Zimmer (zu denen noch ein separater Familienflügel hinzukommt) sind jeweils nach einem Sternzeichen benannt. Die Beleuchtung rund um den Swimmingpool und in den Gemeinschaftsräumen ist zurückhaltend, aber perfekt. Man kann sich auf dem Steg über dem Meer den Wind um die Nase wehen lassen oder im windstillen Swimmingpool im gepflegten Garten planschen.

La Boutique Alkoçlar BOUTIQUEHOTEL €€€
(☎367 1970; www.alkoclar.com.tr; Hoşgörü Sokak 1; Zi./Suite inkl. VP ab 250/350 ₺; ❄@≋) Das Hotel der Alkoçlar-Kette hat den vielversprechenden Charme eines Boutiquehotels. Die Zimmer sind geschmackvoll in zarten Farben und mit hellem Holz eingerichtet.

Izer Hotel & Beach Club RESORT €€€
(☎367 1910; www.izerhotel.com; DZ inkl. VP ab 180 €; ⌚Mai–Okt.; ❄≋) Das erst kürzlich renovierte, familienfreundliche Hotel bietet jede Menge Annehmlichkeiten, darunter lange Wasserrutschen für Kinder und viele Arten von Wassersport. Das freundliche, vielseitige Hotel ist ideal für Familien, auch weil es weit weg vom „lasterhaften Treiben" in den anderen Buchten ist.

Essen

Gonca Balık SEAFOOD €€€
(Fisch 20 ₺; ⌚mittags & abends) Die Tische des besten Fisch- und Vorspeisenrestaurants am Ort stehen dicht an dicht am Wasser.

Da Vittorio ITALIENISCH €€
(☎346 7002; Manastır Mevkii, Hoşgörü Sokak 5; Hauptgerichte 10–20 ₺; ⌚mittags & abends) Das ausgezeichnete italienische Restaurant befindet sich zwar am Privatstrand des Hotels Marmara Bodrum, steht aber auch Nicht-Hotelgästen Tag und Nacht offen.

Östliche Halbinsel

☎0252

Die Buchten im Osten der Halbinsel sind kaum bekannt. Das liegt jedoch teilweise daran, dass sie mit großen Hotelanlagen komplett zugebaut wurden.

Schlafen

Kempinski Barbaros Bay LUXUSHOTEL €€€
(☎311 0303; www.kempinski.com; Yalıçiftlik; Zi. ab 380 €; ❄@≋) Der Ableger der berühmten Hotelkette ist an einer Klippe direkt

am Meer gebaut, gut abgeschirmt von der Außenwelt. Es verfügt über einen eigenen Strand und mehrere Stege ins Wasser. Die modernen Zimmer haben alle zu erwartenden Annehmlichkeiten, und es gibt drei Restaurants, eine Bar und einen Wellnessbereich „für alle Sinne". Der absolute Hit ist aber der riesige, ovale Swimmingpool, der vielleicht der größte der Türkei ist.

Hapimag Sea Garden RESORT €€€
(☎311 1280; www.hapimag-seagarden.com; Yaliçiftlik; Zi. inkl. VP ab 104 €/Pers.; ❄@≋) Der weitläufige „Meeresgarten" ist genau das Richtige für Eltern, die kleine Kinder bändigen müssen. Die komplett ausgestatteten Apartments im Hotel sind äußerst familienfreundlich.

MARMARIS & UMGEBUNG

Marmaris

☎0252 / 31 397 EW.

Marmaris verdankt seinen fragwürdigen Ruf dem Massentourismus, der dem Ort im Sommer (zumeist pauschalreisende) Briten, Skandinavier und Russen in permanenter Partylaune beschert. Dabei hat die sich in alle Richtungen ausbreitende Stadt einen hübschen Hafen, den ein Kastell überragt und in dem die traditionellen Holzjachten neben den Segelschiffen der Urlauber aus aller Welt liegen.

Dennoch fehlt es der Stadt an der kultivierten Eleganz von Bodrum, sodass Marmaris sozusagen eine Art Prolo-Version von Kuşadası darstellt. Die wenigsten hier lebenden Türken kommen tatsächlich aus der Region, und es gibt kaum kulturelle Attraktionen.

Dabei ist die unmittelbare Umgebung von Marmaris mit den ursprünglichen und wenig besuchten Halbinseln Bozburun und Datça durchaus sehenswert. Und die Stadt ist auch ein guter Ausgangspunkt für eine Fahrt auf den traditionellen *gület*-Jachten, zum Tauchen im kristallklaren Wasser oder für einen Besuch der griechischen Insel Rhodos. Und dann kann man sich immer noch ins Nachtleben stürzen.

Sehenswertes & Aktivitäten

Die (extrem) wenigen Überreste antiker Gebäude befinden sich hinter dem İskele Meydanı. Weiter landeinwärts wird auf dem überdachten *çarşı* (Basar) alles angeboten, was man zum Leben braucht: Vom Haarschnitt bis zum Hut, um das eventuell missglückte Ergebnis zu verdecken.

Hafenkastell & Museum FESTUNG, MUSEUM
(Marmaris Kalesi ve Müzesi; ☎412 1459; Eintritt 3 ₺; ⏲Di–So 8–12 & 13–17 Uhr) In dem Kastell (1522) auf einem Felsvorsprung versammelte Süleiman der Prächtige einst 200 000 Soldaten, um die vom Johanniterorden besetzte Insel Rhodos zu erobern. Heute ist hier das **Marmaris-Museum** untergebracht, in dem Amphoren, Glaswaren, Münzen und weitere Fundstücke aus Knidos, Hisarönü und anderen Ausgrabungsstätten zu sehen sind. Wirklich lohnend ist aber ein Spaziergang auf den **Festungsmauern** mit Blick auf den schönen Jachthafen.

Strände STRAND
An den schmalen Kiesstränden der Stadt kann man zwar baden, wesentlich schöner sind aber die Strände von **İçmeler** und **Turunç** (10 bzw. 20 km weiter südwestlich). Die Dolmuşe dorthin starten bei dem Platz mit dem neuen Brunnen (3,25 bzw. 7 ₺).

Von Mai bis Oktober verkehren einmal pro Stunde auch die bei der **Atatürk-Statue** liegenden Wassertaxis nach İçmeler und Turunç (13 bzw. 45 Min.). Zum Strand des **Günlücek-Parks**, ein geschütztes Waldgebiet 3,5 km südöstlich von Marmaris, fahren auch Dolmuşe, die ebenfalls bei dem Platz mit dem neuen Brunnen starten.

Armutalan Hamamı HAMAM
(☎417 5374; 136 Sokak 1; Bad & Peeling 20 ₺, mit Massage 40 ₺; ⏲April–Okt. 9–22 Uhr) Das riesige Hamam liegt 2 km westlich des Stadtzentrums in einer Seitenstraße der Datça Caddesi hinter dem staatlichen Krankenhaus und bietet das gesamte Programm. Nach 18 Uhr ist es am ruhigsten, denn dann sind die großen Reisegruppen wieder weg. Ein kostenloser Shuttle-Bus (Armutalan Nr. 4) fährt vom Platz mit dem neuen Brunnen zum Hamam.

Bootsfahrten BOOTSFAHRT
(4 Pers. inkl. aller Mahlzeiten & alkoholfreier Getränke 300 €) Während man mit den Bootsdolmuşen nur einen Tag lang (30–35 ₺) an schönen Küstenabschnitten vorbei zu einladenden Badebuchten geschippert wird, bietet das Chartern einer ganzen Jacht die Möglichkeit, mit neuen oder alten Freunden „ins Blaue" hinauszusegeln. Solche Touren werden von erfahrenen See-

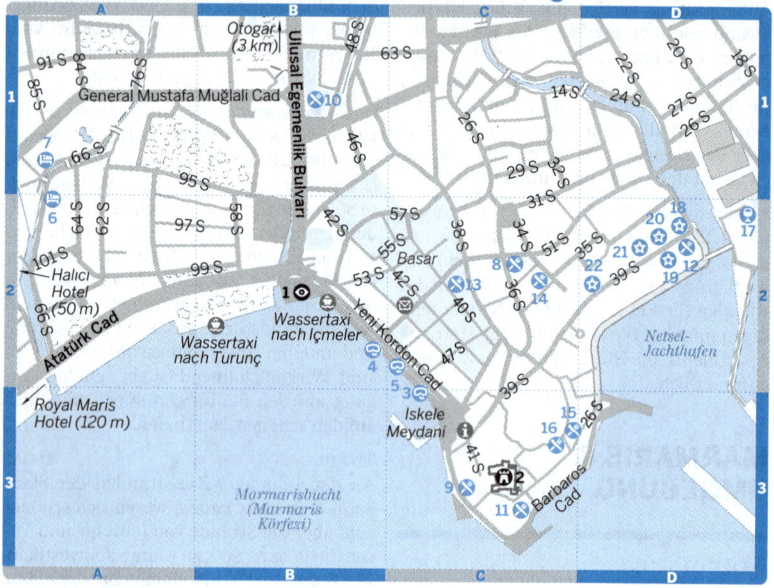

Marmaris

Sehenswertes

1 Atatürk-Statue B2
2 Burg & Museum C3

Aktivitäten, Kurse & Touren

3 Deep Blue Dive Center C3
4 Marmaris Diving Center B2
5 Professional Diving Centre C2

Schlafen

6 Bariş Motel & Pansiyon A2
7 Maltepe Pansiyon A1

Essen

8 Alin's Cafe & Restaurant C2
9 Aquarium Restaurant C3
10 Doyum B1
11 Fellini C3
12 İdil Mantı Evi D2
13 Liman Restaurant C2
14 Meryemana C2
15 Ney C3
16 Panorama Restaurant & Bar C3

Ausgehen

17 Keyif Bar D2
Panorama Restaurant & Bar ..... (siehe 16)

Unterhaltung

18 Arena D2
19 B52 .... D2
20 Back Street D2
21 Crazy Daisy D2
22 Joy Club D2

leuten geleitet, deren Jachten dicht an dicht im Hafen liegen. Zu empfehlen ist die alteingesessene Firma **Yeşil Marmaris Travel and Yachting** (☎412 2290; www.yesilmarmaris.com; Barbaros Caddesi 13; 4 Pers. ca. 300 €; ⌚Hochsaison Mo–Sa 7–23.30 Uhr, Nebensaison 8.30–18.30 Uhr). Bei anderen sollte man Preise vergleichen, nachfragen und verhandeln.

Gesegelt wird von Mai bis Oktober, wobei zwischen 9.30 und 10 Uhr abgelegt und zwischen 18 und 18.30 Uhr wieder angelegt wird. Bevor man irgendwo zusagt, sollte man aber genau klären, mit welchem Schiff man dann fährt, wohin die Reise geht und was es mittags zu essen gibt.

Fahrten mit einer Übernachtung sowie Zweitages- (ab 700 €) und Dreitagestouren (ab 1200 €) führen zumeist nach Dalyan und Kaunos. Es können mit einer kleinen Gruppe auch längere Kreuzfahrten nach

Datça und Knidos, an der Bozburun-Halbinsel entlang oder auf der ursprünglichen „Blauen Route" nach Süden bis Fethiye und noch weiter gebucht werden.

Tauchen

Die Tauchschulen in der Hafenstraße Yeni Kordon Caddesi bieten von April bis Oktober Ausflüge für Sporttaucher und Kurse im Gerätetauchen.

Wie bei den Bootsfahrten gibt es auch hier zahllose Anbieter, die man sich genau ansehen sollte. Da Tauchen lebensgefährlicher sein kann als Segeln sollte die Tauchschule auf jeden Fall eine Lizenz der türkischen Unterwasser-Vereinigung besitzen. Außerdem sollte der Leiter des Tauchgangs ein zertifizierter Ausbilder und nicht nur ein „Ausbildungsassistent" sein, denn dabei handelt es sich zumeist nur um einen einfachen Angestellten im Tauchanzug, der bei einer Gefahrensituation unter Wasser hoffnungslos überfordert wäre. Zur eigenen Sicherheit gibt man unbedingt auch eventuelle Erkrankungen und gesundheitliche Einschränkungen an.

Marmaris Diving Center TAUCHEN
(aytac.ozan@hotmail.com) Die professionelle Tauchschule bietet verschiedene Tauchausflüge an Bord eines großen Schiffes an, das von Emre und Ozan Aytaç, dem Kapitän bzw. Tauchleiter selbst gesteuert wird. Ein Tagesausflug (ab 10 Uhr) mit zwei Tauchgängen von jeweils 20 bis 30 Minuten kostet inklusive Ausrüstung und Mittagessen 70 ₺. Die Veranstalter holen ihre Kunden auch kostenlos im Hotel ab.

Deep Blue Dive Center TAUCHEN
(☎0541 374 5881, 0506 614 6408; www.sealung.com) Ein dreitägiger PADI-Tauchkurs im offenen Meer kostet hier 240 €. Eintägige Ausflüge (30 €) beinhalten zwei Tauchgänge, die Ausrüstung und das Mittagessen.

Professional Diving Centre TAUCHEN
(☎0533 456 5888; www.prodivingcentre.com) Bei diesem Veranstalter kosten zwei Tauchgänge, Ausrüstung und Mittagessen auf dem Schiff zwischen 25 und 30 €.

Schlafen

Marmaris ist fest in der Hand von Pauschaltouristen, die in die großen Hotelanlagen an den Stränden außerhalb der Stadt verfrachtet werden. Daher sind gute Unterkünfte in der Stadt Mangelware. Zudem unterstützen einige der schäbigen und schwach beleuchteten Pensionen in dunklen Gassen den Sextourismus in Marmaris.

Halıcı Hotel HOTEL €€
(☎412 3626; www.halicihotel.com; Sokak 1; EZ/DZ 80/130 ₺; P ❄ @ 📶 🏊) Das große (174 Zimmer!) und etwas altmodische Pauschalhotel in der Nähe des Kanals in einer ruhigen Seitenstraße bietet ein überraschend gutes Preis-Leistungs-Verhältnis. Das liegt nicht zuletzt am großen Swimmingpool mitten in einem üppig grünen, tropischen Garten. Und es sind nur 10 Gehminuten bis zur Uferpromenade im Zentrum.

Maltepe Pansiyon PENSION €
(☎412 1629; www.maltepepansiyon.com; 66 Sokak 9; EZ/DZ/3BZ/4BZ 35/75/90/120 ₺; ❄ @) Die kleine Pension mit einem schattigen Garten bietet kleine, aber blitzsaubere Zimmer, zumeist mit eigenem Bad. Die Küche kann mitbenutzt werden.

Bariş Motel & Pansiyon PENSION €
(☎413 0652; www.barismotel.com; 66 Sokak 10; EZ/DZ 50/70 ₺; ❄) Die Zimmer des freundlichen kleinen Motels gegenüber dem Kanal sind spartanisch eingerichtet, aber sauber. Frühstück kostet 6 ₺ extra. Wer bis nach Mitternacht ausgehen möchte, bekommt einen Hausschlüssel. Wenn man mit dem Taxi anreist, muss man darauf achten, dass der Fahrer auch wirklich hierher fährt und nicht zu einer ähnlich klingenden Apartmentanlage in der Stadt.

Royal Maris Hotel HOTEL €€€
(☎412 8383; www.royalmarishotel.com; Atatürk Caddesi 34; EZ/DZ/3BZ 130/170/210 ₺; P ❄ 🏊) Auch wenn es mit einem Fitnessraum, zwei Swimmingpools und einem eigenen Strand wirbt, ist es nicht mehr als ein Stadthotel und beileibe kein Resort. Und selbst diese Extras sind so bescheiden, dass sie die hohen Zimmerpreise kaum rechtfertigen. Immerhin sind die Zimmer modern eingerichtet und sauber, aber einige, die auf die palmengesäumte Uferpromenade hinausgehen, können nachts sehr laut sein. Das Hotel liegt direkt am Wasser, 10 bis 15 Gehminuten außerhalb des Stadtzentrums.

Essen

Ney TÜRKISCH €€
(☎412 0217; 26 Sokak 24; Vorspeisen 5–6 ₺, Hauptgerichte 15–20 ₺) Das kleine Restaurant in einem 250 Jahre alten griechischen Haus oberhalb des westlichen Jachthafens hat richtig viel Atmosphäre. Zu den traditionellen türkischen Spezialitäten des Hauses

gehören auch *tavuklu mantı böreği* (türkische Ravioli mit Hühnchen, 14 ₺).

Liman Restaurant SEAFOOD €€
(☎412 6336; 40 Sokak 38; Hauptgerichte 10–20 ₺; ⌚8–1 Uhr) Das alteingesessene Lieblingslokal der Einheimischen liegt mitten im Basar. Hier serviert der freundliche Inhaber Ömer Yüce ausgezeichnete Vorspeisen und Fischgerichte wie gegrillten Seebarsch (22 ₺), Fischsuppe und Calamares. Fischverweigerer kommen mit *kavurma* (gebratenem Lamm) auf ihre Kosten. Um am Ende keine böse Überraschung zu erleben, sollte man vor der Bestellung nach den Preisen fragen.

Panorama Restaurant & Bar INTERNATIONAL €€
(☎413 4835; Hacı İmam Sokağı 40; Hauptgerichte 10–15 ₺; ⌚9–1 Uhr) Die Terrasse mit Blick auf den Jachthafen ist wesentlich erfreulicher als das Essen. Ganz gut sind aber Pizza und Pasta und dazu ein Sundowner.

İdil Mantı Evi TÜRKISCH €€
(☎0534 296 4410; 39 Sokak 140; Vorspeisen 5–6 ₺, Hauptgerichte 8–20 ₺; ⌚16–5 Uhr) Hier können sich Nachtschwärmer mit üppiger *gözleme* und anderen alkoholabsorbierenden Snacks stärken.

Aquarium Restaurant INTERNATIONAL €€€
(☎413 1522; Barbaros Caddesi; Hauptgerichte 15–30 ₺; ⌚9–24 Uhr) Das Restaurant im Hafen bietet nicht nur eine tolle Aussicht, sondern auch leckere Grillgerichte und große Steaks.

Meryemana TÜRKISCH €
(☎412 7855; 35 Sokak 5b; Hauptgerichte 5–6 ₺; 📶) Die sättigenden, traditionell zubereiteten Vorspeisen und die würzigen Dips zu hausgemachtem Brot begeistern türkische und ausländische Besucher gleichermaßen. Sehr zu empfehlen sind die *mantı* (6 ₺).

Fellini ITALIENISCH €€€
(☎413 0826; Barbaros Caddesi 71; Hauptgerichte 15–25 ₺; ⌚9–2 Uhr) Die Spezialität des mit Fotos des berühmten Filmemachers Fellini dekorierten, italienischen Restaurants direkt am Wasser sind die Pizzen mit dünnem, knusprigem Boden (18–22 ₺) und die Nudelgerichte (15–24 ₺).

Alin's Cafe & Restaurant INTERNATIONAL €€
(☎413 2525; www.alins.com.tr; 36 Sokak 23; Hauptgerichte 5,90–14,90 ₺; ⌚8–0.30 Uhr; 📶) In dieser Filiale einer türkischen Restaurantkette gibt's üppige Grillgerichte, Hamburger und überbackene Kartoffeln für relativ wenig Geld.

Doyum KEBAB €€
(☎413 4977; Ulusal Egemenlik Bulvarı 14; Hauptgerichte 4–12 ₺; ⌚24 Std.) Reichhaltiges Frühstück (7 ₺), gute Salate und leckere Kebabgerichte.

Ausgehen & Unterhaltung

Marmaris bei Nacht ist heller und bunter als Las Vegas, doch das Partyvolk ist ebenso betrunken und glücksspielsüchtig. In der berühmt-berüchtigten 39 Sokak geht's den ganzen Sommer über hoch her: Lasershows, laute Discos, grölende Betrunkene, Tequila (im Dutzend billiger) und eine Schaumparty nach der anderen.

Im Laufe der Nacht steigt der Lärmpegel immer mehr, weil alle Bars und Kneipen versuchen, lauter als der jeweilige Nachbar zu sein. In der Straße gibt's hauptsächlich kleine und große Bars sowie ein oder zwei eher bescheidene „Nachtclubs". Die meisten Lokalitäten sind täglich von 19 bis 4 Uhr geöffnet. Ein Bier kostet zwischen 7 und 10 ₺, Hochprozentiges zwischen 10 und 15 ₺, wobei es oft „happy hours" und andere Vergünstigungen gibt.

Da die Kneipen so dicht beieinander und praktisch austauschbar sind, betrachtet man sie wohl am besten als eine einzige, chaotische Masse. Während der riesige **Joy Club** (☎412 6572; 39 Sokak 99) schick und sündig ist, besteht das **B52** (☎413 5292; 39 Sokak 120) auf der gegenüberliegenden Straßenseite aus einem richtigen Nachtclub und einer Freiluft-Cocktailbar ohne Sitzgelegenheiten.

Das **Back Street** (☎412 4048; 39 Sokak 123) nebenan ist auch sehr beliebt, ebenso die **Arena** (39 Sokak 125) mit zwei Bartheken rund um eine riesige Tanzfläche. Im **Crazy Daisy** (☎412 4856; 39 Sokak 119) mit erhöhten Terrassen feiern vor allem Briten. Etwas weiter Richtung Wasser befindet sich mit **Davy Jones's Locker** (☎412 1510; 39 Sokak 156) die einzige Bar mit Rockmusik, in der im Sommer Live-Bands auftreten. Daneben gibt's noch ein paar (zumindest von Ausländern) weniger besuchte Bars mit türkischer Musik.

Eine ruhigere Alternative sind die Bar im **Panorama Restaurant & Bar** (☎413 4835; Hacı İmam Sokağı 40; ⌚9–1 Uhr) mit Meerblick und die verglaste **Keyif Bar** (☎412 1061; Netsel Marina Çarşısı; ⌚8.30–4 Uhr) oberhalb des Jachthafens (nach der Fußgängerbrücke).

Praktische Informationen

Akasya Internet (☎413 6906; 2. Stock, Ulusal Egemenlik Bulvarı 6; 2 ₺/Std.; ⌚9–24 Uhr) oberhalb der Hauptdurchgangsstraße in Nord-Süd-Richtung.

Mavi Internet (☎413 4979; 26 Sokak 8; 2 ₺/Std.; ⏰9–23 Uhr) in der Nähe des Restaurants Ney in der Altstadt.

Touristeninformation (☎412 1035; İskele Meydanı 2; ⏰Juni–Mitte Sept. tgl. 8–12 & 13–17 Uhr, Mitte Sept.–Mai nur Mo–Fr) Das Büro unterhalb des Kastells ist leider keine große Hilfe.

An- & Weiterreise

Bus

Der kleine Busbahnhof liegt 3 km nördlich des Stadtzentrums. In der Hochsaison fahren regelmäßig Dolmuşe über den Ulusal Egemenlik Bulvarı zum Busbahnhof.

Von dort fährt im Sommer stündlich, in der Nebensaison alle zwei Stunden ein Bus nach Bodrum (15 ₺, 3 Std., 165 km). Das ganze Jahr über fährt viermal täglich ein Bus nach Istanbul (70 ₺, 13 Std., 810 km). Nach İzmir (32 ₺, 4¼ Std., 270 km), Göcek (18 ₺, 2¼ Std., 98 km) und Dalaman (15 ₺, 1½ Std., 90 km) fährt im Sommer jeweils stündlich ein Bus, nach Fethiye (20 ₺, 3 Std., 138 km) alle 30 Minuten. Einmal täglich fährt ein Bus nach Antalya (40 ₺, 6 Std., 365 km), die Busse ins nahegelegene Muğla (9 ₺, 1 Std., 53 km) fahren alle 30 Minuten, außerhalb der Saison nur stündlich.

Am Busbahnhof startet im Sommer jede Stunde (in der Nebensaison alle zwei Stunden) ein Dolmuş nach Datça (12 ₺, 1¾ Std., 71 km). Wer nach Köyceğiz (8 ₺, 50 Min., 63 km) will, muss den Bus nach Fethiye nehmen. Den Bus nimmt auch, wer nach Dalyan möchte, allerdings nur bis nach Ortaca (10 ₺, 1½ Std., 84 km) und von dort mit dem Dolmuş weiter. Im Sommer fährt fünfmal täglich auch ein Dolmuş nach Selimiye und Bozburun (8 ₺, 55 Min., 44 km).

Flugzeug

Der internationale Flughafen von Dalaman liegt 92 km südöstlich von Marmaris. Im Sommer wird er von vielen Charterfliegern und türkischen Billigfluglinien wie Pegasus Airlines angeflogen. Letztere haben oft tolle Schnäppchenangebote. Wer mit Turkish Airlines fliegt, kann drei Stunden vor dem Abflug mit dem Havaş-Bus (25 ₺) der Gesellschaft vom Busbahnhof in Marmaris zum Flughafen fahren. Ansonsten fahren die Busse von Marmaris Coop bis nach Dalaman (14 ₺). Von dort ist es noch eine kurze, aber teure Taxifahrt (42 ₺) zum Flughafen.

Schiff/Fähre

Von April bis Oktober verkehren täglich Katamaranboote nach Rhodos (Hinfahrt/Rückfahrt am gleichen Tag/Rückfahrt an einem anderen Tag 45/55/65 € inkl. Hafensteuer, 50 Min.). Sie legen um 9 Uhr am Pier 1 km südöstlich von Marmaris ab und kommen um 16.30 Uhr von Rhodos zurück. Der Transport eines Fahrzeugs kostet für die einfache Fahrt 110 €, für die Rückfahrt am gleichen Tag 130 € und bei Rückfahrt an einem anderen Tag 190 €.

Die Strecke Rhodos–Marmaris wird auch von griechischen Katamaranen befahren, doch diese sind im Allgemeinen etwa 10 % teurer. Sie verlassen Rhodos täglich um 8 Uhr und kommen um 16.30 Uhr von Marmaris zurück.

Zu ähnlichen Preisen fahren im Sommer auch einmal wöchentlich türkische Frachtschiffe, die jeweils 78 Passagiere befordern können, nach Rhodos, brauchen dafür aber zwei Stunden. Abfahrt ist in der Regel um 11.30 Uhr. Wenn in der Nebensaison die Katamarane nicht mehr fahren, verkehren die Frachter zwei- bis dreimal in der Woche (je nach Wetterlage) und zwar jeweils um 9 Uhr. Normalerweise kehren diese Fähren noch am gleichen Tag zurück, können manchmal aber auch zwei oder drei Tage lang vor Rhodos liegen. Die griechischen Fähren verkehren in der Nebensaison überhaupt nicht. Im Juni und Juli fährt sporadisch auch eine Fähre am Sonntagmorgen.

Fahrscheine werden in den Reisebüros sowie von Yeşil Marmaris Travel & Yachting (S. 266) verkauft. Man sollte spätestens einen Tag im Voraus (bei Mitnahme eines Fahrzeugs auch länger) die Fähre buchen und den Reisepass nicht vergessen. Zur Erledigung der Einreiseformalitäten sollte man eine Stunde vor Abfahrt am Hafen sein. Einige Reisebüros holen die Passagiere auch kostenlos im Hotel ab.

Unterwegs vor Ort

Rund um die Bucht sind ständig jede Menge Dolmuşe unterwegs, die jeweils beim Platz mit dem neuen Brunnen am Ulusal Egemenlik Bulvarı starten. Dabei fahren die grünen Dolmuşe in Richtung Uzunyalı (2,50 ₺, 3 km) und Turban-Siteler (4 ₺, 6 km),die orangefarbenen in Richtung İçmeler (6 ₺, 10 km).

Muğla

☎0252 / 62 635 EW.

Viele Touristen, die einfach nur so schnell wie möglich ans Meer wollen, übersehen diese Stadt einfach. Dabei lohnt sich ein Besuch durchaus. Denn die weißgetünchten Häuser der osmanischen Altstadt, traditionelle Geschäfte, historische Bauten und Museen verleihen Muğla (sprich: Mu-la) jede Menge Charme. Da es hier auch eine kleine Universität gibt, laden eine ganze Menge schöner und ansprechender Cafés und Restaurants zum entspannten Verweilen unter im Wind bebenden Mittelmeerbäumen ein. Oder man versucht sich an einer Partie Backgammon.

Sehenswertes & Aktivitäten

Altstadt HISTORISCHES VIERTEL

Vom Cumhuriyet Meydanı, dem Kreisverkehr mit der Atatürk-Statue, führt die Kurşunlu Caddesi nach Norden zur **Kurşunlu Cami**, der weißen, „mit Blei gedeckten" Moschee von 1493. Das Minarett und der Innenhof kamen erst 1900 dazu.

Ein paar Schritte weiter kommt man zum **Basar** mit seinen engen Gassen voller (Kunst-)Handwerker, Zuckerbäcker und Restaurants. Die **Osmanischen Häuser** aus dem 18. und 19. Jh. und die **Ulu Cami** kleben am Hügel oberhalb der Stadt. Die Moschee wurde 1344 von den Mentesche-Fürsten errichtet, bei Reparaturarbeiten im 19. Jh. aber völlig umgestaltet. In dem im Jahr 1905 von Griechen erbauten **Uhrenturm** *(saatli kule)* schlägt noch heute zur vollen Stunde eine Glocke. Das kürzlich renovierte osmanische **Sekibaşı Hamamı** weiter oben beherbergt gelegentlich Kunstausstellungen. Dabei wurden die ausgeklügelte Architektur mit den vielen, vom Hauptraum abgehenden Neben- und Seitenräumen, und die Massageliege aus Marmor erhalten, was sehr sehenswert ist.

Zahire Pazarı HISTORISCHES GEBÄUDE

(⏲8–23 Uhr) In dem liebevoll restaurierten Basar, der von einer Moschee überragt wird, gibt es unzählige lässige Cafés, deren Tische in einem schattigen Innenhof stehen. Dazwischen bieten 14 Geschäfte traditionelles Kunsthandwerk an. Die Pacht für die Läden bezahlt die Stadtverwaltung, die damit typisch traditionelle Handwerkskunst wie die Herstellung von marmoriertem Papier und Marmorplastiken, handgewebten Textilien und kunstvoll verzierten Lackdosen fördern will. Auch wenn man nichts kaufen möchte, ist der stimmungsvolle Basar einen Besuch wert.

Museum MUSEUM

(☎214 6948; Postane Sokak; Eintritt 3 ₺; ⏲Di–So 8–12 & 13–17 Uhr) Im Innenhof des Museums sind archäologische Funde aus der griechischen und römischen Antike zu sehen. Im **Gladiatorenraum** sind verschiedene Modelle, Waffen und Steinreliefs ausgestellt. Eine Abteilung des Museums widmet sich dem traditionellen Kunsthandwerk. Das Museum im Osten von Muğla liegt gegenüber dem herrlichen **Konakaltı Kültür Merkezi** (Mustafa Muğlalı Caddesi 51), einem historischen Gebäudekomplex, der in ein Kulturzentrum umgewandelt wurde.

Vakıflar Hamamı HAMAM

(☎214 2067; Mustafa Muğlalı Caddesi 1; Bad & Peeling 20 ₺, mit Massage 40 ₺; ⏲7–23 Uhr) Das Bad für Männer und Frauen stammt aus der Mitte des 14. Jhs.

Schlafen

LP TIPP **Mavi Konak** BOUTIQUEHOTEL €€

(☎214 7007; www.mavi-konak.eu; Kusular Çıkmazı 13; EZ 35–45 €, DZ 60–75 €; @) Die „Blaue Villa" in der Altstadt von Muğla wurde im 19. Jh. als Wohnhaus reicher Griechen errichtet. Heute bietet es fünf schöne Zimmer rund um einen schattigen Innenhof und wird von einem netten deutschen Paar geleitet. Die Holzmöbel wurden von Dieter selbst geschreinert. Den Gästen steht auch eine moderne Küche und eine Waschmaschine zur Verfügung. Nur ein Zimmer hat ein eigenes Bad, aber das Gemeinschaftsbad, ein ehemaliges Hamam, ist wirklich groß. Das Haus ist etwas schwierig zu finden und nur an der großen Tür mit dem winzigem Schild zu erkennen. Der Weg durch den Zahire Pazarı ist kürzer.

İzethan Hotel HOTEL €€

(☎212 2700; www.izethanhotel.net; Abdi İpekçi Bulvarı 75-77; EZ/DZ 60/90 ₺; ❄📶) Das sehr „geschäftlich" wirkende Hotel hat fast 200 moderne Zimmer mit allen erforderlichen Einrichtungen. Es liegt zwar gut 15 Gehminuten nordwestlich der Atatürk-Statue, in der Nähe des Nazim Hikmet Parki, bietet aber ein fantastisches Preis-Leistungs-Verhältnis, denn es verfügt über ein eigenes Restaurant, Bar, Hamam und Sauna.

Hotel Petek BUSINESSHOTEL €€

(☎214 3995; www.petekhotel.com; Marmaris Bulvarı 27; EZ/DZ/3BZ 70/100/120 ₺; P❄📶) Das komfortable und gut geführte Hotel ist riesig und die 64 Zimmer etwas eintönig. Es befindet sich in der geschäftigen Prachtstraße südöstlich des Cumhuriyet Meydanı.

Essen & Ausgehen

Donnerstags ist Markt in Muğla.

Konak Kuzine TÜRKISCH €€

(☎213 1000; Kurşunlu Caddesi 13; Hauptgerichte 8,50–16 ₺; ⏲10–22 Uhr) Gegenüber der Kurşunlu Cami werden in einer stilvollen griechischen Villa aus dem 19. Jh. ausgezeichnete Pide (5–9 ₺) und Grillgerichte serviert.

Mavi Sofra KÖFTE €€

(☎212 5250; Kurşunlu Çıkmazı 4/2; Hauptgerichte 8–15 ₺; ⏲9–23 Uhr) In dem Lieblingslokal der Einheimischen in einer kleinen Gasse gegenüber der Kurşunlu Cami gibt's leckere Kebab- und *köfte*-Gerichte.

Muğla Lokantası TÜRKISCH €
(☎212 3121; İsmet İnönü Caddesi 53; Hauptgerichte 3–6 ₺; ⏲6.30–22 Uhr) Hier ist das Bestellen einfach: Die fertig zubereiteten türkischen Gerichte sind alle in einer Reihe ausgestellt – und schmecken ausgezeichnet.

Muğla Belediyesi Kültür Evi CAFÉ
(Kulturzentrum der Stadt Muğla; ☎212 8668; İsmet İnönü Caddesi 106; ⏲8–19.30 Uhr) In dem 200 Jahre alten Haus mit frisch angelegtem Garten kann man in Ruhe frühstücken (5 ₺) oder auch nur einen Kaffee trinken.

Çakarkeyf CAFÉ
(☎212 0048; Zahire Pazarı; ⏲8–23 Uhr) Die Tische des ungezwungenen Cafés im Basar stehen unter einem Balkon und reichen bis weit in den benachbarten Innenhof mit Steinfußboden hinein. Die unzähligen, traditionell zubereiteten Kaffees sind vorzüglich. Manche sind sogar aromatisiert, z.B. der *cilveli kahve* („Kaffee zum Flirten") mit Mandelstückchen und Gewürzen, der in einer Tasse mit Kupferdeckel serviert wird, die auf einer weichen Untertasse in Form eines Turbans steht.

Sobe CAFÉ & BAR
(☎212 6271; Mustafa Muğlalı Caddesi 43; ⏲8–1 Uhr) Das hübsche Café mit grasbewachsenem Innenhof und Livemusik am Wochenende ist besonders beliebt bei Studenten.

ℹ Praktische Informationen

Touristeninformation (☎214 1261; www.mugla-turizm.gov.tr; Marmaris Bulvarı 22a; ⏲Mo–Fr 8–17 Uhr) Das Büro 600 m südöstlich des Cumhuriyet Meydanı verteilt kostenlose Stadtpläne und Straßenkarten der Region.

ℹ An- & Weiterreise

Der Busbahnhof von Muğla liegt etwa 750 m südwestlich des zentralen Platzes. Man folgt dem Marmaris Bulvarı und biegt dann links in die Zübeyde Hanım Caddesi ab. Busse fahren alle 30 Minuten (in der Nebensaison stündl.) nach Marmaris (9 ₺, 1 Std., 53 km) und Bodrum (13 ₺, 2 Std., 149 km). Wer an der Küste entlang nach Osten fahren möchte, steigt in Marmaris um.

Autos (und auch Busse) werden nicht selten an dem versteckten Polizeiposten (*jandarma*) an der Straße nach Marmaris angehalten. Wer nicht gerade Drogen schmuggelt, hat aber nichts zu befürchten. Allerdings sollte man den Reisepass griffbereit haben.

Gökova (Akyaka)

☎0252 / 2500 EW.

Das zwischen pinienbewachsenen Bergen und einem grauen Sandstrand am Golf von Gökova eingeklemmte Gökova (Akyaka) ist eine entspannende Alternative zum Trubel in Bodrum oder Marmaris. Der Ort wird häufig als Gökova bezeichnet, obwohl es einige Hundert Kilometer landeinwärts eine Stadt gleichen Namens gibt.

Die Straße von Muğla Richtung Norden führt über den Sakar-Pass (Sakar Geçidi; 670 m), der bei Gleitschirmfliegern sehr beliebt ist. Und natürlich bietet sich von hier oben ein wahrlich atemberaubender Blick aufs Meer.

Am Strand von **Çinar**, 2 km außerhalb der Stadt, kann man herrlich baden. Der Weg zum Strand führt vom Jachthafen rechts an der Schule vorbei und nochmals rechts den Berg hoch. **Bootsfahrten** (50 ₺) werden vom örtlichen Segelverein angeboten.

Die kontinuierlichen Winde im Sommer machen Gökova zu einem Paradies für Wind- und Kitesurfer. Das **Rüzgar Sports Center** (☎243 4217, 0505 918 3600; www.gokovaruzgar.com; Sahil Sokak 2; ⏲9–19 Uhr) direkt am Strand verleiht die nötige Ausrüstung und erteilt Unterricht. Außerdem werden Seekajaks, Kanus, Segelboote und Mountainbikes vermietet.

Schlafen

Hotel Susam HOTEL €€
(☎243 5863; www.susamhotel.com; Lütfiye Sakıcı Caddesi 30; EZ 50–100 ₺, DZ 70–120 ₺; ❄🏊) Die meisten der zehn tadellosen Zimmer haben einen Balkon und im kleinen Garten ist ein Swimmingpool zu finden. Das Hotel liegt an der großen Strandstraße, fünf Gehminuten vom Wasser entfernt.

Hotel Yücelen RESORT €€€
(☎243 5108; www.yucelen.com.tr; EZ/DZ 120/190 ₺; ❄📶🏊) Der riesige Klassiker mit 125 Zimmern ist ein beliebtes Familienhotel. Es liegt in der Nähe des Strandes und hat einen Außen- und einen Innenpool sowie Fitnessstudio und Sauna.

Okaliptüs Apart APARTMENTS €€
(☎243 4370; www.tomsanokaliptus.com; Volkan Sokak 2i; Apt. mit 2 Schlafzi. 60–90 €, mit 3 Schlafzi. 80–140 €; ❄📶🏊) Die komplett ausgestatteten Apartments nur 300 m vom Strand entfernt sind eine hervorragende Option für Selbstversorger.

Gökova Park Camping CAMPINGPLATZ €
(☎243 4055; 5/10/15 ₺ pro Pers./Zelt/Auto; Bungalow für bis zu 6 Pers. 195 ₺) Dieser Campingplatz neben dem Hotel Yücelen bietet Zeltplätze, Bungalows, Mobilheime und Hütten direkt am Strand.

Essen

Von den Restaurants direkt am Strand sind das für seinen frischen Fisch bekannte **Şıkıdam** (☎243 5738; İncir Sokak 8; Hauptgerichte 5–20 ₺; ⌚8–2 Uhr) am Pier sowie das etwas schickere **Spica** (☎243 4270; Sanat Sokak 4; Hauptgerichte 11–19 ₺; ⌚8–24 Uhr) mit hübscher Terrasse am Wasser auf der gegenüberliegenden Seite der Bucht zu empfehlen.

Mittwochs ist **Markt** in Gökova, samstags in der Bucht von Gökova.

Golden Roof Restaurant INTERNATIONAL €€
(☎243 5392; Karanfil Sokak 1; Vorspeisen 5 ₺, Hauptgerichte 12–20 ₺; ⌚8–1 Uhr) Der alteingesessene Familienbetrieb serviert gute Pizza und Pasta sowie traditionelle türkische Gerichte. Der freundliche Inhaber ist zudem eine gute Quelle für Infos über die Region.

Tıkın House KEBAB €
(☎243 5444; Lütfiye Sakıcı Caddesi; Gerichte 3,50–8,50 ₺; ⌚8.30–23 Uhr) In der beliebten Kebab-Bude gegenüber dem Hotel Susam gibt's auch tolle Vorspeisen, Grillgerichte, Omeletts und Salate.

An- & Weiterreise

Im Sommer fährt alle 30 Minuten ein Minibus nach Muğla (4 ₺, 30 Min., 26 km) sowie zweimal täglich nach Marmaris (6 ₺, 30 Min., 31 km). Ansonsten halten die Minibusse aus Marmaris an der Abzweigung von der Schnellstraße, 2,5 km vom Strand entfernt. Von dort muss man entweder zu Fuß weitergehen oder einen der gelegentlich vorbeikommenden Minibusse anhalten.

Halbinseln Datça & Bozburun

Weit weg vom Trubel in Marmaris liegen die noch recht ursprünglichen und ruhigen Halbinseln Datça, die gelegentlich auch als „Reşadiye" ausgewiesen ist, und Bozburun (oder Hisarönü) südöstlich davon. Wie zwei Finger ragen sie mehr als 100 km in die tiefblaue Ägäis und warten mit spektakulären Buchten, versteckten Inselchen und schroffem, dicht bewaldetem Felsengebirge auf.

Obwohl in den letzten Jahren der Tourismus auch hier angekommen ist, sind die zerklüfteten Küsten längst nicht so zugebaut wie auf der Bodrum-Halbinsel. Die wenigen Unterkünfte sind Zufluchtsorte für alle, die das beschauliche Leben in den Dörfern oder eine ruhige Bootsfahrt in abgeschiedenen Gewässern suchen. Zu den wenigen Sehenswürdigkeiten gehören die Ruinen des antiken Knidos an der Westspitze der Halbinsel Datça.

DATÇA

☎0252 / 14800 EW.

Über eine kurvige Bergstraße an ein paar alten Windmühlen vorbei gelangt man zum gleichnamigen Hauptort der Halbinsel Datça. Die Hafenstadt ist gut 70 km von Marmaris entfernt und tritt eher als kantige Arbeiterstadt auf denn als mediterraner Badeort. Dabei hat Datça gleich drei schöne Strände zu bieten: den hinter den Geschäften der Hauptstraße Atatürk Caddesi liegenden Sandstrand **Kumluk Plajı**, den wörtlich übersetzt „unterhalb des Krankenhauses", in Wirklichkeit aber im Osten der Stadt liegenden **Hastanealtı** und den steinigen **Taşlık Plajı** am Ende des Hafens.

Wer auf eine geschäftige Innenstadt verzichten will und sich lieber am Strand aufhält, wird sich in Datça wohlfühlen. Außerdem sind die Ruinen des antiken Knidos ganz in der Nähe. Wesentlich ursprünglicher und traditioneller ist aber das 2 km entfernte Eski Datça (Altes Datça). Zwischen den beiden Orten liegen herrliche, abgeschiedene Buchten.

Wer mit der Fähre nach Bodrum übersetzen will, sollte die Abfahrtszeiten und Preise im Büro der Bodrum Ferryboat Association (S. 248) persönlich oder telefonisch erfragen, da die Homepage nicht immer auf dem neuesten Stand ist.

Schlafen

Einige einfache, aber wirklich ordentliche Pensionen für Budgetreisende befinden sich beim kleinen Kreisverkehr mit dem großen Baum, in der Hauptstraße Atatürk Caddesi und oberhalb des Hafens in der Nähe des Dorfplatzes.

Außerdem stehen in Datça und den Dörfern der Umgebung günstige Ferienhäuser und -wohnungen zur Verfügung. Ausführliche Infos vor Ort oder im Internet unter www.hiddendatca.com.

LP TIPP **Villa Aşina** BOUTIQUEHOTEL €€€
(☎712 0443; www.villaasina.com.tr; İskele Mahallesi 24 Sokak 10 ; EZ/DZ/Suite 130/210/230 ₺; ❄ 🏊) Das hübsche Hotel mit

MIT DEM ROLLER AUF DIE HALBINSEL BOZBURUN

Die gebirgige, wild zerklüftete Halbinsel ist ideal, um eine Auszeit vom Trubel in Marmaris zu nehmen. Ein Abenteuer der besonderen Art ist es, mit einem Motorrad oder Roller auf den kurvigen Landstraßen zu fahren und dieses Naturparadies mit seinen alten Dörfern zu entdecken, in denen die moderne Zeit noch nicht angekommen ist.

Man fährt durch duftende Pinienwälder auf dem Hochplateau von Turunç im Landesinneren, bevor es die steilen, felsigen Berge nach Bozburun hinuntergeht. Auch wenn die Hauptstraße der Halbinsel direkt nach Bozburun führt, ist es wesentlich schöner und aufregender, kurvenreiche Umwege durch die kleinen Dörfer zu fahren.

Von Marmaris fährt man zunächst über die Atatürk Caddesi und die Küstenstraße in Richtung Südwesten nach İçmeler. In İçmeler folgt man der nach rechts abzweigenden Hauptstraße um die Stadt herum und windet sich danach die steile, kurvige Straße nach Turunç hoch. Vor dem Ort führt ein unbefestigter Weg nach rechts in den Pinienwald hinein. Der Weg wird immer schmaler und steiler, bevor er sich langsam nach Bayırköy, einem rustikalen Dorf im Landesinneren, hinunterschlängelt. Auf dem von einer alten Platane beschatteten Dorfplatz kann man auf der Terrasse eines der idyllischen Restaurants zu Mittag essen und den Blick ins Tal genießen. Hinter Bayırköy wird die Landschaft trocken und unfruchtbar und unterhalb der Hügel sind unzugängliche, tiefblaue Buchten zu erkennen. Von dem winzigen Dorf Söğüt fährt man auf einer relativ ebenen Straße nach Bozburun, wo man ebenfalls gut einkehren kann.

Von Bozburun führt eine gute Straße an der Westküste der Halbinsel entlang, vorbei an den idyllischen Buchten von Selimiye, Orhaniye und Hisarönü, bevor sie wieder auf die Hauptverbindungsstraße zwischen Datça und Marmaris trifft. Zwischen Selimiye und Orhaniye rauscht 3 km südöstlich des winzigen Turgutköy ein herrlicher Wasserfall, der als „şelale" ausgeschildert ist und in dessen kühlem Becken man sich erfrischen kann.

Die Rundfahrt über die Halbinsel ist etwa 120 km lang. Man sollte für Fahrt, Baden und Stops zum Fotografieren etwa sechs Stunden einplanen. In der Hochsaison kostet ein Mietroller in Marmaris durchschnittlich 45 ₺ pro Tag. Angesichts der steilen, kurvenreichen Straßen und der relativ hohen Zahl von Verkehrsunfällen in der Türkei sollte man wirklich unbedingt einen Helm tragen. Und wenn schon nicht richtige Motorradkleidung (was natürlich vorzuziehen ist), so sollte man doch zumindest lange Hosen und Oberteile anziehen, die die Haut bei einem Sturz wenigstens ein bisschen schützen.

Außerdem sollte man das Fahrzeug vor der Abfahrt volltanken, denn die einzigen Tankstellen der Halbinsel befinden sich in Bozburun und Turunç.

17 Zimmern (alle mit Meerblick) steht einige Kilometer westlich des Zentrums. Bemerkenswert sind die kunstvoll geschnitzten Holzdecken, die ovalen Betten und die Stickereien. Beim Hotel liegen zwei schöne Strände und die freundlichen Besitzer laden täglich um 17 Uhr zu Tee und Gebäck. Kinder unter sechs Jahren übernachten kostenlos. Wer bar bezahlt, bekommt 5 % Rabatt. Um zu dem Hotel bei der Moschee in der Atatürk Caddesi zu gelangen, folgt man der Straße, die nach rechts abbiegt. Nach etwa 3 km erscheint das ausgeschilderte Haus auf der linken Seite.

Villa Tokur BOUTIQUEHOTEL €€€
(☎712 8728; www.hoteltokur.com; Koru Mevkii; DZ/Suite 83/115 €; ❄︎) Das ruhige Hotel mit Garten liegt in einem gepflegten Gelände auf dem Berg über dem Meer. Die 15 Zimmer sind hübsch eingerichtet und zum Strand Taşlık Plajı sind es nur zehn Minuten zu Fuß.

Tunç Pansiyon PENSION €
(☎712 3036; www.tuncpansiyon.com; Buxerolles Caddesi; EZ/DZ/Apt. 50/80/140 ₺; ❄︎@) Die Pension beim Ögür-Taxistand am Kreisverkehr hat einfache, aber sonnendurchflutete und blitzsaubere Zimmer mit Balkon sowie ein Apartment für bis zu fünf Personen. Von der Dachterrasse aus hat man einen tollen Ausblick. Bei den angebotenen Tagesausflügen nach Knidos dürfen bis zu drei Personen im Auto mit – und man bezahlt nur das Benzin (45 ₺).

Bora Hotel HOTEL €€
(☎712 2040; www.borahotel.com.tr; Atatürk Caddesi; EZ/DZ 70/120 ₺; ❄︎) Das Hotel hoch über dem Hafen hat 18 helle, freundliche Zim-

mer mit Balkon. Das Personal ist freundlich, aber ziemlich langsam.

Ilıca Camping CAMPINGPLATZ €
(☎712 3400; www.ilicacamping.com; Taşlık Plajı; Zelt & Wohnmobil 35 ₺/Paar, Häuschen mit/ohne Bad für 2 Pers. 110/60 ₺, für 3 Pers. 150/120 ₺; ❄@) Der gut geführte Campingplatz mit Schatten spendenden Eukalyptusbäumen liegt auf einem tollen, weitläufigen, grasbewachsenen Gelände direkt am Taşlık-Plajı-Strand und verfügt über alle erforderlichen Einrichtungen.

Essen

Die Spezialität von Datça ist *keşkek* (gehacktes Lamm mit Bulgurweizen).

LP TIPP **Zekeriya Sofrası** KÖFTE & KEBAB €
(☎712 4303; Atatürk Caddesi 60; Gerichte 7–9 ₺; ⌚8–23 Uhr; ✎) Manchmal ist einfacher besser. Das gilt vor allem für diesen unauffälligen, freundlichen Imbiss in der Hauptstraße. Die traditionell und immer frisch zubereiteten Gerichte sind unglaublich lecker, sättigend und dazu noch preiswert. Für Vegetarier gibt's Auberginen mit verschiedenen Arten von Füllungen und vieles mehr. Von den tollen Fleischgerichten sind besonders die *inegöl köfte* zu empfehlen: Die gut gewürzten Bällchen aus verschiedenen Sorten Hackfleisch werden nach Zekeriyas Geheimrezept zubereitet.

Papatya Restaurant & Bar SEAFOOD €€
(☎712 2860; Kargı Yolu Caddesi 4; Hauptgerichte 12–20 ₺; ⌚8.30–17 Uhr) Nicht nur die Lage am Jachthafen, sondern auch das schöne Steinhaus mit der von Weinreben umrankten Terrasse machen das Restaurant äußerst stimmungsvoll. Spezialität des Hauses sind *karides güveç şarapli fırında* (in Wein gedünstete Shrimps; 23 ₺), aber es gibt auch einfachere Gerichte wie *köfte* und Kebab. Zu finden ist es bei der Moschee an der Hauptstraße, und zwar dort, wo diese nach Westen abbiegt.

Emek Restaurant SEAFOOD €€
(☎712 3375; Yat Limanı; Hauptgerichte 10–22 ₺) Das älteste und vertrauenswürdigste Meeresfrüchterestaurant des Ortes befindet sich im Jachthafen und bietet auch guten gegrillten Fisch. Und dazu ist es auch noch preiswerter als viele andere.

Culinarium INTERNATIONAL €€€
(☎712 9770; www.culinarium-datca.com; Yat Limanı; Hauptgerichte 20–35 ₺) Das schicke Restaurant direkt neben dem Emek bietet Atmosphäre, Stil und ein Drei-Gänge-Menü für 40 ₺ nebst einzigartiger türkischer Weinkarte.

Ausgehen & Unterhaltung

Das Nachtleben von Datça spielt sich rund um den Hafen ab. Das **Bolero** (☎712 3862; Yat Limanı; Bier 5 ₺; ⌚8–2 Uhr; 📶) ist zentral gelegen und sehr lebhaft, das **Mojo** (☎712 4868; Yat Limanı; Bier 5 ₺; ⌚7.30–2 Uhr) am Ende der Kneipenmeile ist besonders bei hippen jungen Türken angesagt.

Shoppen

Datça Köy Ürünleri ESSEN & TRINKEN
(☎712 8318; Atatürk Caddesi 51a; ⌚9–17 Uhr, Juni–Sept. 9–1 Uhr) Hier bekommt man die drei wichtigsten Erzeugnisse der Halbinsel: Honig, Mandeln und Olivenöl.

Praktische Informationen

Karnea Turizm (☎712 8842; Iskele Mahallesi Atatürk Caddesi 54b) Der hilfsbereite Beycan Uğur bietet in seinem Reisebüro in der Hauptstraße nicht nur jede Menge Infos über die Gegend, sondern bucht auch Flüge, vermietet Autos und organisiert Ausflüge wie eine Halbtagestour nach Knidos (60 ₺/Pers.).

An- & Weiterreise

Im Sommer fährt stündlich ein Dolmuş nach Marmaris (13 ₺, 1¾ Std., 71 km), in der Nebensaison nur alle zwei Stunden (insgesamt 5-mal tägl.). Abfahrt ist am Cumhuriyet Meydanı, dem zentalen Platz des Ortes. Dort muss man auch in die Busse zu anderen Reisezielen umsteigen. Endstation der Busse aus Marmaris ist allerdings in der Hauptstraße, gut 500 m vor dem Platz und von den Pensionen im Hafen entfernt.

Von Mai bis September verkehrt jeweils samstags ein Tragflächenboot nach Rhodos (einfache Fahrt/hin & zurück 90/180 ₺, 45 Min.) und nach Symi (einfache Fahrt/hin & zurück 60/120 ₺, 15 Min.). Abfahrt ist normalerweise um 16 Uhr, aber man sollte besser vor Ort nachfragen.

Zwei- bis dreimal in der Woche legt jeweils um 9 Uhr auch eine *gület*-Jacht ab und nimmt Kurs auf Symi (140 ₺, 70 Min.). Es müssen allerdings mindestens acht Passagiere an Bord sein.

Fahrkarten für Tragflächenboote, Fähren und *gület*-Jachten sind bei **Knidos Yachting** (☎712 9464; Yat Limanı 4a) neben dem Restaurant Emek erhältlich. Für die Überfahrt nach Rhodos und Symi braucht man den Reisepass, los geht's samstags um 11 Uhr. Die Fahrt auf einer *gület*-Jacht kann telefonisch gebucht werden. Knidos Yachting organisert auch Tauchausflüge (80/110 ₺ für 1/2 Tauchgänge).

Von Juni bis Mitte September fährt täglich eine Fähre vom Hafen in Körmen bei Karaköy, 5 km nordwestlich von Datça, nach Bodrum (einfache

Fahrt/hin & zurück 25/40 ₺ pro Pers., 70 ₺/ Auto mit Fahrer, 10 ₺/Insasse; 2 Std.). Im Mai legt die Fähre montags, mittwochs und freitags jeweils um 9.30 Uhr ab, an den anderen Tagen um 17.30 Uhr. Im April und Oktober verkehrt sie nur montags, mittwochs und freitags (und fährt am gleichen Tag wieder zurück). Die Fähren aus Bodrum kommen dienstags, donnerstags, samstags und sonntags jeweils um 9.30 Uhr zurück, an den anderen Tagen um 17.30 Uhr.

Fahrkarten werden im Büro der **Bodrum Ferryboat Association** (☎712 2143; Fax 712 4239; Turgut Özal Meydanı) bei der Moschee verkauft. Dort sollte man auch die genauen Abfahrtszeiten persönlich oder telefonisch erfragen, da die Homepage nicht immer auf dem aktuellen Stand ist. Auskünfte erteilt auch das **Büro der Busgesellschaft Ulusoy** (☎712 9598; Atatürk Caddesi 25; ⌚8–22 Uhr) am zentralen Platz, das ebenfalls Fahrkarten verkauft. Ein kostenloser Shuttle-Service bringt die Passagiere um 9 Uhr von Datça zum Hafen in Karaköy. Auch Passagiere in Eski Datça werden zur Abfahrt der Fähre kostenlos abgeholt, müssen aber vorher Bescheid sagen.

ESKİ DATÇA

☎0252 / 8000 EW.

Das „Alte Datça" war im Osmanischen Reich die Hauptstadt eines Bezirks, der bis weit ins heutige Griechenland reichte, und hat wesentlich mehr Atmosphäre als sein „neuerer" Nachbar. In den kopfsteingepflasterten Gassen und alten Steinhäusern scheint die Zeit schon lange stehengeblieben zu sein.

Schlafen & Essen

Yağhane Pansiyon PENSION €€

(☎712 2287; www.suryaturkey.com; Karaca Sokak 42; EZ/DZ 70/130 ₺) Die sieben Zimmer der ruhigen und entspannten Pension befinden sich im Surya Yogazentrum, in dem man (Hatha- und Iyengar-)Yogakurse besuchen und sich einer Ayurveda-Massage unterziehen kann, aber natürlich nicht muss. Jeweils zwei der eher kleinen Zimmer mit allergikerfreundlichen Holzfußböden und Ventilatoren teilen sich ein Bad.

Mehmet Ali Ağa Konağı HISTORISCHES HOTEL €€€

(☎712 9257; www.kocaev.com; Zi. im Steinhaus 180–300 €, Suite im Steinhaus 350–420 €, Zi. in der Villa 385–425 €, Suite in der Villa 625–700 €; ❄@≋) Das luxuriöse Boutiquehotel, das sich in Reşadiye, dem früheren Elaki, nördlich von Eski Datça befindet, gehört zu den schönsten weit und breit. Die 18 historisch eingerichteten Zimmer verteilen sich auf vier Gebäude, die mitten in einem üppigen Rosen- und Zitronengarten stehen. Die Besitzer des Anwesens, welches früher das Wohnhaus einer reichen Osmanenfamilie war, haben das Hamam für seinen ursprünglichen Zweck wieder instand gesetzt und bieten nun ein umfangreiches Wellnessprogramm an. Das vielgerühmte Hotelrestaurant Elaki bringt kreative Mittelmeerküche auf den Tisch (Hauptgerichte 25–40 €).

Dede Garden Hotel HOTEL €€€

(☎712 3951; Can Yücel Sokak; EZ/DZ 180/230 ₺; ❄≋) Das von einer Mauer umgebene, 150 Jahre alte Steinhaus hat einen Garten mit Swimmingpool und eine lässige Bar. Die sieben individuell gestalteten Zimmer verfügen alle über eine eigene Küche.

Datça Sofrası TÜRKISCH €

(☎712 4188; Hurma Sokak 16; Hauptgerichte 6–10 ₺) Das stilvolle Bistro unter einer mit Weinreben bewachsenen Pergola hat sich auf die Zubereitung von Auberginen in den verschiedensten Varianten der türkischen Küche spezialisiert, serviert aber auch gute Grillgerichte mit Fisch und Fleisch.

Café Antik CAFÉ €€

(☎712 9176; Can Yücel Sokak 1; Gerichte 5–12 ₺; ⌚April–Sept. 8.30–1 Uhr) Dieses einfache Café ist gleichzeitig ein Kunst- und Kunsthandwerkszentrum, in dem man kühlen, frischen Saft oder einen guten türkischen Kaffee genießen kann.

Shoppen

Olivenfarm ESSEN & TRINKEN, HAUSHALTSWAREN

(☎712 8377; Güller Dağı Çiftliği 30; ⌚8–19 Uhr) Führungen durch Olivenhaine, Verkostungen und ein toller Laden werden die Liebhaber des flüssigen Goldes begeistern. Der Betrieb befindet sich in der Hauptstraße, 600 m vor der Abzweigung nach Datça.

An- & Weiterreise

Von Mai bis Oktober fahren Minibusse stündlich von Eski Datça nach Datça (2,50 ₺), bleiben dort für 30 Minuten und fahren dann wieder zurück. In der Nebensaison fahren sie nur alle zwei Stunden.

KNİDOS

Die Überreste der wohlhabenden Hafenstadt der Dorer, die wahrscheinlich um 400 v. Chr. entstand, verteilen sich über eine Länge von 3 km auf der Westspitze der Halbinsel Datça. Die steil aufragenden, terrassierten Hügel sind mit Oliven-, Mandel- und Obstbäumen bepflanzt. Tief unten glitzern zwei idyllische Buchten, in denen die Jachten in den Wellen schaukeln.

Aufgrund der unberechenbaren Winde an der Spitze der Halbinsel lagen dort auch die Schiffe der Antike oftmals lange vor Anker und warteten auf günstigen Wind zum Weitersegeln. Daraus ergaben sich in Knidos, das auch unter dem lateinischen Namen Cnidus bekannt ist, florierende Geschäfte mit Schiffsreparaturen, im Gastgewerbe und im Handel. Auch der Apostel Paulus musste hier auf seinem Weg zum Prozess in Rom um 50 oder 60 n. Chr. warten, bis sich ein Sturm gelegt hatte.

Von der einst prachtvollen Stadt ist inzwischen nicht viel mehr übrig als ein paar gut erhaltene Straßen und Wege. Der runde **Tempel der Aphrodite** beherbergte einst die erste freistehende Frauenstatue der Welt. Im hellenistischen **Unteren Theater** fanden 5000 Zuschauer Platz. Außerdem sind noch eine **Sonnenuhr** aus dem 4. Jh. v. Chr. und schöne Reliefs aus einer ehemals byzantinischen Kirche zu sehen.

Vom Restaurant der Anlage aus hat man einen tollen Ausblick.

An- & Weiterreise

Karnea Turizm in Datça (S. 274) bietet Halbtagestouren nach Knidos an (60 ₺/Pers.). Knidos Taxi in der Nähe des Cumhuriyet Meydanı in Datça befördert für 100 ₺ bis zu drei Personen nach Knidos und bringt sie nach einer Wartezeit von zwei Stunden wieder zurück.

Wer mehr Zeit hat, kann auch mit einem der Ausflugsboote vom Hafen in Datça nach Knidos fahren. Die Boote legen zwischen 9 und 9.30 Uhr ab und kommen am frühen Abend wieder zurück; der Trip kostet 30 ₺ pro Person.

SELİMİYE

☎0252 / 4900 EW.

Das einstige Schiffsbauerdorf auf der Halbinsel Bozburun wirkt wie eine beschauliche Insel der Glückseligen, obwohl es gerade mal eine Stunde von Marmaris entfernt ist. Der vor allem bei Seglern sehr beliebte Ort besteht im Prinzip jedoch nur aus einer winzigen Strandpromenade mit Restaurants, Pensionen und Bars, welche sich entlang der ruhigen Bucht (unterhalb von ein paar dürftigen Ruinen) erstreckt.

Schlafen

Nane Limon Pansiyon PENSION €€

(☎446 4146; www.nanelimonpansiyon.com; EZ/DZ 100/150 ₺; ❄) Das hübsche weiße Gästehaus mit blauen Fensterläden hat zehn freundliche Zimmer, die meisten mit Balkon. Durch den Garten gelangt man zur Strandbar, wo Hängematten im Wind schaukeln.

Sardunya Bungalows HOTEL €€

(☎446 4003; www.sardunya.info; EZ/EZ inkl. HP 130/160 ₺; ❄@) Die familienfreundlichen Steinhäuschen bieten alle Annehmlichkeiten eines Hotels – und das zu vernünftigen Preisen. Das Hotel mit einem hübschem Garten liegt direkt hinter dem Strand.

Bahçe Apart Otel HOTEL €€

(☎446 4235; bahceapart@hotmail.com; EZ/DZ/Apt. 100/120/140 ₺; ❄@) Die drei Zimmer des einfachen Hotels sind recht spartanisch eingerichtet, aber sauber und wirklich direkt am Strand. Vier große Apartments stehen ebenfalls zur Verfügung.

Essen & Ausgehen

Falcon Restaurant TÜRKISCH €€

(☎446 4105; Hauptgerichte 10–18 ₺) In dem witzigen Restaurant gibt es traditionelle türkische Gerichte, aber auch internationales Essen wie Pasta. Die gefüllten Fladenbrote (Pide) aus dem Steinofen und die *tandir*-Gerichte aus dem Lehmbackofen sind einfach superlecker.

Özcan Restaurant SEAFOOD €€

(☎446 4233; Hauptgerichte 10–14 ₺) In dem freundlichen Restaurant gibt's ausgezeichnete Vorspeisen (4–6 ₺) und Fischgerichte. Zu empfehlen ist gegrillter Tintenfisch (15 ₺).

Aurora Restaurant SEAFOOD €€

(☎446 4097; Hauptgerichte 10–15 ₺) Fisch und Vorspeisen zu vernünftigen Preisen sind die Spezialität des Restaurants in einem uralten Steinhaus mit überdachter Terrasse und Tischen an der Strandpromenade.

Café Ceri CAFÉ

(Kaffee 3 ₺, Frappé 4,50 ₺; ⌚8.30–23 Uhr) In dem ungezwungenen Café am Jachthafen treffen sich Einheimische und ausländische Segler zum gemütlichen Plausch.

An- & Weiterreise

Alle zwei Stunden fährt ein Dolmuş nach Marmaris (9 ₺, 1¼ Std., 43 km). Der Bus von Marmaris nach Bozburun hält in der Hauptstraße am nördlichen Ende von Selimiye. Wer mit dem Auto anreist, fährt südlich von Orhaniye etwa 9 km in Richtung Bozburun und folgt dann der Beschilderung.

BOZBURUN

☎0252 / 2000 EW.

Der Hauptort der Halbinsel liegt 12 km weiter an der Sömbeki Körfezi (Sömbeki-Bucht). Obwohl auch hier der Tourismus

– vor allem mit den Seglern und ihren Jachten – Einzug gehalten hat, konnte der Ort seinen rustikalen Charme als Bauern- und Fischerdorf bewahren. In angenehmer Atmosphäre weitab von Touristenmassen kann man sich von den Felsen links des Hafens ins kristallklare, tiefblaue Wasser stürzen. Etwas unangenehm können lediglich vereinzelte Seeigel werden. Oder aber man lässt sich mit einem Boot in eine der idyllischen Buchten der Umgebung schippern.

Schlafen

Yilmaz Pansiyon PENSION €

(☎456 2167; www.yilmazpansion.com; İskele Mahallesi 391; EZ/DZ 60/90 ₺; ❄) Die freundliche kleine Pension 100 m östlich des Jachthafens ist ein echtes Schnäppchen: Zehn einfache, aber nette Zimmer, eine moderne Gemeinschaftsküche und eine von Weinreben bewachsene Terrasse, und das alles praktisch direkt am Meer. Außerdem werden Bootsfahrten angeboten.

Pembe Yunus PENSION €€

(☎456 2154; www.bozburunpembeyunus.com; Kargı Mahallesi 37; EZ/DZ inkl. HP 80/160 ₺; ❄) „Der rosarote Delfin" liegt 700 m vom Jachthafen entfernt. Einige Zimmer dieser rustikalen, freundlichen Pension haben eine eigene Terrasse mit tollem Blick aufs Meer. Zum Abendessen gibt's ein traditionelles türkisches Drei-Gänge-Menü (25 ₺). Das Hotel besitzt übrigens auch ein eigenes Boot, mit dem Fahrten zur Insel Symi angeboten werden.

Sabrinas Haus LUXUSHOTEL €€€

(☎456 2045; www.sabrinashaus.com; DZ ab 375 €, Suite ab 750 €) Das grandiose Verwöhnhotel mit dem Rundum-sorglos-Paket erreicht man entweder mit dem Boot (genauer: einem Rennboot im Stil von „Hawaii Five-O", mit dem ein Skipper in Livree die Gäste ins Hotel bringt) oder nach einem halbstündigen Spaziergang entlang des östlichen Ufers der Bucht. Die 14 geschmackvoll mit viel Echtholz und in verschiedenen Weißtönen eingerichteten Zimmer verteilen sich auf drei Gebäude, die in einem herrlichen alten Garten stehen. Der Infinitypool und die Terrasse mit Strandbar sind einfach nur toll und im Wellnessbereich werden Massagen und Dutzende von anderen Anwendungen angeboten. Für soviel Luxus muss man allerdings per Kreditkarte eine Kaution hinterlegen und Kinder unter 14 Jahren haben keinen Zutritt.

Essen & Ausgehen

Fisherman House SEAFOOD €€

(☎456 2730; İskele Mahallesi 391; Vorspeisen 4 ₺, Vorspeisen mit Meeresfrüchten 12–15 ₺, Fisch 20–30 ₺ pro 500 g) In diesem Restaurant, das von einem echten Fischer geführt wird, dem auch die Yilmaz Pansiyon gehört, kommt – natürlich – fangfrischer Fisch zu anständigen Preisen auf den Tisch.

Kandil Restaurant SEAFOOD €€

(☎456 2227; İskele Mahallesi 3; Hauptgerichte 10–12 ₺) Das Lieblingslokal der Einheimischen direkt am Dorfplatz serviert preiswerte Vorspeisen und verschiedene Fisch- und Grillgerichte.

Marin Cafe Bar CAFÉ & BAR

(☎456 2181; Atatürk Caddesi 56; Bier 5 ₺) Völlig entspanntes Café mit Bar in der Nähe der Pension Pembe Yunus.

An- & Weiterreise

Im Sommer fährt sechsmal täglich ein Minibus über Selimiye nach Marmaris (10 ₺, 1½ Std., 55 km).

Antalya & Türkische Riviera

Inhalt »

Gut essen

» İkbal (S. 317)
» Dalyan La Vie (S. 284)
» Levissi Garden (S. 301)
» Reis (S. 293)
» Çiftlik (S. 312)

Schön übernachten

» Hoyran Wedre Country House (S. 323)
» Hotel Villa Mahal (S. 308)
» Tuvana Hotel (S. 331)
» Happy Caretta (S. 283)
» Myland Nature (S. 326)

Auf nach Antalya & an die Türkische Riviera!

Die Türkische Riviera umfasst einen endlos langen Küstenstreifen mit türkisfarbenem Meer so weit das Auge reicht und kilometerlangen Sandstränden, hinter denen sich bis zu 3000 m hohe Berge erheben. Schon diese Mischung allein ist fantastisch, nimmt man dazu aber noch die zahllosen alten Ruinen, die zwischen wohlriechendem Gestrüpp versteckt liegen, die Pinienwälder und die große Auswahl an Sport und Aktivitäten, so entpuppt sich diese Region als eine wahre Goldgrube.

Die bei Weitem beeindruckendste Art, diesen Küstenabschnitt zu erleben, ist es, an Bord einer *gület* (traditionelle hölzerne Jacht) durchs kristallklare Wasser zu gleiten oder zu Fuß ein Teilstück des 500 km langen Lykischen Weges zu gehen, der hoch über der *akdeniz* (wörtlich „Weißes Meer“) verläuft.

Reisezeit

Antalya

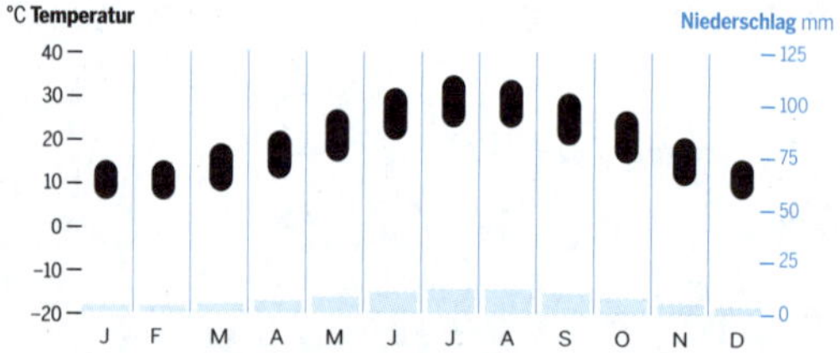

März & April Die Hügel sind jetzt mit farbenprächtigen Frühlingsblumen übersät.

Juli & Aug. In der Hauptsaison ist es hier rappelvoll, aber für Familien gibt's tolle Freizeitmöglichkeiten.

Dez. & Jan. Die kühlen aber meist sonnigen Tage sind perfekt für eine Wanderung in den Bergen.

Highlights

1. Die Ruinen von **Patara** (S. 305) erkunden und sich dann am 20 km langen Strand ins Mittelmeer stürzen
2. Über die versunkene Stadt **Üçağız** (S. 319) paddeln
3. Von Kaş aus eine kurze Bootsfahrt hinüber zur griechischen Insel **Meis** (S. 318) machen
4. Auf den Klippen oberhalb von **Ölüdeniz** (S. 296) einen Eindruck vom Fernwanderweg Lykischer Weg bekommen
5. In **Kaleiçi** (S. 328), Antalyas historischem Viertel, die ganze Pracht des Osmanischen Reiches bestaunen und ein erstklassiges Museum besuchen
6. Sich in **Kalkan** (S. 307), einem lukullischen Epizentrum, mit raffinierter türkischen Küche verköstigen lassen
7. Die **Chimaira** (S. 325) bestaunen, die am Berg Olympos aus den Felsen lodert
8. Beim luxuriösen Campen in **Kabak** (S. 299) entspannen und zu sich selbst finden

Dalyan

☎0252 / 4865 EW.

Das ehemals verschlafene Bauerndorf entwickelt sich gerade zu einem beliebten Ziel für Pauschalreisende. Dalyan liegt an einem Fluss und hat sich ein friedliches, fast schon gelassenes Flair bewahrt. Es ist ein hervorragender Ausgangspunkt für Erkundungstouren durch die fruchtbaren Wasserstraßen der Umgebung, besonders des Köyceğiz-Sees und der Schildkrötenbrutstätten am Strand von İztuzu. Dalyans bekannteste Sehenswürdigkeit sind die eindrucksvoll an einer Klippe gelegenen Ruinen des antiken Kaunos, die jedoch an Sommernachmittagen von wahren Heerscharen an Besuchern heimgesucht werden, die in Ausflugsbooten von Marmaris und Fethiye hierher geschippert werden.

Sehenswertes & Aktivitäten

Kaunos RUINEN

(Eintritt 8 ₺; Mai–Okt. 8.30–19 Uhr, Nov.–April 8.30–17.30 Uhr) Das im 9. Jh. v. Chr. gegründete Kaunos (oder Caunus) hatte sich bis 400 v. Chr. zu einer bedeutenden karischen Stadt entwickelt. Aufgrund ihrer Nähe zur lykischen Grenze reflektiert ihre Kultur Aspekte beider Reiche. Die berühmten, in

Dalyan

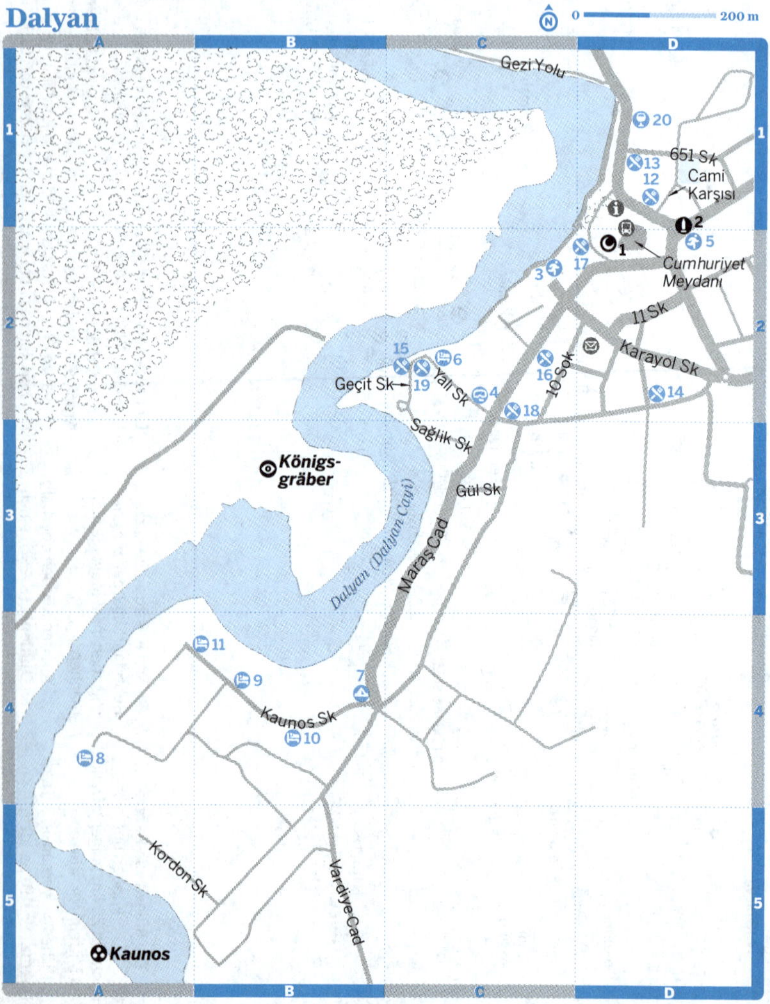

die Felsen südwestlich des Zentrums hineingeschlagenen **Königsgräber** weisen z. B. einen größtenteils lykischen Stil auf. Wer die Stätte nicht im Rahmen einer Bootstour besuchen möchte, geht südlich des Ortes zu Fuß entlang der Maras Caddesi bis zum westlichen Rand des Kaunos Sokak. Von dort hat man über den Fluss Dalyan einen tollen Blick auf die Gräber.

Neben den Felsengräbern ist auch das **Theater** sehr gut erhalten. Ganz in der Nähe finden sich die Überreste einer **Akropolis** sowie Ruinen anderer Bauwerke, z. B. von Bädern, Brunnen, Schutzmauern und von einem Tempel. Die seltsamen Holzgebilde im Fluss sind Fischwehre *(dalyanlar)*, die dem Fluss seinen Namen gaben. Zweistündige geführte Bootstouren kosten um die 20 ₺, oder man leiht sich neben dem Restaurant Saki (S. 284) ein Ruderboot, mit dem der Fluss überquert werden kann. Von dort sind es zu Fuß noch 20 Minuten bis nach Kaunos.

Strand von İztuzu STRAND

(İztuzu Kumsalı) Dieser ausgezeichnete Badestrand, 13 km südlich von Dalyans Zentrum, ist über eine Straße und über den Fluss Dalyan zu erreichen. Der 4,5 km lange Strand von İztuzu (auch Schildkrötenstrand genannt) ist einer der letzten Nistplätze der Unechten Karettschildkröte im Mittelmeer, und es gelten strenge Sonderbestimmungen, um die Tiere zu schützen. Der Strand ist der Öffentlichkeit tagsüber zwar zugänglich, ein nächtlicher Strandbesuch (20–8 Uhr) ist zwischen Mai und September aber nicht möglich. Eine Reihe von Holzpfählen am Strand markiert die Brutstätten. Um die Tiere nicht zu stören, werden Besucher gebeten, diese Linie nicht zu überschreiten. Am südlichen Ende des Strandes befindet sich die Zentrale des **Zentrums für die Erforschung, Rettung & Rehabilitation von Meeresschildkröten** (Deniz Kaplumbağaları Araştırma, Kutarma ve Rehabilitasyon Merkezi, DEKAMER; ☎289 0077; http://caretta.pamukkale.edu.tr; ⌚10–18 Uhr). Es wurde 2009 vor allem durch die Einflussnahme von June Haimoff (Kaptan June, S. 282) aufgebaut, deren nachgebaute *baraka* (Strandhütte) heute ein kleines Museum über ihr Leben und ihre Arbeit beherbergt. Das Zentrum, das täglich im Rahmen einer geführten Tour besichtigt werden kann (Spenden willkommen), hat schon Dutzende von Unechten Karettschildkröten und Suppenschildkröten gerettet und wieder ins Meer entlassen. Man wird auch mehrere Tiere sehen, die durch Angelhaken und Netze, aber auch von Bootspropellern verletzt wurden und hier behandelt werden. Sehr empfehlenswert. Der Strand kann jede halbe Stunde mit Minibussen (3,50 ₺, 20 Min.) erreicht werden, die in der Hauptsaison von der **Hauptmoschee** (Cumhuriyet Meydanı) im Zentrum von Dalyan abfahren.

Bootsausflüge BOOTSRUNDFAHRT

Es spart viel Zeit und Geld, eines der Boote der Mitglieder der **Dalyan Kooperatifi** (☎284 2094) zu nehmen. Diese ankern südwestlich des Hauptplatzes auf dem Fluss. Das geht eigentlich ganz einfach; wer dennoch Hilfe braucht, fragt einfach nach Eddy (oder ruft ihn unter ☎0541 505 0777 an).

Dalyan

Highlights
- Kaunos ... A5
- Königsgräber ... B3

Sehenswertes
1. Hauptmoschee ... D2
2. Meeresschildkrötenstatue ... D1

Aktivitäten, Kurse & Touren
3. Dalyan Kooperatifi ... C2
4. Ethos Dalyan Dive Centre ... C2
5. Kaunos Tours ... D2

Schlafen
6. Çınar Sahil Otel ... C2
7. Dalyan Camping ... B4
8. Dalyan Resort ... A4
9. Happy Caretta ... B4
10. Kilim Hotel ... B4
11. Midas Pension ... B4

Essen
12. Atay Dostlar Sofrasi ... D1
13. Chinatown ... D1
14. Dalyan İz ... D2
15. Dalyan La Vie ... C2
16. Demet Pastanesi ... C2
17. Kordon ... D2
18. Mai Steakhouse ... C2
19. Saki ... C2

Ausgehen
20. Jazz Bar Dalyan ... D1

INSIDERWISSEN

KAPTAN JUNE: MEERESSCHÜTZERIN

Das Letzte, an das die Britin June Haimoff dachte, als sie 1975 auf ihrem Boot *Boubou-lina* nach Dalyan kam, waren Meeresschildkröten. Nachdem „Kaptan June", wie sie von den Einheimischen liebevoll genannt wird, sich allerdings in einer *baraka* (Hütte) am Strand von İztuzu niedergelassen hatte und Gelegenheit gehabt hatte, die *Caretta caretta* (Unechte Karettschildkröten) aus der Nähe zu beobachten, machte sie sie zu ihrer Lebensaufgabe. Mit der Hilfe einiger türkischer und ausländischer Naturschützer kämpfte sie gegen Pläne an, den Strand in ein Hotelresort mit 1800 Betten à la Marmaris auszubauen. Kaptan June rief die **Sea Turtles Conservation Foundation** (Stiftung zum Schutz von Meeresschildkröten; www.dalyanturtles.com) ins Leben und wurde 2011 im Alter von 89 Jahren mit dem britischen Verdienstorden MBE ausgezeichnet.

Was stellt gegenwärtig die größte Bedrohung für die Meeresschildkröten dar? Der Mensch. Der vermehrte Bau von Dämmen und Straßen hat große Teile der Mittelmeerküste zerstört. Der Lebensraum der Schildkröten wird um des Tourismus willen zerstört. Was Verletzungen betrifft, die die Schildkröten davontragen, so gehen 90 % auf das Konto von Menschen. Sie werden von Angelhaken und Netzen, meist jedoch von Bootspropellern verursacht.

Welche Schritte hat die Stiftung eingeleitet, um dies einzudämmen? Unser erstes Projekt bestand darin, 90 vor Ort hergestellte Schutzvorrichtungen für Bootspropeller an Ausflugsboote auf dem Dalyan auszugeben, und es sollen noch 100 weitere davon verteilt werden. Momentan planen wir, biologisch abbaubare Angelschnüre zu beschaffen und zu verteilen, die beim Verschlucken keine Bedrohung für die Schildkröten darstellen.

Wie können Besucher von İztuzu ihre Auswirkungen auf den Strand vermindern? Es ist nicht einfach, eine Schildkröte in freier Natur zu sehen. Sie kommen nur nachts während der Paarungszeit heraus, und dann ist der Strand geschlossen. Manche Anbieter von Bootstouren haben „Schildkröten-Beobachtungen" bei Tag im Programm und locken die Tiere durch Krabben oder Hühnchen an, was gar nicht für sie geeignet ist. Diese Touren sollten auf jeden Fall gemieden werden. Zudem sollte man sich Ausflügen nur dann anschließen, wenn die Boote an ihren Propellern Schutzvorrichtungen angebracht haben. Diese Boote erkennt man an einer Flagge mit dem Stiftungslogo. Die Bootskooperative, und hier besonders die jüngeren unter den Kapitänen, haben sehr gut mitgemacht. Sobald Besucher nur noch mit solchen Booten fahren, werden auch die anderen Kapitäne diesem Beispiel folgen.

Die Boote fahren meist um 10 oder 10.30 Uhr am Kai ab und schippern zum Köyceğiz-See (S. 285) und den Thermalquellen von Sultaniye (S. 285), zu den Ruinen von Kaunos und zum Strand von İztuzu am Mittelmeer. Diese Ausflüge bieten ein gutes Preis-Leistungsverhältnis und kosten inklusive Mittagessen nur 30 ₺ pro Person.

Wem es gelingt, ein paar Gleichgesinnte zusammenzutrommeln, der kann eines der Passagierboote für acht bis zwölf Personen chartern. Eine zweistündige Tour nach Kaunos kostet fürs ganze Boot 80 ₺. Wer auch die Thermalquellen von Sultaniye besuchen möchte, muss mit drei Stunden und 130 ₺ rechnen.

Die Boote der Kooperative bieten auch einen Dolmuş-Service zwischen dem Ort und dem Strand von İztuzu an. Die Fahrt hin und zurück kostet zwischen 8 und 10 ₺. Im Hochsommer fahren die Boote ab 10 oder 10.30 Uhr bis 14 Uhr alle 20 Minuten los und kommen zwischen 13 und 18 Uhr wieder zurück. Von Trips, die mit „Schildkröten-Beobachtung" werben, die Finger lassen!

Kaunos Tours ABENTEUERSPORT
(☎284 2816; www.kaunostours.com; Sarısu Sokak 1/A) Auf dem Hauptplatz gegenüber der auffälligen **Meeresschildkrötenstatue** bietet Kaunos Tours organisierte Aktivitäten zu Lande und zu Wasser an, darunter auch Ausflüge mit dem Seekajak oder Kanu (jew. 70 ₺), Trekking (ab 40 ₺), Canyoning (70 ₺) und Jeepsafaris (65 ₺). Das Mittagessen ist im Preis enthalten.

Ethos Dalyan Dive Centre TAUCHEN
(☎0555 412 5438, 284 2332; www.dalyandive.com; Yalı Sokak 5) Es gibt noch viele weitere Anbieter von Tauch- und Schnorcheltrips in Dalyan, am besten hält man sich aber an die Profis. Für einen Tagesausflug mit zwei Tauchgängen und Mittagessen werden um die 125 ₺ fällig.

Schlafen

Eine gute Anlaufstelle für Hotels und Pensionen ist die Maraş Caddesi, eine 1 km lange Straße, die von Norden nach Süden verläuft, an einer scharfen Kurve am Fluss endet und ab dort den Namen Kaunos Sokak trägt.

LP TIPP **Happy Caretta** HOTEL €€
(☎0532 645 8400, 284 2109; www.happycaretta.com; Kaunos Sokak 26; EZ/DZ 120/170 ₺; ❄@📶) Hier kamen in der Vergangenheit schon Mitarbeiter von National Geographic unter und haben den bezaubernden Garten voller Zypressen, Palmen und Singvögel in Käfigen genossen. Die 14 Zimmer sind einfach und eher klein, dafür aber komfortabel, ruhig und stilvoll mit Naturmaterialien eingerichtet. Ein toller Pluspunkt ist die hübsche Bootsanlegestelle, an der man auch liegen oder ein Bad im Fluss nehmen kann. Unbezahlbar ist dagegen der Blick auf die beleuchteten Königsgräber bei Nacht. Die freundlichen Eigentümer İlknur und Münir ernten die Zutaten für die hausgemachte Pflaumen- und Feigenmarmelade direkt im Garten und bei Vorbestellung bekommt man ein hervorragendes, selbst zubereitetes Viergängemenü (45 ₺) serviert.

Kilim Hotel HOTEL €€
(☎0532 645 8400, 284 2253; www.kilimhotel.com; Kaunos Sokak 7; EZ/DZ/FZ 60/100/120 FZ; ❄@📶🏊) Voller Dynamik führen die Besitzer Becky und Emrah diese Unterkunft mit 20 Zimmern, die aus einem mit Kelims und Kunst geschmückten Mittelklassehotel und einem etwas rustikaleren Anbau auf der anderen Straßenseite am Fluss besteht. Es gibt eine Rampe für Rollstuhlfahrer und dreimal pro Woche wird ein Pilates-Workout angeboten (10 ₺).

Kamarca House Hotel BOUTIQUEHOTEL €€€
(☎0532 283 9001, 284 4517; www.kamarcahotel.com; Tepearası Köyü; Zi. 160 €, Suite 470 €; ❄📶🏊) Wer eine Mischung aus Luxus und absoluter Ruhe sucht, ist hier genau richtig. Das Boutiquehotel befindet sich in Tepearası, einem kleinen Örtchen inmitten üppig grüner Vegetation, rund 8 km nordöstlich von Dalyan. Die fünf Zimmer und Suiten verteilen sich auf ein Haupt- und ein Nebengebäude und sind in einem gelungenen Mix aus Naturholz und Stein, antiken Möbeln und echten Kunstwerken wunderbar eingerichtet. Die Kochkünste der Hausherrin Kamer sind legendär. Sie führte früher ein Restaurant in den USA. Übernachtung mit Vollpension kostet zusätzlich 75 €.

Midas Pension PENSION €€
(☎284 2195; www.midasdalyan.com; Kaunos Sokak 32; EZ/DZ 35/40 €; ❄📶) Selçuk und Saadet Nur sind die freundlichen Gastgeber in dieser am Ufer stehenden, familienfreundlichen Pension. Es gibt ein Sonnendeck, das gleichzeitig als Anlegestelle fungiert, und eine angesagte Freiluftbar. Die zehn Zimmer sind hübsch eingerichtet und haben eigene Bäder. Die Midas Pension ist fast ganz am Ende der Kaunos Sokak zu finden.

Bahaus Resort Dalyan HOSTEL €
(☎0533 688 2988, 284 5050; www.bahausresort.com; İztuzu Yolu 25; DZ 12–18 €, 2BZ 25 €, B 30 €; ❄@📶🏊) Ein „Hostel-Resort" scheint vielleicht ein Widerspruch in sich zu sein, nicht anderes ist das Bahaus jedoch. Es liegt etwa 8 km vom Zentrum entfernt an der Straße zum Stand von İztuzu auf einem riesigen Anwesen, das an einen Bauernhof erinnert. Im Angebot sind Schlafsäle (mit Platz für 4–10 Betten) und private Zimmer mit Bad. Der Pool ist ein Traum, die Frühstückszutaten kommen alle aus der Umgebung, aber am besten ist das Teleskop im Gemeinschaftsraum, das geradezu danach schreit, den Mond anzubeten.

Dalyan Resort RESORT €€€
(☎0530 665 990, 284 5499; www.dalyanresort.com; 114 Sokak 12; EZ/DZ/Suite 75/120/150 €; ❄📶🏊) Das schicke Hotel mit 58 Zimmern liegt auf seiner eigenen kleinen Halbinsel, die etwa 1,2 km vom Zentrum entfernt in den Fluss hineinragt. Der Service ist gut und diskret und vom stilvollen Pool blickt man direkt auf die Königsgräber. Die Gesundheits- und Wellnesseinrichtungen sind hervorragend. Besonders empfehlenswert ist der türkische Hamam (Komplettbehandlung 20 €).

Çınar Sahil Otel HOTEL €€
(☎0555 507 3035, 284 2402; www.cinarsahilhotel.com; Yalı Sokak 14; EZ/DZ 70/90 ₺; ❄📶) Eine einfache, aber sehr zentral gelegene Pension mit Blick auf den Fluss und umgeben

von Platanen. Es gibt 10 makellos saubere und renovierte Zimmer und eine Terrasse mit dem vielleicht besten Blick im Ort. Nach einem der vier Zimmer mit Balkon und Flussblick fragen. Je nach Jahreszeit werden Grillabende organisiert und es gibt Übernachtungsmöglichkeiten für bis zu vier Personen auf einem Hausboot (90 ₺).

Dalyan Camping CAMPING €
(☎0506 882 9173, 284 5316; www.dalyancamping.net; Maraş Caddesi 144; Zelt/Wohnwagen pro Person 10/30 ₺, Bungalow EZ 15–40 ₺, DZ 20–70 ₺; ⏲April–Okt.) Besitzer dieses kompakten, schattigen und zentral gelegenen Campingplatzes am Fluss gegenüber den Gräbern ist der freundliche Servet. Die neun Bungalows gibt's in drei verschiedenen Größen, wobei die kleinsten kein eigenes Bad haben. Der größte (Nr. 7) hat ein Loft-Apartment und das Old Village House (Nr. 2) bietet Luxus pur. Für eine Ladung Wäsche bezahlt man 10 ₺.

Essen & Ausgehen

Die Restaurantszene in Dalyan reicht von hochwertig bis touristisch/gewöhnlich, sodass es besonders ratsam ist, die folgenden Empfehlungen zu beachten. Samstags ist hier Markttag. Zahlreiche Bars und andere Ausgehmöglichkeiten finden sich entlang der Maraş Caddesi.

LP TIPP **Dalyan La Vie** MODERN-TÜRKISCH €€€
(☎284 4142; www.dalyanlavie.com; Sağlik Sokak 5; Hauptgerichte 18–32 ₺) Das ehemalige, langweilige Riverside Restaurant hat sich in eines der aufregendsten neuen Restaurants an der Türkischen Riviera verwandelt – was vielleicht daran liegt, dass das Küchenpersonal aus İstanbul importiert wurde. Die Gerichte mit Meeresfrüchten, besonders die Aufläufe, sind äußerst empfehlenswert, die Desserts haben einen typisch türkischen, traditionellen Touch und die Location direkt am Fluss ist beneidenswert.

Saki MEZE €€€
(☎284 5212; Geçit Sokak; Hauptgerichte 12–28 ₺; ⏲10–23 Uhr) Dieses sehr authentische Restaurant befindet sich in einer traumhaften (und luftigen) Lage unmittelbar am Fluss und direkt gegenüber dem Dalyan La Vie (die Betreiber sind befreundet). Im Angebot sind einige der gesündesten türkischen Gerichte in Dalyan. Eine Speisekarte gibt es nicht. Entweder man wählt aus der Glasvitrine mit hausgemachten *meze* (7–12 ₺) oder bestellt sich eines der Fleisch- oder Fischgerichte.

Kordon SEAFOOD €€€
(☎284 2261; Çarşi İçi 2; Hauptgerichte mit Fisch 20–25 ₺) Dalyans alteingesessenes Fischrestaurant (seit 1987) nimmt eine beherrschende Stellung oberhalb der Anlegestelle für Ausflugsboote am Fluss ein. Wer keinen Fisch mag, kann aus einem großen Angebot an Steaks und Grillfleisch wählen, und auch ein halbes Dutzend vegetarische Gerichte stehen auf der Speisekarte.

Atay Dostlar Sofrasi PIDE €
(☎284 2156; Camı Karşısı 10; Hauptgerichte 6–8 ₺; ⏲7–24 Uhr) Fachkundige Bedienung und unschlagbare Preise zeichnen dieses bei einheimischen Arbeitern beliebte Restaurant aus, in dem auch Touristen gern gesehen und gut versorgt werden. Es gibt eine Theke, an der die Gäste aus den täglich frisch zubereiteten Gerichten wählen können. Das Lokal befindet sich gegenüber der Moschee und dem Informationszentrum.

Mai Steakhouse RESTAURANT €€
(☎284 2642; Sulungur Caddesi 1; 12–20 ₺) Dieses neue Lokal im Herzen von Dalyan hat sich im Ort schon einen Namen gemacht. Der Name des Restaurants an sich täuscht aber, denn hier gibt's viel mehr als nur Steaks und obwohl die Deko hellblau und weiß ist, ist das Mai türkisch, nicht griechisch.

Chinatown CHINESISCH, INDISCH €€
(☎284 4478; Gülpınar Caddesi 16; Hauptgerichte 10–28 ₺) O.k., einen Feinschmeckerpreis wird das Chinatown wohl nicht gewinnen, für die gelegentliche Dosis an asiatischem Reis und/oder Nudeln (8–15 ₺) ist es aber genau das Richtige. Es gibt auch eine gute Auswahl an vegetarischen Gerichten und – relativ neu – auch einige indische Speisen.

Dalyan İz CAFÉ €€
(☎0542 451 5451; www.dalyaniz.com; Sandwiches & Salate 10–15 ₺, Kuchen 5–8 ₺; ⏲9.30–19 Uhr) Diese hervorragende neue Größe in Dalyans gesellschaftlichem Leben ist sowohl eine Kunstgalerie mit einem Laden, in dem handbemalte Keramiken und Kacheln verkauft werden, als auch ein Gartencafé. Es ist vor allem bei in Dalyan lebenden Expats sehr beliebt und eine gute Quelle für lokale Informationen.

Demet Pastanesi CAFÉ €
(Maraş Caddesi 39; Kaffee 2 ₺; ⏲7.30–24 Uhr) Hier gibt's hervorragendes Gebäck und verlockende türkische Desserts (4,50 ₺),

das Demet ist aber auch ein toller Ort zum Frühstücken oder um sich mit Picknickutensilien einzudecken. Die Haselnuss- und Walnusstorten (5 ₺) sind göttlich.

Jazz Bar Dalyan COCKTAILBAR
(www.jazzbardalyan.com; Gülpinar Caddesi) Diese lebhafte Bar mit Blick auf den Hafen, unmittelbar nördlich vom Zentrum gelegen, ist für alle, die Jazz mögen (live oder vom Band) die richtige Adresse. Es ist täglich bis 3 Uhr morgens geöffnet. Die Cocktails werden von fachkundigen Barkeepern geschickt geschüttelt und/oder gerührt.

Praktische Informationen

Hadigari Internet Cafe (Karayol Sokak 25/A; 2 ₺/Std.; ⌚10–2 Uhr) Östlich der Maraş Caddesi und gleich oberhalb des Dalyan İz Café.

Touristeninformation (☎284 4235; Cumhuriyet Medanı; ⌚Mo–Fr 8–12 & 13–17.30 Uhr) Hält sich an die Öffnungszeiten der Banken und ist in einem modernen Häuschen mit gläsernen Wänden auf dem Hauptplatz gleich an der Çarşi İçi und nördlich der Moschee untergebracht.

An- & Weiterreise

Minibusse halten in der Nähe der Hauptmoschee auf der Cumhuriyet Meydanı. Von Dalaman aus gibt es keine direkten Minibusverbindungen. Reisende mit diesem Ziel nehmen zuerst einen Minibus nach Ortaca (3,5 ₺, in der Hauptsaison alle 25 Min., in der Nebensaison 1-mal stündl., 14 km) und steigen dort um. Vom *otogar* in Ortaca fahren Busse nach Köyceğiz (6 ₺, 25 Min., 22 km) und Dalaman (5 ₺, 15 Min., 9 km). Ein Taxi von Dalyan zum Flughafen Dalaman kostet 80 ₺.

Köyceğiz

☎0252 / 8900 EW.

Etwas abseits der Küstenschnellstraße D400 liegt an der Nordseite des großen und beschaulichen Köyceğiz Gölü (Köyceğiz-See) diese ein wenig trostlose Bezirkshauptstadt. Der See ist durch den Fluss Dalyan mit dem Mittelmeer verbunden. Er mag zwar schön (und ökologisch bedeutsam) sein, ein Brackwassersee ist jedoch keine echte Konkurrenz zum Mittelmeer und deshalb verirren sich nur wenige Touristen in diese von Landwirtschaft geprägte Stadt, die größtenteils noch immer von Zitrusfrüchten, Granatäpfeln, Honig und etwas Baumwolle lebt. Die Region ist auch für seine Orientalischen Amberbäume *(Liquidambar orientalis)* bekannt, deren Harz für die Herstellung von Weihrauch verwendet wird.

Sehenswertes & Aktivitäten

Köyceğiz (köy-*tschay*-iz) ist ein toller Ort, um etwas herumzuschlendern. Von der Seepromenade Kordon Boyu geht es vorbei am hübschen Stadtpark, an schattigen Gartenlokalen und an Restaurants am Wasser. Die meisten Pensionen bieten ihren Gästen die kostenlose Nutzung von Fahrrädern an – was zu einer kleinen Tour zu den umliegenden Obstgärten und Feldern einlädt. Von der Straße, die am Westufers des Sees entlang zu den Schlammbädern von Sultaniye führt, hat man einen tollen Blick. Bis zu den Quellen sind es 26 km; alternativ bietet sich ein Ausflug mit dem Boot von der Promenade aus an. Das **Naturschutzgebiet Köyceğiz-Dalyan** macht sich unter Outdoorfreunden immer mehr einen Namen für seine hervorragenden Wander- und Radfahrmöglichkeiten.

Köyceğiz-Wasserfall WASSERFALL
7 km nordwestlich des Ortes gibt's einen kleinen Wasserfall, an dem die Einheimischen an warmen Tagen gern schwimmen gehen. Zu erreichen ist dieser mit jedem Minibus, der nach Westen in Richtung Marmaris und Muğla fährt. Dem Fahrer sagen, man möchte am *şelale* (schey-*lah*-ley; Wasserfall) aussteigen. Von der Schnellstraße sind es zu Fuß 15 Minuten.

Thermalquellen von Sultaniye QUELLE
(Sultaniye Kaplıcaları; Eintritt 8 ₺) Richtig viel Spaß im Schlamm verspricht ein Besuch in den Thermalquellen von Sultaniye am südöstlichen Ufer des Köyceğiz-Sees. Sie sind sowohl von Köyceğiz als auch von Dalyan aus gut zu erreichen. Die blubbernden heißen Schlammlöcher (mit Temperaturen von bis zu 39 °C) enthalten leicht radioaktives Wasser, das reich an Mineralien wie Chlorid, Natrium, Schwefelwasserstoff und Bromid ist und das nicht nur eine entspannende Wirkung hat, sondern auch bei Rheuma, Hautkrankheiten und Bronchitis helfen soll. In den kleineren Bädern, unmittelbar vor der Stelle, an der der Fluss Dalyan in den See mündet, können sich Matschliebhaber in einem dampfenden Schwefelteich mit einer stärkenden Schlammpackung einreiben. Zu erreichen sind die Quellen von Köyceğiz aus mit dem Bus, der um 9.30 Uhr in Richtung Ekincik (6 ₺) fährt und an den Thermalquellen hält. Von Dalyan aus gibt es ein Dolmuş-Boot (10 ₺, 30 Min.),

das am Flussufer ablegt, sobald es voll ist (im Sommer etwa alle 30 Min., sonst jede Stunde).

Bootsausflüge BOOTSTOUR

Für 15 bis 30 ₺ pro Person (einschließlich Mittagessen) werden Bootsausflüge über den See nach Dalyan und zu den Ruinen von Kaunos im Süden angeboten.

Schlafen

Die meisten Pensionen und Hotels liegen entweder direkt an oder unmittelbar in der Nähe der Kordon Boyu am See.

LP TIPP **Flora Hotel** HOTEL €€

(☎0535 320 8567, 262 4976; www.florahotel.info; Kordon Boyu 96; EZ/DZ 50/90 ₺, Apt. für 2/4 Pers. 120/200 ₺; ❄@📶) Dieses bei Backpackern sehr beliebte Hotel ist für uns die beste Unterkunft in Köyceğiz. Das liegt vor allem am engagierten und überaus „grünen" Besitzer Alp, der gern auch Wanderungen mit Vogelbeobachtung (fast 150 Arten wurden schon gesichtet) in die nahe gelegenen Gölgeli-Berge sowie Angelausflüge auf dem See (der Fang wird wieder freigelassen) und auf dem Meer organisiert. Manche der 16 Zimmer haben einen Balkon mit Seeblick, und die vier Apartments sind mit Kochnischen ausgestattet. Für seine Gäste stellt er einige Kajaks und zehn Fahrräder zur Verfügung.

Hotel Alila HOTEL €

(☎262 1150; www.hotelalila.com; Emeksiz Caddesi 13; EZ/DZ 45/65 ₺; ❄🏊) Das charaktervolle, von Bougainvilleen umrankte Alia hat 24 einfache Zimmer, von denen 16 einen kleinen Balkon mit Seeblick haben. Der freundliche Besitzer Ömer versteht sein Handwerk und kümmert sich persönlich um jedes Details (bis hin zu den Handtüchern, die zu Schwänen gefaltet sind).

Kaunos Hotel HOTEL €

(☎262 3730; www.kaunoshotel.com; Ali İhsan Kalmaz Caddesi 29; EZ/DZ 40/55 €; ❄@📶🏊) Dieser neu eröffnete, lachsfarbene Koloss steht an vorderster Front am Ufer. Aus 50 seiner 73 Zimmer hat man einen weiten Blick auf den See. Die Zimmer – alle mit Balkon und Duschen – sind komfortabel und picobello sauber, jedoch nichts Besonderes. Am beeindruckendsten ist der riesige Pool auf der Terrasse.

Tango Hostel & Pension HOSTEL, PENSION €

(☎0533 811 2478, 262 2501; www.tangopension.com; Ali İhsan Kalmaz Caddesi 112; B/EZ/DZ 25/40/60 ₺; ❄@📶) Das Tango wird von Sahin, dem Sportlehrer der Dorfschule verwaltet. Es bietet zahllose Aktivitäten wie Bootsausflüge (20 ₺), Trekking (25 ₺) und Rafting (60 ₺) an. Im Preis ist das Mittagessen enthalten. Die 26 Zimmer (inklusive der sechs Schlafsäle mit jeweils sechs Betten) sind hell, freundlich und gut instand gehalten, und es gibt einen hübschen Garten. Die Unterkunft liegt nicht am Wasser und ist eher was fürs Partyvolk. Fahrräder sind kostenlos.

Fulya Pension PENSION €

(☎262 2301; fulyapension@mynet.com; Ali İhsan Kalmaz Caddesi 88; EZ/DZ 20/40 ₺; ❄@📶) Eine herrliche Budgetunterkunft etwas abseits vom See mit 16 tadellos sauberen Zimmern mit Balkonen. Auf der großen Dachterrasse mit Bar gibt's manchmal Livemusik. Fahrräder können kostenlos genutzt werden und die Bootsausflüge (20 ₺ inkl. Mittagessen) zu den Sehenswürdigkeiten der Umgebung sind wirklich ein Schnäppchen. Das Frühstück soll hervorragend sein.

Essen

Entlang des Seeufers gibt's mehrere Restaurants, die vorwiegend Fisch servieren. Abseits des Hauptplatzes sind die günstigen und einfachen Lokale zu finden. Oft wird auch *köyceğiz lokması* verkauft, eine lokale Spezialität aus einem frittierten Teig, der in reichlich Sirup getränkt wird.

Der Markt findet jeden Montag in der Nähe der Polizeistation, gegenüber der Touristeninformation am südlich Ende des Atatürk Bulvarı statt.

Colıba MODERN-TÜRKISCH €€

(☎262 2987; Cengiz Topel Caddesi 64; Hauptgerichte 8–17 ₺; ⏲10–24 Uhr) Das Personal dieses extrem stylishen Restaurants behält stets einen kühlen Kopf und serviert köstliche *ordövr* (gemischte *meze*-Platte; 10 ₺) und *alabalık* (Forelle; 15 ₺), wobei das Preis-Leistungs-Verhältnis vor allem bei den Gerichten vom Grill (12 ₺) stimmt. Das weiß getünchte und mit Holz verkleidete Colıba hat eine schattige Terrasse mit Seeblick. Sehr warmherziger Empfang.

Thera Fish Restaurant SEAFOOD €€

(☎0541 833 6154; Cengiz Topel Caddesi; Hauptgerichte 12–15 ₺; ⏲9–24 Uhr) Im Thera gegenüber dem Colıba können die Gäste ihren Fisch direkt aus einem großen Aquarium auf der Terrasse am Wasser auswählen. Die Meerbarbenfilets (16 ₺) sowie die Seebrassen (15 ₺) sind hervorragend. Die Krabben vom Grill (30 ₺) sind zu einem besonderen Anlass genau das Richtige und reichen für zwei.

Mutlu Kardeşler PIDE €
(☎262 2482; Fevzipaşa Caddesi; Köfte & Kebab 8 ₺, Pide 4–6 ₺; ⏰7–23 Uhr) Dieses einfache und außergewöhnlich freundliche Lokal abseits des Hauptplatzes ist bei Einheimischen äußerst beliebt und hat auf einer kleinen, schattigen Terrasse einige Tische stehen.

ℹ Praktische Informationen

Touristeninformation (☎262 4703; ⏰Mo–Fr 8.30–17 Uhr) Südlich vom Hauptplatz und fast schon am See gelegen. Hat Broschüren und gibt Kopien einer einfachen, von Hand gezeichneten Karte heraus.

ℹ An- & Weiterreise

Der *otogar* von Köyceğiz liegt etwa 2 km vom See entfernt, unmittelbar an der wichtigsten Schnellstraße. Etwa alle 15 Minuten fahren Dolmuşlar (1 ₺) in den Ort hinein. Busse von hier aus fahren stündlich nach Dalaman (6 ₺, 30 Min., 26 km), Marmaris (10 ₺, 1 Std., 63 km), Ortaca (5 ₺, 25 Min., 22 km) und Fethiye (10 ₺, 2 Std., 65 km).

Dalaman

☎0252 / 24 600 EW.

In dieser landwirtschaftlich geprägten Stadt hat sich seit dem Bau des ständig wachsenden internationalen Flughafens im benachbarten Flussdelta nur wenig geändert. Die meisten Besucher reisen deshalb auch gleich weiter.

Vom Flughafen nach Dalaman sind es etwas mehr als 5 km, und von dort bis zur D400, der Küstenschnellstraße, sind es weitere 5 km. Neben den von der Saison abhängigen Flügen zu vielen europäischen Städten starten hier das ganze Jahr über täglich zwischen vier und fünf Flieger nach İstanbul (einfache Strecke etwa 85 ₺). Während der Hauptsaison nehmen Busse von Havaş Passagiere der Flüge von Turkish Airlines auf. Die Fahrt nach Fethiye kostet 20 ₺, nach Marmaris sind es 25 ₺. Ein Taxi ins Zentrum von Dalaman kostet 30–35 ₺ – der reinste Wucher!

Von Dalamans *otogar*, der in der Nähe der Kreuzung des Kenan Evren Bulvarı und der Atatürk Caddesi liegt, fahren Busse nach Antalya (30 ₺, 4 Std., 335 km), Köyceğiz (8 ₺, 30 Min., 26 km) und Marmaris (15 ₺, 1½ Std., 90 km). Alle Fahrten nach Norden und Osten führen entweder durch Muğla (14 ₺, 2 Std., 87 km) oder Fethiye (8 ₺, 1 Std., 46 km).

Göcek

☎0252 / 4160 EW.

Göcek (*gö*-tschek) ist das Edeldomizil für Jachtbesitzer im westlichen Mittelmeer, und trotz der vielen Baumaßnahmen in den Hügeln der Umgebung ist die hübsche Bucht eine entspannte Alternative zu Fethiye. Es gibt einen kleinen, aber sauberen Badestrand am westlichen Ende des Kais und überall bieten Unternehmen, bei denen man Boote chartern kann, ihre Dienste an.

Schlafen

Villa Danlin HOTEL €€
(☎645 1521; www.villadanlin.com; Çarşı İçi; EZ 55–70 €, DZ 65–80 €; ❄📶🏊) Die Lobby und drei Zimmer dieses Hotels sind in einem bezaubernden kleinen Gebäude an der Hauptstraße untergebracht, weitere zehn Zimmer befinden sich nach hinten raus in einer modernen Erweiterung mit Blick auf einen großzügigen Pool. Das Danlin könnte fast – aber eben doch nicht ganz – als Boutiquehotel durchgehen. Es liegt verführerisch nah am Meer, sehen kann man es aber nicht.

Efe Hotel LUXUSHOTEL €€€
(☎645 2646; www.efehotelgocek.com; 38 Sokak; EZ/DZ 80/90 €, Suite 100–130 €; ❄📶🏊) Das Efe ist das derzeit ambitionierteste Hotel von Göcek. Es liegt in einem üppig grünen Garten etwa 200 m nördlich der Skopea Marina versteckt. Die 19 Zimmer sind groß und hell, es gibt einen Pool (halb so groß wie ein Olympiabecken) und der Blick auf die Berge wirkt irgendwie entspannend. Die Bar im Garten ist zauberhaft.

Tufan Pansiyon PENSION €
(☎0546 921 7460, 645 1334; Belediye Marina; EZ & DZ 50–60 ₺; ❄) Die familiengeführte Pension liegt direkt im Zentrum und ist nur 25 m vom Meer entfernt. Zur Wahl stehen acht kleine, aber makellose und niedliche Zimmer von denen die Hälfte Meerblick und einen Gemeinschaftsbalkon bietet.

A&B Home Hotel HOTEL €€
(☎0532 255 2025, 645 1820; www.abhomehotel.com; Turgut Özal Caddesi; EZ 50–70 €, DZ 60–80 €; ❄📶🏊) Die elf relativ kleinen Zimmer des A&B sind mit schmiedeeisernen Bett-

gestellen ausgestattet und in den verschiedensten Gelbtönen eingerichtet. So richtig toll aber ist der mittelgroße Pool auf der hübschen Terrasse. Das Frühstücksbüfett kann sich auch sehen lassen. Zimmer 201 bietet einen Blick aufs Meer.

Göcek Dim Hotel HOTEL €€
(☎0532 796 2798, 645 1294; www.dimhotel.com; Sokak 14; Zi. 30–60 €;) Mit 15 einfachen, aber gut ausgestatteten Zimmern und einer hübschen Terrasse, einem mittelgroßen Pool und einer tollen Lage gleich gegenüber vom Strand bietet dieses Hotel westlich vom Zentrum ein gutes Preis-Leistungs-Verhältnis. Alle Zimmer sind mit Kühlschrank und TV ausgestattet.

Essen & Ausgehen

Can Restaurant SEAFOOD €€
(☎645 1507; Skopea Marina; Hauptgerichte 14–27 ₺; ⊙7–24 Uhr) Das Can liegt ein kleines Stück weit weg vom Meer, hat aber eine nette Terrasse, die im Schatten einer alten Yuccapalme liegt und von der aus man auf den Strand blickt. Das bei Einheimischen sehr beliebte Restaurant serviert eine riesige Auswahl an *meze* (6–9 ₺, *meze* mit Meeresfrüchten 10–20 ₺), von denen manche sehr ungewöhnlich sind. Die Spezialität des Hauses ist *tuzda balık* (in Salz gebackener Fisch), der ab 75 ₺ pro Kilo zu haben ist.

West Cafe & Bistro INTERNATIONAL €€
(☎645 2794; www.westcafegocek.com; Turgut Özal Caddesi; Hauptgerichte 9–21 ₺;) Wie der Name vermuten lässt, sind hier sowohl die Küche als auch die Atmosphäre westlich angehaucht, mit Bacon zum Frühstück (8–14 ₺) – das wohl beste englische Frühstück der Stadt – und Kuchen am Nachmittag. Wer genug von Kebab hat, findet hier Abwechslung. Es gibt auch bequeme Sitzgelegenheiten im Freien mit hitverdächtigem Ausblick.

Kebab Hospital Antep Sofrası KEBAB €€
(☎645 1873; Turgut Özal Caddesi; Hauptgerichte 14–18 ₺; ⊙8–24 Uhr) Es scheint, als treffe sich hier ganz Göcek, um Kebab (und Pide und Pizza und *lahmacun*) zu essen – ganz egal, ob man nun einen Arzt (Hospital…) braucht oder nicht. Das einfache Lokal, dessen Rückseite zum Wasser hin geht, bietet einen freundlichen und effizienten Service.

Dice Cafe BAR, CAFÉ
(☎620 8514; Safı Villalar Önü;) Eine lebhafte kleine Bar am Wasser im westlichen Teil der Stadt mit guten Mojitos (15 ₺) und kostenlosem WLAN. Der perfekte Ort für einen Drink am frühen Abend.

Shoppen

Muse Jewellery SCHMUCK
(☎0533 361 6054; Turgut Özal Caddesi) Zwischen all den Bootsausrüstern findet sich dieser todschicke Juwelier, der antiken osmanischen Schmuck im Angebot hat. Und da man für die meisten Klunker mindestens fünfstellige Eurobeträge auf den Tisch legen muss, muss man auch fast ein Sultan sein, um sie sich leisten zu können.

An- & Weiterreise

Die Busse setzen ihre Passagiere an der Tankstelle an der Hauptstraße ab, von wo aus es ins Zentrum noch etwa 1 km zu Fuß ist. Minibusse fahren bis zum Hauptplatz mit der obligatorischen Atatürk-Büste, einer PTT und Geldautomaten. Von hier starten weitere Minibusse jede halbe Stunde nach Fethiye (5 ₺, 45 Min., 30 km). Wer nach Dalyan möchte, steigt in Ortaca (4 ₺, 25 Min., 19 km, stündl.) um.

Fethiye

☎0252 / 81 500 EW.

Fethiye (feh-*tie*-yeh) wurde 1958 von einem Erdbeben zerstört, das nur die Überreste der antiken Stadt Telmessos verschonte. Heute, über ein halbes Jahrhundert später, ist die Küstenstadt wieder eine wohlhabende, wachsende Drehscheibe im westlichen Mittelmeer. Für seine Größe ist Fethiye auch unglaublich entspannt, was vor allem an den Baubeschränkungen für Hochhäuser und die hier immer nur vorübergehend einfallenden Besatzungen von *gület* liegt.

Fethiyes natürlicher Hafen ist der vielleicht bezauberndste der Region. Er versteckt sich im südlichsten Ausläufer einer breiten Bucht, in der überall hübsche Inselchen verstreut liegen, von denen besonders Şövalye Adası erwähnenswert ist, die im James Bond Film *Skyfall* kurz zu sehen ist. Etwa 15 km südlich davon liegt Ölüdeniz, einer der angesagtesten Strandorte der Türkei. Aber auch die Umgebung wartet mit vielen sehenswerten Orten auf, darunter die Geisterstadt Kayaköy (oder Karmylassos), die geduldig und still auf der anderen Seite des Hügels auf Besucher wartet.

Sehenswertes

Telmessos RUINEN
Die schönste Sehenswürdigkeit von Fethiye ist eindeutig das kolossale **Grab des**

UNTERWEGS AUF BLAUEM MEER

Für viele Traveller ist ein Segeltörn von vier Tagen und drei Nächten auf einer *gület* (traditionelles Segelboot) entlang der Türkischen Riviera – auch als „Blaue Reise" *(mavi yolculuk)* bekannt – das Highlight ihres Türkeiaufenthalts. Obwohl es als Tour zwischen Fethiye und Olympos beworben wird, starten (bzw. enden) die meisten Boote in Demre, und die Strecke nach/von Olympos (1¼ Std.) wird mit dem Bus zurückgelegt. Von Fethiye aus laufen die meisten Boote Ölüdeniz und das Schmetterlingstal an, mit Zwischenstopps in Kaş, Kalkan und/oder Kekova. Die letzte Nacht verbringt man in der Bucht von Gökkaya gegenüber dem östlichen Zipfel von Kekova. Weniger bekannt (aber vielleicht schöner) ist die Route zwischen Marmaris an der Ägäis und Fethiye.

Die Verpflegung ist meist inklusive, manchmal muss man aber für Wasser und Erfrischungsgetränke extra bezahlen. Alkohol ist nie im Preis enthalten. Alle Boote sind mit Duschen, WC und kleinen aber komfortablen Doppel- oder Dreierkabinen ausgestattet (meist gibt es 6–8 davon). Da es ohne Klimaanlage aber sowieso zu heiß ist, schlafen die meisten Passagiere auf ihren Matratzen an Deck.

Eine blaue Reise ist nicht billig. Je nach Saison liegen die Preise meist zwischen 165 und 195 €, wobei mitten in der Hauptsaison manche Anbieter schon mal 275 € verlangen. Es kann also nicht schaden, die Preise zu vergleichen. Hier ein paar Vorschläge, um nicht abgezockt zu werden:

» Andere Traveller nach Tipps fragen.

» Schlepper an den Busbahnhöfen meiden und zu Reiseagenturen gehen (s. unten).

» Handeln kann zwar nicht schaden, es muss aber nicht immer unbedingt das günstigste Angebot sein. Eventuell wird am Essen oder an anderen Leistungen gespart.

» Wer vor Ort, ist sollte sich das Schiff und die Passagierliste ansehen.

» Sprechen Skipper und Besatzung Deutsch oder Englisch?

» Sich nicht mit Extras wie kostenlosen Wassersportmöglichkeiten ködern lassen. Oft sind das nur leere Versprechen und die Boote sind bei Unfällen nur selten versichert.

» Nachhaken, ob das Boot überhaupt irgendwann mal unter Segeln fährt (die meisten tun das nicht), anstatt sich nur auf den Dieselmotor zu verlassen.

» Tickets nicht in İstanbul kaufen, da die Agenten dort saftige Provisionen nehmen.

» Rechtzeitig voraus buchen; das gilt sowohl in der Hauptsaison (Juli & Aug.), wenn die Plätze begehrt sind, als auch in der Nebensaison, wenn das Angebot geringer ist.

Man sollte Anbieter wählen, bei denen der Besitzer noch selbst im Laden ist. Diese haben den Betrieb nämlich meistens am besten im Griff. Zwischen April und Oktober läuft täglich mindestens ein Boot aus.

Before Lunch Cruises (☎0535 636 0076; www.beforelunch.com) Sitz dieses Anbieters, ein erfahrenes türkisch-australisches Duo, ist Fethiye. Für den höheren Preis – der sich aber zu lohnen scheint! – gibt's eine exklusiv zusammengestellte Reiseroute.

Ocean Yachting (☎0252-612 4807; www.bluecruise.com) Im Jachthafen von Fethiye.

Olympos Yachting (☎0242-892 1145; www.olymposyachting.com) Beliebter Anbieter mit Sitz in Olympos.

V-Go Yachting & Travel Agency (☎0252-612 2113; www.bluecruisesturkey.com) Der Hauptsitz ist Fethiye, es gibt aber auch eine Außenstelle in Olympos.

Amyntas (Eintritt 8 ₺; ⏲Mai–Okt. 8–19 Uhr, Nov.–April bis 17 Uhr). Hier wurde im Jahr 350 v. Chr. zu Ehren von „Amyntas, Sohn des Hermagios" die Fassade eines ionischen Tempels in den blanken Fels geschlagen. Die Stätte befindet sich südlich des Zentrums und wird am besten bei Sonnenuntergang besucht. Etwa 500 m weiter östlich liegen auch noch weitere, kleinere Felsengräber.

Hinter dem Hafen im Zentrum können die teilweise ausgegrabenen Überreste eines römischen **Theaters** besichtigt werden, das aus dem 2. Jh. v. Chr. stammt. Bisher wurden lediglich ein Viertel seiner 6000 Sitzplätze freigelegt.

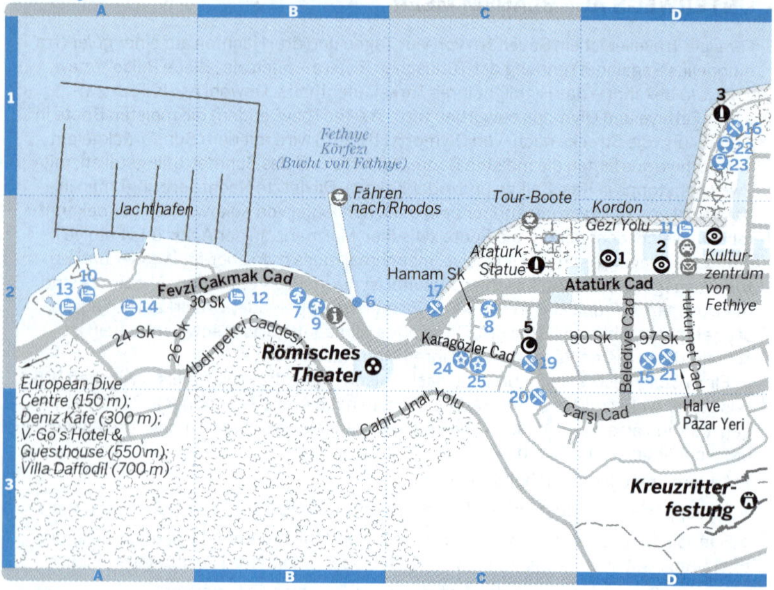

Überall in der Stadt stößt man auf merkwürdige **lykische Steinsarkophage**, die aus der Zeit um 450 v.Chr. stammen. Einer findet sich nördlich des **belediye** (Rathaus). Sie wurden im Lauf der Jahrhunderte allesamt von Grabräubern aufgebrochen.

Die Turmruine einer **Kreuzritterfestung**, die am Hang oberhalb (und südlich) der Stadt an der Straße nach Kayaköy liegt, ist kaum zu übersehen. Sie wurde von Mitgliedern des Malteserordens zu Beginn des 15. Jhs. auf älteren (vielleicht lykischen, griechischen oder römischen) Fundamenten erbaut.

Museum von Fethiye MUSEUM
(www.lycianturkey.com/fethiye-museum.htm; 505 Sokak; Eintritt 3 ₺; ⌚8–17 Uhr) Schwerpunkt dieses Museums sind lykische Funde sowohl aus Telmessos als auch aus den alten Siedlungen Tlos und Kaunos. Ausgestellt sind Töpfereien, Schmuck, kleine Statuen und Votivsteine (darunter die bedeutende Stele der Totenruhe und die Stele des Versprechens). Das wertvollste und bedeutendste Exponat ist jedoch die so genannte Trilingue vom Letoon, die aus dem Jahr 358 v.Chr. stammt und die teilweise zur Entschlüsselung der lykischen Sprache mithilfe von Altgriechisch und Aramäisch herangezogen wurde. Im Garten rund ums Museum steht eine exzellente steinerne Sammlung aus vorwiegend lykischen Sarkophagen und römischen Grabsteinen, auf denen teilweise frühe christliche Symbole und Engel abgebildet sind.

Aktivitäten

Ocean Yachting Travel Agency ABENTEUERSPORT
(☎612 4807; www.oceantravelagency.com; İskele Meydanı 1; ⌚April–Okt. 9–21 Uhr) Ocean Yachting befindet sich neben der Touristeninformation. Die Agentur verkauft Tickets für Bootsausflüge und organisiert Parasailing (180 ₺/45 Min.), ganztägige Raftingtrips (85 ₺) und halbtägige Ausritte (50 ₺). Zudem werden zahlreiche andere Wassersportoptionen angeboten, darunter die sogenannten Blauen Reisen (s. S. 289).

European Diving Centre TAUCHEN
(☎614 9771; www.europeandivingcentre.com; Fevzi Çakmak Caddesi 133) Das European Diving Centre wird von den britischen Besitzern betrieben. Es liegt westlich des Haupthafens in Karagözler und organisiert Tauchausflüge (100 ₺/Pers. für Anfänger; 2 Tauchgänge, komplette Ausrüstung und Mittagessen für Fortgeschrittene 125 ₺) und dreitägige PADI-Kurse (700 ₺).

Seven Capes
KAJAKFAHREN

(☎0537 403 3779; www.sevencapes.com) Eine Tour mit einem Seekajak ist eine der besten Möglichkeiten, auf Tuchfühlung mit dem Mittelmehr zu gehen. Seven Capes hat viel Erfahrung auf diesem Gebiet und bietet sowohl Tagestouren (40 €) – einschließlich eines tollen vierstündigen Ausflugs zwischen Ölüdeniz und Kabak durch das Schmetterlingstal (50 €) –, als auch „Nachtpaddeln" (45 €) im Licht der Sterne von Sonnenuntergang bis Mitternacht an. Irgendwie surreal.

Altes Türkisches Bad
HAMAM

(Tarihi Fethiye Hamamı; ☎614 9318; www.oldturkishbath.com; Hamam Sokak 2–4; Bad & Peeling 35 ₺, Massage 20–50 ₺; ⏲7–24 Uhr) Das Alte Türkische Bad in Paspatur, dem ältesten Teil Fethiyes, ist angenehm zurückhaltend und klein und stammt aus dem 16. Jh. Es werden unterschiedlichste Massagen angeboten. Zutritt für Männer und Frauen.

Strand von Çalış
STRAND

Etwa 5 km nordöstlich des Zentrums liegt Çalış, ein schmaler Kiesstrand, an dem sich neben Pauschalhotels für den Massentourismus auch Pubs und Pommesbuden in der Hand von britischen Expats aneinanderreihen. Dolmuşlar nach Çalış (1,50 ₺, 10 Min.) fahren den ganzen Tag über alle fünf bis zehn Minuten an der Minibusstation ab.

Fethiye

Highlights
- Kreuzritterfestung ... D3
- Museum von Fethiye ... E2
- Römisches Theater ... B2
- Grab des Amyntas ... F3

Sehenswertes
- 1 Belediye (Rathaus) ... D2
- 2 Lykische Steinsarkophage ... D2
- 3 Märtyrer-Denkmal ... D1
- 4 Moschee ... E2
- 5 Alte Moschee ... C2

Aktivitäten, Kurse & Touren
- 6 12-Insel-Tour ... B2
- 7 Ocean Yachting Travel Agency ... B2
- 8 Altes Türkisches Bad ... C2
- 9 Yeşil Dalyan ... B2

Schlafen
- 10 Hotel Doruk ... A2
- 11 Hotel Kemal ... D2
- 12 Tan Pansiyon ... B2
- 13 Yacht Classic Hotel ... A2
- 14 Yildirim Guest House ... A2

Essen
- 15 Ceyazir Usta ... D2
- 16 Deniz Restaurant ... D1
- Duck Pond ... (siehe 5)
- 17 İskele Ocakbaşı ... C2
- 18 Market ... F1
- 19 Meğri Lokantasi ... C2
- Nefis Pide ... (siehe 5)
- 20 Paşa Kebab ... C3
- 21 Reis ... D2

Ausgehen
- 22 Kismet ... D1
- 23 Val's Cocktail Bar ... D1

Unterhaltung
- 24 Car Cemetery ... C2
- 25 Kum Saati Bar ... C2

Shoppen
- Old Orient Carpet & Kilim Bazaar (siehe 19)
- Sister's Place ... (siehe 21)

Geführte Touren

Viele Traveller, die keine längeren Segeltörns in Fethiye machen, entscheiden sich für die **12-Insel-Tour** (30–35 ₺/Pers. inkl. Mittagessen, auf einem Segelboot 50 ₺; ⏲Mitte April–Okt. 10.30–18 Uhr), eine Bootsrundfahrt durch die Bucht von Fethiye (Fethiye Körfezi). Die Boote halten normalerweise an fünf oder sechs Inseln und schippern an den anderen vorbei, dennoch ist es ein idyllisches Erlebnis (wenn auch etwas überfüllt). Tickets gibt's entweder in Reisebüros oder direkt bei den Bootsunternehmen im Jachthafen. Ein bewährter Anbieter ist die **Kardeşler Daily Boat Company** (☎612 4241, 0542 326 2314; www.kardesler.com), die an der Promenade zu finden ist.

Normalerweise besucht man mit einer Tour **Yassıcalar** (Flache Insel), wo ein Halt eingelegt wird und geschwommen werden kann. Dann geht's für einen weiteren Sprung ins kühle Nass und einen Besuch der Ruinen zur **Tersane Adası** (Schiffswerft-Insel). Es folgen das Mittagessen, ein weiteres Bad und Schnorchelmöglichkeiten in **Akvaryum** (Aquarium). Auch in der **Cennet Koyu** (Paradiesbucht) und im **Kleopatra Hamamı** (Kleopatras Bad) kann geschwommen werden, bevor es zum Abschluss noch zum Strand und den Schlammlöchern der **Kızılada** (Rote Insel) geht.

Wer noch einen Tag übrig hat, kann einen weiteren exzellenten Bootsausflug gleicher Länge zum **Schmetterlingstal** (25 ₺/Pers.) über Ölüdeniz unternehmen und dort herumschlendern, schwimmen und sich die Ruinen anschauen. Es wird auch eine **Saklıkent-Schlucht-Tour** (45 ₺/Pers.) angeboten, die einen Besuch der Ruinen von Tlos und Forelle zum Mittagessen einschließt. Die **Dalyan-Tour** (50 ₺/Pers.; ⏲9–18.30 Uhr) beinhaltet ein Shuttle nach Dalyan, eine Tour auf dem Köyceğiz Gölü (Köyceğiz-See), die Schlammbäder von Sultaniye, die Ruinen von Kaunos und den Strand von İztuzu.

Schlafen

Die Mehrzahl der Unterkünfte befindet sich oben am Hügel hinter dem Jachthafen in Karagözler oder weiter im Westen. Viele Pensionen holen ihre Gäste vom *otogar* ab; es fahren aber auch Minibusse.

LP TIPP Yildirim Guest House PENSION, HOSTEL €
(☎614 4627, 0543 779 4732; www.yildirimguesthouse.com; Fevzi Çakmak Caddesi 21; B/DZ/3BZ 25/80/90 ₺; ❄@📶) Diese Mischung aus Hostel und Pension in Schiffsform ist unter den Budgetoptionen in Fethiye unser Favorit. Es befindet sich gegenüber dem Jachthafen und bietet drei Schlafsäle (zwei sind nach Geschlechtern getrennt, einer gemischt) mit vier bis sechs Betten und sechs makellose Zimmer, von denen einige zum Hafen hin gehen. Es gibt nichts, was dem weit gereisten Gastgeber Omer Yapis zu viel wäre. Er kümmert sich um Ausflüge und den Abholservice, die Wäsche und das Abendessen (15 ₺). Samstags werden Wanderungen auf dem Lykischen Weg angeboten (10 ₺) und Gäste können kostenlos Fahrräder ausleihen.

Villa Daffodil HOTEL €€
(☎614 9595; www.villadaffodil.com; Fevzi Çakmak Caddesi 115; EZ/DZ 85/120 ₺; ❄📶🏊) Dieses große, mit Blumen geschmückte und auf osmanisch getrimmte Gästehaus gehört zu den wenigen älteren Gebäuden, die das Erdbeben – und den Wiederaufbau – überstanden haben. Mittlerweile hat es sich vergrößert und ist teilweise in das Haus am Hügel dahinter umgezogen. Die 41 Zimmer sind stylish eingerichtet und versprühen ein heimeliges Flair. Die besten unter ihnen (beispielsweise Zimmer 204 vorn oder 502 und 602 hinten) haben Balkons und Meerblick. Auf der Terrasse vor dem Haus, mit einer alten Kutsche und einem Pool, ist immer was los.

Ferah Pension PENSION, HOSTEL €
(☎0532 265 0772, 614 2816; www.ferahpension.com; Orta yol 23; B 15 €, DZ 20–25 €, 35–38 €; ❄@🏊) Diese Unterkunft mit ihrer grünen und überwucherten, als Lobby fungierenden Terrasse, ihrem winzigen Pool, den Bildern, die Besitzerin Monica selbst malt, und dem „sexy Abendessen" (20 ₺) muss man einfach lieben. Unter den zehn großzügigen und sehr sauberen Zimmern ist auch ein Schlafsaal mit fünf Betten. Zwei der Zimmer im oberen Stockwerk bieten einen atemberaubenden Blick auf den Hafen.

Yacht Classic Hotel BOUTIQUEHOTEL €€€
(☎612 5067; www.yachtclassichotel.com; Fevzi Çakmak Caddesi 1; EZ/DZ/Suite 150/250/350 ₺; ❄📶🏊) Dieses Boutiquehotel mit 35 Zimmern ist eine Symphonie in Weiß, die alle modernen Annehmlichkeiten bietet, die man sich nur vorstellen kann. Dazu gehört auch der stylishste Hotel-Hamam der Mittelmeerküste. Ein angenehmes Extra dieses effizienten und freundlichen Hotels ist auch die Poolterrasse mit Blick auf den Hafen. Absolutes Highlight sind aber die sechs Zimmer im 3. und 4. Stock mit ihren großen Terrassen über dem Meer – Whirlpool inklusive.

Duygu Pension PENSION €
(☎614 3563, 0535 736 6701; www.duygupension.com; Orta Yol 54; EZ/DZ/3BZ 40/60/90 ₺; ❄@🏊) Am westlichen Ende des Hafens

liegt diese sehr ansprechende und freundliche Budgetunterkunft mit ihrem lachsfarbenen Anstrich und den farbenfrohen Mustern und Teppichen, die die zehn picobello sauberen Zimmer schmücken. Es gibt einen kleinen Pool und eine Dachterrasse mit tollem Blick auf den Hafen. Gastgeber ist Birol, der gleichzeitig auch eine gute Informationsquelle für Fragen aller Art ist.

V-Go's Hotel & Guesthouse PENSION, HOSTEL €€
(☎612 5409, 614 4004; www.v-gohotel.com; Fevzi Çakmak Caddesi 109; B 10 €, Zi. 20 €, FZ 60 €;) Dieses supermoderne Hostel mit Gästehaus am westlichen Ende von Karagözler ist ein Dauerbrenner unter budgetbewussten Travellern. Die 28 Zimmer – darunter vier Schlafsäle mit vier bis acht Betten – sind auf zwei Gebäude verteilt und die meisten blicken hinaus aufs Meer (Zimmer 204 und 205) oder auf den Swimmingpool. Es gibt eine tolle Terrasse mit Stühlen zum Entspannen und einer Bar, an der man sich selbst Musik und DVDs ausleihen kann.

Hotel Kemal HOTEL €€
(☎614 5010; www.hotelkemal.com; Kordon Gezi Yolu; EZ/DZ 60/100 ₺;) Trotz der vier Stockwerke gibt's keinen Aufzug, das Farbschema setzt sich aus Schlamm und Schokolade zusammen, und die Lobby – obwohl sie etwas aufpoliert wurde – versprüht eher ein osteuropäisches Flair als das des westlichen Mittelmeers. Womit das Kemal aber punktet ist der Standort: Es liegt direkt an der Strandpromenade im Zentrum und bietet 21 Zimmer (18 mit Balkons zum Meer hin) und erschwingliche Preise.

Hotel Doruk HOTEL €€
(☎614 9860; www.hoteldoruk.com; Yat Limanı; EZ 80–95 ₺, DZ 120–150 ₺;) Das Hotel an der Straße hinunter zum Jachthafen ist ruhiger und persönlicher als viele andere Unterkünfte in dieser Lage. Der gut instand gehaltene Pool bietet einen schönen Ausblick. Mindestens die Hälfte der 28 Zimmer hat Balkone mit Blick auf die Bucht; Zimmer 103 (an der Seite) liegt besonders gut. Die Mansarden im oberen Stockwerk sind nicht die beste Wahl, da man leicht Platzangst bekommt.

Tan Pansiyon PENSION €
(☎0546 711 4559, 614 1584; tanpansiyon@hotmail.com; 30 Sokak 41; EZ 35–45 ₺, DZ 50–65 ₺;) Wer sich mal von den ganzen Backpacker-Strapazen erholen möchte, kann sich in dieser entzückenden „bewohnten" Pension einmieten. Sie liegt in Karagözler und wird von der bezaubernden Familie Öztürk geführt. Die neun Zimmer sind klein (die Bäder noch kleiner), aber es ist alles tipptopp sauber und ruhig. Auch für Selbstversorger sehr gut geeignet, mit einer Gästeküche und einer atemberaubenden Dachterrasse.

Essen

Fethiyes riesiger **Markt** findet dienstags entlang des Kanals zwischen der Atatürk Caddesi und der Pürşabey Caddesi neben dem Stadion statt.

Reis (LP TIPP) SEAFOOD €€
(☎0532 472 5989, 612 5368; www.reisrestaurant.com; Hal ve Pazar Yeri 62; Hauptgerichte 12–20 ₺; ⏲10–24 Uhr) Eine Möglichkeit, den fabelhaften Fisch Fethiyes zu kosten, ist, sich in der zentralen Markthalle bei den Fischhändlern seinen eigenen zu kaufen (18 ₺/kg), ihn dann in eines der gegenüberliegenden Restaurants zu bringen und ihn dort nach den eigenen Vorlieben zubereiten zu lassen. Am empfehlenswertesten ist das Reis, das für die Fischzubereitung 5 ₺ pro Person verlangt. Dazu gibt's einen grünen Salat, Brot mit Knoblauchbutter, eine Sauce zum Fisch sowie Obst. Außerdem werden *meze* und Fleischgerichte angeboten. Reservierung empfohlen.

İskele Ocakbaşı BARBECUE €€
(☎614 9423; Şehit Feti Bey Parkı; *meze* 6–19 ₺, Grillgerichte 12–26 ₺; ⏲9–1 Uhr) Vom besten Grillrestaurant in Fethiye hat man von den Sitzgelegenheiten im Freien einen schönen Blick aufs Meer und einen kleinen Park. Serviert werden hervorragende Fleischgerichte vom in der Mitte des Lokals stehenden *ocakbaşı* (Grill). Es gibt auch nicht-türkische Gerichte (18–40 ₺).

Meğri Lokantasi TÜRKISCH €€
(☎614 4047; www.megrirestaurant.com; Çarşı Caddesi 26; Hauptgerichte 7–13 ₺, gemischte Platten 17–25 ₺; ⏲Nachsaison 8–23.30 Uhr, Hauptsaison 8–1 Uhr) Wenn wir in Fethiye sind, essen wir meist hier zu Mittag. Der Laden ist voller Einheimischer, die sich auch noch auf der Straße drängen. Serviert werden hervorragende gutbürgerliche Gerichte zu sehr annehmbaren Preisen. *Meze* und köstliche Hauptgerichte kann man aus der riesigen Glasvitrine auswählen, lecker sind aber auch die vielen verschiedenen *güveç* (Auflauf; 20–25 ₺).

Deniz Restaurant SEAFOOD €€
(☎612 0212; Uğur Mumcu Parkı Yanı 10/1; Hauptgerichte 15–30 ₺) Nach dem Fischmarkt ist dies die wahrscheinlich beste Adresse für Meeresfrüchte in Fethiye. Im „Meeres"-Restaurant kann alles noch lebendig und schwimmend in Wasserbecken begutachtet werden (am besten ist der Zackenbarsch). Die ungewöhnlichen *meze* sind unübertroffen. Empfehlenswert sind das tolle *semizotu* (Portulak) in Joghurt und das Ceviche (in Zitronensaft konservierter Fisch).

Paşa Kebab KEBAB €
(☎614 9807; Çarşı Caddesi 42; *meze* 4–7 ₺ Pide 6–10 ₺, Kebab 11,50–22,50 ₺; ⏱9–1 Uhr) Auf der Speisekarte in diesem günstigen, hübsch herausgeputzten Lokal sind neben den Gerichten praktischerweise kleine Fotos abgedruckt. Empfehlenswert ist das Paşa Special (16 ₺), eine gigantische (und leckere) Portion Rindfleisch mit Tomaten und Käse. Es gibt auch Pizza (12,50–16,50 ₺).

Duck Pond TÜRKISCH €€
(☎614 7429; Eski Cami Sokak 41; Hauptgerichte 18–25 ₺) Ein lebhaftes Lokal, das von einem kleinen Teich mit Springbrunnen und einer ganzen Horde quakendem Federvieh umgeben ist. Der „Ententeich" ist vielleicht etwas touristisch, spaßig ist er aber allemal. Serviert werden überwiegend traditionell türkische Gerichte wie Adana Kebab (15 ₺) – ein einfaches und gesundes Essen.

Ceyazir Usta KEBAB €€
(Hal ve Pazar Yeri; Gerichte 7,50–15 ₺; ⏱Mo–Sa 8–21 Uhr) Bekennender Fischhasser und dennoch auf dem Fischmarkt gelandet? Da kann „Meister Ceyazir" mit seinem winzigen Lokal behilflich sein. Seine Kebab und *dürüm* (gerollter Döner) gehören zu den besten der Stadt.

Nefıs Pide PIDE, KEBAB €
(☎614 5504; Eski Cami Sokak 9; Pide 4–9 ₺, *köfte* 11 ₺, Kebab 15 ₺; ⏱9–24 Uhr) Gleich neben der alten Moschee werden in diesem einfachen, aber tipptopp sauberen Lokal leckere Pide, Pizzas und Döner serviert. Kein Alkohol.

Ausgehen & Unterhaltung

Der Großteil der Bars und Nachtclubs in Fethiye drängt sich dicht an dicht auf dem Hamam Sokak, der von Norden nach Süden zwischen der Karagözler Caddesi und der Atatürk Caddesi in der Altstadt verläuft. Gute Karten eine Bar zu finden, hat man auch auf der Dispanser Caddesi, die südlich vom Märtyrer-Denkmal verläuft.

Kismet BAR, KABARETT
(☎0545 922 2301; Uğur Mumcu Parkı Yanı) Abseits der Dispanser Caddesi liegt diese freundliche Mischung aus Bar und Kabarett (Vorführungen in der Hauptsaison meist freitags; aktuelle Infos telefonisch erfragen), die jeden Tag bis in die frühen Morgenstunden geöffnet hat. Nettes Publikum und eine gute Adresse für einen Drink am frühen Abend oder – auch noch viel später – weitere kühle Getränke.

Val's Cocktail Bar BAR
(☎612 2363; Uğur Mumcu Parkı Yanı; ⏱9–1 Uhr) Die Engländerin Val sorgt nun schon seit vielen Jahren dafür, dass die Expat-Gemeinde vor Ort über alles informiert ist und nie Durst leiden muss. In ihrer kleinen Bar bekommt man eine unglaubliche Auswahl an alkoholischen Getränken und passend dazu einen guten, starken Kaffee. Es können kostenlos über 2000 Bücher ausgeliehen werden. Vals Mitbewohner ist ein frecher Graupapagei.

Deniz Kafe BAR, CAFÉ
(2 Karagözler Kürek Yarışları; ⏱9–23 Uhr) Diese kleine, provisorisch anmutende Café-Bar westlich des Jachthafens hat seine Tische direkt am Wasser stehen und ein bis zwei von ihnen sogar auf einem kleinen Steg. Ein toller Ort für einen faulen Nachmittag.

Car Cemetery BAR, CLUB
(☎612 7872; Haman Sokak 25; ⏱10–4 Uhr) Diese Mischung aus britischer Kneipe und Club mit ihrer abgefahrenen Deko und der live gespielten Rockmusik am Wochenende ist vor allem bei Einheimischen sehr beliebt. Oft kann man hier nicht mehr umfallen.

Kum Saati Bar BAR, CLUB
(Haman Sokak 31) Im Dunkeln sieht die „Sanduhr" aus wie nur eine der vielen Bars an Fethiyes partysüchtiger Straße. Tagsüber ist sie aber als Bar Garant für ein paar nette Stunden. Erst abends wird die Musik aufgedreht und das Tanzvolk übernimmt das Zepter.

Shoppen

Sister's Place NATURHEILKUNDE
(☎0536 614 3877; Hal ve Pazar Yeri; ⏱7.30–21.30 Uhr, im Winter Mo–Sa bis 17 Uhr) Diese winzige Fundgrube voller Kräuter, ätherischer Öle und – ehrlich! – Zaubertränken ist die Adresse für alle, die geheilt oder verzaubert werden wollen. Bei Nesrin und ihrem Bruder Tarık ist man dabei in besten Händen. Versprochen.

INSIDERWISSEN

CELAL COŞKUN: TEPPICHHÄNDLER

Schon bevor er seinen eigenen Laden, den Old Orient Carpet & Kilim Bazaar in Fethiye eröffnete, hatte Celal Coşkun auf dem Schoß seiner Großmutter in Malatya in Südostanatolien gelernt, wie man Teppiche knüpft und Kelims webt. Später hat er dann seine Fertigkeit mit einer Reparaturwerkstatt für Teppiche in İstanbul selbst weiterentwickelt. Wir haben diesen 30 Jahre alten Veteranen im Teppichgeschäft nach seinen persönlichen Tipps für den Kauf und die Pflege von Teppichen und Kelims gefragt.

» Grundwissen mitbringen: Ein Teppich ist ein Stapel aus Wolle oder Seide mit einfachen (beim persischen Teppich) oder doppelten (beim türkischen Teppich) Knoten; ein Kelim ist flach gewebt und sieht auf beiden Seiten gleich aus; ein *cicim* ist ein Kelim, der auf einer Seite noch bestickt ist.

» Man sollte sich schon vorab im Klaren darüber sein, wie viel Geld man ausgeben will und welche Größe, Muster und Farben man sucht.

» Nur mit Verkäufern verhandeln, die vertrauenswürdig erscheinen, sei es aufgrund ihres Rufs, aufgrund einer Empfehlung oder auch einfach nur aus einem Bauchgefühl heraus.

» Knotenzählen ist nur bei Seide-auf-Seide-Teppichen nötig, wobei ein doppelt geknüpfter Wollteppich natürlich widerstandsfähiger ist als ein einfach geknoteter.

» Die meisten seriösen Teppichgeschäfte können je nach Zahlungsart einen Rabatt von 5 bis 10 % gewähren. Ist der Zahlungsnachlass größer, war die Ware schon von vornherein überteuert.

» Die Lebensdauer eines Teppichs wird erhöht, wenn man nie mit Schuhen darauf läuft und ihn nicht klopft, denn dadurch brechen die Knoten und die Kett- (vertikal) und Schussfäden (horizontal).

» Falls eine professionelle Reinigung zu teuer ist und die traditionelle Methode – mit milder Seife und Wasser waschen und den Teppich danach auf Holzklötzen trocknen, damit auch an die Unterseite Luft kommt – zu aufwändig erscheint, kann man den Teppich mit der Oberseite (dem Muster) nach unten auch für einige Minuten in Neuschnee legen (falls gerade vorhanden!).

» Alles, was von Hand hergestellt wurde – einschließlich eines Teppichs –, kann auch von Hand repariert werden.

Old Orient Carpet & Kilim Bazaar TEPPICHE
(☎0532 510 6108; c.c_since.1993@hotmail.com; Çarşı Caddesi 5) Anspruchsvolle Kunden folgen gern den guten Ratschlägen des äußerst soliden und verlässlichen Teppichhändlers Celal Coşkun und kaufen ihre Teppiche und Kelims hier.

ℹ Praktische Informationen

Millennium Internet Cafe (503 Sokak 2/A; 1,50 ₺/Std.; ⏰8–24 Uhr) Hat über 30 Computer und befindet sich südöstlich des Märtyrerdenkmals.

Touristeninformation (☎614 1527; İskele Meydanı; ⏰Mo–Fr 8–19 Uhr, Mai–Sept. Sa & So 10–17 Uhr, Okt.–April Mo–Fr 8–12 & 13–17 Uhr) Hilfreiches Infozentrum für Fethiye und Umgebung; gegenüber dem Jachthafen.

ℹ An- & Weiterreise

Der geschäftige *otogar* von Fethiye liegt 2,5 km östlich des Zentrums. Eine Station speziell für Minibusse befindet sich 1 km östlich des Zentrums in der Nähe der Tankstelle.

Busse nach Antalya (28 ₺, 6½ Std., 285 km) verlassen die Station in der Hauptsaison mindestens einmal stündlich in Richtung Osten und fahren entlang der Küste, mit Zwischenstopp in Kalkan (11 ₺, 1½ Std., 83 km), Kaş (13 ₺, 2 Std., 107 km) und Olympos (35 ₺, 4¾ Std., 228 km). Die Straße, die durchs Landesinnere nach Antalya führt (20 ₺, 3½ Std., 200 km), ist viel schneller.

Minibusse zu Zielen in der Umgebung fahren an den Haltestellen nahe der Moschee ab. Zu diesen Zielen gehören Faralya und Kabak (5,50 ₺), Göcek (5 ₺), Hisarönü (3,50 ₺), Kayaköy (4 ₺), Ovacık (3,50 ₺), Ölüdeniz (5 ₺), Saklıkent (7,50 ₺) und Tlos (8 ₺).

Vom Pier gegenüber der Touristeninformation segeln täglich Katamarane zur griechischen Insel Rhodos (einfache Strecke/hin & zurück am selben Tag/offene Rückfahrt 50/60/75 €, 1½ Std.). Von Ende April bis Oktober legen sie mittwochs, donnerstags und freitags (in der Hauptsaison auch manchmal Sa) um 9 Uhr in Fethiye ab und kommen um 16.30 Uhr zurück aus Rhodos. Tickets gibt's in der Nähe des Piers in der Ocean Yachting Travel Agency (S. 290) und bei **Yeşil Dalyan** (☎612 4015; www.yesildalyantravel.com; Fevzi Çakmak Caddesi 35b).

Unterwegs vor Ort

Minibusse (1,50 ₺) fahren durch das System aus Einbahnstraßen die Atatürk Caddesi und die Çarşı Caddesi hinauf bis zum *otogar* und über die Fevzi Çakmak Caddesi zu den Pensionen und Hotels in Karagözler. Auch der Strand von Çalış wird von ihnen angefahren. Ein Taxi vom *otogar* zu den Pensionen westlich vom Zentrum kostet um die 5 ₺, zum *otogar* sind es 20 ₺ und zum Flughafen Dalaman werden zwischen 80 und 100 ₺ fällig.

Einige Anbieter in der Stadt, darunter auch **Levent Rent a Car** (☎614 8096; www.leventrentacar.net; Fevzi Çakmak Caddesi 37b), vermieten für 30 ₺ am Tag Motorroller.

Ölüdeniz

☎0252 / 4595 EW.

Rund 15 km südlich von Fethiye liegt Ölüdeniz. Es ist mit seiner abgeschirmten (und geschützten) Lagune neben einem üppig grünen Nationalpark, seinem langen Sandstrand und dem Baba Dağ (Berg Baba), der seine Schatten aufs Meer wirft, der Traum eines jeden Urlaubers. Leider ist es hier wie an allen schönen Orten: Alle wollen gleichzeitig da sein und viele sind der Meinung, dass der Pauschaltourismus den stillen Zauber der „Toten See" zerstört und sie zum verlorenen Paradies gemacht hat. Nichtsdestotrotz ist und bleibt Ölüdeniz ein guter Ort, um ein bisschen Party zu machen, bevor es weiter ins weniger frenetische Schmetterlingstal oder nach Kabak geht. Außerdem ist es ein guter Ausgangspunkt für eine Wanderung auf dem wunderbaren Lykischen Weg, an dem, hoch über dem Spaß und der Ausgelassenheit des Zentrums, einige der hübscheren Hotels liegen.

Aktivitäten

Strand & Lagune von Ölüdeniz STRAND

Zentrum des Geschehens ist hier der Strand, der hinter den Pauschalurlauber-Kolonien Ovacik und Hisarönü am Fuß des Hügels liegt. In der Nähe der Kreuzung mit der Straße, in der sich die *jandarma* (Polizeistation) befindet, und gegenüber der Post liegt der bewachte Eingang zum **Ölüdeniz Tabiat Parkı** (Naturpark Ölüdeniz; Ölüdeniz Caddesi; Erw./Student 4,50/2 ₺; ⌚8–20 Uhr). Hier gibt's eine Lagune mit hoch aufragenden Bergen im Hintergrund – ein netter Ort, um ein paar Stunden am Strand zu verbringen. Es gibt auch Duschen, Toiletten und Cafés.

Bootsausflüge BOOTSRUNDFAHRT

Den ganzen Sommer über starten hier Boote, die für einen Tagesausflug zur Erkundung der Küste (inkl. Mittagessen) zwischen 15 und 25 ₺ verlangen. Ein typischer Ausflug führt in die Bucht von Gemile, zur Blauen Höhle, ins Schmetterlingstal und zur Insel St. Nicholas und lässt auch genügend Zeit für einige Badestopps. Mehr Infos dazu gibt's bei der Touristeninformation.

Paragliding PARAGLIDING

Jeder, der einen Stunt à la James Bond selbst erleben will, kann sich vom 1960 m hohen Baba Dağ stürzen. Der Weg vom Gipfel hinunter bis auf Meereshöhe kann bis zu 40 Minuten dauern. Der Flug verspricht einen atemberaubenden Blick auf die Blaue Lagune, das Schmetterlingstal und, an einem klaren Tag, sogar bis nach Rhodos.

Es gibt mehrere Anbieter, die Tandem-Paraglidingflüge im Programm haben. Die Preise liegen zwischen 120 und 150 ₺. Man sollte sich nur vergewissern, dass der Anbieter versichert ist und der Pilot die nötigen Qualifikationen mitbringt. Verlässliche Anlaufstellen sind u.a. **Easy Riders** (☎617 0114; www.easyridersparagliding.com; Han Camp Ölüdeniz) und **Pegas Paragliding** (☎617 051; Çetin Motel Ölüdeniz). Auch Parasailing am Strand (100 ₺) wird angeboten.

Schlafen

In Ölüdeniz gibt's alles, vom noblen Boutiquehotel bis zum Campingplatz. Letzterer gleicht fast schon einem günstigen Resort, mit einerseits komfortablen und stilvollen Bungalows, andererseits aber auch Zeltplätzen.

Sugar Beach Club CAMPING, RESORT €

(☎617 0048; www.thesugarbeachclub.com; Ölüdeniz Caddesi 20; Stellplatz pro Pers./Auto/Wohnwagen 15/15/15 ₺, Bungalow 50–140 ₺/Pers.; ❄@📶) Etwa 500 m nördlich vom Eingang zum Park liegt diese extrem entspannte Option mit Stellplätzen und Bungalows.

Der vom freundlichen Ekin betriebene Campingplatz ist für Backpacker in Ölüdeniz das Nonplusultra. Das Drumherum ist erste Sahne, mit einem Palmenstrand mit Loungebereichen, einer Bar und einem Restaurant am Wasser, und dazu zwei Dutzend farbenfrohe Bungalows mit Bad und Klimaanlage. Für den Strand wird kein Eintritt verlangt, es können Kanus und Tretboote gemietet werden, und regelmäßig gibt's spezielle Events wie Barbecues. Wer kein Gast hier ist und einfach das Ambiente genießen will, bezahlt 7 ₺ für die Nutzung der Liegebereiche, Sonnenschirme und Duschen.

Oyster Residences BOUTIQUEHOTEL €€€
(☎617 0765; www.oysterresidences.com; Belcekız 1 Sokak; DZ 110–150 €, 3BZ 160–200 €; ❄📶🏊) Dieses entzückende Boutiquehotel wurde 2004 im Stil der alten Häuser von Fethiye erbaut, sieht aber mindestens 100 Jahre älter aus. Es bietet 26 helle und luftige Zimmer, deren nobler Stil Normalsterbliche ins Schwärmen bringt. Die begehbaren Kleiderschränke sind so groß wie ein normales Zimmer, die Waschbecken aus Holz muten an, als stammten sie aus der Antike, und die Fenstertüren führen in einen üppigen Garten, der sich bis hinauf zum Strand erstreckt. Absolut atemberaubend.

Paradise Garden RESORT €€€
(☎617 0545; www.paradisegardenhotel.com; Ölüdeniz Yolu; EZ/DZ 90/130 €; ❄@🏊) Das „Paradies" rechts am Hügel, unmittelbar vor dem Ortseingang von Ölüdeniz und etwa 2 km von seinem Zentrum entfernt, trägt seinen Namen zu Recht. Inmitten eines 6 ha großen Gartens mit drei Gebäuden bietet es eine Wahnsinnsaussicht, zwei Pools (eine natürliche Quelle am Eingang zu einer Höhle und ein Becken in Herzform), ein kleines Tiergehege mit Pfauen und ein Café und Gourmetrestaurant. Die 27 Zimmer sind groß und geschmackvoll eingerichtet.

Blue Star Hotel HOTEL €€
(☎617 0069; www.hotelbluestaroludeniz.com; Mimar Sinan Caddesi 8; EZ & DZ 70–160 ₺; ❄📶🏊) Das familiengeführte Hotel hat ein hübsches Design und ist gut instand gehalten. Bei seiner Eröffnung 1985 war es eine der ersten Unterkünfte in diesem Häuserblock, gerade einmal 60 m vom Strand entfernt gelegen. Die 42 Zimmer, die über drei Gebäude verteilt liegen, sind zwar nicht groß, dafür aber hell, freundlich und luftig und die meisten können mit einem Balkon aufwarten. Die zweistöckige Holzhütte neben dem Pool ist einzigartig.

Sultan Motel HOTEL €€
(☎616 6139; www.sultanmotel.com; Ölüdeniz Yolu; EZ/DZ 50/80 ₺; ❄📶🏊) Gleich links abseits der Hauptstraße, die von Hisarönü hinunter nach Ölüdeniz führt, befindet sich das Sultan. Es ist Ausgangspunkt für Wanderungen auf dem Lykischen Weg und deshalb bei Trekking-Begeisterten sehr beliebt. Die 16 Zimmer und fünf Apartments, letztere mit Kochnischen für Selbstversorger ausgestattet, sind in einer Steinhütte untergebracht. Einige von ihnen bieten einen wunderschönen Blick hinunter nach Ölüdeniz.

Seahorse Beach Club CAMPING, RESORT €€
(☎0532 691 4375, 617 0123; www.seahorsebeachclub.com; Ölüdeniz Caddesi; Stellplatz 15–20 ₺/Pers., Wohnwagen 2 Pers. 80–140 ₺; ❄) Die Atmosphäre hier ist zwar nicht ganz so relaxt wie auf anderen Campingplätzen der Umgebung, aber man hat einen Blick auf die Bucht von Ölüdeniz und kann aus zwei Dutzend blau-weißen Wohnwagen mit allen Annehmlichkeiten wählen. Es gibt ein Restaurant mit Bar in einer Holzhütte mit Loft, und der eigene Strand liegt nur einen kurzen Fußweg entfernt. Wer länger bleibt bekommt Rabatt.

Essen & Ausgehen

Buzz Beach Bar Grill INTERNATIONAL €€€
(☎617 0526; www.buzzbeachbar.com; Belcekız 1 Sokak; Hauptgerichte 18,50–35,50 ₺; ⏲Restaurant 8–24 Uhr, Bar 12–2 Uhr) Ein zweistöckiges Lokal in prominenter Lage direkt am Wasser. Hier gibt's eine große Auswahl von Pasta und Pizza (11,50–17,50 ₺) bis hin zu Filetsteaks und Meeresfrüchten.

Oba Motel Restaurant INTERNATIONAL €€
(☎617 0158; www.obamotel.com.tr/Erestaurant.asp; Mimar Sinan Caddesi; Hauptgerichte 15–25 ₺; ⏲8–24 Uhr) Das Restaurant des von Bäumen umgebenen Oba Motel ist zum Teil in einer Holzhütte untergebracht. Seine gutbürgerliche Küche zu sehr verträglichen Preisen genießt einen guten Ruf. Es wird auch türkisches und europäisches Frühstück angeboten (ab 12 ₺), z.B. mit hausgemachtem Müsli mit Bergjoghurt und heimischem Pinienhonig. Auf der Speisekarte findet sich alles, vom Snack bis hin zum kompletten Hauptgericht. Auch ein halbes Dutzend vegetarische Optionen sind dabei.

Sun Cafe INTERNATIONAL, MEXIKANISCH €€€
(☎617 0630; Bellcekız Beach; Gerichte 18,50–30,50 ₺) Diese nach vorn geöffnete Bar mit Speiselokal ist besonders bei Expats sehr beliebt, und der Grund dafür ist sofort offensichtlich. Es gibt eine tolle Terrasse, Poolbillard, ein Aquarium und, in den kälteren Monaten, ein Kaminfeuer. Und das Essen? Eine offenbar leckere, bunte Mischung aus mexikanischen, internationalen und (einigen) türkischen Klassikern.

Help Lounge Bar BAR
(☎617 0650; Belcekız 1 Sokak; Bier 6,50 ₺; ⏲9–4 Uhr) Dies ist die angesagteste Location im Ort. Die flippige Bar hat eine große Terrasse mit einer Bar direkt am Wasser, mit bequemen gepolsterten Bänken und bunten Wandmalereien. Aus der Wand ragt der vordere Teil eines Chevrolets. Happy Hour (Cocktails 15 ₺) ist von 19 bis 20 Uhr und dann nochmal von 22.30 bis 24 Uhr.

Praktische Informationen

Touristeninformation (☎617 0438; www.oludeniz.com.tr; Ölüdeniz Caddesi 32; ⏲Mai–Aug. 8.30–23 Uhr, Sept.–Okt. & April–Mai bis 19 Uhr, Nov., März–April bis 17 Uhr) Hilfreicher Infostand mit Buchungsservice im Zentrum.

An- & Weiterreise

In der Hauptsaison fahren etwa alle fünf bis zehn Minuten Minibusse von Fethiye (5 ₺, 25 Min., 15 km) nach Ölüdeniz und kommen dabei durch Ovacık und Hisarönü. In der Nebensaison fahren sie tagsüber alle 15 bis 20 Minuten, nachts einmal pro Stunde. Faralya und Kabak werden im Sommer täglich von sechs Minibussen angefahren. Ein Taxi nach Kayaköy kostet 20 ₺. Nach Fethiye sind es 40 bis 45 ₺.

Schmetterlingstal & Faralya

Das Dorf Faralya (150 Ew.), auch Uzunyurt genannt, liegt an der Yedi-Burun-Küste (Küste der Sieben Kaps) versteckt, etwa 12 km von Ölüdeniz entfernt. Unterhalb liegt das paradiesische Schmetterlingstal mit einem hübschen Strand und einigen tollen Spazierwegen durch eine üppig grüne Schlucht. Es ist die Heimat der einzigartigen Schmetterlingsart „Russischer Bär“, die dem Tal auch seinen Namen gab.

Das Schmetterlingstal ist entweder mit dem Boot aus Ölüdeniz oder zu Fuß über einen sehr steilen Pfad zu erreichen, der sich von Faralya aus an einer Felsenklippe hinunter in die Tiefe windet. Wer sich für die zweite Option entscheidet, sollte unbedingt festes Schuhwerk tragen und den (mit roten Punkten) markierten Weg nicht verlassen. Normalerweise dauert der Abstieg 30 bis 45 Minuten, der Rückweg fast eine Stunde. An den steilsten bzw. gefährlichsten Stellen sind am Wegesrand Seile angebracht. Faralya ist eine Etappe des Lykischen Weges (s. S. 29).

Schlafen

Butterfly Valley BUNGALOW, CAMPING €€
(Kelebekler Vadisi; ☎0555 632 0237; www.kelebeklervadisi.org; inkl. HP pro Pers. Zelt 35–55 ₺., B 40–50 ₺, Bungalow 55–65 ₺) Die Übernachtungsoptionen im Schmetterlingstal selbst sind einfach: Plätze für (eigene oder hier gemietete) Zelte und Bungalows auf Stelzen mit Matratzen auf dem Boden. Man muss aber wissen, dass im Sommer in diesen Zimmern brütende Hitze herrscht. Wer einen gewissen Komfort bevorzugt, findet oberhalb des Tals in Faralya weitere Unterkünfte.

George House PENSION, CAMPING €
(☎0535 793 2112, 642 1102; www.georgehousefaralya.com; pro Pers. inkl. HP Zelt 30 ₺, Bungalow mit/ohne Bad 50/40 ₺; ❄@≋) Die von Hasan, dem eifrigen Sohn von Namensgeber George, geführte Pension ist eine echte Institution in Faralya und bietet Matratzen im Haupthaus und 16 Bungalows (die Hälfte davon mit Klimaanlage) auf leicht erhöhten Podesten. Es gibt auch vier neue Baumhäuser, hölzerne Plattformen mit Kissen zum Relaxen und eine Bar in der Nähe des Wegs, der hinab ins Schmetterlingstal führt. Eine Quelle speist einen entzückenden Pool.

Melisa Pansiyon PENSION €€
(☎0535 881 9051, 642 1012; www.melisapension.com; EZ/DZ 50/100 ₺; ❄☕) Hier wird man so herzlich empfangen wie nirgendwo sonst an der Yedi Burun. Das Melisa wartet mit vier sehr gut instandgehaltenen und freundlichen Zimmern, einem hübschen Garten und einer mit Weinreben umrankten Terrasse mit Blick über das Tal auf. Der Besitzer Mehmet spricht Englisch und ist eine gute Quelle für Infos über die Umgebung. Gäste können zwar die Küche mitbenutzen, es werden aber auch hausgemachte Gerichte mit/ohne Fleisch (25/15 ₺) angeboten.

Die Wassermühle LUXUSHOTEL €€€
(☎642 1245; www.natur-reisen.de; pro Pers. inkl. HP Zi./Suite 55/70 €; ≋) Diese unglaublich geschmackvoll gestaltete Unterkunft geht

eher in Richtung „ländliches Anwesen" als „Luxushotel". Die deutsche Besitzerin Brigitte lebt schon lange hier in der Gegend. Die Wassermühle versteckt sich am Ortseingang von Faralya links an einem bewaldeten Hang und ist die coolste (und kühlste) Übernachtungsmöglichkeit weit und breit. Die sieben Suiten und zwei Doppelzimmer sind in einer 150 Jahre alten Mühle und in einigen neueren Gebäuden untergebracht. Sie sind geräumig und ausschließlich mit Naturmaterialien ausgestattet. Die Suiten haben Kochnischen. Der Blick aus dem Restaurant und dem aus Quellwasser gespeisten Pool ist überwältigend.

Onur Motel BUNGALOW €€
(☎0538 260 8734, 642 1162; www.onurmotelfaralya.com; inkl. HP 50–60 ₺/Pers.; ❄📶) Oberhalb der Straße in Faralya bietet diese Unterkunft zehn moderne und irgendwie auch stilvolle Bungalows auf einem Hügel am Ende des Ortes. Die beste Wahl sind jene drei, die der Straße gegenüber liegen. Außerdem gibt es hervorragendes Essen und einen netten Garten mit Pool. Bei Wanderern auf dem Lykischen Weg sehr beliebt.

An- & Weiterreise

Von Fethiye oder Ölüdeniz aus kann man das Schmetterlingstal im Rahmen eines Ausflugs oder in einem der Shuttleboote (20 ₺ hin & zurück), die täglich um 11, 14 und 18 Uhr in Ölüdeniz losfahren (Mitte Juni–Mitte Sept. auch um 12, 16 & 16.30 Uhr), besuchen. Rückfahrt aus dem Schmetterlingstal nach Ölüdeniz ist um 9.30, 13 und 15 Uhr (in der Hauptsaison auch um 10.30, 15 & 18 Uhr).

Von Juni bis September verbinden täglich sechs Minibusse (im Frühjahr 3 und im Winter 2) das Tal (6 ₺, 35 Min., 26 km) via Ölüdeniz mit Fethiye und Faralya. Wer den Bus verpasst, bezahlt für ein Taxi zurück nach Fethiye 40 ₺.

Kabak

☎0252

Die recht abgelegene Strandgemeinde Kabak ist in den letzen Jahren beachtlich gewachsen. Mittlerweile gibt's 14 Campingplätze, zu denen auch das gigantische Sea Valley direkt gegenüber vom Strand zählt. Egal wie man den steilen Weg hinunter nach Kabak zurücklegt – ob mit einem Fahrzeug mit Extremfederung (15 Min.) oder zu Fuß (30 Min.) –, die Belohnung dafür kann sich sehen lassen. Sie besteht aus einem spektakulären Strand, der von zwei langen Klippen eingerahmt wird. Das 6 km südlich von Faralya und Welten vom restlichen Treiben gelegene Kabak ist der richtige Ort für alle Camping- und Trekkingfans, Yogaliebhaber und Anhänger ungetrübter Schönheit.

Schlafen & Essen

In Kabak übernachtet man auf dem Campingplatz oder schläft in Zelten, die auf Plattformen stehen, oder in Bungalows. Bei allen Optionen ist Halbpension inbegriffen, denn Restaurants an sich gibt's nur an der Straße nach/von Faralya, nicht jedoch am Strand von Gemile. Die meisten Unterkünfte sind nur von April bis Oktober geöffnet und meist kann der Transport hinunter ins Dorf arrangiert werden. Vorher anrufen, mailen oder eine SMS schreiben.

Reflections Camping CAMPING €€
(☎0539 872 5650, 642 1020; www.reflectionscamp.com; pro Pers. eigenes Zelt/campeigenes Zelt 40/45 ₺, Bungalow mit/ohne Bad 80/60 ₺; @) Der Amerikaner Chris hat diesen komfortablen Campingplatz mit Stellplätzen und Bungalows (2 davon sind aus Bambus in die Bäume hineingebaut, 4 sind aus in Beuteln komprimierter Erde errichtet) aus dem Nichts aufgebaut. Er bietet einen der schönsten Meerblicke in Kabak (der Ausblick von einer Toilette mit einem „lebendigen" Dach aus Farnen und Ingwerpflanzen ist nicht minder genial). Das Reflections liegt höher und ist grüner als die meisten anderen Unterkünfte.

Turan Hill Lounge CAMPING €€
(☎0532 490 4073, 642 1227; www.turancamping.com; DZ Bungalow 170–190 ₺, ohne Bad 110–120 ₺, Boutique 230–285 ₺; @📶) Das Turan war die erste Unterkunft in Kabak und ist immer noch ein Trendsetter, allerdings sind die Preise in den letzten Jahren ganz schön in die Höhe geschossen. Es kann mit 17 ganz unterschiedlichen Bungalows (vier davon sind wunderschön eingerichtet und dekoriert und tragen die Bezeichnung „Boutique") sowie sechs ungewöhnlichen Zeltplattformen aufwarten. Die Aussicht ist auch von hier aus bezaubernd und es gibt gemütliche Loungebereiche. Unten im Tal werden auf der gigantischen Plattform regelmäßig Yogakurse gegeben. Die Besitzerin Ece hilft bei allen Belangen gerne weiter.

Shambala CAMPING €€
(☎0532 496 0870, 642 1147; www.theshambala.com; pro Pers. Indianerzelt 50–60 ₺, Baumhaus

60–90 ₺, Bungalow 60–190 ₺; @) Thematisch ist das Shambala ein wenig indisch angehaucht. Es liegt auf halbem Wege ins Tal und hat 17 Bungalows in drei verschiedenen Kategorien, darunter einige, die fast schon als luxuriös einzustufen sind. Wer aufs Geld schauen muss, fährt mit einem der geräumigen und luftigen Baumhäuser am besten, die auch noch einen tollen Blick aufs Meer bieten. Zudem gibt's einen Pool, eine Bar, traumhafte Hängematten und -stühle zum Ausspannen sowie ein Zentrum für „schamanische Heiltherapien".

Olive Garden BUNGALOW €€
(☎0536 439 8648, 642 1083; www.olivegardenkabak.com; EZ/DZ 75/130 ₺) Das unendlich viel Charme versprühende Olive Garden liegt nicht direkt in Kabak, sondern befindet sich in einem Seitenweg 100 m von der Straße nach Faralya entfernt. Es ist eine wundervolle Unterkunft und seine gemütlichen Plattformen am Hang bieten einen traumhaften Ausblick. Es gibt ein Dutzend Bungalows mit Toiletten und Duschen. Besitzer Fatih ist ein ehemaliger Koch und die Zutaten seiner Gerichte stammen von den Obstbäumen, Olivenhainen und aus den Gemüsegärten (insg. 15 ha), die Fatihs Familie gehören. Bei Wanderern sehr beliebt.

Mamma's Restaurant RESTAURANT €€
(☎6421071; Hauptgerichte 10–15 ₺) Oberhalb von Kabak und in der Nähe der Dolmuş-Haltestelle gibt's ein paar ganz anständige Restaurants, darunter auch das Mamma's. Auf seiner Speisekarte stehen ein paar einfache aber herzhafte Gerichte sowie *gözleme* (5 ₺) und Mamas eigener hausgemachter *ayran* (Joghurtgetränk; 3 ₺).

An- & Weiterreise

Die 6 km der kurvenreichen Straße von Faralya sind nicht nur wegen ihres Ausblicks, sondern auch wegen ihrer furchteinflößenden Kurven denkwürdig. Täglich von 8.30 bis 20.30 Uhr verkehren acht Minibusse zwischen Kabak und Fethiye (6 ₺).

Kayaköy

☎0252 / 2200 EW.

Ungefähr 9 km südlich von Fethiye liegt Kayaköy (ehemals Karmylassos), eine unheimliche Geisterstadt mit etwas über 4000 verlassenen Steinhäusern und weiteren Bauwerken, die früher Teil des griechischen Ortes Levissi waren. Heute sind sie ein Mahnmal für den Frieden und die Partnerschaft zwischen Türken und Griechen.

Die überwiegend griechischen Bewohnern Levissis verließen den Ort nach dem Türkischen Befeiungskrieg 1923 im Zuge des von der Nationalliga überwachten allgemeinen Bevölkerungsaustauschs. Die meisten griechischen Muslime kamen in die Türkei, die meisten osmanischen Christen zogen von der türkischen Küste nach Griechenland. Der verlassene Ort diente Louis de Bernières als Vorbild für den Ort Eskibahçe, in dem sein Roman *Traum aus Stein und Federn* von 2004 spielt.

Da es deutlich mehr osmanische Christen als griechische Muslime gab, blieben nach dem Bevölkerungsaustausch viele türkische Städte leer. Das Erdbeben von 1957 verschonte auch Kayaköy, oder Kaya, wie es von den Einheimischen genannt wird, nicht und richtete hier großen Schaden an.

Während des Tourismusbooms der 1980er-Jahre wollte ein Immobilienunternehmen die Steinhäuser von Kayaköy restaurieren und die Stadt in einen Ferienort verwandeln. Die Einheimischen witterten Gewinn und waren begeistert. Türkische Künstler und Architekten jedoch waren alarmiert und sorgten dafür, dass das Kulturministerium Kayaköy unter Denkmalschutz stellte, was den Ort nun vor unkontrollierter Erschließung schützt. Übrig blieb ein zeitloser Ort in einem üppig grünen Tal mit einigen exzellenten Weinbergen ganz in der Nähe. Wenn die Steinhäuser nachts von Scheinwerfern beleuchtet werden, ist Kayaköy wirklich surreal.

Sehenswertes

Das verlassene Dorf Kayaköy (Levissi) RUINEN
(Eintritt 5 ₺, nach Schließung frei; ⌚Mai–Okt. 8.30–18.30 Uhr, Nov.–April 8–17 Uhr) Viel Intaktes gibt es hier ehrlich gesagt nicht zu sehen, zwei Kirchen fallen jedoch ins Auge: die Kataponagia im unteren Teil des Ortes und die Taxiarkis weiter oben am Hang. In beiden ist noch ein Teil des handgemalten Dekors und der schwarz-weißen Kieselsteinmosaikböden zu sehen. Außerdem gibt es im Kirchhof hinter der Kataponagia ein Beinhaus, in dem die Überreste längst verstorbener Bewohner langsam zerfallen.

Schlafen & Essen

LP TIPP **Günay's Garden** BOUTIQUEHOTEL €€€
(☎0537 231 7648, 618 033; www.gunaysgarden.com; Gümrük Sokak; Villa Hauptsaison

300 ₺, Nachsaison 90 ₺; ❄@📶🏊) Das fabelhafte Boutiqueresort verfügt über sechs Ferienhäuser mit zwei und drei Schlafzimmern. Sie liegen im Schutz eines üppig grünen Gartens rund um einen schimmernden Pool. Gastgeberin Rebecca organisiert Kunst- und Yogakurse und literarische Veranstaltungen – Louis de Bernières, der Autor von *Traum aus Stein und Federn*, hat hier schon gewohnt und Lesungen gehalten. Ihr Ehemann Tolga hat in der Küche des hervorragenden Restaurants Izela, das sich auch auf dem Gelände befindet, das Sagen. Manche der Ferienhäuser haben nach beiden Seiten Balkone. Der Blick auf das verlassene Dorf ist beeindruckend.

Villa Rhapsody GÄSTEHAUS €€
(☎0532 337 8285, 618 0042; www.villarhapsody.com; EZ/DZ 70/105 ₺; 📶🏊) Die 16 komfortablen Zimmer dieser einladenden Unterkunft haben Balkone mit Blick auf den Garten und den Pool. Atilla und Jeanne, das holländisch-türkische Besitzerpärchen, geben gerne Tipps und haben einfache Karten für Wanderungen in der Umgebung parat. Auch Fahrräder können über sie gemietet werden. Auf Anfrage kann man ein Menü dazubuchen (25–40 ₺). Die Zimmer werden von Ventilatoren gekühlt.

Doğa Apartments APARTMENT €€
(☎0532 684 2514, 618 0373; www.dogaapartments.com; Apt. 150–210 ₺; ❄📶🏊) Gerade einmal 200 m vom Haupteingang zum verlassenen Dorf entfernt stehen zwei alte Farmhäuser (eines davon über 200 Jahre alt), in denen sechs in sich abgeschlossene Apartments für bis zu vier Personen untergebracht sind. Die Ausstattung ist gut. Neben Schlafzimmer und Wohnzimmer mit einer Schlafcouch gibt's auch eine Küche. Die Poolbar ist super.

Selçuk Pension PENSION €
(☎0535 275 6706, 618 0075; istanbulrestaurant@hotmail.com; EZ/DZ/Apt. 30/60/80 ₺; ❄) Inmitten eines Blumen- und Gemüsegartens gelegen, hat das Selçuk ein Dutzend Zimmer, die zwar etwas abgewohnt, aber makellos sauber, recht geräumig und sehr heimelig sind. Vier von ihnen bieten einen tollen Blick auf das verlassene Kaya. Die Gäste können den Pool des nahe gelegenen Restaurants İstanbul mitbenutzen, und der freundliche Besitzer Engin ist sehr bemüht.

LP TIPP **Levissi Garden** MODERN-TÜRKISCH €€€
(☎0533 247 5934, 618 0108; www.levissigarden.com; Eski Köy Sokak; Hauptgerichte 25–44 ₺) In einem 400 Jahre alten Gebäude aus Stein ist diese beeindruckende Enothek mit einem recht teueren Restaurant untergebracht. Im Weinkeller lagern 12 000 Flaschen der besten türkischen Tropfen. Das Levissi serviert schonend gegarten Lammeintopf (38 ₺) und ein köstliches *klevtiko* (in Rotwein gekochte Lammkeule mit Knoblauch und Kräutern; 38 ₺), die im echten Steinofen zubereitet werden. Die *meze* (8–20 ₺) sind einzigartig. Um nicht enttäuscht wieder abdampfen zu müssen, empfiehlt es sich, zu reservieren.

Izela Restaurant MEDITERRAN, TÜRKISCH €€€
(☎0537 231 7648, 618 033; www.gunaysgarden.com/restaurant.asp; Hauptgerichte 26–35 ₺) Das beste Feinschmeckerrestaurant von Kayaköy liegt auf dem üppig grünen Gelände von Günay's Garden (S. 300). Die Spezialität sind mediterrane Gerichte mit einem starkem Einfluss der modernen türkischen Küche. Beinahe alle Zutaten stammen direkt aus dem Ort (z. B. vom Bauernhof gleich nebenan) – vom Olivenöl und Gemüse bis hin zum Hähnchen-, Enten- und Truthahnfleisch. Die Weinkarte kann sich sehen lassen und die Deko – alles in Holz und Stein gehalten – ist sowohl anheimelnd als auch zeitgemäß.

Cin Bal BARBECUE, KEBAB €€
(☎618 0066; www.cinbal.com; Hauptgerichte 15–20 ₺) Spezialität des wohl berühmtesten Grillrestaurants der Region sind Lammgerichte aus dem *tandir* (Lehmofen) und Kebab. Im Innern und im von Weinreben umrankten und begrünten Hof finden 300 Personen Platz. Das Cin Bal liegt in einer engen Gasse unmittelbar in der Nähe des verlassenen Dorfs und ist immer gut besucht (und kräftig am Qualmen!).

İstanbul Restaurant RESTAURANT €€
(☎618 0148; Hauptgerichte 15–25 ₺; ⏲8–24 Uhr) Den Betreibern der Selçuk Pension gehört auch dieses Restaurant, in dem hervorragende, gutbürgerliche Grillgerichte und *meze* mit Zutaten aus den umliegenden Gemüse- und Obstgärten zubereitet werden. Ein wunderbarer Ort für ein Abendessen mit köstlichen traditionell türkischen Gerichten. Kostenloser Abholservice.

ℹ An- & Weiterreise

Von Mai bis Oktober fahren etwa jede halbe Stunde Minibusse nach Fethiye (4 ₺, 20 Min., 8 km); in der Nachsaison fahren sie etwa alle zwei Stunden. Ein Taxi hierher kostet 35 ₺. Täglich fahren zwei bis drei Minibusse nach Hisarönü (2 ₺, 15 Min., 6 km), von wo alle 10 Minuten Minibusse nach Ölüdeniz starten. Ein Taxi nach Hisarönü kostet 18 ₺. Kayaköy ist von Hisarönü auch zu Fuß (1 Std.) zu erreichen. Der Weg führt hinunter durch einen Pinienwald. Auch nach Ölüdeniz führt ein sehr schöner Wanderweg (2–2½ Std., 8 km).

Tlos

☎0252

Auf einem Felsvorsprung hoch über einer idyllischen Ebene thront eine der ältesten und wichtigsten Städte des antiken Lykiens. Dank seiner erhöhten, äußerst wirkungsvollen Lage war die Stadt so gut geschützt, dass sie bis ins frühe 19. Jh. bewohnt blieb.

Wer die kurvige Straße hinauf zu den **Ruinen** (Eintritt 5 ₺; ⌚Mai–Okt. 8.30–20.30 Uhr, Nov.–April 8–18 Uhr) geht, sollte auf der rechten Seite auch einen Blick auf die **Akropolis** werfen, auf der eine **osmanische Festung** steht. Unterhalb befinden sich **Felsengräber**, die über einen schmalen Pfad erreicht werden können. Eines davon ist das Grabmal des Kriegers Bellerophon, der aus dem Chimären-Mythos bekannt ist. Es wurde in den Felsen hinein geschlagen und sieht aus wie die Fassade eines Tempels. Auf der linken Seite ist es mit einem Flachrelief des Helden verziert, der auf dem geflügelten Pferd Pegasus reitet.

Das hervorragend erhaltene **Theater** befindet sich etwas bergan, 100 m hinter dem Tickethäuschen. Die meisten Marmorsitze sind noch intakt, die Bühnenwand wird gerade wiederaufgebaut. Unter dem Bauschutt befinden sich auch einige Blöcke, in die ein Adler, eine Schauspielmaske und Girlanden eingraviert sind. Auf der anderen Straßenseite sind die Ruinen der alten **Bäder** zu sehen (auf das Apothekersymbol – Schlange und Äskulapstab – achten, das an der Südseite in eine der Außenwände geritzt ist).

In einem hübschen Garten mit Bach, viel Schatten, Sitzbereichen und zwitschernden Vögeln liegt die schöne und friedliche **Mountain Lodge** (☎638 2515, 0532 577 0191; www.tlosmountainlodge.com; Zi. 22–42 €/Pers.; ❄@☒). In den vier Gebäuden, die so konzipiert wurden, dass sie wie alte Steinhäuser aussehen, sind acht Themenzimmer untergebracht, die die Namen unterschiedlicher Vögel tragen. Sie sind komfortabel und anheimelnd eingerichtet (der Preis hängt von Größe und Lage des Zimmers ab), jedes hat einen Balkon oder eine Veranda, und auf einer Terrasse gibt es einen Pool mit Ausblick. Die bezaubernde Mel (Kurzform von Melahat) bereitet eigenhändig dreigängige Tagesmenüs zu und stellt ihr eigenes Öl sowie ihre eigene Marmelade her und bäckt Brot.

ℹ An- & Weiterreise

Von Fethiye aus fahren alle 20 Minuten Minibusse nach Saklıkent (7 ₺, 45 Min.), von wo es Anschlüsse ins 4,5 km weiter nördlich gelegene Tlos gibt. Die Mountain Lodge befindet sich auf halbem Weg. Entweder geht man die 2 km nach Yaka Köyü zu Fuß oder ruft Mel an und bittet sie darum, abgeholt zu werden.

Schlucht von Saklıkent

☎0252

Etwa 12 km hinter der Abzweigung nach Tlos in Richtung Süden liegt diese spektakuläre **Schlucht** (Erw./Student 4,50/2 ₺; ⌚8–18 Uhr), die eigentlich nichts anderes als ein schmaler Spalt in den Akdağlar-Bergen ist, die sich im Nordosten erheben. Die Schlucht ist etwa 18 km lang und an einigen Stellen so eng, dass nicht einmal Sonnenlicht hingelangt. Abenteuerlustige können sich hineinwagen, müssen sich aber das ganze Jahr über – selbst im Sommer – auf sehr kaltes Wasser gefasst machen.

Man nähert sich der Schlucht über einen hölzernen Bohlenweg, der oberhalb des Flusses verläuft. Auf über dem Fluss schwebenden Holzplattformen kann eine Pause eingelegt, Tee getrunken und eine frische Forelle verspeist werden. Dabei kann man andere Traveller beobachten, wie sie durch den Fluss rutschen, sich an Seilen entlanghangeln und sich dann so richtig schön in die Schlucht plumpsen lassen. Gutes Schuhwerk ist dabei unverzichtbar, wobei Gummischuhe und Helme auch ausgeliehen werden können (5 ₺).

Vom Parkplatz aus auf der anderen Seite des Flusses liegt der **Saklıkent Gorge Club** (☎659 0074, 0533 438 4101; www.gorgeclub.com; Stellplatz 20 ₺, B auf Plattform inkl. HP 25 ₺, Baumhaus ohne Bad EZ/DZ 35/60 ₺; @☒), ein rustikaler Campingplatz, der sich vor allem an Backpacker richtet, und der einfache, aber sehr authentische Baumhäuser (alle mit kleinem Kühlschrank), Pool, Bar und ein Restaurant bietet. Es gibt nur Gemeinschaftsbäder.

Die Betreiber können verschiedene Aktivitäten organisieren, darunter Rafting (45 Min./3 Std., 30/60 ₺), Canyoning (Tour 3 Std./1 Tag/2 Tage und 1 Nacht, mind. vier Pers., 20/100/200 ₺), Angeln (2 Std., 10 ₺ inkl. Guide & Ausrüstung) und Wandern (3 Std., 10 ₺). Außerdem sind Jeepsafaris (50 ₺ inkl. Mittagessen & Guide) und Ausflüge nach Tlos und Patara (jeweils 20 ₺) im Angebot.

An- & Weiterreise

Minibusse sind alle 20 Minuten zwischen Fethiye und Saklıkent (7 ₺, 1 Std.) unterwegs. Die letzte Fahrt zurück ist um 20.30 Uhr.

Pınara

Auf der D400 befindet sich etwa 46 km südöstlich von Fethiye die Abzweigung nach Pınara und zu seinen spektakulären **Ruinen** (Eintritt 8 ₺, Guide 20 ₺; ⏲Mai–Okt. 8.30–20.30 Uhr, Nov.–April bis 17 Uhr). Die Straße schlängelt sich 3,5 km lang zwischen Zitrushainen hindurch und über Bewässerungskanäle hinweg, bis sie das Dorf Minare erreicht. Dort macht sie eine scharfe Linkskurve und führt 2 km lang steil bergan.

Pınara gehörte einst zu den sechs bedeutendsten Städten des antiken Lykiens, aber obwohl die Stätte sehr weitläufig ist, gehören ihre Ruinen nicht zu den eindrucksvollsten der Region. Ein Besuch hier lohnt sich vielmehr wegen der schieren Pracht und Abgeschiedenheit des Ortes.

Hoch über der Stätte ragt eine Felswand auf, die mit **Felsengräbern** geradezu übersät ist. Unter Archäologen herrscht noch Uneinigkeit darüber, wie und warum sie an dieser Stelle in den Stein geschlagen wurden. Weitere Gräber finden sich in der Ruinenstadt selbst. Das Grabmal im Südosten trägt den Namen **Königsgrab** und ist mit besonders schönen Reliefs verziert, auf denen u.a. befestigte lykische Städte dargestellt sind. Pınaras **Theater** ist in gutem Zustand, doch die Ruinen des **Odeons** und des **Aphroditetempels** (mit herzförmigen Säulen) sind ziemlich zerfallen. Beachtenswert ist auch der enorme (und anatomisch korrekt dargestellte) Phallus, eine Art frühzeitliches Graffiti, das von den damaligen Bauarbeitern in die Stufen des Tempels geritzt wurde.

In der Hauptsaison fahren von Fethiye aus einige wenige Minibusse (8 ₺, 1 Std.) hierher. Sie setzen einen am Anfang der Straße nach Pınara ab, von wo es zu Fuß weitergeht. Im Dorf Eşen, 3 km südöstlich der Abzweigung von der Schnellstraße nach Pınara, gibt's ein paar Läden und einfache Restaurants.

Letoon

Seit 1988 wird Letoon gemeinsam mit der lykischen Hauptstadt Xanthos von der UNESCO als Welterbe gelistet. Hier befinden sich einige der schönsten **Ruinen** (Eintritt 5 ₺; ⏲Mai–Okt. 8.30–19 Uhr, Nov.–April 9–17.30 Uhr) entlang des Lykischen Wegs. Letoon liegt etwa 17 km südlich der Abzweigung nach Pınara und ist ein ehemaliges religiöses Zentrum. Es wird oft nur im Doppelpack mit Xanthos gesehen, versprüht aber seinen ganz eigenen, romantischen Charme.

Letoon verdankt seinen Namen und seine große Bedeutung einem Heiligtum der Göttin Leto, die der Legende nach die Geliebte von Zeus und die Mutter seiner Kinder Apollo und Artemis war. Unbeeindruckt davon befahl Zeus' Gattin Hera, dass Leto bis in alle Ewigkeit von Land zu Land irren sollte. Der Überlieferung zufolge soll Leto viel Zeit in Lykien verbracht haben, woraufhin sie zur lykischen Nationalgöttin wurde. Der Lykische Bund erbaute ihr daraufhin dieses beeindruckende Heiligtum, in dem ihre Statue untergebracht ist.

Die Stätte besteht aus drei **Tempeln**, die Seite an Seite stehen und Apollo (links im dorischen Stil), Artemis (in der Mitte im ionischen Stil) und Leto (rechts im ionischen Stil und inzwischen teilweise wieder aufgebaut) gewidmet sind. Im Apollotempel ist ein schönes Mosaik zu sehen, auf dem eine Lyra, Pfeil und Bogen und Blumen in der Mitte zu sehen sind. Das ständig überflutete und von Fröschen bewohnte **Nymphäum** (ein verzierter Brunnen mit Statuen; die Frösche sollen Schäfer sein, die Leto nicht aus dem Brunnen trinken ließen) ist passend gewählt, da die Anbetung von Leto stets mit Wasser in Verbindung gebracht wird. Im Norden steht ein großes hellenistisches **Theater** aus dem 2. Jh. v.Chr.

An- & Weiterreise

Von Fethiye aus fahren Minibusse etwa jede halbe Stunde über Eşen nach Kumluova (7 ₺, 1 Std., 60 km). Um nach Letoon zu kommen, steigt man hier aus und geht die letzten paar Kilometer zu Fuß.

DIE ANFÄNGE DES ANTIKEN LYKIENS

Die lykische Zivilisation hatte ihren Ursprung auf der Teke-Halbinsel, jenem Stück Land, das zwischen Dalyan im Westen und Antalya im Osten (ziemlich genau die Region, der diese Kapitel gewidmet ist) ins Meer hineinragt.

Das lykische Volk gab es schon mindestens seit dem 12. Jh. v. Chr., schriftlich erwähnt wird es allerdings erstmals in der *Ilias*, in der Homer dessen Mitwirken beim Angriff auf Troja erwähnt. Es wird angenommen, dass die Lykier vom Lukka-Volk abstammen, das mit den antiken Hethitern verbündet war. Als matrilineales Volk sprachen sie ihre eigene Sprache – die bis heute noch nicht vollständig entschlüsselt ist.

Im 6. Jh. v. Chr. befanden sich die Lykier dann unter der Kontrolle des Persischen Reichs. Damit wurde eine Zeit unzähliger Machtwechsel eingeläutet, die fast so häufig erfolgten, wie der Wachwechsel am Buckingham Palace. Die Perser übergaben an die Athener, welche wiederum von Alexander dem Großen, dann vom Ptolemäischen Reich in Ägypten und dann von Rhodos besiegt wurden.

168 v. Chr. wurde Lykien von Rom in die Unabhängigkeit entlassen und gründete umgehend den Lykischen Bund, eine lockere Föderation aus 23 unabhängigen Stadtstaaten. Die sechs größten unter ihnen – Xanthos, Patara, Pınara, Tlos, Myra und Olympos – hatten jeweils drei Stimmen, die anderen lediglich eine oder zwei. Der Lykische Bund wird oft als erste protodemokratische Union der Geschichte bezeichnet und dem *buleuterion* (Versammlungsgebäude) in den Ruinen des antiken Patara (S. 305) wurde der Beinamen „erstes Parlament der Welt" verpasst.

Teilweise aufgrund dieses Zusammenschlusses herrschte über 1 Jh. lang Frieden, bis im Jahr 42 v. Chr. der Bund die unkluge Entscheidung traf, Brutus, dem Mörder Caesars, welchen Lykien während des Bürgerkriegs unterstützt hatte, keinen Tribut zu zahlen. Mit seinen Truppen besetzte Brutus daraufhin Xanthos, und die zahlenmäßig unterlegene Bevölkerung des Stadtstaates, fest entschlossen, sich nicht zu ergeben, beging Massenselbstmord.

Unter dem Römischen Reich erholte sich Lykien zwar wieder, im Jahr 43 n. Chr. schloss es sich aber mit der benachbarten Provinz Pamphylien zusammen. Diese Union hielt bis ins 4. Jh. an, als Pamphylien Teil von Byzanz wurde.

Lykien hinterließ nur sehr wenig materielle Kultur und schriftliche Dokumente. Was es der Nachwelt allerdings vermachte, sind atemberaubende Grabmäler aus antiken Zeiten. Felsengräber, Hausgräber, Grabkammern und Sarkophage sind überall in den Bergen und Tälern der Teke-Halbinsel zu finden und meist leicht zu Fuß und/oder mit dem Auto zu erreichen.

Letoon liegt außerhalb des Dorfes Kumluova. Wer mit dem Auto von Pınara aus unterwegs ist, biegt hier von der Schnellstraße ab. Nach 4 km hält man sich am Schild „Letoon/Karadere" rechts. Weitere 3,5 km später biegt man an der Kreuzung nach links ab – immer den Schildern nach. Nach 1 km Fahrt vorbei an fruchtbaren Feldern, Obstgärten und zahllosen Gewächshäusern voller Tomatenpflanzen kommt die Stätte in Sicht.

Xanthos

In Kınık, 63 km südöstlich von Fethiye, stehen auf einem Felsvorsprung die **Ruinen** (Eintritt 5 ₺; ⌚Mai–Okt. 9–19, Nov.–April 8–17 Uhr) des antiken Xanthos, früher Hauptstadt und größte Stadt Lykiens. Zu sehen gibt es ein hübsches **römisches Theater** und **Pfeilergräber**.

Ein kurzer Spaziergang führt hinauf zu der antiken Stätte. Dabei kommt man an den Stadttoren und dem Sockel vorbei, auf dem einst das fantastische **Nereiden-Monument** stand, das sich nun im British Museum in London befindet. Trotz seiner Pracht war Xanthos' Geschichte von Krieg und Zerstörung geprägt. Die Bevölkerung der Stadt beging, als sie von offensichtlich übermächtigen gegnerischen Truppen besetzt wurde, mindestens zweimal Massenselbstmord.

Gegenüber dem Parkplatz ist das römische Theater mit der **Agora** zu sehen. Die **Akropolis** ist schwer beschädigt. Da viele der schönsten Inschriften und Skulpturen (z. B. das Monument des Harpies) 1842 von Charles Fellows nach London geschafft wurden, sind die meisten der Inschriften und Verzierungen, die heute zu sehen sind, Kopien der Originale.

Wer dem Pfad vor dem schicken neuen Tickethäuschen entlang einer von Säulen gesäumten Straße nach Osten folgt, kommt zu einigen wunderschönen **Mosaiken**, dem hübschen **Sarkophag der Tänzerinnen** und dem **Löwen-Sarkophag** sowie zu einigen hervorragenden **Felsengräbern**.

Etwa einmal pro Stunde verkehren Minibusse von Fethiye nach Xanthos (8 ₺, 1 Std., 63 km). Auch einige größere Fernbusse halten auf Anfrage an der Schnellstraße.

Patara

☎0242 / 950 EW.

Patara liegt 8 km südlich von Xanthos an der Küste und kann sich nicht nur mit dem längsten ununterbrochenen Strand der Türkei rühmen, sondern wartet auch noch mit einigen der schönsten Ruinen Lykiens auf. Das Dorf an sich, das kleine, entspannte Gelemiş, ist der perfekte Ort, um die Ruinenerkundung mit einem ausgedehnten Strandbesuch zu verbinden. Nachdem es früher ein beliebtes Ziel der Hippie-Gemeinde war, sind heutzutage selten übermäßig viele Traveller anzutreffen – was angesichts seines ins Auge stechenden Charmes ein echtes Wunder ist. Der dörfliche Alltag nimmt hier weiterhin seinen traditionellen Lauf.

Pataras bedeutende Rolle in der Geschichte ist hinreichend belegt. So wurde hier der hl. Nikolaus geboren, ein byzantinischer Bischof des 4. Jhs. aus Myra, der später als *der* Nikolaus Berühmtheit erlangen sollte. Vor jener Zeit war Patara für seinen Apollon-Tempel und das Apollon-Orakel berühmt, von dem allerdings nur wenig übrig geblieben ist. Zudem war es ein wichtiger lykischer Hafen – was den Zweck des riesigen Getreidespeichers erklärt, der noch immer hier steht. In der Apostelgeschichte 21, 1–2 ist zu lesen, dass die Apostel Paulus und Lukas hier auf dem Rückweg von ihrer dritten Mission auf Rhodos und in Phönizien das Schiff wechselten.

Sehenswertes & Aktivitäten

Antikes Patara RUINEN

(Eintritt 5 ₺; Mai–Okt. 9–19 Uhr, Nov.–April 8–17 Uhr) Nachdem man von der Schnellstraße abgefahren ist, sind es noch 2 km bis nach Gelemiş (in südlicher Richtung) und weitere 1,5 km bis zu den **Ruinen**. Das Ticket berechtigt auch zum Eintritt zum Strand. Wer länger als einen Tag da ist, kann ein zehn Tage gültiges Ticket kaufen (7,50 ₺). Dieses berechtigt zu zehn Zutritten. Zu den Ruinen gehören ein **Triumphbogen** mit drei Bögen aus dem 2. Jh. gleich am Eingang und ganz in der Nähe eine Nekropole mit mehreren **lykischen Gräbern**. Dann folgen ein **Bäder am Hafen** und die Überreste einer **byzantinischen Basilika**.

Wer möchte, kann das mit 5000 Sitzplätzen ausgestattete **Theater** erklimmen. Dabei auf die Steine auf Höhe des Orchesters achten, die mit Ritzungen von Gladiatorengewändern und deren Ausrüstungsgegenständen versehen sind. Vom Hügel erblickt man in südlicher Richtung die Fundamente eines Athena-Tempels und eine ungewöhnlich runde, in den Fels geschlagene **Zisterne** mit einer Säule in der Mitte.

Unmittelbar nördlich vom Theater befindet sich der *buleuterion* (Versammlungsgebäude), das „Parlament" des antiken Patara, in dem die Mitglieder des Lykischen Bundes zusammengetreten sein sollen. Nach einer zwei Jahre andauernden und 8,5 Mio. ₺ teuren Renovierungsphase wurde der *buleuterion* von Mitgliedern der Türkischen Nationalversammlung im Mai 2012 wieder eröffnet. Ganz in der Nähe steht die **von Kolonnaden gesäumte Agora**, die zu einem unbefestigten Weg und einem **Leuchtturm** führt, den Kaiser Nero errichten ließ und der erst kürzlich ausgegraben und wiederaufgebaut wurde. Auf den herumliegenden Steinblöcken befinden sich einige witzige Ritzungen. Auf der anderen Seite des antiken Hafens (heute ein mit Schilf bewachsenes Feuchtgebiet) stehen der riesige **Getreidespeicher von Kaiser Hadrian**, in dem Getreide und Olivenöl gelagert wurden, und ein **Tempelgrab** im korinthischen Stil.

Strand von Patara STRAND

Dieser traumhafte, 18 km lange Sandstrand, hinter dem sich hohe Sanddünen erheben, ist in dieser Region einzigartig. Er ist über die Straße hinter den Ruinen zu erreichen (1 km). Alternativ geht man bei der Golden Pension nach rechts und folgt dann dem mit blauen Pfeilen gekennzeichneten, parallel zur westlichen Seite der archäologischen Stätte verlaufenden Weg hinein in die Sanddünen. Von Mai bis Oktober kann die Strecke zwischen Dorf und Strand auch auf einem von Traktoren gezogenen Wagen (2 ₺) zurückgelegt werden.

Am nur selten überfüllten Strand (selbst in der Hauptsaison ist hier wenig los) können Sonnenschirme (4 ₺) und Liegen (3 ₺) gemietet werden. Außerdem gibt's einen Erfrischungsstand, der Schatten und Verpflegung bietet. Je nach Saison sind manche Bereiche des Strandes gesperrt, da sie ein wichtiger Brutplatz für Meeresschildkröten sind (s. S. 377). Bei Einbruch der Dämmerung wird der Strand geschlossen und das Campen ist verboten.

Kirca Travel KANUFAHREN, REITEN
(☎843 5298; www.kircatravel.com) Kirca Travel hat ein Büro in der Flower Pension (S. 306) und ist auf sechsstündige Kanuausflüge (50 ₺) auf dem Xanthos spezialisiert. Es werden aber auch dreistündige Ausritte (70 ₺) durch die Dünen von Patara inklusive Mittagessen angeboten.

Patara Jeep Safari AUTO-TOUR
(☎0554 393 2699; www.patarajeepsafari.com; Tour 60 ₺) Wer Lust auf eine zackige Jeeptour durch die Dünen von Patara (fernab von den geschützten Bereichen der Meeresschildkröten, versteht sich), nach Xanthos und in die Saklıkent-Schlucht hat, der sollte sich an Patara Jeep Safari im Zentrum wenden.

Schlafen

An den Hängen links vom Ortseingang von Gelemiş befinden sich zahlreiche Hotels und Pensionen. Die Straße, die an der Golden Pension nach rechts abbiegt, führt ins Zentrum des Dorfs, durch das Tal und zu weiteren Pensionen auf der anderen Seite.

LP TIPP **Patara View Point Hotel** HOTEL €€
(☎0533 350 0347, 843 5184; www.pataraviewpoint.com; EZ/DZ 70/100 ₺; ❄@📶≋) Das Patara View ist *très* stylish (der Besitzer Muzaffer war früher Französischlehrer) und befindet sich abseits der Hauptstraße am Hang. Es gibt einen netten Pool, eine mit Kissen im osmanischen Stil ausgestattete Terrasse, 27 Zimmer mit Balkonen und, wie der Name des Hotels schon vermuten lässt, einen atemberaubenden Blick über das Tal (Zimmer 108 im Garten ist besonders toll). Draußen und drinnen sieht man überall alte landwirtschaftliche Geräte, darunter eine 2000 Jahre alte Olivenpresse, ein uralter Bienenstock, eine mit Kohleofen befeuerte Schmiede und ein auffallender Brunnen mit Pumpe. Sogar ein eigenes, frisch gemeißeltes lykisches Grab gibt's hier. Ein Traktor-Shuttle fährt die Gäste täglich um 10 Uhr zum Strand und holt sie um 15 Uhr wieder ab.

Akay Pension PENSION €
(☎0532 410 2195, 843 5055; www.pataraakaypension.com; EZ/DZ/3BZ 45/60/80 ₺; ❄@) Das Akay wird vom äußerst bemühten Kazım und seiner Frau Ayşe betrieben. Es gibt insgesamt 13 sehr gut instand gehaltene Zimmer mit komfortablen Betten und Balkonen mit Blick über die Zitronenhaine sowie ein heimeliges Wohnzimmer im osmanischen Stil. Die Kochkünste Ayşes sind legendär. Während eines Aufenthalts sollte man sich mindestens einmal ein Menü gönnen (ab 18 ₺).

Flower Pension PENSION €
(☎0530 511 0206, 843 5164; www.pataraflowerpension.com; EZ/DZ 45/60 ₺, Apt. für 4/6 Pers. 100/150 ₺; ❄@📶) Kurz bevor die Straße ins Zentrum abbiegt bietet die Flower Pension neun einfache und luftige Zimmer mit Balkonen, von denen man den Garten überblick, sowie fünf mit Küchen (und Kühlschränken) ausgestattete Studios und Apartments (für 4–6 Pers.). Das Shuttle zum Strand ist kostenlos und Mustafa, der Besitzer, und sein Sohn Bekir sind eine gute Anlaufstelle für Infos zur Umgebung.

Golden Pension PENSION €
(☎843 5162; www.pataragoldenpension.com; EZ/DZ 50/75 ₺; ❄@) Die „goldene Pension" hat 16 heimelige Zimmer (alle mit Balkonen und neuen Duschen) und einen freundlichen Besitzer (Arif, der Bürgermeister des Ortes). Sie ist ein echtes Patara-Urgestein und trotz der sehr zentralen Lage an einer Kreuzung ist es eine ruhige Option. Eintägige Bootsausflüge kosten 50 ₺, und es gibt ein beliebtes Restaurant mit einer hübschen, schattigen Terrasse. Die Zimmer mit Blick auf den Garten sind am besten.

Zeybek 2 Pension PENSION €
(☎0532 683 5845, 843 5086; www.zeybek2pension.com; EZ 40–45 ₺, DZ 45–55 ₺, Apt. 85–100 ₺; ❄@) Diese Pension in Familienhand versprüht ein leicht ländliches Flair und hat neun saubere und sonnige Zimmer sowie Apartments mit Küche und Balkon, die mit traditionellen Teppichen geschmückt sind. Den besten Blick auf die Stadt gibt's von der Dachterrasse. Dort erwartet einen ein Rundumblick auf die Hügel und den antiken Hafen. Toll sind der hübsch hergerichtete Internetraum und der Nachmittagssnack um (exakt) 17 Uhr.

Hotel Sema HOTEL €
(☎0537 428 9661, 843 5114; www.semahotel.com; Zi. 25–30 ₺/Pers., Apt. 70–90 ₺; ❄@📶) Das Sema ist zwar nicht luxuriös, aber perfekt für Traveller, die gern mit freundlichen Einheimischen wie den Betreibern Ali und Hanife ins Gespräch kommen wollen. Das große Hotel liegt im Garten oberhalb von Patara und bietet zwölf einfache, aber makellose Zimmer und Studios mit Kochnischen, die alle frei von Stechmücken sind. Auch von hier oben ist der Ausblick toll.

Essen & Ausgehen

Tlos Restaurant TÜRKISCH €€
(☎843 5135; *meze* 3–6 ₺, Pide 6–15 ₺, Hauptgerichte 12–20 ₺; ⏲8–24 Uhr) Besitzer und Chefkoch des Tlos ist der schnurrbärtige, stets lächelnde Osman. Die Küche hier befindet sich im Freien unter einer großen Platane. Das *guveç* (15 ₺) – am besten wohl als türkisches Gulasch zu beschreiben – ist ein heißer Tipp. Alkoholische Getränke muss man selbst mitbringen.

Lazy Frog INTERNATIONAL €€
(☎843 5160; Hauptgerichte 15–25 ₺; ⏲8–1 Uhr) Auf der entspannten Terrasse dieses zentral gelegenen, sehr beliebten Lokals werden Steaks sowie mehrere vegetarische Optionen und *gözleme* serviert. Zubereitet wird alles in der eigenen Küche im Garten.

SimBar BAR, CAFÉ
(☎0539 674 7849, 843 5214; ⏲11 Uhr–open end) Hier kommt Pataras erste so richtig chillige Café-Bar mit Loungebereich, Garten und Hängematten zwischen den Bäumen. Die deutsch-türkischen Besitzer Selina und Süha bieten mindestens einmal pro Woche einen Themenabend (z. B. Salsa) an.

Medusa Bar BAR
(☎843 5193; ⏲9–3 Uhr) Ebenfalls eine entspannte Bar. Die Bänke sind mit Kissen gepolstert und an den Wänden hängen alte Fotos und Poster. Musik wird hier bis in die frühen Morgenstunden gespielt.

Gypsy Bar BAR
(⏲9–3 Uhr) Winzig aber traditionell und unter den Einheimischen sehr beliebt. Das Gypsy bietet an mehreren Abenden der Woche ab 22 Uhr türkische Livemusik.

An- & Weiterreise

Die Busse, die zwischen Fethiye und Kaş verkehren, halten an der Schnellstraße 4 km vom Dorf entfernt an. Von dort fahren alle 30 bis 45 Minuten Dolmuşlar ins Dorf. In der Hauptsaison starten Minibusse am Strand und fahren über Gelemiş nach Fethiye (12 ₺, 1½ Std., 73 km), Kalkan (7,50 ₺, 20 Min., 15 km) und Kaş (10 ₺, 45 Min., 40 km). Täglich um 10 Uhr gibt's eine Verbindung in die Schlucht von Saklıkent (10 ₺, 1 Std., 52 km).

Kalkan

☎0242 / 3250 EW.

Kalkan ist eine wohlhabende Stadt an einem Hafen. Sie ist an Hängen erbaut, von denen man auf eine fast bilderbuchhafte Bucht blickt. Die Stadt ist zu Recht berühmt für ihre hervorragenden Restaurants und ihren kleinen, aber mitten im Ort gelegenen Strand. Man muss allerdings wissen, dass Kalkan weit mehr von Touristen und Expats belagert wird und auch teurer ist, als die meisten anderen Orte entlang der Küste, wie etwa das benachbarte Kaş.

Bis in die 1920er-Jahre hinein war Kalkan ein geschäftiges griechisches Fischerdorf namens Kalamaki, heute leben die Menschen vorwiegend vom gehobenen Tourismus. Es wird aber weitergebaut, und jedes Jahr schießen neue schicke Ferienhäuser aus dem Boden. Der Charme Kalkans versteckt sich in der kleinen Altstadt.

Sehenswertes & Aktivitäten

Die meisten Traveller nutzen Kalkan lediglich als Ausgangspunkt für einen Besuch der lykischen Ruinen oder, um sich einer der zahlreichen, in der Umgebung angebotenen Aktivitäten anzuschließen. Kalkan eignet sich aber auch hervorragend für einen Tagesausflug mit dem Boot. Empfehlenswert ist z. B. das **Anıl-Boot** (☎844 3030, 0533 351 7520; jacksonvictoria@hotmail.com) von Ali Eğriboyun, für das man pro Person 45 ₺ oder um die 500 ₺ für das ganze Boot (bis zu 8 Pers.) bezahlt. Ein hervorragendes Mittagessen ist im Preis inbegriffen. Wer sich ins kühle Nass stürzen möchte, kann das am Strand in der Nähe des Jachthafens und in **Kaputaş**, einer traumhaft schönen kleinen Bucht mit Sandstrand, etwa 7 km östlich von Kalkan an der Straße nach Kaş gelegen, tun. Alternativ wird diese Möglichkeit von zahlreichen Hotels und Pensionen in Form von **Schwimmplattformen** angeboten, wie sie z. B. das Caretta Boutique Hotel oder das Hotel Villa Mahal haben. Auch Nicht-Gäste können diese gegen Gebühr nutzen. Was das Tauchen anbelangt, so hat Kaş zwar einen besseren Ruf, westlich des Hafens von Kalkan gibt es jedoch zwei

Kalkan

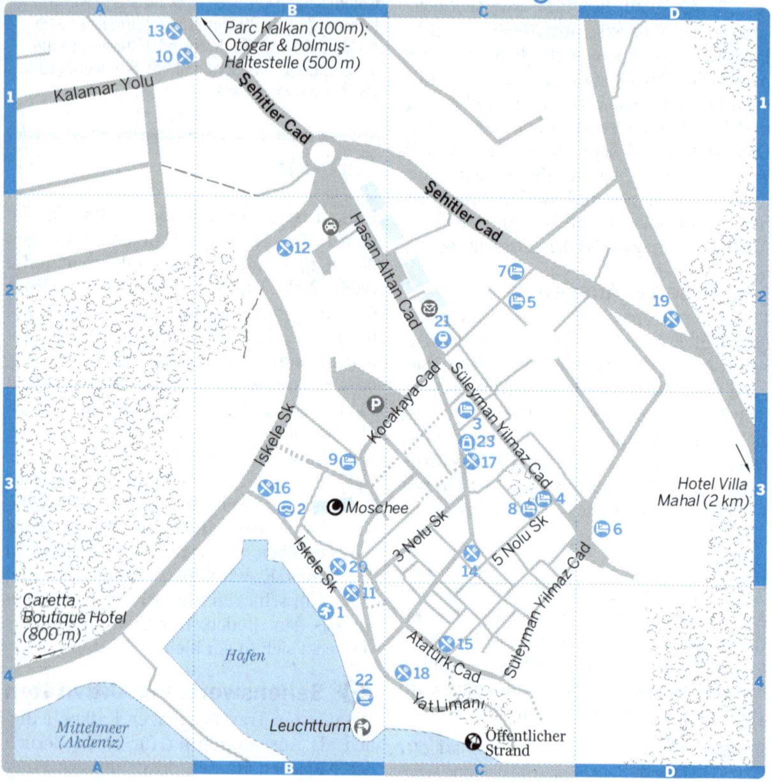

Schiffswracks, in denen sich auch nicht gerade wenige Meeresbewohner tummeln. Ansprechpartner ist das **Dolphin Scuba Team** (☎844 2242, 0533 815 9236; www.dolphinscubateam.com; Anfänger & erfahrene Taucher ab 37 £, PADI-Kurse 47–240 £) im Hafen.

Schlafen

Mit den vorwiegend privaten Ferienhäusern und vielen Hotels, die von Reisebüros und Pauschalanbietern über Monate hinweg ausgebucht sind, bietet Kalkan nicht das breite Angebot an Unterkünften, das man sonst in türkischen Ferienorten findet. Hauptsaison ist Mai bis Oktober.

LP TIPP **Hotel Villa Mahal** LUXUSHOTEL €€€
(☎0532 685 2136, 844 3268; www.villamahal.com; DZ 200–300 €, Suite 550 €;) Dies ist eines der elegantesten und stilvollsten Hotels der Türkei. Es liegt hoch oben an einer Klippe an der Westseite der Kalkan-Bucht und ist über die Straße etwa 2 km vom Ort entfernt. Die 13 Zimmer sind alle individuell in einem tadellos weißen, minimalistischen Stil mit blauen Farbklecksen hier und da konzipiert und bieten durch die riesigen Fensterfronten, die auf private Terrassen führen, einen atemberaubenden Blick auf das Meer und die Sonnenuntergänge. Der Infinity-Pool hat die Form eines Segels und führt spektakulär ins Nichts. Das Meer und eine Badeplattform liegen aber auch nur 180 Stufen entfernt. Es gibt ein Wassertaxi ins Zentrum; ein normales Taxi nach/von Kalkan kostet um die 15 ₺. Segelboote (2 Laser und 1 Topper) können für 50 ₺ pro Stunde gemietet werden.

Caretta Boutique Hotel HOTEL €€
(☎0505 269 0753, 844 3435; www.carettaboutiquehotel.com; İskele Sokak 6; EZ 45–58 €, DZ 69–85 €;) Aufgrund der abgeschiedenen Schwimmplattformen, der hervorragenden Hausmannskost und des herzlichen Empfangs, den Besitzerin Gönül und

Kalkan

Aktivitäten, Kurse & Touren
1 Anıl Boat ... B4
2 Dolphin Scuba Team ... B3

Schlafen
3 Çelik Pansiyon ... C3
4 Courtyard Hotel Kalkan ... C3
5 Gül Pansiyon ... C2
6 Holiday Pansiyon ... D3
7 Türk Evi ... C2
8 White House Pension ... C3
9 Zinbad Butik Hotel ... B3

Essen
10 Ada Patisserie ... A1
11 Aubergine ... B4
12 Foto's Pizza ... B2
13 Hünkar Ocakbaşı ... A1
14 Kalamaki ... C3
15 Korsan Fish Terrace ... C4
16 Marina Restaurant ... B3
17 Merkez Cafe ... C3
18 Mussakka ... C4
19 Öz Adana ... D2
20 Trio ... B3
Zeytinlik ... (siehe 17)

Ausgehen
21 Lighthouse ... B4
22 Moonlight Bar ... C2

Shoppen
23 Just Silver ... C3

ihr Sohn Murat ihren Gästen bereiten, ist dieses Hotel schon seit Jahren eine der beliebtesten Unterkünfte im Ort. Das Caretta hat sich von einer Pensions-Raupe in einen Boutique-Schmetterling verwandelt und bietet nun 13 helle und sonnige Zimmer (drei davon mit Whirlpool). Wer die völlige Abgeschiedenheit sucht, sollte versuchen, sich eines der zwei Zimmer mit Terrasse zu schnappen, die nicht im Haupthaus, sondern unten an den Felsen liegen (über eine Treppe erreichbar). Ein kostenloser Bootsservice zum Caretta legt unterhalb des Leuchtturms im Jachthafen ab.

White House Pension PENSION €€
(☎0532 443 0012, 844 3738; www.kalkanwhitehouse.co.uk; Süleyman Yilmaz Caddesi 24–26; EZ/DZ 100/150 ₺, FZ 175 ₺; ❄@) An einem ruhigen Plätzchen oben am Hügel liegt diese aufmerksam geführte Pension mit zehn kompakten, luftigen Zimmern – vier davon mit Balkonen – in einem makellosen Familienheim. Der absolute Hammer ist aber der Ausblick von der Terrasse. Den Garten teilt man sich mit der Schwesterunterkunft **Courtyard Hotel Kalkan** (☎844 3738, 0532 443 0012; www.courtyardkalkan.com; Süleyman Yilmaz Caddesi 24–26; EZ & DZ 350 ₺), die in zwei Landhäusern aus dem 19. Jh. mit Marmorkaminen, Holzdecken und -böden untergebracht ist. Außerdem gibt's ein „Kellerbad", das vor 400 Jahren als Wasserzisterne diente.

Türk Evi PENSION €€
(☎0533 335 3569, 844 3129; www.kalkanturkevi.com; Şehitler Caddesi 19; EZ 40 €, DZ 45–55 €; ❄📶) Das hübsche „türkische Haus" aus Stein stammt aus den 1950er-Jahren und ist von einem üppig grünen Garten umgeben. Diese hervorragende Mittelklasseoption hat neun überdurchschnittlich große Zimmer, die individuell mit alten Möbeln und farbenprächtigen Kelims ausgestattet sind. Einige der Zimmer im Obergeschoss bieten einen traumhaften Blick aufs Meer.

Zinbad Butik Hotel HOTEL €€
(☎844 3475; www.zinbadhotel.com; Mustafa Koca Kaya Caddesi 26; EZ/DZ 60/100 ₺; ❄📶) Es ist nicht ganz klar, was diese alteingesessene Unterkunft plötzlich zur Boutique-Unterkunft machen soll: Die 21 Zimmer, einige in mediterranem Blau gehalten und mit Balkon (Zimmer 302) mit Blick aufs Meer, sind jetzt genauso freundlich und komfortabel wie zuvor. Das Zinbad befindet sich nahe am Meer und liegt zentral. Extrem freundlicher Empfang garantiert.

Kelebek Hotel & Apartments HOTEL, APARTMENT €
(☎0543 375 7947, 844 3770; www.butterflyholidays.co.uk; Mantese Mahallesi 4; EZ 45–50 ₺, DZ 70–85 ₺, Apt. mit 1/2 Schlafzi. 75/125 ₺; ❄@🏊) Der „Schmetterling" liegt zwar etwas abseits vom Geschehen nördlich des Zentrums und einige hundert Meter von der D400 entfernt, die in Blau und Weiß gehaltene Unterkunft in Familienbesitz bietet aber ein für Kalkan erstaunlich gutes Preis-Leistungs-Verhältnis. Es gibt 22 Zimmer im Hauptgebäude – mit Billardtisch in der gefliesten Lobby und einem Pool vor dem Haus – und acht Apartments mit Küche

in einem separaten Trakt. Einige Zimmer warten mit einem atemberaubenden Blick auf den Hafen auf (z. B. 202).

Gül Pansiyon PENSION €
(☎0533 216 8487, 844 3099; www.kalkangulpansiyon.com; Şehitler Caddesi 7 Sokak; EZ/DZ 50/75 ₺, Apt. für 2/3/5 Pers. 90/110/180 ₺; ❄@) Die „Rose" ist ein neu entdecktes Juwel unter den Budgetunterkünften. Hier gibt's sechs Zimmer und drei Apartments (letztere mit Kochnischen und Waschmaschinen). Am besten sind die Zimmer im 3. Stock. Sie bieten eine schöne Aussicht, einen Balkon und viel Licht. Der Besitzer Ömer ist ein äußerst freundlicher Gastgeber.

Holiday Pansiyon PENSION €
(☎844 3154; Süleyman Yılmaz Caddesi 2; EZ/DZ 50/80 ₺; ❄) Die sieben Zimmer hier sind einfach, aber makellos und versprühen ein gewisses Flair. Die drei Optionen im älteren, osmanisch angehauchten Teil haben besonders viel Charme, mit Holzbalken, Spitzengardinen und wunderbaren Balkonen mit tollem Ausblick. Die Pension wird von den bezaubernden Gastgebern Ahmet und Şefıka geführt – Şefıka kann nebenbei auch noch leckere Frühstücksmarmelade kochen. Fünf der Zimmer haben eine Klimaanlage, der Rest Ventilatoren.

Çelik Pansiyon PENSION €
(☎844 2126; www.celikpansiyon.com; Süleyman Yılmaz Caddesi 9; EZ/DZ 50/70 ₺; ❄) Das Çelik ist eines von sehr wenigen preiswerten Gästehäusern in Kalkan. Es ist das ganze Jahr über geöffnet und hat acht Zimmer mit Balkonen, die zwar spartanisch eingerichtet, dafür aber picobello sauber und recht geräumig sind. Aus den beiden Mansardenzimmern im obersten Stock – ebenso wie von der Dachterrasse – hat man einen Blick über die Dächer und auf den Jachthafen des Ortes. Den besten Ausblick bieten die Zimmer 6 und 7.

Essen

Kalkans wichtigster Markttag ist der Donnerstag, sonntags gibt's aber auch noch einen kleineren Markt im Akbel-Bezirk im Nordwesten. In der Hauptsaison sollte man immer vorab reservieren, egal wo in Kalkan man essen möchte.

Korsan Fish Terrace SEAFOOD €€€
(☎844 3076; www.korsankalkan.com/FishTerrace.htm; Atatürk Caddesi; Hauptgerichte 26–40 ₺; ⏲10–24 Uhr) Auf dem Dach des aus dem 19. Jh. stammenden Patara Stone House gelegen, ist dieses Restaurant die beste Option für feine Meeresfrüchte in Kalkan. Die hausgemachte Limonade ist legendär und dienstags und samstags gibt's ab 20.30 Uhr Livejazz. Keine Lust auf Fisch? Kein Problem! Die Gastgeber Uluç und Claire haben auch eine Speisekarte mit modernen türkischen und internationalen Gerichten ohne Fisch in petto.

Guru's Place ANATOLISCH €€
(☎0536 331 1016, 844 3848; www.kalkanguru.com; Kaş Yolu; *meze*-Platte 20 ₺, Hauptgerichte 9–28 ₺; ⏲8–23 Uhr) Der freundliche Hüseyin und seine Familie (die Vorfahren lebten schon vor 400 Jahren in der Region) betreiben dieses Restaurant direkt am Meer seit 20 Jahren. Das Essen ist authentisch und immer frisch – es kommt aus dem eigenen Garten – und oft steht nur eine begrenzte Zahl an Tagesgerichten wie etwa Lammstelzen zur Auswahl. Das Restaurant liegt etwas außerhalb des Ortes an der Straße nach Kaş, es gibt aber einen kostenlosen Shuttleservice. Die kurze Fahrt lohnt sich allemal.

Hünkar Ocakbaşı TÜRKISCH €€
(☎844 2077; Şehitler Caddesi 38e; Hauptgerichte 9–17 ₺) Nach langer Wartezeit hat Kalkan nun endlich sein eigenes, authentisches *ocakbaşı* (Grillrestaurant) bekommen, in dem all die traditionellen Klassiker serviert werden. Es gibt auch Pide (6–9 ₺) und Pizzas (8–11 ₺) sowie fünf verschiedene *guveç* (Aufläufe), darunter auch eine vegetarische Option.

Mussakka TÜRKISCH €€€
(☎0537 493 2290, 844 1576; İskele Sokak 41; Hauptgerichte 24–40 ₺; ⏲9.30–1 Uhr) Dieser neue Stern an der Hafenfront sorgt für einiges Aufsehen. Einerseits mit seinem pinkfarbenen Ambiente, andererseits mit seinem Aushängeschild, dem Moussaka (26 ₺), das – und darauf wird bestanden – türkisch ist (und es ist doch griechisch!). Vegetarier dürfen sich über fünf fleischlose Hauptgerichte (16–21 ₺) freuen. Ganz besonders toll sind der wundervolle Ausblick und die große, komfortable Bar gleich am Eingang.

Marina Restaurant TÜRKISCH €€€
(☎0535 380 0970, 844 3384; İskele Sokak; Hauptgerichte 23–35 ₺; ⏲8–1 Uhr) Dieses Restaurant unter dem unübersehbaren Pirat Hotel ist und bleibt unser Lieblingsgrillrestaurant, auch wenn es, so wie alles hier, nicht mehr so günstig ist wie früher. Das Grillfleisch und die Fischgerichte sind weiterhin hervorragend, und unübertroffen ist

das im Steinofen gebackene Pide (10–15 ₺) in all seinen unendlich vielen Variationen. Hikmet gibt gern eine Empfehlung, welche der zehn täglich zubereiteten *meze* besonders lecker schmecken.

Öz Adana KEBAB €€
(☎0537 440 74 08, 844 1140; Şehitler Caddesi 1; Hauptgerichte 8–19 ₺) Das „Original Adana" befindet sich seit neuestem näher an der Straße nach Kaş, hat sich trotz des Umzugs aber nicht verändert. Die Kebab, Pide und *lahmacun* (türkische Pizza) gehören weiterhin zu den besten im Ort.

Zeytinlik MODERN-TÜRKISCH €€€
(Olivenhain; ☎844 3408; Hasan Altan Caddesi; Hauptgerichte 23–36 ₺; ✎) Ein weiteres erfolgreiches britisch-türkisches Jointventure ist dieses von Fathi und Rebecca geführte Dachterrassenrestaurant, dessen türkische Essenskreationen zum abenteuerlichsten Gastronomieerlebnis der Gegend gehören. Empfehlenswert sind die Fisch-*dolmas,* die Blätterteigecken mit Lammhackfleisch sowie alle vegetarischen Optionen.

Kalamaki MODERN-TÜRKISCH, BAR €€€
(☎844 1555; Hasan Altan Caddesi 43; Hauptgerichte 27–39 ₺) Eine moderne Location mit einer sehr stilvollen, minimalistischen Kneipe im Erdgeschoss und einem Restaurant oben drüber. Hier werden ausgezeichnete türkische Gerichte mit europäischem Touch serviert. Empfehlenswert ist das köstliche Lamm mit Pflaumen (31 ₺) oder der üppige vegetarische Auflauf (22 ₺). Gastgeber Tayfur hat alles im Griff und lässt sich auch nicht aus der Ruhe bringen, wenn Promis wie der Starkoch Gordon Ramsay hier auftauchen (im Ernst).

Trio SEAFOOD €€€
(☎0533 388 9713, 844 3380; www.triokalkan.com; İskele Sokak; Hauptgerichte 31–44 ₺; ⏲7–2 Uhr) Schon seit Jahren ist dieses Restaurant mit Bar direkt am Wasser bei britischen Expats extrem beliebt (an Silvester ist hier kein Durchkommen!). Auf den Tisch kommen vor allem (aber nicht ausschließlich) hervorragende Fischgerichte (z.B. Zackenbarsch mit Meerfenchel). Ein tolles Plätzchen für einen nachmittäglichen Cocktail, bei dem man sich in einem der bequemen Loungebereiche mit Rattanmöbeln zurücklehnen kann.

Foto's Pizza PIDE €€
(☎844 3464; www.fotospizza.com; İskele Sokak; Pizza 13–23,50 ₺) Ein Pizzarestaurant in einem Ort aufzulisten, der in Feinschmeckerkreisen einen derart guten Ruf genießt, scheint vielleicht frevelhaft zu sein. Erstens ist das Foto's aber schon immer mehr Pide als Pizza, und zweitens ist der Ausblick von der Terrasse so sensationell, dass er nicht unerwähnt bleiben darf. Es befindet sich gleich hinter dem Taxistand an einem steilen Anstieg, den die Einheimischen den Herzinfarkt-Hügel nennen. Es gibt auch Pasta (11–17 ₺), Omeletts und Aufläufe.

Aubergine MODERN-TÜRKISCH, INTERNATIONAL €€€
(Patlıcan; ☎844 3332; www.kalkanaubergine.com; İskele Sokak; Hauptgerichte 19–36 ₺; ⏲8–3 Uhr) Hier gibt's sowohl Tische direkt am Jachthafen als auch gemütliche Sitzgelegenheiten drinnen. Das Restaurant, auch unter dem Namen Patlıcan („Aubergine") bekannt, zieht seine Gäste schon aufgrund seiner Lage an. Hinzu kommen noch Spezialitäten wie das schonend gegarte Wildschwein (35 ₺) oder das Schwertfischfilet in einer cremigen Gemüsesauce (30 ₺) – und der Erfolg ist garantiert.

Merkez Cafe CAFÉ, INTERNATIONAL €€
(☎844 2823; Hasan Altan Caddesi 17; Pizza 9–17 ₺; ⏲8–1 Uhr) Ein sehr zentral gelegenes Café (genau das sagt der Name aus), das kürzlich erst umfassend aufgehübscht wurde. Hier gibt's hervorragendes Gebäck und Kuchen, wie etwa das sündhaft leckere Schokoladen-Baklava (7 ₺) oder Kokosnuss- und Mandelmakronen (4 ₺). Zu den substanzielleren Angeboten gehören Pizzas (9–17 ₺) und Pasta.

Ada Patisserie CAFÉ €
(☎844 2536; Kalamar Yolu; Kuchen 5–10 ₺; 📶) Das bezaubernde kleine Café mit Patisserie liegt am Anfang der Straße nach Kalamar und bietet selbstgemachte Köstlichkeiten an. Hier gibt's WLAN.

Ausgehen

Lighthouse GARTENLOKAL, CAFÉ
(☎844 3752; Yat Limanı; Bier 6 ₺; ⏲8.30–2.30 Uhr) Das ehemalige Fener (türkisch für „Leuchtturm" – seine Lage erklärt sich von selbst) kommt einem Biergarten so nah wie kein anderes Lokal in Kalkan. Es ist bei Einheimischen ebenso beliebt wie bei Expats und Besuchern. Wer auf der Suche nach einer bestimmten Person in Kalkan ist, sollte es hier zuerst probieren.

Parc Kalkan BAR, KNEIPE
(☎844 1634; www.kalkanparc.com; Şehitler Caddesi 36) Diese ebenbürtige Mischung aus

Speiselokal (Snacks 7–11 ₺, Hauptgerichte 14–26 ₺) und Bar liegt auf einem gartenähnlichen Areal gleich an der Hauptstraße, die in den Ort hineinführt, und ist die Lieblingskneipe der Expat-Gemeinde. Regelmäßig werden Quizabende veranstaltet.

Moonlight Bar BAR
(☎844 3043; Süleyman Yılmaz Caddesi 17; Bier 7 ₺; ⌚9–4 Uhr) Das Moonlight liegt etwas unterhalb des Postamts. Diese älteste Bar in Kalkan ist noch immer die mit der meisten Action, obwohl ein großer Anteil derer, die draußen an den Tischen sitzen oder drinnen die kleine Tanzfläche bevölkern, Reisende sind.

Shoppen

Just Silver SCHMUCK
(☎844 3136; Hasan Altan Caddesi 28) Im berühmtesten Geschäft Kalkans stehen vor allem weibliche Schmuckliebhaber Schlange, um sich ein hübsches Andenken für Ohr, Nase, Hals, Finger oder Zeh zu sichern.

Praktische Informationen

Kalkan Turkish Local News (KTLN; http://kalkan.turkishlocalnews.com) Ein gut informierter britischer Expat betreibt diese unabhängige, umfassende und zuverlässige Website mit Infos rund um Kalkan.

Mavi Biligisaya Internet Cafe (Hasan Altan Caddesi 2; 3 ₺/Std.; ⌚8.30–17 Uhr, Mai–Okt. bis 21 Uhr.) Im 3. Stock des alten *belediye* (Rathaus) mit einer Handvoll Terminals und WLAN.

An- & Weiterreise

Minibusse verbinden Kalkan mit Fethiye (11 ₺, 1½ Std., 83 km) und Kaş (5 ₺, 35 Min., 29 km) und halten dabei auch am Strand von Kaputaş (3 ₺, 15 Min., 7 km) an. Täglich fahren auch etwa acht Minibusse nach Patara (5 ₺, 25 Min., 15 km).

Rund um Kalkan

İSLAMLAR

Dieses alpin anmutende, ehemals griechische Bergdorf ist ein beliebtes Ziel für alle, die dem hektischen, 8 km südlich gelegen Kalkan entfliehen wollen. Zu seinen Attraktionen gehören die Temperatur, die hier im Sommer 5 °C unter der in Kalkan liegt, und etwa ein Dutzend Forellenrestaurants, die ihren Fisch frisch aus dem eisigen Gebirgsbach angeln. Auf dem Dorfplatz lohnt ein Blick auf eine der beiden noch intakten Mühlen, die weiterhin von Wasserkraft angetrieben werden, und den großen Mühlstein, der das Getreide der Dorfbewohner zu Mehl mahlt. Ein ganzes Stück weiter südlich auf einer unebenen, unbefestigten Straße liegt das **Çiftlik** (☎838 6055, 0537 421 6129), unser Lieblingsrestaurant, in dem eine frische Forelle (8 ₺) mit ein paar *meze*, Salat und Pommes nicht viel mehr als 15 ₺ pro Person kostet. Das nahe **Değirmen** (☎838 6295, 0532 586 2734) ist etwas eleganter aber dennoch authentisch. Hier wird aus selbst geerntetem und im Keller gemahlenem Sesam Tahina hergestellt. Beide Restaurants bieten einen schönen Ausblick!

Wer hier einfach nicht mehr weg will, der findet im **Grapevine Cottage** (☎838 6078, 0534 744 9255; verydeb@gmail.com; DZ 100 ₺) sein persönliches kleines Paradies. Die Britin Deborah führt diese zwischen Zitrushainen und Weinbergen gelegene Unterkunft mit zwei Zimmern, die beide mit mexikanischen Kacheln dekoriert sind (Deborah hat ein Haus in Mexiko). Der Blick von der Frühstücksterrasse hinaus aufs Meer ist unbezahlbar, und Marmelade und Brot sind hausgemacht. Der Transport von/nach Akbel, einem Vorort nordwestlich vom Zentrum Kalkans, kann arrangiert werden. Mit öffentlichen Verkehrsmitteln kommt man nicht hierher. Das Grapevine liegt direkt am Lykischen Weg und ist somit die perfekte Unterkunft für Wanderer.

BEZİRGAN

In einem hoch gelegenen Tal, etwa 17 km nordöstlich von Kalkan, liegt das wunderschöne Dorf Bezirgan, ein zeitloses Beispiel des ländlichen Lebens in der Türkei. Auf einem 725 m hohen Hügel über Obstplantagen und Sesamfeldern thront die lykische Zitadelle von **Pirha**.

Eine Übernachtungsmöglichkeit bietet das **Owlsland** (☎837 5214; www.owlsland.com; Zi. pro Pers. 95 ₺, inkl. HP 140 ₺), das von einem bezaubernden türkisch-schottischen Paar geführt wird. Das 150 Jahre alte Bauernhaus ist idyllisch von Obstbäumen umgeben und Erol, ein ausgebildeter Koch, zaubert aus lokal angebauten Zutaten traditionelle türkische Gerichte, während Pauline für die hausgemachte Marmelade und Ingwerkuchen zuständig ist. Die drei Zimmer sind einfach, aber gemütlich, wurden kaum verändert und sind mit alten landwirtschaftlichen Gerätschaften dekoriert. Das Zimmer im oberen Stock mit Balkon und traditioneller Deko ist besonders hübsch.

An- & Weiterreise

Stündlich verkehren Minibusse zwischen Kınık und Elmalı und halten dabei auch im Akbel-Bezirk in Kalkan (4 ₺). Auf Wunsch kann man in Bezirgan aussteigen. Auch eine direkte Busverbindung nach/von Antalya wird angeboten.

Wer motorisiert unterwegs ist, fährt von Kalkan aus Richtung Norden, überquert die D400, die Fethiye mit Kaş verbindet, und folgt den Schildern nach Sütleğen und Elmalı. Die Straße steigt kontinuierlich an und gewährt einen großartigen Blick übers Meer. Sie führt weiter hinein in die Berge und passiert dabei das Haus eines der Autoren dieses Kapitels. Sobald die Straße den Pass überquert hat, kommt unten schon Bezirgan in Sicht. Die erste Abzweigung nach Bezirgan einfach ignorieren und stattdessen die zweite nehmen. Die Abzweigung zur Unterkunft Owsland ist angeschrieben, kurz bevor die Straße in Richtung Sütleğen wieder ansteigt.

Kaş

☎0242 / 7200 EW.

Das Städtchen Kaş (etwa „Kasch“ ausgesprochen) ist nicht ganz so edel wie Kalkan und hat vielleicht nicht die schönsten Strände der Region, es ist jedoch bei Seglern sehr beliebt und die Atmosphäre ist wunderbar entspannt. Die Umgebung bietet sich für Tagesausflüge mit dem Boot oder einem Roller an, und es werden zahllose Abenteuersportarten angeboten, darunter auch hervorragende Möglichkeiten zum Wracktauchen.

Westlich der Altstadt liegt die 6 km lange Halbinsel Çukurbağ, an deren Anfang ein gut erhaltenes altes Theater steht. Dies ist so gut wie alles, was vom antiken Antiphello – so der Name der ursprünglichen lykischen Stadt hier – übrig geblieben ist. Oberhalb des Ortes wurden mehrere lykische Felsengräber in die Steinwand geschlagen, die bei Nacht beleuchtet sind.

Gleich vor der Küste liegt als geopolitischer Ausreißer die griechische Insel Meis (Kastellorizo), die ebenfalls besucht werden kann.

Sehenswertes & Aktivitäten

Ruinen von Antiphellos RUINEN

Östlich des Hauptplatzes führt die steil ansteigende Uzun Çarşı Sokak – die Straße aus der Römerzeit wird von den Einheimischen nur „die glatte Straße“ genannt – hinauf zum **Königsgrab**. Dieses ist ein großartiges Beispiel eines lykischen Sarkophags aus dem 4. Jh. und thront auf einem hohen Podest. Auf seinem Deckel sind zwei Löwenköpfe abgebildet.

Antiphellos war eine kleine Siedlung und diente Phellos, der viel größeren lykischen Stadt weiter nördlich in den Hügeln, als Hafen. Das kleine hellenistische **Theater**, 500 m westlich des Hauptplatzes, bot 4000 Zuschauern Platz und ist sehr gut erhalten. Auch die in die blanken Steilwände über dem Ort geschlagenen und bei Nacht beleuchteten **Felsengräber** können zu Fuß erreicht werden. Der Weg ist allerdings anstrengend und deshalb empfiehlt es sich, die Hitze des Mittags zu meiden.

Strände STRAND

1 km nördlich vom Ortskern liegt der relativ saubere **Büyük Çakıl** (Großer Kiesel). Der **Akçagerme Plajı** ist ein öffentlicher Strand gegenüber dem Ortsausgang nach Gökseki, an der Straße nach Kalkan in Richtung Westen gelegen. **İnceboğaz** ist ein Kiesstrand am Anfang der Halbinsel. Die beste Option ist aber eine kurze Fahrt mit einem der im Hafen liegenden Wassertaxis (10 ₺) zu einem der drei Strände auf der gegenüberliegenden Halbinsel **Liman Ağzı**.

Tauchen TAUCHEN

Kaş ist in der Region das wichtigste Zentrum für Tauchen im Mittelmeer, und es gibt viele Wracks und mehr Meereslebewesen als man unter der Wasseroberfläche vermuten würde. Einige Anbieter sind auf Taucher spezialisiert, darunter das **Subaqua Diving Centre** (☎0532 221 0129; www.subaquadive.com) im Hafen und **Sundiving** (☎0532 254 0710, 836 2637; www.sundiving.com) auf dem Kaş Camping. Schnuppertauchen kostet um die 35 € und Taucher mit Erfahrung bezahlen für zwei Tauchgänge mit Mittagessen 50 €. Dreitägige Open-Water-PADI-Kurse beginnen bei 285 €.

Geführte Touren

Die meisten Unternehmen haben mehr oder weniger die gleichen Ausflüge im Angebot, wer möchte kann sich aber seine eigene Tour zusammenschneidern (der Preis ist Verhandlungssache).

Zu den Klassikern gehört die dreistündige **Bus- und Bootstour** (40–50 ₺) nach Üçağız und Kekova – ein netter Tagesausflug, im Rahmen dessen einige interessante Ruinen besichtigt werden und auf dem auch einige Schwimmstopps eingeplant sind.

Weitere Standardtouren sind die Fahrt zur Mavi Mağara (Blaue Höhle), nach Pata-

ra und Kalkan sowie zu ein paar der nahen Inseln. Es werden auch Überlandtouren zur Schlucht von Saklıkent angeboten.

Eine tolle Alternative ist es, im Jachthafen ein Boot zu chartern. Für einen ganzen Tag rund um die Inseln vor Kaş bezahlt man für das komplette Boot mit Platz für bis zu acht Personen zwischen 200 und 250 ₺.

Es gibt mehrere gute Tourenveranstalter:

Bougainville Travel OUTDOORAKTIVITÄTEN
(☎836 3737; www.bougainville-turkey.com; İbrahim Serin Sokak 10) Der alteingesessene englisch-türkische Veranstalter hat einen guten Ruf und viel Erfahrung bei der Organisation von Tagesaktivitäten, darunter Canyoning (110 ₺), Mountainbiken (90 ₺), Gleitschirmfliegen (210 ₺ für Flüge von 20–30 Min.), Gerätetauchen (55 ₺/Tauchgang inkl. Ausrüstung, 80 ₺ für ein Schnuppertauchen) und Seekajakfahren (70 ₺). Hier findet man auch Experten für Wanderungen auf dem Lykischen Weg und maßgeschneiderte Touren in der ganzen Türkei.

Olympica Travel Agency REISEAGENTUR
(☎0532 498 8228, 836 2049; www.olympicatravel.com; Cumhuriyet Meydanı, Necip Bey Caddesi 14) Das Olympica ist darauf spezialisiert, individuelle Aktivtouren zusammenzustellen, die auf die Zeit, die Interessen und das Budget der Kunden abgestimmt sind.

Xanthos Travel OUTDOORAKTIVITÄTEN
(☎0533 561 0710, 836 3292; www.xanthostravel.com; İbrahim Serin Caddesi 5/A) Ein freundlicher Anbieter, der jegliche Art von Aktivitäten und Ausflügen organisieren kann, darunter auch Fahrten mit dem Seekajak in Kekova (60–70 ₺, oder 90 ₺ mit Aperlai).

Feste & Events

Lykia-Festival in Kaş FESTIVAL
Das alljährliche Lykia-Festival in Kaş findet Ende Juni statt und dauert drei Tage. Dabei treten bekannte Volkstanzgruppen

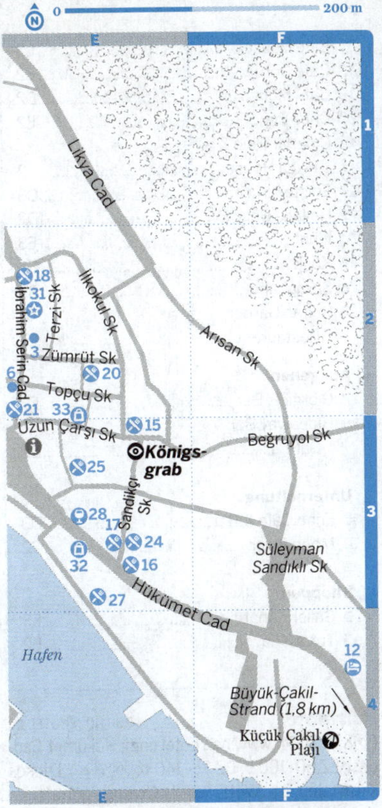

und Musiker auf, und es gibt einen internationalen Schwimmwettkampf. Das Festival bemüht sich auch um ein besseres Verhältnis zwischen Griechenland und der Türkei.

Schlafen

Die meisten – aber nicht alle – erschwinglichen Unterkünfte in Kaş liegen westlich und nordwestlich vom Zentrum am Wasser und am Hügel rund um die Yeni Cami (Neue Moschee).

LP TIPP **Hideaway Hotel** HOTEL €€
(☎0532 261 0170, 836 1887; www.hotelhideaway.com; Eski Kilise Arkası Sokak 7; EZ 40–60 ₺, DZ 60–120 ₺;) Das Hideaway trägt seinen Namen („Zufluchtsort") zu Recht. Es liegt am Stadtrand in einer ruhigen Straße und wird mit jedem Jahr besser. Geführt wird es vom unaufhaltsamen Ahmet, der bestens über den Ort und die Umgebung informiert ist. Die 19 komfortablen Zimmer haben alle einen Balkon, und sechs davon bieten einen schönen Blick aufs Meer. Die kürzlich renovierten, ganz in Weiß gehaltenen Zimmer mit Regenduschen und Deckenventilatoren sind angenehm luxuriös. Es gibt einen kleinen Pool und eine Dachterrasse mit PCs, DVD-Player, einer Bar (auf Vertrauensbasis) und einem Blick aufs Meer und aufs Amphitheater. Für gerade einmal 15 ₺ bekommt man hier einfache Gerichte, und es gibt eine Kaffeemaschine, die echten (!) Kaffee brüht.

Hotel Hadrian RESORT €€€
(☎836 2856; www.hotel-hadrian.de; Doğan Kaşaroğlu Sokak 10; EZ 80–100 €, DZ 125–140 €, Suite ab 160 €;) Etwa auf halber Höhe der Halbinsel liegt das Hadrian, das sich in deutscher Hand befindet. Diese tropische Oase hat 14 Zimmer und Suiten – die unechten klassischen Statuen geben dem Ganzen allerdings einen leicht kitschigen Touch. Der große Pool mit Meereswasser und die eigene Schwimmplattform sind toll, und der Blick von der Bar auf der Terrasse ist so fantastisch, dass man sich kaum mehr losreißen kann. Die beste Wahl sind Zimmer 110 und Apartment A3.

White House Pension PENSION €€
(☎0532 550 2663, 836 1513; www.orcholiday.com; Yeni Cami Caddesi 10; EZ 60–85 ₺, DZ 100–140 ₺;) Holz, Schmiedeeisen, Marmor und Terrakotta-Farbe machen die Pension mit ihren acht attraktiven Zimmern und der hübschen Terrasse zu einem stilvollen kleinen Juwel. Empfehlenswert ist das Zimmer unterm Dach mit dem netten Balkon, das nach hinten hinaus geht. Der Empfang ist sehr freundlich.

Anı Pension & Guesthouse PENSION €
(☎0533 326 4201, 836 1791; www.motelani.com; Süleyman Çavuş Caddesi 12; B 25 ₺, EZ 30–50 ₺, DZ 50–60 ₺;) Gastgeber Ömer ist wirklich auf Zack. Er arbeitet unaufhörlich an der Verbesserung seiner Pension mit 15 kleinen, aber makellosen Zimmern mit Balkon und neuen Bädern. Es gibt einen Büchertausch, eine entspannte Dachterrasse mit DVD-Player, einen *köşk* (Loungebereich) mit Kissen und Wasserpfeifen und eine Bar. Die Gäste können die Küche mitbenutzen und manchmal gibt's ein Barbecue (15 ₺). Ömer verleiht außerdem Liegestühle und Sonnenschirme für den Strand.

Olea Nova Boutique Hotel BOUTIQUEHOTEL €€€
(☎836 2660; www.oleanova.com.tr; Demokrasi Caddesi 43; EZ & DZ 90–150 €;) Ein

Kaş

Highlights
Antiphellos-Theater ... A2
Königsgrab ... E3

Sehenswertes
1 Yeni Cami ... B2

Aktivitäten, Kurse & Touren
2 Boote zum Liman-Ağzı-Strand ... D3
3 Bougainville Travel ... E2
4 Olympica Travel Agency ... D3
5 Subaqua Diving Centre ... D3
6 Xanthos Travel ... E2

Schlafen
7 Anı Pension & Guesthouse ... B2
8 Ateş Pension ... B2
9 Hideaway Hotel ... B2
10 Hilal Pansiyon ... B2
11 Kaş Otel ... C3
12 Narr Hotel ... F4
13 Santosa Pansion ... B2
14 White House Pension ... C3

Essen
15 Bahçe Restaurant ... E3
16 Bi Lokma ... E3
17 Blue House ... E3
18 Cafe Corner ... E2
19 Cafe Mola ... D2
20 Chez Evy ... E2
21 Çınarlar Pide & Pizza House ... E2
22 Enişte'nin Yeri ... C3
23 Havana Balık Evi ... D2
24 İkbal ... E3
25 Köşk ... E3
26 Şaraphane ... B3
27 Sultan Garden Restaurant ... E3

Ausgehen
28 Giorgio's Bar ... E3
29 Hideaway Bar & Cafe ... D2

Unterhaltung
30 Echo Cafe & Bar ... D3
31 Moon River ... E2

Shoppen
32 Gallery Anatolia ... E3
33 Turqueria ... E2

wirklich beeindruckendes neues Boutiquehotel mit 19 Zimmern, das etwa 2 km vom Ortskern entfernt auf der Halbinsel zu finden ist. Das Olea Nova ist im Ferienhaus eines früheren Lehrers untergebracht und befindet sich inmitten von Olivenhainen auf einem Hügel über dem Meer mit tollem Blick direkt auf die griechische Insel Meir. Der nierenförmige Pool mit Terrassenbar ist zwar praktisch, hübscher ist aber die Badeplattform, 100 m weiter unten am Meer. Die Zimmer sind mit Deckenventilatoren und Klimaanlage ausgestattet. Die besten unter ihnen bieten einen großartigen Blick aus dem Bad.

Santosa Pansion
PENSION €

(☎0535846 3584, 836 1714; www.santosapension.com; Recep Bilgin Sokak 4; EZ 50–60 ₺, DZ 60–90 ₺; ❄@) Sauber, ruhig und preiswert – so kann diese Backpacker-Unterkunft am besten beschrieben werden. Die elf Zimmer sind einfach, aber mit hübschen Blumenmustern dekoriert und für ihren Preis wirklich super. Das Paar, das die Pension betreibt, kocht hervorragend. Empfehlenswert sind die Barbecues (25 ₺) und die vegetarischen Menüs (15 ₺).

Narr Hotel
BOUTIQUEHOTEL €€

(☎836 2024; www.narrhotel.com; Hükümet Caddesi; EZ 60–100 ₺, DZ 85–140 ₺; ❄📶🏊) Dieses schmale, in Weiß und Creme gehaltene Boutiquehotel hat 15 Zimmer und liegt direkt gegenüber einem hübschen Kiesstrand mit Badeplattformen. Mit seiner Lage und seinem Stil bietet das Hotel ein gutes Preis-Leistungs-Verhältnis. Sieben der Zimmer (darunter 201 & 202) haben direkten Blick aufs Meer und hinüber zur griechischen Insel Meis.

Ateş Pension
PENSION €

(☎0532 492 0680, 836 1393; www.atespension.com; Amfitiyatro Sokak 3; B 25–30 ₺, EZ 40–60 ₺, DZ 60–80 ₺; ❄@) Recep und Ayşe halten diese freundliche Pension gut in Schuss. Es gibt 17 etwas kleine Zimmer, darunter ein Schlafsaal mit vier Betten. Die Bäder sind frisch renoviert und auf der hübschen Dachterrasse werden Barbecues (20 ₺) veranstaltet. Die Gäste können den Pool des nahen Hideaway Hotel benutzten.

Kaş Otel
HOTEL €€

(☎0533 223 5913, 836 1271; www.myhotelkas.com; Hastane Caddesi 15; EZ/DZ 100/150 ₺; ❄)

Die 22 Zimmer sind einfach, der Preis ist aber durch die sagenhafte Lage am Wasser gerechtfertigt. Das Meer ist in der Tat so nahe, dass man das Schlagen der Wellen von der Terrasse und den Balkons von zehn der Zimmer hören kann. Zudem gibt's eine Schwimmplattform. Die zwölf etwas abseits vom Wasser gelegenen Zimmer sind weniger schön.

Hilal Pansiyon PENSION €€
(☎0532 615 1061, 836 1207; www.korsan-kas.com; Süleyman Yıldırım Caddesi 8; EZ 19–22 €, DZ 28–35 €, 3BZ 36–45 €; ❄@📶) Diese Pension mit 16 unspektakulären Zimmern, einem überwältigenden Ausblick und einer begrünten Terrasse, auf der manchmal Barbecues (15 ₺) stattfinden, wird vom freundlichen Süleyman geführt. Das Reisebüro unten im Haus gewährt Gästen der Pension einen Rabatt von 10 % auf Aktivitäten wie Kajakfahren, Tauchen und Ausflüge nach Saklıkent. Fahrräder stehen den Gästen kostenlos zur Verfügung.

Kaş Camping CAMPING €
(☎836 1050; www.kaskamping.com; Hastane Caddesi 3; Stellplatz 20–40 ₺, Bungalow Standard/Deluxe 65/160 ₺; ❄@) Der Campingplatz liegt an einem hübschen felsigen Vorsprung am Anfang der Halbinsel, 800 m westlich vom Ort und 100 m vom Meer entfernt. Er ist sehr beliebt und hat eine lebhafte Terrassenbar. Die Deluxe-Bungalows bieten Bad und Klimaanlage.

Essen

Kaş kann zwar nicht mit demselben kulinarischen Angebot aufwarten wie Kalkan, aber dennoch gibt's hier, südöstlich vom Hauptplatz und besonders rund um die Sandıkçı Sokak, einige hervorragende Restaurants.

An jedem Freitag wird auf der alten Straße nach Kalkan ein großer Freiluftmarkt abgehalten.

LP TIPP **İkbal** MODERN-TÜRKISCH €€€
(☎836 3193; Sandıkçı Sokak 6; Hauptgerichte 20–34 ₺; ⏲9–24 Uhr) Das wohl beste Restaurant in Kaş wird von Vecdi und seiner deutschen Frau Barbara geführt. Auf der kleinen, aber gut durchdachten Speisekarte stehen hervorragende Fischgerichte und die Spezialität des Hauses: schonend gegarte Lammkeule. Erwähnenswert ist auch die gute Auswahl an türkischen Weinen aus verschiedenen Weinbergen am Mittelmeer.

Şaraphane TÜRKISCH €
(☎0532 520 3262, 836 2715; Yeni Cami Caddesi 3; Hauptgerichte 12–25 ₺) Das „Weinhaus" ist ein exzellenter Newcomer in der Altstadt von Kaş. Hier können die edlen Tropfen in gemütlicher Umgebung genossen werden. Das Restaurant ist mit einem ausgeblichenen Dielenboden ausgelegt, es gibt eine offene Küche und – in den kälteren Monaten – ein knisterndes Kaminfeuer. Serviert werden normale, gutbürgerliche Gerichte, die Atmosphäre ist aber toll und es gibt nette Extras, wie etwa kostenlose hausgemachte *meze*. Hervorragender Service.

Köşk MEZE €€
(☎836 3857; Gürsoy Sokak 13; Hauptgerichte 14–25 ₺) An einem hübschen kleinen Platz an einer Kopfsteinpflasterstraße, die vom Wasser wegführt, ist das Köşk in einem rustikalen, 150 Jahre alten Haus mit zwei Terrassen und Sitzgelegenheiten in einem offenen Hof untergebracht. Angeboten werden sehr gute Grillgerichte und die *meze* (6–7 ₺) – es gibt sie in über 30 Variationen – sind himmlisch.

Blue House MEZE €€
(☎836 1320; Sandıkçı Sokak 8; Hauptgerichte 20–34 ₺) Der Eingang und Balkon dieses stimmungsvollen Restaurants mit tollem Ausblick sind in einem unverwechselbaren Blau angestrichen, der wahre Grund für einen Besuch hier sind aber die leckeren *meze*. Das „Blaue Haus" ist ein Familienbetrieb: Die Frauen des Hauses bereiten die Speisen in der eigenen Küche zu. Wer auf die Terrasse will, muss hier durch.

Bi Lokma MEZE €€
(☎836 3942; www.bilokma.com.tr; Hükümet Caddesi 2; Hauptgerichte 13–21 ₺; ⏲9–24 Uhr) Die Tische im auch als „Mamas Küche" bekannten Bi Lokma stehen kreuz und quer in einem Terrassengarten mit Blick auf den Hafen verstreut. Sabo (die Mama) kocht tolle traditionelle Gerichte wie etwa acht verschiedene *meze* und ihre berühmten *mantı* (13 ₺) und *börek* (gefülltes Gebäck; 13 ₺).

Cafe Mola CAFÉ €€
(☎836 1994; Emin Erdem Meydanı 3/B; Gerichte 7–12 ₺; ⏲8.30–23 Uhr) Hier fühlt man sich auch fern der Heimat wie zu Hause. Das gesellige Café serviert ein hervorragendes türkisches Frühstück (12 ₺), Sandwiches (7 ₺) und *mantı* (10 ₺). Es gibt eine Espressomaschine, und die Angestellten zaubern eine ausgezeichnete frische Pfefferminzlimonade (5 ₺).

Sultan Garden Restaurant ANATOLISCH €€€
(☎836 3762; www.sultangarden.co.uk; Hükümet Caddesi; Hauptgerichte 20–32 ₺) Dieses begrünte Restaurant mit einer Terrasse, von der man den Hafen überblickt, und einer noch funktionstüchtigen Zisterne ist ein alteingesessener Favorit mit tollem Service und sowohl traditionellen als auch kreativen türkischen Gerichten. Unbedingt das Sultan's Delight (24 ₺) probieren, ein gut gewürztes Lammragout auf Auberginenpüree.

Havana Balık Evi SEAFOOD €
(☎836 4111; Öztürk Sokak 7; Hauptgerichte 6–14 ₺; ⌚9–24 Uhr) Wo hier die Verbindung zu Kuba liegt, ist zwar ein Rätsel, wir mögen dieses Restaurant aber auch nicht wegen der aufwändigen Hauptgerichte, sondern wegen des *balık ekmek* (6 ₺). Das einfache Fischsandwich zählt in den Küstenregionen der Türkei zu den Grundnahrungsmitteln. Alkohol muss man selbst mitbringen.

Chez Evy FRANZÖSISCH €€€
(☎836 1253; Terzi Sokak 4; Hauptgerichte 25–40 ₺; ⌚19–24 Uhr) Dieses französische Restaurant ist eine echte Institution in Kaş. Es wird von der unermüdlichen Evy geführt und liegt etwas versteckt in einer Seitenstraße oberhalb des Ortes. Evy bringt Klassiker wie *gigot d'agneau* und *filet de boeuf sauce béarnaise* sowie viele verschiedene Salate auf den Tisch. Die Preise sind zwar recht hoch, solch eine kulinarisches Erfahrung ist in Kaş aber auch einzigartig.

Enişte'nin Yeri TÜRKISCH €
(☎836 4404; Necip Bey Caddesi; Gerichte 5–15 ₺) Genau gegenüber der Yapı Kredi Bank befindet sich das „Lokal des Schwagers". Die Pide, Grillgerichte, Suppen und Salate sind sehr gut (und günstig) und können entweder im hübschen Hof oder im klimatisierten Esszimmer genossen werden.

Bahçe Restaurant TÜRKISCH €€
(☎836 2370; Uzun Çarşı Sokak 31; Hauptgerichte 15–30 ₺) Gegenüber dem monumentalen Königsgrab liegt das Bahçe mit seinem hübschen Garten. Serviert werden hervorragende Gerichte zu moderaten Preisen, wie etwa eine beeindruckende Auswahl an *meze* (6–7 ₺). Der in Papier gewickelte Fisch (24 ₺) bekommt begeisterte Kritiken.

Çınarlar Pide & Pizza House PIDE €€
(☎836 2860; İbrahim Serin Sokak 4; Pide 8,50–14 ₺, Pizza 12–20 ₺; ⌚8–1 Uhr) Dieses Lokal ist schon lange bei den jüngeren Einwohnern von Kaş beliebt, die von den erschwinglichen Pide, von Pizza und von Popmusik angezogen werden. Abseits der Straße versteckt sich noch ein hübscher Hof.

Cafe Corner CAFÉ, BAR €€
(☎836 3661; İbrahim Serin Sokak 20; *meze* 5 ₺, Gerichte 12–18 ₺; ⌚8–1 Uhr) Diese gut aufgestellte Café-Bar versprüht eine angenehm relaxte Atmosphäre und serviert preisgünstige Drinks. Zudem werden recht gute Snacks und leichte Gerichte sowie Frühstück (9 ₺) angeboten.

🍷 Ausgehen & Unterhaltung

Giorgio's Bar BAR
(☎0544 608 8687; Cumhuriyet Meydanı) Am Hauptplatz steht das Georgio's mit toller Musik (mehrmals pro Woche auch live) und

MEIS EXPRESS

Die Schnellfähre **Meis Express** (www.meisexpress.com; einfache Strecke oder hin & zurück am selben Tag 40 ₺) setzt um 10 Uhr (Winter 10.30 Uhr) zur winzigen griechischen Insel Meis (Kastellorizo) über und fährt um 16 Uhr (Winter 15 Uhr) wieder zurück. Die Überfahrt dauert nur 20 Minuten. Meis ist ein einfaches Fischerdorf mit ein paar wenigen Restaurants, einer hervorragenden Bäckerei und einem Duty-Free-Shop mit griechischem Wein und Schweinefleisch. Man kann eine Reihe von tollen Wanderungen über den Hügel unternehmen oder sich in der alten Kirche das gute Fotomuseum ansehen. Es ist auch möglich, die Nacht auf Meis zu verbringen oder weiter aufs griechische Festland zu reisen. Nach Rhodos gibt's regelmäßige Fährverbindungen (18 €, 4½ Std., 3-mal pro Woche) und im Sommer zusätzlich einen Hochgeschwindigkeitskatamaran (32 €, 2½ Std.). Meis hat sogar eine kleine Landebahn, von der freitags bis mittwochs um 17.30 Uhr Flüge nach Rhodos (30 €, 30 Min.) starten. Die beste Anlaufstelle vor Ort für Infos ist **Papoutsis Travel** (☎+30 22460 49 286; www.greeklodgings.gr).

Tickets nach Meis gibt's bei Meis Express im Hafen oder in jedem Reisebüro, so etwa bei Olympica (S. 314). Da noch Einreiseformalitäten erledigt werden müssen, empfiehlt es sich, bereits eine halbe Stunde vor Abfahrt da zu sein.

tollem Service. Bedenkt man die gute Lage, sind die Getränkepreise (Cocktails ab 18 ₺) eigentlich ganz moderat.

Hideaway Bar & Cafe BAR, CAFÉ
(☎836 3369; Cumhuriyet Meydanı 16/A; Bier 6–8 ₺; ⊙16–3 Uhr) Die charmante Mischung aus Bar und Café mit dem passenden Namen versteckt sich in einem Garten, der über einen geheimen Zugang von der Straße aus erreichbar ist. Es gibt türkisches Frühstück (20 ₺) und sonntags einen Brunch, aber auch Kuchen und Snacks stehen auf der Speisekarte.

Moon River BAR
(☎836 4423; İbrahim Serin Sokak 1/D; Bier 5 ₺; ⊙8–3 Uhr; 📶) Die ehemalige Harry's Bar hat sich selbst als Lounge-Bar neu erfunden und bietet mehrmals pro Woche Livemusik. Es gibt sehr guten Kaffee und die Getränkepreise sind o.k.

Echo Cafe & Bar BAR, CLUB
(☎836 2047; www.echocafebar.com; Limanı Sokak; ⊙8–4 Uhr) In dieser angesagten und stylishen Lounge-Bar in der Nähe einer alten Zisterne am Hafen (5. Jh. v.Chr.!) schlürft die High Society von Kaş zu Jazzmusik (vom Band oder auch live) ihre Fruchtdaiquiris. Die luftige Galerie im oberen Stock hat hübsche kleine Balkons mit Blick aufs Meer.

Shoppen

Turqueria ANTIQUITÄTEN, KUNSTHANDWERK
(☎836 1631; Uzun Çarşı Sokak 21) Dieser Laden wird von Orhan und Martina betreiben, ein bezauberndes deutsch-türkisches Pärchen, das schon lang in Kaş lebt. Die Turqueria ist eine echte Fundgrube, die von alten Drucken und Werbeplakaten bis hin zu seltenen handgefertigten türkischen Marionetten aus Leder alles im Angebot hat.

Gallery Anatolia KERAMIKEN
(☎836 1954; www.gallery-anatolia.com; Hükümet Caddesi 2; ⊙9–23 Uhr) Eine sehr exklusive Galerie am Jachthafen, die vor Ort gestaltete Keramikarbeiten verkauft.

Praktische Informationen

Computer World (☎836 2700; Bahçe Sokak; 3 ₺/Std.; ⊙9–23 Uhr) Computerladen gegenüber der Post mit 13 Terminals.

Touristeninformation (☎836 1238; Cumhuriyet Meydanı; ⊙Mai–Okt. tgl. 8–17 Uhr, Nov.–April Mo–Fr 8–12 & 13–17 Uhr) Bedingt hilfreiches Büro am Hauptplatz mit Stadtplänen und ein paar Broschüren.

An- & Weiterreise

Der ***otogar*** befindet sich auf dem Atatürk Bulvarı 350 m nördlich vom Zentrum. Von hier aus fahren täglich um 6.30 Uhr Busse nach İstanbul (65 ₺, 15 Std., 985 km). Es gibt auch Direktverbindungen nach İzmir (40 ₺, 8½ Std., 440 km).

Für Ziele in der näheren Umgebung stehen Dolmuşlar zur Verfügung, die etwa alle halbe Stunde nach Kalkan (5 ₺, 35 Min., 29 km), Olympos (18 ₺, 2½ Std., 109 km) und Antalya (23 ₺, 3½ Std., 188 km) und einmal pro Stunde nach Fethiye (15 ₺, 2½ Std., 107 km) fahren. Busse nach Patara (7,50 ₺, 45 Min., 40 km) starten in der Hauptsaison jede halbe Stunde, sonst einmal pro Stunde. Auch die Schlucht von Saklıkent (12,50 ₺, 1 Std., 52 km) ist von hier aus zu erreichen.

Üçağız & Kekova

☎0242 / 400 EW.

In dem türkischen Fischer- und Bauerndorf Üçağız (ütsch-*ay*-is), das absolut idyllisch an einer Bucht inmitten von Inseln und Halbinseln liegt, ist eine unkontrollierte Erschließung tabu. Abgesehen von einem beständigen aber dünnen Strom von Besuchern, die den Ort am Abend aber auch schon wieder verlassen, hat sich im Lauf der Jahre nur wenig verändert. Viel zu tun gibt es hier nicht – das Wasser bietet sich nicht unbedingt zum Baden an –, aber der Ort ist eine planmäßige Station auf vielen *gület*-Touren, und außerdem hat man hier noch einmal festen Boden unter den Füßen, ehe es zur versunkenen Stadt bei Kekova oder zum abgeschiedenen Kaleköy geht.

Das Dorf, in das man von der Küstenschnellstraße her als erstes kommt, ist **Üçağız**, das antike Teimiussa, das mit einer eigenen lykischen Nekropole aufwartet. Auf der anderen Seite des Wassers liegt auf einer Halbinsel in südöstlicher Richtung **Kaleköy** (von den Einheimischen Kale genannt), ein geschütztes Dorf, das an der Stelle der antiken Stadt Simena erbaut wurde.

Südlich der Dörfer und hinter der Einfahrt in den Kanal befindet sich die längliche Insel **Kekova** mit ihren berühmten Unterwasserruinen. Die Einheimischen beziehen sich mit der Bezeichnung Kekova meist auf die gesamte Gegend. Im Westen liegt auf der Halbinsel Sıçak das abgeschiedene aber äußerst stimmungsvolle **Aperlai**, eine antike lykische Stadt am Lykischen Weg.

KEKOVA & KALEKÖY ENTDECKEN

Da es sich recht schwierig gestaltet, Kekova mit öffentlichen Verkehrsmitteln zu erreichen, entscheiden sich die meisten Traveller am Ende für eine Bootstour in das Gebiet, ausgehend von Kaş oder Kalkan. Dabei geht es zuerst mit dem Bus nach Üçağız, wo ein Boot nach Kekova auf die Passagiere wartet.

Am Nordufer von Kekova befinden sich Ruinen, die teilweise bis zu 6 m unter der Wasseroberfläche liegen und unter dem Namen Batık Şehir (Versunkene Stadt) bekannt sind. Diese Ruinen sind die Folge mehrerer schwerer Erdbeben im 2. Jh. n. Chr. Beim Großteil der noch sichtbaren Überreste handelt es sich um ein Wohnviertel des antiken Simena. Auch Gebäudefundamente, Treppen und Anlegestellen sind zu sehen. Rund um die Versunkene Stadt ist es nicht erlaubt zu schwimmen oder mit dem Boot vor Anker zu gehen.

Nach dem Besuch in Kekova wird auf dem Boot das Mittagessen serviert, bevor es weiter nach Kaleköy geht. Auf der Fahrt dorthin kommt man unmittelbar vor der Küste an einigen versunkenen lykischen Gräbern vorbei, die einen Schnappschuss wert sind. Meist steht für die Erkundung Kaleköys und das Erklimmen der auf einem Hügel gelegenen Festung etwa eine Stunde zur Verfügung.

Geführte Touren ab Kaş kosten 50 ₺ pro Person und legen normalerweise um 10 Uhr ab. Rückkehr ist um etwa 18 Uhr. Für eine ähnliche Tour ab Üçağız werden um die 40 ₺ pro Person fällig. Wer einen Tag lang ein Boot für vier/acht Personen chartern möchte, muss mit Preisen ab 180/250 ₺ rechnen. Empfehlenswert ist Mehmet Tezcan mit seiner **Kumsal** (☎0532 685 2401; kumsal_boat.hotmail.com), aber auch Kapitän Turgay Poyraz aus der **Onur Pension** (☎874 2071; www.onurpension.com) ist gut.

Wer möglichst nah an die Unterwasserruinen herankommen möchte, bucht am besten eine Seekajaktour (60 ₺/Pers., bzw. 90 ₺ inkl. Aperlai, mit Transfer und Mittagessen). Diese werden von den Reiseagenturen in Kaş wie etwa Bougainville Travel (S. 314) angeboten.

Schlafen & Essen

Alle Pensionen in Üçağız bieten einen kostenlosen Bootsservice zu den Stränden der Insel Kelkova an. Einige eignen sich auch sehr gut als Ausgangspunkt für Wanderungen auf Teilstücken des Lykischen Weges.

Onur Pension PENSION €€
(☎0536 675 0717, 874 2071; www.onurpension.com; EZ 50–80 ₺, DZ 70–100 ₺; ❄@) Das gut geführte Onur in malerischer Lage mit Blick auf den Hafen verbindet Charme mit aufmerksamem Service. Onur stammt aus der Umgebung, hat gute Tipps zu Wanderungen parat und ist auch als Guide tätig. Vier der acht Zimmer, die von Onurs holländischer Frau Jacqueline tipptopp sauber gehalten werden, bieten einen freien Blick aufs Meer (die Mansardenzimmer im Obergeschoss sind allerdings etwas eng).

Likya Pension PENSION €
(☎0533 462 8554, 874 2090; www.likyacennet.com/; EZ/DZ 50/70 ₺; ❄@📶) Vom Hafen aus kommt man über ein paar Treppen direkt zur komfortablen Pension des freundlichen Teppichverkäufers Mehmet. Die acht Zimmer sind in einem alten Komplex aus Steinhäusern untergebracht, die sich in einem üppig grünen Garten verstecken. Sein schicker neuer Ableger, die **Likya Cennet Pension** (☎0533 462 8854, 874 2090; www.likyacennet.com; EZ/DZ 60/80 ₺) gleich nebenan, hat fünf frisch renovierte Zimmer mit allem, was man so braucht.

Kekova Pansiyon PENSION €€
(☎0532 658 8517, 874 2259; www.kekovapansiyon.com; DZ 70–120 ₺; ❄@⊠) Das hübsche alte Steinhaus mit seiner Terrasse voller Blumentöpfe liegt herrlich abgeschieden am äußersten Ende des Hafenviertels. Die acht Zimmer sind komfortabel und teilen sich eine nette Veranda mit gepolsterten Bänken und Blick aufs Meer.

Kordon Restaurant SEAFOOD €€
(☎874 2067; *meze* 5–6 ₺, Grillgerichte & Fisch 15–17,50 ₺/500 g; ⏲9–24 Uhr) Hübsches, schattiges Terrassenlokal mit Blick über den Jachthafen, das täglich frischen Fisch serviert; besonders lecker ist der gegrillte Zackenbarsch. Das Kordon gehört zu den besten Restaurants im Ort und der Mittagstisch ist mit 20 bis 25 ₺ ein echtes Schnäppchen.

Kekova Fish House SEAFOOD €€
(☎0542 848 8545; www.kekovarestaurant.com; Hauptgerichte 12–16 ₺) Dieses exzellente neu eröffnete Fischrestaurant gleich am Hafen bietet auch fünf einfache Zimmer (EZ 40–60 ₺, DZ 70–100 ₺), von denen einige unmittelbar über der Wasseroberfläche liegen.

An- & Weiterreise

Kekova ist gar nicht so einfach zu erreichen. Täglich um 14.30 Uhr startet ein Dolmuş von Antalya nach Üçağız (20 ₺, 3½ Std.) und fährt um 8 Uhr morgens wieder zurück. Dolmuşlar verkehren auch etwa einmal pro Stunde zwischen Antalya und Demre (12 ₺, 2 Std.) von wo es mit dem Taxi (50 ₺) weiter nach Üçağız geht.

Auch von Kaş aus ist ein Taxi (60 ₺) die einzige Option. Im Sommer kann man manchmal mit einem der Boote mitfahren, die Tagestouren nach Üçağız anbieten (einfache Fahrt 30 ₺, 2 Std.).

Von Demre aus fährt täglich um 17 Uhr ein Dolmuş nach Üçağız (5 ₺, 30 Min.). Abfahrt in Üçağız ist um 8 Uhr.

Kaleköy (Kale)

☎0242 / 150 EW.

Kaleköy ist ein wahres Paradies am Wasser und gehört zu den bezauberndsten Flecken des westlichen Mittelmeers. Hier befinden sich die Ruinen der antiken Stadt **Simena** sowie eine beeindruckende **Kreuzritterfestung** (Eintritt 8 ₺), die hoch über dem kleinen Örtchen am Meer aufragt. Im Innern der Festung kann man das weltweit winzigste antike **Theater** besichtigen, das dort in den Fels geschlagen wurde, sowie die Ruinen mehrerer Tempel und öffentlicher Bäder. Von ganz oben überblickt man ein Areal mit **lykischen Gräbern** und ringsherum sind die alten **Stadtmauern** zu sehen. Das imposante, herrschaftliche Anwesen mit dem Hubschrauberlandeplatz, über dem die Festung aufragt, gehört den Koçs, der reichsten Familie der Türkei.

Kaleköy ist von Üçağız aus nur mit dem Motorboot (10 Min.) oder zu Fuß (45 Min.) über einen unwegsamen Pfad zu erreichen.

Schlafen & Essen

LP TIPP **Mehtap Pansiyon** PENSION €€
(☎0542 593 1006, 874 2146; www.mehtappansiyon.com; Stellplatz 20 ₺, EZ 90–150 ₺, DZ 140–180 ₺; ❄📶) Kaleköy bietet mehrere Übernachtungsoptionen, die erste Wahl sollte aber die Pension Mehtap mit ihren zehn Zimmern sein, von der man einen eindrucksvollen Blick über den Hafen und hinunter auf versunkene lykischen Gräber hat. Vier der Zimmer sind in einem 200 Jahre alten Steinhaus untergebracht, das so ruhig und friedlich ist, dass man beim Einchecken am liebsten gleich ein Nickerchen machen möchte. Weitere vier Zimmer finden sich in einem Gebäude aus dem letzten Jahrtausend. In einer speziell errichteten Holzhütte sind schließlich die letzten beiden Zimmer untergebracht. İrfan und sein Sohn Saffet sind herzliche und sachkundige Gastgeber. Saffets Frau Nazike baut ihr eigenes Gemüse an und ist eine hervorragende Köchin (Menü 40 ₺).

Kale Pansiyon PENSION €€
(☎0532 244 1163, 874 2111; www.kalepansiyon.com; EZ 80–100 ₺, DZ 150–170 ₺; ❄) Unten am Hafen liegt die Kale Pansiyon mit ihren acht anheimelnden Zimmern mit Balkonen und direktem Blick aufs Meer. Das Haus steht so nah am Wasser, dass man es plätschern hören kann. Das **Olive Grove** (☎874 2025) hat ähnliche Preise und wird von derselben Familie geführt. Es liegt etwas abseits des Hafens und ist in einem tollen, 150 Jahre alten griechischen Steinhaus untergebracht. Beachtenswert ist das hübsche Mosaik auf der Veranda. Die vier Zimmer sind einfach, aber elegant und teilen sich eine Veranda mit Meerblick.

Hassan Deniz Restaurant SEAFOOD €€
(☎874 2101; www.hassandeniz.com; Hauptgerichte 10–20 ₺) Das Hassan Deniz ist eines von etwa fünf Restaurants im Hafen. Es ist bei Jachtbesitzern und deren Crews aufgrund des frischen Fischs, der tollen *meze* und der guten WLAN-Verbindung sehr beliebt. Es befindet sich am Ende eines langen Piers.

Ankh CAFÉ €
(☎874 2171; www.ankhpansion.com; Eiscreme 8 ₺) Das Café Ankh gehört zu einer Pension. Es stellt seine eigene Eiscreme (Pfirsich, Banane und Haselnuss) her und bietet von seiner Terrasse zudem einen traumhaften Blick.

Kale (Demre)

☎0242 / 16 200 EW.

Die weitläufige, staubige Ortschaft mit dem offiziellen Namen Kale wird von allen noch immer mit ihrem früheren Namen, nämlich „Demre“, bezeichnet. Demre wiederum war einst die lykische (und später die römische) Stadt Myra. Im 4. Jh. war sie immerhin so wichtig, dass sie einen eigenen Bischof hatte – der bedeutendste unter ihnen war der hl. Nikolaus, der sich gemäß der Vorstellung der westlichen Welt später in den vorweihnachtlichen Geschenkebringer verwandelte. Durch den Aufenthalt des Apostels Paulus, der im Jahr 60 n. Chr. auf seinem Weg nach Rom in Myras Hafen Andriake das Schiff wechselte (Apostelgeschichte 27, 4–6), bekam die Stadt auch ihren Platz in der Bibel.

Demre befand sich früher am Meer, verlagerte sich aber immer weiter ins Binnenland, weil Ablagerungen von Lehm, Schlamm, Sand und Kies des Flusses Demre das Gebiet immer mehr verlanden ließen. Diese Ablagerungen bildeten die Grundlage für den Reichtum des Ortes, der bis heute ein wichtiges Zentrum für den Anbau und Verkauf von Obst und Gemüse ist.

Vom Hauptplatz aus führt die Fußgängerstraße Müze Caddesi, die von zahlreichen Cafés und Geschäften gesäumt wird, Richtung Westen bis zur Kirche des hl. Nikolaus. Die Alakent Caddesi führt nach Norden zu den 2 km entfernten lykischen Felsengräbern von Myra. Auf der Straße, die südlich vom Platz wegführt, gelangt man nach 100 m zum *otogar*.

Sehenswertes

Kirche & Museum des hl. Nikolaus — KIRCHE, MUSEUM

(Müze Caddesi; Eintritt 10 ₺; April–Okt. 9–19 Uhr, Nov.–März bis 17 Uhr) Obwohl sie nicht so groß ist wie die Aya Sofya und keine prachtvollen Mosaike wie das Kariye-Museum (Chorakirche) von İstanbul aufweisen kann, so ist die Kirche des hl. Nikolaus doch die Hauptattraktion für Pilger und Besucher, die heutzutage fast ausschließlich aus Russland hierher kommen (Nikolaus ist der Schutzheilige Russlands). Die sterblichen Überreste des namensgebenden Heiligen wurden nach seinem Tod im Jahr 343 hier bestattet.

Die schlichte, erdfarbene Kirche, die nach einer Restaurierung 1043 zur Basilika wurde, birgt einige interessante byzantinische Fresken und Mosaikböden. Der Sarkophag wurde jedoch 1087 von italienischen Händlern gewaltsam geöffnet und die Überreste des hl. Nikolaus vermutlich nach Bari entführt.

Im Zuge einer von Zar Nikolaus I. von Russland finanzierten Restauration im Jahr 1862 wurde die Kirche umgebaut. Ihr wurden eine Gewölbedecke und ein Glockenstuhl hinzugefügt, was in der frühen byzantinischen Architektur völlig unbekannt war. Türkische Archäologen arbeiten gegenwärtig daran, die Kirche vor dem weiteren Verfall zu bewahren.

Auf dem Platz vor der Kirche stehen einige Statuen, von denen eine, die den Heiligen als Nikolaus mit einem Sack voller Geschenke zeigt, dem Kitsch die Krone aufsetzt. Der Nikolaustag (6. Dez.) wird hier sehr groß gefeiert.

Myra — RUINEN

(Eintritt 15 ₺; April–Okt. 9–19 Uhr, Nov.–März bis 17 Uhr) Wer nur Zeit für den Besuch einer einzigen der vielen beeindruckenden Stätten mit lykischen Felsengräbern hat, der sollte sich für die unvergesslichen Ruinen des antiken Myra entscheiden. Sie liegen vom Hauptplatz in Demre etwa 2 km landeinwärts und gehören zu den beeindruckendsten ihrer Art in Lykien. Es gibt auch ein gut erhaltenes **römisches Theater**, in dessen näherer Umgebung auch mehrere Steine mit eingemeißelten Theatermasken zu sehen sind. Auf dem sogenannten **Bemalten Grab** in der Nähe der Nekropole am Fluss ist sowohl draußen als auch im Innern ein Mann mit seiner Familie abgebildet. Eine Taxifahrt vom Hauptplatz kostet um die 10 ₺.

Andriake — RUINEN

Ungefähr 5 km südwestlich vom Zentrum liegt unmittelbar an der Küste die Siedlung Çayağzı. Sie wurde früher, als sie noch ein wichtiger Umschlagplatz von Getreide an der Seeroute zwischen dem östlichen Mittelmeerraum und Rom war, von den Römern Andriake genannt.

Die Ruinen der antiken Stadt liegen in einem großen Umkreis nördlich und südlich der Zufahrtsstraße verstreut, die in Richtung Çayağzı führt. Die heutige Siedlung besteht aus wenig mehr als einem halben Dutzend Schiffswerften und ein paar Cafés am Wasser. Ein Großteil des Bodens ist Sumpfgebiet (großartig für die Vogelbeobachtung), sodass der große, unter Kaiser Hadrian erbaute und 139 n. Chr. fertiggestellte **Getreidespeicher** südlich der Straße bei feuchtem Wetter schwer erreichbar sein kann. Die Ruinen der ersten **Synagoge**, die im antiken Lykien gefunden wurde, wurden 2009 hier entdeckt.

Gelegentlich fahren Dolmuşlar hinaus nach Çayağzı, am besten kommt man aber mit dem Taxi her (15 ₺).

Schlafen & Essen

Die meisten Besucher kommen nur im Rahmen eines Tagesausflugs nach Demre, weshalb es so gut wie keine Übernachtungsmöglichkeiten in der Stadt gibt. Wer mit dem Auto unterwegs ist und hungrig wird, der findet etwa 2 km östlich von Demre am Ende eines langen Kiesstrandes mehrere Buden, in denen frisch gefangene Krabben mit Pommes und Salat angeboten werden.

LP TIPP **Hoyran Wedre Country House** BOUTIQUEHOTEL €€€
(☎0532 291 5762, 875 1125; www.hoyran.com; EZ/DZ/Suite 80/100/130 €;) Ein Hotel, das an sich schon eine Reise wert ist – sofern es so etwas überhaupt gibt. Das Hoyran Wedre, eine ländliche Oase 18 km westlich von Demre, ist ein Komplex aus alten und neuen Gebäuden aus Stein, die auf antik getrimmt wurden. Das Hotel kann über einen Weg erreicht werden, der etwa 500 m ins Taurusgebirge hineinführt. Es bietet einen Blick über Kekova und befindet sich zudem nur wenige Minuten von einer bedeutenden lykischen Akropolis entfernt (der Besitzer Süleyman führt seine Gäste gern dorthin). Es gibt 17 Zimmer und Suiten in traditionellem Stil (mit Flechtwerkwänden), die mit Antiquitäten aus İstanbul eingerichtet sind. Besonders erwähnenswert sind der Pool in Form einer traditionellen Viehtränke, die vollständig aus vor Ort angebauten Zutaten zubereiten Menüs von Canan (20 €; einige der Zimmer haben aber auch eine eigene Küche, falls jemand selbst kochen möchte) und die Nachmittagssnacks um 17 Uhr. Das Hotel liegt 3 km südlich von Davazlar abseits der D400.

Gaziantep Restaurant KEBAB €
(☎871 2812; Eynihal Caddesi; Pide 4–7 ₺, Kebab 9–15 ₺; ⏰7–22 Uhr) Gegenüber dem Platz, auf dem die Kirche des hl. Nikolaus mit seinen dazugehörigen Läden steht, in denen unechte Ikonen angeboten werden, befindet sich dieses einfache, aber makellos saubere Lokal mit Sitzgelegenheiten im Freien, das sich unter den Einheimischen großer Beliebtheit erfreut.

Akdeniz Restaurant TÜRKISCH €
(☎871 5466; Müze Caddesi; Pide 4 ₺, Köfte 8 ₺, Gerichte 5–7 ₺; ⏰7–23 Uhr) Auf dem Hauptplatz westlich der Kirche bietet dieses

ABSTECHER

ARYKANDA

Etwa 29 km nordöstlich von Demre liegt das unscheinbare Provinzzentrum Finike. Dort zweigt eine Straße von der D400 ab und führt weitere 30 km nach Norden zur antiken Stadt **Arykanda** (Eintritt 10 ₺; ⏰April–Okt. 9–19 Uhr, Nov.–März bis 17 Uhr). Sie wurde auf fünf Terrassen in den nach Süden gerichteten Hang gebaut und ist eine der am besten erhaltenen – und am dramatischsten gelegenen – archäologischen Stätten der Türkei.

Arykanda gehört zu den ältesten Stätten auf der Halbinsel und war von seiner Gründung im 2. Jh. v. Chr. an Teil des Lykischen Bundes, nie jedoch Mitglied der Gruppe der „Großen Sechs", die jeweils drei Stimmen hatten. Dies kann neben seiner verschwenderischen und unbekümmerten Art noch viele andere Gründe gehabt haben. Arykanda war aber allem Anschein nach die Partystadt Lykiens und hoch verschuldet. Gemeinsam mit dem Rest Lykiens wurde es 43 n. Chr. von Rom annektiert und überlebte als byzantinische Siedlung bis ins 9. Jh., als es schließlich aufgegeben wurde.

Das herausragendste Merkmal Arykandas ist sein zweistöckiger **Bäderkomplex**, der neben der Sportstätte (*gymnasion*) auf der untersten Terrassenstufe steht und um die 10 m hoch aufragt. Folgt man dem Pfad nach Norden zur nächsten Terrasse, kommt man zu einer großen **Agora**, die an drei Seiten von Kolonnaden gesäumt ist. Die Bögen an der Nordseite führen in ein kleines **Odeon**. Beachtenswert ist das Relief des Kaisers Hadrian über dem Portal. Oberhalb des Odeons stehen ein hübsches **Theater** aus dem 2. Jh. und ein **Stadion**. Weitere bemerkenswerte Bauwerke auf den oberen Terrassenstufen im Nordwesten sind eine weitere Agora, ein *buleuterion* und eine große Zisterne (nicht alle sind einfach zu erreichen).

Dolmuşlar (8 ₺) zwischen Demre und Elmalı (12 ₺) halten am Fuße des Hügels an, der zum Seiteneingang der Stätte führt, oder im Dorf Ariif, etwa 1 km weiter nördlich, von wo aus ein ausgeschilderter Weg zu den Ruinen führt. Ein Taxi von Demre kostet um die 85 ₺.

freundliche Lokal eine große Auswahl an leckeren vorgekochten Gerichten sowie Pide und *köfte* (Fleischbällchen).

Sabancı Pastaneleri CAFÉ, KONDITOREI €
(☎871 3020; Eynihal Caddesi; frisch gepresster Orangensaft 3 ₺, Gebäck 1,50–3 ₺; ⌚6–23 Uhr) Dieses angenehm moderne Café in der Nähe des Marktes ist der perfekte Ort für ein Frühstück oder einen Snack. Auch Eiscreme gibt's hier (2 ₺/Kugel).

An- & Weiterreise

Stündlich verkehren Busse und Dolmuşlar zwischen Demre und Kaş (8 ₺, 1 Std., 45 km) und weniger häufig zwischen Demre und Olympos bzw. Çıralı (10 ₺, 1½–2 Std.) und Antalya (15 ₺, 2½–3 Std.).

Olympos & Çıralı

☎0242

Etwa 65 km nordöstlich von Demre und hinter Finike und Kumluca zweigt eine Straße von der Hauptautobahn in südöstlicher Richtung nach Olympos ab (nach rechts abfahren und dann 11 km lang den Ausschilderungen folgen) – eine weitere antike Stadt, die diesen Namen trägt. Dieses Olympos wurde 43 n.Chr. von Rom annektiert. Auf der anderen Seite des Berges und des schmalen Flüsschens Ulupınar liegt das Feriendorf Çıralı mit Dutzenden von Hotels und Pensionen. Es mag vielleicht einen etwas rückständigen Eindruck machen, aber hier befindet sich die geheimnisvollste aller klassischen Ikonen: die ewige Flamme von Chimaira.

OLYMPOS

Olympos war im 2. Jh. v.Chr. eine bedeutende lykische Stadt. Hier wurde Hephaistos (Vulkan), der Gott des Feuers verehrt. Dieser Kult wurde vermutlich durch die Chimaira inspiriert, eine ewige Flamme, die noch heute unweit der Stadt aus dem Boden züngelt. Ebenso wie die übrigen lykischen Küstenstädte stand auch Olympos im 1. Jh. v.Chr. kurz vor dem Verfall. Mit der Ankunft der Römer hier und im benachbarten, größeren Phaselis im 1. Jh. n.Chr. verbesserten sich die Verhältnisse, ehe im 3. Jh. erneute Piratenangriffe die Stadt ein weiteres Mal an den Rand des Niedergangs brachten. Im Mittelalter errichteten die Venezianer und Genueser Festungen entlang der Küste, im 15. Jh. war die Stätte jedoch bereits vollständig verlassen.

In einem tiefen, schattigen Tal, das direkt ins Meer übergeht, wirken die **Ruinen** (Eintritt 3 ₺, 10-mal Eintritt für Ruinen & Strand 7,50 ₺); ⌚Mai–Okt. 9–19.30 Uhr, Nov.–April 8–18 Uhr) des antiken Olympos, die zwischen Weinreben und blühenden Bäumen verstreut liegen, zauberhaft „unentdeckt". Ein ganz besonderes Erlebnis ist es, am plätschernden Bach Ulupınar entlangzuschlendern, der sich durch eine Schlucht – in der ganz bestimmt kein Reisebus die Ruhe stört – hinunter zum Strand windet.

Am Strand unmittelbar vor den Ruinen kann man baden oder an einer der vielen Aktivitäten teilnehmen, die von den Reisebüros und Camps in Olympos angeboten werden. Das **Adventure Centre** (☎892 1316; ⌚8.30–22 Uhr) in Kadır's Tree Houses organisiert beispielsweise Bootsausflüge (Tagestour inkl. Mittagessen 45 ₺), Canyoning (Tagestour 80 ₺, inkl. Mittagessen auf einer Forellenfarm), Mountainbiken (4 Std. 40 ₺), Tauchen (60–90 ₺ für 2 Tauchgänge mit Ausrüstung und Mittagessen), Fahrten mit dem Seekajak (Halbtagestour inkl. Mittagessen 45 ₺), Wandern (6 Std. inkl. Mittagessen 45 ₺) und Klettern (45 ₺ für 2 Klettertouren an einem Naturfels). Zu den schwierigsten Routen gehören die Klettertouren am Hörgüc, einem Felsen gegenüber von Olympos. Alle angegebenen Preise verstehen sich pro Person.

Schlafen & Essen

Lange Zeit war es der Traum eines jeden Individualreisenden, in den „Baumhäusern" von Olympos ein paar Nächte zu verbringen. Die etwa zwölf Camps, die den 1,5 km langen Weg vom Tal bis hinunter zu den Ruinen und dem Strand säumen, sind in den letzten Jahren ganz schön mondän geworden. Die früher einschlägig bekannte Station auf dem „Hippie-Trail" ist heute überlaufen und institutionalisiert. Man kann es lieben oder hassen, aber Olympos bietet auch heute noch ein gutes Preis-Leistungs-Verhältnis, eine offene, partywillige Atmosphäre und noch dazu eine tolle landschaftliche Umgebung. Man muss aber wissen, dass die Bezeichnung „Baumhaus" eigentlich falsch ist; nur wenige der Hütten sind tatsächlich in die Bäume hineingebaut.

Sofern nicht anders angegeben, gelten die hier genannten Übernachtungspreise in den Camps pro Person und schließen Halbpension mit ein (also Frühstück und Abendessen). Getränke kosten extra. Normalerweise gibt es Gemeinschaftsbäder, einige Bungalows haben allerdings eigene Bäder und manche sogar Klimaanlage. Nicht alle Baumhäuser haben auch gute Schlösser, weshalb Wertsachen lieber an der Rezeption abgegeben werden sollten.

Während eines Aufenthalts hier ist besonders auf die eigene Hygiene zu achten. Vor allem im Sommer stoßen die Camps an ihre Kapazitätsgrenzen wenn es um die ordnungsgemäße Entsorgung von Müll geht, sodass man darauf achten sollte, wo und was man isst. Jedes Jahr werden einige Traveller krank.

Şaban Pansion CAMPING, PENSION €
(☎0532 457 3439, 892 1265; www.sabanpansion.com; B 25–30 ₺, Baumhaus 35–40 ₺, Bungalow 45–50 ₺; ❄@) Wer gern in einer Hängematte oder auf einem Sitzkissen im Schatten von Orangenbäumen döst, der ist hier genau richtig. Oder wie es der freundliche Betreiber Meral ausdrückt: „Das ist kein Ort zum Partymachen". Stattdessen gibt's hier jede Menge Ruhe, Platz und tolle Hausmannskost. Es gibt einen Internetraum und Zimmer 7 ist sogar ein echtes Baumhaus. Bietet 120 Gästen Platz.

Kadır's Tree Houses CAMPING, PENSION €
(☎0532 347 7242, 892 1250; www.kadirstreehouses.com; B 20–30 ₺, Bungalow 40–65 ₺; ❄@) Dem Kadır's ist es zu verdanken, dass Olympos zu einem derart beliebten Reiseziel geworden ist. Im Gegensatz zu manch anderem Camp sieht es nicht aus wie ein japanisches Kriegsgefangenenlager, sondern eher wie eine Stadt aus dem Wilden Westen, die natürlich gewachsen ist. Es gibt hölzerne Bungalows mit Kissen, Hütten und Schlafsäle für insgesamt 350 Personen, und die Bars Bull und Hangar sind die belebtesten im ganzen Tal. Das Adventure Centre (S. 324) befindet sich ebenfalls auf dem Gelände.

Bayrams CAMPING, PENSION €
(☎0532 494 7454, 892 1243; www.bayrams.com; B 30–35 ₺, Baumhaus 35–40 ₺, Bungalow mit Klimaanlage 45–60 ₺, ohne Klimaanlage 40–55 ₺; ❄@) Die Gäste des Bayram relaxen auf gepolsterten Plattformen, spielen im Garten Backgammon oder lesen oder paffen an der Bar genüsslich eine *nargile* (Wasserpfeife). Die richtige Adresse für alle, die zwar neue Leute kennenlernen wollen, nicht aber zwangsweise auf Party aus sind. In den Zimmern mit ihren hohen Decken finden 150 Personen Platz.

Orange Pension CAMPING, PENSION €
(☎0532 492 2284, 892 1317; www.olymposorangepension.com; B 25–30 ₺, Zi. 40–60 ₺, ohne Bad 35–50 ₺, Bungalow 40–60 ₺; ❄@) Ein alteingesessener Favorit, der zwar in den letzten Jahren ebenfalls stark gewachsen ist, jedoch immer noch etwas unkonventioneller ist als die meisten anderen Unterkünfte. Zudem macht Apo seine Sache wirklich gut. Die Zimmer mit Bad im Obergeschoss sind mit viel Holz eingerichtet und versprühen ein gewisses Robinson-Crusoe-Flair. Einige der Deluxe-Bungalows haben sogar einen Fernseher. Der Garten ist wunderschön. Es gibt Platz für 180 Gäste.

Varuna Pansiyon RESTAURANT €€
(☎0532 602 7839, 892 1347; www.olymposvaruna.com; Hauptgerichte 10–15 ₺; ⏲8–23 Uhr) Dieses beliebte Restaurant serviert in einem hübschen offenen Speisesaal eine große Auswahl an Snacks und Hauptgerichten, darunter Pide (7–9 ₺), Forelle (15 ₺) und *şiş kebab* (geröstete Fleischspieße; 10–12,50 ₺). In elf Bungalows und 20 Zimmern (je nach Saison 30–60 ₺) kann zudem auch übernachtet werden.

ÇIRALI

Çıralı (tschier-*ah*-luh) ist ein entspannter, familienfreundlicher Ort mit gehobenen Pensionen und Hotels, die die Straße hinunter zum Strand und auch die Strandpromenade säumen. Dort finden sich wiederum Dutzende von Restaurants, wie etwa das **Orange Home Restaurant** (☎825 7293; *meze* 6–7 ₺, Hauptgerichte 12–25 ₺). Çıralı ist eine ausgezeichnete Alternative zum Backpackerparadies unten am Strand von Olympos. Zudem liegt es unweit der magischen und mystischen Chimaira.

Die auf Türkisch auch als Yanartaş oder „Brennender Fels" bekannte **Chimaira** (Eintritt 4 ₺, Taschenlampenverleih 3 ₺) besteht aus einigen Flammen, die am Hang des Berges Olympos hier und da aus den Felsspalten flackern. Bei Nacht sieht das Spektakel aus, als sei man in der Hölle gelandet, und es ist leicht nachzuvollziehen, warum antike Völker diese außergewöhnlichen Flammen als Atem eines Ungeheuers deuteten – teils Löwe, teils Ziege und teils Schlange –, das Lykien in Angst und Schrecken versetzte. Der Mythologie zufolge tötete der Held Bellerophon die Chimäre vom Rücken des geflügelten Pferdes Pegasus aus, indem er dem Ungeheuer flüssiges Blei in den Mund goss.

Auch heute entweicht hier noch Gas aus dem Boden und fängt beim Kontakt mit Sauerstoff Feuer. Die genaue Zusammensetzung des Gases ist nicht bekannt, aber es wird vermutete, dass es Methan enthält. Eine Flamme kann zwar erstickt werden, dann entzündet sich aber ganz in der Nähe eine neue Feuerquelle. Nachts sind die 20 bis 30 Flammen im zentralen Bereich vom Meer aus klar zu erkennen.

Abends nach dem Essen ist die beste Zeit für einen Besuch hier. Von Çıralı aus folgt man der ausgeschilderten Straße nach Chimaira, die an den Hügeln entlangführt, bis ins Tal, von wo es weiter hinauf bis zu einem Parkplatz geht. Nach einem 20- bis 30-minütigen Anstieg über einen mit Treppenstufen versehenen Pfad ist die Stelle erreicht. Taschenlampe nicht vergessen (mitbringen oder leihen). Von Olympos aus sind es zu Fuß 7 km, die meisten Pensionen bringen einen für 5 ₺ aber auch hin. Reisebüros bieten dreistündige „Chimaira-Flammentouren" für 15 ₺ an. Gestartet wird um 21 Uhr (ab Olympos 1 Std. früher).

Schlafen

Auf den ersten Blick besteht Çıralı nur aus zwei unbefestigten Straßen, die von Pensionen gesäumt sind. In Wirklichkeit ist es aber ein wunderbarer Strandort für Naturfreunde und Leute, die das Backpackerdasein hinter sich gelassen haben. Auf der Fahrt ins Dorf überquert man eine kleine Brücke, an der einige Taxis darauf warten, Besucher wieder zur Hauptstraße zu bringen. Hinter der Brücke kommt man zu einer Kreuzung, die mit unzähligen Schildern zugepflastert ist – hier gibt's immerhin um die 60 Pensionen. Geradeaus gelangt man zu den Unterkünften, die am nächsten am Pfad hinauf zur Chimaira liegen, die Straße nach rechts führt zu den Pensionen in der Nähe des Strandes und der Ruinen von Olympos.

Myland Nature PENSION €€€
(☎0532 407 9656, 825 7044; www.mylandnature.com; EZ 113–167 ₺, DZ 168–225 ₺, 3BZ 205–279 ₺; ❄📶) Eine sehr grüne Pension mit einem künstlerischen und ganzheitlichen Touch, die ihre Gäste von oben bis unten überzeugt (Massagen und kostenlose Yoga- und Meditationsworkshops). Die 13 makellos sauberen, hölzernen Bungalows sind geräumig und stehen in einem hübschen Garten. Das Essen (vegetarisches Menü 20 ₺) wird hoch gelobt. Es können Fahrräder geliehen werden (1 Std. kostenlos, ganzer Tag 7 ₺).

Hotel Canada HOTEL €€
(☎0532 431 3414, 825 7233; www.canadahotel.net; DZ 55–60 €, Bungalow für 4 Pers. 85–90 €; ❄@📶🏊) Diese wunderschöne Unterkunft wartet mit dem auf, was für eine Çıralı-Erfahrung typisch ist: Wärme, Freundlichkeit und hausgemachter Honig. Im Garten gibt's Hängematten, Zitrusbäume, einen Pool und elf Bungalows (einige davon sind mit Schlafzimmer und Stockbetten perfekt für Familien). Im sehr komfortablen Haupthaus sind noch einmal 26 Zimmer untergebracht. Die Kanadierin Carrie und ihr Mann Şaban, ein echter Feinschmecker, sind tolle Gastgeber. Im überdachten Freiluftspeisesaal werden hervorragende Menüs (10 €) serviert. Das Canada liegt 750 m vom Strand entfernt, was mit den kostenlosen Rädern ein Katzensprung ist.

Sima Peace Pension PENSION €€
(☎0532 238 1177, 825 7245; www.simapeace.com; EZ/DZ/3BZ 80/120/140 ₺; ❄@) Das alteingesessene Sima ist eine komfortable Ode an die 1960er-Jahre (daher das Logo mit dem Friedenssymbol). Es ist kürzlich umgezogen und liegt, mit seinen fünf Zimmern und den zwei wunderbaren Bungalows, nun in einem hübschen (und duftenden) Orangenhain etwas abseits vom Strand versteckt. Aynur ist die vollkommene Gastgeberin und eine traumhafte Köchin (Abendbüfett 15–20 ₺), und Papagei Koko verpasst dem Ort ein gewisses tropisches Flair.

Olympos Lodge RESORT €€€
(☎825 7171; www.olymposlodge.com.tr; EZ 140–160 €, DZ 175–195 €; ❄@📶) Die Olympos Lodge liegt direkt am Strand und ist wohl so ziemlich die nobelste Unterkunft, die man in Çıralı bekommen kann. Zu ihr gehören Zitrushaine mit einer Fläche von über 1,5 ha und ein gepflegter Garten. Überall stolzieren Pfaue herum. Die Anlage wird professionell geführt, und die 13 Zimmer in fünf unterschiedlichen Villen sind ruhig und sehr luxuriös (Zimmer 1 und 2 haben Meerblick). Das Frühstücksangebot ist legendär, und in den kühleren Monaten ist der hübsche Wintergarten geöffnet. Fahrräder gibt's auch.

Orange Motel PENSION €€
(☎825 7327; www.orangemotel.info; EZ 40–50 €, DZ 50–65 €, Bungalow mit 2 Schlafzi. 80–100 €; ❄@) Eine gute Pension mit vernünftigen Preisen inmitten eines Orangenhains. Wer

im Frühling herkommt, wird den überwältigenden Duft nie mehr vergessen. Im Garten gibt's überall Hängematten. Eine schmiedeeiserne Wendeltreppe führt hinauf zu den relativ geräumigen Zimmern und Bungalows. Das Abendessen ist zu einem guten Preis erhältlich (20 ₺).

An- & Weiterreise

Praktisch jeder Bus auf der Küstenstraße zwischen Fethiye und Antalya nimmt Fahrgäste an den Haltestellen nahe den Kreuzungen nach Olympos und Çıralı Passagiere mit oder setzt sie dort ab. Man muss nur genau angeben, zu welcher man möchte. Von dort aus fahren Minibusse (5 ₺) in beide Ortschaften.

Minibusse nach Olympos (9 km von der D400 entfernt) fahren zwischen Mai und Oktober von 8 bis 19 Uhr jede halbe Stunde. Die zurückkehrenden Minibusse verlassen Olympos von 9 bis 20 Uhr jede halbe Stunde und sammeln entlang der Straße weitere Personen auf. Nach Oktober warten sie, bis genügend Passagiere zusammenkommen, fahren aber meist einmal pro Stunde.

Nach Çıralı (7 km) gibt's zwischen 9 und 19 Uhr alle zwei Stunden Minibusse, allerdings warten die Fahrer meist, bis die Fahrzeuge voll sind. Normalerweise wird eine Schleife entlang dem Strand, vorbei an der Abzweigung zur Chimaira und zurück am Fuß der Hügel gefahren.

Die meisten hier aufgeführten Unterkünfte holen Gäste, die vorab reserviert haben, an der Schnellstraße (20–25 ₺) ab.

Phaselis

Der antike, romantisch gelegene lykische Hafen Phaselis befindet sich etwa 6 km hinter den D400-Ausfahrten nach Olympos und Çıralı (in nördlicher Richtung). Es wurde bereits im 7. Jh. v. Chr. von Siedlern aus Rhodos an der Grenze zwischen Lykien und Pamphylien gegründet. Die Verschiffung von Holz, Rosenöl und Parfümen, der die Stadt ihren Reichtum verdankte, dauerte bis ins Mittelalter an.

Die **Ruinen** (Eintritt 8 ₺; ⏲April–Okt. 9–19 Uhr, Nov.–März 8.30–17 Uhr) von Phaselis liegen im Schatten von Pinien um drei kleine, perfekte Buchten angeordnet, die alle ihren eigenen winzigen Strand haben. Die Anlage ist sehr groß und lohnt einen Besuch, die meisten Ruinen stammen jedoch aus der römischen und byzantinischen Zeit. Besonders sehenswert sind das **Hadrianstor** (der römische Kaiser war im Jahre 129 n. Chr. hier zu Gast), die **Agora** im Südhafen und die wundervolle **Kolonnadenstraße**, die vom Nordhafen weg verläuft.

Der Eingang zur Stätte liegt etwa 1 km von der D400 entfernt. Von den Ruinen zum Meer ist es ein weiterer Kilometer.

Wer sich die Umgebung einmal von ganz oben ansehen möchte, kann mit der Seilbahn **Olympos Teleferik** (☎814 3047, 242 2222; www.olymposteleferik.com; Erw./Kind 7–16 Jahre 50/25 ₺; ⏲Mai–Sept. 9–18 Uhr, Okt.–April 10–17 Uhr) bis fast ganz hinauf auf den 2375 m hohen Gipfel des **Tahtalı Dağ** (Bewaldeter Berg) fahren, der im Herzen des **Nationalparks Olympos Beydağları** (Olimpos Beydağları Sahil Milli Parkı) liegt. Die Abzweigung von der Schnellstraße liegt etwa 3 km vor Phaselis. Eine gut geteerte, aber steile Straße führt 7 km weit hinauf bis zur Talstation der Seilbahn auf 725 m Höhe. Die Gondeln bieten Platz für 80 Personen und fahren im Sommer jede halbe Stunde, im Winter einmal stündlich. Die Fahrt dauert 12 Minuten.

An- & Weiterreise

Auf der Schnellstraße nach Antalya (8 ₺, 45 Min., 58 km) und Kemer (5 ₺, 20 Min., 15 km) fahren regelmäßig Busse, die auch an den Abfahrten nach Phaselis und der Olympos Teleferik vorbeikommen. Die Betreiber der Seilbahn bieten von bzw. nach Antalya (35 ₺) und Kemer (25 ₺) einen Bus an, der im Voraus reserviert werden muss.

Antalya

0242 / 964 000 EW.

Antalya wurde früher von Travellern lediglich als das Tor zur Türkischen Riviera betrachtet, mittlerweile hat es sich aber zu einem Reiseziel an sich gemausert. Die größte türkische Stadt an der westlichen Mittelmeerküste liegt direkt am Golf von Antalya (Antalya Körfezi) und zeichnet sich sowohl durch ihre klassische Schönheit als auch durch stilvolle Modernität aus. Sie wartet mit dem wunderschön erhaltenen alten Stadtviertel Kaleiçi – wörtlich „im Innern des Schlosses" –, einem tollen römischen Hafen und einem der besten Museen der Türkei auf.

In den letzten Jahren sind die Boutiquehotels hier wie Pilze aus dem Boden geschossen. Diese Hotels bieten internationale Standards und ein gutes Preis-Leistungs-Verhältnis. Partylöwen können sich in vielen exzellenten Bars und Nachtclubs austoben, während die Opern- und Ballett-

Antalya

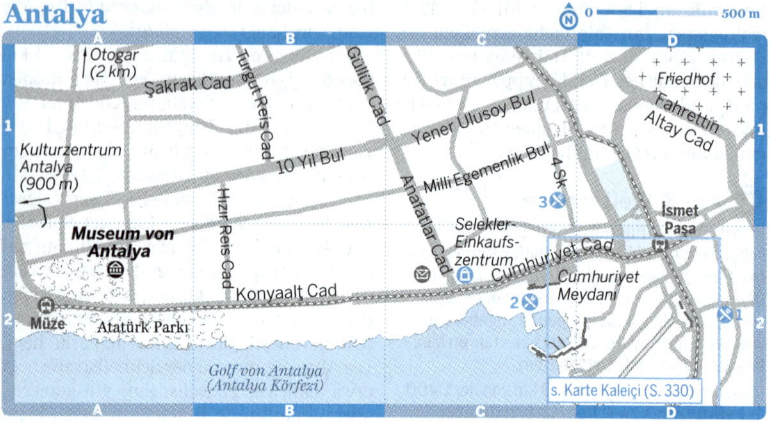

Antalya

Highlights

Museum von Antalya A2

Essen

1 Can Can Pide ve Kebap Salonu D2
2 Club Arma C2
3 Güneyliler C1

aufführungen im Amphitheater Aspendos (S. 337) in Kritikerkreisen große Beachtung finden.

Geschichte

Gründer von Attaleia, dem späteren Antalya, war im 2. Jh. v. Chr. Attalos II. von Pergamon, der der Stadt auch ihren Namen gab. Sie wurde 133 v. Chr. von seinem Neffe Attalos III. an Rom abgetreten, und als der römische Kaiser Hadrian über 200 Jahre später (130 n. Chr.) die Stadt besuchte, war zu seinen Ehren ein Triumphbogen (bekannt als das Hadrianstor) errichtet worden, durch den er die Stadt betrat.

Es folgte eine Zeit der Machtwechsel: Die Byzantiner übernahmen die Kontrolle von den Römern, danach kamen im frühen 13. Jh. die Seldschuken. Diese gaben Antalya sowohl einen neuen Namen als auch ein Wahrzeichen: das Yivli Minare (Kanneliertes Minarett).

Im Jahr 1391 wurde die Stadt Teil des Osmanischen Reiches und nach dem Ersten Weltkrieg, als das Imperium zusammenbrach, wurde Antalya an Italien abgetreten. Atatürks Armee befreite es schließlich 1921. Seither ist die Stadt die Hauptstadt der Provinz Antalya.

Sehenswertes & Aktivitäten

Yivli Minare WAHRZEICHEN

(Karte S. 330) Antalyas Wahrzeichen ist das Yivli Minare, ein hübsches, markantes „kanneliertes" Minarett, das im frühen 13. Jh. von dem seldschukischen Sultan Aladin Kai Kobad I. errichtet wurde. Die angrenzende Moschee von 1373 wird heute noch genutzt. Zur Anlage der Yivli Minare gehört auch das umfangreich restaurierte **Mevlevi Tekke** (Kloster der tanzenden Derwische), das vermutlich aus dem 13. Jh. stammt. Nicht weit von hier befinden sich weiter westlich zwei **Türbe** (Gräber). Eines stammt aus dem späten 14. Jh., das andere von 1502. Auf dem weitläufigen Platz im Westen, dem Cumhuriyet Meydanı, steht eine **Reiterstatue von Atatürk**.

Kaleiçi HISTORISCHER BEZIRK

(Karte S. 330) Antalyas historischer Bezirk beginnt am Hauptplatz mit dem Namen **Kale Kapısı** (Festungstor), der von einem alten steinernen **Uhrenturm** *(saat kalesi)* und einer **Statue von Attalos II.**, dem Stadtgründer, beherrscht wird. Im Norden liegt der **İki Kapılar Hanı**, ein weitläufiger Basar in einer Halle aus dem späten 15. Jh.

Gegenüber dem Uhrenturm verläuft die Uzun Çarşi Sokak nach Süden. Gleich auf der linken Seite steht die **Tekeli Mehmet Paşa Camii** (Uzun Çarşi Sokak), eine Moschee aus dem 18. Jh., die von dem damaligen Beylerbey (Gouverneur der Gouverneure) errichtet und 1886 und 1926 umfassend renoviert wurde. Die wunderschöne Kalligrafie in den bunten Kacheln über den Fenstern sollte man nicht übersehen.

Das gesamte Viertel steht heute unter Denkmalschutz. Viele der hübschen alten **osmanischen Häuser** wurden restauriert und in Pensionen, Boutiquehotels und Geschäfte umgewandelt. Im Osten und am Ende der Hesapçi Sokak steht das monumentale **Hadriyanüs Kapısı** (Hadrianstor, unter Einheimischen auch als Üçkapılar oder die „Drei Tore" bekannt), das für den Besuch des römischen Kaisers in Antalya im Jahr 130 n. Chr. errichtet wurde.

Der **römische Hafen** am Fuß des Hügels war vom 2. Jh. v. Chr. bis ins späte 20. Jh. hinein das Herzstück Antalyas, bis er von einem neuen Hafen, etwa 12 km weiter westlich am äußersten Ende des Konyaaltı Plajı, ersetzt wurde. In den 1980er-Jahren wurden Renovierungsarbeiten durchgeführt und heute liegen hier Jachten und Ausflugsboote vor Anker.

Im südlichen Teil von Kaleiçi steht das **Kesik Minare** (abgebrochenes Minarett). Der Stumpf eines Turms markiert die Ruinen eines Gebäudes von beachtlicher Größe, das im Lauf der Jahrhunderte viele unterschiedliche Rollen übernahm. Ursprünglich stand hier ein römischer Tempel aus dem 2. Jh., bevor er im 6. Jh. in eine byzantinische Marienkirche und dann, 300 Jahre später, in eine Moschee umgewandelt wurde. Im Jahr 1361 wurde diese wieder zur Kirche, ein Großteil des Bauwerks wurde aber im 19. Jh. durch ein Feuer zerstört. Von außen sind immer noch Überreste von römischem und byzantinischem Marmor zu sehen.

An Kaleiçis südwestlichem Rand befindet sich der **Karaalioğlu Parkı** (Atatürk Caddesi), ein großer, hübscher, mit Blumen übersäter Park mit einem schönen Ausblick. Hier ragt die **Hıdırlık Kalesi** (Kaleiçi) empor. Der 14 m hohe Turm diente im 2. Jh. n. Chr. vermutlich als Leuchtturm.

Suna & İnan Kıraç Kaleiçi Museum — MUSEUM

(Karte S. 330; ☎243 4274; www.kaleicimuzesi.org; Kocatepe Sokak 25; Eintritt 2 ₺; ⌚Do–Di 9–12 & 13–18 Uhr) Im Herzen von Kaleiçi, direkt am Hesapçı Sokak, ist dieses kleine, aber nett gemachte ethnografische Museum in einem liebevoll restaurierten Herrenhaus untergebracht. Im zweiten Stock werden gut umgesetzte lebensgroße Dioramen gezeigt, die einige der bedeutendsten Rituale und Szenen des osmanischen Lebens in Antalya darstellen. Weitaus beeindruckender ist die Sammlung mit Keramiken aus Çanakkale und Kütahya, die weiter hinten in einem anderen Gebäude ausgestellt sind. Dieses war früher die griechisch-orthodoxe Kirche Aya Yorgi (hl. Georg). Sie wurde komplett restauriert und ist selbst sehenswert.

Museum von Antalya — MUSEUM

(Karte S. 328; ☎236 5688; www.antalya-ws.com/deutsch/museum; Konyaaltı Caddesi 1; Eintritt 15 ₺; ⌚Mitte April–Okt. Di–So 9–19 Uhr, Nov.–Mitte April Di–So 8–17 Uhr) Dieses umfassend informierende Museum, etwa 2 km westlich des Zentrums gelegen und mit der altmodischen *tramvay* (Straßenbahn) erreichbar, sollte man sich unter keinen Umständen entgehen lassen. In 14 großen Hallen zeigt es Ausstellungen, die von der Bronzezeit bis in die byzantinische Epoche reichen – daher sollte man auch genügend Zeit mitbringen. Ein echtes Muss sind der Saal der regionalen Ausgrabungen, in der Funde aus antiken Städten in Lykien (z. B. Patara und Xanthos) und Pamphylien ausgestellt sind, der Saal der Marmorporträts, in der stimmungsvolle Büsten mit unfassbar realistischen und ausdrucksstarken Mimiken zu sehen sind, sowie der grandiose Göttersaal. Selbst wer sich für griechische Mythologie nicht sonderlich interessiert, wird von dieser Sammlung fasziniert sein, die Figuren von etwa 15 olympischen Gottheiten umfasst – viele von ihnen fast perfekt erhalten. Die meisten von ihnen, darunter auch die fantastischen Drei Grazien, wurden in Perge gefunden.

Im Obergeschoss sind Münzen und andere Fundstücke aus Gold ausgestellt, die von Ausgrabungsstätten in Aspendos, Side und von einigen byzantinischen Stätten stammen. Den Ehrenplatz nimmt der sogenannte Elmalı-Schatz ein, der aus fast 2000 lykischen Münzen besteht, die 1984 aus der Türkei gestohlen wurden und etwa 15 Jahre später über die USA wieder ins Land zurückkehrten.

Balık Pazarı Hamamı — HAMAM

(Karte S. 330; ☎243 6175; Balık Pazarı Sokak; Bad 15 ₺, Paketpreis 40 ₺; ⌚8–23 Uhr) Kaleiçi ist ein großartiger Ort, um die Vorzüge eines traditionellen türkischen Hamam zu genießen. Am besten eignet sich dafür der 700 Jahre alte Balık Pazarı Hamamı (Fischmarkt-Bad), in dem man für das Bad, ein Peeling und eine Seifen- und Ölmassage 40 ₺ bezahlt (15 ₺ nur für das Bad und das Peeling). Es gibt getrennte Bereiche für Männer und Frauen.

Kaleiçi

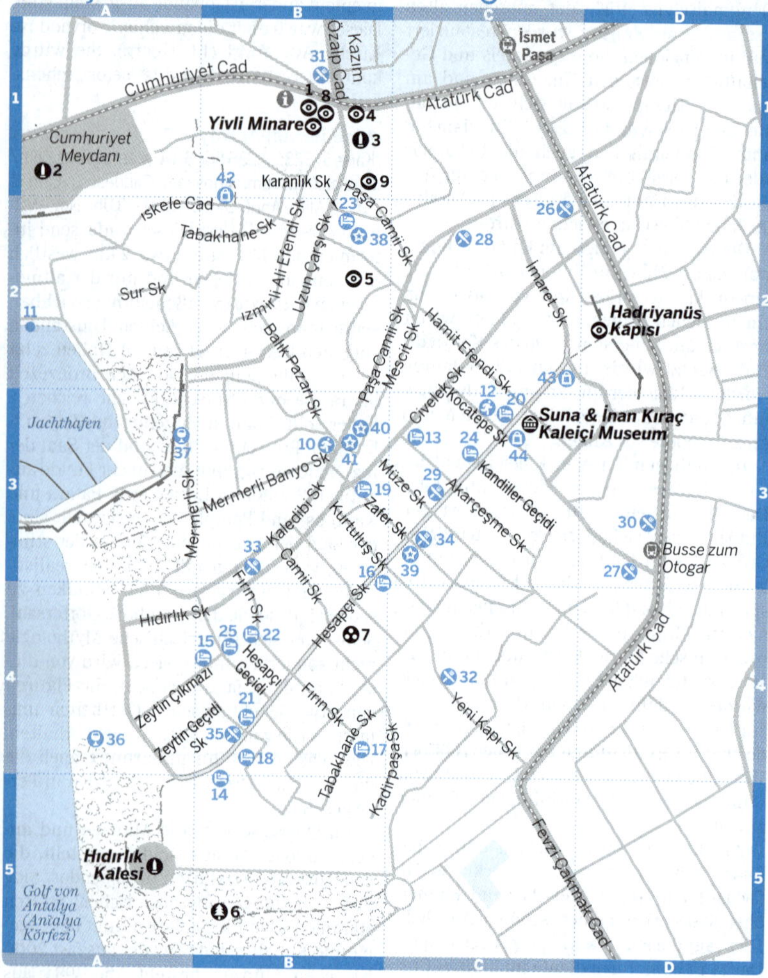

Sefa Hamamı HAMAM

(Karte S. 330; ☎0532 526 9407, 241 2321; www.sefahamam.com; Kocatepe Sokak 32; Bad 18 ₺, Paketpreis 40 ₺; ⏲9.30–22 Uhr) Im stimmungsvollen Sefa Hamamı ist noch sehr viel von der seldschukischen Architektur des 13. Jhs. erhalten. Hier kostet ein Bad 18 ₺, das komplette Pflegepaket 40 ₺. Männer- und Frauenbereiche sind getrennt.

Bootsausflüge BOOTSRUNDFAHRT

(Karte S. 330) Im römischen Hafen von Kaleiçi, der mittlerweile als moderner Jachthafen genutzt wird, legen auch Ausflugsjachten an. Manche Touren die hier beginnen, führen bis nach Kemer, Phaselis, Olympos, Demre und sogar Kaş. Angeboten werden ein-/zweistündige Rundfahrten (20/35 ₺) und ein sechsstündiger Ausflug (inkl. Mittagessen 80 ₺), der nach Kemer und Phaselis, zu den Inseln im Golf von Antalya und zu einigen Stränden wie etwa der Konyaaltı Plajı führt und Badestopps einschließt.

Feste & Events

Altın Portakal Filmfestival FILM

(www.altinportakal.org.tr) Antalya ist berühmt für dieses Filmfestival (Filmfestival der Goldenen Orange oder Golden Orange Film

Kaleiçi

Festival), das jedes Jahr in der ersten Oktoberhälfte stattfindet.

Antalya Uluslararası Piyano Festivalı MUSIK
(Internationales Pianofestival Antalya; www.antalyapiyanofestivali.com) Das international anerkannte Festival (Antalya International Piano Festival) findet westlich vom Zentrum im **Kulturzentrum Antalya** (Antalya Kültür Merkezi; ☎238 5444; Atatürk Kültür Parkı, 100 Yil Bulvarı) statt.

Schlafen

Die besten Übernachtungsmöglichkeiten in Antalya befinden sich in Kaleiçi. In diesem praktisch autofreien Altstadtviertel gibt's alles, was man als Traveller so braucht. Die verwinkelten Straßen von Kaleiçi sind etwas unübersichtlich, an jeder Straßenecke stehen aber Schilder, die den Weg zu den meisten Unterkünften weisen.

LP TIPP **Tuvana Hotel** BOUTIQUEHOTEL €€€
(Karte S. 330; ☎247 6015; www.tuvanahotel.com; Karanlık Sokak 18; Zi. 140–300 €;) Das Tuvana zählt zu den schönsten und persönlichsten Hotels der Mittelmeerküste. Der diskrete Komplex aus sechs osmanischen Häusern wurde in ein edles Stadthotel mit 46 Zimmern und Suiten umgewandelt. Die Perfektion dieses Boutiquehotels wird von den Gastgebern Nermin und Aziz verkörpert, die es mit Sorgfalt und Anmut führen. Die Zimmer sind entsprechend üppig ausgestattet, mit Kelims, Leinen und Lampen aus Messing. Auch moderne Annehmlichkeiten wie DVD-Player sind vorhanden. Der Pool ist in den wärmeren Monaten ein tolles Extra und das Hauptrestaurant Seraser (S. 333) ist spitzenklasse.

White Garden Pansiyon PENSION €
(Karte S. 330; ☎241 9115; www.whitegardenpansion.com; Hesapçı Geçidi 9; EZ/DZ 40/60 ₺,

Apt. für 4 Pers. 120 ₺; @🏊) Das White Garden mit seinen 15 Zimmern verbindet Ordentlichkeit und Klasse in einem Ausmaß, wie man es normalerweise nur in höheren Preiskategorien findet. Der Service von Metin und seinen Angestellten ist erste Sahne, und das Gebäude an sich ist hübsch restauriert. Ganz besonders reizend ist der Hof. Die Gäste können den Pool des **Secret Palace** (Karte S. 330; ☎244 1060; www.secretpalacepansion.com; Fırın Sokak 10; EZ/DZ 50/70 ₺; ❄@🏊) mitbenutzen, einem restaurierten Gebäude im osmanischen Stil, das sich hinter dem White Garden auf dem gleichen Anwesen befindet und elf Zimmer anbietet, die auch Kühlschränke haben.

Hotel Hadrianus HOTEL €€

(Karte S. 330; ☎244 0030; www.hadrianushotel.com; Zeytin Çıkmazı 4; EZ 65–80 ₺, DZ 80–120 ₺; ❄📶) Dieses Hotel ist fast schon ein Boutiquehotel und wurde nach dem ersten echten Touristen der Stadt benannt, nämlich dem römischen Kaiser, der 130 n. Chr. zu Besuch kam. Die Unterkunft mit ihren zehn Zimmern steht in einem 750 m^2 großen Garten – eine echte Oase in Kaleiçi. Die Zimmer im Obergeschoss sind größer und mit unechten Antiquitäten und einer Einrichtung im osmanischen Stil ausgestattet. Gutes Preis-Leistungs-Verhältnis.

Mediterra Art Hotel BOUTIQUEHOTEL €€

(Karte S. 330; ☎244 8624; www.mediterraart.com; Zafer Sokak 5; EZ 50–80 €, DZ 70–120 €; ❄@🏊) Ein gehobenes Meisterstück aus Holz und Stein, das früher eine griechische Taverne war (man beachte die Fresken und Malereien aus dem 19. Jh. an der Wand im Restaurant). In vier Gebäuden sind 28 kleine, aber relativ luxuriöse Zimmer untergebracht, es gibt einen traumhaften Speisesaal für den Winter, und ein hochmoderner Pool lädt zum Entspannen ein. Im obersten Stockwerk, das über eine alte Steintreppe erreicht werden kann, versteckt sich eine kleine Kunstgalerie.

Sabah Pansiyon PENSION €

(Karte S. 330; ☎0555 365 8376, 247 5345; www.sabahpansiyon.com; Hesapçı Sokak 60; B 25 ₺, EZ/DZ ohne Dusche 35/45 ₺, EZ/DZ mit Dusche 40/55 ₺, Apt. mit 2 Schlafzi. 200 ₺; ❄📶🏊) Das Haus war lange eine der ersten Anlaufstellen für Budget-Traveller in Antalya. Die 22 Zimmer unterscheiden sich stark, deshalb sollte man sich am besten ein paar anschauen. Die Brüder Sabah führen die Pension mit großer Souveränität, während die Mama die Küche fest im Griff hat. Der schattige Hof ist ein echter Pluspunkt. Dort lässt sich leicht Kontakt mit anderen Travellern knüpfen. Toll sind auch die fünf neuen Villen (mit nahegelegenem Pool), in denen jeweils sechs Personen Platz finden. Perfekt für Familien.

Villa Perla PENSION €€

(Karte S. 330; ☎248 4341; www.villaperla.com; Hesapçı Sokak 26; EZ/DZ 50/70 €; ❄📶🏊) Diese authentische osmanische Pension hat es uns sehr angetan. Sie versteckt sich in einem Hof (mit Pool und Schildkröten) in der Hesapçı Sokak und bietet zehn komfortable Zimmer, die am Ende einer Treppe liegen, deren erste Stufe aus Stein ist und aus dem 12. Jh. stammt. Toll sind auch die Holzdecken und in einigen der renovierten (und mit Namen versehenen) Zimmer stehen Himmelbetten und volkstümlich von Hand bemalte Schränke. Mama Perla macht alle ihre *meze* (Portion 19 ₺) in ihrem zur Pension gehörenden Restaurant selbst und hat auf der Speisekarte außerdem – was sehr ungewöhnlich ist – ganze neun Gerichte mit Hasenfleisch (ab 19 ₺) stehen.

Kaleiçi Lodge HOTEL €€

(Karte S. 330; ☎243 2270; www.kaleicilodge.com; Hesapçi Sokak 37; EZ/DZ 70/110 ₺, Suite 240 ₺; ❄@) Dieses sehr zentral gelegene Hotel ist eine stilvolle Unterkunft und bietet ein hervorragendes Preis-Leistungs-Verhältnis. Die eher schlichte Lobby führt auf einen Hof, der voller Kuriositäten steht, und die 14 Zimmer mit ihren roten Vorhängen sind mit jeder Menge Schmiedeeisen und Holz ausgestattet. Am besten sind die Eckzimmer 206 und 207. Die Suite im obersten Stock hat zwei Schlafzimmer, ist mit alten Möbeln eingerichtet und bietet einen Whirlpool.

Hotel Blue Sea Garden HOTEL €€

(Karte S. 330; ☎0537 691 4164, 248 8213; www.hotelblueseagarden.com; Hesapçı Sokak 65; EZ/DZ 35/50 €; ❄@🏊) Ein ganz großes Plus ist hier der Pool, der in einem schattigen Hof liegt und in der Hitze des Sommers für Abkühlung sorgt. Die 16 Zimmer sind nichts Besonderes und haben kleine Bäder, man sollte sich aber für eines in den oberen Stockwerken entscheiden, da es dort etwas ruhiger ist. Das hauseigene Restaurant bekommt sehr gutes Feedback.

Mavi & Anı Pansiyon PENSION €

(Karte S. 330; ☎247 0056; www.maviani.com; Tabakhane Sokak 26; EZ 22–28 €, DZ 32–38 €, FZ ab 35 €; ❄@) Das restaurierte osmanische Gebäude hat 15 Zimmer, von denen einige wie ein Loft, die anderen im türkischen Stil (mit den Matratzen auf dem Fußboden) eingerichtet sind. Am besten schnappt man sich ein Einzel- oder Doppelzimmer mit Terrasse und Meerblick. Die Gemeinschaftsbereiche sind mit Möbeln und sonstigem Schnickschnack aus Anatolien ausgestattet. Im obersten Stock gibt's ein großes Familienzimmer mit Terrasse und Blick auf Berge und Meer.

La Paloma Hotel HOTEL €€
(Karte S. 330; ☎244 8497; www.lapalomapansion.com; Tabakhane Sokak 3; EZ 30–40 €, 40–55 €; ❄@≋) Das Hotel liegt etwas abseits des Trubels und ist gerade deshalb attraktiv (und ruhig). Dafür, dass es aus nur einem umgebauten osmanischen Gebäude besteht, sind die 13 Zimmer überraschend groß. Die besten liegen nach Innen zum Infinity Pool hin. Manche haben Deckenventilatoren.

Atelya Art Hotel HOTEL €€
(Karte S. 330; ☎241 6416; www.atelyahotel.com; Civelek Sokak 21; EZ/DZ/3BZ 40/50/60 €; ❄@) Etwas Zeitloses lässt sich nur schwer festnageln, aber dieses exzentrische, künstlerisch inspirierte Hotel versucht genau das – und hat damit durchaus Erfolg. Die 30 Zimmer sind in zwei älteren (Zimmer 104 ist toll) und zwei neueren Gebäuden untergebracht, und an den Wänden stellt der Besitzer sein vielfältiges Kunstrepertoire zur Schau. Der Geist der Vergangenheit wird aber am besten von der Pracht der farbenfrohen Stoffe und der schönen Möbel, auf denen sich die Sonnenstrahlen spiegeln, eingefangen. Eine hervorragende Mittelklasseoption.

Otantik Butik Otel BOUTIQUEHOTEL €€€
(Karte S. 330; ☎244 8530; www.otantikbutikotel.com; Hesapçı Sokak 14; EZ 49–99 €, DZ 59–109 €; ❄@) Unter den zu Boutiquehotels umgebauten osmanischen Häusern ist das Otantik eine Klasse für sich. Es ist insofern „authentisch“, dass die zehn mit Namen versehenen Zimmer stilvoll eingerichtet sind (die alten Körbe sind hübsch). Allerdings sind sie sehr einfach und eher klein (drei von ihnen haben jedoch einen Whirlpool). Das Restaurant hat einen gemütlichen Kamin und einen besonders gut bestückten Weinkeller. Unmittelbar gegenüber soll ein zusätzliches Gebäude mit 16 Zimmern und einem Pool entstehen.

Essen

Im Hafenviertel gibt's eine schier endlos große Auswahl an Cafés und Restaurants. Günstig essen kann man am östlichen Ende der Atatürk Caddesi im **Dönerciler Çarşısı** (Markt der Dönermacher; Karte S. 330; Atatürk Caddesi) oder weiter nördlich in den auf den Dächern gelegenen Kebabläden rund um den Kale Kapısı (S. 328).

LP TIPP **Vanilla** INTERNATIONAL €€
(Karte S. 330; ☎247 6013; www.vanillaantalya.com; Zafer Sokak 13; Hauptgerichte 22–40 ₺) Ein weiteres Zeichen dafür, dass Antalya immer mehr an Beliebtheit gewinnt, ist dieses außergewöhnliche, ultramoderne Restaurant, das vom britischen Koch Wayne und seiner türkischen Frau Emel geführt wird. Sitzbänke, Glasoberflächen und orangefarbene Schalensessel geben dem Vanilla eine schlichte und schnörkellose Atmosphäre, in der sich die Gäste voll und ganz auf die leckeren, von der mediterranen Küche inspirierten Gerichte wie Focaccia mit karamellisierten Zwiebeln und Rosmarin, Salat mit Ziegenkäse, Entenkonfit und Jakobsmuscheln mit *foie gras* konzentrieren können.

Seraser MEDITERRAN, MODERN-TÜRKISCH €€€
(Karte S. 330; ☎247 6015; www.seraserrestaurant.com; Karanlık Sokak 18, Tuvana Hotel; Hauptgerichte 29–50 ₺; ⏲13–24 Uhr) Das Aushängeschild des Tuvana Hotel und eines der besten Restaurants in Antalya. Im Seraser werden in besonders schöner osmanischer Umgebung (dafür sorgen z. B. die Pascha-Stühle und die Kronleuchter mit Glasperlen) internationale Gerichte mit mediterranem Touch serviert. Empfehlenswert sind der in Weinblätter eingewickelte Seebarsch oder die mit Senf und Honig glasierten Wachteln. Die Crème Brûlée in der Geschmacksrichtung „türkischer Kaffee“ ist legendär.

Sim Restaurant MEZE €€
(Karte S. 330; ☎248 0107; Kaledibi Sokak 7; Hauptgerichte 12,50–20 ₺) Durch unterschiedliche Sitzbereiche wird dieses einfache, aber charmante Restaurant zu einer einzigartigen Erfahrung. Bei gutem Wetter können die Gäste in der schmalen Passage vor dem Lokal unmittelbar neben antiken byzantinischen Mauern und unter einem Dach aus Blättern speisen. Das Erdgeschoss versprüht mit seinen Graffiti ein jugendliches – wenn vielleicht auch ein etwas altmodisches – Flair, während man im

Obergeschoss seine *köfte,* eine Auswahl aus sechs *meze* und die sagenhaften *çorbalar* (Suppen) inmitten von vielen verschiedenen Antiquitäten genießen kann.

Parlak Restaurant ANATOLISCH
(Karte S. 330; ☎241 6553; www.parlakrestaurant.com; Kazım Özlap Caddesi 7; Hauptgerichte 10–24 ₺) Gegenüber dem Schmuckbasar und gleich an der autofreien Kazım Özlap Caddesi liegt in einer alten Karawanserei dieses große und bei Einheimischen sehr beliebte Hofrestaurant. Es ist für sein über Holzkohle zubereitetes Grillhähnchen (halbes Hähnchen 10 ₺) und die hervorragenden *meze* bekannt.

Gül Restoran MEZE €€
(Karte S. 330; ☎243 2284; Kocatepe Sokak 1; Hauptgerichte 9–24 ₺) Am Rand der Atatürk Caddesi liegt dieses sehr persönliche Gartenrestaurant im Schatten eines für Antalya so typischen Orangenhains. Hier trifft man sehr viele deutsche Urlauberpaare. Das Gül ist bekannt für sein *meze*-Büfett (8 ₺) mit einer Auswahl an täglich acht verschiedenen *meze.*

Hasanağa Restaurant RESTAURANT €€
(Karte S. 330; ☎247 1313; Mescit Sokak 15; Hauptgerichte 9–25 ₺) An den Abenden, an denen hier ab 20 Uhr traditionelle türkische Musiker und Folkloretänzer auftreten, ist der Speisebereich im Garten proppenvoll. Auf der Speisekarte stehen die üblichen Verdächtigen – *köfte,* gemischte Grillplatten etc. –, aber es gibt auch einige vegetarische Optionen (um die 15 ₺).

Club Arma SEAFOOD €€€
(Karte S. 328; ☎244 9710; www.clubarma.com.tr; İskele Caddesi 75; Hauptgerichte 19–42 ₺) Dieses gehobene *balık evi* (Fischrestaurant) ist in einem ehemaligen Tanklager untergebracht, das oberhalb des Hafens direkt an eine Klippe gebaut wurde. Die Spezialitäten sind *meze* (wie es sich gehört, können diese von einem Tablett ausgewählt werden, das den Gästen an den Tisch gebracht wird) und Meeresfrüchte in ihrer ganzen Vielfalt. Wer seinen Drink im Freien genießt, sollte aufpassen, dass er nicht von der traumhaften Freiluftterrasse fällt. Das wäre dann nämlich zwar eine feuchte, nicht aber eine fröhliche Angelegenheit.

7 Mehmet Restaurant MODERN-TÜRKISCH €€€
(☎238 5200; www.7mehmet.com; Atatürk Kültür Parkı, Dunmlupınar 201; *meze* 6–20 ₺, Hauptgerichte 10–35 ₺) Das berühmteste Restaurant Antalyas mit seinen großen Essbereichen drinnen und draußen liegt einige Kilometer westlich vom Zentrum. Es steht auf einem Hügel mit Blick auf den Konyaaltı Plajı und die Stadt. Die Speisekarte mit ihren gegrillten Hauptgerichten, dem Fisch und den *meze* birgt zwar keine großen Überraschungen, dafür ist alles von höchster Qualität. Auf Anfrage darf man vielleicht einen Blick in die riesige Küche werfen.

LeMan Kültür CAFÉ, RESTAURANT €€
(Karte S. 330; ☎243 7473; www.leman.com.tr; Atatürk Caddesi 44; Hauptgerichte 11,50–20 ₺; ⌚9–24 Uhr) In diesem Gartencafé südlich vom Hadrianstor dreht sich alles um Cartoons und Karikaturen (die alle von den Besitzern selbst angefertigt wurden). Es ist vor allem bei Studenten extrem beliebt und morgens, mittags und abends immer proppenvoll. Hier lernt man garantiert junge Einheimische kennen.

Yemenli TÜRKISCH €€
(Karte S. 330; ☎247 5346; Zeytin Sokak 16; Hauptgerichte 14,50–17,50 ₺) Das Yemenli gehört den Brüdern Sabah (S. 332), was allein schon dafür spricht, dass es gut ist. Seinen Namen erhielt es in Anlehnung an das Geburtsland des Vaters, auf der Speisekarte stehen aber die altbewährten türkischen Klassiker. Untergebracht ist es in einem bezaubernden renovierten Steinhaus.

Can Can Pide ve Kebap Salonu KEBAB €
(Karte S. 328; ☎243 2548; Arık Caddesi 4/A; Pide & Dürüm 8 ₺; ⌚7–24 Uhr Mo–Sa) Wer ein sehr günstiges und freundliches Lokal sucht, ist hier genau richtig. Zu extrem niedrigen Preisen werden im Can Can hervorragende *çorba,* Pide und Adana-*dürüm* (Rinderkebab in gerollter Pita) aber auch *mantı,* eine Art türkischer Ravioli, serviert. Es liegt gegenüber dem unverkennbaren Antalya-2000-Gebäude und dessen Kino, dem Plaza Cinema.

Güneyliler KEBAB €€
(Karte S. 328; ☎241 1117; 4 Sokak 12/A; Gerichte 9–12 ₺) Mit seiner spärlichen Einrichtung im Cafeteriastil macht dieses bei Einheimischen extrem beliebte Lokal zwar wenig her, ist aber recht preisgünstig. Zudem werden das Holzofen-*lahmacun* (3–6 ₺) und die spitzenmäßigen Kebabs mit so vielen kostenlosen Extras serviert, dass man gern wiederkommt. Wer sich auf dem Weg hierher verirrt, kann im kaum übersehbaren Best Western Khan Hotel in der Kazım Özlap Caddesi 55 nach dem Weg fragen.

Paul's Place CAFÉ €

(Karte S. 330; ☎244 3375; www.spccturkey.com; Yeni Kapı Sokak 24; Latte 5 ₺, Kuchen 4,50 ₺, Köfte 5–7 ₺; ⊙Mo–Fr 9–18 Uhr; 📶) Die Gute Nachricht bekommt man in diesem ungezwungenen, von einem christlichen Expat geführten Café im St.-Paulus-Kulturzentrum in Form eines köstlichen Kaffees überbracht. Ungeachtet der religiösen Überzeugung kann man sich hier leckeren Espresso oder Filterkaffe (1–5 ₺) und das fabelhafte Gebäck schmecken lassen. Es gibt auch eine gut ausgestattete Leihbücherei.

Hotel Alp Paşa BÜFETT €€

(Karte S. 330; ☎247 5676; www.alppasa.com; Hesapçı Sokak 30; Büfett 17 €; ⊙19.30–21.30 Uhr) Ein Besuch in diesem Hotel, das in einem etwas übertriebenen osmanischen Stil gehaltenen ist, lohnt sich ehrlich gesagt nur wegen des allabendlichen All-you-can-eat-Büfetts. Dieses wird zwei Stunden lang angeboten und wer sehr hungrig ist, kann hier mal so richtig zuschlagen.

Ausgehen & Unterhaltung

In Kaleiçi wird nach Einbruch der Dunkelheit einiges geboten. Es gibt belebte Biergärten mit atemberaubendem Ausblick, Lokale mit Livemusik von Rock bis *türkü* (türkische Volksmusik) und anzügliche Clubs mit teuren Drinks, in denen russische Prostituierte allgegenwärtig sind.

Castle Café BAR

(Karte S. 330; ☎248 6594; Hıdırlık Sokak 48/1; Bier 7,50 ₺; ⊙8–23 Uhr) Unter den Bars entlang der Klippen gleich gegenüber dem Hıdırlık Kalesi ist diese mit dem passenden Namen Castle (Schloss) die beste Option. Hier geht es lebhaft zu, die Preise sind o.k. und man kann viele junge Einheimische treffen.

Kale Bar BAR

(Karte S. 330; ☎248 6591; Mermerli Sokak 2; Bier 9 ₺; ⊙11–24 Uhr) Diese Bar auf einer Terrasse gehört zu den CH Hotels Türkevi und bietet den vielleicht spektakulärsten Blick auf Hafen und Meer in Antalya. Die Cocktailpreise sind entsprechend hoch (ab 21 ₺).

The Lounge BAR, CAFÉ

(Karte S. 330; ☎247 6013; Zafer Sokak 13; Eiscreme 3,50 ₺, Kuchen 10 ₺; ⊙9–1 Uhr; 📶) The Lounge, eine schicke Mischung aus Café und Bar, liegt gleich neben dem Restaurant Vanilla und hat auch dieselbe Geschäftsleitung. Es werden importierte Eiscreme (Mövenpick!) und Kaffee aus einem echten Lavazza-Espressoautomaten angeboten – genau das Richtige, wenn man mal genug vom türkischen Kaffee hat. Zu essen gibt's Panini und Pizza (10–18 ₺) und freitag- und samstagabends spielen Livebands.

Dem-Lik LIVEMUSIK

(Karte S. 330; ☎247 1930; Zafer Sokak 6; Bier 5 ₺, Kaffee 4 ₺; ⊙12–24 Uhr) In einem Garten hinter hohen Steinmauern liegt das Dem-Lik, in dem Antalyas Studentengemeinde bei eiskaltem Bier und (überwiegend) Jazz, Reggae und Blues (am Wochenende live gespielt) die Welt verändern will. Es gibt auch einen kleineren Innenbereich.

Kralın Bahçesi LIVEMUSIK

(Karte S. 330; ☎0535 480 6834; Paşa Camii Sokak 33; ⊙9–3 Uhr) Der „Garten des Königs" ist tagsüber ein Café (inkl. Wasserpfeifen mit allen möglichen Tabaksorten) und verwandelt sich abends in eine Bar mit live gespieltem *türku*. Die Musik beginnt um 21 Uhr, das Kralın Bahçesi ist aber zu jeder Tageszeit eine gute Adresse.

Filika Cafe-Bar LIVEMUSIK

(Karte S. 330; ☎244 8266; Mescit Sokak 46; ⊙20–5 Uhr) Hier, oberhalb der Mescit Sokak im Zentrum von Kaleiçi, spielen Livebands Pop- und Rockmusik und ziehen ein cooles junges türkisches Publikum an.

Bar Rock Cafe CLUB, LIVEMUSIK

(Karte S. 330; ☎0532 695 3291; abseits der Uzun Çarşi Sokak; ⊙12–4 Uhr) In der dunklen Kneipe mit großem Gartenbereich spielen einheimische Gitarrenbands alte Rockklassiker. Das Bar Rock liegt in einer Gasse direkt gegenüber dem Kleiderladen Akdeniz an der Uzun Çarşi Sokak und rechts neben einer archäologischen Ausgrabungsstätte (gelobt sei die Türkei!).

Shoppen

Owl Bookshop BÜCHER

(Karte S. 330; ☎0532 632 3275; Kocatepe Sokak 9; ⊙Mo–Sa 9–19 Uhr) Ein Secondhand-Bücherladen mit vorwiegend von Travellern zurückgelassenen Lektüren. Betreiber ist der Literaturfan Kemal Őzkurt, der gern (gefragt und ungefragt) enthusiastische Leseempfehlungen ausspricht.

Osmanlı Sultan Çarık SCHUHE

(Karte S. 330; ☎0532 677 0642, 247 1540; www.osmanlicarik.com; Hesapcı Sokak 3) Im „Osmanischen Sultan-Slipper"-Laden bekommt man für 90 bis 160 ₺ ein Paar handgenähter, spitz zulaufender Hausschuhe aus gefärbtem Ochsen- oder Büffelleder. Auch Sandalen (60–80 ₺) und Stiefel (270–300 ₺) stehen zum Verkauf.

Praktische Informationen

Internetzugang

Megi Internet Cafe (www.megicafe.com; 46 Sokak; 1 ₺/Std.) Supermodernes Internetcafé mit 40 Terminals, unmittelbar nördlich vom Cumhuriyet Meydanı.

Solemar İnternet Kafe (Arık Caddesi 13/C; 1 ₺/Std.; ⌚8–23 Uhr) Hat in einem kleinen Laden östlich vom Hadrianstor etwa 15 Computer stehen.

Touristeninformation

Touristeninformation (☎241 1747; Cumhuriyet Meydanı; ⌚Mai–Okt. 8–18 Uhr, Nov.–März 8.30–17.30 Uhr) Ein winziges, aber hilfreiches Büro unmittelbar westlich des Yivli Minare.

Websites

Antalya Guide (www.antalyaguide.org) Umfassende Website mit Infos zu allem, vom Wetter bis zu Fernsehkanälen.

An- & Weiterreise

Bus

Der *otogar* von Antalya befindet sich etwa 4 km nördlich vom Zentrum an der Schnellstraße D650 und besteht aus zwei großen Terminals, denen ein Park gegenüber liegt. Von der Hauptstraße und dem Parkplatz aus gesehen rechts befindet sich der Şehirlerarası Terminalı (Überlandterminal), an dem die Fernbusse abfahren. Der Ilçeler Terminali für Busse mit Zielen in der näheren Umgebung wie etwa Side oder Alanya befindet sich auf der linken Seite.

Flugzeug

Antalyas geschäftiger Flughafen liegt 10 km östlich vom Zentrum an der Schnellstraße D400. Es gibt einen Touristeninformationsschalter und mehrere Autovermietungen. Turkish Airlines und dessen regionaler Billigflieger AnadoluJet (www.anadolujet.com) bieten das ganze Jahr über u. a. täglich ein Dutzend Nonstop-Flüge nach/von İstanbul (75–120 ₺, einfache Flugstrecke) an.

Unterwegs vor Ort

Antalyas traditionelle eingleisige *tramvay* (1,25 ₺) ist 6 km lang, hat zehn Haltestellen und ist die einfachste Möglichkeit, sich in der Stadt fortzubewegen. Die Straßenbahn – immer noch das Original! – fährt jede halbe Stunde zwischen 7.30 und 21 Uhr. Man bezahlt beim Einsteigen und verlässt den Wagen durch die hintere Tür. Die Route führt vom Museum von Antalya (Haltestelle Müze) entlang der Konyaaltı Caddesi, der Cumhuriyet Caddesi, der Atatürk Caddesi und der Isıklar Caddesi.

Eine elegante, zweispurige Straßenbahnlinie mit 16 Stationen und dem Namen AntRay wurde

FERNBUSSE AB ANTALYA (OTOGAR)

ZIEL	PREIS (TL)	DAUER (STD.)	STRECKE (KM)	HÄUFIGKEIT (PRO TAG)
Adana	52	11	565	alle 2 Std.
Alanya	19	3	135	alle 20 Min.
Ankara	50	8	555	regelm.
Çanakkale	65	12	770	tgl. um 16.30 Uhr
Denizli (Pamukkale)	25	4	225	mehrmals
Eğirdir	25	3½	195	stündl.
Fethiye (Küste)	25	7½	285	mehrmals
Fethiye (Inland)	18	4	200	regelm.
Göreme/Ürgüp	40	9	485	regelm.
İstanbul	65	11½	785	regelm.
İzmir	40	8	470	mehrmals
Kaş	20	3½	188	regelm.
Kemer	10	1½	55	alle 15 Min.
Konya	38	5	305	mehrmals
Marmaris	40	6	365	mehrmals
Olympos/Çıralı	13	1½	80	mehrere Minibusse & Busse
Side/Manavgat	13	1½	65	alle 20 Min. (Hauptsaison)

2009 eröffnet. Sie verbindet die Gebiete im Norden der Stadt mit denen im Süden und an der Küste. Für Besucher ist sie nur hilfreich, wenn man auf dem Weg zum/vom *otogar* ist. Die beiden Straßenbahnlinien sind bisher noch nicht verbunden. Die Haltestelle İsmet Paşa der AntRay ist jedoch nur einen kurzen Fußweg von der zentral gelegenen *tramvay*-Station Kale Kapısı entfernt.

Vom/zum Busbahnhof

Bus 45 (1,75 ₺) startet etwa alle 20 Minuten an der Bushaltestelle in der Nähe des Taxistands am Flughafen und fährt zur Atatürk Caddesi im Zentrum. Die Fahrt dauert etwa eine Stunde. Wer von Kaleiçi aus zum *otogar* will, geht durch das Hadrianstor, biegt nach rechts ab und wartet an einer beliebigen Haltestelle entlang der Atatürk Caddesi.

Auch die AntRay fährt zum Busbahnhof. Die Station heißt „Otogar" und liegt acht Haltestellen hinter der Station İsmet Paşa im Zentrum, gleich am Rande von Kaleiçi. Die Fahrt dauert 20 Min. und kostet 1,50 ₺.

Ein Taxi vom *otogar* nach Kaleiçi sollte um die 25 ₺ kosten.

Vom/zum Flughafen

Zum Flughafen nimmt man den Bus 600 (2 ₺), der auf der 100 Yıl entlangfährt. Eine Taxifahrt liegt bei etwa 35 ₺.

Rund um Antalya

Antalya ist ein guter Ausgangspunkt für Ausflüge zu den antiken Stätten von Phaselis, Termessos, Perge, Aspendos und Selge. Wer aber an der Küste entlang reist, der kann viel Zeit sparen, indem er Phaselis auf dem Weg von oder nach Olympos bzw. Kaş besucht. Gleiches gibt für Perge und Aspendos. Diese können am einfachsten auf dem Weg von oder nach Side bzw. Alanya besichtigt werden.

In Kaleiçi, der Altstadt von Antalya bieten viele Reisebüros, z. B. **Nirvana Travel Service** (Karte S. 330; ☎0532 521 6053, 0242-244 3893; www.nirvanatour.com; İskele Caddesi 38/4), geführte Touren an. Eine Tagestour nach Termessos mit einem Zwischenstopp am Düden Şelalesi (Düden-Wasserfall) kostet mit Mittagessen 100 ₺. Für Ausflüge nach Perge und Aspendos mit einem Abstecher zum Manavgat-Wasserfall werden 115 ₺ fällig. Es gibt auch viele Autovermietungen wie **Gaye Rent a Car** (☎0242-247 1000; www.gayerentacar.com; İmaret Sokak 1), bei denen man für 50 bis 90 ₺ pro Tag ein Auto bekommt (Motorroller 30–40 ₺).

ASPENDOS

Die Besucher strömen scharenweise zu dieser antiken Stätte nahe dem modernen Ort Belkıs. Sie wollen alle das atemberaubende **Theater** (Eintritt 15 ₺, Parken 5 ₺; ⏲April–Okt. 9–19 Uhr, Nov.–März 8–17 Uhr) sehen, das als das besterhaltene römische Theater der Antike gilt.

Das Theater wurde von den Römern unter Kaiser Marc Aurel (dieser regierte 161–180 n. Chr.) erbaut und im 13. Jh. von den Seldschuken als Karawanserei genutzt. Aspendos erlebte seine Blütezeit im 2. und 3. Jh. n. Chr., die Geschichte der Stadt reicht aber bis in die Zeit der Hethiter (800 v. Chr.) zurück.

Als Atatürk in den frühen 1930er-Jahren in dieser Gegend unterwegs war, entschied er, dass Aspendos ein zu schönes Beispiel klassischer Architektur sei, um ungenutzt zu bleiben. Nach einer Restaurierung, die von vielen Historikern nicht gutgeheißen wurde, finden nun in dem Theater mit seinen 15 000 Sitzplätzen bis heute wieder Opern, Konzerte und andere Veranstaltungen statt. Die Akustik ist hervorragend und die Atmosphäre bei Nacht einfach grandios.

Zu den vielen Ruinen der antiken Stadt gehören auch ein **Stadion**, eine **Agora** und eine **Basilika** aus dem 3. Jh. Besonders spannend sind sie aber nicht. Sie sind über den Pfad zu erreichen, der am Ausgang des Theaters nach rechts verläuft. Im Norden sind die Überreste des **Aquädukts** der Stadt zu sehen.

Feste & Events

Opern- und Ballettfestival von Aspendos FESTIVAL
(Aspendos Opera ve Bale Festivalı; www.aspendosfestival.gov.tr) Dieses international bekannte und renommierte Festival findet im Juni und im September im römischen Theater statt. Tickets gibt's online, am Stand gegenüber dem Theater oder in Reiseagenturen in Antalya.

An- & Weiterreise

Aspendos liegt 47 km östlich von Antalya. Wer mit dem Auto unterwegs ist, erblickt unmittelbar nach der Abzweigung nach Aspendos von der D400 rechts eine restaurierte seldschukische Spitzbogenbrücke mit sieben Bögen, die über den Fluss Köprü führt. Sie stammt aus dem 13. Jh., wurde aber auf den Fundamenten einer älteren Brücke aus römischer Zeit errichtet.

Minibusse auf dem Weg von Antalya nach Manavgat setzen Passagiere an der Abzweigung nach Aspendos (8 ₺) ab. Von dort sind es zu Fuß

45 Minuten. Alternativ fährt man die letzten 4 km bis zur Stätte per Anhalter. Die Taxis, die an der Abfahrt von der Schnellstraße warten, bringen einen für unverschämte 20 ₺ zum Theater. Alternativ schließt man sich für 115 ₺ einer geführten Tour ab Antalya mit Zwischenstopp in Perge an. Eine Taxitour kostet um die 160 ₺.

TERMESSOS

Hoch oben zwischen zerklüfteten Bergen versteckt sich in einem Tal 34 km nordwestlich von Antalya die verfallene, aber beeindruckende antike Stadt **Termessos** (Eintritt 5 ₺; ⏲April–Okt. 9–19 Uhr, Nov.–März 8–17 Uhr). Seine Einwohner waren weder griechisch noch lykisch. Sie gehörten einem pisidischen Stamm an, der besonders wild und kampflustig gewesen zu sein scheint. Sie besiegten in einer Schlacht im Jahr 333 v. Chr. Alexander den Großen, und die Römer nahmen im Jahr 70 v. Chr. (wohl aus gutem Grund) den Wunsch Termessos' an, ein unabhängiger Bündnispartner zu bleiben.

Termessos nimmt ein weiträumiges Gebiet ein und bei seiner Erkundung muss man über lose Felsen klettern und steile, wenn auch gut gekennzeichnete Pfade hinaufsteigen. Für den Besuch sollte man mindestens zwei Stunden einplanen und jede Menge Wasser mitbringen.

Die ersten Ruinen, auf die man trifft, liegen am Ende der Zufahrtsstraße (Königsstraße) und befinden sich noch auf dem Parkplatz. Das Tor auf der kleinen Anhöhe im Westen bildete einst den Eingang zum **Artemis-Hadrian-Tempel** und zum **Hadrian-Propylon**. Von dort geht's auf einem steilen Pfad, der direkt durch das **Stadttor** führt, in Richtung Süden. Zu beiden Seiten des Weges sind Überreste der Stadtmauern der Unterstadt zu sehen. Nach etwa 20 Minuten sind die **untere Sportstätte** (*gymnasion*) und die **Bäder** zur Linken erreicht. Ein kleines Stück weiter liegen rechts die **Stadtmauern der Oberstadt** und eine **Kolonnadenstraße**. Als nächstes folgt die **obere Agora** mit ihren fünf großen **Zisternen**. Ein idealer Ort, um sich etwas länger umzuschauen und dabei den Schatten zu genießen. Weiter geht's zum nahegelegenen **Theater**, das in atemberaubender Lage auf einem Gipfel thront und von einer Bergkette umgeben ist. An einem klaren Tag kann man bis nach Antalya sehen. Vom Theater führt ein Pfad in südwestlicher Richtung bis zum **Buleuterion**, das aus behauenem Kalkstein erbaut wurde. Beim Klettern über die verfallenen Ruinen des **Artemis-** und des **Zeustempels** südlich davon ist besondere Vorsicht geboten. Die **südliche Nekropole** liegt ganz oben im Tal, 3 km – oder eine Stunde Fußweg – vom Parkplatz entfernt.

Im **Nationalpark Güllükdağı Termessos** (Termessos Milli Parkı), in dem die Stätte liegt, leben unzählige Tiere, darunter Bergziegen, Damwild und Steinadler, sowie 680 Pflanzenarten, von denen 80 nur hier zu finden sind. Am Eingang befindet sich das kleine **Flora- und Faunamuseum** (im Eintrittspreis enthalten), das neben Informationen über die Pflanzen- und Tierwelt der unmittelbaren Umgebung auch ein wenig über die Ruinenstadt informiert.

Termessos

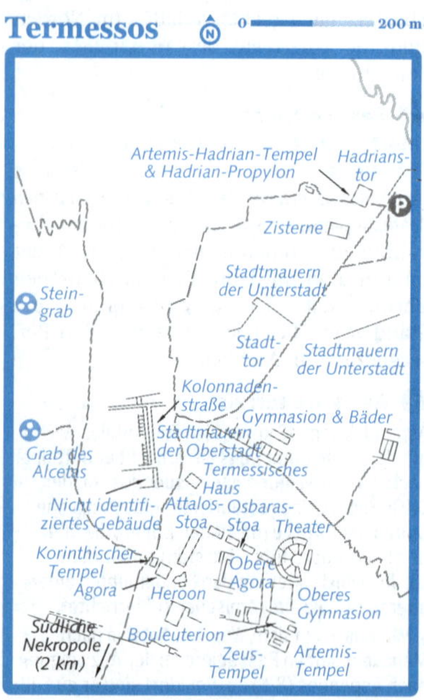

ℹ An- & Weiterreise

Taxitouren von Antalya aus kosten um die 150 ₺. Günstiger sind da organisierte Ausflüge oder Gruppenexkursionen. Eine noch preiswertere Alternative ist der Bus nach Korkuteli (12 ₺), der am *otogar* von Antalya abfährt und Passagiere am Eingang zum Nationalpark aussteigen lässt. In den wärmeren Monaten warten hier schon Taxis, die die 9 km lange Fahrt bis zu den Ruinen und zurück für 25 ₺ anbieten.

PERGE

Etwa 17 km östlich von Antalya und 2 km nördlich von Aksu direkt an der D400 liegt **Perge** (Eintritt 15 ₺; ⏲April–Okt. 9–19 Uhr, Nov.–März 8–17.30 Uhr), das einst eine der bedeutendsten Städte im antiken Pamphylien war. Seine Blütezeiten erlebte der Ort im hellenistischen Zeitalter im 2. und 3. Jh. v. Chr. sowie unter den Römern im 2. und 3. Jh. n. Chr. (aus dieser Zeit stammt auch ein Großteil der Ruinen). Türkische Archäologen begannen 1946 mit ersten Ausgrabungen, und eine Auswahl der Statuen, die seither entdecket wurden und die sich teilweise in einem hervorragenden Zustand befinden, kann im Museum von Antalya besichtigt werden.

An der Zufahrtsstraße, kurz bevor die Stätte selbst erreicht ist, liegen das **Theater** und das **Stadion** (beide boten Platz für 12 000 Zuschauer). Zum Zeitpunkt der Recherche waren beide Gebäude aber nicht zugänglich. Hinter dem Eingang zum Gelände steht das gewaltige **römische Tor** mit seinen vier Bögen, durch das man hindurchgehen kann. Links befinden sich das **südliche Nymphäum** und die gut erhaltenen **Bäder**, rechts erblickt man eine große quadratische **Agora**. Hinter dem **hellenistischen Tor** mit seinen zwei riesigen Türmen verläuft eine hübsche **Kolonnadenstraße**, die immer noch von einer beeindruckenden Anzahl an Säulen gesäumt wird.

Der schmale Kanal, der in der Mitte der Kolonnadenstraße verläuft, wurde vom **nördlichen Nymphäum**, das aus dem 2. Jh. n. Chr. stammt, mit Wasser versorgt. Von hier aus führt ein Pfad zum Hügelkamm, auf dem die **Akropolis** steht.

An- & Weiterreise

Am einfachsten erreicht man Perge, indem man mit der AntRay-Straßenbahn bis zur südlichsten Station (Maydan) und von dort mit dem Dolmuş nach Aksu (3 ₺, 30 Min., 15 km) fährt. Die letzten 2 km nach Norden bis zu den Ruinen kann man leicht zu Fuß zurücklegen. Eine Tour von Antalya aus nach Perge und Aspendos zusammen sollte um die 115 ₺ kosten. Für eine Taxitour werden um die 160 ₺ fällig.

SELGE & KÖPRÜLÜ KANYON

Die Ruinen des antiken Selge verteilen sich über das im Taurusgebirge gelegene Dorf Altınkaya. Dieses befindet sich 12 km vor dem Eingang zum spektakulären Köprülü Kanyon. Beide liegen in einem Nationalpark mit bis zu 2500 m hohen Gipfeln.

Beim Streifzug durch das Dorf und die Ruinen fällt es vielleicht schwer sich klarzumachen, dass hier einst über 20 000 Menschen lebten. Aufgrund der erhöhten Lage der Stadt, ihrer Stadtmauern und der

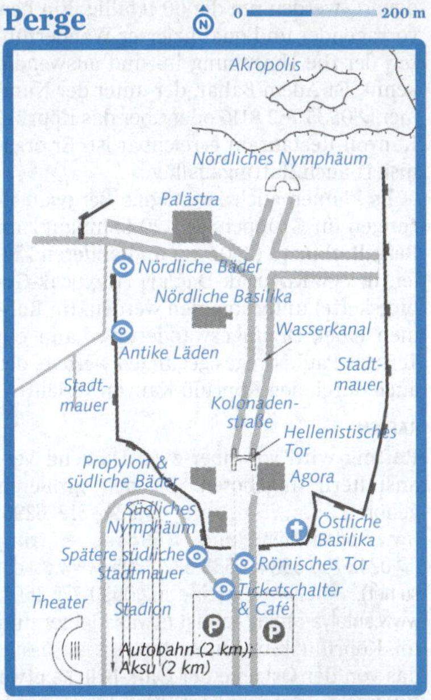

umliegenden Schluchten war es fast unmöglich, sich unentdeckt zu nähern, und so konnte Selge die meisten Eindringlinge abwehren. Dennoch übernahmen die Römer irgendwann das Gebiet und behielten es bis in die byzantinische Epoche unter ihrer Kontrolle.

Etwa 350 m der Stadtmauern sind auch heute noch zu sehen, das bemerkenswerteste Monument ist jedoch das **Theater**, das im 3. Jh. n. Chr. restauriert wurde. Nicht weit davon entfernt steht die **Agora**.

Am Fuße des Anstiegs befinden sich zwei Brücken aus römischer Zeit. Die erste (und kleinere) ist die **Bürüm-Brücke**. Die zweite und beeindruckendere, die **Oluk-Brücke**, ist mit Bögen versehen und 14 m lang. Sie führt über eine tiefe Schlucht, in der der alte griechische Fluss Eurymedon (heute Köprü) floss (bzw. fließt). Sie ist seit ihrer Erbauung durch die Römer im 2. Jh. n. Chr. in Gebrauch.

Aktivitäten

WANDERN

Rund um die Oluk-Brücke bieten sich Dorfbewohner als Führer für Wanderungen entlang des Köprülü Kanyon (Brückenschlucht) an. Für solch eine Tour auf der ursprünglichen römischen Straße, die hinauf etwa zwei Stunden, hinunter 1½ Stunden dauert, werden um die 60 ₺ fällig. Ein hervorragender und qualifizierter Wanderführer, der die Umgebung in- und auswendig kennt, ist Adem Bahar, der unter der Nummer ☎0535 762 8116 oder über das Köprülü Kanyon Restaurant erreichbar ist. Er organisiert auch Raftingausflüge.

Es können auch zweitägige Bergwanderungen für Gruppen (ca. 120 ₺) hinauf zum Berg Bozburun (2504 m) und anderen Zielen in der Kuyucak Dağları (Kuyucak-Gebirgskette) unternommen werden. Im Rahmen einer Dreitageswanderung kann ein Teil des Paulusweges gegangen werden, der auch durch den Köprülü Kanyon verläuft.

RAFTEN

Rafting wird von über zwei Dutzend Veranstaltern angeboten. Zu den größeren gehören u.a. **Medraft** (☎0242-312 6296; www.medraft.com) und **Gökcesu Rafting** (☎0242-765 3384, 0533 522 3205; www.gokcesu.net), **Antalya Rafting** (☎0530 776 1607; www.antalya-rafting.net) ist etwas kleiner und im Köprülu Kanyon Restaurant ansässig, das von der Ostseite der Oluk-Brücke etwa 100 m flussabwärts liegt. Eine Fahrt durch die großartigen Stromschnellen der mittleren Kategorie kostet rund 30 ₺. Darin beinhaltet sind eine Einführungsstunde, eine zwei- bis dreistündige Tour und das Mittagessen.

Schlafen

Am Westufer des Flusses Köprü, etwa 4 km hinter der modernen Karabük-Brücke, gibt es direkt am Wasser zwei Pensionen mit Restaurant. Die erste ist die etwas rustikale **Selge Pansiyon** (☎ 0242-765 3244, 0535 577 9475; www.selgepansiyon.com; EZ/DZ 30/60 ₺, inkl. VP 60/120 ₺; @) mit 11 Zimmern unmittelbar am Fluss. Sie bietet ein hervorragendes Preis-Leistungs-Verhältnis und ist vielleicht die bessere Option für Familien. Eine größere und modernere Unterkunft ist die **Perge Pansiyon** (☎ 0242-765 3074, 0533 475 8108; www.facebook.com/Pergepansion; Stellplatz 15 ₺/Pers., Bungalow EZ/DZ 40/80 ₺, inkl. VP 70/140 ₺; ❄@📶), die 14 komfortable Holzbungalows mit guten Bädern und ein recht gutes Restaurant im Angebot hat. Es liegt direkt am Ufer eines Teichs, der von Stromschnellen gespeist wird. Wer in Altınkaya, nur wenige Minuten von den Ruinen von Selge entfernt, übernachten möchte, wendet sich an **Adem Bahar** (☎0535 762 8116; imkl. VP 40 ₺/Pers.).

An- & Weiterreise

Wer kein eigenes Auto hat, dem bleibt nichts anderes übrig, als sich einer der zahlreichen Touren anzuschließen, die von Antalya aus angeboten werden und den Köprülü Kanyon Milli Parkı und Selge mit im Programm haben. Pro Person werden hier etwa 100 ₺ fällig.

Wer mit einem eigenen Fahrzeug unterwegs ist, der kann dieses Ziel schon in einem halben Tag abhaken. Allerdings verdient es weit mehr Aufmerksamkeit und Zeit. Die Abzweigung nach Selge und zum Köprülü Kanyon liegt etwa 5 km östlich der Straße nach Aspendos (51 km von Antalya entfernt) an der Schnellstraße D400. Nach weiteren 30 km, die immer weiter hinein in die Berge führen, teilt sich die Straße. Links geht es nach Karabük, rechts ist Beşkonak angeschrieben. Wer der Straße nach Karabük folgt, fährt am Westufer des Flusses entlang und passiert dabei die meisten Raftinganbieter und die beiden Pensionen. Etwa 11 km hinter der Abzweigung ist die anmutige alte Oluk-Brücke erreicht. Von hier führt die asphaltierte Straße nach Altınkaya und nach 13 steilen Kilometern am Dorf und an den Ruinen von Selge vorbei. Die Landschaft wird dabei immer spektakulärer.

Nimmt man die Straße nach Beşkonak, sind es von dort noch 6,5 km zur Schlucht und zur Brücke.

Östliche Mittelmeerküste

Inhalt »

Gut essen

» Antakya Evi (S. 370)
» İskele Sofrası (S. 347)
» Ova Ev Yemekleri (S. 362)
» Öz Asmaaltı (S. 363)

Schön übernachten

» Hotel Bosnalı (S. 362)
» Beach House Hotel (S. 343)
» Centauera (S. 347)
» Konak Efsus (S. 360)

Auf zur östlichen Mittelmeerküste!

Die östliche Mittelmeerküste steht seit Langem im Schatten ihres angesagteren Pendants weiter westlich. Verständlich – Letzteres blendet mit Effekthascherei, während hier die „echte" Türkei wartet: Zwischen den Bergen und der atemberaubenden Küste werden riesige Gemüse- oder Obstplantagen bewirtschaftet. Von Hangdörfern blickt man hinunter auf Industriestädte, die so gut wie keine Touristen verzeichnen. Die freundlichen Einheimischen sind modern und säkular eingestellt. Besucher werden zudem mit allen diversen Sehenswürdigkeiten und Aktivitäten belohnt (u.a. Hethiterstädte, Kreuzritterburgen, Wanderwege). Manche kommen aber auch wegen der bedeutenden Christenstätten hierher, Orten, an denen die Apostel das Evangelium verkündeten und Menschen zum neuen Glauben bekehrten. Andere fasziniert die „Halbinsel" gen Syrien im Süden, die mit einer der interessantesten Mischungen aus Kulturen, Küchen, Religionen und Sprachen aufwartet.

Reisezeit

Antakya

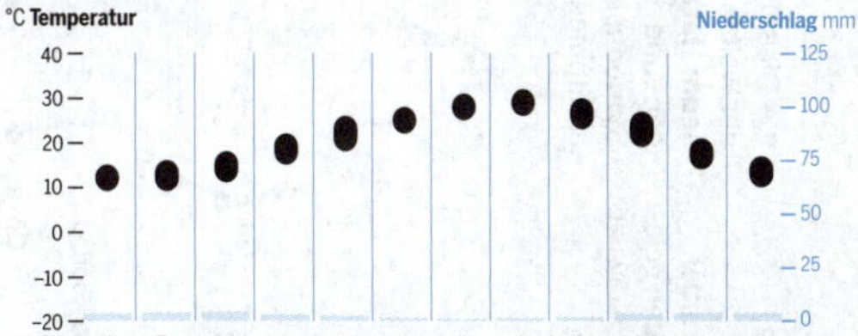

März & April Der Frühling ist ideal: Die Regenfälle sind vorbei, die Menschenmassen noch nicht da.

Juli & Aug. Drückende Hitze, die aber von Seeluft gemildert wird.

Nov.–Feb. An der Küste meist angenehm mild, aber oft feucht; das Meer ist kühl.

Highlights

1 Zur **Mädchenburg** (S. 356) im Meer vor Kızkalesi hinausschwimmen und zu den abgeschieden gelegenen Reliefs von Adamkayalar (S. 358) wandern

2 Die schönsten Mosaiken der Welt im **Archäologiemuseum Hatay** (S. 366) bewundern und den Berg mit dem **Symeonskloster** (S. 371) erklimmen

3 Früherer Pracht in der byzantinischen Stadt **Anemurium** (S. 351) nachspüren

4 In den riesigen „Himmel" der **Korykischen Grotten** (S. 357) bei Silifke hinabsteigen, wo das Ungeheuer Typhon angeblich Zeus versteckte

5 Beim Besuch der hethitischen Ruinen im **Karatepe-Nationalpark** (S. 366) die Zeit weit zurückdrehen

6 Beim Ruinentrip in **Arsuz** (S. 3671) an der Küste unterhalb von İskenderun pausieren

7 Den Hedonismus im Laserlicht der pulsierenden Discos von **Alanya** (S. 346) genießen

Side

☎0242 / 11 400 EW.

Mit seinen zahllosen Souvenirhändlern und Speisekarten in vielen europäischen Sprachen repräsentiert das einst so ruhige Fischerstädtchen für manchen Traveller die allerschlimmste Form des Massentourismus.

Einige Straßen weiter offenbart sich aber eine ganz andere Seite von Side. Durch das monumentale Vespasian-Tor scheint man eine Filmkulisse zu betreten: Tolle Ruinen aus griechischer und römischer Zeit säumen die Straße; in der wieder aufgebauten Agora könnten Kunden gleichermaßen in Togen und T-Shirts wühlen. Zum Reiz der Ortschaft tragen auch die restaurierten Säulen des Athene-Tempels am tiefblauen Meer bei.

Sehenswertes & Aktivitäten

Tempel von Apollon & Athene RUINEN

Die recht kleine Stätte mit zwei Tempeln aus dem 2. Jh. v. Chr. zählt zu den romantischsten an diesem Teil der Mittelmeerküste. Am südwestlichen Hafenzipfel ragen ein paar Athene-Tempelsäulen wieder am Originalstandort empor; sie sich im abendlich angeschalteten Flutlicht anzusehen, ist wundervoll.

Theater RUINEN

(Eintritt 10 ₺; ⏲Mitte April–Mitte Okt. 9–19.30 Uhr, Mitte Okt.–Mitte April 8–17.30 Uhr) Das eindrucksvolle Theater aus dem 2. Jh. n. Chr. hat 20 000 Zuschauerplätze und wirkt ebenso dramatisch wie sein Pendant im nahe gelegenen Aspendos. Die Wand des Bühnenbaus *(skene)* zieren Reliefs mit Gesichtern und Figuren (u. a. aus der Komödie und der Tragödie).

Östlich des Theaters stößt man gegenüber vom Museum auf die Ruinen der **Agora**, die früher einen Sklavenmarkt beherbergte. In der Nähe befinden sich die Überreste des **Tyche-Rundtempels** (einst der Glücksgöttin geweiht) und einer faszinierenden **Latrine** mit zwei Dutzend Marmorsitzen.

Museum MUSEUM

(Eintritt 10 ₺; ⏲Di–So 9–19.30 Uhr) Das Stadtmuseum beherbergt eine kleine, aber feine Sarkophag- und Statuensammlung in einem Badehaus aus dem 5. Jh.

Strände STRÄNDE

Am größten ist der **Weststrand** nördlich vom Zentrum. Um ihn zu erreichen, folgt man der Hauptausfallstraße (Side Caddesi) und biegt am Şarmaşık Sokak gegenüber des Busbahnhofs *(otogar)* links ab. Vorbei an der großen **Staatsagora** geht's zum kleineren und näher gelegenen **Oststrand** abseits der Barbaros Caddesi. Ein deutlich längerer **Strand** liegt weiter östlich.

Feste & Events

Veranstaltungsort des **Aspendos-Festivals** (Juni) mit Oper und Ballett ist die Gloria-Aspendos-Arena in Richtung Antalya. An gleicher Stelle findet saisonal ein Multimediaspektakel namens **Das Feuer Anatoliens** statt – an manchen Abenden auch noch eine weitere Show, die auf der Legende von Troja basiert. Details gibt's unter www.anadoluatesi.com.

Während der Saison sind Karten für das Festival und beide Shows beim **Ticketbüro** neben dem Museum erhältlich.

Schlafen

Direkt in die Altstadt (Zufahrt beschränkt) dürfen nur Autofahrer hinein, die dort ein Zimmer in einem Hotel oder einer Pension gebucht haben. Wer nur im Rahmen eines Tagesausflugs hierher kommt, wird zum örtlichen *otopark* (Parkplatz) dirigiert.

LP TIPP **Beach House Hotel** HOTEL €€

(☎753 1607; www.beachhouse-hotel.com; Barbaros Caddesi; EZ/DZ 50/100 ₺; ❄@📶) Das Beach House war früher unter dem Namen Pamphylia Hotel berühmt und in den 1960er-Jahren ein Promi-Magnet. Heute lockt es mit freundlichem Personal und Spitzenlage direkt am Meer viele treue Stammgäste an. Aufs Wasser blickt man von den meisten der 22 Zimmer mit Balkonen. Toll ist auch die Dachterrasse mit Whirlpool – ebenso der Garten mit Kaninchen und den Ruinen einer byzantinischen Villa.

Özden Pansiyon PENSION €

(☎0534 552 3328, 753 1337; www.yoga-holidays-turkey.com; Gül Sokak 50; EZ/DZ 30/60 ₺; 📶) Die schlichten, aber stilvollen Zimmer mit Holztäfelung umgeben einen grünen Innenhof, der Ruhe und Erholung vom Souvenirshop-Trubel gleich draußen vor der Tür verspricht. Die Pension heißt Individualreisende willkommen; zudem bieten hier Jo und Murat Özden ihre „Yoga Holidays Turkey" an. Manche Kurse dieser Yoga-Ferien (pro Woche 395 £/Pers.) finden frühmorgens nahe den mächtigen Säulen des Tempels von Apollon & Athene statt.

Side

Onur Pansiyon PENSION €
(☎753 2328; www.onur-pansiyon.com; Karanfil Sokak 3; EZ/DZ 50/80 ₺; ❄@📶) Stammgäste dieser tollen familiengeführten Pension kommen ganzjährig wegen der sieben hellen und gemütlichen Zimmer hierher – in kühleren Monaten auch wegen der Cocktails am offenen Kamin. Der freundliche Manager gibt hilfreiche Tipps und weiß, was vor Ort gerade so los ist.

Hotel Lale Park HOTEL €€
(☎753 1131; www.hotellalepark.com; Lale Sokak 5; EZ 85–120 ₺, DZ 120–170 ₺; ❄📶🏊) Gepflegter Rasen, Blumenrabatten und ein hübscher Pool machen den „Tulpenpark" zu einem von Sides nettesten Kleinhotels. Römische Säulen und steinerne Durchgänge rahmen die Freiluftbar im Garten ein; manche Zimmer haben Balkone im osmanischen Stil. Eine preiswerte Alternative zu den anderen Restaurants der Stadt: Das Abendessen (25 ₺) kann auch von nicht hier untergekommenen Gästen genossen werden. Buchungen sind bis spätestens 12 Uhr möglich.

Yalı Hotel HOTEL €€
(☎753 1011; www.yalihotel.com; Barbaros Caddesi 50; EZ/DZ 100/140 ₺; ❄@📶🏊) Dieses Hotel in spektakulärer Lage über dem Meer (trifft auf Zimmer 208, 209, 308 und 309 wortwörtlich zu) ist seltsamerweise nicht dauernd rappelvoll. O.k., die 25 Quartiere sind recht spartanisch; doch dafür gibt's hier engagiertes Personal, ein Restaurant mit Traumaussicht und einen Pool als willkommenes Extra.

Side Doğa Pansiyon PENSION €€
(☎753 6246; www.sidedoga.com; Lale Sokak 8; EZ/DZ 60/110 ₺; ❄📶) Die außergewöhnlich ruhige Pension mit neun Zimmern liegt in der Nähe von Sides Theater und praktischerweise gegenüber einem Parkplatz. Das alte Steinhaus mit farbenfrohen, ordentlichen Zimmern wird von einem hübschen Hofgarten umgeben.

Hotel Sevil HOTEL €€
(☎753 2041; www.hotelsevil.com; Zambak Sokak 32; EZ 50–70 ₺, DZ 120–130 ₺; ❄📶) Das entspannte Mittelklassehotel mit kleiner Bar wurde um einen Miniwald aus Maulbeerbäumen und Palmen herumgebaut. Die 15 Zimmer sind holzgetäfelt; die oben haben Balkone (z.T. mit Meerblick).

Essen

Ottoman Restaurant SEAFOOD €€€
(☎753 1434; Hauptgerichte 20–35 ₺) Inhaber Rasim und die Terrasse hoch über der stets geschäftigen Hauptstraße sind die Hauptgründe für ein Mahl in diesem super Lokal

Side

Highlights
Tempel von Apollon & Athene B3
Theater C1

Sehenswertes
1 Agora D1
2 Antike Latrine D1
3 Strand D2
4 Oststrand C2
5 Museum D1
6 Staatsagora D2
7 Tyche-Rundtempel D1

Schlafen
8 Beach House Hotel C2
9 Hotel Lale Park D2
10 Hotel Sevil B3
11 Onur Pansiyon C2
12 Özden Pansiyon C2
13 Side Doğa Pansiyon D2
14 Yalı Hotel C3

Essen
15 Balık & Köfte Ekmek B3
16 Emir C2
17 Karma A2
18 Moonlight Restaurant C3
19 Ottoman Restaurant B2
20 Soundwaves Restaurant C2

Ausgehen
21 Apollonik B3
22 Beyaz Bar A2
23 Kiss Bar C3
24 Mehmet's Bar C2
25 Stones Rock Bar B3

Unterhaltung
26 Ticketbüro für das Aspendos-Opern- & Ballettfestival) D1

abseits der Liman Caddesi. Neben viel Fisch gibt's hier auch indisches und mexikanisches Essen.

Emir TÜRKISCH €€
(☎753 2224; Menekşe Caddesi; *meze* 8–10 ₺, Hauptgerichte 16–25 ₺) Das Emir grenzt fast an die Ruinen der römischen Bäder, in denen Kleopatra einst relaxt haben soll. Aus seiner offenen Küche kommen hervorragende *meze*, Grillgerichte und viel Vegetarisches.

Karma RESTAURANT, BAR €€€
(Turgut Reis Caddesi; Hauptgerichte 25–35 ₺) Ein kosmopolitisch geschniegeltes Stück trendiges Bodrum in Side: Die neueste Restaurantbar der Stadt kombiniert kühnes architektonisches Design mit Tischen am Meer und einem schicken Freiluftbereich im Garten. Das vielfältige Menü ist mediterran und pan-asiatisch geprägt.

Balık & Köfte Ekmek SANDWICHES €
(Sandwiches 7 ₺) Das umgebaute Fischerboot dümpelt sanft in Sides geschütztem Hafen vor sich hin. An Bord bekommen Gäste *meze*-Teller und preiswerte Sandwiches mit Fisch oder *köfte* (Hackfleischbällchen). In einer Touristenstadt mit einheitlich teuren Restaurants ist dies eine günstige Option für Sparfüchse.

Moonlight Restaurant SEAFOOD €€€
(☎753 1400; Barbaros Caddesi 49; Hauptgerichte 15–30 ₺) Seit 1983 empfängt das Lokal an der Küste Gäste mit einer langen Weinkarte und professionellem, aber nicht steifem Service. Auf den Tisch kommt vor allem schön angerichtetes, frisches Seafood. Hauptattraktion ist die romantische Terrasse hinten, auf der sich viele Paare tummeln.

Soundwaves Restaurant INTERNATIONAL €€€
(☎753 1059; Barbaros Caddesi; Hauptgerichte 20–30 ₺) Die Betreiberfamilie des Beach House Hotels sorgt für freundliche und entspannte Atmosphäre. Der erfahrene Küchenchef des alteingesessenen Restaurants kredenzt ein kleines, aber feines Menü mit regelmäßigen Seafood-Specials. Am besten nach den super Schwertfisch-Kebabs fragen und mit *meze* nebst kaltem Bier loslegen!

Ausgehen & Unterhaltung

Apollonik BAR, CAFE
(Liman Yolu) Die versteckte, lässige Bar in den Ruinen beim Apollon- und Athene-Tempel eignet sich perfekt für einen Start in eine lange Ausgehnacht. Das Essen (Hauptgerichte 18–26 ₺) kommt hauptsächlich vom Grill. Side mag zu Saisonbeginn noch ruhig sein, aber hier treffen sich immer viele zufriedene Gäste.

Beyaz Bar BAR
(Turgut Reis Caddesi) Die Inneneinrichtung des restaurierten osmanischen Hauses in Hafennähe ist eindeutig *beyaz* (weiß): Die Wände und Tische in dieser Farbe bilden eine stilvolle, elegante und romantische

Kulisse für die regelmäßigen Livekonzerte mit türkischer Musik.

Stones Rock Bar BAR

(Barbaros Caddesi 119) Die Tanzbar mit Traumaussicht ist super fürs Vorglühen bei Sonnenuntergang. Zum Recherchezeitpunkt wurde sie gerade strahlend weiß im noblen, europäischen Stil renoviert.

Mehmet's Bar BAR

(Barbaros Caddesi) Die stets brummende Bar gegenüber vom Strand passt theoretisch besser auf eine Tropeninsel als an ein türkisches Kap. Am besten in Ruhe einen Drink schlürfen und der Reggae-Musik lauschen!

Kiss Bar BAR

(Barbaros Caddesi 64) Offene Neonlichtbar gleich oberhalb vom Wasser; super zum Leutegucken.

An- & Weiterreise

Von Sides *otogar* östlich der Altstadt fährt im Sommer ein offener Shuttle-Bus (1 ₺) zu einer Haltestelle nahe dem Altstadteingang.

Minibusse verbinden Sides *otogar* regelmäßig mit dem von Manavgat (2 ₺; Taxi ca. 15 ₺); rund 4 km weiter nordöstlich starten dort Busse nach Antalya (10 ₺, 1½ Std., 75 km) und Alanya (10 ₺, 1½ Std., 60 km). Bei der Einfahrt nach Side halten die meisten Busse am Manavgat-Busbahnhof oder an der Überlandstraße, wo man jeweils in einen kostenlosen *servis* (Shuttle-Bus) in die Stadt umsteigen kann.

Im Sommer rollen Direktbusse ein- bis dreimal täglich von Side nach İzmir (40 ₺, 8½ Std., 540 km) und İstanbul (55 ₺, 13 Std., 850 km).

Alanya

0242 / 103 700 EW.

In nur wenigen Jahrzehnten ist Alanya praktisch explodiert: Das einst einwohnerarme Sandstrandstädtchen an einer Überlandstraße ist heute eine dicht besiedelte Touristenhochburg, die vor allem Skandinavier und Niederländer anlockt. Bei Nacht ähnelt Alanya mitunter einem Las Vegas am Meer. Bis auf Bootstrips, Küstenspaziergänge oder abendliche Abstecher in Laserlicht-Diskos tun viele Touristen hier nicht viel mehr, als hotelintern zwischen Pool und All-Inclusive-Büfett hin und her zu pendeln.

Dennoch hat die Stadt ein paar uralte Trümpfe im Ärmel: Auf dem Kap südlich des modernen Zentrums thront hoch droben ein beeindruckender Burgkomplex aus seldschukischer Zeit, zu dem u. a. stimmungsvolle Ruinen und sogar ein kleines traditionelles Dorf gehören.

Sehenswertes

Burg Alanya BURG

(Alanya Kalesı; Eintritt 10 ₺; April–Okt. 9–19 Uhr, Nov.–März 8–17 Uhr) Alanyas einzige „Pflichtattraktion" ist die großartige Seldschukenburg mit Blick auf die Stadt, die pamphylische Ebene und die kilikischen Berge.

Ein Stück vor dem Festungseingang führt eine Abzweigung zum Dorf **Ehmedek**, das in osmanischer und seldschukischer Zeit von Türken bewohnt war. Bis heute umringen hier alte Holzhäuser die schmucke **Süleymaniye Camii**, Alanyas älteste Moschee aus dem 16. Jh. Hinzu kommen das Gewölbe des früheren **Besistan** (osmanische Markthalle) und das **Akşebe Türbesi**, ein Mausoleum aus dem 13. Jh.

Am Straßenende liegt der Eingang zur **İç Kale** (Inneren Festung). Dort befinden sich schlecht erhaltene Ruinen wie ein halbes Dutzend **Zisternen** oder die leeren Mauern einer **byzantinischen Kirche** aus dem 11. Jh.

Zur Burg führt eine kurvige Straße (Kaleyolu Caddesi; 3,5 km). Busse starten an der Hürriyet Meydanı (1,25 ₺, 9–19 Uhr stündl.) und gegenüber der Touristeninformation (15 Min. nach der vollen Stunde, im Sommer auch 15 Min. vor der vollen Stunde). Die einfache Fahrt per Taxi kostet 15 ₺.

Roter Turm HISTORISCHES GEBÄUDE

(Kızılkule; Eintritt 4 ₺; April–Okt. 9–19 Uhr, Nov.–März 8–17 Uhr) Am unteren Ende der İskele Caddesi ragt der achteckige Verteidigungsturm von 1226 mehr als 30 m über dem Hafen empor. Der fünfstöckige Bau hat einen Durchmesser von fast 30 m und eine zentrale Zisterne als Wasserspeicher. Nachdem sich das armenisch kontrollierte Alanya dem seldschukischen Sultan Kai Kobad I. (baute auch die Burg) ergeben hatte, errichtete dieser den Turm als erstes Gebäude. Vor Ort gibt's ein kleines **ethnografisches Museum**; rund 85 Stufen führen hinauf zur Dachterrasse mit Hafenblick. Die seldschukische **Tersane** (Werft) weiter südlich ist landesweit als einzige erhalten geblieben.

Museum MUSEUM

(İsmet Hilmi Balcı Caddesi; Eintritt 3 ₺; April–Okt. Di–So 9–19 Uhr, Nov.–März Di–So 8–17 Uhr) Das kleine, sehenswerte Stadtmuseum zeigt z. B. Werkzeuge, Krüge und Schmuckstücke von anderen pamphylischen Stätten der Region.

Kleopatra-Strand STRAND
(Kleopatra Plajı) Alanyas bester Strand ist sandig, mit super Burgblick gesegnet und in der Nachsaison ruhig. Die Hauptstrände sind ebenfalls nett, säumen aber östlich vom Zentrum eine Hauptverkehrsader.

Tropfsteinhöhle HÖHLE
(Damlataş Mağarası; Erw./Kind 4,50/2,25 ₺; ⌚10–19 Uhr) Nahe dem Kleopatra-Strand liegt diese stalaktitenreiche Höhle mit besonderer Luft: Die hat einen Feuchtigkeitsgehalt von 95% und soll Asthmatikern bei ausreichend langem Ein- bzw. Ausatmen Linderung verschaffen.

Aktivitäten

Damlataş Aqua Centre WASSERPARK
(İsmet Hilmi Balcı Caddesi 62; Erw./Kind 25/12 ₺; ⌚9–18 Uhr) Eindrucksvoller Wasserpark in Zentrumsnähe.

Geführte Touren

Viele örtliche Veranstalter offerieren geführte Ruinentouren an der Küste zwischen Alanya und dem westlich gelegenen Anamur. Typische Trips mit den Zielen Aspendos, Side und Manavgat kosten normalerweise etwa 75 ₺ pro Person. Jeepsafaris zu Dörfern im Taurusgebirge belaufen sich auf etwa 60 ₺ pro Nase. Manche Touren besuchen auch die Sapadere-Schlucht (S. 351).

Ausflugsboote BOOTSFAHRT
(35 ₺/Pers. inkl. Mittagessen) Täglich um etwa 10.30 Uhr brechen Boote nahe der Rıhtım Caddesi zu Kaptörns (6 Std.) auf, die u.a. mehrere Höhlen und den Kleopatra-Strand zum Ziel haben. Sonst gibt's noch Hafenrundfahrten zu Sonnenuntergang (ab 20 ₺).

Schlafen

Die Hotels und Pensionen der Stadt zielen fast alle auf Gruppen oder Interessenten für *apart oteller* (Apartments) ab. An der İskele Caddesi finden sich ein paar eigenständige Optionen. Im Viertel Tophane unterhalb der Burg haben zwei neue Boutiquehotels in sanierten osmanischen Häusern eröffnet.

LP TIPP **Centauera** BOUTIQUEHOTEL €€€
(☎519 0016; www.centauera.com; Andızlı Camii Sokak 4, Tophane; Zi. 110–140 €; P❄📶) Zehn Gehminuten vom Hafen entfernt belegt das romantische Centauera ein restauriertes osmanisches Haus im Viertel Tophane unterhalb der Burg. Man schaut auf den eleganten Bogen der Bucht und hört morgens oft nur Vogelgezwitscher aus der historischen Umgebung. Abendessen auf Anfrage gibt's auch für Nicht-Hotelgäste.

Villa Turka BOUTIQUEHOTEL €€€
(☎513 7990; www.hotelvillaturka.com; Kargı Sokak 7, Tophane; Zi. 84–130 €; ❄@📶) Dieses restaurierte osmanische Haus im Viertel Tophane besitzt zehn Zimmer mit Antikmöbeln, hochwertiger Bettwäsche und Dekor aus honigfarbenem Zedernholz. Der Blick fällt auf das Taurusgebirge und den nahen Roten Turm. Das Frühstück umfasst oft Bioprodukte von regionalen Bauernhöfen. Abendessen wird ebenfalls serviert.

Seaport Hotel BUSINESSHOTEL €€
(☎513 6487; www.hotelseaport.com; İskele Caddesi 82; EZ/DZ 120/200 ₺; ❄) Als letzte Adresse an der İskele-Hotelmeile steht das businessmäßige Seaport nur ein paar Schritte vom Roten Turm entfernt. Die Hälfte der 65 mäßig großen, aber sehr gepflegten Zimmer punktet mit super Meerblick. Der Service ist tüchtig; der Preis beinhaltet Frühstück und Abendbüfett. Allerdings enttäuscht das Essen mitunter ein bisschen.

Temiz Otel HOTEL €€
(☎513 1016; http://temizotel.com.tr; İskele Caddesi 12; EZ/DZ 65/120 ₺; ❄) Der erfrischende Name („Sauberes Hotel“) ist Programm. Die 32 geräumigen Zimmer auf fünf Etagen haben z.T. Balkone mit Blick auf das Meer und die pulsierende Bar- bzw. Clubszene.

Tayfun Pansiyon PENSION €
(☎513 0938; Tolupaşa Sokak 17a; EZ/DZ 20/30 ₺) Als eine von Alanyas letzten Budget-Bleiben versteckt sich die Tayfun Pansiyon in einem zentral gelegenen Wohnviertel. Die Zimmer sind ausgesprochen einfach, aber sauber und ausreichend groß. Nebenan lädt ein grüner Garten zum Relaxen am Abend ein. Das Frühstück ist nicht im Preis enthalten; allerdings findet man gleich um die Ecke viele Cafés an der Damlataş Caddesi.

Essen

Diese Restaurants holen Gäste meist vom Hotel ab und bringen sie wieder zurück.

LP TIPP **İskele Sofrası** SEAFOOD €€
(Tophane Caddesi 2b; *meze* 6–8 ₺, Hauptgerichte 15–30 ₺) Am besten die schickeren Hafenlokale zugunsten dieses traulichen Ladens ignorieren: Nahe der İskele Caddesi serviert die freundliche Familie Öz hier u.a. mehr als 70 *meze*-Varianten wie göttliches *girit ezmesi* (Püree aus Schafskäse, Wal-

Alanya

nüssen und Olivenöl)! Die herrliche Terrasse mit Hafenblick ist perfekt für Garnelen-*güveç* (Seafood-Auflauf) und kaltes Bier.

Ottoman House TÜRKISCH €€€
(☎511 1421; www.ottomanhousealanya.com; Damlataş Caddesi 31; Hauptgerichte 20–32 ₺) Üppige Gärten umgeben Alanyas stimmungsvollstes Restaurant in einer 100 Jahre alten Steinvilla. Probierenswert sind z. B. das gegrillte Seafood (24–29 ₺) oder das *beğendili taş kebabı* (32 ₺; osmanisches Traditionsgericht aus gebratenem Lammfleisch und Auberginenpüree). Am Donnerstag- und Sonntagabend heißt's *all you can eat* beim Barbecue (15 €); dienstags gibt's ein *meze*-Büfett (15 €) und flotte türkische Tänze.

Lokanta Su MEDITERRAN €€€
(☎512 1500; www.lokantasu.com; Damlataş Caddesi 14a; Hauptgerichte 20–35 ₺) Von Italien bis Nahost deckt das teure Menü alle mediterranen Highlights ab – z. B. mit kreativen Pizzas (19–28 ₺). Der hübsche Innenhof des restaurierten osmanischen Hauses (der früheren Residenz des örtlichen Gouverneurs) ist aber auch super, um einfach etwas von einer der besten Weinkarten Antalyas zu kosten.

Alanya

Highlights
Burg Alanya C5

Sehenswertes
1 Akşebe Türbesi B4
2 Museum B1
3 Bedesten B4
4 Kleopatra-Strand A1
5 Tropfsteinhöhle A2
6 Ethnografisches Museum C3
7 İç Kale B4
8 Roter Turm C3
9 Süleymaniye Camii B4
10 Tersane D4

Aktivitäten, Kurse & Touren
11 Dam Lataş Aqua Centre A1
12 Ausflugsboote D2

Schlafen
13 Centauera C4
14 Temiz Otel C2
15 Seaport Hotel C3
16 Tayfun Pansiyon C1
17 Villa Turka C4

Essen
18 İskele Sofrası C3
19 Köyüm Gaziantep Başpınar D2
20 Lokanta Su C2
21 Mahperi Restaurant D2
22 Ottoman House C2
23 Sofra C2

Ausgehen
24 Ehl-i-Keyf B2
25 James Dean Bar C2
Red Tower Brewery Restaurant .... (siehe 15)
26 Robin Hood Bar D2

Unterhaltung
27 Cello C3

Sofra ANATOLISCH €€
(İskele Caddesi 8a; Hauptgerichte 8–16 ₺) Köstliche Kebabs, *mantı* (türkische Ravioli) und ostanatolisches *içli köfte* (Lammhack mit Zwiebeln im Bulgur-Weizengrützemantel) – hier wird türkische Küche modern interpretiert. Alles von der SB-Salatbar ist gratis, gesund und hochwertig. Wartende können Fotos des historischen Alanya bewundern.

Köyüm Gaziantep Başpınar ANATOLISCH €€€
(☎513 5664; Hükümet Caddesi; *meze* 10–13 ₺, Hauptgerichte 20–30 ₺) Etwas abenteuerlicher als die üblichen Grillrestaurants und eine der besten Adressen für türkische Küche im Zentrum. Serviert werden (etwas teure) Gerichte aus Gaziantep (Antep) in Südostanatolien. Empfehlenswert sind *patlıcan kebabı* (Auberginenkebabs) oder *beyti sarması* (Fleischbällchen im Fladen).

Mahperi Restaurant INTERNATIONAL €€€
(☎512 5491; http://www.greenbeachclub.com/en-mahperi; Rıhtım Caddesi; Hauptgerichte 25–35 ₺) Eine stramme Leistung im wechselhaften Antalya: Das elegante Fisch- und Steakrestaurant am Ufer kredenzt seine gute internationale Auswahl seit 1947.

Ausgehen & Unterhaltung

Alanya hat ein paar der schlüpfrigsten, belebtesten und lautesten Diskos des Landes. Die machen richtig Laune – vorausgesetzt, man übernachtet mindestens 1 km vom Techno-Gehämmer entfernt. Zahmere Unterhaltung wird aber auch geboten.

Ehl-i-Keyf WASSERPFEIFENCAFÉ
(Damlataş Caddesi 32) Als trendiger Treff von Alanyas fröhlicher Jugend ist der schattige Garten dieser restaurierten osmanischen Residenz ein prima Gegenpol zu den touristischeren Bars oder Cafés der Stadt: Hier werden *nargile* (Wasserpfeife), Backgammon, Tee, frisch gepresster Saft und alkoholfreies Bier (wie wir am eigenen Leib erfahren mussten) geboten.

Cello LIVEMUSIK
(İskele Caddesi 36) Im Cello kann man super eine Nacht lang Rakı oder Bier zu Akustikklängen genießen: Die rustikale Holzbar bringt nach eigenen Angaben „Protest- und Folkloremusik" auf die Bühne (meist ab 21.30 Uhr). Unter den Gästen sind freundliche Einheimische, die vor den stampfenden Beats der Clubs unten am Hafen flüchten.

Red Tower Brewery Restaurant BRAUEREI
(www.redtowerbrewery.com; İskele Caddesi 80) Verwirrende Vielfalt prägt das mehrstöckige Lustschloss mit Hafenblick: Die Brauereikneipe im Erdgeschoss schenkt zwei anständige Biersorten aus. Im 1. Stock gibt's internationale Küche; türkisches Essen wartet im 3. Stock. In der Sky Lounge im 6. Stock wird Sushi zu Live-Gitarrenmusik serviert. Tipp: das stilecht hopfige Pils auf der Terrasse genießen!

DAS ARMENISCHE KÖNIGREICH VON KILIKIEN

Als die Seldschuk-Türken im frühen 11. Jh. vom Iran aus westwärts drangen, entrissen sie dem geschwächten Byzanz den Großteil Anatoliens und stießen ins armenische Hochland vor. Tausende Armenier flohen südwärts ins schroffe Taurusgebirge und an die Mittelmeerküste, wo sie 1080 das Armenische Königreich von Kilikien (fälschlicherweise auch „Königreich Kleinarmenien" genannt) mit dem jungen Prinzen Ruben als Herrscher gründeten.

Während die Großarmenier weiterhin gegen ausländische Invasoren und den Verlust ihrer Eigenstaatlichkeit kämpften, genossen ihre kilikischen Landsleute Überfluss und Wohlstand: Sie lebten in geografisch perfekter Position für den Handel und freundeten sich schnell mit europäischem Gedankengut an (u. a. dem Feudalismus). So wurde Kilikien ein Land der Barone, Ritter und Leibeigenen; die Angehörigen des Hofes in Sis (heute Kozan) trugen sogar westliche Kleidung. Latein und Französisch wurden zu Landessprachen. Christliche Kreuzfahrer nutzten Kilikiens Burgen als sichere Zwischenstationen auf dem Weg ins heilige Land.

Dieser armenischen Geschichtsperiode wird die größte Bedeutung für Wissenschaft und Kultur zugemessen: Florierende Schulen und Klöster vermittelten Wissen in Theologie, Philosophie, Medizin oder Mathematik. Zudem war dies die Blütezeit der kirchlichen Handschriftenmalerei Armeniens, die für üppige Verzierungen und westliche Einflüsse bekannt ist.

Das Königreich von Kilikien prosperierte fast 300 Jahre lang, bevor es an die ägyptischen Mamelucken fiel. Der letzte armenische König (Leon V.) verbrachte seine letzten Jahre damit, in ganz Europa vergeblich um Hilfe bei der Rückeroberung seines Reiches zu bitten; 1393 starb er in Paris.

James Dean Bar BAR, DISKO

(Gazipaşa Caddesi) Die schlüpfrigste, belebteste und lauteste Disko des Landes ist nichts für Feingeister: In dieser Hommage an den längst verstorbenen US-Filmstar dreht sich alles um Schaumblasen, Brüste und, ähem, Ausziehen. Wer hier niemanden abschleppen kann, sollte nach Hause gehen oder eine der anderen pulsierenden Glitzerbars an der Gazipaşa Caddesi aufsuchen.

Robin Hood Bar BAR, DISKO

(Gazipaşa Caddesi 12) In der wohl größten Disko Alanyas wird überall im zuckenden Licht getanzt und mitgesungen. Die ersten beiden Stockwerke des Ungetüms sind (wie man sich denken kann) à la Sherwood Forest dekoriert. Südamerikanische Beats laufen oben im noch lauteren Latin Club.

Praktische Informationen

Alanya Guide (www.alanya.tv) Nützliche Website zu Alanya und Umgebung; weitere gute Infos gibt's unter www.sunsearch.info.

Touristeninformation (☎513 1240; Damlataş Caddesi 1; ⌚Mai–Okt. 8–17 Uhr, Nov.–April Sa & So geschl.) Gegenüber vom Stadtmuseum Alanya.

Touristeninformation (Damlataş Caddesi; ⌚Mo–Fr 9–18 Uhr) Kleinerer Ableger nahe Alanyas *belediye* (Rathaus).

An- & Weiterreise

Bus

Der *otogar* liegt 3 km westlich vom Zentrum an der Küstenstraße (Atatürk Caddesi). Trotz eingeschränkten Betriebs in der Nachsaison fahren Busse zumeist stündlich nach Antalya (15 ₺, 2 Std., 115 km) und achtmal täglich nach Adana (40 ₺, 10 Std., 440 km); unterwegs halten sie in mehreren Ortschaften.

Schiff/Fähre

Zumeist ab Juni pendeln Fähren von **Fergün Denizcilik** (☎511 5565, 511 5358; www.fergun.net; İskele Caddesi 84) zwischen Alanya und Girne (Kyrenia) in Nordzypern (hin Mo & Fr 12 Uhr, zurück Do & So 11 Uhr).

Wer mitfahren möchte (einfache Strecke/hin & zurück Erw. 77/127 ₺, Student 65/110 ₺), sollte spätestens am Vortag sein Ticket kaufen und die Einreiseformalitäten erledigen (Reisepass nicht vergessen!). Achtung: Die Hafensteuer (ab Alanya/Girne 15/33 ₺) ist jeweils separat zu bezahlen!

Unterwegs vor Ort

Ein *dolmuş* ist ein Minibus, der entlang fester Routen überall hält. Richtung *otogar* (1,50 ₺) starten sie in Moscheenähe hinter dem Großen Basar nördlich der Atatürk Caddesi. Wer vom *otogar* aus in Richtung Küstenstraße läuft, findet rechts den *dolmuş*-Stand. Für 12 ₺ fahren Taxis vom Zentrum zum *otogar*.

Rund um Alanya

Rund 30 km westwärts in Richtung Side beginnt gleich nach dem Incekum-Strand eine Abzweigung (9 km), die gen Norden zum **Alarahan** führt. Dieser *han* (Karawanserei) aus dem 13. Jh. lässt sich mithilfe einer Taschenlampe erkunden. Den Eingang des nahe gelegenen Tals markieren die Ruinen der **Burg Alara** (Alara Kalesi), die aus dem 13. Jh. stammt.

Östlich von Alanya windet sich die Klippenstraße gelegentlich hinunter zum Meer; dort geht's durch ein fruchtbares Flussdelta mit Bananenplantagen und vielen Gewächshäusern. Die Fahrt nach Anamur ist zwar lang, dank häufigem Meerblick und kühler Kiefernwälder aber wunderschön.

Die Region, das alte Kilikia Tracheia (Raues Kilikien), war früher eine Art No-Go-Area. Das lag an den Bergen und den furchterregenden Piraten, die in den versteckten Buchten auf Schiffe lauerten.

Westlich von Alanya warten an oder gleich nördlich der D400 mehrere sehenswerte Attraktionen – darunter die wenig besuchten antiken Stätten **Laertes** und **Syedra**. Nahe Kilometerstein 11 führt eine Abzweigung (6 km) nordwärts zur **Dim-Höhle** (Dim Mağarası; Eintritt 9,50 ₺; ⌚NS 9–17 Uhr, HS 9–29 Uhr). Darin passiert ein Pfad (360 m) einen kristallklaren Teich und spektakuläre Formationen von Stalaktiten und Stalakmiten. *Dolmuşlar* von Alanya nach Kestel (in der Hauptsaison stündl.) halten nahe dem Höhleneingang; ein Taxi zurück kostet ca. 70 ₺. Geführte Touren zur Sapadere-Schlucht haben häufig auch die Dim-Höhle zum Ziel.

Bei Kilometerstein 27 gelangt man entlang einer weiteren Abzweigung (18 km) in Richtung Nordosten zur wunderschönen **Sapadere-Schlucht** (Sapadera Kanyonu; Erw./Kind 4/2 ₺; ⌚NS 9–17 Uhr, HS 9–20 Uhr) mit ihrem 750 m langen Zugangspfad. Ab Alanya geht's auch per Taxi (hin & zurück ca. 120 ₺) oder geführter Tour (60 ₺/Pers.) hierher.

Anamur

☎0324 / 35100 EW.

Anamur liegt nahe der byzantinischen Großstadt Anemurion. Auch dank des recht guten Strandes kann man hier super relaxen. Am anderen Stadtende steht die eindrucksvolle Burg Mamure.

Anamur ist auch das Zentrum der türkischen Bananenindustrie. So werden vor Ort überall einheimische *muzler* (Bananen) verkauft, die kürzer und süßer als importierte Varianten sind.

Sehenswertes

Anamur liegt nördlich der Schnellstraße D400. Rund 2,5 km südlich des größten Kreisverkehrs beginnt das beliebte Uferviertel İskele mit Hotels und Restaurants. Anemurion findet man 8,5 km weiter westlich, die Burg Mamure 7 km weiter östlich.

Anemurion RUINEN

(Antike Stadt Anemurion; Eintritt 3 ₺; ⌚April–Okt. 8–19 Uhr, Nov.–März 8–17 Uhr) Die Phönizier gründeten Anemurion im 4. Jh. v. Chr. Die erhaltenen Ruinen stammen aber größtenteils aus der späten Römerzeit, der byzantinischen Periode und dem Mittelalter. Die Stätte ist gleichermaßen großflächig und gespenstisch still. Über 500 m erstrecken sich ihre Ruinen bis hinunter zum Kiesstrand; die mächtigen Stadtmauern kleben auf nahezu unmögliche Weise am Hang.

Anemurion erlebte eine Reihe verheerender Katastrophen – u. a. den Angriff eines feindlichen Kilikierstamms (52 n. Chr.) und ein Erdbeben, das die Stadt archäologischen Funden zufolge um 580 n. Chr. zerstörte.

Ab dem Parkplatz und der weitläufigen **Nekropole** marschiert man südostwärts an einer **Basilika** aus dem 4. Jh. vorbei. Dahinter führt ein Fußweg mit Mosaikfliesen hinunter zum Meer. Oberhalb der Kirche steht einer von zwei **Aquädukten**. Gegenüber dem **Theater** aus dem 2. Jh. n. Chr. befindet sich das besser erhaltene **Odeon** mit 900 Zuschauerplätzen und Fliesenboden. Den besten Zustand weisen Anemurions **Bäder** auf, deren Boden z. T. noch von bunten Mosaikfliesen geziert wird.

Wer von Westen her oder aus den kilikischen Bergen herunter gen Anamur fährt, wird von einem Schild südwärts zur Anemurium Antik Kenti gewiesen: Über eine Holperstrecke (2 km) geht's zunächst zum *gişe* (Ticketkiosk); ab dort sind's noch mal 500 m bis zum Parkplatz.

Burg Mamure BURG

(Mamure Kalesi; Eintritt 3 ₺; ⌚April–Okt. 8–19.30 Uhr, Nov.–März 8–17 Uhr) Die großartige Burg ist die größte und am besten erhaltene Festungsanlage an der türkischen Mittelmeerküste. Die zinnenbesetzten Mauern, die 39 Türme und ein Teil des Originalgrabens sind bis heute intakt. Direkt dahinter legen

SCHILDKRÖTEN IN GEFAHR

Anamurs Strand zählt zu dem Dutzend Orten entlang der türkischen Mittelmeerküste, an denen Unechte Karettschildkröten *(Caretta caretta)* brüten.

Diese große Schildkrötenart *(deniz kaplumbağası)* mit flachem Kopf, rötlich-braunem Panzer und gelb-orangefarbenem Bauch verbringt den Großteil ihres Lebens im Wasser. Ausgewachsene Tiere können bis zu 200 kg wiegen.

Von Mai bis September legen die Weibchen nachts ihre Eier an Land ab. Mit den Hinterflossen schaufeln sie ca. 40 cm tiefe Nestgruben, füllen diese mit 70 bis 120 weichschaligen, weißen Eiern in Tischtennisballgröße und bedecken das Gelege mit Sand. Wenn die Schildkröten dabei gestört werden, lassen sie u. U. ihre Nester im Stich und kehren ins Meer zurück.

Während der Brutzeit im Sand (ca. 60 Tage) bestimmt dessen Temperatur über das Geschlecht der Jungtiere: Unter 30 °C gibt's nur Männchen, über 30 °C nur Weibchen; konstante 30 °C bringen beides hervor.

Die Jungen schlüpfen nachts, wenn es kühl ist und weniger Raubtiere unterwegs sind. Geleitet von den Lichtreflexionen des Wassers streben sie sofort dem Meer zu. Wenn Hotels und Restaurants zu nahe am Ufer stehen (im westlichen Mittelmeerraum oft der Fall), können ihre Lichter die kleinen Schildkröten verwirren. Diese kriechen dann den Strand hinauf gen Gefahr – im Falle Anamurs zur Schnellstraße D400.

Unechte Karettschildkröten brüten auch im Göksu-Delta sowie südöstlich von Alanya bei Demirtaş und Gazipaşa. Bedeutende Brutplätze im westlichen Mittelmeerraum sind Dalyan, Fethiye, Patara, Demre (Kale), Belek (östlich von Antalya), Kumluca und Tekirova (beide nordöstlich von Demre).

Meeresschildkröten im Sommer ihre Eier am Strand ab; vorne reicht die Anlage fast bis zur Schnellstraße.

Die Herrscher des Armenischen Königreichs von Kilikien errichteten das Bollwerk im 13. Jh. am Standort eines römischen Forts aus dem 3. Jh. n. Chr. Nach der Eroberung durch Karamanoğlu Mehmet Bey (1308) wurde Mamure u. a. um die **Moschee** im östlichen Innenhof erweitert. Zu sehen gibt's auch die Überreste eines **Aquädukts**, der Wasser aus den 5 km entfernten Bergen heranschaffte. Die **Stallungen** erinnern an eine Garage, die **Wohnräume der Wachen** sind in die Mauern integriert. Die **Kaleiçi** (innere Burg) im Westen bewohnten einst der Festungskommandant und andere ranghohe Leute.

Beim Erklimmen der **Türme** (vor allem des Kerkerturms) bitte sehr vorsichtig sein: Manche Stufen sind ziemlich zerbröckelt! Belohnung ist eine Traumaussicht auf das Meer und die Ruinen der **Burg Softa** (Softa Kalesi). Letztere liegt rund 18 km östlich bei Bozyazı und wurde ebenfalls von den armenischen Herrschern Kilikiens erbaut.

GRATIS **Museum** MUSEUM
(Anamur Müzesi; Adnan Menderes Caddesi 3; ⌚8.30–17 Uhr) Die hiesigen Highlights sind archäologische Artefakte aus Anemurion – darunter Fresken aus Privathäusern, Bädermosaike, ein außergewöhnlicher Tonsarkophag, Schmuck, Öllampen und frühchristliche Kultgegenstände. Besonders interessant ist die eiserne Waage in Form einer Frau, deren herausquellende Augen ins Leere starren.

Schlafen

Die meisten Besucher übernachten in Anamurs beliebtem İskele- bzw. Hafenviertel. Pensionen und Hotels säumen die Fevzi Çakmak Caddesi (alias İskele Yolu) in Richtung Hafen; zudem findet man sie im Umkreis der Uferhauptstraße (İnönü Caddesi). *Dolmuşlar* halten an der Hauptkreuzung.

Hotel Esya HOTEL €
(☎0539 491 0211, 816 6595; hotel_esya@mynet.com; İnönü Caddesi 55; EZ/DZ 50/80 ₺; ❄📶) Die wohl freundlichste Familie der Stadt betreibt dieses super Hotel unweit vom Strand. Beim Frühstück im Garten gibt's normalerweise frisch zubereitete *sigara böreği* (Filoteigrollen mit Käsefüllung). Die Zimmer sind schlicht, aber geräumig. Der Sohn des Hauses spricht Englisch und ist oft anwesend. Doch selbst wenn er nicht da ist, wird man herzlich empfangen.

Hotel Luna Piena HOTEL €€
(☎814 9045; www.hotellunapiena.com; Süleyman Bal Sokak; EZ 60–80 ₺, DZ 90–110 ₺; ❄📶) Fast

direkt am Strand befindet sich das komfortable Hotel in einem sechsstöckigen Gebäudeblock. Die 32 Zimmer mit Parkettböden und geräumigen Duschen sind größtenteils in glänzendem Weiß eingerichtet. Von ihren Balkonen schaut man frei aufs Meer.

Hotel Tayfun HOTEL €
(☎0536 217 9878, 814 1161; www.tayfunotel.com; Fevzi Çakmak Caddesi 176; EZ/DZ/3BZ 50/80/110 ₺; ❄📶) Der redselige, freundliche Tayfun spricht Englisch und betreibt sein Hotel ca. 300 m hinter dem Strand. Von den 28 Zimmern fällt der Blick auf die Straße (vorne) oder auf Gewächshäuser (hinten). Das luftige Restaurant im Erdgeschoss serviert gutes Frühstück (im Preis enthalten) und Abendessen.

Yan Hotel HOTEL €
(☎814 2123; www.yanhotel.com; Adnan Menderes Caddesi; EZ/DZ 50/80 ₺; ❄📶) Wer in dem fröhlichen Billighotel absteigt, sollte versuchen, ein Vorderzimmer mit Meerblick zu ergattern. Die Umgebung ist grün, der Strand nur 30 m entfernt. In der Erdgeschossbar kann man sich prima mit türkischen Touristen anfreunden.

Essen & Ausgehen

İskele Sofrası TÜRKISCH €€
(Sokak 1909; Hauptgerichte 8–12 ₺) Nur einen Block hinter dem Strand kredenzt dieses beliebte, familiengeführte Lokal u.a. spitzenmäßige *meze* und üppige Grillgerichte (Tipp: Kebab mit *patlıcan* bzw. Aubergine). Guter Fisch, Anamurs beste Pide und kaltes Bier runden das Menü ab. Bitte nicht den sehr gutmütigen Labrador füttern, der meist draußen vor der Tür liegt!

Mare Vista Restaurant INTERNATIONAL, ITALIENISCH €€
(☎814 2001; İnönü Caddesi 28; Hauptgerichte 10–15 ₺) Für seine Lage gegenüber vom Strand ist das „Meerblick" recht günstig. Auf den Tisch kommen Salate, Sandwiches, Internationales und Essen mit italienischem Touch (u.a. die allgegenwärtige Pizza). Der z.T. lahme Service animiert eventuell zum Bestellen eines zweiten Bieres. Die Anschlagtafel am Eingang informiert über gelegentliche Livemusik.

Masalim TEEGARTEN
(İnönü Caddesi) Anamurs Küstenbereich beleben neuerdings auch Teegärten, deren Gästen der Sand durch die Zehen rieselt. Diesbezüglich am besten ist das Masalim unter der Leitung zweier freundlicher Schwestern. Zu den Highlights zählen günstige Gerichte und Ruhebetten mit Webteppichen *(kilims)*. Einfach eine Wasserpfeife schmauchen oder ein kaltes Bier ordern und der türkischen Popmusik lauschen, die pulsierend über den nahen Wellen heranbrandet.

Praktische Informationen

Touristeninformation (☎814 5058; ⊙Mo–Fr 8–12 & 13–17 Uhr) Im *otogar* (Busbahnhof) hinter der Polizeiwache.

An- & Weiterreise

Mehrere Busse fahren täglich nach Alanya (25 ₺, 3 Std., 130 km), Taşucu/Silifke (25 ₺, 3 Std., 140 km) und Adana (35 ₺, 6 Std., 305 km).

Unterwegs vor Ort

Anamurs *otogar* liegt an der Kreuzung von D400 und 19 Mayıs Caddesi. Am kleinen Stand dahinter starten Busse und *dolmuşlar* zum İskele-Viertel (1,50 ₺, alle 30 Min.). Von dort aus fahren Taxis für 12 ₺ zum *otogar*.

Dolmuşlar nach Ören (2 ₺, alle 30 Min.) brechen auch neben der Moschee gegenüber vom *otogar* auf. Bei Bedarf lassen sie Fahrgäste an der Schnellstraßenabzweigung nach Anemurion aussteigen (Fußmarsch 2,5 km). Letzteres ist auch per Taxi erreichbar (hin & zurück 60 ₺ inkl. 1 Std. Wartezeit).

Regelmäßig verkehrende *dolmuşlar* Richtung Bozyazı (2 ₺) stoppen vor der Burg Mamure.

Taşucu

☎0324 / 8800 EW.

Taşucu (Tah-*schuh*-juh) ist der Arbeitshafen des nahen Silifke, aber auch ein bodenständiger Urlaubsort mit anständigem Stadtstrand und damit ein Ziel für sich. Fähren bzw. Tragflügelboote für Fußgänger und Autos verbinden Taşucu mit Girne in Zypern. Die Strandstraße (Sahil Caddesi) führt ab dem Anleger gen Osten und wird von mehreren guten Pensionen gesäumt. Rund um den Hafen legen Ausflugsboote zu Tagestrips (30 ₺/Pers.) ab, bei denen die Küste und nahe Inseln erkundet werden.

Schlafen

Holmi Pansiyon PENSION €
(☎0545 948 3806, 741 5378; www.holmipansiyon.com; Sahil Caddesi 23; Zi. 40–90 ₺; ❄@📶) In nächster Strandnähe warten hier elf Zimmer (ca. 50 % mit Meerblick), eine Gäste-Gemeinschaftsküche und eine überdach-

te Frontveranda, die sich besonders gut zum Relaxen an heißen Tagen eignet. Zum Recherchezeitpunkt wurde die Pension gerade kräftig renoviert.

Lades Motel HOTEL €€
(☎741 4008; www.ladesmotel.com; İsmet İnönü Caddesi 45; EZ/DZ 39/54 €; ❄@📶≋) Das Hotel an Taşucus Einfallstraße ist ein Favorit von Vogelbeobachtern, die das nahe Göksu-Delta besuchen. Die zwei Dutzend Zimmer rund um einen großen Pool sind nichts Besonderes. Allerdings punkten die Balkone mit wunderbarem Hafenblick. In der Lobby und den Gemeinschaftsbereichen kann man seine Sichtungsnotizen prima mit anderen Vogelfans unter den Gästen teilen.

Otel Olba PENSION €€
(☎0545 277 8721, 741 4222; www.otelolba.net; Sahil Caddesi; EZ/DZ 65/130 ₺; ❄📶) Die Meltem Pansiyon und das Meer sind die direkten Nachbarn des sauberen, gut geführten Olba. Auf der großen Terrasse im 2. Stock wird jeden Morgen bei herrlichem Meerblick gefrühstückt.

Meltem Pansiyon PENSION €
(☎0533 360 0726, 741 4391; www.meltempansiyon.net; Sahil Caddesi 75; EZ 40–80 ₺, DZ 60–100 ₺; ❄@📶) Diese familiengeführte, erschwingliche und sehr freundliche Pension steht direkt am Strand. Etwa acht der 20 schlichten Zimmer bieten Aussicht aufs Meer. Frühstück gibt's auf der netten Terrasse hinten.

Essen & Ausgehen

Für preiswerte Meeresfrüchte empfehlen sich die Ausflugsboote am Hafen, die in ihrer gastronomischen Zweitrolle auch Fischsandwiches (5 ₺) und Grill-Seafood bieten.

Denizkızı Restaurant SEAFOOD €€
(☎741 4194; İsmet İnönü Caddesi 62c; Hauptgerichte 12–18 ₺) Die „Meerjungfrau" ist eine gute Adresse für *meze*, Fisch und Gegrilltes. An heißen Nachmittagen wird die reizende Dachterrasse zum kühlen Zufluchtsort. Der Preis fürs Essen wird nach Gewicht berechnet und muss daher beim Bestellen erfragt werden.

Baba Restaurant SEAFOOD €€
(☎741 5991; İsmet İnönü Caddesi 43; Hauptgerichte 15–25 ₺) Auf der Terrasse des angeblich besten Lokals der Gegend kann man wunderbar ein kühles Bier oder italienisches *gelato* (4–6 ₺) genießen. Die meisten Gäste kommen aber wegen des super Essens – insbesondere wegen der verführerischen *meze* (3–5 ₺).

An- & Weiterreise

Feribotlar (Autofähren; einfache Strecke/hin & zurück Passagier 59/99 ₺, Auto 150/300 ₺, hin So–Do 24 Uhr, zurück Mo–Fr 12 Uhr) und/oder *ekspresler* (Tragflügelboote; einfache Strecke/hin & zurück 69/114 ₺, hin tgl. 11.30 Uhr, zurück tgl. 9.30 Uhr) von **Akgünler Denizcilik** (☎741 2303; www.akgunler.com.tr; İsmet İnönü Caddesi) verbinden Taşucu mit Girne in Nordzypern.

Die schnellere Fahrt mit dem Tragflügelboot (2 Std.) kann bei rauer See für Übelkeit sorgen. Die günstigeren Autofähren sind je nach Wetter vier bis zehn Stunden lang unterwegs. Achtung: Die Hafensteuer (ab Taşucu/Girne 10/33 ₺) kommt jeweils separat zum Ticketpreis hinzu!

In fünf Gehminuten Entfernung zum Strand halten *dolmuşlar* an der Tankstelle nördlich von Taşucu. Die Minibusse rollen auch regelmäßig nach Silifke (2 ₺), wo Anschluss zu Fernverkehrsmitteln besteht.

Silifke

☎0324 / 54 800 EW.

Silifke ist eine ländliche Uferstadt mit langer Geschichte: Eine eindrucksvolle Burg überragt hier das mineralreiche Blaugrün des Flusses Göksu (in der Antike „Kalykadnos", später auch „Saleph"). In der Nähe warten auch noch weitere archäologische und natürliche Attraktionen.

Seleukos I. Nikator gründete das einstige Seleucia ad Calycadnum im 3. Jh. v. Chr. Er war einer der fähigsten Generäle Alexanders des Großen und Stammvater der Seleukidendynastie, die nach Alexanders Tod über Syrien herrschte.

Silifke ist noch anderweitig berühmt: Während des Dritten Kreuzzugs ertrank Friedrich I. Barbarossa (um 1122–1190) in der Nähe im Fluss – des Kaisers Rüstung war offenbar tödlich schwer.

Wegen der bestenfalls mittelmäßigen Unterkünfte empfiehlt sich ein Tagestrip vom nahen Taşucu aus.

Sehenswertes

GRATIS **Zitadelle** FESTUNG
Die byzantinische Bergfeste mit Grabenanlage, zwei Dutzend Türmen und unterirdischen Gewölbekammern war einst Silifkes Kommandozentrale. Am besten engagiert man den freundlichen Ahmet Kulali: Der spricht Englisch, weiß alles über die Lokalgeschichte und verdient sein Trinkgeld!

GRATIS **Tekir Ambarı** HISTORISCHES GEBÄUDE
Von der Zitadelle aus ist die uralte Tekir Ambarı erkennbar – eine in den Fels geschlagene Zisterne, in die eine Wendeltreppe hinabführt. Dorthin geht's über die steile Straße links neben der Fleischerei Küçük Hacı Kaşaplar (Kreuzung İnönü/Menderes Caddesi). Alternative zum langen, schweißtreibenden Aufstieg am Festungsberg: An dieser Ecke warten Motorradfahrer (ca. 20 ₺/Pers.).

GRATIS **Nekropole** RUINEN
Silifkes uralte Nekropole liegt südlich der Tekir Ambarı. Die eher kläglichen Ruinen des römischen **Jupiter-Tempels** im Zentrum stehen direkt an der stark befahrenen İnönü Caddesi. Der Tempel (auf den Säulen nisten Störche!) stammt aus dem 2. Jh. n. Chr., wurde aber irgendwann im 5. Jh. zur christlichen Basilika umgebaut.

Stadtmuseum Silifke MUSEUM
(Taşucu Caddesi 29; Eintritt 3 ₺; ⌚Di–So 8–17 Uhr) Östlich vom Zentrum warten hier antike Skulpturen, Büsten, Münzen, Schmuckstücke, Amphoren, Töpferwaren, Werkzeuge und Waffen aus römischer bzw. griechischer Zeit darauf, besichtigt zu werden.

Merkez Camii MOSCHEE
(Zentrale Moschee; Fevzi Çakmak Caddesi) Die seldschukische Merkez Camii von 1228 wird auch Alaeddin Camisi (Aladdin-Moschee) genannt. Im Lauf der Jahrhunderte wurde sie vielen Renovierungen unterzogen.

Reşadiye Camii HISTORISCHES GEBÄUDE
(İnönü Caddesi 138) Die vorderen und hinteren Säulen des osmanischen Baus stammen ursprünglich vom römischen Jupiter-Tempel.

Steinbrücke BRÜCKE
Die Steinbrücke über den Göksu stammt aus dem Jahr 78 n. Chr. Zwei der zahlreichen Restaurierungen erfolgten im letzten Jahrhundert (1922 & 1972).

Essen & Ausgehen

Unbedingt *Silifke yoğrdu* probieren: Dieser Joghurt ist landesweit berühmt.

Gözde Restaurant KEBAB €€
(Balıkçılar Sokak 7; Hauptgerichte 8–15 ₺) Serviert Kebab, Lahmacun, leckere Suppen, *meze* und Grillgerichte in einem schattigen Freiluftbereich an einem Sträßchen.

Kale Restaurant KEBAB, PIDE €€
(Hauptgerichte 8–12 ₺) Hier, unterhalb der Festungstürme, gibt's einfaches Essen zu vernünftigen Preisen. Zudem ist das Kale die beste Sundowner-Adresse im weiten Umkreis.

Göksu Pastanesi TEEGARTEN €
(Gebäck ab 1,50 ₺) Nahe der Steinbrücke thront die große, schattige Terrasse abseits der Cavit Erdem Caddesi über dem rauschenden Göksu.

Praktische Informationen

Touristeninformation (☎714 1151; Veli Gürten Bozbey Caddesi 6; ⌚Mo–Fr 8–17 Uhr) Gleich nördlich der Atatürk Caddesi; überraschend viele und gute Regionalinfos auf Englisch.

An- & Weiterreise

Busse fahren u. a. regelmäßig nach Adana (20 ₺, 2½ Std., 165 km, stündl.), Mersin (10 ₺, 2 Std., 95 km), Alanya (35 ₺, 6 Std., 265 km) und Antalya (40 ₺, 9 Std., 395 km).

Östlich des *otogar* (Busbahnhofs) starten *dolmuşlar* (Sammeltaxis) nach Taşucu (2 ₺, alle 20 Min.) gegenüber vom Restaurant Lezzet Dünyası; ein weiterer Stand liegt am Südufer des Göksu. Ein Taxi nach Taşucu kostet 25 ₺.

Rund um Silifke

Gleich südöstlich von Silifke erstrecken sich die Salzmarschen, Seen und Sanddünen des vegetationsreichen **Göksu-Deltas**. Dieses bedeutende Feuchtgebiet beheimatet rund 332 Vogelarten. Gen Norden und Nordosten säumen die Macchienhänge des **Olba-Plateaus** die Küste über ca. 60 km. Danach geht die kilikische Ebene in einen immer breiter werdenden Streifen furchtbaren Landes über. Landesweit hat die Region eine der höchsten Ansammlungen von archäologischen Stätten. Allerdings sind viele Ziele leichter ab Kızkalesi erreichbar.

UZUNCABURÇ

Die beeindruckenden **Ruinen** (Eintritt 3 ₺; ⌚April–Okt. 8–20 Uhr, Nov.–März 8–17 Uhr) bei Uzuncaburç liegen ca. 30 km nordöstlich von Silifke in den Bergen und sind einen Besuch vollauf wert. Sie gehören zur antiken Römerstadt Diokaisáreia, die ursprünglich von den Griechen als Olba gegründet wurde und ein Ort eifriger Zeus-Olbius-Verehrung war.

Links von einer Straße mit **Kolonnade** liegt der **Zeus-Olbius-Tempel** mit zwei Dutzend aufrecht stehenden Säulen. Direkt vor seinem Eingang befindet sich ein römisches **Theater**. Zu den anderen bedeutenden Römerbauten zählen ein **Nymphäum** (erb. im 2. od. 3. Jh. n.Chr.), ein bogenförmiges **Stadttor** und ein **Tyche-Tempel** (erb. im 1. Jh. n.Chr.) mit fünf korinthischen Säulen. Reliefs wie eine Medusa zieren die **Sarkophage** im Zeus-Tempel.

Wer nordwärts durchs Dorf läuft, passiert einen mächtigen **Wachturm** mit fünf Stockwerken. Der stammt noch aus Olbas griechischer bzw. vorrömischer Periode und steht vor einer **römischen Straße**. Nach einem weiteren Marsch gen Tal (600 m) kommt am Straßenrand eine langgezogene **Nekropole** mit **Felsgräbern** und noch mehr **Sarkophagen** in Sicht.

Bei Demircili (einst Imbriogon; ca. 8 km hinter Silifke) führt die Straße nach Uzuncaburç an ein paar tollen römischen **Monumentalgräbern** in Häuserform vorbei.

An- & Weiterreise

Minibusse nach Uzuncaburç (6 ₺; 10, 12, 14, 16 & 18 Uhr) starten nahe Silifkes Touristeninformation an einer Seitenstraße. In Gegenrichtung geht's meist morgens vor 12 Uhr los (zusätzl. 1-mal tgl. 16.30 Uhr).

Taxitrips (hin & zurück 120 ₺) beinhalten in der Regel einen Besuch der Gräber bei Demircili.

Kızkalesi

0324 / 1750 EW.

Kızkalesi prunkt mit einem der schönsten Regionalstrände und zwei Burgen, von denen eine scheinbar auf dem Meer treibt. Zudem ist der Ort ein Tor zum Olba-Plateau, das quasi einem Freilichtmuseum für Ruinen entspricht.

Für ein typisch türkisches Küstendorf geht's hier recht bodenständig zu: Die Einheimischen sind gelassen, während am Meer größtenteils ausländische Archäologiefans entlangbummeln.

Sehenswertes

Kız Kalesi BURG

(Mädchenburg; Eintritt 3₺; Mai–Okt. bis 17 Uhr) Diese Fata Morgana offenbart sich 300 m vor der Küste. Sehenswert sind z. B. die **Gewölbegalerie** oder die **Mosaike** im zentralen Innenhof. Alle vier **Türme** lassen sich erklimmen; der südöstliche Eckturm bietet die beste Aussicht. Obwohl man zur Burg hinausschwimmen kann, nehmen die meisten Besucher den Kahn (5 ₺), der vor dem Restaurant Albatross ablegt. Alternativ gibt's Miettretboote (10 ₺) mit Delfindesign.

Korykos Kalesı FESTUNG

(Festung Korykos; Eintritt 3 ₺; April–Okt. 8–20 Uhr, Nov.–März 8–17 Uhr) Die Festung Korykos am nördlichen Strandende war einst über einen Damm mit Kızkalesi verbunden. Sie wurde von den Byzantinern errichtet oder zumindest neu aufgebaut und gehörte später kurz zum Armenischen Königreich von Kilikien. Wer vorsichtig gen Osten läuft, kann von den Ruinen eines Turmes schön auf die Mädchenburg schauen.

Ruinen RUINEN

Gegenüber der Festung Korykos liegt jenseits der Schnellstraße eine frühere **Kaufmannsnekropole**. Unter den Steinmetzarbeiten an den Grabmalen ist z. B. ein Relief aus dem 5. Jh., das einen Krieger mit erhobenem Schwert zeigt.

Rund 4 km nordöstlich von Kızkalesi findet man bei Ayaş die weitläufigen, aber stark zerstörten Überreste von **Elaiussa-Sebaste**. Diese antike Stadt wurde in frührömischer oder eventuell sogar hethitischer Zeit gegründet. Zu den bedeutenden Ruinen auf der Westseite (links) zählen eine **byzantinische Basilika**, ein **Theater** (2300 Plätze) auf einer Kuppe, ein kreuzförmiges **Ganzkörper-Taufbecken** und ein **römischer Tempel**, den Bodenmosaike mit Fischen und Delfinen zieren. Achtung: Wegen instabiler Ruinen ist die ganze Ostseite gesperrt!

Schlafen

Rain Hotel HOTEL €€

(523 2782; www.rainhotel.com; 40–70 €/Pers.;) Dank der freundlichen Atmosphäre, die Manager Mehmet verbreitet, ist dieses Hotel ganzjährig sehr beliebt. Da dasselbe Team auch das Cafe Rain und dessen angeschlossenes Reisebüro leitet, kann hier alles Mögliche arrangiert werden, von Tauchtrips bis zu Tagesausflügen in die Region. Die 18 schlichten, aber blitzsauberen und großen Zimmer mit Kühlschränken sind gut für längere Aufenthalte.

Yaka Hotel HOTEL €€

(0542 432 1996, 523 2444; www.yakahotel.com.tr; EZ/DZ/3BZ 70/110/130 ₺;) Der schlagfertige Yakup Kahveci spricht mehrere Sprachen und vermietet 17 tadellos saubere Zimmer in Kızkalesis einladendster Bleibe. Abendessen (extra zu bestellen) und Frühstück werden im hübschen Garten vertilgt. Zudem gibt's quasi nichts Regionales, das Yakup nicht kennt oder zu organisieren vermag. Obendrein kann man hier super andere Traveller treffen – insbesondere solche mit Interesse für Archäologie.

Hotel Hantur HOTEL €
(☎523 2367; www.hotelhantur.com; EZ/DZ 60/80 ₺; ❄@📶) Direkt am Wasser warten 20 farbenfrohe, kühle und komfortable Zimmer mit Balkonen (am besten eines mit Meerblick, z. B. Nr. 301, nehmen). Weitere Pluspunkte sind der luftige Vordergarten und das hilfsbereite, nette Management.

Essen & Ausgehen

Eine Alternative sind die Seafood-Restaurants von Narlıkuyu (Busfahrt 2 ₺, 10 Min.).

Cafe Rain INTERNATIONAL €€
(☎523 2234; Hauptgerichte 15–25 ₺) Das Regenbogendekor passt zur bunten Auswahl von leckeren, preiswerten Klassikern aus aller Welt – ergänzt durch das eventuell beste *börek* (Blätterteigpastete mit Käse- oder Fleischfüllung) der östlichen Mittelmeerküste. Abends machen Traveller den Laden zur geselligen Cocktailbar.

Paşa Restaurant KEBAB €€
(☎523 2230; Plaj Yolu 5; Hauptgerichte 8–16 ₺) Das Lokal nahe dem Cumhuriyet Meydanı im Zentrum serviert Gegrilltes und *meze* günstiger als die Strandrestaurants. Stärkster Konkurrent ist das gleichermaßen preiswerte **Tanem** („Liebling") nebenan.

Villa Nur CAFÉ €€
(☎523 2340; Hauptgerichte 10–18 ₺) Leser berichten begeistert von den Mahlzeiten, die hier ein türkisch-deutsches Ehepaar in seiner Pension am Meer auftischt. Besonders gut sind die Kuchen im europäischen Stil.

Turkish Turtles Club BAR
Freiliegender Backstein und Riesenbierdosen machen den TTC zur unkonventionellsten Bar der Stadt. Hier tummeln sich türkische Teenager aus Adana oder Mersin, die mit ihren frisch und gleich um die Ecke gestochenen Tattoos angeben.

Albatross BAR, RESTAURANT
Das Albatross ist auch ein Restaurant; Hauptbesuchsgrund sind jedoch Sundowner bei Blick auf die Märchenburg. Achtung: Da manchen Gästen schon zu viel berechnet wurde, die Getränkepreise vor bzw. beim Bestellen genau checken!

An- & Weiterreise

Busse verbinden Kızkalesi regelmäßig mit Silifke (4 ₺, 30 Min., 24 km) und Mersin (7 ₺, 1½ Std., 60 km).

Rund um Kızkalesi

Südwestlich und nordöstlich von Kızkalesi gibt es mehrere Stellen, die historisch bedeutend und interessant sind. Das Spektrum reicht dabei vom idyllischen Dorf mit einem bekannten Mosaik bis hin zum Abstieg in den Schoß der Erde.

NARLIKUYU

Narlıkuyu liegt rund 5 km südwestlich von Kızkalesi an einer Bucht. Hier locken beliebte Fischrestaurants, ein Mosaik von einzigartiger Schönheit und außerirdisch anmutende Höhlen ganz in der Nähe.

Das **Mosaik-Museum** (Mozaik Müzesi) des Dorfes befindet sich in einem kompakten römischen Badehaus aus dem 4. Jh. Einziges Exponat ist ein herrliches Mosaik der drei Grazien bzw. Zeustöchter (Aglaia, Thalia und Euphrosyne).

Zu den Restaurants direkt am Meer zählen das **Kerim** (Hauptgerichte 15–25 ₺) in der Nähe des Museums und das **Narlıkuyu** (Hauptgerichte 15–25 ₺) auf der anderen Seite der Bucht.

Zwischen Kızkalesi und Silifke halten *dolmuşlar* regelmäßig in Narlıkuyu (2 ₺).

KORYKISCHE GROTTEN

Nahe Narlıkuyu führt eine kurvige Straße (3 km) nordwärts zu mehreren **Grotten** (Eintritt 5 ₺; ⏰8–19 Uhr) von großer mythologischer Bedeutung – eigentlich sind es Einsturzdolinen, die von einem unterirdischen Fluss geformt wurden.

Links vom Parkplatz führen rund 450 Stufen hinab in die 200 m lange, 90 m breite und 70 m tiefe **Himmelsgrotte** (Cennet Mağarası). Auf einem Vorsprung am Eingang steht eine byzantinische **Marienkapelle** aus dem 5. Jh., die im 19. Jh. kurzzeitig als Moschee diente.

Von der großen Grotte zweigt mit der **Typhon-Höhle** (Tayfun Mağarası) eine Art dunstiges Teufelstheater ab, das bereits Strabon in seiner *Geographie* erwähnt. Für Einheimische liegt hier der Eingang zur Unterwelt: Der Legende nach mündet der unterirdische Fluss in den höllischen Styx.

Oberhalb der Himmelsgrotte liegt die 128 m tiefe **Höllengrotte** (Cehennem Mağarası) mit toller Aussichtsplattform über fast senkrechten Wänden. In diesem rußigen Loch sperrte angeblich das 100-köpfige und feuerspeiende Ungeheuer Typhon Zeus ein, nachdem es ihn besiegt hatte.

Rund 600 m weiter westlich liegt die **Asthma-Höhle** (Astim Mağarası), die Asthmatikern Erleichterung verschaffen soll.

ADAMKAYALAR

Der Adamkayalar (Menschenfelsen) ist schwer erreichbar, aber sehr sehenswert: Hier, rund 8 km nördlich von Kızkalesi, zieren etwa 17 römische Reliefs eine Felswand, die Teil einer Nekropole aus dem 1. Jh. ist. Neben Kämpfern mit Äxten, Lanzen und Schwertern sind auch Bürger dargestellt, teilweise zusammen mit ihren Familien.

Der Weg hierher beginnt gegenüber der Festung Korykos: Vom Schild an der Nekropole fährt man westwärts bergauf (5 km) und biegt am zweiten Schild links ab; der Parkplatz liegt knapp 3 km unterhalb der Straße. Entlang eines tückischen Hanges führen dann blaue Pfeile in die Schlucht hinunter (ca. 750 m). Bitte nicht alleine gehen: Wer hier stürzt, ist völlig hilflos.

KANLIDİVANE

Rund 8,5 km nordöstlich von Kızkalesi beginnt bei Kumkuyu die 3 km lange Straße zu den gespenstischen **Ruinen** (Eintritt 5 ₺; ⌚April–Okt. 8–20 Uhr, Nov.–März 8–17 Uhr) der antiken Stadt Kanlıdivane (damals Kanytelleis genannt). Den 17 m hohen **Turm** in der Nähe des Parkplatzes erbauten die Griechen zu Ehren von Zeus.

Mitten in Kanlıdivane („Blutiger Ort des Wahnsinns") gähnt ein 60 m tiefer Abgrund, in dem einst wilde Tiere auf hinuntergestoßene Verbrecher warteten. Rund herum liegen u.a. vier **byzantinische Kirchen** in Ruinen. Die Römerstraße im Nordosten säumt eine **Nekropole** mit einem faszinierenden **Hausgrab** aus dem 2. Jh. An den Felswänden stellen Reliefs eine sechsköpfige Familie (Südwesten) und einen römischen Legionär (Nordwesten) dar.

Mersin (İçel)

☎0324 / 860 000 EW.

Mersin ist die Hauptstadt der gleichnamigen Provinz. Fast jeder spricht aber noch von İçel, wenn er sich auf Stadt und Provinz bezieht, auch wenn die Namen offiziell geändert wurden. Vor etwa 50 Jahren wurde Mersin eigens als Handelshafen für Adana und dessen landwirtschaftlich florierendes Hinterland gegründet. Heute ist es die größte Hafenstadt an der türkischen Mittelmeerküste, ein weitläufiger und größtenteils seelenloser Ort, den die meisten Besucher schnell wieder verlassen. Dennoch hat Mersin hat durchaus seine Reize: Manche Straßen in Meeresnähe erinnern fast schon an Marseille. Zudem gibt's an Nachmittagen zweifellos Schlechteres, als ein ausgedehntes Meeresfrüchtemenü auf einem Ausflugsboot am Hafen zu genießen.

Sehenswertes & Aktivitäten

GRATIS **Atatürk Evi** MUSEUM
(Atatürk-Haus; Atatürk Caddesi 36; ⌚April–Okt. Mo–Sa 8–19 Uhr, Nov.–März Mo–Sa 9–12 & 13–16.30 Uhr) Atatürk bewohnte einst die sieben Zimmer der schmucken Villa am verkehrsberuhigten Teil der Atatürk Caddesi.

GRATIS **Museum für Archäologie & Ethnografie** MUSEUM
(Cumhuriyet Meydanı 62; ⌚April–Okt. 8–12 & 13–19 Uhr, Nov.–März bis 16 Uhr) Die hiesigen Exponate stammen z.T. von nahe gelegenen Stätten mit *tumuli* (Hügelgräbern; u.a. Elaiussa-Sebaste bei Kızkalesi). Zu sehen gibt's auch eine tolle Bronzestatue des Dionysos und skurrilen Krimskrams wie einen römischen „Theatergutschein" aus Glas (Erdgeschoss).

Griechisch-orthodoxe Kirche KIRCHE
(⌚Göttliche Liturgie So 9–11.15 Uhr) Die ummauerte Kirche neben dem Museum für Archäologie und Ethnografie stammt aus dem Jahr 1852. Sie wird bis heute für Gottesdienste genutzt und hat eine reizende Ikonostase (orthodoxe Ikonenwand). Wer hineinmöchte, läutet an der linken Gebäudeseite (4302 Sokak).

Schlafen

Budget- und Mittelklassehotels umgeben den *otogar*.

Kardelen Hotel HOTEL €€
(☎337 2798; www.kardelenotel.com.tr; Mesudiye Fasih Kayabak Caddesi; EZ/DZ 60/100 ₺; ❄📶) Dank modernem Dekor, Flachbild-TV und blitzblanken Bädern verspricht das recht neue Hotel eine stressfreie Rast von der Reise. Bis zum *otogar* sind's ca. 300 m; das Stadtzentrum und der größte Restaurantbezirk liegen rund 600 m entfernt.

Nobel Oteli HOTEL €€
(☎237 2210; www.nobelotel.com; İstiklal Caddesi 73; EZ/DZ 90/130 ₺; ❄📶) Diese schicke Option im Stadtzentrum hat 74 große, komfortable Zimmer mit Satelliten-TV und einigen flotten Designelementen. Im Foyer geht's sehr geschäftig zu; das Restaurant nebenan ist ein beliebtes Mittagslokal.

Hotel Gökhan HOTEL €€
(☎232 4665; www.otelgokhan.com; Soğuksu Caddesi 20; EZ/DZ 60/90 ₺; ❄📶) Die 28 luftigen Zwei-Sterne-Zimmer sind mit Minibars, Satelliten-TV und z.T. auch Balkonen (empfehlenswert!) ausgestattet. Das Dekor der Gemeinschaftsbereiche erinnert ein bisschen an Art déco und passt nicht so recht zum riesigen Aquarium.

Essen & Ausgehen

Mersins Spezialität ist *tantuni*-Kebab (gebratenes Rinderhack mit Zwiebeln, Knoblauch und Paprika) in Rollen aus *lavaş ekmek* (dünnem Fladenbrotteig). Dazu gibt's oft *şalgam suyu* (Saft aus vergorenen roten Steckrüben, versetzt mit Essig). Naschkatzen probieren das halbfeste Karotten-Konfekt *cezerye* mit vielen Walnüssen.

Deniz Yıldızı SEAFOOD €€
(☎237 7124; 4701 Sokak 10b; Hauptgerichte 12–20 ₺) Der „Seestern" ist das beste von mehreren Fischlokalen im Umkreis der Silifke Caddesi. Günstigeres Seafood servieren die Bootsrestaurants im Hafen (Fischsandwiches und Bier jeweils ca. 5 ₺).

Hacıbaba TÜRKISCH €€
(☎238 0023; İstiklal Caddesi 82; Hauptgerichte 7–14 ₺) Das entzückende Hacıbaba gegenüber vom Nobel Oteli kredenzt neben toller *zeytinyağli biber dolması* (gefüllter Paprika) auch prima Kebab, *lahmacun* und Pide.

Piknik BAR, CAFÉ
(5218 Sokak) Dieser Mix aus Bar, Café und Teestube zählt zu den kleinen, brummenden Arbeiterkneipen in der Taşhan Antik Galerya. Letztere liegt an einer Straße zwischen İsmet İnönü und Uray Caddesi.

Praktische Informationen

Touristeninformation (☎238 3271; İsmet İnönü Bulvarı; ⏲Mo–Fr 8–12 & 13–17 Uhr) Nahe dem Hafen am östlichen Stadtende.

An- & Weiterreise

Bus

Mersins *otogar* liegt am östlichen Stadtrand. Um von dort aus zum Zentrum zu gelangen, läuft man am Haupteingang nach rechts, marschiert hoch zur Hauptstraße (Gazi Mustafa Kemal Bulvarı), überquert diese und nimmt einen Bus gen Westen (1,50 ₺). Busverbindung vom Zentrum zum *otogar* besteht vor dem Bahnhof und gegenüber des Mersin Oteli.

Busse fahren regelmäßig nach Adana (12 ₺, 1½ Std., 75 km), Silifke (15 ₺, 2 Std., 85 km, 3-mal stündl.) und Alanya (45 ₺, 8½ Std., 375 km, 8-mal tgl.).

Zug

Zwischen 6 und 22.30 Uhr fahren Züge nach Tarsus (3 ₺) oder Adana (5 ₺).

Tarsus

☎0324 / 242 000 EW.

Würde Tarsus' berühmtester Sohn (der Apostel Paulus) rund 2000 Jahre nach seiner Geburt hierher zurückkehren, könnte er die Stadt im ausufernden Betondschungel der Wohnblocks wohl kaum wiedererkennen. Tarsus hat vor allem einen historischen Reiz; doch auch ein Gassenbummel zu den frühchristlichen und alttestamentarischen Stätten gibt Grund genug zum Verweilen.

Sehenswertes & Aktivitäten

Kleopatra-Tor TOR
Das römische Kancık Kapısı (wörtl. „Hurentor") ist als Kleopatra-Tor bekannt, hat aber mit der ägyptischen Königin nichts zu tun. Allerdings soll diese hier ein Rendezvous mit Mark Anton gehabt haben (41 v. Chr.). Wegen der ungeschickten Restaurierung wirkt der Bau überhaupt nicht mehr antik.

Paulusbrunnen RUINEN
(St. Paul Kuyusu; Eintritt 3 ₺; ⏲April–Okt. 8–20 Uhr, Nov.–März 8–17 Uhr) Rund 1 km nördlich vom Kleopatra-Tor (der Weg ist ausgeschildert) liegt das angebliche Geburtshaus des Paulus. Durch Plexiglasplatten schaut man auf die Ruinen hinunter.

Altstadt HISTORISCHES VIERTEL
Ein paar Hundert Meter südlich bzw. südöstlich des Paulusbrunnens liegt die

EIN WALLFAHRTSORT

Paulus (unter dem Namen Saulus als Jude geboren) war einer der eifrigsten frühchristlichen Missionare: Während seines Lebens bekehrte er Hunderte Heiden und Juden in der ganzen antiken Welt zu der neuen Religion. Nach dem Tod des Paulus in Rom (ca. 67 n. Chr.) wurde sein Geburtsort ein Heiligtum seiner Anhänger. Bis heute strömen Pilger zu den Ruinen des Paulushauses in Tarsus, um Wasser aus dem 30 m tiefen Brunnen des Geländes zu trinken.

Altstadt (Antik Şehir) mit dem hübschen Rest einer **Römerstraße** (60 m) und **historischen Häusern** im Tarsus-Stil. Eines davon beherbergt heute das Boutiquehotel Konak Efsus.

Zu den historischen Moscheen südöstlich der Altstadt zählt z.B. die mittelalterliche **Eski Camii** (Alte Moschee), die ursprünglich als Kirche dem Paulus geweiht war. Nebenan erstrecken sich die kaum erkennbaren Ruinen eines riesigen alten **Römerbads**. Auf der anderen Seite der Atatürk Caddesi steht die **Makam Camii** (Offizielle Moschee) aus dem späten 19. Jh.; östlich davon liegt angeblich das **Grab des Propheten Daniel**. Im Westen erhebt sich seit dem 16. Jh. die **Ulu Camii** (Große Moschee), deren merkwürdiges Minarett aus dem 19. Jh. auch als Uhrenturm fungiert. Im benachbarten **Kırkkaşık Bedesten** (Vierzig-Löffel-Markt) aus dem 19. Jh. herrscht bis heute Markthallenbetrieb.

Pauluskirche KIRCHE

(St. Paul Kilisesi; Eintritt 3 ₺; ⌚8–20 Uhr) Teile der Pauluskirche südlich vom Kırkkaşık Bedesten stammen aus dem 18. Jh.

Museum MUSEUM

(Muvaffak Uygur Caddesi 75; Eintritt 3 ₺; ⌚April–Okt. 8–19.30 Uhr, Nov.–März 8–17 Uhr) Rund 750 m südwestlich der Innenstadt warten antike Plastiken und Münzen (eine davon aus dem 6. Jh. v. Chr.) auf Besichtigung.

Wasserfall WASSERFALL

Vor der Eski Camii starten *dolmuşlar* (1,5 ₺, ca. 3 km), die nordwärts zu einem kühlen Wasserfall am Fluss Tarsus (einst Kydnos) fahren. In der Nähe gibt's Teegärten und Restaurants.

Schlafen & Essen

LP TIPP **Konak Efsus** BOUTIQUEHOTEL €€

(☎614 0807; www.konakefsus.com; Tarihi Evler Sokak 31–33; EZ/DZ 90/160 ₺; ❄@☜) Das traditionelle Haus im osmanischen Stil (umgebaut zu einem entzückenden Boutiquehotel) ist die beste Bleibe der Stadt. Die acht individuellen Zimmer mit Steinwänden, Antiquitäten und Rohrleitungen aus dem 21. Jh. haben unterschiedliche Namen. Besonders toll sind die Kleopatra-Suite und die reizende Veranda. Das Haus ist sehr beliebt (vor allem am Wochenende), weshalb man rechtzeitig reservieren muss.

Antik Cafe CAFÉ

(☎0538 866 6565; Tarihi Evler Sokak; ☜) Das hübsche, kleine Café in einem 200 Jahre alten Haus ist ein kühler Rückzugsort an heißen, staubigen Tagen. Gegenüber steht das Konak Efsus.

Praktische Informationen

Touristeninformation (☎613 3888; Cumhuriyet Alanı; ⌚Mo–Sa 8–17 Uhr) Vor der Römerstraße.

An- & Weiterreise

Der örtliche *otogar* liegt 3 km östlich vom Zentrum (Taxi 10 ₺, Bus od. Sammeltaxi 1,25 ₺). Busse und Sammeltaxis verbinden Tarsus mit Mersin (3,50 ₺, 29 km) oder Adana (4 ₺, 42 km).

Der Bahnhof ist nordwestlich der Touristeninformation am Ende der Hilmi Seçkin Caddesi zu finden. Züge fahren hier regelmäßig nach Mersin (3 ₺) und Adana (4 ₺).

Adana

☎0322 / 1,61 MIO. EW.

Die viertgrößte Stadt der Türkei ist sehr modern und wird von der Schnellstraße D400 mehr oder weniger zweigeteilt. Hier gibt's ein paar interessante Sehenswürdigkeiten, gute Verkehrsverbindungen und ordentliche Cafés und Bars. Wer bislang gemächlich der Mittelmeerküste gefolgt ist,

Adana

Highlights

	Ethnografiemuseum Adana	A2
	Archäologiemuseum	D2
	Sabancı Merkez Camii	D2
	Ulu Camii	C4

Sehenswertes

1	Großer Uhrenturm	C4
2	Steinbrücke	D3
3	Yağ Camii	B4
4	Yeni Camii	B3

Aktivitäten, Kurse & Touren

5	Çarşi Hamamı	C4
6	Mestan Hamamı	B4

Schlafen

7	Akdeniz Oteli	B2
8	Hotel Bosnalı	D3
9	Ibis Hotel	A2
10	Otel Mercan	B3

Essen

11	Ova Ev Yemekleri	B1
12	Öz Asmaaltı	B4
13	Şen	B1

wird von Adanas urbanem Trubel eventuell überrascht sein.

Von Westen nach Osten führt die Hauptstraße (Turan Cemal Beriker Bulvarı) schließlich über die Kennedy Köprüsü (Kennedy-Brücke). Nördlich davon liegen grüne Bezirke, in denen hauptsächlich Wohlhabende leben. Südlich der trendigen Apartmenthochhäuser, Straßencafés und -bars wird die Atmosphäre jedoch düsterer: Dort beginnt die Zersiedelung. Der Fluss Seyhan begrenzt das Stadtzentrum im Osten.

Sehenswertes & Aktivitäten

Moscheen MOSCHEEN

Mit schwarz-weißem Bandmarmor und aufwändigen Fenstereinfassungen erinnert die hübsche **Ulu Camii** (Große Moschee; Abidin Paşa Caddesi) aus dem 16. Jh. an nordsyrische Moscheen. Die Fliesen des *mihrab* (Gebetsnische gen Mekka) stammen aus Kütahya und İznik.

Die zentral gelegene **Yeni Camii** (Neue Moschee; Özler Caddesi) aus dem frühen 18. Jh. besitzt zehn Kuppeln und folgt damit dem architektonischen Konzept der Ulu Camii. Die **Yağ Camii** (Ölmoschee; Ali Münif Caddesi) aus dem 16. Jh. besitzt ein imposantes Südostportal und war ursprünglich eine Jakobuskirche.

Am eindrucksvollsten ist aber die **Sabancı Merkez Camii** (Sabancı-Zentralmoschee; Turan Cemal Beriker Bulvarı) am linken Flussufer, deren sechs Minarette neben der Kennedy-Brücke emporragen: Die größte Moschee zwischen İstanbul und Saudi-Arabien wurde im Auftrag von Sakıp Sabancı (1933–2004) in dessen letzten Lebensjahren errichtet. Dieser Großindustrielle war ein Philanthrop und auch der Stammvater der zweitreichsten Familiendynastie des Landes. Der Bau strotzt von oben bis unten vor Blattgold und Marmor; er bietet Platz für schätzungsweise 28 000 Gläubige.

Adana

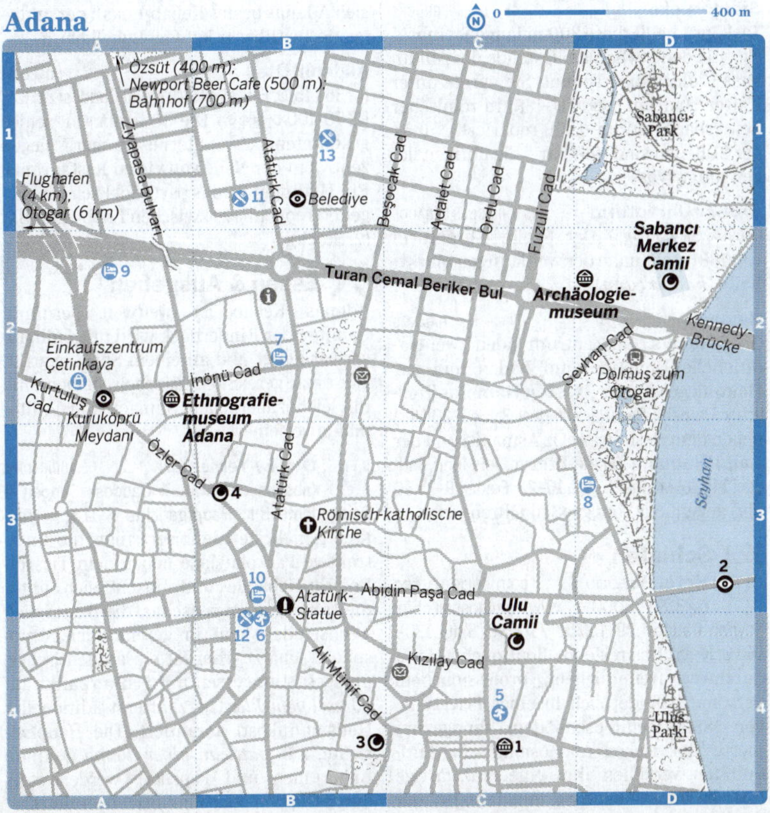

Archäologiemuseum MUSEUM
(Fuzuli Caddesi 10; Eintritt 5 ₺; ⏱Di–So 8–17 Uhr) Hier, neben der Sabancı Merkez Camii, gibt's viele römische Plastiken zu sehen, die nördlich von Tarsus an der Kilikischen Pforte gefunden wurden. Als Hauptpass durch das Taurusgebirge war Letztere schon zur Römerzeit eine wichtige Verkehrspassage. Ein Highlight ist der Achilles-Sarkophag aus dem 2. Jh., den Szenen aus der Ilias zieren. Ausgestellt sind auch hethitische und griechische Artefakte.

Ethnografiemuseum Adana MUSEUM
(Ziyapaşa Bulvarı 143; Eintritt 3 ₺; ⏱Di–So 8–17 Uhr) Dieses Museum nahe der İnönü Caddesi befindet sich in einer früheren Kreuzfahrerkirche, die später als Moschee diente. Zum Recherchezeitpunkt war es gerade wegen Renovierung geschlossen. Nach der Neueröffnung dürften die Teppiche, Handschriften, Sarkophage, Waffen und Kelims (Webteppiche ohne durchgezogenen Schussfaden) wieder zu sehen sein.

Steinbrücke BRÜCKE
Taşköprü heißt diese 300 m lange Steinbrücke, die den Seyhan am Ostende der Abidin Paşa Caddesi überspannt. Sie wurde unter Kaiser Hadrian (reg. 117–138) in römischer Zeit erbaut und im 6. Jh. repariert. Nur 14 der 21 Bögen sind sichtbar – die übrigen liegen unter Wasser.

Großer Uhrenturm HISTORISCHES GEBÄUDE
(Büyük Saat Kulesi) Der Große Uhrenturm von 1881 steht nahe der weitläufigen **Markthalle** *(kapalı çarşı)*.

Hamams HAMAMS
(15–20 ₺/Pers.) Im Zentrum laden zwei traditionelle Hamams zum Baden und zur Hautpflege ein: der **Mestan Hamamı** (Fröhlicher Hamam; Pazarlar Caddesi 3; ⏱5–23 Uhr) neben dem Restaurant Öz Asmaaltı und der **Çarşi Hamamı** (Markt-Hamam; Ali Münif Caddesi 145; ⏱Männer 5–9 & 16–22, Frauen 9–15.30 Uhr) gegenüber vom großen Uhrenturm.

Schlafen

LP TIPP **Hotel Bosnalı** BOUTIQUEHOTEL €€€
(☎359 8000; www.hotelbosnali.com; Seyhan Caddesi 29; EZ/DZ 75/85 €, Suite 130–160 €; ❄📶) Das reizende Boutiquehotel mit durchweg freundlichem, professionellem Personal befindet sich in einer Privatvilla von 1889. Steinfliesenböden, handgezimmerte Holzdecken und osmanische Antiquitäten verleihen ihm eine einzigartige historische Atmosphäre. Auch wegen der Dachterrasse mit Traumaussicht ist dieses Juwel sein Geld vollauf wert und eine der besten Bleiben in der östlichen Türkei.

Ibis Hotel BUSINESSHOTEL €€
(☎355 9500; www.ibishotel.com; Turhan Cemal Beriker Bulvari 49; Zi. 100 ₺; 🚭❄📶) Das brandneue Hotel liegt perfekt: Es verbindet das faszinierende Altstadtchaos mit den Cafés, Bars und breiteren Straßen des neueren Adana. Typisch Ibis: Die kompakten, schicken und modernen Zimmer verfügen über alle zeitgemäßen Extras. Super sind auch die extra Stockwerke für Nichtraucher.

Otel Mercan HOTEL €€
(☎351 2603; www.otelmercan.com; Küçüksaat Meydanı 5; EZ/DZ 60/100 ₺; ❄📶) Eine kürzlich erfolgte Renovierung sorgt hier für die wohl schickste Hotellobby der ganzen Stadt. Leider setzt sich das hippe Flair nicht bis in die vergleichsweise schlichteren, aber dennoch komfortablen Zimmer fort. Allerdings punktet das neu eröffnete Mercan mit super Lage: Direkt gegenüber befindet sich Adanas bestes Kebab-Lokal; der umliegende Textilbasar hat viel Lokalkolorit.

Akdeniz Oteli HOTEL €€
(☎363 1510; Fax 363 1510; İnönü Caddesi 22; EZ/DZ 70/100 ₺; ❄📶) Die 30 sauberen, schick gestalteten Zwei-Sterne-Zimmer liegen zentral in der Nähe von vielen Restaurants. Ein Highlight ist das psychedelisch verspiegelte Treppenhaus zwischen Lobby und Bar (2. Stock).

Essen & Ausgehen

Adanas Kebab ist weltweit berühmt: Lamm- oder Rinderhack wird mit Chilipulver vermengt und an einem Spieß gegrillt. Die dazu gereichten Zwiebelscheiben sind mit leicht säuerlichem Sumach und Grilltomaten verfeinert.

LP TIPP **Ova Ev Yemekleri** TÜRKISCH €
(abseits der Ataturk Caddesi; Suppen & Reisgerichte 3 ₺, Hauptgerichte 6–11 ₺; ⏱mittags) Am besten ignoriert man die unattraktive Parkplatzlage neben dem Ticaret-Borsası-Gebäude und mischt sich unter die treue Stammgastschar, die das täglich wechselnde Menü in geschäftiger Atmosphäre schätzt: Hier ist ein authentisches, üppiges Mittagessen mit Schwerpunkt auf *yöresel yemekler* (herzhafter, traditioneller Hausmannkost) garantiert. Die Hauptgerichte, z. B. *patlıcan biber dolma* (gefüllte Auberginen und Paprika), werden stets durch Suppen oder Reisgerichte ergänzt.

LP TIPP **Öz Asmaaltı** KEBAB €€
(☎351 4028; Pazarlar Caddesi 9; Hauptgerichte 15–20 ₺) Dieser recht spartanische Lokalfavorit gleich gegenüber vom Otel Mercan ist das wohl beste örtliche Restaurant seiner Art und *die* Adresse für Adana-Kebab. Auf die super Hauptgerichte und *meze* sollte unbedingt *kadayıf* („Engelshaar"; sirupgetränkter, gebackener Teig mit dickem Rohmilchrahm) zum Nachtisch folgen.

Şen TÜRKISCH €
(62001 Sokak; Hauptgerichte 7–12 ₺) Um die entspannte, ortstypische *lokanta* (Lokal, das fertige Gerichte anbietet) zu finden, biegt man von der Atatürk Caddesi nach rechts in die 62002 Sokak ab und läuft dann nach links in die 62001 Sokak. Der Laden ist bei Bürohengsten aus der Umgebung beliebt und serviert auch viel Vegetarisches. Am besten sind die Tische auf der Terrasse unterm breiten Laubendach. Mangels Karte müssen Gäste aus dem wählen, was sie sehen.

Newport Efes Beer Cafe KNEIPE
(Şinasi Efendi Caddesi 23) Die brummende Kneipe in einem grünen Nobelviertel der Stadt ist an einer roten englischen Telefonzelle vor der Tür zu erkennen. Mit Americana-Retrodekor, Freiluftterrasse und diversen Fassbieren lockt sie vor allem junge Kosmopoliten an. Auf den Tisch kommt Herzhaftes mit türkischem, italienischem oder mexikanischem Touch. Open-Air-Bars und -cafés säumen die umliegenden Straßen.

Özsüt CAFÉ €
(Ziyapaşa Bulvarı 15c; Kuchen 4,50–8 ₺; ⏲8–24 Uhr) Kuchen, Pudding und super leckere Eisauswahl in der Filiale einer beliebten Cafékette.

Praktische Informationen

Touristeninformation (☎363 1448; Atatürk Caddesi 7; ⏲Mo–Sa 8–12 & 13–17 Uhr) Einen Block nördlich der İnönü Caddesi; prima Stadtpläne und Personal mit recht guten Englischkenntnissen.

An- & Weiterreise

Adanas Flughafen (Şakirpaşa Havaalanı) liegt 4 km westlich vom Zentrum an der D400. Auf deren Nordseite findet man 2 km weiter westlich den *otogar*. Der Bahnhof steht 1,5 km nördlich der İnönü Caddesi am Nordende des Ziyapaşa Bulvarı.

Bus

Ab Adanas großem *otogar* bedienen direkt verkehrende Busse und/oder *dolmuşlar* fast die ganze Türkei. Achtung: *Dolmuşlar* nach Kadirli (10 ₺, 2 Std., 108 km) und Kozan (8 ₺, 1 Std., 72 km) benutzen den Yüreği-*otogar* am rechten Ufer des Seyhan!

Zug

Vom prächtigen *gar* am Nordende des Ziyapaşa Bulvarı fahren Züge nach Mersin (4 ₺, 6–23.15 Uhr, ca. 2-mal stündl.) und halten in Tarsus (3 ₺).

BUSSE AB ADANA

ZIEL	PREIS (₺)	DAUER (STD.)	STRECKE (KM)	HÄUFIGKEIT (TGL.)
Adıyaman (in Richtung Nemrut Dağı)	30	6	335	7-mal
Alanya	35	10	440	bis zu 8-mal
Ankara	40	7	475	stündl.
Antakya	20	3½	190	stündl.
Antalya	40	11	565	2- od. 3-mal
Diyarbakır	50	8	535	mehrmals
Gaziantep	25	3	220	mehrmals
İstanbul	60	12	920	stündl.
Kayseri	20	6	355	mehrmals
Konya	40	6	335	regelm.
Şanlıurfa	20	6	360	mehrmals
Silifke	20	2½	165	14-mal
Van	80	15	910	min. 1-mal

Unterwegs vor Ort

Taxis verbinden z. B. den Flughafen mit der Stadt (10–15 ₺) und das Zentrum mit dem Yüreğı-Busbahnhof (7,50 ₺).

Rund um Adana

Im Hinterland der Bucht von İskenderun (İskenderun Körfezi) liegen Burg- und Siedlungsruinen aus der Periode des Armenischen Königreichs von Kilikien – darunter dessen Hauptstadt Sis bei Kozan. Manches davon (z. B. Anavarza) stammt ursprünglich aus römischer oder noch früherer Zeit.

KOZAN

Die Markt- und Bezirkshauptstadt Kozan liegt 72 km nordöstlich von Adana an der Rte 815. Das frühere Sis war die Hauptstadt des Armenischen Königreichs von Kilikien. Ab hier wachte einst eine lange Reihe von Burgen über die weite und schwer zu verteidigende Çukurova-Ebene. Leo II. (reg. 1187–1219) erbaute die atemberaubende, mächtige **Burg Kozan** (Kozan Kalesi; Eintritt frei) oberhalb der Ebene, die auf 900 m Länge einen schmalen Bergrücken säumt.

Die Kirchenruinen an der 1 km langen Straße zur Burg werden lokal *manastır* (Kloster) genannt: Von 1293 bis 1921 befand sich hier der Sitz des Katholikos von Sis, der die Armenisch-apostolische Kirche als einer von zwei Obersten Patriarchen leitete.

Im eigentlichen Bollwerk sieht man zunächst ein Chaos aus Ruinen. Nun nach rechts zum vieltürmigen Burgfried hinaufsteigen: Der mächtige Turm auf der linken Seite beherbergte einst die königlichen Gemächer! Insgesamt gibt's hier 44 Türme bzw. Beobachtungsposten und die Überreste eines *bedesten* (Lagerhauses) zu sehen.

Kozan hat ein paar schöne alte Häuser und eignet sich prima für Minibustagestrips ab Adana (8 ₺, 1 Std.). Ein dreistöckiger Bau von 1890 ist heute ein schräger Gasthof namens **Yaver'in Konaği** (Yavers Villa; ☎515 0999; www.yaverinkonagi.com; Manastır Sokak 5; EZ/DZ 60/90 ₺; ❄@☜). Dessen 13 rustikale, aber komfortable Zimmer werden durch zwei neuere Außengebäude am Fuß des Burgbergs ergänzt. Der *lahmacun* des guten Hausrestaurants kommt aus einem Steinbackofen unter freiem Himmel.

YILANKALE

Die Yılankale (Schlangenburg) entstand in der Mitte des 13. Jh., als diese Gegend zum Armenischen Königreich von Kilikien gehörte. Der Name soll von einer Schlange stammen, die sich einst im Wappen über dem Haupteingang ringelte. Rund 38 km östlich von Adana steht die Burg, etwas mehr als 3 km südlich der Schnellstraße D400. Der gut befestigte Weg ab dem Parkplatz wird nach 100 m zum Holperpfad. Über die Felsen geht's dann steil zum höchsten Punkt der Burg hinauf (20 Min.) – vorbei an Torhäusern, Zisternen, Gewölbekammern und sogar einem Kerker.

ANAZARBUS (ANAVARZA)

Als die Römer hierher kamen (19 v. Chr.), erbauten sie diese Festungsstadt auf einem Hügel über der Ebene und nannten sie Caesarea ad Anazarbus. Nach der späteren Zweiteilung Kilikiens blieb Tarsus die Westhauptstadt, während Anazarbus den Osten dominierte. Über die Jahrhunderte wurde es mindestens zehnmal von anderen Mächten erobert – den Persern, den Arabern, den Byzantinern, den Hamdanidenprinzen von Aleppo, den Kreuzfahrern, einem lokalen Armenierkönig, wieder den Byzantinern, den Türken und den Mamelucken. Nachdem Letztere das Armenische Königreich von Kilikien endgültig zerschlagen hatten (1375), wurde die Stadt aufgegeben.

Rund 5 km nach der Abfahrt von der Schnellstraße erreicht man eine Kreuzung und ein großes **Einfallstor** in den Mauern; hier begann einst die Stadt (heute nur noch Trümmer auf den Feldern). Wer nun nach rechts abbiegt, erreicht bald das blaue Tor vor dem Haus des *bekçi* (Wächters). Auf dessen Privatgrundstück befinden sich **römische Sarkophage** (einer davon mit dem Gesicht des Septimius Severus, Kaiser im 3. Jh.) und Wasserbecken mit herrlichen **Mosaiken** (Delfine, Fische, Seevögel und Kaiser Titus). Im Rahmen einer Führung (bitte großzügig Trinkgeld geben!) besucht man das Stadion, das Theater, die Bäder und die **Burg**, zu der 400 Stufen hinaufführen. Draußen auf dem Feld zieren ein eingemeißeltes Kreuz und Alpha- und Omega-Symbole den Widmungsstein der zerstörten **Apostelkirche** aus dem 6. Jh. Unbedingt anschauen sollte man sich auch die sehr seltenen römischen **Stallungsgewölbe** südlich der Burg und die noch stehenden Bögen des **Hauptaquädukts**.

An- & Weiterreise

Aus Richtung Yılankale kehrt man auf die Schnellstraße D400 zurück und nimmt die

Ausfahrt zur Rte 817 (Kozan/Kadirli). Diese führt nordwärts zum Dorf Ayşehoca (27 km), wo rechts bzw. ostwärts die 5 km lange Straße nach Anavarza/Anazarbus abzweigt (Schild beachten!). Wer per *dolmuş* oder Minibus unterwegs ist, kann hier aussteigen und trampen. Von Kozan her heißt's der Rte 817 gen Süden folgen (28 km) und in Ayşehoca links abbiegen.

İskenderun

☎0326 / 184 600 EW.

İskenderun (in der Antike Alexandretta) ist eine moderne Industriestadt mit Arbeitshafen und das Tor zur Provinz Hatay.

Wegen seiner strategisch guten Lage war es mehrmals besetzt – z. B. von Alexander dem Großen (333 v. Chr.), den Briten (1918) oder den Franzosen (1919–1938). Der Staat Hatay beschloss 1939 den Beitritt zur jungen Republik Türkei.

Ein hübscher Uferbereich und ein tolles Museum machen İskenderun zum prima Zwischenstopp an der Route Adana–Antakya. Zudem geht's von hier aus zum Strandort Arsuz.

Die Uferhauptstraße heißt Atatürk Bulvarı. Vom gewaltigen Atatürk-Gruppendenkmal am Meer führt die „Hauptmeile" der Stadt (Şehir Pamir Caddesi) in Richtung Norden.

Seefahrtsmuseum İskenderun MUSEUM

(İskenderun Deniz Müzesi; Atatürk Bulvarı; Erw./Kind 4/1,30 ₺; ⌚Mi–So 9–17 Uhr) Das tolle Privatmuseum nimmt eine restaurierte Kolonialvilla ein und zeigt eine interessante Ausstellung zur türkischen Seefahrtsgeschichte (größtenteils auch auf Englisch beschriftet). Zu den Highlights zählen eine Armada aus Mini-Modellschiffen, Erläuterungen zu den Seeschlachten des Gallipoli-Feldzugs und ein Raum, der Hatays faszinierende Rolle in der Landesgeschichte beleuchtet. Das Museum liegt in Richtung Westen am Atatürk Bulvarı (ca. 600 m; landeinwärts gesehen rechts).

Schlafen

Altındişler Otel HOTEL €

(☎617 1011; www.altindislerotel.com; Şehir Pamir Caddesi 11; EZ/DZ 50/80 ₺; ❄📶) Das preiswerte Hotel empfängt Gäste mit farbenfrohen Drucken und einem großen Panoramafenster in der Lobby (1. Stock). Die 30 Zimmer sind ein wenig schlichter, aber tadellos sauber. An der Rezeption wird man freundlich auf Englisch begrüßt. Achtung: Der Gebetsruf von einer nahe gelegenen Moschee lässt hier den Tag um ca. 4.30 Uhr beginnen!

Hataylı Oteli BUSINESSHOTEL €€

(☎614 1590; www.hatayliotel i.com; Mete Aslan Bulvarı; EZ 100–110 ₺, DZ 150–180 ₺; ❄📶) Von dem Drei-Sterne-Hotel mit allen modernen Extras ist es praktischerweise nicht weit bis zum Ufer am Ostende des Atatürk Bulvarı. Ein paar Pferdebilder zieren die hervorragende Lobbybar; die 62 Zimmer sind attraktiv und sehr groß. Das Terrassenrestaurant punktet mit traumhaftem Blick aufs Mittelmeer, den man beim Frühstück genießen kann.

İmrenay Hotel HOTEL €€

(☎613 2117; www.imrenayhotel.com; Şehir Pamir Caddesi 5; EZ/DZ 75/120 ₺; ❄📶) Mit dem dunkelbraunen Parkettboden im Rezeptionsbereich wirkt dieses Hotel zunächst etwas finster. Die 33 Zimmer (kürzlich renoviert) mit verhandelbaren Preisen sind jedoch hell und luftig. Achtung: Hier hört man frühmorgens den Gebetsruf von einer nahe gelegenen Moschee!

Essen

Kücück Kervan TÜRKISCH €€

(19 Sokak 7/3; *meze* 2–4 ₺, Hauptgerichte 8–12 ₺) Das hervorragende Lokal verköstigt Einheimische seit über 40 Jahren mit ortstypischer Küche. Gäste können sich *meze*-Teller zusammenstellen; zum Kebab gibt's einen Miniberg aus frischen Kräutern und Salat. Der Laden liegt nahe einem verschlafenen Platz à la Neapel oder Marseille, zwei Blocks landeinwärts vom Atatürk Bulvarı und zwei Blocks westlich der Şehir Pamir Caddesi (landeinwärts gesehen rechts).

Sirinyer SEAFOOD €€€

(☎641 3050; www.siriny errestaurant.com; Akdeniz Caddesi 113; Hauptgerichte 15–25 ₺) Das noble Ausflugslokal mit toller Terrasse am Meer soll eines der frischesten Fischangebote der ganzen türkischen Mittelmeerküste haben. Es liegt an der alten Straße nach Arsuz, ca. 5 km südwestlich vom Stadtzentrum. In Seefahrtsambiente gibt's hier auch jede Menge Bier, Raki und Wein. Perfekt zum Schwelgen, wenn man bei einem Trip durch die Osttürkei noch nicht viel von der Küste gesehen hat!

Petek SÜSSIGKEITEN €

(Mareşal Çakmak Caddesi 16; Kuchen 4–8 ₺) Das stilvolle Petek liegt einen Block landeinwärts vom Atatürk Bulvarı und drei Blocks

ABSTECHER

KARATEPE

Archäologiefans sollten sich unbedingt zum **Freilichtmuseum Karatepe-Aslantaş** (Karatepe-Aslantaş Acık Hava Müzesi; Eintritt 3 ₺; ⌚April–Okt. 8–12 & 13–19 Uhr, Nov.–März bis 17 Uhr) im gleichnamigen Nationalpark aufmachen. Die Ruinen aus dem 8. Jh. v. Chr. waren einst eine Sommerresidenz der neuhethitischen Könige Kilikiens, von denen Asitawatas am bedeutendsten war. Die Stätte liegt auf einem bewaldeten Hügel oberhalb des künstlichen Ceyhan-Sees (Ceyhan Gölü), der der Stromerzeugung und der Freizeitgestaltung dient.

Spuren der 1 km langen Schutzmauern Karatepes sind immer noch in der Landschaft erkennbar. Nach einer eventuell erforderlichen Wartezeit werden die hethitischen Ruinen im Rahmen einer Gruppenführung besichtigt. Diese beginnt am südwestlichen **Palasttor**, das von Sphinx- und Löwendarstellungen bewacht wird. Eines der tollen Reliefs im linken Vorhof zeigt ein gediegenes Festmahl am Hof des Asitawatas (inkl. Musiker, Streitwagen und Opferstier). Ein Rundweg führt zum **Unteren Tor** im Nordosten, wo noch schönere Steinmetzarbeiten warten – z. B. eine Galeere mit Ruderern, Krieger im Kampf mit Löwen, der hethitische Sonnengott und eine stillende Frau unter einem Baum. In der tollen **Museumshalle** sind lokal entdeckte Artefakte zu sehen. Dank des maßstabsgetreuen Modells der Anlage kann man sich einen Überblick verschaffen.

Ohne eigenes Fahrzeug ist Karatepe schwer erreichbar. Von Kozan her folgt man der Rte 817 nach Çukurköprü (18 km) und fährt dann ostwärts nach Kadirli (weitere 18 km). Von dort aus führt eine Nebenstrecke (22 km) zur Stätte. Einfacher geht's über die Rte 80-76 ab Osmaniye; rund 30 km weiter südöstlich halten dort auch *dolmuşlar* ab Adana (10 ₺, 1½ Std., 95 km) und İskenderun (10 ₺, 1½ Std., 105 km).

Wer kein Auto hat, chartert am besten ein Taxi in Osmaniye. Ein Trip nach Karatepe (hin & zurück 2 Std.) mit Zwischenstopp (1 Std.) an den Ruinen der griechischen Stadt Hierapolis-Castabala kostet ca. 120 ₺.

westlich der Şehir Pamir Caddes (landeinwärts gesehen rechts). Seit 1942 kommt hier exzellenter *künefe* (klebriger Schichtkuchen aus *kadayıf* und Frischkäse, mit Sirup übergossen und warm mit Pistaziensplittern serviert) auf den Tisch. Gegen dessen außergewöhnliche Süße kommt am besten ein Espresso an.

An- & Weiterreise

Minibusse und Sammeltaxis fahren häufig nach Adana (10 ₺, 2½ Std., 135 km), Antakya (5 ₺, 1 Std., 58 km) oder Osmaniye (8 ₺, 1 Std., 66 km).

Entlang der Küste flitzen *dolmuşlar* regelmäßig hinunter nach Uluçınar alias Arsuz (4 ₺, 30 Min., 33 km).

Antakya (Hatay)

0326 / 213 300 EW.

Wo früher das antike Antiocheia ad Orontem (Antiochia am Orontes) stand, liegt nun das wohlhabende, moderne Antakya (offiziell Hatay genannt) nahe der syrischen Grenze. Zur Römerzeit entstand Antiochias bedeutende Christengemeinde aus einer bereits großen jüdischen Gemeinde, die einst von Paulus geleitet wurde. Einheimische nennen Antakya ganz zu Recht auch Bariş Şehri (Stadt des Friedens): Heute leben hier Sunniten, Aleviten und orthodoxe Christen gemeinsam in kultivierter, kosmopolitischer Atmosphäre.

Alltag, Essen und Sprache sind arabisch geprägt; tatsächlich wurde Antakya erst 1939 türkisch, nachdem es jahrhundertelang mehr oder weniger zu Syrien gehört hatte. Die meisten Touristen kommen wegen des Archäologiemuseums oder besuchen die Peterskirche als Pilger. Unbedingt am Orontes (Asi) entlangbummeln und auch die Seitenstraßen nebst Basaren erkunden: Für uns ist diese Stadt ein unterschätztes Juwel der türkischen Mittelmeerküste.

Sehenswertes

Archäologiemuseum Hatay MUSEUM

(Hatay Arkeoloji Müzesi; Gündüz Caddesi 1; Eintritt 8 ₺; ⌚April–Okt. Di–So 9–18.30 Uhr, Nov.–März 8.30–12 & 12.30–16.30 Uhr) Hier wartet eine der weltbesten Sammlungen von römischen und byzantinischen Mosaiken (1.–

5. Jh. n. Chr.) auf Besucher. Der Großteil der Stücke ist noch fast intakt und stammt aus Tarsus oder dem antiken Daphne (heute Harbiye; 9 km südl.). Während Gazianteps neues Mosaikmuseum zu Recht immer beliebter wird, wirkt Antakyas Sammlung weniger eindrucksvoll. Dennoch hat sie definitiv einen Besuch verdient.

In die großen Säle I bis IV fällt Tageslicht unter hohen Decken – ideal, um sich die Fliesenmosaiken anzusehen, die man wegen ihrer Feinheit auch für Gemälde halten könnte. Absolute Highlights sind **Okeanos & Tethys** (2. Jh.; Saal IV) im 1:1-Format oder das **Büfett-Mosaik** (3. Jh.; Saal II) mit Gerichten aus Huhn, Fisch und Eiern. Zu den üblichen Jagd- und Fischereiszenen zählt das Stück **Thalassa & die nackten Fischer** (Saal IV), das auch kindliche Wal- und Delfinreiter zeigt. Mythologisch wird's z. B. mit dem tollen **Narziss** (Saal II) oder **Orpheus** (Saal IV; beide 3. Jh.). Pflicht sind zudem die etwas schrägeren Mosaikthemen in Saal III – darunter ein schwarzer Fischer, ein fröhlicher Buckliger mit Riesenpenis und ein seltsames Bild, auf dem ein Schwert und ein Dreizack einen „Bösen Blick" durchbohren, der gleichzeitig von Rabe, Hund, Katze, Schlange, Skorpion und Tausendfüßler angegriffen wird.

Andere Säle beherbergen Artefakte aus diversen regionalen Grabhügeln bzw. *tumuli* (z. B. einer hethitischen Stätte, die 16 km nördlich von İskenderun bei Dörtyol liegt). Prunkstück eines weiteren Raums ist der ungemein prächtige **Sarkophag von Antakya** (Antakya Lahdı), dessen Deckel eine unvollendete Liegefigur ziert.

St.-Petrus-Grotte KIRCHE

(St. Petrus Kilisesi; Eintritt 8 ₺; ⌚April–Okt. 9–12 & 13–18 Uhr, Nov.–März 8–12 & 13–17 Uhr) Die frühchristliche Kirche im Hang des Staurin (Kreuzbergs) gilt als erster Ort, an dem sich die Neubekehrten heimlich zum Gebet trafen. Die künstliche Höhle soll dem Evangelisten Lukas (geb. in Antiochia) gehört haben und von diesem der wachsenden Christengemeinde geschenkt worden sein. So gut wie sicher predigten Petrus und Paulus hier während ihrer paar Jahre in Antiochia. Die Teilnehmer des Ersten Kreuzzugs eroberten Letzteres im Jahr 1098 und erbauten neben der Frontmauer auch die schmale Vorhalle (Narthex) auf der Westseite.

Rechts vom Altar sind die schwachen Spuren eines frühen Freskos zu sehen; auch der schlichte Mosaikboden ist teilweise noch erhalten. Das herabtropfende Wasser in der Ecke hat angeblich Heilkräfte.

Die Kirche liegt 2,5 km nordöstlich der Stadt (ca. 30 Gehminuten entlang der Kurtuluş Caddesi).

Basar MARKT

Nördlich von Ulus Alanı und Kemal Paşa Caddesi säumt ein weitläufiger Markt die Seitenstraßen. Die beste Erkundungsroute folgt der Haupteinkaufsmeile (Uzunçarşı Caddesi).

Die **Habib Neccar Camii** (erb. im 7. Jh.) an der Kurtuluş Caddesi umgibt der Großteil von Antakyas erhaltenen **Altbauten** – oft Häuser mit Innenhof und Holzerkern oder verzierten Türstürzen aus Stein. Die Priester der katholischen Kirche glauben, dass Petrus von 42 bis 48 n. Chr. in dem damals jüdischen Viertel gelebt hat.

ABSTECHER

ARSUZ

Wer die staubigen Überreste des Armenischen Königreichs von Kilikien erkundet, kann zwischendurch in Arsuz (Uluçınar) relaxen. Der entzückende Fischerort ragt 33 km südwestlich von İskenderun ins Meer hinein. Erholung versprechen hier vor allem Schwimmen, Angeln im nahen Fluss und der Blick auf die fernen Berge.

Beste Bleibe ist das weitläufige **Arsuz Otel** (☎643 2444; www.arsuzotel.com; EZ/DZ ab 100/150 ₺; 📶) am Meer. Zu dem „historischen" Gebäude (in Wirklichkeit erst 50 Jahre alt) gehören ein Privatstrand und 50 große, luftige Zimmer. Idealerweise leistet man sich ein luxuriöseres Quartier wie die Cennet-Suite („Paradies"; Nr. 28) mit zwei Schlafzimmern und Riesenbalkon. Mit altmodischen Fliesen und einem Klavier erinnert die Lobby ganz leicht an Südfrankreich. Das Restaurant serviert gegrillte *mercan* (Rote Meerbrasse) und regionaltypische *meze* wie *oruk* (pikante Rindfleisch-Kroketten) oder *sürk* (mit Chilipulver gewürzter Weichkäse).

Den ganzen Tag über pendeln *dolmuşlar* zwischen Arsuz und İskenderun (4 ₺, 30 Min.).

Antakya (Hatay)

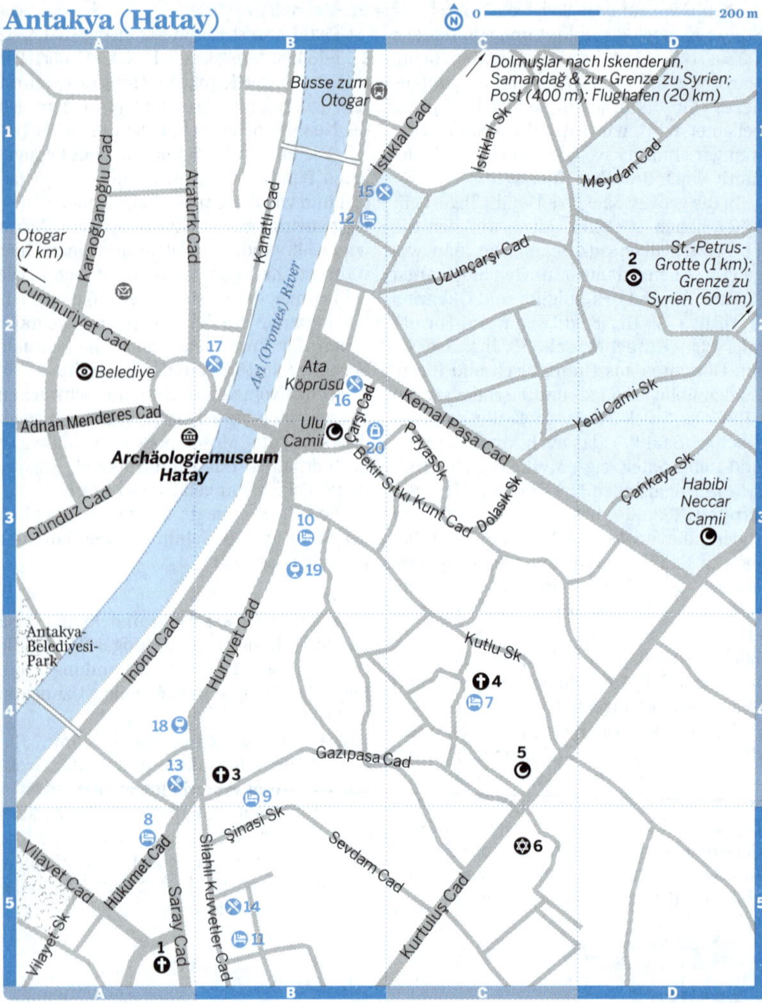

Noch mehr Andachtsstätten GEBÄUDE
Im ökumenischen Antakya sind in zwei benachbarten Blocks mindestens fünf verschiedene Religionen bzw. Glaubensrichtungen vertreten. Die meisten der 1200 örtlichen Christen beten in der schönen **orthodoxen Kirche** (Hürriyet Caddesi 53; ⌚Göttliche Liturgie 8.30 & 18 Uhr), die nach dem verheerenden Erdbeben von 1900 mit russischer Hilfe wieder aufgebaut wurde. Von der Straße führen ein paar Stufen zum wunderschönen Vorhof hinauf. Drinnen warten einige tolle Ikonen, ein steinernes Lesepult und sakrale Preziosen darauf, besichtigt zu werden.

Die **römisch-katholische Kirche** (Kutlu Sokak 6; ⌚10–12 & 15–17 Uhr, Heilige Messe tgl. 8.30, So auch 18 Uhr) mit den italienischen Priestern ist seit 1852 in zwei Altstadthäusern situiert; ihre Kapelle ist das frühere Wohnzimmer des einen Gebäudes. Die benachbarte **Sermaye Camii** (Hauptmoschee; Kurtuluş Caddesi 56) besitzt ein Minarett, das mit einem herrlich verzierten *şerefe* (Balkon) versehen ist.

Etwas weiter südlich liegt die kaum genutzte **Synagoge** (Kurtuluş Caddesi 56). Und gleich südlich vom Antik Beyazıt Hotel gibt's seit relativ kurzer Zeit sogar eine **antiochenisch-evangelische Kirche** (Sa-

Antakya (Hatay)

Highlights

Sehenswertes

Schlafen

Essen

Ausgehen

Shoppen

ray Caddesi; 9–18 Uhr) mit koreanischen Methodistenpfarrern.

Schlafen

Belkis Konuk Evi ve Pansiyon PENSION €€
(212 1511; www.belkisev.com; Gazipasa Caddesi, Güllübahçe Sokak; EZ/DZ 60/120 ₺;) Die Zimmer der süßen, familiengeführten Pension umgeben einen weiß verputzten Innenhof mit Bäumen. In Sachen Dekor verbinden sich hier Rustikales und Kitsch; die Bäder sind relativ klein. Der freundliche, redselige Eigentümer (spricht kein Wort Englisch) begrüßt einen herzlich. Das Frühstück im sonnengesprenkelten Hof ist ein super Start in den Tag.

Liwan Hotel BOUTIQUEHOTEL €€€
(215 7777; www.theliwanhotel.com; Silahlı Kuvvetler Caddesi 5; EZ/DZ 130/200 ₺;) Das stilmäßig vielfältige Gebäude aus den 1920er-Jahren gehörte einst dem Präsidenten Syriens. Auf vier Stockwerken beherbergt es zwei Dutzend geschmackvoll eingerichteter Zimmer. Der offene Hof mit dem Restaurant war früher ein Garten mit Spitzbögen und kann auf Knopfdruck überdacht werden. An den meisten Wochenenden gibt's Livemusik (23–2.30 Uhr) in der stimmungsvollen Steinbar. Achtung: Beim Buchen berücksichtigen, dass manche Zimmer fensterlos sind!

Gästehaus der katholischen Kirchengemeinde Antakya GÄSTEHAUS €
(215 6703; www.anadolukatolikkilisesi.org/antakya; Kutlu Sokak 6; 30 ₺/Pers.;) Wer hier ein Quartier ergattern kann, wohnt richtiggehend angenehm: In diesem Gästehaus der örtlichen katholischen Kirchengemeinde stehen Gästen acht saubere Doppelzimmer an einem grünen und angemessen besinnlichen Innenhof zur Verfügung. Wer hier wohnt, ist herzlich zum täglichen Messebesuch in der gegenüberliegenden Kirche eingeladen (aber nicht verpflichtet).

Mozaik Otel HOTEL €€
(215 5020; www.mozaikotel.com; İstiklal Caddesi 18; EZ/DZ 85/130 ₺;) Als eines von Antakyas ruhigsten und am zentralsten gelegenen Hotels steht diese hervorragende Mittelklasseoption nördlich der Ulus Alanı (Mittelabschnitt) in Basarnähe. Die zwei Dutzend Zimmer des „Beinahe-Boutiquehotels" sind mit volkstümlichen Tagesdecken und Mosaikrepliken eingerichtet. Gleich nebenan befindet sich das spitzenmäßige Restaurant Sultan Sofrası.

Antik Beyazıt Hotel BOUTIQUEHOTEL €€
(216 2900; www.antikbeyazitoteli.com; Hükümet Caddesi 4; EZ/DZ 100/130 ₺;) Antakyas erstes Boutiquehotel in einem hübschen französischen Levantinerhaus aus der Kolonialzeit (erb. 1903) wirkt etwas heruntergekommen. Dennoch erinnern die Antiquitäten und Orientteppiche sowie der kunstvolle Kronleuchter in der Lobby immer noch an die elegantere Vergangenheit. Die 27 Zimmer sind einfach; die im Hinterbereich haben loftartige Schlafbereiche und bieten Zugang zu einem weiteren Raum.

Hotel Saray HOTEL €
(214 9001; Hürriyet Caddesi 3; EZ/DZ 40/60 ₺;) Der leicht rustikale „Palast" wird sei-

nem Namen definitiv nicht gerecht. Die 35 ordentlich großen Zimmer punkten jedoch z.T. sogar mit Minibalkonen und Bergblick. Positiv ist auch die super zentrale Lage nahe dem Basar und guten Restaurants.

Essen & Ausgehen

Südlich der Ulus Alanı liegen viele Restaurants an oder gleich abseits der Hürriyet Caddesi. Prima zum Relaxen bei Getränken und Snacks sind die Teegärten im Antakya Belediyesi Parkı, der südlich vom Museum das linke Ufer des Asi (Orontes) säumt.

LP TIPP **Antakya Evi** TÜRKISCH €€
(Silahlı Kuvvetler Caddesi 3; Hauptgerichte 7–12 ₺) Zwischen Fotos und Antiquitäten gibt's hier viele pikante Hatay-Spezialitäten, *meze* (6–8 ₺) und deftige Grillgerichte in einer alten Villa. Besucher dürfen sich auch auf türkische Folklore-Livemusik freuen (Fr & Sa abends).

Hatay Sultan Sofrası TÜRKISCH €€
(www.sultansofrasi.com; İstiklal Caddesi 20a; Hauptgerichte 10–16 ₺) Antakyas beste Adresse für günstige Küche hat ein hohes Serviertempo. Der wortgewandte Manager geht mit Gästen gern die super Karte durch. Auf der stehen viele *meze*, pikante Hatay-Kebabs und der eventuell beste *künefe* der Stadt.

Anadolu Restaurant TÜRKISCH €€
(Hürriyet Caddesi 30a; Hauptgerichte 8–35 ₺) Familien, Spesenverbrater und die örtliche Schickeria schätzen Antakyas kulinarischen Hotspot. Die große, exzellente *meze*-Auswahl (6–12 ₺) landet auf den goldfarbenen Tischtüchern in einem tollen Wintergarten; durch dessen Dach wachsen Palmen hinaus. Unter den Fleischgerichten sind z.B. Anadolu-Kebab (15 ₺) und spezieller *kağıt-* bzw. „Papier"-Kebab (12 ₺).

Cabaret BAR, CAFÉ
(Hürriyet Caddesi) Dieser lokale Studententreff mit Backsteinwänden, Klappfensterläden, vielen günstigen Snacks und gelegentlicher Livemusik ist ein stimmungsvolles Plätzchen für Tee, Kaffee oder Stärkeres. Der private Hinterhof ist noch gemütlicher.

Özsüt CAFÉ €
(Cumhuriyet Alanı 2; Snacks 5–7 ₺) Das Özsüt in einem restaurierten historischen Haus ist perfekt für Kaffee und Kuchen am Vormittag. Wer umgeben von buntem, trendigem Dekor zum schmalen, halbmondförmigen Balkon marschiert, genießt den bestmöglichen Panoramablick auf Antakyas faszinierendes Zentrum.

Vitamin Shop Center SAFTBAR
(Hürriyet Caddesi 7; Säfte ab 2 ₺) Der freundliche Laden empfiehlt sich für einen klassischen „Atomshake" (6 ₺). Diese regionale Spezialität aus Bananen, Pistazien, Aprikosen, Honig und Joghurt füllt den Magen einen halben Tag lang.

Shoppen

Doğal Defne Dünyası HAUSHALTWAREN, TEXTILIEN
(Çarşı Caddesi 16) Verkauft z.B. super Seidenschals (von Hand gewebt und blockbedruckt) oder hochwertige Seife aus dem weiter südlich gelegenen Harbiye (einst Daphne).

Anreise & Unterwegs vor Ort

Flugzeug

Der Flughafen Hatay liegt 20 km nördlich der Stadt (Taxi 30 ₺); Havaş-Busse verbinden ihn regelmäßig mit Antakyas Zentrum (10 ₺).

Pegasus Airlines (www.flypgs.com) Linienflüge nach/ab İstanbul (ab 60 ₺) und Izmir (ab 70 ₺).

GUT ESSEN IN ANTAKYA

Arabische und vor allem syrische Einflüsse prägen Hatays Lokalküche: Überall gibt's Hummus; zum Kebab werden Zitronenspalten und Minze gereicht. Eine scharfe Köstlichkeit ist *kekik salatası* (Thymiansalat mit Frühlingszwiebeln und Tomaten).

Unbedingt probieren sollte man z.B. *sürk* (würziger Weichkäse mit Chilipulver) oder den *meze*-Dip *muhammara* alias *cevizli biber* („Walnuss-Paprikas") aus gemahlenen Walnüssen, roten Paprika und Olivenöl. Dem libanesischen *kibbeh* ähnlich und auch sehr lecker ist das torpedoförmige *oruk*, eine frittierte Krokette aus pikantem Rinderhack in Bulgurpanade.

Pflicht zum Nachtisch ist *künefe:* Dabei wird ein feiner Weizenschrotkuchen auf eine Schicht aus mildem Frischkäse gelegt, mit süßem Sirup übergossen und mit Walnüssen garniert. Super Varianten (ca. 4 ₺/Stück) machen **Kral Künefe** (Çarşı Caddesi 7) und einige andere Läden nahe der Ulu Camii.

Turkish Airlines (www.turkishairlines.com) Linienflüge nach/ab İstanbul (ab 75 ₺).

Bus

Antakyas *otogar* für Fernbusse liegt 7 km nordwestlich des Zentrums (einfache Strecke mit dem Taxi 15 ₺) und ist von dort aus auch per *serviş* erreichbar. Gleich vor dem *otogar* brechen die Busse 2, 9 und 17 (2 ₺) zum Westufer des Orontes auf, wo sie bei vielen Hotels halten.

Direktbusse nach Antalya, İstanbul und İzmirstoppen meist in Adana (20 ₺, 3½ Std., 190 km). Am oberen Ende der İstiklal Caddesi starten Minibusse und *dolmuşlar* nach İskenderun (8 ₺, 1 Std., 58 km) oder Samandağ (5 ₺, 40 Min., 28 km) nahe der Shell-Tankstelle an der Yavuz Sultan Selim Caddesi.

Rund um Antakya

KLOSTER DES SYMEON STYLITES DES JÜNGEREN

Rund 18 km südwestlich von Antakya passiert die Straße nach Samandağ den Berg mit den Ruinen des **Symeonsklosters** (Aziz Simon Manastırı; Eintritt frei) aus dem 6. Jh. Zu dem kreuzförmigen Komplex gehören die Überreste von drei Kirchen. Die erste davon (Nordkirche) hat einen Fußboden mit Mosaikfragmenten. Am schönsten ist die **Dreifaltigkeitskirche** in der Mitte, während die Südkirche vergleichsweise nüchtern wirkt.

Am interessantesten ist jedoch das achteckige Fundament einer **Säule**, auf der Symeon Stylites der Jüngere (521–597) gegen die Missetaten Antiochias anpredigte. Damit imitierte er Symeon Stylites den Älteren (389–459), der im 5. Jh. in Syrien gewirkt hatte.

ⓘ An- & Weiterreise

Zwischen Antakya und Samandağ halten *dolmuşlar* kurz hinter dem Dorf Karaçay an einer Abzweigung (3 ₺, 20 Min.). Diese führt durch einen Windpark zu einer Gabelung (5 km), an der es rechts zum Kloster geht (2 km). Dorthin fahren auch Taxis ab Atakya (hin & zurück inkl. 1 Std. Wartezeit ca. 120 ₺).

ÇEVLİK

Der Hafen des antiken Antiochia liegt 5 km nordwestlich von Samandağ und heißt heute Çevlik. Die Ruinen von **Seleuceia in Pieria** sind spärlich und wenig eindrucksvoll, umfassen aber mit dem **Titus-und-Vespasian-Tunnel** (Titüs ve Vespasiyanüs Tüneli; Eintritt 3 ₺; ⏲April–Okt. 9–19 Uhr, Nov.–März 8–17 Uhr) eine Meisterleistung römischer Ingenieure: Einst floss ein Bach durch Seleucia und bedrohte es ständig mit Hochwasser. Dem wirkten die Kaiser Titus und Vespasian im 1. Jh. entgegen – von Seeleuten und Gefangenen aus Judäa ließen sie einen 1,4 km langen Kanal in den Fels schlagen, um den Bach umzuleiten.

Vom *gişe* (Ticketkiosk) aus folgt der Pfad einem Bewässerungskanal und passiert ein paar künstliche Schutzräume im Fels. Am römischen Bogen über der Schlucht endet er dann vor dem Eingang des z.T. rutschigen Tunnels (Taschenlampe mitbringen!). Die Inschrift am anderen Kanalende zeugt mit Datum vom Schuften der Arbeiter. Rund 100 m vom Tunnel entfernt liegt ein Dutzend römischer **Felsgräber** mit Reliefs – darunter das **Beşikli Mağarası** (Krippengrab).

ⓘ An- & Weiterreise

Dolmuşlar fahren von Antakya nach Samandağ (8 ₺, 40 Min., 28 km) und von dort nach Çevlik (3 ₺, 15 Min.).

› Türkei verstehen

Einwohner pro km²

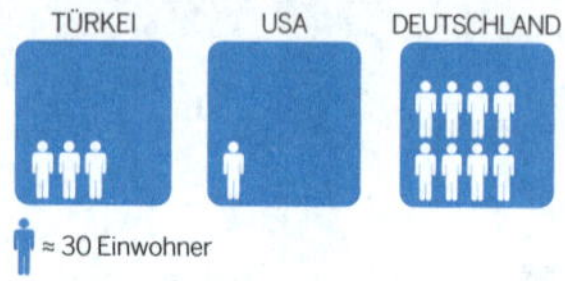

Türkei aktuell

Während osmanischer und byzantinischer Zeit war die Region das Herz der Welt. Auch heute noch spielt die Türkei auf der globalen Bühne eine entscheidende Rolle. Die Lage an der Schnittstelle zwischen Europa und Asien steht auch für die politische Position. Das Land wird von einer moderat islamischen Regierung geführt und unterhält Beziehungen zum Westen – für den die Türkei ein wichtiger Verbündeter im Nahen Osten ist.

Die Armee ist ein Hort des türkischen Nationalismus: Neun Offiziere wurden wegen der Vorführung der an das europäische Mittelalter angelehnten Fantasy-Serie *Game of Thrones* im Englischunterricht getadelt – die Serie um die imaginären sieben Königreichen von Westeros beleidige das Türkentum.

Internationale Spannungen

Bei acht Nachbarländern, darunter Iran, Irak und das schuldengeplagte Griechenland, ist die türkische Regierung Spannungen gewohnt. 2012 galt die größte Sorge den Unruhen in Syrien. Entlang der Grenze in Südostanatolien entstanden Lager mit weit mehr als 100 000 syrischen Flüchtlingen. Die Spannungen wuchsen, als die syrische Luftabwehr ein türkisches Kampfflugzeug vom Himmel holte und der türkische Premierminister Erdoğan die syrischen Truppen aufforderte, Abstand zur Grenze zu halten.

Die Versuche, die türkisch-armenischen Beziehungen, die lange wegen des Vorwurfs von Massakern an osmanischen Armeniern im Ersten Weltkrieg belastet waren, zu normalisieren, stocken. Trotz der Handelsbeziehungen der beiden Länder bleibt die Grenze geschlossen. Die Türkei war verstimmt, als Frankreich ein Gesetz plante, das verbieten sollte zu leugnen, dass die Ereignisse von 1915 ein Akt von „Völkermord" waren. Zwar wurde der Gesetzentwurf zurückgezogen, doch das Thema ist noch nicht erledigt, es soll nun auch Eingang in die Schulbücher finden.

EU-Ambitionen

Die Türkei möchte seit Langem der Europäischen Union (EU) beitreten. 2005 wurden Beitrittsverhandlungen aufgenommen und Konsultationen bezüglich 13 der 35 Verhandlungskapitel eröffnet. Hindernisse sind die

Top-Bücher

» **Traum aus Stein und Federn** (Louis de Bernières)

» **Die Romane um den Detektiv Yashim** (Jason Goodwin)

» **Der Bastard von Istanbul** (Elif Şafak)

» **Das Haus am Bosporus** (Irfan Orga)

» **Schnee** (Orhan Pamuk)

» **Meander: East to West along a Turkish River** (Jeremy Seal)

» **Magic Bus: On the Hippie Trail from Istanbul to India** (Rory MacLean)

» **Turkey: Bright Sun, Strong Tea** (Tom Brosnahan)

Körpersprache

» „Ja" – leichtes Nicken.

» „Nein" – leichtes Nicken mit einem „tz"-Ton.

» Niemals die Schuhsohle auf jemanden richten.

» Das „O. k."-Zeichen steht für Homosexualität.

Ethnische Gruppen
(% der Bevölkerung)

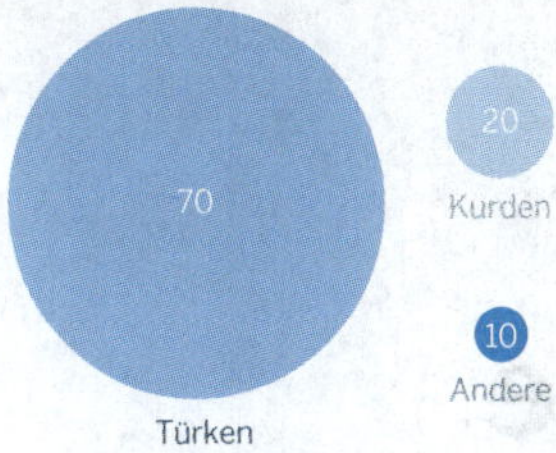

Gäbe es nur 100 Türken, wäre(n) ...

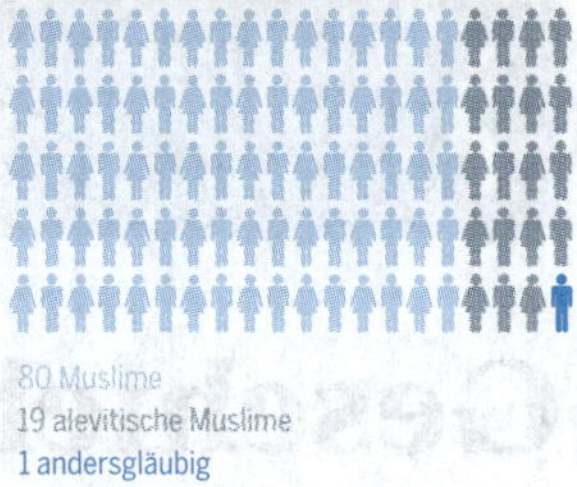

Weigerung der Türkei, Zypern anzuerkennen, die Marginalisierung der 15 Mio. Kurden, die Frage der Meinungsfreiheit sowie Vorbehalte vieler EU-Staaten, ein zu 99 % muslimisches Land aufzunehmen. 2012 lag die Öffnung eines Beitrittskapitels zwei Jahre zurück. Die Türkei war verärgert, dass die Verhandlungen nicht fortschreiten, gerade angesichts des Wirtschaftsbooms in der Türkei (2011 die schnellstwachsende Wirtschaft Europas) und wirtschaftlicher Probleme in der Eurozone.

Die AKP plant „ein verrücktes und großartiges Projekt" für die Feierlichkeiten zum hundertsten Geburtstag der türkischen Republik im Jahr 2023: einen 50 km langen Kanal durch Istanbul, um den Tankerverkehr auf dem Bosporus zu entlasten. Es sind außerdem zwei neue Städte sowie ein Flughafen geplant.

Die Kurdenfrage

Innenpolitisch ist das dringendste Problem nach wie vor die Kurdenfrage, die in den 1980er- und 1990er-Jahren zu bürgerkriegsähnlichen Zusammenstößen zwischen Militär und PKK (Arbeiterpartei Kurdistans) führte. Letztere stufen EU und US-Regierung als terroristische Gruppe ein. Die Lage hat sich zwar etwas beruhigt, aber es kommt noch immer zu Scharmützeln im Südosten Anatoliens, wo die PKK während der syrischen Unruhen ihre Angriffe ausweitete. Auch im Westen der Türkei gibt es gelegentlich Zwischenfälle. Die Gründung eines unabhängigen Kurdistan gilt als unwahrscheinlich, da Kurden in der Türkei, Iran, Irak und Syrien leben. Die Kurden verweisen indes auf Iraks semi-autonome kurdische Region.

Politische Entwicklung

Trotz Bedenken unterschiedlichster Gruppen hat Erdoğans Gerechtigkeits- und Entwicklungs (AKP)-Regierung die Türkei weiter gebracht. Militärputsche sind einer Politik für Stabilität und Wirtschaftswachstum gewichen. Das Referendum über die Verfassungsreform (2010), in dem die Türken für den Wandel stimmten, führt hoffentlich zu mehr Demokratie. In Zeiten der Finanzkrise erfrischt und ermutigt es, auf die positiv gestimmten Türken und ihre Liebe für ihre dynamische Nation zu treffen.

Top-Filme

» **Vizontele** Komödie um den ersten Fernseher in einem Dorf.

» **Müll im Garten Eden** Ein Dorf kämpft gegen eine Deponie.

» **Once Upon a Time in Anatolia** Steppen-Krimi.

» **Elefanten und Gras** Geschichte über Verzweiflung.

» **Hamam – Das türkische Bad** Türkischer Auswanderer erbt ein Hamam; der Film widmet sich auch der Homosexualität.

» **Bal – Honig** Gefühlvolle Geschichte über das Erwachsenwerden in der Schwarzmeer-Region.

Etikette

» **Pünktlichkeit** Ernst nehmen.

» **Restaurants** Wer einlädt, bezahlt auch.

» **Essen** Isst man bei jemandem, leert man seinen Teller komplett.

» **Wein** Eignet sich nur als Mitbringsel, wenn der Gastgeber Alkohol trinkt (vorher klären).

Geschichte

Die Türkei, Verbindungsglied zweier Kontinente, Treffpunkt verschiedenster Kulturen, aber auch Schauplatz vieler Kämpfe, sah seit Anbeginn Völker, die zwischen Europa und Asien umherzogen, kommen und gehen.

Schon früh begannen sich Kulturen in Anatolien (dem vorderasiatischen Teil der heutigen Türkei) zu etablieren. So wurde etwa Çatalhöyük, die erste von der Geschichtsschreibung anerkannte „Stadt", vor über 8000 Jahren dort gegründet. Später errichteten die Hethiter das erste anatolische Reich. Sie herrschten über diverse Völker und hatten sich immer wieder gegen Ankömmlinge aus Griechenland zu wehren. Eine der bekanntesten griechischen Kolonien war Troja (berühmt durch Homers Ilias). Indessen huschten unzählige Kulturen über die Bühne der Geschichte, darunter die Lykier, die Lyder und die Phryger.

Catalhoyuk: The Leopard's Tale vom Archäologen Ian Hodder ist ein Bericht über die Ausgrabungen und gleichzeitig ein anschauliches Porträt der Stadt zu ihrer Blütezeit.

Als die Perser von Osten kamen, drängte Alexander der Große sie zurück. Zwar existierte sein Reich nicht lange, aber es beschleunigte die Hellenisierung Anatoliens und schuf mit griechischen Handelsnetzwerken großen Reichtum. 190 v. Chr. traten die Römer auf den Plan und rissen sich jenen Handel unter den Nagel. Sie bleiben lange genug, um das Entstehen des Christentums verfolgen zu können, und versuchten hier und da, ihm Einhalt zu gebieten, auch mit Gewalt. Doch das Christentum gedieh – und zwar zuerst im Untergrund, bis der römische Kaiser Konstantin es legalisierte. Das von ihm gegründete Konstantinopel (heute İstanbul) wurde Hauptstadt des Byzantinischen Reiches, ein Zentrum mit griechischer Sprache und christlicher Orientierung, das über 1000 Jahre währen sollte.

Die Herrschaft von Byzanz über Anatolien wurde im 11. Jh. von den Seldschuken angefochten, die über Persien aus Zentralasien gekommen waren. Auf die Seldschuken folgten osmanische Türken, die im 15. Jh. die Macht in Anatolien übernahmen – und die der Byzantiner beendeten. In der Folge vergrößerten die Osmanen ihren Einflussbereich über Südosteuropa bis sie schließlich vor Wien standen. Hier aber war Schluss, und sie wurden zurückgedrängt. 1912 stießen griechische und serbische Trup-

ZEITLEISTE

ca. 6500 v. Chr.

Gründung von Çatalhöyük: Im Lauf der Zeit werden über 13 Schichten aus Häusern errichtet und bienenwabenähnlich angelegt. Laut Schätzungen hatte die Stadt während ihrer Blütezeit 8000 Einwohner.

ca. 4000–3000 v. Chr.

Frühe Bronzezeit: Die Hattier entwickeln im schon seit der Kupferzeit durchgängig besiedelten Alacahöyük eine eigene Kultur. Sie stellen Waffen, Schmuck und Metallwerkzeuge her.

ca. 2000 v. Chr.

Die Hethiter gelangen nach Anatolien, erobern die Region Hatti und machen Hattuşa zur Hauptstadt. Später erkämpfen sich die Hethiter ein Königreich, das sich bis nach Babylon und Ägypten erstreckt.

pen Richtung İstanbul vor. Während und nach dem Ersten Weltkrieg wollten europäische Mächte die Türkei zerschlagen. Es war der Führung von Mustafa Kemal Atatürk zu verdanken, dass dies nicht gelang. Im Kampf um die Unabhängigkeit vertrieb Atatürk mit seinen Armeen die fremden Eindringlinge und gründete 1923 die türkische Republik. Seitdem hat sich die Türkei einem umfassenden Modernisierungs- und Demokratisierungsprozess unterworfen, auch mit dem Ziel, sich auf internationalem Parkett wieder als ernst zu nehmende Macht zu etablieren.

Die türkische Geschichte ist überreich an faszinierenden Ereignissen, Kulturen und Persönlichkeiten und bietet Stoff für unzählige Bücher.

Homer

Es wird davon ausgegangen, dass der griechische Dichter Homer, dessen Ilias die Geschichte des Trojanischen Kriegs erzählt, irgendwann vor 700 v. Chr. in Smyrna (dem heutigen Izmir) geboren wurde.

Frühe Kulturen, Städte & Konflikte

Archäologische Funde weisen darauf hin, dass die ersten anatolischen Jäger und Sammler der Altsteinzeit in Höhlen lebten. Etwa im 7. Jt. v. Chr. entstanden erste Siedlungen. Çatalhöyük, um 6500 v. Chr. gegründet, war vielleicht die erste Stadt, mit Sicherheit aber ein Zentrum der Innovationen. Die Bewohner entwickelten Bewässerungsmethoden, domestizierten Schweine und Schafe und stellten einzigartige Töpferwaren her.

In der Kupferzeit wurde Hacılar (in Zentralanatolien) groß – genau wie Städte im Südosten, die sich einiges aus Mesopotamien abguckten, u. a. Metallwerkzeuge. In Anatolien entstanden immer größere Siedlungen, die auch miteinander im Kontakt standen – allerdings nicht immer friedlich, weswegen die Städte meist gut befestigt waren.

Um 3000 v. Chr. trugen Fortschritte in der Metallherstellung zur Entstehung verschiedener anatolischer Königreiche bei. Eines lag in Alacahöyük im Herzen Anatoliens. Doch der Ort wurde auch kaukasisch beeinflusst, denn der Handel ging weit über das anatolische Hochland hinaus.

Auch an den Küsten im Süden und Westen wurde Handel getrieben. Troja tauschte z. B. mit den ägäischen Inseln und dem griechischen Festland Waren aus. Um 2000 v. Chr. gründeten die Hattier in Kanesch (Kültepe, nahe Kayeri) eine Stadt, die ein Netz von Handelsvorposten kontrollierte. Hier verlässt die anatolische Geschichte erstmals das Reich der Vermutungen: Archäologische Funde machen sie greifbar, z. B. die Tontafeln aus Kanesch mit Aufzeichnungen von Daten, Ereignissen und Namen.

Eine einheitliche anatolische Kultur war noch nicht entstanden, aber der Weg war vorgezeichnet: Kultureller Austausch, Handel und Krieg sollten die wiederkehrenden Themen der anatolischen Geschichte werden.

Bis zur Entdeckung der Ruinen von Boğazkale im 19. Jh. waren die Hethiter lediglich durch ein paar ominöse Andeutungen im Alten Testament bekannt.

Die Bronzezeit & die Hethiter

Als die Hattier verschwanden, kamen die Hethiter. Um 1800 v. Chr. verlegten sie ihr Zentrum nach Hattuşa (beim heutigen Boğazkale).

Die Hethiter hinterließen u. a. ihre fantastische Hauptstadt, ihre Staatsarchive (in Form von keilförmigen Tontafeln) und ihre Kunst.

ca. 1200 v. Chr.

Untergang Trojas, das dank Homers Ilias unsterblich wird. Zehn Jahre lang hatten die Mykener die strategisch günstig gelegene und als Tor für den Handel im Schwarzen Meer geltende Stadt belagert.

547 v. Chr.

Kyros von Persien erobert Kleinasien. Die griechisch-persische Rivalität entsteht. Darius I. und Xerxes erweitern den persischen Einfluss in Anatolien und verhindern die Ausbreitung griechischer Kolonien.

333 v. Chr.

Alexander der Große besiegt die Perser und erobert weite Teile Kleinasiens. Dareios III. flieht und lässt Frau, Kinder und Mutter zurück. Letztere ist so erbost, dass sie Alexander an seiner statt „adoptiert".

205 v. Chr.

Am Mittelmeer schließt sich eine Gruppe von Stadtstaaten, darunter Xanthos, Patara und Olympos, zum Lykischen Bund zusammen. Der Bund übersteht auch die Machtübernahme durch die Römer.

1450 v. Chr. wurde nach innerem Gerangel aus dem Königreich ein Imperium – das erste anatolische Großreich. Natürlich waren auch die Hethiter Krieger und regierten zahlreiche Vasallenstaaten, und sie brachten einige typische Eigenschaften großer Herrscher mit: So waren sie etwa für ihre Ethik und Neigung zur Diplomatie berühmt. Das hielt sie zwar nicht davon ab, das Ägypten Ramses' II. 1298 v. Chr. zu überrennen, aber es erlaubte ihnen, sich mit dem geschlagenen Ramses auszusöhnen, indem sie ihn mit einer hethitischen Prinzessin verheirateten.

Später bekam das Hethiterreich zunehmend Ärger mit seinen Vasallen, u. a. Troja. Der letzte Schlag war die Invasion der Griechen, des „Seevolkes", das schon Eisen verarbeitete. Die Hethiter waren plötzlich vom Meer abgeschnitten (und damit in einer Zeit des aufblühenden Seehandels benachteiligt), und ihnen fehlte der letzte technologische Clou: Eisen.

Inzwischen hatte sich in Troja eine neue Dynastie etabliert, die die Griechen aber so ärgerten, dass der Trojanische Krieg ausbrach (1250 v. Chr.). Das verschaffte den Hethitern zwar eine Atempause, doch spätere Neuankömmlinge beschleunigten ihren Untergang. Einige Überreste hethitischer Kultur konnten sich halten, aber das große Reich war passé. Spätere Stadtstaaten erweckten eine neohethitische Kultur zum Leben, sodass mesopotamische Religion und Kunst nach Griechenland kamen.

Die Bezeichnung „Anatolien" leitet sich vom griechischen Wort *anatole* ab, das mit „Land des Sonnenaufgangs" übersetzt werden kann. Das türkische Wort *anadolu* bedeutet so etwas wie „Hauptader".

Klassische Reiche: Griechenland & Persien

In Anatolien lebte nach der Hethiterzeit ein Völkergemisch aus echten Anatoliern und Eindringlingen früherer Zeit. Im Osten schmiedeten die Urartäer, Nachfahren der anatolischen Hurriter, ein Königreich nahe des Vansees. Im 8. Jh. v. Chr. kamen die Phrygier aus Thrakien im westlichen Anatolien an. Unter König Gordius (der mit dem Knoten) errichteten sie ihre Hauptstadt Gordion. König Midas führte sie auf den Höhepunkt der Macht. 725 v. Chr. fiel das Reitervolk der Kimmerer über Gordion her, was auch das goldene Händchen von König Midas nicht verhindern konnte.

An der Südwestküste schlossen die Lykier die Stadtstaaten vom heutigen Fethiye bis Antalya zusammen. Von ihrer Hauptstadt Sardes aus beherrschten die Lyder Westanatolien und prägten die ersten Münzen.

Inzwischen gründeten die Griechen an der Mittelmeerküste immer mehr Kolonien, und ihre Kultur breitete sich in ganz Anatolien aus. Kaum ein Volk Anatoliens entging dem griechischen Einfluss: Der phrygische König Midas hatte eine griechische Frau, die Lykier borgten sich die Sage der Chimäre aus, und die lydische Kunst fungierte als Bindeglied zwischen griechischen und persischen Kunstformen. Anscheinend war die Bewunderung gegenseitig: Die Lykier waren nämlich das einzige anatolische Volk, das die Griechen nicht als „Barbaren" bezeichneten, und die Griechen zeigten sich vom Reichtum des lydischen König Krösus so beeindruckt, dass er sprichwörtlich wurde.

133 v. Chr.

Auf dem Sterbebett vermacht König Attalos III. von Pergamon sein Reich den Römern. Schnell verwandeln die Römer Ephesos, einen boomenden Hafen, in die Hauptstadt und profitieren vom Seehandel.

45–60 n. Chr.

Der ursprünglich aus Antiochia (heutiges Antakya) stammende Apostel Paulus durchquert auf seinen Missionsreisen Kleinasien. Es heißt, dass Johannes und Maria ihre letzten Tage in Ephesos verbrachten.

NAGELESTOCK.COM / ALAMY ©

» Johannesbasilika (S. 227) bei Ephesos

Der wachsende hellenistische Einfluss blieb nicht unbemerkt. Kyros, seines Zeichens König von Persien, war vom Treiben in seinem „Hinterhof" nicht erbaut. 547 v. Chr. marschierte er los, erledigte die Lyder und zog weiter, um die Ägäis unter seinen Einfluss zu bringen. Unter den Königen Dareios I. und Xerxes dämmten die Perser die Ausbreitung der griechischen Handelskolonien an den Küsten ein. Auch das Inland unterwarfen sie und setzten der Ära selbstständiger anatolischer Königreiche ein Ende.

Die Perser regierten Anatolien durch willfährige Satrapen (lokale Herrscher). Mehrfach mussten sie sich mit dem Widerstand der Anatolier auseinandersetzen, z. B. mit dem Ionischen Aufstand in Milet 494 v. Chr., angezettelt von den Athenern, der umgehend niedergeschlagen wurde. Das Verhalten der Athener nutzten die Perser als Vorwand, um aufs griechische Festland vorzudringen; sie wurden aber bei Marathon geschlagen.

Alexander & danach

Anatolien blieb bis 334 v. Chr. unter persischer Kontrolle. Dann rauschte eine neue Macht durchs Land. Alexander und seine Abenteurer überquerten die Dardanellen, ursprünglich in der Absicht, Anatolien von der persischen „Plage" zu befreien. Sie überrollten die Perser bei Granicus nahe Troja. Nächstes Ziel war Sardes, das sich ohne Umstände ergab. Nachdem Alexander Halikarnassos (das moderne Bodrum) mit Erfolg belagert hatte, zog es ihn immer weiter nach Osten. Schließlich kam es zur berühmten Keilerei mit den Persern bei Issos.

Alexander war allerdings mehr Eroberer als Staatsmann. Als er 323 v. Chr. in Babylon starb, war er ohne Nachfolger. So war seinem gewaltigen Reich keine lange Dauer bestimmt. Seine Feldherren teilten es in Bürgerkriegen untereinander auf. Doch wenn es tatsächlich Alexanders Ziel war, Anatolien vom persischen Einfluss zu befreien und es an die hellenistische Welt anzuschließen, war er enorm erfolgreich. Im Gefolge seiner Armeen wurde das Land durch und durch hellenisiert. Dies war der Höhepunkt jenes Prozesses, der schon vor Jahrhunderten begonnen hatte.

ALEXANDER & DER GORDISCHE KNOTEN

333 v. Chr. hatte sich Alexander in der ehemaligen phrygischen Hauptstadt Gordion mit dem gordischen Knoten auseinanderzusetzen. Der Sage nach war es dem, der ihn löste, bestimmt, über ganz Asien zu herrschen. Als Alexander es nicht schaffte, den Knoten zu entwirren, griff er kurzerhand zum Schwert und durchschlug ihn. Auch eine Lösung – Asien jedenfalls lag vor ihm. Alexander und seine Männer donnerten durch Persien bis an den Indus und unterwarfen die gesamte damals bekannte Welt. Dennoch war dem gewaltigen Reich, das sie geschaffen hatten, keine lange Existenz bestimmt. Vielleicht hätte er sich mit dem Knoten doch etwas mehr Mühe geben sollen ...

330

Konstantin erklärt das „neue Rom" und spätere Konstantinopel zur Hauptstadt seines Reiches. Im Jahr 325 hatte er das Konzil von Nicäa einberufen.

395

Unter Theodosius I. wird das Christentum Staatsreligion; Heidentum ist verboten. Nach seinem Tod wird das Reich durch eine Grenzlinie geteilt, die Diokletian ein Jahrhundert zuvor festgelegt hatte.

412

Um die Besitztümer der Stadt zu schützen, errichtet Theodosius II. die Landmauer von Konstantinopel, die sich als äußerst effektiv erweist. Nur einmal wird die Befestigung überwunden: 1453 durch Mehmet.

527–565

Unter Iustinian erlebt Byzanz ein goldenes Zeitalter. Der Kaiser erobert u. a. große Teile Nordafikas und Spaniens, zudem treibt er entscheidende Reformen voran und initiiert eine Reihe von Bauprojekten.

Ein Netz von Städten überspannte Anatolien, deren Lebensgrundlage wie die der ganzen hellenistischen Welt der Handel war. Ein echtes Highlight war Pergamon (heute Bergama). Die Könige von Pergamon waren Krieger und begeisterte Förderer der Künste. Der Bedeutendste unter ihnen war Eumenes II., der für vieles verantwortlich ist, was heute noch von Pergamons Akropolis übrig ist. Genauso bemerkenswert wie die vielen Tempel und Aquädukte war die allmähliche Verbreitung der griechischen Sprache. Im Lauf der Jahrhunderte löschte sie die anatolische Sprache aus.

Die ganze Zeit über kochte es im Kessel der anatolischen Kulturen, wobei verschiedene, meist kurzlebige, Königreiche entstanden. 279 v. Chr. traten die Kelten aus dem Südosten Europas auf den Plan und gründeten rund um Ancyra (Ankara) das Königreich Galatien. Im Nordosten hatte schon früher ein gewisser Mithridates das Königreich Pontos geschaffen, mit Amasya als Zentrum. Die Armenier, längst in der Region um den Vansee heimisch, erhielten unter Alexander Autonomie.

Julius Caesars berühmter Ausspruch *veni, vidi, vici* ("Ich kam, sah, siegte") stammt aus einer Rede, die er 47 v. Chr. in Zile in der Nähe von Tokat hielt.

Jenseits der Ägäis warfen inzwischen die Römer gierige Blicke auf das reiche Anatolien mit seinen Handelsverbindungen.

Römische Herrschaft

Die römischen Legionen hatten die Armeen der Seleukiden 190 v. Chr. bei Magnesia (Manisa) geschlagen. Doch Pergamon wurde die Basis, von der aus sie Anatolien eroberten – als nämlich König Attalos III. 133 v. Chr. starb und die Stadt Rom vermachte. 129 v. Chr. wurde Ephesos zur Hauptstadt der römischen Provinz Asia, und nach nur 60 Jahren hatten die Römer den mutigen Widerstand von Mithridates aus Pontos überwunden und ihren Einflussbereich bis Armenien an der persischen Grenze ausgedehnt.

Ende des 3. Jhs. wollte Diokletian das Reich stabilisieren, z. B. indem er es in eine östliche und eine westliche Verwaltungseinheit aufteilte. Gleichzeitig wollte er das Christentum bekämpfen – beides misslang. Nun konnte sich die junge christliche Religion ausbreiten, wenn auch noch im Verborgenen. Der Überlieferung nach zog sich der Apostel Johannes mit Maria nach Ephesos zurück, um sein Evangelium zu schreiben. Der unermüdliche Apostel Paulus machte sich das römische Straßennetz zunutze. Munteren Schrittes bereiste er Anatolien und verkündete seinen Glauben.

1054 wurde jene Linie, entlang derer das Römische Reich 395 geteilt worden war, zur Trennlinie zwischen Katholizismus und orthodoxem Christentum – eine Linie, die bis heute existiert.

Diokletians Reformen führten zu einem Krieg, aus dem Konstantin der Große als Sieger hervorging. Er bekannte sich zum Christentum und soll von Engeln geleitet worden sein, als er beschloss, aus Byzanz ein „neues Rom" zu machen: Konstantinopel. Konstantin ließ sich auf dem Sterbebett taufen. Ende des 4. Jhs. war das Christentum Staatsreligion.

Untergang Roms – Aufstieg von Byzanz

Selbst mit der neuen Hauptstadt Konstantinopel war das Römische Reich ziemlich schwerfällig. Echte Stärke und Einigkeit gab es zum letz-

654–676
Muslimische Araber erobern Ankara und belagern Konstantinopel. Im Westen können die Araber den Gebietsgewinn nicht behaupten, doch Syrien und Ägypten sind für Byzanz verloren.

867
Basil I. hilft, Byzanz' Macht wiederherzustellen, was sich u. a. in militärischer Macht und einer Blüte der Kunst niederschlägt. Er wurde als der „Makedonier" bekannt, war aber ein Armenier aus Thrakien.

976–1025
Unter Basileios II., dem „Bulgarentöter", erlebt Byzanz nochmals eine Glanzzeit. Er erweitert die Grenzen des Reiches im Osten bis nach Armenien, erobert erneut Italien und schlägt die Bulgaren.

1071
Die Seldschuken mischen mit und besiegen die Byzantiner in der Schlacht von Manzikert. Zwar können die Seldschuken auf diesen Erfolg nicht aufbauen, doch für die Byzantiner ist es ein schwerer Schlag.

ten Mal unter Kaiser Theodosius (reg. 379–95), doch danach zerbrach das Imperium in zwei Hälften. Die durch innere Machtkämpfe geschwächte Westhälfte (Rom) hielt dem Druck der Völkerwanderung nicht stand und ging unter. Die Osthälfte (Byzanz) machte sich dagegen ganz gut. Nach und nach übernahm man die griechische Sprache – und das Christentum.

Unter Iustinian (reg. 527–565) betrug sich Byzanz sehr imperialistisch – wie einst Rom. Im Auftrag des Kaisers entstand die Aya Sofia, und das römische Recht wurde kodifiziert. Iustinian erweiterte auch die Grenzen des Reiches, bis es das Südspanien, Nordafrika und Italien umfasste. Damals wurde Byzanz zur eigenständigen Großmacht, auch wenn eine sentimentale Bindung an die römische Idee bestand: Die Griechisch sprechenden Byzantiner bezeichneten sich immer noch als Römer. Doch Iustinians Ehrgeiz war zu viel des Guten. Die Pest und das Eindringen von Awaren und Slawen nördlich der Donau machten weitere Expansionspläne zunichte.

Später schwächte die Byzantiner eine langwierige Auseinandersetzung mit den persischen Erzrivalen. Die östlichen Provinzen Anatoliens wurden leichte Beute für die losbrechenden arabischen Heere. 654 nahmen die Araber Ankara ein, 669 belagerten sie Konstantinopel. Sie brachten eine neue Sprache mit, eine neue Kultur und eine neue Religion: den Islam.

Im Westen stießen Goten und Lombarden vor, sodass Byzanz im 8. Jh. auf den Balkan und nach Anatolien zurückgedrängt wurde. Bis zum Aufstieg der makedonischen Dynastie blieb das Reich geduckt. 867 bestieg Basileios I. den Thron und wendete das Blatt. Er siegte über das islamische Ägypten, die Bulgaren und Russland. Basileios II. (976–1025) erwarb sich den Spitznamen „Bulgarentöter", als er 14 000 bulgarischen

Judith Herrin beschreibt in *Byzanz: Die erstaunliche Geschichte eines mittelalterlichen Imperiums* einzelne Facetten des byzantinischen Lebens und gibt interessante Einblicke in das weitgehend unbekannte Reich.

BYZANZ: DAS UNTERSCHÄTZTE EUROPÄISCHE IMPERIUM

Byzanz wird häufig nur als Nebenerscheinung der europäischen Geschichte genannt. Weil die Byzantiner nie die Autorität des Papstes in Rom akzeptiert hatten, galten sie nicht als Teil der lateinischen Christenheit, und folglich gehörten sie bestenfalls noch zu den Europäern. Dennoch fungierte Byzanz als Bollwerk für Europa und schützte es über Jahrhunderte gegen muslimische Armeen. An der Peripherie des Kontinents gelegen, mit einer Kombination aus griechischem Wissen und Sprache und als Teil des orthodoxen Christentums, schuf Byzanz über elf Jahrhunderte hinweg ein beachtliches kulturelles und künstlerisches Vermächtnis. Und doch sind es vor allem seine politische Komplexität und die Intrigen, für die es berühmt und berüchtigt ist.

Nach dem Fall Konstantinopels im Jahr 1453 vergaß Europa die Griechen weitgehend. Erst im 19. Jh. kam Griechenland wieder in Mode, als Romantiker wie Lord Byron und andere Hellenophile sich der Sache der griechischen Freiheitsbewegung annahmen. Aber es war die Herrlichkeit des klassischen Griechenlands, die sie dabei im Sinn hatten – das Griechenland von Plato, Aristoteles und Sappho, nicht aber das von Byzanz.

1080

Auf der Flucht vor den Seldschuken in Anatolien errichten die Armenier am Mittelmeer das Königreich von Kilikien. Bald erreicht die armenische Kultur neue Höhen. Das Reich besteht fast 300 Jahre.

1204

Während des Vierten Kreuzzuges wird Konstantinopel geplündert, ein Indiz für die Verachtung der westlichen Christen für die östliche orthodoxe Kirche.

1207–1270

In dieser Zeit lebt Dschalal ad-Din Muhammad Rumi (Maulana), der Gründer des Mevlevi-Derwisch-Ordens. Nach der Flucht vor den Mongolen lebt der mystische Dichter und Philosoph in Konya.

1243

Die Mongolen aus Zentralasien nehmen Erzurum ein und besiegen die Seldschuken am Köse Dağ. Deren Reich zerbricht. Nach dem Abzug der Mongolen gibt es in Anatolien keine führende Macht mehr.

Kriegsgefangenen die Augen ausstechen ließ. Als er starb, fehlte dem Reich ein Führer mit seinen Fähigkeiten – oder seiner Grausamkeit –, und das Zeitalter der byzantinischen Expansion war endgültig vorüber.

Das erste türkische Reich: die Seldschuken

Um den Anfang des 8. Jh. herum zog ein Nomadenvolk aus Zentralasien immer weiter westwärts: die Türken. Unterwegs wurden sie von den Arabern zum Islam bekehrt. Die tatkräftigen, kriegerischen Türken übernahmen die Herrschaft über Teile des untergehenden Abbasidenreiches und errichteten ein eigenes Reich mit dem Zentrum in Persien. Tuğrul, aus dem türkischen Seldschuken-Clan, ernannte sich zum Sultan von Bagdad, und von dort aus begannen die Seldschuken, den Byzantinern das Leben schwer zu machen. 1071 wagte es Tuğruls Sohn Alp Arslan, sich nördlich vom Vansee bei Manzikert der großen byzantinischen Armee zu stellen. Trotz zahlenmäßiger Unterlegenheit siegte die flinke türkische Kavallerie. Damit stand Anatolien den umherziehenden Turkmenen offen, und der Stern des Byzantinischen Reiches war endgültig dem Untergang geweiht.

John Julius Norwichs *Byzanz: Aufstieg und Fall eines Weltreichs* schafft es auf fantastische Weise, 1123 ereignisreiche Jahre auf etwa 700 Seiten zusammenzufassen.

Die Seldschuken hatten den Sieg aber nicht abonniert. Im 12. und 13. Jh. fielen Kreuzfahrer in ihr Reich ein und errichteten in Antiochia (heute Antakya) und Edessa (heute Şanlıurfa) kurzlebige Ministaaten. Eine besonders draufgängerische Armee von Kreuzfahrern griff Konstantinopel an, die Hauptstadt der Byzantiner, die angeblich Verbündete eben jener Kreuzfahrer waren. Inzwischen hatten die Seldschuken mit Machtkämpfen zu tun, unter denen ihr gewaltiges Reich zerbrach.

Das Erbe der Seldschuken existierte im Sultanat von Rum, in Konya, weiter. Celealeddin Rumi, sufischer Mystiker und Begründer des Mevlevi-Ordens der tanzenden Derwische, steht für die kulturelle Blüte Konyas. Obwohl türkischer Abstammung, verbreiteten die „Rum-Seldschuken" persische Kultur und Kunst. Sie führten geknüpfte Wollteppiche in Anatolien ein und schufen bemerkenswerte Architektur – noch heute zu bewundern in Erzurm, Divriği, Amasya und Sivas. Diese Bauwerke waren die ersten echten islamischen Kunstwerke in Anatolien. Sie wurden zu Prototypen für die spätere osmanische Kunst und Architektur.

In der Zwischenzeit zogen die Nachfahren des Mongolen Dschingis Khan durch Anatolien. 1242 nahmen sie Erzurum ein, 1243 schlugen sie die Seldschukenarmee am Köse Dağ. Durch diese Übergriffe zerbröselte Anatolien in ein buntes Mosaik türkischer *beyliks* (Fürstentümer). Aber 1300 begründete ein gewisser türkischer *bey* namens Osman die osmanische Dynastie. Dies sollte Byzanz später das endgültige Aus bringen.

Das frühe Osmanische Reich

Die osmanischen Türken zogen ganz selbstverständlich im Grenzland zwischen Byzanz und den ehemaligen Seldschukengebieten umher. In

1300

Osman tritt in der Nähe von Eskişehir seinen Siegeszug gegen die Seldschuken an. Er nimmt es mit Byzanz auf und geht siegreich aus kleineren Gefechten hervor. Er gewinnt Anhänger und baut seine Macht aus.

1324

Osman stirbt während eines Feldzugs gegen die Byzantiner in Bursa. Sein Sohn Orhan tritt wunschgemäß die Nachfolge an. Bursa wird Hauptstadt der Osmanen; von hier aus herrschen sie über ihr wachsendes Reich.

IMAGES & STORIES / ALAMY ©

» Osman-Schrein, Bursa

einer Zeit der Zerstörung und der Auflösung hatten sie ein Ideal zu bieten, das ihnen Anhänger in Scharen zutrug. Bald etablierten sie ein administratives und militärisches System, das eine Expansion erlaubte. Von Anfang an integrierten sie alle anatolischen Kulturen – wie es viele anatolische Herrscher vor ihnen getan hatten. So wurde ihre Kultur ein bunter Mix aus griechischen, türkischen, muslimischen und christlichen Elementen.

Scheinbar unbesiegbar, drangen die Osmanen westwärts vor, gründeten die Hauptstadt in Bursa, setzten nach Europa über und nahmen 1362 Adrianopel (heute Edirne) ein. 1371 erreichten sie die Adria und schlugen 1389 die Serben in der Schlacht auf dem Amselfeld. Das brachte ihnen die Herrschaft auf dem Balkan ein.

Dort trafen die Osmanen auf eine gefestigte Christenheit – die ohne Probleme in den neuen Staat integriert wurde, und zwar durch das *millet*-System: Minderheiten wurden offiziell anerkannt und erhielten das Recht zur Selbstverwaltung. Es durfte jedoch keinerlei christliche Anmaßungen oder militärische Großtuerei geben. 1396 vernichtete Sultan Beyazıt I. die Armeen des „letzten Kreuzzugs" bei Nikopolis in Bulgarien. Danach hielt Beyazıt seine Siege wohl für Selbstläufer, als er den mongolischen Kriegshelden Timur Lenk (Tamerlan) reizte. Beyazıt wurde gefangen genommen, seine Armee geschlagen und das Aufblühen des Osmanischen Reiches abrupt unterbrochen, als Timur Anatolien durchquerte.

In *Levant: Splendour and Catastrophe on the Mediterranean* zeichnet Philip Mansel Porträts der großen Hafenstädte Smyrna (des heutigen Izmir), Beirut und Alexandria, und erzählt von Aufstieg und Fall dieser Zentren der osmanischen Kultur und des Reichtums.

Der Aufstieg der Osmanen: Konstantinopel & darüber hinaus

Es dauerte ein Jahrzehnt, bis sich der Staub legte, den Timur aufgewirbelt hatte, und Beyazıt war von der Bildfläche verschwunden. Beyazıts Sohn strampelte sich ziemlich ab, um die Kontrolle über das Reich zu bekommen – bis Sultan Mehmet I. auf den Plan trat. Mit ihm an der Spitze formierten sich die Osmanen neu und widmeten sich ihrer Lieblingsbeschäftigung: der Expansion. Erfrischt durch die Atempause, rafften sie die Reste Anatoliens zusammen, überrollten Griechenland, versuchten sich an Konstantinopel, und schlugen die Serben ein zweites Mal.

Als Mehmet II. 1451 Sultan wurde, hatten die Osmanen ihren alten Elan wiedergefunden. Konstantinopel, der letzte Rückzugsort der belagerten Byzantiner, war von osmanischem Territorium umgeben. Mehmet, der sich als Sultan noch nicht bewiesen hatte, konnte gar nicht anders, als die Stadt für sich zu beanspruchen. Er baute eine Festung am Bosporus, verhängte eine Seeblockade und zog seine gewaltige Armee zusammen. Die Byzantiner ersuchten Europa um Hilfe – erfolglos. Nach siebenwöchiger Belagerung fiel die Stadt am 29. Mai 1453. Die Christenheit erschauderte angesichts der unaufhaltsam vorrückenden Osmanen, und manch kriecherische Diplomat erklärte Mehmet zum würdigen Nachfolger der römischen und byzantinischen Herrscher.

Osmanen

Osman's Dream von Caroline Finkel ist reich an bedeutenden Details und widmet sich dem Treiben der Sultane über sechs Jahrhunderte hinweg – und wird trotz knapper und präziser Erzählung der Breite der osmanischen Geschichte gerecht.

1349

Als Verbündete der Byzantiner dringen die Osmanen unter Orhan erstmals bis nach Europa vor. Zuvor hatte Orhan den Islam als osmanische Staatsreligion festgelegt.

1396

Der „letzte Kreuzzug": Ein französisch-ungarisches Heer versucht, dem Vordringen der Osmanen nach Europa Einhalt zu gebieten, und wird bei Nikopolis vernichtend geschlagen. Europa ist schutzlos.

1402

Beyazit richtet sein Augenmerk auf den „Goldenen Apfel" Konstantinopel, wird aber vom monogolischen Kriegshelden Timur Lenk in die Schranken gewiesen und gefangen genommen.

1453

Mehmet II. belagert Konstantinopel. Diesmal siegen die Türken – eine Woche nach einer Mondfinsternis, die von den Byzantinern als Omen für den Untergang des Christentums gedeutet wird.

Wild Europe: The Balkans in the Gaze of Western Travellers von Bozidar Jezernik ist ein faszinierender Reisebericht über den Balkan in osmanischer Zeit.

Die osmanische Kriegsmaschinerie rollte weiter. Feldzüge wurden an der Ost- und der Westgrenze des Reiches unternommen. Mit den Janitscharen (junge Christen, die zum Islam bekehrt und fürs Militär ausgebildet wurden) hatten die Osmanen das einzige stehende Heer Europas – hervorragend organisiert und hochmotiviert. Mehrere Sultane erweiterten das Reich. Selim der Strenge eroberte 1517 den arabischen Hedschas und damit Mekka und Medina. Nun waren die Osmanen die Hüter der heiligsten Stätten des Islam. Und es war nicht alles gedankenloser Militarismus: Sultan Beyazıt II. stellte den multikulturellen Charakter seines Reiches unter Beweis, als er 1492 die Juden, die durch die spanische Inquisition von der Iberischen Halbinsel vertrieben worden waren, nach İstanbul einlud.

Unter der Herrschaft von Sultan Süleyman dem Prächtigen (1520–1566) erlebten die Osmanen ihr Goldenes Zeitalter. Der bemerkenswerte Süleyman wurde für die Kodifizierung des osmanischen Rechtes und seine militärischen Fähigkeiten geachtet. Unter ihm erzielten die Osmanen Siege über Ungarn und eroberten die algerische und tunesische Mittelmeerküste. Das unter Süleyman festgeschriebene Recht stellte eine visionäre Verbindung von säkularem und islamischem Recht dar, zudem erlebten die Osmanen durch seine Rolle als Mäzen der Künste ihre kulturelle Blüte.

Berühmtheit erlangte Süleyman u. a. auch, weil er der erste osmanische Sultan war, der heiratete. Während seine Vorgänger das Konkubinat genossen, verliebte sich Süleyman und machte Roxelane zu seiner Frau. Doch Monogamie war nicht gleichbedeutend mit häuslichem Glück: Seine ersten beiden Söhne fielen Palastintrigen zum Opfer, und die Zeit nach Roxelanes Aufstieg ging als das „Sultanat der Frauen" in die Geschichte ein. Der müde Süleyman starb 1566 auf einem Feldzug an der Donau.

ROXELANE

Roxelane, die Frau von Süleyman, hat zu vielen künstlerischen Werken inspiriert, z. B. zu Gemälden, Joseph Haydns Sinfonie Nr. 63 sowie zu Romanen auf Ukrainisch, Englisch und Französisch.

Der kranke Mann Europas

Es ist schwierig, den Ausgangspunkt für den Verfall des Osmanischen Reiches zu bestimmen. Einige Historiker bezeichnen jedoch den Tod Süleymans als Wendepunkt. Rückblickend lässt sich natürlich leicht behaupten, dass die bemerkenswerte Linie osmanischer Herrscher – von Osman bis Süleyman inspirierende Anführer und mächtige Generäle – irgendwann zu Ende gehen musste. Doch auch der osmanische Stammbaum war nicht davor gefeit, ein paar nicht ganz so fähige Nachkommen hervorzubringen.

Die Nachfolger Süleymans waren ihrer Aufgabe nicht gewachsen. Die Regierungszeit des Sultans Selim II., des mit dem Spitznamen „der Säufer" bedachten Sohnes Süleymans und Roxelanes, war von kurzer Dauer. Sie wurde von der Niederlage in der Seeschlacht von Lepanto 1571 überschattet, die der osmanischen Vormachtstellung im Mittelmeer endgültig ein Ende setzte. Süleyman war der letzte Sultan, der die Feldzüge seiner Armee persönlich anführte. Seine Nachfolger lebten abgesondert im Palast und genossen ein luxuriöses Leben, waren wenig alltagstauglich und

1480–1481

Mit dem Einmarsch in Italien versucht Mehmet II., sich als Erbe römischer Herrlichkeit zu etablieren. Ihm gelingt die Einnahme von Otranto in Apulien. Doch bevor seine Truppen Rom erreichen, stirbt er.

1512–1516

Selim I. (der Strenge) besiegt die Perser in Tschaldiran. Nach der Eroberung Syriens und Ägyptens erklärt er sich zum Kalifen und nimmt Mekka und Medina ein.

1520–1566

Blütezeit des Osmanischen Reiches unter Süleyman I. dem Prächtigen, der Budapest, Belgrad und Rhodos erobert und somit die Größe seines Reiches verdoppelt.

1553

Mustafa, Süleymans Erstgeborener, wird auf Befehl seines Vaters erdrosselt. Angeblich hat Roxelane, Süleyman Ehefrau, geplant, Mustafa zu töten, damit ihr eigener Sohn den Thron besteigen kann.

verspürten kaum Motivation, das Reich zu führen. Diese Faktoren, gepaart mit einer gewissen Ermüdung – die Konsequenz von 250 Jahren ungebremster Expansion –, führten dazu, dass die militärische Macht der Osmanen, einst von Martin Luther als unbezwingbar bezeichnet, schwand.

Die Belagerung Wiens 1683 stellte praktisch den letzten und erfolglosen Versuch der Osmanen dar, weiter nach Europa vorzudringen. Danach ging es endgültig bergab. Das Reich war zwar immer noch groß und mächtig, fiel jedoch hinter den Westen in sozialer, wirtschaftlicher, militärischer und wissenschaftlicher Hinsicht zurück. Napoleons waghalsiger Feldzug durch Ägypten 1799 zeigte, dass ein zunehmend selbstbewusstes Europa bereit war, es auch mit den Osmanen aufzunehmen. Und auch die Habsburger in Mitteleuropa sowie die Russen wussten sich zu behaupten. Der Westen war nach Jahrhunderten der Kolonisierung der „Neuen Welt" reich geworden – die Osmanen jedoch blickten nicht über den eigenen Tellerrand hinaus und nahm Errungenschaften, die in Europa Einzug hielten, nicht wahr. Diese Entwicklung zeigte sich nicht zuletzt in der bis ins 18. Jh. währenden Weigerung des osmanischen Klerus, den Gebrauch der Druckerpresse zu erlauben; in Europa war der Buchdruck bereits eineinhalb Jahrhunderte früher eingeführt worden.

Doch es war eine andere Idee aus dem Westen, die die Auflösung des Reiches beschleunigte: der Nationalismus. Jahrhundertelang hatten unterschiedliche Volksgruppen im Osmanischen Reich recht harmonisch nebeneinander existiert. Aber jetzt weckte die Entstehung von Nationalstaaten in Westeuropa in den abhängigen Völkern des Reiches den Wunsch, dem osmanischen „Joch" zu entgehen und selbst ihr Schicksal zu bestimmen. So lösten sich einzelne Teile aus dem großen osmanischen Puzzle: Griechenland wurde 1830 frei. 1878 gingen Rumänien, Montenegro, Serbien und Bosnien eigene Wege, während Russland Kars bedrängte.

Als das Reich schrumpfte, gab es verschiedene Reformbestrebungen, aber sie waren zu geringfügig und kamen zu spät. 1876 ließ Abdülhamid die Schaffung einer osmanischen Verfassung und des ersten osmanischen Parlaments zu, aber er nutzte die Ereignisse von 1878 als Rechtfertigung, um die Verfassung wieder abzuschaffen und legte sich einen zunehmend autoritären Regierungsstil zu.

Nicht nur die abhängigen Völker waren rastlos – auch gebildete Türken suchten neue Wege. In Makedonien wurde das Komitee für Einheit und Fortschritt gegründet. Es war westlich eingestellt und strebte nach Reformen. 1908 zwang der CUP, dessen Mitglieder als „Jungtürken" bekannt wurden, Abdülhamid abzudanken und die Verfassung wieder einzusetzen. Ihre Freude darüber währte jedoch nur kurz: Im Ersten Balkankrieg verschwanden Bulgarien und Makedonien von der osmanischen Landkarte, während bulgarische, griechische und serbische Truppen rasant auf İstanbul vorrückten.

1571

Eine Koalition aus Papst, Venezianern, Genuesen und Spaniern zerstört in der Seeschlacht von Lepanto die osmanische Flotte und den Traum der Sultane von einer osmanischen Handelsmacht zur See.

1595–1603

Der eher „häusliche" Sultan Mehmet lässt seine 19 Brüder erdrosseln, um seine Herrschaft zu behaupten. Sein Nachfolger lenkt potenzielle Konkurrenten mit Konkubinen und anderen Annehmlichkeiten ab.

1638

Die Osmanen unterzeichnen mit Persien den Vertrag von Zohrab und beenden fast 150 Jahre währende kriegerische Auseinandersetzungen zwischen den islamischen Staaten am östlichen Rand Anatoliens.

1683

Die Belagerung Wiens führt zur vernichtenden Niederlage der Osmanen. 1699 sehen sie sich erstmals gezwungen, Frieden zu schließen. Sie verlieren Peloponnes, Ungarn und Siebenbürgen.

Das osmanische Regime, einst gefürchtet und geachtet, wurde nun als „kranker Mann Europas" bezeichnet. Europäische Diplomaten und Politiker überlegten laut, wie man sich die Sahnestücke des Reiches herauspicken könnte.

In *Gallipoli* wirft der Historiker Peter Hart einen detaillierten Blick auf diese tragische Schlacht während des Ersten Weltkriegs, von der Planungsphase über die blutige Landung an der Anzac-Bucht hin zum Rückzug.

Der Erste Weltkrieg & seine Folgen

Infolge der militärische Krise putschte sich ein Triumvirat von ehrgeizigen, nationalistischen und rücksichtslosen CUP-*paşas* (Generälen) an die Macht über das schrumpfende Reich. Sie schafften es, die Allianz der Balkanarmeen zurückzuschlagen und İstanbul und Edirne zu retten. Doch ihr nächster Schritt bestand darin, im ausbrechenden Ersten Weltkrieg die falsche Seite zu wählen. Infolgedessen mussten die Osmanen gleich an mehreren Fronten die alliierten Gegner abwehren: Griechenland in Thrakien, Russland im Nordosten Anatoliens, Großbritannien in Arabien, und eine multinationale Truppe bei Gallipoli. In diese Zeit des Kampfgetümmels fiel auch die Tragödie der Armenier.

Am Ende des Ersten Weltkriegs befand sich das Osmanische Reich in der Auflösung. Die Franzosen hatten Südostanatolien besetzt, die Italiener kontrollierten das westliche Mittelmeer, die Griechen hielten İzmir, und die Armenier kontrollierten mit russischer Unterstützung Teile Nordostanatoliens. 1920 verlor das Reich mit dem Vertrag von Sèvres das Gros seiner Gebiete, nur ein Streifen öder Steppe sollte den Türken bleiben. Die überheblichen europäischen Mächte hatten nicht mit türkischer Gegenwehr gerechnet, doch langsam entwickelte sich eine nationalistische türki-

SCHLACHT VON GALLIPOLI

Nur bei Gallipoli konnten die während des Ersten Weltkriegs an vielen Fronten kämpfenden Osmanen ihre Stellung halten. Dies ging teilweise auf das Konto des unfähigen britischen Oberkommandos, teilweise auf das des brillanten türkischen Anführers Mustafa Kemal. Mit eisernem Willen brachte er seine Männer dazu, ihre Linien zu halten. Gleichzeitig hatten die angreifenden britischen und australisch-neuseeländischen Streitkräfte (ANZAC), die am 25. April 1915 mit der Invasion begonnen hatten, schwere Verluste hinzunehmen.

Schwieriges Gelände, Wind und Wetter sowie die Mann-gegen-Mann-Kämpfe in den Gräben trugen dazu bei, dass sich die Kampagne schnell in einem blutigen Patt festsetzte. Dennoch gibt es auch Berichte über bemerkenswerte Menschlichkeit zwischen Invasoren und Abwehrkämpfern. Nach insgesamt acht Monaten mussten sich die Alliierten schließlich zurückziehen.

Was damals niemand ahnte: Auf dem blutbespritzten Sand von Gallipoli entstanden zwei nationale Legenden – die Australier sehen in dem brutalen Feldzug die Ursprünge ihres Nationalbewusstseins, und die Türken feiern die Verteidigung ihres Heimatlands als Geburtsstunde ihrer Unabhängigkeit.

1760–1790

Modernisierungen und französische Hilfe bei der militärischen Ausbildung verhindern nicht, dass die Osmanen Gebiete an Russland verlieren: Katharina die Große erklärt sich zur Beschützerin der Orthodoxen.

1826

Mahmut II. reformiert die Verwaltung. Die Modernisierung der Armee führt zum sogenannten „Wohltätigen Ereignis", bei dem der Sultan aufständische Janitscharen niederwirft und ihre Truppen auflöst.

1839

Das Tanzimat hält den Reformkurs: Es umfasst Gesetze und politische Rechte auf Basis der Gleichheit muslimischer und nicht-muslimischer Untertanen.

1876

Abdülhamid II. besteigt den Thron. Erstmals tritt eine Nationalversammlung zusammen, die eine Verfassung ausarbeiten soll. Serbien und Montenegro kämpfen um Unabhängigkeit.

sche Bewegung, die durch die Erniedrigung in Sèvres motiviert wurde. An deren Spitze stand Mustafa Kemal, der siegreiche Anführer von Gallipoli. Er versicherte sich der Unterstützung der Bektaşı-Derwische und begann, den türkischen Widerstand zu organisieren. In Ankara, abseits von Heeren und altklugen Diplomaten, berief er eine Nationalversammlung ein.

In der Zwischenzeit hatte sich eine griechische Armee in İzmir aufgemacht, denn die Griechen sahen die türkische Schwäche als Gelegenheit, ihre *megali*-Idee („die große Idee") einer Wiederinbesitznahme einst byzantinischer Gebiete zu realisieren. Sie nahmen Bursa und Edirne ein und hielten auf Ankara zu. Doch dies war genau die Provokation, die Mustafa Kemal brauchte, um die Unterstützung durch die Türken zu erhalten. Nach einem ersten Scharmützel bei İnönü marschierten die Griechen Richtung Ankara, um die Türken zu vernichten. Doch beharrlicher türkischer Widerstand hielt sie in der Schlacht von Sakarya auf. Nochmals standen die beiden Armeen sich bei Dumlupınar gegenüber. Hier fielen die Türken über die Griechen her, die panisch nach Izmir flohen. Von dort wurden sie aus Anatolien vertrieben, worauf Plünderungen folgten. Mustafa Kemal wurde zum Helden des türkischen Volkes, der den Traum der „Jungtürken" von vor einigen Jahren real machte: ein moderner türkischer Nationalstaat. Der Vertrag von Lausanne nahm 1923 die erniedrigenden Bedingungen von Sèvres zurück. Die Grenzen des modernen Staates wurden festgelegt, und das Osmanische Reich war Geschichte.

Turchia

Europäische Quellen bezeichneten Anatolien bereits seit dem 12. Jh. als „Turchia" (Türkei). Die Türken selbst verwenden den Begriff erst seit den 1920er-Jahren.

Atatürk & die Republik

Die Türken machten Ankara zu ihrer Hauptstadt und schafften Sultanat und Kalifat ab. Mustafa Kemal übernahm das neu geschaffene Präsidentenamt der laizistischen Türkischen Republik (später nahm er den Namen Atatürk, „Vater der Türken", an) und die Türken machten sich an die Arbeit. Atatürks Ziel war es, der Türkei ihren Platz unter den modernen, entwickelten Ländern Europas zu sichern.

Das Land aber war damals nach Jahren des Krieges verwüstet; es brauchte eine starke Hand. Die Ära Atatürk war eine Zeit des aufgeklärten Despotismus. Atatürk führte die Institutionen der Demokratie ein, wobei er niemals zuließ, dass andere ihn behinderten und kaum abweichende Meinungen duldete. Seine Motivation war allerdings immer, die Lage seines Volkes zu verbessern. Ein Aspekt seiner Vision hatte jedoch langwierige Konsequenzen: Atatürk beharrte darauf, dass der Staat ausschließlich türkisch sein dürfe. Und angesichts nationalistischer und separatistischer Bewegungen, die das Osmanenreich zu Fall gebracht hatten, ergab es durchaus einen Sinn, die nationale Einheit zu favorisieren. Mit dieser Einstellung aber sprach Atatürk den Kurden ihre kulturelle Existenz ab. Kein Wunder, dass nach wenigen Jahren in Südostanatolien eine kurdische Revolte losbrach – die erste von mehreren im 20. Jh.

1908

Die jungtürkische Reformpartei „Komitee für Einheit und Fortschritt" (CUP) fordert die Wiedereinführung der Verfassung. Bei den folgenden Wahlen erzielt sie eine klare Mehrheit.

1912–1913

Erster und Zweiter Balkankrieg: Truppen der Bündnispartner Serbien, Griechenland und Bulgarien nehmen Thessaloniki und Edirne ein. Als das Bündnis auseinanderfällt, erobern die Türken Edirne zurück.

THE ART ARCHIVE / ALAMY ©

» Stich einer Szene aus den Balkankriegen

VATER DER TÜRKEN

Viele werden die Begeisterung der Türken für Atatürk befremdlich finden. Die Türken werden entgegnen, dass der türkische Staat nur dem Einsatz und der Vision Atatürks zu verdanken sei – ohne Atatürk gäbe es quasi keine Türkei. In einer Zeit, die von Stalin, Hitler und Mussolini geprägt war, erwies sich Atatürk als herausragender Staatsmann. Er bewies, dass radikale Reformen, geschickt durchgeführt, extrem erfolgreich sein können.

Die Dankbarkeit der Türken gegenüber Atatürk ist nirgendwo im Land zu übersehen. Er erscheint auf Briefmarken, Banknoten oder als Statue auf Marktplätzen – oft in kriegerischer Pose auf einem Pferd. Zahllose Brücken, Flughäfen und vierspurige Schnellstraßen tragen seinen Namen. Und praktisch jedes Haus, in dem er einmal eine Nacht verbracht hat – von der südlichen Ägäisküste bis zum Schwarzen Meer – ist heute ein Museum.

Türkische Schulkinder sind Profis, was das Leben und die Taten Atatürks angeht – sie lernen brav alles auswendig und können es im Schlaf aufsagen. Doch vielleicht vereinfacht das Bild, das die Geschichtsbücher vermitteln, die Wirklichkeit etwas: Er galt zwar als Verehrer türkischer Kultur, zog aber die Oper durchaus türkischer Musik vor. Er nannte sich „Vater der Türken", blieb aber selbst kinderlos und führte nur eine kurze, schwierige Ehe.

Die bewegten Jahre als Soldat, Reformer und Vertreter des öffentlichen Lebens forderten Tribut: Atatürk starb 1938 recht jung (mit 57 Jahren). Sein Freund und Nachfolger als Präsident, Ismet Inönü, stellte sicher, dass Atatürk von seinen Landsleuten verehrt wurde, und zwar bis heute. Tatsächlich gilt jede Kritik an Atatürk nicht nur als hochgradig beleidigend, sondern ist auch gesetzeswidrig.

Es gibt einige gute Atatürk-Biografien: *Ataturk: Rebirth of a Nation* von Patrick Kinross hält sich eng an die offizielle türkische Sicht der Dinge, während Andrew Mangos Buch *Ataturk* und die Rororo-Monografie *Kemal Atatürk* einen distanzierten und genauen Blick auf ein bemerkenswertes Leben gewähren; *Atatürk: An Intellectual Biography* von Şükrü Hanioğlu untersucht die geistigen Strömungen, die Atatürks Vision inspirierten.

Der Wunsch nach Nationalstaaten führte in Griechenland und der Türkei zu Zwangsumsiedlungen. Griechischsprachige Menschen mussten Anatolien verlassen und nach Griechenland auswandern, während Muslime aus Griechenland in die Türkei verfrachtet wurden. Diese Maßnahmen brachten viel Unruhe mit sich, es entstanden „Geisterdörfer" wie Kayaköy (Karmylassos), die geräumt, aber nie mehr besiedelt wurden. Zwar waren die Umsiedlungen von einer gewissen Pragmatik geprägt – sie verhinderten das Ausbrechen ethnisch motivierter Gewalt. Letztlich war es eine tragische Episode der jungen Republik. Sie behinderte die Entwicklung des neuen Staates, denn die Türkei stand nun ohne das Gros ihrer Bildungselite da – viele Intellektuelle hatten kein Türkisch gesprochen. An ihre Stelle traten nun arme muslimische Bauern, die vom Balkan ins Land kamen.

Atatürks Ehrgeiz, das Land zu modernisieren, war unermüdlich. Alles – von der Kopfbedeckung bis zur Sprache – wurde unter die Lupe

1915–1918

Im Ersten Weltkrieg kämpft das Osmanische Reich mit den Mittelmächten und führt einen Vier-Fronten-Krieg, siegt aber nur bei Gallipoli. Nach dem Krieg wird eine britische Flotte vor der Küste stationiert.

PHILIP GAMERS / GETTY IMAGES ©

» Arıburnu-Friedhof (S. 145), Gallipoli

1919–1920

Türkischer Befreiungskrieg: Der Vertrag von Sèvres (1920) reduziert die Türkei auf einen Landstreifen in Anatolien. Unter Führung von Mustafa Kemal behaupten sich die Türken.

genommen und, wenn notwendig, reformiert. In den 1920er- und 1930er-Jahren übernahm die Türkei den gregorianischen Kalender (und orientierte sich damit am Westen), ersetzte die arabische Schrift durch die lateinische und standardisierte die türkische Sprache. Der Fes (rote Filzkappe) wurde verbannt, das allgemeine Wahlrecht eingeführt und es wurde angeordnet, dass sich jeder Türke einen Nachnamen zulegen solle (bisher waren sie ohne ausgekommen). Als Atatürk im November 1938 starb, war er seinem Ehrentitel in gewissem Maß gerecht geworden, denn er hatte bei der Schaffung des türkischen Nationalstaats eine entscheidende Rolle gespielt und ihn in die moderne Zeit hinüber bugsiert.

Der Weg zur Demokratie

Auch wenn die Reformen in der Türkei gut vorankamen, blieb das Land wirtschaftlich und militärisch schwach. Und Atatürks Nachfolger, İsmet İnönü, agierte sehr vorsichtig, um nicht in den Zweiten Weltkrieg verwickelt zu werden. Als dieser vorüber war, fand sich die Türkei als Verbündeter der USA wieder. Als Bollwerk gegen die Sowjetunion (die armenische Grenze markierte den Rand des Sowjetblocks) war das Land somit strategisch wichtig und kam in den Genuss US-amerikanischer Hilfe. Die neue Freundschaft wurde zementiert, als türkische Truppen in Korea kämpften und die Türkei NATO-Mitglied wurde.

Inzwischen hatte die Demokratisierung wieder Fahrt aufgenommen. 1950 kam die Demokratische Partei an die Macht. Sie regierte ein Jahrzehnt lang, doch mit der Zeit wurde sie ihrem Namen nicht mehr gerecht: Die Demokraten wurden immer autokratischer. 1960 griff die Armee ein und stürzte sie. Die Militärherrschaft dauerte jedoch nur kurz und führte zu einer Liberalisierung der Verfassung. Doch damit war das Muster für die kommenden Jahre festgelegt. Das Militär betrachtete sich als Wächter über Atatürks Zukunftsvision – prowestlich und weltlich. Es sah sich genötigt und ermächtigt einzugreifen, um die Republik auf Kurs zu halten.

In den 1960er- und 1970er-Jahren entstanden Parteien jeglicher Couleur. Aber Masse macht noch keine lebendige Demokratie. Die späten 1960er waren geprägt von linkem Aktivismus und politischer Gewalt, und es folgte ein Rechtsruck der Mitte-Parteien. 1971 schritt die Armee erneut ein, gab aber 1973 die Macht wieder ab.

In den restlichen 1970er-Jahren herrschte politisches und wirtschaftliches Chaos. 1980 griff wieder das Militär ein, um für Ordnung zu sorgen. Dies sollte durch die Schaffung des gefürchteten Nationalen Sicherheitsrats geschehen, 1983 kam es jedoch wieder zu freien Wahlen. Und zum ersten Mal seit Jahrzehnten führten diese zu einem glücklichen Ausgang für die Türkei. Turgut Özal, Chef der Vaterlandspartei ANAP, bekam die Mehrheit und konnte ungehindert von widerspenstigen Koalitionspartnern das Land wieder auf Kurs bringen. Als kluger Ökonom nahm der

Umsiedlungen

Bruce Clark untersucht in *Twice a Stranger* die griechischen und türkischen Umsiedlungen in den 1920er-Jahren. Anhand einer Analyse des historischen Zusammenhangs und von Interviews mit betroffenen Türken und Griechen wirft Clark ein neues Licht auf die angespannte Beziehung zwischen den beiden Ländern.

1922

Die Türken drängen das griechische Heer zurück, das nach Anatolien vorgedrungen war, und vertreiben es aus Smyrna (İzmir). Die Türkei bekräftigt ihre Unabhängigkeit; die europäischen Mächte stimmen zu.

1923

Im Vertrag von Lausanne – unterzeichnet vom standhaften İsmet İnönü – werden die Bestimmungen von Sèvres revidiert. Die Nationalversammlung unterstützt die Gründung der türkischen Republik.

1938

Am 10. November stirbt Atatürk im Alter von 57 Jahren im Dolmabahçe-Palast in İstanbul. Alle Uhren im Palast werden in der Minute seines Todes angehalten: 9.05 Uhr.

1945–1950

Nach dem Zweiten Weltkrieg erhält das Land dank der Truman-Doktrin Mittel – eine Demokratisierung vorausgesetzt. 1950 werden demokratische Wahlen abgehalten – die Demokratische Partei siegt.

DIE ANATOLISCHEN ARMENIER

Die letzten Jahre des Osmanischen Reiches waren von unermesslichem menschlichem Leid geprägt. Das Schicksal der anatolischen Armenier ist dabei ein tragisches und kontrovers diskutiertes Kapitel. Es beginnt mit Augenzeugenberichten aus dem Jahr 1915, nach denen Teile der armenischen Bevölkerung von Einheiten der osmanischen Armee in Richtung der syrischen Wüste vertrieben wurden, und endet damit, dass das anatolische Hinterland praktisch frei von Armeniern ist. Was dazwischen geschah, liegt tief in einem Sumpf aus Spekulationen, Verdunkelung und Propaganda begraben.

Die armenische Seite bezeichnet die Vorkommnisse als den ersten geplanten „Völkermord" des 20. Jhs., dem Schätzungen zufolge 300 000 bis 1,5 Mio. Armenier durch Hinrichtungen oder Todesmärsche zum Opfer fielen; osmanische Behörden hätten einen Deportationsbefehl herausgegeben, um die armenische Bevölkerung aus Anatolien zu vertreiben. Die Armenier fordern bis heute die offizielle Anerkennung dieses Völkermords.

Die Türkei wiederum verneint einen solchen Völkermord. Sie streitet zwar nicht ab, dass Tausende Armenier starben, behauptet jedoch, die osmanischen Behörden hätten eine „Umsiedlung" der Armenier und nicht deren Vertreibung angeordnet. Offiziell heißt es von türkischer Seite, die Opferzahl sei mit Krankheit und Hunger zu erklären und so der chaotischen Kriegssituation geschuldet. Manchmal wird sogar behauptet, dass Türken Opfer eines Völkermords geworden wären, und zwar durch die Hand der armenischen Guerilla.

Fast ein Jahrhundert später ist die Angelegenheit also noch immer nicht geklärt. Anfang 2007 töteten türkische Ultranationalisten den türkisch-armenischen Journalisten Hrant Dink, der sich öffentlich mit dem Thema auseinandergesetzt hatte; eine Annäherung schien in noch weitere Ferne gerückt zu sein. Tausende von Türken nahmen an Protestmärschen teil und zeigten ihre Solidarität mit dem ermordeten Journalisten. Plakate mit Aufschriften wie „Wir alle sind Armenier" zeugten davon.

Die „Fußball-Diplomatie" des Jahres 2009, als türkische und armenische Politiker das jeweils andere Land besuchten, um gemeinsam Fußballspiele zu sehen, war gleichbedeutend mit der Wiederherstellung diplomatischer Beziehungen. Es gibt zunehmend Kontakt zwischen türkischen und armenischen Künstlern, Studenten, Akademikern und gesellschaftlichen Gruppen. Doch politische Hindernisse bleiben – beiden Seiten fällt es schwer, zu einem Kompromiss zu finden, vor allem, weil nationalistische Stimmen andere Meinungen zu übertönen scheinen. Die Türkei ist besorgt, dass das amerikanische und das französische Parlament den Völkermord offiziell anerkennen könnten, was häufig für diplomatische Verstimmungen sorgt. Doch solange diese Frage zwischen den Regierungen ungeklärt bleibt, kann das Thema jederzeit wieder auf die Tagesordnung kommen.

Unterdessen findet weiterhin reger türkisch-armenischer Handel statt – trotz der geschlossenen gemeinsamen Grenze. Türkische Hersteller senden Waren auf einem Umweg durch das benachbarte Georgien nach Armenien, was sicherlich als Beweis dafür gelten kann, dass Türken und Armenier viel zu gewinnen hätten, wenn es ihnen endlich gelänge, das gegenseitige Misstrauen auszuräumen.

1952

Nach dem Krieg gibt die Türkei ihre Neutralität endgültig auf. Nach der Teilnahme der Türkei am Korea-Krieg tritt das Land – von amerikanischer Seite unterstützt – dem Militärbündnis der Nato bei.

1971

Zunehmender politischer Unfrieden veranlasst das Militär einzugreifen. Der Militärchef stellt dem Premierminister ein Ultimatum, weswegen dieser Putsch auch als „Memorandum vom 12. März" bekannt ist.

1980

Dritter Militärputsch in der Geschichte der Türkei: Er erfolgt, weil das Militär die Gewalt auf den Straßen zwischen links- und rechtsextremen Gruppen stoppen will. Der Nationale Sicherheitsrat wird gebildet.

1983

Mit den Wahlen nach dem Putsch von 1980 beginnt die Ära Özal. Er initiiert wirtschaftliche Reformen. Die Türkei vollzieht eine Öffnung nach Westen hin und ein Tourismusboom setzt ein.

pro-islamisch eingestellte Özal wesentliche wirtschaftliche und rechtliche Reformen vor, die die Türkei auf Augenhöhe mit der internationalen Gemeinschaft brachten und die Basis für ihre heutige Vitalität legten.

Der Jahrtausendwechsel

1991 spielte die Türkei eine wichtige Rolle bei der alliierten Invasion im Irak. Özal unterstützte die Sanktionen und erlaubte Luftangriffe von Südanatolien aus. Damit bekräftigte die Türkei nach unsteten Jahrzehnten ihren Anspruch auf einen Platz in der internationalen Gemeinschaft und als wichtiger Verbündeter der USA. Am Ende des Golfkriegs flohen Millionen irakischer Kurden aus Angst vor Unterdrückung durch Saddam Hussein nach Norden ins südöstliche Anatolien. Dieser Exodus erregte die Aufmerksamkeit internationaler Medien und rückte die Kurdenfrage in den Brennpunkt des Interesses. Am Ende kam es zur Einrichtung einer Sicherheitszone für die Kurden im Nordirak. Das ermutigte wiederum die Kurdische Arbeiterpartei PKK, die ihre Kampagnen verstärkte und damit harte und rigorose Maßnahmen von Seiten des türkischen Militärs provozierte, sodass es zum Bürgerkrieg kam.

In der Zwischenzeit war Turgut Özal 1993 überraschend gestorben. Sein Tod hinterließ ein Machtvakuum: Mehrere schwache Koalitionsregierungen wechselten sich in den 1990er-Jahren ab, wobei ganz unterschiedliche Akteure auf die politische Bühne traten. Tansu Çiller war für kurze Zeit die erste Ministerpräsidentin der Türkei, doch entgegen der hohen Erwartungen konnte sie weder eine Lösung für die Kurdenfrage finden noch die kränkelnde Wirtschaft sanieren.

Im Dezember 1995 schaffte es die religiöse Refah-Partei (Wohlfahrtspartei), unter der Führung des erfahrenen Politikers Necmettin Erbakan eine Regierung zu bilden. Übermütig äußerten die Refah-Politiker allzu laut ihre islamistischen Überzeugungen und reizten damit die Militärs. 1997 erklärte der Nationale Sicherheitsrat, die Refah-Partei habe die verfassungsmäßige Trennung von Religion und Politik verletzt. Die Situation glich einem postmodernen Putsch: Die Regierung trat zurück, und die Refah-Partei wurde aufgelöst.

Die Festnahme des PKK-Führers Abdullah Öcalan Anfang 1999 schien nach den unruhigen 1990er-Jahren ein gutes Omen zu sein. Seine Verhaftung bot die (kaum genutzte) Chance, sich der Kurdenfrage anzunehmen. Im gleichen Jahr machte das verheerende Erdbeben von İzmit aber viele mit dem neuen Jahrtausend verbundene Hoffnungen zunichte. Das Krisenmanagement der Regierung war mangelhaft, wenn auch die weltweite Anteilnahme und Unterstützung – sogar von Seiten Griechenlands – der Türkei zeigten, dass sie ein geschätztes Mitglied der Weltgemeinschaft ist.

Das neue Jahrtausend begann mit der Entstehung einer neuen politische Kraft: Recep Tayyip Erdoğans Partei für Gerechtigkeit und Auf-

Türkei heute

Für alle an einem Appetitanreger Interessierte ist *Turkey: A Short History* von Norman Stone eine prägnante und zackige Einführung zu den entscheidenden Ereignissen und Persönlichkeiten der langen Geschichte der Türkei.

1985–1999

Die von Abdullah Öcalan geführte Arbeiterpartei Kurdistans (PKK) kämpft für einen kurdischen Staat. Bis zur Festnahme Öcalans herrschen im Südosten Anatoliens bürgerkriegsähnliche Zustände.

1997

Die von Necmettin Erbakans islamisch geprägter Refah-(Wohlfahrts)-Partei angeführte Koalitionsregierung wird aufgelöst – höchstwahrscheinlich auf militärischen Druck hin.

2002

Recep Tayyip Erdoğans proislamische Partei für Gerechtigkeit und Aufschwung (AKP) erzielt einen Erdrutsch-Sieg – Beleg für die Ablehnung etablierter Parteien. Die Wirtschaft erholt sich.

2003

Bei zwei Bombenattentaten im November 2003 auf zwei Synagogen, das britische Konsulat und eine Bankfiliale in İstanbul sterben 61 Menschen, mehr als 750 werden verletzt.

schwung (AKP) läutete eine Ära gesellschaftlicher Reformen ein, wobei sie sich die verbesserten wirtschaftlichen Bedingungen zunutze machte. Die im islamistischen Spektrum verwurzelte AKP trieb zunächst den EU-Beitritt der Türkei voran und versuchte militärische Intervention in die Politik zu beenden.

Das Gros der Unterstützung für die AKP kam aus den aufstrebenden Städten Anatoliens und weniger aus den traditionellen Machtzentren İstanbul und Ankara. Die Städte im Landesinnern erlebten einen Wirtschaftsboom, der als Beleg dafür gilt, dass die Modernisierung und die wirtschaftlichen Entwicklungsprojekte der Ära Atatürk Früchte trugen.

In der Tat wächst die türkische Wirtschaft weiterhin kräftig, mit gleichbleibend hohem BIP-Wachstum. Angesichts dessen sind viele Türken erleichtert, dass ihr Land nicht Teil der EU ist, und ihnen somit wirtschaftliche Turbulenzen erspart bleiben, mit denen beispielsweise Griechenland zu kämpfen hat.

Die AKP verfolgte eine neue Richtung in der Außenpolitik, indem sie versuchte, die Beziehungen zu den Nachbarn der Türkei zu verbessern, eine Politik, der ein gewisser Erfolg nicht abzusprechen war – zumindest bis zum Ausbruch der Feindseligkeiten in Syrien im Jahr 2012. Auf nationaler Ebene hat die AKP daran gearbeitet, militärische Interventionen in die politische Sphäre des Landes zukünftig zu erschweren. Zudem begann man, sich zu „öffnen" und sich mit langfristigen Dilemmata wie Minderheitenrechten, der Kurdenfrage, den verbitterten Beziehungen zu Armenien und der Anerkennung der Aleviten zu befassen. Bisher hat diese „Öffnung" allerdings noch keine langfristigen Lösungen hervorgebracht. Die AKP sieht sich zudem national und international Kritik ausgesetzt, insbesondere wegen der Einschränkung der Meinungsfreiheit für Journalisten. Mancher behauptet, dass deren islamisch geprägte politische Philosophie schon lange bestehende soziale Freiheiten wie das Trinken von Alkohol in Straßencafés beschneiden wird. Einige der von Ministerpräsident Erdoğan vorgelegten hochtrabenden Pläne – einschließlich der Idee, einen neuen Kanal zu bauen, der das Schwarze und das Marmarameer miteinander verbindet, sowie der Bau der weltweit größten Moschee in Çamlıca in İstanbul – rufen eher Ver- als Bewunderung hervor.

Doch wie man die Dinge im Einzelnen auch bewertet, Tatsache ist, dass sowohl die türkische Gesellschaft als auch die Wirtschaft derzeit sehr dynamisch sind, was für ein kreatives Umfeld sorgt, in dem Ideen, Trends, Chancen (und natürlich auch einige Probleme) nur so sprudeln – die Mehrheit der Türken (und Kurden) blickt positiv in die Zukunft.

2005

Die EU nimmt Beitrittsverhandlungen mit der Türkei auf, ist aber diesbezüglich uneins. Im Land schwindet die Befürwortung des Beitritts, doch es beginnt mit der Umsetzung der von der EU geforderten Reformen.

2007–2011

Weitere überwältigende Wahlerfolge für die AKP, die damit ihre Macht im Parlament ausbaut. Zudem gewinnt die AKP zwei wichtige Referenda zugunsten von Verfassungsänderungen.

2010

Das altehrwürdige UNESCO-Welterbe İstanbul ist Kulturhauptstadt Europas des Jahres, was mit zahlreichen Veranstaltungen und Festivitäten begangen wird.

2012

Im Dezember stimmt der deutsche Bundestag der Beteiligung der Bundeswehr an der NATO-Operation an der türkisch-syrischen Grenze zu. Die Stationierung von Patriot-Raketen hat eine defensive Funktion.

Architektur

Über Jahrtausende hinweg war die Türkei von vielen Zivilisationen besiedelt, die eine geradezu verwirrende Vielfalt architektonischer Stile und Ruinen zurückließen, welche die kulturellen Einflüsse, die handwerklichen Fähigkeiten und die jeweiligen Techniken ihrer Schöpfer belegen.

Altertum

Die frühesten architektonischen Überbleibsel finden sich im anatolischer Çatalhöyük und sind rund 8500 Jahre alt. Die Gebäude sind Lehmziegelkonstruktionen, die über ihre Dächer betreten wurden. Mit der Entstehung Trojas begann sich der klassische Tempelstil zu entwickeln. In Hattuşa zeugen Ruinen, darunter mächtige Torbögen, Mauern und Erdwälle, von der zunehmenden Gewandtheit der Hethiter in Sachen Einbeziehung der Landschaft in die Gestaltung von Bauten.

Stéphane Yerasimos' visuell beeindruckendes Werk *Konstantinopel: Istanbuls historisches Erbe* stellt viele der Prachtbauten der Stadt in den historischen Kontext.

Griechische & römische Architektur

Die Architekten des antiken Griechenlands verfügten über ein gut entwickeltes Gespür für Stadtplanung und zunehmende Raffinesse in Bezug auf Entwurf und Konstruktion. So verwendeten sie in ihren Gebäuden u.a. Gewölbe und Bogen. Später bauten die Römer auf den Erkenntnissen der Griechen auf. Typische Beispiele antiker Bauten wie Amphitheater, die Agora und das Forum können in Side besichtigt werden, während Letoon schöne Beispiele für Tempelgebäude zu bieten hat, wie sie für griechisch-römische Architektur charakteristisch sind.

Die Römer waren auch versierte Straßenbauer, die über ein umfassendes Netzwerk Handels- und militärische Außenposten miteinander verbanden. In Tarsus existieren noch Teile der alten Römerstraße.

Byzantinische Architektur

Die byzantinische Architektur unterscheidet sich vor allem in der sakralen Baukunst von jener der früheren, heidnischen Griechen. Die Byzantiner schufen Kirchen und Basiliken unter Verwendung neuer Materialien

EPHESOS: HAUPTSTADT DES RÖMISCHEN ASIENS

Ephesos (Efes) ist das herausragendste Beispiel für römischen Städtebau in der Türkei. Seine Straßen, die Sportstätten, die Kanalisation, die Mosaiken, die Fresken und das Theater bilden in ihrer Gesamtheit ein großartiges Anschauungsstück römischen Stils und römischer Architektur. Als wohlhabende Handelsstadt erhielt Ephesos eine Reihe herausragender Gebäude. Der Artemistempel mit seinem bestaunenswerten Wald aus mächtigen Säulen war eines der Weltwunder der Antike, wurde aber später auf Befehl eines byzantinischen Erzbischofs zerstört. Das Große Theater von Ephesos, eines der größten in der römischen Welt, ist ein Beweis für die Fähigkeiten der Römer in Theater-Design und Akustik, während die nahe gelegene Celsus-Bibliothek so genial konzipiert ist, dass sie größer erscheint als sie tatsächlich ist.

wie Ziegel und Gips und waren wahre Meister im Bau von Kuppeln – wie jener der Aya Sofya (Hagia Sophia).

Ein wesentliches byzantinisches Gestaltungsmerkmal war das Mosaik; schöne Beispiele hierfür findet man im Archäologiemuseum Hatay in Antakya oder in der nahe gelegenen St.-Petrus-Grotte. Zu den herausragenden Beispielen für die wachsenden Fertigkeiten byzantinischer Baumeister gehören die Cisterna Basilica und der Valens-Aquädukt in İstanbul, während die Chora-Kirche (heute ein Museum) oft als der Höhepunkt der byzantinischen Freskokunst beschrieben wird.

The Master Builders of Byzantium von Robert Ousterhout ist eine wissenschaftliche Aufarbeitung der Herausforderungen, mit denen sich byzantinische Architekten konfrontiert sahen.

Seldschukische Architektur

Die Architektur der Seldschuken zeigt deutliche persische Einflüsse, was u.a. in der Verwendung dekorativer Verzierungen zum Ausdruck kommt, wozu kufische Schriftzeichen und komplexe Steinmetzarbeiten gehören. Als erste islamische Macht in der Türkei erzeugten die Seldschuken kosmopolitisch geprägte künstlerische und architektonische Stilelemente, indem sie die nomadisch-türkische Tradition mit persischem Know-how und der mediterran beeinflussten Architektur der anatolischen Griechen verbanden.

Die Seldschuken hinterließen in der Türkei prachtvolle Moscheen und Medresen (theologische Hochschulen) mit prächtigen Eingangshallen. Die besten sind in den anatolischen Städten Konya, Sivas und Divriği zu sehen. Sie bauten auch eine Reihe von Karawansereien (beispielsweise in Sultanhanı und in Kappadokien) entlang der Seidenstraße, die im 13. Jh. durch Anatolien führte.

Osmanische Architektur

Ab dem 14. Jh., als die Osmanen sich über Anatolien hinaus ausbreiteten, kamen sie zunehmend mit byzantinische Kultur in Berührung, vor allem in Form sakraler Architektur. Besonders deutlich wird das in der osmanischen Verwendung von Kuppeln als Gestaltungselement.

Osmanische Architekten mixten diese Einflüsse mit einigen Stilelementen der persischen Baukunst, woraus etwas völlig Neues entstand: der T-förmige Grundriss.

Die Üç Şerefeli Cami in Edirne wurde zum Vorbild für andere Moscheebauten. Sie war nicht nur einer der ersten Vorstöße in Richtung des T-förmigen Grundrisses, sondern besaß als eine der ersten osmanischen Moscheen eine große Zentralkuppel und einen Vorhof mit einem Brunnen für rituelle Waschungen.

Abgesehen von den Moscheen entwickelten die Osmanen einen unverwechselbaren Stil im Bau von Häusern und Wohnungen. Meistens waren osmanische Häuser zwei- oder dreistöckig, wobei das Erdgeschoss aus Stein und der Rest aus Holz war. Die oberen Stockwerke ragten, gestützt von verzierten Kragsteinen, über die unteren hinaus. Die Häuser waren in einen *selamlık* (Männerbereich) und einen *haremlik* (Frauenbereich) aufgeteilt. Oft waren die Decken aufwendig mit prächtigen Ornamenten aus Gips oder Holz verziert. Gleiches galt für die Kamine. Größere Zimmer verfügten über *sedir* (Sitzbänke entlang der Wände), die zu Betten ausgeklappt werden konnten. In Muğla und bestimmten Vierteln von İstanbul lassen sich auch heute noch Häuser dieser Bauart bestaunen.

Die Stile osmanischer Architektur verbreiteten sich weit über die Grenzen der heutigen Türkei hinaus. So finden sich osmanische Bauten (Moscheen, Festungen, Straßenzüge, Brücken) auf dem gesamten Balkan.

In späteren Jahrhunderten schufen Architekten in İstanbul die *yalı* (große Sommerhäuser am Meer, die in der Regel ausschließlich aus Holz gebaut waren), in die sich Familien im Hochsommer zurückziehen konnten. Paradebeispiele dafür finden sich noch immer entlang des Bosporus.

Türkisches Barock & Neoklassizismus

Ab Mitte des 18. Jhs. gelangten Einflüsse des Rokoko und Barock in die Türkei. Das Gemisch aus übertriebenen Kurven, Schnörkeln, Voluten,

SULTANSMOSCHEEN

Die Kuppeln und Minarette der Moscheen prägen für viele Reisende wesentlich das Bild der Türkei. Die beeindruckendsten Moscheen, was Größe und Erhabenheit angeht, sind zweifelsohne die Sultansmoscheen, die von Mitgliedern der königlichen Familien in Auftrag gegeben worden sind.

Zu jeder Sultansmoschee gehörte eine *külliye*, ein angegliederter Komplex von Einrichtungen zu wohltätigen Zwecken. Dazu konnten z. B. ein Hospital, eine Irrenanstalt, ein Waisenhaus, eine *imaret* (Suppenküche) oder ein Hospiz für Reisende gehören, Medresen, Bibliotheken, Bäder und ein Mausoleum für den Stifter der Moschee, seine Familie und andere hochgestellte Persönlichkeiten. Im Lauf der Zeit wurden viele dieser Moscheekomplexe abgerissen oder umgebaut. Die *külliye* der Süleymaniye-Moschee in İstanbul ist noch weitgehend erhalten.

Unter Süleyman dem Prächtigen führte Sinan, der berühmteste der osmanischen Baumeister, die Moscheearchitektur zu einer solchen Vollkommenheit, dass sie mit Abwandlungen bis heute für moderne Moscheen in der ganzen Türkei vorbildlich ist.

Wandgemälden und Pflanzenmotiven wird gelegentlich als „Türkisches Barock" bezeichnet. Das beste (oder auch schlimmste) Beispiel für diese Richtung ist der extravagante Dolmabahçe-Palast in İstanbul. Die Ära der großen Moscheebauten war zu diesem Zeitpunkt schon vorbei. Aber die Osmanen liebten noch immer Pavillons, in denen sie sich im Freien aufhalten konnten: ein schönes Beispiel ist der Küçüksu Kasrı in İstanbul.

Vom 19. bis Anfang des 20. Jhs. entwickelten ausländische oder im Ausland ausgebildete Architekten einen neoklassizistischen Stil: Das war europäische Architektur, vermischt mit türkischem Barock und klassischen osmanischen Stilelementen. Der türkische Architekt Vedat Tek, der in Paris studiert hatte, schuf die Hauptpost in İstanbul: Sie verband osmanische Elemente mit europäischer Symmetrie. Sein Stil wird manchmal als Teil der ersten nationalistischen Bewegung in der Architektur angesehen – ein Element der Modernisierung der ersten Jahrzehnte der türkischen Republik. Diese architektonische Bewegung baute auf osmanischen Stilelementen auf, ohne dabei persische oder islamische Stile zu zitieren. Ein bemerkenswertes Beispiel hierfür ist die Bebek-Moschee in İstanbul. Der Bahnhof Sirkeci des deutschen Architekten August Jachmund ist ein weiteres Beispiel dieses vielseitigen Neoklassizismus.

Turkey: At the Threshold, herausgegeben von Michael Hensel, ist eine beeindruckende Sammlung von Bildern und Artikeln über zahlreiche Aspekte türkischer Architektur durch die Jahrhunderte.

Moderne Architektur

An moderner Architektur gibt's in der Türkei nicht viel, das sich zu erwähnen lohnt. Das rasante Wachstum, das die Türkei seit den 1940er-Jahren erlebt hat, hat eine Fülle von faden, grauen Wohnblocks und Bürogebäuden in anatolischen Städten zurückgelassen. Doch stellt man diese in den Kontext der türkischen Landschaft, des Klimas und der Hektik der geselligen Nachbarschaft, dann haben auch sie ihre eigenen, besonderen Qualitäten.

In den 1940er- und 1950er-Jahren entwickelte sich eine neue, nationalistische Richtung in der Architektur, als türkische Architekten, die an Bauvorhaben der Regierung mitwirkten, versuchten, einen eigenen, eben einen türkischen Stil zu schaffen, der die Traditionen und Bestrebungen der neuen Republik spiegeln sollte. Diese Architektur neigt eher zum Robusten, Monumentalen. Ein Beispiel hierfür ist das Denkmal Çanakkale Sehitleri Aniti in Gallipoli.

Seit den 1990er-Jahren, nach Özals Öffnung der Wirtschaft, investierte zunehmend auch der private Sektor in architektonisch interessante Bauvorhaben, was zu einer Diversifizierung der Baustile führte. Das Levent-Geschäftsviertel in İstanbul bietet, wie die Business-Viertel anderer internationaler Städte auch, einen Wald schimmernder Bürotürme. Aber es entstanden auch futuristische Gebäude mit ganz eigenem Charakter, z. B. der Flughafen Esenboğa in der Hauptstadt Ankara.

Die interessanteste Bewegung der letzten Jahrzehnte ist wohl noch, dass die Türken angefangen haben, sich um ihr architektonisches Erbe zu kümmern. Das gilt natürlich besonders für solche Bauwerke, die sich touristisch zu Geld machen lassen. Wenn heute in Sultanahmet und anderen Vierteln İstanbuls Gebäude restauriert oder neu gebaut werden, geschieht das meist im klassisch-osmanischen Stil.

Türkisch essen & trinken

Essen bedeutet in der Türkei viel mehr, als sich nur den Bauch vollzustopfen – mit Essen feiert man die Gemeinschaft und das Leben. Die Mahlzeiten sind fröhliche, ausgelassene und fast immer gesellige Angelegenheiten. Mit Essen werden bedeutende Ereignisse gefeiert, Freundschaften gefestigt und das Familienleben gestärkt. Türken ist der Gedanke, vor dem Fernseher oder direkt aus dem Kühlschrank zu essen, ein absolutes Gräuel – sie essen in Gesellschaft, langsam und saisonal.

Die Osmanen waren Meister darin, wohlklingende Beschreibungen für Essen zu erfinden: Es entstanden Leckerbissen wie „Damenschenkel", „Köstlichkeiten des Sultans", „Haremsnabel" und „Nachtigallennester".

Die Kebabs sind hier üppig, die *yaprak dolması* (Weinblätterröllchen) mit zart gewürztem Reis gefüllt, und die Vorspeisengerichte (*meze*), z.B. Dips, werden täglich frisch aus den besten saisonalen Zutaten bereitet. Frisch gefangener Fisch wird mit viel Erfahrung über Holzkohle gegart und schnörkellos serviert, zusammen mit feldfrischem Salat und dem berühmten türkischen Anisschnaps, dem *rakı*. Der starke *çay* (Tee) wird in edlen Gläsern zusammen mit in Honig getränkter Baklava serviert, die mit Pistazien aus Gaziantep garniert ist.

Die Grundlagen der türkischen Küche stammen aus den Steppen Zentralasiens, aber mit der Entstehung des Osmanischen Reiches kamen auch Zutaten aus Griechenland, Persien, Arabien und vom Balkan hinzu, sodass sich eine köstliche und vielseitige Küche entwickelte. Jede Region hat ihre eigenen Spezialitäten und charakteristischen Zutaten, was bedeutet, dass eine Reise durch das Land alle Geschmacksknospen kitzelt.

Aus Dalyan an der westlichen Mittelmeerküste kommt das einzige traditionell türkische Essen, das auf der Liste der Slow Food Foundation for Biodiversity's Ark of Taste, einer Liste der gefährdeten Lebensmittel, steht: *Haviar* (getrockneter Rogen der Großkopfmeeräsche), das hier hergestellt wird, gehört zu den ältesten türkischen Produkten.

Die Mahlzeiten des Tages

Frühstück

Typisch türkisches *kahvaltı* (Frühstück) besteht aus ofenfrischem, weißem *ekmek* (Brot), Marmelade oder Honig, schwarzen Oliven, Gurken- und saftigen Tomatenscheiben, einem hartgekochten Ei, einem Stück *beyaz peynir* (salzigem weißen Käse aus Lamm- oder Ziegenmilch) und unzähligen Gläsern gesüßtem schwarzem *çay*. Diese Leckereien kann man in jedem Hotel genießen. Weitere empfehlenswerte Frühstücksgerichte sind *menemen* (Rührei mit Tomaten, Zwiebeln, Peperoni und weißem Käse) sowie Brot mit Blütenhonig und *kaymak* (fetter Streichrahm).

Mittagessen

Viele Einheimische essen ihr *öğle yemeği* (Mittagessen) in einer *lokanta*. Diese preiswerten und fröhlichen Lokale servieren *hazır yemek* (vorgefertigte Gerichte), die im Wasserbad warm gehalten werden. Man muss vorher nachsehen, was sich in den Wasserbädern befindet und dem Kellner oder Koch hinter dem Tresen dann mitteilen, was man gern essen will. Man kann eine Portion *(bir porsiyon),* eine *yarım* (halbe) *porsiyon*

KÖSTLICHE MEZE

Wer die Türkei besucht, wird wahrscheinlich folgende Vorspeisen kennenlernen:

» **Acılı ezme** Scharfe Tomaten- und Zwiebelpaste

» **Ançüez** Eingelegte Sardellen

» **Beyaz peynir** Weißer Schafs- oder Ziegenkäse

» **Cacık** Joghurt mit Gurke und Minze

» **Fasulye pilaki** Weiße Bohnen, gekocht mit Tomatenpaste und Knoblauch

» **Haydari** Joghurt mit gebratenen Auberginen und Knoblauch

» **Kalamar tava** Frittierte Calamari, meist serviert mit *tarator*-Sauce aus Brotkrumen, Walnüssen und Knoblauch

» **Lakerda** Stark gewürzte, gesalzene Königsmakrelen

» **Muhammara** Dip aus Walnüssen, Brot, Tahina und Zitronensaft; auch als *acuka* oder *civizli biber* bekannt

» **Patlıcan kızartması** Frittierte Auberginen mit Tomaten

» **Sigara böreği** Frittiertes, zigarrenförmiges Gebäck, oft mit *peynir* (Käse) gefüllt

» **Yaprak sarma/yaprak dolması** Weinblätter, gefüllt mit Reis, Kräutern und Pinienkernen

» **Yeşil fasulye** Grüne Bohnen

oder einen Teller mit unterschiedlichen Speisen bestellen – die Gerichte werden nach *porsiyon* berechnet.

Zur Auswahl stehen meist *çorba* (Suppe) – in der Regel *mercimek* (Linsensuppe), *ezo gelin* (Suppe mit roten Linsen und Reis) und *domates* (Tomatensuppe) – sowie verschiedene Fleisch- und Gemüsegerichte, *pilav* (Reisgerichte) und *dolmas* (mit Reis oder Fleisch gefülltes Gemüse).

Abendessen

Es gibt zahlreiche Optionen für das *akşam yemeği* (Abendessen). In einer *meyhane* (türkischen Taverne) beginnen die Gäste normalerweise mit einer Auswahl Vorspeisen und genießen dann Fisch zum Hauptgang. Wer Kebabs probieren will, sollte in ein *kebapçı* (Kebab-Restaurant) gehen; ein *köfteci* ist das Äquivalent für *köfte* (Hackfleischbällchen) – beide servieren meist auch Vorspeisen. Die *ocakbaşı-* (Grilltheken-)Versionen der *kebapçı* sind am tollsten: Hier sitzt man rund um einen Grill und sieht zu, wie das Fleisch gewürzt und gebraten wird. Die meisten *restorans* (Restaurants) servieren Vorspeisen, verschiedene Kebab- und *köfte*-Gerichte sowie Fisch.

Was steht auf der Speisekarte?

Die Türkei ist eines der wenigen Länder, deren Bevölkerung sich von selbst produzierten Lebensmitteln ernähren kann und noch etwas übrig behält. Das bedeutet, dass die Produkte hier schnell auf den Tisch kommen, was Frische und Aroma garantiert. Es ist selbstverständlich, dass man sich von Erzeugnissen aus der Region ernährt.

Meze (Vorspeisen)

Vorspeisen sind nicht nur Essen, sie sind ein kulinarisches Erlebnis. Wer in einem hiesigen Haushalt speist, bekommt vom Gastgeber mehrere liebevoll zubereitete, kleine Gerichte serviert, die genascht werden können, bevor die Hauptspeise auf den Tisch kommt. In *meyhanes* tragen die Kellner riesige Tablette mit kalten Vorspeisen umher, aus denen die Gäste sich etwas aussuchen können – warme *meze* werden normalerweise von der Speisekarte bestellt.

Meze sind in den meisten Fällen vegetarisch, obwohl es auch Vorspeisen mit Fisch und Meeresfrüchten gibt.

Fleisch

Im Allgemeinen sind Türken begeisterte Fleischfans, was ein echtes Problem sein kann, wenn man Vegetarier ist. Rindfleisch, Lamm, Leber und Hühnerfleisch werden in zahlreichen Variationen zubereitet. Die berühmteste Version ist Kebab – *şiş* und Döner – aber *köfte, saç kavurma* (gebratene Fleischwürfel) und *güveç* (Fleisch- und Gemüseeintöpfe, gekocht in Terrakotta-Töpfen) sind genauso verbreitet. Das berühmteste Würstchen der Türkei ist das scharfe Rindfleisch-*sucuk,* und das mit Knoblauch gewürzte *pastırma* (gepresstes Rindfleisch mit Gewürzen) wird oft zu Eiergerichten serviert; gelegentlich kommt es als Vorspeise mit warmem Hummus auf den Tisch.

Gelegentlich bekommt man auch *mantı* (türkische Ravioli mit Rinderhack, begossen mit Joghurt, Knoblauchtomaten und Öl). Das Gericht ist aber eher etwas für kühlere Jahreszeiten – wenn es heiß ist, kann es zu reichhaltig und zu schwer sein.

Fisch

Fisch schmeckt wunderbar hier, kann aber teuer sein. In einem *balık restoran* (Fischrestaurant) sollte man wie die Einheimischen vorgehen und sich von den präsentierten Fischen ein Exemplar auswählen. Das ist wichtig, denn einige unseriöse Restaurants versuchen, alten Fisch zu servieren. Die Augen sollten klar sein, und das Fleisch unter der Kiemenspalte bei den Augen muss hellrot sein, nicht weinrot. Wenn alles in Ordnung ist, sollte man nach dem ungefähren Preis fragen. Der Fisch wird gewogen; der Preis entspricht dem Tagessatz pro Kilo.

Beliebte Fischsorten sind *hamsi* (Sardellen), *lüfer* (Blaubarsch), *kalkan* (Steinbutt), *levrek* (Wolfsbarsch), *lahos* (Zackenbarsch), *mezgit* (Weißfisch), *çipura* (Goldbrasse) und *palamut* (Bonito).

KEBAB & KÖFTE

Kebab (am Spieß gegrilltes Fleisch) ist zweifellos das Nationalgericht, dicht gefolgt von *köfte* (Fleischbällchen). Diese Fleischgerichte werden in vielen Formen serviert und oft nach ihren Ursprungsorten benannt. Dies sind die beliebtesten:

» **Adana Kebab** Scharfe *köfte*, die um einen Spieß gewickelt und gegrillt werden. Sie werden mit Zwiebeln, Sumach, Petersilie, Grilltomaten und Fladenbrot serviert.

» **Alinazik** Auberginenpüree mit Joghurt und Hackfleisch-*köfte.*

» **Çiğ-Köfte** Rohes Hackfleisch, gemischt mit zerstoßenem Bulgur, Zwiebeln, Nelken, Zimt, Salz und scharfem schwarzem Pfeffer.

» **Döner Kebab** Geschichtetes Fleisch (meist Lamm) wird an einem senkrecht stehenden Spieß über Kohlen gebraten und dann in dünnen Scheiben serviert.

» **İçli Köfte** Lammhack und Zwiebeln in einem Bulgurmantel; wird oft als warme Vorspeise serviert.

» **İskender (Bursa) Kebab** Lamm-Döner, der auf einem Bett aus Fladenbrotkrumen und Joghurt angerichtet, dann mit Tomaten belegt und schließlich mit zerlassener Butter übergossen wird.

» **Izgara Köfte** Gegrillte Fleischbällchen.

» **Şiş Kebab** Kleine Lammfleischstücke werden an einem Spieß gegrillt und in der Regel mit Bulgur und über Kohle gegrillten Paprikaschoten serviert. *Çöp şiş* wird zusammengerollt in einem dünnen Fladenbrot mit Zwiebeln und Petersilie serviert.

» **Tokat Kebab** Lammwürfel, gegrillt mit Kartoffeln, Tomaten, Auberginen und Knoblauch.

Man sollte keinen *lüfer* essen, wenn die Fische klein sind (weniger als 24 cm lang) – eine Kampagne des İstanbuler Conviviums von Slow Food Turkey hat ergeben, dass die Zukunft dieser beliebten lokalen Fischart durch Überfischung gefährdet ist.

Gemüse & Salate

Türken lieben Gemüse: Sie essen es frisch im Sommer und legen es ein für den Winter (eingelegtes Gemüse heißt *turşu*). Es gibt zwei speziell türkische Arten, Gemüse zuzubereiten: die erste ist als *zeytinyağlı* (gedünstet in Olivenöl), die zweite als *dolma* (gefüllt mit Reis oder Fleisch) bekannt. Die *patlıcan* (Aubergine) ist die Königin unter den Gemüsesorten; sie wird auf alle nur erdenkliche Arten zubereitet und von den Türken leidenschaftlich geliebt.

Einfachheit ist das Prinzip der türkischen *salata* (Salate): die knackig frischen Zutaten werden mit etwas Öl und Essig direkt am Tisch angerichtet und mit Genuss als Vorspeise oder als Begleitung zu einem Fleisch- oder Fischhauptgericht verzehrt. Der beliebteste Sommersalat ist *çoban salatası* (Hirtensalat), eine bunte Mischung aus Tomaten-, Gurken-, Zwiebel- und Paprikastücken. Er wird manchmal auch als Vorspeise serviert.

AUBERGINEN

Das berühmteste *patlıcan*- (Auberginen-)Gericht ist *imam bayıldı* („Der ohnmächtige Imam"). Dafür werden Auberginen ganz langsam in Olivenöl mit Tomaten, Zwiebeln und Knoblauch gegart. Der Legende zufolge fiel ein Imam, als er das Gericht zum ersten Mal probierte, vor Wonne in Ohnmacht – und wer es einmal gegessen hat, wird auch verstehen, warum.

Süßes

Türken beenden ihre Mahlzeiten normalerweise nicht mit einem Dessert – sie bevorzugen frisches Obst. Viele bekommen nachmittags aber Lust auf Zucker und gehen dann in einen *muhallebici* (Milchpuddingladen), ein *pastane* (Kuchengeschäft) oder ein *baklavacı* (Baklavageschäft). Hier holen sie sich ein Stück sirupgetränktes Baklava, einen Teller Schokoladenwindbeutel oder einen *fırın sütlaç* (Reispudding), der milchig, süß und ganz leicht nach exotischen Gewürzen schmeckt. Empfehlenswerte türkische Spezialitäten sind *fırın sütlaç, dondurma* (die lokale Eiscreme), *kadayıf* (Teig in Sirup mit einer Schicht *kaymak*) und *künefe* (mehrere Schichten *kadayıf*, von Frischkäse zusammengehalten, in Sirup getaucht und heiß mit Pistazienkrümeln serviert).

Fast Food

Das beliebteste Fast Food der Nation ist zweifellos Döner Kebab – Lammfleisch, das langsam an einem senkrecht stehenden Spieß gebraten und dann scheibchenweise abgeschnitten wird, bevor man es in Brot oder Fladenbrot füllt. Manchmal kommen feuchte, kalte Pommes Frites und grüne Chilischoten hinzu, manchmal knoblauchhaltiger Joghurt, Salat und eine Prise leicht sauren Sumachs.

Besonders beliebt ist Pide, die türkische Version von Pizza. Der wie ein Kanu geformte Boden wird mit *peynir* (Käse), *yumurta* (Ei) oder *kıymalı* (Hackfleisch) belegt. Ein *karaşık*-Pide wird mit mehreren Zutaten belegt. Man kann die Leckereien sitzend in einer *pideci* (türkischer Pizzahändler) essen oder darum bitten, die Pide *paket* (eingepackt) zu bekommen. *Lahmacun* (Pizza im arabischen Stil) hat einen dünneren Boden als Pide und wird normalerweise mit Lammfleisch, Zwiebeln und Tomaten belegt.

Börek (gefüllte Pastete) wird je nach je nach Füllung, Zubereitungsmethode und Form unterteilt und meist nur morgens in kleinen Imbissläden namens *börekçi* verkauft. Es gibt *börek* in quadratischer, sowie in Zigarren- oder Schneckenform, mit *peynir, ispanak* (Spinat), *patates* (Kartoffeln) oder *kıymalı* gefüllt. Die brötchenförmigen *poğaca* werden mit Zucker überzogen oder mit Käse und Oliven gefüllt. *Su böreği,* eine köstliche, lasagneartig geschichtete Pastete, wird mit Käse und Petersilie gefüllt – dies ist die beliebteste Art von *börek*, und wer sie probiert, ist sofort verführt.

SAISONKALENDER

In der Türkei ist es – wie überall – am besten, saisonale Produkte zu essen. Hier ein hilfreicher Führer:

MONAT	FISCH	GEMÜSE, NÜSSE & OBST
Jan.	Sardellen, Bonito, Stachelmakrele, Blaubarsch	Maronen, Rettich, Äpfel, Granatäpfel, Orangen
Feb.	Steinbutt, Zackenbarsch, Wolfsbarsch, frische Sardellen, Bonito, Stachelmakrele, Weißfisch	Maronen, Rettich, Äpfel, Granatäpfel, Orangen
März	Steinbutt, Wolfsbarsch, Zackenbarsch, Weißfisch	Rettich, Zitronen
April	Steinbutt, Wolfsbarsch, Weißfisch, Shrimps, Krabben	Artischocken, Saubohnen, Zitronen
Mai	Wolfsbarsch, Weißfisch, Shrimps, Krabben, Aal, Skorpionfisch	Artischocken, Saubohnen, Gurken, Pflaumen, Erdbeeren
Juni	Krabben, Aal, Schwertfisch, Skorpionfisch, Thunfisch, Hummer	Artischocken, Saubohnen, Gurken, grüne Bohnen, Tomaten, Pflaumen, Erdbeeren, Kirschen
Juli	Krabben, Skorpionfisch, Schwertfisch, Thunfisch, Hummer, Goldbrasse, Sardine	Gurken, Paprika, grüne Bohnen, Mais, Tomaten, Kirschen, Wassermelonen
Aug.	Goldbrasse, Schwertfisch, Hummer, Sardine	Walnüsse, Gurken, Paprika, grüne Bohnen, Mais, Tomaten, Wassermelonen, Feigen
Sept.	Bonito, Sardine, Goldbrasse	Walnüsse, Gurken, Paprika, grüne Bohnen, Mais, Tomaten, Wassermelonen, Feigen
Okt.	Bonito, Goldbrasse, Blaubarsch	Maronen, Gurken, grüne Bohnen, Tomaten, Granatapfel, Feigen
Nov.	Sardellen, Bonito, Stachelmakrele, Blaubarsch, Goldbrasse	Maronen, Tomaten, Granatapfel, Orangen
Dez.	Sardellen, Bonito, Stachelmakrele, Blaubarsch	Maronen, Äpfel, Granatapfel, Orangen

Großartige schnelle Snacks sind auch *gözleme* (dünne, pikante Pfannkuchen, gebraten mit Käse, Spinat oder Kartoffeln).

Vegetarier & Veganer

Obwohl es für die Türken normal ist, eine vegetarische *(vejeteryen)* Mahlzeit zu essen, ist das Konzept des Vegetarismus hier eher wenig bekannt. Wer sich als Veganer zu erkennen gibt, wird entweder verwirrt angeschaut, oder die Leute denken, derjenige verhielte sich abweichend von der sozialen Norm.

Das *meze*-Angebot wird in der Regel von vegetarischen Gerichten dominiert, und fleischfreie Salate, Pasta, Omeletts, Pide und *börek* sowie herzhafte vegetarische Gerichte sind problemlos verfügbar. Am besten fragt man *etsiz yemek var mı?* („Gibt es etwas ohne Fleisch zu essen?"), um in Erfahrung zu bringen, was im Angebot ist.

Die Hauptursache für unbeabsichtigten Fleischverzehr ist *et suyu* (Fleischbrühe), die oft verwendet wird, um vegetarische Speisen wie *pilav* (ein Reisgericht), Suppe und Gemüsegerichte herzustellen. Die Gastgeber betrachten *et suyu* nicht einmal als Fleisch, werden einem also versichern, dass die Speise fleischfrei ist; also am besten fragen *et suyu var mı?* („Ist da Fleischbrühe drin?"), um dies zu prüfen.

McDonalds kann man hier vergessen – die beliebteste Fast-Food-Kette der Türkei ist Simit Sarayı, das täglich um die Frühstückszeit Zehntausende der beliebten *simit* (Brotringe mit Sesamkruste) an hungrige Kunden verkauft.

ABENTEUER FÜR DEN GAUMEN

Wie in vielen Ländern gibt's auch in der Türkei einige Speisen, die nur Einheimische mögen können. Das herausforderndste Gericht ist für die meisten Besucher *kokoreç*, ausgekochte Lamm- oder Hammelgedärme, die um einen Spieß gewickelt und über Holzkohle gegrillt werden.

İşkembe (Kuttelsuppe) soll angeblich gegen Kopfschmerzen helfen; sie ist noch beliebter als *kelle paça* (Schafsfußsuppe).

Einheimische, die ihr sexuelles Stehvermögen stärken wollen, schwören auf die würzigen *koç yumurtası* (Schafshoden). Wenn die nicht helfen, weichen sie oft auf *boza* aus, ein schleimfarbenes Getränk aus Wasser, Zucker und gegorener Gerste.

Die Türken sagen *Afiyet olsun* („Möge es gut für deine Gesundheit sein"), bevor sie mit dem Essen beginnen. Nach der Mahlzeit sagen sie *Elinize sağlık* („Gesundheit für deine Hände"), um dem Gastgeber oder der Gastgeberin ein Kompliment für die Kochkünste zu machen.

Etikette

Auf dem Land essen die Einheimischen in der Regel zwei Mahlzeiten am Tag, die erste gegen 11 Uhr, die zweite am frühen Abend. In den Städten sind drei Mahlzeiten pro Tag die Norm. In städtischen Regionen sitzen die Menschen beim Essen an Tischen und Stühlen, aber in den Dörfern ist es immer noch üblich, auf dem Boden um einen *tepsi* (niedriger, runder Tisch oder Platte) zu sitzen und sich ein Tuch über die Knie zu legen, um die Krümel aufzufangen. Heute essen die meisten vom eigenen Teller, nur manchmal wird das Geschirr von allen verwendet. Die meisten Türken essen mit Löffel *(kaşık)* und Gabel *(çatal)*, selten mit dem Messer *(bıçak)*.

In Restaurants ist es nicht von Bedeutung, ob jeder die gleichen Gänge im gleichen Tempo verzehrt, also liefert die Küche die Gerichte, wenn sie fertig sind: Es ist ganz normal, dass zuerst alle Hühnchen- und fünf Minuten später alle Lammgerichte serviert werden. Man muss nicht warten, bis alles auf dem Tisch steht, bevor man mit dem Essen beginnt.

Türkische Kellner haben die Angewohnheit, einem die Teller schon vor Ende der Mahlzeit wegzureißen. Wer *kalsın* („Lassen sie es da!") zu ihnen sagt, kann sie vielleicht davon abhalten. Wenn man mit dem Essen fertig ist, legt man Messer und Gabel zusammen auf den Tisch, um dem Kellner zu zeigen, dass er den Teller abtragen kann. Wenn das keine Wirkung zeigt (oder man kein Messer hat), sagt man *biti, alabilirsin* („Fertig, Sie können es nehmen!") zum Kellner.

Zahnstocher sollten hinter vorgehaltener Hand verwendet werden, aber man muss nicht besonders diskret sein. Man sollte sich in der Öffentlichkeit nicht die Nase putzen; stattdessen einfach schniefen oder sich entschuldigen und kurz fortgehen.

Türkische Kochbücher

» *Classical Turkish Cooking* (Ayla Esen Algar)

» *Cooking New Istanbul Style* (Refika Birgül)

» *Turquoise: A Chef's Travels in Turkey* (Greg & Lucy Malouf)

» *Türkisch kochen* (Ghillie Basan)

» *Echt türkisch!: 80 Originalrezepte von Börek bis Baklava* (Latife Arslantas & Hilal Arslantas)

Kochkurse & geführte Touren

Immer mehr Anbieter in der Türkei veranstalten Kochkurse und kulinarische Ausflüge für Ausländer. In İstanbul gibt's mehrere hochangesehene Kochschulen (s. S. 85), in Kalkan bietet das Restaurant **Guru's Place** (S. 310) einen beliebten Kurs an, und in Ula, 135 km von Bodrum, führt der bekannte türkische Kochbuchautor und -moderator **Engin Akin** (www.enginakin.com) Kochkurse durch. Selin Rozanes von **Turkish Flavours** (S. 85) veranstaltet kulinarische Touren in İstanbul und dem gesamten Land, die sich an anspruchsvolle Gourmets richten; ebenso das **Istanbul Culinary Institute** (Enstitü; Karte S. 72; ☎212-251 2214; www.istanbulculinary.com; Meşrutiyet Caddesi 59, Tepebaşı).

Lieblingsgetränke der Einheimischen

Alkoholisches

In touristischen Regionen entlang der Küste serviert praktisch jedes Restaurant Alkohol. Dasselbe gilt für die teureren Restaurants in den Großstädten. In kleineren Städten gibt's meist mindestens ein Restaurant, das Alkohol ausschenkt, obwohl man in religiös konservativen Orten lange suchen muss, bis man eines findet. Achtung: Obwohl die Türken eine relativ entspannte Einstellung zu Alkohol haben, ist öffentliche Trunkenheit verpönt!

Das beliebteste alkoholische Getränk der Türken ist *rakı*, ein mit Anis versetzter Traubenschnaps. Er wird ähnlich wie der griechische Ouzo in hohen, schmalen Gläsern serviert und pur oder mit Wasser getrunken, das die klare Flüssigkeit milchig weiß färbt. Wer noch Eis *(buz)* hinzufügen will, sollte zuerst Wasser in den Schnaps gießen, denn Eis in purem *rakı* zerstört das Aroma.

Bira (Bier) ist ebenfalls beliebt. Das lokale Gebräu, Efes, ist ein spritziges Pils, das in Flaschen, Dosen und vom Fass erhältlich ist.

Die Türkei baut ihren eigenen *şarap* (Wein) an, der auch hier abgefüllt wird. Die Qualität der guten Tropfen hat sich im Lauf des letzten Jahrzehnts stark verbessert, aber aufgrund der hohen staatlichen Steuern ist Wein ziemlich teuer. Wer eine Verkostung machen will, sollte die idyllische ägäische Insel Bozcaada ansteuern. Für einen Roten fragt man nach *kırmızı şarap*; Weißwein nennt sich *beyaz şarap*. Gute Weinhersteller sind Sarafin (Chardonnay, Fumé Blanc, Sauvignon Blanc, Cabernet Sauvignon, Shiraz und Merlot), Karma (Cabernet Sauvignon, Shiraz und Merlot), Kav Tuğra (Narince, Kalecik Karası und Öküzgözü) und DLC (die meisten Traubensorten). Alle Weine werden von der **Doluca Company** (www.doluca.com) produziert. Ihr Hauptkonkurrent, **Kavaklidere** (www.kavaklidere.com), ist für die Weine bekannt, die unter dem Label Pendore, Ancyra und Prestige laufen (der Pendore Boğuazkere schmeckt besonders gut) sowie für den sehr süffigen Weißwein Çankaya.

Zusammen dominieren Doluca und Kavaklidere den Markt, aber auch Hersteller wie **Vinkara** (www.vinkara.com) und **Kayra** (www.kayrasaraplari.com) beginnen, sich mit Weinen wie dem exzellenten Buzbağ (von Kayra) einen guten Ruf zu erarbeiten.

Ohne Alkohol

Tee *(çay)* zu trinken, ist ein nationaler Zeitvertreib, und die Lieblingssorte der Türken wird aus Blättern vom Schwarzen Meer hergestellt. Das Getränk wird nur mit Zuckerwürfeln gesüßt, die man braucht, um die Auswirkungen der langen Ziehzeit zu mildern; man kann aber auch da-

TÜRKISCHER KAFFEE

Wer *türk kahve* (türkischen Kaffee) probiert, sollte den Bodensatz nicht trinken, sondern unter www.mehmetefendi.com – der Website des berühmtesten Kaffeelieferanten der Türkei – zum Abschnitt „Turkish Coffee/Fortune Telling" gehen: Hier findet man eine Liste, mit der man das Schicksal im Kaffeesatz lesen kann.

TÜRKISCHE TRAUBEN

Neben alten Klassikern wie den bekannten Traubensorten Chardonnay, Fumé Blanc, Sauvignon Blanc, Cabernet Sauvignon, Shiraz und Merlot verarbeiten die türkischen Weinhersteller auch lokale Sorten, z. B. folgende:

» **Boğazkere** Ein kräftiger Rotwein mit dem Aroma getrockneter Früchte; Schwarzmeerregion, Ostanatolien und Südostanatolien

» **Çalkarası** Süßer Rotwein mit starkem Fruchtaroma; Westanatolien

» **Emir** Leichter und blumiger Weißwein mit einem angenehmen, säuerlichen Abgang; Zentralanatolien

» **Kalecik karası** Ein eleganter Rotwein mit dem Aroma von Vanille und Kakao; Ägäisküste, Zentralanatolien

» **Narince** Ein fruchtiger, aber trockener Weißwein mit einer charakteristischen goldenen Farbe; Schwarzmeerregion, Ostanatolien

» **Öküzgözü (Ochsenauge)** Trockener Rotwein mit fruchtigem Geschmack; Schwarzmeerregion, Ostanatolien, Südostanatolien

» **Sultaniye** Trockener Weißwein; Ägäisküste

rum bitten, seinen Tee etwas *açık* (schwächer) zu bekommen. In Hotels und Cafés im westlichen Stil ist es in Ordnung, um Milch *(süt)* zu bitten, aber anderswo sollte man das nicht tun.

Der absolut künstliche *elma çay* (Apfeltee) ist koffeinfrei und nur für Touristen gedacht – die Einheimischen würden lieber sterben, als das Zeug zu trinken.

Erstaunlicherweise wird *türk kahve* (türkischer Kaffee) gar nicht so oft konsumiert. Das dickflüssige, kräftige Gebräu wird in kleinen Schlückchen getrunken. Wer eine Tasse bestellt, wird gefragt, wie süß man es mag – *çok şekerli* heißt „sehr süß", *orta şekerli* „mittel", *az şekerli* „leicht gesüßt" und *şekersiz* oder *sade* „ungesüßt". Zum Kaffee wird ein Glas Wasser serviert, das den Gaumen reinigen soll, bevor man die Freuden des Kaffees genießt.

Frisch gepresster Saft ist beliebt und billig. *Taze portakal suyu* (frischen Orangensaft) gibt es überall; der köstliche *nar suyu* (Granatapfelsaft) kann nur in der Saison bestellt werden.

Ayran ist ein erfrischendes Getränk aus Joghurt, der mit Wasser und Salz geschlagen wird – es wird traditionell zu Kebabs serviert.

Sahlep ist ein heißes Milchgetränk, das im Winter gut aufwärmt. Es wird aus den Knollen wilder Orchideen hergestellt und gilt als Aphrodisiakum. Wer will, kann auch *şalgam suyu* probieren – beim ersten Schluck bekommt man einen ekelhaften Salzschock, aber wer weitertrinkt, wird ganz verrückt nach diesem Rübensaft.

Kunst

Die Türkei ist reich an Kunst. Unterschiedliche Kulturen und Zivilisationen, die im Laufe der Jahrhunderte entstanden und wieder untergegangen sind, haben ihre Spuren hinterlassen. Wir stellen eine Auswahl vor.

Teppiche

Die meisten Türkeibesucher verbinden das Wort „Kultur" in ihrem Reiseland mit Teppichen – und so landen fast alle früher oder später in einem Teppichgeschäft.

Die Kunst der Teppichherstellung ist schon sehr alt. Vor langer Zeit woben türkische Nomaden Zelte aus Ziegenhaar und wollene Satteltaschen. Daraus entwickelte sich in den Steppen Zentralasiens auch die Kunst des Teppichknüpfens. Der älteste erhaltene, im türkischen Stil doppelt geknüpfte Teppich der Welt, der Pasyryk-Teppich, stammt etwa aus dem 6. Jh. v. Chr.

Die türkische Kultur hat Vieles aus anderen Kulturen übernommen oder das eigene Werk an Einflüsse von außen angepasst, so auch bei der Teppichherstellung – als Beispiele gelten persische Motive auf Gebetsteppichen oder auch das chinesische Wolkenbandmotiv.

Im 12. Jh. gelangten handgeknüpfte Teppiche bis nach Anatolien, wo unterschiedlichste Regionalmuster entstanden. Die Stern- oder Medaillonteppiche aus der Region Uşak waren die ersten, die in Europa auf Interesse stießen. Der Renaissancemaler Hans Holbein der Jüngere hat sie auf mehreren seiner Gemälde verewigt; im 15. bis 17. Jh. waren die später so genannten Holbein-Teppiche in Europa sehr beliebt. Nicht zuletzt deshalb wurde aus der ursprünglichen Heimarbeit ein einträgliches Geschäft.

Im Osmanischen Reich trugen Produktion und Handel mit Textilien wesentlich zur Wirtschaft bei. In den Dörfern knüpfen die Frauen auch heute noch Teppiche – allerdings im Auftrag bestimmter Geschäfte. Normalerweise knüpfen sie ein vorgegebenes Muster für einen vertraglich festgelegten Lohn; bezahlt wird die Fertigstellung, nicht die Arbeitszeit.

Andernorts wird die Arbeit aufgeteilt, der eine färbt, der nächste knüpft. Diese Teppiche sind zwar nicht so individuell, andererseits sind sie aber qualitativ hochwertig. So sind die meisten Seidenteppiche aus Hereke zwar Massenware, doch auf so hohem Niveau, dass sie zu den beliebtesten Orientteppichen überhaupt zählen.

Um die alten Färbe- und Herstellungstechniken wiederaufleben zu lassen, gewährte das deutsche Entwicklungshilfeministerium vor rund 30 Jahren dem in İstanbul lehrenden Dr. Harald Böhmer einen Zweijahreskredit für das DOBAG-Projekt. Wie einst wird im Westen der Türkei nun wieder chemiefrei mit Pflanzenfarben gefärbt und mit handgesponnener Wolle geknüpft. DOBAG-Teppiche werden ausschließlich exportiert und u.a. auch in den USA und in Deutschland vertrieben.

Wer Herkunft und Alter eines Teppichs bestimmen und die Muster richtig deuten will, dem bietet das reich bebilderte Buch *Orientteppiche. Aus den Zelten, Häusern und Werkstätten Asiens* von Jon Thompson einen exzellenten Einstieg ins Thema.

Mit rund 600 Farbfotos beschreibt der Bildband *Nomaden in Anatolien: Begegnungen mit einer ausklingenden Kultur* von Harald Böhmer und Josephine Powell Leben und Weben der anatolischen Nomaden. Selten und nicht billig, aber eine Anschaffung, die sich lohnt.

ORHAN PAMUK: NOBELPREISTRÄGER

Der bekannteste türkische Literat ist der international anerkannte Schriftsteller Orhan Pamuk. In der Türkei schon lange gefeiert, wurde er mit immer mehr Übersetzungen seiner Werke seit den frühen 1990er-Jahren weltweit bekannt. Pamuk schreibt scharfsinnige, schwarzhumorige Prosa, die sich mit der zwischen Orient und Okzident hin- und hergerissenen türkischen Gesellschaft auseinandersetzt.

Der Kriminalroman *Das schwarze Buch* um einen erfolgreichen Kolumnisten ist von Beiträgen des Protagonisten durchsetzt. In *Rot ist mein Name*, der im 16. Jh. spielt, kommen 21 Ich-Erzähler vor und machen den Roman aus dem Kunstmilieu zu einem Mix aus Liebes- und Kriminalgeschichte. In *İstanbul: Erinnerung an eine Stadt*, thematisiert Pamuk die Melancholie der Stadt. Eines seiner frühesten Werke ist der Drei-Generationen-Roman *Das stille Haus*. Er wurde erst 2009 ins Deutsche übersetzt.

Sein jüngster Roman *Das Museum der Unschuld* beschreibt die unglückliche Liebesgeschichte eines jungen Türken aus der Oberschicht İstanbuls, die oft westlich wirkt, aber auch immer noch den alten Traditionen verhaftet ist. In Deutschland erschien der Roman 2010 – als İstanbul Kulturhauptstadt Europas war. 2012 eröffnete der Schriftsteller ein gleichnamiges Museum, in dem Gegenstände der Alltagskultur in der Türkei zu sehen sind und die im Roman eine Rolle spielen.

Die Verleihung des Literaturnobelpreises 2006 machte Orhan Pamuk zum ersten Nobelpreisträger seines Heimatlandes.

Literatur

Erst im vergangenen Jahrhundert erlebte das Genre des Romans einen Aufschwung, doch gibt es eine Menge Literatur von Türken und über Türken, die für das Verständnis von Land und Leuten dienlich ist und zum Teil auch gute Urlaubslektüre darstellt.

Früher drehte sich in der türkischen Literatur alles um Poesie. Schriftsteller hielten mündlich überlieferte Kriegsepen fest, die mystischen Verse des Sufis Rumi, der den Tanz der Derwische begründete, und die Legenden und Elegien der wandernden Geschichtenerzähler und Volksliedsänger.

Zu den wichtigsten Autoren der türkischen Literatur gehört der Weltenbummler Evliya Çelebi, der das Osmanische Reich über 40 Jahre lang bereist hat. Seine Erfahrungen hat er in seinem zehnbändigen Reisebuch *Seyahatnâme* (ab 1630) beschrieben. Eine Auswahl seiner Erzählungen findet sich in dem Buch *Der Wanderer des Halbmondes: Die wunderbaren Abenteuer des Ewliya Tschelebi.*

Einige Reisende werden womöglich auf die Geschichten um Nasreddin Hoca stoßen, eine historisch nicht gesicherte humorige Figur, die mal als Schlaukopf und mal als Dummkopf auftritt.

Der erste türkische Romanautor mit internationaler Leserschaft war Yaşar Kemal, der das ländliche Leben in der Çukurova beschrieb. *Mehmed, mein Falke* aus dem Jahr 1955 wurde mehrfach für den Literaturnobelpreis vorgeschlagen.

Die Wissenschaftlerin und Schriftstellerin Elif Şafak, die in türkischer und englischer Sprache schreibt, gehört zu den in der Türkei meistgelesenen und zu den im Ausland bekanntesten türkischen Autoren. In Deutschland debütierte sie mit *Im Spiegel der Stadt*. Der packende Roman erzählt die Geschichte einer zum Christentum konvertierten jüdischen Familie, die der spanischen Inquisition entkommt und im Osmanischen Reich Aufnahme in der Sephardengemeinde findet. *Der Bonbonpalast* beschreibt die sehr unterschiedlichen Bewohner und den Niedergang eines ehemals prachtvollen Hauses im Herzen İstanbuls. Der im Stil einer Screwball-Komödie gehaltene Roman *Der Bastard von İstanbul* handelt von der Verfolgung der Armenier. Ihr jüngster Roman *Iskender* handelt vom Generationenkonflikt einer Familie im tiefsten Anatolien.

Auch die Journalistin und Autorin Ayşe Kulin hat in ihrem Heimatland eine große Fangemeinde. Sie hat mehr als 30 Bücher veröffentlicht, etliche wurden ins Englische oder Französische übersetzt. In *Last Train to İstanbul* geht es um einen türkischen Diplomaten, der versucht, jüdische Familien vor den Nazis zu retten, in *Farewell* um die alliierte Besatzung nach dem ersten Weltkrieg. Auf Deutsch sind bisher der Roman *Der schmale Pfad* und der Titel *Steinmauer und offene Fenster. Erzählungen deutscher und türkischer Autorinnen* erschienen.

Ebenfalls in der Türkei sehr populär sind die Bücher der türkische Schriftstellerin und Drehbuchautorin Latife Tekin, die auch in mehrere Sprachen übersetzt wurden. Ihr zweiter Roman über das Leben in einer über Nacht errichteten Siedlung auf einem Müllberg ist unter dem Titel *Honigberg* in Deutschland erschienen.

Irfan Orgas autobiografischer Roman *Das Haus am Bosporus* spielt zu Beginn des 20. Jh., als die Türkei gerade die Moderne betritt und aus Wohlstand und Frieden in bittere Armut und Krieg stürzt. In seinem Reisebericht *Die Karawane zieht weiter* aus den 1950er-Jahren beschreibt er das Leben und die Legenden der Yörükin, früher einer der größten Nomadenstämme Anatoliens.

Der jüdisch-türkische Autor Moris Farhi wurde bisher in elf Sprachen übersetzt. Seine temporeicher und episodenhafter Roman *Young Turk* erzählt Ereignisse aus seinem eigenen Leben und ist dabei anrührend und unterhaltsam zugleich.

Musik

Auch in der MTV-Ära und trotz der allgegenwärtigen westlichen Einflüsse behalten die musikalischen Traditionen Gültigkeit; die einheimische Musikszene gebiert weiterhin ihre Stars.

Pop, Rock, Experimental

Türkischer Pop ist überall zu hören, ob im Taxi, in Lokalen oder auch in Fernreisebussen. Fürs westliche Ohr sind die Rhythmen, Melodien und Gesänge nicht uneingeschränkt geeignet – doch ist diese Musik unbestreitbar energiegeladen und unverwechselbar.

Sezen Aksu gilt als Königin des türkischen Pop; in vier Jahrzehnten hat sie bisher 22 Studioalben und 17 Singles herausgebracht.

Die größte internationale Beachtung allerdings konnte Tarkan auf sich ziehen. Sein Album *A-acaypsin* verkaufte sich in der Türkei und Europa fast 3 Mio.-mal und machte ihn zum bestverkauften türkischen Pop-Export. Mit „Şımarık" landete er 1999 einen Nummer-1-Hit in Eu-

Ausgefallenere türkische Musik, türkische Bücher und vieles andere findet man im Internet unter www.tulumba.com. Der in den USA angesiedelte Onlineshop liefert ins Haus. Musiktitel kann man online probehören. In Deutschland bietet www.tuerkische.com neben Musik und Literatur auch Bekleidung, Lebensmittel und Islamische Produkte.

TÜRKISCHE MUSIK FÜR ANFÄNGER

Hier eine kleine Auswahl für den, der sich mit dem Thema näher auseinander setzen möchte:

» *Turkish Groove* (Compilation): Die Einführung in die türkische Musik. Alle großen Namen sind auf dieser CD vertreten.

» *Crossing the Bridge: the Sound of İstanbul* (Compilation): Soundtrack einer Dokumentation über die Musikszene in İstanbul.

» *Işık Doğdan Yükselir* – Sezen Aksu (zeitgenösischer Folk): Eine erstaunliche Auswahl regionaler Folk-Stile.

» *Nefes* – Mercan Dede (Ein Mix aus Sufimusik und elektronischem Techno): Extrem gut tanzbare Mischung aus Beats und Sufimusik.

» *Keçe Kurdan* – Aynur (Kurdischer Folk): Leidenschaftliches Debut-Album mit ausschließlich kurdischen Texten.

» *Duble Oryantal* – BaBa Zula (Fusion): „Belly Double" wurde von dem britischen Dub Master gemixt; unter den zahlreichen Gastmusikern finden sich auch Alexander Hacke (Einstürzende Neubauten) und der Musikproduzent Mad Professor.

» *Gipsy Rum* – Burhan Öçal und das İstanbul Oriental Ensemble (Gypsy): Mitreißende Einführung in den türkischen Gypsy.

ropa – bis heute wohl der weltweit bekannteste türkische Popsong. Sein metrosexueller Look und der lässige Hüftschwung garantieren ihm auch weiterhin gute Verkaufszahlen der Alben in seiner türkischen Heimat.

Burhan Öçal gehört zu den besten Perkussionisten der Türkei. Auf seinem Album *New Dream* schlägt der Thraker die Brücke von traditioneller türkischer Musik zum Funk. Zusammen mit den Trakya All Stars ist ein energiegeladener Mix aus Roma-Melodien, elektronischen Sounds und Balkanbläsern zu hören.

Auch Mercan Dede verbindet auf seinen zahlreichen Alben traditionelle Instrumente mit elektronischen Beats. Dieselbe Schiene bedient auch die İstanbuler Musikgruppe BaBa Zula, wenngleich sie eher für ihre Live-Auftritte bekannt ist. Ihr Musikstil ist eine Mischung aus Dub, *saz* (einer türkischen Langhalslaute) und Popmusik – zu ihrer Show gehören Bauchtänzerinnen.

Seit ihrem Auftritt beim Eurovision Song Contest 2010 ist auch die türkische Rockband maNga in Europa ein Begriff. In ihrer Musik verschmelzen Metal, Hip-Hop und anatolische Melodien. Ihr Album aus dem Jahr 2012 *e-akustik* lohnt das Reinhören.

Folk

Türkische Folkmusik beinhaltet verschiedene Untergenres, die für westliche Ohren nicht unbedingt auseinanderzuhalten sind. Die Ensembles bestehen aus *saz*, Trommeln und Flöten. Beim Gesang stechen klagende Untertöne und anschwellende Chöre hervor. Ausschau halten sollte man nach den kurdischen Sängerinnen Aynur Doğan und Rojin, deren Hit *Hejaye* zum Mitsingen animiert.

Fasıl ist die Lightversion der klassischen osmanischen Musik. Diese Musik hört man in *meyhanes* (Gasthäusern), nomalerweise von Romamusikern vorgetragen. Die lebhaften Weisen werden mit Klarinette, *kanun* (Zither), *darbuka* (Bechertrommel), häufig auch mit einer *ud* (sechssaitige arabische Laute) und *keman* (Violine) vorgetragen.

Manchmal trifft man auch auf fahrende Musikanten mit *zurna* (Doppelblattinstrument) und *davul* (zweifellige Rahmentrommel). Sie treten auf Hochzeiten und Beschneidungsfesten auf oder versammeln sich am Tag der Einberufung an Bushaltestellen, wo sie den jungen Wehrpflichtigen zur Abreise ein lebhaftes Abschiedsständchen bringen.

Der mit Produktionskosten von 16 Mio. Dollar teuerste Film der türkischen Filmgeschichte ist *Fetih 1453* (dt. DVD-Titel *Battle of Empires – Fetih 1453*). Er handelt von der Belagerung und Eroberung Konstantinopels durch die Osmanen. Das 2012 veröffentlichte Werk ist optisch sehenswert, schafft aber aufgrund historischer Ungenauigkeiten kein geschichtliches Verständnis der Zerschlagung des byzantinischen Reiches.

Arabeske

Landesweit die Lieblingsmusik der Taxifahrer. Dieser Stil ist arabischen Ursprungs, mit Elementen der Volksmusik sowie später auch angloamerikanischen Pop-Elementen.

Die zwei bekanntesten Künstler der Arabeske sind der sehr erfolgreiche kurdische Sänger İbrahim Tatlıses, ein ehemaliger Bauarbeiter, der 2011 einen Mordversuch überlebt hat, und der Sänger, Songwriter, Produzent und Schauspieler Orhan Gencebay.

Kino

Ausländische Filmemacher drehen schon seit Langem gern in der Türkei; für das James-Bond-Abenteuer, *Skyfall* (2012) wurden Szenen in İstanbul und in der Nähe von Adana gedreht. Die türkische Filmindustrie selbst begann ihre Entwicklung in den 1960er- und 1970er-Jahren, mit politisch angehauchten Spielfilmen und gleichzeitig mit Filmen á la Bollywood, die trotz der unterschiedlichen Genres und Macharten unter dem Begriff *Yeşilcam*-Filme in einen Topf geworfen werden. In den 1980er-Jahren, als das Fernsehen die Zuschauer aus den Kinos in die Wohnzimmer lockte, kam es zu einer Flaute, doch in den 1990er-Jahren kam das türkische Kino wieder in Schwung.

EIN AUTORENFILMER IN ANATOLIEN

Der international bekannteste türkische Regisseur ist Nuri Bilge Ceylan. Den Durchbruch schaffte er 2002 mit *Uzak – Weit*, der 2003 auf dem Filmfestival in Cannes mit dem „Großen Preis der Jury" ausgezeichnet wurde. 2008 erhielt Nuri Birge Ceylan in Cannes den Preis als bester Regisseur für *Üç Maymun* (Drei Affen).

Ceylans zweiter Film *İklimler – Jahreszeiten* behandelt die Beziehungen zwischen Mann und Frau in der Türkei und besticht durch lange Landschaftsaufnahmen, schweigendes Grübeln und sehr wenig Dialog. Ceylans jüngstes Werk, der Kriminalfilm *Once Upon a Time in Anatolia*, ist eine Mischung aus Roadmovie und detaillierter Beschreibung von Land und Leuten in der türkischen Provinz.

Der erste türkische Filmemacher, der für internationales Aufsehen sorgte, war Yılmaz Güney. Für seinen Film *Yol – Der Weg* erhielt er 1982 die Goldene Palme beim Filmfestival von Cannes. Der Film erzählt die Geschichte von fünf kurdischen zu lebenslänglicher Haft verurteilten Strafgefangenen, die eine Woche Hafturlaub bekommen. Sie alle scheitern in der Welt, die sich inzwischen verändert hat. Der Film war in der Türkei selbst 17 Jahre lang verboten; er kam erst im Februar 1999 in die türkischen Kinos.

Güneys politische Gesinnung brachte ihn mehrfach ins Gefängnis. Er starb 1984 im Exil in Frankreich.

Viele türkische Regisseure machen politische Filme: *Güneşe Yolculuk* (Reise zur Sonne) von Yeşim Ustaoğlu handelt von einem jungen Türken aus der Provinz, der nach İstanbul kommt, irrtümlich für einen Kurden gehalten wird und entsprechende Repressalien zu erleiden hat

Vizontele von Yılmaz Erdoğan erzählt die Geschichte vom Einzug des Fernsehens in ein entlegenes Dorf im Südosten des Landes. Auch die Fortsetzung *Vizontele Tuuba* war ein Kinoerfolg.

Ferzan Özpetek erhielt internationale Beachtung für *Hamam* (Das türkische Bad) über einen in Italien lebenden Türken, der in İstanbul einen Hamam erbt. In *Harem Suare* (Nacht im Harem) gerät eine auf dem Sklavenmarkt in Kairo gekaufte Italienerin in den Harem des letzten Sultans des Osmanischen Reichs.

Fatih Akin trat mit *Duvara Karsi* (Gegen die Wand) ins Rampenlicht: 2004 wurde die in Deutschland angesiedelte Geschichte um türkische Moral- und Wunschvorstellungen bei den Internationalen Filmfestspielen von Berlin mit dem Goldenen Bären ausgezeichnet. Auch in *Yaşamın kıyısında* (Auf der anderen Seite) thematisierte Akin das türkische Leben in Deutschland.

2010 ging der Goldene Bär an Semih Kaplanoğlu für *Bal* (Honig), einen Film übers Erwachsenwerden in der Schwarzmeerregion. Auch Reha Erdem gehört in die Riege türkischer Regisseure, von denen man noch hören wird.

Der größte Kino-Event im türkischen Kalender ist das Internationale Filmfestival von Antalya (www.altinportakal.org.tr/en). Zur Verleihung der Goldenen Orange treffen sich Vertreter der Filmindustrie und die Hautevolee jeweils im Oktober an der Türkischen Riviera.

Bildende Kunst

Malerei und Portraitkunst haben in der Türkei keine lange Tradition. Die Künstler des Landes haben sich auf die Dekoration von Stoffen oder Teppichen spezialisiert, auf *ebru* (von Hand verziertes Marmorpapier), Kalligraphie und Keramik. Seit dem 16. Jh. hat sich Iznik zum Zentrum der Kachel-Herstellung entwickelt. Von hier stammen auch die üppig gestalteten Fliesen in der Blauen Moschee in İstanbul und die Kacheln in vielen anderen osmanischen Moscheen. Marmorpapier, Kalligraphie und Keramik findet man landesweit auf den Basaren.

Im späten 19. Jh. erreichten europäische Einflüsse der Malerei die türkische Oberschicht. Im Begründer der modernen Republik Türkei, Mustafa Kemal Atatürk, fand dieser künstlerischen Stil einen Unterstützer; die Regierung ließ Akademien für Malerei und Bildhauerei eröffnen und förderte die weltliche Kunst als Vertreter der Moderne – im Gegensatz zur religiösen Kunst der Vergangenheit. Entsprechend eröffneten diverse Schulen der Bildenden Künste.

Wer sich für die türkische Kunst der Moderne interessiert, muss nach İstanbul. Das besten Museum für zeitgenössische Kunst ist das İstanbul Modern, die wichtigste Kunsthalle die Santralİstanbul. Doch auch die Vielzahl kleinerer privater Galerien entlang der İstiklal Caddesi lohnen einen Besuch.

Zu den anerkanntesten türkischen Fotografen gehört Ara Güler. Seit mehr als fünfzig Jahren dokumentiert er unzählige Aspekte des türkischen Lebens. Das Café *Ara Güler İstanbul* mit seinen Bildern bietet einen einfühlsamen Blick auf die Menschen der großartigen Stadt.

Auch Filmregisseur Nuri Bilge Ceylan hat sich einen Namen als Fotograf gemacht. Sein limitierter Bildband *Panoramic Photographs of Turkey* zeigt die Türkei als Auswahl berückend schöner Landschaftsfotografien und Stadtansichten.

Tanz

Die Türkei rühmt sich ihrer vielen folkloristischen Tänze – von frenetisch über schwerfällig bis hin zu hypnotisch. Eines haben diese Tänze gemein: Die Tänzer sind mit Enthusiasmus bei der Sache, vergessen sich in der Bewegung, Schultern und Hüften machen mit – der Anblick ist ein vollkommen anderer als bei allen westeuropäischen Tänzen.

Die traditionellen Tänze lassen sich in verschiedene Kategorien einteilen. Der *halay* zum Bespiel kommt ursprünglich aus Zentral-, Süd- und Südostanatolien. Ein Tänzer mit einem weißen oder roten Tuch in der Hand führt die Reihe an. Der *halay* wird landesweit getanzt, besonders bei Hochzeiten und in den *meyhanes* (Lokale, in denen der Anisschnaps *rakı* getrunken wird) in İstanbul.

Der *horon* aus der Schwarzmeerregion ist der auffälligste Tanzstil – er erinnert an den russischen Kasatschok.

Den *sema* (Derwischtanz) tanzt man nicht nur in der Türkei, allerdings ist es hier am wahrscheinlichsten, tanzende Derwische in Aktion zu erleben.

Der Bauchtanz hat seinen Ursprung zwar wohl nicht in der Türkei, doch haben die Türkinnen diesen Tanzstil perfektioniert, angeblich unbefangen treten sie in freizügigsten Kostümen auf. Auch wenn Bauchtänzerinnen häufig auf Hochzeiten anzutreffen sind – wer unbedingt einen Bauchtanz sehen will, wird in İstanbul auf jeden Fall fündig.

Bevölkerung

Die Türkei hat fast 80 Mio. Einwohner. Die überwiegende Mehrheit sind Muslime und Türken, die größte Minderheit die Kurden. Daneben gibt's noch kleinere ethnische Gruppen – muslimische und auch nichtmuslimische – weswegen manche sagen, die Türkei sei ein Staat der 40 Nationen.

Seit den 1950er-Jahren wandern ständig Menschen vom Land in die Städte ab. Inzwischen leben 70 % der Bevölkerung in Städten. Die jahrelangen Kämpfe im Südosten der Türkei während der 1990er-Jahre beschleunigten diesen Prozess noch: Die Dorfbewohner wurden umgesiedelt oder suchten auf eigene Faust bessere Lebensbedingungen anderswo. Dadurch wuchsen Städte wie İstanbul zu riesigen Stadtgebieten heran. Rund um den historischen Kern schoss ein ungeplantes Neubauviertel nach dem anderen aus dem Boden.

Dennoch: Ob Stadt- oder Landbewohner, Muslim oder Christ, türkisch, kurdisch oder mit anderen Wurzeln – die Familie steht für die Menschen in der Türkei im Mittelpunkt, sie sind locker, gastfreundlich und gesellig. Als wesentlicher Eindruck bleibt für viele, die in der Türkei Urlaub gemacht haben, vor allem die Freundlichkeit ihrer Menschen.

Verschiedenen (nicht wirklich wissenschaftlichen) Theorien zufolge stammen die Türken von Noahs Sohn Jafet ab. Die Osmanen behaupteten, ihr Gründervater Osman habe seine Abstammung über 52 Generationen bis zu Noah zurückverfolgen können.

Türken

Gesicherte Erwähnungen von Turkvölkern finden sich erstmals in chinesischen Quellen aus dem 6. Jh. Dort ist die Rede von „T'u-chüeh", die damals in der Mongolei und in Sibirien lebten. Die heutigen Türken stammen von einem Zweig zentralasiatischer Stammesgruppen ab, die

AUF FAMILIÄRE ART

Vielleicht ist es ein Überbleibsel aus den Zeiten ihrer nomadischen Stammväter, dass sich die Türken einen starken Familiensinn bewahrt haben, der auch über die eigentliche Familie hinausgeht. Eine liebenswerte Sitte der Türken ist es, mit Verwandtschaftsbezeichnungen auch Freunde, Bekannte und sogar Fremde anzusprechen, als gehörten sie zu einer großen Familie. Ein Lehrer nennt seinen Schüler *cocuğum* (mein Kind), ein Vorbeigehender den alten Mann an der Straßenecke *dede* (Großvater), und die alte Dame im Bus wird normalerweise mit *teyze* (Tantchen) angesprochen.

Es ist auch üblich, dass Kinder männliche Freunde der Familie *amca* (Onkel) nennen. Prinzipiell spricht man jeden Mann, der etwas älter als man selbst ist, mit *ağabey* (ausgesprochen „abi"; großer Bruder) an. Das gilt auch unter Geschwistern – die jüngeren rufen die älteren nicht beim Namen, sondern eben als *ağabey* oder *abla* (große Schwester), auch wenn die noch Teenager sein sollten. Das System ist einleuchtend und in seiner Schlichtheit einfach charmant.

Diese Anreden sind ein Zeichen von Achtung und Respekt, aber auch von Zuneigung und Zugehörigkeit. Und vielleicht erklärt diese Intimität, wie der in den Dörfern entstandene Gemeinschaftssinn teilweise auch zwischen den Häuserblocks der ausufernden Städte, wo der Großteil der Türken heute lebt, nicht verloren gegangen ist.

DER ISLAM IN DER TÜRKEI

Viele Reisende machen in der Türkei ihre ersten Erfahrungen mit dem Islam. Der mag zunächst „fremd“ anmuten, aber tatsächlich hat der Islam viel mit dem Christentum und dem Judentum gemein. Muslime glauben ebenso wie Christen, dass Allah (Gott) die Welt und alles, was sich auf ihr befindet, geschaffen hat. Adam (Adem), Noah (Nuh), Abraham (İbrahim), Moses (Musa) und Jesus (İsa) sind für sie Propheten. Aber Jesus ist für sie nicht göttlich. Muslime bezeichnen Juden und Christen als „Völker der Schrift“, da sie eine (in Thora und Bibel) offenbarte Religion besitzen, die dem Islam vorausgegangen ist.

Von Christentum und Judentum unterscheidet sich der Islam insofern, als dass er sich als „Perfektion“ dieser früheren Überlieferungen sieht. Moses und Jesus waren zwar Propheten, aber der größte und letzte Prophet war Mohammed. Ihm ließ Allah seine letzte Offenbarung zuteil werden.

Der Islam hat sich seit Mohammeds Zeiten in viele Bekenntnisse und Sekten gespalten. Die islamische Theologie ist inzwischen hoch entwickelt und komplex. Die fünf grundlegenden Säulen des Islam – das Glaubensbekenntnis, tägliche Gebete, Almosen, Fasten im Ramazan (in vielen islamischen Ländern Ramadan genannt), Pilgerfahrt nach Mekka – sind jedoch der ganzen muslimischen Gemeinde *(umma)* gemein.

Der Islam ist die am weitesten verbreitete Religion in der Türkei. Allerdings haben viele Türken eine relativ lockere Einstellung zur Religion und zur Einhaltung ihrer Gebote. Fasten im Ramazan ist weit verbreitet, und die Feiertage und Feste werden mit dem gebotenen Respekt behandelt. Aber viele gehen nur freitags und an islamischen Feiertagen in die Moschee statt fünfmal am Tag. Die zahlreichen Bars und *meyhane* (Wirtshäuser) im ganzen Land zeigen zudem, dass viele Türken gern mal ein Gläschen Alkohol trinken – oder auch zwei. Im Laufe der Jahre haben manche türkische Muslime die Traditionen Anderer übernommen bzw. angepasst. So ist es nicht ungewöhnlich, Muslime beim Gebet in griechisch-orthodoxen Heiligtümern und Klöstern zu sehen, während die Aleviten, eine heterodoxe muslimische Minderheit, eine Tradition unter Einbeziehung von Elementen der anatolischen Folklore, des Sufismus und des schiitischen Islams entwickelt haben.

A Modern History of the Kurds von David McDowall widmet sich der Situation der Kurden in der Türkei, im Irak und in Iran, und untersucht, wie sie sich im Lauf der letzten zwei Jahrhunderte vor dem Hintergrund der Entstehung moderner Staaten im Nahen Osten entwickelt hat.

vor über 1000 Jahren Richtung Westen zogen. Entsprechend haben Türken kulturelle und sprachliche Verbindungen mit verschiedenen Völkern u.a. im südlichen Russland, Aserbaidschan, Iran, Zentralasien und dem westlichen China.

Auf eben diesem Weg gen Westen trafen die Vorfahren der modernen Türken auf die Araber und übernahmen den Islam. Die Seldschuken gründeten das erste türkische Reich im Nahen Osten. Der Sieg der Seldschuken über die Byzantiner in der Schlacht von 1071 machte den Weg nach Anatolien frei und beschleunigte den seit Jahrhunderten andauernden Zug der Türken Richtung Europa. In den folgenden Jahrhunderten wurde Anatolien zum Zentrum des Osmanischen Reiches und später der Türkischen Republik.

Während der osmanischen Jahrhunderte reichte der Einflussbereich türkischer Herrschaft bis nach Südosteuropa, sodass heute Menschen türkischer Abstammung auf Zypern, im Irak, in Mazedonien, Griechenland, Bulgarien und in der Ukraine leben.

Die Herkunft, die die Türken mit den Völkern in Zentralasien und auf dem Balkan teilen, bedeutet, dass sich Türken locker mit Einheimischen von Novi Pazar in Serbien bis nach Kashgar in China unterhalten können. Türkisch ist eine der Turksprachen, eine Familie von – weitgehend innerhalb der Sprachfamilie verständlichen – Sprachen, die von mehr als 150 Mio. Menschen in ganz Eurasien gesprochen wird.

Kurden

In der Türkei gibt es eine große Minderheit von schätzungsweise 15 Mio. Kurden. Im dünn besiedelten Osten und Südosten Anatoliens leben etwa

8 Mio. Kurden; die restlichen 7 Mio. sind über das ganze Land verteilt und haben sich mehr oder weniger in die türkische Gesellschaft integriert. Seit Jahrtausenden leben Kurden in den Grenzregionen der Türkei, des Iran, des Irak und Syriens.

Auch wenn sie sich äußerlich kaum von den Türken unterscheiden, haben sie doch eine eigene Kultur, andere Familientraditionen und ihre eigene Sprache (eine indoeuropäische Sprache, die mit dem Persischen verwandt ist). Fast alle türkischen Kurden sind sunnitische Muslime. Die Kurden haben ihre eigenen Entstehungsmythos, der einen Bezug zu Nouruz, dem persischen Neujahr- und Frühlingsfest (20. oder 21. März), hat. Manche Kurden behaupten, sie stammten von den Medern des alten Persiens ab.

Die anhaltenden Probleme zwischen Kurden und Türken sind gut dokumentiert. Beide Volksgruppen kämpften in den 1920er-Jahren Seite an Seite im Befreiungskrieg. Nach der Gründung der Republik änderte sich die Lage. Der 1923 abgeschlossene Vertrag von Lausanne regelte in dem Abschnitt über den „Schutz der Minderheiten" die Rechte der nicht-muslimischen Minderheiten der Türkei – also der Griechen, Juden und Armenier, nicht aber der Kurden. Die Türkei wurde zum einheitlichen Nationalstaat erklärt; folglich galten alle Bewohner als Türken, und die Existenz einer kurdischen Kultur wurde geleugnet. Dass sich die neue Türkische Republik auf das Prinzip des einheitlichen türkischen Staatsvolks berief, war verständlich und möglicherweise auch klug, da die Siegermächte bei der Aufteilung des Osmanischen Reiches nach der Volksgruppenzugehörigkeit vorgingen. Damit wollte sich die neue Republik gegen Territorialansprüche absichern. Andererseits war es wohl auch vorhersehbar, dass daraus Probleme erwachsen würden, weil es nun einmal so viele Kurden gab.

Eine kleine Gruppe türkischer Kurden bekennt sich zum Jesidentum, einer komplexen Mischung aus Naturreligionen und Sufi-Traditionen, in der Melek Taus (bzw. Tausî Melek oder Engel Pfau genannt) als von Gott berufener irdischer Schutzengel verehrt wird.

Bis vor Kurzem weigerte sich die türkische Regierung sogar, die Existenz des Kurdentums anzuerkennen, und bestand auf der Bezeichnung „Bergtürken". Noch heute kann sich niemand bei Volkszählungen oder in seinem Personalausweis als Kurde eintragen lassen. Allerdings arbeitet man inzwischen daran, die bisher fehlende Anerkennung der Kurden zu beenden. Es werden lebhaften Debatten darüber geführt, wie eine kurdische Identität in die Türkei integriert werden kann. So wurde jüngst beschlossen, dass künftig auf staatlichen Schulen auch auf Kurdisch unterrichtet werden darf.

Muslimische Minderheiten

Die Türkei ist die Heimat einer Reihe weiterer muslimischer Minderheiten, darunter sind sowohl einheimische Gruppen als auch neuere Einwanderer, von denen die meisten zwar als Türken angesehen werden, die aber trotzdem Teile ihrer Kultur und ihrer Muttersprache beibehalten.

Lasen & Hemşin

Die Schwarzmeerregion ist die Heimat der Lasen und der Hemşin, die nach den Kurden die beiden größten muslimischen Minderheiten stellen.

Die Lasen leben in den Tälern zwischen Trabzon und Rize. Östlich von Trabzon sind die Frauen mit ihren leuchtend rot-braun gestreiften Kopftüchern kaum zu übersehen. Die Männer fallen weniger ins Auge, trotzdem gehörten sie einst zu den gefürchtetsten Kriegern der Türkei. Die Lasen waren früher Christen, heute sind sie Muslime. Das kaukasische Volk spricht eine Sprache, die mit dem Georgischen verwandt ist. Die Lasen sind berühmt für ihren Humor und ihren Geschäftssinn.

Wie die Lasen waren auch die Hemşin ursprünglich Christen. Die Hemşin, deren Sprache mit dem Armenischen verwandt ist, kommen überwiegend aus der Gegend der östlichen Schwarzmeerküste. Heute

DIE ARBEITERPARTEI KURDISTANS

Abdullah Öcalan gründete 1984 die Arbeiterpartei Kurdistans (PKK). Sie erwies sich als die langlebigste – und blutrünstigste – kurdische Organisation in der Türkei. Die PKK war und ist eine Untergrundorganisation. Viele Kurden unterstützten zwar nicht die anfänglichen Forderungen der PKK nach einem separaten Staat, wollten aber Zeitungen in ihrer Sprache lesen, ihre Kinder auf kurdische Schulen schicken und kurdische TV-Sender haben. Die türkische Regierung reagierte auf die Gewaltakte der PKK und ihre Forderungen nach territorialer Abgrenzung, indem sie sämtliche Forderungen nach mehr Rechten für die Kurden sofort als „Separatismus" brandmarkte. Der Konflikt eskalierte so sehr, dass schließlich in fast ganz Südostanatolien ein permanenter Ausnahmezustand herrschte. Nach 15 Jahren voller erbitterter Kämpfe, unendlich viel Leid und dem Tod von mehr als 30 000 Menschen, wurde Abdullah Öcalan schließlich 1999 in Kenia gefangen genommen.

Seitdem wurden Fortschritte bei der Lösung der „Kurdenfrage" gemacht, doch ein endgültiges Ende der Diskussion liegt nach wie vor in weiter Ferne. Nach Öcalans Verhaftung trug ein zunehmend bedächtigeres Vorgehen sowohl der Militärs als auch der Regierung einige Früchte. Im Jahr 2002 genehmigte die türkische Regierung Rundfunk- und Fernsehsendungen in kurdischer Sprache und kündigte an, dass künftig auch auf Kurdisch unterrichtet werden dürfte. In Südostanatolien wurde der Ausnahmezustand aufgehoben. Die „kurdische Öffnung" der Regierung 2009 war ein Versuch, die sozialen und politischen Wurzeln des Problems anzugehen. So wurde die Einrichtung von TRT6, einem von der Regierung finanzierten TV-Sender in kurdischer Sprache, als positive Entwicklung begrüßt. Da anscheinend nicht mehr nur auf militärische Lösungen gebaut wird, haben die neuerlichen Initiativen durchaus Chancen, zur Lösungen der Kurdenfrage beizutragen. Hoffnung macht auch, dass der noch immer inhaftierte Öcalan im März 2013 einen Aufruf zur Waffenruhe verkünden ließ.

leben dort nur noch etwa 15 000 von ihnen. Die meisten sind schon vor langer Zeit in die Städte abgewandert, wo viele ihren Lebensunterhalt als Bäcker und Konditoren verdienen. In und um Ayder ist keine Frau in Schleier oder Tschador zu entdecken. Die einheimischen Frauen tragen vielmehr Tücher mit Leopardenmuster (noch auffallender als die der Lasinnen), die sie zu kunstvollen Kopfbedeckungen schlingen.

Das von Ergün Çağatay und Doğan Kuban herausgegebene Werk *The Turkic Speaking Peoples* erzählt von den Traditionen und Kulturen der türkischen Gruppen ganz Eurasiens.

Andere Volksgruppen

Die Yörük gelten als letztes Bindeglied zu jenen türkischen Nomadenstämmen, die im 11. Jh. in Anatolien angekommen waren; auch heute noch pflegen die nach dem Ausdruck *yürük* (zu Fuß) benannten Yörük rund um das Tauraus-Gebirge einen nomadischen Lebensstil und treiben ihre Schafe zwischen Sommer- und Winterweiden hin und her .

Im äußersten Südosten der Türkei, vor allem entlang der syrischen Grenze, haben verschiedene Arabisch sprechende Volksgruppen ihr Zuhause. Ferner leben auch heute noch diverse muslimische Gruppen in der Türkei, die erst in der Spätphase des Osmanischen Reiches aus dem Kaukasus und dem Balkan kamen. Zu ihnen gehören Tscherkessen, Abchasen, Krimtataren, Bosnier und türkische Uiguren aus China.

Nichtmuslimische Gruppen

Das Osmanische Reich war bekannt für den großen Anteil von Christen und Juden in der Bevölkerung. Dieser ist in der modernen Republik zwar erheblich zurückgegangen, aber einige gibt es auch heute noch hier.

Seit über 2000 Jahren leben Juden in Anatolien; vor allem im 16. Jh. kamen viele auf der Flucht vor der spanischen Inquisition hierher. Heute wohnen die meisten der türkischen Juden in İstanbul, und einige sprechen noch immer Ladino, auch Judenspanisch genannt.

Die ursprünglich aus dem kaukasischen Hochland stammenden Armenier leben schon seit Langem in Anatolien; eine armenische De-facto-Nation existiert seit dem 4. Jh. – als die Armenier auch das erste Volk waren, das kollektiv zum Christentum übertrat. Sie schufen ihr eigenes Alphabet und errichteten eine Reihe von Königreichen in den jeweiligen Grenzgebieten zwischen den byzantinischen, persischen und osmanischen Reichen. Bis 1915 existierten in Anatolien große armenische Gemeinden. Die Kontroversen um ihr Schicksal während der letzten Tage des Osmanischen Reiches sind der Grund, weswegen die Beziehungen zwischen Türken und Armeniern überwiegend schwierig sind. Heute leben noch ungefähr 70 000 Armenier in der Türkei – hauptsächlich in İstanbul, aber auch in abgelegenen Ecken Anatoliens. Das Verhältnis zwischen Türken und Armeniern ist zwar noch immer angespannt, aber glücklicherweise gibt es Zeichen der Annäherung. Anfang 2007 ließ das türkische Ministerium für Kultur die armenische Kirche auf der Insel Akdamar restaurieren. An die Wiedereröffnung knüpften sich viele Hoffnungen auf eine Verbesserung der Beziehungen. Seit 2010 findet hier jährlich (Sept.) eine Andacht statt, an der auch Gläubige von jenseits der Grenze teilnehmen.

Die andere größere Minderheit in der Türkei sind die Griechen. Einst lebten viele Griechen überall im Osmanischen Reich, doch nach dem Bevölkerungsaustausch in den frühen Jahren der Republik und den Pogromen in den 1950er-Jahren gibt es Angehörige des griechischen Volkes heute nur noch in İstanbul. In den letzten Jahren haben sich die Beziehungen zwischen Griechenland und der Türkei aber deutlich verbessert. Heute arbeiten und studieren junge Griechen wieder in İstanbul.

Das zerfurchte Südostanatolien ist auch die Heimat alter christlicher Gemeinden. Dazu gehören die Aramäisch sprechenden Mitglieder der syrisch-orthodoxen Kirche, von denen die meisten in und um Midyat leben und die sich um das Kloster Deyrul Zafran kümmern. Schließlich wären da noch die Anhänger der chaldäisch-katholischen Kirche, von denen auch heute noch einige in Diyarbakır ihr Zuhause haben.

Bei den Internationalen Türkisch-Olympiaden, die seit 2003 jährlich stattfinden, treten Studenten aus über 130 Ländern im Rezitieren von Gedichten, Theateraufführungen und im Schreiben von Essays gegeneinander an – alles auf Türkisch.

Natur & Umwelt

Geografie

Die Türkei steht mit einem Fuß in Europa und mit einem in Asien; ihre beiden Teile sind durch den berühmten Bosporus, das Marmarameer und die Dardanellen voneinander getrennt. Ostthrakien (der europäische Teil der Türkei) macht nur 3% der 769 632 km² großen Landesfläche aus. Die übrigen 97% gehören zu Anatolien (dem asiatischen Teil).

Das unglaublich vielseitige Land bietet schneebedeckte Berge, hügelige Steppen, große Seen und breite Flüsse, aber auch eine 7200 km lange Küstenlinie.

Die Ägäisküste ist von Buchten, Stränden und den ägäischen Inseln gesäumt, von denen die meisten zu Griechenland gehören und nur wenige Kilometer vom türkischen Festland entfernt sind. Die Mittelmeerküste rahmt das zerklüftete Taurusgebirge ein. Östlich von Antalya gehen die Berge in eine fruchtbare Ebene über, bevor es hinter Alanya wieder bergiger wird.

Tiere & Pflanzen

Tiere

Theoretisch könnte man in der Türkei Bären, Hirsche, Schakale, Karakale, Wildschweine und Wölfe beobachten, aber meist lassen sich – es sei denn, man geht auf Trekkingtour – eher keine Wildtiere blicken.

ERDBEBENGEFAHR

Die Türkei liegt in einem Gebiet mit mindestens drei aktiven Verwerfungslinien: der nordanatolischen, der ostanatolischen und der ägäischen Verwerfung. Der Großteil des Landes erstreckt sich südlich der nordanatolischen Verwerfungslinie, die etwa parallel zur Küste des Schwarzen Meeres verläuft. Da sich die arabische und die afrikanische Platte südlich davon nach Norden bewegen, wird die anatolische Platte an die eurasische Platte gedrückt und nach Westen in Richtung Griechenland verschoben.

Seit 1939 wurden mehr als 25 große Erdbeben registriert, die bis zu 7,8 Magnituden (Punkte) auf der Richter-Skala erreichten, unzählige Opfer forderten und große Schäden hinterließen.

Sollte ein Erdbeben İstanbul treffen, könnte ein großer Teil der Stadt verwüstet werden, denn viele Gebäude sind nicht genehmigt und auch nicht besonders stabil. Als die Stadt im Jahr 2010 von einem Erdbeben der Stärke 4,4 getroffen wurde, gab es keine Toten und keine Schäden an Gebäuden, aber der Vorfall zeigte, wie schlecht die Stadt vorbereitet war, denn viele Leute zogen es vor, zu telefonieren und in sozialen Netzwerken zu surfen, statt ihre Häuser zu verlassen.

2012 gab das Ministerium für Umwelt und Urbanisierung bekannt, dass 6,5 Mio. der 20 Mio. Wohnhäuser des Landes potenziell gefährdet seien und in den kommenden 20 Jahren zerstört werden könnten.

DIE BESTEN PLÄTZE VÖGEL ZU BEOBACHTEN

Göksu Delta (S. 355) Über 330 Vogelarten wurden hier schon registriert, darunter das seltene Purpurhuhn (bei Silifke).

Pamucak (S. 234) Im Februar und März halten sich hier viele Flamingos auf. Pamucak ist gut zugänglich.

Vögel

In der Türkei leben etwa 400 Vogelarten; um die 250 davon passieren das Land auf ihren Zügen von Afrika nach Europa. Im Frühjahr und Herbst kann man die gefiederten Pendler besonders gut beobachten. Am einfachsten lassen sich Adler, Störche, (beigefarbene) Wiedehopfe, Blauracken und (grüne) Bienenfresser erspähen. Es gibt mehrere *kuş cennetler* (Vogelschutzgebiete) im Land, aber die sind oft voller lärmender Einheimischer, die Picknicks machen und die Tiere verschrecken.

Gefährdete Arten

Die Löwen, Biber und kaspischen Tiger, die einst in Anatolien lebten, sind ausgestorben, und auch der Luchs, die Streifenhyäne und der anatolische Leopard sind verschwunden. Die letzte offizielle Sichtung des charakteristischen Leoparden war 1974, als eines der Tiere im Landesinneren erschossen wurde, weil es eine Frau getötet hatte. Eine weitere Großkatze, die wunderschöne, schneeweiße Van-Katze, die oft ein blaues und ein bernsteinfarbenes Auge hat, ist in ihrer eigentlichen Heimat ebenso gefährdet.

An einigen Stränden nisten noch Karettschildkröten, z.B. in Anamur, Patara, am İztuzu-Strand in Dalyan und im Göksu-Delta. Bei Foça leben noch ein paar seltene Mönchsrobben, aber man muss viel Glück haben, um sie zu sehen. Greenpeace hat die Türkei dafür kritisiert, die internationalen Fischfangquoten für den Blauflossen-Thunfisch nicht zu beachten, der im Mittelmeer lebt und kurz vor dem Aussterben steht.

KANGAL-HUNDE

Kangal-Hunde wurden ursprünglich gezüchtet, um die Schafe auf den Bergwiesen vor Wölfen und Bären zu schützen. Die riesigen Tiere mit gelben Körpern und schwarzen Köpfen sind vor allem in der Osttürkei zu sehen. Ihre Mischlingsnachkommen streunen durch die Straßen des Landes.

Pflanzen

Die Türkei ist ein Land mit gemäßigtem Klima und einer großen biologischen Vielfalt. Die fruchtbare Erde bringt nicht nur eine unglaubliche Bandbreite von Obst und Gemüse hervor, das Land ist auch mit einer außergewöhnlich reichen Pflanzenwelt gesegnet: Hier gibt es über 9000 Pflanzenarten, 1200 davon endemisch – und im Durchschnitt wird jede Woche eine neue Art entdeckt.

Weit verbreitete Bäume und Pflanzen sind Pinien, Zypressen, Myrten, Lorbeerbäume, Rosmarin, Lavendel, Thymian und die violette Bougainvillea, die aus Südamerika eingeführt wurde. In den Bergen ist einer der weltweit führenden Hersteller für Rosenöl ansässig, das aus Blütenblättern extrahiert und für Parfüms und Kosmetika verwendet wird.

Nationalparks & Naturschutzgebiete

In den letzten Jahren hat man in der Türkei die Umweltschutzmaßnahmen vervielfacht, da dies Voraussetzung für die Aufnahme in die EU ist. Das Land verfügt über 13 Ramsar-Stätten (Feuchtgebiete von internationaler Bedeutung) und ist Mitglied von Cites, das den Handel mit gefährdeten Spezies einzudämmen versucht. Mittlerweile gibt es 33 *milli parkıs* (Nationalparks), 16 Naturparks und 35 Naturschutzgebiete, und es werden immer mehr. In diesen Gebieten soll die Umwelt erhalten und die Jagd kontrolliert werden. Manchmal werden die Vorschriften gewissenhaft eingehalten, in anderen Fällen bestehen weiterhin Probleme, z.B. Picknicker, die Abfall wegwerfen.

Der Tourismus in den Nationalparks ist nicht sehr gut entwickelt, und es gibt nur wenige touristische Einrichtungen. Fußwege sind meist nicht gut ausgeschildert, und es sind oft keine Campingbereiche verfügbar. Die meisten gut besuchten Nationalparks sind auch für ihre historischen Sehenswürdigkeiten bekannt.

Umweltprobleme

Die Türkei muss sich der Herausforderung stellen, den Umweltschutz mit dem rapiden Wirtschaftswachstum und der zunehmenden Urbanisierung zu vereinen – keine Aufgabe, um die man sie beneiden würde –, und bis jetzt war sie nicht sehr erfolgreich. Die unzureichende Durchsetzung von Umweltschutzgesetzen, die fehlenden finanziellen Mittel und das schlechte Bildungsniveau haben die Umwelt auf der Prioritätenliste ganz nach unten wandern lassen. Aber die Türkei unternimmt erste Schritte in die richtige Richtung, hauptsächlich um in die EU aufgenommen zu werden.

BÄUME

Die 58 „Naturdenkmäler" der Türkei sind meist geschützte Bäume, darunter die 1500 bis 2000 Jahre alten Zedern in Finike südwestlich von Antalya und eine 1000 Jahre alte Platane in İstanbul.

Atomenergie

Eine der größten Herausforderungen der türkischen Umweltschützer ist der Plan der Regierung, drei Atomkraftwerke zu bauen. Eines davon soll bei Akkuyu an der östlichen Mittelmeerküste errichtet werden – ein nicht unumstrittener Standort, da die Stadt nur 25 km von einer seismischen Verwerfungslinie entfernt liegt. Frühere Pläne, dort ein Atomkraftwerk zu bauen, wurden im Jahr 2000 verworfen. Ein weiterer möglicher Standort liegt bei der Stadt Sinop am Schwarzen Meer, doch das Projekt hat in der gemeindebetriebenen Initiative **Sinop is Ours** (www.sinopbizim.org) einen lautstarken Gegner gefunden. Zudem potenziert die Erdbebenanfälligkeit des Landes die Gefahren, die von Atomkraftwerken ausgehen.

Die Südwesttürkei, besonders die Gegend um Köyceğiz, ist einer der letzten Orte, an denen noch *Liquidambar orientalis* (Weihrauchbäume) angebaut werden. Ihr Harz wurde einst von den Ägyptern zum Einbalsamieren verwendet und heute zur Verarbeitung in Parfüm und Räucherware exportiert.

Aus Regierungskreisen heißt es, dass die drei Werke das Wirtschaftswachstum ankurbeln und die Abhängigkeit von den Erdgaslieferungen aus Russland und dem Iran reduzieren werden. Der Stromverbrauch der Türkei steigt um 8 % pro Jahr, und das Land besitzt nur begrenzte eigene Kohlevorräte. Der Bau des Werkes in Akkuyu soll 2013 beginnen, und der erste der vier Reaktoren soll 2018 in Betrieb genommen werden.

Experten behaupten auch, dass die Nähe zum benachbarten Iran (das ein Atomprogramm betreibt) die Türkei dazu gebracht hat, eigene nukleare Kapazitäten zu entwickeln. Im Jahr 2010 versuchten die Türkei und Brasilien, dem Iran dabei zu helfen, weitere internationale Sanktionen zu verhindern, indem sie einen Vertrag aushandelten, laut dem der Iran seine Uranvorräte in die Türkei ausgliedern würde.

Die Privatisierung des türkischen Energiesektors wurde 2008 mithilfe eines Gesetzes beschleunigt, das zu Investitionen ermutigte und den Unternehmen Anreize bot, ihre Anlagen bis zum Jahr 2012 in Betrieb zu nehmen.

BELIEBTE PARKS

Die folgenden Parks an der türkischen Küste sind bei ausländischen Gästen besonders beliebt. Weitere Infos findet man auf der Webseite des türkischen **Ministeriums für Kultur und Tourismus** (www.turizm.gov.tr).

Historischer Nationalpark Gallipoli (S. 143) Ein historisches Schlachtfeld auf einer wunderbar unberührten Halbinsel, die von Buchten umgeben ist.

Köprülü-Kanyon-Nationalpark (Brückenschlucht-Nationalpark; S. 339) Eine dramatische Schlucht mit spektakulärer Landschaft und Möglichkeiten zum Rafting.

Saklıkent-Nationalpark (S. 302) Berühmt für seine 18 km lange Schlucht.

NICHT MEHR ALS FUSSSPUREN HINTERLASSEN!

Der Tourismus ist nicht das Einzige, was der Umwelt in der Türkei Schaden zufügt, aber sicherlich eine Hauptursache. Was also kann man tun, um zu helfen?

» Keine Korallen oder Muscheln kaufen, egal wie hübsch sie an einer Kette aussehen!

» Keine Plastiktaschen verwenden, auch wenn diese in der Türkei teilweise aus recyceltem Material hergestellt werden!

» Traveller sind nicht die Hauptmüllverursacher; trotzdem nichts einfach wegwerfen!

» Man sollte sich beim Kapitän beschweren, wenn man glaubt, das Exkursionsboot ließe Abwasser ins Meer oder ankerte in einem gefährdeten Bereich. Am besten meldet man dies sogar gleich **Greenpeace Mediterranean** (☎0212-292 7619; www.greenpeace.org/mediterranean).

» Unbedingt versuchen, nur in Unterkünften zu übernachten, die umweltfreundlich erbaut wurden!

» Wenn möglich, kein Wasser in Plastikflaschen kaufen! In vielen türkischen Restaurants wird Wasser in Glasflaschen serviert, und vor der Abreise kann man zu Hause Filterungssysteme kaufen. Zumindest sollte man nur Wasser in 5-l-Flaschen kaufen, das man im Hotelzimmer in kleinere Flaschen umfüllen kann.

Der Bosporus

Eines der größten Umweltprobleme der Türkei ist der Schiffsverkehr auf dem Bosporus. Im Vertrag von Montreux von 1936 wurde festgelegt, dass die Türkei zwar die Oberhoheit über die Meerenge hat, aber allen Schiffen freie Durchfahrt gewähren muss. Zu dieser Zeit passierten jährlich nur ein paar Tausend Schiffe die Meeresstraße, aber diese Zahl ist seitdem auf über 45 000 gestiegen. Rund 10 % sind Tanker, die jedes Jahr über 100 Mio. t gefährlicher Substanzen durch die Meerenge befördern.

Es gab bereits schwere Unfälle, z. B. die Kollision der *Independenta* mit einem anderen Schiff im Jahr 1979, bei der 43 Menschen umkamen und 95 000 t Öl (etwa zweieinhalbmal mehr als die Menge, die die *Exxon Valdez* verlor) ausliefen und verbrannten. Nach dem Desaster am Golf von Mexiko nahm die türkische Regierung ihre Bemühungen, alternative Routen für den Öltransport zu finden, wieder auf. Zu den ehrgeizigen Plänen zählt ein 12 Mrd. US$ teurer Kanal, durch den die Tankschiffe umgelenkt würden und zwei neue Großstädte am Bosporus entstünden. Es gibt bereits eine 1800 km lange Pipeline zwischen Baku, Aserbaidschan, und dem türkischen Hafen Ceyhan am östlichen Mittelmeer, und eine weitere soll zwischen Samsun und Ceyhan errichtet werden.

Der bekannte deutsch-türkische Regisseur Fatih Akın erzählt in seinem Film *Müll im Garten Eden* die herzzerreißende Geschichte des Dorfes seines Vaters, das durch eine Mülldeponie zerstört wurde.

Bauindustrie & Dämme

Die bauliche Entwicklung fordert einen furchtbaren Tribut, besonders entlang der Ägäis- und Mittelmeerküste. Orte wie Kuşadası und Marmaris, einst idyllische Fischerdörfer, sind heute zersiedelt und in Begriff, jeglichen Reiz zu verlieren. Schlimmer noch, der Großteil der Bauentwicklung erfolgt in den wärmeren Monaten, was die Infrastruktur belastet. Die Zahl der abgelegenen Buchten, die bei Bootsfahrten besucht werden können, ist gesunken, und es geht immer weiter: In İzmir, Sığacık und der Nordägäis wurden in den letzten Jahren diverse neue Jachthäfen gebaut.

Da die Türkei nur über begrenzte Wasser- und Stromvorräte verfügt, ist sie einer der weltweit größten Erbauer von Staudämmen. Es gibt bereits über 600 Dämme, und viele weitere sind geplant, wobei die Standorte umstritten sind. Das gigantische Südostanatolien-Projekt, bekannt als GAP, ist eine der größten Bauunternehmungen: Indem es die Quellgebiete der Flüsse Tigris und Euphrat nutzt, schafft es eine politische Zeitbombe und könnte für Spannungen mit den trockenen Ländern stromabwärts auslösen, die ebenfalls auf das Wasser angewiesen sind. Den Protesten des Irak und Syriens schloss sich vor Kurzem Georgien an, und ein UN-Bericht besagte, das Bauprojekt liefe Gefahr, die Menschenrechte zu verletzen.

2008 stellte der World Monuments Fund Hasankeyf (einst ein Handelszentrum der Seidenstraße an der Grenze Anatoliens und Mesopotamiens) auf die Liste der 100 meistgefährdeten Stätten der Welt; Grund dafür waren die Pläne für das İlisu-Dammprojekt, nach denen die historische Stadt im Südosten überschwemmt werden sollte. Dies wurde nun für das Jahr 2015 anberaumt, und es haben bereits Arbeiten begonnen, die Ruinen umzusetzen. Es gibt Proteste dagegen, aber die Ruinen werden aller Voraussicht nach verschwinden – zusammen mit ihrem idyllischen Umland am Tigris und Dutzenden Dörfern. Bis zu 70 000 Menschen sollen umgesiedelt werden, u. a. viele Kurden und Minderheiten.

Die Ruinen des ältesten Kurorts der Welt, Allianoi, verschwanden 2011 unter den Wassermassen des Yortanlı-Dammes. Auch ein allerletzter Aufruf des Tenors Plácido Domingo – des Präsidenten von Europa Nostra, des Europäischen Verbandes für Kulturerbe –, die im 2. Jh. erbaute römische Badestadt bei Bergama zu retten, scheiterte.

STRÄNDE

Trotz der vielen Defizite in Sachen Umwelt kümmert sich die Türkei gut um die Sauberkeit der Strände. Es gibt über 352 Strände und 19 Jachthäfen, die mit der Blauen Flagge gekennzeichnet sind. Die komplette Liste findet sich unter www.blueflag.org.

Weitere Umweltprobleme

In den Straßen İstanbuls sieht man immer öfter blaue Recyclingtonnen, aber es dürfte noch ein langer Weg sein, die Bürger und Unternehmen in dieser Hinsicht zu erziehen. Der Leiter einer Umweltkommission gab 2010 bekannt, dass die türkischen Kommunen über 60 % ihres Abfalls nicht ordnungsgemäß entsorgen.

Viele denken, die Regierung reagiere zu langsam. Anfang 2006 stieg die Strafe für die Entsorgung von Giftmüll von maximal 4500 auf 1,5 Mio. € – eine rechtliche Veränderung, die erst bekannt wurde, nachdem auf einem leer stehenden Gelände bei İstanbul Tonnen von Giftmüll entdeckt wurden. Einer der an meisten betroffenen Orte war Dilovası; hier war die Krebsrate dreimal so hoch wie im weltweiten Durchschnitt, und es hieß, der Ort müsse evakuiert und zum Katastrophengebiet erklärt werden. Nichts davon geschah. Die überindustrialisierte Region am Marmarameer bleibt ein Mahnmal für die Mängel des türkischen Umweltmanagements.

DER EU-BEITRITT

Der geplante EU-Beitritt der Türkei zwingt das Land zum Glück dazu, seine Standards bezüglich der Umwelt zu heben. Man hat begonnen, die Umweltpolitik zu verbessern und 2009 sogar das Kyoto-Protokoll ratifiziert.

Die Regierung ist bestrebt, alle Umweltgesetze mit den Vorgaben der EU in Einklang zu bringen, also z. B. das Verursacherprinzip zu übernehmen. Das könnte um die 70 Mrd. € kosten, obwohl die Europäische Kommission glaubt, dass die Türkei mit 120 Mrd. € für diese Investition entschädigt werden wird. 2009 erhielt Letztere aus dem Clean Technology Fund der Weltbank den ersten Kredit, den sie je aufgenommen hat: über 250 Mio. US$.

Premierminister Erdoğan zeigt eine ambivalente Einstellung zu den Umweltschützern; sein Ministerium für Umwelt und Urbanisierung sowie das Ministerium für Wald- und Wasserfragen sehen sich mit vielen Problemen konfrontiert. Zu den Prioritäten gehören die Abwasserentsorgung und der Bau von Wasseraufbereitungsanlagen. Die Lebensmittelsicherheit ist ein großes Sorgenkind, obwohl Gespräche mit der EU dazu bereits 2010 begannen, ein Jahr, nachdem in der Türkei ein Umweltverband gegründet worden war. Weitere Fragen sind die zur Erosion, zur Abholzung und zum Rückgang der Artenvielfalt.

2011 berichtete die Europäische Kommission, dass die Türkei gute Fortschritte in der Abfallwirtschaft erzielt habe, aber nur begrenzte Entwicklungen in Bereichen wie Luft- und Wasserqualität, Industrie-Emissionskontrolle, Risikomanagement und Klimawandel verzeichnen konnte. Sie meldete auch nichts von Fortschritten im Naturschutz.

Praktische Informationen

Allgemeine Informationen

Arbeiten in der Türkei

Außerhalb von Berufsfeldern wie dem Bildungswesen oder in Großunternehmen findet man in der Türkei nur schwer einen Job. Die meisten Leute unterrichten Sprachen oder betreuen Kinder.

Interessenten sollten ermitteln, ob potenzielle Arbeitgeber beim Erlangen einer Arbeitsgenehmigung helfen können. Viele Arbeitgeber (vor allem Sprachschulen) engagieren gern Ausländer auf informeller Basis. Da der Papierkram Zeit und Geld kostet, organisieren sie Arbeitsgenehmigungen oft nur ungern oder gar nicht. Dann bleibt einem nur, illegal mit einer normalen Aufenthaltsgenehmigung bzw. einem Touristenvisum zu arbeiten. Wichtig für Österreicher mit Touristenvisum: Die Regelung „90 Tage innerhalb von 180 Tagen" verhindert „Visumabstecher" ins Ausland und damit die Neubeschaffung des Dokuments durch eine erneute Einreise (s. S. 435).

Achtung: Seit Beginn der globalen Wirtschaftskrise zeigen Einheimische mitunter ausländische Schwarzarbeiter an! Sogar Sprachlehrer wurden bereits abgeschoben.

INFOS IM INTERNET

Arbeitssuchenden könnten z. B. folgende Auswandererplattformen und Kleinanzeigenverzeichnisse helfen:

» http://istanbul.craigslist.org

» www.expatinturkey.com

» www.mymerhaba.com

» www.sahibinden.com

» www.sublimeportal.com

Kinderbetreuung

Einer der lukrativsten Jobs für Ausländer ohne Fachausbildung ist Kleinkindbetreuung bei reichen Großstädtern. Alternativ kann man deren Teenie-Nachwuchs beaufsichtigen und ihn in Deutsch, Französisch oder Englisch voranbringen. Auch für jüngere Frauen und Männer gibt's diesbezüglich ein paar Möglichkeiten.

Allerdings ist mit langen Arbeitszeiten, anspruchsvollen Arbeitgebern und verzogenen Kindern zu rechnen.

Zum Gehalt gibt's in der Regel eine (zumeist luxuriöse) Gratisunterkunft dazu. Wer bei einer Familie jobbt, hat aber quasi ständige Rufbereitschaft und wohnt eventuell in einem Vorort.

Sprachunterricht

Vor allem in İstanbul und den anderen Großstädten kann man als Sprachlehrer an einer Universität oder Schule ganz ordentlich verdienen. Gute Stellen erfordern einen Uni-Abschluss, ein offizielles internationales Lehrzertifikat für Fremdsprachen (Teaching German/English/French as a Foreign Language bzw. TGFL/TEFL/TFFL für Deutsch/Englisch/Französisch) oder eine ähnliche Qualifikation.

Potenzielle Sprachlehrer sollten die Websites am Anfang dieses Abschnitts durchforsten und sich auch mal unter www.tefl.com oder im Türkei-Forum von www.eslcafe.com umschauen.

Möglichkeiten für Initiativbewerbungen ergeben sich z. B. aus Wikipedia-Verzeichnissen der türkischen Bildungseinrichtungen.

DERSHANE

Viele türkische *dershane* (Privatschulen) bezahlen gutes Geld und bieten weitere Pluspunkte wie Arbeitsgenehmigungen oder Unterkünfte, wobei Letztere eventuell auf oder nahe dem Schulgelände in einem Vorort liegen. Manchmal werden sogar die Kosten für die Anreise und/oder Flüge in die Heimat übernommen.

Das Jobspektrum reicht vom Kindergarten bis hin zur weiterführenden Schule. Wer kein Türkisch spricht, tut sich mit ganz jungen Kindern oft schwer: Viele davon sind verzogen und benehmen sich bei ausländischen Lehrern daneben. Die besten Vorschulen stellen Ausländern türkische Kollegen zur Seite.

Interessenten müssen häufig eine unbezahlte Probezeit (ca. 1–2 Wochen) absolvieren.

Sofern nicht spontan etwas wegen vorzeitiger

PRAKTISCH & KONKRET

» Für Maße und Gewichte verwendet die Türkei das metrische System.

» Die Netzspannung liegt bei 230 V Wechselstrom (50 Hz).

» Steckdosenadapter gibt's bei den meisten Elektroläden. Empfehlenswert sind wechselstromtaugliche Universalmodelle mit Überspannungsschutz.

» Neben der Tageszeitung *Today's Zaman* (www.todayszaman.com) erscheinen auch Ausgaben von *Hürriyet* (www.hurriyetdailynews.com) und *Sabah* (www.sabahenglish.com) auf Englisch.

» Die International Strategic Research Organization (ISRO; türk. USAK) mit Sitz in Ankara veröffentlicht englischsprachige Nachrichten und Kommentare im *Journal of Turkish Weekly* (www.turkishweekly.net).

» Das *Migazin* (www.migazin.de) und Vaybee! (www.vaybee.de) stellen deutschsprachige Presseschauen zur Türkei ins Netz.

» Das englischsprachige Hochglanzmagazin *Cornucopia* (www.cornucopia.net) widmet sich den schönen Dingen des Landes.

» Lesenswert ist das Monatsbordblatt *Skylife* (www.thy.com) von Turkish Airlines.

» Täglich sendet TRT auch deutschsprachige Radionachrichten (online unter www.trtde.com/trtworld/de/news.aspx).

» Digiturk offeriert viele türkische und internationale Fernsehkanäle.

Vertragskündigung frei wird, tauchen solche Stellen meist zwischen Mai und Juni in den Kleinanzeigen auf: Zu dieser Zeit werden Lehrer für das neue Schuljahr (Beginn im Sept.) gesucht. Die Anstellungsverträge (Durchschnittsgehalt 2000–3500 ₺/Monat) laufen immer bis zum Schuljahresende im Juni.

PRIVATUNTERRICHT

Privatunterricht (35–60 ₺/Std.) hat den Vorteil, dass hierfür kein Uni-Abschluss oder Fremdsprachenzertifikat vonnöten ist. Entsprechende Kleinanzeigen kann man z. B. unter http://istanbul.craigslist.org oder www.sahibinden.com aufgeben.

Nachteile: Kunden müssen z. T. in ihren Büros oder zu Hause aufgesucht werden – das ist zeitintensiv und besonders für Frauen mitunter gefährlich. Vor allem aber sagen viele Schüler einen Termin spontan ab, wenn sie gerade viel zu tun haben: Sprachenlernen wird dann auf einmal unwichtig. Wie bei Schulen für Business-Englisch findet der Unterricht auch sehr oft abends oder am Wochenende statt.

SPRACHSCHULEN

Sprachschulen als Arbeitgeber sind nicht zu empfehlen: Meist handelt es sich dabei um ausbeuterische Einrichtungen, die sich nicht um Berufsethik scheren und z. B. falsche Versprechungen machen. Tipp: Craigslist warnt häufig vor Sprachschulen mit schlechtem Ruf!

Mancherorts gibt's zentrale Klassenzimmer. Wer Business-Englisch unterrichtet, muss aber oft in der ganzen Stadt zwischen den Arbeitsplätzen verschiedener Kunden pendeln.

Viele Sprachschulen versprechen eine bestimmte Zahl von Wochenstunden, sagen Kurse dann aber ohne Vorwarnung und meist in letzter Minute ab. Daher ist es sehr schwierig und frustrierend, so seinen Lebensunterhalt in der Türkei zu verdienen.

Der typische Stundenlohn liegt bei 19 bis 25 ₺. Business-Englisch wird besser bezahlt (max. 35 ₺/Std.) und jeweils direkt im Büro des Kunden per Einzelunterricht vermittelt.

UNIVERSITÄTEN

Universitäten organisieren Arbeitsgenehmigungen und bezahlen die höchsten Gehälter (oft auch Flüge in die Heimat). Zudem agieren sie professioneller als viele andere Einrichtungen.

Sprachlehrer bereiten häufig Erstsemester auf englischsprachige Kurse vor.

Wie *dershane* inserieren Unis zwischen Mai und Juni (Vertragslaufzeit ca. Sept.–Juni).

Tourismusbranche

In Touristengebieten arbeiten manchmal Traveller schwarz für Pensionen, Bars und andere Einrichtungen. Neben Kost und Logis gibt's dafür meist nur sehr wenig Geld; zudem dauern solche Jobs oft nur ein paar Wochen. Dennoch kann man dabei viel Spaß haben und Einheimische kennenlernen.

Achtung: Wer auf diese Weise öffentlich und in direkter Konkurrenz zu ungelernten Einheimischen arbeitet, riskiert eine Anzeige und die Ausweisung!

Botschaften & Konsulate

» Ausländische Botschaften befinden sich generell

in Ankara, so auch die für **Deutschland** (☎0312-455 5100; www.ankara.diplo.de; Atatürk Bulvarı 114, Kavaklıdere), **Österreich** (☎0312-405 5190-92; www.bmeia.gv.at/botschaft/ankara.html; Atatürk Bulvarı 189, Kavaklıdere) und die **Schweiz** (☎0312-457 3100; www.eda.admin.ch/turkey; Atatürk Bulvarı 247, P. K. 25, Kavaklıdere). Einige Nationen unterhalten auch Konsulate in anderen türkischen Städten.

» Diplomatische Vertretungen haben meist von Montag bis Freitag geöffnet (8 od. 9–12 Uhr, Visumabholung ab Mittagspausenende bis 17 od. 18 Uhr) – Vertretungen einiger muslimischer Länder eventuell von Sonntag bis Donnerstag.

» Der Weg zu einer Botschaft lässt sich mit „[Land] *başkonsolosluğu nerede?*" erfragen.

» Die Website des türkischen **Außenministeriums** (www.mfa.gov.tr) nennt alle ausländischen Botschaften und Konsulate vor Ort. Zudem ist es ratsam, auch beim eigenen Außenministerium vorbeizusurfen.

» Details zu Visa für Nachbarländer stehen im Kapitel „Verkehrsmittel & -wege".

Ermäßigungen

Der İstanbuler Museumspass (S. 44) bringt maximal 36 ₺ Ersparnis bei den bedeutendsten Attraktionen der Stadt und erlaubt das Umgehen der Warteschlangen. Die wiederaufladbare İstanbulkart (S. 123) vergünstigt die öffentlichen Verkehrsmittel der Metropole.

Mit dem **Internationalen Studentenausweis** (International Student Identity Card; ISIC; www.isic.org) spart man Bares bei Unterkünften, Restaurants, Unterhaltungseinrichtungen, Händlern und Verkehrsmitteln; Antragsteller müssen u. a. ihren Studentenstatus mit einer offiziellen Immatrikulationsbescheinigung oder schriftlichen Bestätigung ihrer Hochschule nachweisen. Man bekommt den Ausweis in der Türkei, einfacher ist es jedoch, ihn sich schon zu Hause zu besorgen.

Diese Ausweise bringen ähnliche Ermäßigungen, werden aber seltener akzeptiert:

Internationaler Jugendreiseausweis (International Youth Travel Card; IYTC; http://tinyurl.com/25tlbv7) Für Reisende unter 26 Jahren (mit Altersnachweis).

Internationaler Lehrerausweis (International Teacher Identity Card; ITIC; http://tinyurl.com/25tlbv7) Erfordert u. a. einen Beschäftigungsnachweis (Mindestanstellung ein Jahr bei 18 Std./Woche) der jeweiligen Bildungseinrichtung.

Essen

In diesem Buch gelten folgende Preisbereiche jeweils für ein Hauptgericht:

İstanbul

€	unter 15 ₺
€€	15–25 ₺
€€€	über 25 ₺

Übrige Türkei

€	unter 9 ₺
€€	9–17,50 ₺
€€€	über 17,50 ₺

Feiertage & Ferien

Neujahr (Yılbaşı; 1. Jan.)

Tag der Nationalen Souveränität & des Kindes (Ulusal Egemenlik ve Çocuk Günü; 23. April) Erinnert an die Eröffnung der Großen Nationalversammlung im Jahr 1920.

Tag der Arbeit & Solidarität (1. Mai) Im Rahmen der Umzüge am Maifeiertag (2010 wieder eingeführt) treffen sich Tausende auf dem İstanbuler Taksim-Platz, wo in Zeiten der Gewaltpolitik ein Massaker stattfand (1. Mai 1977).

Tag der Jugend & des Sports (Gençlik ve Spor Günü; 19. Mai) Ehrt Atatürk und die Jugend.

Zuckerfest (Şeker Bayramı od. Ramazan Bayramı; s. unten) Feiert das Ende des Ramazan (in anderen muslimischen Ländern „Ramadan").

Tag des Sieges (Zafer Bayramı; 30. August) Erinnert seit dem Türkischen Befreiungskrieg an den Sieg der republikanischen Armee über die Griechen (Schlacht

DIE WICHTIGSTEN ISLAMISCHEN FEIERTAGE

Die religiösen Feste des Islam orientieren sich am Mondkalender, der etwas kürzer ist als sein gregorianisches Pendant. So beginnt jedes muslimische Kalenderjahr etwa elf Tage früher, wobei die folgenden Datumsangaben noch leicht variieren können.

ISLAMISCHES JAHR	NEUJAHR	GEBURTSTAG DES PROPHETEN	RAMAZAN	ŞEKER BAYRAMI	KURBAN BAYRAMI
1434	16. Nov. 2012	25. Jan. 2013	10. Juli 2013	8. Aug. 2013	15. Okt. 2013
1435	5. Nov. 2013	14. Jan. 2014	29. Juni 2014	28. Juli 2014	4. Okt. 2014
1436	25. Okt. 2014	3. Jan. 2015	18. Juni 2015	17. Juli 2015	23. Sept. 2015

am Pontos; 30. August 1922).

Opferfest (Kurban Bayramı; s. Kasten S. 424) Höchster islamischer Feiertag; erinnert daran, dass İbrahim (Abraham) seinen Sohn İsmael (Isaak) beinahe auf dem Berg Morija opferte (Koran: Sure 37, Bibel: 1. Mose 22). Verkehrsmittel und Unterkünfte sind ausgebucht.

Tag der Republik (Cumhuriyet Bayramı; 28.–29. Okt.) Feiert die Ausrufung der Republik durch Atatürk (1923).

Fotos & Video

Die Einheimischen haben mit Foto- und Videoaufnahmen im Allgemeinen kein Problem – es sei denn, sie beten gerade oder gehen anderen religiösen Tätigkeiten nach. Wie in den meisten Ländern sollte man auch in der Türkei nie Militärposten, Flugplätze, Polizeiwachen und ähnliche Einrichtungen knipsen bzw. filmen, da dies verdächtig wirken könnte.

Frauen unterwegs

Frauen bekommen bei einem Türkeitrip keine Probleme, wenn sie ein paar einfache Verhaltensregeln beherzigen.

Bekleidung

Benehmen und Bekleidung sollten dem jeweiligen Umfeld angepasst sein – am besten schauen, was die Türkinnen vor Ort tragen! Auf den Straßen von Beyoğlu (İstanbul) sind durchaus enge Tops und Jeans zu sehen. Zu viel nackte Haut oder kurze Röcke ohne Leggins darunter gehen aber allerhöchstens in den Discos in İstanbul und den Touristenhochburgen an der Küste.

Beim Besuch von Moscheen sollte frau ein Kopftuch tragen; draußen auf der Straße ist dies jedoch nicht notwendig.

Essen & Ausgehen

Wenn Restaurants oder Teegärten auch Frauen und Kinder unter ihren Gästen haben möchten, bieten sie in der Regel einen separaten Familienraum bzw. -bereich. Dieser ist mit *aile salonu* (Familienspeiseraum) oder schlicht *aile* gekennzeichnet.

Regionale Unterschiede

In westtürkischen Restaurants oder Läden kann ein Geplänkel mit Männern durchaus Spaß machen und erregt bei diesen oft keine Hintergedanken.

Vor allem in ländlichen Gebieten – je weiter im Landesinneren, desto mehr – müssen viele Türkinnen aber zu Hause bleiben. So sind dort mancherorts kaum Frauen auf der Straße zu sehen, und falls doch einmal, immer in Kopftuch und langer Jacke. Frauen sollten die hiesigen Männer nicht auf falsche Gedanken bringen: Schon ein Lächeln oder Blick in die Augen wird mitunter als Einladung verstanden. Es empfiehlt sich, Männern formell und höflich, aber nicht zu freundlich zu begegnen.

Unterkunft

Die allerbilligsten Hotels sind oft üble Absteigen und für allein reisende Touristinnen nicht geeignet. Die halten sich besser an familienorientierte Mittelklasseoptionen.

Falls frau die Lobby betritt und alle Gespräche verstummen, ist das betreffende Hotel wohl keine gute Wahl.

Wichtig: Niemals öffnen, wenn es nachts an der Zimmertür klopft – und gleich morgens beim Management beschweren!

Am besten halten sich Frauen an offizielle Campingplätze und zelten nur an stark belebten Stellen.

Urlaubsromanzen

Nicht selten lassen sich Touristinnen auf Urlaubsromanzen mit einheimischen Männern ein. Einerseits nährt dies das in Nahost weit verbreitete Vorurteil, dass Frauen aus dem Westen „leichter zu haben" seien. Andererseits haben manche Männer solche Beziehungen auch schon schamlos ausgenutzt – z. B. indem sie sich eng mit Touristinnen anfreundeten, dann Mitleidsgeschichten erfanden (z. B. die von der kranken Mutter) und schließlich um finanzielle „Hilfe" baten.

Verkehrsmittel

In Taxis und *dolmuşlar* sollten Frauen sich nicht auf den Beifahrersitz setzen.

Weibliche Buspassagiere ohne Begleitung bekommen oft einen Platz vorn in Fahrernähe zugewiesen. In Nachtbussen wurden Touristinnen bereits von männlichen Passagieren oder Schaffnern belästigt. Sollte dies passieren, unbedingt so lautstark protestieren, dass es andere Leute an Bord garantiert mitbekommen – und dann nach der Ankunft am Ziel gleich noch einmal entsprechend beschweren! Frauen haben ein Recht auf respektvolle Behandlung.

Freiwilligenarbeit

Die Optionen für Freiwillige reichen von Lehrerjobs bis hin zur Mitarbeit auf Biobauernhöfen.

Alternative Camp (www.ayder.org.tr) Freiwilligenorganisation, die landesweit Freizeitcamps für Menschen mit Behinderung betreibt.

Culture Routes in Turkey (tinyurl.com/d6fld8l) Beschildert und pflegt Wanderrouten wie den Lykischen Weg mithilfe von Freiwilligen.

Gençlik Servisleri Merkezi (Dienstleistungszentrum für Jugendliche; www.gsm-youth.org) Unterhält Freiwilligencamps in der ganzen Türkei.

Gençtur (http://genctur.com.tr) Organisiert Freiwilligen-

Ferien (u.a. auf Bauernhöfen) von İstanbul oder Berlin aus.

European Voluntary Service (http://tinyurl.com/8632hbt) Türkeiweite Möglichkeiten für 18- bis 30-jährige Europäer.

Gönüllü Turkye VAR!M (http://gonulluturkiye.org/En/) Projekt der türkischen Regierung im Rahmen des Europäischen Jahres der Freiwilligentätigkeit.

Ta Tu Ta (www.tatuta.org) Der türkische Ableger von WWOOF (Worldwide Opportunities on Organic Farms) organisiert Freiwilligenjobs auf vielen Biobauernhöfen im ganzen Land. Kost und Logis gibt's dort gratis oder gegen einen kleinen Unkostenbeitrag.

Gefahren & Ärgernisse

Obwohl die Türkei keinesfalls als gefährlich gilt, sollten vor allem Alleinreisende stets etwas Vorsicht walten lassen.

Das allgemeine Bewusstsein für Gefahren ist hier recht niedrig. Dies äußert sich z.B. in ungeflickten Schlaglöchern, Steilkanten ohne Geländer, sehr wenigen Rettungsschwimmern am Strand, Verzicht auf Angurten im Auto und *dolmuş*- bzw. Minibusfahrern, die in Kurven ihr Kleingeld zählen.

Besonders wachsam sollte man in İstanbul sein, wo diverse Abzockmaschen grassieren.

Die Gewalt von kurdischer Seite, die vor allem in Südostanatolien eine Rolle spielt, betrifft mitunter auch den Westen der Türkei: 2010 kündigte der PKK-Kommandeur an, dortige Großstädte und Ferienorte anzugreifen. Im selben Jahr verletzte ein Selbstmordattentäter insgesamt 32 Menschen auf dem İstanbuler Taksim-Platz.

In zentral- und ostanatolischen Hotels kam es schon zu sexuellen Übergriffen auf beide Geschlechter.

Wer alleine oder abseits der Touristenpfade unterwegs ist, sollte vorab eine kleine Recherche durchführen (z.B. über Internetforen) und sich dann auch vor Ort umhören.

Notrufnummern stehen auf S. 15.

Abzocke & Betäubung

Eine berüchtigte İstanbuler Abzockmasche betrifft meist allein reisende Männer: Ein netter Einheimischer freundet sich mit dem Opfer auf der Straße an und nimmt es mit in eine Bar. Nach ein paar Drinks (eventuell auch noch an ein paar Damen ausgegeben) kommt die Rechnung – astronomisch hoch und „gerechtfertigt" von den Preisen einer Getränkekarte, die der Barbetreiber dann hervorzaubert. Wer nun nicht genug Bares dabei hat, wird mit Gewalt zum nächsten Geldautomaten geschleppt. Sollte einem dies passieren, schleunigst ab zur Touristenpolizei: Manche Traveller haben die Beamten zu der jeweiligen Bar geführt und das zu viel bezahlte Geld zurückbekommen.

Vergleichsweise seltener kippen die Täter ein Betäubungsmittel in das Getränk des Opfers. Dieses erwacht dann an unerwarteter Stelle ohne jegliche Wertsachen und vielleicht sogar ohne Schuhe. Auch noch Schlimmeres ist theoretisch möglich.

In Großstädten sollten allein reisende Männer daher niemals Einladungen von Fremden annehmen, ohne die Situation sehr sicher einzuschätzen. Beispielsweise kann man den neuen Bekannten dann eine Bar der eigenen Wahl vorschlagen. Wird dies abgelehnt, ist wahrscheinlich etwas faul.

Auch Nachtzugpassagiere wurden schon betäubt und ausgeraubt. Türken sind oft sehr gesellige und großzügige Mitreisende. Dennoch bitte niemals Essen oder Getränke von Leuten annehmen, die nicht zu 100 % vertrauenswürdig sind!

ANTIQUITÄTEN

Besucher antiker Stätten (z.B. Ephesos) sollten niemals Münzen oder andere Artefakte bei Straßenhändlern kaufen: Dies gilt als schwere Straftat und wird mit langer Haft geahndet. Zudem stecken die Händler bzw. Schlepper eventuell mit örtlichen Polizisten unter einer Decke.

MEHRWERTSTEUER

Diverse Abzocker bedienen sich auch der Mehrwertsteuer. Etwas Teures wie einen Teppich sollte man nie in der Annahme bezahlen, dass am Flughafen automatisch eine Mehrwertsteuererstattung erfolgt – selbst dann nicht, wenn einen der Händler um das Unterschreiben eines türkischsprachigen Dokuments mit behördlichem Aussehen bittet: Sollte auf diesem stehen, dass die Rückerstattung bereits erfolgt ist, ist am Flughafen später nichts mehr zu holen.

Manche Läden werben auf Schildern für steuerfreies Einkaufen. In den meisten Fällen ist es am besten, gar nicht erst von einer Rückerstattung auszugehen und einfach einen akzeptablen Preis zu bezahlen. Es gilt: Niemals unverständliche Dokumente unterschreiben und bei Verdacht auf krumme Geschäfte lieber zu einem anderen Händler gehen!

SCHUHPUTZER

In Sultanahmet (İstanbul) bitte niemals die scheinbar zufällig heruntergefallene Bürste eines Schuhputzers aufheben, der gerade vor einem läuft: Derjenige wird sich mit einer „Gratisreinigung" revanchieren und dann eine exorbitante Summe verlangen!

Beleidigung des Türkentums

Beleidigen, Diffamieren oder Lächerlichmachen des

Türkentums (inkl. Atatürk, Nationalflagge, Republik, Bevölkerung usw.) ist per Gesetz verboten. Dies wird von offizieller Seite sehr ernst genommen: Ausländer sind schon ins Kittchen gewandert, weil Einheimische fälschlicherweise behauptet hatten, dass im Streit abfällige Bemerkungen der genannten Art gefallen seien.

Fliegen & Moskitos

Im Hochsommer sind Moskitos selbst in İstanbul eine Plage und können einen Aufenthalt an der Küste zum Alptraum machen. Manche Hotelzimmer verfügen über Moskitonetze und/oder elektrische Insektenfallen. Dennoch ist es sehr empfehlenswert, selbst Mückenspray und -spiralen dabeizuhaben.

Rauchen

Viele Einheimische rauchen so gern, dass sie ihre Leidenschaft fürs Qualmen sogar selbst auf die Schippe nehmen.

Nichtsdestotrotz herrscht Rauchverbot in allen geschlossenen öffentlichen Räumen; bei Verstößen droht ein Bußgeld. Hotels, Restaurants und Bars sind allgemein frei von blauem Dunst. Manche Bars lockern die Regeln aber zu späterer Stunde etwas. Billig- und Mittelklassehotels abseits der Touristenpfade halten sich zwar in ihren öffentlich zugänglichen Bereichen an das Rauchverbot, sehen dies in den eigentlichen Zimmern aber oft nicht ganz so eng und stellen sogar Aschenbecher zur Verfügung. Obwohl öffentliche Verkehrsmittel offiziell ebenfalls qualmfrei sein müssen, rauchen manche Taxi- und Busfahrer am Steuer.

Straßenverkehr

Vor Ort wird ziemlich aggressiv und waghalsig gefahren: Viele Einheimische scheren sich nicht um grüne Fußgängerampeln oder schwächere Verkehrsteilnehmer. Somit ist es gesünder, Fahrzeugen stets Vorrang zu gewähren – selbst wenn dazu ein Sprung erforderlich sein sollte.

Geld

Landeswährung ist die Türk Lirası (Türkische Lira; ₺). Geldscheine haben einen Wert von 5, 10, 20, 50, 100 oder 200 ₺. Münzen gibt's zu 1, 5, 10, 25 oder 50 *kuruş* und zu 1 ₺.

Nach Jahrzehnten der grassierenden Inflation ist die Lira heute stabil. Von 2005 bis 2008 wurde die Inflation mit der Yeni Türk Lirası (Neuen Türkischen Lira; Y₺) bekämpft. Vorsicht vor Leuten, die einem alte *kuruş*-Münzen unterjubeln wollen: Die Yeni Türk Lirası ist inzwischen nicht mehr gültig. Wer aber noch „neue" Geldscheine oder -stücke von einem früheren Türkeibesuch übrig hat, kann diese bei Filialen der Ziraat-Bank in die aktuelle Währung umtauschen.

Die Hyperinflation hat der Lira zahllose Nullen beschert – bei Einführung der Neuen Lira (2005) wurden sechs Nullstellen von den Geldscheinen gestrichen. Verwirrenderweise denken viele Einheimische aber immer noch in Tausender- oder Millionenbeträgen. So sollte man nicht erschrecken, wenn beim Kauf von Artikeln für 6 ₺ ganze 6 000 000 ₺ verlangt werden.

Da Wechselgeld hier immer und überall rar ist, empfiehlt sich für Kleinbeträge ein ausreichender Vorrat an Münzen und kleinen Scheinen. Postfilialen haben Western-Union-Schalter.

Fremdwährungen

Euro und US-Dollar werden generell am häufigsten akzeptiert. In den Geschäften, Hotels und Restaurants vieler Touristengebiete kann man mit diesen Fremdwährungen bezahlen – ebenso bei langen Taxitouren.

Geld wechseln

Weil die Lira viel schwächer ist als westliche Währungen, gibt's den besten Wechselkurs wohl direkt vor Ort. Außerhalb der Türkei ist die Lira aber praktisch wertlos – darum unbedingt alle Reste vor der Abreise ausgeben!

Euro und US-Dollar lassen sich am leichtesten umtauschen. Viele Wechselstuben und Banken nehmen aber auch andere starke Fremdwährungen wie Schweizer Franken an.

Wechselstuben findet man in manchen Postämtern (PTT), Läden und Hotels sowie in Touristenzonen oder Marktbezirken (dort sind die Kurse oft vorteilhafter). Häufig wird keine Umtauschgebühr verlangt, die Wechselstuben bieten bessere Konditionen als Banken und haben allgemein auch länger geöffnet als Letztere.

Banken akzeptieren schwächere Währungen eher (meist aber nur sehr ungern). Die Türkei hat keinen Schwarzmarkt.

Geldautomaten

Örtliche Geldautomaten spucken Türkische Lira (z. T. auch Euro und US-Dollar) nach Eingabe einer Visa-, Master-, Cirrus- oder Maestro-Card aus – einfach nach den entsprechenden Logos auf dem Gehäuse schauen! Dort ist normalerweise auch eine Bedienungsanleitung in mehreren Sprachen (u. a. Englisch) vorhanden.

Geldautomaten gibt's in den meisten Groß- und Kleinstädten, nicht aber in bestimmten Dörfern. Es ist möglich, durch die Türkei zu reisen, ohne Geld zu wechseln, wenn man Bares stets aus den Automaten zieht – wer abgelegenere Dörfer besucht, sollte einen ausreichenden Vorrat mitnehmen. Eine Bargeldreserve empfiehlt sich auch für den unvorhersehbaren Fall eines Gerätedefekts. Achtung: Falls die Karte von einem freistehenden Geldautomaten

DIE KUNST DES FEILSCHENS

Wenn Kunden einen türkischen Laden betreten und etwas Teures kaufen wollen, bekommen sie traditionell einen Sitzplatz und ein Getränk (*çay*, Kaffee oder Alkoholfreies) angeboten. Dann wird über Allgemeines, das örtliche Gesamtangebot und die Präferenzen, Vorstellungen oder Bedürfnisse des Kunden gesprochen. Schließlich legt der Händler eine entsprechende Auswahl vor.

Nun fragt der Kunde nach dem Preis; der Verkäufer nennt diesen. Der Kunde schüttelt den Kopf und unterbietet den Betrag um 25 bis 50 %. So geht es mehrmals hin und her, bis ein Preis erreicht ist, mit dem beide Parteien zufrieden sind. Achtung: Es gilt als sehr schlechter Stil, einem ausgehandelten Preis erst zuzustimmen und dann noch seine Meinung zu ändern!

Wenn Feilschen kein akzeptables Ergebnis bringt, kann man sich aber jederzeit höflich verabschieden und den Laden verlassen. Tatsächlich ist Gehen sogar eine der besten Methoden, um die Solidität des letzten Angebots zu überprüfen: Falls der Händler weiß, dass der gewünschte Artikel woanders günstiger zu bekommen ist, wird er einem wahrscheinlich hinterherrufen und die Summe nochmals senken. Selbst wenn dies nicht der Fall sein sollte, kann man stets später zurückkommen und das Gewünschte zum letzten genannten Preis erwerben.

Erfolgreiche Feilscher bringen genügend Zeit mit und haben sich zum betreffenden Artikel bereits schlau gemacht – vor allem aber kennen sie den aktuellen Marktpreis! Letzterer lässt sich am besten über Vergleiche in mehreren Läden ermitteln (dort nur fragen, aber keine Gegenangebote machen). Wenn man stets gut gelaunt und höflich feilscht, werden die Händler dies ebenfalls tun. Verbessernd auf das Angebot wirkt oft auch die Offerte, mehrere Artikel auf einmal zu kaufen oder bar bzw. in einer starken ausländischen Währung zu bezahlen.

Wer keine Zeit für Vergleiche hat, befolgt am besten die uralte Regel „Finde etwas Schönes für annehmbares Geld, kaufe es, freue Dich daran und schere Dich nicht darum, ob es vielleicht noch deutlich günstiger zu haben gewesen wäre."

Bei Lebens- und Verkehrsmitteln ist Feilschen allgemein nicht angebracht. Außerhalb von Touristengebieten rechnen Hotels eventuell mit „Handeln" um den Zimmerpreis, während Pensionsbetreiber in stark besuchten Gegenden normalerweise auf ihren Tarifen bestehen. Im Winter oder bei längeren Aufenthalten kann sich die Frage nach *indirim* (Rabatten) aber durchaus lohnen.

einbehalten wird, bekommt man sie u. U. nur schwer wieder zurück – solche Maschinen werden oft von Konzessionären der eigentlichen Banken betrieben.

Kreditkarten

Viele Hotels, Geschäfte und Lokale akzeptieren Visa oder MasterCard. Oft gilt dies jedoch nicht für Pensionen und Restaurants jenseits großer Touristengebiete. Außerhalb des Spitzenklassebereichs lassen sich Amex-Karten eher seltener benutzen. Visa und MasterCard ermöglichen auch Barabhebungen. Achtung: Unbedingt das ausstellende Unternehmen rechtzeitig von der Reise in Kenntnis setzen! Andernfalls werden Transaktionen eventuell automatisch eingefroren, da Kreditkartenbetrug auch in der Türkei vorkommt.

Reiseschecks

Banken, Läden und Hotels akzeptieren Reiseschecks generell nur sehr ungern: Sie verlangen entweder eine Einlösegebühr oder bitten einen, die Schecks anderswo in Bares umzuwandeln. Wer Reiseschecks benutzen und einlösen muss, ist bei großen Banken am besten dran.

Trinkgeld

In Sachen Trinkgeld ist die Türkei recht westlich geprägt: Anders als im übrigen Nahen Osten wird man hier nicht dauernd von Bakschisch-Bitten belästigt.

Teurere Restaurants berechnen z. T. automatisch eine *servis ücreti* (Servicegebühr). Allerdings gibt's keine Garantie dafür, dass diese an das Personal weitergegeben wird.

Für weitere Trinkgeld-Tipps s. S. 17.

Internetzugang

» WLAN gibt's landesweit in den meisten Unterkünften aller Preiskategorien.

» Weitere Hotspots gibt es beispielsweise in Reisebüros, Teppichläden, am *otogar* (Busbahnhof) und sogar an Fährterminals.

» In diesem Buch kennzeichnet das Symbol 📶 ein hauseigenes Drahtlosnetzwerk.

» Das Symbol @ weist auf einen vorhandenen Gästecomputer mit Internetanschluss hin.

Internetcafés

» Internetcafés (geöffnet ca. 9–24 Uhr, ca. 1,50 ₺/Std., İstanbul 3 ₺/Std.) sind vor Ort noch weit verbreitet. Wegen des Siegeszugs von tragbaren Geräten und WLAN werden sie aber zunehmend seltener.

» Die Verbindungsgeschwindigkeit ist allgemein recht hoch, variiert aber mitunter. Viren auf den Rechnern sind keine Seltenheit.

» Die besten Cafés haben englische Tastaturen. Mancherorts gibt's nur türkische Modelle mit „ı" statt „i"; das @-Symbol lässt sich auf ihnen durch den Shortcut „q + ALT" erzeugen.

Karten & Stadtpläne

Karten und Stadtpläne gibt's überall bei Touristeninformationen oder Buchläden (z. B. in İstanbul an der İstiklal Caddesi). Gute Exemplare sind vor Ort aber nur schwer aufzutreiben. Somit bestellt man am besten rechtzeitig bei entsprechenden Online-Händlern.

Neben den Stadtplänen und Regionalkarten von Mep Medya empfehlen sich auch folgende Publikationen für größere Touren:

» Türkiye Karayolları Haritası (Übersichtskarte zum ganzen Land; Maßstab 1:1200000)

» Adım Adım Türkiye Yol Atlası (Straßenatlas „Türkei Schritt für Schritt"; Maßstab 1:400000).

Öffnungszeiten

Türkische Museen sind meist montags geschlossen. Zwischen April und Oktober haben sie eineinhalb bis zwei Stunden länger geöffnet als im Rest des Jahres. Auch die unten genannten Einrichtungen passen sich der jeweiligen Saison an: Im Sommer sind z. B. Bars wahrscheinlich länger geöffnet als im Winter. Dasselbe gilt für die Touristeninformationen beliebter Ziele, die Besucher dann auch am Wochenende empfangen.

Während des heiligen Monats Ramazan (momentan im Sommer) sind die Arbeitstage kürzer. In stärker islamisch geprägten Städten hat zum Mittagsgebet am Freitag (der islamischen Entsprechung zu unserem Sonntag) praktisch alles geschlossen. Abgesehen davon ist der Freitag aber ein normaler Werktag.

Banken, Behörden & Büros Mo–Fr 8.30–12 & 13.30–17 Uhr

Bars & Kneipen 16 Uhr–open end

Discos & Nachtclubs 23 Uhr–open end

Geschäfte & Läden Mo–Fr 9–18 Uhr (in Touristengebieten und Großstädten länger bzw. auch am Wochenende).

Restaurants Morgens 7.30–10, mittags 12–14.30, abends 19.30–22 Uhr

Touristeninformationen Mo–Fr 8.30–12 & 13.30–17 Uhr

Post

Türkische *postanes* (Postämter) sind an gelb-schwarzen „PTT"-Schildern zu erkennen. Sie haben meist die oben genannten Standardöffnungszeiten, empfangen Kunden in Großstädten aber teilweise auch länger.

Briefe ab der/in die Türkei sind mindestens sieben Tage und manchmal auch mehrere Wochen lang unterwegs. Eine Postkarte ins Ausland kostet ca. 2 ₺.

Für *yurtdışı* (Auslandspost), *yurtiçi* (Inlandspost) und *şehiriçi* (Lokalpost) sind separate Schlitze in den Briefkästen vorhanden. Weitere Details gibt's unter www.ptt.gov.tr.

Paketsendungen

Paketsendungen ab der Türkei sollten immer erst nach der obligatorischen Zollkontrolle verschlossen werden. Verpackungsmaterial, Klebeband etc. nimmt man daher am besten separat mit zur Post.

Zum Luftpost-Grundtarif für das erste Kilogramm (40 ₺) kommt je nach Mehrgewicht ein Aufpreis hinzu (5 ₺/kg in die meisten europäischen Länder).

Paketsendungen kommen erst nach Monaten an.

Internationale Kurierdienste wie DHL sind auch in der Türkei vertreten.

Rechtsfragen

Theoretisch ist der Reisepass ständig mitzuführen. Mitunter wurden Touristen schon von der Polizei angehalten und so lange festgesetzt, bis jemand das fehlende Dokument beschaffte. In der Praxis hat es sich bewährt, eine Kopie des Passes mitzuführen.

Das türkische Gesetz verbietet u. a. Beleidigungen des Türkentums (s. S. 426), jegliche Drogen und den Antiquitätenkauf oder -schmuggel. Die hiesigen Gefängnisse sind alles andere als angenehm!

Reisen mit Behinderung

Für Reisende mit Behinderung (*engelli* od. *özürlü*) ist die Türkei eine echte Herausforderung: Rollstuhlrampen, breite Türen und barrierefreie Toiletten sind hier ziemlich rar – ebenso Sehenswürdigkeiten mit Erläuterungen, die für Sehbehinderten mit akustischen Versionen oder mit Braille-Schrift versehen sind. Das Überqueren der meisten Straßen ist besonders schwierig und geschieht stets auf eigene Gefahr.

Fluglinien und Spitzenklassehotels bzw. -resorts

müssen von Gesetzes wegen eine gewisse Barrierefreiheit garantieren. Anderswo gibt's immer mehr Rollstuhlrampen und abgesenkte Bordsteine. Letztere sind inzwischen vor allem in westtürkischen Großstädten wie Edirne oder İzmir zu finden und offenbar auch sinnvoll konzipiert. Relativ glatte Bürgersteige und Straßen machen Selçuk, Bodrum oder Fethiye recht rollstuhlfreundlich. Von İstanbuls öffentlichen Verkehrsmitteln sind Straßen- und U-Bahn am ehesten barrierearm.

Zu mindestens 40 % behinderte Passagiere und deren Begleitpersonen bekommen 25 % Rabatt bei Inlandsflügen mit Turkish Airways. Türkische Züge verfügen teilweise über Rollstuhllifts, Behindertentoiletten und andere entsprechende Einrichtungen.

Organisationen

Beispiele für behindertenspezifische Anbieter und Infoquellen:

Access-Able (www.access-able.com) Veröffentlicht z. B. Berichte von Reisenden mit Handicap und ein kleines Verzeichnis der türkischen Touranbieter und Verkehrsunternehmen.

Apparleyzed (www.apparelyzed.com) Liefert unter „Accessible Holidays" einen Bericht zu behindertengerechten Einrichtungen in İstanbul.

Hotel Rolli (www.hotel-rolli.de) Eigens für Rollstuhlfahrer konzipiert.

Mephisto Voyage (www.mephistovoyage.com) Die Spezialtouren für Körperbehinderte bedienen sich des geländegängigen Joëlette-Rollstuhlsystems.

Mobility International Schweiz (☎062-212-6740; www.mis-ch.ch; Amthausquai 21, 4600 Olten) Allgemeine Informationen.

MyHandicap Deutschland (☎089-7677-6970; www.myhandicap.de; Steinheilstr. 6, 85737 München-Ismaning) Allgemeine Informationen.

MyHandicap Schweiz (☎071-911-4949; www.myhandicap.ch; Werkstr. 1, 9500 Wil/St. Gallen) Allgemeine Informationen.

Nationale Koordinierungsstelle Tourismus für Alle e. V. (Natko; ☎0211-3368-001; www.natko.de; Fleher Str. 317a, 40223 Düsseldorf) Allgemeine Informationen.

Physically Disabled Support Association (www.bedd.org.tr) In İstanbul ansässig.

SATH (www.sath.org) Gesellschaft für behindertengerechte Reisen und Unterkünfte.

Schwule & Lesben

Homosexualität ist in der Türkei legal. Doch trotz gewisser gesellschaftlicher Veränderungen herrschen hier bis heute starke Vorurteile – mitunter wird sogar von körperlicher Gewalt gegen Homosexuelle berichtet. Somit ist stets Diskretion ratsam.

İstanbul hat eine lebendige Schwulengemeinde. In anderen Städten gibt's eventuell eine bis zwei Szenebars.

Kaos GL (www.kaosgl.com) Die LGBT-Interessenorganisation mit Sitz in Ankara gibt ein schwul-lesbisches Magazin heraus und betreibt eine Website mit englischsprachigen News bzw. Infos.

Lambda (☎212-245 7068; www.lambdaistanbul.org; 2. Stock, Tel Sokak 2; ⏲Sa & So 15–20 Uhr) Türkischer Ableger des weltweiten Dachverbands der Lesben-, Schwulen-, Bisexuellen-, Trans- und Intersexorganisationen (ILGA).

My Gay Web (www.mygayweb.com) Reisesektion mit Tipps zur Türkei.

Pride Travel Agency (www.turkey-gay-travel.com) Schwulenfreundliches Reisebüro mit nützlichen Links auf der Website.

Sprachkurse

İstanbul ist das beliebteste Pflaster für Türkischkurse. Sprachunterricht gibt's aber auch in İzmir und an ein paar anderen Orten im ganzen Land. Vor dem Buchen ist (falls möglich) kurzes Hineinschnuppern ideal, da der eigene Lerngenuss doch stark vom Lehrer und den anderen Teilnehmern abhängt.

Vergleichsweise teurer Privatunterricht wird oft unter http://istanbul.en.craigslist.com.tr und im Kleinanzeigenbereich der Auswanderer-Website www.mymerhaba.com angeboten.

Zur Vorbereitung empfehlen sich beispielsweise der kostenlose Türkisch-Trainer (www.tuerkisch-trainer.de) oder der PONS Mini-Sprachkurs Türkisch mit Mini-MP3-CD.

Von den folgenden Schulen sind Tömer und Dilmer am beliebtesten. Beide ernten gleichermaßen Lob und Kritik.

Dilmer (www.dilmer.com) Nahe dem İstanbuler Taksim-Platz finden hier ein- bis zwölfwöchige Kurse (50–384 €) in sieben Leistungsstufen statt.

EFINST Turkish Centre (www.turkishlesson.com) Hier in Levent (İstanbul) reicht das Spektrum von Teilzeitkursen (7½–12 Wochen; 578 €) und Privatunterricht (ab 42 €/Std.) bis hin zu Pauschalangeboten, die das Lernen mit Exkursionen verknüpfen.

Spoken Turkish (www.spokenenglishtr.com) Ist praktischerweise an der İstiklal Caddesi und in anderen İstanbuler Stadtteilen vertreten, aber noch relativ wenig getestet; offeriert u. a. Teilzeitkurse (4 Std./Woche).

Tömer (www.tomer.com.tr) Gehört zur Universität Ankara und hat ein landesweites Netz von Filialen (u. a. in İstanbul, İzmir und Antalya; 4-/8-wöchige Kurse 420/504 ₺).

Strom

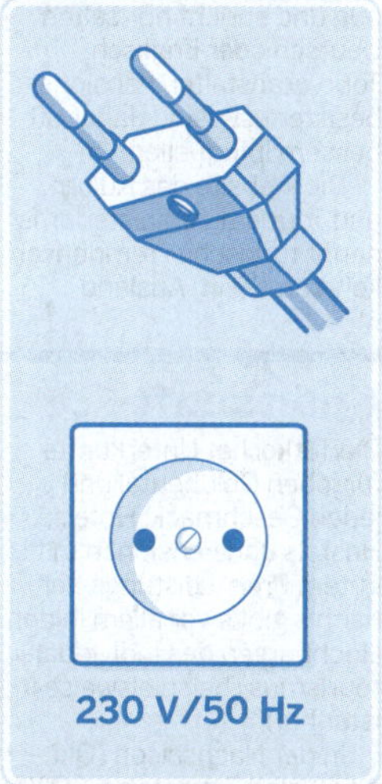

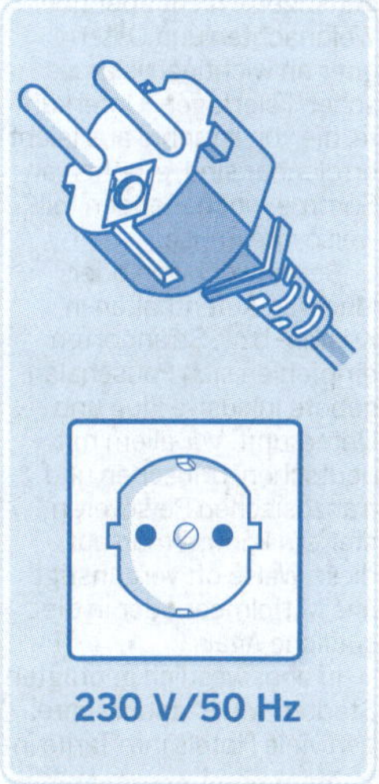

Telefon

Die leistungsfähige, aber recht teure **Türk Telekom** (www.turktelekom.com.tr) hat das hiesige Telefonmonopol. Nummern mit ☎444 am Anfang ermöglichen landesweit Gespräche, die ohne Ortsvorwahl zum Ortstarif geführt werden können.

Für wichtige Telefonnummern und Vorwahlen s. S. 15.

Handys

» Die Türken lieben Handys (*cep* od. *pocket*).

» Der Empfang ist in den meisten Landesteilen hervorragend.

» Die vierstellige Zahlenfolge am Anfang türkischer Handynummern beginnt stets mit ☎05.

» **Turkcell** (www.turkcell.com.tr) betreibt das größte Netz; dahinter rangieren **Vodafone** (www.vodafone.com.tr) und **Avea** (www.avea.com.tr).

» Die Läden der kleineren Anbieter haben oft einen besseren Service. Weiter im Osten des Landes genießen Turkcell-Nutzer eine deutlich verlässlichere Netzabdeckung.

» Turkcell offeriert neben Prepaid-SIM-Karten (30 ₺ inkl. 5 ₺ Gesprächsguthaben od. 40 ₺ inkl. 20 ₺ Gesprächsguthaben) auch spezielle Pauschalangebote für Touristen (Details unter tinyurl.com/ckynd6j).

» Eine SIM-Karte von Avea kostet 29 ₺ (inkl. 1 ₺ Gesprächsguthaben).

» Beim Erwerb einer SIM-Karte ist jeweils der Reisepass vorzulegen. Unbedingt sicherstellen, dass der Verkäufer zwecks Freischaltung alle erforderlichen Daten an den Netzbetreiber weiterleitet (telefonisch od. online)!

» SIM- und Guthabenkarten *(kontör)* gibt's überall an Straßenständen, in Handyläden oder in anderen Geschäften.

» Türkische SIM-Karten funktionieren auch in mitgebrachten Mobiltelefonen. Allerdings erkennt das Netzwerk ausländische Geräte automatisch und sperrt sie erst einmal (2–4 Wochen).

» Um dies zu vermeiden, sollte das Handy gleich beim bzw. kurz nach dem Kauf einer türkischen SIM-Karte registriert werden. Hierzu legt man in einem offiziellen Handyladen seinen Reisepass vor und füllt ein kurzes Formular aus, das die Existenz des Gerätes in der Türkei bestätigt. Das Ganze kostet 5 ₺ und ist jeweils nur für ein Telefon pro Person möglich. Achtung: Das registrierte Gerät ist zwei Jahre lang an dieselbe türkische SIM-Karte gebunden!

» Gebrauchte Handys sind vor Ort für ca. 50 ₺ zu haben.

» Guthabenkarten von Turkcell gibt's zu 5, 10, 15, 20 *(standart)*, 30 *(avantaj)*, 50 *(süper)*, 95 *(süper plus)* und 180 ₺ *(mega)* – je teurer die Karte, desto besser der Minutentarif.

» Alle Anbieter haben auch SMS-Pakete für die Türkei und das Ausland im Programm.

» Das Restguthaben lässt sich unter ☎*123# überprüfen.

» Die englischsprachige Auskunft für Kunden von Turkcell und Avea hat die Nummer ☎8090/9333.

» Für ein R-Gespräch via Turkcell wählt man ☎*135*53 (gefolgt von Anschlussnummer und „#").

» Wer als Turkcell-Kunde den SMS-Text NEREDEYIM an ☎7777 oder 2222 schickt, bekommt eine SMS-Standortinfo (ungefähre Adresse inkl. Längen- und Breitengrad), die auch Details zu nächstgelegenen Notfalleinrichtungen nennt.

Kontörlü Telefon

Wer nur einmal kurz quasseln möchte, schaut am besten nach Schildern mit der Aufschrift *kontörlü telefon* (Telefon mit Gebührenzähler): Nach dem Gespräch liest der Telefonstubenbesitzer den Zähler ab und kassiert den entsprechenden Betrag. In Touristengebieten kann man so z. T. schon für

0,50 ₺ pro Minute nach Europa telefonieren.

Telefonzellen & Telefonkarten

» Große öffentliche Gebäude, Einrichtungen, Plätze und Verkehrsdrehscheiben (Busbahnhöfe etc.) verfügen meist über Telefonzellen der Türk Telekom.

» Diese erlauben auch Auslandsgespräche und erfordern Telefonkarten, die bei Türk-Telekom-Telefoncentern oder gegen geringen Aufpreis auch bei manchen Läden erhältlich sind. Einige Geräte akzeptieren auch Kreditkarten.

» Insgesamt gibt's zwei Kartentypen: sogenannte Floppy-Cards mit Magnetstreifen und Smart-Cards mit integriertem Chip.

» Jede Karte hat 50 (3,75 ₺), 100 (7,50 ₺), 200 (15 ₺) oder 350 (19 ₺) Gesprächseinheiten.

» Die 50er-Variante reicht für Orts- und kurze Inlandsgespräche. Kurze Auslands- und längere Inlandsverbindungen sind bereits mit 100 Einheiten möglich.

TELEFONKARTEN FÜR AUSLANDSGESPRÄCHE

» Auslandsgespräche sind mit speziellen Telefonkarten am günstigsten.

» Solche Karten eignen sich gleichermaßen für Telefonzellen, Festnetz- und Handyanschlüsse.

» Wie in anderen Ländern ruft man auch hier die Zugangsnummer an, gibt den Code auf der Karte ein und wählt dann die eigentliche Anschlussnummer.

» Zu empfehlen sind verlässliche Anbieter wie IPC. IPC-Karten für 20 ₺ reichen für ca. 200 Gesprächsminuten nach Europa.

» Telefonkarten für Auslandsgespräche sind in großstädtischen Touristenzonen überall erhältlich, lassen sich anderswo aber z. T. nur schwer auftreiben.

Toiletten

Die meisten Hotels haben normale Toiletten zum Sitzen. Ansonsten sind Hocktoiletten mit normaler Wasserspülung oder -hahn und -krug weit verbreitet. Da Toilettenpapier oft nicht vorhanden ist, hat man am besten immer selbst welches dabei. Wasserhähne sind häufig nicht gekennzeichnet und funktionieren im Vergleich zum Westen anders herum (kalt links, heiß rechts).

In den meisten Toiletten lässt sich das Papier mit hinunterspülen. Mancherorts und vor allem in İstanbuls Altstadt kann dies aber zu ungewollten Überflutungen führen. Daher im Zweifelsfall lieber auf Nummer sicher gehen und das Papier in den bereitstehenden Kübel werfen! Dazu wird man auch oft von einem Schild aufgefordert. Eventuell ebenfalls leicht befremdlich: Wie die Einwohner asiatischer oder anderer nahöstlicher Länder reinigen viele Türken sich nach dem Toilettengang per Wassersprühflasche. Das zum Trockentupfen verwendete Papier ist daher eher feucht als verschmutzt.

Öffentliche Toiletten (meist ca. 50 *kuruş* pro Benutzung) gibt's normalerweise an bedeutenden Sehenswürdigkeiten und großen Verkehrsknotenpunkten. Tipp für den Notfall: Moscheen besitzen jeweils schlichte Örtchen.

Touristeninformation

In türkischen Städten jeder Größe gibt's stets eine offizielle Touristeninformation des **Kultur- & Tourismusministeriums** (www.goturkey.com). Das Personal ist oft engagiert und hilfsbereit (vor allem in puncto Broschüren), kennt die jeweilige Gegend aber häufig nicht gut genug und spricht nur selten Deutsch oder Englisch. Tourveranstalter, Pensionsbesitzer usw. sind daher oft bessere Infoquellen.

Die Website des Kultur- und Tourismusministeriums nennt türkische Fremdenverkehrsämter im Ausland.

Unterkunft

Die Türkei hat Unterkünfte für jeden Geldbeutel und jeden Geschmack. Hotels, Hostels und Pensionen mit gutem Preis-Leistungs-Verhältnis gibt's vor allem in den Hochburgen des Individualtourismus (beispielsweise in İstanbul).

In der Nachsaison (Okt.–April) sind Zimmer ca. 20 % günstiger – nicht aber über Weihnachten und Ostern oder an wichtigen islamischen Feiertagen. Unterkünfte, die von İstanbul aus leicht erreichbar sind, erhöhen an Sommerwochenenden teilweise ihre Preise.

Bei einwöchigen oder längeren Aufenthalten in Küsten- bzw. Strandorten empfehlen sich Pauschalangebote inklusive Flug und Unterkunft. Vor allem mit deutschen, britischen und französischen Reiseveranstaltern kommt man auf diese Weise oft vergünstigt ans Mittelmeer oder in die südliche Ägäis.

In eher westlich geprägten Städten wie İstanbul schreiben viele Hotels ihre Tarife in

UNTERKÜNFTE ONLINE BUCHEN

Unter hotels.lonelyplanet.com gibt's weitere Unterkunftsbewertungen und unabhängig recherchierte Infos von Lonely Planet Autoren – inklusive Empfehlungen zu den besten Adressen. Obendrein kann online gebucht werden.

Euro und Lira aus (z.T. auch nur in Euro). An weniger touristischen Orten gelten im Allgemeinen Lira-Preise; dennoch werden Euro vielerorts akzeptiert. Dieses Buch nennt Zimmerpreise stets in der jeweils verlangten Währung.

Die meisten Unterkünfte haben eigene Websites mit Online-Reservierungsmöglichkeit.

Viele Pensionen gehören zu inoffiziellen „Ketten" und schieben sich gegenseitig Gäste zu. Wer seinen Aufenthalt genossen hat, freut sich eventuell über Empfehlungen des Eigentümers. Dennoch sollte man sich nicht bequatschen lassen und möglichst nie die Katze im Sack kaufen.

Preiskategorien

Alle genannten Preise gelten jeweils für ein Doppelzimmer in der Hauptsaison (Juni–Aug.; in İstanbul April–Mai & Sept.–Okt.). Sofern nicht anderweitig vermerkt, enthält der Preis stets die Mehrwertsteuer (KDV), das Frühstück und ein Zimmer mit eigenem Bad. Die Unterkunftsverzeichnisse dieses Buchs sind nach den Präferenzen der einzelnen Autoren sortiert.

İstanbul

€	unter 70 €
€€	70–180 €
€€€	über 180 €

Übrige Türkei

€	unter 80 ₺
€€	80–170 ₺
€€€	über 170 ₺

Apartments

» Ferienapartments haben ein gutes Preis-Leistungs-Verhältnis, das vor allem Familien und Kleingruppen anspricht.

» Außerhalb von İstanbul und ein paar Orten an der Ägäis bzw. dem Mittelmeer sind sie aber oft rar.

» In Küstenorten bzw. -regionen (z.B. Kaş, Antalya, Bodrum-Halbinsel) führen an Ausländer gewöhnte *emlakçı* (Immobilienmakler) Verzeichnisse mit freien Ferienwohnungen.

RUHEZEITEN

An der Ägäis- und der Mittelmeerküste haben die meisten Unterkünfte etwa von Mitte Oktober bis Ende April geschlossen. Wer diese Regionen in der Nachsaison besuchen möchte, sollte daher rechtzeitig recherchieren.

INFOS IM INTERNET

» www.fewo-direkt.de

» www.traum-ferienwohnungen.de

» www.casamundo.de/tuerkei/

» www.bungalow.net/de/turkei/ferienwohnungen

» www.tourist-online.de/Tuerkei

Camping

» Die meisten türkischen Campingplätze befinden sich an der Küste; sie werden in der Regel privat betrieben.

» Im Inland sind Campingmöglichkeiten recht rar. Die besten Optionen liegen dort oft auf Orman Dinlenme Yeri (forstbehördlichem Land) und sind normalerweise nur für Traveller erreichbar, die mit einem eigenen fahrbaren Untersatz unterwegs sind.

» Auf den Grundstücken vieler Hostels oder Pensionen kann man zelten und die Einrichtungen gegen Gebühr benutzen.

» Wildes Campen bringt in der Türkei oft mehr Frust als Lust:

- Eventuell wird man von der Polizei kontrolliert und zum sofortigen Aufbruch aufgefordert.
- In der Wildnis im östlichen Teil der Türkei niemals Essen oder Müll vor dem Zelt liegen lassen: Dort gibt's Wölfe!
- Auch Kangal-Hunde können gefährlich sein.
- Touristinnen sollten sich auf jeden Fall an offizielle Campingplätze halten und nur an stark belebten Orten zelten.

Hostels

» Touristenhochburgen haben viele Hostels mit Schlafsaalbetten (ca. 20–45 ₺/Nacht).

» HI-Herbergen gibt's in İstanbul sowie an der Ägäis und der Türkischen Riviera (Türkisküste).

Hotels

BUDGETUNTERKÜNFTE

» In den meisten Großstädten und Urlaubsorten herrscht kein Mangel an guten, günstigen Hotels. İstanbul, İzmir und die Hochburgen des Pauschaltourismus (u.a. Alanya, Çeşme) haben diesbezüglich aber nur recht wenig zu bieten.

» Inklusive Frühstück sind die günstigsten Einzelzimmer ohne/mit Bad im Durchschnitt ab ca. 35/40 ₺ zu haben.

» Achtung: Die billigsten Hotels werden meist von türkischen Männern aus der Arbeiterschicht geleitet und sind nichts für alleinreisende Frauen!

MITTELKLASSEHOTELS

» Selbst wenn die meisten Gäste männlich sein sollten, haben Ein- und Zwei-Sterne-Hotels (DZ mit eigenem Bad inkl. Frühstück 80–125 ₺) eine weniger machohafte Atmosphäre.

» Drei-Sterne-Häuser sind generell auf weibliche Reisende eingestellt.

» Hotels in eher traditionellen Ortschaften offerieren meist nur türkisches Fernsehen bzw. Frühstück; pensionsübliche „Extras" sind auch nicht vorhanden.

» In vielen Mittelklassehotels sind Bettenmachen und Aufräumen selbst zu erledigen, sofern nicht an der Rezeption darum gebeten oder das Türschild fürs Zimmermädchen verwendet wird.

» Die Preise sollten an der Rezeption ausgeschrieben sein. Niemals mehr bezahlen – man bekommt oft von allein Rabatt und kann häufig auch feilschen.

» Unverheiratete ausländische Paare können sich normalerweise problemlos ein Zimmer teilen.

» Selbst wenn sie um ein Doppelzimmer bitten, bekommen Paare in ländlicheren Gebieten oft die Zweibett-Variante.

» Manche Hotels lehnen unverheiratete Paare ab, wenn einer der beiden Partner türkischer Staatsbürger bzw. türkischer Abstammung ist.

» Je billiger das Hotel und je abgeschiedener der Ort, desto konservativer ist meist das Management.

BOUTIQUEHOTELS

» Boutiquehotels befinden sich in historischen Gebäuden (u. a. Karawansereien, osmanischen Villen), die restauriert oder komplett neu aufgebaut wurden.

» In Boutiquehotels sind jede Menge Charakter mit allen modernen Annehmlichkeiten kombiniert – daher fallen sie meist in die Mittel- oder Spitzenklassekategorie.

» Viele Beschreibungen stehen auf der Website **Small Hotels** (www.boutiquesmall hotels.com).

Pensionen

Wo viele Traveller hinkommen, gibt's *pansiyons* (Pensionen) – einfache, von Familien geführte Gästehäuser mit guten, sauberen Quartieren (EZ/DZ ab ca. 40/70 ₺). Nicht selten sind auch Drei- und Vierbettzimmer vorhanden. Wichtig: Am Eingang bitte stets die Schuhe ausziehen!

STAATLICHE REISEINFORMATIONEN

Staatliche Websites mit aktuellen Reiseinformationen und -warnungen:

Deutschland www.auswaertiges-amt.de

Österreich www.bmeia.gv.at

Schweiz www.eda.admin.ch

Vor allem in touristischen Gegenden haben Pensionen z. B. folgende Vorteile gegenüber Billighotels:

» Auswahl von einfachen Gerichten

» Möglicher Büchertausch

» Wäscheservice

» Internationales Fernsehprogramm

» Personal, das mindestens eine Fremdsprache spricht

BAUMHÄUSER

Olympos auf der Teke-Halbinsel ist für seine „Baumhäuser" berühmt – urig-spartanische Schutzhütten in den Wäldern nahe den Stränden. Der Erfolg dieser Backpacker-Magneten hat Nachahmer an der ganzen westlichen Mittelmeerküste auf den Plan gerufen (z. B. im nahen Çıralı oder im Umkeis der Schlucht von Saklıkent.

EV PANSIYONU

Mancherorts findet man auch noch altmodische *ev pansiyonu* (Privatpensionen). Dies sind private Familienwohnhäuser mit schlichten Zimmern, die während der Hauptsaison an Traveller vermietet werden. Privatpensionen werben normalerweise nicht offiziell für ihr Angebot – daher am besten Einheimische fragen und nach Schildern mit der Aufschrift *kıralık oda* (Zimmer frei) Ausschau halten! Weil die meisten Eigentümer kein Deutsch oder Englisch sprechen, sind ein paar Brocken Türkisch hier durchaus nützlich.

Schlepper

In kleineren Touristenstädten wie Selçuk gehen manchmal Schlepper auf frisch eingetroffene Buspassagiere zu und offerieren ihnen eine Bleibe. Mitunter machen sie falsche Angaben zu der Pension, die man bereits gewählt hat – in der Hoffnung, einen woanders unterzubringen und dort eine Provision zu kassieren. Auch einige Taxifahrer benutzen diese Masche.

Solche Angebote sollten generell höflich abgelehnt werden, sind aber bei schmalem Geldbeutel u. U. nützlich: Manche Schlepper arbeiten für neu eröffnete Unterkünfte mit günstigen Preisen. Dennoch sollte man sich nicht einfach hinbringen lassen, sondern vorab reines Anschauen ohne jegliche Buchungsverpflichtung vereinbaren.

Versicherung

» Eine gute Reiseversicherung mit Schutz bei Diebstahl, Verlust und medizinischen Notfällen ist höchst ratsam.

» Aufgrund des häufig verwirrenden Leistungsangebots sollte man das Kleingedruckte stets sorgfältig durchlesen:

» Manche Policen schließen gefährliche Aktivitäten (z. B. Tauchen, Motorradfahren oder sogar Wandern) von vornherein aus. Andere decken keine Reisen in Gebiete ab, für die eine Reisewarnung der eigenen Regierung vorliegt (Websites dazu s. Kasten oben).

» Allerdings greift eine Reiserücktrittsversicherung eventuell nicht bei Stornierungen wegen offizieller Reisewarnungen!

» Zudem heißt es rechtzeitig ermitteln, ob eine schon vorhandene Kranken- oder Kfz-Versicherung auch in der Türkei gilt (s. S. 450 & S. 442).

» Die weltweit gültige Reiseversicherung unter www.lonelyplanet.com/bookings/insurance.do lässt sich jederzeit online abschließen, erweitern und in Anspruch nehmen – selbst wenn man schon unterwegs ist.

Visa

» Deutsche und Schweizer mit gültigem Reisepass bzw. Personalausweis können sich 90 Tage lang ohne Visum in der Türkei aufhalten.

» Österreichische Staatsbürger brauchen ein Visum (15 €), das direkt bei der Einreise in Form eines Aufklebers erworben wird und 90 Tage Aufenthalt mit mehrfacher Einreise erlaubt. Das Dokument erfordert kein separates Passfoto; oft ist darauf der Zusatz „pro Zeitraum von 180 Tagen" vermerkt. Dies bedeutet, dass innerhalb von sechs Monaten ein dreimonatiger Aufenthalt erlaubt ist. Wer nach diesem die Türkei verlässt, muss bis zur nächsten Einreise drei Monate warten.

» An großen Einreisepunkten wie dem Flughafen İstanbul-Atatürk kann die Visumsgebühr per Visa- oder MasterCard bezahlt werden. Viele Grenzübergänge zu Lande haben aber weder Geldautomaten noch Wechselstuben. Allgemein ist es am besten, die 15 € pro Nase in bar dabeizuhaben – und das idealerweise genau abgezählt, da es eventuell kein Wechselgeld gibt.

» Das türkische **Außenministerium** (www.mfa.gov.tr) informiert über alle aktuellen Einreisebestimmungen. Zudem ist es ratsam, auch beim eigenen Außenministerium vorbeizusurfen.

Arbeitsvisa

» Details zum Beantragen einer *çalışma izni* (Arbeitsgenehmigung) gibt's unter www.konsolosluk.gov.tr.

» Der jeweilige türkische Arbeitgeber sollte Interessierten beim Erlangen des Visums helfen.

» Schulen oder international agierende Unternehmen kennen das ganze Prozedere normalerweise sehr gut und können den Großteil des lästigen Papierkrams übernehmen.

» Arbeitsvisa sind direkt vor Ort oder bei türkischen Auslandsvertretungen erhältlich.

Aufenthaltsgenehmigungen

» Bei der *yabalcılar şube* (Fremdenpolizei/Ausländerbehörde) lassen sich verschiedene Arten der *ikamet tezkeresi* (Aufenthaltsgenehmigung) beantragen. Idealerweise geschieht dies schon kurz nach der Ankunft.

» Die Auslandsabteilung der *emniyet müdürlüğü* (Sicherheitspolizei; http://yabancilar.iem.gov.tr) in İstanbul liefert weitere Infos per Website-Übersetzungstool.

» Wird der Antrag nicht von einem türkischen Arbeitgeber oder Ehepartner unterstützt, kann man sich eine Genehmigung für touristische Zwecke holen.

» Diese kostet zumindest ein paar Hundert Lira (inkl. Verwaltungsgebühren) und gilt meist bis zu sechs Monate lang. Die konkrete Gültigkeitsdauer variiert je nach eigener Nationalität.

» In İstanbul gibt's Aufenthaltsgenehmigungen bei der *emniyet müdürlüğü* in Fatih (Details unter http://tinyurl.

VISA FÜR NACHBARLÄNDER

Visumbestimmungen ändern sich andauernd. Somit ist es ratsam, den aktuellen Stand rechtzeitig über die folgenden Websites, Bücher und das Thorntree-Forum von Lonely Planet (www.lonelyplanet.com/thorntree) zu ermitteln. Auch die Website des eigenen Außenministeriums kann helfen.

Bulgarien

EU-Bürger und Schweizer können sich 90 Tage lang visumfrei in Bulgarien aufhalten. Das Land soll in ein paar Jahren dem Schengenraum beitreten. Für weitere Infos s. *Bulgarien* von Lonely Planet, www.lonelyplanet.com/bulgaria und www.mfa.bg.

Griechenland

Da Griechenland zum Schengenraum gehört, brauchen EU-Bürger und Schweizer kein Visum. Für weitere Infos s. *Griechenland* oder *Discover Greece* von Lonely Planet, www.lonelyplanet.com/greece und www.mfa.gr.

Nordzypern

Die Türkische Republik Nordzypern (TRNZ) erlaubt EU-Bürgern und Schweizern einen visumfreien Aufenthalt von 90 Tagen. Für weitere Infos s. *Cyprus* von Lonely Planet, www.lonelyplanet.com/cyprus, www.mfa.gov.cy und www.mfa.gov.tr.

com/28ck5vo). Allerdings bekommt man hier bei dem mitunter nervigen Prozedere eventuell kaum Hilfe. Städte wie İzmir (www.izmir polis.gov.tr) sollen deutlich gefälligere Amtsschimmel haben.

» Da nur sehr wenige Behördenmitarbeiter Deutsch oder Englisch sprechen, empfiehlt sich eine Begleitperson mit Türkischkenntnissen.

» Erfolgreiche Antragssteller erhalten eine Art Mini-Pass in Form eines „blauen Buches".

» Weitere Tipps für potenzielle Auswanderer enthält Bianka Prells Buch *Leben und Arbeiten in der Türkei* (2006).

» Auf den Websites unter „Arbeiten in der Türkei" (S. 435) finden sich ebenfalls individuelle Berichte, praktische Informationen und Hinweise.

Zeit

» Die Osteuropäische Zeit (OEZ) in der Türkei liegt eine Stunde vor der Mitteleuropäischen Zeit (MEZ).

» Zum Beginn der Sommerzeit (letzter Märzsonntag bis erster Oktobersonntag) werden die Uhren eine Stunde vorgestellt.

» Die 24-Stunden-Skala ist auf türkischen Busfahrplänen etc. zu finden, wird aber im lokalen Sprachgebrauch kaum benutzt.

» Weitere Infos zu Zeitzonen und -unterschieden gibt's unter www.weltzeituhr.de.

Zoll

Das türkische **Zoll- & Handelsministerium** (www.gumruk.gov.tr) liefert umfassende Details.

Einfuhr

Ab einem Gesamtwert von 1500 € sind mitgebrachte Waren zu verzollen. Um später Probleme bei der Ausreise zu vermeiden, sollte Schmuck ab einem Gesamtwert von 11 660 € stets angemeldet werden. Allgemein gelten folgende Zollfreimengen:

» 600 Zigaretten

» 200 g Tabak

» 2 kg Kaffee, Tee und Süßwaren (z. B. Schokolade).

» 1 l Spirituosen (Alkoholgehalt über 22 %).

» 2 l Wein und Bier (Alkoholgehalt unter 22 %)

» 600 ml Parfüm (verschiedene Sorten werden zusammengerechnet)

» Eine Kamera inkl. fünf Filme

» Eine Videokamera inkl. zehn Kassetten

» Ein Laptop

» Ein GSM-Handy

» Ein GPS-Gerät

» Beliebige Barbeträge

» Souvenirs/Geschenke im max. Gesamtwert von 430 € (unter 15 Jahren 150 €)

Ausfuhr

» Der Erwerb und der Export von echten Antiquitäten sind verboten.

» Vor allem Teppichkäufer sollten daher den jeweiligen Händler um Hilfe bitten, eine Unbedenklichkeitsbescheinigung verlangen und alle Kaufbelege bzw. -dokumente unbedingt sorgfältig aufbewahren.

Verkehrsmittel & -wege

AN- & WEITERREISE

Flüge, Autos und geführte Touren lassen sich online unter lonelyplanet.com buchen.

Einreise

Es ist denkbar unproblematisch, mit dem Flugzeug in die Türkei einzureisen. Für Deutsche oder Schweizer genügen der Pass oder Personalausweis, Österreicher benötigen ein Visum, das aber eigentlich nur aus einem Aufkleber oder Stempel besteht, der bei der Einreise erhältlich ist. Allerdings gilt es, sich erst das Visum zu besorgen, bevor man sich an der nächsten Schlange am Einreiseschalter anstellt. Für den Kauf des Visums ausreichend Bargeld mitbringen (s. S. 435)!

Traveller, die vor Kurzem in einem Land waren, das für Gelbfieberinfektionen bekannt ist, müssen vor der Einreise eine entsprechende Impfung nachweisen.

Reisepass

Der Pass muss zum Zeitpunkt der Einreise in die Türkei noch über mindestens eine leere Seite verfügen. Kinder brauchen ein eigenes Ausweisdokument.

Flugzeug

Wenn man zwischen April und Ende August in die Türkei reisen möchte, sollte man den Flug am besten Monate im Voraus buchen. Wer einen Ferienort besuchen will, kann sich bei Reisebüros nach Sonderangeboten für Flug und Unterkunft erkundigen. Türkische Fluglinien und weniger bekannte Fluggesellschaften haben manchmal preiswerte Flüge.

Flughäfen

Die wichtigsten internationalen Flughäfen liegen im Westen der Türkei:

Flughafen Antalya (www.aytport.com)

Flughafen Bodrum-Milas (www.bodrum-airport.com)

Flughafen Dalaman (www.atmairport.aero)

Flughafen İstanbul-Atatürk (www.ataturkairport.com) Wichtigster Flughafen.

Flughafen İstanbul-Sabiha Gökçen (www.sgairport.com) Wird von vielen europäischen Budgetfluggesellschaften angeflogen.

Flughafen İzmir (Adnan Menderes Airport; www.adnanmenderesairport.com)

Fluglinien

Turkish Airlines (☎0850-333 0849; www.thy.com), die nationale Fluggesellschaft, hat ein breites Angebot von Inlands- und Auslandsflügen. Zu ihr gehören auch die Billigfluglinien **Sun Express** (www.sunexpress.com) und **Anadolu Jet** (☎444 2538; www.anadolujet.com). Turkish Airlines hatte seit 1974 neun Abstürze zu verzeichnen, 2009 kamen bei einem Unglück auf dem Amsterdamer Flughafen Schiphol neun Personen ums Leben.

Die Flugpreise ab den verschiedenen Flughäfen Europas unterscheiden sich kaum – mit einer Ausnahme: Weil in Deutschland die größte türkische Gemeinde außerhalb der Türkei lebt, sind hier echte Schnäppchen zu finden.

Viele nationale Fluggesellschaften Deutschlands, Österreichs und der Schweiz fliegen direkt nach İstanbul. Es gibt manchmal auch billigere Verbindungen mit Anschlussflügen, bei denen man umsteigen muss.

Von mehreren deutschen Städten aus gibt es Charterflüge zu den großen Flughäfen in der westlichen Türkei.

Condor (www.condor.com)

Corendon Airlines (www.corendon-airlines.com)

Germanwings (www.germanwings.com)

Pegasus Airlines (www.pegasusairlines.com)

Auf dem Landweg

Die Einreise per Bus oder Bahn ist unkompliziert, zieht sich aber eine bis drei Stunden hin. Meistens müssen alle aussteigen und warten, bis auch die letzten Passagiere und Gepäckstücke kontrolliert sind – und das auf beiden Seiten der Grenze. Noch länger dauert es, wenn die Züge voll sind oder wenn es sich wegen der vielen Lkws und Autos an der Grenze staut.

Die Beziehungen der Türkei zu den meisten ihrer Nachbarländer sind angespannt, was Auswirkungen auf die Erteilung von Visa und die Öffnung von Grenzübergängen haben kann. Vor der Anreise sollte man daher die aktuelle Lage checken – Auskunft gibt z. B. die türkische Botschaft im Heimatland und das Forum Thorn Tree von Lonely Planet.

Die Einreise mit dem eigenen Auto in die Türkei sollte kein Problem sein, wenn alle Papiere in Ordnung sind (s. S. 440).

Bulgarien & Osteuropa

Die bulgarischen Grenzposten lassen Fußgänger nur gelegentlich die Grenze passieren. Deshalb nimmt man besser den Bus oder trampt. Es gibt drei Grenzübergänge:

Kapitan Andreewo–Kapıkule Der rund um die Uhr geöffnete Hauptübergang ist die am stärksten frequentierte Grenze weltweit. Sie befindet sich 18 km nordwestlich von Edirne (Türkei) an der E80 und 9 km von Swilengrad (Bulgarien) entfernt.

Lessowo–Hamzabeyli Der Grenzübergang liegt rund 25 km nordöstlich von Edirne. Er wird vorwiegend von großen Trucks und Lkws genutzt und ist für Traveller wenig geeignet.

Malko Tarnowo–Aziziye Rund 70 km nordöstlich von Edirne bei Kırklareli und 92 km südlich vom bulgarischen Burgas gelegener Grenzübergang.

BUS

Ein halbes Dutzend Unternehmen fährt täglich von İstanbul zu Zielen in Osteuropa, u. a. nach Sofia, Warna und Burgas (Bulgarien), nach Skopje, Tetovo und Gostivar (Mazedonien), nach Constanța (Rumänien), nach Albanien und in den Kosovo:

Ulusoy (☎444 1888; www.ulusoy.com.tr; İnönü Caddesi 59)

Metro Turizm (☎444 3455; www.metroturizm.com.tr)

Varan Turizm (☎444 8999; www.varan.com.tr)

Drina Trans (www.drinatrans.com)

ZUG

Der *Bosfor/Balkan Ekspresi* fährt jeden Tag von İstanbul nach Sofia (Bulgarien), Bukarest (Rumänien) und Belgrad (Serbien); von da ab hat man jeweils Anschlüsse. Bis Ende 2013 ist auf der Strecke zwischen İstanbul und der bulgarischen Grenze ein Schienenersatzverkehr eingerichtet.

Zugreisende müssen selbst Verpflegung und Getränke mitbringen, weil die Züge keine Speisewagen haben. Achtung: Die türkisch-bulgarische Grenze wird in den frühen Morgenstunden erreicht! Dort müssen alle Passagiere aussteigen, um ihre Pässe abstempeln zu lassen. Es sollen schon Passagiere, insbesondere alleinreisende Frauen, an der Grenze belästigt worden sein; Letztere sollten besser einen anderen Reiseweg wählen. Die Fahrt im Schlafwagen ist die sicherste und bequemste Option, viele Züge auf dieser Strecke haben allerdings weniger empfehlenswerte Liegewagen mit Sechsbettabteilen. Weitere Infos gibt's auf der (auch) englischsprachigen Website der **Türkiye Cumhuriyeti Devlet Demiryolları** (Tür-

REISEN & KLIMAWANDEL

Der Klimawandel stellt eine ernste Bedrohung für unsere Ökosysteme dar. Zu diesem Problem tragen Flugreisen immer stärker bei. Lonely Planet sieht im Reisen grundsätzlich einen Gewinn, ist sich aber der Tatsache bewusst, dass jeder seinen Teil dazu beitragen muss, die globale Erwärmung zu verringern.

Fast jede Art der motorisierten Fortbewegung erzeugt CO_2, doch Flugzeuge sind mit Abstand die schlimmsten Klimakiller – wegen der großen Entfernungen und der entsprechend großen CO_2-Mengen, aber auch, weil sie diese Treibhausgase direkt in hohen Schichten der Atmosphäre freisetzen. Die Zahlen sind erschreckend: Zwei Personen, die von Europa in die USA und wieder zurück fliegen, erhöhen den Treibhauseffekt in demselben Maße wie ein durchschnittlicher Haushalt in einem ganzen Jahr.

Die englische Website www.climatecare.org und die deutsche Internetseite www.atmosfair.de bieten CO_2-Rechner. Damit kann jeder ermitteln, wie viele Treibhausgase seine Reise produziert. Das Programm errechnet den zum Ausgleich erforderlichen Betrag, mit dem der Reisende nachhaltige Projekte zur Reduzierung der globalen Erwärmung unterstützen kann, z. B. Projekte in Indien, Honduras, Kasachstan und Uganda.

Lonely Planet unterstützt gemeinsam mit Rough Guides und anderen Partnern aus der Reisebranche das CO_2-Ausgleichs-Programm von climatecare.org. Alle Reisen von Mitarbeitern und Autoren von Lonely Planet werden ausgeglichen. Weitere Informationen gibt's auf www.lonelyplanet.com.

kische Staatsbahn; www.tcdd.gov.tr) und bei **The Man in Seat Sixty-One** (englisch; www.seat61.com).

Griechenland & Westeuropa

Die griechischen und türkischen Grenzposten gestatten Fußgängern die Überquerung der Grenze. Die folgenden Übergänge sind rund um die Uhr geöffnet:

Kastanies–Pazarkule 9 km südwestlich von Edirne.

Kipi–İpsala 29 km nordöstlich von Alexandroupoli (Griechenland) und 35 km westlich von Keşan (Türkei).

AUTO & MOTORRAD

Die E80 führt über den Balkan nach Edirne und İstanbul. Mit den Autofähren zwischen Italien und Griechenland lässt sich, wenn man aus Westeuropa kommt, zwar Zeit sparen, aber die Preise sind hoch.

Von Alexandroupoli führt die Hauptstraße über den Grenzübergang Kipi–İpsala nach Keşan und von dort Richtung Osten weiter nach İstanbul und Richtung Süden nach Gelibolu, Çanakkale und in die Ägäis.

BUS

Aus Deutschland, Österreich und Griechenland gibt es die meisten direkten Busverbindungen nach İstanbul, wer in der Schweiz losfahren will, wird irgendwo umsteigen müssen. Mehrere Firmen fahren täglich nach Griechenland und in weitere Länder.

Metro Turizm (☎444 3455; www.metroturizm.com.tr) Fährt u. a. nach Athen (Griechenland).

Ulusoy (☎444 1888; www.ulusoy.com.tr; İnönü Caddesi 59) Fährt wöchentlich von/nach Deutschland (ca. 200 €). Eine Strecke führt über Slowenien und Osteuropa, eine andere durch Italien und Griechenland (mit Fährfahrt).

Varan Turizm (☎444 8999; www.varan.com.tr) Fährt u. a. nach Budapest (Ungarn) und Wien (Österreich).

Gürel Metro (☎0284-714 1051) Vier Minibusse verkehren täglich von Keşan zu Zielen in Griechenland, darunter nach Thessaloniki und Athen.

ZUG

Eine Zugfahrt aus Westeuropa führt (von Griechenland einmal abgesehen) unweigerlich über Osteuropa. Man kann beispielsweise über München, Budapest und Bukarest nach İstanbul gelangen – das dauert drei Tage. Weitere Infos und andere Strecken finden sich unter www.seat61.com/turkey.htm.

Zum Zeitpunkt der Recherche fuhr der *Dostluk-Filia-Express*, der Nachtzug zwischen İstanbul und Thessaloniki (Griechenland), der von den Staatsbahnen beider Länder, der Türkiye Cumhuriyeti Devlet Demiryolları und dem Organismós Sidirodrómon Elládos, gemeinsam betrieben wurde, aufgrund der griechischen Finanzkrise nicht. Aktuelle Infos finden sich unter www.seat61.com/turkey.htm.

Übers Meer

Die Abfahrtszeiten ändern sich saisonal; im Winter sind in der Regel weniger Fähren unterwegs. Auch die angebotenen Routen ändern sich von Jahr zu Jahr. Eine gute Adresse, um sich einen Überblick zu verschaffen, ist **Ferrylines** (www.ferrylines.com).

Beliebt sind Tagesausflüge mit der Fähre nach Griechenland. Unbedingt den Pass mitnehmen und (wenn erforderlich) überprüfen, ob man ein Visum zur mehrfachen Einreise in die Türkei hat, das die Rückkehr ins Land am Ende des Tages erlaubt! (Die bei der Einreise in die Türkei ausgestellten Touristenvisa erlauben in der Regel die mehrfache Einreise.)

Geführte Touren

Zu den internationalen Tourveranstaltern, die Trips in die Türkei anbieten, gehören:

Backroads (www.backroads.com; USA) Kombinierte Segel- und Fahrradtour im Mittelmeerraum und der Ägäis.

Studiosus (www.studiosus.com) Touren mit Schwerpunkt auf Kultur oder Geschichte.

Studienreisen (www.studienreisen.de) Das Portal sorgt für einen Überblick über die Programme verschiedener Reise- und Tourveranstalter.

Öger Tours (www.oeger.de) Auf die Türkei spezialisierter Reiseveranstalter.

Pacha Tours (www.pachatours.com; USA, Türkei, Portugal & Brasilien) Der schon lange bestehende Türkeispezialist bietet allgemeine Touren und speziell auf den Kunden zugeschnittene Pauschalangebote, darunter auch Reiserouten, bei denen Griechenland mit auf dem Programm steht.

UNTERWEGS VOR ORT

Auto & Motorrad

Wer mit dem eigenen Fahrzeug in der Türkei unterwegs ist, hat die unersetzbare Freiheit,die fantastischen Landschaften an der Küste zu genießen. Man kann an Ständen am Straßenrand halten, um örtliche Spezialitäten zu probieren, an kleinen Nebenstraßen versteckte Dörfer und vergessene Ruinen entdecken und wie die Einheimischen nach Lust und Laune Picknickpausen einlegen.

Man sollte aber im Hinterkopf behalten, dass die Türkei ein großes Land ist und dass lange Fahrten im Auto viel Zeit und Geld kosten. Es bietet sich daher eher an, für lange Strecken auf

Flugzeug, Zug oder Bus zurückzugreifen und das Auto nur für Fahrten in die nähere Umgebung zu nutzen.

In den Städten mit ihren vom Verkehr verstopften Straßen kommt man mit öffentlichen Verkehrsmitteln viel leichter und mit weniger Stress herum als mit dem eigenen Fahrzeug.

Automobilclubs

Der größte Automobilclub der Türkei ist der **Türkiye Turing ve Otomobil Kurumu** (TTOK, Türkischer Reise- & Automobilclub; ☎212-513 3660; www.turing.org.tr; Soğukçeşme Sokağı, Sultanahmet).

Motorradfahrer finden Infos und Kontaktadressen zum Thema Türkei auf der Website **Horizons Unlimited** (www.horizonsunlimited.com/country /turkey).

Infos für Biker bezüglich der Türkei gibt's auch auf der Community-Website **One More Mile Riders Turkey** (www.ommriders.com).

Benzin & Ersatzteile

Die Türkei hat (nach Norwegen) die zweithöchsten Benzinpreise der Welt. Benzin/Diesel kosten rund 4/4,70 ₺ pro Liter. Tankstellen gibt's an jeder Ecke, zumindest im Westen des Landes; viele gehören zu großen Konzernen.

Yedek parçaları (Ersatzteile) sind in den größeren Städten problemlos zu bekommen, insbesondere für europäische Marken wie Renault, Fiat oder Mercedes-Benz. Anderswo kann es ein, zwei Tage dauern, wenn Ersatzteile erst bestellt und geliefert werden müssen. Auch bei Autos aus anderen Ländern können sich einfallsreiche türkische Mechaniker durchaus etwas einfallen lassen. Im *sanayi bölgesi* (Industriegebiet) am Rand jeder Stadt findet man eigentlich immer eine Werkstatt, die Reparaturen in der Regel schnell und für wenig Geld ausführt. Die meisten Werkstätten haben sonntags geschlossen. Werkstätten am Straßenrand bieten oft einen ausgezeichneten, flinken Service, doch muss die Werkstatt (oder der Kunde) die nötigen Teile erst einmal beschaffen. Unbedingt einen Kostenvoranschlag verlangen! Bei geplatztem Reifen wendet man sich an einen *oto lastikçi* (Reifenservice).

Ersatzteile für Motorräder können außerhalb der großen Städte schwer zu bekommen sein. Man sollte also besser alles mitbringen, was man brauchen könnte, wenn man sich nicht gänzlich auf den grenzenlosen Einfallsreichtum der türkischen Mechaniker verlassen will, die allerdings oft in der Lage sind, das fragliche Teil aufzutreiben oder irgendeine Lösung zu improvisieren. Wer wegen eines fehlenden Ersatzteils festsitzt, kann auch eine große Werkstatt, z. B. in İstanbul, anrufen und sich das Teil schicken lassen.

Fahrzeugeinfuhr

Traveller können in der Türkei sechs Monate mit dem eigenen Fahrzeug unterwegs sein, ohne dass irgendwelche Gebühren anfielen. Für die Einfuhr braucht man die Fahrzeugpapiere, die Steuernummer und eine Versicherungspolice.

Im Pass wird die Einfuhr vermerkt, um sicherzustellen, dass das Auto auch wieder ausgeführt wird – es dort zu verkaufen, ist also keine gute Idee! Wer die Frist von sechs Monaten überschreitet, muss mit einer saftigen Geldstrafe rechnen, möglicherweise auch mit einer Zollgebühr, die sich auf den Wiederverkaufswert des Fahrzeugs beläuft.

Wer sein Auto in der Türkei zurücklassen und es später wieder abholen will, muss es von Zoll versiegeln lassen – ein mühseliger und zeitraubender Vorgang.

Führerschein

Selbstfahrer brauchen einen gültigen Führerschein. Der eigene aus dem Heimatland reicht aus; ein internationaler ist nur für Traveller sinnvoll, die aus einem Land kommen, von dem die türkische Polizei möglicherweise noch nie etwas gehört hat …

Gefahren & Ärgernisse

Die Türkei hat weltweit eine der höchsten Raten in Sachen Verkehrsunfälle. Viele türkische Autofahrer sind ungeduldig und unvorsichtig, geben selten Blinkzeichen und achten nicht auf den Verkehr um sich herum. Sie fahren innerhalb und außerhalb von Ortschaften zu schnell und überholen überall, auch an Kreuzungen, die sie nicht einsehen können.

Um den Straßenverkehr in der Türkei zu überleben, sollte man:

» Vorsichtig und defensiv fahren.

» Sich nicht darauf verlassen, dass andere Verkehrsteilnehmer Verkehrszeichen beachten oder sich so verhalten, wie man das zu Hause erwarten würde.

» Da es nur wenige Straßen mit Mittelstreifen gibt und viele zweispurige Straßen kurvenreich sind, sollte man im Zweifelsfall lieber stundenlang hinter langsamen, überladenen Lastern herzockeln, statt sie zu überholen.

» Möglichst nicht nachts fahren, weil man da leicht Schlaglöcher, Tiere oder ganze Autos übersieht; Letztere sind nicht selten unbeleuchtet oder mit unzureichender Beleuchtung unterwegs oder halten mitten auf der Straße an. Fahrer lassen manchmal das Fernlicht aufblitzen, um ihr Herannahen zu signalisieren.

» Beim Besuch abgelegener Sehenswürdigkeiten sollten Traveller lieber ein Taxi chartern als sich selbst auf eine der unbefestigten Nebenstraßen zu wagen. Das kostet zwar extra, aber der Fahrer dürfte das Gelände kennen – und man schont die eigenen Nerven.

» Auf der Website der US-Botschaft finden sich Sicherheitshinweise für Autofahrer in der Türkei (englisch; http://turkey.usembassy.gov/driver_safety_briefing.html).

Geldstrafen

Die blau uniformierten *trafik polis* können Autofahrer anhalten und vor Ort eine Geldstrafe für eine Geschwindigkeitsübertretung verlangen. Wer sich sicher ist, keinen Verstoß begangen zu haben, kann sich zunächst taub stellen. Wenn die Polizisten auf der Bezahlung bestehen, sollte man eine Quittung verlangen. Das sollte alle Versuche von Polizisten unterbinden, das Geld in die eigene Tasche wandern zu lassen. Wenn die Polizei keine Bezahlung an Ort und Stelle verlangt, nimmt man am besten mit dem Autovermieter Kontakt auf (oder erwähnt den Vorfall bei der Rückgabe des Autos). Dieser kann dann die Strafe bezahlen und sich das Geld von der Karte des Kunden holen. Die gleiche Vorgehensweise empfiehlt sich auch bei allen anderen Strafen, z. B. für das Nichtbezahlen einer Maut. Wer seine Strafe schnell bezahlt, erhält einen Nachlass.

Kontrollen

Straßensperrungen, im Rahmen derer die Polizei überprüft, ob die Autos und die Papiere in Ordnung sind, werden in der Türkei immer häufiger. Ausländische Fahrer müssen neben dem Führerschein und den Fahrzeugpapieren gelegentlich auch ihren Pass vorzeigen. Mitunter kann man im Südosten auch auf Straßensperren des Militärs im Rahmen von Operationen gegen die PKK (Arbeiterpartei Kurdistans) stoßen. Hier werden wahrscheinlich der Pass und die Fahrzeugpapiere überprüft. Manchmal werden bei anstehenden Problemen allerdings die Straßen in der Region auch gleich komplett gesperrt.

Maut

Die wichtigsten *otoyollar* (Autobahnen) sind mautpflichtig. Mautkarten in Grün und Orange sind in den Büros in der Nähe der Mautkontrollstellen erhältlich und können dort auch aufgeladen werden. Die Büros sind allerdings nicht rund um die Uhr geöffnet: Die meisten haben sonntags geschlossen. Für das Nichtbezahlen wird eine Geldstrafe von 100 ₺ erhoben, die meist nach ungefähr zwei Wochen eingezogen werden.

Mieten

Man muss mindestens 21 Jahre alt und seit einem Jahr oder länger im Besitz eines Führerscheins sein, um in der Türkei ein Auto mieten zu dürfen. Die meisten Autovermieter verlangen eine Kreditkarte. Viele Mietwagen haben eine normale Gangschaltung, eine Automatikschaltung gibt's gegen Aufpreis. Die meisten großen Unternehmen verlangen eine deftige Transfergebühr, wenn der Wagen anderswo abgegeben werden soll als er abgeholt wurde. Die beginnt bei ungefähr 150 ₺ (z. B. bei Abholung in İstanbul und Rückgabe in İzmir) und kann auf mehrere Hundert Euro steigen.

Die großen internationalen Autovermietungen wie Avis, Budget, Europcar, Hertz, National oder Sixt sind in den Metropolen und größeren Städten sowie an den meisten Flughäfen vertreten. Insbesondere auf dem Land sollte man sich an die großen Unternehmen halten, da kleinere Vermieter vor Ort oft keine Versicherung haben. Selbst einige der größeren Unternehmen haben – umso häufiger, je weiter östlich sie ansässig sind – nur Konzessionäre, deswegen sollte man den Mietvertrag immer genau studieren, vor allem den Abschnitt zur Versicherung. Unbedingt ein Vertragsexemplar auf Englisch einfordern!

Falls das Auto bei einem Unfall beschädigt wird (egal ob durch Selbst- oder Fremdverschulden), das Auto nicht von der Stelle bewegen, ehe ein Polizist den *kaza raporu* (Unfallbericht) aufgenommen hat! Der Polizist kann einen Alkoholtest anordnen. Man sollte so schnell wie möglich Kontakt zum Autovermieter aufnehmen. Im Unfallsfall zahlt die Autoversicherung möglicherweise nicht, wenn man unter dem Einfluss von Alkohol oder Drogen stand, mit überhöhter Geschwindigkeit gefahren ist oder den geforderten Unfallbericht nicht innerhalb von 48 Stunden bei seinem Autovermieter eingereicht hat.

Wegen der hohen örtlichen Benzinpreise stellen die Vermieter die Autos mit fast leerem Tank zur Verfügung, sofern man nicht ausdrücklich etwas anderes vereinbart.

Car Rental Turkey (www.carrentalturkey.info) Autovermieter mit Zentrale in İstanbul.

CarHireExpress.co.uk (www.carhireexpress.co.uk/turkey) Ein Buchungsportal.

Economy Car Rentals (www.economycarrentals.com) Bekommt bei anderen Unternehmen ausgezeichnete Preise, u. a. bei Budget und National; zu empfehlen.

Green Car (☎0232-446 9060; www.greenautorent.com; Mithatpaşa Caddesi 57, Karataş, İzmir) Dieses regionale Unternehmen ist einer der größten Autovermieter in der Ägäisregion.

Parken

In den meisten Orten und kleineren Siedlungen sind Parkplätze leicht zu finden. Außerhalb der größten Ballungsräume der Türkei kann man sein Auto in der Regel bequem in der Nähe der Unterkunft oder Sehenswürdigkeit abstellen. In den Großstädten und manchen Ortschaften ist der Platz knapp, aber normalerweise gibt es viele Parkplätze, auf denen man sein Auto billig ein, zwei Stunden abstellen oder auch sicher über Nacht parken kann. In vielen Fällen muss man dabei den Autoschlüssel bei einem Parkwächter abgeben.

Abschleppen Wer falsch parkt, muss in der Türkei damit rechnen, dass das Auto sofort abgeschleppt wird. Die Kosten und den Ärger spart man sich besser!

Unterkunft Die Spitzenklasse- und auch einige Mittelklassehotels haben Tiefgaragen für ihre Gäste. Die meisten Mittelklasse- und Budgetunterkünfte haben zumindest ein paar Parkplätze vor der Tür. Wenn nicht, wird das Auto in der Nähe auf einem bewachten Parkplatz oder an der Straße abgestellt; beides ist gebührenpflichtig. Am besten erkundigt man sich diesbezüglich, wenn man seine Unterkunft bucht.

Straßenzustand

Der Straßenzustand und die Beschilderung sind in der Türkei im Allgemeinen gut – zumindest auf den Hauptstraßen. Die von Travellern am meisten genutzten Straßen an den Küsten der Ägäis und des Mittelmeers sind in ausgezeichnetem Zustand. Gute *otoyollar* (Autobahnen) führen von der bulgarischen Grenze in der Nähe von Edirne nach İstanbul sowie von İzmir die Küste entlang bis nach Antalya.

Anderswo werden die Straßen zusehends ausgebaut. Die Straßenverhältnisse können sich aber von Jahr zu Jahr ändern; es empfiehlt sich, sich vorab nach ihnen zu erkundigen, wenn man über Nebenstraßen fahren möchte.

Im Winter heißt es, auf den vereisten Straßen Vorsicht walten zu lassen. Mitunter können sogar Schneeketten nötig werden, besonders bei Abstechern ins Landesinnere. In abgelegeneren Gebieten kann einen die Verkehrspolizei anhalten, um zu überprüfen, ob man die nötige Ausrüstung für Notfälle dabei hat.

Verkehrsregeln

Theoretisch herrscht in der Türkei Rechtsverkehr, und in Sachen Vorfahrt gilt rechts vor links. In der Praxis fahren aber viele in der Mitte und räumen niemandem die Vorfahrt ein. Die zulässige Höchstgeschwindigkeit beträgt, wenn nicht anders ausgeschildert, 50 km/h in Ortschaften, 90 km/h auf Fernstraßen und 120 km/h auf Autobahnen *(otoyol)*.

Versicherung

Für die Einfuhr eines eigenen Autos braucht man eine internationale Haftpflichtversicherung; zusätzliche Infos finden sich auf der Website des Türkiye Turing ve Otomobil Kurumu (TTOK, Türkischer Reise- & Automobilclub) unter www.turing.org.tr/eng/green_card.asp. Diese Versicherung kann direkt an der Grenze gekauft werden (80 €/Monat).

Wenn man ein Auto mietet, ist eine Vollkaskoversicherung ohne Selbstbehalt eigentlich fast immer die einzige Option. Wenn nicht, sollte die einfache (vorgeschriebene) Versicherung wenigstens Schäden am Fahrzeug und den Diebstahl des Fahrzeugs abdecken – mit einem Selbstbehalt, der durch einen Aufpreis reduziert oder ganz aufgehoben werden kann. Vielleicht wird einem auch eine private Unfallversicherung angeboten, aber die eigene Reiseversicherung sollte die Kosten abdecken, wenn man bei einem Unfall zu Schaden kommt.

Wie in anderen Ländern deckt die Versicherung Schäden an Fenstern und Reifen generell nicht ab. Höchstwahrscheinlich wird einem ein solcher Versicherungsschutz aber für ein paar Euro pro Tag angeboten.

Bus

Die Fernbusse sind in der Türkei sehr gut: Moderne, komfortable Busse fahren zu allen Zeiten zu vernünfitgen Preisen quer durchs Land. Praktisch alle Besucher sind von dem ausgezeichneten Bussystem im Land begeistert. Während der Fahrt gibt's heiße Getränke und Snacks – sowie ein paar ordentliche Spritzer des bei Türken sehr beliebten *kolonya* (Kölnischwasser mit Zitronenduft).

Busunternehmen

Dies sind einige der besten Busunternehmen mit umfassendem Streckennetz:

Kamil Koç (☎444 0562; www.kamilkoc.com.tr) Fährt die meisten größeren Städte in der westlichen und zentralen Türkei an.

Metro Turizm (☎444 3455; www.metroturizm.com.tr) Fährt die meisten größeren Städte und Ortschaften in der gesamten Türkei an. Das Unternehmen hat eigentlich einen guten Ruf, aber Leser haben sich schon über verloren gegangenes Gepäck und wenig hilfsbereites Personal beklagt.

Ulusoy (☎444 1888; www.ulusoy.com.tr; İnönü Caddesi 59) Fährt die meisten größeren Städte und Ortschaften an, insbesondere in der westlichen und zentralen Türkei.

Varan Turizm (☎444 8999; www.varan.com.tr) Verkehrt überwiegend im Westen des Landes.

Preise

Zwischen den einzelnen Busunternehmen herrscht ein reger Wettbewerb, was die Preise betrifft. Sonderangebote und Studentenrabatte werden gelegentlich angeboten. Die Preise entsprechen der Marktlage, daher kann sich der Preis für die Fahrt aus einer Großstadt in ein Dorf deutlich von dem für die gleiche Strecke in umgekehrter Richtung unterscheiden.

ISIC Einige Unternehmen beteiligen sich an diesem Angebot. Das garantiert aber nicht, dass man dabei etwas spart.

Otogar

Die meisten türkischen Städte und Ortschaften haben einen Busbahnhof, der als *otogar*, *garaj* oder *terminal* bezeichnet wird und in der Regel am Stadtrand liegt. Abgesehen von Fernbussen fahren von den *otogarlar* häufig auch *dolmuşlar* (Kleinbusse mit festen Fahrtrouten) zu den Städten und Dörfern in der näheren Umgebung. An den meisten Busbahnhöfen gibt's eine günstige *manetçi* (Gepäckaufbewahrung).

Vor allem in ländlicheren Gebieten gilt: Taxifahrern, die einem erzählen, zum angestrebten Ziel gäbe es keine Bus- oder *dolmuş*-Verbindung, keinen Glauben schenken! Sie könnten das nur erzählen, um einen Fahrgast abzukriegen. Immer erst bei den Bus- und *dolmuş*-Betreibern nachfragen!

Servis

Da die meisten Busbahnhöfe außerhalb der Ortszentren liegen, stellen die Busunternehmen kostenlos Minibus-Shuttles *(servis)* zur Verfügung. Diese bringen einen zum Büro des Busunternehmens oder zu einer anderen Stelle im Zentrum; möglicherweise halten sie auch unterwegs, um Passagiere aussteigen zu lassen. Einfach fragen *Servis var mı?* („Gibt es einen *servis*?")!

Bei der Abreise Beim Kauf des Bustickets können Traveller im Büro des Busunternehmens im Zentrum nach dem *servis* fragen; wahrscheinlich werden die Mitarbeiter einen dann auffordern, sich eine Stunde vor der offiziellen Abfahrtszeit am Büro einzufinden.

Nachteile Mit dem Shuttle spart man sich den Preis für die Fahrt mit dem Taxi oder Stadtbus zum *otogar*, muss sich aber auf etwas Wartezeit gefasst machen. Wer nur wenig Zeit hat, sollte vielleicht lieber doch ein Taxi nehmen.

Abzocke Pensionsinhaber könnten einen davon zu überzeugen versuchen, dass der private Minibus zu ihrer Pension der *servis* eines Busunternehmens wäre. Taxifahrer erzählen Travellern manchmal, der *servis* sei gerade abgefahren oder führe nicht, damit man bei ihnen einsteigt. Wenn man den *servis* verpasst hat, beim Büro des Busunternehmens nachfragen – meist fahren die Shuttles in regelmäßigen Abständen.

Tickets

Zwar kann man in der Regel einfach zum *otogar* (Busbahnhof) kommen und dort ein Ticket für den nächsten Bus zum Ziel kaufen, aber an Feiertagen, Wochenenden und während der Schulferien (Mitte Juni–Anfang Sept.) empfiehlt es sich, die Reise im Voraus zu planen. Plätze kann man bei einigen der aufgeführten Unternehmen auch online reservieren.

Am otogar An größeren *otogarlar* hängen oft Schlepper herum, die Travellern bestimmte Busse zum gewünschten Ziel anpreisen. In der Regel sollte man sich aber an die großen Unternehmen mit gutem Ruf halten. Da zahlt man zwar etwas mehr, kann aber eher darauf vertrauen, dass der Bus gut gewartet ist, pünktlich fährt und dass auf wirklich langen Strecken auch ein Ersatzfahrer zur Ablösung bereitsteht. Für kürzere Strecken unterhalten einige Unternehmen große regionale Netze.

Erstattung Den Fahrpreis erstattet zu bekommen, kann schwierig werden; leichter geht es, wenn man das Ticket gegen ein anderes bei der gleichen Gesellschaft umtauscht.

Männer & Frauen Unverheiratete Männer und Frauen sollten nicht zusammensitzen, aber bei Ausländern bestehen die Busunternehmen in der Regel nicht darauf. Man wird vielleicht gefragt, ob man verheiratet ist, muss das aber nicht nachweisen. Möglicherweise steht aber auf beiden Tickets *bay* (Mann).

Sitzplätze Alle Plätze können reserviert werden. Das Ticket zeigt die genaue Platznummer. Die Verkaufsstelle hat einen Sitzplan, auf dem die bereits verkauften Plätze durchgestrichen sind. Oft wird einem ein Platz zugewiesen, wenn man sich aber den Plan zeigen lässt und darauf besteht, selbst zu wählen, kann man die folgenden schlechten Plätze vermeiden:

» **Vorne** Bei Nachtbussen sollte man die erste Reihe hinter dem Fahrer meiden. Dort gibt es wenig Beinfreiheit, außerdem muss man vielleicht dessen Zigarettenrauch ertragen oder zuhören, wenn er sich bis in den frühen Morgen mit dem Schaffner unterhält.

» **Über den Rädern** Da kann es holpern.

» **Vor der Mitteltür** Die Sitze lassen sich nicht verstellen.

» **Hinter der Mitteltür** Die Plätze bieten wenig Beinfreiheit.

» **Hinten** Da kann es stickig werden. Alleinreisende Frauen könnten ähnliche Belästigungen erleben wie hinten im Kino.

Dolmuşlar & Midibusse

Dolmuşlar (Minibusse) sind Verkehrsmittel, die innerhalb

FÄHREN AB DER TÜRKEI

STRECKE	HÄUFGIKEIT	DAUER
Ayvalık–Lesbos, Griechenland	Mai–Sept. Mo–Sa; Okt.–April 3-mal wöchentl.	1½ Std.
Alanya–Girne (Kyrenia), Nordzypern	Sommer 2-mal wöchentl.	3½ Std.
Bodrum–Kos, Griechenland	tgl.	1 Std.
Bodrum–Rhodos, Griechenland	Juni–Sept. 2-mal wöchentl.	2¼ Std.
Çeşme–Chios, Griechenland	Mitte Mai–Mitte Sept. tgl.; Mitte Sept.–Mitte Mai 2-mal wöchentl.	1½ Std.
Datça–Rhodos, Griechenland	Mai–Sept. Sa	45 Min.
Datça–Symi, Griechenland	Tragflügelfähre Mai–Sept. Sa, *gület* 2-mal wöchentl.	Tragflügelfähre 15 Min., *gület* 70 Min.
İstanbul– Illitschiwsk (Odessa), Ukraine	2-mal wöchentl.	28½ Std.
Kaş–Kastelorizo (Meis), Griechenland	tgl.	20 Min.
Kuşadası– Samos, Griechenland	April–Okt. tgl.	1¼ Std.
Marmaris–Rhodos, Griechenland	April–Okt. tgl.	50 Min.
Taşucu–Girne (Kyrenia), Nordzypern	tgl.	ab 2 Std.
Turgutreis–Kos, Griechenland	25. Mai–31. Okt. tgl.	30 Min.

von Städten und Ortschaften fahren, aber auch zwischen Ortschaften unterwegs sind; meist nimmt man sie, um zu kleineren Ortschaften und Dörfern zu kommen. Einfach fragen [Zielort] *dolmuş var mi?* („Gibt es einen *dolmuş* nach [Zielort]?"). Einige *dolmuşlar* fahren zu festen Zeiten, aber oft warten die Fahrer, bis alle Plätze des Minibusses besetzt sind. Wenn man aussteigen möchte, sagt man dem Fahrer einfach *inmecek var* („Jemand will aussteigen.").

Midibusse verkehren in der Regel auf Strecken, die für *dolmuşlar* zu lang sind, auf denen das Fahrgastaufkommen aber für große Busse zu gering ist. Die Fahrzeuge haben oft schmale Sitze mit nicht verstellbarer Rückenlehne, was auf langen Strecken ziemlich unbequem werden kann.

Fähre

İstanbul Deniz Otobüsleri (İDO; ☎212-444 4436; www.ido.com.tr) betreibt Passagier- und Autofähren auf dem Marmarameer, z. B. auf den Strecken:

» İstanbul-Kabataş nach Çınarcık (westlich von Yalova) und zu den Prinzeninseln.

» İstanbul-Yenıkapı nach Bandırma, Bursa und Yalova.

Fahrrad

Für Radfahrer hält die Türkei eine spektakuläre Landschaft parat. Mit dem Rad erreicht man leicht archäologische Stätten an abgelegenen Stellen des Landes, die man dann vielleicht ganz für sich allein, ganz ohne Touristenmassen, bewundern kann. Und allerorten, ganz besonders weiter im Osten, stößt man auf neugierige und gastfreundliche Einheimische.

Fahrräder & Ersatzteile
Ersatzteile guter Qualität bekommt man nur in İstanbul problemlos. **Bisan** (www.bisantr.com) ist der wichtigste Fahrradhersteller in der Türkei, aber ausländische Marken kann man in Läden wie **Delta Bisiklet** (www.deltabisiklet.com) kaufen – diese Kette hat Filialen in İstanbul, İzmir und Antalya. Delta repariert auch Fahrräder und versendet Ersatzteile überallhin im Land.

Gefahren & Ärgernisse
Zu den Gefahren gehören die berühmt-berüchtigten türkischen Verkehrsrowdys, ausgefranste Straßenränder und – in ländlichen Gegenden – Steine werfende

PREIS (EINFACHE STRECKE / HIN & ZURÜCK)	GESELLSCHAFT
60/70 ₺, Auto 120/130 ₺	Jale Tour (www.jaletour.com)
77/127 ₺	Fergün Denizcilik (www.fergun.net)
einfache Strecke od. hin & zurück am gleichen Tag 32 €; mit beliebiger Rückfahrt 60 €	Bodrum Ferryboat Association (www.bodrumferryboat.com); Bodrum Express Lines (www.bodrumexpresslines.com)
einfache Strecke od. hin & zurück am gleichen Tag 60 €; mit beliebiger Rückfahrt 120 €	Bodrum Ferryboat Association (www.bodrumferryboat.com)
65/100 ₺, Auto 150/260 ₺	Ertürk (www.erturk.com.tr)
90/180 ₺	Knidos Yachting (www.knidosyachting.com)
Tragflügelfähre 60/120 ₺, *gület* 140 ₺	Knidos Yachting (www.knidosyachting.com)
einfache Strecke 150 US$, Auto 325 US$	Sea Lines (www.sea-lines.net)
einfache Strecke od. hin & zurück am gleichen Tag 20 €	Meis Express (www.meisexpress.com)
35/55 €	Meander Travel (www.meandertravel.com)
ab 45/65 €, Auto ab 110/190 €	Yeşil Marmaris Travel & Yachting (www.yesilmarmaris.com)
69/114 ₺	Akgünler Denizcilik (www.akgunler.com.tr)
12/20 €	Bodrum Ferryboat Association (www.bodrumferryboat.com)

Kinder, Wölfe und bösartige Kangals. Auf der Fahrt zwischen Städten meidet man die Hauptstraßen besser: Die Nebenstraßen sind für Fahrradfahrer sicherer und zudem landschaftlich reizvoller.

Karten Die beste Karte für Fahrradtouren durch die Türkei ist der Köy Köy Türkiye Yol Atlası, der in den İstanbuler Buchläden erhältlich ist.

Mieten Sich kurzfristig für das Ausleihen eines Fahrrads zu entscheiden, ist in den touristischen Orten an der Küste kein Problem.

Transport Oft kann man sein Fahrrad umsonst im Bus, im Zug oder auf der Fähre mitnehmen. Bei manchen Bussen müssen Radler allerdings die Plätze bezahlen, die ihre Fahrräder belegen.

Flugzeug

Fluglinien

Die gesamte Türkei ist gut per Flugzeug bereisbar – es gibt ein umfassendes Netz –, aber viele Flüge gehen über große Drehkreuze, beispielsweise über İstanbul. In einem so großen Land sind Inlandsflüge durchaus eine gute Transportoption, zumal der scharfe Wettbewerb zwischen den folgenden Fluglinien die Tickets erschwinglich hält.

Anadolu Jet (☎444 2538; www.anadolujet.com) Die Tochtergesellschaft von Turkish Airlines bedient landesweit im Rahmen des Netzes der Muttergesellschaft rund 30 Flughäfen.

Atlasjet (☎0850-222 0000; www.atlasjet.com) Das Unternehmen, das ein begrenztes Netz hat, fliegt u. a. nach Adana, Antalya, Bodrum, Dalaman, İstanbul, İzmir und Lefkoşa (Nikosia) in Nordzypern.

Onur Air (☎0850-210 6687; www.onurair.com.tr) Onur Air fliegt von İstanbul nach Adana, Antalya, Bodrum, Dalaman und İzmir.

Pegasus Airlines (☎0850-250 0737; www.pegasusairlines.com) Das Unternehmen bietet nützliche Verbindungen. Es fliegt rund 20 Flughäfen an, darunter die meisten oben genannten, aber auch einige entlegenere.

Sun Express (☎444 0797; www.sunexpress.com.tr) Die Tochtergesellschaft von Turkish Airlines betreibt ein nützliches Netz zu rund 15 Flughäfen. Die meisten Flüge starten in Antalya, İstanbul und İzmir.

Turkish Airlines (☎0850-333 0849; www.thy.com) Die staatliche Gesellschaft Turkish Airlines bietet die meisten Inlandsflüge und bedient Flughäfen wie den von Çanakkale.

Geführte Touren

Jedes Jahr erhalten wir Klagen von Travellern, die sich von örtlichen Reiseveranstaltern, insbesondere solchen aus Sultanahmet in İstanbul, über den Tisch gezogen fühlen. Neben den Haien gibt es aber durchaus viele seriöse Anbieter. Am besten ermittelt man anhand der Preise, die in diesem Führer genannt werden, einen Schätzwert, was der geplante Trip auf eigene Faust kosten würde, und schaut sich dann bei verschiedenen Anbietern um, ehe man sich für einen entscheidet.

Anbieter

Amber Travel (www.ambertravel.com) Britischer Anbieter von Abenteuertouren mit Schwerpunkt auf Wander-, Rad- und Kajakausflügen.

Bougainville Travel (Karte S. 314; ☎0242-836 3737; www.bougainville-turkey.com; İbrahim Serin Sokak 10, Kaş) Der schon lange bestehende englisch-türkische Tourveranstalter bietet eine Reihe von Aktivitäten am Mittelmeer und maßgeschneiderte Touren in der gesamten Türkei an.

Crowded House Tours (☎0286-814 1565; www.crowdedhousegallipoli.com; Eceabat) Veranstaltetet Touren zur Halbinsel Gallipoli und in andere Gebiete, z. B. nach Ephesos.

Fez Travel (www.feztravel.com) Veranstaltet Touren in der gesamten Türkei, beispielsweise zur Halbinsel Gallipoli, sowie die „Fez Bus"-Backpackertouren.

Hassle Free Travel Agency (☎213 5969; www.anzachouse.com; Çanakkale) Veranstaltet neben den Touren zur Halbinsel Gallipoli auch Reisen in andere Teile der westlichen und zentralen Türkei.

Imaginative Traveller (www.imaginative-traveller.com; Großbritannien) Hat verschiedene abenteuerliche Überlandreisen durch die gesamte Türkei im Programm.

Intrepid Travel (www.intrepidtravel.com.au) Veranstaltet eine Reihe verschiedener Kleingruppentouren durch die Türkei und den Nahen Osten, die auf Traveller ausgerichtet sind, die gern unabhängig reisen, das aber nicht alleine tun wollen.

Kirkit Voyage (www.kirkit.com) Der Veranstalter, eigentlich ein Kappadokien-Spezialist, bietet maßgeschneiderte Touren durch die gesamte Türkei, auch nach İstanbul und Ephesus. Die Mitarbeiter sprechen sogar Französisch.

Nahverkehr

Bus

Das *bilet* (Fahrkarte) für die meisten städtischen Busse muss man vorab an speziellen Fahrkartenschaltern kaufen. Man findet diese an den größeren Busbahnhöfen und Umsteigepunkten, manchmal auch in Läden nahe den Bushaltestellen. Eine Fahrt kostet normalerweise rund 2 ₺.

Private Busse bedienen manchmal die gleichen Strecken wie die städtischen; sie sind in der Regel jedoch älter. Allerdings kann man in ihnen auch direkt mit Bargeld bezahlen.

Dolmuş

Dolmuşlar sind Minibusse, manchmal auch *taksi dolmuşları* (Sammeltaxis), die auf festen Routen in einer Stadt fahren. Fahrten mit ihnen sind für gewöhnlich schneller, komfortabler und nur wenig teurer als die mit Bussen. In größeren Städten sind die Haltestellen der *dolmuşlar* durch ein „D" und die Wörter *Dolmuş İndirme Bindirme Yeri* (*dolmuş*-Ein- und Ausstieg) bezeichnet. Die Haltestellen liegen meist praktischerweise in der Nähe von großen Plätzen, Busbahnhöfen und Straßenkreuzungen.

Metro

Mehrere Städte besitzen inzwischen ganz oder teilweise unterirdisch verkehrende Metros, darunter İstanbul, und İzmir. Diese U-Bahnen sind in der Regel schnell und einfach zu benutzen, manchmal muss man allerdings erst durch die Sperre gehen, bevor man auf einen Netzplan stößt. Für die meisten Metros braucht man einen *jeton* (Verkehrsmünze; rund 2 ₺), den man an der Schranke einwerfen muss.

Straßenbahn

In mehreren Städten gibt es eine Straßenbahn *(tramvay)*, die sich als schnelles und effizientes Transportmittel erweist. Eine einfache Fahrt kostet ungefähr 2 ₺.

Taxi

Türkische Taxis sind mit Taxametern ausgerüstet. Wenn der Fahrer den nicht anstellt, sollte man ihn mit *saatiniz* („Ihr Taxameter!") dazu auffordern. Darauf achten, dass der Fahrer den richtigen Tarif nimmt, der sich von Stadt zu Stadt unterscheidet! Der Nachttarif *(gece)* beträgt 50 % mehr als der Tagestarif *(gündüz)*! In manchen Städten, u. a. in İstanbul, gibt es aber auch keinen Nachttarif.

Einige Taxifahrer – vor allem die in İstanbul – versuchen, Ausländer zu einer Pauschale zu überreden. Manchmal machen Fahrer da durchaus ein gutes Angebot, z. B. wenn sie jemanden zum Flughafen bringen, wo sie für die Rückkehr leicht eine lukrative Fuhre ergattern können. Öfter allerdings fordern sie einen Wucherpreis, schimpfen dann herum und weigern sich partout, den Taxameter anzustellen. In diesem Fall sollte man das Taxi wechseln und gegebenenfalls bei der Polizei Anzeige erstatten. Als Faustregel gilt: Man sollte sich nur auf einen Festpreis einlassen, wenn man das Taxi für eine private Tour inklusive Wartezeit (z.B. an einer archäologischen Stätte) anheuert, denn dann dürfte man mit dem Festpreis besser bedient sein als mit dem laufenden Taxameter. Taxiunternehmen haben in der Regel Festpreise für längere Fahrten, die auf einer Tafel am Taxistand angeschlagen sind und die man unter Umständen etwas drücken kann. Alle Preise sollten vor der Fahrt fest vereinbart werden, um spätere Streitigkeiten zu vermeiden.

Trampen

Trampen wird von uns nicht empfohlen. Wenn man aber trampen *(otostop)* muss, sollte man anbieten, sich an den Benzinkosten zu beteiligen, auch wenn die meisten Fahrer ausländische Tramper aus reiner Neugier mitnehmen. An manchen Straßen in Zentral- und Ostanatolien wird man lange warten müssen, bis man aufgegabelt wird, daher sollte man sich vor dem Aufbruch bei Einheimischen erkundigen, ob man überhaupt Aussichten hat, auf diesem Weg an sein Ziel zu gelangen. Da das Land groß und die Fahrzeugdichte in manchen Gebieten gering ist, ist es ganz normal, kürzere Strecken als Anhalter zu fahren. Will man von der Autobahn aus eine archäologische Stätte erreichen, sollte man jede Gelegenheit nutzen, die sich bietet, sei es ein Traktor, ein Laster oder ein Pkw.

Um mitgenommen zu werden, nicht einfach den Daumen in die Luft recken, sondern mit dem Gesicht zum laufenden Verkehr den Arm auf und ab schwenken, als würde man mit einem Basketball dribbeln!

Zug

Mit dem fortschreitenden Ausbau der Bahnlinien werden Zugreisen durch die Türkei immer beliebter.

Wer knapp bei Kasse ist, kann über eine Fahrt mit einem Nachtzug Unterkunftskosten sparen. Viele Traveller sind auch von der Möglichkeit begeistert, stressfrei die Landschaft zu genießen und mit Mitreisenden in Kontakt zu kommen. Gelegentliche Betriebsstörungen und Toiletten, die gegen Ende einer langen Zugfahrt unerträglich werden, gehören zum Abenteuer mit dazu.

Fahrpläne

Die Abfahrtzeiten sollte man doppelt und dreifach unter www.tcdd.gov.tr checken, da sie sich öfter mal ändern.

Auf den Fahrplänen sind in der Regel die Bahnhöfe, nicht die Städte angegeben. Man findet İstanbul also meist unter Haydarpaşa oder Sirkeci und İzmir unter Basmane oder Alsancak.

Klassen

In türkischen Zügen gibt's normalerweise diverse Sitz- und Schlafplatzvarianten. Die meisten haben komfortable Pullmanwagen mit verstellbaren Einzelsitzen. Manchmal gibt's auch Abteile 1. und 2. Klasse mit sechs bzw. acht Sitzen. Diese können manchmal reserviert werden, gelegentlich aber gilt: Wer zuerst kommt, mahlt zuerst.

Ein Waggon *küşetli* („mit Liegen") hat Abteile für vier bis sechs Personen, in denen sich die Sitze zu Liegeflächen umlegen lassen. Bettzeug wird nur gestellt, wenn der Waggon als *örtülü küşetli* („mit Decken und Liegen") bezeichnet ist. Ein Waggon *yataklı* („mit Betten") bietet Abteile mit ein oder zwei Betten, Waschbecken und Bettzeug. Frauen, die allein

MARK SMITH, DER MANN AUF SITZ 61

Ein alter türkischer Witz besagt, dass die Deutschen beim Bau der türkischen Bahnstrecken wohl pro Kilometer bezahlt worden sein müssen und deshalb nie eine gerade Strecke verlegt hätten, wenn es ein paar Dutzend Kurven auch taten. Das glaubt man sofort, wenn man erlebt, wie sich die Züge in der Türkei rund um tiefe Täler und sonnenverbrannte Berge herumlavieren, während man ab und an auf einem fernen Hügel eine Festung erspäht. Das Bahnfahren ist in der Türkei unglaublich billig, und die besten Züge sind mit Klimaanlagen ausgerüstet und so gut wie die in Westeuropa. Und noch dazu ist die Landschaft, durch die man fährt, an vielen Stellen herrlich! Im Speisewagen eines Expresszugs kann man prima bei einem Essen und einem Bier entspannen, und die Fahrt mit einem Nachtzug ist nicht nur ein romantisches Erlebnis, sondern auch noch sehr zeitsparend. Manche Züge sind zwar alt und langsam, aber da legt man einfach die Füße hoch, öffnet eine Flasche Wein und genießt die Fahrt.

Mark Smith, alias „The Man in Seat Sixty-One", ist eine Autorität in Sachen Bahnreisen in aller Welt und Gründer der Website www.seat61.com. Wer sich für Zugfahrten interessiert, sollte sich die Website unbedingt mal anschauen.

mit dem Nachtzug fahren, sollten sich für diese Option entscheiden.

Preise

Zugtickets kosten in der Regel ungefähr halb so viel wie Bustickets. Eine Fahrkarte für Hin- und Rückfahrt ist 20 % billiger als zwei Einzelfahrten. Studenten (manchmal wird aber ein türkischer Studentenausweis verlangt) und Senioren (über 60 Jahre; Alter muss nachgewiesen werden) erhalten 20 % Rabatt. Kinder unter acht Jahren fahren kostenlos mit.

InterRail-Tickets, Balkan-Flexipass und Eurodomino-Pass gelten auch in der Türkei, Eurail-Pässe hingegen nicht. Mit der Train Tour Card kann man einen Monat lang unbegrenzt in der Türkei mit der Bahn fahren.

Reservierung

In den besten Zügen müssen die meisten Sitz- und alle Schlafplätze vorab reserviert werden. Für die *yataklı*-Waggons („mit Bett") sollte man so früh wie möglich reservieren, insbesondere wenn ein religiöser oder öffentlicher Feiertag ansteht. Die Züge am Wochenende sind besonders stark ausgelastet.

Tickets gibt's bis zu 14 Tage im Voraus an allen Bahnhöfen, bei Reisebüros oder – gegen Kreditkartenzahlung – online unter www.tcdd.gov.tr; wie die Online-Buchung funktioniert, wird auf der Website www.seat61.com/Turkey2.htm Schritt für Schritt erklärt.

Streckennetz

Das Netz der **Türkiye Cumhuriyeti Devlet Deimryolları** (Türkische Staatsbahnen; www.tcdd.gov.tr) deckt das ganze Land recht gut ab, aber nicht die Küsten. Um an die Küsten der Ägäis oder des Mittelmeers zu gelangen, kann man mit dem Zug nach z. B. İzmir fahren und dort in einen Bus umsteigen.

Während die Strecke, die von İstanbuls Bahnhof Haydarpaşa nach Anatolien führt, ausgebaut wird (bis 2014 oder 2015), gibt es keinen Zugverkehr aus der Stadt Richtung Südosten. Um von İstanbul aus Anschluss an das anatolische Netz der Türkischen Staatsbahnen zu bekommen, muss man mit dem Bus ins 150 km östlich der Stadt gelegenen Arifiye (bei Adapazarı) oder mit der Fähre über das Marmarameer nach Bandırma fahren. Die Züge ins östliche Anatolien fahren jetzt ab Ankara, das von İstanbul aus leicht mit dem Bus zu erreichen ist.

Nützliche Strecken sind u. a.:

» İstanbul–İzmir (mit Fährfahrt von/nach Bandırma)

» İzmir–Selcuk

Gesundheit

Vor der Reise

Empfohlene Impfungen

Die Impfungen gegen folgende Krankheiten werden allen Travellern empfohlen, gleichgültig welche Region sie besuchen. Es handelt sich um mitunter schwer verlaufende Erkrankungen, die im Nahen Osten durchaus vorkommen:

» Tetanus
» Diphtherie
» Keuchhusten (Pertussis)
» Windpocken
» Masern
» Mumps
» Röteln
» Kinderlähmung

Für Türkei-Reisende sind außerdem empfehlenswert:

» Typhus
» Hepatitis A und B

Tollwut tritt in der Türkei auf. Wer sich in ganz abgelegene Gebiete begeben will, kann eine Schutzimpfung in Erwägung ziehen.

Viele Impfungen bieten erst zwei Wochen später einen Schutz, man sollte also rechtzeitig vor der Abreise seinen Arzt aufsuchen (am besten vier bis acht Wochen im Voraus).

Man sollte sich auch einen Internationalen Impfpass (das „Gelbe Büchlein") ausstellen lassen, in dem alle verabreichten Impfungen stehen.

Reiseapotheke

Hier eine Liste dessen, was in die Reiseapotheke gehört:

» Antibakterielle Salben (z. B. Tyrosur oder Jodsalbe) für Schnitt- und Schürfwunden
» Antibiotika (bei Reisen in entlegene Gebiete)
» Antihistaminika (gegen Heuschnupfen und allergische Reaktionen)
» Bandagen, Mullbinden
» Durchfallmedikamente (z. B. Loperamid)
» Entzündungshemmende Mittel (z. B. Ibuprofen)
» Fieberthermometer
» Heftpflaster oder Tape
» Insektenspray auf DEET-Basis für die Haut
» Insektenspray für die Kleidung, das Zelt und das Moskitonetz
» Jodtabletten (zur Wasserreingung)
» Paracetamol oder Aspirin
» Rehydrationssalze zum Einnehmen
» Schere, Sicherheitsnadeln, Pinzette
» Sonnencreme (ist in der Türkei sehr teuer)
» Spritzen und sterile Kanülen (bei Reisen in abgelegene Gebiete)
» Steroidhaltige Creme oder Kortison (gegen allergischen Ausschlag)
» Taschenmesser

Infos im Internet

Vor der Reise sollte man die Hinweise zur Gesundheit auf der Website des Heimatlands besuchen (Reiseinformationen, s. S. 434).

Lonely Planet (www.lonelyplanet.com/turkey) Unter „Praktische Informationen" gibt es hier einen Abschnitt „Gesundheit & Sicherheit" (englisch).

International Association for Medical Assistance to Travellers (IAMAT; www.iamat.org)

MD Travel Health (www.mdtravelhealth.com)

Weltgesundheitsorganisation (www.who.int)

Informationen auf Deutsch (www.gesundes-reisen.de)

Noch mehr Lektüre

Empfehlenswerte Ratgeber:

» *Travellers' Health* von Dr. Richard Dawood
» *International Travel Health Guide* von Stuart R. Rose MD
» *Gesund reisen – Gesund heimkommen!* von Britta Hermle-Geibel
» *Travel With Children* von Lonely Planet

In der Türkei

Prävention heißt das Zauberwort, wenn man bei einer Reise in die Türkei gesund bleiben möchte. Infektionskrankheiten treten zwar auf, aber in der Regel nur im Zusammenhang mit Armut und schlechten Lebensbedingungen. Ein paar Vorsichtsmaßnahmen reichen aus, um ihnen aus dem Weg zu gehen. Unfälle im Straßenverkehr sind die größte Gefahr für Traveller.

Medizinische Versorgung & Kosten

VERSORGUNG

Für die Grundversorgung von Prellungen, Schnitt- oder Schürfwunden kann man sich an das örtliche *sağulık ocağuı* (Gesundheitszentrum) wenden. Dort wird normalerweise allerdings niemand eine Fremdsprache sprechen.

Vielleicht kann die Service-Hotline der eigenen Versicherung einem helfen, die nächste Anlaufstelle für medizinische Hilfe zu finden, ansonsten erkundigt man sich beim Hotelpersonal. In einem echten Notfall sollte man gleich Kontakt zur eigenen Botschaft oder dem Konsulat aufnehmen.

Wer ein Handy mit Turkcell-SIM-Karte hat, erhält nähere Infos zur medizinischen Versorgung, wenn er eine SMS mit dem Text NEREDEYIM HASTANE/ECZANE (Hospital/Apotheke) an ☎7777 oder 2222 schickt.

MEDIZINISCHER STANDARD

Das Niveau der medizinischen Versorgung in der Türkei ist unterschiedlich. Die besten Privatkliniken in İstanbul haben Weltniveau, sind aber teuer. Anderswo sind nicht einmal die Privatkliniken unbedingt gut ausgestattet, und ihre staatlichen Pendants schon gar nicht.

Krankenhäuser Medikamente und sogar steriles Verbandszeug oder Infusionen müssen womöglich in der örtlichen Apotheke gekauft werden. Die Krankenpflege ist häufig ziemlich dürftig, weil davon ausgegangen wird, dass sich Familienangehörige oder Freunde um den Kranken kümmern.

Zahnärztliche Versorgung Das Niveau ist unterschiedlich. Aufgrund unzureichender Desinfektion der Instrumente kann es zu Infektion mit Hepatitis B und HIV kommen – also ganz genau hinschauen! Die Reiseversicherung zahlt meist höchstens für eine Notversorgung.

Apotheken Bei kleineren Beschwerden wie Durchfall können Apotheker Ratschläge geben und rezeptfreie Medikamente verkaufen, darunter auch viele, die im Heimatland rezeptpflichtig sind. Sie werden einem auch sagen, wann ärztliche Hilfe unbedingt erforderlich ist.

Infektionskrankheiten

DIPHTHERIE

Übertragung Durch engen Kontakt mit einem Erkrankten über die Luft.

Symptome & Auswirkungen Hohes Fieber und starke Halsschmerzen. Manchmal legt sich eine Art Membran über den Rachen, dann hilft gegen das Ersticken nur ein Luftröhrenschnitt.

Vorbeugung Der Impfstoff wird gespritzt, gegebenenfalls in Kombination mit der Tetanusimpfung. Die Impfung wird all denjenigen empfohlen, die voraussichtlich mit der Bevölkerung von betroffenen Gebieten in engen Kontakt kommen werden.

HEPATITIS A

Übertragung Durch verunreinigte Lebensmittel (insbesondere Schalentiere) und Wasser.

Symptome & Auswirkungen Gelbsucht, dunkler Urin, Gelbfärbung des Weißen im Auge, Fieber und Bauchschmerzen. Die Krankheit verläuft selten tödlich, kann aber zu anhaltender Abgeschlagenheit führen und langwierig verlaufen.

Vorbeugung Der Impfstoff (Avaxim, VAQTA, Havrix) wird gespritzt, eine Auffrischungsimpfung verlängert die Zeit, in der man geschützt ist. Impfungen gegen Hepatitis A und Typhus können auch kombiniert werden (z. B. mit den Impfstoff Hepatyrix oder ViATIM).

HEPATITIS B

Übertragung Durch infiziertes Blut, verschmutzte Kanülen oder Geschlechtsverkehr.

VERSICHERUNG

Türkische Ärzte erwarten generell Barzahlung. Man sollte vorab herausfinden, ob die eigene Versicherung direkte Zahlungen an den behandelnden Arzt oder die spätere Rückerstattung der Gesundheitsausgaben im Ausland vorsieht. Wer gleich an Ort und Stelle zahlen muss, bewahrt am besten alle Belege auf. Manche Versicherungen erwarten im Notfall einen Anruf bei der Hotline im Heimatland (R-Gespräch), um die Situation unmittelbar einzuschätzen. Man sollte auch sicherstellen, dass die Reiseversicherung den Krankentransport nach Hause oder an einen Ort mit besseren medizinischen Einrichtungen trägt. Nicht alle decken einen Flug ins Heimatland oder den Transport in das Krankenhaus einer größeren Stadt ab. Das kann aber bei einem schweren Notfall die einzige Möglichkeit sein, angemessen ärztlich behandelt zu werden.

DURCHFALLERKRANKUNGEN

Um Durchfall zu vermeiden, sollte man das Leitungswasser abkochen, filtern oder (mit Jodtabletten) chemisch reinigen, frisches Obst und Gemüse selbst schälen oder garen. Milchprodukte, die nichtpasteurisierte Milch enthalten könnten, sollten gemieden werden. Gerichte vom Büfett können problematisch sein, weil sie möglicherweise nicht heiß genug gehalten wurden. In einem gut besuchten Restaurant, wo die Gerichte frisch vor den Gästen zubereitet werden, ist das Risiko geringer.

Wer trotzdem Durchfall bekommt, sollte viel trinken, am besten eine orale Rehydrationslösung mit Salz und Zucker. Wer ein paarmal weichen Stuhl hat, braucht nicht gleich behandelt zu werden. Wenn das aber öfter als vier- oder fünfmal am Tag vorkommt, sind Durchfallmittel (wie Loperamid) oder, wenn das nicht verfügbar ist, ein Antibiotikum (für gewöhnlich ein Chinolon-Präparat) angezeigt. Bei blutigem Durchfall, der länger als 72 Stunden anhält und von Fieber, Schüttelfrost oder starken Bauchschmerzen begleitet ist, sollte man unbedingt zum Arzt gehen.

Symptome & Auswirkungen Gelbsucht und Schädigung der Leber (gelegentlich bis zum Leberversagen).

Vorbeugung Für Türkeireisende ist die Impfung eine Überlegung wert, weil die Krankheit dort nicht selten auftritt. In vielen Ländern werden Kinder heute routinemäßig gegen Hepatitis B geimpft. Der Impfstoff wird einzeln oder zusammen mit dem gegen Hepatitis A gespritzt.

LEISHMANIOSE

Übertragung Durch den Stich von infizierten Sandmücken oder den Biss eines infizierten Hundes.

Symptome & Auswirkungen Eine langsam wachsende Geschwulst in der Haut. Daraus entwickelt sich in manchen Fällen ein schweres, lebensbedrohliches Fieber, das dann meist von Anämie und Gewichtsverlust begleitet wird.

LEPTOSPIROSE

Übertragung Durch die Ausscheidungen infizierter Nagetiere, vor allem Ratten. Traveller stecken sich nur sehr selten an, wenn sie nicht gerade dort absteigen, wo schlechte hygienische Verhältnisse herrschen.

Symptome & Auswirkungen Fieber, Gelbsucht und Hepatitis, im schlimmsten Fall Nierenversagen.

TOLLWUT

Übertragung Durch Bisse infizierter Tiere oder wenn diese an verletzten Hautpartien lecken.

Symptome & Auswirkungen Die ersten Symptome sind Schmerzen oder Taubheitsgefühl an der Bissstelle, begleitet von Fieber, Appetitlosigkeit und Kopfschmerzen. Bei der „wütenden" Form folgen wachsende Anfälle von Angst, Unruhe, Verwirrtheit, Nackensteifigkeit, manchmal auch Krampfanfälle und Hydrophobie (durch Rachenlähmung). Die (seltenere) „stumme" Form führt zu einer Rückenmarksentzündung, gefolgt von Lähmungen, Herz- und Lungenversagen. Beide Krankheitsformen verlaufen unbehandelt immer tödlich.

Vorbeugung Traveller, die in abgelegene Gebiete reisen, in denen eine Postexpositionsprophylaxe in Form einer aktiven Impfung innerhalb von 24 Stunden nach der Infektion nicht garantiert ist, sollten sich impfen lassen. Bisse, Kratzwunden oder Stellen, an denen ein warmblütiges Säugetier geleckt hat, sollten zunächst gründlich gereinigt werden. Wer nicht geimpft ist und gebissen wurde, sollte so schnell wie möglich die erste Impfserie erhalten. Eine vorbeugende Impfung muss ein Jahr nach der ersten wiederholt und danach alle fünf Jahre wieder aufgefrischt werden. Wer gebissen wird, sollte aber auf jeden Fall medizinische Hilfe aufsuchen.

TUBERKULOSE

Übertragung Durch nahen Atemkontakt und gelegentlich durch infizierte Milch und Milchprodukte.

Symptome & Auswirkungen Eine Tuberkulose kann zunächst ohne Symptome verlaufen, doch können noch Monate oder Jahre nach der Infektion Husten, Gewichtsverlust und Fieber auftreten. Eine Tuberkulose lässt sich am besten durch eine Röntgenuntersuchung diagnostizieren.

Vorbeugung Eine Impfung mit BCG wird allen empfohlen, die sich unter die einheimische Bevölkerung mischen wollen: Besonders wichtig ist sie für Leute, die Privatbesuche machen, längere Zeit im Land bleiben oder dort als Lehrer oder z. B. im Gesundheitswesen arbeiten wollen. Der Lebendimpfstoff BCG ist für Schwangere und Menschen mit Störungen des Immunsystems ungeeignet.

TYPHUS

Übertragung Erfolgt durch Lebensmittel oder Wasser, die bzw. das mit infizierten menschlichen Fäkalien verunreinigt sind/ist.

LEITUNGSWASSER

Auch wenn man nur einen Kurzbesuch in der Türkei macht, sollte man kein Leitungswasser trinken, sondern sich an Wasser in Flaschen halten. Leitungswasser muss man zehn Minuten abkochen – oder man benutzt einen Filter oder Reinigungstabletten.

Kein Wasser aus Flüssen oder Seen trinken, denn dieses könnte mit Bakterien oder Viren verunreinigt sein, die Durchfall oder Erbrechen verursachen!

Symptome & Auswirkungen Die ersten Symptome sind in der Regel Fieber und ein rosa Ausschlag am Bauch. Auch eine Sepsis (Blutvergiftung) kann hinzukommen.

Vorbeugung Eine Impfung mit Typhim Vi oder Typherix. In manchen Ländern ist auch der orale Impfstoff Vivotif erhältlich.

Gesundheitsrisiken

HITZESCHÄDEN

Ursachen Starkes Schwitzen, Flüssigkeitsverlust und unzureichender Ausgleich von Flüssigkeits- und Salzmangel. Tritt besonders häufig bei körperlicher Anstrengung im Freien bei großer Hitze auf.

Symptome & Auswirkungen Kopfschmerzen, Schwindel und Müdigkeit.

Vorbeugung Ausreichend Wasser trinken (sodass der Urin hell und dünnflüssig ist)! Durst ist das erste Anzeichen für eine Dehydrierung.

Behandlung Wasser und/oder Fruchtsäfte trinken, um den Flüssigkeitsverlust auszugleichen, und sich mit kaltem Wasser oder durch Luftfächeln Abkühlung verschaffen! Salzige Flüssigkeiten wie Suppen oder Brühen gleichen den Salzverlust aus, Speisen sollten stärker gesalzen werden als üblich.

HITZSCHLAG

Ursachen Extreme Hitze, hohe Luftfeuchtigkeit, Dehydrierung, Konsum von Alkohol oder Drogen, physische Anstrengung unter der prallen Sonne. Bei einem Hitzschlag bricht die körpereigene Wärmeregulierung zusammen.

Symptome & Auswirkungen Starker Anstieg der Körpertemperatur, kein Schwitzen, irrationales Verhalten, Hyperaktivität. Ein Hitzschlag kann schließlich zur Bewusstlosigkeit und zum Tod führen.

Behandlung Man sollte den Körper mit Wasser bespritzen und dem Betroffenen Luft zufächeln, um für eine schnelle Abkühlung zu sorgen. In der Regel ist es erforderlich, Flüssigkeiten und Elektrolyte intravenös zu verabreichen.

INSEKTENBISSE & -STICHE

Ursachen Stechmücken, Sandmücken (an den Mittelmeerstränden), Bienen und Wespen (in der Ägäis und an den Mittelmeerküsten, dort vor allem um Marmaris).

Symptome & Auswirkungen Mückenstiche verursachen nicht immer gleich Malaria – die südliche und westliche Türkei ist malariafrei –, aber allemal Hautreizungen und Infektionen. Mücken übertragen auch das Denguefieber (in der Türkei besteht aber derzeit kein Übertragungsrisiko). Sandmücken hinterlassen unerträglich juckende Stiche, und es besteht das (geringe) Risiko einer Infektion mit Leishmaniose. Die Stiche der in der Türkei vorkommenden kleinen, weißen Skorpionen können bis zu 24 Stunden schmerzen.

Vorbeugung Insektensprays auf DEET-Basis. Personen mit starker Allergie gegen Bienen- oder Wespenstiche sollten eine Adrenalinspritze oder etwas ähnliches dabei haben.

SCHLANGENBISSE

Vorbeugung Nicht barfuß herumlaufen! Die Hände bei der Erkundung der Natur, der Besichtigung überwucherter Ruinen oder wenig besuchter historischer Stätten nicht in irgendwelche Löcher oder Spalten stecken!

Behandlung Keine Panik, wenn eine Schlange zubeißt! In der Hälfte der Fälle wird beim Biss durch eine Giftschlange gar kein Gift injiziert. Das betroffene Körperglied wird mit einer Schiene (z.B. einem Stock) ruhig gestellt und die Bissstelle fest bandagiert, so wie bei einer Verstauchung. Die verletzte Stelle darf aber nicht abgebunden und der Biss nicht herausgeschnitten oder ausgesaugt werden. Der Verletzte muss schnellstens zum Arzt gebracht werden, damit im Bedarfsfall ein artspezifisches Schlangenserum verabreicht werden kann.

Sprache

Türkisch ist eine Turksprache und gehört zu den oghusischen Sprachen. Sie ist Amtssprache in der Türkei sowie in Nordzypern und wird von etwa 70 Mio. Menschen gesprochen.

Die Aussprache ist für Muttersprachler des Deutschen relativ einfach, da viele Laute ähnlich sind und die Wörter oft so gesprochen werden, wie sie geschrieben sind. Das häufig vorkommende ü bzw. ö wird genau wie im Deutschen ausgesprochen. Dagegen kommt das i in zwei Varianten vor: mit Punkt, das wie das deutsche „i" gesprochen wird, und ohne Punkt (ı), das wie das unbetonte „e" am Wortende (z. B. in Blume) klingt. Das türkische r wird immer gerollt; das v ist etwas weicher als das stimmhafte deutsche „w".

Die Wortbetonung ist im Türkischen nicht sehr stark. Betonte Silben sind kursiv gesetzt.

KONVERSATION & NÜTZLICHES

Hallo, Guten Tag.
Merhaba. — *mer*·ha·ba

Tschüss, Auf Wiedersehen.
Hoşçakal. — hosch·*tscha*·kal
(sagt die Person, die geht)
Güle güle. — gü·*le* gü·*le*
(sagt die Person, die bleibt)

Ja.
Evet. — e·*vet*

Nein.
Hayır. — *ha*·jer

Entschuldigung (vor dem Ansprechen).
Bakar mısınız. — ba·*kar* me·ße·*nes*

Entschuldigung (um Verzeihung bitten).
Özür dilerim. — ö·*sür*·di·*le*·rim

Bitte.
Lütfen. — *lüt*·fen

Danke.
Teşekkür ederim. — te·schek·*kür* e·*de*·rim

Gern geschehen.
Birşey değil. — bir·*schaj* de·*il*

Wie geht es Ihnen?
Nasılsınız? — *na*·ßel·ße·nes

Gut, und Ihnen?
İyiyim, ya siz? — i·*ji*·jim ja·ßis

Wie heißen Sie?
Adınız nedir? — a·de·*nes* *ne*·dir

Ich heiße ...
Benim adım ... — be·*nim* a·*dem* ...

Sprechen Sie Deutsch (English)?
Almanca (İngilizce) konuşuyor musunuz? — Al·*man*·dscha (in·gi·*lis*·je) ko·nu·*schu*·jor mu·ßu·*nus*

Ich verstehe.
Anlıyorum. — an·*le*·jo·rum

Ich verstehe nicht.
Anlamıyorum. — an·*la*·me·jo·rum

ESSEN & TRINKEN

Was können Sie empfehlen?
Ne tavsiye edersiniz? — ne tav·ßi·*je* e·*der*·ßi·nis

Woraus besteht dieses Gericht?
Bu yemekte neler var? — bu je·mek·*te* ne·ler var

Ich esse kein ...
... yemiyorum. — ...*je*·mi·jo·rum

Prost!
Şerefe! — sche·re·*fe*

Das war köstlich!
Nefisti! ne·fiß·ti

Die Rechnung, bitte.
Hesap lütfen. he·ßap lüt·fen

Ich möchte gern einen Tisch reservieren ...	*... bir masa ayırtmak istiyorum.*	... bir ma·ßa a·jert·mak iß·ti·jo·rum.
... um (acht) Uhr	*saat (sekiz) için*	ßa·at (ße·kis) i·dschin
... für (zwei) Personen	*(İki) kişilik*	(i·ki) ki·schi·lik

Wichtige Begriffe

Abendessen	*akşam yemeği*	ak·scham je·me·i
Essen	*yiyecek*	ji·je·dschek
Feinkost	*şarküteri*	schar·kü·te·ri
Flasche	*şişe*	schi·sche
Frühstück	*kahvaltı*	kah·val·te
Gabel	*çatal*	tscha·tal
Gericht	*yemek*	je·mek
Glas	*bardak*	bar·dak
halal	*helal*	he·lal
Hauptgericht	*ana yemekler*	a·na je·mek·ler
Heiß, warm	*sıcak*	se·dschak
Hochstuhl	*mama sandalyesi*	ma·ma ßan·dal·je·si
(zu) kalt	*(çok) soğuk*	(tschok) ßo·uk
koscher	*koşer*	ko·scher
Lebensmittel	*bakkal*	bak·kal
Löffel	*kaşık*	ka·schek
Markt	*pazar*	pa·sar
Messer	*bıçak*	be·tschak
Mittagessen	*öğle yemeği*	ö·le je·me·i
Restaurant	*restoran*	reß·to·ran
Schüssel	*kase*	ka·ße
Speisekarte	*yemek listesi*	je·mek liß·te·ßi
Tasse	*fincan*	fin·dschan
Teller	*tabak*	ta·bak
vegetarisch	*vejeteryan*	ve·sche·ter·jan
Vorspeisen	*mezeler*	me·se·ler
würzig	*acı*	a·sche

Fleisch & Fisch

Anschovis	*hamsi*	ham·si
Calamares	*kalamares*	ka·la·ma·reß
Hühnchen	*piliç/tavuk*	pi·litsch/ta·vuk
Fisch	*balık*	ba·lek
Kalbfleisch	*dana eti*	da·na e·ti
Lammfleisch	*kuzu*	ku·su
Leber	*ciğer*	schi·er
Muscheln	*midye*	mid·je
Rindfleisch	*sığır eti*	ße·e e·ti
Schweinefleisch	*domuz eti*	do·mus e·ti

SATZMUSTER

Um sich auf Türkisch zu verständigen, sind den folgenden Sätzen einfach die jeweils benötigten Wörter hinzuzufügen:

Wann (kommt der nächste Bus)?
(Sonraki otobüs) ne zaman? (son·ra·ki o·to·büs) ne sa·man

Wo (ist der Markt)?
(Pazar yeri) nerede? (pa·sar je·ri) ne·re·de

Wo bekomme ich (eine Fahrkarte)?
Nereden (bilet) alabilirim? ne·re·den (bi·let) a·la·bi·li·rim

Ich habe (eine Reservierung).
(Rezervasyonum) var (re·ser·vaß·jo·num) var

Haben Sie (eine Straßenkarte)?
(Haritanız) var mı? (ha·ri·ta·nes) var me

Gibt es hier (eine Toilette)?
(Tuvalet) var mı? (tu·va·let) var me

(Die Speisekarte) bitte.
(Menüyü) istiyorum. (me·nü·jü) iß·ti·jo·rum

Ich möchte gerne (telefonieren).
(Bir görüşme yapmak) istiyorum. (bir gö·rüsch·me jap·mak) iß·ti·jo·rum

Muss ich (das verzollen)?
(Bunu beyan etmem) gerekli mi? (bu·nu be·jan et·mem) ge·rek·li mi

Ich brauche (Hilfe).
(Yardıma) ihtiyacım var. (jar·de·ma) ih·ti·ja·dschem var

Obst & Gemüse

Apfel	*elma*	el·ma
Aprikose	*kayısı*	ka·je·ße
Banane	*muz*	mus
Gurke	*salatalık*	ßa·la·ta·lek
Karotte	*havuç*	ha·vutsch
Kartoffel	*patates*	pa·ta·tes
Melone	*kavun*	ka·vun
Obst	*meyve*	maj·ve
Olive	*zeytin*	saj·tin
Orange	*portakal*	por·ta·kal
Paprika	*biber*	bi·ber

Pfirsich	*şeftali*	schef·ta·*li*
Spinat	*ıspanak*	eß·pa·*nak*
Tomate	*domates*	do·ma·*tes*
Traube	*üzüm*	ü·*süm*
Wassermelone	*karpuz*	kar·*pus*
Zwiebel	*soğan*	ßo·*an*

Weitere Lebensmittel

Brot	*ekmek*	ek·*mek*
Ei	*yumurta*	ju·mur·*ta*
Eis	*buz*	bus
Honig	*bal*	bal
Käse	*peynir*	pej·*nir*
Lokum	*lokum*	lo·*kum*
Pfeffer	*kara biber*	ka·*ra* bi·*ber*
Reis	*pirinç/pilav*	pi·*rintsch*/ pi·*lav*
Salz	*tuz*	tus
Suppe	*çorba*	tschor·*ba*
Zucker	*şeker*	sche·*ker*

Getränke

Bier	*bira*	bi·*ra*
Joghurt	*yoğurt*	jo·*urt*
Kaffee	*kahve*	kah·*ve*
Milch	*süt*	ßüt
Mineralwasser	*maden suyu*	ma·*den* ßu·*ju*
(Orangen-)Saft	*(portakal) suyu*	(por·ta·*kal*) su·*ju*
Softdrink	*alkolsüz içecek*	al·kol·*ßüs* i·tsche·*schek*
Tee	*çay*	tschai
Wasser	*su*	ßu
Wein	*şarap*	scha·*rap*

NOTFALL

Hilfe!
İmdat! im·*dat*

Ich habe mich verirrt.
Kayboldum. kai·bol·*dum*

Lassen Sie mich in Ruhe!
Git başımdan! git ba·schem·*dan*

Es gab einen Unfall.
Bir kaza oldu. bir ka·*sa* ol·*du*

Darf ich Ihr Telefon benutzen?
Telefonunuzu kullanabilir miyim? te·le·fo·nu·nu·*su* kul·la·*na*·bi·lir mi·*jim*

Rufen Sie einen Arzt!
Doktor çağırın! dok·*tor* tscha·e·ren

Rufen Sie die Polizei!
Polis çağırın! po·*lis* tscha·e·ren

Ich bin krank.
Hastayım. has·*ta*·jem

Hier tut es weh.
Burası ağrıyor. bu·ra·*se* a·*re*·jor

Ich bin allergisch gegen (Nüsse).
(Çerezlere) alerjim var. (tsche·res·le·*re*) a·ler·*schim* var

SHOPPEN & SERVICE

Ich möchte ... kaufen.
... almak istiyorum. ... al·*mak* iß·*ti*·jo·rum

Ich sehe mich nur um.
Sadece bakıyorum. ßa·de·*dsche* ba·*ke*·jo·rum

Darf ich es anschauen?
Bakabilir miyim? ba·*ka*·bi·lir mi·jim

Das ist keine gute Qualität.
Kalitesi iyi değil. ka·li·te·*ßi* i·*ji* de·*il*

Was kostet das?
Ne kadar? *ne* ka·*dar*

Das ist zu teuer.
Bu çok pahalı. bu tschok pa·ha·*le*

Haben Sie etwas Günstigeres?
Daha ucuz birşey var mı? da·*ha* u·*schus* bir·*schaj* var me

In der Rechnung ist ein Fehler.
Hesapta bir yanlışlık var. he·sap·*ta* bir jan·lesch·*lek* var

Geldautomat	*bankamatik*	ban·ka·ma·*tik*
Kreditkarte	*kredi kartı*	*kre*·di kar·*te*
Post	*postane*	pos·*ta*·ne
Touristen-information	*turizm bürosu*	tu·*rism* bü·ro·*ßu*
Unterschrift	*imza*	im·*sa*

UHRZEIT & DATUM

Wie spät ist es?	*Saat kaç?*	sa·*at* katsch
Es ist (10) Uhr.	*Saat (on).*	sa·*at* (on)
Halb (11).	*(On) buçuk.*	(on) bu·*tschuk*

Schilder

Açık	Offen
Bay	Männer
Bayan	Frauen
Çıkışı	Ausgang
Giriş	Eingang
Kapalı	Geschlossen
Sigara İçilmez	Rauchen verboten
Tuvaletler	Toiletten
Yasak	Verboten

vormittags	*öğleden evvel*	ö·le·*den* ev·*vel*
nachmittags	*öğleden sonra*	ö·le·*den* *son*·ra
abends	*akşam*	ak·*scham*
gestern	*dün*	dün
heute	*bugün*	bu·*gün*
morgen	*yarın*	ja·*ren*

Montag	*Pazartesi*	pa·*sar*·te·si
Dienstag	*Salı*	sa·*le*
Mittwoch	*Çarşamba*	tschar·scham·*ba*
Donnerstag	*Perşembe*	per·schem·*be*
Freitag	*Cuma*	dschu·*ma*
Samstag	*Cumartesi*	dschu·*mar*·te·si
Sonntag	*Pazar*	pa·*sar*

Januar	*Ocak*	o·*dschak*
Februar	*Şubat*	schu·*bat*
März	*Mart*	mart
April	*Nisan*	ni·*ßan*
Mai	*Mayıs*	ma·*jes*
Juni	*Haziran*	ha·*si*·ran
Juli	*Temmuz*	tem·*mus*
August	*Ağustos*	a·uß·*toß*
September	*Eylül*	aj·*lül*
Oktober	*Ekim*	e·*kim*
November	*Kasım*	ka·*ßem*
Dezember	*Aralık*	a·ra·*lek*

UNTERKUNFT

Wo finde ich ein/eine ...?	*Nerede ... bulabilirim?*	*ne*·re·de bu·*la*·bili·rim
Campingplatz	*kamp yeri*	kamp je·*ri*
Gästehaus	*misafirhane*	mi·*ßa*·fir·ha·ne
Hotel	*otel*	o·*tel*
Pension	*pansiyon*	pan·ßi·*jon*
Jugendherberge	*gençlik hosteli*	gentsch·*lik* hoß·te·*li*

Fragewörter

Wie?	*Nasil?*	na·*sil*
Was?	*Ne?*	ne
Wann?	*Ne zaman?*	ne sa·*man*
Wo?	*Nerede?*	*ne*·re·de
Welche/r?	*Hangi?*	han·*gi*
Wer?	*Kim?*	kim
Warum?	*Neden?*	*ne*·den

Wieviel kostet es pro Nacht/Person?
Geceliği/Kişi başına ne kadar? — ge·dsche·li·*i*/ki·*schi* ba·sche·*na* ne ka·*dar*

Ist das Frühstück im Preis enthalten?
Kahvaltı dahil mi? — kah·val·*te* da·*hil* mi

Haben Sie ein ...?	*... odanız var mı?*	o·da·*nes* var me
Einzelzimmer	*Tek kişilik*	tek ki·schi·*lik*
Doppelzimmer	*İki kişilik*	i *ki*·ki schi·*lik*
mit Klimaanlage	*klima*	*kli*·ma
mit Bad	*banyo*	*ban*·jo
mit Fenster	*pencere*	*pen*·dsche·re

VERKEHRSMITTEL & -WEGE

Öffentliche Verkehrsmittel

Wann fährt ... ab/kommt ... an?	*... ne zaman kalkacak/varır?*	*...ne* sa·*man* kal·ka·*dschak*/va·*rer*
Schiff	*Vapur*	va·*pur*
Bus	*Otobüs*	o·to·*büs*
Flugzeug	*Uçak*	u·*tschak*
Zug	*Tren*	tren

Hält er/es in (Maltepe)?
(Maltepe'de) durur mu? — (*mal*·te·pe·de) du·*rur* mu

Wie heißt die nächste Haltestelle?
Sonraki durak hangisi? — ßon·ra·*ki* du·*rak* *han*·gi·ßi

Bitte sagen Sie mir, wenn wir in (Beşiktaş) sind.
(Beşiktaş'a) vardığımızda lütfen bana söyleyin. — (be·*schik*·ta·scha) var·de·e·mes·*da* *lüt*·fen ba·*na* söj·*le*·jin

Ich möchte in (Kadıköy) aussteigen.
(Kadıköy'de) inmek istiyorum. — (ka·*de*·kö·de) in·*mek* iß·*ti*·jo·rum

Ich möchte eine Fahrkarte ... (nach Bostancı).	*(Bostancı'ya) bir bilet lütfen.*	(boß·*tan*·dsche·ja) bir bi·*let* *lüt*·fen
1. Klasse	*Birinci mevki*	bi·rin·*dschi* mev·*ki*
2. Klasse	*Ikinci mevki*	i kin·*dschi* mev·*ki*
einfache Fahrt	*Gidiş*	gi·*disch*
Hin- und Rückfahrt	*Gidiş-dönüş*	gi·disch·dö·*nüsch*

Erste/r	*ilk*	ilk
Letzte/r	*son*	ßon
Nächste/r	*geleçek*	ge·le·*tschek*

Zahlen

1	*bir*	bir
2	*iki*	i·*ki*
3	*üç*	ütsch
4	*dört*	dört
5	*beş*	besch
6	*altı*	al·*te*
7	*yedi*	je·*di*
8	*sekiz*	ße·*kis*
9	*dokuz*	do·*kus*
10	*on*	on
20	*yirmi*	jir·*mi*
30	*otuz*	o·*tus*
40	*kırk*	kerk
50	*elli*	el·*li*
60	*altmış*	alt·*mesch*
70	*yetmiş*	jet·*mesch*
80	*seksen*	ßek·*ßen*
90	*doksan*	dok·*ßan*
100	*yüz*	jüs
1000	*bin*	bin

Ich möchte einen Platz am ...	*bir yer istiyorum.*	... bir jer iß·*ti*·jo·rum
Gang	*Koridor tarafında*	ko·ri·*dor* ta·ra·fen·*da*
Fenster	*Cam kenarı*	dscham ke·na·*re*
annulliert	*iptal edildi*	ip·*tal* e·dil·*di*
Bahnhof	*istasyon*	is·taß·*jon*
Bahnsteig	*peron*	pe·*ron*
Fahrkarten-schalter	*bilet gişesi*	bi·*let* gi·sche·*si*
Fahrplan	*tarife*	ta·ri·*fe*
verspätet	*ertelendi*	er·te·len·*di*

Auto- & Fahrradfahren

Ich möchte ein ... mieten.	*Bir ... kiralamak istiyorum.*	bir ... ki·ra·la·*mak* iß·*ti*·jo·rum.
Allrad-fahrzeug	*dört çeker*	dört tsche·*ker*
Fahrad	*bisiklet*	bi·sik·*let*
Auto	*araba*	a·ra·*ba*
Motor-rad	*moto-siklet*	mo·to·sik·*let*
Benzin	*benzin*	ben·*sin*
Diesel	*dizel*	di·*sel*
Fahrradladen	*bisikletçi*	bi·sik·let·*tschi*
Helm	*kask*	kask
KFZ-Mechaniker	*araba tamircis*	a·ra·*ba* ta·mir·dschi·*si*
Kindersitz	*çocuk koltuğu*	tscho·*dschuk* kol·tu·*u*
Tankstelle	*benzin istasyonu*	ben·*sin* iß·taß·jo·*nu*

Ist das die Straße nach (Taksim)?
(Taksim'e) giden yol bu mu? — (*tak*·si·me) gi·*den* jol bu mu

(Wie lange) Darf ich hier parken?
Buraya (ne kadar süre) park edebilirim? — bu·ra·*ja* (ne ka·*dar* sü·*re*) park e·de·bi·*li*·rim

Das Auto/Motorrad hatte eine Panne (in Osmanbey).
Arabam/ Motosikletim (Osmanbey'de) bozuldu. — a·ra·*bam*/ mo·to·sik·le·*tim* (oß·*man*·baj·de) bo·sul·*du*

Ich habe einen Platten.
Lastiğim patladı. — laß·ti·*im* pat·la·*de*

Ich habe kein Benzin mehr.
Benzinim bitti. — ben·si·*nim* bit·*ti*

WEGBESCHREIBUNGEN

Wo ist ...?
... nerede? — ... *ne*·re·de

Wie lautet die Adresse?
Adresi nedir? — ad·re·si *ne*·dir

Können Sie das bitte aufschreiben?
Lütfen yazar mısınız? — *lüt*·fen ja·*sar* me·ße·*nes*

Können Sie mir ... (auf der Karte) zeigen?
Bana (haritada) gösterebilir misiniz? — ba·*na* (ha·ri·ta·*da*) göß·te·*re*·bi·lir mi·ßin·*nis*

Geradeaus.
Tam karşıda. — tam kar·sche·*da*

An der Ampel
trafik ışıklarından — tra·*fik* e·schek·la·ren·*dan*

an der Ecke	*köşeden*	kö·sche·*den*
gegenüber	*karşısında*	kar·sche·ßen·*da*
hinter	*arkasında*	ar·ka·sen·*da*
Links abbiegen.	*Sola dön.*	so·*la* dön
Rechts abbiegen.	*Sağa dön.*	sa·*a* dön
nahe (bei)	*yakınında*	ya·ke·nen·*da*
vor	*önünde*	ö·nün·*de*
weit (von)	*uzak*	u·*sak*

GLOSSAR

Akropolis – auf einem Hügel oberhalb einer griechischen Stadt der Antike gelegene Burg mit Tempeln
ada(sı) – Insel
Agora – Markt- und Versammlungsplatz in griechisch-römischen Städten
Anatolien – asiatischer Teil der Türkei, auch *Kleinasien* genannt
arabesk – türkische Musik im arabischen Stil
arasta – Ladenreihe an einer Moschee, deren Pacht der Moschee zugute kommt
Kleinasien – siehe *Anatolien*

bahçe(si) – Garten
bedesten – überwölbte, feuerfeste Markthalle, in der wertvolle Waren gelagert werden
belediye (sarayı) – Stadtverwaltung, Rathaus
bey – höfliche Anrede für einen Mann; wird hinter den Namen gestellt
bilet – Fahrkarte
Buleuterion – Versammlungsraum des Stadtrates in griechischen Städten der Antike
bulvar(ı) – Boulevard oder Straße, oft „bul" abgekürzt

cadde(si) – Straße, oft „cad" abgekürzt
cami(i) – Moschee
Karawanserei – große, ummauerte Herberge für (Handels-)Karawanen
çarşı(sı) – Markt, Basar; manchmal Stadtzentrum
çay bahçesi – Teegarten
çayı – Bach, Fluss
çeşme – Quelle, Brunnen
Kilikische Pforte – Pass im Taurusgebirge im Süden der Türkei

dağ(ı) – Berg
deniz – Meer
Derwisch – Mitglied einer muslimischen Sufi-Bruderschaft (Derwisch-Orden)
dolmuş – Sammeltaxi, zumeist Minibusse oder größere Limousinen
döviz (bürosu) – Geldwechsel(-stube)

Emir – türkisches Stammesoberhaupt
eski – alt (nur für Sachen, nicht für Personen)
ev pansiyonu – Pension in einem Privathaus
eyvan – überwölbte, zu einem Innenhof geöffnete Halle einer Medrese oder Moschee; auch Balkon

fasıl – klassische, osmanische Musik, die meist von Zigeunern gespielt wird

GAP – Südost-Anatolien-Projekt, ein Mammutprojekt zur Bewässerung und Stromerzeugung mit Wasserkraft
geçit, geçidi – (Berg-)Pass
gişe – Kartenschalter
göl(ü) – See
gület – traditionelle türkische Holzjacht

hamam(ı) – türkisches Bad
han(ı) – siehe *Karawanserei*
hanım – höfliche Anrede für eine Frau
haremlik – Frauen- bzw. Familiengemächer in einem Wohnhaus; siehe auch *selamlık*
heykel – Statue
hisar(ı) – Festung oder Burg
Hethiter – Volk, das im 2. Jt. v. Chr. in Anatolien lebte
hükümet konağı – Regierungsgebäude, Sitz der Provinzregierung

Imam – Vorbeter in der Mosche, muslimischer Geistlicher
imaret(i) – Suppenküche für die Armen, meist einer *medrese* angeschlossen
indirim – Rabatt
iskele(si) – Pier, Kai

jeton – Fahrmünze

kale(si) – Festung oder Burg
kapı(sı) – Tür, Tor
kaplıca – Thermalquelle, -bad
Karagöz – Schattenspieltheater
kaya – Höhle
KDV – *(katma değer vergisi)* türkische Mehrwertsteuer
kebapçı – Kebabstand
kervansaray(ı) – türkisches Wort für *Karawanserei*
keyif – Entspannung, Erholung; in der Türkei zur Kunst kultiviert
kilim – Kelim, gewebter Teppich oder Wandbehang
kilise(si) – Kirche
köfte – Hackfleischbällchen
köfteci – Hersteller oder Verkäufer von *köfte* (Hackfleischbällchen)
konak, konağı – Residenz, Regierungsgebäude
köprü(sü) – Brücke
köşk(ü) – Pavillon, Landhaus
köy(ü) – Dorf
kule(si) – Turm
külliye(si) – Moscheenkomplex mit theologischem Seminar, Krankenhaus und Suppenküche
kümbet – Gewölbe, Kuppel, Grabmal mit Kuppeldach

liman(ı) – Hafen
lokanta – Schnellrestaurant

mağara(sı) – Höhle
mahalle(si) – Stadtviertel, Bezirk
medrese(si) – Islamische juristisch-theologische Hochschule oder Koranschule einer Moschee
mescit, mescidi – Gebetsraum, kleine Moschee

Mevlâna – auch als Celaleddin Rumi bekannt; der bedeutende Mystiker und Dichter (1207–1273) gründete den Mevlevi-Orden der tanzenden Derwische

meydan(ı) – öffentlicher Platz, offenes Gelände

meyhane – Restaurant mit Weinausschank, Weinladen

mihrab – Nische in einer Moschee, die die Richtung anzeigt, in der Mekka liegt

milli parkı – Nationalpark

mimber – Kanzel in einer Moschee

minare(si) – Minarett, Turm einer Moschee, von dem aus die Muslime zum Gebet gerufen werden

müze(si) – Museum

nargile – traditionelle Wasserpfeife (zum Rauchen), auch Shisha oder Huka

Nekropolis – Totenstadt, Friedhof

oda(sı) – Zimmer

otobüs – Bus

otogar – Busbahnhof

Osmanisch – zum Osmanischen Reich gehörend oder aus der Zeit des Osmanischen Reiches, das von Ende des 13. Jhs. bis zum Ende des Ersten Weltkriegs bestand

pansiyon – Pension, B&B, Gästehaus

paşa – General, Gouverneur

pastane – Bäckerei, Konditorei; auch *pastahane*

pazar(ı) – Basar, Wochenmarkt

peribacalar – Feenkamine (bizarre Felsformationen)

pideci – Hersteller oder Verkäufer von Pide (flaches Fladenbrot)

plaj – Strand

PTT – *(Posta, Telefon, Telegraf)*, Telefon- und Telegrafenamt

Ramazan – Ramadan, islamischer Fastenmonat

saat kulesi – Uhrenturm

şadırvan – Brunnen für rituelle Waschungen der Muslime vor dem Gebet

saray(ı) – Palast

sedir – osmanische Sitzbank, die auch zum Bett ausgeklappt werden konnte

şehir – Stadt, Gemeinde

şehir merkezi – Stadtzentrum

selamlık – Herren- und Empfangsräume in einem Wohnhaus; siehe auch *haremlik*

Seldschuken – Turkvolk, das vom 11. bis zum 13. Jh. in Anatolien die Oberherrschaft hatte

sema – Derwisch-Zeremonie

semahane – Halle, in der Zeremonien der tanzenden Derwische stattfinden

serander – Kornspeicher

servis – Minibus-Shuttle zum und vom Busbahnhof

sinema – Kino

sokak, sokağı – Straße oder Gasse, oft „sk" abgekürzt

Sufi – muslimischer Mystiker, Mitglied eines mystischen (Derwisch-) Ordens

TCDD – staatliche türkische Eisenbahngesellschaft

tekke(si) – Derwisch-Kloster

tersane – Schiffswerft

tramvay – Straßenbahn, Tram

TRT – *(Türkiye Radyo ve Televizyon)*, staatliche türkische Rundfunk- und Fernsehanstalt

tuff, tufa – weicher Tuffstein, der einst als vulkanische Asche niedergegangen ist

türbe(si) – Grab, Grabmal, Mausoleum

valide sultan – Mutter des herrschenden Sultans

Wesir – Minister der osmanischen Regierung

vilayet, valilik, valiliği – Sitz der Provinzverwaltung

yalı – Prachtvilla am Wasser

yayla – Hochlandweiden

yeni – neu

yol(u) – Straße, Weg

Hinter den Kulissen

WIR FREUEN UNS ÜBER EIN FEEDBACK

Post von Travellern zu bekommen, ist für uns ungemein hilfreich – Kritik und Anregungen halten uns auf dem Laufenden und helfen, unsere Bücher zu verbessern. Unser reiseerfahrenes Team liest alle Zuschriften ganz genau, um zu erfahren, was an unseren Reiseführern gut und was schlecht ist. Wir können solche Post zwar nicht individuell beantworten, aber jedes Feedback wird garantiert schnurstracks an die jeweiligen Autoren weitergeleitet, rechtzeitig vor der nächsten Nachauflage.

Wer uns schreiben will, erreicht uns über **www.lonelyplanet.de/kontakt**.

Hinweis: Da wir Beiträge möglicherweise in Lonely Planet Produkten (Reiseführer, Websites, digitale Medien) veröffentlichen, ggf. auch in gekürzter Form, bitten wir um Mitteilung, falls ein Kommentar nicht veröffentlicht oder ein Name nicht genannt werden soll. Wer Näheres über unsere Datenschutzpolitik wissen will, erfährt das unter www.lonelyplanet.com/privacy.

DANK VON LONELY PLANET

Vielen Dank an all die Reisenden, die mit der letzten Auflage unterwegs waren und uns hilfreiche Hinweise, nützliche Ratschläge und interessante Anekdoten haben zukommen lassen:
Kerem Akartunali, Sain Alizada, Bruce Allardice, Gerlinde Aringer, Lütfiye Aydınoğlu, Grant Berg, Kate Boerlage, Simon Bond, Chris Brien, Tanja Brodtrager, Lorenzo Bucci, Ivan Bukovnik, Ceyda Bulat, Christian Cantos, Elisa Carnielli, Mary Carryer, Rowan Castle, Omer Cavusoglu, Ersun Çeviker, Helen Cole, Tamsin Cox, Val Cunningham, Mario Difiore, Ernest Djan, John Donald, Will Dong, Brendon Douglas, Anton Dudnikov, Tessa Dugmore, Nesma Ellethey, Mehmet Emin, Sheryl Entwisle, Teresa Ferreri, Ken Fields, Linda Garai-Pasztor, Ayhan Gedikoğlu, Freek Geldof, Suzanne Geoghegan, Emmelie Gerrits, Alberto Giordano, Arthur Clement de Givry, Kim Goldsmith, Philip Golobish, Anthea Mason Gokyilmaz, Bulent Guzelkan, Fiona Harrison, Chris Harvey, Liz Harwood, Kelvin Hayes, Louise Hewitt, E Hillsman, Steven Houben, Lea Hupke, Wendy Hutchinson, Ingo Ibelshäuser, Avril Ingram, Adam Jaques, Steve Juniper, Abdullah Kalkan, Anna Karmann, Nick Keal, Chloe Kenward, Laura Korthauer, Unsal Koslu, Tom Kyffin, Julien Lagarde, Tim Laslavic, Cecily Lavery, Noah Levin, Janet Martin, Veronica Martin, Felix Mayer, John C. Miller, Tim Nelson, James Newton, Woody Newton, Jon Okami, Jenny Orhan, Julıe Osborne, Angelika Pagel, Katarına Panıkova, Aurélie Payrastre, Florencia Peña, Edith Peters, Paola Pinna, Barbara Pizziconi, Renai Platts, Karen Pringle, Judith Ransom, Ole Rapson, Liesbeth Rijpma, Ohnmar Ruault, Pascale Ruffat, Seham Hassan Salem, Alice Samson, Tuna Sarikaya, Omid Sarwari, Frank Schleif, Faye Scott, Ketan Shah, Brenda Sherwood, Julian Simidjiyski, Barney Smith, Hannie Spel, Rob Stoeckart, Kevin Sundstrom, Mikhal Szabo, Sunil Thakar, Nihat Tokdil, Marianne Toll, Meg Troughear-Jones, Gerard Tuin, Serhat Uzunel, Trudy Van Schie, Moniek Vandenberghe, Umberto Visconti, Ksenija Vukovic, Ben Walker, Julia Ward, Kate Warren, Philipp Wendel, Sarah Whitham, Teresa Wong, Patricia Wood, Tahir Yasin, Gong-Chu Yu, Penny Yiannakidou, Huseyin Yilmaz, Dimitris Zafeiriadis, Ariana Znaor

DANK DER AUTOREN

James Bainbridge

Ein herzliches *çok teşekkürler* an alle, die mir bei meiner Mietwagen-Odyssee die Orientierung erleichtert haben. *Baie dankie* an meine Frau L. R., die so kurz nach unserer Heirat zur Strohwitwe wurde. Und danke, liebe Mitautoren, für eure engagierte Unterstützung.

Brett Atkinson

Jale und Filiz danke ich für kulinarische Reisehighlights, Baran nebst Freunden in Adana für Gesellschaft und Gespräche. Bei Lonely Planet grüße ich meine Mitautoren sowie all die Redakteure und Kartografen. Und zuletzt noch ein dickes Danke an Carol, die zu Hause in Yeni Zelanda (mal wieder) die Stellung hielt.

Chris Deliso

Bei diesem (auch nach meinen Standards) abenteuerlichen Trip haben mir zahllose Einheimische ihre Hilfe, Tipps und Kameradschaft zuteil werden lassen. Mein tiefster Dank gebührt Şahin, Arda, Ibrahim, Muslum, Yekta, Murat, Canlis, Mehmet, Oktay, Jeff und Atilla & Co. – ebenso Gungor und Mutalip von der Organisation sowie vor allem dem britischen Touristen, der buchstäblich mein Leben rettete. Bei Lonely Planet danke ich Cliff, Brigitte, James, David, den Kartografen, dem Produktionsteam und meinen Mitautoren.

Steve Fallon

Ein besonderes *çok teşekkürler* geht an die Quelle aller Weisheit: Jayne Pearson in Kaş. Mein Partner Michael Rothschild war ein toller Begleiter. Für Hilfe, Ideen und Gastfreundschaft danke ich İlknur und Münir İdrisoğlu, Mehmet Celal Yahyabeyoğlu und June Haimoff (Dalyan), Omer Yapis (Fethiye), Kazım und Ayşe Akay (Patara), Saffet Tezcan (Kaleköy), Mete Engin Özel und Aynur Kurt (Çıralı), Nermin Sümer und Aziz Tankut (Antalya).

Will Gourlay

Zuerst einmal danke ich Clifton Wilkinson dafür, dass er mich dem Türkei-Team zugeteilt hat (auch wenn er deswegen erst zu Mardin musste!). Ein Danke gebührt zudem den Autoren und Redakteuren bei Lonely Planet. Vor Ort lieferte Pat Yale super Infos. Und zuletzt danke ich Claire, Bridget und Tommy, mit denen ich die Türkei am liebsten bereise – hoffentlich schon bald erneut. *Hayde gideliz!*

Virginia Maxwell

Ich bedanke mich herzlich bei Pat Yale, Faruk Boyacı, Tahir Karabaş, Eveline Zoutendijk, George Grundy, Saffet Tonguç, Demet Sabancı Çetindoğan, Ercan Tanrıvermiş, Ann Nevans, Tina Nevans, Jennifer Gaudet, Özlem Tuna, Shellie Corman, Mehmet Umur, Emel Güntaş, Tuna Mersinli, Halûk Dursun, İnci Döndaş, İlber Ortayli, Selin Rozanes, Ansel Mullins, Megan Clark, Atilla Tuna, Elif Aytekin und den vielen Einheimischen, die ihr Wissen und ihre Liebe zur Stadt mit mir teilten.

Tom Spurling

Ich danke Redmint (London) für die Tipps, der Künstlerin (Alacati), den Göttern (Bergama), Athene und dem Fisch (Assos) sowie den rundum tollen Gallipoli Houses. Besonderen Dank schulde ich Tom und Marthe (ihr seid unterwegs!). Ebenso meinem Sohn Oliver dafür, dass er lieb zu seiner Schwester Poppy war – und meiner Mutter, die auf beide aufpasste. Und zu guter Letzt danke ich meiner wunderschönen Frau Lucy, die mich wieder begleitete – die Türkei gehört uns, Baby!

QUELLENNACHWEIS

Die Klimakarten stammen von Peel MC, Finlayson BL & McMahon TA (2007) *Updated World Map of the Köppen-Geiger Climate Classification*, erschienen in der Zeitschrift *Hydrology and Earth System Sciences*, Ausgabe 11, 163344 und wurden angepasst.

Illustrationen S. 86–87, S. 88–89, S. 218–219 von Javier Zarracina.

Titelfoto: Segelboot an der Türkischen Riviera, nahe Kaş; LOOK-foto/Axiom ©.

ÜBER DIESES BUCH

Dies ist die 1. deutschsprachige Auflage von *Türkische Küsten*, basierend auf der 13. englischsprachigen Auflage von Lonely Planets *Turkey*. Letztere wurde recherchiert von James Bainbridge, Brett Atkinson, Chris Deliso, Steve Fallon, Will Gourlay, Jessica Lee, Virginia Maxwell and Tom Spurling. Jener Band wurde vom Lonely Planet Büro in London in Auftrag gegeben und von folgendem Team betreut:

Verantwortlicher Redakteur Clifton Wilkinson
Leitende Redakteurin Bella Li
Leitender Kartograf Alex Leung
Leitender Layoutdesigner Adrian Blackburn
Redaktionsleitung Brigitte Ellemor, Bruce Evans
Leitender Kartograf Adrian Persoglia
Leitende Layoutdesignerin Jane Hart
Redaktionsassistenz Elin Berglund, Janice Bird, Carolyn Boicos, Samantha Forge, Evan Jones, Kate Kiely, Helen Koehne, Sally O'Brien, Luna Soo, Sam Trafford, Fionn Twomey, Amanda Williamson
Kartografieassistenz Mick Garrett, Jeff Cameron
Layoutassistenz Wendy Wright
Umschlagrecherche Naomi Parker
Bildrecherche Claire Gibson, Aude Vauconsant
Sprache Branislava Vladisavljevic
Dank an Dan Austin, Laura Crawford, Ryan Evans, Larissa Frost, Jouve India, Asha Ioculari, Carol Jackson, Kate McDonell, Andrea McGinniss, Lucy Monie, Darren O'Connell, Trent Paton, Lieu Thi Pham, Raphael Richards, Averil Robertson, Silvia Rosas, Dianne Schallmeiner, Fiona Siseman, Gerard Walker, Danny Williams

Register

Verweise auf Karten **000**
Verweise auf Fotos 000

Verweise auf Karten **000**
Verweise auf Fotos **000**

Verweise auf Karten **000**
Verweise auf Fotos **000**

Auf einen Blick

Empfehlungen von Lonely Planet:

- LP TIPP – Das empfiehlt unser Autor
- GRATIS – Hier bezahlt man nichts
- Nachhaltig und umweltverträglich
  Unsere Autoren haben diese Einrichtungen gewählt, weil man dort großen Wert auf Nachhaltigkeit legt: etwa durch die Förderung einheimischer Gemeinschaften oder Hersteller, durch eine umweltverträgliche Bewirtschaftung oder durch ein Engagement im Naturschutz.

Mit diesen Symbolen sind wichtige Kategorien leicht zu finden:

Sehenswertes	Kurse	Schlafen	Unterhaltung
Strände	Touren	Essen	Shoppen
Aktivitäten	Feste & Events	Ausgehen	Praktisches/Transport

Diese Symbole bieten wertvolle Zusatzinformationen:

Telefonnummer	Internetzugang	familienfreundlich	Subway
Öffnungszeiten	WLAN	tierfreundlich	Straßenbahn
Parkplatz	Schwimmbecken	Bus	Zug
Rauchen verboten	vegetarische Speisen	Fähre	
Klimaanlage	Speisekarte auf Englisch	Metro	

Diese Abkürzungen werden in den Kapiteln „Schlafen" verwendet:

B	Bett im Schlafraum	DZ	Doppelzimmer	4BZ	Vierbettzimmer
Zi.	Zimmer	2BZ	Zweibettzimmer	FZ	Familienzimmer
EZ	Einzelzimmer	3BZ	Dreibettzimmer	Apt.	Apartment

Die Reihenfolge spiegelt die Bewertung durch die Autoren wider.

Kartenlegende

Sehenswertes
- buddhistisch
- christlich
- Denkmal
- hinduistisch
- islamisch
- jüdisch
- Museum/Galerie
- Ruine
- Schloss
- Strand
- Weingut/Weinberg
- Zoo
- andere Sehenswürdigkeit

Aktivitäten, Kurse & Touren
- Kanu/Kajak fahren
- Schwimmbecken
- Ski fahren
- surfen
- tauchen/schnorcheln
- wandern
- windsurfen
- andere/r Aktivität/Kurs/Tour

Schlafen
- Camping
- Unterkunft

Essen
- Lokal

Ausgehen
- Bar/Kneipe
- Café

Unterhaltung
- Unterhaltung

Shoppen
- Shoppen

Praktisches
- Bank
- Botschaft/Konsulat
- Internetzugang
- Krankenhaus/Arzt
- Polizei
- Post
- Telefon
- Toilette
- Touristeninformation
- andere Einrichtung

Verkehrsmittel
- Bus
- Einschienenbahn
- Fähre
- Fahrrad
- Flughafen
- Grenzübergang
- Metro
- Parkplatz
- Seilbahn/Gondelbahn
- Straßenbahn
- Taxi
- Tankstelle
- Zug
- anderes Verkehrsmittel

Verkehrswege
- Mautstraße
- Autobahn
- Hauptstraße
- Landstraße
- Verbindungsstraße
- sonstige Straße
- unbefestigte Straße
- Platz/Promenade
- Treppe
- Tunnel
- Fußgängerüberführung
- Stadtspaziergang
- Abstecher vom Stadtspaziergang
- Pfad

Geografisches
- Aussichtspunkt
- Berg/Vulkan
- Hütte/Unterstand
- Leuchtturm
- Oase
- Park
- Pass
- Picknickplatz
- Wasserfall

Städte
- Hauptstadt (Staat)
- Hauptstadt (Bundesland/Provinz)
- Großstadt
- Kleinstadt/Ort

Grenzen
- Internationale Grenze
- Bundesstaat/Provinz
- umstrittene Grenze
- Region/Vorort
- Meerespark
- Klippen
- Mauer

Gewässer
- Fluss/Bach
- periodischer Fluss
- Sumpf/Mangrove
- Riff
- Kanal
- Wasser
- Trocken-/Salz-/periodischer See
- Gletscher

Gebietsformen
- Friedhof
- Friedhof (christlich)
- Highlight (Gebäude)
- Park/Wald
- Sehenswürdigkeit (Gebäude)
- Sportgelände
- Strand/Wüste

DIE LONELY PLANET STORY

Ein ziemlich mitgenommenes, altes Auto, ein paar Dollar in der Tasche und eine Vorliebe für Abenteuer – 1972 war das alles, was Tony und Maureen Wheeler für die Reise ihres Lebens brauchten, die sie durch Europa und Asien bis nach Australien führte. Die Tour dauerte einige Monate, und am Ende saßen die beiden – pleite, aber voller Inspiration – an ihrem Küchentisch und schrieben ihren ersten Reiseführer *Across Asia on the Cheap*. Innerhalb einer Woche hatten sie 1500 Exemplare verkauft. Lonely Planet war geboren.

Heute hat der Verlag Büros in Melbourne, London und Oakland mit mehr als 600 Mitarbeitern und Autoren. Und alle teilen Tonys Überzeugung: „Ein guter Reiseführer sollte drei Dinge tun: informieren, bilden und unterhalten."

DIE AUTOREN

James Bainbridge

Hauptautor, Türkei aktuell, Reiseplanung, Praktische Informationen Schon zum dritten Mal ist James Hauptautor für einen Türkei-Band. Dieses Mal führten ihn die Arbeit und spontane Wanderungen bis in die äußersten Regionen der Türkei. Während der Arbeit an der vorherigen Auflage von Lonely Planets *Turkey* lebte er in İstanbul (genauer gesagt in Cihangir) und paukte türkische Endungen in einem Türkisch-Kurs. Und wenn er sich nicht gerade mit der Türkei beschäftigt, lebt er in Kapstadt (Südafrika). Auf James' Website www.jamesbainbridge.net erfährt man mehr über ihn.

Mehr über James gibt's hier:
lonelyplanet.com/members/james_bains

Brett Atkinson

Östliche Mittelmeerküste Seit seinem ersten Besuch 1985 kehrt Brett regelmäßig in die Türkei zurück, die inzwischen zu seinen Lieblingsländern gehört. Bei seiner dritten Türkei-Reise für Lonely Planet entdeckte bei seiner Tour entlang der atemberaubenden Mittelmeerküste seine Leidenschaft für Archäologie neu. Brett lebt im neuseeländischen Auckland und hat als Autor für Reiseführer, Reiseberichte und kulinarische Reisen bereits mehr als 40 Länder abgeklappert. Auf seiner Website www.brett-atkinson.net kann man nachlesen, was er zuletzt gegessen hat und welche Reise ansteht.

Chris Deliso

Ephesos, Bodrum & südliche Ägäisküste Chris lernte İstanbul in all seiner Reizüberflutung 1999 im Rahmen seiner Masterarbeit an der Universität Oxford kennen, die der byzantinischen Vergangenheit des Landes gewidmet war. Seither hat er sich viel in der Türkei umgeschaut – vom Grenzgebiet zum Iran und Irak und der üppig grünen Schwarzmeerküste bis hin zu den subtropischen Ägäisstränden im Westen. Da er inzwischen eine tiefe Liebe zu diesem immer wieder überraschenden Land verspürt, freute er sich, für diesen Führer wieder einmal Ephesos, Bodrum und die südliche Ägäisküste unter die Lupe zu nehmen. Für Lonely Planet schrieb er auch über andere Länder: Griechenland, Bulgarien, Rumänien und Mazedonien.

Mehr über Chris gibt's hier:
lonelyplanet.com/members/chrisdeliso

Steve Fallon

Antalya & Türkische Riviera Für Steve, der ein Haus in Kalkan sein Eigen nennt, ist die Türkei ein zweites Zuhause. Für diesen Band blieb er also fast in seinem Hinterhof (Lykien): von der am Fluss gelegenen Stadt Dalyan mit ihren Schildkröten bis zum pulsierenden Antalya, dem Zentrum der türkischen Mittelmeerküste. O.k.... *Türkçe'yi hala mağara adamı gibi konuşuyor* (Türkisch spricht er immer noch wie ein Höhlenmensch), aber noch hat ihn kein Türke Tarzan genannt.

Will Gourlay

Geschichte, Architektur, Kunst, Bevölkerung Will kommt schon seit mehr als 20 Jahren immer wieder aus Melbourne, wo er zu Hause ist, in die Türkei – so sehr interessiert ihn das Land. Als Backpacker, Englischlehrer und Autor hat er alle Ecken Anatoliens erkundet, die entferntesten mit besonderer Vorliebe. Bei seinen Trips hat er neuerdings seine Frau und die Kinder im Schlepptau, die allerdings meist lieber am Strand bleiben, während er im Hinterland herumstromert oder sogar mit dem Zug bis in den Iran fährt. Zur Zeit arbeitet er an seiner Doktorarbeit über die türkische Politik und Gesellschaft.

Virginia Maxwell

İstanbul, Türkisch essen & trinken Virginia ist zwar in Australien zu Hause, verbringt aber die meiste Zeit in den Mittelmeerländern bei Recherchen für ihre Arbeit als Reiseautorin. Von all diesen Ländern liebt sie die Türkei am meisten. Sie war Mitautorin bei den letzten vier Auflagen dieses Führers, verfasste für Lonely Planet den Städteband *İstanbul* und schrieb weitere Reiseführer, und außerdem Artikel über İstanbul für unzählige internationale Zeitschriften und Websites. Virginia reist meist mit ihrem Partner Peter und dem gemeinsamen Sohn Max, der inzwischen die Türkei genauso liebt wie sie selbst.

Mehr über Virginia gibt's hier:
lonelyplanet.com/members/virginiamaxwell

Tom Spurling

Thrakien & Marmara, İzmir & nördliche Ägäisküste Tom Spurling lebt mit seiner Frau Lucy und den beiden gemeinsamen Kindern Oliver und Poppy in Perth. Für Lonely Planet war er schon auf fünf Kontinenten unterwegs; dies ist sein dritter Türkei-Band. Wenn er nicht gerade auf Reisen ist, lehrt er an einer Highschool Englisch und macht seinen Master in International Education Policy. Sein Tipp für alle, die zum ersten Mal in der Türkei sind: Tee, Hamam, Tee. Täglich wiederholen!

Lonely Planet Publications,

Locked Bag 1, Footscray,
Melbourne, Victoria 3011,
Australia

Verlag der deutschen Ausgabe:
MAIRDUMONT, Marco-Polo-Str. 1, 73760 Ostfildern,
www.mairdumont.com,
lonelyplanet@mairdumont.com

Obwohl die Autoren und Lonely Planet alle Anstrengungen bei der Recherche und bei der Produktion dieses Reiseführers unternommen haben, können wir keine Garantie für die Richtigkeit und Vollständigkeit dieses Inhalts geben. Deswegen können wir auch keine Haftung für eventuell entstandenen Schaden übernehmen.

Chefredakteurin deutsche Ausgabe: Birgit Borowski
Übersetzung: Berna Ercan, Tobias Ewert, Derek Frey, Marion Gref-Timm, Laura Leibold, Claudia Riefert, Dr. Christian Rochow
Redaktion: Annegret Gellweiler, Adriana Popescu, Olaf Rappold, Katrin Schmelzle, Ellen Weitbrecht, Julia Wilhelm (red.sign, Stuttgart)
Redaktionsassistenz: Dr. Dirk Mende, Karin Rappold, Thomas Tilsner
Satz: Annette Zeininger (red.sign, Stuttgart)

Türkische Küsten

1. deutsche Auflage August 2013, übersetzt von *Turkey, 13th edition*, April 2013, Lonely Planet Publications Pty

Deutsche Ausgabe © Lonely Planet Publications Pty, August 2013

Fotos © wie angegeben

Printed in China

Die meisten Fotos in diesem Reiseführer können bei Lonely Planet Images, www.lonelyplanetimages.com, auch lizenziert werden.

Alle Rechte vorbehalten. Das Werk einschließlich all seiner Teile ist urheberrechtlich geschützt und darf weder kopiert, vervielfältigt, nachgeahmt oder in anderen Medien gespeichert werden, noch darf es in irgendeiner Form oder mit irgendwelchen Mitteln – elektronisch, mechanisch oder in irgendeiner anderen Weise – weiterverarbeitet werden. Es ist nicht gestattet, auch nur Teile dieser Publikation zu verkaufen oder zu vermitteln, ohne schriftliche Genehmigung des Herausgebers.

Lonely Planet und das Lonely Planet Logo sind eingetragene Marken von Lonely Planet und sind im US-Patentamt sowie in Markenbüros in anderen Ländern registriert.

Lonely Planet gestattet den Gebrauch seines Namens oder seines Logos durch kommerzielle Unternehmen wie Einzelhändler, Restaurants oder Hotels nicht. Bitte informieren Sie uns im Fall von Missbrauch: www.lonelyplanet.com/lp